岩本憲司著

春秋左氏傳杜預集解　上

汲古書院

母と亡き父に

はじめに

戦國時代に書かれ（まとめられ）たと思われる、ある史料を、『左傳』あるいは『左氏傳』と呼び、後世（漢代以降）の讀み（解釋）をとびこえて、一氣に現代の目から、それを解讀しようとする試みが、昨今とみに盛んである。このような試みは、かつては、〝ロマンである〟として、戒められたものだが、新資料の出土等と相俟って、傍證もふえ、一概にロマンとも言えなくなった。それどころか、このような試みによって始めて、今までの中國古代史を書きかえるような、劃期的な新事實の發見が、特に紀年の問題を中心に、陸續としてなされて來ている。

しかしながら、書物とはいったい何か、ということを考えてみるとき、このような試みに對して、不安がないわけではない。先の「ある史料」について言えば、それが、戰國という時代に、どのような形體であったのか、實際に讀まれたのかどうか、かりに讀まれたとして、どう讀まれたのか、といったようなことが、いずれもみな、不明だからである。特に重要なのは、讀み（解釋）の問題である。そもそも、書物というものは、讀まれて始めて、その內容が確定し、意味をもつのであり、所謂成書とは、このことをいう。成書以前のもの、つまり、書物が書物として存立するための要件である讀み、を缺いているもの（我々が「史料」と呼ぶべきもの）について、作者の眞の意圖は、かくかくしかじかである、と言ってみても、それは、一つの假構である。もちろん、假構も、時には、我々を新たな地平につれ出してくれるから、何も假構自體が惡いというのではない（「史料批判」自體を批判するつもりはない）。問題は、作者の意圖というものに深入りするあまり、微言にまで達してしまう場合である。こうなると、ある意味では、かつての經學者たちが營々と行なってきた所謂春秋學に逆もどりする危險性すら出てくる（たとえ、それが、驚くべき精緻な手法によって、極めて整合的に組立てられているとしても）。我々が目ざすべきものは、あくまで、「春秋學」學ではなかったのか。

かくして、我々が『左氏傳』と呼ぶべきものは、先の「ある史料」とは、全く別のものであり、その成書の時期は、前漢末である。なぜならば、この書物について、讀まれた形跡が確認でき、その讀みの大すじがわかるのは、前漢末以降だからである（僞作であるとかないとかいうのは、あくまで、ものの言い方の相違であって、この際、あまり問題にはならない）。しかし、當時の讀みの詳細となると、殘念ながら、斷片的にしかわからない。そこで、是非とも必要とされるのが、杜預の『集解』である。時代的にはかなり降るとしても、そこには、ある程度、當時の讀みが傳承され、あるいは、反駁されている、と推測されるからである。これが本書の第一の意義である。つまり、『集解』を精讀することによって、遠く間接的ながら、春秋左氏學の成立（『左氏傳』の成書）の場に立ち會おうというのである。一方、「春秋序」で明らかなように、『集解』の讀み（方法論）は、極めて特異でもある。詳しくは、その譯文にゆずるが、約めて言えば、周公や史官をもち出すことにより、孔子の義の學であるはずの春秋學は、『集解』に於いて、事實上、解體されてしまっている、ということである。したがって、我々は、『集解』を精讀することによって、直接的に、春秋左氏學の終焉の場に立ち會うことにもなる。これが本書の第二の意義である。これを要するに、春秋左氏學の成立から終焉までの全てにつきあおうというのが、本書である。

目次

春秋左氏傳杜預集解　上

凡例

一、本書は、杜預『春秋經傳集解』の日本語譯である。

一、底本には、便宜を第一に考えて、嘉慶二十年江西南昌府學開雕の阮刻十三經注疏本〔臺灣藝文印書館影印〕を用い、卷數もこれに據った。なお、この上册に收錄したのは、全六十卷のうちの、卷第一〔春秋序〕及び卷第二から卷第二十八まで〔隱公元年から成公十八年まで〕である。

一、本書の體裁は、以下のごとくである〔ただし、「春秋序」は除く〕。

經 原文

傳 原文

注 『集解』の譯文〔紙面の都合で、原文は省いた。〕

附 所謂譯注の類〔ただし、多くの場合、參照すべき文を擧げるに止め、譯者の餘計な解說は省いた。なお、『釋例』は、原則として、疏に引くものに限り、輯本には據らなかった。また、賈・服注は、杜注と關わりがあってもなくても、出來るだけ拾った。〕

一、各種記號は、常識的に用いた。ただし、次の二つは、說明を要する。

（　）…………譯者の補足であって、この部分をとばして讀んでも、意味は通じる。

〔　〕…………言いかえ、解說等である。

巻第一

〔春秋序〕

「春秋」とは、魯國の史官の記録の名稱である。事件を記録する者〔史官〕は、事件を日（の下）につなげ、日を月（の下）につなげ、月を（四）時（の下）につなげ、（四）時を年（の下）につなげる。（年月の）遠近を整理し（事件の）異同を區別するため（の手立て）である。だから、史官の記録は、必ず、（まず）年を明記して、事件のはじめ〔書き出し〕としている。（そして）年には四時〔春・夏・秋・冬〕があるから、一つおきに〔春と秋とを〕擧げて、記録の名稱としたのである。

『周禮』には史官（の職）があり、邦國四方の事〔四方の國々からの文書〕をつかさどり[1]、（また）四方の志〔四方への文書〕を通達した[2]。諸侯にもまた、それぞれ國史がおり[3]、（彼らは）大事は策に書き、小事は簡・牘にだけ記したのである[4]。（だから）孟子は「楚では『檮杌』とよび、晉では『乘』とよび、魯では『春秋』とよんでいるが、その實體は同じものである」と言っている[5]。

韓宣子が魯に行ったとき、『易象』と『魯春秋』とを見て、「周の禮はそっくり魯に保存されている[6]。私は、今ここではじめて、周公の德と周が王になれたわけとを知ることが出來た[7]」と言ったが、韓子が見たものは、おそらく、周の舊典・禮經[8]だったのであろう。

周の德が衰えると、官にある者は自分の守るべき職掌がわからなくなり、上に立つ者は〈春秋〉（の趣旨）を明確にさせることが出來ず[9]、（外國への）赴告（の文書）や、（自國の大事を記した）策書や、諸々の記録[10]が、舊來のしきたりに違反することが多くなった。（そこで）仲尼は、策書として出來あがっていた魯の史官の舊い文章にもとづいて、その眞僞を檢討し[11]、その典禮（に對する適否）を記し[12]、それによって、上は、周公の遺制にしたがい、下は、將來の法を明らかにした。（その際）教訓とすべきことが含まれているはずなのに、文章表現がそれを損っているもの[13]については、削って改正することによって、勸戒を示し、その他のものについては、いずれもみな、もとの史官の文章をそのまま用いた。（つまり）史官（の性格）に文・質[14]（の違い）があり、（そのため）表現に詳・略（の差）があっても、必ずしも改めなかったのである。だから、傳で「りっぱな記録法である」〔昭公三十一年〕といい、また、「聖人でなければ、誰がこれを脩められようか」〔成公十四年〕といっている。おそらく、周公の遺志を、仲尼がひきついで明らかにしたのであろう。

　左丘明は、經を仲尼から受けたが、經は（一字たりとも）削ることの出來ない（神聖な）書物である[15]、と考えた。そこで、傳は、あるいは、經より先に（その經に關係する）事件を（書き）始めたり、あるいは、經より後に（その經の）意味を（說き）終えたり、あるいは、經にそって（その事件の）理由を明らかにしたり[16]、あるいは、經と表現を違えて異なるものどうしを合わせ（て實は同じであることを示し）たり[17]、している。（つまり、いずれもみな）義（のあるところ）にしたがって發しているのである。（ただし）經の文例が重複している〔表現が同じである〕ところは、かつての史官が書き殘した文であるから、省略して、盡くはとり舉げていない〔傳を發していない〕。（つまり）聖人が脩めた大切な部分ではないからである。

（左丘明は）自身が國史であり[18]、みずから多くの書籍を見ることが出來たから、（義として取るべきものがあれば）必ず廣く記錄し、詳しく述べた。（つまり、單に經を解說しただけではないから）その文はゆったりと長く、その旨は深遠であって[19]、（《春秋》を）學ぶ者に、始めをたずねて終わりをしめくくり[20]、枝葉をさぐって根本をきわめさせようとしているのである。（また、それは、學ぶ者の）心をのびやかにさせて、自ら進んで（《春秋》の高意を）求めるようにさせ[21]、興味を充分に滿足させて、自ら積極的に（《春秋》の深致に）向かうようにさせる。（また、それは）大海や大雨のように、經を浸し潤し（義理をゆきわたらせ）ている。（だから、このような傳文によって、經の義を求めてゆけば）冰がとけるように、さらりとわかり、樂しみつつ、筋が通るのであって、かくして、《春秋》を體得できるのである。

　傳で、「凡」と書き始めて、例を言っているところは、いずれもみな、國を治める上でのきまりであり、周公が示した法であり[22]、史官が記錄する際の舊くからの規則であって、仲尼がこれに從って脩め、《春秋》經の全部に通貫する（基本的）體例としたものである。（だから）傳が、微妙なものをはっきりさせ、ひそんでいるものをあらわにして[23]、義の類例をととのえている[24]ところは、いずれもみな、舊例〔凡例〕によって義を明らかにしたものであり、（當人が實際に）行なった事を指し示して[25]、褒貶（の意）を明確にしたものである。（また、傳で）「書」とか、「不書」とか、「先書」とか、「故書」とか、「不言」とか、「不稱」とか、「書曰」とか稱している類は、いずれもみな、新と舊とを區別し、大義を明らかにするためのものであって、これを「變例」という。しかし、史官が書いていないものについて、それをそのまま義としているところもある。これもおそらく、《春秋》の新意であろう[26]。だから、傳は、「凡」と言わず、（いちいち）詳しく述べているのである。（また）經に義例がなく、行なわれた事を（單に）そのまま言っているところは、傳も、ただその事の趣旨を述べるだけである[27]。これは例ではない。

　だから、傳を發する際の體例は三つあるのだが[28]、（傳が經のために）このような例を立てているわけ（つまり、經の書法の特徴）は五つある。第一は、「（言辭は）隱微だが（意義は）顯著である[29]」ということ。（つまり）言辭はここにあるが意義はかしこ〔言外〕に示されている、ということであり、（たとえば）「族を稱しているのは、君命を尊んでである[30]」とか、「族をとり去っているのは、夫人を尊んでである[31]」とか、「梁が亡んだ[32]」とか、「（諸侯が）緣陵に城いた[33]」とかの類が、これである。第二は、「（事柄は順序だてて）記されているが（言辭は）隱微である[34]」ということ。（つまり）言辭を簡約にしてきまりを示し、（事柄を）おしはかることによって例がわかるようにしている、ということであり、（たとえば）三國（以上）が會した場合は（もどるのに）地をいわない[35]、とか、「ともにはかった場合は『及』という[36]」とかの類が、これである。第三は、「婉曲な表現で文章を構成している[37]」ということ。（つまり）婉曲な表現をして（臣子として守るべき）義の教えに従い、それによって大順（の道）を示している、ということであり、諸々の諱み避けている箇所、（たとえば）「璧で許の田を假りた[38]」の類が、これである。第四は、「（あますところなく書き）盡くし、曲げていない[39]」ということ。（つまり）事實をありのままに書き、文章をそろえて（譏）意をあらわしている、ということであり、（たとえば）「（桓宮の）楹に丹塗りした[40]」とか、「（桓宮の）桷に彫刻した[41]」とか、「天王が（家父に、來て）車を求め（させ）た[42]」とか、「齊侯が（來て、戎の）捷を獻じた[43]」とかの類が、これである。第五は、「惡を懲らし、善を勸めている[44]」ということ。（つまり、不義をなした者に對しては、彼らが）善名を求めようとすれば、かえってそれを消し去り、惡名をかくそうとすれば、かえってそれを明らかにしている、ということであり、（たとえば）齊豹を「盜」と書いたり、三叛人に名をいったりしている類が、これである[45]。

以上五つの基本原則を推し及ぼして、（箇々の）經・傳を探求し、（その結果を）同類のものに擴張し[46]、（さらに）二百四十二年間の出來事にあてはめてゆけば、王道の模範と人倫の紀綱が完備するのである[47]。

ある人が（私に）〃《春秋》は、表現を違えることによって義をあらわすものである。（ところが）もし、お説のようであれば[48]、經に、同一の事柄について表現が異なっているのに、（そこに）義が含まれていない、ものがあることになる。先儒の説では、いずれもみな、そうはなっていない[49]〃と言ったので、（私は）〃《春秋》は、一字によって褒貶をなすといっても、（實際には）いずれもみな、いくつかの句があってはじめて、文章として成り立っているのであって、（『易』が）八卦の爻（⚊と⚋だけ）を交互に組み合わせて[50]（それぞれ義の異なる）六十四卦を作ることが出來るのとは、わけがちがう。（だから）あくまで、傳によって判斷しなければならない〃と答えた。昔から今日まで、『左氏春秋[51]』を説いた者は多く、現在殘っていて（實際に）見られる文獻だけでも、十數家はある。（しかし、それらは）ほとんどが、（前説を）次々に祖述しているだけのものであり、一方では、（積極的に）經文を比較検討してその變化（の樣相）を究明することもせず、また一方では、（謙虛に）丘明の傳を守ることもしていない。（そして）丘明の傳で通じないところがあると、いずれもみな、捨てて解説せず、かわりに『公羊』や『穀梁』を皮相に引用している。（これでは）自ら混亂させているとしか言いようがない。（かくして）私が今ここで異説を立てる理由は、專ら丘明の傳を研究し、それによって經を解釋しようとするからである。經を貫くすじみちは、必ず傳から出ており、傳の義例は、おおむね諸々の[52]「凡」に歸着する。（だから、まずは凡例にもとづき、凡例がない場合は）變例を推し及ぼして、褒貶（の意）を明確にし、（變例もない場合は、公・穀の）二傳から（適切なものを）選び取って、異端[53]は除去する。（このような方法こそが）おそらく、丘明の本意（にかなうもの）であろう。（そして）もし、疑わしいところや誤まっているところがあれば、（誤まっているところは）詳しく論じて、（疑わしいところは）そのままにしておき[54]、後世の賢者を待つのである[55]。ただし、劉子駿[56]は、はじめて大義に通じた人物であり、賈景伯父子[57]と許惠卿[58]は、いずれもみな、先儒の中ですぐれた者たちである。（また）最後に潁子嚴[59]という者がおり、（その學説は）淺薄だが、やはり一家をなした有名人である。そこで、劉・賈・許・潁の違説だけは、特別にとり擧げて、（私の説との）異同を示すことにする。（かくして）

經の年を分けて、傳の年（を分けたもの）とくっつけ、經と傳との義の類例を比較して、それぞれに解釋をほどこし、『經傳集解』と名づける。また別に、諸例及び地名・譜第・厤數を集めて、テーマごとに部分けし、全部で四十部・十五巻とする。（そして）いずれの部でもみな、その部内の異同を明らかにし、それについて解釋をほどこし、（全部を）『釋例』と名づける。（つまり）學ぶ者が、各部に集められているもの〔箇別例〕と、（それら相互の）異同に關する説明とを、（一目で）見られるようにしようとするのであり、（特に、異同の説明については）釋例〔文中で「釋例曰」と稱しているところ〕に詳しい。

ある人が（私に）〝《春秋》が作られた事情について、『左傳』と『穀梁』には、はっきりした記述がない[60]。これを説明する者は「仲尼は、衞から魯にかえると[61]、《春秋》を脩めて、素王としての法を立て[62]、丘明を素臣にした」と言っている。公羊學者はまた、「（《春秋》は）周を黜けて魯を王とするものであるため[63]、行ないは高潔にしつつも言葉はひかえめにすることで[64]、當時（の人々から）の害を避けようとしたから[65]、その文を微妙にして、その義を隱した」と言っている。（また）公羊の經は「獲麟」〔哀公十四年〕で止まっているのに對して、左氏の經は（さらにつづいて）「孔丘卒」〔哀公十六年〕で（ようやく）終わっている。（以上の諸點について）落ち着くところ〔妥當な見解〕をたずねたい〟と言ったので、（私は）〝（それは）私が聞いているものと違う。仲尼は「文王はすでになくなったが、文〔その道の傳統〕はここ〔私の身〕に保存されているではないか[66]」と言った。これこそ、制作の本意である。（また）「鳳鳥がやってこないし、黄河から圖が出てこない。私は絶望するしかない[67]」と歎いた。（これは）おそらく、當時の王の政治をいたんだものであろう。麟や鳳などの五靈[68]は、（本來）王者の嘉瑞〔めでたいしるし〕であるが、今ここで麟が出現したのは、しかるべき時ではなく、（そのため）それにふさわしい王者がいなくて、その身のよせどころを見失った[69]。これこそ、聖人〔孔子〕が（自分にひきくらべて）心を動かされた理由である。（つまり）筆を「獲麟」の一句で絶っているのは、（《春秋》の制作は）麟に心を動かされたことに起因するものであるから、そこで終りとなっていて當然なのである[70]〟と答えた。（ある人が、また、私に）〝それならば、《春秋》はなぜ魯の隱公から始まっているのか〟と言ったので、（私は）〝周の平王は東周の最初の王であり、隱公は國を讓ろうとした賢君である。隱公の時代を考えれば、平王と接しており、その位を言えば、列國であり、その始祖をたどれば、周公の幸福な後裔である[71]。もし、平王が、天命の永續を祈求し[72]、（先王を）ついで（周室を）中興させることができ、（また）隱公が、先祖〔周公〕の大業をひろく明らかにし、王室を光り輝かせることができたならば[73]、西周のすばらしさを繼げたであろうし、文王・武王の功績も地に墜ちることはなかったであろう[74]（しかし、現實にはそうはならなかった）。だから、（孔子は）魯の隱公以來の厤數〔年月日〕にもとづいて、その間に行なわれた事を（それらの下に）附け、周の舊典を採用して、王者の義をまとめあげ、法を將來に垂示したのである。（つまり、はじめに「王」と）書かれている王は、平王に他ならず、用いられている厤は、周正に他ならず、（はじめに「公」と）稱せられている公は、魯の隱公に他ならない、ということである。（したがって）周を黜けて魯を王とするものであるはずがない。孔子は（みずから）「もし私を使ってくれる者がいれば、私は周の道を東方で興こしたい[75]」と言っているが、これこそ、《春秋》制作の意義である〃と答えた。そもそも、（聖人が）制作した文章は、過去を明らかにし、未來を考察するため[76]の手段（となるもの）であり、その心情は言辭にあらわれている[77]。（そして）言が高邁であれば、旨は深遠となり[78]、辭が簡約であれば、義は微妙となる。これは、理の當然であって、（ことさらに）かくしたわけではない。聖人は、自身を危害から守る配慮が十全である。（つまり、危害がないと知ったうえで制作するものであって）制作したあとで、さらに諱み隱して危害を避ける、などということは、聞いたことがない。子路が門人を（孔子の）臣に仕立てようとしたとき、孔子は、天を欺くものである、と言った[79]。それなのに、仲尼は素王であり、丘明は素臣である、などというのも、また、一般に通用する議論ではない。（さらに）先儒が、制作にとりかかって三年で全文が完成し、麟を招きよせた、といっている[80]のが、でたらめである上に、經を仲尼が卒したところ〔哀公十六年「夏四月己丑孔丘卒」〕まで（であると）引き伸ばして（考えて）いるのも、また、いつわりであると言える。その根據は、公羊の經が「獲麟」で止まっており、しかも、左氏が（「獲麟」の後の）小邾の射を三叛人の中に數えていない[81]、という點にある。そこで、私は、（孔子は）麟に心を動かされて（《春秋》を）制作したのであり、制作が「獲麟」に起因するのであれば、起因したところ〔「獲麟」〕で文が止まる（と解する）のが、實情に合っている、と考える。（ただし、公羊でも、孔子が）袂をかえして面を拭った[82]、とか、「わが道は窮まった[83]」と稱した、とかいう段になると、やはり採用できない。

譯注

（1）『周禮』小史に「小史掌邦國之志」とあり、また、同内史に「凡四方之事書　内史讀之」とあるのを參照。

（2）『周禮』外史に「外史掌書外令　掌四方之志（中略）掌達書名于四方」とあるのを參照。

（3）襄公二十三年の傳文に「季孫召外史掌惡臣而問盟首焉」とあり、また、同二十五年の傳文に「大史書曰　崔杼弑其君　崔子殺之　其弟嗣書　而死者二人　其弟又書　乃舍之　南史氏聞大史盡死　執簡以往　聞既書矣　乃還」とあり、また、昭公十二年の傳文に「左史倚相趨過」とある。

（4）疏に「單執一札　謂之爲簡　連編諸簡　乃名爲策（中略）簡之所容　一行字耳　牘乃方版　版廣於簡　可以並容數行」とあり、また、「大事者　謂君擧告廟　及鄰國赴告　經之所書　皆是也　小事者　謂物不爲災　及言語文辭　傳之所載　皆是也」とある。なお、隱公十一年の傳文「凡諸侯有命　告則書　不然則否」の注に「命者　國之大事政令也　承其告辭　史乃書之於策　若所傳聞行言　非將君命　則記在簡牘而已　不得記於典策」とあるのを參照。

（5）『孟子』離婁下に「孟子曰　王者之迹熄而詩亡　詩亡然後春秋作　晉之乘　楚之檮杌　魯之春秋　一也　其事則齊桓晉文　其文則史　孔子曰　其義則丘竊取之矣」とある。

（6）昭公二年傳文。なお、その注に「易象　上下經之象辭　魯春秋　史記之策書　春秋遵周公之典以序事　故曰　周禮盡在魯矣」とある。

（7）同上。なお、その注に「易象春秋　文王周公之制　當此時　儒道廢　諸國多闕　唯魯備　故宣子適魯而說之」とある。

（8）隱公七年の傳文に「凡諸侯同盟　於是稱名　故薨則赴以名　告終稱嗣也　以繼好息民　謂之禮經」とある。

（9）昭公三十一年の傳文に「故曰　春秋之稱　微而顯　婉而辨　上之人能使昭明　善人勸焉　淫人懼焉　是以君子貴之」とある。

（10）上の（8）に擧げた隱公七年の傳文の(附)を參照。

（11）疏に「眞者因之　僞者改之」とある。

（12）疏に「合典法者褒之　違禮度者貶之」とある。

（13）疏に「若文無褒貶　無以懲勸　則是文之害教」とある。

（14）『論語』雍也に「子曰　質勝文則野　文勝質則史　文質彬彬　然後君子」とあるのを參照。

（15）『史記』孔子世家に「至於爲春秋　筆則筆　削則削　子夏之徒不能贊一辭」とあるのを參照。

（16）疏に「經有其事　傳辯其由」とある。

（17）疏に「若地有兩名　經傳互擧　及經侵傳伐　經伐傳侵　於文雖異　於理則合」とある。

（18）『論語』公冶長「子曰　巧言令色足恭　左丘明恥之　丘亦恥之」の〈集解〉に「孔曰　左丘明　魯太史」とあるのを參照。また、『漢書』藝文志に「左氏傳三十卷　左丘明　魯太史」とあるのを参照。

(19)『易』繋辭下の文。

(20)同上。

(21)『大戴禮記』子張問入官の文。

(22)隱公七年の傳文に「凡諸侯同盟　於是稱名　故薨則赴以名　告終稱嗣也　以繼好息民　謂之禮經」とあり、注に「此言凡例乃周公所制禮經也」とある。

(23)『易』繋辭下の文。

(24)『易』泰卦の象辭に「后以裁成天地之道」とあるのを參照。

(25)『史記』十二諸侯年表序に「魯君子左丘明懼弟子人人異端　各安其意　失其眞　故因孔子史記　具論其語　成左氏春秋」とあり、また、『漢書』藝文志に「丘明恐弟子各安其意　以失其眞　故論本事而作傳　明夫子不以空言説經也　春秋所貶損大人　當世君臣有威權勢力　其事實皆形於傳　是以隱其書而不宣　所以免時難也」とある。なお、拙稿「『屬辭比事』とその背景」(『日本中國學會報』第四十八集)を參照。

(26)疏に引く『釋例』終篇に「雖是舊文不書　而事合仲尼之意　仲尼因而用之　即是仲尼新意　若宣十年崔氏出奔衞　傳稱　書曰崔氏　非其罪也　且告以族　不以名　是告不以名　故知舊史無名　及仲尼脩經　無罪見逐　例不書名　此舊史之文　適當孔子之意　不得不因而用之」とある。

(27)隱公元年の傳文「九月及宋人盟于宿　始通也」の注に「經無義例　故傳直言其歸趣而已　他皆倣此」とある。

(28)疏に引く『釋例』終篇に「丘明之傳　有稱周禮以正常者　諸稱凡以發例者　是也　有明經所立新意者　諸顯義例而不稱凡者　是也」とある。

(29)成公十四年傳文。なお、その注に「辭微而義顯」とある。

(30)同上。なお、その經に「秋叔孫僑如如齊逆女」とある。

(31)同上。なお、その經に「九月僑如以夫人婦姜氏至自齊」とある。

(32)僖公十九年經文。なお、その傳に「不書其主　自取之也」とある。

(33)僖公十四年經文。なお、その傳に「不書其人　有闕也」とある。

(34)成公十四年傳文。なお、その注に「志　記也　晦亦微也　謂約言以記事　事敍而文微」とある。

(35)桓公二年に「公及戎盟于唐　冬公至自唐」とあり、傳に「特相會　往來稱地　讓事也　自參以上　則往稱地　來稱會　成事也」とある。

(36)宣公七年傳文。なお、その經に「夏公會齊侯伐萊」とある。

(37)成公十四年傳文。なお、その注に「婉　曲也　謂曲屈其辭　有所辟諱　以示大順　而成篇章」とある。

(38)桓公元年經文。なお、その傳文「爲周公祊故也」の注に「魯不宜聽鄭祀周公　又不宜易取祊田　犯二不宜以動　故隱其實　不言祊　稱璧假　言若進璧以假田　非久易也」とある。

(39)成公十四年傳文。なお、その注に「謂直言其事　盡其事實　無所汙曲」とある。

（40）莊公二十三年經文。

（41）莊公二十四年經文。なお、その傳に「春刻其桷　皆非禮也」とあり、注に「幷非丹楹　故言皆」とある。

（42）桓公十五年經文。なお、その傳に「非禮也　諸侯不貢車服　天子不私求財」とある。

（43）莊公三十一年經文。なお、その傳に「非禮也（中略）諸侯不相遺俘」とある。

（44）成公十四年傳文。なお、その注に「善名必書　惡名不滅　所以爲懲勸」とある。

（45）昭公三十一年の傳文に「冬邾黑肱以濫來奔　賤而書名　重地故也（注　黑肱非命卿　故曰賤）君子曰　名之不可不愼也如是　夫有所有名而不如其已（注　有所謂有地也　言雖有名　不如無名已　止也）以地叛　雖賤　必書地　以名其人　終爲不義　弗可滅已（中略）或求名而不得　或欲蓋而名章　懲不義也　齊豹爲衛司寇　守嗣大夫　作而不義　其書爲盜（注　求名而不得也　二十年豹殺衛侯兄　欲求不畏彊禦之名）邾庶其（注　在襄二十一年）莒牟夷（注　在五年）邾黑肱以土地出　求食而已　不求其名　賤而必書（中略）是以春秋書齊豹曰盜　三叛人名　以懲不義」とある。

（46）『易』繫辭上の文。

（47）『春秋繁露』玉杯に「春秋論十二世之事　人道浹而王道備　法布二百四十二年之中　相爲左右　以成文采」とあるのを參照。

（48）上に「其餘則皆卽用舊史　史有文質　辭有詳略　不必改也」とある。

（49）たとえば、僖公四年「夏許男新臣卒」の疏に「釋例曰　若卒于朝會　或書師或書地者　史之成文　非義所存」とあり、また、「賈逵云　不言於師　善會主加禮　若卒於國」とある。

（50）『易』繫辭上に「參伍以變　錯綜其數」とあるのを參照。

（51）『史記』十二諸侯年表序に「故因孔子史記　具論其語　成左氏春秋」とあるのを參照。また、『漢書』劉歆傳に「及歆親近　欲建立左氏春秋及毛詩逸禮古文尙書皆列於學官」とあるのを參照。

（52）「これを」とも讀める。

（53）『論語』爲政に「子曰　攻乎異端　斯害也已」とあるのを參照。

（54）『論語』爲政に「子曰　多聞闕疑　愼言其餘　則寡尤」とあるのを參照。なお、疏に引く『釋例』終篇に「去聖久遠　古文篆隷歷代相變　自然當有錯誤　亦不可拘文以害意　故聖人貴聞一而知二　賢史之闕文也　今左氏有無傳之經　亦有無經之傳　無經之傳　或可廣文　無傳之經　則不知其事　又有事由於魯　魯君親之而復不書者　先儒或強爲之說　或沒而不說　疑在闕文　誠難以意理推之」とある。

（55）哀公十四年の公羊傳文に「制春秋之義以俟後聖」とあるのを參照。

（56）『漢書』楚元王傳に「歆字子駿（中略）及歆校祕書　見古文春秋左氏傳　歆大好之（中略）初左氏傳多古字古言　學者傳訓故而

已　及歆治左氏　引傳文以解經　轉相發明　由是章句義理備焉」とあるのを參照。

(57)『後漢書』賈逵傳に「賈逵字景伯（中略）父徽　從劉歆受左氏春秋（中略）作左氏條例二十一篇　逵悉傳父業（中略）尤明左氏傳國語　爲之解詁五十一篇」とあるのを參照。

(58)『後漢書』范升傳に「時尚書令韓歆上疏　欲爲費氏易左氏春秋立博士　詔下其議（中略）升起對曰　左氏不祖孔子　而出於丘明師徒相傳　又無其人　且非先帝所存　無因得立　遂與韓歆及太中大夫許淑等互相辯難　日中乃罷」とあるのを參照。

(59)『後漢書』儒林傳下に「潁容字子嚴（中略）善春秋左氏（中略）著春秋左氏條例五萬餘言　建安中卒」とあるのを參照。

(60)哀公十四年の公羊傳文に「君子曷爲爲春秋　撥亂世　反諸正莫近諸春秋（中略）制春秋之義　以俟後聖」とあるのを參照。

(61)『論語』子罕に「子曰　吾自衞反魯　然後樂正　雅頌各得其所」とあるのを參照。なお、下文「先儒以爲云云」の疏に「服虔云夫子以哀十一年自衞反魯　而作春秋」とある。

(62)『漢書』董仲舒傳に「孔子作春秋　先正王而繫萬事　見素王之文焉」とあるのを參照。なお、疏に「賈逵春秋序云　孔子覽史記就是非之説　立素王之法」とあり、また、「鄭玄六藝論云　孔子既西狩獲麟　自號素王　爲後世受命之君制明王之法」とある。

(63)『春秋繁露』三代改制質文に「故春秋應天作新王之事　時正黑統　王魯尚黑　絀夏親周故宋」とあるのを參照。また、隱公元年の公羊傳文「因其可褒而褒之」の何注に「春秋王魯　記隱公以爲始受命王」とあるのを參照。また、莊公二十七年「杞伯來朝」の何注に「春秋黜杞　新周而故宋　以春秋當新王」とあるのを參照。

(64)『論語』憲問の文。

(65)定公元年の公羊傳文「則未知己之有罪焉爾」の何注に「此孔子畏時君　上以諱尊隆恩　下以辟害容身　愼之至也」とあるのを參照。

(66)『論語』子罕の文。

(67)同上。

(68)疏に「其五靈之文　出尚書緯也」とある。

(69)哀公十四年の傳文に「春西狩於大野　叔孫氏之車子鉏商獲麟」とあり、注に「車子　微者　鉏商　名」とある。

(70)哀公十四年「春西狩獲麟」の注に「麟者仁獸　聖王之嘉瑞也時無明王　出而遇獲　仲尼傷周道之不興　感嘉瑞之無應　故因魯春秋而脩中興之敎　絶筆於獲麟之一句　所感而作　固所以爲終也」とある。

(71)『詩』大雅〈既醉〉に「君子萬年　永錫祚胤」とあるのを參照。

(72)『書』召誥の文。

(73)襄公十年の傳文に「光啓寡君」とある。

(74)『論語』子張に「子貢曰　文武之道　未墜於地　在人」とあるのを參照。

(75)『論語』陽貨の文。なお、その〈集解〉に「興周道於東方　故曰東周」とあるのを參照。

(76)『易』繫辭下に「夫易　彰往而察來」とあるのを參照。

(77)『易』繫辭下に「聖人之情見乎辭」とあるのを參照。

(78)『易』繫辭下に「其旨遠　其辭文」とあるのを參照。

(79)『論語』子罕に「子疾病　子路使門人爲臣　病間　曰　久矣哉由之行詐也　無臣而爲有臣　吾誰欺　欺天乎」とあるのを參照。

(80) 疏に「服虔云　夫子以哀十一年自衞反魯　而作春秋　約之以禮故有麟應而至」とある。なお、哀公十四年「春西狩獲麟」の疏に「賈逵服虔潁容等皆以爲　孔子自衞反魯　考正禮樂　脩春秋約以周禮　三年文成致麟」とあるのを參照。

(81) 上の疏に「服虔又云　春秋終於獲麟　故小邾射不在三叛人中也　弟子欲明夫子作春秋　以顯其師　故書小邾射以下　至孔子卒」とある。なお、哀公十四年「小邾射以句繹來奔」の注に「春秋止於獲麟　故射不在三叛人之數　自此以下　至十六年　皆魯史記之文　弟子欲存孔子卒　故并錄　以續孔子所脩之經」とあるのを參照。

(82) 哀公十四年公羊傳文。

(83) 同上。

巻第二

傳惠公元妃孟子

㊟「元妃」と言っているのは、最初の嫡夫人であることを明らかにしたのである。「子」は、宋の姓である。

傳孟子卒

㊟「薨」と稱していない〔「卒」と言っている〕のは、喪禮が正式に行われなかったからである。謚〔おくりな〕がないのは、夫より先に死んだため、夫の謚に從うわけにゆかなかったからである。

(附)疏に引く『釋例』に「婦人無外行　於禮當繫夫之謚以明所屬」とあるのを參照。

なお、疏に「服虔云　嫌與惠公俱卒　故重言之」とある。

傳繼室以聲子　生隱公

㊟「聲」は、謚である。おそらく、孟子の姪娣であろう。諸侯が最初に（夫人を）娶るとき、（その夫人と）同姓の國（の女）が、姪娣をつれて、媵となる。元妃が死んだ場合は、次妃が内むきの事を代わりに治めるが、「夫人」と稱することは出來ないから、「繼室」と言うのである。

(附)成公八年の傳文に「凡諸侯嫁女　同姓媵之　異姓則否」とあるのを參照。また、疏に引く『釋例』に「古者諸侯之娶　適夫人及左右媵各有姪娣　皆同姓之國　國三人　凡九女　參骨肉至親　所以息陰訟　陰訟息　所以廣繼嗣」とあり、「夫人薨　不更聘　必以姪娣媵繼室」とあるのを參照。

なお、『通典』巻第一百四に「服虔注聲子之謚非禮也」とあり、また、『晉書』禮志中に「聲子爲謚　服虔諸儒以爲非」とある。

傳宋武公生仲子　仲子生而有文在其手　曰爲魯夫人　故仲子歸于我

㊟婦人が嫁ぐことを「歸」という〔隱公二年公羊傳文〕。掌の紋様がそのまま字形を成していて、天命のようであったから、魯に嫁がせたのである。

傳生桓公而惠公薨

㊟（單に）魯に嫁いで男子を生んだということであって、惠公は桓公が生まれた年に薨じたわけではない。

(附)疏に引く『釋例』に「今推案傳之上下　羽父之弑隱公　皆諮謀於桓　然則桓公已成人也　傳云生桓公而惠公薨　指明仲子唯有此男　非謂生在薨年也　桓已成人而弑隱卽位　乃娶於齊　自應有長庶　長庶　故氏曰孟」とあるのを參照。

傳是以隱公立而奉之

㊟隱公は繼室の子であるから、後を嗣ぐ資格があったが、（仲子に）禎祥〔めでたいしるし〕があったため、亡き父の志をとげようとした。（ただし）桓公がまだ年少だったので、太子として立て、國人をひきいて奉戴したのである。（ここは）經の「元年春」に「卽位」が書かれていないために傳したのである。

(附)疏に「賈逵以爲隱立桓爲大子　奉以爲君」とあるのを參照。

なお、異説として、疏に「鄭衆以爲隱公攝立爲君　奉桓爲大子」とある。

〔隱公元年〕

【經】元年春王正月

【注】隱公の始めの年であり、周王の正月である。一般に、人君が卽位すると、元を體して正に居ろうとするから、「一年」「一月」とは言わないのである。隱公は卽位はしなかったけれども、かりに君事を代行したから、普通の君と同じように、廟に朝し朔を告げたのである。朔を告げ朝正する〔廟に朝する〕例は、襄公二十九年にある。卽位の例は、隱公元年・莊公元年・閔公元年・僖公元年にある。

【附】注の「告朔朝正例」については、襄公二十九年の傳文に「二十九年春王正月公在楚　釋不朝正于廟也」とある。また、注の「卽位例」については、隱公元年の傳文に「元年春王周正月　不書卽位　攝也」とあり、莊公元年の傳文に「元年春　不稱卽位　文姜出故也」とあり、閔公元年の傳文に「元年春　不書卽位　亂故也」とあり、僖公元年の傳文に「元年春　不稱卽位　公出故也」とある。

なお、疏に「服虔亦云　孔子作春秋　於春每月書王　以統三王之正」とある。

【經】三月公及邾儀父盟于蔑

【注】附庸の君は、王の命を受けていないから、例として名を稱す。（ここは）よく自力で大國と通交し、よしみをつなぎ民を安んずる〔隱公七年傳文〕ことが出來たから、字〔あざな〕を書いて貴んだのである。名をいう例は、莊公五年にある。邾は、今の魯國の鄒縣である。「蔑」は、姑蔑で、魯地である。魯國の卞縣の南部に、姑城がある。

【附】注の「名例」については、莊公五年の傳文に「五年秋郳犂來來朝　名未王命也」とある。

なお、疏に「賈服以爲儀父嘉隱公有至孝謙讓之義　而與結好　故貴而字之　善其慕賢說讓」とある。

【經】夏五月鄭伯克段于鄢

【注】國を稱して討たずに、「鄭伯」と言っているのは、教誨を怠ったことを譏ってである。段は、弟としての道にそむいたから、「弟」と言わず〔傳文〕、鄭伯は教誨を怠ったけれども、段もまた惡逆であった、ということを明らかにしたのである。君が臣を討ったのに、君どうしの例を用いている〔「克」と言っている〕のは、段は强大な實力者であって、大邑に據って國都と匹敵した、ということを言わんとしてであり、所謂「實力者を倒した場合には『克』という」〔莊公十一年傳文〕ということである。國を稱して討つ例は、莊公二十二年にあり、實力者を倒す例は、莊公十一年にあり、（同）母弟の例は、宣公十七年にある。鄭は、熒陽の宛陵縣の西南部にあった。「鄢」は、今の潁川の鄢陵縣である。

【附】注の前半については、疏に引く『釋例』に「兄而害弟者　稱弟以章兄罪　弟又害兄　則去弟以罪弟身　統論其義　兄弟二人交相殺害　各有曲直　存弟則示兄曲也　鄭伯既失教　若依例存弟　則嫌善段　故特去

弟　兩見其義」とあるのを參照。
注の「據大都以耦國」については、閔公二年の傳文に「內寵並后　外寵二政　嬖子配適　大都耦國　亂之本也」とあるのを參照。
注の「國討例」については、莊公二十二年に「陳人殺其公子御寇」とある。ただし、その傳文に特に解説はない。なお、疏に「諸注言例在者　未必皆有凡例也」とある。
注の「母弟例」については、宣公十七年の傳文に「凡大子之母弟　公在曰公子　不在曰弟　凡稱弟　皆母弟也」とある。

【經】秋七月天王使宰咺來歸惠公仲子之賵

【注】「宰」は官であり、「咺」は名である。咺は、死者に贈りものをするのに、尸の期間〔葬まで〕に間に合わず、遺族を弔問するのに、哀哭の期間に間に合わず、〔また〕前もって凶事の贈りものをした〔以上、傳文〕から、貶して名をいったのである。〔つまり〕これは、天子の大夫は〔本來〕字を稱するという例である。「仲子」は、桓公の母である。婦人には謚がないから、字〔「仲」〕を姓〔「子」〕に配したのである。「來」は、外からという表現であり、「歸」は、かえらないという表現である。

【附】注の前半については、公羊傳文に「宰者何　官也　咺者何　名也」とあるのを參照。また、下の「冬十有二月祭伯來」の疏に引く『釋例』に「〔王之〕大夫稱字　南季榮叔　是也」とあるのを參照。
注の後半については、公羊傳文に「仲子者何　桓之母也」とあり、何注に「以無謚也　仲字　子姓　婦人以姓配字」とあるのを參照。
なお、疏に「服虔云　賵　覆也　天王所以覆被臣子」とある。また、穀梁成公八年の疏に「賈逵云　畿內稱王　諸夏稱天王　夷狄稱天子」とあり、『周禮』大行人の疏に「服氏云　咺　天子宰夫」とある。

【經】九月及宋人盟于宿

【注】客〔宋〕にも主〔魯〕にも名がないのは、いずれもみな微者だったからである。「宿」は、小國で、東平の無鹽縣である。一般に、盟について、國〔名〕で地をいうのは、その國の君も盟に參加した場合である。例は、僖公十九年にある。宋は、今の梁國の睢陽縣である。

【附】注の「皆微者也」については、公羊傳文に「孰及之　內之微者也」とあり、何注に「宋稱人者　亦微者也」とあるのを參照。また、穀梁傳文に「及者何　內卑者也　宋人　外卑者也」とあるのを參照。
注の「例在僖十九年」については、僖公十九年に「冬會陳人蔡人楚人鄭人盟于齊」とあり、傳文に「陳穆公請脩好於諸侯以無忘齊桓之德　冬盟于齊　脩桓公之好也」とある。

【經】冬十有二月祭伯來

【注】「祭伯」は、諸侯で王の卿士となった者である。「祭」は國で、「伯」は爵である。傳が「王命ではなかった」と言っているのは、「使」を稱していないことを解釋したのである。

【附】注の前半については、疏に引く『釋例』に「王之公卿皆書爵　祭伯凡

伯　是也」とあるのを參照。
注の後半については、公羊傳文に「何以不稱使」とあり、何注に「据凡伯稱使」とあるのを參照。

［經］公子益師卒

［注］傳例に「公が小斂に臨席しなかったから、日を書かない」とあるのは、（恩の）厚薄を示すため（の手立て）である。《春秋》は、（普通）日・月を義例とはしない。卿佐の喪に限り、日（の有無）に託して義をあらわしているのは、事の得失が（その性格上）人君を褒貶するほどのものではなく、かといって、死者の罪でもないため、表現しようがなく、ただ、人臣は輕賤であるため、死日は省略可能であるから、特別に、日に假りて義をあらわしたのである。

［附］注の「傳例」については、疏に「傳文與上下作例者　注皆謂之傳例」とある。
注の「示厚薄」については、疏に引く『釋例』に「君之卿佐　是謂股肱　股肱或虧　何痛如之　疾則親問焉　喪則親與小斂大斂　愼終歸厚之義也　故仲尼脩春秋　卿佐之喪　公不與小斂　則不書日　示厚薄戒將來也　卽以新死小斂爲文　則但臨大斂及不臨其喪　亦同不書日也」とあるのを參照。
なお、注の「獨記日以見義者」の「記」は、諸本に從って、「託」に改める。

［傳］元年春王周正月

［注］「周」と言うことによって、夏・殷と區別したのである。

［傳］不書卽位　攝也

［注］かりに君の政を代行しただけで、卽位の禮は脩めなかったから、史官が典策に書かなかったのである。それ故、傳は、普通とは違うということを示したのである。

［附］疏に引く『釋例』に「遭喪繼位者　每新年正月　必改元正位　百官以序　故國史皆書卽位於策以表之　隱既繼室之子　於第應立　而尋父娶仲子之意　委位以讓桓　天子既已定之　諸侯既已正之　國人既已君之　而隱終有推國授桓之心　所以不行卽位之禮也　隱莊閔僖　雖居君位　皆有故而不脩卽位之禮　或讓而不爲　或痛而不忍　或亂而不得　禮廢事異　國史固無所書　非行其禮而不書於文也　穎氏說以爲魯十二公國史盡書卽位　仲尼脩之　乃有所不書　若實卽位　則爲隱公無讓　若實有讓　則史無緣虛書」とあるのを參照。
なお、疏に「賈服之徒以爲四公皆實卽位　孔子脩經　乃有不書」とある。

［傳］三月公及邾儀父盟于蔑　邾子克也

［注］「克」は、儀父の名である。

［傳］未王命　故不書爵　曰儀父　貴之也

［注］王が未だ命を賜わって諸侯としていなかったのである。その後、儀父は齊の桓公に服事して王室を助けたため、王が命じて邾子とした。だ

から、莊公十六年の經には「邾子克卒」と書かれているのである。

(附)疏に「賈服以爲北杏之會時　已得王命」とある〔なお、北杏の會は、莊公十三年である〕。

また、疏に「服虔云　爵者醮也　所以醮盡其材也」とある。

[傳]公攝位而欲求好於邾　故爲蔑之盟

(注)ともに盟ったわけを解説したのである。

[傳]夏四月費伯帥師城郎　不書　非公命也

(注)「費伯」は、魯の大夫である。「郎」は、魯の邑である。高平の方與縣の東南部に郁郎亭がある。傳に「君が行なえば必ず書く」〔莊公二十三年〕とある。とすれば、史官が典策に書くのは、いずれもみな、君が（行なうよう）命じた事である。今ここで、經に書かれていないのも、（このような）史官の舊法に因ったものであるから、傳がこれを釋したのである。諸々の、魯の事について傳が「不書」を釋している場合は、他もみな、ここと同様である。

[傳]初鄭武公娶于申　曰武姜

(注)「申」國は、今の南陽の宛縣である。

(附)疏に「賈逵云　凡言初者　隔其年　後有禍福　將終之　乃言初也」とある。

[傳]生莊公及共叔段

(注)段は、共に出奔したから、「共叔」と言うのであり、晉侯が、鄂にいたから、これを「鄂侯」と言う、のと同じである。

(附)隱公六年の傳文に「翼九宗五正頃父之子嘉父逆晉侯于隨　納諸鄂　晉人謂之鄂侯」とあるのを參照。

なお、疏に「賈服以共爲謚」とある。

[傳]莊公寤生　驚姜氏　故名曰寤生　遂惡之

(注)眠っていて目がさめると、莊公が生まれていたから、驚いてにくんだのである。

[傳]愛共叔段　欲立之

(注)太子として立てようとしたのである。

[傳]亟請於武公　公弗許　及莊公卽位　爲之請制　公曰　制巖邑也　虢叔死焉　佗邑唯命

(注)「虢叔」は、東虢の君である。制が要害の地であることに恃んで、徳を脩めなかったため、鄭に滅された。段が同じようになるのを恐れたから、他の邑をすすめたのである。虢國は、今の滎陽縣である。

(附)『國語』鄭語に「是其子男之國　虢鄶爲大　虢叔恃勢　鄶仲恃險　是皆有驕侈怠慢之心　而加之以貪冒」とあり、韋注に「勢　阻國也　險　阨也　皆恃之而不脩德」とあるのを參照。

なお、疏に「（賈逵）云　虢叔封西　虢仲封東」とある〔挍勘記を參照〕。

[傳]請京　使居之　謂之京城大叔

(注)公は、姜氏の請願に順って、段を京に居住させ、これを「京城大叔」と呼んだ。一般の臣とは違う、特別扱いをした、ということである。

「京」は、鄭の邑で、今の滎陽の京縣である。

(附)『史記』鄭世家の〈集解〉に「賈逵曰　京　鄭都邑」とあるのを參照。

[傳]祭仲曰　都城過百雉　國之害也

(注)「祭仲」は、鄭の大夫である。長さが一丈で、高さが一丈を、「堵」という。三堵を、「雉」という。（つまり）一雉の牆は、長さが三丈で、高さが一丈である。侯伯の城〔國都〕は、五里四方、（つまり）さしわたしが三百雉であるから、その都邑は、大きくても、百雉〔國都の三分の一〕をこえることは出來ないのである。

(附)疏に「賈逵馬融鄭玄王肅之徒　爲古學者　皆云　雉長三丈」とあるのを參照。また、『禮記』坊記疏に引く鄭玄の〈駁異義〉に「天子城九里　公城七里　侯伯之城五里　子男之城三里」とあるのを參照。

[傳]先王之制　大都不過參國之一

(注)國都の城牆の三分の一である。

[傳]中五之一　小九之一　今京不度　非制也

(注)法度に合致せず、先王の制に反している。

[傳]君將不堪　公曰　姜氏欲之　焉辟害　對曰　姜氏何厭之有　不如早爲之所

(注)適當な身のおき所を與える。

[傳]無使滋蔓　蔓難圖也　蔓草猶不可除　況君之寵弟乎　公曰　多行不義必自斃　子姑待之

(注)「斃」は、踣〔たおれる〕である。「姑」は、且〔しばらく〕である。

[傳]既而大叔命西鄙北鄙貳於己

(注)「鄙」は、鄭の邊邑である。「貳」は、兩方に服屬することである。

[傳]公子呂曰　國不堪貳　君將若之何

(注)「公子呂」は、鄭の大夫である。

[傳]欲與大叔　臣請事之　若弗與　則請除之　無生民心

(注)大叔を長いあいだ除去しないでおくと、國中の民があだし心を持つようになる。

[傳]公曰　無庸　將自及

(注)わざわざ除去しなくとも、禍害が自然にふりかかる、ということである。

[傳]大叔又收貳以爲己邑

(注)それまで兩方に服屬していたもの〔西鄙・北鄙〕を、今ここで、いずれもみな、自分の邑として取り込んだのである。

[傳]至于廩延

(注)他にもたくさん手を伸ばした、ということである。「廩延」は、鄭の邑である。陳留の酸棗縣の北部に延津がある。

[傳]子封曰　可矣　厚將得衆

(注)「子封」は、公子呂である。「厚」とは、土地が廣大なことをいう。

[傳]公曰　不義不暱　厚將崩

(注)君に對して不義であり、兄に對して不親である者には、民が附從するはずはないから、いくら土地が廣大であっても、必ず崩れる。

[傳]大叔完聚

(注)城郭を堅固にし、人民を聚めたのである。

(附)疏に「服虔以聚爲聚禾黍也」とある。

【傳】繕甲兵　具卒乘

㊟歩兵を「卒」といい、車兵を「乘」という。

【傳】將襲鄭　夫人將啓之

㊟「啓」は、開〔ひらく・手引きする〕である。

【傳】公聞其期　曰　可矣　命子封帥車二百乘以伐京

㊟昔は、兵車一輛につき、甲士が三人と、歩卒が七十二人とであった。

【傳】京叛大叔段　段入于鄢　公伐諸鄢　五月辛丑大叔出奔共

㊟「共」國は、今の汲郡の共縣である。

(附)『史記』鄭世家の〈集解〉に「賈逵曰　共　國名也」とあるのを參照。

【傳】書曰鄭伯克段于鄢　段不弟　故不言弟　如二君　故曰克　稱鄭伯　譏失教也　謂之鄭志　不言出奔　難之也

㊟傳は、夫子が《春秋》を作るのに、舊史を改めて義を明らかにした、ということを言っているのである。（鄭伯は）早めに段に適當な身のおき所を與えることをせず、その惡を養成した〔助長した〕から、「教誨を怠った」と言っているのである。段は、實は出奔したのに、「克」という表現をとっているのは、鄭伯の本心は（段を）殺すことにあったため、出奔した〔逃げた〕などとは言いたくなかった、ということを明らかにしたのである。

(附)疏に「服虔云　公本欲養成其惡而加誅　使不得生出　此鄭伯之志意也」とあるのを參照。

【傳】遂寘姜氏于城潁

㊟「城潁」は、鄭地である。

(附)『史記』鄭世家の〈集解〉に「賈逵曰　鄭地」とあるのを參照。

【傳】而誓之曰　不及黃泉　無相見也

㊟地中の泉だから、「黃泉」と言うのである。

(附)『史記』鄭世家の〈集解〉に「服虔曰　天玄地黃　泉在地中　故言黃泉」とあるのを參照。

【傳】既而悔之　潁考叔爲潁谷封人

㊟「封人」とは、封疆（の守備）をつかさどる者である。

(附)『史記』鄭世家の〈集解〉に「賈逵曰　潁谷　鄭地」とある。

【傳】聞之　有獻於公　公賜之食　食舍肉　公問之　對曰　小人有母　皆嘗小人之食矣　未嘗君之羹　請以遺之

㊟食事の時、（わざと）羹〔肉汁〕を啜らず、それによって（公に）質問させようとしたのである。宋の華元も、羊を殺して羹をつくり、士に振舞った。おそらく、（これが）賤官をもてなす際の、昔のしきたりだったのであろう。

(附)宣公二年の傳文に「將戰　華元殺羊食士」とある。

【傳】公曰　爾有母遺　繄我獨無

㊟「繄」は、語助〔虚詞〕である。

(附)僖公五年の傳文に「惟德繄物」とあり、『詩』大雅〈泂酌〉の疏に「服虔注云　繄　發聲也」とあるのを參照。

【傳】潁考叔曰　敢問何謂也

㊟武姜が存命であることを根據に、わざとたずねたのである。

【傳】公語之故　且告之悔　對曰　君何患焉　若闕地及泉　隧而相見　其誰曰不然

【注】「隧」は、今の延道〔地下道〕のようなものである。

【傳】公從之　公入而賦　大隧之中　其樂也融融

【注】「賦」とは、詩を賦したのである。「融融」は、なごやか(なさま)である。

【附】疏に「服虔云　入言公　出言姜　明倶出入互相見」とある。

【傳】姜出而賦　大隧之外　其樂也洩洩

【注】「洩洩」は、のびやか(なさま)である。

【傳】遂爲母子如初　君子曰　潁考叔　純孝也

【注】「純」は、篤と同じである。

【傳】愛其母　施及莊公　詩曰　孝子不匱　永錫爾類　其是之謂乎

【注】「不匱」は　純孝〔篤孝〕である。莊公は、はじめは誤ったけれども、孝心を忘れていなかったから、考叔が感化して、それを實行させたのである。所謂「(純孝を)永く、なんじの同類〔莊公を指す〕に賜わる」ということである。詩人は、詩を作るのに、それぞれ、心情にもとづいて表現し、君子は、詩を論ずるのに、文辭にとらわれて(詩人の)心意をそこねたりしない。だから、《春秋》傳が『詩』を引いている場合、今の『詩』の解説〔毛傳・鄭箋など〕とは、必ずしも一致しないのである。後はみな、これに倣う。

【附】『詩』大雅〈既醉〉の毛傳には「匱竭　類善也」とあり、鄭箋には「永長也　孝子之行　非有竭極之時　長以與女之族類　謂廣之以教道天下也　春秋傳曰　潁考叔　純孝也　施及莊公」とある。
なお、注の「不以文害意」については、『孟子』萬章上に「故説詩者　不以文害辭　不以辭害志　以意逆志　是爲得之」とあるのを參照。

【傳】秋七月天王使宰咺來歸惠公仲子之賵　緩　且子氏未薨　故名

【注】惠公の葬は《春秋》の前にあったから、「緩〔おそい〕」と言っているのである。「子氏」とは、仲子のことであり、薨じたのは二年である。「賵」は、喪を助けるための物である。

【附】二年に「十有二月乙卯夫人子氏薨」とある。

【傳】天子七月而葬　同軌畢至

【注】「同軌」と言うことによって、四夷の國と區別したのである。

【附】疏に「鄭玄服虔皆以軌爲車轍也」とある。

【傳】諸侯五月　同盟至

【注】(「同盟」とは)方嶽の盟に同席したものである。

【傳】大夫三月　同位至

【注】昔、(大夫の)行役〔出張〕は、時〔三箇月〕をこえなかった。

【附】隱公五年の穀梁傳文に「伐不踰時」とあるのを參照。

【傳】士踰月　外姻至

【注】「踰月」とは、月をわたる〔こえる〕ということである。「姻」は、親と同じである。ここは、(死者の身分によって)それぞれ、弔問客の範圍に差がつけられ、同時に、葬の時期もきめられている、ということを言っているのである。

附注の「踰月　度月也」について。襄公四年に「秋七月戊子夫人姒氏薨」とあり、「八月辛亥葬我小君定姒」とあり、注に「踰月而葬　速」とある。一方、襄公十五年に「冬十有一月癸亥晉侯周卒」とあり、同十六年に「春王正月葬晉悼公」とあり、注に「踰月而葬　速也」とある。兩者を比較するに、後者の「踰月」は、十二月という一箇月を間にはさんでという意味であるが、前者は、一箇月もたっておらず、「踰月」は、單に翌月という意味である。言いかえれば、前者の「月」は、死んだその月を指し、後者の「月」は、次の月を指している。ここの「踰月」は、おそらく、前者の意味なのであろう〔後者だと、「大夫」の場合と同じになってしまう〕。ちなみに、『說苑』修文篇に「天子七日而殯　七月而葬　諸侯五日而殯　五月而葬　大夫三日而殯　三月而葬　士庶人二日而殯　二月而葬」とある。

傳贈死不及尸

注「尸」とは、葬る前（の期間）の通稱である。

傳弔生不及哀

注諸侯以上は、葬がおわると、縗麻〔喪服〕を除いて、哭位〔哭する場所?〕もなくし、（その後は）諒闇する〔心喪する〕だけで、（三年の）喪をしとげるのである。

附『晉書』禮志中に「尙書杜預以爲　古者天子諸侯三年之喪始同齊斬　既葬除喪服　諒闇以居　心喪終制　不與士庶同禮」とあるのを參照。

傳豫凶事　非禮也

注仲子がまだ存命中なのに、來て贈ったから、「前もって凶事の贈りものをした」と言っているのである。

傳八月紀人伐夷　夷不告　故不書

注「夷」國は、城陽の莊武縣にあり、「紀」國は、東莞の劇縣にあった。隱公十一年の傳例に「凡そ、諸侯に事件があった場合、報告してくれば書き、そうでなければ書かない」とある。（ここの場合）史官が典策に書かなかったから、夫子も經に書かなかったのであり、傳は、その事件を示して、《春秋》の例を明らかにしたのである。他はみな、これに倣う。

附序に「其發凡以言例　皆經國之常制　周公之垂法　史書之舊章　仲尼從而脩之　以成一經之通體」とあるのを參照。

傳有蜚　不爲災　亦不書

注「蜚」は、負蠜〔臭蟲?〕である。莊公二十九年の傳例に「凡そ、物は、災害をもたらさなければ、書かない」とある。ここでまた、これを發しているのは、傳が依據したのは、史官の典策だけなのではなく、あわせて、簡牘の記からも采った、ということを明らかにしたのである。他はみな、これに倣う。

附序に「大事書之於策　小事簡牘而已」とあるのを參照。また、十一年の注に「命者　國之大事政令也　承其告辭　史乃書之於策　若所傳聞行言　非將君命　則記在簡牘而已　不得記於典策　此蓋周禮之舊制」とあるのを參照。

［傳］惠公之季年　敗宋師于黃
㊟「黃」は、宋の邑である。陳留の外黃縣の東部に黃城がある。
［傳］公立而求成焉　九月及宋人盟于宿　始通也
㊟經に義例がないから、傳はただ事件の趣旨だけを言ったのである。他はみな、これに倣う。
(附)序に「其經無義例　因行事而言　則傳直言其歸趣而已　非例也」とあるのを參照。
［傳］冬十月庚申改葬惠公　公弗臨　故不書
㊟桓公を太子にした〔or桓公が太子であった〕から、隱公は謙讓して、喪主にはならなかったのである。隱公が君の政を代行していたから、隱公(の出缺)にもとづいて言ったのである。
(附)『太平御覽』卷第五百五十三に「賈逵曰　改葬　改備禮也　葬　嗣君之事　公不臨　言無恩　禮曰　改葬緦也」とある。
［傳］惠公之薨也　有宋師　大子少　葬故有闕　是以改葬
(附)疏に「服虔以爲宋師卽黃之師也　是時宋來伐魯　公自與戰」とある。
［傳］衞公來會葬　不見公　亦不書
㊟諸侯が會葬するのは、非禮である。(ここは)公と接して禮を成すことが出來なかったから、典策に書かなかったのである。他はみな、これに倣う。「衞」國は、汲郡の朝歌縣にあった。

［傳］鄭共叔之亂　公孫滑出奔衞
㊟「公孫滑」は、共叔段の子である。
［傳］衞人爲之伐鄭　取廩延　鄭人以王師虢師伐衞南鄙
㊟「虢」は、西虢國である。弘農の陜縣の東南部に虢城がある。
［傳］請師於邾　邾子使私於公子豫
㊟「公子豫」は、魯の大夫である。非公式に〔内々に〕師を請うたのである。
［傳］豫請往　公弗許　遂行　及邾人鄭人盟于翼
㊟「翼」は、邾地である。
［傳］不書　非公命也
［傳］新作南門　不書　亦非公命也
㊟「公が(行なうよう)命じたことではないから、書かなかった」と(いう傳を)三度も示しているのは、いずれもみな、大事を行なったから、省略せずに、いちいち擧げたのである。
［傳］十二月祭伯來　非王命也
［傳］衆父卒
㊟「衆父」は、公子益師の字〔あざな〕である。
［傳］公不與小斂　故不書日

【注】禮では、卿佐の喪は、小斂〔死の翌日〕と大斂〔死の翌々日〕とのいずれにも、君みずからが臨席する。恩が厚いことを崇ぶからである。（なお）死んだばかりのとき〔死の翌日〕は、（特に）情が篤く禮が重いから、「小斂」で表現したのであって、大斂だけには臨席した場合、及び、兩方に〔大斂にも〕臨席しなかった場合も、同じく日を書かない。

【附】注の表現は「至於〔二つの場合〕亦同不書日」という形になっているが、實際には、この二つの場合しかあり得ない。

なお、疏に「賈逵云　不與大斂　則不書卒」とある。

〔隱公二年〕

【經】二年春公會戎于潛

【注】戎・狄・夷・蠻は、いずれもみな、氐・羌の別種である。戎であるのに、「會」と書いているのは、自分たちの慣習に順って禮をなしたのであり、いずれもみな、戎子駒支のような、中國に居住していた者をいう。陳留の濟陽縣の東南部に戎城がある。「潛」は、魯地である。

【附】襄公十四年の傳文に「(戎子駒支)　對曰　(中略)　我諸戎飲食衣服不與華同　贄幣不通　言語不達」とあるのを參照。

【經】夏五月莒人入向

【注】「向」は、小國である。譙國の龍亢縣の東南部に向城がある。「莒」國は、今の城陽の莒縣である。將が卑く師が少ない場合は、「人」と稱する。その土地を占有しなかった場合は、「入」と言う。（後者の）例は、襄公十三年にある。

【附】注の「將卑師少稱人」については、疏に引く『釋例』に「大夫將　滿師稱師　不滿稱人而已　卿將　滿師則兩書　不滿則直書名氏　君將　不言帥師　卿將　不言帥旅　此史策記注之常」とあるのを參照。また、隱公五年の公羊傳文に「將尊師衆　稱某率師　將尊師少　稱將　將卑師衆　稱師　將卑師少　稱人　君將　不言率師　書其重者也」とあるのを參照。

注の「弗地曰入　例在襄十三年」については、襄公十三年の傳文に「弗地曰入」とあり、注に「謂勝其國邑　不有其地」とある。

【經】無駭帥師入極

【注】「無駭」は、魯の卿である。「極」は、附庸の小國である。無駭に氏を書いていないのは、族を賜わっていなかったからである。族を賜わる例は、八年にある。

【附】八年の傳文に「無駭卒　羽父請謚與族　公問族於衆仲　衆仲對曰　天子建德　因生以賜姓　胙之土而命之氏　諸侯以字　爲謚　因以爲族　官有世功　則有官族　邑亦如之　公命以字爲展氏」とある。

なお、疏に「賈云　極　戎邑也」とある。

【經】秋八月庚辰公及戎盟于唐

【注】高平の方與縣の北部に武唐亭がある。八月ならば、庚辰（の日）はな

い。庚辰ならば、七月九日である。日か月か（のどちらか）が誤っているに違いない。

（附）疏に「杜勘検經傳上下月日　制爲長歷　此年八月壬寅朔（中略）七月壬申朔」とあるのを參照。

【經】九月紀裂繻來逆女

（注）「裂繻」は、紀の大夫である。傳に「卿が君のために迎えた」とあるのは、それによって、卿が自分のために迎えた場合と區別したのである。女を迎えるのに、「使」を稱したり、「使」を稱さなかったりしているのは、昏禮では主人〔むこ〕を稱さないため、史官がそれぞれの事實〔母の有無〕に隨って書いたからであって、義例ではない。他はみな、これに倣う。

（附）注の前半については、疏に引く『釋例』に「天子娶　則稱逆王后　卿爲君逆　則稱逆女　其自爲逆　則稱所逆之字　尊卑之別也」とあるのを參照。

注の後半については、公羊傳文に「何以不稱使　婚禮不稱主人　然則曷稱　稱諸父兄師友　宋公使公孫壽來納幣　則其稱主人何　辭窮也　辭窮者何　無母也　然則紀有母乎　曰有　有則何以不稱母　母不通也」とあるのを參照。

【經】冬十月伯姫歸于紀

（注）傳はない。「伯姫」は、魯の女であり、裂繻が（君のために）迎えた者である。

【經】紀子帛莒子盟于密

（注）「子帛」は、裂繻の字〔あざな〕である。莒と魯とは仲違いしていたが、紀侯は、魯から娶ると、大夫に莒と盟わせ、兩國を和解させたのである。（つまり）子帛は、魯のためによしみを結び民を安んじたから、傳に「魯のためである」とあり、魯の大夫になぞらえて「莒子」の上におき、字を稱して褒めているのである。字をいう例は、閔公元年にある。「密」は、莒の邑である。城陽の淳于縣の東北部に密鄉がある。

（附）注の「字例」については、閔公元年に「季子來歸」とあり、注に「季子　公子友之字　季子忠於社稷　爲國人所思　故賢而字之」とあり、傳に「季子來歸　嘉之也」とある。また、「冬齊仲孫來」とあり、注に「還使齊侯務寧魯難　故嘉而字之」とあり、傳に「書曰仲孫　亦嘉之也」とある。

【經】十有二月乙卯夫人子氏薨

（注）傳はない。桓公が未だ君ではなかったから、（その母の）仲子は「夫人」と稱することが出來ないはずである。（しかしながら）隱公は桓公に讓って太子とし、その母の喪を正式に行ない、諸侯に赴告したから、經は、ここで、「夫人」と稱しているのである。（ただし）反哭しなかったから、「葬」は書いていない。例は、三年にある。

(附)三年の傳文に「夏君氏卒　聲子也　不赴於諸侯　不反哭于寢　不祔于姑　故不曰薨　不稱夫人　故不言葬」とある。

[經]鄭人伐衞

(注)凡そ、師について、鍾鼓〔なり物〕を用いた場合には、「伐」という。例は、莊公二十九年にある。

(附)莊公二十九年の傳文に「凡師有鍾鼓曰伐　無曰侵　輕曰襲」とある。

[傳]二年春公會戎于潛　脩惠公之好也　戎請盟　公辭

(注)よしみを通ずることは許したが、盟を結ぶことは許さなかったのである。夷狄をふせぐには、一度だけでは不充分である、ということである。

(附)文公九年の公羊傳文に「許夷狄者不一而足也」とあるのを參照。

[傳]莒子娶于向　向姜不安莒而歸　夏莒人入向　以姜氏還

(注)傳(意)は、婚姻の義に反している、と言っているのである。そもそも(事の)得失が小さいから、經に特別の表現がなく、傳で事實の詳細(だけ)を述べているのであるが、傳文をよく讀めば、その是非(の意)を戒めとすることが出來る。他はみな、これに倣う。

[傳]司空無駭入極　費庈父勝之

(注)魯の司徒・司馬・司空は、いずれもみな、卿である。「庈父」とは、費伯のことである。〔費伯は〕前年に郎に城き、今ここで、その郎に據って極に勝つことが出來た。だから、傳は、前年において、郎に城いたことを言っているのである。

(附)元年の傳文に「夏四月費伯帥師城郎」とある。

[傳]戎請盟　秋盟于唐　復脩戎好也

[傳]九月紀裂繻來逆女　卿爲君逆也

[傳]冬紀子帛莒子盟于密　魯故也

[傳]鄭人伐衞　討公孫滑之亂也

(注)元年の、廩延を取った事件を、ただしたのである。

(附)元年の傳文に「鄭共叔之亂　公孫滑出奔衞　衞人爲之伐鄭　取廩延」とある。

巻第三

〔隱公三年〕

【經】三年春王二月己巳日有食之

【注】傳はない。太陽の運行は遲く、一年で天を一周する。月の運行は速く、一箇月で天を一周する。（兩者は）一年で、合計十二回交會する。しかし、太陽と月とは動くものであるから、その運行の度合におおよその定量があるにせよ、少しは增減がないわけにゆかない。だから、交會しても食さない場合があったり、交會するたびに食する場合があったりする。正陽の月に限って、君子は日食を忌む。それ故に、鼓を伐って幣を用いるのである。いま、『釋例』において、〈長歷〉を用いて經傳を推算したところによると、この食は明らかに二月の朔である。「朔」を書いていないのは、史官が書き漏らしたのである。「朔」と日を書く例は、桓公十七年にある。

【附】注の「書朔日例」については、桓公十七年の傳文に「冬十月朔日有食之　不書日　官失之也　天子有日官　諸侯有日御　日官居卿以厎日　禮也　日御不失日　以授百官于朝」とある。なお、經の方の注に「甲乙者　厤之紀也　晦朔者　日月之會也　日食不可以不存晦朔　晦朔須甲乙而可推　故日食必以書朔日爲例」とあるのを參照。

【經】三月庚戌天王崩

【注】周の平王である。實際には、壬戌に崩じたのだが、諸侯にはやく來てほしかったから、遠日〔十日以上も前の日附〕で赴告したのである。《春秋》が、實際に崩じた日を書かずに、遠日を書いているのは、その作爲をそのまま傳えて、臣子の過ちを懲らしたのである。襄公二十九年の傳に「（靈王の葬に際して）鄭の上卿〔子展〕には用事があったので、（彼は）印段に、周へ行って會葬させた」とある。今ここで、「葬」を書いていないのは、魯が會さなかったからである。

【附】疏に引く『釋例』に「天王僞赴　遂用其虛　明日月闕否　亦從赴辭　君子不變其文　以愼其疑　且虛實相生　隨而長之　眞僞之情　可以兩見　承赴而書之　亦所以示將來也」とあるのを參照。

【經】夏四月辛卯君氏卒

【注】隱公は、（自身）正君の禮に從うことをしなかったから、その母にも禮を備えることをしなかったのである。

【經】秋武氏子來求賻

【注】「武氏子」とは、天子の大夫の嗣である。（このとき）平王の喪〔なきがら〕が殯にあり、（そのため）新王は、未だ（臣下に）爵位を授けることが出來ず、（また、政事を）冢宰にまかせていた。だから、傳に「王が未だ葬られていなかった」とあるのである。（つまり、傳は）經が（「武氏子」と）父の族を稱し、また、「使」を稱していないわけを、（同時に）解釋しているのである。（なお）魯は、王の喪におくりものをせず、むこうから求めるようにさせてしまったのであるが、（このことについては）經が、事實をありのままに書くことによって、

（既に）不敬であることを示しているから、傳は、あらためて解釋していないのである。

【附】注の「經直文以示不敬」については、序に「四曰　盡而不汙　直書其事　具文見意」とあるのを參照。

【經】八月庚辰宋公和卒

【注】「卒」と稱しているのは、外を略記することによって、內（魯）と區別したのである。元年に大夫(どうし)が宿で盟っているから、名によって赴告してきたのである。例は、七年にある。

【附】七年の傳文に「春滕侯卒　不書名　未同盟也　凡諸侯同盟　於是稱名　故薨則赴以名　告終稱嗣也　以繼好息民　謂之禮經」とある。

【經】冬十有二月齊侯鄭伯盟于石門

【注】赴告してきたから、書いたのである。「石門」は、齊地である。一説に、濟北の盧縣の故城の西南の濟水の門である。

【經】癸未葬宋穆公

【注】傳はない。魯が大夫を會葬させたから、書いたのである。死んだ（ばかりの）時に「卒」と書くのは、史官は、國にいて赴告を承けるが、君のために、赴告の「薨」という表現をきらい、赴告（の表現）をなおして書く、からである。「葬」を書く場合に、謚を舉げ、「公」と稱するのは、會葬する者は外にいるため、あちらの國の表現による、からである。「葬」を書く例は、昭公六年にある。

【附】注の「魯使大夫會葬　故書」については、疏に引く『釋例』に「書他國之葬　必須魯會」とあるのを參照。

注の「始死書卒云云」については、上の注に「稱卒者　略外以別內也」とあるのを參照。また、疏に引く『釋例』に「內稱公而書薨　所以自尊其君　則不得不略外諸侯書卒以自異也」とあるのを參照。

注の「書葬則舉謚稱公者云云」については、疏に引く『釋例』に「至於既葬　雖邾許子男之君　皆稱謚而言公　各順臣子之辭」とあるのを參照。

注の「書葬例」については、昭公六年の傳文に「大夫如秦　葬景公　禮也」とある。

【傳】三年春王三月壬戌平王崩　赴以庚戌　故書之

【傳】夏君氏卒　聲子也　不赴於諸侯　不反哭于寢　不祔于姑　故不曰薨　不稱夫人　故不言葬

【注】夫人の喪禮は三つある。薨ずると、同盟の國に赴告するのが、第一である。葬がおわって、正午に墓からもどり、正寢で虞祭する、いわゆる寢での反哭が、第二である。卒哭して祖姑に祔祭するのが、第三である。このようにすれば、「夫人某氏薨」「葬我小君某氏」と書く。（つまり）これが、禮を完備した場合の表現である。赴告せず、祔祭しなかった場合は、喪禮が不備だったことになるから、死に「夫人

（某氏）薨」とは稱さず、葬に「葬我小君某氏」とは言わない。（また）反哭した場合は「葬」を書き、反哭しなかった場合は「葬」を書かない。今ここで、聲子の場合は、三つの禮を、いずれもみな闕いたのである。（なお、このことについては）『釋例』で詳しく論じている。

(附)定公十五年の傳文に「秋七月壬申姒氏卒　不稱夫人　不赴　且不祔也（中略）葬定姒　不稱小君　不成喪也」とあり、注に「反哭於寢　故書葬」とあるのを參照。また、哀公十二年の傳文に「死不赴　故不稱夫人　不反哭　故不言葬小君」とあるのを參照。なお、疏に引く『釋例』に「夫人子氏　赴而不反哭　故不書葬　定姒　則反哭而不赴　故書葬而不言小君」とある。

[傳]不書姓　爲公故　曰君氏

㊟姓〔「子」〕を書いていないのは、正夫人〔仲子〕を憚ってである。（ただし）隱公は現に君であったから、「君氏」と稱して、特別に經に書き、普通の妾媵とは區別したのである。

(附)疏に引く『釋例』に「凡妾子爲君　其母猶爲夫人　雖先君不命其母　母以子貴　其適夫人薨　則尊得加於臣子　外內之禮　皆如夫人矣　故姒氏之喪　責以小君不成　成風之喪　王使會葬　傳曰禮也　隱以讓桓攝位　故不成禮於聲子　假稱君氏以別凡妾媵　蓋是一時之宜　隱之至義也」とあるのを參照。

[傳]鄭武公莊公爲平王卿士

㊟「卿士」とは、王の卿で政治をとり行なう者である。父と子とが（二代にわたって）周の政權を握っていた、ということである。

(附)『太平御覽』巻第四百八十に「賈逵曰　卿士也　有事者　六卿也」とある。なお、『國語』周語上「榮公爲卿士」の韋注に「卿士　卿之有事者」とあるから、『御覽』の「卿士也」の「也」は、あるいは、「之」の誤りかもしれない。

[傳]王貳于虢

㊟「虢」とは、西虢公であり、同じく王朝に仕えていた。王は、政治を虢にも分擔させ、これ以上、鄭伯だけに任せまい、としたのである。

[傳]鄭伯怨王　王曰　無之　故周鄭交質　王子狐爲質於鄭　鄭公子忽爲質於周

㊟「王子狐」は、平王の子である。

[傳]王崩　周人將畀虢公政

㊟周人は、平王の遺志をそのまま實現させようとしたのである。

[傳]四月鄭祭足帥師取溫之麥　秋又取成周之禾

㊟（周正の）「四月」は、今〔夏正〕の二月であり、「秋」は、今の夏であって、（これらの時期には）麥も禾も、いずれもみな、未だ實っていないはずである。（それなのに）「取」と言っているのは、（手にいれたのではなくて）おそらく、なぎたおし、ふみにじったのであろう。「溫」は、今の河內の溫縣である。「成周」は、洛陽縣である。

[傳]周鄭交惡

㊟互いににくみ合うようになった。

[傳]君子曰　信不由中　質無益也　明恕而行　要之以禮　雖無有質　誰能

間之　苟有明信　澗谿沼沚之毛

㊟「谿」もまた、「澗」〔たにがわ〕である。「沼」は、池である。「沚」は、小渚〔小さな洲〕である。「毛」は、草である。

（附）『詩』召南〈采蘩〉の毛傳に「沼池　沚渚也」とあるのを參照。

【傳】蘋蘩薀藻之菜

㊟「蘋」は、大蓱〔大きなうきくさ〕である。「蘩」は、皤蒿〔しろよもぎ〕である。「薀藻」は、聚藻〔聚生する水藻〕である。

（附）『詩』召南〈采蘩〉の毛傳に「蘩　皤蒿也」とあるのを參照。また、同〈采蘋〉の毛傳に「蘋　大蓱也（中略）藻　聚藻也」とあるのを參照。

【傳】筐筥錡釜之器

㊟方形のを「筐」と言い、圓形のを「筥」と言う。足がないのを「釜」と言い、足があるのを「錡」と言う。

（附）『詩』召南〈采蘋〉の毛傳に「方曰筐　圓曰筥（中略）有足曰錡　無足曰釜」とあるのを參照。

【傳】潢汙行潦之水

㊟「潢汙」は、停水〔たまり水〕であり、「行潦」は、流潦〔流れる雨水〕である。

（附）『詩』召南〈采蘋〉及び大雅〈泂酌〉の毛傳に「行潦　流潦也」とあるのを參照。

なお、疏に「服虔云　畜小水謂之潢　水不流謂之汙　行潦　道路之水」とある。

【傳】可薦於鬼神　可羞於王公

㊟「羞」は、進〔すすめる〕である。

【傳】而況君子結二國之信　行之以禮　又焉用質

㊟あちらとこちらの情〔まこと〕を盟約する場合を、一般論として述べたから、（「周鄭」ではなくて）「二國」と言っているのである。

【傳】風有采蘩采蘋

㊟「采蘩」・「采蘋」は、『詩』の國風である。（これらについては）〝粗末なものでもいとわない〟という意味を取ったのである。

（附）『詩』召南〈采蘋〉の毛傳に「蘋藻　薄物也　澗潦　至質也　筐筥錡釜　陋器也」とあるのを參照。また、大雅〈泂酌〉の鄭箋に「流潦　水之薄者也」とあるのを參照。

【傳】雅有行葦泂酌

㊟『詩』の大雅である。「行葦」の篇については、〝忠厚〟という意味を取ったのである。「泂酌」の篇については、〝行潦でも祭祀に供することが出來る〟という意味を取ったのである。

（附）『詩』大雅〈行葦〉の序に「行葦　忠厚也」とあるのを參照。

【傳】昭忠信也

㊟忠信〔まこと〕の行ないさえあれば、どんな粗末なものでも、用をなすことが出來る、ということを明らかにしている。

【傳】武氏子來求賻　王未葬也

(傳)宋穆公疾　召大司馬孔父而屬殤公焉　曰　先君舍與夷而立寡人

(注)「先君」とは、穆公の兄の宣公である。「與夷」は、宣公の子、つまり、(孔父に)託したところの「殤公」である。

(傳)寡人弗敢忘　若以大夫之靈　得保首領以沒　先君若問與夷　其將何辭以對　請子奉之　以主社稷　寡人雖死　亦無悔焉　對曰　羣臣願奉馮也

(注)「馮」は、穆公の子の莊公である。

(傳)公曰　不可　先君以寡人爲賢　使主社稷　若棄德不讓　是廢先君之擧也　豈曰能賢

(注)讓らなければ、賢とは言えない、ということである。

(傳)光昭先君之令德　可不務乎　吾子其無廢先君之功

(注)先君は、賢者〔私〕を引き立てたことを功として(誇って)おられたのに、私がもし賢でなければ、それを無にすることになる。

(傳)使公子馮出居於鄭

(注)殤公を憚ったのである。

(傳)八月庚辰宋穆公卒　殤公卽位　君子曰　宋宣公可謂知人矣　立穆公其子饗之　命以義夫

(注)命が義から出たのである。「夫」は、語助〔虚詞〕である。

(傳)商頌曰　殷受命咸宜　百祿是荷　其是之謂乎

(注)『詩』の頌である。殷の湯と武丁の受命は、いずれもみな、義による〔義から出た〕ものであったから、天の多くの福祿をになえることになった、ということである。(ここの場合も)義にしたがって行動していれば、殤公は、このような命を受け、このような福祿をになえるはずであったが、公子馮が、父〔穆公〕の義にしたがわず、いかって出奔し、鄭にたよってもどろうとし、結局、咸宜〔みな義である場合〕の福祿をそこなってしまった。だから、「人を見る目がある」という評語は、宣公だけにあてられているのである。殷の禮では、兄弟間でも相續し、子や孫に傳えるとは限らない。宋はその後裔であるから、「商頌」を引き合いに出したのである。

(傳)冬齊鄭盟于石門　尋盧之盟也

(注)盧の盟は、《春秋》の前にあった。「盧」は、齊地であり、今の濟北の盧縣の故城である。

(傳)庚戌鄭伯之車僨于濟

(注)盟った後で、大風に遇った。(つまり)傳は、異變を記したのである。十二月に庚戌(の日)はない。日(の方)が誤っているのである。

(附)疏に「長歴推此年　十二月甲子朔」とあるのを參照。

(傳)衞莊公娶于齊東宮得臣之妹　曰莊姜

(注)「得臣」は、齊の太子である。太子は、上位につくことはないから、いつも東宮にいるのである。

(附)『詩』衞風〈碩人〉の疏に「服虔云　得臣　齊太子名　居東宮」とあるのを參照。

なお、注の「此」は、挍勘記に從って、衍文とみなす。

【傳】美而無子　衞人所爲賦碩人也

㊟「碩人」は、『詩』である〝莊姜は、美人であるうえに賢であったのに、むくいられず、結局、子が出來なかったので、國人が彼女のことをあわれんだ〟という意味を取ったのである。

（附）『詩』衞風〈碩人〉の序に「碩人　閔莊姜也　莊公惑於嬖妾　使驕上僭　莊姜賢而不荅　終以無子　國人閔而憂之」とあるのを參照。

【傳】又娶于陳　曰厲嬀　生孝伯　早死

㊟「陳」は、今の陳國の陳縣である。

【傳】其娣戴嬀生桓公　莊姜以爲己子

㊟「嬀」は、陳の姓である。「厲」・「戴」は、いずれもみな、諡である。莊姜の子になったけれども、太子の位は未だ決まっていなかった。

【傳】公子州吁　嬖人之子也

㊟「嬖」は、親幸〔寵愛〕である。

【傳】有寵而好兵　公弗禁　莊姜惡之　石碏諫曰　臣聞愛子　教之以義方

㊟「石碏」は、衞の大夫である。

（附）『史記』衞世家の〈集解〉に「賈逵曰　石碏　衞上卿」とある。

【傳】弗納於邪　驕奢淫泆　所自邪也　四者之來　寵祿過也　將立州吁　乃定之矣　若猶未也　階之爲禍

㊟太子に立てるつもりなら、早く決めるべきであって、もし、早く決めなければ、州吁は、必ず寵にたよって、禍いをひきおこす、ということである。

（附）疏に「服虔云　言此四者過　從邪起」とある〔傳文の意味は、實は逆であろうが〕。

【傳】夫寵而不驕　驕而能降　降而不憾　憾而能眕者　鮮矣

㊟このような者は少ない。〔普通は〕地位をおとせば、必ず恨み、恨めば、心が亂れて、自分を抑えられなくなる。

（附）昭公元年の注に「鮮　少也」とあり、宣公二年の注に「憾　恨也」とあるのを參照。また、『爾雅』釋言に「眕　重也」とあるのを參照。

【傳】且夫賤妨貴　少陵長　遠間親　新間舊　小加大

㊟〔「小加大」とは〕小國でありながら、大國に攻擊をしかける、ということであり、「息侯が鄭を伐った」〔十一年傳文〕ような類である。

【傳】淫破義　所謂六逆也　君義臣行　父慈子孝　兄愛弟敬　所謂六順也

㊟〔「君義臣行」とは〕臣が君の義を行なう、ということである。

【傳】去順效逆　所以速禍也　君人者　將禍是務去　而速之　無乃不可乎　弗聽　其子厚與州吁游　禁之　不可　桓公立　乃老

㊟「老」は、致仕〔引退〕である。四年の經に「州吁がその君を弑した」と書かれているから、傳は、經に先んじて事件（の敍述）を始めたのである。

（附）序に「左丘明受經於仲尼　以爲經者不刊之書也　故傳或先經以始事　或後經以終義」とあるのを參照。

〔隱公四年〕

【經】四年春王二月莒人伐杞取牟婁

㊟傳はない。「取」と書いているのは、容易だったことを言わんとして

である。例は、襄公十三年にある。「杞」國は、はじめ、陳留の雍丘縣に都した。事跡をたずねてみると、桓公六年に、淳于公が國を失ったとき、杞は、これを併合して、都を淳于に遷したようである。僖公十四年には、さらに緣陵に遷った。（そして）襄公二十九年に、晉人が杞の淳于に城いたとき、杞は、また都を淳于に遷したのである。「牟婁」は、杞の邑である。城陽の諸縣の東北部に婁鄕がある。

（附）注の「例在襄十三年」については、襄公十三年の傳文に「凡書取　言易也」とある。

注の「推尋事跡云云」については、桓公五年の傳文に「冬淳于公如曹　度其國危　遂不復」とあり、同六年の傳文に「春自曹來朝　書曰寔來　不復其國也」とあるのを參照。また、僖公十四年の傳文に「春諸侯城緣陵而遷杞焉」とあるのを參照。また、襄公二十九年に「仲孫羯會晉荀盈齊高止宋華定衞世叔儀鄭公孫段曹人莒人滕人薛人小邾人城杞」とあり、昭公元年の傳文に「城淳于」とあり、注に「襄二十九年城杞之淳于　杞遷都」とあるのを參照。

〔經〕戊申衞州吁弑其君完

（注）臣を稱して君を弑しているのは、臣の方に罪があったからである。例は、宣公四年にある。「戊申」は、三月十七日である。（つまり、この記事は）日があって月がないのである（史官の闕文であって、上の「二月」をうけているわけではない）。

（附）注の前半については、宣公四年の傳文に「凡弑君　稱君　君無道也　稱臣　臣之罪也」とあり、注に「稱君　謂唯書君名而稱國以弑　言衆所共絶也　稱臣者　謂書弑者之名以示來世　終爲不義」とある。

なお、疏に引く『釋例』に「州吁無知不稱公子公孫　賈氏以爲弑君取國　故以國言之　案公子商人　亦弑君取國　而獨稱公子（中略）推尋經文　自莊公以上　諸弑君者　皆不書氏　閔公以下　皆書氏　亦足明時史之異同　非仲尼所皆刊也」とある。

注の後半については、疏に「長歷推此年　二月癸亥朔」とあるのを參照。

〔經〕夏公及宋公遇于淸

（注）「遇」とは、倉卒の會合であって、二國がそれぞれ儀禮を簡略にし、道路でたまたま出遇ったかのようにしたのである。「淸」は、衞の邑である。濟北の東阿縣に淸亭がある。

（附）疏に引く『釋例』に「遇者　倉卒簡儀　若道路相逢遇者耳」とあるのを參照。

なお、疏に「劉賈以遇者　用冬遇之禮」とある。

〔經〕宋公陳侯蔡人衞人伐鄭

〔經〕秋翬帥師會宋公陳侯蔡人衞人伐鄭

（注）公子翬は、魯の大夫である。「公子」と稱していないのは、彼が君に不義をむり強いしたことをにくんでである。諸外國の大夫を貶する場

合には、いずれもみな、「人」と稱している、のに對して、内〔魯〕の大夫を貶する場合には、いずれもみな、族をとり去って名を稱している、のは、記事の體として、他國には「某人」と言えるが、自國の卿佐には「魯人」と言えないから、異なっているのである。翬〔ここ〕と溺〔莊公三年〕とについて、族をとり去って、傳に「にくんでである」とあり、叔孫豹〔襄公二十七年〕について、〔族をとり去って、傳に〕「命に違反したことを言わんとしてである」とあるのが、その例である。

【附】注の「魯之卿佐」の「魯」は、挍勘記に從って、「國」に改める。

【經】九月衛人殺州吁于濮

【注】州吁は、君を弑して立ったが、未だ〔諸侯の〕會に列席していなかったから、「君」と稱していないのである。例は、成公十六年にある。

「濮」は、陳地で、川の名である。

【附】注の「例在成十六年」については、成公十六年の傳文に「曹人請于晉曰〔中略〕若有罪　則君列諸會矣」とあり、注に「諸侯雖有簒弑之罪　侯伯已與之會　則不復討　前年會于戚　曹伯在列　盟畢乃執之　故曹人以爲無罪」とある。なお、宣公元年の傳文に「會于平州　以定公位」とあり、注に「簒立者　諸侯既與之會　則不得復討　臣子殺之與弑君同　故公與齊會　而位定」とあるのを參照。

注の「濮　陳地」については、『史記』衛世家の〈集解〉に「服虔曰〔中略〕濮　陳地」とあり、同〈索隱〉に「賈逵曰　濮　陳地」とあるのを參照。

【經】冬十有二月衛人立晉

【注】衛人は公子晉を迎えて立てたのであるが、晉が衆人の支持を得たことを善とするから、「衛に入った」とは書かず、表現を變えることによって、義を示したのである。例は、成公十八年にある。

【附】成公十八年の傳文に「凡去其國　國逆而立之　曰入」とある。

【傳】四年春衛州吁弑桓公而立

【傳】公與宋公爲會　將尋宿之盟　未及期　衛人來告亂　夏公及宋公遇于清

【注】宿の盟は、元年にある。

【附】元年に「九月及宋人盟于宿」とある。

【傳】宋殤公之卽位也　公子馮出奔鄭　鄭人欲納之　及衛州吁立　將脩先君之怨於鄭

【注】二年に「鄭人が衛を伐った」ことに對する怨みをいう。

【附】『詩』邶風〈擊鼓〉の序疏に「先君之怨　服杜皆云　隱二年鄭人伐衛是也」とあるのを參照〔魯の隱公二年は、衛の桓公の時にあたる〕。ただし、ここの疏には「服虔以先君爲莊公」とある。

【傳】而求寵於諸侯以和其民

【注】諸々の簒立者は、諸侯がこれと會してしまえば、もはや討つことが出

來ない〔正式な君として認められる〕。だから、このような寵〔支持、つまり、會してもらうこと〕を求めようとしたのである。

(傳)使告於宋曰　君若伐鄭以除君害

(注)「害」とは、宋の公子馮のことをいう。

(附)『詩』邶風〈擊鼓〉の序疏に「言以除君害者　服虔云　公子馮將爲君之害」とあるのを參照。

(傳)君爲主　敝邑以賦與陳蔡從　則衞國之願也

(注)國の賦調〔とりたてた財物〕を(ことごとく)ひっさげて、ということである。

(附)異説として、『詩』邶風〈擊鼓〉の序疏に「言以賦與陳蔡從者　服虔云　賦　兵也　以田賦出兵　故謂之賦」とある。

(傳)宋人許之　於是陳蔡方睦於衞

(注)「蔡」は、今の汝南の上蔡縣である。

(傳)故宋公陳侯蔡人衞人伐鄭　圍其東門　五日而還　公問於衆仲曰　衞州吁其成乎

(注)「衆仲」は、魯の大夫である。

(附)『詩』邶風〈擊鼓〉の序説に「春秋之例　首兵者爲主　今伐鄭之謀州吁爲首　所以衞人敍於陳蔡之下者　服虔云　衞使宋爲主　使大夫將故敍衞於陳蔡下」とある。

(傳)對曰　臣聞以德和民　不聞以亂

(注)「亂」とは、(下の)「武力をたのみ、むごいことも平氣でする」ことをいう。

(傳)以亂　猶治絲而棼之也

(注)絲を縺れさせれば、ますます亂れることになる。

(傳)夫州吁阻兵而安忍　阻兵無衆　安忍無親　衆叛親離　難以濟矣

(注)武力をたのめば、民がそこなわれ、民がそこなわれれば、衆人が叛く。むごいことも平氣ですれば、刑罰が度を過し、刑罰が度を過せば、親近者も離れる。

(附)『文選』〈西征賦〉の注に「杜預左氏傳注曰　阻　恃也」とあり、同〈辯亡論〉の注に「又衆仲曰　夫州吁阻兵而安忍　杜預曰　阻　恃也」とあるのを參照。

(傳)夫兵猶火也　弗戢　將自焚也　夫州吁弑其君　而虐用其民　於是乎不務令德　而欲以亂成　必不免矣

(傳)秋諸侯復伐鄭　宋公使來乞師

(注)師を乞うたことが(經に)書かれていないのは、卿ではなかったからである。

(傳)公辭之

(注)衆仲の意見に従ったのである。

(傳)羽父請以師會之

(注)「羽父」とは、公子翬のことである。

(傳)公弗許　固請而行　故書曰翬帥師　疾之也　諸侯之師敗鄭徒兵　取其禾而還

(注)(「徒兵」と言っているのは)この時、鄭は車戰しなかった、からで

ある。

傳州吁未能和其民　厚問定君於石子

注「石子」とは、石碏のことである。州吁（の地位）が安定していないことについて、自分の父に相談したのである。

傳石子曰　王覲爲可　曰　何以得覲　曰　陳桓公方有寵於王　陳衞方睦　若朝陳使請　必可得也　厚從州吁如陳　石碏使告于陳曰　衞國褊小　老夫耄矣　無能爲也　此二人者　實弑寡君　敢卽圖之

注八十を「耄」という。國は小さく、自分は老いぼれている、と稱して、へりくだって陳にまかせ、二人の陳行き（の機會）を利用して、むこうで彼らを處分させようとしたのである。

傳陳人執之　而請涖于衞

注衞人が自分達で出向いて彼らを討つよう、求めたのである。

附僖公三年の注に「涖　臨也」とあるのを參照。

傳九月衞人使右宰醜涖殺州吁于濮　石碏使其宰獳羊肩涖殺石厚于陳　君子曰　石碏　純臣也　惡州吁而厚與焉　大義滅親　其是之謂乎

注子が君を弑した賊に從うのは、國の大逆であるため、除かないわけにゆかないから、「大義、親を滅す」と言っているのであって、小義ならば、もちろん、子への愛情〔親〕と兩立させるべきである。

附『史記』衞世家の〈集解〉に「服虔曰　右宰醜　衞大夫」とある。なお、注の「常」は、挍勘記に從って、「當」に改める。

傳衞人逆公子晉于邢　冬十二月宣公卽位

注（「宣公」とは）公子晉のことである。

附『史記』衞世家の〈集解〉に「賈逵曰　邢　周公之胤　姬姓國」とある。

傳書曰　衞人立晉　衆也

〔隱公五年〕

經五年春公矢魚于棠

注「魚をつらねた」と書いているのは、それによって、非禮であることを示したのである。「棠（で）」と書いているのは、遠い土地であることを譏ったのである。今、高平の方與縣の北部に武唐亭がある。魯侯の觀魚臺である。

附下の傳文に「書曰　公矢魚于棠　非禮也　且言遠地也」とあり、注に「矢亦陳也　棠實他竟　故曰遠地」とあるのを參照。

經夏四月葬衞桓公

經秋衞師入郕

注將が卑く師が多い場合は、ただ「師」と稱する。これが史官の常〔きまり〕である。

附二年の經「夏五月莒人入向」の注に「將卑師少　稱人」とあるのを參照〔なお、そこの附も參照〕。

㊂九月考仲子之宮　初獻六羽

㊟仲子の宮を成し、その主を安置して祭ったのである。惠公は、仲子の掌の紋様によって彼女を娶り、夫人にしたいと思ったが、諸侯に二人の嫡夫人は許されなかった。おそらく、隱公は、父の遺志をとげようとして、仲子のために別に宮を立てたのであろう。「公が羽（を持つ人）の數をたずねた」（下の傳文）から、（「佾」ではなくて）「羽」と書いているのである。婦人には謚がないから、姓（「子」）をそのまま宮の名にしているのである。

㈷注の「安其主而祭之」は、すぐ上の「成仲子宮」を説明しているのか、あるいは、「成仲子宮」とは別のことなのか、はっきりしない。もし前者ならば、公羊傳文に「考宮者何　考猶入室也　始祭仲子也」とあるのを參照。もし後者ならば、疏に「服虔云　宮廟初成　祭之　名爲考　將納仲子之主　故考成　以致其五祀之神以堅之」とあるのを參照。

なお、『爾雅』釋詁に「考　成也」とある。

㊂邾人鄭人伐宋

㊟邾は、兵に主となったから、鄭の上におかれているのである。

㈷公羊經の何注に「邾婁小國　序上者　主會也」とあるのを參照。

㊂螟

㊟傳はない。（「螟」は）苗の心を食う蟲である。災害をもたらしたから、書いたのである。

㈷『爾雅』釋蟲に「食苗心　螟」とあるのを參照。また、莊公二十九年の傳文に「凡物　不爲災　不書」とあるのを參照。

㊂冬十有二月辛巳公子彄卒

㊟大夫には、「卒」は書くが、「葬」は書かない。（大夫の）葬は、臣子の（私）事であって、公家が關與すべきものではない、からである。

㊂宋人伐鄭圍長葛

㊟潁川の長社縣の北部に長葛城がある。

㊫五年春公將如棠觀魚者　臧僖伯諫曰　凡物不足以講大事

㊟「臧僖伯」とは、公子彄のことである。「僖」は、謚である。「大事」とは、祭祀と戰爭である。

㈷成公十三年の傳文に「國之大事　在祀與戎」とあるのを參照。

㊫其材不足以備器用　則君不擧焉

㊟「材」とは、（下の傳文の）皮革・齒牙・骨角・毛羽をいう。「器用」とは、軍事〔戰爭〕と國事〔祭祀〕の器である。

㊫君將納民於軌物者也　故講事以度軌量謂之軌　取材以章物采謂之物
不軌不物謂之亂政　亂政亟行　所以敗也

㊟器用・衆物が法度に合致しなければ〔兵器と祭器の製作に使わない材や、祭祀と戰爭の演習に役立たない物に、かかわれば〕、「不軌」・「不

物」であり、亂亡の原因になる、ということである。

【傳】故春蒐夏苗秋獮冬狩

【注】「蒐」は、索〔えらぶ〕である。孕んでいない者をえらび取るのである。「苗」は、苗のために害を除くのである。「獮」は、殺である。殺を名稱にしているのは、秋氣に順ったのである。「狩」は、圍守〔圍んで逃さない〕である。冬は物がことごとく成熟するから、獲れば（みな）取りこみ、選擇はしないのである。

【附】『周禮』大司馬の鄭注に「春田爲蒐」「夏田爲苗　擇取不孕任者　若治苗去不秀實者」「秋田爲獮　獮　殺也」「冬田爲狩　言守取之　無所擇也」とあるのを參照。また、疏に引く『白虎通義』に「王者諸侯所以田獵何　爲田除害　上以共宗廟　下以簡集士衆也　春謂之田何　春歲之本　擧本名而言之也　夏謂之苗何　擇去懷任者也　秋謂之蒐何　蒐索肥者也　冬謂之狩何　守地而取之也　四時之田　揔名爲田何　爲田除害也」とあるのを參照。なお、『春秋繁露』陰陽義に「秋　怒氣也　故殺」とあり、同四時之副に「秋淸以殺」とあるのも參照。

【傳】皆於農隙以講事也

【注】それぞれ、その季節の仕事のあいまに行なうのである。

【傳】三年而治兵　入而振旅

【注】（每年）四時に武事を演習するけれども、その上さらに、三年に一度、大演習を行なう。出るときのを「治兵」という。始めてその事を治めるのである。入るときのを「振旅」という。治兵の禮がおわった後、衆を整えてかえるのである。「振」は整であり、「旅」は衆である。

【附】莊公八年の公羊傳文に「出曰祠兵　入曰振旅　其禮一也　皆習戰也」とあり、同年の穀梁傳文に「出曰治兵　習戰也　入曰振旅　習戰也」とあるのを參照。

【傳】歸而飮至　以數軍實

【注】廟で飮して、車徒・器械〔武具〕及び獲物を數えるのである。

【傳】昭文章

【注】（「文章」とは）車服・旌旗である。

【附】『周禮』大司馬に「中秋敎治兵　如振旅之陳　辨旗物之用」とあるのを參照。なお、疏に「服虔解此　亦引司馬職文」とある。

【傳】明貴賤　辨等列

【注】「等列」とは、行伍〔隊列〕である。

【傳】順少長

【注】出るときは、少壯者が前におり、かえるときは、後にいるのが、所謂「順」である。

【附】莊公八年の何注に「祠兵　壯者在前　難在前　振旅　壯者在後　復長幼　且衞後也」とあるのを參照。

【傳】習威儀也　鳥獸之肉不登於俎

【注】「俎」は、宗廟を祭るための器である。

【傳】皮革齒牙骨角毛羽不登於器

【注】これらの材を使って法度の器〔兵器と祭器〕をかざる〔しあげる〕ことをいう。

【附】疏に「服虔以上登爲升　下登爲成」とある。なお、昭公三年の傳文

「以登於釜」の注に「登　成也」とあるのを參照。

〔傳〕則公不射　古之制也　若夫山林川澤之實　器用之資　皁隷之事　官司之守　非君所及也

〔注〕士の臣が「皁」、皁の臣が輿、輿の臣が「隷」である（昭公七年傳文）。このような雜多な物を取って、器具の材料や中身として提供するのは、小臣や有司の仕事であって、諸侯が自分ですべきことではない、ということである。

〔傳〕公曰　吾將略地焉

〔注〕「地を略するためである」と、いいのがれしたのである。「略」は、統轄し巡行することの名稱である。（僖公九年の）傳に「東略はわかりませんが、西は無理でしょう」とある。

〔附〕宣公十五年の傳文「以略狄土」の注に「略　取也」とあり、同十一年の傳文「略基趾」の注に「略　行也」とあるのを參照。また、昭公七年の傳文「天子經略」の注に「經營天下　略有四海　故曰經略」とあるのを參照。

〔傳〕遂往　陳魚而觀之

〔注〕「陳」は、設張〔ならべる〕である。公は、魚を捕る道具を大規模にならべ（させ）て、見物したのである。

〔傳〕僖伯稱疾不從　書曰　公矢魚于棠　非禮也　且言遠地也

〔注〕「矢」もまた陳である。「棠」は、實は他國の領土であったから、「遠地」と言っているのである。

〔附〕注の「矢亦陳也」については、『爾雅』釋詁に「矢　陳也」とあるのを參照。

注の「棠魯地竟」は、諸本に從って、「棠實他竟」に改める。なお、異説として、疏に引く『釋例』に「舊説　棠　魯地」とあり、また、『史記』魯世家の〈集解〉に「賈逵曰　棠　魯地」とある。

〔傳〕曲沃莊伯以鄭人邢人伐翼

〔注〕「曲沃」は、晉の別封で、成師の邑である。河東の聞喜縣にあった。「莊伯」は、成師の子である。「翼」は、晉の舊都で、平陽の絳邑縣の東部にあった。「邢」國は、廣平の襄國縣にあった。

〔傳〕王使尹氏武氏助之　翼侯奔隨

〔注〕「尹氏」・「武氏」は、いずれもみな、周の世族の大夫である。晉は、國内で攻伐し合っていて、亂を赴告してこなかったから、（經に）書かれていないのである。傳がこの事件を書いているのは、後の晉の事件のために、本を張ったのである。曲沃及び翼の本末は、桓公二年に見える。「隨」は、晉地である。

〔傳〕夏葬衞桓公　衞亂　是以緩

〔注〕州吁の亂があったため、十四箇月でようやく葬った。（つまり）傳は、（單に）怠ったためではない、ということを明らかにしているのである。

〔附〕元年の傳文に「天子七月而葬（中略）諸侯五月」とあるのを參照。

傳四月鄭人侵衛牧
注「牧」は、衛の邑である。經に「夏四月葬衛桓公」と書かれているのに、今ここで、傳では、ただ「夏（葬衛桓公）」と言い、かわりに、「四月」を「鄭人侵衛牧」の方につけているのは、下の事件については、月を書いて事の前後を明らかにする必要があるから、（葬については）經文を完全には擧げなかった（月を省いた）のである。三年の「君氏卒」も、その意味は同じである。他はみな、これに倣う。
附注の「三年君氏卒　其義亦同」については、三年の經文に「夏四月辛卯君氏卒」とあり、その傳文に「夏君氏卒」とあり、下の傳文に「四月鄭祭足帥師取溫之麥　秋又取成周之禾」とある。
傳以報東門之役
注東門の役は、四年にある。
傳衛人以燕師伐鄭
注（「燕」は）南燕國であり、今の東郡の燕縣である。
傳鄭祭足原繁洩駕以三軍軍其前　使曼伯與子元潛軍軍其後　燕人畏鄭三軍而不虞制人
注「北制」は、鄭の邑であり、今の河南の城皐縣である。またの名を「虎牢」という。
附ここの注は、本來、すぐ下の傳文についていたものかもしれない〔？〕。
傳六月鄭二公子以制人敗燕師于北制
注「二公子」とは、（上の）曼伯と子元である。
傳君子曰　不備不虞　不可以師

傳曲沃叛王　秋王命虢公伐曲沃　而立哀侯于翼
注春に翼侯は隨に奔っていたから、その子の光を立てたのである。
傳衛之亂也　郕人侵衛　故衛師入郕
注「郕」は、國である。東平の剛父縣の西南部に郕鄉がある。
傳九月考仲子之宮　將萬焉
注「萬」は、舞（の名）である。
傳公問羽數於衆仲
注羽をもつ人の數をたずねたのである。
傳對曰　天子用八
注八かける八で、六十四人である。
傳諸侯用六
注六かける六で、三十六人である。
附疏に「何休說如此　服虔以用六爲六八四十八　大夫四爲四八三十二　士二爲二八十六」とある。なお、『宋書』樂志に「宋文帝元嘉十三年　司徒彭城王義康於東府正會　依舊給伎　總章工馮大列　相承給諸王伎十四種　其舞伎三十六人　太常傅隆以爲　未詳此人數所由　唯杜預注左傳佾舞云諸侯六六三十六人　常以爲非　夫舞者所以節八音者也　八音克諧　然後成樂　故必以八人爲列　自天子至士　降殺以兩　兩者減其二列爾　預以爲一列又減二人　至士止餘四人　豈復成樂　按服

虔注傳云　天子八八　諸侯六八　大夫四八　士二八　其義甚允　今諸王不復舞佾　其總章舞伎　卽古之女樂也　殿庭八八　諸王則應六八理例坦然　又春秋　鄭伯納晉悼公女樂二八　晉以一八賜魏絳　此樂以八人爲列之證也　若如議者　唯天子八　則鄭應納晉二六　晉應賜絳一六也　自天子至士　其文物典章　尊卑差級　莫不以兩　未有諸侯旣降二列　又一列輒減二人　近降太半　非唯八音不具　於兩義亦乖　杜氏之謬可見矣　國典事大　宜令詳正　事不施行」とあるのを參照。また、疏に「或以襄十一年鄭人賂晉侯以女樂二八　爲二佾之樂　知自上及下行皆八人　斯不然矣　彼傳見晉侯減樂之半以賜魏絳　因歌鍾二肆遂言女樂二八　爲下半樂張本耳　非以二八爲二佾　若二八卽是二佾　鄭人豈以二佾之樂賂晉侯　晉侯豈以一佾之樂賜魏絳」とあるのを參照。

【傳】大夫四

【注】四かける四で、十六人である。

【傳】士二

【注】二かける二で、四人である。士でも、功績があれば、舞樂を行なうことを許されるのである。

【傳】夫舞所以節八音而行八風

【注】「八音」とは、金・石・絲・竹・匏・土・革・木である。「八風」とは、八方の風である。八音の樂器によって八方の風をゆきわたらせ、手で舞い足で蹈み、節度を保ちつつ思いを表わすのである。

【附】注の「八音云云」については、『周禮』大師に「皆播之以八音　金石土革絲木匏竹」とあり、鄭注に「金　鍾鎛也　石　磬也　土　塤也　革　鼓鼗也　絲　琴瑟也　木　柷敔也　匏　笙也　竹　管簫也」とあるのを參照。

注の「八風云云」については、本疏に「服虔以爲八卦之風　乾音石　其風不周　坎音革　其風廣莫　艮音匏　其風融　震音竹　其風明庶　巽音木　其風清明　離音絲　其風景　坤音土　其風涼　兌音金　其風閶闔」とあり、昭公二十年の疏に「賈逵云　兌爲金　爲閶闔風也　乾爲石　爲不周風也　坎爲革　爲廣莫風也　艮爲匏　爲融風也　震爲竹　爲明庶風也　巽爲木　爲清明風也　離爲絲　爲景風也　坤爲土　爲涼風也」とあるのを參照。また、『國語』周語下の韋注に「正西曰兌　爲金　爲閶闔風　西北曰乾　爲石　爲不周　正北曰坎　爲革　爲廣莫　東北曰艮　爲匏　爲融風　正東曰震　爲竹　爲明庶　東南曰巽　爲木　爲清明　正南曰離　爲絲　爲景風　西南曰坤　爲瓦　爲涼風」とあるのを參照。

注の「手之舞之　足之蹈之」については、『禮記』樂記及び『詩』大序に「不知手之舞之　足之蹈之也」とあるのを參照。

【傳】故自八以下

【注】天子だけが、物の數をきわめることが出來るから、八を列とするのであって、諸侯は、八を用いることはしない。

【傳】公從之　於是初獻六羽　始用六佾也

【注】魯は、文王と周公の廟だけに八を用いることが出來るはずなのに、それをそのまま援用して、他公にも、分をこえて八を用いていた。（しかし）今ここで、隱公は、特にこのような婦人の廟を立てて、詳らか

に衆仲にたずね、衆仲は、それを機に、大典を明らかにしたのである。だから、傳も、これをうけて、「始めて六佾を用いた」と言っているのである。（なお）その後、季氏が八佾を庭で舞わせているから、仲子の廟でだけ〔この時だけ〕六を用いたことがわかる。

(附)注の「季氏舞八佾於庭」については、『論語』八佾に「孔子謂季氏八佾舞於庭　是可忍也　孰不可忍也」とあるのを參照。

なお、挍勘記に従って、注の「詳問衆仲」の下に、「衆仲」の二字を補う。

【傳】宋人取邾田　邾人告於鄭曰　請君釋憾於宋　敝邑爲道

㊟四年に二度も伐たれた恨みを晴らせ、ということである。

(附)四年に「宋公陳侯蔡人衛人伐鄭」とあり、また、「秋翬帥師會宋公陳侯蔡人衛人伐鄭」とある。

なお、宣公二年の注に「憾　恨也」とあるのを參照。

【傳】鄭人以王師會之

㊟王の師のことが（經に）書かれていないのは、赴告してこなかったからである。

(附)經には、ただ「邾人鄭人伐宋」とある。

【傳】伐宋　入其郛　以報東門之役

㊟「郛」は、郭である。東門の役は、四年にある。

【傳】宋人使來告命

㊟命〔事件〕を報告してきたから、（史官が）典策に書いたのである。

(附)十一年の傳文に「凡諸侯有命　告則書」とあり、注に「命者　國之大事政令也　承其告辭　史乃書之於策」とあるのを參照。

【傳】公聞其入郛也　將救之　問於使者曰　師何及　對曰　未及國

㊟公が知っていながらわざとたずねたことに腹を立て、（公を）責めとがめた言葉である。

【傳】公怒　乃止　辭使者曰　君命寡人同恤社稷之難　今問諸使者　曰　師未及國　非寡人之所敢知也

㊟七年の「（秋）公伐邾」のために傳したのである。

【傳】冬十二月辛巳臧僖伯卒　公曰　叔父有憾於寡人

㊟諸侯が同姓の大夫を呼ぶ場合、年長者には「伯父」といい、年少者には「叔父」という。「有恨〔有憾〕」とは、魚を觀ることを諫めて聽き入れられなかった恨みである。

(附)『詩』小雅〈伐木〉の疏に「服虔左傳注云　諸侯稱同姓大夫　長曰伯父　少曰叔父」とあるのを參照。また、宣公二年の注に「憾　恨也」とあるのを參照。

【傳】寡人弗敢忘　葬之加一等

㊟命服の等級を（一つ）上げたのである。

【傳】宋人伐鄭圍長葛　以報入郛之役也

巻第四

〔隱公六年〕

【經】六年春鄭人來渝平

【注】和好するだけで盟わないのを、「平」という。

【附】『國語』魯語上「齊侯乃許爲平而還」の韋注に「平　和也」とあるのを參照。

【經】夏五月辛酉公會齊侯盟于艾

【注】泰山の牟縣の東南部に艾山がある。

【經】秋七月

【注】（ある季節に）事件がなくても、首月〔その季節のはじめの月〕を書くのは、四時〔四つの季節〕をそろえて（一）歳を完成させるためである。他はみな、これに倣う。

【附】疏に引く『釋例』に「年之四時　雖或無事　必空書首月　以紀時變　以明厤數也」とあるのを參照。また、公羊傳文に「此無事　何以書　春秋雖無事　首時過則書　首時過則何以書　春秋編年　四時具然後爲年」とあるのを參照。

なお、注の「也」は、諸本に從って、「他」に改める。

【經】冬宋人取長葛

【注】秋に取ったが、冬になってから（冬の事件として）赴告してきたのである。上に「鄭を伐って、長葛を圍んだ」〔五年經文〕とあって、長葛が鄭の邑であることがわかるから、（ここで）「鄭」と言っていないのである。前年の冬に圍んだときは、うまくゆかずにひきかえしたが、今、この冬には、長葛の無防備に乘じて取った。（つまり、經に「取」とあるように）容易だったということである。

【附】注の「秋取」については、下の傳文に「秋宋人取長葛」とある。

注の「不言鄭」については、異説として、疏に「賈服以爲長葛不繫鄭者　刺不能撫有其邑」とある。

注の「言易也」については、襄公十三年の傳文に「凡書取　言易也」とあるのを參照。

【傳】六年春鄭人來渝平　更成也

【注】「渝」は、變である。公は、公子だった頃、狐壤で戰い、鄭にとらえられ、逃げ歸ったことがあり、（それ以來）鄭を怨んでいた。（そのため）鄭が宋を伐つと、公は宋を救援しようとしたが、宋の使者が失言したため、公は怒ってやめにした。宋に對して忿りをもったとすれば、（その敵國である）鄭との親交をのぞんでいるはずであるから、鄭は、この機をとらえて、（魯に）やって來たのである。だから、經に「渝平」と書き、傳で「更成」と言っているのである〔つまり、從來の敵對關係をかえて、和平した、ということ〕。

【附】注の「渝　變也」は、『爾雅』釋言の文である。

注の「公之爲公子云云」については、十一年の傳文に「公之爲公子

也　與鄭人戰于狐壤　止焉　鄭人囚諸尹氏　賂尹氏而禱於其主鍾巫　遂與尹氏歸而立其主」とあるのを參照。

注の「鄭伐宋云云」については、五年の傳文に「鄭人以王師會之伐宋入其郛以報東門之役　宋人使來告命　公聞其入郛也　將救之　問於使者曰　師何及　對曰　未及國　公怒乃止」とあるのを參照。

注の「故經書渝平云云」については、下の「五月」の注に「成猶平也」とあるのを參照。また、宣公四年の穀梁傳文に「平者　成也」とあるのを參照。

なお、經の「渝」、つまり、傳の「更」については、異說として、疏に「服虔云　公爲鄭所獲　釋而不結平　於是更爲約束以結之　故曰渝平」とある。

【傳】翼九宗五正頃父之子嘉父逆晉侯于隨

【注】「翼」は、晉の舊都である。唐叔が始めて封ぜられたとき、懷姓九宗と職官五正を受け、（これらは）そのまま、代々、晉の權勢家となっていた。「五正」とは、五官の長である。「九宗」とは、一姓で九族をなしているもの〔同姓の九族〕である。「頃父之子嘉父」は、晉の大夫である。

【附】定公四年の傳文に「分唐叔以大路密須之鼓闕鞏沽洗　懷姓九宗　職官五正」とあるのを參照。また、昭公二十九年の傳文に「故有五行之官　是謂五官（中略）木正曰句芒　火正曰祝融　金正曰蓐收　水正曰玄冥　土正曰后土」とあるのを參照。

【傳】納諸鄂　晉人謂之鄂侯

【注】「鄂」は、晉の別邑である。諸諸の、地名で、疑わしいものは、いずれもみな、「有」と言って、はっきりしないことを示す。闕〔不明〕のもの（でも、國がわかる場合）は、（國をあげ）「闕」とは記さない。他はみな、これに倣う。前年に、桓王がこの侯の子を翼に立てていたため、もはや翼に入れることが出來ないから、別に鄂においたのである。

【附】注の前半については、本疏に「杜言不復記其闕者　謂但言某邑而已　下不云闕　若鄂直云晉別邑　及翼侯奔隨　注云隨晉地　鄭人侵衞牧　注云牧衞邑　如此之類　皆不言闕　是也　若不知何國之地者　則言闕　若虞公出奔共池　公孫嬰齊卒于貍脤　並注云闕　是也」とある。また、成公十七年の疏に「杜於土地之篇　凡有地名二十六所　不知所在之國　貍脤卽是其一　不知是何國之地　故直云闕也」とある。これらによれば、杜預の地名の注には、おおむね四種類があるようである。第一は、はっきりわかるもの、第二は、疑わしく、はっきりしないもの〔「有～」と言う〕、第三は、闕〔不明〕だが、國だけはわかるもの〔「～邑」「～地」と言う〕、第四は、全く闕〔不明〕のもの〔「闕」と言う〕である。

注の後半については、五年の傳文に「曲沃叛王　秋王命虢公伐曲沃而立哀侯于翼」とあり、注に「春翼侯奔隨　故立其子光」とあるのを參照。

【傳】夏盟于艾　始平于齊也
【注】《春秋》以前、魯と齊とは不仲だったが、今ここでようやく、にくしみを棄てよしみを結んだ。だから、「始めて齊と和平した」と言っているのである。
【傳】五月庚申鄭伯侵陳大獲　往歲鄭伯請成于陳
【注】「成」は、平と同じである。
【附】宣公四年の穀梁傳文に「平者　成也」とあるのを參照。
【傳】陳侯不許　五父諫曰　親仁善鄰　國之寶也　君其許鄭
【注】「五父」とは、陳の公子佗のことである。
【傳】陳侯曰　宋衛實難
【注】おそれはばかるべき(相手)である。
【傳】鄭何能爲　遂不許　君子曰　善不可失　惡不可長　其陳桓公之謂乎
長惡不悛　從自及也
【注】「悛」は、止である。「從」は、隨である。
【傳】雖欲救之　其將能乎　商書曰　惡之易也　如火之燎于原　不可鄉邇
【注】『商書』の〈盤庚〉である。惡がのびやすいのは、恰も、火が原野にもえひろがるようなものであって、向かい近づくことさえ出來ない、ということである。
【傳】其猶可撲滅
【注】(まして)たたき消すことなど(到底)出來ない、ということである。
【傳】周任有言
【注】「周任」は、周の大夫である。
【傳】曰　爲國家者　見惡如農夫之務去草焉　芟夷蘊崇之　絶其本根　勿使能殖　則善者信矣
【注】「芟」は刈であり、「夷」は殺であり、「蘊」は積であり、「崇」は聚である。
【傳】秋宋人取長葛
【傳】冬京師來告饑　公爲之請糴於宋衛齊鄭　禮也
【注】饑を告げるのに王命によらなかったから、傳で「京師」と言い、經には書かれていないのである。王命ではなかったけれども、公は恭敬して王命であると稱し、自國だけでは足りない分を、廣く鄰國に請うた。だから、「禮にかなっている」と言っているのである。(つまり)傳は、隱公が賢であったことを示しているのである。
【傳】鄭伯如周　始朝桓王也
【注】桓王の卽位以來、周と鄭とはにくみ合っていたが、ここに至って、ようやく朝した。だから、「始めて」と言っているのである。
【傳】王不禮焉　周桓公言於王曰　我周之東遷　晉鄭焉依
【注】「周桓公」とは、周公黑肩のことである。「周」は、采地である。扶風の雍縣の東北部に周城がある。幽王が犬戎に殺され、平王が東にうつったとき、晉の文侯と鄭の武公とが王室を輔佐した。だから、「晉

と鄭とにたよった」と言っているのである。

(附)『國語』晉語四に「晉鄭兄弟也　吾先君武公與晉文侯戮力一心　股肱周室　夾輔平王」とあるのを參照。

[傳]善鄭以勸來者　猶懼不蔇

(注)「蔇」は、至である。

[傳]況不禮焉　鄭不來矣

(注)桓公五年の、諸侯が王に従って鄭を伐ったこと、のために傳したのである。

(附)桓公五年に「秋蔡人衞人陳人従王伐鄭」とある。

〔隱公七年〕

[經]七年春王三月叔姫歸于紀

(注)傳はない。「叔姫」は、(二年に嫁いだ)伯姫の娣である。このときになって嫁いだのは、父母の國で成長を待ったからである。嫡〔伯姫〕といっしょに行かなかったから、書いたのである。

(附)注の前半については、『公羊』の何注に「叔姫者　伯姫之媵也　至是乃歸者　待年父母國也　婦人八歳備數　十五從嫡　二十承事君子」とあるのを參照。

注の後半については、異説として、疏に「賈云　書之者　刺紀貴叔姫」とある。また、何注に「媵賤　書者　後爲嫡　終有賢行」とある。

[經]滕侯卒

(注)傳例に「名を書いていないのは、同盟していなかったからである」〔下の傳文〕とある。「滕」國は、沛國の公丘縣の東南部にあった。

[經]夏城中丘

(注)「城」の例は、莊公二十九年にある。「中丘」は、琅邪の臨沂縣の東北部にあった。

(附)莊公二十九年の傳文に「凡土功　龍見而畢務　戒事也　火見而致用　水昏正而栽　日至而畢」とある。

[經]齊侯使其弟年來聘

(注)諸侯の「聘」は、いずれもみな、卿に玉帛をもって慰問させるのである。例は、襄公元年にある。

(附)『儀禮』聘禮疏に引く鄭玄の〈目錄〉に「大問曰聘　諸侯相於久無事使卿相問之禮　小聘使大夫」とあるのを參照。

なお、注の「例在襄元年」〔諸本に従って、「九」を「元」に改める〕については、襄公元年の傳文に「凡諸侯卽位　小國朝之　大國聘焉　以繼好結信　謀事補闕　禮之大者也」とある。

[經]秋公伐邾

[經]冬天王使凡伯來聘

(注)「凡伯」は、周の卿士である。「凡」は國で、「伯」は爵である。汲郡

の共縣の東南部に凡城がある。

附 元年の疏に引く『釋例』に「王之公卿皆書爵　祭伯凡伯是也」とあるのを參照。

經 戎伐凡伯于楚丘以歸

注 戎は鍾鼓をうち鳴らして天子の使いを伐ったのであり、夷狄の強暴さをあらわしている。凡伯が敗れたと書いていないのは、單なる使いであって、士衆がついておらず、いくさではなかった、からである。ただ「つれ歸った」と言っているのは、とらえたわけではなかった、からである。「楚丘」は、衞地であり、濟陰の成武縣の西南部にあった。

附 注の「戎鳴鍾鼓云云」については、莊公二十九年の傳文に「凡師有鍾鼓曰伐」とあるのを參照。

注の「但言以歸　非執也」については、穀梁傳文に「以歸猶愈乎執也」とあるのを參照。

注の「楚丘　衞地」については、穀梁傳文に「楚丘　衞之邑也」とあるのを參照。

なお、注の「城武縣」の「城」は、挍勘記に從って、「成」に改める。

傳 七年春滕侯卒　不書名　未同盟也　凡諸侯同盟　於是稱名　故薨則赴以名

注 盟時には、名をもって神に告げるから、薨じた時にも、名をもって同盟(の諸侯)に赴告するのである。

傳 告終稱嗣也　以繼好息民

注 (「告終稱嗣」とは)死者の終わりを告げ、位を嗣ぐ者を稱するのである。位を嗣ぐ者は、(死者の遺志を)うけついで、忘れることはないから、「よしみを繼ぐ」と言っているのである。よしみが同じであれば、和親するから、「民を安んじる」と言っているのである。

附 挍勘記に從って、傳文の「終」の下に「稱」を補う。

傳 謂之禮經

注 ここは、「凡」例は周公が制した「禮經」に他ならない、ということを言っているのである。十一年の「不告」の例では、また、「典策に書かない」と言っているから、禮經はいずれもみな典策に書かれている〔典策に書かれているのはすべて書法に則った文である〕ことがわかる。仲尼は、《春秋》を脩めるのに、いずれもみな、典策を承けて經をつくり、丘明の傳は、博く衆記を采った。だから、始めて凡例を開示するにあたり、特にこの二句〔「謂之禮經」と「不書于策」〕をあらわしたのである。他はみな、これに倣う。

附 注の「凡例乃周公所制禮經也」については、序に「其發凡以言例　皆經國之常制　周公之垂法　史書之舊章　仲尼從而脩之　以成一經之通體」とあるのを參照。また、序疏に引く『釋例』終篇に「丘明之傳有稱周禮以正常者　諸稱凡以發例者　是也」とあり、「稱凡者五十　其別四十有九」とあるのを參照。

注の「十一年不告之例云云」については、十一年の傳文に「凡諸侯有命　告則書　不然則否　師出臧否　亦如之　雖及滅國　滅不告敗勝不告克　不書于策」とある。

注の「禮經皆當書於策」は、意味がよくわからない。今、五十凡例の内容を調べてみると、書法を説明しているものが二十九例、儀禮を説明しているものが十七例、兩方を説明しているものが四例である。しかしながら、この文を〝書法や儀禮の説明自體が典策に書かれている〟といったような意味に解するのは、無理であろう。これでは、上文と論理的につながらないし、また、經は典策を承けたものである〔下文〕というのに、經にはこのような説明の痕跡が全く見られない、からである〔そもそも、經は事件が書かれているものであり、そのもととなった典策も、おそらくは、同類のもののはずである〕。とすれば、ここでの「禮經」は、それ自體を言っているのではなくて、〝儀禮に合致した事件〟、あるいは、〝書法に則った文〟を言っている、と解する他なさそうである。ただし、前者だと、例えば、桓公二年の經に「冬公至自唐」とあり、傳に「冬公至自唐　告于廟也　凡公行　告于宗廟　反行　飮至舍爵策勳焉　禮也」とあるのは、うまく適合するが、僖公八年の經に「秋七月禘于大廟　用致夫人」とあり、傳に「秋禘而致哀姜焉　非禮也　凡夫人不薨于寢　不殯于廟　不赴于同　不祔于姑則弗致也」とあるのは、逆に、儀禮に合致しない事件を書いているから、矛盾とは言わないまでも、適合はしない〔そもそも、《春秋》は褒貶兩用の書であるから、當然のことである〕。したがって、今ここでは、とりあえず、後者を採用するとして、なお、〝書法に則った文はすべて典策に書かれている〟というのでは、わかりにくいので、これをひっくりかえして、〝典策に書かれているのはすべて書法に則った文である〟と解することにする〔序疏に「書於策　必有常禮」とあり、また、「書於策者　皆是經國之常制」とあるような言いかえも、同様の工夫と思われる〕。

注の「丘明之傳　博采衆記」については、元年の注に「傳之所據　非唯史策　兼采簡牘之記」とあるのを參照。なお、あまりはっきりはしないが、ここの注全體の論理をたどってみると、この文は、先に述べた、書法及び儀禮の説明、つまり禮經〔凡例〕自體の出所を言っているようにも讀める。すなわち、〝出所は、典策ではなくて、「衆記」にある〟と〔？〕。

ところで、禮經〔凡例〕自體の出所については、氣になる文が他に三つある。一つめは、八年の注に「諸例　或發於始事　或發於後者　因宜有所異同　亦或丘明所得記注　本末不能皆備故」〔疏「云亦或丘明所得記注本末不能皆備者　但杜又自疑以爲　諸例皆應從始事而發　在後發者　以記注周公舊凡　不繋於始事　繋於後事　丘明作傳　因記注所繋　遂以發之　如杜此言　則周公舊凡　於記注之文　散在諸事　丘明作傳　因記注之文發例　故或先或後也」〕とあるのが、それである。この文は、禮經〔凡例〕自體の出所は「記注」にある、と言っているが、「記注」とは何かが問題になる〔序に「赴告策書　諸所記注　多違舊章」とあって、並列されていることからみると、策書つまり典策とは別のもののようであるが、下に「多違舊章」とあることからみると、單に策書を言いかえているもののようでもある〕。二つめは、序に「其例之所重　舊史遺文　略不盡舉　非聖人所脩之要故也」とあるのが、それである。この文で、「其例之所重」とは、例えば、桓公元年の經に「秋大水」とあり、莊公七年の經に同じく「秋大水」とあるのを指し、「略不盡擧」とは、前者には「凡平原出水爲大水」という傳があり、後者には省略されていることを指す。さて、ここまではよいが、「舊史遺文」が、上を指すのか、あるいは下を指すのか、つまり、「秋大水」を指すのか、あるいは「凡平原出水爲大水」を指すのか、がよくわからない。もし、上を指すのなら、あまり問題はないが、下を指すとなると、つまりは、凡例自體の出所は「舊史遺文」にある、ということになる。こうなると、「舊史遺文」とは何かが問題になる。三つめは、序疏に引く『釋例』終篇に「諸凡雖是周公之舊典　丘明撮其體義　約以爲言　非純寫故典之文也　蓋據古文　覆逆而見之　此丘明會意之微致」とあるのが、それである。この文も、よくわからないが、もし、凡例自體の出所は「故典之文」あるいは「古文」にある、と讀めば、「故典之文」あるいは「古文」とは何かが問題になる。そして、一つめの「記注」と、二つめの「舊史遺文」と、三つめの「故典之文」あるいは「古文」が、ここでいう「衆記」と同じようなもの、つまり、所謂典策とは別のものを指すのなら、問題はなくなるが、もし、これらが、典策を指すということになれば、要するに〝書法や儀禮の説明自體が典策に書かれている〟ということになるから、上に長々と述べたことは、全て、更めて考えなおさなければならなくなる（どうやら、杜預の「凡例」解釋については、一篇の論文が必要のようである）。

〔傳〕夏城中丘　書　不時也

〔傳〕齊侯使夷仲年來聘　結艾之盟也

〔注〕艾の盟は、六年にある。

〔附〕六年に「夏五月辛酉公會齊侯盟于艾」とある。

〔傳〕秋宋及鄭平　七月庚申盟于宿　公伐邾　爲宋討也

〔注〕（以前）公は、宋（の依頼）を拒んで、鄭と（それまでの敵對關係を）かえて和平し、鄭をたすけにしようとした。（ところが）今ここで、鄭がまた宋と盟ったから、（孤立するのを）おそれて（宋の敵國である）邾を伐ち、宋の氣をひこうとしたのである。だから、「宋のために討った」と言っているのである。

〔附〕注の「公拒宋」については、五年の傳文を參照。
注の「更與鄭平」については、六年に「春鄭人來渝平」とある。

〔傳〕初戎朝于周　發幣于公卿　凡伯弗賓

〔注〕朝した後、禮物を公卿たちに贈ったのは、現在、會計報告した後、公府や卿寺を挨拶まわりするのと、同じようなものである。

〔傳〕冬王使凡伯來聘　還　戎伐之于楚丘以歸

〔注〕傳は、凡伯が伐たれたわけを言っているのである。

〔附〕『儀禮』覲禮の疏に「服注云　戎以朝禮及公卿大夫　發陳其幣　凡伯

以諸侯爲王卿士　不脩賓主之禮敬報於戎　是以冬天王使凡伯來聘　還戎伐之於楚丘以歸」とあるのを參照。

傳陳及鄭平

注六年に鄭が陳を侵して大きな戰果を獲たが、今ここで和平したのである。

附六年の傳文に「五月庚申鄭伯侵陳大獲」とある。

傳十二月陳五父如鄭涖盟

注「涖」は、臨である。

傳壬申及鄭伯盟　歃如忘

注心が血を歃ることに(向いてい)なかった〔上の空であった〕。

附あまりはっきりはしないが、注の文から推して、杜預は、傳の「如」を、このまま、ごとしと讀んでいるようである。なお、異説として、疏に「服虔云　如　而也　臨歃而忘其盟載之辭　言不精也」とある。

なお、注の「忘」は、挍勘記に從って、「志」に改める。

傳洩伯曰　五父必不免　不賴盟矣

注「洩伯」は、鄭の洩駕である。

傳鄭良佐如陳涖盟

注「良佐」は、鄭の大夫である。

傳辛巳及陳侯盟　亦知陳之將亂也

注その國に入って、その政治を觀たから、(五父のことに限らず)陳國全體について言ったのである。(ここは)いずれもみな、桓公五年と六年の、陳が亂れたことと、「蔡人が陳の佗を殺した」〔桓公六年經〕ことのために、傳したのである。

附注の「陳亂」については、桓公五年の傳文に「春正月甲戌己丑陳侯鮑卒　再赴也　於是陳亂　文公子佗殺太子免而代之　公疾病而亂作　國人分散　故再赴」とある。

傳鄭公子忽在王所　故陳侯請妻之

注忽は王の覺えがめでたかった、からである。

附三年の傳文に「鄭公子忽爲質於周」とあるのを參照。なお、四年の傳文に「陳桓公方有寵於王」とあるのも、あるいは、關係があるかも知れない。王の覺えがめでたい者どうし、ということで〔?〕。

なお、注の「爲」は、諸本に從って、「有」に改める。

傳鄭伯許之　乃成昏

注鄭の忽が、婚姻によって齊を後楯にする機會をのがし、出奔するに至った、ことのために傳したのである。

附桓公十一年に「鄭忽出奔衞」とあり、傳に「鄭昭公之敗北戎也　齊人將妻之　昭公辭　祭仲曰　必取之　君多內寵　子無大援　將不立　三公子皆君也　弗從」とあるのを參照。

〔隱公八年〕

經八年春宋公衞侯遇于垂

注「垂」は、衞地である。濟陰の句陽縣の東北部に垂亭がある。

【經】三月鄭伯使宛來歸祊

【注】「宛」は、鄭の大夫である。氏を書いていないのは、族を賜わっていなかったからである。「祊」は、鄭が泰山を祀るための邑であり、瑯邪の費縣の東南部にあった。

【附】穀梁傳文に「邴者　鄭伯所受命於天子而祭泰山之邑也」とあるのを參照〔なお、「邴」は「祊」の異文である〕。

【經】庚寅我入祊

【注】桓公元年になってようやく、祊の田（と許の田と）の交換を終えているから、ここで「祊に入った」というのは、まだ受けとって所有したわけではない、ことがわかる。

【附】桓公元年の傳文に「春公卽位　脩好于鄭　鄭人請復祀周公　卒易祊田　公許之　三月鄭伯以璧假許田　爲周公祊故也」とある。

なお、ここは、義例を言っているわけではないが、一應、襄公十三年の傳文に「弗地曰入」とあるのを參照。

【經】夏六月己亥蔡侯考父卒

【注】傳はない。襄公六年の傳に「杞の桓公が卒した。始めて、名をもって赴告してきた〔經に「杞伯姑容卒」とある〕が、（それは、かつて、先代の成公と）同盟したからである」とある。（つまり）諸侯は同盟すれば名を稱する、というのは、現に位にある二君（の間）に限られることではなく、かつてその父と同盟した場合も、名をもってその子に赴告するのであり、これもまた「よしみを繼ぐ」〔七年傳文〕ということである。（ここの場合）蔡は隱公と盟ったことはない（のに、經に「蔡侯考父卒」とある）。おそらく、《春秋》以前に惠公と盟ったから、名をもって赴告してきたのであろう。

【附】襄公六年の注に「杞伯姑容未與襄同盟　故赴以名」とあり、その疏に引く『釋例』に「杞伯姑容未與襄同盟　而事逮其父　用同盟之禮　蓋繼好之義也　嫌於赴非所盟之君　故傳曰　始赴以名　同盟故也」とあるのを參照。

【經】辛亥宿男卒

【注】傳はない。元年に、宋と魯の大夫が宿で盟い、宿は盟に參加した〔つまり、魯と宿とは同盟した〕。〔以下は、同盟したことはしたが、大夫どうしであった、ことについての說明〕晉の荀偃が黃河（の神）に禱った際、齊と晉の君の名〔「環」と「彪」〕を稱し、その後で自分の名〔「偃」〕を稱していることから、（君のかわりに）大夫が出て盟う場合でも、まず自分の君の名を稱して神明に啓上するはずであり、したがって、（君が）薨ずれば、いずれもみな、君自身が盟った場合の例に從って、名をもって赴告するはずである、ということがわかる。〔以上のことからすれば、經に宿男の名が書かれていてもよいはずなのに、實際には、ただ「宿男卒」とあって、名が書かれていない。以下はその說明〕傳例に「名をもって赴告してくれれば、（同盟していなくとも）やはり名を書き、そうしてこなければ、（同盟していても）書かない。

不確かになるのを避けるためである」〔僖公二十三年傳文〕とある。〔つまり〕今ここで、宿は、名をもって赴告してこなかったから、〔同盟していたけれども〕やはり名を書かなかったのである。諸諸の例〔凡例と新例〕が、あるいは、〔その例に關わる〕はじめての事件のところで發せられたり、あるいは、後のところで發せられたりしているのは、〔前者が、本來ありうべきかたちと考えられるから、以下は、主として後者の説明〕普通とは異なるのではないかと疑われやすいところに〔實は同じであることを明らかにするために、丘明が意圖的に〕因ったからであり〔これは、新例について言ったもの〕、あるいはまた、丘明が〔傳を作る材料として〕手に入れた記注自體が、例の説明を必ずしもはじめての事件のところにつけてはいなかった〔のを、丘明がそのまま使った〕からである〔これは、凡例について言ったもの〕。

(附)注の「元年宋魯大夫云云」については、元年に「九月及宋人盟于宿」とあり、注に「客主無名　皆微者也（中略）凡盟以國地者　國主亦與盟」とあるのを參照。なお、「國主」について、當該箇所では、國君と譯しておいたが、ここの注の文脈では、參加したのは宿の大夫とされているようである。「國主」という言葉自體が、君に限定されず、そこの國の人間というほどの意味なのか〔ちなみに、疏では「地主」といいかえている〕、あるいは、元年の「國主」はあくまで國君の意であって、ここで、杜預が義例を大夫にまで擴大しているのか、はっきりしない。

注の「晉荀偃禱河云云」については、襄公十八年の傳文に「晉侯伐齊　將濟河　獻子以朱絲係玉二瑴　而禱曰　齊環怙恃其險　負其衆庶棄好背盟　陵虐神主　曾臣彪將率諸侯以討焉　其官臣偃實先後之苟捷有功　無作神羞　官臣偃無敢復濟　唯爾有神裁之　沈玉而濟」とあるのを參照。

注の「因宜有所異同」は、意味がよくわからない。ここでは、一應、疏に「宣四年鄭公子歸生弑君　嫌歸生無罪　及宣五年高固來逆叔姬　嫌見偪成昏　故傳因以明之　是也」とあるのに從っておく。ただし、この疏のうち、後半については、宣公五年の傳文に「秋九月齊高固來逆女　自爲也　故書曰逆叔姬　卿自逆也」とあり、注に「適諸侯稱女　適大夫稱字　所以別尊卑也　此春秋新例　故稱書曰而不言凡也　不於莊二十七年發例者　嫌見逼而成昏　因明之」とあって、問題はないが、前半については、宣公四年の傳文に「凡弑君　稱君　君無道也　稱臣　臣之罪也」とあるだけで、注に、「嫌歸生無罪」に相當するような言葉は見えない。實は、宣公四年に限らず、所謂凡例が登場する箇所の注を廣く調べてみても、「嫌〜」といったような、類似の言葉は見當たらないのである〔ただ一つだけ、莊公十一年に「夏五月戊寅公敗宋師于鄑」とあり、傳に「凡師　敵未陳曰敗某師」とあり、これに對して、昭公五年に「戊辰叔弓帥師敗莒師于蚡泉」とあり、傳に「莒未陳也」とあり、注に「嫌君臣異　故重發例」とある。しかしながら、「發例」とは言っても、傳に「凡〜」とはないし、また、そもそも、この注で言っているのは、重複の問題であって、前後の問題ではない〕。とすれば、疏の前半は不適當と言わざるを得ない。つまり、ここは、疏のいうように、凡例と新例との兩方について述べている、のではなくて、新例について述べている、と理解しなければならないであろう。

注の「亦或丘明所得記注云云」について。ここは、上とは逆に、凡例について述べている、と理解しなければならないであろう。なぜなら、序に「赴告策書　諸所記注　多違舊章」とあり、また「諸稱書不書先書故書不言不稱書曰之類　皆所以起新舊發大義　謂之變例　然亦有史所不書　卽以爲義者　此蓋春秋新意　故傳不言凡　曲而暢之也」とあることなどから推して、孔子の新例が「記注」に書かれていたなどと、杜預が考えているはずはない、からである〔ちなみに、疏に「周公舊凡　於記注之文　散在諸事」とある。なお、「記注」については、七年の傳文「謂之禮經」のところの附を參照〕。

ところで、新例の方は、丘明がいったいどこから取ったと、杜預は考えているのであろうか。あまり、はっきりはしないが、上にあげた序のうちの後者の疏に引く『釋例』終篇に「丘明之爲傳　所以釋仲尼春秋　仲尼春秋　皆因舊史之策書　義之所在　則時加增損　或仍舊史之無　亦或改舊史之有　雖因舊文　固是仲尼之書也　丘明所發　固是仲尼之意也　雖是舊文不書　而事合仲尼之意　仲尼因而用之　卽是仲尼新意」とあることなどから推して、杜預の所謂新例は、凡例とは異なり、實は、どこそこから取った〔出所がある〕というような性格のものではなさそうである。それならば、丘明が孔子から教わったものかというと、序には「左丘明受經於仲尼　以爲經者不刊之書也」としかないから、そうでもなさそうである。とすれば、丘明が自分で解讀したもの〔もちろん、それが孔子の眞意に合致していることは、はじめから決まっているわけだが〕としか、言いようがないであろう〔さらに總合的見地からの探求が必要な問題かも知れぬが、今ここでは、とりあえず、このように理解しておく〕。

【經】秋七月庚午宋公齊侯衞侯盟于瓦屋

【注】齊侯が宋を尊んで會の主にしたから、「宋公」が「齊（侯）」の上におかれているのである。「瓦屋」は、周地である。

【經】八月葬蔡宣公

【注】傳はない。三箇月で葬ったのは、早すぎる。

【附】元年の傳文に「諸侯五月」とあるのを參照。

【經】九月辛卯公及莒人盟于浮來

【注】「莒人」は、（卿ではなくて）微者であるため、公侯に匹敵する心配はないから、（諱まずに）じかに「公」を稱しているのである。例は、僖公二十九年にある。「浮來」は、紀の邑である。東莞縣の北部に邳鄕があり、邳鄕の西に公來山があり、邳來間と呼ばれている。

【附】僖公二十九年に「夏六月會王人晉人宋人齊人陳人蔡人秦人盟于翟泉」とあり、傳に「卿不書　罪之也　在禮　卿不會公侯　會伯子男　可也」とある〔なお、經の注に「不言公會　又皆稱人」とある〕。

經螟

注傳はない。災害をもたらした(から書いた)のである。

附莊公二十九年の傳文に「凡物　不爲災　不書」とあるのを參照。

經冬十有二月無駭卒

注「公が小斂に臨席しなかったから、日を書いていないのである」〔元年傳文〕。死後に族を賜わったから、氏を書いていないのである。

附傳に「無駭卒　羽父請謚與族（中略）公命以字爲展氏」とある。

傳八年春齊侯將平宋衛

注宋・衛を鄭と和平させようとしたのである。

附下の傳文に「齊人卒平宋衛于鄭」とある。

傳有會期　宋公以幣請於衛　請先相見

注宋は齊の命を尊重したのである。

傳衛侯許之　故遇于犬丘

注「犬丘」とは、(經にいう)「垂」である。(一つの)地に二つの名があったのである。

附疏に引く『釋例』に「若一地二名　當時並存　則直兩文互見　黑壤犬丘時來之屬　是也　猶卿大夫名氏互見　非例也」とあるのを參照。なお、序に「或錯經以合異」とあるのも參照。

傳鄭伯請釋泰山之祀而祀周公　以泰山之祊易許田　三月鄭伯使宛來歸祊　不祀泰山也

注（昔）成王は、王城〔洛邑〕を作り、そこに都を遷したいと思っていたから、周公に許の田を賜わり、魯國の朝宿の邑としたのであり、以後（魯は）代々、そこに周公の別廟を立てていた。（一方）鄭の桓公は、周の宣王の同母弟であり、鄭に封ぜられて、泰山を助祭するための湯沐の邑を祊にもった。（ところが、今ここで）鄭は、天子がもはや巡狩できない（と考えた）から、祊を許の田と交換し、それぞれ本國に近いという便宜に從う〔實は、許の田は鄭に近く、祊は魯に近かった〕ようにしようとした。（ただし）魯が（許の田には）周公の別廟があるという理由で（交換を）ためらう恐れがあったから、「泰山の祀りをやめるからには、（かわりに）魯のために周公を祀りたい」と、體裁のよい言葉を使って（交換を）求めたのである。「許田」とは、許に近い田である。

附注の「成王營王城云云」については、『史記』周本紀に「成王在豐　使召公復營洛邑　如武王之意　周公復卜申視　卒營築　居九鼎焉　曰此天下之中　四方入貢道里均　作召誥洛誥」とあるのを參照。また、桓公元年の公羊傳文に「許田者何　魯朝宿之邑也」とあるのを參照。なお、注の「後世」は、〝後の世〟の意かもしれない。また、「因」は、〝そのことにちなんで〟の意かもしれない。
注の「鄭桓公云云」については、『史記』十二諸侯年表に「鄭桓公友元年　始封　周宣王母弟」とあるのを參照〔なお、鄭世家の方には

「鄭桓公友者　周厲王少子而宣王庶弟也　宣王立二十二年　友初封于鄭」とある〕。また、公羊傳文に「邴者何　鄭湯沐之邑也」とあるのを參照〔なお、「邴」は「祊」の異文である〕。

注の最後の「許田　近許之田」については、桓公元年の公羊傳文に「此魯朝宿之邑也　則曷爲謂之許田　諱取周田也　諱取周田　則曷爲謂之許田　繫之許也　曷爲繫之許　近許也」とあるのを參照。

なお、疏に「異義左氏説　諸侯有大功德　乃有朝宿湯沐之邑　公羊説以爲　諸侯皆有朝宿湯沐之邑　許愼以公羊爲非」とある。

【傳】夏虢公忌父始作卿士于周

【注】周人はここにおいてようやく虢公に政權を與えたのである。

【附】三年の傳文に「鄭武公莊公爲平王卿士　王貳于虢（中略）王崩　周人將畀虢公政」とあるのを參照。

【傳】四月甲辰鄭公子忽如陳逆婦嬀　辛亥以嬀氏歸　甲寅入于鄭　陳鍼子送女　先配而後祖　鍼子曰　是不爲夫婦　誣其祖矣　非禮也　何以能育

【注】「鍼子」は、陳の大夫である。禮では、婦を迎えにゆく場合、必ず先に祖廟に告げ、その後で出發する。だから、楚の公子圍は「莊王・共王の廟に告げてきた」と稱しているのである。（ところが、今ここで）鄭の忽は、先に婦を迎えにゆき、（もどってきた）後で廟に告げたから、「先に配して、後で祖した」と言っているのである。

【附】注の「故楚公子圍云云」については、昭公元年の傳文に「令尹命大宰伯州犂對曰　君辱貺寡大夫圍　謂圍將使豐氏撫有而室　圍布几筵告於莊共之廟而來」とあるのを參照。

なお、異説として、本疏に「賈逵以配爲成夫婦也　禮　齊而未配　三月廟見　然後配」とある。また、『禮記』曾子問「三月而廟見」の疏に「若賈服之義　大夫以上　無問舅姑在否　皆三月見祖廟之後　乃始成昏　故譏鄭公子忽先爲配匹乃見祖廟」とある。

【傳】齊人卒平宋衞于鄭　秋會于溫　盟于瓦屋　以釋東門之役　禮也

【注】溫で會したことを（經に）書いていないのは、赴告してこなかったからである。國をしずめ民を安んじたから、「禮にかなっている」と言っているのである。（東門の役に象徴される）宋・衞二國の、鄭への怒りによる（報復の）謀議をすてさせたのである。鄭は、盟に參加しなかったから、（經に）書かれていないのである。

【附】四年の傳文に「宋殤公之卽位也　公子馮出奔鄭　鄭人欲納之　及衞州吁立　將脩先君之怨於鄭　而求寵於諸侯以和其民　使告於宋曰　君若伐鄭以除君害　君爲主　敝邑以賦與陳蔡從　則衞國之願也　宋人許之　於是陳蔡方睦於衞　故宋公陳侯蔡人衞人伐鄭　圍其東門　五日而還」とあるのを參照。また、下の傳文に「君釋三國之圖以鳩其民」とあるのを參照。

【傳】八月丙戌鄭伯以齊人朝王　禮也

【注】〝鄭伯は、虢公が政權を得たからといって、王にそむきはしなかった〟ということであるから、禮にかなっているとしているのである。齊が

「人」を稱しているのは、略して、國辭に從ったのである。上に「七月庚午」があり、下に「九月辛卯」がある。とすれば、八月に「丙戌」はあり得ない。

(附)注の前半については、三年の傳文に「鄭武公莊公爲平王卿士　王貳于虢　鄭伯怨王　王曰無之（中略）王崩　周人將畀虢公政（中略）周鄭交惡」とあるのを參照。また、上の傳文に「夏虢公忌父始作卿士于周」とあり、注に「周人於此遂畀之政」とあるのを參照。

注の「國辭」は、意味がよくわからない。當該國〔ここでは鄭〕での言い方ということか〔?〕。

注の後半については、經に「秋七月庚午宋公齊侯衞侯盟于瓦屋」とあり、また、「九月辛卯公及莒人盟于浮來」とある。なお、疏に「長厤推七月丁卯朔（中略）九月丙寅朔（中略）八月小丁酉朔」とあるのを參照。

【傳】公及莒人盟于浮來　以成紀好也

㊟二年に紀と莒とが密で盟ったのは、魯（と莒との和解）のためであった。今ここで、公はそれを溫め直したから、「それによって、紀の好意を實現させた〔無にしなかった〕」と言っているのである。

(附)二年の傳文に「冬紀子帛莒子盟于密　魯故也」とある。

【傳】冬齊侯使來告成三國

㊟齊侯は冬に赴告してきたが、（赴告の言辭としては）「秋に三國〔宋・衞・鄭〕を和平させた」と稱したのである。

(附)經には「秋七月庚午宋公齊侯衞侯盟于瓦屋」とある。

【傳】公使衆仲對曰　君釋三國之圖以鳩其民　君之惠也　寡君聞命矣　敢不承受君之明德

㊟「鳩」は、集である。

(附)『爾雅』釋詁に「鳩　聚也」とあるのを參照。なお、定公四年の注には「鳩　安集也」とある。

【傳】無駭卒　羽父請謚與族　公問族於衆仲　衆仲對曰　天子建德

㊟有德者を立てて諸侯とするのである。

【傳】因生以賜姓

㊟その祖が生まれた土地に因んで、姓を賜わるのである。（たとえば）舜が嬀汭で生まれたから、陳が嬀姓である、ような類をいう。

(附)昭公八年の傳文に「舜重之以明德　寘德於遂　遂世守之　及胡公不淫　故周賜之姓　使祀虞帝」とあり、注に「胡公滿　遂之後也　事周武王　賜姓曰嬀」とあるのを參照。また、『史記』陳世家に「陳胡公滿者　虞帝舜之後也　昔舜爲庶人時　堯妻之二女　居于嬀汭　其後因爲氏姓　姓嬀氏」とあるのを參照。なお、『史記』では、舜は嬀汭に住んだというだけだが、杜預は、嬀汭で生まれた、としているようである〔ちなみに、『禮記』大傳の疏には「杜預云　若舜生嬀汭　賜姓曰嬀」とある〕。あるいは、出身というほどの意味で言っているのだろうか〔?〕。

なお、異説として、『論衡』詰術篇に「古者因生以賜姓　因其所生賜之姓也　若夏呑薏苡而生　則姓苡氏　商呑燕子而生　則姓爲子氏　周履大人跡　則姫氏」とある。

傳胙之土而命之氏

注有德の報酬として封土を賜わり、（その封土によって）氏をなづけて、（たとえば）「陳」と言うのである。

附上にあげた昭公八年の注のつづきに「封諸陳　紹舜後」とあるのを參照。また、上にあげた『史記』陳世家のつづきに「至于周武王克殷紂　乃復求舜後　得嬀滿　封之於陳　以奉帝舜祀　是爲胡公」とあるのを參照。なお、上にあげた『禮記』大傳の疏のつづきに「封舜之後於陳　以所封之土命爲氏　舜後姓嬀　而氏曰陳」とある。

なお、注の「報」については、襄公十四年の注に「胙　報也」とあるのを參照。

傳諸侯以字

注諸侯は位がひくいため、（天子のように）姓を賜わることが出來ないから、その臣は、王父の字（あざな）を氏（族）とするのである。

傳爲謚　因以爲族

注あるいは、先人の謚をそのまま稱して、族（氏）とするのである。

附ここの傳文については、「諸侯以字爲謚」と句讀する、異説がある。『禮記』檀弓上「魯哀公誄孔丘曰　天不遺耆老　莫相予位焉　嗚呼哀哉尼父」の鄭注に「誄其行以爲謚也（中略）尼父　因且字以爲之謚」とあり、また、『儀禮』少牢饋食禮の鄭注に「大夫或因字爲謚　春秋傳曰　魯無駭卒　請謚與族　公命之以字爲展氏　是也」とあるのが、それである。つまり、杜預の句讀によれば、この傳文は「字あるいは謚を族（氏）とする」ということだが、鄭玄の句讀によれば、「字を謚とし、その謚を族とする」ということで、二段階をふむことになる（ただし、結果的には、兩者ともに「字を族とする」ということで、同じになる。だから、疏に「服虔云　公之母弟　則以長幼爲氏　貴適統　伯仲叔季是也　庶公子　則以配字爲氏　尊公族　展氏臧氏是也」とあるが、服虔が果してどちらに句讀していたかは、實は、はっきりしない）。なお、『史記』五帝本紀の〈集解〉に引く鄭玄『駮許愼五經異義』に「族者　氏之別名也」とあるのを參照。

なお、注の「使」は、挍勘記に從って、「便」に改める。

傳官有世功　則有官族　邑亦如之

注その舊官（先祖が代々つとめていた官）や舊邑（先祖が代々はんでいた邑）の名稱を取って、族（氏）とする、ことをいう。いずれもみな、その時の君から受けるのである。

附杜注との異同は、はっきりしないが、疏に「服虔止謂異姓　又引宋司城韓魏爲證」とある。

傳公命以字爲展氏

注諸侯の子は「公子」と稱し、公子の子は「公孫」と稱し、公孫の子は王父の字を氏とする。無駭は、公子展の孫であるから、「展氏」としたのである。

附成公十五年の公羊傳文に「孫以王父字爲氏也」とあるのを參照。また、

『白虎通』姓名に「諸侯之子稱公子　公子之子稱公孫　公孫之子各以其王父字爲氏」とあるのを參照。

〔隱公九年〕

【經】九年春天王使南季來聘

㊟傳はない。「南季」は、天子の大夫である。「南」は氏で、「季」は字である。

（附）經文の「天子」の「子」は、挍勘記に従って、「王」に改める。

【經】三月癸酉大雨震電　庚辰大雨雪

㊟（周正の）「三月」は、今（夏正）の正月である。

【經】挾卒

㊟傳はない。「挾」は、魯の大夫である。族を賜わっていなかった（から、氏を書いていない）のである。

【經】夏城郎

【經】秋七月

【經】冬公會齊侯于防

㊟「防」は、魯地であり、琅邪の華縣の東南部にあった。

（附）諸本に従って、注の「邪」の下に「華」を補う。

【傳】九年春王三月癸酉大雨霖以震　書始也

㊟「癸酉」と書いているのは、降り始めた日である。

（附）注の「始始」は、挍勘記に従って、一方を衍文とみなす。

【傳】庚辰大雨雪　亦如之　書　時失也

㊟夏正の正月は、微陽が始めて出現するときであって、まだ震・電が發生するはずはなく、（また）震・電が發生した以上、（もはや）大雪が降るはずはない。だから、いずれもみな、「時節はずれ」としているのである。

（附）『漢書』五行志中之上に「劉向以爲周三月　今正月也　當雨水雪雜雨雷電未可以發也　既已發也　則雪不當復降　皆失節　故謂之異」とあるのを參照。また、公羊の何注に「震雷電者　陽氣也　有聲名曰雷　無聲名曰電　周之三月　夏之正月　雨當水雪雜下　雷當聞於地中　其雉雊　電未可見　而大雨震電　此陽氣大失其節」とあるのを參照。

【傳】凡雨　自三日以往爲霖

㊟ここは（「凡」とあるから）經が「霖」と書いていることを解説しているのである。それなのに、（今の）經に「霖」の字がないのは、經の誤りである。

【傳】平地尺爲大雪

【傳】夏城郎　書　不時也

(傳)宋公不王

(注)王への職貢を怠ったのである。

(傳)鄭伯爲王左卿士　以王命討之　伐宋　宋以入郛之役怨公　不告命

(注)「郛に入った」事件は、五年にある。公は、七年に邾を伐って、宋を悦ばせようとしたのだが、宋はそれでも和解しなかったのである。

(附)五年に「邾人鄭人伐宋」とあり、傳に「伐宋入其郛」とある。また、七年に「秋公伐邾」とあり、傳に「爲宋討也」とある。

(傳)公怒　絶宋使　秋鄭人以王命來告伐宋

(注)使者を派遣して、王の命をつたえたのである。（一度）宋を伐ったが、不満足だったので、さらにまた告げて來たのである。

(附)注の「往」は、挍勘記に從って、「更」に改める。

(傳)冬公會齊侯于防　謀伐宋也

(傳)北戎侵鄭　鄭伯禦之　患戎師曰　彼徒我車　懼其侵軼我也

(注)「徒」は、歩兵である。「軼」は、突〔つく〕である。

(傳)公子突曰　使勇而無剛者　嘗寇而速去之

(注)「公子突」とは、（後の）鄭の厲公のことである。「嘗」は、試〔こころみる〕である。威勢がよければ、おそれずに進み、根性がなければ、退くことを恥としない。

(傳)君爲三覆以待之

(注)「覆」は、伏兵である。

(傳)戎輕而不整　貪而無親　勝不相讓　敗不相救　先者見獲　必務進　進而遇覆　必速奔　後者不救　則無繼矣　乃可以逞

(注)「逞」は、解〔とく〕である。

(附)成公元年の傳文に「知難而有備　乃可以逞」とあり、注に「逞　解也」とある。なお、『方言』巻十二にも「逞　解也」とある。なお、杜注との異同は、はっきりしないが、疏に「服虔云　先者見獲　言必不往相救　各自務進　言其貪利也」とある。

(傳)從之　戎人之前遇覆者奔　祝聃逐之

(注)「祝聃」は、鄭の大夫である。

(傳)衷戎師　前後擊之　盡殪

(注)（前・後と中間に）三つの伏兵をおき、祝聃が、威勢だけよくて根性のない者をひきいて、まず戎をうって速やかに逃げ、（前と中間の）二つの伏兵のところを通過して、後の伏兵のところまで到達した時に、（三つの）伏兵が（一度にどっと）興起した。（そのため、後の伏兵のところまで深追いしてきた）戎は、（おどろいて）逃げもどろうとし、今度は逆に、祝聃が（後の伏兵とともに）これを追ったのである。（つまり）戎は、前・後と中間の三箇所に敵襲を受けたから、「戎の師を衷《うち》にした〔つつみこんだ〕」と言っているのである。「殪」は、死である。

(附)注の「以遇二伏兵至後伏兵起」は、このままでは讀み難い。異論もあろうが、今ここでは、會箋本〔金澤文庫本によるという〕に従って、「遇」を「過」に改め、また、下の「伏兵」と「起」との間に「伏兵」

を補って、つまり、「以過二伏兵　至後伏兵　伏兵起」として讀むことにする。ちなみに、疏に「前後及中　三處受敵者　前謂第一伏　逆其前也　後謂祝聃與後伏　逐其後也　中謂第二伏　擊其中也」とある。注の「衷戎師」については、疏に「謂戎師在三伏之中」とある。なお、襄公二十七年の傳文「楚人衷甲」の注に「甲在衣中」とあるのを參照。注の最後の「殪　死也」は、『爾雅』釋詁の文である。

【傳】戎師大奔

【注】後詰めも（戰闘を）引き繼がなかったのである。

【附】上の傳文に「進而遇覆　必速奔　後者不救　則無繼矣」とあるのを參照。

【傳】十一月甲寅鄭人大敗戎師

【注】ここは、いずれもみな、《春秋》の時の事件であり、經には書かれていないが、所謂「（丘明は）必ず廣く記錄して詳しく述べ、（《春秋》を）學ぶ者が、始めをたずねて終りをしめくくり、枝葉をさぐって根本をきわめる、ようにさせようとした」〔序〕ということである。他はみな、これに倣う。

〔隱公十年〕

【經】十年春王二月公會齊侯鄭伯于中丘

【注】傳では「正月に會し、癸丑に盟った」と言っている。『釋例』において經傳の日月を推算したところによると、癸丑は正月の二十六日であるから、經の「二月」は誤りであることがわかる。

【經】夏翬帥師會齊人鄭人伐宋

【注】公子翬は、公の命を待たずに、みだりに二國の君と會したのであり、勝手に進んだことをにくむから、氏〔「公子」〕をとり去っているのである。齊と鄭は、（會したところ）公がやって來なかったので、（君自身が參戰する豫定を）更めて、微者に、翬に從って宋を伐たせたのである。「及」と言っていないのは、翬が勝手に行なったことであって、鄧での相談によるもの〔相談の結果〕ではない、ということを明らかにしたのである。「及」の例は、宣公七年にある。

【附】注の前半については、疏に引く『釋例』に「王命伐宋　羽父不匡君以速進　而先會二國　自以爲名　故貶去其族　齊爲侯伯　鄭伯又爲王卿士　二君奉王命以討宋　惡羽父之專進　故使與微者同伐　動而無功　故無成敗也」とあるのを參照。なお、下の傳文に「夏五月羽父先會齊侯鄭伯伐宋」とあるから、會には齊と鄭の君自身が參加した、ということなのであろう。
注の後半については、宣公七年の傳文に「凡師出　與謀曰及　不與謀曰會」とある。なお、下の傳文に「春王正月公會齊侯鄭伯于中丘　癸丑盟于鄧　爲師期」とあるのを參照。

【經】六月壬戌公敗宋師于菅

【注】齊と鄭が約束の期日に遲れたから、公が獨力で宋の師を敗ったのである。「敗」と書いているのは、宋が陣を整えていなかったからである。

「敗」の例は、莊公十一年にある。「菅」は、宋地である。
（附）莊公十一年の傳文に「凡師　敵未陳曰敗某師」とある。

【經】辛未取郜　辛巳取防

㊟鄭が遲れてやって來て、郜と防との二つの邑を獲得し、功を魯に歸した〔その二つの邑を魯に贈った〕から、「取」と書いて、（魯が）師徒〔兵力〕を用いなかったことを明らかにしたのである。濟陰の成武縣の東南部に郜城があり、高平の昌邑縣の西南部に西防城がある。

（附）下の傳文に「庚午鄭師入郜　辛未歸于我　庚辰鄭師入防　辛巳歸于我」とあるのを參照。また、昭公四年の傳文に「凡克邑　不用師徒曰取」とあるのを參照。
なお、注の「城武縣」の「城」は、挍勘記に從って、「成」に改める。

【經】秋宋人衛人入鄭　宋人蔡人衛人伐戴　鄭伯伐取之

㊟三國が戴を伐ったが、鄭伯は彼らの不和に乘じて、伐ってこれを取った〔戴にいた三國の軍を一網打盡にした〕のである。「伐」と書いているのは、師徒〔兵力〕を用いたからであり、「取」と書いているのは、勝つのが容易だったからである。「戴」は、國である。今、陳留の外黃縣の東南部に、戴城がある。

（附）襄公十三年の傳文に「凡書取　言易也」とあり、注に「不用師徒　及用師徒而不勞」とあるのを參照。また、莊公十一年の傳文に「覆而敗之　曰取某師」とあり、注に「覆謂威力兼備　若羅網所掩覆　一軍皆見禽制　故以取爲文」とあるのを參照。
なお、公羊傳文にも「其言伐取之何　易也」とあるが、つづく傳文に「其易奈何　因其力也　因誰之力　因宋人蔡人衛人之力也」とあるように、公羊では、取った對象が載〔「戴」の異文〕である〔左氏では、下の傳文に「八月壬戌鄭伯圍戴　癸亥克之取三師焉」とあるように、取った對象は、三國の軍である〕。

【經】冬十月壬午齊人鄭人入郕

【傳】十年春王正月公會齊侯鄭伯于中丘　癸丑盟于鄧　爲師期

㊟九年に防で會して宋を伐つことを相談した、のを溫め直したのである。公は、會した上に盟ったのに、盟ったことが（經に）書かれていないのは、（盟に）遲れたからではない。おそらく、公がもどって、會したことは報告したが、盟ったことを報告しなかった、からであろう。「鄧」は、魯地である。

（附）注の前半については、九年の傳文に「冬公會齊侯于防　謀伐宋也」とある。
注の後半については、疏に引く『釋例』に「盟于鄧　盟于犖　盟于戚　公既在會　而不書盟者　以理推之　會在盟前　知非後盟也　蓋公還告會而不告盟」とあるのを參照。つまり、すでに會に出ているのだから、その後の盟に遲れるはずはない、ということである。

【傳】夏五月羽父先會齊侯鄭伯伐宋

(注)「先會」と言っているのは、公が本來約束した期日ではないことを明らかにし、（經が）翬の族〔氏〕をとり去っているわけを解釋したのである。

(傳)六月戊申公會齊侯鄭伯于老桃

(注)會したことが（經に）書かれていないのは、廟に報告しなかったからである。「老桃」は、宋地である。六月ならば戊申（の日）はない。戊申ならば五月二十三日である。日の方〔戊申〕が誤っている。

(附)疏に「長厤推六月　丙辰朔」とあるのを參照。

(傳)壬戌公敗宋師于菅　庚午鄭師入郜　辛未歸于我　庚辰鄭師入防　辛巳歸于我

(注)「壬戌」は六月七日、「庚午」は十五日、「庚辰」は二十五日である。鄭伯が約束の期日に遅れ、公が獨力で宋の師を敗った。それ故、鄭は獨力で兵を進めて、たて續けに郜と防に入り、入っただけで自分のものにはせず、魯にひき取らせたのである。（つまり）功績を（自分より）上爵（の國）に推しやり、（人に）譲って自分をすて、軍實〔戰果、つまり二邑〕を自分のものにしなかったから、經は、ただ「魯が取った」と書いて、鄭の善志を成就させ、これをほめたのである。

(附)注の「入而不有」については、襄公十三年の傳文に「弗地曰入」とあり、注に「謂勝其國邑　不有其地」とあるのを參照。ただし、これらが經文についての解説であるのに對して、ここの注は傳文についての解説である。

(傳)君子謂　鄭莊公於是乎可謂正矣　以王命討不庭

(注)下が上に事える場合、いずれもみな、庭中で禮を成すのである〔つまり、「不庭」とは、上に事えぬものをいう〕。

(附)九年の傳文に「宋公不王」とあり、注に「不共王職」とあるのを參照。

(傳)不貪其土　以勞王爵　正之體也

(注)「勞」とは、勤勞の數々をならべあげて、それに報いるのである〔つまり、勞をねぎらうということ〕。諸侯が諸侯に朝するときは、饔餼〔食物〕を用意して（郊で）迎える。これを「郊勞」という。魯侯は爵が尊く、鄭伯は爵が卑いから、「それによって王爵〔王から尊い爵をうけているもの、つまり魯〕をねぎらった」と言っているのである。

(附)注の「饔餼」については、桓公十四年の傳文「曹人致餼」の注に「熟曰饔　生曰餼」とあるのを參照。

注の「郊勞」については、僖公三十三年の傳文に「自郊勞至于贈賄　禮成而加之以敏」とあり、注に「迎來曰郊勞」とあるのを參照。

注の「王爵」については、桓公十年の傳文に「先書齊衛　王爵也」とあり、注に「以王爵次之也」とあるのを參照。

(傳)蔡人衛人郕人不會王命

(注)宋を伐たなかったのである。

(傳)秋七月庚寅鄭師入郊　猶在郊

(注)鄭の師は、ひきあげて、兵を遠郊に駐留させたのである。

(傳)宋人衛人入鄭

㊟宋と衛の奇兵〔奇襲部隊〕が、虚に乗じて鄭に入ったのである。
【傳】蔡人從之伐戴
㊟宋と衛に從って戴を伐ったのである。
【傳】八月壬戌鄭伯圍戴　癸亥克之取三師焉
㊟三國〔宋・衞・蔡〕の軍が戴にいたから、鄭伯は、ひとまとめに圍んだのである。「師」は、軍旅の通稱である。
【傳】宋衛既入鄭　而以伐戴召蔡人
㊟戴を伐つ段になってはじめて、よびよせたのである。
【傳】蔡人怒　故不和而敗
㊟鄭が容易に取ったわけを言っているのである。
【傳】九月戊寅鄭伯入宋
㊟鄭に入ったことに報復したのである。九月ならば戊寅(の日)はない。戊寅ならば八月二十四日である。
(附)疏に「長厤推壬午十月二十九日」とあるのを參照。なお、疏に「上有八月　下有冬　則誤在日也」とある。
【傳】冬齊人鄭人入郕　討違王命也

〔隱公十一年〕

【經】十有一年春滕侯薛侯來朝
㊟諸侯が諸侯に朝する例は、文公十五年にある。
(附)文公十五年の傳文に「諸侯五年再相朝　以脩王命　古之制也」とある。
【經】夏公會鄭伯于時來
㊟「時來」は、(傳の)郲である。熒陽縣の東部に釐城がある。鄭地であった。
(附)注の「滎陽縣」の「滎」は、挍勘記に従って、「熒」に改める。
【經】秋七月壬午公及齊侯鄭伯入許
㊟いっしょに相談した場合は「及」という〔宣公七年傳文〕。(許の莊公は出奔したが)なお許叔を許に居させたから、「滅」とは言っていないのである。「許」は、潁川の許昌縣である。
(附)下の傳文に「鄭伯使許大夫百里奉許叔以居許東偏」とあるのを參照。
【經】冬十有一月壬辰公薨
㊟實は弑されたのに、「薨」と書き、また、地をいっていないのは、史官の典策が諱んだものである。
(附)下の傳文に「壬辰羽父使賊弑公于寪氏」とあるのを參照。
【傳】十一年春滕侯薛侯來朝　爭長
㊟「薛」は、魯國の薛縣である。
(附)『儀禮』覲禮「諸侯前朝」の疏に「服注云　爭長　先登授玉」とある。
【傳】薛侯曰　我　先封

㊟薛の祖の奚仲は、夏が封じたものであり、周以前のことである。

(附)定公元年の傳文に「薛之皇祖奚仲居薛　以爲夏車正」とあるのを參照。

【傳】滕侯曰　我　周之卜正也

㊟「卜正」は、卜官の長である。

【傳】薛　庶姓也　我不可以後之

㊟「庶姓」とは、周の同姓ではないということである。

(附)『周禮』司儀に「土揖庶姓　時揖異姓　天揖同姓」とあり、鄭注に「庶姓　無親者也（中略）異姓　昏姻也」とあるのを參照。

【傳】公使羽父請於薛侯曰　君與滕君辱在寡人　周諺有之曰　山有木　工則度之　賓有禮　主則擇之

㊟適切なものを選んで行なうのである。

【傳】周之宗盟　異姓爲後

㊟盟の載書では、いずれもみな、同姓を先にする。例は、定公四年にある。

(附)注の「盟載書」については、襄公九年の傳文に「晉士莊子爲載書」とあり、注に「載書　盟書」とあるのを參照。

注の「例在定四年」については、定公四年の傳文に「晉文公爲踐土之盟　衞成公不在　夷叔　其母弟也　猶先蔡　其載書云　王若曰　晉重魯申衞武蔡甲午鄭捷齊潘宋王臣莒期　藏在周府　可覆視也」とある。

なお、そこの疏に引く『釋例』に「周之宗盟　異姓爲後　故踐土之盟載書　齊宋雖大降於鄭衞　匡周而言　指謂王官之宰臨盟者也　其餘雜盟　未必皆然」とあるのを參照。

なお、傳文の「宗盟」については、疏に「賈逵以宗爲尊　服虔以宗盟爲同宗之盟」とあるが、注に言及がないから、杜預の説はわからない（『釋例』の「指謂王官之宰臨盟者也」は、「周」とあることの説明にしかならないであろう）。

【傳】寡人若朝于薛　不敢與諸任齒

㊟薛は「任」姓である。「齒」は、列〔ならぶ〕である。

【傳】君若辱貺寡人　則願以滕君爲請　薛侯許之　乃長滕侯

【傳】夏公會鄭伯于郲　謀伐許也　鄭伯將伐許　五月甲辰授兵於大宮

㊟「大宮」は、鄭の祖廟である。

(附)宣公十二年の傳文「臨于大宮」の注に、同文がみえる。

【傳】公孫閼與潁考叔爭車

㊟「公孫閼」は、鄭の大夫である。

【傳】潁考叔挾輈以走

㊟「輈」は、車の轅〔ながえ〕である。

(附)疏に「服虔云　考叔挾車轅　箠馬而走」とあるのを參照。

【傳】子都拔棘以逐之

㊟「子都」とは、公孫閼のことである。「棘」は、戟〔ほこ〕である。

【傳】及大逵　弗及　子都怒

㊟「逵」は、道に九車がならべられるもの〔つまり、大通り〕である。

(附)桓公十四年の傳文「焚渠門　入及大逵」の注に「逵　道方九軌」とあり、宣公十二年の傳文「入自皇門　至于逵路」の注に「塗方九軌曰逵」

とあるのを參照。また、『周禮』匠人に「經涂九軌」とあり、鄭注に「經緯之涂　皆容方九軌　軌謂轍廣」とあるのを參照。

【傳】秋七月公會齊侯鄭伯伐許　庚辰傅于許
【注】許の城壁の下に達したのである。
【附】襄公六年の傳文に「傅於堞」とあり、注に「堞　女墻也（中略）及女墻」とあるのを參照。また、襄公二十五年の傳文に「傅諸其軍」とあり、注に「至其本軍」とあるのを參照。
【傳】潁考叔取鄭伯之旗蝥弧以先登
【注】「蝥弧」は、旗の名である。
【附】昭公十年の傳文に「公卜使王黑以靈姑銔率」とあり、注に「靈姑銔　公旗名」とあるのを參照。
【傳】子都自下射之　顚
【注】まっさかさまに墜ちて、死んだのである。
【附】下の傳文に「詛射潁考叔者」とあるから、死んだことがわかる。
【傳】瑕叔盈又以蝥弧登
【注】「瑕叔盈」は、鄭の大夫である。
【傳】周麾而呼曰　君登矣
【注】「周」は偏〔あまねく〕である。「麾」は招〔さしまねく〕である。
【傳】鄭師畢登　壬午遂入許　許莊公奔衞
【注】奔ったことが(經に)書かれていないのは、兵が混亂しているなかを逃走したため、所在がわからなかったからである。

【傳】齊侯以許讓公　公曰　君謂許不共
【注】職貢を怠ったということである。
【傳】故從君討之　許既伏其罪矣　雖君有命　寡人弗敢與聞　乃與鄭人　鄭伯使許大夫百里奉許叔以居許東偏
【注】「許叔」は、許の莊公の弟である。「東偏」は、東鄙である。
【傳】曰　天禍許國　鬼神實不逞于許君　而假手于我寡人
【注】私のような德の少ない者の手を借りて許を討った、ということである。
【傳】寡人唯是一二父兄不能共億
【注】「父兄」とは、同姓の羣臣である。「供〔共〕」は給であり、「億」は安である。
【傳】其敢以許自爲功乎　寡人有弟　不能和協　而使餬其口於四方
【注】「弟」とは、共叔段のことである。「餬」は、鬻〔かゆ〕（をたべる）である。段の出奔のことは、元年にある。
【附】昭公七年の傳文に「饘於是　鬻於是　以餬余口」とあり、注に「饘鬻餬屬」とあるのを參照。
【傳】其況能久有許乎　吾子其奉許叔以撫柔此民也　吾將使獲也佐吾子
【注】「獲」とは、鄭の大夫の公孫獲である。
【傳】若寡人得沒于地
【注】壽命を無事に終えるということである。
【傳】天其以禮悔禍于許
【注】天が、許を禮遇して、許に禍を下したことを後悔する、ということである。

[傳]無寧茲許公復奉其社稷

㊟「無寧」は、寧である。「茲」は、此である。

（附）注の「無寧　寧也」については、襄公二十四年の傳文「毋寧使人謂子子實生我」の注に「無寧　寧也」とあり、昭公六年の傳文「無寧以善人爲則」の注に「無寧　寧也」とあり、同二十二年の傳文「無寧以爲宗羞」の注に「無寧　寧也　言華氏爲宋宗廟之羞恥」とあるのを參照。ただし、襄公三十一年の傳文「賓至如歸　無寧菑患」の注に「言見遇如此　寧當復有菑患邪　無寧　寧也」とあるのは、ここ及び上にあげた三つの例とは異なり、「寧」を反語として讀んでいる（反語として讀まなければならないのは、「無寧」を「寧」におきかえたからなのであって、實は、襄公三十一年の傳文は、「無寧」をそのまま「無寧」としておけば、意味が通ずる。つまり、杜預は、「無寧　寧也」にこだわって、非常にまわりくどいことをしている、ということになる）。なお、ここ及び三つの例における杜預の「寧」が（むしろと讀むのだろうが）、果してどういう意味なのかは、嚴密に言うと、よくわからない。わからないと言えば、實は、「無寧　寧也」という注そのものも、そうである。「無」が發語の助辭ということなのだろうか。あるいは、「無寧」が反語ということなのだろうか（？）。
注の「茲　此也」については、昭公元年の傳文「茲心不爽」の注に「茲　此也」とあるのを參照。なお、『爾雅』釋詁にも「茲　此也」とある。

[傳]唯我鄭國之有請謁焉　如舊昏媾

㊟「謁」は、告である。婦の父を「昏」という。重縁を「媾」という。

（附）『爾雅』釋詁に「謁　告也」とあり、同釋親に「婦之黨爲婚」とあるのを參照。また、『國語』晉語四の韋注に「重婚曰媾」とあるのを參照。なお、昭公二十五年の傳文「爲父子兄弟姑姊甥舅昏媾姻亞　以象天明」の注にも「妻父曰昏　重昏曰媾」とある。

[傳]其能降以相從也

㊟「降」とは、心を降す（へりくだる）ということである。

[傳]無滋他族實偪處此　以與我鄭國爭此土也　吾子孫其覆亡之不暇　而況能禋祀許乎

㊟潔齋して（酒食を神に）すすめることを「禋」という。「祀」とは、許の山川の祀（まつり）をいう。

（附）桓公六年の傳文「親其九族以致其禋祀」の注に「禋　絜敬也」とあるのを參照。また、『國語』周語上に「精意以享　禋也」とあり、韋注に「享　獻也」とあるのを參照。

[傳]寡人之使吾子處此　不唯許國之爲　亦聊以固吾圉也

㊟「圉」は、邊垂（くにざかい）である。

（附）『爾雅』釋詁に「圉　垂也」とあるのを參照。

[傳]乃使公孫獲處許西偏　曰　凡而器用財賄　無寘於許　我死　乃亟去之　吾先君新邑於此

㊟「此」とは、今の河南の新鄭である。舊鄭は京兆にあった。

（附）『國語』鄭語の韋注に「後桓公之子武公　竟取十邑之地而居之　今河南新鄭是也」とあるのを參照。

［傳］王室而既卑矣　周之子孫日失其序

［注］鄭もまた「周の子孫」である。

［附］八年の注に「鄭桓公　周宣王之母弟　封鄭」とあるのを參照。

［傳］夫許　大岳之胤也

［注］「大岳」は、神農の後裔、堯の四岳である。「胤」は、繼〔あとつぎ〕である。

［附］注の前半については、昭公十七年の傳文「炎帝氏以火紀　故爲火師而火名」の注に「炎帝　神農氏　姜姓之祖也」とあるのを參照。また、莊公二十二年の傳文「姜　大嶽之後也」の注に「姜姓之先爲堯四嶽」とあり、襄公十四年の傳文「謂我諸戎是四嶽之裔冑也」の注に「四嶽　堯時方伯　姜姓也」とあるのを參照。なお、上の經「秋七月壬午公及齊侯鄭伯入許」のところの疏に「譜云　許　姜姓　與齊同祖堯四嶽伯夷之後也」とあるのも參照。

注の後半については、僖公二十四年の傳文「周公之胤也」の注に「胤嗣也」とあるのを參照。

［傳］天而既厭周德矣　吾其能與許爭乎　君子謂　鄭莊公於是乎有禮　禮經國家定社稷序民人利後嗣者也　許無刑而伐之　服而舍之

［注］「刑」は、法である。

［附］僖公十九年の傳文「詩曰　刑于寡妻」の注に「刑　法也」とあるのを參照。なお、ここの注は、すぐ下の傳文の「刑」〔文字どおりの意味〕との混同をさけるために、わざわざつけたものであろう。

［傳］度德而處之　量力而行之　相時而動　無累後人

［注］（上の）「自分が死んだら、すぐにここを立ち去れ」というのが、（この）「後人に累を及ぼさない」ということである。

［傳］可謂知禮矣

［傳］鄭伯使卒出豭　行出犬雞　以詛射潁考叔者

［注］百人が「卒」であり、二十五人が「行」である。（つまり、「卒」と同じく）「行」もまた、兵卒の行列〔あつまり〕なのである。潁考叔を射殺した者をにくんだから、「卒」及び「行」のうちで、いずれもみな、呪詛させたのである。

［附］『禮記』燕義「合其卒伍」の鄭注に「軍法　百人爲卒」とあるのを參照。

［傳］君子謂　鄭莊公失政刑矣　政以治民　刑以正邪　既無德政　又無威刑　是以及邪

［傳］邪而詛之　將何益矣

［注］大臣が仲よくせず、その上、邪人に刑を適用することが出來なかった、ということである。

［傳］王取鄔劉

［注］二邑は、河南の緱氏縣にあった。（今）西南部に鄔聚があり、西北部に劉亭がある。

［傳］蔿邘之田于鄭

［注］「蔿」・「邘」は、鄭の二邑である。

傳而與鄭人蘇忿生之田
注「蘇忿生」は、周の武王の司寇、蘇公である。
附成公十一年の傳文に「昔周克商　使諸侯撫封　蘇忿生以溫爲司寇」とあり、同文の注がみえる。なお、『書』立政に「周公若曰　太史　司寇蘇公」とあるのを參照。
傳溫
注今の溫縣である。
傳原
注沁水縣の西部にあった。
傳絺
注野王縣の西南部にあった。
傳樊
注「陽樊」ともよばれていた。野王縣の西南部に陽城がある。
傳隰郕
注懷縣の西南部にあった。
傳欑茅
注脩武縣の北部にあった。
傳向
注軹縣の西部に向上とよばれる土地がある。
傳盟
注今の盟津である。
傳州
注今の州縣である。
傳陘
注闕〔不明〕である。
傳隤
注脩武縣の北部にあった。
傳懷
注今の懷縣である。（これら）全部で十二邑は、いずれもみな、蘇忿生の田であった。「欑茅」と「隤」は、汲郡に屬し、その他はみな、河內に屬している。
傳君子是以知桓王之失鄭也　恕而行之　德之則也　禮之經也　己弗能有而以與人　人之不至　不亦宜乎
注蘇氏が王に叛き、（これらの）十二邑は、王が（自分で）持ちきれないものであった。桓公五年の「（秋蔡人衞人陳人）從王伐鄭」のために本を張ったのである。
附莊公十九年の傳文に「故蔿國邊伯石速詹父子禽祝跪作亂　因蘇氏」〔注「蘇氏　周大夫　桓王奪其十二邑以與鄭　自此以來　遂不和」〕とあり、「秋五大夫奉子頽以伐王　不克　出奔溫〔注「溫　蘇氏邑」〕蘇子奉子頽以奔衞　衞師燕師伐周」とあり、「冬立子頽」とあるのを參照。また、僖公十年の傳文に「春狄滅溫　蘇子無信也　蘇子叛王既狄又不能於狄　狄人伐之　王不救　故滅　蘇子奔衞」〔注「蘇子　周司寇蘇公之後也　國於溫　故曰溫子　叛王事在莊十九年」〕とあるのを參照。

［傳］鄭息有違言
㊟言葉が原因で、にくみ合ったのである。
(附)注の「違恨」は、連文とみなす。なお、下の注に「言語相恨」とあるのを參照。
［傳］息侯伐鄭　鄭伯與戰于竟　息師大敗而還
㊟「息」國は、汝南の新息縣である。
［傳］君子是以知息之將亡也　不度德
㊟鄭の莊公は賢である（のに）。
［傳］不量力
㊟息國は弱小である（のに）。
［傳］不親親
㊟鄭と息とは同姓の國である（のに）。
［傳］不徵辭　不察有罪
㊟言葉が原因でのにくみ合い（を解決するに）は、その言葉を明らかにして曲直を調べるべきであって、かるがるしく戰鬪してはならない（のに）。
(附)注の「明徵」は、連文とみなす。
［傳］犯五不韙而以伐人　其喪師也　不亦宜乎
㊟「韙」は、是〔ただしい〕である。
［傳］冬十月鄭伯以虢師伐宋　壬戌大敗宋師　以報其入鄭也
㊟鄭に入ったことは、十年にある。
(附)十年に「秋宋人衞人入鄭」とある。
［傳］宋不告命　故不書　凡諸侯有命　告則書　不然則否
㊟「命」とは、國の大事や政令であり、それらについての赴告の言葉を承けてはじめて、史官が典策に書くのである〔大事や政令であっても、赴告を承けなければ、典策に書かない〕。ちまたの風聞〔小事〕や君命によっ（て行なっ）たのではないもの、などは、簡牘に記すだけで、典策に記すことは出來ない。これは、周禮の舊制と考えられる。
(附)注の「（典）策」と「簡牘」については、元年の注に「傳之所據　非唯史策　兼采簡牘之記」とあるのを參照。また、序に「大事書之於策　小事簡牘而已」とあるのを參照。
注の「非將君命」については、元年の傳文に「夏四月費伯帥師城郎　不書　非公命也」とあり、注に「史之策書　皆君命也」とあるのを參照。なお、「將」は「以」に通ずる、と思われる。
注の「周禮之舊制」については、七年の傳文「謂之禮經」の注に「凡例乃周公所制禮經也」とあるのを參照。また、序に「其發凡以言例　皆經國之常制　周公之垂法　史書之舊章」とあり、序疏に引く『釋例』終篇に「丘明之傳　有稱周禮以正常者　諸稱凡以發例者是也」とあるのを參照。
なお、ここの注は、告・不告の問題と、事の大・小の問題とが、錯綜していて、わかりにくい。今ここでは、とりあえず、事の大・小の方を軸にして、つまり、注の前半の「大事　政令」を先にあげた序の

「大事」〔廣義の大事〕にあて、注の後半の「所傳聞行言　非將君命」を序の「小事」〔廣義の小事〕にあてて、解讀しておく〔だから、注の「所傳聞行言」を〝赴告されなかった大事〟とは解さない。ちなみに、序疏に「明是小事傳聞記於簡牘也」とある〕。そうすると、殘る問題は、注の「大事」と「政令」とが、また、「所傳聞行言」と「非將君命」とが、單なる言いかえなのか、あるいは、別のものなのか、ということである。前者の可能性も否定できないが、ここでは一應、後者として解讀し、「大事」〔狹義の大事〕と「所傳聞行言」〔狹義の小事〕とを、また、「政令」と「非將君命」とを、それぞれ對應させることにする。これを要するに、告・不告と事の大・小とをからませると、㈠事が大で、赴告した場合、㈡事が大で、赴告しなかった場合、㈢事が小で、赴告した場合、㈣事が小で、赴告しなかった場合、という四つが想定されるが、ここの注では、前半で㈠の場合が述べられ〔同時に、㈡の場合が暗示され〕、後半で㈣の場合が述べられている、ということである〔なお、㈢の場合というのは、杜預の頭の中で、はじめから想定されていないもののようである〕。

【傳】師出臧否　亦如之

【注】「臧否」とは、善惡・得失をいう。〔つまり〕〝滅んで〔滅んだ方が〕敗北を赴告する〟ということと、〝勝って〔勝った方が〕勝利を赴告する〟ということである。これらは、いずれもみな、互言〔互いに他方を兼ねる、つまり、どちらか一方だけでよいもの〕であって、兩方から赴告してきてはじめて書く、というわけではない。

【附】注の「滅而告敗」以下は、本來、すぐ下の傳文についていたものである、とする説があるが、從えない。下の傳文には、赴告しなかった場合しか記述されておらず、上の傳文〔「告則書　不然則否」〕のように、その前に、赴告した場合が記述されて、いないから、ここの注は、傳にかわって、それを補ったものであろう。ただし、その結果、杜預においては、「師出臧否」即「滅國」ということになっている〔傳文においては、「雖及滅國」とあるから、「滅國」は、上の「師出臧否」とは、一應、別のものであろう〕。

なお、注の「互告」の「告」は、挍勘記に從って、「言」に改める。

【傳】雖及滅國　滅不告敗　勝不告克　不書于策

【傳】羽父請殺桓公　將以求大宰

【注】「大宰」は、官の名である。

【傳】公曰　爲其少故也　吾將授之矣

【注】桓公に位を授ける、ということである。

【傳】使營菟裘　吾將老焉

【注】「菟裘」は、魯の邑である。泰山の梁父縣の南部にあった。魯の朝廷に居殘る氣がない〔隱退したい〕から、別に外邑を造營する、ということである。

【附】『史記』魯世家の〈集解〉に「服虔曰　菟裘　魯邑也　營菟裘以作宮室　欲居之以終老也」とあるのを參照。

【傳】羽父懼　反譖公于桓公而請弑之　公之爲公子也　與鄭人戰于狐壤　止

焉
㊟内〔魯〕については、獲られたことを諱むから、「止」と言っているのである。「狐壤」は、鄭地である。
傳鄭人囚諸尹氏
㊟「尹氏」は、鄭の大夫である。
傳賂尹氏而禱於其主鍾巫
㊟「主」とは、尹氏が主祭していたもの〔つまり、守護神〕である。
(附)『史記』魯世家の〈集解〉に「賈逵曰　鍾巫　祭名也」とあるのを參照。
なお、注の「主祭」の「主」は、自分が主となって、という意味ではなくて、對象を自分の主とみなして、という意味であろう。
傳遂與尹氏歸　而立其主
㊟鍾巫を魯に立てたのである。
傳十一月公祭鍾巫　齊于社圃
㊟「社圃」は、園の名である。
傳舘于寪氏
㊟「舘」は、舍〔やどる〕である。「寪氏」は、魯の大夫である。
(附)『史記』魯世家の〈集解〉に「服虔曰　館　舍也　蔿氏　魯大夫」とあるのを參照。
傳壬辰羽父使賊弑公于寪氏　立桓公而討寪氏　有死者
㊟(羽父は)弑君の罪を寪氏に被せようとしたが、(討つだけで)正法によって誅することは出來なかった。(つまり)傳は、(羽父が)進みもならず退きもならなかった〔中途半端にせざるを得なかった〕ことを言っているのである。
(附)疏に「劉炫云　欲以弑君之罪加寪氏　則君非寪氏所弑　而復不能以正法誅之　正法謂滅其族汙其宮也　傳言此者進退無據　進誅寪氏　則實非寪氏弑君　退舍寪氏　則無弑君之人　是其進退無據也」とある。
傳不書葬　不成喪也
㊟桓公は隱公を弑して簒立したから、喪禮が正式に行われなかったのである。
(附)注の「簒位」の「位」は、諸本に從って、「立」に改める。

巻第五

〔桓公元年〕

經元年春王正月公卽位

注嗣子の位は（父が）死んだその時點で定まるのに、改元するには必ず年を踰えるまで待つのは、（子は）父の業を繼續し、父の志を成就し、年度の途中で變更するに忍びない、からである。諸侯は毎年、年のはじめ〔正月〕に必ず廟で禮を擧行し、諸諸の（前年に）父が死んで位を繼ぐ者は、これに因んで、改元して位を正し、百官を順序づける。だから、國史も卽位の事を典策に書くのである。（今ここで）桓公は、簒立したけれども、平常の禮を用い、自分を父が死んで位を繼ぐ者と同じにしようとしたのである。（これらのことについては）『釋例』で詳しく論じている。

經三月公會鄭伯于垂　鄭伯以璧假許田

經夏四月丁未公及鄭伯盟于越

注公は、簒立したため、鄭とよしみを通じようとし、鄭の方も、渡りに船と、迎えに出、垂で（會）禮を成して、二田の交換（手續き）を完了し、その後で（越で）盟を結んだのである。「垂」は、（別名）犬丘で、衛地である。「越」は、垂に近い土地の名である。鄭は（許の田で）周公を祀ることを請い、魯はそれを聽き入れて（かわりに）祊の田を受け、鄭に泰山の祀りをやめさせてしまったのであり、非禮であることが明白だから、「璧で假りた」という表現をとっているのである。（これは）當時（の史官）がいみかくしたものである。

附注の「垂　犬丘」については、隱公八年の傳文「故遇于犬丘」の注に「犬丘　垂也　地有兩名」とあるのを參照。

注の「鄭求祀周公云云」については、隱公八年の傳文に「鄭伯請釋泰山之祀而祀周公　以泰山之祊易許田　三月鄭伯使宛來歸祊　不祀泰山也」とあるのを參照。また、下の傳文に「鄭人請復祀周公　卒易祊田　公許之」とあるのを參照。

注の「知其非禮云云」については、穀梁傳文に「非假而曰假　諱易地也　禮　天子在上　諸侯不得以地相與也」とあるのを參照。

經秋大水

注災害を書いたのである。傳例に「凡そ、平原に水が出るのを『大水』という」〔下の傳文〕とある。

附莊公二十九年の傳文に「凡物　不爲災　不書」とあるのを參照。

經冬十月

傳元年春公卽位　修好于鄭　鄭人請復祀周公　卒易祊田

注事は隱公八年にある。

傳公許之　三月鄭伯以璧假許田　爲周公祊故也

注魯は、鄭が周公を祀ることを聽き入れてはならず、また、かわりに祊の田を受け取ってはならないのに、この二つの「してはならない」を無視して行動したから、その事實をいみかくして、「祊」を言わず、「壁で假りた」と稱し、〝壁を進呈して田を（しばらく）假りたのであって、永久に交換したわけではない〟かのように言いなしたのである。

【附】公羊傳文「易之　則其言假之何　爲恭也」の何注に「爲恭孫之辭　使若暫假借之辭」とあるのを參照。

【傳】夏四月丁未公及鄭伯盟于越　結祊成也

【注】二田の交換の事を固めたのである。傳は、經が「祊」を書いていないから、（特に）「祊」だけを示したのである。

【附】襄公二十五年の傳文「成而不結」の注に「不結固也」とあるのを參照。

【傳】盟曰　渝盟無享國

【注】「渝」は、變である〔『爾雅』釋言〕。

【傳】秋大水　凡平原出水爲大水

【注】廣くて平らなところを「原」という〔『爾雅』釋地〕。

【傳】冬鄭伯拜盟

【注】鄭伯がもし自分で來たのだとすると、經に書かれていない（から、おかしい）。もし使者を派遣したのだとすると、「鄭人」と言うべきであって、「鄭伯」と稱することは出來ない。多分、誤りであろう。

【傳】宋華父督見孔父之妻于路

【注】「華父督」は、宋の戴公の孫である。「孔父嘉」は、孔子六世の祖である。

【附】『史記』宋世家の〈集解〉に「服虔曰　戴公之孫」とあるのを參照。

【傳】目逆而送之　曰　美而豔

【注】顔が美しいのを「豔」という。

【附】『詩』小雅〈十月之交〉の毛傳に「美色曰豔」とあるのを參照。
なお、『史記』宋世家の〈集解〉に「服虔曰　目者　極視精不轉也」とある。

〔桓公二年〕

【經】二年春王正月戊申宋督弑其君與夷及其大夫孔父

【注】「督」を稱して弑しているのは、罪が督にあったからである。「孔父」と、名を稱しているのは、（孔父は）内では、その閨門を治めることが出來ず、外では、民に怨まれ、自分は死に、禍害がその君にまで及んだ、からである。

【附】注の前半については、宣公四年の傳文に「凡弑君　稱君　君無道也　稱臣　臣之罪也」とあるのを參照。
注の後半については、文公七年の傳文に「書曰　宋人殺其大夫　不稱名　衆也　且言非其罪也」とあり、注に「不稱殺者及死者名　殺者衆故名不可知　死者無罪　則例不稱名」とあるのを參照。また、疏に引く『釋例』に「經書宋督弑其君與夷及其大夫孔父　仲尼丘明唯以先

後見義　無善孔父之文　孔父爲國政　則取怨於民　治其家　則無閨闈之教　身先見殺　禍遂及君　既無所善　仇牧不警而遇賊　又死無忠事晉之荀息期欲復言　本無大節　先儒皆隨加善例　又爲不安　經書臣蒙君弑者有三　直是弑死相及　卽實爲文　仲尼以督爲有無君之心　改書一事而已　無他例也」とあるのを參照。なお、疏に「內不能治其閨門　使妻行於路　令華督見之　外取怨於民　使君數攻戰　而國人恨之」とあり、また、「婦人之出　禮必擁蔽其面　孔父妻行　令人見其色美是不能治其閨門　又殤公之好攻戰　孔父須伏死而爭　乃從君之非是取怨於百姓」とある〔なお、上の傳文に「宋華父督見孔父之妻于路目逆而送之　曰　美而艷」とあり、下の傳文に「宋殤公立　十年十一戰　民不堪命　孔父嘉爲司馬　督爲大宰　故因民之不堪命　先宣言曰　司馬則然」とあるのを參照〕。

【經】滕子來朝

【注】傳はない。隱公十一年では「侯」と稱しているのに、今ここで「子」と稱しているのは、おそらく、當時の王に黜けられたのであろう。

【附】隱公十一年に「春滕侯薛侯來朝」とある。

【經】三月公會齊侯陳侯鄭伯于稷以成宋亂

【注】「成」は、平である。宋に君を弑するという亂がおこったから、會をなして、これを平定しようとしたのである。「稷」は、宋地である。

【附】『爾雅』釋詁に「平　成也」とあり、また、宣公四年の穀梁傳文に「平者　成也」とあるのを參照。

【經】夏四月取郜大鼎于宋　戊申納于大廟

【注】宋が鼎を〔賄賂として〕公に贈ったのである。「大廟」は、周公の廟である。始めは宋の亂を平定しようとしたが、終いには賄賂を受けとってしまった〔亂を容認してしまった〕から、始終をつぶさに書いているのである。「戊申」は、五月十日である。

【附】注の「大廟　周公廟也」については、文公十三年の公羊傳文に「周公稱大廟」とあるのを參照。

注の「始欲平宋之亂」については、異説として、疏に「鄭衆服虔皆以成宋亂爲成就宋亂」とある。なお、公羊傳文に「遂亂受賂納于大廟非禮也」とあるのを參照。

注の「戊申　五月十日」については、疏に「長厤此年四月庚午朔（中略）五月己亥朔」とあるのを參照。

【經】秋七月杞侯來朝

【注】（桓）公が卽位したから、來朝したのである。

【經】蔡侯鄭伯會于鄧

【注】潁川の召陵縣の西南部に鄧城がある。

【附】昭公十三年の傳文「乃奉蔡公　召二子而盟于鄧」の注に、同文がみえる。なお、疏に「賈服以鄧爲國（中略）釋例以此潁川鄧城爲蔡地」とあるのを參照。

經九月入杞

注將軍を稱していないのは、微者だったからである。その土地を占有しなかった場合は、「入」と言う〔襄公十三年傳文〕。

附襄公十三年の注に「謂勝其國邑　不有其地」とあるのを參照。

經公及戎盟于唐　冬公至自唐

注傳例に「廟に報告したからである」〔下の傳文〕とある。一國を相手に會したから、地からもどったとしているのである。一般に、公が外出してもどり、もどったことを書いていないのは、いずれもみな、廟に報告しなかった場合である。〔特に〕隱公について、もどったことを書いていないのは、〔隱公は〕謙讓して、自分を正君と同じにして勳勞を簡策に書く〔つまり、廟に報告する〕、ということをしなかった、からである。

附注の「特相會　故致地也」については、下の傳文に「特相會　往來稱地　讓事也」とあり、注に「特相會　公與一國會也　會必有主　二人獨會　則莫肯爲主　兩讓　會事不成　故但書地」とあるのを參照。

注の「凡公行還云云」については、疏に引く『釋例』に「凡盟有一百五　公行一百七十六　書至者八十二　其不書至者九十四　皆不告廟也　隱公之不告　謙也　餘公之不告　慢於禮也」とあるのを參照。なお、注の「書勞策勳」については、下の傳文に「反行　飮至舍爵策勳焉　禮也」とあり、注に「書勳勞於策」とあるのを參照。また、襄公十三年の傳文に「春公至自晉　孟獻子書勞于廟　禮也」とあり、注に「書勳勞於策也」とあるのを參照。

傳二年春宋督攻孔氏　殺孔父而取其妻　公怒　督懼　遂弑殤公　君子以督爲有無君之心而後動於惡

注君がいるにもかかわらず、いないかのように振舞ったのである。

傳故先書弑其君　會于稷以成宋亂　爲賂故　立華氏也

注經が「宋の亂を平定した」と稱しているのは、おそらく、魯の君が、賄賂を受けとって華氏をひき立て、〔財貨を〕むさぼり〔賊を〕ほしいままにさせること甚しかったため、それをそのまま指し示すことをいみきらったから、遠く、始めに齊・陳・鄭と會をなした時の本來の目的を言ったのであろう。傳が「賄賂のために華氏をひき立てた」と言っているのは、經が、本來の目的のままに、「宋の亂を平定した」と書いているのは、公のために諱んでであり、諱んだのは、賄賂を受けとって華氏をひき立てたことである、ということを明らかにしたのである。〔これは、ちょうど〕「璧で許の田を假りた」〔元年經文〕とあるのが、〔實は〕周公と祊のためであった〔同傳文〕、のと同じであり、所謂〝婉曲な表現で文章を構成している〟ということである。督が、死んでいないのに、族〔「華」氏〕を賜わっていたのは、督の無法である。

附注の「婉而成章」については、成公十四年の傳文に「婉而成章」とあり、注に「婉　曲也　謂曲屈其辭　有所辟諱　以示大順　而成篇章」とあるのを參照。また、序に「三曰　婉而成章　曲從義訓　以示大順　諸所諱辟　璧假許田之類　是也」とあるのを參照。

注の「督未死而賜族　督之妄也」については、隱公八年の疏に「死後賜族　乃是正法　春秋之世　亦有非禮生賜族者　華督是也　釋例曰　舊說以爲　大夫有功德者　則生賜族　非也」とあるのを參照。また、哀公二十五年の傳文に「彼好專利而妄」とあり、注に「妄　不法」とあるのを參照。

なお、傳文の「君子」については、疏に「諸傳言君子者　或當時賢者　或指斥仲尼　或語出丘明之意而託諸賢者」とある。

〔傳〕宋殤公立　十年十一戰

㊟殤公は、隱公四年に立ち、「十一戰」は、いずれもみな、隱公の世にある。

(附)疏に「服虔云　與夷隱四年卽位　一戰　伐鄭圍其東門　再戰　取其禾　皆在隱四年　三戰　取邾田　四戰　邾鄭入其郛　五戰　伐鄭圍長葛　皆在隱五年　六戰　鄭伯以王命伐宋　在隱九年　七戰　公敗宋師于菅　八戰　宋衞入鄭　九戰　宋人蔡人衞人伐戴　十戰　戊寅鄭伯入宋　皆在隱十年　十一戰　鄭伯以虢師大敗宋師　在隱十一年」とあるのを參照。また、『史記』宋世家の〈集解〉に「賈逵曰　一戰　伐鄭圍其東門　二戰　取其禾　三戰　取邾田　四戰　邾鄭伐宋入其郛　五戰　伐鄭圍長葛　六戰　鄭以王命伐宋　七戰　魯敗宋師于菅　八戰　宋衞入鄭　九戰　伐戴　十戰　鄭入宋　十一戰　鄭伯以虢師大敗宋」とあるのを參照。

〔傳〕民不堪命　孔父嘉爲司馬　督爲大宰　故因民之不堪命　先宣言曰　司馬則然

㊟公がしばしば戰ったのは、司馬がそうさせたからである、ということである。「嘉」は、孔父の字である。

〔傳〕已殺孔父而弑殤公　召莊公于鄭而立之　以親鄭

㊟「莊公」とは、公子馮のことである。隱公三年に(國を)出て鄭にいた。馮が宋に入ったことを(經に)書いていないのは、赴告してこなかったからである。

(附)隱公三年の傳文に「使公子馮出居於鄭」とある。

〔傳〕以郜大鼎賂公

㊟郜國が造った器であるから、名を「郜」に繫げているのである。濟陰の成武縣の東南部に(北)郜城がある。

(附)穀梁傳文に「郜鼎者　郜之所爲也」とあるのを參照。

注の「城武縣」の「城」は、疏に從って、「成」に改める。なお、隱公十年「辛未取郜」の注を參照。

〔傳〕齊陳鄭皆有賂　故遂相宋公　夏四月取郜大鼎于宋　戊申納于大廟　非禮也　臧哀伯諫曰

㊟「臧哀伯」は、魯の大夫で、僖伯の子である。

(附)隱公五年の傳文に「臧僖伯諫曰云云」とあるのを參照。

〔傳〕君人者　將昭德塞違　以臨照百官　猶懼或失之　故昭令德以示子孫　是以淸廟茅屋

㊟茅〔かや〕で屋根を葺くのは、儉約を著わすためである。「清廟」とは、おごそかでしずかなものの名稱である。

㊕注の前半については、下の傳文に「昭其儉也」とあり、注に「此四者　皆示儉」とあるのを參照。

注の後半については、『詩』周頌〈清廟〉の序疏に「賈逵左傳注云　肅然清靜　謂之清廟」とあるのを參照。なお、注の「清淨」の「淨」は、挍勘記に従って、「靜」に改める〔なお、「清靜」は、しずかという意味の連文とみる〕。

傳大路越席

㊟「大路」は、玉路で、天を祀るための車である。「越席」は、草を結んだもの〔草蓆《むしろ》〕である。

㊕『史記』禮書の〈集解〉に「服虔曰　大路　祀天車也　越席　結括草以爲席也」とあるのを參照。なお、疏に「服虔云　大路　木路」とあって、この點では、杜預と異なる。

傳大羹不致

㊟「大羹」は、肉汁である。五味を入れない〔味つけしない〕のである。

㊕『周禮』亨人の注に「大羹　肉湆　鄭司農云　大羹　不致五味也」とあるのを參照。また、『禮記』禮運の注に「五味　酸苦辛鹹甘也」とあるのを參照。

傳粢食不鑿

㊟黍・稷を「粢」という。しらげない〔搗《つ》かない〕のである。

㊕『周禮』小宗伯の注に「六粢　謂六穀　黍稷稻粱麥苽」とあるのを參照。なお、注の「精鑿」は、連文とみる。

傳昭其儉也

㊟これらの四者は、いずれもみな、儉約を示すのである。

傳袞冕黻珽

㊟「袞」は、〔龍の〕模様のある上衣である。「冕」は、冠である。「黻」は、なめし皮の韠であり、それで膝をおおうのである。「珽」は、玉の笏であり、今の吏がもつ簿のようなものである。

㊕注の「袞　畫衣也」については、『周禮』司服「享先王則袞冕」の注に「袞　卷龍衣也」とあるのを參照。また、『禮記』玉藻「龍卷以祭」の注に「龍卷　畫龍於衣　字或作袞」とあるのを參照。

注の「黻　韋韠　以蔽膝也」については、『說文』に「韠　韍也　所以蔽前　以韋」とあるのを參照。また、『釋名』釋衣服に「韠　蔽也　所以蔽膝前也」とあるのを參照。

注の「珽　玉笏也」については、『禮記』玉藻「天子搢珽　方正於天下也」の注に「此亦笏也　謂之珽　珽之言　挺然無所屈也　或謂之大圭（中略）相玉書曰　珽玉六寸　明自炤」とあるのを參照。また、同じ玉藻に「笏　天子以球玉」とあり、注に「球　美玉也」とあるのを參照。

注の「若今吏之持簿」については、『周禮』天官の序官〈司書〉の疏に「古有簡策以記事　若在君前　以笏記事　後代用簿　簿　今手版　故云　吏當持簿　簿則簿書也」とあるのを參照。

傳帶裳幅舄

㊟「帯」は、皮の帯である。衣の下部につけるもの〔つまり、はかま〕を「裳」という。「幅《ヒョク》」は、今の行縢〔むかばき、すねあて〕のようなものである。「舄」は、重ね底の履〔くつ〕である。

【附】注の「衣下曰裳」については、昭公十二年の傳文に「裳　下之飾也」とあるのを參照。また、『詩』邶風〈綠衣〉の毛傳に「上曰衣　下曰裳」とあり、衞風〈有狐〉の毛傳に「在下曰裳　所以配衣也」とあるのを參照。

注の「幅　若今行縢者」については、『詩』小雅〈采菽〉に「邪幅在下」とあり、鄭箋に「邪幅　如今行縢也　偪束其脛　自足至膝　故曰在下」とあるのを參照。なお、『日知錄』巻二十九「行縢」の項も參照。

注の「舄　複履」については、『周禮』屨人の注に「複下曰舄　禪下曰屨」とあるのを參照。

【傳】衡紞紘綖

㊟「衡」は、冠を支えるもの〔こうがい〕である。「紞」は、冠の垂れひもである。「紘」は、纓〔冠の結びひも〕であるが、（二本を下で結ぶのではなくて、一本を）下から上にまわして結ぶものである。「綖」は、冠の上おおいである。

【附】注の「衡　維持冠者」については、『周禮』追師の注に、同文がみえる。

注の「紞　冠之垂者」については、『周禮』追師の注に「其下以紞縣瑱」とあるのを參照。また、『詩』齊風〈著〉の鄭箋に「我視君子則以素爲充耳　謂所以縣瑱者　或名爲紞」とあるのを參照。なお、『國語』魯語下「王后親織玄紞」の韋注に「說云　紞　冠之垂前後者　昭謂　紞　所以縣瑱當耳者也」とあるのも參照。

注の「紘　纓從下而上者」については、『儀禮』士冠禮の注に「有笄者　屈組爲紘　垂爲飾　無笄者　纓而結其絛」とあるのを參照。また、『國語』魯語下「公侯之夫人加之以紘綖」の韋注に「紘　纓之無緌者也　從下而上　不結」とあるのを參照。なお、『釋名』釋首飾に「纓　頸也　自上而繫於頸也」とあるのも參照。

注の「綖　冠上覆」については、『禮記』玉藻「前後邃延」の注に「延　冕上覆也」とあるのを參照。また、『國語』魯語下の韋注に「綖　冕上覆之者也」とあるのを參照。

【傳】昭其度也

㊟尊・卑によって、（以上の諸物の）それぞれに、制度がある。

【傳】藻率鞞鞛

㊟「藻率」は、なめし皮でつくり、玉にしく〔玉をのせる〕ものである。王は五采、公侯伯は三采、子男は二采である。「鞞」は、佩刀のさやの上部の飾りであり、「鞛」は、下部の飾りである。

【附】注の「藻率　以韋爲之　所以藉玉也」については、『儀禮』覲禮の注に「繅　所以藉玉　以韋衣木　廣袤各如其玉之大小」とあり、『周禮』典瑞の注に「繅有五采文　所以薦玉　木爲中幹　用韋衣而畫之（中略）繅讀爲藻率之藻」とあり、同大行人の注に「繅藉　以五采韋衣板　若奠玉　則以藉之」とあり、『禮記』曲禮下の注に「藉　藻也」とあり、同雑記下の注に「藻　薦玉者也」とあるのを參照。なお、「率」については、よくわからないが、疏には「此以韋衣木　蓋亦綷積其邊　故稱率也」とある。

なお、杜預は「藻率」を一つの物としているが、「藻」と「率」とを別々の物とする異説として、疏に「服虔以藻爲畫藻　率爲刷巾」とある。

注の「王五采云云」については、『周禮』典瑞に「王晉大圭執鎮圭　繅藉五采五就　以朝日　公執桓圭　侯執信圭　伯執躬圭　繅皆三采三就　子執穀璧　男執蒲璧　繅皆二采再就　以朝覲宗遇會同于王」とあるのを參照。

注の「鞞　佩刀削上飾　鞛　下飾」については、『詩』大雅〈公劉〉「鞞琫容刀」の毛傳に「下曰鞞　上曰琫」とあるのを參照（ただし、上下が逆になっている）。

傳鞶厲游纓

注「鞶」は、紳帶である。「大帶」ともいう。「厲」は、大帶のたれである。「游」は、旌旗の游（あし）である。「纓」は、馬のむねの前にあてる、索帬のようなもの（つまり、むながい）である。

附注の「鞶　紳帶也　一名大帶」については、『禮記』内則「男鞶革　女鞶絲」の疏に「服氏云　鞶　大帶」とあり、また、『詩』小雅〈都人士〉の疏に「服虔以鞶爲大帶也」とあるのを參照。

注の「厲　大帶之垂者」については、『詩』小雅〈都人士〉の毛傳に「厲　帶之垂者」とあるのを參照。

注の「游　旌旗之游」については、『漢書』五行志下之下「君若綴斿」の注に「應劭曰　斿　旌旗之流　隨風動搖也」とあるのを參照。

注の「纓　在馬膺前　如索帬」については、『周禮』巾車の注に「鄭司農云　纓　謂當胷（中略）玄謂　纓　今馬鞅」とあるのを參照。また、疏に「服虔云　纓如索帬　今乘輿大駕有之」とあるのを參照。

傳昭其數也

注尊・卑によって、（以上の諸物の）それぞれに、（きまった）數がある。

傳火龍黼黻

注「火」とは、火をえがくのである。「龍」とは、龍をえがくのである。白と黒のを「黼」という（『周禮』考工記〈畫繢〉）。斧のような形である。黒と青のを「黻」という（同上）。二つの己を背中合わせにした形である。

附注の「火　畫火也　龍　畫龍也」については、『周禮』考工記〈畫繢〉に「火以圜」とあり、注に「鄭司農云　爲圜形　似火也　玄謂　形如半環然　在裳」とあり、また、「水以龍」とあり、注に「龍　水物　在衣」とあり、疏に「馬氏以爲（中略）龍　水物　畫水者　幷畫龍」とあるのを參照。

注の「形若斧」については、『爾雅』釋器に「斧謂之黼」とあるのを參照。また、『書』益稷の疏に「孫炎云　黼文如斧形」とあるのを參照。

注の「兩己相戾」については、阮元『揅經室集』〈釋黻〉を參照。

傳昭其文也

㊟文章〔模様〕によって、貴賤を明らかにするのである。

(附)隱公五年の傳文に「昭文章　明貴賤」とあるのを參照。

【傳】五色比象　昭其物也

㊟車服・器械に五色があるのは、いずれもみな、それによって、天地・四方になぞらえ、器物(の色)は無意味に設定しているわけではない、ということを示すのである。

(附)昭公二十五年の傳文「發爲五色」の注に「靑黃赤白黑」とあり、また、「六采」の注に「畫繢之事　雜用天地四方之色　靑與白　赤與黑　玄與黃　皆相次　謂之六色」とあるのを參照。また、『周禮』考工記〈畫繢〉に「東方謂之靑　南方謂之赤　西方謂之白　北方謂之黑　天謂之玄　地謂之黃」とあるのを參照。なお、疏に「比象有六　而言五者　玄在赤黑之間　非別色也」とある。

【傳】鍚鸞和鈴　昭其聲也

㊟「鍚」は、馬の額〔ひたい〕につけるもの、「鸞」は、鑣〔くつわ〕につけるもの、「和」は、衡〔くびき〕につけるもの、「鈴」は、旂〔はた〕につけるものである。動けば、いずれもみな、音がする。

(附)注の「鍚在馬額」については、『周禮』巾車の注に「鍚　馬面當盧　刻金爲之　所謂鏤鍚也」とあり、『詩』大雅〈韓奕〉の箋に「眉上曰鍚　刻金飾之　今當盧也」とあるのを參照。

注の「鸞在鑣　和在衡」については、『史記』禮書の〈集解〉に「服虔曰　鸞在鑣　和在衡」とあるのを參照。また、『詩』小雅〈蓼蕭〉の毛傳に「在鑣曰鸞」とあるのを參照。

注の「鈴在旂」については、『爾雅』釋天に「有鈴曰旂」とあるのを參照。

【傳】三辰旂旗　昭其明也

㊟「三辰」とは、日・月・星である。(これらを)旂旗にえがき、天の光明にかたどるのである。

(附)『詩』大雅〈大明〉の疏に「服虔云　三辰　日月星也」とあり、また、『儀禮』覲禮の疏に「服注云　三辰　謂日月星」とあるのを參照。

なお、傳の「旂旗」について、『儀禮』覲禮の疏に「服氏注云　九旂之摠名」とある。

【傳】夫德儉而有度　登降有數

㊟「登降」とは、上下・尊卑をいう。

【傳】文物以紀之　聲明以發之　以臨照百官　百官於是乎戒懼　而不敢易紀律　今滅德立違

㊟華督という命に違反した臣をひき立てたことをいう。

【傳】而寘其賂器於大廟　以明示百官　百官象之　其又何誅焉　國家之敗由官邪也　官之失德　寵賂章也　郜鼎在廟　章孰甚焉　武王克商　遷九鼎于雒邑

㊟「九鼎」とは、殷が夏から受けた九鼎である。武王は、商に克つと、雒邑をつくり、その後で立ち去ったが、九鼎も雒邑に遷したのである。(なお)この時は、洛邑〔雒邑〕をつくっただけで、まだ都城はなく、周公の時になって、ようやく雒邑を完成し、これを「王城」と呼んだ。つまり、今の河南城である。だから、傳に「成王が鼎を郟鄏〔雒邑〕

に安置した」〔宣公三年〕とあるのである。

(附)宣公三年の傳文に「楚子問鼎之大小輕重焉　對曰　在德不在鼎　昔夏之方有德也　遠方圖物　貢金九牧　鑄鼎象物（中略）桀有昏德　鼎遷于商　載祀六百　商紂暴虐　鼎遷于周（中略）成王定鼎于郟鄏」とあり、注に「郟鄏　今河南也　武王遷之　成王定之」とあるのを參照。

また、『史記』周本紀に「（武王）營周居于雒邑而後去」とあるのを參照。また、『漢書』地理志上に「河南　故郟鄏地　周武王遷九鼎　周公致太平　營以爲都　是爲王城　至平王居之」とあるのを參照。

なお、『書』召誥の序疏に「服虔注云　今河南有鼎中觀」とある。

【傳】義士猶或非之

㊟おそらく、伯夷の類であろう。

(附)『史記』伯夷列傳に「武王載木主　號爲文王　東伐紂　伯夷叔齊叩馬而諫曰　父死不葬　爰及干戈　可謂孝乎　以臣弑君　可謂仁乎　左右欲兵之　太公曰　此義人也　扶而去之」とあるのを參照。

【傳】而況將昭違亂之賂器於大廟　其若之何　公不聽　周內史聞之曰　臧孫達其有後於魯乎　君違　不忘諫之以德

㊟「內史」は、周の大夫の官である。僖伯は、隱公が魚を観るのを諫め〔隱公五年〕、その子の哀伯は、桓公が鼎を納めるのを諫めた〔ここ〕。

〝善を積んだ家では、必ず子孫の身に福が及ぶ〟〔『易』文言傳〕から、「きっと、魯で子孫が續くだろう」と言っているのである。

(附)『周禮』春官の序官〈內史〉に「中大夫一人　下大夫二人云云」とあるのを參照。なお、莊公三十二年の注に「內史過　周大夫」とある。

【傳】秋七月杞侯來朝　不敬　杞侯歸　乃謀伐之

【傳】蔡侯鄭伯會于鄧　始懼楚也

㊟「楚」國は、今の南郡の江陵縣の北部の紀南城である。楚の武王が、勝手に「王」を僭稱して、中國を侵略しようとし始め、蔡・鄭は、姬姓であるうえに、楚に近かったから、（特に）懼れて、會し相談したのである。

(附)注の前半については、『漢書』地理志上に「南郡（中略）江陵　故楚郢都」とあるのを參照。

注の後半については、『史記』楚世家に「楚伐隨（中略）隨人爲之周請尊楚　王室不聽（中略）楚熊通怒曰（中略）蠻夷皆率服　而王不加位　我自尊耳　乃自立爲武王」とあるのを參照。

【傳】九月入杞　討不敬也

【傳】公及戎盟于唐　脩舊好也

㊟（「舊好」とは）惠公・隱公からのよしみである。

(附)隱公二年の傳文に「春公會戎于潛　脩惠公之好也」とあるのを參照。

【傳】冬公至自唐　告于廟也　凡公行　告于宗廟　反行　飮至舍爵策勳焉禮也

㊟「爵」は、酒を飲むための器〔さかづき〕である。飲みおわって爵を置くと、動勞を簡策に書く。すみやかに功績を記録する、ということである。

(附)注の「書動勞於策」については、襄公十三年の傳文「春公至自晉　孟獻子書勞于廟　禮也」の注に、同文がみえる。

【傳】特相會　往來稱地　讓事也

㊟「特相會」とは、公が一國と會した場合である。會には主人役が必要だが、二人だけで會すると、主人役を引き受ける者がおらず、兩方が讓りあって、會事が成立しないから、ただ地を書くのである。

【傳】自參以上　則往稱地　來稱會　成事也

㊟會事が成立する(からである)。

【傳】初晉穆侯之夫人姜氏以條之役生大子　命之曰仇

㊟「條」は、晉地である。「大子」とは、文侯のことである。〃戰って仇怨し合う〔うらみ合う〕〃という意味を取ったのである。

(附)『史記』晉世家に「太子曰仇　仇者讎也」とあるのを參照。

【傳】其弟以千畝之戰生　命之曰成師

㊟桓叔のことである。西河の界休縣の南部に、千畝とよばれる地がある。〃よく軍隊を編成する〃という意味を取ったのである。

(附)『史記』晉世家に「少子曰成師　成師大號　成之者也」とあるのを參照。

【傳】師服曰　異哉君之名子也

㊟「師服」は、晉の大夫である。

(附)『史記』晉世家の〈集解〉に「賈逵曰　晉大夫」とあるのを參照。

【傳】夫名以制義

㊟名をつけるときは、必ず、口に出して言えるようなものにする。

【傳】義以出禮

㊟禮は義から生まれる。

【傳】禮以體政

㊟政は禮によって形成される。

【傳】政以正民　是以政成而民聽　易則生亂

㊟禮・義に違反すれば、亂が生ずる。

(附)注の「反易」は、たがうの意の連文とみる。ちなみに、哀公二年の傳文に「范氏中行氏反易天明」とある。

【傳】嘉耦曰妃　怨耦曰仇　古之命也

㊟昔から、このような呼び方がある。

【傳】今君命大子曰仇　弟曰成師　始兆亂矣　兄其替乎

㊟穆侯は、少子の桓叔を愛し、ともに戰いから名を取ったが、その意味が異なっていたから、師服は、桓叔の黨が必ずや晉でさかえて、宗國〔晉〕を危くすることを悟り、それ故に、名によって、遠まわしに諫めたのである。

【傳】惠之二十四年晉始亂　故封桓叔于曲沃

㊟「惠」とは、魯の惠公である。晉の文侯が卒して、子の昭侯の元年に、不安に思い、成師を曲沃伯として封じた。

(附)『史記』晉世家に「昭侯元年　封文侯弟成師于曲沃」とあるのを參照。また、『漢書』五行志中之上に「文侯卒　子昭侯立　封成師于曲沃　號桓叔」とあるのを參照。

(傳)靖侯之孫欒賓傅之

(注)「靖侯」は、桓叔の高祖父である。高貴な公孫を傅相〔後見〕に得た、ということである。

(附)『史記』晉世家に「十八年　靖侯卒　子釐侯司徒立（中略）十八年　釐侯卒　子獻侯籍立　獻侯十一年卒　子穆侯費王立」とあるのを參照。

(傳)師服曰　吾聞國家之立也　本大而末小　是以能固　故天子建國

(注)諸侯を立てる。

(傳)諸侯立家

(注)卿・大夫を「家」と稱する。

(傳)卿置側室

(注)「側室」は、衆子〔庶子〕であり、この一官を立てることが出來る。

(附)文公十二年の傳文「趙有側室曰穿」の注に「側室　支子」とあるのを參照。

(傳)大夫有貳宗

(注)適子が小宗となり、次子が「貳宗」となって輔貳〔輔佐〕する。

(傳)士有隷子弟

(注)士は、卑しいから、自分の子弟を僕隷にする。

(附)『儀禮』既夕禮記の疏に「服注云　士卑　自其子弟爲僕隷　祿不足以及宗」とあるのを參照。

(傳)庶人工商各有分親　皆有等衰

(注)庶人は、尊卑がないから、親疏によって分ける。「衰」は、殺〔そぐ〕である。

(傳)是以民服事其上而下無覬覦

(附)昭公三十二年の傳文「遲速衰序」の注に「衰　差也」とあるのを參照。

(注)下が上の位を望まない。

(附)ここの傳には異文があったようで、慧琳『一切經音義』卷二十一の「窺覦」の項に「左傳服虔曰　窺謂擧足而視也」とある。

(傳)今晉　甸侯也　而建國　本既弱矣　其能久乎

(注)（「甸侯」とは）諸侯で甸服内にいる者である。

(附)『國語』周語上「夫先王之制　邦内甸服」の韋注に「邦内　謂天子畿内千里之地　商頌曰　邦畿千里　維民所止　王制曰　千里之内曰甸　京邑在其中央　故夏書曰　五百里甸服　則古今同矣　甸　王田也　服　服其職業也（中略）故周襄王謂晉文公曰　昔我先王之有天下也　規方千里　以爲甸服　是也」とあるのを參照。

(傳)惠之三十年晉潘父弑昭侯而納桓叔　不克

(注)「潘父」は、晉の大夫である。「昭侯」は、文侯の子である。

(傳)晉人立孝侯

(注)（「孝侯」は）昭侯の子である。

(附)『史記』晉世家に「晉人共立昭侯子平爲君　是爲孝侯」とあるのを參照。

(傳)惠之四十五年曲沃莊伯伐翼弑孝侯

注「莊伯」は、桓叔の子である。「翼」は、晉國が都をおいていた所である。

附『史記』晉世家に「孝侯八年　曲沃桓叔卒　子鱓代桓叔　是爲曲沃莊伯」とあるのを參照。

傳翼人立其弟鄂侯　鄂侯生哀侯

注鄂侯は、隱公五年に隨に奔り、その年の秋に、王が哀侯を翼に立てた。

附隱公五年の傳文に「翼侯奔隨」とあり、また、「秋王命虢公伐曲沃而立哀侯于翼」とあり、注に「春翼侯奔隨　故立其子光」とあるのを參照。

なお、注の「鄂國」の「國」は、諸本に從って、「侯」に改める。

傳哀侯侵陘庭之田

注「陘庭」は、翼の南鄙の邑である。

附『史記』晉世家の〈集解〉に「賈逵曰　翼南鄙邑名」とあるのを參照。

傳陘庭南鄙啓曲沃伐翼

巻第六

〔桓公三年〕

經三年春正月公會齊侯于嬴

注經の首時〔「春」〕に必ず「王」を書くのは、この暦は天王が頒布したものである、ということを明らかにするためである。だから、常法に違反して暦を頒布しなかった場合は、（ここのように）「王」を書かない。「嬴」は、齊の邑であり、今の泰山の嬴縣である。

附十七年の傳文に「天子有日官　諸侯有日御　日官居卿以厎日　禮也　日御不失日　以授百官于朝」とあり、注に「日官平厤以班諸侯　諸侯奉之　不失天時　以授百官」とあるのを參照。また、文公六年の公羊の何注に「禮　諸侯受十二月朔政於天子　藏于大祖廟」とあるのを參照。また、『周禮』大史に「頒告朔于邦國」とあり、鄭注に「天子頒朔于諸侯　諸侯藏之祖廟」とあるのを參照。

なお、異說として、疏に「賈逵云　不書王　弑君　易祊田　成宋亂　無王也　元年治桓　二年治督　十年正曹伯　十八年終始治桓」とある。

經夏齊侯衞侯胥命于蒲

注約束の言葉をのべあっただけで、血は歃らなかったのである。「蒲」は、衞地で、陳留の長垣縣の西南部にあった。

附下の傳文に「不盟也」とあるのを參照。また、公羊傳文に「胥命者何　相命也」とあり、何注に「胥　相也　時盟不歃血　但以命相誓」とあり、つづく傳文に「何言乎相命　近正也　此其爲近正奈何　古者不

盟　結言而退」とあるのを參照。

經六月公會杞侯于郕

經秋七月壬辰朔日有食之既

注傳はない。「既」は、盡である。曆家の説によると、日の光が望の時に、はるか遠く月の光を奪うから、月食がおこり、日と月とが交會して〔朔の時に〕、月が日をおおうから、日食がおこる。食に上下があるのは、（日・月の）運行に高低があるからである〔白道が黄道に對して五度あまり傾斜していることをいう〕。日の光の輪が見えて中心部が食する〔金環食がおこる〕のは、（月が日を）おおうのに、（人↓月↓日という方向において、月と日とが）接近しているため、日の光があふれ出るからである。完全につきる〔皆既食がおこる〕のは、ぴったり重なっておおうのに、（上述の方向において）離れている（ため、日の光があふれ出ない）からである。（月が日をおおう）にもかかわらず、聖人が、〝月が日を食した〟と言わずに、自ら食したような表現をとっているのは、（はっきり）見えないものはとり除いたのである。

附注の「既　盡也」については、公羊傳文に「既者何　盡也」とあるのを參照。

注の「厤家之説云云」については、疏に引く張衡『靈憲』に「當日之衝　光常不合　是謂闇虛　在星則星微　遇月則月食」とあり、また、『續漢書』天文志上の注に引く同書に「當日之衝　光常不合者　蔽於地也　是謂闇虛　在星星微　月過則食」とあるのを參照。

注の「食有上下者云云」については、疏に引く『異義』に「月高則其食虧於上　月下則其食虧於下也」とあるのを參照。

注の「日光輪存而中食者云云」については、疏に「日月之體　大小正同　相揜密者　二體相近　正映其形　故光得溢出而中食也　相揜疏者　二體相遠　月近而日遠　自人望之　則月之所映者廣　故日光不復能見　而日食既也」とあるのを參照。なお、陳壽祺『五經異義疏證』では、これも『異義』の文としているが、從えない。用字や文脈などからみて、疏の地の文とすべきであろう。

注の「然聖人不言月食日云云」については、隱公三年の公羊の何注に「不言月食之者　其形不可得而覩也　故疑言曰　有食之　孔子曰　多聞闕疑　愼言其餘　則寡尤」とあるのを參照。

經公子翬如齊逆女

注禮では、君に事情があれば、卿に迎えに行かせる。

附文公四年の傳文に「逆婦姜于齊　卿不行　非禮也」とあり、注に「禮　諸侯有故　則使卿逆」とあるのを參照。また、莊公二十四年「夏公如齊逆女」の注に「親逆　禮也」とあるのを參照。

經九月齊侯送姜氏于讙

注「讙」は、魯地である。濟北の蛇丘縣の西部に下讙亭がある。すでに齊の國を去ったから、（上のように）「女」とは言わず、まだ魯（の都）

に到着していないから、（下のように）「夫人」とは稱さないのである。

附隱公二年の公羊傳文に「女在其國稱女　在塗稱婦　入國稱夫人」とあるのを參照。

經公會齊侯于讙

注傳はない。

經夫人姜氏至自齊

注傳はない。（「至」を書いているのは）廟に報告したからである。「翟が（夫人を）つれてもどった〔or到着した〕」と言っていないのは、齊侯が送ってきて、公が讙で受けとったからである。

附注の「告於廟也」については、二年の傳文に「冬公至自唐　告于廟也」とあるのを參照。

注の「不言翟以至者云云」については、穀梁傳文に「其不言翟之以來何也　公親受之于齊侯也」とあるのを參照。なお、宣公元年には「公子遂如齊逆女　三月遂以夫人婦姜至自齊」とある。

經冬齊侯使其弟年來聘

經有年

注傳はない。五穀がみな熟した場合に、「有年」と書く。

附穀梁傳文に「五穀皆熟　爲有年也」とあるのを參照。

なお、疏に「賈云　桓惡而有年豐　異之也　言有非其所宜有」とある。

また、疏に引く『釋例』に「劉賈許因有年大有年之經　有鸛鵒來巢書所無之傳　以爲經諸言有　皆不宜有之辭也　據經螟蠡不書有　傳發於魯之無鸛鵒　不以有字爲例也　經書十有一年十有一月　不可謂不宜有此年不宜有此月也　螟蠡俱是非常之災　亦不可謂其宜有也」とある〔ちなみに、『說文』にも「有　不宜有也」とある〕。

傳三年春曲沃武公伐翼次于陘庭　韓萬御戎　梁弘爲右

注「武公」は、曲沃の莊伯の子である。「韓萬」は、莊伯の弟である。「御戎」は、僕〔兵車を御する者〕である。「右」は、兵車の右〔に乘る者〕である。

附注の「武公　曲沃莊伯子也」については、『史記』晉世家に「哀侯二年　曲沃莊伯卒　子稱代莊伯立　是爲曲沃武公」とあるのを參照。

注の「韓萬　莊伯弟也」については、『史記』晉世家の〈集解〉に「賈逵曰　韓萬　曲沃桓叔之子　莊伯弟」とあるのを參照。また、『詩』大雅〈韓奕〉の序疏に「服虔云　韓萬　晉大夫　曲沃桓叔之子　莊伯之弟」とあるのを參照。

注の「御戎僕也」については、『周禮』に〈戎僕〉があり、「掌馭戎車」とあるから、〝御は戎僕なり〟とも讀めそうだが、注の形式からして、ここはやはり、〝御戎は僕なり〟と讀むべきであろう。なお、哀公二年の注に「僕　御也」とあるのを參照。また、『詩』小雅〈正月〉の鄭箋に「僕　將車者也」とあるのを參照。

注の「右　戎車之右」については、宣公二年の注に「右　車右」とあるのを參照。

【傳】逐翼侯于汾隰
【注】「汾隰」は、汾水のほとりである。
【附】『爾雅』釋地に「下濕曰隰」とあるのを參照。また、昭公元年の公羊傳文に「下平曰隰」とあるのを參照。
【傳】驂絓而止
【注】「驂」は、騑馬〔外側のそえ馬〕である。
【附】『詩』秦風〈小戎〉「騧驪是驂」の鄭箋に「驂　兩騑也」とあり、鄭風〈大叔于田〉「兩驂如舞」の鄭箋に「在旁曰驂」とあるのを參照。
【傳】夜獲之　及欒共叔
【注】「共叔」は、桓叔の傅〔後見〕の欒賓の子であり、自分の方は翼侯の傅であった。父と子は、それぞれ、その奉事する主人に忠實であったから、（子の方は、ここで、その主人と）いっしょに獲られて死んだのである。
【附】二年の傳文に「惠之二十四年晉始亂　故封桓叔于曲沃　靖侯之孫欒賓傅之」とあるのを參照。また、『國語』晉語一に「武公伐翼　殺哀侯

止欒共子曰　苟無死（韋注　欒共子　晉哀侯大夫共叔成也　初　桓叔爲曲沃伯　共子之父欒賓傅之　故止共子使無死也）吾以子見天子令子爲上卿　制晉國之政　辭曰　成聞之　民生於三　事之如一　父生之　師教之　君食之　非父不生　非食不長　非教不知生之族也　故壹事之　唯其所在　則致死焉　報生以死　報賜以力　人之道也　臣敢以私利廢人之道　君何以訓矣　且君知成之從也　未知其待於曲沃也　從君而貳　君焉用之　遂鬭而死」とあるのを參照。

【傳】會于嬴　成昏于齊也
【注】公は、媒介〔なこうど〕によらず、自分で齊侯と會して婚約したのであり、非禮である。
【附】『儀禮』士昏禮「昏禮　下達　納采用鴈」の注に「達　通也　將欲與彼合昏姻　必先使媒氏下通其言　女氏許之　乃後使人納其采擇之禮（中略）詩云　取妻如之何　匪媒不得　昏必由媒　交接設紹介　皆所以養廉恥」とあるのを參照。
【傳】夏齊侯衞侯胥命于蒲　不盟也
【傳】公會杞侯于郕　杞求成也
【注】二年に杞に入ったから、今ここで、和平を求めて來たのである。
【附】二年の傳文に「秋七月杞侯來朝　不敬　杞侯歸　乃謀伐之」とあり、また、「九月入杞　討不敬也」とある。
【傳】秋公子翬如齊逆女　修先君之好　故曰公子
【注】婚禮では、その時の君の命を奉じて行くけれども、物言いとしては、必ず先君を稱して禮辭を述べる〔つまり、義が二つある〕。だから、公子翬が女を迎えに行った場合には、傳で「先君のよしみを固めた」と稱し〔ここ〕、公子遂が女を迎えに行った場合には、傳で「（その時の）君の命を尊んだ」と稱して〔宣公元年〕、互いに、その（二つの）

義を（分擔し合って、一つずつ）擧げているのである。

【附】注の「其言必稱先君以爲禮辭」については、『儀禮』士昏禮記の〈納采之辭〉に「某有先人之禮　使某也請納采」とあり、また、〈納徵之辭〉に「某有先人之禮　儷皮束帛　使某也請納徵」とあるのを參照。

【傳】齊侯送姜氏　非禮也　凡公女嫁于敵國　姊妹則上卿送之　以禮於先君　公子則下卿送之　於大國　雖公子亦上卿送之　於天子則諸卿皆行　公不自送　於小國則上大夫送之

【傳】冬齊仲年來聘　致夫人也
【注】昔は、女が嫁に行くと、さらに、大夫に、後をおって聘問を加えさせた。恭敬をたもち、殷勤をかさねたのである。魯から（他國に）行った場合には、「致女」と言い、他國から（魯に）來た場合には、みな「聘」と言う。（つまり、表現は異なるが、事件としては同じ）だから、傳は、「致夫人」によって（經の）「聘」を解釋しているのである。

【附】成公九年に「夏季孫行父如宋致女」とあり、注に「女嫁三月　又使大夫隨加聘問　謂之致女　所以致成婦禮　篤昏姻之好」とあるのを參照。

また、『禮記』曾子問に「三月而廟見　稱來婦也　擇日而祭於禰　成婦之義也」とあり、疏に「服虔注云　季文子如宋致女　謂成昏」とあるのを參照。

なお、隱公十一年の公羊の何注に「內適外言如　外適內言朝聘」とあるのも參照。

【傳】芮伯萬之母芮姜惡芮伯之多寵人也　故逐之　出居于魏
【注】あくる年の、秦が芮を侵したことのために、本を張ったのである。「芮」國は、馮翊の臨晉縣にあった。「魏」國は、河東の河北縣である。
【附】注の前半については、四年の傳文に「秋秦師侵芮」とある。
注の後半については、『漢書』地理志上に「左馮翊（中略）臨晉（中略）芮鄉　故芮國」とあり、また、「河東郡（中略）河北　詩魏國」とあるのを參照。

〔桓公四年〕

【經】四年春正月公狩于郎
【注】冬の獵を「狩」という。三驅の禮を行なうのである。（今ここは）田狩の時期にかなっていたから、傳で「（この記事を）書いたのは、時期が禮に合していたからである」と言っているのである。周正の「春」は、夏正の冬にあたる。田狩は夏正に従うのである。（なお）「郎」は國內の狩地ではなかったから、地を書いているのである。

【附】注の「冬獵曰狩」については、隱公五年の傳文に「冬狩」とあるのを參照。また、『爾雅』釋天に「冬獵爲狩」とあり、公羊傳文及び穀梁傳文に「冬曰狩」とあるのを參照。

注の「行三驅之禮」については、『易』比卦の九五の爻辭に「王用三驅失前禽」とあるのを參照。

注の「田狩從夏時」については、疏に引く『釋例』に「三王異正朔　而夏數爲得天　雖在周代　於言時擧事　皆據夏正　故公以春狩　而傳

曰　書　時禮也」とあるのを參照。
注の「郎非國内之狩地　故書地」については、僖公二十八年の傳文に「書曰　天王狩于河陽　言非其地也」とあり、注に「使若天王自狩以失地故書　河陽實以屬晉　非王狩地」とあり、疏に引く『釋例』に「天子諸侯　田獵皆於其封内　不越國而取諸人　河陽實以屬晉　非王狩所　故言非其地」とあるのを參照。ただし、隱公元年の注に「郎魯邑」とあり、また、桓公十年の經に「冬十有二月丙午齊侯衞侯鄭伯來戰于郎」とあるから、ここでの問題は、國の内外ということではなくて、（たとえ國内であっても）狩をすべき土地かどうかということである〔だからこそ、下の傳の注には「郎非狩地」とだけあって、「國内」がないのである〕。ちなみに、公羊傳文に「常事不書　此何以書　譏　何譏爾　遠也」とある。

經夏天王使宰渠伯糾來聘

注「宰」は官であり、「渠」は氏であり、「伯糾」は名である。王官の宰は、才によって位を授けなければならないのに、伯糾は父の職を代行して、（國を）出て列國に聘したから、名を書いて譏ったのである。
國の史官の記録は、必ず、年を書いて、その公の事件を集め、首時〔四時のはじめの月〕を書いて、その年の一歳を完成させる。だから、《春秋》では、首時だけが書かれていて事件がない場合がある〔事件がなくても首時を書く〕のである。今ここで、（十三年のように）秋・冬（とぞ）の首月〔「秋七月」と「冬十月」〕が書かれていないのは、史官の闕文である。他はみな、これに倣う。

附注の前半については、隱公元年の注に「天子大夫稱字」とあるのを參照。
注の後半については、隱公六年の「秋七月」の注に「雖無事而書首月具四時以成歳」とあり、疏に引く『釋例』に「年之四時　雖或無事必空書首月　以紀時變　以明厤數也」とあるのを參照。なお、ここの「首時」は、春の意ではなくて、首月〔正月・四月・七月・十月〕の意であろう。ちなみに、隱公六年の公羊傳文に「春秋雖無事　首時過則書　首時過則何以書　春秋編年　四時具然後爲年」とある。

傳四年春正月公狩于郎　書　時禮也

注「郎」は狩をすべき土地ではなかったから、時期だけが禮に合していたのである。

附注の「書」は、諸本に從って、「唯」に改める。

傳夏周宰渠伯糾來聘　父在　故名

傳秋秦師侵芮　敗焉　小之也

注秦は、芮が小國であるということで侮ったから、芮に敗れたのである。

傳冬王師秦師圍魏　執芮伯以歸

注三年に芮伯は（國を）出て魏に身をおき、芮では更めて君を立てた。

秦は、芮に敗れたから、（魏にいた）芮伯をつれ歸り、これを（芮に）送り込もうとしたのである。
【附】三年の傳文に「芮伯萬之母芮姜惡芮伯之多寵人也　故逐之　出居于魏」とある。また、十年の傳文に「秋秦人納芮伯萬于芮」とある。

〔桓公五年〕

【經】五年春正月甲戌己丑陳侯鮑卒
【注】同盟していないのに名（「鮑」）を書いているのは、名をもって赴告してきたからである。「甲戌」は、前の年の十二月二十一日であり、「己丑」は、この年の正月六日である。陳に内亂があったから、二度赴告してきたのである。（二度の）赴告は、日は異なっていたけれども、いずれもみな、正月で始まっていたから、（赴告に從って、月については）「正月」だけを書いたのである。疑わしき事は愼重に扱うから、赴告に從って、（日については）兩方を書いたのである。
【附】注の前半については、僖公二十三年の傳文に「不書名　未同盟也　凡諸侯同盟　死則赴以名　禮也　赴以名則亦書之（注　謂未同盟）不然則否（注　謂同盟而不以名告）辟不敏也」とあるのを參照。
注の後半については、公羊傳文に「君子疑焉　故以二日卒之也」とあり、穀梁傳文に「春秋之義　信以傳信　疑以傳疑」とあるのを參照。
また、『論語』爲政篇に「子曰　多聞闕疑　愼言其餘　則寡尤」とあるのを參照。なお、「審」は、「愼」と同義とみる。

【經】夏齊侯鄭伯如紀
【注】外國が外國に朝した場合は、いずれもみな、「如」という。（この時）齊は紀を滅そうとしていたのであり、（これを察知した）紀人が懼れて赴告してきたから、書いたのである。
【附】下の傳文に「夏齊侯鄭伯朝于紀　欲以襲之　紀人知之」とある。

【經】天王使仍叔之子來聘
【注】「仍叔」は、天子の大夫である。「仍叔の子」と稱しているのは、父の字によったのであり、年少であるという表現である。（つまり）童子を出聘させたことを譏ったのである。
【附】隱公元年の注に「天子大夫稱字」とあるのを參照。また、下の傳文に「仍叔之子　弱也」とあるのを參照。なお、疏に「仍氏　叔字」とある。

【經】葬陳桓公
【注】傳はない。

【經】城祝丘
【注】傳はない。齊と鄭が紀を襲撃しようとしていたからである。

【經】秋蔡人衞人陳人從王伐鄭
【注】（ここは）王が自ら鄭の討伐の主となったのであり、（「從王」という

のは）君臣の辭〔君と臣という關係をはっきりさせる表現〕である。王の師が敗れたことを（經に）書いていないのは、赴告してこなかったからである。

附下の傳文に「王爲中軍　虢公林父將右軍　蔡人衞人屬焉　周公黑肩將左軍　陳人屬焉」とあり、また、「蔡衞陳皆奔　王卒亂　鄭師合以攻之　王卒大敗」とある。

なお、『詩』衞風〈伯兮〉の序疏に「服虔云　言人者　時陳亂無君則三國皆大夫也　故稱人」とある。

經大雩

注傳例に「（この記事を）書いたのは、時期はずれだったからである」〔下の傳文〕とある。龍星が現われる時期をはずしたのである。

附下の傳文に「龍見而雩」とあり、注に「龍見　建巳之月」とあるのを參照。

經螽

注傳はない。（「螽」は）蚣蝑の類である。災害をもたらしたから、書いたのである。

附『詩』周南〈螽斯〉の毛傳に「螽斯　蚣蝑也」とあるのを參照。また、莊公二十九年の傳文に「凡物　不爲災　不書」とあるのを參照。

經冬州公如曹

注「奔」と書いていないのは、朝するという名目で（國を）出たからである。（この記事は）下の「寔來」〔六年〕のために書いたのである。「曹」國は、今の濟陰の定陶縣である。

附注の「不書奔　以朝出也」については、上の「夏齊侯鄭伯如紀」の注に「外相朝皆言如」とあるのを參照。

注の「實來」の「實」は、經文にあわせて、「寔」に改める。

注の「曹國云云」については、『漢書』地理志上に「濟陰郡（中略）定陶　故曹國」とあるのを參照。

なお、疏に「服虔云　春秋前　以黜陟之法進爵爲公」とある。

傳五年春正月甲戌己丑陳侯鮑卒　再赴也　於是陳亂　文公子佗殺大子免而代之

注「佗」は、桓公の弟の五父である。「文公の子」と稱しているのは、佗は桓公の同母弟ではないということを明らかにしたのである。「免」は、桓公の大子である。

附宣公十七年の傳文に「凡稱弟　皆母弟也」とあるのを參照。

傳公疾病而亂作　國人分散　故再赴

傳夏齊侯鄭伯朝于紀　欲以襲之　紀人知之

傳王奪鄭伯政　鄭伯不朝

注（その地位を）剥奪して、王の政に關與させなかったのである。

附隱公三年の傳文に「鄭武公莊公爲平王卿士」とあり、注に「卿士　王卿之執政者」とあり、また、同九年の傳文に「鄭伯爲王左卿士」とあるのを參照。

傳秋王以諸侯伐鄭　鄭伯禦之　王爲中軍　虢公林父將右軍　蔡人衞人屬焉

注「虢公林父」は、王の卿士である。

附隱公八年の傳文に「夏虢公忌父始作卿士于周」とあるのを參照。

傳周公黑肩將左軍　陳人屬焉

注「黑肩」とは、周桓公のことである。

附隱公六年の注に「周桓公　周公黑肩也　周　采地」とあるのを參照。

傳鄭子元請爲左拒以當蔡人衞人

注「子元」は、鄭の公子である。「拒」は、方形の陣だてである。

傳爲右拒以當陳人　曰　陳亂　民莫有鬭心　若先犯之　必奔　王卒顧之　必亂　蔡衞不枝　固將先奔

注（「不枝」とは）支えきれないということである。

傳既而萃於王卒　可以集事　從之

注「萃」は、聚である。「集」は、成である。

附『易』萃卦の彖傳に「萃　聚也」とあるのを參照。また、『詩』小雅〈黍苗〉の鄭箋に「集猶成也」とあるのを參照。

傳曼伯爲右拒

注「曼伯」とは、檀伯のことである。

附十五年の傳文に「秋鄭伯因櫟人殺檀伯　而遂居櫟」とあり、注に「檀伯　鄭守櫟大夫」とある。また、昭公十一年の傳文に「鄭京櫟實殺曼伯」とあり、注に「曼伯　檀伯也」とある。

傳祭仲足爲左拒　原繁高渠彌以中軍奉公　爲魚麗之陳　先偏後伍　伍承彌縫

注『司馬法』に「車戰では、二十五乘を〝偏〟という」とある。車を前におき、伍をその後におき、（伍が）偏のすきまをひき承けて、それをうずめるようにしたのである。五人を「伍」という。これがおそらく、魚麗の陳法なのであろう。

附注の「司馬法云云」については、昭公元年の疏に「服虔引司馬法云　五十乘爲兩　百二十乘爲伍　八十一乘爲專　二十九乘爲參　二十五乘爲偏」とあるのを參照。

注の「彌縫闕漏」については、僖公二十六年の傳文に「彌縫其闕」とあり、また、昭公二年の傳文に「彌縫敝邑」とあり、注に「彌縫猶補合也」とあるのを參照。なお、諸葛亮〈前出師表〉に「必能裨補闕漏」とあるのも參照。

注の「五人爲伍」については、『周禮』夏官司馬の序官に「五人爲伍」とあるのを參照。

傳戰于繻葛

注「繻葛」は、鄭地である。

傳命二拒曰　旝動而鼓

注「旝」は、旃（はた）であり、通帛（赤の無地）でつくる。おそらく、今の大將の麾〔さしずばた〕のようなものであろう。手に持って號令するのである。

(附)僖公二十八年の傳文「亡大旆之左旃」の注に「通帛曰旃」とあるのを參照。また、『周禮』司常に「通帛爲旃」とあり、注に「通帛謂大赤
從周正色　無飾」とあるのを參照。
なお、異説として、疏に「賈逵以旝爲發石　一曰飛石　引范蠡兵法作飛石之事　以證之」とある〔なお、『漢書』甘延壽傳の注に「張晏曰
范蠡兵法　飛石重十二斤　爲機發　行二百步」とあるのを參照〕。

【傳】蔡衞陳皆奔　王卒亂　鄭師合以攻之　王卒大敗　祝聃射王中肩　王亦能軍

㊟（王は）軍が敗れ、自身も傷ついたけれども、殿〔しんがり〕をつとめて、逃げなかった。だから、「よく軍を指揮した」と言っているのである。

【傳】祝聃請從之　公曰　君子不欲多上人　況敢陵天子乎　苟自救也　社稷無隕　多矣

㊟鄭は、ここにおいて、兵を収めて、自分から退いたのである。

【傳】夜鄭伯使祭足勞王　且問左右

㊟「祭足」とは、祭仲の字に他ならない。おそらく、名が「仲」で、字が「仲足」なのであろう。「王を慰問し、左右の安否をたずねた」とは、鄭はただ難をのがれようとしただけであり、（したがって）王が鄭を討ったのはまちがっている、ということを言っているのである。

(附)十一年の「九月宋人執鄭祭仲」の注に「祭氏　仲名」とあるのを參照。
また、疏に引く『釋例』に「伯仲叔季　固人字之常　然古今亦有以爲名者　而公羊守株　專謂祭氏以仲爲字　既謂之字　無辭以善之　因託以行權　人臣而善其行權逐君　是亂人倫壞大敎也　說左氏者　知其不可　更云　鄭人嘉之　以字告　故書字　此爲因有告命之例　欲以苟免
未是春秋之實也　宰渠伯糾蕭叔大心　皆以伯叔爲名　則仲亦名也
傳又曰祭仲足　或偏稱仲　或偏稱足　蓋名仲字足也」とあるのを參照。
なお、上にあげた『釋例』の最後に「字足也」とあるから、注の「字仲足也」の「仲」は、もしかすると、衍文なのかも知れない〔?〕。
ちなみに、『釋文』に「名仲字仲足　一本作名仲字足」とある。

【傳】仍叔之子　弱也

㊟仍叔の子が來聘したが、（なにせ）童子が命を奉じたことゆえ、（好奇心からか）すぐには歸ろうとせず、久しく魯に留まっていた。だから、經が「夏に聘した」と書いているのを、傳は秋の末のところで釋しているのである。

(附)疏に「譏其夏至而秋末反也」とある。

【傳】秋大雩　書　不時也

㊟十二公の傳の中、この年と襄公二十六年とだけに、二つの「秋」がある。ここは、雩祭の例を發し、天の時を明らかにすることによって事件（の可否）を示そうとしたから、かさねて「秋」を言い、普通の事件とは異にしたのである。

(附)上の傳文に「秋王以諸侯伐鄭」とある。

傳凡祀　啓蟄而郊

(注)「凡祀」とは、下の三句（「龍見而雩」・「始殺而嘗」・「閉蟄而烝」）、つまり、天地・宗廟の事を通じて言っているのである。「啓蟄」は、夏正の建寅の月（一月）である。（この月になると）天を南郊で祀るのである。

(附)注の「言凡祀云云」については、疏に引く『釋例』に「凡祀　擧郊雩烝嘗　則天神地祇人鬼之祭　皆通」とあるのを參照。

注の「啓蟄　夏正建寅之月」については、『大戴禮』夏小正に「正月啓蟄」とあるのを參照。また、疏に引く『釋例』に「厤法　正月節立春　啓蟄爲中氣者　因傳有啓蟄之文　故遠取漢初氣名　欲令傳與厤合」とあるのを參照。

注の「祀天南郊」については、『周禮』大司樂の注に引く〈孝經説〉に「祭天南郊　就陽位」とあるのを參照。

なお、『玉燭寶典』正月孟春に「服虔曰　啓蟄者　謂正月　陽氣始達　發土開蟄　農事始作　故郊祀后稷以配天祈農」とある。

傳龍見而雩

(注)「龍見」は、建巳の月（四月）である。（この月になると）蒼龍の宿の姿體が、日没時に東方に現われ、萬物が始めて盛んになり、雨を待って成長するから、天を祭り、遠く百穀（のみのり）のために膏雨を祈るのである。

(附)上の疏に引く『釋例』に「龍星之體畢見　謂立夏之月」とあるのを參照。また、『續漢書』禮儀志中の注に「服虔注左傳曰　大雩　夏祭天名　雩　遠也　遠爲百穀求膏雨也　龍見而雩　龍　角亢也　謂四月昏　龍星體見　萬物始盛　待雨而大　故雩祭以求雨也」とあり、『玉燭寶典』四月孟夏に「服虔曰　龍　角亢　謂四月昏　龍星體畢見也」とあるのを參照（なお、挍勘記に「論語先進正義引杜注云　雩之言　遠也　遠爲百穀祈膏雨也　按邢氏所引爲完　雩之言遠者　凡從于之字有迂遠之義也」とある）。

なお、疏に「賈逵云　言大　別山川之雩」とある。

傳始殺而嘗

(注)（「始殺」は）建酉の月（八月）である。（この月になると）陰氣が始めて殺し、嘉穀（黍稷の類）が始めてみのるから、宗廟に薦嘗する（すすめる）のである。

(附)注の「建酉之月」については、疏に引く『釋例』に「始殺而嘗　謂建酉之月　蒹葭蒼蒼　白露爲霜」とあるのを參照。なお、異説として、疏に「賈服始殺唯據孟秋　不通建酉之月」とあり、また、『玉燭寶典』七月孟秋に「服虔曰　謂七月　陰氣始殺　萬物可嘗　鷹祭鳥可嘗　祭之也」とある。

注の「陰氣始殺」については、隱公五年の傳文「秋獮」の注に「獮殺也　以殺爲名　順秋氣也」とあるのを參照。

注の「嘉穀」については、莊公七年の傳文「不害嘉穀也」の注に「黍稷尚可更種」とあり、また、僖公三十年の傳文「羞嘉穀」の注に「嘉穀　熟稻黍也」とあるのを參照。

注の「薦嘗」は、すすめるの意の連文とみる。

傳閉蟄而烝

注（「閉蟄」は）建亥の月〔十月〕である。（この月になると）昆蟲が戸を閉じ、萬物がみな成熟し、すすめられるものが多いから、宗廟で烝祭するのである。（なお、これらのことについては）『釋例』で詳しく論じている。

附注の「建亥之月」については、上の疏に引く『釋例』に「傳曰　火伏而後蟄者畢　此謂十月始蟄也」とあるのを參照。また、『玉燭寶典』十月孟冬に「服虔曰　謂十月　盛陰在上　物成者衆　故曰烝」とあるのを參照。

注の「萬物皆成」については、隱公五年の傳文「冬狩」の注に「冬物畢成」とあるのを參照。

注の「可薦者衆　故烝祭宗廟」については、桓公八年の公羊傳文「冬曰烝」の何注に「烝　衆也　氣盛貌　冬萬物畢成　所薦衆多　芬芳備具　故曰烝」とあるのを參照。

傳過則書

注日を卜えば、吉・凶がある（から、すぐに實施できるとは限らない）が、（あまりぐずぐずしていて、實施日が）次月の中氣をこえた場合は、書いて怠慢を譏るのである。

附注の前半については、僖公三十一年の傳文に「禮　不卜常祀　而卜其牲日」とあり、注に「卜牲與日　知吉凶」とあるのを參照。

注の後半については、上の疏に引く『釋例』に「孟獻子曰　啓蟄而郊郊而後耕　耕謂春分也　言得啓蟄當卜郊　不應過春分也」とあり、また「僖公襄公夏四月卜郊　但譏其非所宜卜　而不譏其四月不可郊也」とあり、また「周禮　祭宗廟以四仲　蓋言其下限也」とあり、また「經書正月烝　得仲月之時也」とあり、また「龍星之體畢見　謂立夏之月　得此月　則當卜祀　過涉次節　則以過而書　故秋雩書不時　此涉周之立秋節也」〔疏「言涉立秋節者　謂涉立秋之月中氣節也　過涉次節　亦謂中節　非初節也　若始涉初節　則不譏之矣」〕とあるのを參照。なお、上の疏に「傳稱四者　皆擧中氣　言其至此中氣　則卜此祭　次月初氣　仍是祭限　次月中氣　乃爲過時」とあるのも參照。

傳冬淳于公如曹　度其國危　遂不復

注「淳于」は、州國が都をおいていた所であり、（今の）城陽の淳于縣である。國に危難があり、不安でいられなかったから、朝するという名目で(國を)出て、そのままもどらなかったのである。

附經の注に「不書奔　以朝出也」とあるのを參照。

〔桓公六年〕

經六年春正月寔來

注「寔」は、實〔まことに〕である。「州公」〔主語〕を言っていないのは、上の五年の冬の經「（州公）如曹」を(直接)承けていて、あいだに他の事件がないため、省略してもおのずとわかる、からである。

附成公二年の傳文に「鞏伯實來」とあり、同十八年の傳文に「知伯實來」

とあり、昭公三年の傳文に「子皮實來」とあるのを參照。

經夏四月公會紀侯于成

注「成」は、魯地である。泰山の鉅平縣の東南部にあった。

經秋八月壬午大閲

注齊は大國だったので、（北戎との）戰爭に、諸侯（の大夫）をよんで守備させ、（軍功のあった）鄭の忽をほめた。それで、忽は軍功によって順番をきめてほしいと思っていたから、（魯が、爵位によって順番をきめ、鄭を後にすると）怒って齊に訴えた。魯人はこの事態を懼れたから、臨時に車馬を簡した〔かぞえしらべた〕のである。

附注の前半については、下の傳文に「北戎伐齊　齊使乞師于鄭　鄭大子忽帥師救齊　六月大敗戎師　獲其二帥大良少良甲首三百　以獻於齊　於是諸侯之大夫戍齊　齊人饋之餼　使魯爲其班　後鄭　鄭忽以其有功也怒　故有郎之師」とあり、また、十年の傳文に「初北戎病齊　諸侯救之　鄭公子忽有功焉　齊人餼諸侯　使魯次之　魯以周班後鄭　鄭人怒　請師於齊　齊人以衞師助之」とあるのを參照。

注の「以非時」については、『周禮』大司馬に「中冬教大閲」とあるのを參照。

注の「簡車馬」については、下の傳文に「秋大閲　簡車馬也」とあるのを參照。なお、公羊の疏に「賈注經云　簡車馬于廟也」とある。

經蔡人殺陳佗

注佗は、立ってから年を踰えているのに、爵を稱していないのは、簒立したが、未だ諸侯と會していなかった、からである。傳は、莊公二十二年にある。

附注の前半については、五年の傳文に「文公子佗殺大子免而代之」とあるのを參照。また、隱公四年に「九月衞人殺州吁于濮」とあり、注に「州吁弑君而立　未列於會　故不稱君　例在成十六年」とあるのを參照。

注の後半については、莊公二十二年の傳文に「陳厲公　蔡出也　故蔡人殺五父而立之」とあり、注に「五父　陳佗也　殺陳佗　在桓六年」とある。なお、「傳例」の「例」は、挍勘記に従って、衍文とみなす。

經九月丁卯子同生

注桓公の子の莊公である。十二公のうちで、子同だけが、適夫人の長子であり、大子の禮を完備したから、史官が典策に書いたのである。「大子」と稱していないのは、生まれたばかり（の時）を書いたからである。

附注の「桓公子莊公也」については、『太平御覽』卷第一百四十六に「服虔注曰　桓太子莊公同」とあるのを參照。

注の「備用大子之禮」については、下の傳文に「以大子生之禮擧之」とあるのを參照。なお、「備用」は、そなえるの意の連文とみる。

注の「不稱大子者云云」については、『禮記』曾子問「君薨而世子生」

の疏に「賈杜注云　不稱大子者　書始生」とあるのを參照。
なお、疏に「以其備用正禮　故書其生　未得命　故不言大子也」とある。

【經】冬紀侯來朝

【傳】六年春自曹來朝　書曰寔來　不復其國也
㊟（主語がないのは、經の場合と）同じく、五年の冬の傳「淳于公如曹」を（直接）承けているからである。「奔」と言おうとしても、來て朝禮を行なった（から、おかしい）。「朝」と言おうとしても、そのまま去らずに留まった（から、おかしい）。だから、表現を變えて「寔來」と言ったのである。
(附)注の前半については、上の經の注に「不言州公者　承上五年冬經如曹　間無異事　省文　從可知」とあるのを參照。
注の最後の「實來」の「實」は、諸本に從って、「寔」に改める。

【傳】楚武王侵隨
㊟「隨」國は、今の義陽の隨縣である。
(附)『史記』楚世家の〈集解〉に「賈逵曰　隨　姫姓也」とある。
【傳】使薳章求成焉
㊟「薳章」は、楚の大夫である。
【傳】軍於瑕以待之
㊟「瑕」は、隨地である。
【傳】隨人使少師董成
㊟「少師」は、隨の大夫である。「董」は、正である〔『爾雅』釋詁〕。
【傳】鬭伯比言于楚子曰　吾不得志於漢東也　我則使然
㊟「鬭伯比」は、楚の大夫で、令尹の子文の父である。
(附)莊公三十年の傳文に「鬭穀於菟爲令尹」とあり、注に「鬭穀於菟　令尹子文也」とあるのを參照。
【傳】我張吾三軍而被吾甲兵　以武臨之　彼則懼而協以謀我　故難間也　漢東之國隨爲大　隨張必弃小國
㊟「張」は、自らを尊大にする〔おごりたかぶる〕、ということである。
(附)『詩』大雅〈韓奕〉の毛傳に「張　大」とあるのを參照。
なお、傳文の「協來」の「來」は、挍勘記に從って、「以」に改める。
【傳】小國離　楚之利也　少師侈　請羸師以張之
㊟「羸」は、弱である。
(附)『國語』周語中の韋注に「羸　弱也」とあるのを參照。
【傳】熊率且比曰　季梁在　何益
㊟「熊率且比」は、楚の大夫である。「季梁」は、隨の賢臣である。
【傳】鬭伯比曰　以爲後圖　少師得其君
㊟季梁の諫言は一度だけ聽き入れられるにすぎず、隨侯は結局、少師の意見に從うはずである、ということである。だから、「將來のための計畫です」と言っているのである。二年に、蔡侯と鄭伯とが鄧で會し、「始めて楚を懼れた」〔二年傳文〕が、楚子はそれ以後そのまま強大に

なり、終いには（ここで）中國に拮抗するまでになった。だから、傳は、その事を詳しく述べて、始終を具備したのである。

(附)注の後半については、二年の經「夏四月云云」の注に「始欲平宋之亂　終於受賂　故備書之」とあるのを參照。

(傳)王毀軍而納少師

(注)伯比の計畫に從ったのである。

(傳)少師歸　請追楚師　隨侯將許之

(注)楚が（本當に）弱いと信じたのである。

(傳)季梁止之曰　天方授楚　楚之羸　其誘我也　君何急焉　臣聞小之能敵大也　小道大淫　所謂道　忠於民而信於神也　上思利民　忠也　祝史正辭　信也

(注)「辭を正す」とは、むやみに（言葉をかざって）君の美をほめたたえない、ということである。

(傳)今民餒而君逞欲

(注)「逞」は、快〔ほしいままにする〕である。

(附)成公十三年の傳「穆公是以不克逞志于我」の注及び昭公四年の傳「求逞於人　不可」の注に、同文が見える。なお、『方言』卷二及び三にも、「逞　快也」とある。

(傳)祝史矯擧以祭　臣不知其可也

(注)（言葉を）いつわって（君の）功德をほめたたえ、鬼神を欺いている。

(傳)公曰　吾牲牷肥腯　粢盛豐備　何則不信

(注)「牲」は、牛・羊・豕である。「牷」は、（毛が）純色で（體が）完全なものである。「腯」もまた、「肥」である。黍稷〔穀物〕を「粢」といい、器に盛ったのを「盛」という。

(附)注の「牲　牛羊豕也」については、下の傳文に「接以大牢」とあり、注に「大牢　牛羊豕也」とあるのを參照。

注の「牷　純色完全也」については、『周禮』牧人の注に「鄭司農云　牷　純也　玄謂　牷　體完具」とあるのを參照。

注の「腯亦肥也」については、疏に「服虔云　牛羊曰肥　豕曰腯」とあるのを參照。

注の「黍稷曰粢　在器曰盛」については、桓公十四年の公羊の何注に、同文がみえる。

(傳)對曰　夫民　神之主也

(注)鬼神の情は、民によって動く、ということである。

(傳)是以聖王先成民而後致力於神　故奉牲以告曰　博碩肥腯　謂民力之普存也

(注)「博」は、廣である。「碩」は、大である。

(附)『周禮』考工記〈磬氏〉の注及び『儀禮』喪服の注に「博　廣也」とあるのを參照。また、『爾雅』釋詁及び『詩』衞風〈碩人〉の箋に「碩　大也」とあるのを參照。

(傳)謂其畜之碩大蕃滋也　謂其不疾瘯蠡也　謂其備腯咸有也

(注)神に「博碩肥腯」と告げたけれども、その內實は、いつも、この四つの意味を兼ね備えていたはずである。（つまり、その意味は）民の力がととのい〔第一〕、そのため、六畜が大きく成長したうえにたくさ

ん繁殖し〔第二〕、皮膚病もなく〔第三〕、全てそろって、かけたものがない〔第四〕、ということである。

【附】注の最後の「兼備而無有所闕」は、意味がはっきりしない。ここでは一應、疏に「種種養畜　羣牲備有也」とあるのに従っておくが、あるいは、五體滿足の意かもしれない〔?〕。

【傳】奉盛以告曰　絜粢豐盛　謂其三時不害而民和年豐也

【注】「三時」とは、春・夏・秋である。

【傳】奉酒醴以告曰　嘉栗旨酒

【注】「嘉」は、善である。「栗」は、謹敬である。

【附】注の「嘉　善也」は、『爾雅』釋詁の文である。

注の「栗　謹敬也」については、文公二年の公羊傳文「練主用栗」の何注に「栗猶戰栗　謹敬貌」とあるのを參照。なお、異説として、『詩』大雅〈生民〉の疏に「服虔云　穀之初熟爲栗」とある。

【傳】謂其上下皆有嘉德而無違心也　所謂馨香無讒慝也

【注】「馨」とは、芳香が遠くに及ぶことである。

【附】僖公五年の傳「黍稷非馨　明德惟馨」の注に、同文がみえる。なお、『說文』に「馨　香之遠聞者」とあるのを參照。

【傳】故務其三時　脩其五教

【注】（「五教」とは）父は義に、母は慈に、兄は友に、弟は恭に、子は孝に、ということである。

【附】文公十八年の傳文に「擧八元　使布五教于四方　父義　母慈　兄友　弟共　子孝　內平外成」とあるのを參照。

【傳】親其九族　以致其禋祀

【注】「禋」は、絜敬である。「九族」とは、外祖父・外祖母・從母の子、及び妻の父・妻の母・姑の子・姊妹の子・女子の子、ならびに自分の同族、をいう。（最後のもの以外は）いずれもみな、外親で、服喪關係はあるが、族を異にする者である。

【附】注の「禋　絜敬也」については、隱公十一年の傳文「而況能禋祀許乎」の注に「絜齊以享　謂之禋」とあるのを參照。なお、『爾雅』釋詁に「禋　敬也」とあるのも參照。

注の「九族云云」ついては、疏に引く『異義』に「今禮戴尚書歐陽說　九族乃異姓有親屬者　父族四　五屬之內爲一族　父女昆弟適人者　與其子爲一族　己女昆弟適人者　與其子爲一族　己之女子子適人者　與其子爲一族　母族三　母之父姓爲一族　母之母姓爲一族　母女昆弟適人者　與其子爲一族　妻族二　妻之父姓爲一族　妻之母姓爲一族　古尙書說　九族者　從高祖至玄孫　凡九　皆同姓」とあるのを參照。

注の「有服」については、『儀禮』喪服の〈小功五月〉の項に「爲外祖父母」「從母」とあり、〈緦麻三月〉の項に「外孫」「甥」「妻之父母」「姑之子」とあるのを參照。

【傳】於是乎民和而神降之福　故動則有成　今民各有心　而鬼神乏主

【注】民が飢えている、ということである。

【傳】君雖獨豐　其何福之有　君姑脩政而親兄弟之國　庶免於難　隨侯懼而修政　楚不敢伐

【傳】夏會于成　紀來諮謀齊難也

【注】齊が紀を滅ぼそうとしていたから、相談に來たのである。

【附】五年の傳文に「夏齊侯鄭伯朝於紀　欲以襲之　紀人知之」とあるのを參照。

【傳】北戎伐齊　齊使乞師于鄭　鄭大子忽帥師救齊　六月大敗戎師　獲其二帥大良少良甲首三百　以獻於齊

【注】「甲首」とは、甲〔よろい〕をきた者の首である。

【附】『漢書』刑法志「功賞相長　五甲首而隷五家」の注に「服虔曰　能得著甲者五人首　使得隷役五家也」とあるのを參照。

【傳】於是諸侯之大夫戍齊　齊人饋之餼

【注】なまのを「餼」という。

【附】十四年の傳文「曹人致餼」の注に「熟曰饔　生曰餼」とあるのを參照。

【傳】使魯爲其班　後鄭

【注】「班」は、次〔順番〕である。魯が自身で齊からの贈りものの順番をきめたとすれば、魯もまた、大夫に齊を守らせたのである。（それなのに、魯が齊を守ったことが）經に書かれていないのは、おそらく、史官の闕文であろう。

【附】注の「班　次也」については、十年の傳文に「使魯次之」とあるのを參照。また、『儀禮』既夕禮「明日以其班祔」の注に「班　次也」とあるのを參照。

注の「經不書云云」について。襄公五年には「冬戍陳」とあって、魯が守ったことが經にちゃんと書かれている。

【傳】鄭忽以其有功也　怒　故有郎之師

【注】「郎の師」は、十年にある。

【附】十年に「冬十有二月丙午齊侯衞侯鄭伯來戰于郎」とある。

【傳】公之未昏於齊也　齊侯欲以文姜妻鄭大子忽　大子忽辭　人問其故　大子曰　人各有耦　齊大　非吾耦也　詩云　自求多福

【注】「詩」は、大雅の〈文王〉である。福を求めるには、自力でし、人に賴らない、ということである。

【傳】在我而已　大國何爲　君子曰　善自爲謀

【注】わが身を潔白に保っただけで、國（の内情）にまで考えが及ばなかった、ということである。

【附】十一年の傳文に「鄭昭公之敗北戎也　齊人將妻之　昭公辭　祭仲曰　必取之　君多内寵　子無大援　將不立　三公子皆君也　弗從」とあるのを參照。また、『詩』鄭風〈有女同車〉の序に「有女同車　刺忽也　鄭人刺忽之不昏于齊　太子忽嘗有功于齊　齊侯請妻之　齊女賢而不取　卒以無大國之助　至於見逐　故國人刺之」とあるのを參照。

【傳】及其敗戎師也　齊侯又請妻之

【注】他の女を嫁がせようとしたのである。

【傳】固辭　人問其故　大子曰　無事於齊　吾猶不敢　今以君命奔齊之急　而受室以歸　是以師昏也　民其謂我何

【注】必ずや民に怪まれる、ということである。

【傳】遂辭諸鄭伯

㊟父〔鄭伯〕の命にかこつけてことわったのである。（ここは）十一年の「鄭忽出奔衛」のために傳したのである。

傳秋大閱　簡車馬也

傳九月丁卯子同生　以大子生之禮擧之　接以大牢

㊟「大牢」とは、牛・羊・豕である。禮をもって夫人に接するのは、嫡を重んじるからである。

附注の前半については、上の注に「牲　牛羊豕也」とあるのを參照。また、桓公八年の公羊傳文「冬曰烝」の何注に「禮　天子諸侯卿大夫牛羊豕凡三牲　曰大牢」とあるのを參照。

注の後半については、『禮記』内則の疏に「王肅杜預並以爲接待夫人以大牢」とあるのを參照。なお、異説として、『太平御覽』巻第一百四十六に「接者　子初生　接見於父」とある〔服虔注か？〕。

傳卜士負之　士妻食之

㊟禮では、世子が生まれて三日目に、士を卜って子を抱かせ、射人が桑の弓と蓬の矢で天地四方を射、士の妻を卜って乳母にする。

附『禮記』内則に「三日　卜士負之（中略）射人以桑弧蓬矢六　射天地四方（中略）卜士之妻大夫之妾　使食子」とあるのを參照。

なお、疏に「賈逵云　桑者木中之衆　蓬者草中之亂　取其長大統衆而治亂」とある〔これについては、劉文淇『春秋左氏傳舊注疏證』に「本疏引賈注桑者木中之衆云云　而不引禮記文　則辭無所附　賈必引内則文而申釋之　疏見杜注亦引禮文　故略之耳」とあるのを參照〕。

傳公與文姜宗婦命之

㊟（禮では）世子が生まれて三箇月たつと、君と夫人が外寢で沐浴し、阼階に立って西を向き、世婦が子を抱いて西階からのぼり、君が命名すると、降る。（「宗婦」とは）おそらく、同宗の婦人であろう。

附『禮記』内則に「世子生　則君沐浴朝服　夫人亦如之　皆立于阼階西鄉　世婦抱子　升自西階　君名之　乃降」とあるのを參照。

なお、注の最後の「蓋同宗之婦」については、莊公二十四年の經「戊寅大夫宗婦覿用幣」及び襄公二年の傳「齊侯使諸姜宗婦來送葬」の注に「宗婦　同姓大夫之婦」とあるのを參照。

傳公問名於申繻　對曰　名有五　有信有義有象有假有類

㊟「申繻」は、魯の大夫である。

附『史記』魯世家の〈集解〉に「賈逵曰　申繻　魯大夫」とあるのを參照。

傳以名生爲信

㊟唐の叔虞や魯の公子友のようなものである。

附『論衡』詰術篇に「以生名爲信　若魯公子友生　文在其手曰友也」とあるのを參照。また、閔公二年の傳文に「及生　有文在其手曰友　遂以命之」とあり、昭公元年の傳文に「及生　有文在其手曰虞　遂以命之」とあるのを參照。

傳以德命爲義

㊟文王の名が昌で、武王の名が發であるようなものである。

【附】『論衡』詰術篇に「以德名爲義　若文王爲昌　武王爲發也」とあるのを參照。また、疏に「服虔云　謂若大王度德　命文王曰昌　文王命武王曰發」とあるのを參照。なお、『史記』周本紀に「生昌　有聖瑞　古公曰　我世當有興者　其在昌乎」とあるのも參照。

【傳】以類命爲象

【注】孔子の頭のかたちが尼丘に似ていたようなものである。

【附】『論衡』詰術篇に「以類名爲像　若孔子名丘也」とあるのを參照。また、『史記』孔子世家に「生而首上圩頂　故因名曰丘云」とあるのを參照。

【傳】取於物爲假

【注】伯魚が生まれたとき、魚を贈ってくれた人がいたので、それに因んで「鯉」と名づけた、ようなものである。

【附】『孔子家語』本姓解に「魚之生也　魯昭公以鯉魚賜孔子　榮君之貺　故因以名曰鯉」とあるのを參照。

【傳】取於父爲類

【注】子同が生まれたとき、父と同じ點があった、ようなものである。

【附】『論衡』詰術篇に「取於父爲類　有似類於父也」とあるのを參照。また、下の傳文に「公曰　是其生也　與吾同物　命之曰同」とあり、注に「物　類也　謂同日」とあるのを參照。

【傳】不以國

【注】國君の子は、本國(の名)を自分の名にはしない。

【傳】不以官　不以山川　不以隱疾

【注】「隱」は痛であり、「疾」は患である。不祥を避けるのである。

【附】『詩』邶風〈柏舟〉「如有隱憂」の毛傳に「隱　痛也」とあるのを參照。また、『國語』晉語五の韋注に「患　疾也」とあるのを參照。ちなみに、成公十三年の傳文「痛心疾首」の注には「疾亦痛也」とある。なお、異說として、『禮記』曲禮上「不以隱疾」の注に「隱疾　衣中之疾也　謂若黑臀黑肱矣　疾在外者　雖不得言　尙可指擿　此則無時可辟　俗語云　隱疾難爲醫」とある。

【傳】不以畜牲

【注】「畜牲」は、六畜である。

【附】『周禮』庖人の注に「六畜　六牲也　始養之曰畜　將用之曰牲」とあり、同牧人の注に「六牲　謂牛馬羊豕犬雞」とあるのを參照。また、疏に「鄭衆服虔皆以六畜爲馬牛羊豕犬雞」とあるのを參照。

【傳】不以器幣

【注】「幣」は、玉帛である。

【附】『周禮』小行人に「合六幣　圭以馬　璋以皮　璧以帛　琮以錦　琥以繡　璜以黼」とあり、同大宰の注に「幣貢　玉馬皮帛也」とあるのを參照。

なお、疏に「服虔以爲　俎豆罍彝犧象之屬　皆不可以爲名也」とある。

【傳】周人以諱事神　名終將諱之

【注】君父の名は、(生前でも)もちろん、臣子が指斥すべきものではないが、禮では、(死後)卒哭がすむと、木鐸を鳴らして、「古いものを捨てて新しいものを諱むように」とふれまわる。〝親族關係が盡きた祖

を捨てて、死んだばかりの者を諱むように〃という意味である。だから、「諱むことによって神につかえる」と言っているのである。「死後には名を諱む」とは、父から高祖に至るまで、いずれもみな、名指しで言わない、ということである。

附『禮記』檀弓下に「卒哭而諱　生事畢而鬼事始已　既卒哭　宰夫執木鐸　以命于宮曰　舍故而諱新」とあり、注に「故謂高祖之父當遷者也」とあるのを參照。

傳故以國則廢名

注國(名)はかえることが出來ないから、(人)名を廢することになる。

傳以官則廢職　以山川則廢主

注山川の名の方を改めることになる。

傳以畜牲則廢祀

注「豬」と名づければ、豬を(牲として)使えなくなり、「羊」と名づければ、羊を使えなくなる。

傳以器幣則廢禮　晉以僖侯廢司徒

注僖侯の名が「司徒」であったため、(「司徒」という官名を）やめて、「中軍」とした。

傳宋以武公廢司空

注武公の名が「司空」であったため、(「司空」という官名を）やめて、「司城」とした。

附『禮記』檀弓下「陽門之介夫死　司城子罕入而哭之哀」の注に「宋以武公諱司空爲司城」とあり、疏に「服虔杜預注傳　皆以爲然」とあるのを參照。

傳先君獻武廢二山

注「二山」とは、具(山)と敖(山)である。魯の獻公の名が「具」で、武公の名が「敖」であったため、(「具」・「敖」という山名を）變更して、その鄉(名)を山名にした。

附『國語』晉語九に「范獻子聘於魯　問具山敖山　魯人以其鄉對　獻子曰　不爲具敖乎　對曰　先君獻武之諱也」とあるのを參照。

傳是以大物不可以命　公曰　是其生也　與吾同物　命之曰同

注「物」は、類である。日が同じということである。

附注の「物　類也」については、昭公九年の傳「事有其物」の注に同文がみえる。また、『國語』晉語六「如草木之產也　各以其物」の韋注にも同文がみえる。なお、上の傳文に「取於父爲類」とあるのを參照。注の「謂同日」については、『史記』魯世家に「六年夫人生子　與桓公同日　故名曰同」とあるのを參照。

傳冬紀侯來朝　請王命以求成于齊　公告不能

注紀は、微弱なため、自力では天子に通交することが出來なかったので、公に(取次を)賴んで王命をたまわろうとしたのだが、公は、王に氣に入られていなかったから、〃出來ない〃とことわったのである。

巻第七

〔桓公七年〕

【經】七年春二月己亥焚咸丘

【注】傳はない。「焚」は、火田〔やきがり〕である。「咸丘」は、魯地である。高平の鉅野縣の南部に咸亭がある。物をとり盡くした〔一網打盡にした〕ことを譏るから、書いたのである。

【附】疏に引く『釋例』に「咸丘　魯地　非蒐狩常處　經不言蒐狩　但稱焚咸丘　言火田盡物　非蒐狩之義」とあるのを參照。

【經】夏穀伯綏來朝

【經】鄧侯吾離來朝

【注】（兩者を）まとめて「（來）朝」と稱していないのは、各々別々に朝禮を行なったからである。「穀」國は、南鄉の筑陽縣の北部にあった。

【附】隱公十一年に「春滕侯薛侯來朝」とあるのを參照。

【傳】七年春穀伯鄧侯來朝　名　賤之也

【注】邊鄙な土地の小國であったから（名を書いて）賤しんだのであり、（言いかえれば）朝禮の仕方が不充分であったから（賤しんで）名を書いたのである。春にやって來たが、夏になってから朝禮を行なったので、經は「夏」と書いているのである。

【附】注の前半については、異説として、疏に「服注云　穀鄧密邇於楚　不親仁善鄰以自固　卒爲楚所滅　无同好之救　桓又有弑賢兄之惡　故賤而名之」とある。

【傳】夏盟向求成于鄭　既而背之

【注】「盟」・「向」は、二邑の名である。隱公十一年に王が鄭に與えたから、鄭と和平することを求めたのである。

【附】隱公十一年の傳文に「王取鄔劉蔿邘之田于鄭　而與鄭人蘇忿生之田溫原絺樊隰郕欑茅向盟州陘隤懷」とあるのを參照。

【傳】秋鄭人齊人衞人伐盟向　王遷盟向之民于郟

【注】「郟」は、王城である。

【傳】冬曲沃伯誘晉小子侯殺之

【注】「曲沃伯」は、武公である。「小子侯」は、哀侯の子である。

〔桓公八年〕

【經】八年春正月己卯烝

【注】傳はない。これは、夏正の仲月〔十一月〕にあたるから、時期をこえてはいないのに、書いているのは、下の五月の再度の烝祭のために、それが瀆〔宗廟をけがすもの〕であることを示したのである。例は、五年にある。

【附】注の「例在五年」については、五年の傳文に「閉蟄而烝」とあり、注に「建亥之月　昆蟲閉戸　萬物皆成　可薦者衆　故烝祭宗廟」とあり、つづく傳文に「過則書」とあり、注に「卜日有吉否　過次節　則書以譏慢也」とある。なお、その上の疏に引く『釋例』に「周禮　祭宗廟以四仲　蓋言其下限也」とあり、また、「經書正月烝　得仲月之時也　其夏五月復烝　此爲過烝　若但書夏五月烝　則唯可知其非時　故先發正月之烝　而繼書五月烝　以示非時　並明再烝瀆也」とあるのを參照。

注の「瀆」については、『易』蒙卦に「再三瀆」とあるのを參照。また、公羊傳文に「亟則黷　黷則不敬」とあるのを參照。

【經】天王使家父來聘

㊟傳はない。「家父」は、天子の大夫である。「家」は氏で、「父」は字である。

【經】夏五月丁丑烝

㊟傳はない。

【經】秋伐邾

㊟傳はない。

【經】冬十月雨雪

㊟傳はない。（十月は）今〔夏正〕の八月にあたるから、（この記事を）書いたのは、時節はずれのためである。

(附)注の「書　時失」は、隱公九年の傳文である。なお、公羊傳文に「何以書　記異也　何異爾　不時也」とあり、何注に「周之十月　夏之八月　未當雨雪」とあるのを參照。

【經】祭公來　遂逆王后于紀

㊟「祭公」は、諸侯で天子の三公となった者である。王が魯に婚禮の主人役をさせたから、祭公が（魯に）來て（魯の）命を受けて、迎えに行ったのである。天子には外がないから、（はやくも、この時點で）「王后」と稱しているのである。（公だけを書いて）卿を書いていないのは、重い方を舉げて、輕い方は省略したのである。

(附)注の「祭公　諸侯爲天子三公者」については、公羊傳文に「祭公者何　天子之三公也」とあるのを參照。

注の「天子無外云云」については、襄公十五年の注に「天子無外　所命則成　故不言逆女」とあるのを參照。また、隱公二年の疏に引く『釋例』に「天子娶　則稱逆王后」とあるのを參照。なお、公羊傳文に「女在其國稱女　此其稱王后何　王者無外　其辭成矣」とあり、穀梁傳文に「天子無外　王命之　則成矣」とあるのも參照。

注の「卿不書云云」については、疏に引く『釋例』に「襄十五年劉夏逆王后于齊　傳曰　卿不行　非禮也　知祭公如紀時　亦有卿　卿不書　舉重略輕　猶鞌邲之戰　唯書郤克林父　此天子使公卿之文」とあるのを參照。

[傳]八年春滅翼
㊟曲沃がこれを滅したのである。
[傳]隨少師有寵　楚鬭伯比曰　可矣　讎有釁　不可失也
㊟「釁」は、瑕隙〔すき〕である。徳のない者が寵愛されるのは、國のすきである。
[傳]夏楚子合諸侯于沈鹿
㊟「沈鹿」は、楚地である。
[傳]黄隨不會
㊟「黄」國は、今の弋陽縣である。
[傳]使薳章讓黄
㊟會さなかったことを責めたのである。
[傳]楚子伐隨　軍於漢淮之間　季梁請下之　弗許而後戰
㊟「下之」とは、降服を申し出る、ということである。
[傳]所以怒我而怠寇也　少師謂隨侯曰　必速戰　不然　將失楚師　隨侯禦之　望楚師
㊟はるかに楚の師を見たのである。
[傳]季梁曰　楚人上左　君必左
㊟「君」とは、楚の君である。
(附)異説として、『日知錄』巻二十八〈左傳註〉に「愚謂君謂隨侯　王謂楚王　兩軍相對　隨之左當楚之右　言楚師左堅右瑕　君當在左以攻楚之右師」とある。
[傳]無與王遇　且攻其右　右無良焉　必敗　偏敗　衆乃攜矣　少師曰　不當王　非敵也　弗從
㊟季梁の策には從わなかったのである。
[傳]戰于速杞　隨師敗績　隨侯逸
㊟「速杞」は、隨地である。「逸」は、逃である。
[傳]鬭丹獲其戎車與其戎右少師
㊟「鬭丹」は、楚の大夫である。「戎車」は、君が乗る兵車である。「戎右」は、車右〔そえのり〕である。寵愛していたから、車右にしたのである。
[傳]秋隨及楚平　楚子將不許　鬭伯比曰　天去其疾矣
㊟「去疾〔害蟲を除去した〕」とは、少師が獲られて死んだことをいう。
[傳]隨未可克也　乃盟而還
[傳]冬王命虢仲立晉哀侯之弟緡于晉
㊟「虢仲」とは、王の卿士の虢公林父のことである。
(附)五年の傳文に「虢公林父將右軍」とあり、注に「虢公林父　王卿士」とあるのを參照。
[傳]祭公來　遂逆王后于紀　禮也
㊟天子が諸侯から娶るときには、同姓の諸侯に主人役をさせる。（この場合）祭公が（主人役の魯に）來て、魯から命を受けたので、「禮に

かなっている」と言っているのである。

〔桓公九年〕

經九年春紀季姜歸于京師

注「季姜」は、桓王の后である。「季」は字で、「姜」は紀の姓である。字を書いているのは、父母の尊を伸張させたのである。

附公羊傳文に「其辭成矣　則其稱紀季姜何　自我言紀　父母之於子　雖爲天王后　猶曰吾季姜」とあり、何注に「明子尊不加於父母」とあるのを參照。

經夏四月

經秋七月

經冬曹伯使其世子射姑來朝

注曹伯は、病氣だったから、自分の子を來朝させたのである。

附公羊の何注に「時曹伯年老有疾　使世子行聘禮　恐卑　故使自代朝」とあるのを參照。

傳九年春紀季姜歸于京師　凡諸侯之女行　唯王后書

注婦人の嫁入りを書くための(凡)例である。諸侯に嫁いだ場合は、魯に赴告してきても、書かない。

傳巴子使韓服告于楚　請與鄧爲好

注「韓服」は、巴の行人〔使者〕である。「巴」國は、巴郡の江州縣にあった。

傳楚子使道朔將巴客以聘於鄧

注「道朔」は、楚の大夫である。「巴客」とは、韓服のことである。

傳鄧南鄙鄾人攻而奪之幣

注「鄾」は、今の鄧縣の南部、沔水の北側にあった。

傳殺道朔及巴行人　楚子使薳章讓於鄧　鄧人弗受

注鄾人が攻めたのではない、と言い張ったのである。

傳夏楚使鬬廉帥師及巴師圍鄾

注「鬬廉」は、楚の大夫である。

傳鄧養甥聃甥帥師救鄾　三逐巴師　不克

注二人の「甥」は、いずれもみな、鄧の大夫である。

傳鬬廉衡陳其師於巴師之中以戰　而北

注「衡」は、横である。巴の師を二つに分け、鬬廉はその間に〔自分の師を〕横にならべて、鄧の師と戰い、わざと逃走したのである。「北」は、走〔にげる〕である。

傳鄧人逐之　背巴師　而夾攻之

注楚の師がわざと逃走し、鄧の師がそれを追いかけたが、巴の師を背にした〔通り越した〕ところで、巴の師が(後方から)これを攻め、楚の師も前方からひきかえして、ともに戰ったのである。

【傳】鄧師大敗　鄾人宵潰

【注】「宵」は、夜である。

【傳】秋虢仲芮伯梁伯荀侯賈伯伐曲沃

【注】「梁」國は、馮翊の夏陽縣にあった。「荀」・「賈」は、いずれもみな、國名である。

【附】『漢書』地理志上に「左馮翊（中略）夏陽　故少梁」とあるのを參照。

【傳】冬曹大子來朝　賓之以上卿　禮也

【注】「諸侯の嫡子が、（嫡子として正式に）天子に報告していないうちに、君の代行をする場合は、皮帛をもって、子・男の後につづく」（『周禮』春官〈典命〉）から、（ここで）「上卿として待遇した」のであり、（つまり）それぞれ、その國の上卿になぞらえるのである。

【附】疏に引く『釋例』に「周禮　諸侯之適子　誓於天子　則下其君禮一等　未誓　則以皮帛繼子男　此謂公侯伯子男之世子出會朝聘之儀也　誓者　告於天子　正以爲世子　受天子報命者也　未誓　謂在國正之而未告天子者也　曹之世子　未誓而來　故賓之以上卿　謂比於諸侯之上卿繼子男之末　命數相準故也」とある。なお、『周禮』の鄭注に「誓猶命也　言誓者　明天子既命以爲之嗣　樹子不易也　春秋桓九年曹伯使其世子射姑來朝　行國君之禮　是也　公之子　如侯伯而執圭　侯伯之子　如子男而執璧　子男之子與未誓者　皆次小國之君　執皮帛而朝會焉　其賓之皆以上卿之禮焉」とあるのを參照。

【傳】享曹大子　初獻　樂奏而歎

【注】（「初獻」とは）酒を始めに獻じたのである。

【傳】施父曰　曹大子其有憂乎　非歎所也

【注】「施父」は、魯の大夫である。

【附】疏に「服虔云　古之爲享食　所以觀威儀省福禍　無喪而戚　憂必讎焉　今大子臨樂而歎　是父將死而兆先見也」とある。

〔桓公十年〕

【經】十年春王正月庚申曹伯終生卒

【注】（名を書いているのは）同盟はしていなかったけれども、名をもって赴告してきた（からである）。

【附】僖公二十三年の傳文に「凡諸侯同盟　死則赴以名　禮也　赴以名則亦書之（注　謂未同盟）不然則否（注　謂同盟而不以名告）辟不敏也」とあるのを參照。

【經】夏五月葬曹桓公

【注】傳はない。

【經】秋公會衞侯于桃丘　弗遇

【注】傳はない。衞侯は公と會の約束をしたが、途中で公にそむき、かわりに齊・鄭についてしまった。だから、公だけが往き、出あうことがなかったのである。「桃丘」は、衞地である。濟北の東阿縣の東南部に

桃城がある。
（附）公羊傳文に「會者何　期辭也　其言弗遇何　公不見要也」とあるのを參照。

【經】冬十有二月丙午齊侯衞侯鄭伯來戰于郎
㊟「侵」・「伐」を改めて、「來戰」と書いているのは、魯が周の封爵の次序を用いたことを善とし、三國が有辭〔言い分が正しく、理のある方、つまり、魯〕を討ったことをにくんでである。
（附）疏に引く『釋例』に「齊侯衞侯鄭伯來戰于郎　夫子善魯人之秉周班　惡三國之伐有禮　故正王爵以表周制　去侵伐以見無罪　此聖人之所以扶獎王室敦崇大教　故改常例以特見之」とあるのを參照。

【傳】十年春曹桓公卒
㊟施父の言葉に結末をつけたのである。
（附）九年の傳文に「施父曰　曹大子其有憂乎　非歎所也」とある。

【傳】虢仲譖其大夫詹父於王
㊟「虢仲」は、王の卿士であり、「詹父」は、その下屬の大夫である。
【傳】詹父有辭　以王師伐虢　夏虢公出奔虞
㊟「虞」國は、河東の大陽縣にあった。
（附）『漢書』地理志上に「河東郡（中略）大陽　吳山在西　上有吳城　周武王封太伯後於此　是爲虞公　爲晉所滅」とあるのを參照。

【傳】秋秦人納芮伯萬于芮
㊟四年に魏を圍んだ時に執えた者である。
（附）四年の傳文に「冬王師秦師圍魏　執芮伯以歸」とある。

【傳】初虞叔有玉
㊟「虞叔」は、虞公の弟である。
【傳】虞公求旃
㊟「旃」は、之である。
（附）『詩』魏風〈陟岵〉の毛傳に「旃　之」とあり、また、唐風〈采苓〉の鄭箋に「旃之言　焉也」とあるのを參照。なお、王引之『經傳釋詞』卷九に「之旃　聲相轉　旃焉　聲相近　旃又爲之焉之合聲」とある。
【傳】弗獻　既而悔之　曰　周諺有之　匹夫無罪　懷璧其罪
㊟他人がその璧をうらやみ、璧（をもっていること）を罪とするのである。
（附）襄公十五年の傳文に「小人懷璧　不可以越鄉」とあり、注に「言必爲盜所害」とあるのを參照。
【傳】吾焉用此　其以賈害也
㊟「賈」は、買である。
（附）昭公二十九年の傳文「平子每歲賈馬」の注に、同文が見える。
【傳】乃獻之　又求其寶劍　叔曰　是無厭也　無厭　將及我
㊟私を殺そうとするであろう。

【附】諸本に従って、傳文の「獻」の下に、「之」の字を補う。

【傳】遂伐虞公　故虞公出奔共池

【注】「共池」は、地名で、闕〔不明〕である。

【附】隱公六年の疏に「若不知何國之地者　則言闕　若虞公出奔共池　公孫嬰齊卒于貍脤　並注云闕　是也」とあるのを參照。

【傳】冬齊衞鄭來戰于郎　我有辭也　初北戎病齊

【注】六年にある。

【傳】諸侯救之　鄭公子忽有功焉　齊人餼諸侯　使魯次之　魯以周班後鄭　鄭人怒　請師於齊　齊人以衞師助之　故不稱侵伐

【注】「侵」・「伐」を稱さずに、「戰」という表現をとっていて、魯が直で諸侯が曲であることが明らかだから、「わが方の言い分が正しい〔わが方に理がある〕」と言っているのである。（この戰いでは）禮をもって自主的にやめ、兩軍ともに兵を引き、敗績するということはなかった。

【附】注の「交綏而退」については、文公十二年の傳文に「乃皆出戰　交綏」とあり、注に「古名退軍爲綏」とあるのを參照。

注の「無敗績」については、公羊傳文に「此偏戰也　何以不言師敗績　内不言戰　言戰乃敗矣」とあるのを參照。

【傳】先書齊衞　王爵也

【注】鄭が、兵の主となったのに、齊・衞の下におかれているのは、王の封爵の順にならべたからである。《春秋》が、魯が依然として周の禮を守っていたことを示すため（の手立て）である。

【附】隱公五年「邾人鄭人伐宋」の注に「邾主兵　故序鄭上」とあるのを參照。

〔桓公十一年〕

【經】十有一年春正月齊人衞人鄭人盟于惡曹

【注】「惡曹」は、場所が闕〔不明〕である。

【經】夏五月癸未鄭伯寤生卒

【注】（名を書いているのは）元年に同盟し、名をもって赴告してきた（からである）。

【附】元年に「夏四月丁未公及鄭伯盟于越」とある。なお、僖公二十三年の傳文に「凡諸侯同盟　死則赴以名　禮也」とあるのを參照。

【經】秋七月葬鄭莊公

【注】傳はない。（死後）三箇月で葬ったのは、速すぎる。

【附】隱公元年の傳文に「諸侯五月」とあるのを參照。

【經】九月宋人執鄭祭仲

【注】「祭」は氏で、「仲」は名である。「行人」と稱していないのは、脅迫に屈して君をおい出したため、罪責してである。「行人」の例は、襄公十一年にある。（なお、このことについては）『釋例』で詳しく論じ

ている。

附注の「行人例在襄十一年」については、襄公十一年の傳文に「書曰行人　言使人也」とあり、注に「書行人　言非使人之罪」とある。

注の「釋例詳之」については、本疏に引く『釋例』に「祭仲之如宋　非會非聘　與於見誘而以行人應命　不能死節　挾僞以篡其君　故經不稱行人以罪之」とある。また、五年の疏に引く『釋例』に「伯仲叔季　固人字之常　然古今亦有以爲名者　而公羊守株　專謂祭氏以仲爲字　既謂之字　無辭以善之　因託以行權　人臣而善其行權逐君　是亂人倫壞大教也　說左氏者　知其不可　更云　鄭人嘉之　以字告　故書字　此爲因有告命之例　欲以苟免　未是春秋之實也」とある。なお、公羊疏に引く賈逵『長義』に「若令臣子得行　則閉君臣之道　啓篡弑之路」とあるのを參照。

經突歸于鄭

注「突」とは、厲公のことである。宋によって送り込まれたから、「歸」と言っているのである。例は、成公十八年にある。「公子」と稱していないのは、赴告に從ったのである。文が（上の）「（鄭）祭仲」に連なっているから、「鄭（突）」と言っていないのである。

附注の「例在成十八年」については、成公十八年の傳文に「諸侯納之曰歸」とある。

經鄭忽出奔衛

注「忽」とは、昭公のことである。（先君）莊公の埋葬がすんでいるのに、爵を稱していないのは、鄭人が彼を賤しみ、名をもって赴告してきた、からである。

附注の「莊公既葬云云」については、僖公九年の傳文に「凡在喪　王曰小童　公侯曰子」とあり、注に「在喪　未葬也」とあるのを參照。また、同年の傳文に「書曰殺其君之子　未葬也」とあるのを參照。

注の「鄭人賤之云云」については、十五年「鄭世子忽復歸于鄭」の注に「守介節以失大國之助　知三公子之彊　不從祭仲之言　修小善絜小行　從匹夫之仁　忘社稷之大計　故君子謂之善自爲謀　言不能謀國也　父卒而不能自君　鄭人亦不君之　出則降名以赴」とあるのを參照。

經柔會宋公陳侯蔡叔盟于折

注傳はない。「柔」は、魯の大夫で、族（氏）を賜わっていなかった者である。「蔡叔」は、蔡の大夫で、「叔」は、名である。「折」は、場所が闕（不明）である。

附公羊傳文に「柔者何　吾大夫之未命者也」とあるのを參照。

經公會宋公于夫鍾

注傳はない。「夫鍾」は、成地である。

經冬十有二月公會宋公于闞

注傳はない。「闞」は、魯地で、東平の須昌縣の東南部にあった。

傳十一年春齊衞鄭宋盟于惡曹

㊟「宋」が書かれていないのは、經の闕(文)である。

（附）上の經には「十有一年春正月齊人衞人鄭人盟于惡曹」とある。なお、異說として、疏に「服虔以爲　不書宋　宋後盟」とある。

【傳】楚屈瑕將盟貳軫

㊟「貳」・「軫」は、二國の名である。

【傳】鄖人軍於蒲騷　將與隨絞州蓼伐楚師

㊟「鄖」國は、江夏の雲杜縣の東南部にあった。（今、そこに）鄖城がある。「蒲騷」は、鄖の邑である。「絞」は、國名である。「州」國は、南郡の華容縣の東南部にあった。「蓼」國は、今の義陽の棘陽縣の東南部の湖陽城である。

【傳】莫敖患之

㊟「莫敖」とは、楚の官名で、屈瑕のことに他ならない。

（附）十二年の傳文に「莫敖屈瑕曰云云」とあるのを參照。

【傳】鬬廉曰　鄖人軍其郊　必不誡　且日虞四邑之至也

㊟「虞」は、度〔はかる〕である。「四邑」とは、隨・絞・州・蓼（の四國）である。（つまり）「邑」もまた、國なのである。

（附）注の「虞　度也」については、昭公六年の傳文「始吾有虞於子」の注に、同文がみえる。

注の「邑亦國也」については、『說文』に「邑　國也」とあるのを參照。

【傳】君次於郊郢以禦四邑

㊟「君」とは、屈瑕をいう。「郊郢」は、楚地である。

（附）『儀禮』喪服「傳曰　君至尊也」の注に「天子諸侯及卿大夫有地者皆曰君」とあるのを參照。

【傳】我以銳師宵加於鄖　鄖有虞心而恃其城

㊟自分の都城に近いことを恃みにしている。

（附）上の傳文に「鄖人軍於蒲騷」とあり、注に「蒲騷　鄖邑」とあるのを參照。また、『詩』大雅〈瞻卬〉の鄭箋に「城猶國也」とあるのを參照。

【傳】莫有鬬志　若敗鄖師　四邑必離　莫敖曰　盍請濟師於王

㊟「盍《カフ》」は、何不《カフ》〔なんぞ～ざる〕である。「濟」は、益である。

（附）注の「濟　益也」については、昭公二十七年の傳文「左司馬沈尹戌帥都君子與王馬之屬以濟師」の注に、同文がみえる。

【傳】對曰　師克在和　不在衆　商周之不敵　君之所聞也

㊟「商」とは、紂のことである。「周」とは、武王のことである。傳に「武王には名臣十人がおり、紂には億兆の民がいた」とある。

（附）昭公二十四年の傳文に「大誓曰　紂有億兆夷人　亦有離德　余有亂臣十人　同心同德」とあるのを參照。また、襄公二十八年の傳文に「武王有亂臣十人」とあり、注に「亂　治也」とあるのを參照。なお、成公二年の傳文に「大誓所謂商兆民離　周十人同者　衆也」とあるのも參照。

【傳】成軍以出　又何濟焉　莫敖曰　卜之　對曰　卜以決疑　不疑何卜　遂敗鄖師於蒲騷　卒盟而還

㊟結局、貳・軫と盟ったのである。
【傳】鄭昭公之敗北戎也
㊟六年にある。
(附)六年の傳文に「北戎伐齊　齊使乞師于鄭　鄭大子忽帥師救齊　六月大敗戎師」とある。
【傳】齊人將妻之　昭公辭　祭仲曰　必取之　君多內寵　子無大援　將不立　三公子皆君也
㊟子突・子亹・子儀の(生)母は、いずれもみな、寵愛されている。
(附)『史記』鄭世家の〈集解〉に「服虔曰　言庶子有寵者多」とある。
【傳】弗從
【傳】夏鄭莊公卒　初祭封人仲足有寵於莊公
㊟「祭」は、鄭地である。陳留の長垣縣の東北部に祭城がある。「封人」とは、國境を守備する者であり、守備する場所〔祭〕をそのまま氏としたのである。
(附)注の「封人　守封疆者」については、隱公元年の傳文「潁考叔爲潁谷封人」の注に「封人　典封疆者」とあるのを參照。
注の「因以所守爲氏」については、經の注に「祭　氏」とあるのを參照。
【傳】莊公使爲卿　爲公娶鄧曼　生昭公　故祭仲立之
㊟「曼」は、鄧(國)の姓である。
(附)『說文』に「鄧　曼姓之國」とあるのを參照。
【傳】宋雍氏女於鄭莊公　曰雍姞　生厲公
㊟「雍氏」は、姞(という)姓で、宋の大夫である。女〔むすめ〕を人にめあわせるのを、「女」という。
(附)『史記』鄭世家の〈集解〉に「賈逵曰　雍氏　黃帝之孫　姞姓之後爲宋大夫」とあるのを參照。また、宣公三年の傳文に「初鄭文公有賤妾曰燕姞」とあり、注に「姞　南燕姓」とあるのを參照。なお、『通志』氏族略〈以國爲氏〉に「宋有雍氏　姞姓也」とある。
【傳】雍氏宗有寵於宋莊公　故誘祭仲而執之
㊟祭仲が宋へ行ったのは、會でもなく、聘でもない。(宋に)誘われたため、行人〔使人〕として(宋の)命に應じたのである。
(附)『史記』鄭世家の〈集解〉に「服虔曰　爲宋正卿　故曰有寵」とある。
【傳】曰　不立突　將死　亦執厲公而求賂焉　祭仲與宋人盟　以厲公歸而立之　秋九月丁亥昭公奔衞　己亥厲公立

〔桓公十二年〕

【經】十有二年春正月
【經】夏六月壬寅公會杞侯莒子盟于曲池
㊟「曲池」は、魯地である。魯國の汶陽縣の北部に曲水亭がある。
【經】秋七月丁亥公會宋公燕人盟于穀丘

〔注〕「穀丘」は、宋地である。「燕人」とは、南燕の大夫である。
〔附〕隱公五年の傳文に「衛人以燕師伐鄭」とあり、注に「南燕國　今東郡燕縣」とあるのを參照。また、莊公二十年の傳文に「執燕仲父」とあり、注に「燕仲父　南燕伯」とあるのを參照。

〔經〕八月壬辰陳侯躍卒
〔注〕傳はない。厲公である。十一年に魯の大夫と折で盟ったのに、「葬」を書いていないのは、魯が（同盟國であるにもかかわらず）會葬しなかったからである。「壬辰」は、七月の二十三日である。「八月」のところに書いているのは、赴告に從ったのである。
〔附〕十一年に「柔會宋公陳侯蔡叔盟于折」とあり、注に「柔　魯大夫未賜族者」とある。なお、隱公元年の傳文に「天子七月而葬　同軌畢至　諸侯五月　同盟至」とあるのを參照。

〔經〕公會宋公于虛
〔注〕「虛」は、宋地である。
〔經〕冬十有一月公會宋公于龜
〔注〕「龜」は、宋地である。
〔經〕丙戌公會鄭伯盟于武父
〔注〕「武父」は、鄭地である。陳留の濟陽縣の東北部に武父城がある。
〔經〕丙戌衛侯晉卒
〔注〕傳はない。かさねて「丙戌」を書いているのは、義例ではない。史官の成文に因っただけである。（名を書いているのは）同盟はしていなかったけれども、名をもって赴告してきた（からである）。
〔附〕注の「未同盟云云」については、僖公二十三年の傳文に「凡諸侯同盟　死則赴以名　禮也　赴以名則亦書之（注　謂未同盟）不然則否（注　謂同盟而不以名告）辟不敏也」とあるのを參照。
〔經〕十有二月及鄭師伐宋　丁未戰于宋
〔注〕「伐宋」と書いた上に、かさねて「戰」と書いているのは、それによって、宋に信がなかったことを示したのである。（なお）莊公十一年の傳例に「雙方が陣を整えた場合に『戰』という」とあるが、（ここでは）宋に信がなかったことをとがめるから、（魯の方が、宋を相手にせず、敵なしに）ひとりで戰ったという表現をとっているのである。
〔附〕疏に「莊二十八年齊人伐衛　衛人及齊人戰　此文亦當如彼　宜云及宋人戰　今直言戰于宋者　尤其無信　故以獨戰爲文　皆陳曰戰　戰是敵辭　不言及宋戰　不使宋得敵也」とあるのを參照。
〔傳〕十二年夏盟于曲池　平杞莒也
〔注〕隱公四年に莒人が杞を伐ち、以後、そのまま不和であった。
〔附〕隱公四年に「春王二月莒人伐杞取牟婁」とある。

傳公欲平宋鄭　秋公及宋公盟于句瀆之丘

注「句瀆之丘」とは、（經の）「穀丘」に他ならない。宋は、厲公を立ててやったことで、鄭に巨額の賄賂を要求したが、鄭人が負擔しきれなかったため、不和になったのである。

附十三年の傳文に「宋多責賂於鄭　鄭不堪命」とあるのを參照。

傳宋成未可知也　故又會于虚　冬又會于龜　宋公辭平　故與鄭伯盟于武父

注宋公は、鄭の賄賂をほしがっていたから、公と三度も會しながら、結局、ことわって、鄭と和平しなかったのである。

傳遂帥師而伐宋　戰焉　宋無信也　君子曰　苟信不繼　盟無益也　詩云
　君子屢盟　亂是用長　無信也

注「詩」は、小雅（巧言）である。信がないから、しばしば盟い、しばしば盟えば、心が粗略になり、心が粗略になると、怨恨が生じる、ということであり、だから、「亂を增大させる」と言っているのである。

傳楚伐絞　軍其南門　莫敖屈瑕曰　絞小而輕　輕則寡謀　請無扞采樵者以誘之

注「扞」は、衞（まもる）である。「樵」は、薪（たきぎ）である。

附注の「扞　衞也」については、文公六年の傳文「親帥扞之」の注に、同文がみえる。

傳從之　絞人獲三十人

注楚人をとらえたのである。

傳明日絞人爭出　驅楚役徒於山中　楚人坐其北門而覆諸山下

注「坐」は、守と同じである。「覆」とは、伏兵を設けて待機したのである。

附隱公九年の傳文に「君爲三覆以待之」とあり、注に「覆　伏兵也」とあるのを參照。

傳大敗之　爲城下之盟而還

注「城下の盟」は、諸侯が深く恥とするものである。

附宣公十五年の傳文に「敝邑易子而食　析骸以爨　雖然　城下之盟　有以國斃　不能從也」とあり、注に「寧以國斃　不從城下盟」とあるのを參照。

傳伐絞之役　楚師分涉於彭

注「彭」水は、新城の昌魏縣にあった。

附疏に引く『釋例』に「彭水　出新城昌魏縣　東北至南鄉筑陽縣　入漢」とあるのを參照。

傳羅人欲伐之　使伯嘉諜之　三巡數之

注「羅」は、熊姓の國である。宜城縣の西部の山中にあったが、後に、南郡の枝江縣にうつった。「伯嘉」は、羅の大夫である。「諜」は、伺（うかがう）である。「巡」は、徧（囘、めぐり）である。

附注の「後徙南郡枝江縣」については、『漢書』地理志上に「南郡（中略）枝江　故羅國」とあるのを參照。

注の「諜　伺也」については、哀公元年の傳文「使女艾諜澆」の注に

「諜　候也」とあるのを參照。

〔桓公十三年〕

【經】十有三年春二月公會紀侯鄭伯　己巳及齊侯宋公衞侯燕人戰　齊師宋師衞師燕師敗績

【注】總くずれした場合に、「敗績」という。例は、莊公十一年にある。（敗者が、莊公二十八年のように）「人」と稱したり、（ここのように）「師」と稱したりしているのは、（單に）史官による表現の違いである〔義例ではない〕。衞の宣公の埋葬がすんでいないのに、（子の）惠公が「侯」を稱して鄰國と接したのは、非禮である。

【附】注の「大崩曰敗績云云」については、莊公十一年の傳文に「大崩曰敗績」とあり、注に「師徒橈敗　若沮岸崩山　喪其功績　故曰敗績」とある。

注の「或稱人云云」については、莊公二十八年に「春王三月甲寅齊人伐衞　衞人及齊人戰　衞人敗績」とある。なお、同年の公羊傳文に「敗者稱師　衞何以不稱師　未得乎師也」とあるのを參照。

注の「衞宣公未葬云云」については、疏に引く『釋例』に「父雖未葬　喪服在身　踰年　則於其國内卽位稱君　伐鄭之役　宋公衞侯是也　春秋書魯事　皆踰年卽位稱公　不可曠年無君　則知他國亦同　然據父未葬　於其國内雖得伸其尊　若以接鄰國　則違禮失制也」とある。

なお、『禮記』曲禮下の疏に「賈服注　譏其不稱子」とあるのを參照。

【經】三月葬衞宣公

【注】傳はない。

【經】夏大水

【注】傳はない。

【經】秋七月

【經】冬十月

【傳】十三年春楚屈瑕伐羅　鬭伯比送之　還　謂其御曰　莫敖必敗　擧趾高　心不固矣

【注】「趾」は、足である。

【附】『爾雅』釋言の文である。

【傳】遂見楚子曰　必濟師

【注】（あからさまに）「屈瑕がまける」とは言えなかったから、「師をふやすように」と言うことで、とおまわしに諫めたのである。

【附】十一年の傳文「盍請濟師於王」の注に「濟　益也」とあるのを參照。

【傳】楚子辭焉

【注】その趣旨を理解しなかったから、拒んだのである。

【傳】入告夫人鄧曼　鄧曼曰　大夫其非衆之謂

【注】「鄧曼」は、楚の武王の夫人である。伯比の趣意は、士衆をふやすこ

とにあるのではない、ということである。

【傳】其謂君撫小民以信　訓諸司以徳　而威莫敖以刑也　莫敖狃於蒲騷之役
将自用也

㊟「狃」は、忕〔なれる〕である。「蒲騷の役」は、十一年にある。

(附)十一年の傳文に「遂敗鄖師於蒲騷」とある。なお、諸本に従って、注の「蒲騷」の下に「役」の字を補う。

【傳】必小羅　君若不鎭撫　其不設備乎　夫固謂君訓衆而好鎭撫之

㊟（上の）「信によって人民を安撫する」ということである。

(附)襄公二十三年の疏に「服虔云　夫謂鬬伯比也」とある。

【傳】召諸司而勸之以令徳

㊟（上の）「徳によって役人を教える」ということである。

【傳】見莫敖而告諸天之不假易也

㊟「諸」は、之である。天は、慢易している人間に力をかさない、という意味であり、（つまり、上の）「刑によって莫敖をおそれさせる」ということである。

(附)注の「言天不借貸慢易之人」については、異説として、王引之『經義述聞』に「家大人曰　假易猶寛縱也　天不假易　謂天道之不相寛縱也
僖三十三年傳曰　敵不可縱　史記春申君傳　敵不可假　秦策作敵不可易　是假易皆寛縱之意也」とある。

【傳】不然　夫豈不知楚師之盡行也　楚子使頼人追之　不及

㊟「頼」國は、義陽の隨縣にあった。「頼人」とは、（頼國の人で）楚に仕えていた者である。

(附)襄公二十三年の疏に「服虔云　夫謂鬬伯比也」とある。

【傳】莫敖使徇于師曰　諫者有刑

㊟「徇」とは、ふれを出したのである。

【傳】及鄢　亂次以濟

㊟「鄢」水は、襄陽の宜城縣にあり、漢水にそそいでいた。

(附)疏に引く『釋例』に「鄢水　出新城沶郷縣　東南經襄陽至宜城縣　入漢」とあるのを參照。

【傳】遂無次　且不設備　及羅　羅與盧戎兩軍之

㊟「盧戎」は、南蠻である。

【傳】大敗之　莫敖縊于荒谷　羣帥囚于冶父

㊟「縊」とは、自分で首をくくったのである。「荒谷」・「冶父」は、いずれもみな、楚地である。

(附)注の「縊　自經也」については、昭公元年の傳文に「縊而弑之」とあり、注に「縊　絞也」とあるのを參照。

【傳】以聽刑　楚子曰　孤之罪也　皆免之

【傳】宋多責賂於鄭

㊟突を立ててやったことに對する（見返りの）賄賂である。

【傳】鄭不堪命　故以紀魯及齊與宋衞燕戰　不書所戰　後也

㊟公が、（戰う）土地を約束する場におくれて、（約束なしに）その戰いに參加したから、戰った土地を書いていないのである。

(附)疏に引く『釋例』に「桓十三年戰不書所　所者期戰所在之地也　公會

戰而後其期　猶及諸侯共其成敗　故備書諸國而不書地　成十六年傳曰戰之日齊國佐至於師　此其類也　然則諸戰書日者　日卽從月　計此經　當云二月己巳公會紀侯鄭伯　今退己巳於鄭伯之下者　春秋之例公之出會　例多以月　要盟戰敗　例多以日　故己巳之文在公會紀侯鄭伯之下　十二年十二月及鄭師伐宋　丁未戰于宋　亦其類也」とあるのを參照。なお、異説として、疏に「服虔云　下日者　公至而後定戰日」とある。

【傳】鄭人來請脩好

〔桓公十四年〕

【經】十有四年春正月公會鄭伯于曹

【注】十二年の武父でのよしみをかためたのである。「曹」(という國名)で地をいっているのは、曹が會に參加したからである。

【附】注の前半については、十二年に「丙戌公會鄭伯盟于武父」とある。
注の後半については、隱公元年「九月及宋人盟于宿」の注に「凡盟以國地者　國主亦與盟」とあるのを參照。

【經】無冰

【注】傳はない。(この記事を)書いたのは、時節はずれだったからである〔隱公九年傳文〕。

【附】公羊の何注に「周之正月　夏之十一月　法當堅冰　無冰者　溫也」とあるのを參照。

【經】夏五

【注】「月」を書いていないのは、(單なる)闕文である。

【經】鄭伯使其弟語來盟

【經】秋八月壬申御廩災

【注】「御廩」とは、公が祭祀の供物とするために自分で耕作した穀物を、貯藏しておく倉である。天火〔天が降した火事、自然發生の火事〕を「灾〔災〕」という。例は、宣公十六年にある。

【附】注の前半については、公羊傳文に「御廩者何　粢盛委之所藏也」とあり、また、穀梁傳文に「天子親耕以共粢盛」とあるのを參照。なお、諸本、疏及び穀梁の范注に從って、注の「公所親耕」の上に、「藏」の字を補う。
注の後半については、宣公十六年の傳文に「凡火　人火曰火　天火曰災」とある。

【經】乙亥嘗

【注】きまった時節に先んじた場合も、「過」である〔早すぎた場合も、遲すぎた場合と、すぎるという點で、同じであるから、書いたのである〕。〔ただし、この記事を書いた理由は、このような時の早晩の他に、もう一つある。つまり〕いったん、日をトって致齊した以上、たとえ御廩に火事があっても、嘉穀〔黍稷の類〕に被害がない限り、祭祀をや

めてはならないから、（この記事を）書くことによって（そのような）法を示したのである。

〔附〕注の前半については、五年の傳文に「始殺而嘗」とあり、注に「建酉之月　陰氣始殺　嘉穀始熟　故薦嘗於宗廟」とあるのを參照。つまり、建酉の月とは、夏正の八月であり、一方、ここの「八月」は、周正だから、建未の月、すなわち夏正の六月にあたり、早すぎる、ということである。また、同年の傳文に「過則書」とあるのを參照。

注の後半については、『周禮』大宰に「祀五帝　則掌百官之誓戒　與其具脩　前期十日　帥執事而卜日　遂戒（中略）享先王亦如之」とあり、注に「十日　容散齊七日致齊三日」とあるのを參照。なお、注の「戒日」は、「卜日」の意と考えられる。

なお、諸本に従って、注の「廩」の上に、「御」の字を補う。

〔經〕冬十有二月丁巳齊侯祿父卒

〔注〕傳はない。（名を書いているのは）隱公六年に艾で盟った（からである）。

〔附〕隱公六年に「夏五月辛酉公會齊侯盟于艾」とある。なお、僖公二十三年の傳文に「凡諸侯同盟　死則赴以名　禮也」とあるのを參照。

〔經〕宋人以齊人蔡人衛人陳人伐鄭

〔注〕凡そ、師を自分の思いどおりに指揮できた場合に、「以」という。例は、僖公二十六年にある。

〔附〕僖公二十六年の傳文に「凡師能左右之曰以」とあり、注に「左右　謂進退在己」とある。なお、公羊傳文に「以者何　行其意也」とあるのを參照。

〔傳〕十四年春會于曹　曹人致餼　禮也

〔注〕にやきしたのを「饔」といい、なまのを「餼」という。

〔附〕注の「生曰餼」については、六年の傳文「齊人饋之餼」の注に、同文がみえる。

〔傳〕夏鄭子人來尋盟　且脩曹之會

〔注〕「子人」とは、（經の）「弟語」に他ならない。その後裔が子人氏となった。

〔附〕僖公七年の傳文に「洩氏孔氏子人氏三族　實違君命」とあり、注に「三族　鄭大夫」とあるのを參照。また、同二十八年の傳文に「使子人九行成于晉」とあり、注に「子人　氏　九　名」とあるのを參照。

〔傳〕秋八月壬申御廩災　乙亥嘗　書　不害也

〔注〕建物が炎上したが、消火活動の結果、おさまり、穀物には及ばなかった。だから、「（この記事を）書いたのは、（穀物に）被害がなかったからである」と言っているのである。

〔附〕異説として、經の疏に「服虔云　魯以壬申被災　至乙亥而嘗　不以災害爲恐」とある。

【傳】冬宋人以諸侯伐鄭　報宋之戰也
【注】（「宋の戰い」は）十二年にある。
【附】十二年に「十有二月及鄭師伐宋　丁未戰于宋」とある。
【傳】焚渠門　入及大逵
【注】「渠門」は、鄭の城門である。「逵」は、道に九車がならべられるもの〔つまり、大通り〕である。
【附】注の「逵　道方九軌」については、隱公十一年の傳文「及大逵　弗及」の注に、同文がみえる。なお、そこの【附】を參照。
【傳】伐東郊　取牛首
【注】「東郊」は、鄭の郊である。「牛首」は、鄭の邑である。
【附】襄公十年の傳文に「己酉師于牛首」とあり、注に「鄭地」とあるのを參照。
【傳】以大宮之椽歸　爲盧門之椽
【注】「大宮」は、鄭の祖廟である。「盧門」は、宋の城門である。「伐」（だけ）を赴告し、「入」・「取」を赴告してこなかったから、（經には、「入」・「取」が）書かれていないのである。
【附】注の「大宮　鄭祖廟」については、隱公十一年の傳文「授兵於大宮」の注、及び宣公十二年の傳文「臨于大宮」の注に、同文がみえる。
注の「盧門　宋城門」については、襄公十七年の傳文「賊六人以鈹殺諸盧門合左師之後」の注に、同文がみえる。なお、昭公二十一年の傳文「華氏居盧門」の注に「盧門　宋東城南門」とあり、哀公二十六年の傳文「寢於盧門之外」の注に「盧門　宋東門」とあるのを參照。

〔桓公十五年〕

【經】十有五年春二月天王使家父來求車
【經】三月乙未天王崩
【注】傳はない。桓王である。
【附】公羊の何注にも「桓王也」とある。
【經】夏四月己巳葬齊僖公
【注】傳はない。
【經】五月鄭伯突出奔蔡
【注】突は、簒立したものの、自分の地位を安定させるに足る權力がなく、しかも、祭仲にたよることが出來ずに、かえって、小臣〔雍糾〕といっしょになって盜賊もどきの計略をめぐらした。だから、（追い出されたのではなくて）自分から奔ったという表現をとって、罪責したのである。例は、昭公三年にある。
【附】注の前半については、下の傳文に詳しい。
注の後半については、昭公三年の傳文に「書曰北燕伯款出奔齊　罪之也」とあり、經の方の注に「不書大夫逐之而言奔　罪之也」とある。
なお、疏に引く『釋例』に「諸侯奔亡　皆迫逐而苟免　非自出也　傳

稱　衞孫林父甯殖出其君　名在諸侯之策　此以臣名赴告之文也　仲尼之經　更沒逐者主名　以自奔爲文　責其不能自安自固　所犯非徒所逐之臣也」とあるのを參照。

經鄭世子忽復歸于鄭

注忽は確かに君の位にいたから、今ここでかえるのに、もとの位にもどった場合の例によって（「復歸」と）表現しているのである。（にもかかわらず）「世子」と稱しているのは、以下のようなわけである。——忽は、大子のとき、（內は）母氏の寵愛や宗卿〔祭仲〕の援助があり、（外は）諸侯に對して功績をあげ、このような面では、大子として華華しかったが、（他面）いこぢに節義を守って、大國の後楯（を得る機會）を失い、三公子〔子突・子亹・子儀〕の力を知りながら、祭仲の言葉に從わなかった。（つまり）ちっぽけな善行を修めて身を潔白に保ち、自分一人の仁に從って國家の大計を忘れたのであり、だから、君子もこれを「自分のこと（だけ）をよく考えている」と評している。國のことまで考えることが出來なかった、という意味である。（そして）父が死ぬと、（位についたが）自分を君と（して確立）することが出來ず、鄭人も彼を君とはみなさず、（そのため）出たときには、降格して、名をもって赴告し〔十一年〕、入ったときには、大子の禮によって迎えた〔ここ〕。（これを要するに）追い出されることに始まって、殺されることに終わり、三公子がかわるがわる立ち、鄭の國が亂れたのは、實に、忽の所爲なのである。——以上のようなわけである。

（なお）「復歸」の例は、成公十八年にある。

附注の「忽實居君位」については、十一年の傳文に「初祭封人仲足有寵於莊公　莊公使爲卿　爲公娶鄧曼　生昭公　故祭仲立之」とあるのを參照。

注の「復其位之例」及び「復歸例」については、成公十八年の傳文に「復其位　曰復歸」とある。

注の「有功於諸侯」については、十年の傳文に「初北戎病齊　諸侯救之　鄭公子忽有功焉」とあるのを參照。

注の「而守介節云云」については、六年の傳文に「齊侯欲以文姜妻鄭大子忽　大子忽辭　人問其故　大子曰　人各有耦　齊大　非吾耦也　詩云　自求多福　在我而已　大國何爲　君子曰　善自爲謀（注　言獨絜其身　謀不及國）及其敗戎師也　齊侯又請妻之　固辭　人問其故　大子曰　無事於齊　吾猶不敢　今以君命奔齊之急　而受室以歸　是以師昏也　民其謂我何　遂辭諸鄭伯」とあり、十一年の傳文に「鄭昭公之敗北戎也　齊人將妻之　昭公辭　祭仲曰　必取之　君多內寵　子無大援　將不立　三公子皆君也　弗從」とあるのを參照。

注の「出則降名以赴」については、十一年に「鄭忽出奔衞」とあり、注に「莊公既葬　不稱爵者　鄭人賤之　以名赴」とあるのを參照。

注の「終於見殺　三公子更立」については、十七年の傳文に「初鄭伯將以高渠彌爲卿　昭公惡之　固諫　不聽　昭公立　懼其殺己也　辛卯弑昭公而立公子亹」とあり、十八年の傳文に「七月戊戌齊人殺子亹而轘高渠彌　祭仲逆鄭子于陳而立之（注　鄭子　昭公弟子儀也）」とあるのを參照。なお、先にあげた十一年の傳文「三公子皆君也」の注に「子突子亹子儀之母　皆有寵」とあるのも參照。
なお、疏に「釋例與此注盡同　其末云　故仲尼因以示義」とある。

【經】許叔入于許

【注】「許叔」は、（許の）莊公の弟である。隱公十一年に、鄭が、許の大夫に許叔を奉じて許の東鄙に居住させ、鄭の莊公の死後、ようやく（都に）入って位についたのであり、許人は、これを歡迎したから、字をもって赴告してきたのである。叔はもともと國を立ち去ってはいない（東鄙にいた）から、（ここで）「入」と稱していても、（この「入」は）國が迎えた例ではない。

【附】注の「隱十一年云云」については、隱公十一年の傳文に「鄭伯使許大夫百里奉許叔以居許東偏」とあり、注に「許叔　許莊公之弟　東偏東鄙也」とあるのを參照。
注の「許人嘉之云云」については、十七年の傳文に「秋蔡季自陳歸于蔡　蔡人嘉之也」とあり、注に「嘉之　故以字告」とあるのを參照。
注の「叔本不去國云云」については、成公十八年の傳文に「凡去其國　國逆而立之　曰入」とあり、注に「謂本無位　紹繼而立」とあるのを參照。また、疏に引く『釋例』に「諸在例外稱入　直是自外入内記事常辭　義无所取　賈氏雖夫人姜氏之入　皆以爲例」とあるのを參照（なお、賈氏のは、異説である）。

【經】公會齊侯于艾

【經】郳人牟人葛人來朝

【注】傳はない。三人は、いずれもみな、附庸の世子である。附庸の君は名を稱するのがきまりであるから、その子は降格して「人」と稱しているのである。「牟」國は、今の泰山の牟縣である。「葛」國は、梁國の寧陵縣の東北部にあった。

【附】莊公五年の傳文に「秋郳犂來來朝　名　未王命也」とあり、注に「未受爵命爲諸侯　傳發附庸稱名例也」とあるのを參照。また、隱公元年「三月公及邾儀父盟于蔑」の注に「附庸之君　未王命　例稱名」とあるのを參照。なお、疏に引く『釋例』に「附庸世子稱人　郳人牟人葛人來朝　是也」とある。

【經】秋九月鄭伯突入于櫟

【注】「櫟」は、鄭の別都であり、今の河南の陽翟縣である。國を得たわけではないから、單に「入」と書いているだけで、義例はない。

【附】注の前半については、『史記』周本紀の〈集解〉に「服虔曰　櫟　鄭大都」とあるのを參照。
注の後半については、上の「許叔入于許」の【附】を參照。

【經】冬十有一月公會宋公衞侯陳侯于袲伐鄭

【注】「袲」は、宋地である。沛國の相縣の西南部にあった。（「于袲」と、

場所を書いているのは）先に會禮を行ない、その後で伐った（からである）。

附定公四年に「三月公會劉子晉侯宋公蔡侯衞侯陳子鄭伯許男曹伯莒子邾子頓子胡子滕子薛伯杞伯小邾子齊國夏于召陵侵楚」とあり、注に「於召陵　先行會禮」とあるのを參照。なお、疏に「若不言地　直言會則是不與謀例也」とある。

傳十五年春天王使家父來求車　非禮也　諸侯不貢車服

注車・服は、上が下に與えるものである。

傳天子不私求財

注諸侯にはきまった職貢がある。

傳祭仲專　鄭伯患之　使其壻雍糾殺之　將享諸郊　雍姫知之　謂其母曰
父與夫孰親　其母曰　人盡夫也　父一而已　胡可比也

注婦人は、家にいれば父を天とし、出れば夫を天とするから、女〔むすめ〕は迷った。そこで、母が、生んでくれた方〔父〕が本であると言って、迷いを解いてやったのである。

附『儀禮』喪服傳に「婦人有三從之義　無專用之道　故未嫁從父　既嫁從夫　夫死從子　故父者子之天也　夫者妻之天也」とあるのを參照。なお、『史記』鄭世家の〈集解〉に「賈逵曰　雍糾　鄭大夫」とある。

傳遂告祭仲曰　雍氏舍其室而將享子於郊　吾惑之　以告　祭仲殺雍糾
尸諸周氏之汪

注「汪」は、池である。「周氏」は、鄭の大夫である。殺してその屍をさらし、みせしめにしたのである。

傳公載以出

注雍糾が殺されたのをあわれんだから、その屍を車にのせ、ともに國を出たのである。

傳曰　謀及婦人　宜其死也

傳夏厲公出奔蔡

傳六月乙亥昭公入

傳許叔入于許

傳公會齊侯于艾　謀定許也

傳秋鄭伯因櫟人殺檀伯　而遂居櫟

注「檀伯」は、櫟を守っていた鄭の大夫である。

附『水經』巻二十二〈潁水〉注に「服虔曰　檀伯　鄭守櫟大夫」とあるのを參照。

傳冬會于袲　謀伐鄭　將納厲公也　弗克而還

〔桓公十六年〕

經十有六年春正月公會宋公蔡侯衞侯于曹

經夏四月公會宋公衞侯陳侯蔡侯伐鄭

注春に既に相談しているのに、今ここで、（「及」と書かずに）「會」と書いているのは、魯が、不正（厲公）を送り込む相談をしたことを諱んだからである。「蔡」は、いつも「衞」の上にあるのに、今ここで、（「衞」の下どころか）「陳」の下にならべられているのは、おそらく、遅れてやって來たからであろう。

附注の前半については、下の傳文に「春正月會于曹　謀伐鄭也」とある。なお、宣公七年の傳文に「凡師出　與謀曰及　不與謀曰會」とあるのを參照。また、疏に引く『釋例』に「魯既春會于曹　以謀伐鄭　夏遂興師　而更從不與謀之文者　厲公簒大子忽之位　謀而納之　非正　故諱之　從不與謀之例」とあるのを參照。

注の後半については、疏に引く『班序譜』に「自隱至莊十四年　四十三歲　征伐盟會者　凡十六國　時無霸主　會同不𢍰　無有成序　其間蔡與衞凡七會　六在衞上　唯此處在陳下」とあるのを參照。

經秋七月公至自伐鄭

注飲至の禮（歸還の酒禮）を舉行したから、書いたのである。

附下の傳文に「秋七月公至自伐鄭　以飲至之禮也」とある。なお、二年の傳文に「凡公行　告于宗廟　反行　飲至舍爵策勳焉　禮也」とあるのを參照。

經冬城向

注傳に「（この記事を）書いたのは、時期に適っていたからである」とあるが、下に「十（有）一月」がある。舊説では、そのため、〝傳はまちがっている（十月だから、時期に適っていない）〟と言っている。（しかしながら、實は）ここの「城向」も同じく十一月のことなのであり、ただ、本事（本となった事件）が異なっていたのを、それぞれ、その本事に隨って書いた、というに過ぎない。（例えば）經に「夏叔弓如滕　五月葬滕成公」とあるのに對して、傳では「五月叔弓如滕」といっており（昭公三年）、つまり、單に時（四季）を稱している場合でも、下の月と異なっているとは限らない、ということがわかる。また、（十二月ではなくて、十一月なのに、「時期に適っている」とされている點については）この年を推算してみると、閏が六月にあるから、「月」が後で節氣が前になり、水星は、十一月でも正中することが可能なのである。（それに）『詩』に「定星がまさに正中せんとするとき、楚宮を作った」（鄘風〈定之方中〉）とあり（時期に適っているとされているが）、この場合は、（「方」とあるから）まだ正中していないのである（つまり、正中する少し前でもかまわない、ということ）。（これを要するに）功役の事については、いつも、天象を指示するのであって、歴數（日月）を言うのとは異なる。だから、傳が經を釋する場合は、いずれもみな、一時（一つの季節）を通して言い、月ごとに分けることはしないのである。

【附】注全般については、莊公二十九年の傳文に「凡土功　龍見而畢務　戒事也」とあり、注に「謂今九月周十一月　龍星角亢　晨見東方　三務始畢　戒民以土功事」とあり、つづく傳文に「火見而致用」とあり、注に「大火　心星　次角亢見者　致築作之物」とあり、つづく傳文に「水昏正而栽」とあり、注に「謂今十月　定星昏而中　於是樹板幹而興作」とあり、つづく傳文に「日至而畢」とあり、注に「日南至　微陽始動　故土功息」とあるのを參照。

注の「本事」については、『漢書』藝文志に「丘明恐弟子各安其意以失其眞　故論本事而作傳　明夫子不以空言說經也」とあるのを參照。

注の「又推校此年云云」については、疏に「建戌之月二十一日　已得建亥節氣　是十月節氣在九月之中」とある。

注の「詩云　定之方中云云」については、『詩』鄘風〈定之方中〉の序に「得其時制」とあるのを參照。

注の「功役之事云云」については、五年の疏に引く『釋例』に「凡十二月　而節氣有二十四　共通三百六十六日　分爲四時　間之以閏月　故節未必恆在其月初　而中氣亦不得恆在其月之半　是以傳舉天宿氣節爲文　而不以月爲正也　土功作者　不必日月　故亦言　龍見而畢務　戒事也　火見而致用　水昏正而栽　日至而畢　此其大準也」とあるのを參照。

【經】十有一月衛侯朔出奔齊

【注】惠公である。朔は、人をおとしいれて國を取ったから、二公子が追い出したとは言わず、（自分から奔ったという表現をとって）罪責したのである。

【附】昭公三年の傳文に「書曰北燕伯款出奔齊　罪之也」とあり、經の方の注に「不書大夫逐之而言奔　罪之也」とあるのを參照。

なお、注の「讒構」については、下の傳文に「宣姜與公子朔構急子」とあり、注に「構會其過惡」とあるのを參照。

【傳】十六年春正月會于曹　謀伐鄭也
【注】前年の冬に厲公を送り込む相談をしたが、うまくゆかなかったから、（今ここで）また更めて相談したのである。
【附】十五年の傳文に「冬會于袲　謀伐鄭　將納厲公也　弗克而還」とある。

【傳】夏伐鄭

【傳】秋七月公至自伐鄭　以飮至之禮也

【傳】冬城向　書　時也

【傳】初衛宣公烝於夷姜　生急子
【注】「夷姜」は、宣公の庶母〔父の妾〕である。上と淫通することを「烝」という。

(附)『詩』邶風〈雄雉〉の序疏に「服虔云　上淫曰烝」とあるのを參照。
[傳]屬諸右公子　爲之娶於齊而美　公取之　生壽及朔　屬壽於左公子
㊟左右の媵の子であったから、それをそのまま稱號としたのである。
[傳]夷姜縊
㊟寵愛を失い、自分で首をくくって死んだのである。
[傳]宣姜與公子朔構急子
㊟「宣姜」は、宣公が急子から横取りした妻である。急子の罪悪をでっちあげたのである。
(附)『詩』邶風〈二子乘舟〉の疏に「服虔云　構會其過惡」とあるのを參照。なお、『史記』衞世家に「讒惡太子伋」とあるのも參照。
[傳]公使諸齊　使盜待諸莘　將殺之
㊟「莘」は、衞地である。陽平縣の西北部に莘亭がある。
(附)『詩』邶風〈二子乘舟〉の疏に「服虔云　莘　衞東地」とある。
[傳]壽子告之　使行
㊟「行」は、去〔にげる〕である。
(附)僖公五年の傳文「宮之奇以其族行」の注に、同文がみえる。なお、昭公五年の傳文「是將行」の注に「行　出奔」とあるのを參照。
[傳]不可　曰　棄父之命　惡用子矣
㊟「惡」は、安〔いづくんぞ〕である。
[傳]有無父之國則可也　及行　飮以酒　壽子載其旌以先　盜殺之　急子至曰　我之求也　此何罪　請殺我乎　又殺之　二公子故怨惠公　十一月左公子洩右公子職立公子黔牟
㊟「黔牟」は、羣公子である。
[傳]惠公奔齊

〔桓公十七年〕

[經]十有七年春正月丙辰公會齊侯紀侯盟于黃
㊟「黃」は、齊地である。
[經]二月丙午公會邾儀父盟于趡
㊟「趡」は、魯地である。字〔あざな〕を稱しているのは、蔑の盟と同義である。二月ならば、丙午(の日)はない。丙午ならば、三月四日である。日か月か(のどちらか)が誤っているに違いない。
(附)隱公元年に「三月公及邾儀父盟于蔑」とあり、注に「附庸之君　未王命　例稱名　能自通于大國　繼好息民　故書字貴之」とある。
[經]夏五月丙午及齊師戰于奚
㊟「奚」は、魯地である。雙方が陣を整えた場合に「戰」という〔莊公十一年傳文〕。
(附)ここの經文については、序疏に「四時必具　乃得成年　桓十七年五月無夏　昭十年十二月無冬　二者皆有月而無時　既得其月　時則可知　仲尼不應故闕其時獨書其月　當是仲尼之後寫者脫漏」とある。また、『禮記』中庸の疏に「桓四年及七年不書秋七月冬十月　成十年不書冬十月　桓十七年直云五月不云夏　昭十年直云十二月不云冬　如此不具

者　賈服之義　若登臺而不視朔　則書時不書月　若視朔而不登臺　則書月不書時　若雖無事　視朔登臺　則空書時月　若杜元凱之意　凡時月不具者　皆史闕文」とある。なお、昭公十年「十有二月甲子宋公成卒」の注には「無冬　史闕文」とあるが、ここの注には、そのような説明が見當たらないから、疏の本とは異なり、杜預の本では、ここの經に「夏」があったと推測される。

經六月丁丑蔡侯封人卒

注（名を書いているのは）十一年に大夫(どうし)が折で盟った（からである）。

附十一年に「柔會宋公陳侯蔡叔盟于折」とあり、注に「柔　魯大夫未賜族者　蔡叔　蔡大夫」とある。なお、僖公二十三年の傳文に「凡諸侯同盟　死則赴以名　禮也」とあるのを參照。

經秋八月蔡季自陳歸于蔡

注「季」は、蔡侯の弟である。「歸」と言っているのは、陳によって送り込んでもらったからである。

附成公十八年の傳文に「諸侯納之曰歸」とあるのを參照。

經癸巳葬蔡桓侯

注傳はない。「侯」と稱しているのは、おそらく、誤りであろう。（死後）三箇月で葬ったのは、はやすぎる。

附注の前半については、疏に引く『釋例』に「卒而外赴者　皆正爵而稱名　愼死考終　不敢違大典也　書葬者　皆從主人私稱　客主之人　敬各有本　謙敬各得其所　而後二國之禮成也　葬蔡桓侯　獨不稱公　劉賈許曰　桓卒而季歸　無臣子之辭也　蔡侯無子　以弟承位　羣臣無廢主　社稷不乏祀　故傳稱　蔡人嘉之　非貶所也　杞伯稱子　傳爲三發　蔡侯有貶　傳亦宜説　史書謬誤　疑有闕文」とあるのを參照（なお、劉・賈・許のは、異説である）。

注の後半については、隱公元年の傳文に「諸侯五月」とあるのを參照。

經及宋人衞人伐邾

經冬十月朔　日有食之

注「甲」・「乙」（日づけ）は、暦のかなめであり、「晦」・「朔」は、日・月の交會である。日食（をいう）には、「晦」・「朔」を抜きに出來ないが、「晦」・「朔」は、「甲」・「乙」をまってかぞえられる。だから、日食は、必ず、「朔」と日づけとを書くことを例とするのである。

傳十七年春盟于黄　平齊紀　且謀衞故也

注齊が紀を滅ぼそうとしたことと、衞がその君を追い出したことである。

附注の前半については、十三年に「春二月公會紀侯鄭伯　己巳及齊侯宋公衞侯燕人戰　齊師宋師衞師燕師敗績」とあるのを參照。

注の後半については、十六年に「十有一月衛侯朔出奔齊」とある。

【傳】及邾儀父盟于趡　尋蔑之盟也

【注】「蔑の盟」は、隱公元年にある。

【附】隱公元年に「三月公及邾儀父盟于蔑」とある。

【傳】夏及齊師戰于奚　疆事也

【注】境界を争ったのである。

【傳】於是齊人侵魯疆　疆吏來告　公曰　疆場之事　愼守其一而備其不虞

【注】「虞」は、度であり、不度（「不虞」）は、不意と同じである。

【附】『爾雅』釋言に「虞　度也」とあるのを參照。また、『詩』大雅〈抑〉の毛傳に「不虞　非度也」とあるのを參照。

【傳】姑盡所備焉　事至而戰　又何謁焉

【注】齊が盟に背いてせめて來たのに、公は（逆に）信義をもって待ち受けた。だから、（經に）「侵」・「伐」と書いていないのである。

【附】十年の傳文に「故不稱侵伐」とあり、注に「不稱侵伐而以戰爲文　明魯直諸侯曲」とあるのを參照。

【傳】蔡桓侯卒　蔡人召蔡季于陳

【注】桓侯には子がなかったから、（弟の）季を呼びもどして立てたのである。季は、内では、國人に期待され、外では、諸侯の援助があった。だから、字〔あざな〕を書くことによって、人望を得たことをほめ、「歸」と稱することによって、外國〔陳〕が送り込んでくれたことを明らかにしたのである。

【傳】秋蔡季自陳歸于蔡　蔡人嘉之也

【注】これを歡迎したから、字〔あざな〕をもって赴告してきたのである。

【傳】伐邾　宋志也

【注】邾と宋とが境界を争ったが、魯は、宋の方の意志に従い、（邾との）趡の盟に背いたのである。

【傳】冬十月朔　日有食之　不書日　官失之也　天子有日官　諸侯有日御

【注】「日官」・「日御」は、歴數をつかさどる者である。

【附】『周禮』大史の疏に「服氏注云　日官日御　典厤數者也」とあるのを參照。

【傳】日官居卿以厎日　禮也

【注】「日官」は、天子のもとで厤をつかさどる者であり、六卿の中には入らないが、位が卿に準ずるから、「卿（の位）にいる」と言っているのである。「厎《シ》」は、平である。厤數をととのえることをいう。

【附】注の前半については、異説として、『周禮』大史の疏に「服注云　是居卿者　使卿居其官以主之　重厤數也」とある。

注の後半については、異説として、『漢書』律曆志上「日官居卿以厎日　禮也」の注に「蘇林曰　厎《シ》　致也」とある。ちなみに、宣公三年の傳文「天祚明德　有所厎止」の注には「厎《シ》　致也」とあり、また、襄公九年の傳文「夫婦辛苦墊隘　無所厎告」の注にも「厎《シ》　至也」とあり、また、昭公元年の傳文「厎祿以德」の注にも「厎《シ》　致也」とある。なお、傳文の「底《ティ》」は、挍勘記に従って、「厎《シ》」に改める。ちなみに、「底《ティ》」の方の例としては、襄公二十九年の傳文に「處而不底」とあり、また、昭公元年の傳文に「勿使有所壅閉湫底以露其體」とあり、後者の注に「底《ティ》　滯也」とある。

［傳］日御不失日　以授百官于朝

㊟日官が、厤をととのえて、諸侯に頒布し、諸侯は、これを奉じ、天時を間違えずに、百官に授けるのである。

(附)『周禮』大史に「正歲年以序事（中略）頒告朔于邦國」とあり、注に「天子頒朔于諸侯　諸侯藏之祖廟　至朔　朝于廟　告而受行之　鄭司農云　頒讀爲班　班　布也　以十二月朔　布告天下諸侯」とあるのを參照。また、文公十六年の穀梁傳文に「天子告朔于諸侯　諸侯受乎禰廟　禮也」とあるのを參照。なお、三年の注に「經之首時　必書王　明此厤天王之所班也」とあるのも參照。

［傳］初鄭伯將以高渠彌爲卿　昭公惡之　固諫　不聽　昭公立　懼其殺己也

辛卯弑昭公而立公子亹

㊟「公子亹」は、昭公の弟である。

［傳］君子謂昭公知所惡矣　公子達曰

㊟「公子達」は、魯の大夫である。

(附)疏に「知非鄭人者　若是鄭人　當在君子之前言之　傳先載君子之議　後陳子達之言　是達聞其言而評之　與臧文仲聞蓼六之滅　其事相類　故知是魯人也」とある。

［傳］高伯其爲戮乎　復惡已甚矣

㊟「復」は、重〔かさねる〕である。もともと、昭公ににくまれていたのに、その上また、君を弑したのであり、（つまり）かさねて惡をなしたのである。

(附)注の「復　重也」については、惠棟『春秋左傳補註』に「案韓非子亦載此事　復惡作報惡　鄭注大司寇云　復猶報也　杜訓爲重　失之」とある〔なお、『韓非子』は、〈難四〉である〕。ちなみに、定公四年の傳文「無復怒」の注には「復　重也」とあり、一方、同年の傳文「我必復楚國」の注には「復　報也」とある。

〔桓公十八年〕

［經］十有八年春王正月公會齊侯于濼

㊟「濼」水は、濟南の厤城縣にあり、西北に流れて、濟水にそそいでいた。

［經］公與夫人姜氏遂如齊

㊟公は、はじめから夫人と同行したが、濼につくと、公（だけ）が齊侯と會禮をおこなった。だから、先に（夫人ぬきで）「濼で會した」と書いているのである。（そして）會がおわると、（夫人と）つれだって

齊に到達した。だから、（ここでは、夫人も入れて）「遂〔ついで〕」と言っているのである。

【附】ここの經文については、段玉裁の『春秋左氏古經』に「各本公下有與字　公穀皆無　公羊傳云　公何以不言及夫人　夫人外也　注云　据公及夫人會齊侯于陽穀　穀梁傳云　濼之會　不言及夫人何也　以夫人之伉也　按左有與字　疑俗增之　春秋書及書曁　未有書與者」とある。なお、杜預の本がどうだったかは、あまりはっきりしないが、注に、「公本與夫人俱行」とあり、また、公・穀のような説明がないから、「與」（あるいは「及」）があった可能性もある。

【經】夏四月丙子公薨于齊

【注】「戕」と言っていないのは、諱んでである。「戕」の例は、宣公十八年にある。

【附】宣公十八年の傳文に「凡自内虐其君曰弑　自外曰戕」とある。なお、注の「戕」は、挍勘記に従って、「戕」に改める。

【經】丁酉公之喪至自齊

【注】傳はない。（もどったことを書いているのは）廟に報告した（からである）。「丁酉」は、五月一日である。（つまり、ここは）日があって月がないのである〔上の「四月」を承けているわけではない〕。

【附】二年の傳文に「冬公至自唐　告于廟也」とあるのを參照。また、その疏に引く『釋例』に「桓公之喪至自齊　此則死還告廟而書至者也」とあるのを參照。

【經】秋七月

【經】冬十有二月己丑葬我君桓公

【注】傳はない。（死後）九箇月もたって葬ったのは、怠慢である。

【附】隱公元年の傳文に「諸侯五月」とあるのを參照。

【傳】十八年春公將有行遂與姜氏如齊

【注】外遊することを事前に（臣下に）はかったのである。

【傳】申繻曰　女有家　男有室　無相瀆也　謂之有禮　易此必敗

【注】妻は夫の家に安んじ、夫は妻の室に安んずるものであり、これに違反すれば、（互いを）汚すことになる。今ここで、公が姜氏をつれて齊に行こうとしていたから、（申繻は）公が禍亂を招くにちがいないと悟ったのである。

【附】『史記』魯世家の〈集解〉に「賈逵曰　申繻　魯大夫」とある。

【傳】公會齊侯于濼　遂及文姜如齊　齊侯通焉　公讁之

【注】「讁」は、譴〔せめる〕である。

【附】成公十七年の傳文「國子讁我」の注に「讁　譴責也」とあり、昭公七年の傳文「自取讁于日月之災」の注に「讁　譴也」とあるのを參照。また、『史記』賈誼傳の〈集解〉に「韋昭曰　讁　譴也」とあるのを參照。

なお、『詩』邶風〈雄雉〉の序疏に「服虔云　傍淫曰通」とあり、また、「服虔又云　凡淫曰通」とある。

【傳】以告

（注）夫人が齊侯にいいつけたのである。

（附）『史記』齊世家に「夫人以告齊襄公」とあるのを參照。

【傳】夏四月丙子享公

（注）齊侯が公のために享燕の禮を設けたのである。

（附）『史記』魯世家の〈集解〉に「服虔曰　爲公設享讌之禮」とあるのを參照。

【傳】使公子彭生乘公　公薨于車

（注）車に上げるのを「乘」という。彭生は力が強かったから、公の幹（あばら）をへし折って殺したのである。

（附）莊公元年の公羊傳文に「夫人譖公於齊侯　公曰　同非吾子　齊侯之子也　齊侯怒　與之飲酒　於其出焉　使公子彭生送之　於其乘焉（注於其將上車時）搚幹而殺之」とあるのを參照。また、『史記』齊世家に「齊襄公與魯君飲　醉之　使力士彭生抱上魯君車　因拉殺魯桓公桓公下車則死矣」とあるのを參照。

【傳】魯人告于齊曰　寡君畏君之威　不敢寧居　來脩舊好　禮成而不反　無所歸咎　惡於諸侯　請以彭生除之

（注）恥ずべき悪評をとり除く、ということである。

【傳】齊人殺彭生

（注）（經に）書いていないのは、卿ではなかったからである。

【傳】秋齊侯師于首止

（注）師を首止にならべ、鄭が君を弑したことに對して討伐しようとしたのである。「首止」は、衞地である。陳留の襄邑縣の東南部に首鄉がある。

（附）十七年の傳文に「初鄭伯將以高渠彌爲卿　昭公惡之　固諫　不聽　昭公立　懼其殺己也　辛卯弑昭公而立公子亹」とあるのを參照。
なお、『史記』鄭世家の〈集解〉に「服虔曰　首止　近鄭之地」とある。

【傳】子亹會之　高渠彌相

【傳】七月戊戌齊人殺子亹而轘高渠彌

（注）車裂きを「轘」という。

（附）宣公十一年の傳文「轘諸栗門」の注に「轘　車裂也」とあるのを參照。

【傳】祭仲逆鄭子于陳而立之

（注）「鄭子」は、昭公の弟の子儀である。

（附）『詩』鄭風〈出其東門〉の序疏に「服虔云　鄭子　昭公弟子儀也」とあるのを參照。

【傳】是行也　祭仲知之　故稱疾不往　人曰　祭仲以知免　仲曰　信也

（注）當時の人が、「祭仲は忠臣の節義を忘れた」と譏ったが、仲は、〝子亹は渠彌に立ててもらい、もともと不正であるうえに、位を固め民を安

んじることが出來なかったのだから、除かれて當然である”と考えていたから、そのまま讒った者の言葉を甘受することによって、本意を明らかにしたのである。

[傳]周公欲弑莊王而立王子克

(注)「莊王」は、桓王の太子である。「王子克」は、莊王の弟の子儀である。

(附)『史記』周本紀の〈集解〉に「賈逵曰　莊王弟子儀也」とあるのを參照。

[傳]辛伯告王　遂與王殺周公黑肩　王子克奔燕

(注)「辛伯」は、周の大夫である。

(附)『史記』周本紀の〈集解〉に「賈逵曰　辛伯　周大夫也」とあるのを參照。

[傳]初子儀有寵於桓王　桓王屬諸周公　辛伯諫曰　並后

(注)妾が后〔きさき〕のようである。

(附)閔公二年の傳文に「內寵並后」とあるのを參照。

[傳]匹嫡

(注)庶子が嫡子のようである。

(附)閔公二年の傳文に「嬖子配適」とあるのを參照。

[傳]兩政

(注)臣がほしいままに命令を出す。

(附)王引之『經義述聞』に「杜釋兩政　與上下文異義　非也　政非政事之政　謂正卿也（中略）兩政者　寵臣之權與正卿相敵也　曰並　曰匹　曰兩　曰耦　皆相敵之辭」とある。なお、閔公二年の傳文に「外寵二政」とあるのを參照。

[傳]耦國

(注)大邑が國都のようである。

(附)閔公二年の傳文に「大都耦國」とあるのを參照。

[傳]亂之本也　周公弗從　故及

(注)難に遭ったのである。

(附)閔公二年の傳文に「周公弗從　故及於難」とあるのを參照。

巻第八

〔莊公元年〕

【經】元年春王正月

【經】三月夫人孫于齊

㊟「夫人」とは、莊公の母である。魯人が彼女を責めたため、出奔したのだが、内〔魯〕については「奔」を諱むから、これを「孫」といい、〔自分から〕孫讓して〔ゆずって〕たち去ったかのようにしたのである。

(附)昭公二十五年「九月己亥公孫于齊　次于陽州」の注に「諱奔　故曰孫　若自孫讓而去位者」とあるのを參照。また、公羊傳文に「孫者何　孫猶孫也　内諱奔　謂之孫」とあり、穀梁傳文に「孫之爲言　猶孫也　諱奔也」とあるのを參照。なお、疏に引く『釋例』に「使若不爲臣子所逐　自孫位而去者」とある。

【經】夏單伯送王姬

㊟傳はない。「單伯」は、天子の卿である。「單」は、采地で、「伯」は、爵である。王は、女〔むすめ〕を齊に嫁がせるにあたり、既に、魯に主人役を命じていたから、〔今ここで〕單伯が女を〔魯に〕送ってくるのに、「〔王〕使」と稱していないのである。「王姬」とあって、字〔あざな〕を稱していないのは、王を尊び、かつ、内女〔魯女〕と區別する、ためである。天子が女を諸侯に嫁がせる場合、同姓の諸侯に主人役をさせ、自分では婚禮を行なわないのは、〔天子と諸侯とでは〕身分が釣り合わないからである。

(附)注の「單伯　天子卿也」について。公・穀の經文は「夏單伯逆王姬」であり、したがって、公・穀の傳文には「單伯者何　吾大夫之命乎天子者也」とある。

(附)注の「天子嫁女於諸侯云云」については、公羊傳文に「天子嫁女乎諸侯　必使諸侯同姓者主之　諸侯嫁女于大夫　必使大夫同姓者主之」とあり、何注に「不自爲主者　尊卑不敵」とあるのを參照。

【經】秋築王姬之館于外

㊟公は、諒闇〔心喪の期間〕にあって、齊侯が親迎する際のことを考えたが、〔喪中ゆえ〕そのまま吉禮によって廟であうに忍びず、かと言って、王の命にさからうわけにもゆかなかったから、宿舍を外に築いたのである。

(附)注の「公在諒闇」については、隱公元年の傳文「弔生不及哀」の注に「諸侯已上　既葬　則縗麻除　無哭位　諒闇終喪」とあるのを參照。注の「不忍便以禮接於廟」については、下の傳の注に「喪制未闋」とあるのを參照。なお、穀梁傳文に「衰麻　非所以接弁冕也」とあるのも參照。

【經】冬十月乙亥陳侯林卒

㊟傳はない。〔名を書いているのは〕同盟はしていなかったけれども、

名をもって赴告してきた〔からである〕。

附僖公二十三年の傳文に「凡諸侯同盟　死則赴以名　禮也　赴以名則亦書之（注　謂未同盟）不然則否（注　謂同盟而不以名告）辟不敏也」とあるのを參照。

經王使榮叔來錫桓公命

注傳はない。「榮叔」は、周の大夫である。「榮」は氏で、「叔」は字〔あざな〕である。「錫」は、賜である。桓公に追命して、その德をほめたたえたのであり、昭公七年に王が衞の襄公に追命したのと、同じようなものである。

附昭公七年の傳文に「衞齊惡告喪于周　且請命　王使郕簡公如衞弔　且追命襄公　曰　叔父陟恪　在我先王之左右　以佐事上帝　余敢忘高圉亞圉」とあるのを參照。また、疏に引く『釋例』に「天子錫命　其詳未聞　諸侯或卽位而見錫　或歷年乃加錫　或已薨而追錫　魯桓薨後見錫　則亦衞襄之比也　魯文卽位見錫　則亦晉惠之比也　魯成八年齊靈二十三年乃見錫　隨恩所加　得失存乎其事」とあるのを參照。なお、公羊傳文に「錫者何　賜也　命者何　加我服也　其言桓公何　追命也」とあるのも參照。

經王姬歸于齊

注傳はない。「逆」〔齊が迎えに來たこと〕を書いていないのは、公があわなかったからである。

附上の「秋築王姬之館于外」の注に「不忍便以禮接於廟」とあるのを參照。また、十一年「冬王姬歸于齊」の注に「魯主昏　不書齊侯逆　不見公」とあるのを參照。

經齊師遷紀郱鄑郚

注傳はない。齊は、紀を滅ぼそうとしたから、その三邑の民をうつして、その地を取ったのである。「郱」は、東莞の臨朐縣の東南部にあった。「郚」は、〔東莞の〕朱虛縣の東南部にあった。〔「鄑《シ》」については〕北海の都昌縣の西部に訾《シ》城がある。

附疏に引く『釋例』に「邢遷于夷儀　則以自遷爲文　宋人遷宿　齊人遷陽　則以宋齊爲文　各從彼此所遷之實　記注之常辭　亦非例也」とある。なお、公羊傳文に「遷之者何　取之也」とあるのを參照。

傳元年春不稱卽位　文姜出故也

注文姜は、桓公といっしょに〔齊に〕行き、桓公が齊に殺されたから、〔魯に〕もどろうとせず、〔一方、子の〕莊公は、父が弑され、母が〔國外に〕出ていたから、卽位の禮を行なうに忍びなかった。〔つまり、「卽位」を稱していないのは〕文姜がもどっていなかったことによるから、傳は「文姜が出ていた〔からである〕」と稱しているのである。〔しかしながら〕姜は、ここで、公の心根に感じて、もどった。〔もどったことを〕書いていないのは、廟に報告しなかったからである。

附注の「姜於是感公意而還」については、異說として、『詩』齊風〈南

山〉の序疏に「何休及賈逵服虔皆以爲　桓公之薨　至是年三月　朞而小祥　公憂思少殺　念及於母　以其罪重　不可以反之　故書遜于齊耳　其實先在於齊　本未歸也（中略）服虔云　蓋魯桓公之喪從齊來　以文姜爲二年始來」とある。

注の「不書　不告廟」については、疏に引く『釋例』に「文姜之身終始七如齊　再如莒　皆以淫行　書行而不書反」とあるのを參照。また、文公九年に「三月夫人姜氏至自齊」とあり、注に「告于廟」とあるのを參照。

【傳】三月夫人孫于齊　不稱姜氏　絶不爲親　禮也

（注）「姜氏」は、齊の姓である。文姜の義としては、齊と絶縁すべきであるのに、また齊に奔った。だから、奔ったところで「姜氏」をとり去ることによって、義を示したのである。

（附）疏に引く『釋例』に「文姜與公如齊　以淫見譴　懼而歸訴於襄公　襄公殺公　而委罪於彭生　弑公之謀　姜所不與　疑懼而自留於齊　莊公感其不反　以闕卽位之禮　故姜氏自齊而還魯　魯人探情以責之　故復出奔　夫子以爲　姜氏罪不與弑　於莊公之義　當以母淫於齊而絶其齊親　內全母子之道　故經不稱姜氏　傳曰　絶不爲親　禮也　明絶之於齊也　文姜稱夫人　明母義存也　哀姜外淫　故孫稱姜氏　明義異也」とあるのを參照。なお、異説として、『魏書』竇瑗傳に引く〈服虔注〉に「夫人有與殺桓之罪　絶不爲親　得尊父之義　善莊公思大義　絶有罪　故曰禮也」とある。

【傳】秋築王姫之館于外　爲外　禮也

（注）齊は強くて魯は弱く、しかも、罪を彭生に轉嫁したため、魯は、齊を讎とすることが出來なかった。しかしながら、(折よく)喪がおわっていなかったから、(それを名目に)禮を(普通とは)異にしたのであり、禮の應變として適切であった。

（附）經の注に「公在諒闇　慮齊侯當親迎　不忍便以禮接於廟　又不敢逆王命　故築舍於外」とあるのを參照。また、穀梁傳文に「築之外　變之正也」とあるのを參照。

〔莊公二年〕

【經】二年春王二月葬陳莊公

（注）傳はない。魯が(陳に)往って葬に會したから、書いたのである。例は、昭公六年にある。

（附）昭公六年の傳文に「大夫如秦　葬景公　禮也」とある。

【經】夏公子慶父帥師伐於餘丘

（注）傳はない。「於餘丘」は、國名である。莊公は、この時、十五歳であり、とすれば、「慶父」は、莊公の庶兄である。

（附）疏に引く『釋例』に「經書公子慶父伐於餘丘　而公羊以爲莊公母弟　計其年歲　既未能統軍　又無晉悼王孫滿幼知之文　此蓋公羊之妄　而先儒曾不覺悟　取以爲左氏義　今推案傳之上下　羽父之弑隱公　皆諮

謀於桓公　則桓公已成人也　傳曰　生桓公而惠公薨　指明仲子唯有此男　非謂生在薨年也　桓以成人　而弑隱卽位　乃娶於齊　自應有長庶故氏曰孟　此明證也　公疾　問後於叔牙　牙稱慶父材　疑同母也傳稱　季友文姜之愛子　與公同生　故以死奉般　情義相推　考之左氏有若符契」とあるのを參照。

經秋七月齊王姫卒

注傳はない。魯が主人役をしたから、内女〔魯女〕になぞらえ（て「卒」を書い）たのである。

附四年「三月紀伯姫卒」の注に「内女　唯諸侯夫人　卒葬皆書　恩成於敵體」とあるのを參照。なお、『禮記』檀弓下に「齊穀王姫之喪　魯莊公爲之大功　或曰　由魯嫁　故爲之服姊妹之服　或曰　外祖母也故爲之服」とあり、注に「春秋　周女由魯嫁　卒服之如内女　服姊妹是也」とあるのも參照。

經冬十有二月夫人姜氏會齊侯于禚

注夫人は、行くのに（いつも）禮をもってしなかったから、もどったことを、いずれもみな、書いていない。（つまり）廟に報告しなかったのである。「禚」は、齊地である。

附元年の疏に引く『釋例』に「文姜之身　終始七如齊　再如莒　皆以淫行　書行而不書反」とあるのを參照。また、文公九年に「三月夫人姜氏至自齊」とあり、注に「告于廟」とあるのを參照。

なお、注の「禚　齊地」については、哀公十五年の傳文に「昔晉人伐衞　齊爲衞故　伐晉冠氏　喪車五百　因與衞地　自濟以西　禚媚杏以南　書社五百」とあるのを參照。

經乙酉宋公馮卒

注傳はない。（名を書いているのは）二度、桓公と同盟した（からである）。

附桓公十一年に「柔會宋公陳侯蔡叔盟于折」とあり、同十二年に「秋七月丁亥公會宋公燕人盟于穀丘」とある。なお、僖公二十三年の傳文に「凡諸侯同盟　死則赴以名　禮也」とあるのを參照。

傳二年冬夫人姜氏會齊侯于禚　書　姦也

注文姜は、前には公といっしょに齊に行き〔桓公十八年〕、後には懼れて（齊に）出奔し〔莊公元年〕、ここに至って始めて、（まともに）齊と友好の會をなしたのであるが、會は夫人のなすべきことではないから、はっきりと書きあらわした〔事實を直書した〕のである。（なお）傳に「（この記事を）書いたのは、姦通したからである」とあるのは、（この）姦通が夫人の方の發意だったからである。（以後）文姜は毎年のように出て會したが、その義は、いずれもみな、（ここと）同じである〔つまり、直書して、非禮であることを示した、ということ〕。

附注の「傳曰書姦　姦在夫人」については、七年の傳文に「春文姜會齊侯于防　齊志也」とあり、注に「文姜數與齊侯會　至齊地則姦發夫人

至魯地則齊侯之志　故傳略舉二端以言之」とあるのを參照。
注の「文姜比年出會」については、四年に「春王二月夫人姜氏享齊侯于祝丘」とあり、五年に「夏夫人姜氏如齊師」とあり、七年に「春夫人姜氏會齊侯于防」とあり、また「冬夫人姜氏會齊侯于穀」とある。
注の「其義皆同」については、四年「春王二月夫人姜氏享齊侯于祝丘」の注に「享　食也　兩君相見之禮　非夫人所用　直書以見其失」とあるのを參照。なお、成公十四年の傳文に「春秋之稱（中略）盡而不汙」とあり、注に「謂直言其事　盡其事實　無所汙曲」とあるのも參照。

〔莊公三年〕

經三年春王正月溺會齊師伐衞

注「溺」は、魯の大夫である。彼が勝手に行ったことをにくむから、氏をとり去っているのである。

附隱公四年に「秋翬帥師會宋公陳侯蔡人衞人伐鄭」とあり、注に「公子翬　魯大夫　不稱公子　疾其固請强君以不義也　諸外大夫　貶皆稱人　至於内大夫　貶則皆去族稱名　於記事之體　他國可言某人　而己國之卿佐不得言魯人　此所以爲異也　翬溺去族　傳曰　疾之　叔孫豹則曰　言違命　此其例也」とあるのを參照。また、その傳文に「秋諸侯復伐鄭　宋公使來乞師　公辭之　羽父請以師會之　公弗許　固請而行　故書曰翬帥師　疾之也」とあるのを參照。
なお、『漢書』五行志下之下に「劉歆以爲（中略）衞侯朔奔齊　衞公子黔牟立　齊帥諸侯伐之　天子使使救衞　魯公子溺專政　會齊以犯王命　嚴弗能止　卒從而伐衞　逐天王所立」とある。

經夏四月葬宋莊公

注傳はない。

經五月葬桓王

經秋紀季以酅入于齊

注「季」は、紀侯の弟である。「酅」は、紀の邑で、齊國の東安平縣にあった。齊が紀を滅ぼそうとしたから、季は、邑をひきいて齊に入り、附庸となったのであり、（その結果）先祖の祭祀が保たれ、社稷が守られたから、字〔あざな〕を書いて貴んだのである。

附公羊傳文に「紀季者何　紀侯之弟也　何以不名　賢也　何賢乎紀季　服罪也　其服罪奈何　魯子曰　請後五廟以存姑姊妹」とあり、穀梁傳文に「酅　紀之邑也　入于齊者　以酅事齊也」とあるのを參照。また、疏に引く『釋例』に「齊侯鄭伯詐朝于紀　欲以襲之　紀人大懼　而謀難於魯　請王命以求成于齊　公告不能　齊遂偪之　遷其三邑　國有旦夕之危　而不能自入爲附庸　故分季以酅　使請事于齊　大去之後　季爲附庸　先祀不廢　社稷有奉　季之力也　故書字不書名　書入不書叛也　判　分也　傳曰始分　爲紀侯大去張本也　劉賈謂　紀季以酅奔齊　不言叛　不能專酅也　傳稱　紀侯不能下齊　以與紀季　季非叛也　紀亡之後　叔姬歸于酅　明爲附庸　猶得專酅　故可歸也」とあるのを

參照。なお、賈逵の異説については、『後漢書』賈逵傳の注にも「賈逵以爲　紀季不能兄弟同心以存國　乃背兄歸讎　書以譏之」とある。

【經】冬公次于滑

【注】「滑」は、鄭地で、陳留の襄邑縣の西北部にあった。傳例に「凡そ、師が信〔二泊〕をこえるのを『次』という」とある〔下の傳文〕。〔次しただけで〕戰わなかった場合には、〔ここのように〕次したことを書く。戰ったことを書いた場合には、〔次したとしても〕次したことは書かない。〔戰った以上〕次したのは當然の事であって、無意味に〔戰いとは無關係に〕次したのではない、からである。

【附】疏に引く『釋例』に「凡師一宿爲舍　再宿爲信　過信爲次　此周公之典　以詳錄師出入行止遲速　因爲之名也　兵事尙速　老師費財　不可以久　故春秋告命　三日以上　必記其次　舍之與信不書者　輕碎　不以告也　兵未有所加　所次則書之　以示遲速　公次于滑　師次于郞是也　旣書兵所加　則不書其所次　以事爲宜　非虛次　諸久兵而不書次　是也　旣書兵所加　而又書次者　義有取於次　遂伐楚　次于陘盟于牡丘　遂次于匡　是也　所記　或次在事前　次以成事也　或次在事後　事成而次也　皆隨事實　無義例也」とあるのを參照。
なお、疏に引く『釋例』に「叔孫救晉　次于雍楡　傳曰禮者　善其宗助盟主　非以次爲禮也　齊桓次于聶北　救邢　亦以存邢　具其器用師人無私　見善不在次也　而賈氏皆卽以爲善次　次之與否　自是臨時用兵之宜　非禮之所素制也」とある。

【傳】三年春溺會齊師伐衛　疾之也

【注】傳は、上の例〔隱公四年〕をかさねて明らかにしたのである。

【附】經のところの【附】を參照。

【傳】夏五月葬桓王　緩也

【注】桓公十五年の三月に崩じ、〔その後〕七年もたってようやく葬ったから、「遲すぎる」と言っているのである。

【附】桓公十五年に「三月乙未天王崩」とあり、注に「桓王也」とある。なお、隱公元年の傳文に「天子七月而葬」とあるのを參照。

【傳】秋紀季以酅入于齊　紀於是乎始判

【注】「判」は、分である。分かれて附庸となったのは、ここに始まる、ということである。

【附】『說文』に「判　分也」とある。なお、經のところの【附】を參照。

【傳】冬公次于滑　將會鄭伯謀紀故也　鄭伯辭以難

【注】厲公〔突〕が櫟にいた〔位をねらっていた〕からである。

【附】桓公十五年に「秋九月鄭伯突入于櫟」とある。なお、ここの注は少しく曖昧で、一見、「厲公は櫟にいた〔都にいなかった〕からである」という意味である、つまり、杜預は傳文の「鄭伯」を厲公と解していると、考えられそうだが、十四年の傳文「六月甲子傳瑕殺鄭子及其二子而納厲公」の注に「鄭子　莊四年稱伯會諸侯　今見殺　不稱君無謚者云云」とあることから推して、そうではなさそうである。つまり、杜預は傳文の「鄭伯」を鄭子と解していると考えられる。なお、桓公十八年の傳文に「祭仲逆鄭子于陳而立之」とあり、注に「鄭子　昭公弟子儀也」とあるのを參照。

【傳】凡師　一宿爲舍　再宿爲信　過信爲次

【注】經が「次」と書くための例である。「舍」・「宿〔信〕」を書かないのは、輕微だからである。「凡師」と言っているのは、君と臣とを通じてのことだからである。

【附】注の「舍宿不書　輕碎　輕也」の「宿」は、經の疏に引く『釋例』に「舍之與信不書者　輕碎　不以告也」とあるから、「信」と同じものと考えられる〔あるいは、字の誤りかも知れない?〕。

なお、疏に引く『釋例』に「賈氏云　若魯公次乾侯之比　非爲用師不應在例　而復例之　亦爲濫也」とある。

〔莊公四年〕

【經】四年春王二月夫人姜氏享齊侯于祝丘

【注】傳はない。「享」は、食である。兩君が相まみえる禮であり、夫人がなすべきことではないから、直書して、あやまちであることを示したのである。「祝丘」は、魯地である。

【附】二年の傳文「冬夫人姜氏會齊侯于禚　書　姦也」の注に「會非夫人之事　顯然書之（中略）文姜比年出會　其義皆同」とあるのを參照。

なお、注の「享　食也」については、昭公五年の傳文「享覜有璋」の注に「享　饗也」とあるのを參照。また、僖公十年の公羊傳文「桓公之享國也長」の何注に「享　食」とあり、『國語』周語上「大臣享其祿」の韋注に「享之言　食也」とあるのを參照。ちなみに、成公十四年の傳文に「古之爲享食也　以觀威儀省禍福也」とある。

【經】三月紀伯姬卒

【注】傳はない。隱公二年に裂繻が（君のために）迎えにきた女である。内女〔魯女〕は、諸侯の夫人になった者についてだけ、「卒」と「葬」とを、兩方とも書く。恩禮は、對等な者どうしの間で（のみ）成立する、からである。

【附】隱公二年に「九月紀裂繻來逆女」とあり、傳に「卿爲君逆也」とある。なお、疏に引く『釋例』に「内女　唯諸侯夫人　卒乃書　恩成於敵體　其非適諸侯　則略之　以服制相準也　生書其來　而死不錄其卒　從外大夫之比也」とあるのを參照。また、穀梁傳文に「外夫人不卒　此其言卒何也　吾女也　適諸侯　則尊同　以吾爲之變卒之也」とあるのを參照。

【經】夏齊侯陳侯鄭伯遇于垂

【注】傳はない。

【經】紀侯大去其國

【注】（紀侯は）國を季に與え、季が社稷を奉じたから、「滅」とは言っていないのである。追い出されたのではないから、「奔」とは言っていないのである。「大去」とは、（二度と）もどらないという表現である。

【附】疏に引く『釋例』に「紀侯力弱慮窮　自以列國　不忍屈臣於齊　使季以酅求安　而脱身外寓　季果爲附庸　社稷有奉　故不言滅　不見迫逐　故不言奔　大去者　不反之辭　蓋時史卽實而言　仲尼弗改　故傳不言故書書曰也」とあるのを參照。

【經】六月乙丑齊侯葬紀伯姬

【注】傳はない。紀季が酅に入って齊の附庸となり、紀侯がその國を大去したので、齊侯は、附庸となったばかりの者に禮を加えて、手厚く待遇した。だから、伯姬の喪を代行して、紀國の夫人としての禮によって葬ったのである。

【附】疏に引く『釋例』に「紀侯大去其國　令弟納邑附齊　齊侯嘉而愍之　恩及伯姬　伯姬魯女　故以來告　大夫會葬　故書齊侯葬紀伯姬也　不書謚者　亡國之婦　夫妻皆降　莫與之謚　而賈許方以諸侯禮説　又失之也」とあるのを參照。

【經】秋七月

【經】冬公及齊人狩于禚

【注】傳はない。公は、國境を越えて、齊の微者と狩をしたのであるから、禮を失したことがわかる。

【附】二年「冬十有二月夫人姜氏會齊侯于禚」の注に「禚　齊地」とあるのを參照。また、公羊傳文に「公曷爲與微者狩」とあるのを參照。

【傳】四年春王三月楚武王荊尸　授師孑焉　以伐隨

【注】「尸」は、陳（陣立て）である。「荊」もまた、楚である。（つまり、「荊尸」とは）あらたに楚の陣立ての法をつくったのである。揚雄の『方言』によれば、「孑《ケツ》」は、戟（ほこ）である。とすれば、楚は、ここで始めて、戟をもまじえて陣立てしたのである。

【附】注の前半については、宣公十二年の傳文「荊尸而擧」の注に「荊　楚也　尸　陳也　楚武王始更爲此陳法　遂以爲名」とあるのを參照。なお、注の「尸　陳也」は、『爾雅』釋詁の文である。また、注の「荊亦楚也」については、十年「秋九月荊敗蔡師于莘」の注に「荊　楚本號　後改爲楚」とあるのを參照。

注の後半については、『方言』九に「戟　楚謂之釨」とある。

【傳】將齊　入告夫人鄧曼曰　余心蕩

【注】廟で武器を支給しようとしたから、（その前に）齋戒（しようと）したのである。「蕩」は、動散（うごきゆるむ）である。

【附】すぐ下の傳文に「盈而蕩　天之道也」とあるのを參照。また、哀公十一年の傳文に「盈必毀　天之道也」とあるのを參照。

【傳】鄧曼歎曰　王祿盡矣　盈而蕩　天之道也　先君其知之矣　故臨武事　將發大命　而蕩王心焉

【注】楚は、小國で、邊鄙な夷狄の地にありながら、ここに至って、武王が始めて士衆を起こし、僭號して「王」を稱し、陣立ての法をつくって師に武器を支給（せんと）し、氣持ちが充實していたが、齋戒するに際して、（みちれば、うごきゆるむ、という天の道のとおりに）それがゆるんでしまった。だから、鄧曼は、（これを）天地・鬼神が（王が死ぬ）きざしとして示したものと考えたのである。

【附】注の「楚爲小國　僻陋在夷」については、昭公十九年の傳文に「晉之伯也　邇於諸夏　而楚辟陋　故弗能與爭」とあるのを參照。

【傳】若師徒無虧　王薨於行　國之福也

【注】王が途中で死に、敵の手にかかることがなければ、ということである。

【傳】王遂行　卒於樠木之下

【注】「樠木」は、木の名である。

【傳】令尹鬬祁莫敖屈重除道梁溠　營軍臨隨　隨人懼　行成

【注】この時、（楚は）王の死を祕していた（ため、はやめに決着をつけたかった）から、奇襲をはかって、直進できる道をあらたに切り開いたのである。「溠」水は、義陽の厥縣の西部にあり、東南に流れて、鄖水にそそいでいた。「梁」は、橋〔橋をかける〕である。隨人は、楚が攻めてくるとは思っていなかったから、懼れて和平を求めたのである。

【附】注の「溠水云云」については、疏に引く『釋例』に「義陽厥縣西有溠水　源出縣北　從縣西東南　至隨縣入鄖水」とあるのを參照。

【傳】莫敖以王命入盟隨侯　且請爲會於漢汭而還

【注】「汭」は、内である。漢水の西側をいう。

【附】『詩』大雅〈公劉〉「芮鞫之卽」の鄭箋に「芮之言　內也」とあるのを參照。なお、閔公二年の傳文「春虢公敗犬戎于渭汭」の注には「水之隈曲曰汭」とあり、また、昭公元年の傳文「館於雒汭」の注にも「水曲流爲汭」とあり、また、同二十四年の傳文「越大夫胥犴勞王於豫章之汭」の注にも「汭　水曲」とある。

【傳】濟漢而後發喪

【傳】紀侯不能下齊　以與紀季

【注】（紀侯は）屈服して齊につかえることが出來ず、國をすべて季に與えた、ということであり、季が叛いたのではない、ということを、明らかにしたのである。

【傳】夏紀侯大去其國　違齊難也

【注】「違」は、辟〔さける〕である。

【附】成公二年の傳文「雖遇執事　其弗敢違」の注、及び同十六年の傳文「乃皆左右相違於淖」の注に、同文が見える。なお、『國語』周語中「雖吾王叔　未能違難」の韋注に「違　避也」とあるのを參照。

〔莊公五年〕

【經】五年春王正月

【經】夏夫人姜氏如齊師

(注)傳はない。（この記事を）書いたのは、姦通したからである〔二年傳文〕。

【經】秋郳犂來來朝

(注)（「郳」は）附庸の國である。東海の昌慮縣の東北部に郳城がある。「犂來」は、名である。

(附)下の傳文に「名　未王命也」とあるのを參照。また、公羊傳文に「黎來者何　名也」とあるのを參照。

【經】冬公會齊人宋人陳人蔡人伐衞

【傳】五年秋郳犂來來朝　名　未王命也

(注)（名を稱しているのは）まだ爵命を受けて諸侯となっていなかったからである。（つまり、ここで）傳は、〝附庸は名を稱す〟という例を發しているのである。その後（郳は）しばしば齊の桓公に從って周室を尊んだため、王が爵命を與えて小邾子とした。

(附)注の前半については、隱公元年「三月公及邾儀父盟于蔑」の注に「附庸之君　未王命　例稱名（中略）名例在莊五年」とあるのを參照。注の後半については、疏に引く『譜』に「小邾　邾俠之後也　夷父顔有功於周　其子友別封爲附庸居郳　曾孫犂來始見春秋　附從齊桓以尊周室　命爲小邾子」とあるのを參照。また、僖公七年に「夏小邾子來朝」とあり、注に「郳犂來始得王命而來朝也　邾之別封　故曰小邾」とあるのを參照。なお、公羊傳文に「倪者何　小邾婁也」とあるのも參照。

【傳】冬伐衞　納惠公也

(注)「惠公」とは、朔のことである。桓公十六年に、齊に出奔していた。

(附)桓公十六年に「十有一月衞侯朔出奔齊」とあり、注に「惠公也」とある。

〔莊公六年〕

【經】六年春王正月王人子突救衞

(注)「王人」とは、王の微官である。官は卑かったけれども、大事を授けられたから、（普通に）「人」と稱したうえに（特に）字〔「子突」〕を稱しているのである。

(附)疏に引く『釋例』に「莊六年五國諸侯犯逆王命以納衞朔　大其事　故字王人　謂之子突」とあるのを參照。また、ここ及び僖公八年の公羊傳文に「王人者何　微者也」とあるのを參照。なお、穀梁傳文に「王人　卑者也　稱名　貴之也　善救衞也　救者善　則伐者不正矣」とあり、范注に「何休以爲　稱子則非名也　鄭君釋之曰　王人賤者　錄則名可　今以其銜命救衞　故貴之　貴之　則子突爲字可知明矣　此名當爲字誤爾」とあるのも參照。

【經】夏六月衞侯朔入于衞

(注)朔は諸侯によって送り込まれたのに、「歸」と稱さず、國が迎えたという表現をとっている（「入」と稱している）のは、朔が、國人の支持を失うことを懼れて、國が迎えたものとして赴告してきた、からである。「歸」・「入」の例は、成公十八年にある。

(附)成公十八年の傳文に「凡去其國　國逆而立之　曰入　復其位　曰復歸　諸侯納之　曰歸　以惡　曰復入」とある。なお、疏に引く『釋例』に「朔懼有違衆之犯　而以國逆告　華元實國逆　欲挾晉以自助　故以外納赴　春秋從而書之　示二子之情也」とあるのを參照。

【經】秋公至自伐衞

(注)傳はない。（もどったことを書いているのは）廟に報告した（からである）。

(附)桓公二年の傳文に「冬公至自唐　告于廟也　凡公行　告于宗廟　反行飲至舍爵策勳焉　禮也」とあるのを參照。

【經】螟

(注)傳はない。災害をもたらした（から書いたのである）。

(附)隱公五年「螟」の注に「蟲食苗心者　爲災　故書」とあるのを參照。また、二十九年の傳文に「凡物　不爲災　不書」とあるのを參照。

【經】冬齊人來歸衞俘

(注)公羊・穀梁の經・傳は、いずれもみな、「衞寶」と言っており、ここの傳もまた「寶」と言っているのに、ここの經だけが「俘」と言っているのは、おそらく、經の誤りであろう。「俘」は、囚である。

(附)疏に引く『釋例』に「齊人來歸衞寶　公羊穀梁經傳及左氏傳皆同　唯左氏經獨言衞俘　考三家經傳　有六而其五皆言寶　此必左氏經之獨誤也」とあるのを參照。

【傳】六年春王人救衞

【傳】夏衞侯入　放公子黔牟于周　放甯跪于秦　殺左公子洩右公子職

(注)「甯跪」は、衞の大夫である。遠くにときはなすのを「放」という。

(附)宣公元年「晉放其大夫胥甲父于衞」の注に「放者　受罪黜免　宥之以遠」とあるのを參照。

【傳】乃卽位　君子以二公子之立黔牟爲不度矣　夫能固位者　必度於本末而後立衷焉　不知其本　不謀　知本之不枝　弗强

(注)「本末」は、終始である。「衷」は、節適（ほどよい）である。樹木にたとえたのであり、本が弱ければ、その枝は必ず折れてしまい、人の力で無理に茂らすことが出來るものではない、ということである。

(附)注の「本末　終始也」については、『禮記』大學に「物有本末　事有終始」とあるのを參照。

注の「衷　節適也」については、僖公二十四年の傳文「服之不衷　身之災也」の注に「衷猶適也」とあり、昭公十六年の傳文「發命之不衷」の注に「衷　當也」とあるのを參照。なお、「節適」は、ほどよいの意の連文と解せられる。

【傳】詩云　本枝百世

(注)「詩」は、大雅(文王)である。文王(の子孫)は、本も枝もともに茂り、百世までも繁榮する、ということである。

【傳】冬齊人來歸衞寶　文姜請之也

(注)公が、みずから齊とともに衞を伐ち、事がおわってもどったが、文姜は、齊侯と淫通したから、齊侯が獲た珍寶を請い求めて魯におくらせ、魯を悦ばせて(自分の)あやまちをわびようとしたのである。

(附)五年に「冬公會齊人宋人陳人蔡人伐衞」とあり、この年に「秋公至自伐衞」とある。

【傳】楚文王伐申　過鄧　鄧祁侯曰　吾甥也

(注)「祁」は、謚〔おくりな〕である。姊妹の子を「甥」という。

(附)『詩』大雅〈韓奕〉「汾王之甥」の鄭箋に「姊妹之子爲甥」とあるのを參照。

なお、『史記』楚世家の〈集解〉に「服虔云　鄧　曼姓」とある。

【傳】止而享之　騅甥聃甥養甥請殺楚子

(注)(三人は)いずれもみな、鄧の甥〔おい〕で、舅氏〔おじ〕に仕えていた。

(附)『爾雅』釋親に「謂我舅者　吾謂之甥也」とあるのを參照。また、『史記』十二諸侯年表に「鄧甥曰　楚可取」とあるのを參照。

【傳】鄧侯弗許　三甥曰　亡鄧國者　必此人也　若不早圖　後君噬齊

(注)腹齊〔ほぞ〕をかむようなことになる、ということであり、(後悔しても)及ばなくなる、ということを喩えたのである。

(附)注の「若齧腹齊」については、挍勘記に「釋文標齧也兩字　臧禮堂云若上當有噬齧也三字」とある。

【傳】其及圖之乎　圖之　此爲時矣　鄧侯曰　人將不食吾餘

(注)自分の甥を殺害すれば、必ずや人に賤しめられる、ということである。

【傳】對曰　若不從三臣　抑社稷實不血食　而君焉取餘

(注)君に(もはや)餘りものなど無い、ということである。

【傳】弗從　還年楚子伐鄧

(注)申を伐って引きあげた年である。

【傳】十六年楚復伐鄧滅之

(注)魯の莊公十六年に、楚はついに强大になったのである。(ここの傳は楚の事を書いている(後の)經のために本を張ったのである。

(附)序に「傳或先經以始事」とあるのを參照。

〔莊公七年〕

【經】七年春夫人姜氏會齊侯于防

(注)「防」は、魯地である。

(附)下の傳文に「齊志也」とあり、注に「至魯地　則齊侯之志」とあるのを參照。なお、定公五年の傳文に「六月季平子行東野　還　未至　丙申卒于房」とあるのも參照。

【經】夏四月辛卯夜恆星不見

㊟「恆」は、常である。常に見える〔or現われる〕星をいう。「辛卯」は、四月五日であり、月の光はまだ微弱である〔月の光が星をかくすはずはない〕。おそらく、この時、雲はなく、日の光が昏になってもなくならなかった〔日の光が星をかくした〕のであろう。

(附)『爾雅』釋詁に「恆　常也」とあるのを參照。また、『漢書』五行志下之下に「劉歆以爲（中略）夜明　故常見之星皆不見」とあるのを參照。また、『玉燭寶典』四月孟夏の項に「服虔曰　恆　常也　天官列宿　常見之星也」とあるのを參照。なお、公羊傳文に「恆星者何　列星也」とあり、何注に「恆　常也　常以時列見」とあり、穀梁傳文に「恆星者　經星也」とあり、范注に「經　常也　謂常列宿」とあるのも參照。

なお、『玉燭寶典』四月孟夏の項に「賈逵曰　恆星　北斗也　說　南方朱鳥星也」とあり、また、「服虔曰（中略）常見火星皆不見也」とある。

【經】夜中星隕如雨

㊟「如」は、而である。夜半になって雲が出、星が落ちてそのうえ雨もふり、その數が多かったから、いずれも異變として記したのである。日の光がなくならず、恆星が見えなかった〔or現われなかった〕のに、「夜中」と言っているのは、水漏〔水時計〕によって知ったのである。

(附)注の前半については、『漢書』五行志下之下に「劉歆以爲（中略）星隕如雨　如　而也　星隕而且雨　故曰　與雨偕也　明雨與星隕　兩變相成也」とあるのを參照。なお、注の「如　而也」については、僖公二十六年の傳文「室如縣罄」の注に、同文がみえる。

注の後半については、穀梁傳文に「何用見其中也　失變而錄其時　則夜中矣」とあり、范注に「失星變之始　而錄其已隕之時　檢錄漏刻以知夜中」とあるのを參照。

【經】秋大水

㊟傳はない。

【經】無麥苗

㊟今〔夏正〕の五月が、周正の秋である。平地に水が出て、熟した麥及び五稼の苗をおし流したのである。

【經】冬夫人姜氏會齊侯于穀

㊟傳はない。「穀」は、齊地で、今の濟北の穀城縣である。

【傳】七年春文姜會齊侯于防　齊志也

㊟文姜はしばしば齊侯と會したが、齊地に行った場合は、夫人の發意で姦通したのであり、魯地に行った場合は、齊侯の發意である。だから、傳は、（中間の例は）略して、兩端〔はじめとおわり、つまり、二年とここの例〕を（代表として）擧げて、言ったのである。

附注の「文姜數與齊侯會」については、二年に「冬十有二月夫人姜氏會齊侯于禚」とあり、四年に「春王二月夫人姜氏享齊侯于祝丘」とあり、五年に「夏夫人姜氏如齊師」とあり、七年に「春夫人姜氏會齊侯于防」とあり〔ここ〕、また、「冬夫人姜氏會齊侯于穀」とある。

注の「至齊地則姦發夫人云云」については、二年の傳文に「書　姦也」とあり、注に「傳曰書姦　姦在夫人」とあり、ここの傳文に「齊志也」とある。なお、疏に引く『釋例』に「婦人無外事　見兄弟不踰閾　故其他行　非禮所及　亦例所不存　而當其時　實有出入　或以事宜　或以淫縱　小君之行　不得不書　故直書其行　而其善惡各繫於本會于禚　傳稱書姦　夫人入齊地也　會于防　傳稱齊志　齊侯入魯地也　於經無例　傳以實言之」とあるのを參照。

傳夏恆星不見　夜明也　星隕如雨　與雨偕也

注「偕」は、俱〔ともに〕である。

附『詩』邶風〈擊鼓〉「與子偕老」の毛傳に「偕　俱也」とあるのを參照。

傳秋無麥苗　不害嘉穀也

注黍稷は、それでもなお、更めてうえることが出來るから、「嘉穀〈の收穫〉には害がなかった」と言っているのである。

附僖公三十年の傳文「羞嘉穀」の注に「嘉穀　熬稻黍也」とあるのを參照。

〔莊公八年〕

經八年春王正月師次于郎　以俟陳人蔡人

注傳はない。ともに郕を伐つことを約束していたが、陳・蔡がやって來なかったので、師を郎にとどめて、待ったのである。

附疏に「何休服虔亦言欲共伐郕」とあるのを參照。なお、異説として、疏に「賈逵及説穀梁者　皆云　陳蔡欲伐魯　故待之」とある。

經甲午治兵

注廟で治兵して、號令を演習し、郕を圍もうとしたのである。

附公羊傳文に「出曰祠兵　入曰振旅　其禮一也　皆習戰也」とあり、穀梁傳文に「出曰治兵　習戰也　入曰振旅　習戰也」とあるのを參照。

經夏師及齊師圍郕　郕降于齊師

注二國が同じく討ち、齊だけが郕(の降服)を受納したのである。

附下の傳文の注に「齊不與魯共其功」とあるのを參照。

經秋師還

注當時の史官が、公が自分に勝って禮をふみ〔『論語』顏淵〕、軍をそこなわずにもどった、ことを、善としたから、特別に「師還」と書いたのである。

附下の傳文に「秋師還　君子是以善魯莊公」とあり、注に「傳言經所以卽用舊史之文」とあるのを參照。なお、あまりはっきりはしないが、杜預は、どうやら、傳文の「君子」を史官と解しているようである。

(附)隱公四年「戊申衞州吁弑其君完」の注及びその(附)を參照。

㊟臣を稱しているのは、臣の方に罪があったからである。

【經】冬十有一月癸未齊無知弑其君諸兒

【傳】八年春治兵于廟　禮也　夏師及齊師圍郕　郕降于齊師　仲慶父請伐齊師

㊟齊が魯と戰功を共有しなかった〔ひとりじめにした〕から、齊を伐とうとしたのである。

(附)經の注に「二國同討　而齊獨納郕」とあるのを參照。

【傳】公曰　不可　我實不德　齊師何罪　罪我之由　夏書曰　皐陶邁種德

㊟「夏書」は、逸書である。皐陶がよく勉めて德をそだてていることを稱えたのである。「邁」は、勉である。

(附)注の「逸書」の「書」は、普通名詞ではなくて、おそらく、箇有名詞の『書』であろう。ちなみに、『史通』古今正史に「至於後漢　孔氏之本遂絶　其有見於經典者　諸儒皆謂之逸書〔馬融鄭玄杜預也〕」とある。

なお、僞古文の〈大禹謨〉では、杜預とは異なり、下の「德乃降」までを拾っている。

【傳】德乃降　姑務脩德　以待時乎

㊟德があって始めて人が降服してくる、ということである。「姑」は、且〔しばらく〕である。

(附)注の「姑　且也」については、隱公元年の傳文「子姑待之」の注に、同文がみえる。なお、『詩』周南〈卷耳〉「我姑酌彼金罍」の毛傳に「姑　且也」とあるのを參照。

【傳】秋師還　君子是以善魯莊公

㊟傳は、經が舊史の文をそのまま用いている、ということを言っているのである。

(附)經の注及び(附)を參照。

【傳】齊侯使連稱管至父戍葵丘

㊟「連稱」・「管至父」は、いずれもみな、齊の大夫である。「戍」は、守である。「葵丘」は、齊地である。臨淄縣の西部に葵丘という名の土地がある。

(附)注の「連稱管至父皆齊大夫」については、『史記』齊世家の〈集解〉に「賈逵曰　連稱管至父皆齊大夫」とあるのを參照。

注の「戍　守也」については、僖公十三年の傳文「諸侯戍周」の注に、同文が見える。なお、『詩』王風〈揚之水〉「不與我戍申」の毛傳に「戍　守也」とあるのを參照。また、十七年の公羊傳文「衆殺戍者也」の何注に「以兵守之曰戍」とあるのを參照。

【傳】瓜時而往　曰　及瓜而代　期戍　公問不至

㊟「問」は、命である。

(附)『史記』齊世家の〈集解〉に「服虔曰　瓜時　七月　及瓜　謂後年瓜時」とある。なお、『詩』豳風〈七月〉に「七月食瓜」とあるのを參照。

(傳)請代　弗許　故謀作亂　僖公之母弟曰夷仲年　生公孫無知　有寵於僖公　衣服禮秩如適

(注)「適」は、大子である。

(附)隱公元年の公羊傳文「立適以長不以賢」の何注に「適　謂適夫人之子」とあるのを參照。

(傳)襄公絀之　二人因之以作亂

(注)「二人」とは、連稱と管至父とである。

(傳)連稱有從妹在公宮　無寵　使間公

(注)公のすきをうかがわせたのである。

(附)『史記』齊世家の〈集解〉に「服虔曰　爲妾在宮也」とある。

(傳)曰　捷　吾以女爲夫人

(注)「捷」は、克である。（連稱が）無知の言葉をつたえたのである。

(附)注の「捷　克也」については、宣公十二年の傳文「事之不捷　惡有所分」の注に「捷　成也」とあるのを參照。また、『爾雅』釋詁に「捷　勝也」とあるのを參照。

注の「宣無知之言」については、『史記』齊世家に「曰　事成　以女爲無知夫人」とあって、無知ではなく、連稱のせりふになっているのを參照。

(傳)冬十二月齊侯游于姑棼　遂田于貝丘

(注)「姑棼」・「貝丘」は、いずれもみな、齊地である。「田」は、獵である。樂安の博昌縣の南部に貝丘という名の土地がある。

(附)注の「姑棼貝丘皆齊地」については、『史記』齊世家の〈集解〉に「賈逵曰　齊地也」とあるのを參照。

注の「田　獵也」については、宣公二年の傳文「初宣子田於首山」の注に、同文がみえる。なお、桓公四年の公羊傳文に「狩者何　田狩也」とあり、何注に「田者　蒐狩之揔名也」とあるのを參照。ちなみに、『史記』齊世家には「遂獵沛丘」とある。

(傳)見大豕　從者曰　公子彭生也

(注)公が大豕を見、從者が彭生を見たのであり、いずれもみな、妖鬼である。

(附)『史記』齊世家の〈集解〉に「服虔曰　公見彘　從者乃見彭生　鬼改形爲豕也」とあるのを參照。

(傳)公怒曰　彭生敢見　射之　豕人立而啼　公懼　隊于車　傷足喪屨　反誅屨於徒人費

(注)「誅」は、責（もとめる）である。

(附)襄公三十一年の傳文に「以敝邑褊小　介於大國　誅求無時」とあり、注に「誅　責也」とあるのを參照。また、『國語』呉語に「以歳之不穫也　無有誅焉」とあり、韋注に「穫　收也　誅　責也　不責諸侯之貢賦」とあるのを參照。

なお、傳文の「徒人」については、王引之『經義述聞』に「徒當爲侍

字之誤也　侍人卽寺人　下文鞭之見血　與齊莊公鞭侍人賈舉相類　又曰　費請先入　伏公而出鬬　明是侍人給事宮中者　漢書古今人表作寺人費　是其明證也　下文石之紛如孟陽　皆侍人也　不言侍人者　蒙侍人費之文而省也　若作徒人　則文字相承之理不見　且徧考書傳　豈有徒人之官乎　杜於石之紛如孟陽竝注曰小臣　而徒人費無注　且僖二年齊寺人貂　注曰寺人內奄官　成十七年寺人孟張　注曰寺人奄士　而此獨無注　蓋所見本已誤爲徒人　故疑而闕之也」とある。

【傳】弗得　鞭之　見血　走出　遇賊于門　劫而束之　費曰　我奚御哉　袒而示之背　信之　費請先入

【注】賊を助けるようなふりをしたのである。

【傳】伏公而出鬬　死于門中　石之紛如死于階下

【注】「石之紛如」は、齊の小臣である。彼もまた、討ち死にしたのである。

【傳】遂入　殺孟陽于牀

【注】「孟陽」もまた、小臣である。公の身代わりとして寢臺にねていたのである。

【傳】曰　非君也　不類　見公之足于戶下　遂弑之　而立無知

【注】經は、「十（有）一月癸未」と書いている。〈長厤〉によって推算すると、（この）月の六日である。傳が「十二月」と言っているのは、傳の方の誤りである。

【傳】初襄公立　無常

【注】政令に定準がなかったのである。

【傳】鮑叔牙曰　君使民慢　亂將作矣　奉公子小白出奔莒

【注】「鮑叔牙」は、小白の傅〔もりやく〕である。「小白」は、僖公の庶子である。

【附】『史記』齊世家に「次弟小白奔莒　鮑叔傅之」とあるのを參照。

【傳】亂作　管夷吾召忽奉公子糾來奔

【注】「管夷吾」・「召忽」は、いずれもみな、子糾の傅〔もりやく〕である。「子糾」は、小白の庶兄である。（魯に）來たことが（經に）書かれていないのは、いずれもみな、卿ではなかった、からである。九年の「（夏）公伐齊納子糾　齊小白入于齊」のために傳したのである。

【附】『史記』齊世家に「次弟糾奔魯（中略）管仲召忽傅之」とあるのを參照。

【傳】初公孫無知虐于雍廩

【注】「雍廩」は、齊の大夫である。（九年の）「（春齊人）殺無知」のために傳したのである。

【附】『史記』齊世家の〈集解〉に「賈逵曰　渠丘大夫也」とある。なお、昭公十一年の傳文に「齊渠丘實殺無知」とあり、注に「在莊九年　渠丘　今齊國西安縣也　齊大夫雍廩邑」とあるのを參照。

〔莊公九年〕

【經】九年春齊人殺無知

【注】無知は、君を弑して立ったが、未だ（諸侯の）會に列席していなかったから、爵を書いていない〔「其君」と稱していない〕のである。例は、成公十六年にある。

【附】成公十六年の傳文に「若有罪　則君列諸會矣」とあり、注に「諸侯雖有簒弑之罪　侯伯已與之會　則不復討　前年會于戚　曹伯在列　盟畢乃執之　故曹人以爲無罪」とある。なお、疏に引く『釋例』に「諸侯不受先君之命而簒立　得與諸侯會者　則以成君書之　齊商人蔡侯般之屬　是也　若未得接於諸侯　則不稱爵　楚公子棄疾殺公子比　蔡人殺陳佗　齊人殺無知　衞人殺州吁公子瑕之屬　是也／諸侯簒立　雖以會諸侯爲正　此列國之制也　至於國内　策名委質　卽君臣之分已定　故雖殺不成君　亦與成君同義也」とあるのを參照〔なお、この文が、前後で矛盾しているかのように見える點については、隱公四年「九月衞人殺州吁于濮」の疏に「以其未會諸侯　故不書爵　猶不從兩下相殺之例　故云　亦與成君同義」とある〕。

【經】公及齊大夫盟于蔇

【注】齊は（國が）亂れて君がいなかったから、大夫が公に匹敵し得ているのである。おそらく、子糾を迎えようとしたのであろう。やって來た者が一人ではなかったから、名を稱していないのである。「蔇」は、魯地である。琅邪の繒縣の北部に蔇亭がある。

【附】注の「齊亂無君　故大夫得敵於公」については、僖公二十九年「夏六月會王人晉人宋人齊人陳人蔡人秦人盟于翟泉」の傳文に「卿不書　罪之也　在禮　卿不會公侯　會伯子男可也」とあるのを參照。

注の「蓋欲迎子糾也」については、穀梁傳文に「盟納子糾也」とあるのを參照。

注の「來者非一人　故不稱名」については、公羊傳文に「然則何以不名　爲其諱與大夫盟也　使若衆然」とあるのを參照。なお、疏は、文公七年「宋人殺其大夫」の傳文「不稱名　衆也（且言非其罪也）」を引いているが、注に「不稱殺者及死者名　殺者衆　故名不可知（死者無罪　則例不稱名）」とあって、「衆也」は、「宋人」の方の説明であるから、ここに引くのはあまり適切とはいえない。ちなみに、文公七年の疏には「言衆也　解殺者不名　言殺者衆多　其名不可知也　且言非其罪也　解死者不名　言死者無罪　則於例不稱名也」とある。

【經】夏公伐齊納子糾

【附】ここの經文については、疏に「賈逵云　不言公子　次正也」とあって、賈逵の本には「子」の字がなかったようである。それは、下の經文「九月齊人取子糾殺之」の疏に「賈逵云　稱子者　愍之」とあることによって、確かめられる。ちなみに、公羊では、ここの經に「子」の字がなく、傳に「糾者何　公子糾也　何以不稱公子　君前臣名也」とある。なお、杜預の本がどうだったかは、あまりはっきりしないが、特に注がないことからして、下の經文と同様に「子」の字があった可能性が高い〔楊伯峻『春秋左傳注』を參照〕。ちなみに、八年の傳文「亂作　管夷吾召忽奉公子糾來奔」の注に「九年公伐齊納子糾」とある。

【經】齊小白入于齊

【注】二公子には（國内に）それぞれ黨與がいたから、盟って子糾を迎えよ

うとしても、伐って始めて入ることが出來る、という狀況であり、しかも、小白におくれをとってしまったのである。小白が、「入」と稱して、國が迎えたという表現に從っているのは、以前（小白には）位がなかった、からである。

(附)注の前半については、異説として、疏に「賈服以爲　齊大夫來迎子糾　公不亟遣　而盟以要之　齊人歸迎小白」とある。ちなみに、穀梁傳文には「當可納而不納　齊變而後伐」とある。なお、注の「出在小白之後」については、下の傳文に「夏公伐齊納子糾　桓公自莒先入」とあり、注に「桓公　小白」とあるのを參照。また、『史記』魯世家に「魯欲内子糾於齊　後桓公」とあるのを參照。

注の後半については、成公十八年の傳文に「凡去其國　國逆而立之曰入」とあり、注に「謂本無位　紹繼而立」とあるのを參照。

【經】秋七月丁酉葬齊襄公

㊟傳はない。（死後）九箇月もたって葬ったのは、亂のためである。

(附)隱公元年の傳文に「諸侯五月」とあるのを參照。

【經】八月庚申及齊師戰于乾時　我師敗績

㊟小白が（君として）既に定まったのに、公はなお師をひかず、複數の季節〔夏と秋〕にまたがって戰い、そのまま大敗したのである。「公戰」・「公敗」と稱していないのは、諱んでである。「乾時」は、齊地である。時水が樂安の境界にあり、その支流は、ひでりがつづくと、かれてしまう。だから、「乾時」というのである。

(附)注の「不稱公戰公敗　諱之」については、下の傳文に「公喪戎路　傳乘而歸」とあるのを參照。また、公羊傳文に「曷爲使微者　公也」とあるのを參照。

【經】九月齊人取子糾殺之

㊟公子が賊亂をなせば、（ここのように、經に）書くのである。齊は、實際には、殺すよう言ってきただけである〔殺したのは魯である〕のに、「齊が取って殺した」と書いているのは、當時の史官が、齊の意圖は、いつわって管仲を手に入れることにあり、肉親を殺すに忍びないわけではなかった、ことをにくんだから、極端な言い方をしたのである。

(附)注の前半については、疏に引く『釋例』に「禍福不告則不書　然則國之大事　見告則皆承告而書　貴賤各以所告爲文也　福莫大於享國有家　禍莫甚於骨肉相殘　故公子取國及爲亂見殺者　亦皆書之　不必繫於爲卿　故子糾意恢以公子見書於經也」とあるのを參照。

注の後半については、下の傳文に「鮑叔帥師來言曰　子糾親也　請君討之（注　鮑叔乘勝而進軍　志在生得管仲　故託不忍之辭）管召讎也　請受而甘心焉」とあるのを參照。なお、公羊傳文に「其言取之何　内辭也　脅我使我殺之也」とあるのも參照。

【經】冬浚洙

【注】傳はない。「洙」水は、魯城の北にあり、下って泗水に合していた。浚って深くしたのは、齊のために備えたのである。

【附】注の前半については、疏に引く『釋例』に「洙水　出魯國東北　西南入沇水　下合泗」とあるのを參照。

注の後半については、公羊傳文に「浚之者何　深之也　曷爲深之　畏齊也」とあるのを參照。

【傳】九年春雍廩殺無知

【傳】公及齊大夫盟于蔇　齊無君也

【傳】夏公伐齊納子糾　桓公自莒先入

【注】「桓公」とは、(經の)小白のことである。

【傳】秋師及齊師戰于乾時　我師敗績　公喪戎路　傳乘而歸

【注】「戎路」は、兵車である。「傳乘」とは、他の車に乗ったのである。

【附】注の「傳乘　乘他車」については、「傳」をそのまま讀んで、乘りついだとしているのか、あるいは、「轉」に通じると見て、乘りかえたとしているのか、はっきりしない。

【傳】秦子梁子以公旗辟于下道

【注】二子は、公の御者及び戎右〔そえのり〕である。それによって、齊の師をまどわしたのである。

【傳】是以皆止

【注】「止」は、獲である。

【附】僖公十五年の傳文「略秦伯　將止之」の注に、同文がみえる。なお、隱公十一年の傳文「公之爲公子也　與鄭人戰于狐壤　止焉」の注に「内諱獲　故言止」とあり、僖公十七年の傳文「齊人以爲討而止公」の注に「内諱執　皆言止」とあるのを參照。また、『國語』晉語三「亦不克救　遂止于秦」の韋注に「止　獲也　爲秦所獲」とあるのを參照。

【傳】鮑叔帥師來言曰　子糾　親也　請君討之

【注】鮑叔は、勝ちに乘じて軍を進めたが、その意圖は、管仲を生きたまま手に入れることにあったから、(肉親を殺すに)忍びないという言葉にかこつけたのである。

【附】上の經の注に「齊志在譎以求管仲　非不忍其親」とあるのを參照。

【傳】管召　讎也　請受而甘心焉

【注】管仲は桓公を射たから、「讎」と言っているのである。「甘心」とは、思う存分に殺戮したい、ということである。

【附】『史記』齊世家に「魯聞無知死　亦發兵送公子糾　而使管仲別將兵遮莒道　射中小白帶鉤　小白詳死　管仲使人馳報魯」とあるのを參照。

【傳】乃殺子糾于生竇

【注】「生竇」は、魯地である。

【附】『史記』齊世家「遂殺子糾于笙瀆」の〈集解〉に「賈逵曰　魯地句瀆

也」とある。

【傳】召忽死之　管仲請囚　鮑叔受之　及堂阜而稅之

㊟「堂阜」は、齊地である。東莞の蒙陰縣の西北部に夷吾亭がある。鮑叔がここで夷吾の縛めを解いたから、それに因んで名づけた、とも言われている。

(附)傳文の「稅」及び注の「解」については、成公九年の傳文に「有司對曰　鄭人所獻楚囚也　使稅之」とあり、注に「稅　解也」とあるのを參照。

なお、『史記』齊世家の〈集解〉に「賈逵曰　堂阜　魯北境」とある。

【傳】歸而以告曰　管夷吾治於高傒

㊟「高傒」は、齊の卿の高敬仲である。管仲の政治の才能は敬仲よりもまさっている、ということである。

(附)『史記』齊世家「小白自少好善大夫高傒」の〈集解〉に「賈逵曰　齊正卿高敬仲也」とあるのを參照。

【傳】使相可也　公從之

〔莊公十年〕

【經】十年春王正月公敗齊師于長勺

㊟齊人は（すでに）陣を整えていたけれども、魯が權謀によってひきとどめたため、陣が整っていても、用いることが出來なかった。だから、陣が整っていなかったという表現をとっている〔「戰」ではなく、「敗」と言っている〕のである。例は、十一年にある。「長勺」は、魯地である。

(附)十一年の傳文に「凡師　敵未陳曰敗某師」とあり、注に「通謂設權譎變詐以勝敵　彼我不得成列　成列而不得用　故以未陳獨敗爲文」とあり、つづく傳文に「皆陳曰戰」とあり、注に「堅而有備　各得其所　成敗決於志力者也」とある。なお、疏に引く『釋例』に「長勺之役　雖俱陳　而鼓音不齊　檇李之役　越人患吳之整　以死士亂吳　雖皆已陳　獨以獨克爲文　舉其權詐」とあるのを參照。

なお、事件の詳細については、下の傳文を參照。

【經】二月公侵宋

㊟傳はない。「侵」の例は、二十九年にある。

(附)二十九年の傳文に「凡師　有鍾鼓曰伐　無曰侵　輕曰襲」とある。

【經】三月宋人遷宿

㊟傳はない。宋が無理やりうつして、その地を取ったから、表現が「邢遷」とは異なっているのである。

(附)僖公元年に「夏六月邢遷于夷儀」とあり、注に「邢遷如歸　故以自遷爲辭」とある。なお、元年「齊師遷紀郱鄑郚」の疏に引く『釋例』に「邢遷于夷儀　則以自遷爲文　宋人遷宿　齊人遷陽　則以宋齊爲文　各從彼此所遷之實　記注之常辭　亦非例也」とあるのを參照。

【經】夏六月齊師宋師次于郎

㊟「侵」・「伐」を言っていないのは、齊が兵の主となり、蔇の盟〔九年〕に背いたからであり、長勺の場合と同義である。

(附)注の「義與長勺同」については、下の傳文「春齊師伐我」の注に「不書侵伐　齊背蔇之盟　我有辭」とある。

[經]公敗宋師于乘丘

㊟「乘丘」は、魯地である。

[經]秋九月荊敗蔡師于莘

㊟「荊」は、楚の本號であり、後に改めて「楚」としたのである。楚は、邊鄙な夷狄の地にあり、ここで始めて中國と通じたが、告命の辭〔赴告のことば〕が、まだ典禮に合致していなかったから、〔ただ國を稱し〕將帥〔軍をひきいた者〕を稱していないのである。「莘」は、蔡地である。

(附)注の「上國」については、昭公二十七年の傳文「使延州來季子聘于上國」の疏に「服虔云　上國　中國也」とあるのを參照。

[經]以蔡侯獻舞歸

㊟「獻舞」とは、蔡季のことである。

(附)桓公十七年に「秋八月蔡季自陳歸于蔡」とある。なお、隱公七年「戎伐凡伯于楚丘以歸」の注に「但言以歸　非執也」とあるのを參照。

[經]冬十月齊師滅譚

㊟「譚」國は、濟南の平陵縣の西南部にあった。傳に「譚が無禮だったからである」とあるが、これはただ、滅されたわけを釋しているのであって、經に義例はない。他はみな、これに倣う。「滅」の例は、文公十五年にある。

(附)文公十五年の傳文に「凡勝國曰滅之」とあり、注に「勝國　絕其社稷　有其土地」とある。

[經]譚子奔莒

㊟「出奔」と言っていないのは、國が滅んで、そこから出るという根據地がない、からである。

(附)公羊傳文に「何以不言出　國已滅矣　無所出也」とあり、何注に「別於有國出奔者」とあるのを參照。

[傳]十年春齊師伐我

㊟（經に）「侵」・「伐」を書いていないのは、齊が蔇の盟〔九年〕に背き、わが方の言い分が正しかった〔わが方に理があった〕、からである。

(附)桓公十年の傳文に「冬齊衛鄭來戰于郎　我有辭也（中略）故不稱侵伐」とあり、注に「不稱侵伐　而以戰爲文　明魯直諸侯曲　故言我有辭」とあるのを參照。

[傳]公將戰　曹劌請見

㊟「曹劌」は、魯人である。

(附)『史記』刺客列傳に「曹沫者　魯人也」とあるのを參照。

[傳]其鄉人曰　肉食者謀之　又何間焉

注「肉食」とは、(高)位にある者である。「間」は、與〔あづかる〕と同じである。

附注の前半については、昭公四年の傳文「食肉之祿」の注に「謂在朝廷治其職事就官食者」とあるのを參照。

注の後半については、昭公二十六年の傳文「諸侯釋位　以間王政」の注に、同文がみえる。

傳劌曰　肉食者鄙　未能遠謀　乃入見　問何以戰　公曰　衣食所安　弗敢專也　必以分人　對曰　小惠未徧　民弗從也

注公の衣食を分けても、恩惠をこうむるのは左右の者に過ぎないから、「行きわたらない」と言っているのである。

傳公曰　犧牲玉帛　弗敢加也　必以信

注祝史の禱辭では、小を大としたり、惡を善としたりする〔言葉をかざる〕、ということがない。

附桓公六年の傳文に「祝史正辭　信也」とあり、注に「正辭　不虛稱君美」とあるのを參照。

傳對曰　小信未孚　神弗福也

注「孚」は、大信である。

附襄公十三年の傳文「其詩曰　儀刑文王　萬邦作孚」の注に「孚　信也」とあるのを參照。なお、この「詩」は、大雅の〈文王〉であり、その毛傳にも「孚　信也」とある。

傳公曰　小大之獄　雖不能察　必以情

注いつも自分の眞情を盡くしている。「察」は、審〔つまびらかにする〕である。

附注の「察　審也」は、『爾雅』釋詁の文である。

傳對曰　忠之屬也

注上にたつ者が民に利を與えようとはかるのが、忠である〔桓公六年傳文〕。

傳可以一戰　戰則請從　公與之乘

注ともに兵車に乘ったのである。

傳戰于長勺　公將鼓之　劌曰　未可　齊人三鼓　劌曰　可矣　齊師敗績　公將馳之　劌曰　未可　下視其轍

注車の跡をしらべたのである。

附昭公十二年の傳文に「周行天下　將皆必有車轍馬跡焉」とあるのを參照。

なお、『文選』巻第三十五張景陽〈七命〉の李善注には「杜左氏傳注　轍　車迹也」とある〔挍勘記を參照〕。

傳登軾而望之　曰　可矣　遂逐齊師　既克　公問其故　對曰　夫戰　勇氣也　一鼓作氣　再而衰　三而竭　彼竭我盈　故克之　夫大國難測也　懼有伏焉

注逃げるふりをしているのかも知れなかった。

傳吾視其轍亂　望其旗靡　故逐之

注旗がたおれ、車の跡が亂れていた、ということは、あわてふためいていた、ということである。

[傳]夏六月齊師宋師次于郞　公子偃曰　宋師不整　可敗也

(注)「公子偃」は、魯の大夫である。

[傳]宋敗　齊必還　請擊之　公弗許　自雩門竊出　蒙皐比而先犯之

(注)「雩門」は、魯の南城の門である。「皐比」は、虎の皮である。

(附)注の前半については、三十二年の傳文「犖有力焉　能投蓋于稷門」の注に「稷門　魯南城門」とあるのを參照。

注の後半については、僖公二十八年の傳文に「胥臣蒙馬以虎皮　先犯陳蔡」とあるのを參照。なお、疏に「其名曰皐比　則其義未聞　樂記云　倒載干戈　包之以虎皮　名之曰建櫜　鄭玄以爲兵甲之衣曰櫜　櫜韜也　而其字或作建皐　故服虔引以解此」とある。

[傳]公從之　大敗宋師于乘丘　齊師乃還

[傳]蔡哀侯娶于陳　息侯亦娶焉　息嬀將歸　過蔡　蔡侯曰　吾姨也

(注)妻の姊妹を「姨」という。

(附)『爾雅』釋親に「妻之姊妹同出爲姨」とあるのを參照。

[傳]止而見之　弗賓

(注)禮によって尊ぶことをしなかったのである。

[傳]息侯聞之　怒　使謂楚文王曰　伐我　吾求救於蔡而伐之　楚子從之

秋九月楚敗蔡師于莘　以蔡侯獻舞歸

[傳]齊侯之出也　過譚　譚不禮焉　及其入也　諸侯皆賀　譚又不至

(注)九年に入った。

(附)九年に「齊小白入于齊」とある。

[傳]冬齊師滅譚　譚無禮也　譚子奔莒　同盟故也

(注)傳は、譚は（思慮が？）遠くにまで及ばなかったから、亡んだのである、と言っているのである。

(附)桓公六年の傳文「君子曰　善自爲謀」の注に「言獨絜其身　謀不及國」とあるのを參照。なお、襄公二十八年の傳文に「君子有遠慮　小人從邇」とあり、『論語』衞靈公に「人無遠慮　必有近憂」とあるのも參照。

巻第九

〔莊公十一年〕

經十有一年春王正月

注傳はない。

經夏五月戊寅公敗宋師于鄑

注「鄑」は、魯地である。傳例に「敵が陣を整えていなかった場合には、『敗某師』という」〔下の傳文〕とある。

經秋宋大水

注公が使者をやって見舞わせたから、書いたのである。

附下の傳文に「公使弔焉」とある。

經冬王姬歸于齊

注魯が婚禮の主人役をしたのに、齊侯が（魯に）迎えにきたことを（經に）書いていないのは、公にあわなかったからである。

附下の傳文に「冬齊侯來逆共姬」とある。なお、元年「夏單伯送王姬」の注に「天子嫁女於諸侯　使同姓諸侯主之　不親昏」とあるのを參照。また、同年「王姬歸于齊」の注に「不書逆　公不與接」とあるのを參照。

傳十一年夏宋爲乘丘之役　故侵我　公禦之　宋師未陳而薄之　敗諸鄑

凡師　敵未陳曰敗某師

注權謀を設けて敵に勝った場合まで含めて言っているのである。（つまり）雙方が陣を整えられなかった場合と、陣を整えていても用いることが出來なかった場合〔權謀を設けて敵に勝った場合〕とであり、だから、（いずれの場合も）陣が整っておらず、一方だけが敗れた、という表現をとっているのである。

附十年「春王正月公敗齊師于長勺」の注に「齊人雖成列　魯以權譎稽之　列成而不得用　故以未陳爲文　例在十一年」とあるのを參照。なお、疏に引く『釋例』に「魯敗宋莒　再發未陳之例者　嫌君臣有異也」とある。これについては、昭公五年「戊辰叔弓帥師敗莒師于蚡泉」の傳に「莒人來討　不設備　戊辰叔弓敗諸蚡泉　莒未陳也」とあり、注に「嫌君臣異　故重發例」とあるのを參照。

傳皆陳曰戰

注堅固に備えをなし、それぞれ、適當な陣地を確保し、勝敗が氣力で決まる場合である。

附疏に引く『釋例』に「令狐之役　晉人潛師夜起　而書戰者　晉諱背其前意而夜薄秦師　以戰告也　河曲之戰　秦晉交綏　長岸之戰　吳楚兩敗　交綏並退　軍士未憖　吳楚俱病　莫肯以告　故皆書戰而不書敗也　邲之戰　上軍先陳　林父乃敗　故書戰又書敗也」とある。

傳大崩曰敗績

注岸がこわれ山がくずれるように軍勢がたわみ敗れた〔大敗した〕場合である。その功績をうしなったから、「敗績」というのである。

(附)注の「師徒橈敗」は、成公二年の傳文である。なお、その注に「橈曲也」とあるのを參照。
注の「若沮岸崩山」については、隱公三年の穀梁傳文に「高曰崩（注　梁山崩）厚曰崩（注　沙鹿崩）」とあるのを參照。
注の「喪其功績　故曰敗績」については、宣公十二年の穀梁傳文に「績　功也　功　事也　曰其事敗也」とあるのを參照。また、『國語』晉語八「國無敗績」の韋注に「績　功也」とあるのを參照。

(傳)得儁曰克

(注)大叔段のたぐいをいう。（つまり）才智が人民を歸服させるのに充分であり、威權が自分の地位を固めるのに充分であり、國外にまで脅威を與えるわけではないが、國内では實力を發揮し、君どうし〔二國間〕のような（ひどい）兵難があって、實は君どうしではない、といったような場合であり、このような相手に克てば、相手が敗績したとは言わず、ただ克った相手の名を書くのである。

(附)隱公元年に「夏五月鄭伯克段于鄢」とあり、注に「以君討臣　而用二君之例者　言段强大儁傑　據大都以耦國　所謂得儁曰克也」とあるのを參照。また、その傳に「如二君　故曰克」とあるのを參照。
なお、疏に「釋例與此盡同」とある。

(傳)覆而敗之曰取某師

(注)「覆」とは、威嚴も力量もかね備わり、網でおおうように、一軍がそっくりとりこにされた〔一網打盡にされた〕場合をいうのであり、だから、「取」という表現にするのである。

(附)哀公九年「宋皇瑗帥師取鄭師于雍丘」の疏に引く『釋例』に、同文がみえる。
なお、異説として、疏に「服虔云　覆　隱也　設伏而敗之　謂攻其無備　出其不意　敵人不知　敗之易　故曰取」とある。

(傳)京師敗曰王師敗績于某

(注)王者は天下に匹敵する者がなく、天下は（何人も）王者を相手に戰うことが出來ないはずである。しかしながら、《春秋》の世では、（現實には）そのような事があったため、それが經に書かれているから、（傳は）それについて義をのべざるを得ないのであり、（その義とは、つまり）敗れた場合は、（敵なしに）自ら敗れたという表現をとって、天下に對抗できる者がいないことを明らかにする、ということである。

(附)成公元年に「秋王師敗績于茅戎」とあり、注に「不言戰　王者至尊　天下莫之得校　故以自敗爲文」とあるのを參照。なお、同年の公羊傳文に「王者無敵　莫敢當也」とあるのも參照。

(傳)秋宋大水　公使弔焉　曰　天作淫雨　害於粢盛　若之何不弔

(注)（「不弔」とは）天にあわれまれなかった、ということである。

(附)成公七年の傳文に「中國不振旅　蠻夷入伐　而莫之或恤　無弔者也夫　詩曰　不弔昊天　亂靡有定　其此之謂乎」とあり、注に「詩小雅　刺在上者不能弔愍下民　故號天告亂」とあり、つづく傳文に「有上不弔　其誰不受亂　吾亡無日矣」とあるのを參照。また、襄公十三年の傳文に「君子以吳爲不弔」とあり、注に「不用天道相弔恤」とあり、つづく傳文に「詩曰　不弔昊天　亂靡有定」とあり、注に「言不爲昊天所恤　則致罪也」とあるのを參照（『詩』は、〈節南山〉である）。なお、異説として、劉文淇『春秋左氏傳舊注疏證』に「此使者述魯來弔意也　杜注　不爲天所愍弔　非」とあり、また、安井衡『左傳輯釋』に「不弔之弔　卽使弔之弔　謂問其災（中略）於情不得不弔　故曰若之何不弔」とある。ちなみに、襄公十四年の傳文にも「公使厚成叔弔于衛　曰　寡君使瘠　聞君不撫社稷而越在他竟　若之何不弔」とある。

なお、『史記』宋世家「宋水　魯使臧文仲往弔水」の〈集解〉に「賈逵曰　問凶曰弔」とある。

【傳】對曰　孤實不敬　天降之災　又以爲君憂　拜命之辱

㊟（「拜命之辱」とは）暖かいお言葉を頂戴したことに御禮申し上げる、ということである。

【傳】臧文仲曰　宋其興乎

㊟「臧文仲」は、魯の大夫である。

(附)二十八年「臧孫辰告糴于齊」の注に「臧孫辰　魯大夫臧文仲」とあるのを參照。

【傳】禹湯罪己　其興也悖焉

㊟「悖」は、盛んなさまである。

(附)『孟子』梁惠王上「苗浡然興之矣」の趙注に「浡然已盛」とあるのを參照。

【傳】桀紂罪人　其亡也忽焉

㊟「忽」は、速やかなさまである。

【傳】且列國有凶　稱孤　禮也

㊟「列國」は、諸侯である。凶事がなければ、常に「寡人」と稱するのである。

(附)注の前半については、『禮記』曲禮下「列國之大夫　入天子之國　曰某士」の注に「亦謂諸侯之卿也」とあるのを參照。

注の後半については、『禮記』曲禮下に「諸侯見天子　曰臣某侯某　其與民言　自稱曰寡人（注　於臣亦然）其在凶服　曰適子孤」とあるのを參照。

【傳】言懼而名禮　其庶乎

㊟「言懼〔言葉が愼しみ深い〕」とは、（上の）「自分を罪責する」ということである。「名禮〔名稱が禮にかなっている〕」とは、（上の）「孤と稱する」ということである。「其庶〔近い〕」とは、興起するに近い、ということである。

(附)襄公二十六年の傳文「晉其庶乎」の注に「庶幾於治」とあり、昭公十六年の傳文「鄭其庶乎」の注に「庶幾於興盛」とあるのを參照。なお、『論語』先進「回也其庶乎」の注に「回庶幾聖道」とあり、『孟子』梁惠王下「齊國其庶幾乎」の趙注に「齊國其庶幾治乎」とあるのも參照。

【傳】既而聞之　曰　公子御説之辭也

㊟宋の莊公の子である。

【傳】臧孫達曰　是宜爲君　有恤民之心

(附)惠棟『春秋左傳補註』に「世本　孝公生僖伯彄　彄生哀伯達　達生伯氏瓶　瓶生文仲辰　此傳先載文仲之言　不應後錄哀伯之語　達當爲辰字之誤也　桓二年傳　先稱臧哀伯　後云臧孫達　與此一例」とある。

傳冬齊侯來逆共姫

㊟齊の桓公である。

傳乘丘之役

㊟十年にある。

(附)十年に「夏六月齊師宋師次于郎　公敗宋師于乘丘」とある。

傳公以金僕姑射南宮長萬

㊟「金僕姑」は、矢の名である。「南宮長萬」は、宋の大夫である。

(附)『史記』宋世家「魯生虜宋南宮萬」の〈集解〉に「賈逵曰　南宮　氏　萬　名　宋卿」とある。

傳公右歂孫生搏之

㊟「搏」は、取〔とらえる〕である。萬を獲たことを（經に）書いていないのは、（萬は）この時まだ卿になっていなかった、からである。

(附)注の「時未爲卿」については、十二年「秋八月甲午宋萬弑其君捷及其大夫仇牧」の注に「萬及仇牧　皆宋卿」とあるのを參照。なお、十二年の公羊傳文に「歸反爲大夫於宋」とあるのも參照。

傳宋人請之　宋公靳之

㊟たわむれに人をはずかしめる〔からかう〕のを「靳」という。魯は萬がかえるのを許したのである。

(附)注の前半については、『禮記』儒行「今衆人之命儒也妄常　以儒相詬病」の注に「妄之言　無也　言今世名儒　無有常人　遭人名爲儒　而以儒靳故相戲　此哀公輕儒之所由也　詬病猶恥辱也」とあるのを參照。なお、異説として、疏に「服虔云　恥而惡之曰靳」とある。
注の後半については、十二年の公羊傳文に「數月然後歸之」とあるのを參照。また、『史記』宋世家に「宋人請萬　萬歸宋」とあるのを參照。

傳曰　始吾敬子　今子魯囚也　吾弗敬子矣　病之

㊟萬は、冗談とは思わず〔眞に受け〕、氣に病んだのである。宋の萬が君を弑したことのために傳したのである。

(附)十二年に「秋八月甲午宋萬弑其君捷及其大夫仇牧」とある。

〔莊公十二年〕

經十有二年春王三月紀叔姫歸于酅

㊟傳はない。紀侯が國を去って死んだため、叔姫は、（一度）魯にかえり、紀季が（附庸となって）齊に身を落ち着けた後、そこにかえったのであり、節義を守って、婦人としての道を全うしたから、「紀」に繫げて、はじめて嫁いだという表現をとり（「歸」といい）、賢としたのである。（魯に）かえってきたことを書いていないのは、歸省したわけでもなく、離縁されてもどったわけでもなかった、からである。

(附)注の「紀侯去國而死」については、四年に「紀侯大去其國」とある。

注の「紀季自定於齊」については、三年に「秋紀季以酅入于齊」とある。

注の「以初嫁爲文」については、隱公二年の公羊傳文に「婦人謂嫁曰歸」とあるのを參照。

注の「來歸不書　非寧　且非大歸」については、二十七年の傳文に「凡諸侯之女　歸寧曰來　出曰來歸」とあるのを參照。また、同年の公羊傳文に「直來曰來　大歸曰來歸」とあるのを參照。

なお、疏に「釋例與此盡同」とある。

經夏四月

經秋八月甲午宋萬弑其君捷及其大夫仇牧

注「捷」は、閔公である。「葬」を書いていないのは、（國が）亂れたからである。「萬」及び「仇牧」は、いずれもみな、宋の卿である。「仇牧」と名を稱しているのは、警戒を怠って賊に出遇い、褒めるにあたいする善事がなかった、からである。

附文公八年に「宋人殺其大夫司馬　宋司城來奔」とあり、注に「司馬死不舍節　司城奉身而退　故皆書官而不名　貴之」とあるのを參照。また、その傳に「司馬握節以死　故書以官　司城蕩意諸來奔　效節於府人而出（中略）亦書以官　皆貴之也」とあるのを參照。なお、桓公二年「春王正月戊申宋督弑其君與夷及其大夫孔父」の疏に引く『釋例』に「仇牧不警而遇賊　又死無忠事」とあるのも參照。

なお、疏に引く『釋例』に「宋萬　賈氏以爲未賜族　案傳稱南宮長萬則爲已氏南宮　不得爲未賜族也　推尋經文　自莊公以上　諸弑君者皆不書氏　閔公以下　皆書氏　亦足明時史之異同　非仲尼所皆貶也」とある。

經冬十月宋萬出奔陳

注「奔」の例は、宣公十年にある。

附宣公十年の傳文に「凡諸侯之大夫違（注　違　奔放也）告於諸侯曰某氏之守臣某　失守宗廟　敢告　所有玉帛之使者則告　不然則否」とある。

傳十二年秋宋萬弑閔公于蒙澤

注「蒙澤」は、宋地である。梁國に蒙縣がある。

附『史記』宋世家の〈集解〉に「賈逵曰　蒙澤　宋澤名也」とあるのを參照。

なお、疏に引く『釋例』に「先儒旁采二傳　橫生異例　宋之蒙澤　楚之乾谿　俱在國內　閔公之弑　則以不書蒙澤國內爲義　楚弑靈王　復以地乾谿爲失所　明仲尼本不以爲義例　則丘明亦無異文也」とある。

傳遇仇牧于門　批而殺之

注手でうち殺したのである。

傳遇大宰督于東宮之西　又殺之

注督を殺したことを（經に）書いていないのは、宋が赴告してこなかったからである。

傳立子游

注「子游」は、宋の公子である。

附『史記』宋世家に「乃更立公子游爲君」とあるのを參照。なお、疏に引く『世族譜』に「子游　雜人　不知何公之子」とある。

傳羣公子奔蕭　公子御說奔亳

注「蕭」は、宋の邑である。今の沛國の蕭縣である。「亳」は、宋の邑である。蒙縣の西北部に亳城がある。

附『史記』宋世家の〈集解〉に「服虔曰　蕭　亳　宋邑也」とあるのを參照。

傳南宮牛猛獲帥師圍亳

注「牛」は、長萬の子である。「猛獲」は、その仲間である。

附『史記』宋世家には「萬弟南宮牛將兵圍亳」とある。
なお、注の最後の「一」は、挍勘記に従って、衍文とみなす。

傳冬十月蕭叔大心

注「叔」は、蕭の大夫の名である。

附二十三年「蕭叔朝公」の注に「叔　名」とあるのを參照。

傳及戴武宣穆莊之族

注宋の五公の子孫である。

附『史記』宋世家に「冬蕭及宋之諸公子共擊殺南宮牛」とあるのを參照。

傳以曹師伐之　殺南宮牛于師　殺子游于宋　立桓公

注「桓公」は、御說である。

附『史記』宋世家に「弑宋新君游而立湣公弟禦說　是爲桓公」とあるのを參照。

傳猛獲奔衞　南宮萬奔陳　以乘車輦其母　一日而至

注「乘車」とは、兵車でないもの〔普通の乘用の車〕である。人を車にのせてひくのを「輦」という。宋と陳とは二百六十里も離れていたから、（「一日而至」とは）萬が大力であったことを言っているのである。

附注の「乘車非兵車」については、襄公二十四年の傳文「已皆乘乘車」の注に「乘車　安車」とあるのを參照。また、『史記』衞世家「召護駕乘車」の〈集解〉に「服虔曰（中略）駕乘車　不駕兵車也」とあるのを參照。
注の「駕人曰輦」については、襄公十年の傳文「孟氏之臣秦堇父輦重如役」の注に「步挽重車以從師」とあるのを參照。
注の「萬之多力」については、『史記』宋世家「陳人使婦人飲之醇酒」の〈集解〉に「服虔曰　宋萬多力　勇不可執　故先使婦人誘而飲之酒
醉而縛之」とあるのを參照。なお、公羊傳文に「仇牧可謂不畏彊禦矣」とあり、何注に「禦　禁也　言力彊不可禁也」とあるのも參照。

傳宋人請猛獲于衞　衞人欲勿與　石祁子曰　不可

注「石祁子」は、衞の大夫である。

傳天下之惡一也　惡於宋而保於我　保之何補　得一夫而失一國　與惡而
弃好　非謀也

注宋と衞とは、もともと友好國であった。

【傳】衞人歸之　亦請南宮萬于陳以賂　陳人使婦人飲之酒　而以犀革裹之
比及宋　手足皆見　宋人皆醢之

【注】「醢」は、肉醬〔鹽漬け肉〕である。猛獲もいっしょに醢にしたから、「皆」と言っているのである。

【附】『史記』宋世家の〈集解〉に「服虔曰　醢　肉醬」とあるのを參照。なお、『說文』にも「醢　肉醬也」とある。

〔莊公十三年〕

【經】十有三年春齊侯宋人陳人蔡人邾人會于北杏

【注】「北杏」は、齊地である。

【經】夏六月齊人滅遂

【注】「遂」國は、濟北の蛇丘縣の東北部にあった。

【經】秋七月

【經】冬公會齊侯盟于柯

【注】この「柯」は、今の濟北の東阿で、齊の阿邑である。「祝柯」〔襄公十九年〕が、今、祝阿である、のと同じである。

【傳】十三年春會于北杏　以平宋亂

【注】宋に君を弑するという亂がおこったから、齊の桓公は、霸業をおこなおうとしたのである。

【傳】遂人不至

【傳】夏齊人滅遂而戍之

【注】「戍」は、守である。

【附】八年の傳文「齊侯使連稱管至父戍葵丘」の注に、同文がみえる。なお、そこの【附】を參照。

【傳】冬盟于柯　始及齊平也

【注】始めて齊の桓公とよしみを通じたのである。

【傳】宋人背北杏之會

〔莊公十四年〕

【經】十有四年春齊人陳人曹人伐宋

【注】北杏の會に背いたからである。

【附】十三年の傳文に「宋人背北杏之會」とある。

【經】夏單伯會伐宋

【注】宋を伐った後で單伯がやって來たから、「會伐宋」と言っているのである。「單伯」は、周の大夫である。

【附】注の前半については、下の傳文に「春諸侯伐宋　齊請師于周　夏單伯

會之　取成于宋而還」とある。

注の後半については、元年「夏單伯送王姬」の注に「單伯　天子卿也」とあるのを參照。

經秋七月荆入蔡

注「入」の例は、文公十五年にある。

附文公十五年の傳文に「獲大城焉　曰入之」とあり、注に「得大都而不有」とある。

經冬單伯會齊侯宋公衛侯鄭伯于鄄

注「鄄」は、衞地で、今の東郡の鄄城である。齊の桓公は、霸業をおこなって、ついに宋の亂を平定し、宋人が服從したが、功を天子に歸せんとしたから、(特に)「單伯が諸侯と會した」という表現で(「單伯」を際立たせて)赴告してきたのである。

附注の「鄄　衞地」については、昭公二十年の傳文に「衞公孟縶狎齊豹　奪之司寇與鄄」とあり、注に「鄄　豹邑」とあるのを參照。

注の「齊桓脩霸業云云」については、十三年の傳文に「春會于北杏　以平宋亂」とあり、注に「齊桓欲脩霸業」とあるのを參照。また、下の傳文に「冬會于鄄　宋服故也」とあるのを參照。

注の「欲歸功天子云云」については、疏に「單伯宜列在諸侯之上　下言會于鄄耳　今會字乃在齊侯之上」とある。つまり、普通ならば、「冬單伯齊侯宋公衞侯鄭伯會于鄄」と言うべきところである、ということである。

傳十四年春諸侯伐宋　齊請師于周

注齊は、天子を尊ばんとしたから、(わざわざ)師を請い、王命を借りることによって、(王への)大順を示したのである。經は「人」と書いている(から大夫のはずである)のに、傳が「諸侯」と言っているのは、衆國をまとめた言い方である(諸國という意味であって、諸國の君という意味ではない)。

附疏に引く『釋例』に「傳滅入例　衞侯燬滅邢　同姓　故名　又云　穀伯綏鄧侯吾離來朝　名　賤之也　又云　不書蔡許之君　乘楚車也　謂之失位　此皆貶諸侯之例　例不稱人也　諸侯在事　傳有明文　而經稱人者　凡十一條　丘明不示其義　而諸儒皆據案生意　原無所出　貶諸侯而去爵稱人　是爲君臣同文　非正等差之謂也　又澶淵大夫之會　傳曰　不書其人　案經皆去名稱人　至諸侯親城緣陵　傳亦曰　不書其人　而經總稱諸侯　此大夫及諸侯　經傳所以爲別也　通校春秋　自宣公五年以下　百數十年　諸侯之咎甚多　而皆無貶稱人者　益明此蓋當時告命記注之異　非仲尼所以爲例故也」とあるのを參照。また、僖公元年に「齊師宋師曹師次于聶北救邢」とあり、傳に「諸侯救邢」とあり、注に「實大夫而曰諸侯　總衆國之辭」とあるのを參照。

なお、諸本に從って、注の「傳」の下に「言」の字を補う。

傳夏單伯會之　取成于宋而還

【傳】鄭厲公自櫟侵鄭

【注】厲公は、桓公十五年に櫟に入り、そのままそこに居たのである。

【附】桓公十五年に「秋九月鄭伯突入于櫟」とあり、傳に「秋鄭伯因櫟人殺檀伯　而遂居櫟」とある。

【傳】及大陵　獲傅瑕

【注】「大陵」は、鄭地である。「傅瑕」は、鄭の大夫である。

【傳】傅瑕曰　苟舍我　吾請納君　與之盟而赦之　六月甲子傅瑕殺鄭子及其二子而納厲公

【注】鄭子は、莊公四年には、「伯」と稱して諸侯と會しているのに、今ここで、殺されたことについて、「君」と稱さず、謚がないのは、微弱だったため、臣子が、君としての禮によって喪を成し諸侯に赴告する、ということをしなかった、からである。

【附】四年に「夏齊侯陳侯鄭伯遇于垂」とある。

【傳】初内蛇與外蛇鬭於鄭南門中　内蛇死　六年而厲公入

【附】疏に「服虔云　蛇　北方水物　水成數六　故六年而厲公入」とある。

【傳】公聞之　問於申繻曰　猶有妖乎　對曰　人之所忌　其氣燄以取之　妖由人興也

【注】『尚書』洛誥に「火の（燃えあがる）ようにさせてはならない。はじめはちょろちょろだが」とある。（つまり、「燄」とは）まだ盛んでなくて出たり入ったり（ちょろちょろ）している時であり、これによって、人の心がしっかりしていない狀態を喩えたのである。

【傳】人無釁焉　妖不自作　人弃常則妖興　故有妖　厲公入　遂殺傅瑕　使謂原繁曰　傅瑕貳

【注】自分（厲公）に二心をもった、ということである。

【傳】周有常刑　既伏其罪矣　納我而無二心者　吾皆許之上大夫之事　吾願與伯父圖之

【注】「上大夫」は、卿である。「伯父」とは、原繁のことをいう。原繁に二心があるのではないかと疑ったのである。

【傳】且寡人出　伯父無裏言

【注】私を迎え入れるという言葉がなかった。

【附】異説として、王引之『經義述聞』に「家大人曰　無裏言　謂不通内言於外　非謂無納我之言也　襄二十六年傳　衛獻公使讓大叔文子曰　寡人淹恤在外　二三子皆使寡人朝夕聞衛國之言　吾子獨不在寡人　寡人怨矣　對曰　臣不能貳　通外内之言以事君　臣之罪也　不通外内之言卽所謂無裏言」とある。

【傳】入又不念寡人

【注】自分に親しんでくれない。

【傳】寡人憾焉　對曰　先君桓公命我先人典司宗祏

【注】「桓公」は、鄭の始めて封を受けた君である。「宗祏」とは、宗廟の中で主（位牌）をしまっておく石室である。自分の家は代々宗廟の守臣である、ということである。

【傳】社稷有主而外其心　其何貳如之　苟主社稷　國内之民其誰不爲臣　臣無二心　天之制也　子儀在位十四年矣

【注】「子儀」とは、鄭子のことである。

【附】桓公十八年の傳文に「祭仲逆鄭子于陳而立之」とあり、注に「鄭子昭公弟子儀也」とあるのを參照。

【傳】而謀召君者　庸非二乎

【注】「庸」は、用である。

【附】僖公二十四年の傳文「庸勳親親暱近尊賢　德之大者也」の注、成公十五年の傳文「欒武子欲報楚　韓獻子曰　無庸」の注、及び襄公二十五年の傳文「庸以元女大姫配胡公」の注に、同文がみえる。なお、襄公二十五年の傳文「將庸何歸」の注に「將用死亡之義　何所歸趣」とあるのを參照。ただし、ここの「庸」、及び襄公二十五年「將庸何歸」の「庸」は、反語あるいは疑問の助字として讀むのが、妥當であろう。ちなみに、劉淇『助字辨略』に「左傳莊公十四年　子儀在位十四年矣　而謀召君者　庸非貳乎（中略）諸庸字　竝寧豈之辭」とあり、また、「左傳襄公二十五年　將庸何歸（中略）愚案　庸何　重言也　杜注訓庸爲用　恐非」とある。

【傳】莊公之子猶有八人　若皆以官爵行賂勸貳　而可以濟事　君其若之何　臣聞命矣　乃縊而死

【傳】蔡哀侯爲莘故　繩息嬀以語楚子

【注】「莘」の役は、十年にある。「繩」は、譽（ほめる）である。

【附】注の前半については、十年に「秋九月荊敗蔡師于莘　以蔡侯獻舞歸」とある。なお、その傳文も參照。

注の後半については、『禮記』表記「君子不以口譽人」の注に「譽繩也」とあるのを參照。

なお、注の「宰」は、諸本に從って、「莘」に改める。

【傳】楚子如息　以食入享　遂滅息

【注】いつわって享食の用意をしたのである。

【傳】以息嬀歸　生堵敖及成王焉　未言

【注】王と口を利かなかったのである。

【附】『禮記』喪服四制に「禮　斬衰之喪　唯而不對　齊衰之喪　對而不言」とあり、注に「言　謂先發口也」とある。

【傳】楚子問之　對曰　吾一婦人而事二夫　縱弗能死　其又奚言　楚子以蔡侯滅息　遂伐蔡

【注】それによって息嬀を悦ばせようとしたのである。

【傳】秋七月楚入蔡　君子曰　商書所謂惡之易也　如火之燎于原　不可鄉邇　其猶可撲滅者　其如蔡哀侯乎

【注】『商書』の〈盤庚〉である。惡は、のび易くて滅し難い、ということである。

【附】隱公六年の傳文に「商書曰　惡之易也　如火之燎于原　不可鄉邇」とあり、注に「商書盤庚　言惡易長　如火焚原野　不可鄉近」とあり、つづく傳文に「其猶可撲滅」とあり、注に「言不可撲滅」とあるのを參照。

【傳】冬會于鄄　宋服故也

〔莊公十五年〕

【經】十有五年春齊侯宋公陳侯衞侯鄭伯會于鄄

【經】夏夫人姜氏如齊

(注)傳はない。「夫人」とは、文姜で、齊の桓公の姉妹である。父母が存命していれば、禮として、（自身で）歸寧（里がえり）し、沒していれば、卿に代理をさせる。

(附)二十七年の傳文に「夫人歸寧　曰如某」とあり、その疏に引く『釋例』に「歸寧者　女子既嫁　有時而歸　問父母之寧否　父母沒　則使卿歸問兄弟也」とあるのを參照。また、襄公十二年の傳文に「秦嬴歸于楚　楚司馬子庚聘于秦　爲夫人寧　禮也」とあり、注に「諸侯夫人父母既沒　歸寧使卿　故曰禮」とあるのを參照。なお、『詩』周南〈葛覃〉に「歸寧父母」とあり、毛傳に「寧　安也　父母在　則有時歸寧耳」とあるのも參照。

なお、疏に「但不知今桓公有母以否　故杜不明言得失」とある。

【經】秋宋人齊人邾人伐郳

(注)宋は、兵に主となったから、齊の上におかれているのである。

(附)隱公五年「邾人鄭人伐宋」の注に「邾主兵　故序鄭上」とあるのを參照。

【經】鄭人侵宋

【經】冬十月

【傳】十五年春復會焉　齊始霸也

(注)始めて諸侯の長となったのである。

【傳】秋諸侯爲宋伐郳

(注)「郳」は、附庸で、宋に屬していながら叛いたから、齊の桓公が、宋のために郳を伐ったのである。

【傳】鄭人間之而侵宋

〔莊公十六年〕

【經】十有六年春王正月

【經】夏宋人齊人衞人伐鄭

(注)（宋が上におかれているのは）宋が兵に主となった（からである）。會盟でのならべ方は、國の大小の順にし、征伐では、兵に主となった者を先にする、というのが、《春秋》の常法である。他はみな、これに倣う。

(附)内容はだいぶ異なるが、昭公十二年の公羊傳文に「春秋之信史也　其序則齊桓晉文（何注　唯齊桓晉文會　能以德優劣國大小相次序）其會則主會者爲之也（何注　非齊桓晉文　則如主會者爲之　雖優劣大小相越　不改更　信史也）其詞則丘有罪焉耳」とあるのを參照。

經秋荊伐鄭

經冬十有二月會齊侯宋公陳侯衞侯鄭伯許男滑伯滕子同盟于幽

注「會」と書いているのは、魯が會したということであり、人名を書いていないのは、微者だったからである。「同盟」と言っているのは、異〔異心をもった者、つまり、鄭〕を服從させたからである。陳は國が小さく、（これまで）盟會ではいつも衞の下におかれていたが、齊の桓公が始めて霸者となり、楚もまた始めて强大となって、陳侯は、二つの大國の間にはさまれることになり、しかも（もともと）三恪の客〔優遇されるべき舜の後裔〕であったから、齊の桓公はこれを機に陳を進めた〔衞の上においた〕のであり、（以後）《春秋》を終えるまで、そのまま衞の上におかれている。「滑」國は、費に都していた。（今の）河南の緱氏縣である。「幽」は、宋地である。

附注の「書會云云」については、十四年「冬單伯會齊侯宋公衞侯鄭伯于鄄」の疏に「春秋因魯史之文　魯史自書其事　會他國者　皆言己往會之　不問君之與臣　會諸侯者　皆魯人在會字之上　若微人往會　則會上無字　直言其會　明魯往會之　微人不合書名　書其所爲之事而已　十六年會齊侯宋公陳侯衞侯鄭伯許男滑伯滕子同盟于幽　是也」とあるのを參照。なお、隱公元年「九月及宋人盟于宿」の注に「客主無名皆微者也」とあるのも參照。

注の「言同盟　服異也」については、下の傳文に「冬同盟于幽　鄭成也」とあるのを參照。また、疏に引く『釋例』に「盟者　假神明以要不信　故載辭或稱同　以服異爲言也」とあるのを參照。なお、公羊傳文には「同盟者何　同欲也」とあり、穀梁傳文には「同者　有同也同尊周也」とある。

注の「陳國小云云」については、疏に引く『釋例』班序譜に「自隱至莊十四年　四十三歳　衞與陳凡四會　衞在陳上　自莊十五年盡僖十七年　三十五歳　凡八會　陳在衞上」とあるのを參照。なお、注の「介於二大國之間」については、襄公九年の傳文に「天禍鄭國　使介居二大國之間」とあり、注に「介猶間也」とあるのを參照。また、同三十年の傳文に「陳　亡國也　不可與也（中略）大夫敖　政多門　以介於大國」とあり、注に「介　間也」とあるのを參照。また、注の「三恪之客」については、襄公二十五年の傳文に「晉人問陳之罪　對曰　昔虞閼父爲周陶正　以服事我先王　我先王賴其利器用也　與其神明之後也　庸以元女大姬配胡公　而封諸陳　以備三恪」とあり、注に「周得天下　封夏殷二王後　又封舜後　謂之恪　幷二王後爲三國　其禮轉降　示敬而已　故曰三恪」とあるのを參照。

注の「滑國都費云云」については、成公十三年の傳文に「殄滅我費滑」とあり、注に「費滑　滑國　都於費　今緱氏縣」とあるのを參照。

經邾子克卒

〔注〕傳はない。「克」は、儀父の名である。「子」と稱しているのは、おそらく、齊の桓公が、王命を請うて諸侯とした、からであろう。（名を書いているのは）二度、同盟した（からである）。

〔附〕注の「克　儀父名云云」については、隱公元年の傳文に「三月公及邾儀父盟于蔑　邾子克也」とあり、注に「克　儀父名」とあり、つづく傳文に「未王命　故不書爵　曰儀父　貴之也」とあり、注に「王未賜命以爲諸侯　其後儀父服事齊桓以奬王室　王命以爲邾子　故莊十六年經書邾子克卒」とあるのを參照。

注の「再同盟」については、隱公元年に「三月公及邾儀父盟于蔑」とあり、桓公十七年に「二月丙午公會邾儀父盟于趡」とある。なお、僖公二十三年の傳文に「凡諸侯同盟　死則赴以名　禮也」とあるのを參照。

〔傳〕十六年夏諸侯伐鄭　宋故也

〔注〕鄭が宋を侵したからである。

〔附〕十五年に「鄭人侵宋」とある。

〔傳〕鄭伯自櫟入

〔注〕十四年にある。

〔附〕十四年の傳文に「鄭厲公自櫟侵鄭　及大陵　獲傅瑕（中略）六月甲子傅瑕殺鄭子及其二子而納厲公」とある。

〔傳〕緩告于楚　秋楚伐鄭　及櫟　爲不禮故也　鄭伯治與於雍糾之亂者

〔注〕桓公十五年にある。

〔附〕桓公十五年に「五月鄭伯突出奔蔡」とあり、傳文に「祭仲專　鄭伯患之　使其壻雍糾殺之（中略）祭仲殺雍糾尸諸周氏之汪　公載以出」とある。

〔傳〕九月殺公子閼　刖强鉏

〔注〕二子は、祭仲の仲間である。足をきるのを「刖」という。

〔附〕文公十八年の傳文「乃掘而刖之」の注に「斷其尸足」とあるのを參照。また、『周禮』司刑「刖罪五百」の注に「刖　斷足也」とあるのを參照。

〔傳〕公父定叔出奔衛

〔注〕共叔段の孫である。「定」は、謚である。

〔附〕共叔段のことは、隱公元年の傳文に詳しい。

〔傳〕三年而復之　曰　不可使共叔無後於鄭　使以十月入　曰　良月也　就盈數焉

〔注〕數は十で滿ちる。

〔附〕『玉燭寶典』十月孟冬の項に「服虔曰　數滿曰十　故曰盈數」とあるのを參照。

なお、疏に「服虔云　定叔之祖共叔段　有伐君之罪　宜世不長　而云不可使共叔无後於鄭　言其刑之偏頗　鄭厲公以孽簒適　同惡相恤　故黨於共叔　欲令其後不絶　傳所以惡厲公也」とある。

〔傳〕君子謂　强鉏不能衛其足

〔注〕はやめに害を避けることが出來なかった、ということである。

(附)『會箋』に「鉏　田器也　蓋鉏之柄曰足　後傳弱足者居　是足以強弱言之　故立辭如此　不然　君子之語無味」という、おもしろい説がみえる〔ただし、竹添氏のオリジナルかどうかは、不明〕。

(傳)冬同盟于幽　鄭成也

(傳)王使虢公命曲沃伯以一軍爲晉侯

(注)曲沃の武公がとうとう晉國を併合してしまったので、僖王は、そのまま認め、命じて晉侯としたのである。(なお)小國だから、一軍なのである。

(附)注の前半については、桓公二年の傳文に「惠之二十四年晉始亂　故封桓叔于曲沃（中略）惠之三十年晉潘父弑昭侯而納桓叔　不克　晉人立孝侯（注　昭侯子也）惠之四十五年曲沃莊伯伐翼弑孝侯（注　莊伯桓叔子　翼　晉國所都）翼人立其弟鄂侯　鄂侯生哀侯　哀侯侵陘庭之田　陘庭南鄙啓曲沃伐翼」とあり、同三年の傳文に「春曲沃武公伐翼次于陘庭（注　武公　曲沃莊伯子也）」とあり、同七年の傳文に「冬曲沃伯誘晉小子侯殺之（注　曲沃伯　武公也　小子侯　哀侯子）」とあり、同八年の傳文に「春滅翼（注　曲沃滅之）」とあり、また、「冬王命虢仲立晉哀侯之弟緡于晉」とあり、同九年の傳文に「秋虢仲芮伯梁伯荀侯賈伯伐曲沃」とあるのを參照。また、『史記』晉世家に「曲沃武公伐晉侯緡　滅之　盡以其寶器賂獻于周釐王　釐王命曲沃武公爲晉君　列爲諸侯　於是盡併晉地而有之」とあるのを參照。

注の後半については、『周禮』夏官敘官に「小國一軍」とあり、注に「鄭司農云（中略）春秋傳曰　王使虢公命曲沃伯以一軍爲晉侯　此小國一軍之見于傳也」とあるのを參照。なお、閔公元年の傳文に「晉侯作二軍」とあり、注に「晉本一軍　見莊十六年」とある。

(傳)初晉武公伐夷　執夷詭諸

(注)「夷詭諸」は、周の大夫である。「夷」は、采地の名である。

(傳)蔿國請而免之

(注)「蔿國」は、周の大夫である。

(附)十九年の傳文に「初王姚嬖于莊王　生子頹　子頹有寵　蔿國爲之師」とあるのを參照。

(傳)既而弗報

(注)詭諸は蔿國(の功勞)に對してお禮をしなかったのである。

(附)僖公二十四年の傳文に「報者倦矣　施者未厭」とあり、注に「施　功勞也　有勞則望報過甚」とあるのを參照。

(傳)故子國作亂　謂晉人曰　與我伐夷而取其地

(注)晉に夷の地を取らせる、ということである。

(傳)遂以晉師伐夷　殺夷詭諸　周公忌父出奔虢

(注)「周公忌父」は、王の卿士である。子國の難を避けたのである。

(傳)惠王立而復之

(注)魯の桓公十五年の經に桓王が崩じたことが書かれ、魯の莊公三年の經に桓王を葬ったことが書かれているが、それ以後は、周に莊王がおり、また僖王がいたはずなのに、「崩」・「葬」の記事が、いずれもみな、

經傳に現われていない。王室が微弱になり、もはや自力で諸侯と通じる〔諸侯に赴告する〕ことが出來なかったからである。そこで、傳は、周公忌父の事に因んで、（とりあえずここに）惠王を現わしたのであり、惠王が立ったのは（實際には）この年より後のことである。

㊜注の「魯桓十五年經云云」については、桓公十五年に「三月乙未天王崩」とあり、注に「桓王也」とあり、また、莊公三年に「五月葬桓王」とある。

注の「惠王立在此年之末」について。『史記』十二諸侯年表によれば、惠王元年は莊公十八年にあたる。杜預が『史記』に從っているかどうかは、あまりはっきりしないが、注の文脈からして、「此年之末」の「末」は、後の意に解するべきであろう。なお、疏及び『會箋』を參照。

〔莊公十七年〕

㊇十有七年春齊人執鄭詹

㊟齊の桓公が霸者となったばかりだというのに、（はやくも）鄭は、宋を伐った上に、齊に朝さなかった。「詹」は、鄭の執政の大臣であり、齊に行ったところを執えられたのである。「行人」と稱していないのは、罪責してである。「行人」の例は、襄公十一年にある。諸諸の、大夫を執える場合は、いずれもみな、（ここのように）「人」を稱して執える。大夫は（君に比べて）賤しいからである。

㊜注の「齊桓始霸」については、十五年の傳文に「春復會焉　齊始霸也」とある。

注の「鄭既伐宋」については、十五年に「鄭人侵宋」とある。

注の「又不朝齊」については、下の傳文に「鄭不朝也」とある。

注の「詹爲鄭執政大臣」については、僖公七年の傳文に「鄭有叔詹堵叔師叔三良爲政　未可間也」とあるのを參照。

注の「詣齊見執」については、疏に引く『釋例』に「詹本非出使」とあり、また、「元非出聘之使」とあるのを參照。なお、この兩者については、劉文淇『左傳舊疏考正』に「光伯引釋例曰　詹本非出使　是也　唐人引釋例曰　元非出聘之使　非也　按永樂大典　有杜氏釋例其執大夫行人例云　鄭叔詹魯行父之等　以執政受罪　本非出使　故不稱行人　又襄十一年傳曰　書曰行人　言使人也　疏引釋例云　鄭叔詹魯行父等　以執政受罪　本非使出　故不稱行人　是釋例初不言出聘之使　劉意謂詣齊見執爲聘齊　既是聘齊　卽爲出使　故以釋例本非出使與此注詣齊相違　唐人改釋例之文　謂元非出聘之使　以牽就此注一若詣齊之言不指聘齊　與釋例元非出聘之語合」とある。

注の「不稱行人云云」については、襄公十一年の傳文に「書曰行人　言使人也」とあり、注に「書行人　言非使人之罪」とある。なお、昭公八年の傳文に「楚人執陳行人干徵師殺之　罪不在行人也」とあるのを參照。

注の「諸執大夫云云」については、成公十五年の傳文に「書曰晉侯執曹伯　不及其民也（注　惡不及民）凡君不道於其民　諸侯討而執之則曰某人執某侯（注　稱人示衆所欲執）不然則否（注　謂身犯不義者〕」とあるのを參照。

【經】夏齊人殲于遂

【注】「殲」は、盡〔つきる〕である。齊人は、遂を守っていたが、あなどって備えを疎かにしたため、遂人がこれを討って、みな殺しにした。だから、當時の史官は、（自業自得であったという）事實に卽して、自分からつきたという表現で書いたのである。

【附】十三年の傳文に「夏齊人滅遂而戍之」とあり、注に「戍　守也」とあるのを參照。また、穀梁傳文に「殲者　盡也　然則何爲不言遂人盡齊人也　無遂之辭也　無遂則何爲言遂　其猶存遂也　存遂奈何　曰　齊人滅遂　使人戍之　遂之因氏飲戍者酒而殺之　齊人殲焉　此謂狎敵也」とあるのを參照。

なお、疏に引く『釋例』に「齊人殲于遂　鄭棄其師　亦時史卽事以安文　或從赴辭　故傳亦不顯明義例也」とある。

【經】秋鄭詹自齊逃來

【注】傳はない。詹は、一命をすてて節義を守ることによって、國の患難をとり除く、ということが出來ず、一時しのぎに逃げたから、「逃」と書いて賤しんだのである。

【附】注全般については、穀梁傳文に「逃義曰逃」とあるのを參照。

注の「伏節守死」については、『春秋繁露』天地之行に「伏節死難不惜其命　所以救窮也」とあるのを參照。また、『論語』泰伯に「篤信好學　守死善道」とあり、『韓詩外傳』巻一に「守節貞理　守死不往」とあるのを參照。なお、『古列女傳』貞順に「守節持義　必死不往」とあるのも參照。

【經】冬多麋

【注】傳はない。麋が多ければ、五穀を害するから、災として書いたのである。

【附】二十九年の傳文に「凡物　不爲災　不書」とあるのを參照。

【傳】十七年春齊人執鄭詹　鄭不朝也

【傳】夏遂因氏頜氏工婁氏須遂氏饗齊戍　醉而殺之　齊人殲焉

【注】「饗」は、酒食〔でもてなすこと〕である。四族は、遂の彊宗〔强盛な家柄〕である。齊が遂を滅して守備兵をおいたことは、十三年にある。

【附】注の「饗　酒食也」については、『儀禮』士昏禮「舅姑共饗婦以一獻之禮」の注に「以酒食勞人曰饗」とあるのを參照。

注の「四族　遂之彊宗」については、昭公五年の傳文に「羊舌四族皆彊家也」とあるのを參照。

注の「齊滅遂云云」については、十三年の傳文に「夏齊人滅遂而戍之」とある。

〔莊公十八年〕

經十有八年春王三月日有食之

注傳はない。日づけが書かれていないのは、（擔當の）官が書き落としたのである〔桓公十七年傳文〕。

經夏公追戎于濟西

注戎が魯に來侵し、公はこれを濟水の西で追い拂ったのである。

附公羊の何注に「以兵逐之曰追」とあるのを參照。また、『周禮』小司徒「以比追胥」の注に「追　逐寇也　春秋莊十八年夏公追戎于濟西」とあるのを參照。なお、『説文』にも「追　逐也」とある。
なお、上にあげた『周禮』小司徒の疏に「服氏云　桓公爲好　莊公獨不能脩而見侵　濟西　曹地」とある。

經秋有蜮

注「蜮」は、短狐である。おそらく、砂を口に含んで人を射つという點で、災害をもたらしたのであろう。

附穀梁傳文に「蜮　射人者也」とあり、『漢書』五行志下之上に「嚴公十八年秋有蜮　劉向以爲（中略）蜮猶惑也　在水旁　能射人　射人有處　甚者至死　南方謂之短弧」とあるのを參照。また、『詩』小雅〈何人斯〉「爲鬼爲蜮　則不可得」の毛傳に「蜮　短狐也」とあり、『説文』に「蜮　短狐也　似鼈三足　以氣射害人」とあるのを參照。
なお、疏に「服虔云　偏身濩濩或或　故爲災」とあり、『周禮』秋官の序官〈蟈氏〉の疏に「服云　短狐　南方盛暑所生　其狀如鼈　古無今有　含沙射人　入皮肉中　其瘡如疥　偏身中濩濩蜮蜮　故曰災　禮曰　惑君則有」とある。
なお、注の「爲災」については、下の傳文に「秋有蜮　爲災也」とあり、二十九年の傳文に「凡物　不爲災　不書」とあるのを參照。

經冬十月

傳十八年春虢公晉侯朝王　王饗醴　命之宥

注王が諸侯を引見するときは、はじめに饗禮を行ない、（その際には）醴酒を先に置いて、（由來の）古いものを忘れないことを示す。（そして）酒宴に入ると、（諸侯に）おくりものをする。「宥」は、助である。歡迎の氣持ちを補助するため（の手立て）である。（つまり、ここは、このような禮が）完備されたことを言っているのである。

附僖公二十五年の傳文に「戊午晉侯朝王　王饗醴　命之宥」とあり、注に「既行饗禮而設醴酒　又加之以幣帛　以助歡也　宥　助也」とあり、同二十八年の傳文に「己酉王享醴　命晉侯宥」とあり、注に「既饗又命晉侯助以束帛　以將厚意」とあるのを參照。また、『詩』小雅〈鹿鳴〉の序に「鹿鳴　燕羣臣嘉賓也　既飲食之　又實幣帛筐篚　以將其厚意」とあるのを參照。なお、注の「先置醴酒　示不忘古」〔挍勘記に從って、「故」を「古」に改める〕については、『禮記』禮運に「夫禮之初　始諸飲食（中略）以爲醴酪（中略）皆從其朔」とあり、注に「朔亦初也　亦謂今行之然」とあり、ついで「故玄酒在室　醴醆在戶　粢醍在堂　澄酒在下」とあり、注に「此言今禮饌具　所因於古及其事義也　粢讀爲齊　聲之誤也　周禮五齊　一曰泛齊　二曰醴齊　三曰盎齊　四曰醍齊　五曰沈齊　字雖異　醆與盎　澄與沈　蓋同物也　奠之不同處　重古畧近也」とあるのを參照。また、同祭義に「君子反古復始　不忘其所由生也（中略）以爲醴酪齊盛　於是乎取之　敬之至也」とあるのを參照。

なお、異説として、王引之『經義述聞』に「杜謂以幣物助歡者　蓋據公食大夫禮　公受宰夫束帛以侑也　然聘禮曰　若不親食　使大夫各以其爵朝服　致之以侑幣　致饔以酬幣　是侑幣用於食禮　非饔禮所用也　且如杜說　命以幣物以助歡　則傳當云命宥之　不當云命之宥也　尋文究理　殆有未安　今案爾雅曰　酬酢侑　報也　則侑與酬酢同義　命之侑者　其命虢公晉侯與王相酬酢與　或獻或酢　有施報之義　故謂之侑　命之侑者　所以親之也　僖二十八年傳　晉侯朝王　王享醴　命晉侯宥　其爲命晉侯與王相酬酢　較然甚明　若謂助以幣帛　則傳但云王享醴宥之　可矣　何須云命晉侯宥乎　又僖二十五年傳　晉侯朝王　王享醴　命之宥　晉語作王饗醴　命公胙侑　胙卽酢之借字　蓋如賓酢主人之禮　以勸侑於王　故謂之酢侑與　而韋注乃以胙爲賜祭肉　時當饗醴　安得有祭肉之賜乎　傳所言者　饗禮也　而解者乃當以食禮之侑幣雜以吉禮之賜胙　失傳意矣」とある。

[傳]皆賜玉五瑴馬三匹　非禮也

㊟一對の玉を「瑴」という。

(附)僖公三十年の傳文「公爲之請　納玉於王與晉侯　皆十瑴」の注に「雙玉曰瑴」とあるのを參照。

[傳]王命諸侯　名位不同　禮亦異數　不以禮假人

㊟侯であるのに、公とおくりものを同じにする、ということは、人に禮を貸す、ということである。

(附)注の「借」については、『釋文』に「是借　子夜反」とあり、疏に「假借同義　取者　假爲上聲　借爲入聲　與者　假借皆爲去聲」とあるのを參照。また、桓公十三年の傳文に「見莫敖而告諸天之不假易也」とあり、注に「言天不借貸慢易之人」とあり、『釋文』に「不借　子夜反」とあるのを參照。なお、襄公四年の傳文に「寡君是以願借助焉」とあり、注に「借鄪以自助」とあり、『釋文』に「願借　子亦反　注同」とあるのも參照。つまり、「借」は、去聲〔子夜反〕では、かすの意であり、入聲〔子亦反〕では、かりるの意である、ということ。

[傳]虢公晉侯鄭伯使原莊公逆王后于陳　陳嬀歸于京師

㊟虢と晉は、王に朝し、鄭伯もまた、齊がその卿を執えたため、王に援助を求め、いずれもみな、周に來ていて、王のために婚を定めることを發議し、陳人がつつしんで從った。（つまり、虢・晉・鄭の三國が、王の）同姓の諸侯としての禮に適っていたから、傳は、その事を詳述したのである。（經に）書いていないのは、赴告してこなかったからである。

(附)注の「得同姓宗國之禮」については、桓公八年の傳文に「祭公來　遂

逆王后于紀　禮也」とあり、注に「天子娶於諸侯　使同姓諸侯爲之主
　祭公來受命於魯　故曰禮」とあるのを參照。
注の「不書　不告」については、桓公九年の傳文に「春紀季姜歸于京師　凡諸侯之女行　唯王后書」とあり、注に「適諸侯　雖告魯　猶不書」とあるのを參照。

【傳】實惠后

【注】陳嬀は、後に「惠后」と號し、少子を寵愛して周室を亂すのであり、その事は、僖公二十四年にある。だから、傳は、ここで、ついでにその后稱を（前もって）正したのである。

【附】僖公二十四年の傳文に「初甘昭公有寵於惠后　惠后將立之　未及而卒」とある。

【傳】夏公追戎于濟西　不言其來　諱之也

【注】戎が魯に來侵したのに、魯人は氣がつかず、たち去ってから（遠くで）追い拂った。だから、諱んで、戎が來侵したことを言わないのである。

【附】疏に引く『釋例』に「戎之入魯　魯人不知　去而遠追　又無其獲　邊竟不備　候不在疆　所以爲諱　諱此君之闕　亦所以示戒將來之君也」とあるのを參照。

【傳】秋有蜚　爲災也

【傳】初楚武王克權　使鬬緡尹之

【注】「權」は、國名である。南郡の當陽縣の東南部に權城がある。「鬬緡」は、楚の大夫である。

【傳】以叛　圍而殺之

【注】緡が權をひきいて叛いたのである。

【傳】遷權於那處

【注】「那處」は、楚地である。南郡の編縣の東南部に那口城がある。

【傳】使閻敖尹之

【注】「閻敖」は、楚の大夫である。

【傳】及文王卽位　與巴人伐申　而驚其師

【注】巴の師をおそれさせたのである。

【傳】巴人叛楚而伐那處　取之　遂門于楚

【注】楚の城門を攻めたのである。

【附】襄公十年の傳文「庚午圍宋　門于桐門」の注に「不成圍而攻其城門」とあり、同二十五年の傳文「十二月吳子諸樊伐楚　以報舟師之役　門于巢」の注に「攻巢門」とあり、定公八年の傳文「春王正月公侵齊　門于陽州」の注に「攻其門」とあるのを參照。なお、襄公二十五年「十有二月吳子謁伐楚　門于巢卒」の公羊傳文に「門于巢卒者何　入門乎巢而卒也　入門乎巢而卒者何　入巢之門而卒也」とあるのも參照。

【傳】閻敖游涌而逸

【注】「涌」水は、南郡の華容縣にあった。閻敖は、城を守れなかった上に、涌水を泳いで逃げたのである。

【傳】楚子殺之　其族爲亂　冬巴人因之以伐楚

〔莊公十九年〕

經十有九年春王正月

經夏四月

經秋公子結媵陳人之婦于鄄　遂及齊侯宋公盟

注傳はない。「公子結」は、魯の大夫である。公羊と穀梁は、いずれもみな、魯の女が陳侯の婦の媵となろうとし（て行っ）た、としている。「陳人之婦」と稱している〔「夫人」と稱していない〕のは、まだ國〔嫁入り先の陳〕に入っていなかったから、略して言ったのである。大夫は、竟を出て、社稷を安んじ國家を利することが出來る場合なら、獨斷で事をひきおこしてもかまわない。結は、鄄まで行ったときに、齊と宋が會をなすと聞き、事の宜しきをはかり、本來の職務を離れて、そのまま二君と盟ったから、その事も書き加えたのである。（しかしながら、齊・宋と盟ったのは）本來、魯公の意向（によるもの）ではなく、また、陳の媵となるという〔陳との〕友好をそこねたから、冬にそれぞれ〔齊・宋と陳〕が伐ってきたのである。

附公羊傳文に「媵者何　諸侯娶一國　則二國往媵之（中略）媵不書　此何以書　爲其有遂事書　大夫無遂事　此其言遂何　聘禮大夫受命不受辭　出竟有可以安社稷利國家者　則專之可也」とあり、何注に「此陳侯夫人　言婦者　在塗也」とあるのを參照。また、穀梁傳文に「其曰陳人之婦　略之也」とあるのを參照。また、文公八年「乙酉公子遂會雒戎盟于暴」の疏に引く『釋例』に「人臣受命不受辭　出竟有可以利社稷者　專之可也」とあるのを參照。なお、疏に「成九年伯姫歸于宋　晉衞齊三國來媵　然則爲人媵者　皆送至嫁女之國　使之從適而行　此鄄是衞之東地　蓋陳取衞女爲婦　魯使公子結送媵向衞」とある。なお、注の最後の「冬各來伐」については、下に「冬齊人宋人陳人伐我西鄙」とある。

經夫人姜氏如莒

注傳はない。（莒は）父母の國ではないのに往った。（つまり、この記事を）書いたのは、姦通したからである〔二年傳文〕。

附二十七年の傳文に「夫人歸寧　曰如某」とあり、その疏に引く『釋例』に「歸寧者　女子既嫁　有時而歸　問父母之寧否」とあるのを參照。

經冬齊人宋人陳人伐我西鄙

注傳はない。幽の盟〔十六年〕で、魯は微者を參加させ、鄄の盟〔この年〕でもまた、媵をおくる〔途中の〕臣〔公子結〕を行かせた〔つまり、いずれも、君自身が參加しなかった〕。だから、攻撃を受けたのである。「鄙」は、邊邑である。

附十六年に「冬十有二月會齊侯宋公陳侯衞侯鄭伯許男滑伯滕子同盟于幽」とあり、注に「書會　魯會之　不書其人　微者也」とある。また、この年に「秋公子結媵陳人之婦于鄄　遂及齊侯宋公盟」とある。

注の「鄙　邊邑」については、隱公元年の傳文「既而大叔命西鄙北鄙貳於己」の注にも、「鄙　鄭邊邑」とある。なお、公羊の何注に「鄙者　邊垂之辭」とあるのを參照。

傳十九年春楚子禦之　大敗於津

注巴人を迎え撃ったが、巴人に敗れたのである。「津」は、楚地である。一説に、（今）江陵縣に津郷がある（のが、そこである）。

附十八年の傳文に「冬巴人因之以伐楚」とある。

傳還　鬻拳弗納　遂伐黃

注「鬻拳」は、楚の大閽〔守門の長官〕である。「黃」は、嬴姓の國で、今の弋陽縣である。

附下の傳文に「楚人以爲大閽　謂之大伯」とあり、注に「若今城門校尉官」とある。

傳敗黃師于踖陵

注「踖陵」は、黃地である。

傳還　及湫有疾

注南郡の鄀縣の東南部に湫城がある。

傳夏六月庚申卒　鬻拳葬諸夕室

注「夕室」は、地名である。

附異說として、沈欽韓『春秋左氏傳補注』に「夕室非地名　晏子雜下　景公新成柏寢之室　使師開鼓琴　左撫宮右彈商曰　室夕　公曰　何以知之　對曰　東方之聲薄　西方之聲揚　呂覽明理篇　常主爲主　而未嘗得主之實　此之謂大悲　是正坐于夕室也　注云　夕室以喩悲人也　玩呂覽文　則死者之所爲夕室」とある。

傳亦自殺也　而葬於絰皇

注「絰皇」は、冢墓の前の闕〔門〕である。（門の下に葬ったのは）生前に門を守っていたから、死後もその仕事をなくさないようにしたのである。

附宣公十四年の傳文に「楚子聞之　投袂而起　屨及於窒皇（注　窒皇寢門闕）劍及於寢門之外　車及於蒲胥之市」とあるのを參照。なお、この「屨及於窒皇」については、惠棟『春秋左傳補註』に「高誘呂覽注　引此傳作絰皇　與莊十九年絰皇一也」とある。

傳初鬻拳強諫楚子　楚子弗從　臨之以兵　懼而從之　鬻拳曰　吾懼君以兵　罪莫大焉　遂自刖也　楚人以爲大閽　謂之大伯

注（「大閽」とは）今の城門校尉の官のようなものである。

附『周禮』地官の序官〈司門〉の注に「司門　若今城門校尉　主王城十二門」とあるのを參照。また、『漢書』百官公卿表上に「城門校尉掌京師城門屯兵　有司馬十二城門候」とあるのを參照。

傳使其後掌之

注その子孫にずっとこの官をつかさどらせたのである。

傳君子曰　鬻拳可謂愛君矣　諫以自納於刑　刑猶不忘納君於善

注「君を愛する」と言っているのは、（鬻拳の行爲が）臣としての常法ではないことを明らかにしたのである。（しかしながら）楚は（臣が）よくその忠愛を盡したから、興起したのである。

（附）疏に「何休膏肓云　人臣諫君　非有死亡之急而以兵臨君　開簒弑之路　左氏以爲愛君　於義左氏爲短　故注言此以釋何休之難」とある。なお、『詩』邶風〈柏舟〉の疏に引く鄭玄『箴膏肓』に「楚鬻拳同姓有不去之恩」とあるのを參照。

【傳】初王姚嬖于莊王　生子頽

（注）「王姚」は、莊王の妾である。「姚」は、姓である。

【傳】子頽有寵　蔿國爲之師　及惠王卽位

（注）周の惠王であり、莊王の孫である。

【傳】取蔿國之圃以爲囿

（注）「圃」は、園〔菜園〕である。「囿」は、苑〔狩場〕である。

（附）注の「圃　園也」については、哀公十五年の傳文「舍於孔氏之外圃」の注に、同文がみえる。なお、『詩』齊風〈東方未明〉「折柳樊圃」の毛傳に「圃　菜園也」とあるのを參照。

注の「囿　苑也」については、『說文』に「囿　苑有垣也」とあるのを參照。また、『周禮』地官の序官〈囿人〉の注に「囿　今之苑」とあるのを參照。

【傳】邊伯之宮近於王宮　王取之

（注）「邊伯」は、周の大夫である。

【傳】王奪子禽祝跪與詹父田

（注）三子は、周の大夫である。

（附）異說として、于鬯『香草校書』に「子禽祝跪四字當是一人　子禽祝跪與詹父是二人　故中間獨著一與字　傳正恐人以皆二字名　而誤分爲三人也　杜解乃猶以爲三大夫　謬矣　下文云　蔿國邊伯石速詹父子禽祝跪作亂　又云　五大夫奉子頽以伐王　五大夫者卽蔿國等五人也　若以子禽祝跪爲二人　則六大夫矣　杜乃自旋其說云　石速士　故不在五大夫數　夫五大夫者總稱耳　傳止言五大夫　不言五大夫一士　則石速豈得不與其列　且二十一年傳云　殺王子頽及五大夫　如杜說　豈石速得獨免不殺乎　誤一人爲二人　以至多出一石速　以子禽祝跪爲一人　則石速正不可少　子禽祝跪者　蓋猶魯有子家懿伯子服景伯　衞有子行敬子子伯季子之類」とある。ちなみに、『國語』周語上には「邊伯石速蔿國出王而立子頽　王處於鄭三年　王子頽飮三大夫酒」とあって、石速も大夫とされている。

【傳】而收膳夫之秩

（注）「膳夫」とは、（下の）石速のことである。「秩」は、祿である。

（附）『周禮』天官〈宮伯〉「行其秩敘」の注に「秩　祿稟也」とあるのを參照。

【傳】故蔿國邊伯石速詹父子禽祝跪作亂　因蘇氏

（注）「蘇氏」は、周の大夫であり、（かつて）桓王がその十二邑を奪って鄭に與え、それ以來、そのまま（王室と）不和であった。

（附）隱公十一年の傳文に「王取鄔劉蔿邘之田于鄭　而與鄭人蘇忿生之田溫原絺樊隰郕欑茅向盟州陘隤懷」とあり、注に「凡十二邑　皆蘇忿生之田」とある。

【傳】秋五大夫奉子頽以伐王

㊟石速は、士であったから、五大夫の數に入っていないのである〔「五大夫」とは、蔿國・邊伯・詹父・子禽・祝跪である〕。

【傳】不克　出奔溫

㊟「溫」は、蘇氏の邑である。

【傳】蘇子奉子頽以奔衞　衞師燕師伐周

㊟「燕」は、南燕である。

(附)二十年の傳文「執燕仲父」の注に「燕仲父　南燕伯　爲伐周故」とあるのを參照。また、隱公五年の傳文「衞人以燕師伐鄭」の注に「南燕國　今東郡燕縣」とあるのを參照。

【傳】冬立子頽

〔莊公二十年〕

【經】二十年春王二月夫人姜氏如莒

㊟傳はない。

【經】夏齊大災

㊟傳はない。「大」をつけて赴告してきたから、（そのまま「大」を）書いたのである。天火（天が降した火事、自然發生の火事）を「災」という。例は、宣公十六年にある。

(附)宣公十六年の傳文に「凡火　人火曰火　天火曰災」とある。
なお、注の「來告以火」の「火」は、挍勘記に従って、「大」に改める。

【經】秋七月

【經】冬齊人伐戎

㊟傳はない。

【傳】二十年春鄭伯和王室　不克

㊟「克」は、能である。

(附)『詩』齊風〈南山〉「匪斧不克」の毛傳に「克　能也」とあり、同大雅〈蕩〉「鮮克有終」の鄭箋に「克　能也」とあるのを參照。

【傳】執燕仲父

㊟「燕仲父」は、南燕伯である。（執えたのは）周を伐ったからである。

(附)十九年の傳文に「衞師燕師伐周」とあり、注に「燕　南燕」とあるのを參照。なお、疏に「譜亦云　南燕　伯爵　不知所出　服虔亦云　南燕　伯爵」とある。

【傳】夏鄭伯遂以王歸　王處于櫟　秋王及鄭伯入于鄔

㊟「鄔」は、王が（かつて）取った鄭の邑である。

(附)隱公十一年の傳文に「王取鄔劉蔿邘之田于鄭」とあるのを參照。
なお、『史記』周本紀の〈集解〉に「服虔曰　櫟　鄭大都」とある。

【傳】遂入成周　取其寶器而還　冬王子頽享五大夫　樂及徧舞

㊟六代の樂をすべて舞わせたのである。

(附)『史記』周本紀の〈集解〉に「賈逵曰　徧舞　皆舞六代之樂也」とあ

るのを參照。また、『周禮』大司樂に「以樂舞教國子　舞雲門大卷大咸大磬大夏大濩大武」とあり、注に「此周所存六代之樂　黃帝曰雲門大卷　黃帝能成名　萬物以明　民共財　言其德如雲之所出　民得以有族類　大咸　咸池　堯樂也　堯能殫均刑法以儀民　言其德無所不施大磬　舜樂也　言其德能紹堯之道也　大夏　禹樂也　禹治水傅土　言其德能大中國也　大濩　湯樂也　湯以寬治民而除其邪　言其德能使天下得其所也　大武　武王樂也　武王伐紂以除其害　言其德能成武功」とあるのを參照。なお、『國語』周語上「樂及徧儛」の韋注に「徧儛　六代之樂　謂黃帝曰雲門　堯曰咸池　舜曰簫韶　禹曰大夏　殷曰大濩　周曰大武也　一曰　諸侯大夫徧儛」とあるのも參照。

傳鄭伯聞之　見虢叔

注「叔」は、虢公の字〔あざな〕である。

附僖公五年の傳文「虢仲虢叔　王季之穆也」の注に「仲叔皆虢君字」とあるのを參照。なお、『史記』周本紀の〈正義〉に「賈逵云　虢公林父也」とあり、また、『國語』周語上の韋注に「虢叔　王卿士　虢公林父也」とある。

傳曰　寡人聞之　哀樂失時　殃咎必至　今王子頽歌舞不倦　樂禍也　夫司寇行戮

注「司寇」は、刑官である。

附『周禮』秋官の序官に「乃立秋官司寇　使帥其屬而掌邦禁　以佐王刑邦國」とあるのを參照。また、『禮記』王制に「司寇正刑明辟　以聽獄訟」とあり、注に「司寇　秋官卿　掌刑者　辟　罪也」とあるのを參照。

傳君爲之不舉

注豪華な食事はやめるのである。

附成公五年の傳文「故山崩川竭　君爲之不舉」の注に、同文がみえる。なお、襄公二十六年の傳文「將刑　爲之不舉　不舉則徹樂」の注に「不舉盛饌」とあり、昭公十七年の傳文「日有食之　天子不舉」の注に「不舉盛饌」とあるのを參照。また、『周禮』膳夫に「王日一舉鼎十有二　物皆有俎」とあり、注に「殺牲盛饌曰舉」とあり、ついで、「以樂侑食　膳夫授祭　品嘗食　王乃食　卒食　以樂徹于造　王齊日三舉　大喪則不舉　大荒則不舉　大札則不舉　天地有烖則不舉　邦有大故則不舉」とあり、注に「鄭司農云　大故　刑殺也　春秋傳曰司寇行戮　君爲之不舉」とあるのを參照。また、『國語』楚語下に「祀加於舉　天子舉以大牢　祀以會　諸侯舉以特牛　祀以大牢　卿舉以少牢　祀以特牛　大夫舉以特牲　祀以少牢　士食魚炙　祀以特牲庶人食菜　祀以魚　上下有序　則民不慢」とあり、韋注に「舉　人君朔望之盛饌」とあるのを參照。

ちなみに、王引之『經義述聞』國語上〈不舉〉に「司寇行戮　君爲之不舉　又晉語　川涸山崩　君爲之降服出次　乘縵不舉　韋注竝曰　不舉　不舉樂也　此二事又見莊二十年成五年左傳　杜注並曰　不舉　去盛饌　引之謹案　杜說是　韋說非也　成五年傳　山崩川竭　君爲之不舉　降服乘縵　徹樂出次　祝幣史辭以禮焉　襄二十六年傳　古之治民者　將刑　爲之不舉　不舉則徹樂　既云不舉　又云徹樂　則不舉非徹

樂矣　天官膳夫　王日一舉　鼎十有二　物皆有俎　以樂侑食　大喪則不舉　大荒則不舉　大札則不舉　天地有災則不舉　邦有大故則不舉　鄭注曰　殺牲盛饌曰舉　鄭司農引春秋傳曰　司寇行戮　君爲之不舉　此不舉爲去盛饌之明證　且王日一舉之下　始云以樂侑食　則所謂舉者以盛饌言之　非謂作樂明甚（中略）而昭十七年傳　三辰有災　君不舉　漢書五行志引左氏說曰　不舉　去樂也　則西漢時已誤解矣」とある。

傳而況敢樂禍乎　奸王之位　禍孰大焉　臨禍忘憂　憂必及之　盍納王乎　號公曰　寡人之願也

〔莊公二十一年〕

經二十有一年春王正月

經夏五月辛酉鄭伯突卒

注（名を書いているのは）十六年に魯の大夫と幽で盟った（からである）。

附十六年に「冬十有二月會齊侯宋公陳侯衞侯鄭伯許男滑伯滕子同盟于幽」とあり、注に「書會　魯會之　不書其人　微者也」とある。なお、僖公二十三年の傳文に「凡諸侯同盟　死則赴以名　禮也」とあるのを參照。

經秋七月戊戌夫人姜氏薨

注傳はない。寝で薨じ、姑に合祭し、諸侯に赴告したから、小君としての禮を具備して書いたのである。

附隱公三年の傳文に「夏君氏卒　聲子也　不赴於諸侯　不反哭于寢　不祔于姑　故不曰薨　不稱夫人　故不言葬」とあり、注に「夫人喪禮有三　薨則赴於同盟之國　一也　既葬　日中自墓反　虞於正寢　所謂反哭于寢　二也　卒哭而祔於祖姑　三也　若此則書曰夫人某氏薨　葬我小君某氏　此備禮之文也」とあるのを參照。また、僖公八年の傳文に「凡夫人不薨于寢　不殯于廟　不赴于同　不祔于姑　則弗致也」とあるのを參照。

經冬十有二月葬鄭厲公

注傳はない。（死後）八箇月もたって葬ったのは、怠慢である。

附隱公元年の傳文に「諸侯五月」とあるのを參照。
なお、挍勘記に従って、注の「八月」の下に「乃」の字を補う。ちなみに、桓公十八年「冬十有二月己丑葬我君桓公」の注に「無傳　九月乃葬　緩慢也」とある。

傳二十一年春胥命于弭　夏同伐王城

注（「胥命」とは）鄭と虢とが、（血は歃らず）約言だけしたのである。「弭」は、鄭地である。

附桓公三年に「夏齊侯衞侯胥命于蒲」とあり、注に「申約言以相命　而不歃血也」とあるのを參照。

傳鄭伯將王自圉門入　虢叔自北門入　殺王子頽及五大夫　鄭伯享王于闕

西辟　樂備

㊟「闕」は、象魏である。「樂備」とは、六代の樂をそろえたのである。

（附）注の前半については、哀公三年の傳文に「季桓子至　御公立于象魏之外」とあり、注に「象魏　門闕」とあるのを參照。また、『周禮』大宰に「正月之吉　始和　布治于邦國都鄙　乃縣治象之灋于象魏　使萬民觀治象　挾日而斂之」とあり、注に「鄭司農云　象魏　闕也」とあるのを參照。

注の後半については、二十年の傳文「樂及徧舞」の注に「皆舞六代之樂」とあるのを參照。なお、そこの（附）も參照。

なお、疏に「服虔云　西辟　西偏也」とある。

【傳】王與之武公之略自虎牢以東

㊟「略」は、界である。（かつて）鄭の武公は、平王を輔佐したため、平王から虎牢以東を賜わったが、後にその土地を失った。だから、惠王が、今ここで、あらためてそれを與えたのである。「虎牢」は、河南の成皐縣である。

（附）注の「略　界也」については、定公四年の傳文「封畛土略」の注に、同文がみえる。なお、僖公十五年の傳文「東盡虢略」の注に「東盡虢界也」とあるのを參照。

注の「鄭武公傳平王」については、僖公二十八年の傳文に「鄭伯傳王用平禮也」とあり、注に「傳　相也　以周平王享晉文侯仇之禮享晉侯」とあるのを參照。

【傳】原伯曰　鄭伯效尤　其亦將有咎

㊟「原伯」とは、（十八年の）原莊公のことである。（「效尤」とは）子頽があらゆる樂を舞わせたこと（かつて自分がとがめたもの）にならった、ということである。

（附）注の前半については、十八年の傳文に「虢公晉侯鄭伯使原莊公逆王后于陳」とある。

注の後半については、二十年の傳文に「冬王子頽享五大夫　樂及徧舞」とあり、注に「皆舞六代之樂」とある。なお、文公元年の傳文に「晉文公之季年　諸侯朝晉　衞成公不朝　使孔達侵鄭　伐緜訾及匡　晉襄公既祥　使告于諸侯而伐衞　及南陽　先且居曰　效尤　禍也」とあり、注に「尤衞不朝　故伐　今不朝王　是效衞　致禍」とあるのを參照。また、襄公二十一年の傳文に「王曰　尤而效之　其又甚焉」とあり、注に「尤晉逐盈　而自掠之　是效尤」とあるのを參照。

【傳】五月鄭厲公卒　王巡虢守

㊟虢國を巡守したのである。天子が四方を視察するのを「巡守」という。

（附）二十三年の傳文に「王有巡守」とあり、注に「省四方」とあるのを參照。なお、『孟子』梁惠王下に「天子適諸侯曰巡狩　巡狩者　巡所守也」とあるのも參照。また、『易』觀卦の象傳に「先王以省方觀民設教」とあり、復卦の象傳に「后不省方」とあるのも參照。

【傳】虢公爲王宮于玤

㊟「玤」は、虢地である。

【傳】王與之酒泉

㊟「酒泉」は、周の邑である。

傳鄭伯之享王也　王以后之鞶鑑予之

注「后」は、王后（おきさき）である。（「鞶鑑」とは）鞶帯（大帯）で、鑑（鏡）を飾りにしたものである。今でも、西方の羌胡は、なおそうしており、いにしえの遺服である。

附定公六年の傳文「定之鞶鑑」の注に、同文がみえる。なお、桓公二年の傳文「鞶厲游纓」の注に「鞶　紳帯也　一名大帯」とあるのを參照。なお、注の「爲然」の「爲」は、挍勘記に従って、「猶」に改める。

傳虢公請器　王予之爵

注「爵」は、酒を飲むための器（さかづき）である。

附桓公二年の傳文「飮至舍爵策勳焉　禮也」の注に、同文がみえる。

傳鄭伯由是始悪於王

注僖公二十四年の、鄭が王の使者を執えたこと、のために本を張ったのである。

附僖公二十四年の傳文に「鄭之入滑也　滑人聽命　師還　又卽衞　鄭公子士洩堵兪彌帥師伐滑　王使伯服游孫伯如鄭請滑　鄭伯怨惠王之入而不與厲公爵也　又怨襄王之與衞滑也　故不聽王命　而執二子」とあるのを參照。

なお、疏に「服虔云　鞶鑑　王后婦人之物　非所以賜有功　爵　飮酒器　玉爵也　一升曰爵　爵　人之所貴者」とある。

傳冬王歸自虢

注傳は、王が依怙贔屓したことを言ったのである。

〔莊公二十二年〕

經二十有二年春王正月肆大眚

注傳はない。（「肆大眚」とは）有罪を赦したのである。『易』で「過を赦し、罪を宥す」（解卦象傳）と稱し、『書』で「眚災を肆赦する」（舜典）と稱し、傳で「眚を肆し、鄭を圍む」（襄公九年）と稱しているのは、いずれもみな、罪人を放赦し、もろもろの古いものをあらいおとして、心を一新するのである。（ただし）これは必要な時に（特別に）行なうのであって、制度として常設されているものではない。だから、書いたのである。

附注の「赦有罪也」及び「放赦罪人」については、穀梁傳文に「肆　失也　眚　災也」とあるのを參照。また、襄公九年の注に「肆　緩也　眚　過也」とあるのを參照。

注の「有時而用之云云」については、疏に引く『釋例』に「天有四時　得以成歲　雷霆以振之　霜雪以齊之　春陽以煖之　雲雨以潤之　然後能相育也　天且弗違　而況於人乎　物不可終否　故受之以同人　同人者　與人同也　解天下之至結　成天下之亹亹　肆大眚之謂也　堯曰　咨爾舜　有罪不敢赦　所以須待革命　有時而用之　非制所常　故書之也」とあるのを參照。

なお、疏に「賈逵以文姜爲有罪　故赦而後葬　以説臣子也　魯大赦國中罪過　欲令文姜之過　因是得除　以葬文姜」とある。ちなみに、穀梁傳文に「災　紀也　失　故也　爲嫌天子之葬也」とあり、范注に「文姜罪應誅絶　誅絶之罪不葬　若不赦除衆惡而書葬者　嫌天子許之明須赦而後得葬」とある。
なお、挍勘記に従って、經文の「二十」の下に「有」の字を補う。

【經】癸丑葬我小君文姜

【注】傳はない。反哭して喪禮を完備したから、「小君」と稱しているのである。

【附】隱公三年の傳文に「夏君氏卒　聲子也　不赴於諸侯　不反哭于寢　不祔于姑　故不曰薨　不稱夫人　故不言葬」とあり、注に「夫人喪禮有三　薨則赴於同盟之國　一也　既葬　日中自墓反　虞於正寢　所謂反哭于寢　二也　卒哭而祔於祖姑　三也　若此則書曰夫人某氏薨　葬我小君某氏　此備禮之文也」とあるのを參照。また、定公十五年の傳文に「葬定姒　不稱小君　不成喪也」とあるのを參照。また、哀公十二年の傳文に「不反哭　故不言葬小君」とあるのを參照。

【經】陳人殺其公子御寇

【注】宣公の大子である。陳人は、大子を殺したという外聞をきらったから、君父を稱さず、國が公子を討ったとして赴告してきたのである。

【附】下の傳文に「春陳人殺其大子御寇」とある。なお、疏に引く『釋例』に「古者　討殺其大夫　各以罪狀宣告諸侯　所以懲不義重刑戮也　晉侯使以殺大子申生之故來告　衞殺孔達　傳載其辭　辭雖有臨時之狀　其告則常也」とあるのを參照。

【經】夏五月

【附】疏に引く『釋例』に「年之四時　雖或無事　必空書首月　以紀時變　以明歷數　莊公獨稱夏五月　及經四時有不具者　丘明無文　皆闕繆也」とある。

【經】秋七月丙申及齊高傒盟于防

【注】傳はない。「高傒」は、齊の貴卿である。それなのに（ここで）魯の微者と盟ったのは、齊の桓公が、へりくだって諸侯に接することによって、霸業を興隆させたのである。

【附】注の「高傒　齊之貴卿」については、九年の傳文「管夷吾治於高傒」の注に「高傒　齊卿高敬仲也」とあるのを參照。
注の「與魯之微者盟」については、十六年「冬十有二月會齊侯宋公陳侯衞侯鄭伯許男滑伯滕子同盟于幽」の注に「書會　魯會之　不書其人　微者也」とあるのを參照。また、隱公元年「九月及宋人盟于宿」の注に「客主無名　皆微者也」とあるのを參照。

【經】冬公如齊納幣

【注】傳はない。公が、卿を使わずに、自分で納幣したのは、非禮である。（なお）母〔文姜〕のための三年の喪がすんでいないのに、結婚を圖った點については、（公・穀の）二傳に譏っているところが見えず、左氏にも傳がない。禮を失していることが明らかだからである。

【附】注の前半については、疏に引く『釋例』に「宋公使華元來聘　聘不應

使卿　故傳但言聘共姫也　使公孫壽來納幣　納幣應使卿　故傳明言其得禮也」とあるのを參照。また、公羊傳文に「納幣不書　此何以書譏　何譏爾　親納幣　非禮也」とあり、穀梁傳文に「納幣　大夫之事也（中略）公之親納幣　非禮也　故譏之」とあるのを參照。
注の後半については、公羊の何注に「不譏喪娶者　擧淫爲重也」とあるのを參照。なお、杜注を襲ったと思われる穀梁の范注に「公母喪未再朞而圖婚　傳無譏文　但譏親納幣者　喪婚不待貶絶而罪惡見」とあるのも參照。

〔傳〕二十二年春陳人殺其大子御寇

㊟傳が「大子」と稱しているのは、事實によって言ったのである。

(附)上の經に「陳人殺其公子御寇」とあり、注に「宣公大子也　陳人惡其殺大子之名　故不稱君父　以國討公子告」とあるのを參照。

〔傳〕陳公子完與顓孫奔齊

㊟「公子完」・「顓孫」は、いずれもみな、御寇の仲間である。

〔傳〕顓孫自齊來奔

㊟（經に）書いていないのは、卿ではなかったからである。

〔傳〕齊侯使敬仲爲卿

㊟「敬仲」とは、（上の）陳の公子完のことである。

(附)『史記』齊世家に「陳厲公子完　號敬仲」とあるのを參照。また、同田敬仲完世家に「完卒　謚爲敬仲」とあるのを參照。

〔傳〕辭曰　羇旅之臣

㊟「羇」は、寄である。「旅」は、客である。

(附)『史記』陳世家の〈集解〉に「賈逵曰　羈　寄　旅　客也」とあるのを參照。

〔傳〕幸若獲宥　及於寛政

㊟「宥」は、赦である。

(附)成公三年の傳文「各懲其忿以相宥也」の注に、同文がみえる。

〔傳〕赦其不閑於教訓而免於罪戾　弛於負擔

㊟「弛」は、去離〔とりさる〕である。

(附)『禮記』樂記「庶民弛政」の注に「弛政　去其紂時苛政也」とあるのを參照。

〔傳〕君之惠也　所獲多矣　敢辱高位以速官謗

㊟「敢」は、不敢である〔つまり、反語ということ〕。

(附)昭公二年の傳文「敢辱大館」の注に、同文がみえる。なお、『儀禮』聘禮「辭曰　非禮也　敢　對曰　非禮也　敢」の注に「辭　不受也　對　荅問也　二者皆卒曰敢　言不敢」とあるのを參照。ちなみに、『史記』陳世家には「不敢當高位」とある。

〔傳〕請以死告

㊟一命を賭す、ということである。

〔傳〕詩云　翹翹車乘　招我以弓　豈不欲往　畏我友朋

㊟逸詩である。「翹翹」は、遠いさまである。昔は、士をまねくのに弓をもってしたのである。大命はいただきたいが、朋友にそしられることをおそれる、ということである。

附注の「翹翹　遠貌」については、『詩』周南〈漢廣〉の疏に「服虔云　翹翹　遠貌」とあるのを參照。
注の「古者聘士以弓」については、昭公二十年の傳文に「昔我先君之田也　旃以招大夫　弓以招士　皮冠以招虞人」とあるのを參照。
注の「顯命」については、僖公二十八年の傳文に「重耳敢再拜稽首奉揚天子之丕顯休命」とあり、注に「丕　大也　休　美也」とあるのを參照。

傳使爲工正

注（「工正」とは）百工をつかさどる官である。

附文公十年の傳文「王使爲工尹」の注に、同文がみえる。なお、『史記』齊世家「於是以爲工正」の〈集解〉に「賈逵曰　掌百工」とあるのを參照。

傳飲桓公酒　樂

注齊の桓公は、敬仲を賢としたから、その家まで會いに行ったのである。主人側の表現によったから、「桓公に酒を飲ませた」と言っているのである。

傳公曰　以火繼之　辭曰　臣卜其晝　未卜其夜　不敢

附疏に「服虔云　臣將享君　必卜之　示戒愼也」とある。

傳君子曰　酒以成禮　不繼以淫　義也

注夜まで酒を飲むのは、淫樂（度を過ぎた樂しみ方）である。

附注の「夜飲」については、『詩』小雅〈湛露〉に「厭厭夜飲　在宗載考」とあり、鄭箋に「載之言　則也　考　成也　夜飲之禮在宗室　同姓諸侯則成之　於庶姓其讓之則止　昔者　陳敬仲飲桓公酒而樂　桓公命以火繼之　敬仲曰　臣卜其晝　未卜其夜　於是乃止　此之謂不成也」とあるのを參照。
注の「淫樂」については、昭公二十年の傳文に「淫樂不違」とあるのを參照。

傳以君成禮　弗納於淫　仁也　初懿氏卜妻敬仲

注「懿氏」は、陳の大夫である。龜を（用いるのを）「卜」という。

附注の「龜曰卜」については、僖公三十一年「夏四月四卜郊　不從　乃免牲」の注に、同文がみえる。なお、僖公四年の傳文に「卜之　不吉　筮之　吉　公曰　從筮　卜人曰　筮短龜長　不如從長」とあり、昭公五年の傳文に「卜之以守龜」とあり、同十九年の傳文に「請龜以卜」とあるのを參照。また、『禮記』曲禮上に「龜爲卜」とあり、『周禮』春官の序官〈大卜〉の注に「問龜曰卜」とあるのを參照。

傳其妻占之曰　吉

注懿氏の妻である。

傳是謂鳳皇于飛　和鳴鏘鏘

注雄を「鳳」といい、雌を「皇」という。雄雌がいっしょに飛びたち、相和して鏘鏘と鳴く、というのは、敬仲夫妻がつれだって齊に行き、名聲を博する、というのと同じである。

附注の「雄曰鳳　雌曰皇」については、『詩』大雅〈卷阿〉「鳳皇于飛　翽翽其羽　亦集爰止」の毛傳に「鳳皇　靈鳥　仁瑞也　雄曰鳳　雌曰皇」とあるのを參照。

注の「鳴鏘鏘然」については、『詩』大雅〈烝民〉「四牡彭彭　八鸞鏘鏘」の鄭箋に「鏘鏘　鳴聲」とあるのを參照。

【傳】有嬀之後　將育于姜

【注】「嬀」は、陳の姓であり、「姜」は、齊の姓である。

【傳】五世其昌　並于正卿　八世之後　莫之與京

【注】「京」は、大である。

【附】『爾雅』釋詁及び『方言』一に、同文がみえる。なお、『史記』陳世家の〈集解〉に「賈逵曰　京　大也」とあるのを參照。また、桓公九年の公羊傳文に「京者何　大也」とあるのを參照。
なお、『史記』陳世家の〈集解〉に「服虔曰　言完後五世與卿並列」とある。

【傳】陳厲公　蔡出也

【注】姉妹の子を「出」という。

【附】『爾雅』釋親に「男子謂姉妹之子爲出」とあり、『釋名』釋親屬に「姉妹之子曰出　出嫁於異姓而生之也」とあるのを參照。

【傳】故蔡人殺五父而立之

【注】「五父」は、陳佗である。陳佗を殺したことは、桓公六年にある。

【附】桓公六年に「蔡人殺陳佗」とある。

【傳】生敬仲　其少也　周史有以周易見陳侯者

【注】（「周史」とは）周の大史である。

【附】昭公二年の傳文に「觀書於大史氏　見易象與魯春秋」とあるのを參照。

【傳】陳侯使筮之

【注】著を（用いるのを）「筮」という。

【附】『禮記』曲禮上に「筴爲筮」とあり、注に「筴或爲蓍」とあるのを參照。また、『周禮』春官の序官〈簭人〉の注に「問蓍曰筮」とあるのを參照。

【傳】遇觀䷓

【注】下が坤（☷）で上が巽（☴）のが、「觀」（䷓）である。

【附】下の疏に「傳之筮者　指取易義　不爲論卦　丘明不畫卦也　諸爲注者　皆言上體下體　若其畫卦示人　則當不煩此注　注亦不畫卦也　今書有畫卦者　當是後之學者　自恐不識　私畫以備忘　遂傳之耳」とある。

【傳】之否䷋

【注】下が坤（☷）で上が乾（☰）のが、「否」（䷋）である。「觀」の六四の爻（下から四番目の⚋）が（⚊に）變じて「否」となる、ということである。

【附】『史記』陳世家「卦得觀之否」の〈集解〉に「賈逵曰　坤下巽上　觀　坤下乾上　否　觀爻在六四　變而之否」とあるのを參照。なお、疏に「賈服及杜　並皆同焉」とある。

【傳】曰　是謂觀國之光　利用賓于王

【注】これは、『周易』〈觀〉卦の六四の爻辭である。『易』という書物は、六爻に、いずれもみな、變象があり、また、互體があり、聖人は、それらの義にしたがって、論斷するのである。

【附】注の「變象」については、上の注に「觀六四爻變而爲否」とあるのを參照。

注の「互體」については、疏に「二至四　三至五　兩體交互　各成一卦　先儒謂之互體」とある。なお、下の注に「自二至四　有艮象」とあるのを參照。

傳此其代陳有國乎　不在此　其在異國　非此其身　在其子孫　光　遠而自他有耀者也　坤　土也　巽　風也　乾　天也　風爲天於土上　山也

注巽〔☴〕が變じて乾〔☰〕となるから、「風が天となる」と言っているのである。（否䷋の）二から四までには、艮〔☶〕の象があり、艮は山である〔『易』說卦傳〕。

傳有山之材而照之以天光　於是乎居土上

注山は、材の生ずる所である。上に乾〔天〕があり、下に坤〔土〕があるから、「土の上に居り、天の光がこれを照らす」と言っているのである。

傳故曰　觀國之光　利用賓于王

注四〔下から四番目の位置〕は諸侯であり、（それが⚋から⚊に）變じて乾〔☰〕にゆくのは、國をたもち王〔天子〕に朝することの象である。

附『易緯乾鑿度』に「六位之設　皆由上下（中略）初爲元士　二爲大夫　三爲三公　四爲諸侯　五爲天子　上爲宗廟」とあるのを參照。また、上の傳文に「乾　天也」とあるのを參照。なお、疏には「乾爲天子」とある。

傳庭實旅百　奉之以玉帛　天地之美具焉　故曰　利用賓于王

注艮は門庭であり、乾は金玉であり、坤は布帛である。（つまり）諸侯が王に朝して贄幣〔禮物〕をならべることの象である。「旅」は、陳〔ならべる〕である。「百」とは、物が備わることをいう。

附注の「艮爲門庭云云」については、『易』說卦傳に「乾爲天（中略）爲玉　爲金」とあり、また「坤爲地（中略）爲布」とあり、また「艮爲山（中略）爲門闕」とあるのを參照。

注の「贄幣」については、襄公十四年の傳文に「贄幣不通　言語不達」とあるのを參照。

注の「旅　陳也」については、襄公十四年の傳文「商旅于市」の注に、同文がみえる。なお、『爾雅』釋詁及び『詩』小雅〈賓之初筵〉の毛傳にも「旅　陳也」とある。

注の「百　言物備」については、宣公三年の傳文に「百物而爲之備」とあるのを參照。なお、『國語』晉語四「庭實旅百」の韋注に「庭實　庭中之陳也　百　擧成數也」とあるのも參照。

傳猶有觀焉　故曰其在後乎

注「觀」という文字によって（さらに）ひろく占したから、「なお觀がある」と言っているのである。（「觀」は）自分にかかわる言葉ではない〔他をみるという言葉である〕から、（本人ではなく）子孫に於いてであることがわかるのである。

附注の「傳占」の「傳」は、一應、挍勘記に従って、「博」に改めるが、あるいは、「傅」に改めるべきかも知れない。

傳風行而著於土

附疏に「服虔云　巽在坤上　故爲著土也（一曰　巽爲風　復爲木　風吹

木實落去　更生他土而長育　是爲在異國）」とある。

[傳]故曰其在異國乎　若在異國　必姜姓也　姜　大嶽之後也

㊟姜姓の先祖は、堯の四嶽である。

㈸隱公十一年の傳文「夫許　大岳之胤也」の注に「大岳　神農之後　堯四岳也」とあるのを參照。なお、その㈸も參照。

[傳]山嶽則配天　物莫能兩大　陳衰　此其昌乎

㊟（下から四番目の⚋が一に）變じて、（二番目から四番目までが）艮〔☶〕の象となるから、大嶽の後裔のところで興起することがわかる。大嶽（の後裔）の政權を得れば、天に配されるほどの大功をあげるから、陳の方は必ず衰えることがわかる。

㈸上の注に「自二至四有艮象　艮爲山」とあるのを參照。

[傳]及陳之初亡也

㊟昭公八年に楚が陳を滅す。

㈸昭公八年に「冬十月壬午楚師滅陳」とある。

[傳]陳桓子始大於齊

㊟「桓子」は、敬仲の五世の孫、陳無宇である。

㈸上の傳文に「五世其昌　並于正卿」とあるのを參照。また、『史記』田敬仲完世家に「仲生穉孟夷（中略）田穉孟夷生湣孟莊　田湣孟莊生文子須無（中略）文子卒　生桓子無宇」とあるのを參照。

[傳]其後亡也

㊟哀公十七年に楚がまた陳を滅す。

㈸哀公十七年の傳文に「秋七月己卯楚公孫朝帥師滅陳」とある。

[傳]成子得政

㊟「成子」は、陳常である。敬仲の八世の孫である。陳完〔敬仲〕が齊に禮を示し、子孫も代々その德を忘れず、德が卜にかなっていたから、傳は、その始終をもれなく言ったのである。卜筮は、聖人が、どっちつかずのものをきめ、まぎらわしいものをはっきりさせ、同時に、（人に）義を教える、ための、手立てである。（ただし）『尙書』洪範では、龜筮を卿士（に謀るの）と同類にしている。（また）南蒯が亂をおこすことを卜して、「元吉」と出た場合は、惠伯が「誠實（の事）ならば、そのとおりになる〔亂は不誠實の事だから、そのとおりにならない〕」と答えているのに對して、臧會が不誠實にすることを卜し（て、吉と出）た場合は、そのまま、その應驗を獲ている。丘明は、それ故、（卜筮については）諸々の、實際の事件にかかわって、そこに應驗があらわれているもの（だけ）を擧げて、後世に示したのであり、（後世の）君子は、その善なる點、深遠なる點を、銘記する（べきな）のである。他はみな、これに倣う。

㈸注の「成子　陳常也　敬仲八世孫」については、上の傳文に「八世之後　莫之與京」とあるのを參照。また、『史記』田敬仲完世家に「無宇卒　生武子開與釐子乞（中略）田乞卒　子常代立　是爲田成子」とあるのを參照。なお、疏に引く沈文阿『春秋左氏經傳義略』に「世家（中略）是於敬仲爲七世　言八世者　據其相代在位爲八世也」とある。注の「卜筮者　聖人云云」については、『禮記』曲禮上に「卜筮者　先聖王之所以使民信時日敬鬼神畏法令也　所以使民決嫌疑定猶與也」

とあるのを參照。

注の「尙書洪範云云」については、『尙書』洪範に「汝則有大疑　謀及乃心　謀及卿士　謀及庶人　謀及卜筮」とあるのを參照。なお、疏に「杜引洪範者　欲明龜筮未必神靈　故云以同卿士之數　言龜筮所見纔與卿士同耳」とある。

注の「南蒯卜亂云云」については、昭公十二年の傳文に「南蒯之將叛也（中略）南蒯枚筮之　遇坤䷁之比䷇　曰黄裳元吉　以爲大吉也（中略）惠伯曰　吾嘗學此矣　忠信之事則可　不然必敗」とあるのを參照。なお、疏に「又引南蒯者　明吉凶由行　不由卜筮　欲使人脩德行　不可純信卜筮也」とある。

注の「臧會卜僭云云」については、昭公二十五年の傳文に「初臧昭伯如晉　臧會竊其寶龜僂句　以卜爲信與僭　僭吉（中略）及昭伯從公　平子立臧會　會曰　僂句不余欺也」とあるのを參照。なお、疏に「又引臧會者　吉凶亦由卜筮　不可專在於行　欲使人敬卜筮也」とある。

巻第十

〔莊公二十三年〕

【經】二十有三年春公至自齊

㊟傳はない。

【經】祭叔來聘

㊟傳はない。穀梁では、〝祭叔は祭公のために魯に來聘したのであり、天子の内臣（祭公のこと）は外交することが出來ないから、「（祭公）使」と言わず、祭公が（祭叔を）聘させることを許さないのである〟としている。

【附】穀梁傳文に「其不言使何也　天子之内臣也　不正其外交　故不與使也」とある。ただし、范注に引く鄭玄『釋穀梁廢疾』には「諸稱使者　是奉王命　其人無自來之意　今祭叔不一心於王而欲外交　不得王命來　故去使以見之」とあって、鄭玄は、「使」を、「祭公使」ではなくて、「王使」と解し、また、「天子之内臣」を、祭公ではなくて、祭叔のこととしている。なお、疏に「虞叔是虞公之弟〔桓公十年注〕此祭叔或是祭公之弟」とある。

【經】夏公如齊觀社

㊟齊が、社を祭ることに因んで、軍器をかぞえしらべたから、公は、それを見物に行ったのである。

【附】『國語』魯語上「莊公如齊觀社」の韋注に「莊公二十三年　齊因祀社

蒐軍實以示客　公往觀之也」とあるのを參照。また、襄公二十四年の傳文に「楚子使薳啓彊如齊聘　且請期　齊社　蒐軍實　使客觀之」とあり、注に「祭社　因閱數軍器　以示薳啓彊」とあるのを參照。

なお、疏に引く『釋例』に「凡公出朝聘奔喪會葬　皆但書如　不言其事　此春秋之常」とある。

【經】公至自齊

【注】傳はない。

【經】荊人來聘

【注】傳はない。「荊子使某來聘」と書かず、君と臣とで〔君なのに臣と〕表現が同じであるのは、おそらく、楚〔荊〕が、（中國と）通交するようになったばかりで、まだ禮をきちんと行なえなかった、からであろう。

【附】疏に引く『釋例』に「楚之君臣　最多混錯　此乃楚之初興　未閑周之典禮告命之辭　自生同異　楚武王熊達始居江漢之間　然猶未能自同列國　故稱荊敗蔡師　荊人來聘　從其所居之稱　而捴其君臣」とあるのを參照。なお、疏に「言君臣同辭者　此云荊人來聘　是臣來也　僖二十一年楚人使宜申來獻捷　言使　則是君也　而經亦書楚人　是君臣同辭」とあるが、従えない。杜預は、むしろ、ここを、君の場合〔君が來させた場合〕としているようである。

【經】公及齊侯遇于穀

【注】傳はない。

【經】蕭叔朝公

【注】傳はない。「蕭」は、附庸の國で、「叔」は、名である。穀で公に朝したから、「來」と言っていないのである。一般に、外で朝すれば、禮を具備できないから、嘉禮は、野外では行なわないものである。

【附】注の「蕭　附庸國」については、宣公十二年「冬十有二月戊寅楚子滅蕭」の注に「蕭　宋附庸國」とあるのを參照。また、『漢書』地理志上に「沛郡（中略）蕭　故蕭叔國　宋別封附庸也」とあるのを參照。

注の「叔　名」については、隱公元年「三月公及邾儀父盟于蔑」の注に「附庸之君　未王命　例稱名」とあるのを參照。

注の「在外朝」については、公羊傳文に「其言朝公何　公在外也」とあり、穀梁傳文に「其不言來　於外也　朝於廟　正也　於外　非正也」とあるのを參照。

注の「嘉禮不野合」については、定公十年の傳文に「嘉樂不野合」とあるのを參照。なお、疏に「嘉禮謂善禮　非五禮之嘉也　朝　於五禮屬賓」とある。

【經】秋丹桓宮楹

【注】（「桓宮」とは）桓公の廟である。「楹」は、柱である。

【附】注の「桓公廟也」については、僖公二十四年の傳文「丁未朝于武宮」の注に「文公之祖武公廟」とあるのを參照。また、『詩』召南〈采蘩〉

「公侯之宮」の毛傳に「宮　廟也」とあるのを參照。
注の「楹　柱也」については、昭公元年の傳文「叔孫指楹」の注に、同文がみえる。なお、『説文』に「楹　柱也（中略）春秋傳曰　丹桓宮楹」とあるのを參照。
なお、『國語』魯語上「莊公丹桓宮之楹」の韋注にも「桓宮　桓公廟也　楹　柱也」とある。

【經】冬十有一月曹伯射姑卒

【注】傳はない。（名を書いているのは）同盟はしていなかったけれども、名をもって赴告してきた（からである）。

【附】僖公二十三年の傳文に「凡諸侯同盟　死則赴以名　禮也　赴以名則亦書之（注　謂未同盟）不然則否（注　謂同盟而不以名告）辟不敏也」とあるのを參照。

【經】十有二月甲寅公會齊侯盟于扈

【注】傳はない。「扈」は、鄭地で、滎陽の卷縣の西北部にあった。

【附】注の「滎」は、挍勘記に從って、「熒」に改める。なお、文公七年「秋八月公會諸侯晉大夫盟于扈」の注に「扈　鄭地　熒陽卷縣西北有扈亭」とあるのを參照。

【傳】二十三年夏公如齊觀社　非禮也　曹劌諫曰　不可　夫禮所以整民也故會以訓上下之則　制財用之節

【注】（「財用之節」とは）貢賦の多少である。

【附】『國語』魯語上「制財用之節」の韋注に「謂牧伯差國大小使受貢職也」とあるのを參照。また、昭公十三年の傳文に「合諸侯藝貢事　禮也」とあるのを參照。

【傳】朝以正班爵之義　帥長幼之序　征伐以討其不然

【注】「不然」とは、命に從わない、ということである。

【附】異説として、楊樹達『積微居讀書記』〈讀左傳〉に「杜釋不然爲不用命　乃以意爲釋　非然有用命之義也　然當讀爲戁　説文心部云　戁敬也　不戁者　不敬也　宣十二年傳云　古者明王伐不敬　成二年傳云淫湎毀常　王命伐之　則有獻捷　所以懲不敬　勸有功也　此伐不敬之事也　詩商頌長發篇云　不戁不竦　傳云不然　猶詩云不戁耳　説文然或作蘸　故然可假爲戁矣」とある。

【傳】諸侯有王

【注】王事にたずさわるのである。

【附】『詩』曹風〈下泉〉「四國有王　郇伯勞之」の鄭箋に「有王　謂朝聘於天子也」とあるのを參照。また、襄公二十九年の傳文に「葬靈王鄭上卿有事　子展使印段往　伯有曰　弱　不可　子展曰　與其莫往弱　不猶愈乎　詩云　王事靡盬　不遑啓處　東西南北　誰敢寧處　堅事晉楚　以蕃王室也　王事無曠　何常之有　遂使印段如周」とあるのを參照。

【傳】王有巡守

【注】四方を視察するのである。

【附】二十一年の傳文「王巡虢守」の注に「天子省方　謂之巡守」とあるのを參照。

【傳】以大習之

【注】會朝の禮を盛大に演習するのである。

【附】惠棟『春秋左傳補註』に「案管子幼官篇曰　千里之外　二千里之内　諸侯三年而朝習命　二千里之外　三千里之内　諸侯五年而會至習命　所謂大習者　蓋習會朝之教命也」とある。

【傳】非是　君不擧矣　君擧必書

【注】典策に書くのである。

【附】序に「周禮有史官　掌邦國四方之事　達四方之志　諸侯亦各有國史　大事書之於策　小事簡牘而已」とあるのを參照。

【傳】書而不法　後嗣何觀

【傳】晉桓莊之族偪

【注】桓叔・莊伯の子孫は、勢力が強く、公室を壓迫した。

【附】桓公二年の傳文に「惠之二十四年晉始亂　故封桓叔于曲沃（中略）惠之三十年晉潘父弑昭侯而納桓叔　不克　晉人立孝侯　惠之四十五年曲沃莊伯伐翼弑孝侯」とあり、注に「莊伯　桓叔子」とあるのを參照。

【傳】獻公患之　士蔿曰　去富子　則羣公子可謀也已

【注】「士蔿」は、晉の大夫である。「富子」とは、二族の中で（特に）富强な者である。

【附】注の前半については、『史記』晉世家の〈集解〉に「賈逵曰　士蔿晉大夫」とあるのを參照。

注の後半については、異説として、洪亮吉『春秋左傳詁』に「按　尋繹上下文義　疑富子爲羣公子之一　非强族　即係多知術能爲羣公子謀畫者　譖而去之　則羣公子失謀主矣　杜以富强解之　恐誤」とある。

ちなみに、昭公十六年の傳文に「富子諫」とあり、注に「富子　鄭大夫」とあって、こちらは、箇有名詞とされている。

【傳】公曰　爾試其事　士蔿與羣公子謀　譖富子而去之

【注】罪狀をでっちあげて誣告したのである。同族（羣公子）もその富强をにくんでいたから、士蔿は、それにつけこんで、離間させることが出來たのである。近親をつかって讒言すれば、眞實らしくきこえ、骨肉を離間させれば、黨（の力）は弱まる。だから、羣公子は結局、滅ぼされたのである。

【附】二十五年の傳文に「晉士蔿使羣公子盡殺游氏之族　乃城聚而處之　冬晉侯圍聚盡殺羣公子」とあり、注に「卒如士蔿之計」とあるのを參照。

【傳】秋丹桓宮之楹

〔莊公二十四年〕

【經】二十有四年春王三月刻桓宮桷

【注】「刻」は、鏤（ほる）である。「桷」は、椽（たるき）である。夫人を迎えようとしていたから、飾りたてたのである。

【附】注の「刻　鏤也」については、哀公元年の傳文「器不彤鏤」の注に

「鏤　刻也」とあるのを參照。また、『爾雅』釋器に「金謂之鏤　木謂之刻」とあるのを參照。
注の「桷　椽也」については、襄公二十八年の傳文「子尾抽桷」の注に、同文がみえる。なお、『說文』に「桷　榱也　椽方曰桷」とあり、「椽　榱也」とあり、「榱　秦名爲屋椽　周謂之榱　齊魯謂之桷」とあるのを參照。
注の「將逆夫人　故爲盛飾」については、穀梁傳文に「取非禮與非正而加之於宗廟　以飾夫人　非正也」とあるのを參照。また、二十三年の公羊傳文「丹桓宮楹　非禮也」の何注に「丹之者　爲將娶齊女　欲以誇大示之」とあり、ここの公羊傳文「刻桓宮桷　非禮也」の何注に「與丹楹同義」とあるのを參照。なお、下の「戊寅大夫宗婦覿　用幣」の注に「莊公欲奢夸夫人」とあるのも參照。

【經】葬曹莊公
【注】傳はない。

【經】夏公如齊逆女
【注】傳はない。親迎したのは、禮にかなっている。
【附】公羊傳文に「何以書　親迎禮也」とあるのを參照。なお、桓公三年「公子翬如齊逆女」の注に「禮　君有故　則使卿逆」とあるのも參照。

【經】秋公至自齊
【注】傳はない。

【經】八月丁丑夫人姜氏入
【注】（「夫人姜氏」とは、傳の）哀姜である。公羊傳では〝姜氏は、公に約束することを求め、公といっしょには入らなかった〟としている。おそらく、孟任がいたからであろう。丁丑（の日）に入り、あくる日になって、廟に朝したのである。
【附】公羊傳文に「其言入何　難也　其言日何　難也　其難奈何　夫人不僂　不可使入　與公有所約　然後入」とあり、何注に「僂　疾也　齊人語　約　約遠媵妾也　夫人稽留　不肯疾順公　不可使卽入　公至後與公約定　八月丁丑乃入　故爲難辭也　夫人要公　不爲大惡者　妻事夫　有四義」とあるのを參照。また、三十二年の傳文に「初公築臺臨黨氏　見孟任　從之　閟　而以夫人言許之　割臂盟公　生子般焉」とあるのを參照。
なお、疏に引く『釋例』に「莊公顧割臂之盟　崇寵孟任　故卽位二十三年乃娶元妃　雖丹楹刻桷　身自納幣　而有孟任之嫌　故與姜氏倶反而異入　經所以不以至禮書也」とある。

【經】戊寅大夫宗婦覿　用幣
【注】「宗婦」とは、同姓の大夫の婦である。禮では、小君〔夫人〕が到着すると、大夫が贄〔おくりもの〕をもってまみえる。臣子としての道を明らかにするためである。莊公は、夫人に自慢しようとしたから、大夫と宗婦とに、同じ贄をもたせ、いっしょにまみえさせたのである。
【附】注の「宗婦　同姓大夫之婦」については、襄公二年の傳文「齊侯使諸

姜宗婦來送葬」の注に、同文がみえる。なお、『詩』小雅〈常棣〉の疏に「賈杜皆云　宗婦　同姓大夫之婦」とあるのを參照。

注の「禮小君至云云」については、『儀禮』士相見禮に「始見于君執贄至下　容彌蹙」とあるだけで、小君の場合は見當たらず、逆に、穀梁傳文には「禮　大夫不見夫人」とある。なお、公羊の何注には「禮　夫人至　大夫皆郊迎　明日　大夫宗婦皆見」とある。

注の「故使大夫宗婦同贄倶見」については、穀梁傳文に「不言及　不正其行婦道　故列數之也」とあるのを參照。なお、異説として、沈欽韓『春秋左氏傳補注』に「按禮有内宗外宗　鄭云　王同姓之女　謂之内宗　王諸姑姊妹之女　謂之外宗　又得兼母之黨　雜記　外宗爲君夫人　猶内宗也　鄭云　謂姑姊妹舅之女及從母　皆是　又有同姓大夫之妻　喪大記所謂外命婦也　又有外親之婦　亦通謂之外宗　服問注云　外宗　君外親之婦也　經言大夫宗婦覿　則外内宗之嫁大夫者　及同姓大夫之妻　覿夫人　非謂大夫與宗婦雙雙而至也　尋傳文　並不言大夫見小君　其言男女同贄者　直謂婦人而用幣　是無別於男子　故志其非禮　杜預鹵莽　疏陋欲扶其説　又無證據　徒謂小君與君同體　義亦當見　此等荒謬誕妄處　直孔氏手筆矣　列女傳孽嬖六　亦載此事　婦贄用幣　是男女無別也　較傳語尤明　則注疏之謬灼然矣」とある。ちなみに、上にあげた公羊の何注も、「大夫の宗婦」と、一つのものに讀んでいる。

【經】大水

【注】傳はない。

【經】冬戎侵曹

【注】傳はない。

【經】曹羈出奔陳

【注】傳はない。「羈」は、おそらく、曹の世子であろう。先君の埋葬がすんでいるのに、爵を稱していないのは、微弱で、自分の地位を安定させることが出來ず、（そのため）曹人が名をもって赴告してきた、からである。

【附】桓公十一年「鄭忽出奔衞」の注に「莊公既葬　不稱爵者　鄭人賤之以名赴」とあり、同十五年「鄭世子忽復歸于鄭」の注に「父卒而不能自君　鄭人亦不君之　出則降名以赴」とあるのを參照。

【經】赤歸于曹

【注】傳はない。「赤」は、曹の僖公である。おそらく、戎によって送り込まれたのであろう。だから、「歸」と言っているのである。

【附】成公十八年の傳文に「諸侯納之曰歸」とあるのを參照。

なお、疏に「賈逵以爲　羈是曹君　赤是戎之外孫　故戎侵曹　逐羈而立赤」とある。

【經】郭公

㊟傳はない。おそらく、經の闕誤であろう。「曹羈」以下について、公羊・穀梁の説は、不明確であるうえに、左氏には適合しないから、採用しない。

(附)公羊傳文には「曹羈者何　曹大夫也」とあり、また、「赤者何　曹無赤者　蓋郭公也　郭公者何　失地之君也」とあり、穀梁傳文には「赤蓋郭公也」とある。

なお、序に「簡二傳而去異端」とあり、その疏に「若左氏不解　二傳有說　有是有非　可去可取　如是　則簡選二傳　取其合義　而去其異端」とあるのを參照。

【傳】二十四年春刻其桷　皆非禮也

㊟「楹に丹塗りした」（二十三年）こともあわせて非（禮）とするから、「皆」と言っているのである。

(附)二十三年の公羊傳文に「丹桓宮楹　非禮也」とあり、穀梁傳文に「丹楹　非禮也」とあるのを參照。

【傳】御孫諫曰　臣聞之　儉　德之共也　侈　惡之大也

㊟「御孫」は、魯の大夫である。

【傳】先君有共德而君納諸大惡　無乃不可乎

㊟楹に丹塗りしたり桷に彫刻したりしないことを、「共」と言っているのである。

(附)兪樾『羣經平議』に「杜氏不釋共字　共當讀爲洪　爾雅釋詁　洪　大也　德之洪也　猶曰德之大也　下文曰　侈　惡之大也　洪與大　文異而義同　下文又曰　先君有共德而君納諸大惡　猶云有大德也　杜解曰以不丹楹刻桷爲共　似未得其旨　洪從共聲　故卽叚共爲之　尙書大傳　維時供祀六沴　鄭注曰　供謂大也　供亦洪之叚字也」とある。

【傳】秋哀姜至　公使宗婦覿　用幣　非禮也

㊟（大夫と宗婦とであるのに）傳が「大夫」を言っていないのは、非常（非禮）の方だけを擧げたのである。

(附)經に「戊寅大夫宗婦覿　用幣」とあり、その注に「使大夫宗婦同贄俱見」とあるのを參照。

【傳】御孫曰　男贄　大者玉帛

㊟公・侯・伯・子・男は玉をもち、諸侯の世子・附庸・孤卿は帛をもつ。

(附)『周禮』大宗伯に「以玉作六瑞　以等邦國　王執鎭圭　公執桓圭　侯執信圭　伯執躬圭　子執穀璧　男執蒲璧」とあるのを參照。また、同典命に「凡諸侯之適子　誓於天子　攝其君　則下其君之禮一等　未誓則以皮帛繼子男　公之孤　四命　以皮帛眡小國之君」とあるのを參照。なお、哀侯七年の傳文「禹合諸侯於塗山　執玉帛者萬國」の注に「諸侯執玉　附庸執帛」とあるのも參照。

【傳】小者禽鳥

㊟卿は羔をもち、大夫は鴈をもち、士は雉をもつ。

(附)『周禮』大宗伯に「以禽作六摯　以等諸臣　孤執皮帛　卿執羔　大夫執鴈　士執雉　庶人執鶩　工商執雞」とあるのを參照。また、『禮記』曲禮下に「凡摯　天子鬯　諸侯圭　卿羔　大夫鴈　士雉」とあるのを參照。

傳以章物也

注もつ物をあきらかにして、貴賤をわけるのである。

附閔公二年の傳文「衣　身之章也」の注に「章貴賤」とあるのを參照。

傳女贄　不過榛栗棗脩　以告虔也

注「榛」は、小栗である。「脩」は、脯（ほし肉）である。「虔」は、敬である。（「榛」・「栗」・「棗」・「脩」は）いずれもみな、その名に取って、敬を示すのである。

附注の「榛　小栗」については、『禮記』曲禮下「婦人之摯　椇榛脯脩棗栗」の注に「榛實似栗而小」とあるのを參照。

注の「脩　脯」については、『説文』に「脩　脯也」とあるのを參照。また、公羊傳文「然則曷用　棗栗云乎　腶脩云乎」の何注に「腶脩者脯也」とあるのを參照。

注の「虔　敬也」については、成公十六年の傳文「虔卜於先君也」の注に、同文がみえる。なお、『詩』商頌〈殷武〉「方斲是虔」の毛傳に「虔　敬也」とあるのを參照。

注の「皆取其名以示敬」については、上にあげた公羊傳文の何注に「棗栗取其早自謹敬　腶脩取其斷斷自脩正　執此者　若其辭云爾　所以敘情配志也」とあるのを參照。また、文公二年の公羊傳文「練主用栗」の何注に「栗猶戰栗　謹敬貌」とあるのを參照。なお、『白虎通』瑞贄に「故后夫人以棗栗腶脩者　凡内脩陰也　又取其朝早起　栗戰自正也」とあるのも參照。

傳今男女同贄　是無別也　男女之別　國之大節也　而由夫人亂之　無乃不可乎

傳晉士蔿又與羣公子謀　使殺游氏之二子

注「游氏の二子」もまた、桓・莊の族である。

附二十三年の傳文に「晉桓莊之族偪」とあり、注に「桓叔莊伯之子孫強盛　偪迫公室」とあるのを參照。

傳士蔿告晉侯曰　可矣　不過二年　君必無患

〔莊公二十五年〕

經二十有五年春陳侯使女叔來聘

注「女叔」は、陳の卿である。「女」は氏で、「叔」は字である。

經夏五月癸丑衞侯朔卒

注傳はない。惠公である。名を書いているのは、十六年に内（魯）の大夫と幽で盟ったからである。

附十六年に「冬十有二月會齊侯宋公陳侯衞侯鄭伯許男滑伯滕子同盟于幽」とあり、注に「書會　魯會之　不書其人　微者也」とある。なお、僖公二十三年の傳文に「凡諸侯同盟　死則赴以名　禮也」とあるのを參照。

經六月辛未朔日有食之　鼓用牲于社

㊟「鼓」とは、鼓を伐ったのである。（「用牲于社」とは）牲を用いて社を祭ったのである。傳例に「非常也」とある〔下の傳文〕。

經伯姫歸于杞

㊟傳はない。「逆女」を書いていないのは、迎えにきたのが微者だったからである。

㊎隱公二年に「九月紀裂繻來逆女」とあり、ついで「冬十月伯姫歸于紀」とあり、前者の傳文に「卿爲君逆也」とあるのを參照。

經秋大水　鼓用牲于社于門

㊟「門」とは、國門〔城門〕である。傳例に「亦非常也」とある〔下の傳文〕。

經冬公子友如陳

㊟傳はない。女叔の聘に返報したのである。諸諸の、魯が出て朝聘する場合は、いずれもみな、「如」と書き、先方がきちんと禮を行うとは限らないから、「朝」・「聘」とは稱さない、のが、《春秋》の常辭である。公子友は莊公の同母弟であるのに、（「弟」と稱さず）「公子」と稱しているのは、（「弟」と「公子」とは）史策では互通する言い方だからである。（つまり）同母弟は、肉親であって、他臣とは異なるから、殺害した場合は、「弟」と稱して（獨自に）義を示すが、朝聘などの場合は、兄弟が仲むつまじいということであり、（義）例をたてるべきところではないから、「弟」と稱したり、「公子」と稱したり、舊史〔史策〕の文のままにするのである。同母弟の例は、宣公十七年にある。

㊎注の「報女叔之聘」については、上に「春陳侯使女叔來聘」とある。

注の「諸魯出朝聘　皆書如云云」については、公羊の何注に「如陳者　聘也　內朝聘言如者　尊內也」とあるのを參照。

注の「公子友　莊公之母弟云云」については、疏に引く『釋例』に「庶弟不得稱弟　而母弟得稱公子　秦伯之弟鍼適晉　女叔齊曰　秦公子必歸　此公子亦國之常言　得兩通之證也」とあるのを參照。なお、二十七年の公羊傳文に「公子慶父公子牙公子友皆莊公之母弟也」とある。

注の「母弟至親云云」については、疏に引く『釋例』に「兄而害弟　則稱弟以章兄罪　弟又害兄　則去弟以罪弟身　統論其義　兄弟二人　交相殺害　各有曲直　存弟　則示兄曲也」とあるのを參照。なお、隱公元年の傳文に「段不弟　故不言弟」とあるのも參照。

注の「至於嘉好之事云云」については、疏に引く『釋例』に「若夫朝聘盟會　嘉好之事　此乃兄弟之篤睦　非義例之所興　故仍舊史之策　或稱弟　或稱公子　踐土之盟　叔武不稱弟　此其義也」とあるのを參照。

注の「母弟例在宣十七年」については、宣公十七年の傳文に「凡大子之母弟　公在曰公子　不在曰弟　凡稱弟　皆母弟也」とある。

【傳】二十五年春陳女叔來聘　始結陳好也　嘉之　故不名

【注】季友（公子友）は魯の相であり、原仲は陳の相であり、二人は、昔からの知りあいであった。だから、女叔が來聘すると、季友が冬にお返しに聘し、友好（の仕方）が行き屆いていたのである。卿に字をいうのが、よみする場合であるとすれば、名を稱するのが通常である。

【附】注の「二人有舊」については、二十七年の傳文に「秋公子友如陳葬原仲　非禮也　原仲　季友之舊也」とあるのを參照。

注の「接備」は、行き屆くの意の連文とみる。

なお、諸本に從って、注の「故女」の下に「叔」の字を補う。

【傳】夏六月辛未朔日有食之　鼓用牲于社　非常也

【注】（「非常」とは）鼓をうつきまりの月（六月）ではなかった、ということである。〈長厤〉によって推算すると、「辛未」は、實は七月の朔であり、閏の置き所をまちがえたから、月のずれを招いたのである。

【附】疏に引く『釋例』に「莊二十五年經書六月辛未朔日有食之　實是七月朔　非六月　故傳云　非常也　唯正月之朔有用幣伐鼓　明此食非用幣伐鼓常月　因變而起厤誤也　文十五年經文皆同　而更復發傳曰非禮者　明前傳欲以審正陽之月　後傳發例　欲以明諸侯之禮　此乃聖賢之微旨　而先儒所未喩也」とあるのを參照。また、疏に「不應置閏而置閏　誤使七月爲六月也」とあるのを參照。

なお、異説として、顧炎武『左傳杜解補正』に「周之六月　夏之四月　所謂正月之朔也　然則此其常也　而曰非常者何　蓋不鼓於朝而鼓於社　不用幣而用牲　此所以謂之非常禮也　杜氏不得其說而曰　以長厤推之　是年失閏　辛未實七月朔　非六月也　此則咎在司厤　不當責其伐鼓矣」とある。

【傳】唯正月之朔　慝未作

【注】「正月」とは、夏厤の四月（つまり）周厤の六月であり、正陽の月をいう。今ここで、「六月」と書かれていて、傳が「唯」と言っているのは、（「六月」と書かれている）この月は（實は）正陽の月ではない、ということを明らかにしたのである。「慝」は、陰氣である。

【附】昭公十七年の注にも「正月　謂建巳正陽之月也　於周爲六月　於夏爲四月　慝　陰氣也」とある。なお、『詩』小雅〈正月〉「正月繁霜」の鄭箋に「夏之四月　建巳之月　純陽用事而霜多」とあるのを參照。

また、『周禮』環人「察軍慝」の注に「慝　陰姦也」とあるのを參照。

【傳】日有食之　於是乎用幣于社　伐鼓于朝

【注】日食は、厤の上でいつでもおこり得るが、正陽の月に食した場合に限り、諸侯は、社で幣を用いて、上公（社神）に救いを求め、朝で鼓を伐って、へりくだって自分を責め、それによって、陰が陽を侵してはならず、臣が君を掩ってはならないことを明らかにし、大義を示すのである。

【附】注の「上公」については、昭公二十九年の傳文に「故有五行之官　是謂五官　實列受氏姓　封爲上公　祀爲貴神　社稷五祀　是尊是奉」とあるのを參照。

【傳】秋大水　鼓用牲于社于門　亦非常也
（注）常禮を失したのである。
【傳】凡天災有幣無牲
（注）「天災」とは、日食・月食と大水とである。（これらの場合）祈り求めるだけで、牲は用いないのである。
【傳】非日月之眚不鼓
（注）「眚」は、災と同じである。月が日を侵すのが「眚」である。陰陽（の序）が順であるか逆であるかは、賢聖が重んじる事であるから、特に鼓をうつのである。
（附）注の「眚猶災也」については、二十二年の穀梁傳文に「眚　災也」とあるのを參照。

【傳】晉士蔿使羣公子盡殺游氏之族　乃城聚而處之
（注）「聚」は、晉の邑である。
（附）『史記』晉世家の〈集解〉に「賈逵曰　聚　晉邑」とあるのを參照。
【傳】冬晉侯圍聚　盡殺羣公子
（注）結局、士蔿の計略どおりになったのである。
（附）二十三年の傳文に「晉桓莊之族偪　獻公患之　士蔿曰　去富子　則羣公子可謀也已　公曰　爾試其事　士蔿與羣公子謀　譖富子而去之」とあり、二十四年の傳文に「晉士蔿又與羣公子謀　使殺游氏之二子　士蔿告晉侯曰　可矣　不過二年　君必無患」とあるのを參照。

〔莊公二十六年〕

【經】二十有六年春公伐戎
（注）傳はない。
【經】夏公至自伐戎
（注）傳はない。
【經】曹殺其大夫
（注）傳はない。名を稱していないのは、罪が無かったからである。例は、文公七年にある。
（附）文公七年の傳文に「書曰宋人殺其大夫　不稱名　衆也　且言非其罪也」とあり、注に「不稱殺者及死者名　殺者衆　故名不可知　死者無罪則例不稱名」とある。

【經】秋公會宋人齊人伐徐
（注）傳はない。宋が齊の上におかれているのは、兵に主となったからである。
（附）十六年「夏宋人齊人衞人伐鄭」の注に「宋主兵也　班序上下　以國大小爲次　征伐　則以主兵爲先　春秋之常也　他皆放此」とあるのを參照。

【經】冬十有二月癸亥朔日有食之

㊟傳はない。

【傳】二十六年春晉士蔿爲大司空

㊟「大司空」は、卿官である。

(附)二十三年の注に「士蔿　晉大夫」とあるのを參照。また、成公二年の注に「晉司馬司空　皆大夫」とあるのを參照。

【傳】夏士蔿城絳　以深其宮

㊟「絳」は、晉が都をおいていた所であり、今の平陽の絳邑縣である。

【傳】秋虢人侵晉　冬虢人又侵晉

㊟あくる年の傳「晉〔侯〕將伐虢」のために、本を張ったのである。この年、經と傳とが、それぞれ〔全く〕別の事を言っているのは、經が〔傳を必要としない〕直文であったり、あるいは、〔經の素材となった〕策書は殘っていたが、〔傳の素材となる〕簡牘が散佚していて、その本末〔經に書かれている事件の詳細〕がわからなかったりしたから、傳は〔經について〕解說せず、傳事〔傳獨自の事件〕だけを言ったのである。

(附)注の「直文」については、序に「四曰　盡而不汙　直書其事　具文見意」とあるのを參照。

注の「策書」及び「簡牘」については、序に「大事書之於策　小事簡牘而已」とあり、「仲尼因魯史策書成文　考其眞僞　而志其典禮」とあるのを參照。また、隱公元年の傳文「有蜚　不爲災　亦不書」の注に「傳之所據　非唯史策　兼采簡牘之記」とあり、同十一年の傳文「凡諸侯有命　告則書　不然則否」の注に「命者　國之大事政令也　承其告辭　史乃書之於策　若所傳聞行言　非將君命　則記在簡牘而已　不得記於典策　此蓋周禮之舊制」とあるのを參照。

〔莊公二十七年〕

【經】二十有七年春公會杞伯姬于洮

㊟「伯姬」は、莊公の女〔むすめ〕である。「洮」は、魯地である。

(附)公羊の何注に「洮　内也」とあるのを參照。

【經】夏六月公會齊侯宋公陳侯鄭伯同盟于幽

【經】秋公子友如陳葬原仲

㊟「原仲」は、陳の大夫である。「原」は氏で、「仲」は字である。禮では、臣が死ぬと、名をいわない。だから、字を稱しているのである。季友〔公子友〕は、禮に違反して、外の大夫の葬に會したのであり、つぶさにその事をあらわしていることからも、譏っていることがわかる。

(附)注の「原仲　陳大夫」については、公羊傳文に「原仲者何　陳大夫也」とあるのを參照。

注の「禮　臣既卒　不名　故稱字」については、『禮記』玉藻に「士

於君所言大夫　沒矣　則稱諡若字」とあるのを參照。また、桓公二年の穀梁傳文に「臣既死　君不忍稱其名」とあるのを參照。なお、公羊の何注に「稱字者　葬從主人也」とあるのも參照。

注の「具見其事　亦所以知譏」については、序に「四曰　盡而不汙　直書其事　具文見意　丹楹刻桷　天王求車　齊侯獻捷之類　是也」とあり、その疏に「三者　皆非禮而動　直書其事　不爲之隱　具爲其文以見譏意」とあるのを參照。

【經】冬杞伯姫來

【注】傳例に「歸寧」とある〔下の傳文〕。

【經】莒慶來逆叔姫

【注】傳はない。「慶」は、莒の大夫である。「叔姫」は、莊公の女〔むすめ〕である。卿が自分のために迎えに來た場合は、字を稱す。例は、宣公五年にある。

【附】宣公五年に「秋九月齊高固來逆叔姫」とあり、傳に「秋九月齊高固來逆女　自爲也　故書曰逆叔姫　卿自逆也」とあり、注に「適諸侯稱女　適大夫稱字　所以別尊卑也」とある。

【經】杞伯來朝

【注】傳はない。杞が「伯」と稱しているのは、おそらく、當時の王に黜けられたのであろう。

【附】桓公二年に「秋七月杞侯來朝」とあり、同十二年に「夏六月壬寅公會杞侯莒子盟于曲池」とある。なお、桓公二年「滕子來朝」の注に「隱十一年稱侯　今稱子者　蓋時王所黜」とあるのを參照。

【經】公會齊侯于城濮

【注】傳はない。「城濮」は、衞地である。衞を討とうとしたのである。

【附】『史記』晉世家「四月戊辰宋公齊將秦將與晉侯次城濮」の〈集解〉に「賈逵曰　衞地也」とあるのを參照。なお、二十八年に「春王三月甲寅齊人伐衞」とある。

【傳】二十七年春公會杞伯姫于洮　非事也

【注】諸侯の（なすべき）事ではない。

【傳】天子非展義不巡守

【注】天子が巡守するのは、德義を宣布するためである。

【傳】諸侯非民事不擧　卿非君命不越竟

【傳】夏同盟于幽　陳鄭服也

【注】二十二年に、陳が亂れて、齊が（陳の）敬仲を受け入れ、二十五年（つまり）鄭の文公の四年に、（鄭が）楚と和平し、（陳と鄭とは）いずれもみな、齊に對して二心を持っており、今ここで、始めて服從したのである。

【附】二十二年の傳文に「春陳人殺其大子御寇　陳公子完與顓孫奔齊〔注

公子完顓孫皆御寇之黨）顓孫自齊來奔　齊侯使敬仲爲卿（注　敬仲陳公子完）辭曰（中略）使爲工正」とあるのを參照。また、文公十七年の傳文に「鄭子家使執訊而與之書　以告趙宣子曰（中略）文公二年六月壬申朝于齊　四年二月壬戌爲齊侵蔡　亦獲成於楚」とあるのを參照。

【傳】秋公子友如陳葬原仲　非禮也　原仲　季友之舊也

【傳】冬杞伯姬來　歸寧也

【注】「寧」とは、父母の安否を問うのである。

【附】『詩』周南〈葛覃〉に「歸寧父母」とあり、毛傳に「寧　安也」とあるのを參照。

【傳】凡諸侯之女　歸寧曰來　出曰來歸

【注】「歸」は、かえらないという表現である。

【附】隱公元年「秋七月天王使宰咺來歸惠公仲子之賵」の注に、同文がみえる。

【傳】夫人歸寧曰如某　出曰歸于某

【附】疏に引く『釋例』に「歸寧者　女子既嫁　有時而歸　問父母之寧否　父母沒　則使卿歸問兄弟也　出者　謂犯七出而見絶者也　歸者　有所往之稱　來者　有所反之言　故嫁謂之歸　而寧謂之來　見絶而出　則以來歸爲辭　來而不反也　如某者　非終安之稱　歸于某者　亦不反之辭」とある。

【傳】晉侯將伐虢　士蔿曰　不可　虢公驕　若驟得勝於我　必弃其民

【注】民を弃てて養わなくなる。

【傳】無衆而後伐之　欲禦我　誰與　夫禮樂慈愛　戰所畜也　夫民　讓事樂和愛親哀喪　而後可用也

【注】上が民を使うには、義・讓・哀・樂を本とする。（つまり）無理強いしてはならない、ということである。

【傳】虢弗畜也　亟戰將饑

【注】虢は、義・讓をたくわえず、無理に戰わせている、ということである。

【傳】王使召伯廖賜齊侯命

【注】「召伯廖」は、王の卿士である。命を賜わって侯伯にしたのである。

【附】『史記』周本紀に「惠王十年　賜齊桓公爲伯」とあるのを參照。なお、僖公二十八年の傳文に「王命尹氏及王子虎內史叔興父　策命晉侯爲侯伯」とあるのも參照。

【傳】且請伐衛　以其立子頹也

【注】（衛が）子頹を擁立したことは、十九年にある。

【附】十九年の傳文に「秋五大夫奉子頹以伐王　不克　出奔溫　蘇子奉子頹以奔衛　衛師燕師伐周　冬立子頹」とある。

〔莊公二十八年〕

【經】二十有八年春王三月甲寅齊人伐衛　衛人及齊人戰　衛人敗績

㊟齊侯が「人」と稱しているのは、賄賂を受け取ってひきあげたことを諱み、賤者として赴告してきた、からである。地をいっていないのは、史官が書き落としたのである。

(附)下の傳文に「春齊侯伐衛　戰　敗衛師　數之以王命　取賂而還」とあるのを參照。

【經】夏四月丁未邾子瑣卒

㊟傳はない。(名を書いているのは)同盟はしていなかったけれども、名をもって赴告してきた(からである)。

(附)僖公二十三年の傳文に「凡諸侯同盟　死則赴以名　禮也　赴以名則亦書之(注　謂未同盟)不然則否(注　謂同盟而不以名告)辟不敏也」とあるのを參照。

【經】秋荊伐鄭　公會齊人宋人救鄭

【經】冬築郿

㊟「郿」は、魯の下邑である。傳例に「邑には『築』という」とある〔下の傳文〕。

(附)疏に「國都爲上　邑爲下　故云魯下邑」とある。

【經】大無麥禾

㊟「冬」のところに書いているのは、五穀をことごとくとり入れ、(その結果)食糧不足と算定され、その後で書いた、からである。

(附)穀梁傳文に「大者　有顧之辭也　於無禾及無麥也」とあるのを參照。

【經】臧孫辰告糴于齊

㊟「臧孫辰」は、魯の大夫の臧文仲である。

(附)十一年の傳文に「臧文仲曰　宋其興乎」とあり、注に「臧文仲　魯大夫」とあるのを參照。また、『國語』魯語上に「文仲以鬯圭與玉磬如齊告糴」とあるのを參照。

なお、疏に「服虔云　不言如　重穀急辭」とある。また、『儀禮』聘禮「若有言　則以束帛如享禮」の疏に「服注云　無庭實也」とある。

【傳】二十八年春齊侯伐衛　戰　敗衛師　數之以王命　取賂而還

【傳】晉獻公娶于賈　無子

㊟「賈」は、姫姓の國である。

(附)桓公九年の傳文「秋虢仲芮伯梁伯荀侯賈伯伐曲沃」の注に「荀賈皆國名」とあるのを參照。

【傳】烝於齊姜

㊟「齊姜」は、武公〔父〕の妾である。

(附)桓公十六年の傳文「初衛宣公烝於夷姜　生急子」の注に「夷姜　宣公之庶母也　上淫曰烝」とあるのを參照。

【傳】生秦穆夫人及大子申生　又娶二女於戎　大戎狐姬生重耳

㊟「大戎」は、唐叔の子孫で、(晉とは)別に戎狄(の地)にいた者で

ある。

【附】『國語』晉語四に「狐氏出自唐叔　狐姫　伯行之子也　實生重耳」とあり、韋注に「狐氏　重耳外家　與晉俱唐叔之後　別在大戎者　伯行　狐氏字」とあるのを參照。

【傳】小戎子生夷吾

【注】「小戎」は、允姓の戎である。「子」は、女〔むすめ〕である。

【附】注の「小戎　允姓之戎」については、昭公九年の傳文に「先王居檮杌于四裔　以禦螭魅　故允姓之姦居于瓜州」とあり、注に「允姓　陰戎之祖」とあるのを參照。

注の「子　女也」については、『詩』大雅〈大明〉「長子維行」の毛傳に「長子　長女也」とあるのを參照。

【傳】晉伐驪戎　驪戎男女以驪姫

【注】「驪戎」（國）は、京兆の新豐縣にあった。その君は姫姓で、その爵は男である。女〔むすめ〕を人にとつがせるのを「女」という。

【附】注の「驪戎在京兆新豐縣」については、『漢書』地理志上に「京兆尹（中略）新豐　驪山在南　故驪戎國」とあるのを參照。

注の「納女於人曰女」については、桓公十一年の傳文「宋雍氏女於鄭莊公　曰雍姞」の注に「以女妻人曰女」とあるのを參照。

【傳】歸　生奚齊　其娣生卓子　驪姫嬖　欲立其子　賂外嬖梁五與東關嬖五

【注】（「外嬖梁五」は）姓が梁、名が五で、閨闥〔門戸〕の外にいた者であり、「東關嬖五」は、別に關塞〔國境の關所〕にいた者で、名が同じく五である。いずれもみな、〔卿ではなく〕大夫であったが、獻公に嬖幸〔寵愛〕され、國事に參與していたのである。

【附】あまりはっきりはしないが、どうやら、杜預は、「外嬖梁五」を、（門）外の嬖臣の梁五、「東關嬖五」を、（東）關の嬖臣の五、と讀んでいるようである。なお、異説として、王引之『經義述聞』に「外嬖　對內嬖而言　驪姫　內嬖也　二五　外嬖也　外嬖二字　統二五言之　東關下不當復有嬖字　梁五既稱其姓曰梁　東關五不應獨略其姓　廣韻東字注曰　漢複姓　左傳晉有東關嬖五　則東關爲姓矣　既以東關爲姓　則東關下愈不當有嬖字　如梁五以梁爲姓　而謂之梁嬖五可乎　漢書古今人表　正作東關五　韋昭注晉語亦曰　二五　獻公嬖大夫　梁五與東關五也　是古文無嬖字之明證　杜注皆失之」とある。

【傳】使言於公曰　曲沃　君之宗也

【注】「曲沃」は、桓叔が封ぜられた所であり、先君の宗廟がある所である。

【附】桓公二年の傳文に「惠之二十四年晉始亂　故封桓叔于曲沃」とあるのを參照。また、『史記』晉世家に「曲沃　吾先祖宗廟所在」とあるのを參照。また、『國語』晉語一の韋注に「曲沃　桓叔之封　先君宗廟在焉」とあるのを參照。

【傳】蒲與二屈　君之疆也

【注】「蒲」は、今の平陽の蒲子縣である。「二屈」は、今の平陽の北屈縣である。（傳文の）「二」は「北」にすべきである、とも言われている。

【附】異説として、『國語』晉語一の韋注に「二屈　屈有南北也　今河東有北屈　則是時復有南屈也」とある。

【傳】不可以無主　宗邑無主　則民不威　疆場無主　則啓戎心　戎之生心

民慢其政　國之患也　若使大子主曲沃而重耳夷吾主蒲與屈　則可以威民而懼戎　且旌君伐

㊟「旌」は、章〔あらわす〕である。「伐」は、功である。

(附)注の「旌　章也」については、定公元年の傳文「生不能事　死又離之　以自旌也」の注に、同文がみえる。また、僖公二十四年の傳文「以志吾過　且旌善人」の注に「旌　表也」とある。なお、『國語』晋語一の韋注に「旌　章也」とあるのを參照。

注の「伐　功也」については、成公十六年の傳文「晋侯使郤至獻楚捷于周　與單襄公語　驟稱其伐」の注に、同文がみえる。なお、『史記』高祖功臣侯者年表序に「古者人臣功有五品　以德立宗廟定社稷曰勳　以言曰勞　用力曰功　明其等曰伐　積日曰閱」とあるのを參照。また、『國語』晋語一の韋注に「伐　功也」とあるのを參照。

【傳】使俱曰　狄之廣莫　於晋爲都　晋之啓土　不亦宜乎

㊟「廣莫」は、遠く隔った狄地である。つまり、蒲と北屈とをいう。二公子に、〔國を〕出て、そこに都邑をつくらせれば、晋は大いに領土をひろげることになる、ということである。獻公が決心しなかったから、さらに、二人の五に、口を揃えてこのような利點を説明させたのである。

(附)注の「使二五俱説此美」については、『國語』晋語一の韋注に「使俱者　使二五同聲也」とあるのを參照。

なお、注の「蒲子北屈」の「子」は、挍勘記に従って、「與」に改める。

【傳】晋侯説之　夏使大子居曲沃　重耳居蒲城　夷吾居屈　羣公子皆鄙

㊟「鄙」は、邊邑である。

(附)十九年「冬齊人宋人陳人伐我西鄙」の注に、同文がみえる。なお、その(附)を參照。

【傳】唯二姫之子在絳　二五卒與驪姫譖羣公子而立奚齊　晋人謂之二五耦

㊟〔「耦」とは〕二つの耜〔すき〕を並べて、幅を一尺にし、いっしょに一伐〔の土〕を〔ほり〕おこすのである。〔つまり〕二人が、これと同じように、いっしょに晋の公室を損傷した、ということである。

(附)注の前半については、『周禮』考工記〈匠人〉に「耜廣五寸　二耜爲耦　一耦之伐　廣尺深尺　謂之甽」とあるのを參照。また、『論語』微子「長沮桀溺耦而耕」の〈皇疏〉に「耜是今之釋　廣五寸　五寸則不成伐　故二人並耕　兩耜並　得廣一尺　一尺則成伐也」とあるのを參照。

注の後半については、『周禮』考工記〈瓬人〉「凡陶瓬之事　髻墾薜暴不入市」の注に「墾　頓傷也」とあるのを參照。

なお、傳文の「二耦」は、挍勘記に従って、「二五耦」に改める。

【傳】楚令尹子元欲蠱文夫人

㊟〔「文夫人」は〕文王の夫人の息嬀である。「子元」は、文王の弟である。「蠱」とは、淫事でまどわす〔誘惑する〕のである。

(附)注の「文王夫人息嬀也」については、十四年の傳文に「楚子如息　以食入享　遂滅息　以息嬀歸　生堵敖及成王焉」とあるのを參照。

注の「子元　文王弟」については、『國語』楚語上の韋注に「子元　楚武王子　文王弟　王子善也」とあるのを參照。

【傳】爲館於其宮側而振萬焉

【注】「振」は、動である。「萬」は、舞（の名）である。

【附】注の「振　動也」については、『禮記』月令「蟄蟲始振」の注に「振　動也」とあるのを參照。なお、襄公四年の傳文に「戎狄事晉　四鄰振動　諸侯威懷」とある。

【附】注の「萬　舞也」については、隱公五年の傳文「九月考仲子之宮　將萬焉」の注に、同文がみえる。なお、宣公八年「壬午猶繹　萬入去籥」の注に「萬　舞名」とあるのを參照。また、同年の公羊傳文に「萬者何　干舞也」とあるのを參照。

【傳】夫人聞之　泣曰　先君以是舞也　習戎備也　今令尹不尋諸仇讎　而於未亡人之側　不亦異乎

【注】「尋」は、用である。婦人は、ひとりになると〔夫が死ぬと〕、自分を「未亡人」と稱する。

【附】注の「尋　用也」については、昭公元年の傳文「日尋干戈　以相征討」の注に、同文がみえる。なお、『漢書』郊祀志上「寖尋於泰山矣」の注に「鄭玄曰　尋　用也」とあるのを參照。また、『文選』巻第五十四陸士衡〈五等諸侯論〉「尋斧始於所庇　制國昧於弱下」の李善注に「賈逵國語注曰　尋　用也」とあるのを參照。

注の「婦人既寡　自稱未亡人」については、成公九年の傳文「施及未亡人」の注に「婦人　夫死　自稱未亡人」とあるのを參照。

【傳】御人以告子元

【注】「御人」は、夫人の侍人である。

【傳】子元曰　婦人不忘襲讎　我反忘之　秋子元以車六百乘伐鄭　入于桔柣之門

【注】「桔柣（之門）」は、鄭の遠郊の門である。

【傳】子元鬬御彊鬬梧耿之不比爲旆

【注】子元自身と三子とが、特に旆を建てて前にいた〔先陣をつとめた〕のである。幅が布幅いっぱいで長さが尋〔八尺〕のを「旐」といい、旐（のさき）につぎたすのを「旆」という。

【附】注の前半については、宣公十二年の傳文「令尹南轅反旆」の注に「旆　軍前大旗」とあるのを參照。また、襄公十八年の傳文「以旆先」の注に「建旆以先驅」とあるのを參照。また、哀公二年の傳文「以兵車之旆與罕駟兵車先陳」の注に「旆　先驅車也」とあるのを參照。

注の後半は、『爾雅』釋天の文である。ただし、『爾雅』の方には、文頭に「繼」の字がある。

【傳】鬬班王孫游王孫喜殿

【注】三子が、後にいて、背面の備えをなしたのである。

【附】襄公二十六年の傳文「子儀之亂　析公奔晉　晉人寘諸戎車之殿　以爲謀主」の注に「殿　後軍」とあるのを參照。

【傳】衆車入自純門　及逵市

【注】「純門」は、鄭の外郭の門である。「逵市」は、郭内の大通りにそった市である。

(附)宣公十二年の傳文「入自皇門　至于逵路」の注に「塗方九軌曰逵」とあるのを參照。

傳縣門不發　楚言而出　子元曰　鄭有人焉

(注)「縣門」は、内城の門につるしてある扉である。鄭は、楚に對して餘裕を示そうとしたから、（わざと）城門を閉じず、兵を外に出して、楚の言葉のまねをさせた。そのため、子元は用心して、進もうとしなかったのである。

(附)注の前半については、襄公十年の傳文「縣門發」の疏に「縣門者　編版　廣長如門　施關機　以縣門上　有寇　則發機而下之」とあるのを參照。

注の後半については、異說として、楊伯峻『春秋左傳注』に「（傳　楚言而出）楚子元等既入城　見其縣門不發　復操楚語而退出　杜注謂鄭出兵而效楚言　誤矣（傳　子元曰　鄭有人焉）此卽楚言之內容也」とある。

傳諸侯救鄭　楚師夜遁　鄭人將奔桐丘

(注)許昌縣の東北部に桐丘城がある。

傳諜告曰　楚幕有烏　乃止

(注)「諜」は、間（しのび）である。「幕」は、帳（とばり）である。

(附)注の「諜　間也」については、僖公二十五年の傳文「諜出」の注に、同文がみえる。なお、桓公十二年の傳文「使伯嘉諜之」の注に「諜　伺也」とあり、哀公元年の傳文「使女艾諜澆」の注に「諜　候也」とあるのを參照。また、『國語』晉語四「諜出曰」の韋注に「諜　間候」とあるのを參照。

注の「幕　帳也」については、哀公六年の傳文「殺諸野幕之下」の注に「駐於野　張帳而殺之」とあり、同八年の傳文「私屬徒七百人　三踊於幕庭」の注に「於帳前設格　令士試躍之」とあるのを參照。

傳冬饑　臧孫辰告糴于齊　禮也

(注)經が「大無麥禾」と書いているのに對して、傳が「饑」と言い、しかも、「饑」を先に書いて「築郿」の上に置いているのは、糴（かいよね）に行った時點のことを說いたのである。經が（「築郿」の）下に置いているのは、糴できるのをまった（實際に糴できた時點で書いた）のである。（なお、經が）「饑」を諱んだかにまぎらわしいから、「禮にかなっている」と言っているのである。

(附)經の疏に「服虔曰　陰陽不和　土氣不養　故禾麥不成也　傳言饑　而經不書者　得齊之糴　救民之急　不至於饑也　傳言饑者　指未糴之前說告糴之意　故言饑也」とあるのを參照。

傳築郿　非都也　凡邑　有宗廟先君之主曰都　無曰邑　邑曰築　都曰城

(注)『周禮』では、四縣が「都」で、四井が「邑」である。しかしながら、宗廟がそこにあれば、邑であっても、「都」という。宗廟を尊ぶためである。（なお）「凡邑」と言っているから、（邑の）他の「築」は、この例に入らない。

(附)注の「周禮云云」については、『周禮』小司徒に「九夫爲井　四井爲

邑　四邑爲丘　四丘爲甸　四甸爲縣　四縣爲都」とある。
注の「然宗廟所在云云」については、疏に引く『釋例』に「若邑有先君宗廟　雖小曰都　尊其所居而大之也　然則都而無廟　固宜稱城　城漆是也　而穎氏唯繫於有先君之廟　患漆本非魯邑　因說曰　漆有邾之舊廟　是使魯人尊邾之廢廟與先君同　非經傳意也」とあるのを參照。
注の「言凡邑云云」については、疏に「若築臺築囿築王姫之館　則皆稱爲築　無大小之異」とある。

〔莊公二十九年〕

經 二十有九年春新延廐

注 傳例に「（この記事を）書いたのは、時節はずれだったからである」とある〔下の傳文〕。「新」と言っているのは、いずれもみな、古い物が使えなくなり、更めて造った、という表現である。

附 疏に引く『釋例』に「言新　意所起　言作　以興事　通謂興起功役之事也　摠而言之　不復分別因舊與造新也　經書延廐　稱新而不言作　傳言　新作延廐　書　不時也　此稱經文　而以不時爲譏　義不在作也　然尋傳　足以知經闕作字也　而劉賈云　言新　有故木　言作　有新木　延廐不書作　所用之木　非公命也　凡諸興造　固當有新　固當有因　今爲春秋微義　直記別此門此觀有新木故木　既已鄙近　且材木者立廐之具也　公命立廐　則衆用皆隨之矣　焉有所用之木非公命也　此爲匠人受命立廐　而盜共其用　豈然乎哉」とあるのを參照。なお、公羊傳文に「新延廐者何　脩舊也」とあり、穀梁傳文に「其言新　有故也」とあるのも參照。

經 夏鄭人侵許

注 傳例に「鍾鼓を鳴らさなかった場合は『侵』という」とある〔下の傳文〕。

經 秋有蜚

注 傳例に「災害をもたらした」とある〔下の傳文〕。

經 冬十有二月紀叔姫卒

注 傳はない。紀國は滅んだけれども、叔姫は節義を守ったから、「紀」に繫げ、賢として記錄したのである。

附 十二年「春王三月紀叔姫歸于酅」の注に「紀侯去國而死　叔姫歸魯　紀季自定於齊　而後歸之　全守節義　以終婦道　故繫之紀　而以初嫁爲文　賢之也」とあるのを參照。

經 城諸及防

注 「諸」・「防」は、いずれもみな、魯の邑である。傳例に「書いたのは、時節にかなっていたからである」とある〔下の傳文〕。諸諸の、危難に備えるためではなくて興作した場合、傳は、いずれもみな、（凡例に）かさねて、「時節にかなっていた」（あるいは、「時節にかなっていなかった」）と言うことによって解釋する。他はみな、これに倣う。

「諸」は、今の城陽縣である。

(附)傳の疏に引く『釋例』に「傳既顯稱凡例　而書時書不時　各重發者　皆以別無備而興作　如書旱雩之別過雩也　若城西郛　傳特曰懼齊　此其意也」とあるのを參照。

なお、疏に「賈逵云　言及　先後之辭」とある。

[傳]二十九年春新作延廏　書　不時也

㊟經に「作」の字がないのは、おそらく、闕文であろう。

(附)經の(附)を參照。

[傳]凡馬　日中而出　日中而入

㊟「日中」は、春分・秋分である。廏をなおすには、秋分にしなければいけない。（つまり）馬が入ろうとする時に合わせてなおすのである。（ところが）今ここでは、春に作りなおした。だから、「時節はずれ」と言っているのである。

(附)疏に引く『釋例』に「春秋分而晝夜等　謂之日中　凡馬　春分百草始繁　則牧於坰野　秋分農功始藏　水寒草枯　則皆還廏　此周典之制也　今春而作廏　已失民務　又違馬節　故曰　書　不時也」とあるのを參照。

[傳]夏鄭人侵許　凡師　有鍾鼓曰伐

㊟相手の罪を鳴らす〔宣布する〕のである。

(附)『國語』晉語五に「是故伐備鍾鼓　聲其罪也」とあり、韋注に「以聲張其罪」とあるのを參照。

[傳]無曰侵

㊟鍾鼓を鳴らさないのである。

[傳]輕曰襲

㊟相手の不意をつくのである。

(附)疏に引く『釋例』に「侵伐襲者　師旅討罪之名也　鳴鍾鼓以聲其過曰伐　寢鍾鼓以入其竟曰侵　掩其不備曰襲　此所以別興師用兵之狀也」とあるのを參照。

[傳]秋有蜚　爲災也　凡物　不爲災　不書

[傳]冬十二月城諸及防　書　時也　凡土功　龍見而畢務　戒事也

㊟今〔夏正〕の九月（つまり）周正の十一月をいう。龍星の角・亢があけがた東方に現われ、（春・夏・秋の）三時の農務がおわりになると、民に土功の事を命じ（て準備させ）るのである。

(附)疏に引く『釋例』に「都邑者　人之聚也　國家之藩衛　百姓之保障　不固則敗　不脩則壞　故雖不臨寇　必於農隙備其守禦　無妨民務　傳曰　龍見而畢務　戒事也　謂夏之九月周之十一月　龍星角亢　晨見東方　於是納其禾稼　三務始畢　而戒民以土功事也」とあるのを參照。

[傳]火見而致用

㊟大「火」は、心星で、角・亢についで現われるものである。（「致用」とは）工事の用具を現場に運ぶのである。

（附）疏に引く『釋例』に「火見而致用　大火星次角亢而晨見　於是致其用也」とあるのを參照。また、襄公九年の傳文に「心爲大火」とあるのを參照。

【傳】水昏正而栽

㊟今〔夏正〕の十月をいう。定星〔營室〕がゆうがたに南中する〔時期になる〕と、板榦〔版築用の板と柱〕を立てて、興作にとりかかるのである。

（附）疏に引く『釋例』に「水昏正而栽　謂夏之十月　定星昏而中　於是樹板榦而興作焉」とあるのを參照。また、『詩』鄘風〈定之方中〉に「定之方中　作于楚宮」とあり、毛傳に「定　營室也」とあり、鄭箋に「定星昏中而正　於是可以營制宮室　故謂之營室　定昏中而正　謂小雪時」とあるのを參照。また、『國語』周語中に「營室之中　土功其始」とあり、韋注に「定　謂之營室也　建亥小雪中　定星昏正於午　土功可以始也」とあるのを參照。

なお、注の「樹板榦」については、宣公十一年の傳文に「平板榦」とあり、注に「榦　楨也」とあるのを參照。また、定公元年の傳文「庚寅栽」の注に「栽　設板築」とあり、『禮記』中庸「故栽者培之」の注に「築墻立板亦曰栽」とあるのを參照。

【傳】日至而畢

㊟冬至になると、微陽が動きはじめるから、土功はやめるのである。

（附）疏に引く『釋例』に「日至而畢　謂日既南至　微陽始動　故土功息」とあるのを參照。

なお、注の「日南至」については、僖公五年の傳文に「春王正月辛亥朔日南至」とあり、注に「周正月　今十一月　冬至之日　日南極」とあるのを參照。

【傳】樊皮叛王

㊟「樊皮」は、周の大夫である。「樊」はその采地で、「皮」は名である。

〔莊公三十年〕

【經】三十年春王正月

【經】夏次于成

㊟傳はない。將が卑く師が少なかったから、〔主語がなく〕ただ「次」と言っているのである。齊が鄣を降伏させようとしていたから、それに備えたのである。

（附）注の前半については、隱公二年「夏五月莒人入向」の注に「將卑師少稱人」とあるのを參照。また、十六年「冬十有二月會齊侯宋公陳侯衞侯鄭伯許男滑伯滕子同盟于幽」の注に「書會　魯會之　不書其人　微者也」とあるのを參照。なお、疏に「他國可言某人　魯事不得自稱魯人　故魯之大夫使出者　皆言其所爲之事而已」とある。

注の後半については、穀梁傳文に「次　止也　有畏也　欲救鄣而不能也」とあるのを參照。

〔經〕秋七月齊人降鄣

〔注〕傳はない。「鄣」は、紀の附庸の國である。東平の無鹽縣の東北部に鄣城がある。(鄣は)孤立した小國で、自らを強固にすることが出來なかった。(だから)おそらく、齊は、遠くから武力でおどして、降伏させたのであろう。

〔附〕疏に引く『釋例』に「劉賈依二傳以爲鄣紀之遺邑　計紀侯去國至此二十七年　紀侯猶不堪齊而去　則邑不得獨存　此蓋附庸小國　若邿鄟者也」とあるのを參照。

〔經〕八月癸亥葬紀叔姫

〔注〕傳はない。賢であったから記録したのである。臣子がいなかった(國が滅んだ)から、謚(おくりな)がないのである。

〔附〕二十九年「冬十有二月紀叔姫卒」の注に「紀國雖滅　叔姫執節守義　故繫之紀　賢而録之」とあるのを參照。

〔經〕九月庚午朔日有食之　鼓用牲于社

〔注〕傳はない。

〔經〕冬公及齊侯遇于魯濟

〔注〕濟水は、齊と魯の領域をよぎっており、齊の領域内の部分は「齊濟」とよばれ、魯の領域内の部分は「魯濟」とよばれていた。(だから、ここの「魯濟」は)おそらく、魯地であろう。

〔附〕疏に引く『釋例』に「濟水　自滎陽卷縣　東經陳留至濟陰　北經高平東平至濟北　東北經濟南至樂安博昌縣　入海」とある。

〔經〕齊人伐山戎

〔注〕「山戎」は、北狄である。

〔附〕『史記』齊世家の〈集解〉に「服虔曰　山戎　北狄　蓋今鮮卑也」とあるのを參照。

〔傳〕三十年春王命虢公討樊皮　夏四月丙辰虢公入樊　執樊仲皮　歸于京師

〔傳〕楚公子元歸自伐鄭而處王宮

〔注〕そのまま文夫人を誘惑しようとしたのである。

〔附〕二十八年の傳文に「楚令尹子元欲蠱文夫人　爲館於其宮側而振萬焉　夫人聞之　泣曰　先君以是舞也　習戎備也　今令尹不尋諸仇讎　而於未亡人之側　不亦異乎　御人以告子元　子元曰　婦人不忘襲讎　我反忘之　秋子元以車六百乘伐鄭」とあるのを參照。

〔傳〕鬬射師諫　則執而梏之

〔注〕「(鬬)射師」は、鬬廉である。足(にはめる)のを「桎」といい、手のを「梏」という。

〔附〕注の前半については、疏に引く『譜』に「鬬射師　若敖子　鬬班　若敖孫」とあるのを參照。なお、異説として、疏に「服虔云　射師　若敖子鬬班也」とある。

注の後半については、『周禮』掌囚「凡囚者　上罪梏拲而桎　中罪桎梏　下罪梏」の注に「在手曰梏　在足曰桎」とあるのを參照。

傳秋申公鬭班殺子元

注「申」は、楚の縣である。楚は、名號を僭し、縣尹がみな「公」と稱していたのである。

傳鬭穀於菟爲令尹　自毀其家以紓楚國之難

注「鬭穀於菟」は、令尹子文である。「毀」は、滅である。「紓」は、緩である。

附注の「鬭穀於菟　令尹子文也」については、宣公四年の傳文に「初若敖娶於䢵　生鬭伯比　若敖卒　從其母畜於䢵　淫於䢵子之女　生子文焉　䢵夫人使弃諸夢中　虎乳之　䢵子田　見之　懼而歸　夫人以告　遂使收之　楚人謂乳穀　謂虎於菟　故命之曰鬭穀於菟　以其女妻伯比　實爲令尹子文」とあるのを參照。

注の「紓　緩也」については、僖公二十三年の傳文「遲速唯命　不然紓我」の注、文公十六年の傳文「姑紓死焉」の注などに、同文がみえる。なお、『詩』小雅〈采菽〉「彼交匪紓」の毛傳に「紓　緩也」とあるのを參照。

傳冬遇于魯濟　謀山戎也　以其病燕故也

注齊の桓公は、霸業を行なっていたから、燕のために危難を救う相談をしようとしたのである。「燕」國は、今の薊縣である。

附注の「謀難」については、襄公四年の傳文に「咨難爲謀」とあり、注に「問患難」とあるのを參照。また、『說文』に「慮難曰謀」とあるのを參照。

注の「燕國　今薊縣」については、『漢書』地理志下に「廣陽國（中略）縣四　薊　故燕國」とあるのを參照。

〔莊公三十一年〕

經三十有一年春築臺于郎

注傳はない。ぜいたくし、しかも、土功の時節ではなかった、ことを譏ったのである。

附二十九年の傳文に「凡土功　龍見而畢務　戒事也　火見而致用　水昏正而栽　日至而畢」とあるのを參照。

經夏四月薛伯卒

注傳はない。（名を書いていないのは）同盟していなかった（からである）。

附僖公二十三年の傳文に「不書名　未同盟也　凡諸侯同盟　死則赴以名　禮也」とあるのを參照。

經築臺于薛

注傳はない。「薛」は、魯地である。

【經】六月齊侯來獻戎捷

【注】傳例に「諸侯の間では、俘虜をおくり合うことはしない」とある〔下の傳文〕。「獻」は、上にたてまつるという表現である。「捷」は、獲〔えもの〕である。齊侯が、捷を獻ずる禮によって(魯に)やって來たから、書いて、過ちであることを示したのである。

【附】疏に引く『釋例』に「歸者　遺也　獻者　自下奉上之稱　遺者　敵體相與之辭　傳曰　諸侯不相遺俘　齊侯楚人失辭稱獻　失禮遺俘　故因其來辭見自卑也　以其大卑　故書以示過」とあるのを參照。

なお、注の「捷　獲也」については、穀梁傳文に「軍得曰捷」とあるのを參照。また、公羊の何注に「戰所獲物曰捷」とあるのを參照。

【經】秋築臺于秦

【注】傳はない。東平の范縣の西北部に秦亭がある。

【經】冬不雨

【注】傳はない。「旱」と書いていないのは、災害をもたらさなかったからである。例は、僖公三年にある。

【附】僖公三年の傳文に「不曰旱　不爲災也」とある。

【傳】三十一年夏六月齊侯來獻戎捷　非禮也　凡諸侯有四夷之功　則獻于王　王以警于夷

【注】それによって夷狄をいましめるのである。

【傳】中國則否　諸侯不相遺俘

【注】夷狄の俘虜であっても、おくり合うことはしないのである。

〔莊公三十二年〕

【經】三十有二年春城小穀

【注】「小穀」は、齊の邑である。濟北の穀城縣の城中に管仲井がある。名(だけ)で通ずるような大都は、國に繫げない。

【附】注の後半については、異説として、疏に「賈逵云　不繫齊者　世其祿」とある。

なお、注の「濟地」の「地」は、諸本に従って、「北」に改める。ちなみに、七年「冬夫人姜氏會齊侯于穀」の注に「穀　齊地　今濟北穀城縣」とある。

【經】夏宋公齊侯遇于梁丘

【注】齊は、宋が會見を請うたことを善としたから、その班序を進めた〔上に置いた〕のである。「梁丘」は、高平の昌邑縣の西南部にあった。

【附】下の傳文に「宋公請先見于齊侯」とあるのを參照。

【經】秋七月癸巳公子牙卒

【注】「牙」は、慶父の同母弟の僖叔である。毒酒を飲んで死んだ〔自殺した〕ため、罪人として報告しなかったから、「卒」を書くことが出来たのである。日を書いているのは、公は病氣だったため、公が小斂に

臨席しなかったことを責めなかった、からである。

【附】下の傳文に「成季使以君命命僖叔待于鍼巫氏　使鍼季酖之（中略）飲之　歸及逵泉而卒」とあるのを參照。また、隱公元年「公子益師卒」の傳に「公不與小斂　故不書日」とあり、注に「禮　卿佐之喪　小斂大斂　君皆親臨之　崇恩厚也」とあるのを參照。

【經】八月癸亥公薨于路寢

【注】「路寢」は、正寢である。公が薨じた場合は、いつも、その場所を書く。凶變を詳らかにするためである。

【附】注の前半については、公羊傳文に「路寢者何　正寢也」とあり、穀梁傳文に「路寢　正寢也」とあるのを參照。

注の後半については、疏に引く『釋例』に「詳內事　謹凶變」とあるのを參照。なお、杜預を襲ったと思われる穀梁の范注には「公薨　皆書其所　謹凶變」とある。

【經】冬十月己未子般卒

【注】「子般」は、莊公の大子である。先君がまだ葬られていなかったから、爵を稱していないのである。「殺」と書いていないのは、諱んでである。

【附】注の「先君未葬　故不稱爵」については、僖公九年の傳文に「春宋桓公卒　未葬而襄公會諸侯　故曰子　凡在喪　王曰小童　公侯曰子」とあり、注に「在喪　未葬也」とあるのを參照。また、『通典』卷第八十〈凶禮〉二に引く鄭玄『駮五經異義』に「春秋莊三十二年子般卒時父未葬也　子者　繫於父之稱也」とあるのを參照。

【經】公子慶父如齊

【注】傳はない。慶父が子般を殺すと、季友は出奔したが、國人が味方しなかったから、懼れて齊に行き、援助を求めようとしたのである。この時（魯には）君がいなかった。（それなのに、「如」と言っているのは）赴告の禮を假りて〔君の喪を赴告するという名目で〕行ったのである。

【附】注の「時無君　假赴告之禮而行」については、僖公五年「夏公孫茲如牟」の注に「卿非君命不越竟　故奉公命聘於牟」とあるのを參照。

【經】狄伐邢

【注】傳はない。「邢」國は、廣平の襄國縣にあった。

【附】『漢書』地理志下に「趙國（中略）縣四（中略）襄國　故邢國」とあるのを參照。

【傳】三十二年春城小穀　爲管仲也

【注】公は、齊の桓公の德に感じたから、管仲のために私邑を城いたのである。

【附】昭公十一年の傳文には「齊桓公城穀而寘管仲焉　至于今賴之（注　城穀在莊三十二年）」とあって、齊の桓公が城いたとされている。この點については、『會箋』に「然則莊公遣人助其役也」とある。

傳齊侯爲楚伐鄭之故　請會于諸侯
注楚が鄭を伐ったことは、二十八年にある。鄭のために楚に報復することを相談しようとしたのである。
附二十八年に「秋荊伐鄭」とある。
傳宋公請先見于齊侯　夏遇于梁丘

傳秋七月有神降于莘
注神の聲が人に聞こえたのである。「莘」は、虢地である。
附『國語』周語上「有神降於莘」の韋注に「有聲象以接人也　莘　虢地也」とあるのを參照。
傳惠王問諸内史過曰　是何故也
注「内史過」は、周の大夫である。
附僖公十一年の傳文「天王使召武公内史過賜晉侯命」の注に、同文がみえる。なお、『國語』周語上「王問於内史過」の韋注に「内史　周大夫　過　其名也」とあるのを參照。また、桓公二年の傳文「周内史聞之」の注に「内史　周大夫官也」とあるのを參照。
傳對曰　國之將興　明神降之　監其德也　將亡　神又降之　觀其惡也　故有得神以興　亦有以亡　虞夏商周皆有之
注やはり神異があった、ということである。
附『國語』周語上に「昔夏之興也　融降于崇山　其亡也　回祿信於聆隧　商之興也　檮杌次於丕山　其亡也　夷羊在牧　周之興也　鸑鷟鳴於岐山　其衰也　杜伯射王於鄗」とあるのを參照。なお、疏に「服虔云　虞舜祖考來格　鳳皇來儀　百獸率舞」とある。
傳王曰　若之何　對曰　以其物享焉　其至之日　亦其物也
注「享」は、祭である。例えば、（神が）甲・乙の日にやって來た場合は、脾を先に祭り、玉は蒼を用い、服は靑を尊ぶ、といったように、（それぞれ）その日にちなんだ物で祭る、ということである。
附『禮記』月令の春の項に「其日甲乙（中略）祭先脾（中略）衣靑衣　服倉玉」とあるのを參照。なお、夏の項には「其日丙丁（中略）祭先肺（中略）衣朱衣　服赤玉」とあり、中央の項には「其日戊己（中略）祭先心（中略）衣黃衣　服黃玉」とあり、秋の項には「其日庚辛（中略）祭先肝（中略）衣白衣　服白玉」とあり、冬の項には「其日壬癸（中略）祭先腎（中略）衣黑衣　服玄玉」とある。
傳王從之　内史過往　聞虢請命
注虢が、土田を賜わるという命を、神に請求している、と聞いたのである。
附『國語』周語上に「虢公亦使祝史請土焉」とあるのを參照。
傳反曰　虢必亡矣　虐而聽於神　神居莘六月　虢公使祝應宗區史嚚享焉　神賜之土田
注「祝」は、大祝である。「宗」は、宗人である。「史」は、大史である。「應」・「區」・「嚚」は、いずれもみな、名である。
附『國語』晉語二「公拜稽首　覺　召史嚚占之」の韋注に「史嚚　虢太史也」とあるのを參照。なお、「大祝」・「宗人」・「大史」は、いずれもみな、『周禮』春官の官名である〔ただし、單なる「宗人」はなく、「都宗人」と「家宗人」とがある〕。

【傳】史嚚曰　虢其亡乎　吾聞之　國將興　聽於民

【注】政治が民の心に順う、ということである。

【傳】將亡　聽於神

【注】神に福を求める、ということである。

【附】『國語』周語上に「不禋於神而求福焉」とあるのを參照。

【傳】神　聰明正直而壹者也　依人而行

【注】德のある者に味方する、ということである。

【附】僖公五年の傳文に「臣聞之　鬼神非人實親　惟德是依　故周書曰　皇天無親　惟德是輔」とあるのを參照。

【傳】虢多涼德　其何土之能得

【注】「涼」は、薄である。僖公二年の、晉が下陽を滅したこと、のために傳したのである。

【附】注の「涼　薄也」については、昭公四年の傳文「君子作法於涼　其敝猶貪」の注に、同文がみえる。なお、『詩』大雅〈桑柔〉「民之罔極　職涼善背」の毛傳に「涼　薄也」とあるのを參照。また、『說文』に「涼　薄也」とあるのを參照。

注の「僖二年晉滅下陽」については、僖公二年に「虞師晉師滅下陽」とあり、注に「下陽　虢邑」とある。

【傳】初公築臺臨黨氏

【注】「黨氏」は、魯の大夫である。臺を築いたことを〔經に〕書いていないのは、廟に報告しなかったからである。

【附】注の前半については、『史記』魯世家の〈集解〉に「賈逵曰　黨氏　魯大夫　任姓」とあるのを參照。

注の後半については、桓公二年の傳文に「冬公至自唐　告于廟也」とあるのを參照。

【傳】見孟任　從之　閟

【注】「孟任」は、黨氏の女である。「閟」とは、公に從わなかったのである。

【附】注の前半については、『史記』魯世家の〈集解〉に「賈逵曰　黨氏之女」とあるのを參照。

注の後半については、『說文』に「閟　閉門也」とあるのを參照。

なお、疏に「服虔云　從之　言欲與通也」とある。

【傳】而以夫人言許之

【注】夫人にしてやると約束したのである。

【附】『史記』魯世家に「許立爲夫人」とあるのを參照。なお、異說として、顧炎武『左傳杜解補正』に「以夫人言爲句　公語以立之爲夫人也　許之　孟任許公也」とある。

【傳】割臂盟公　生子般焉　雩　講于梁氏　女公子觀之

【注】「雩」とは、天を祭ったのである。「講」は、肄〔ならう〕である。「梁氏」は、魯の大夫である。「女公子」は、子般の妹である。

【附】注の「雩　祭天也」については、桓公五年の傳文「龍見而雩」の注に

「祭天」とあるのを參照。
注の「講　肆也」〔挍勘記に從って、「肆」を「肄」に改める〕については、文公四年の傳文「臣以爲肄業及之也」の注に「肄　習也」とあるのを參照。また、昭公七年の傳文「乃講學之」の注に「講　習也」とあるのを參照。
なお、『史記』魯世家の〈集解〉に「服虔曰　割其臂以與公盟」とある。

【傳】圉人犖自牆外與之戲

（注）「圉人」は、馬を養うことをつかさどる者である。冗談を言ってからかったのである。

（附）『史記』魯世家の〈集解〉に「服虔曰　圉人　掌養馬者　犖其名也」とあるのを參照。また、『周禮』圉人に「掌養馬芻牧之事」とあるのを參照。なお、襄公二十七年の傳文「使圉人駕」の注に「圉人　養馬者」とあり、昭公七年の傳文「馬有圉」の注に「養馬曰圉」とあるのも參照。

【傳】子般怒　使鞭之　公曰　不如殺之　是不可鞭　犖有力焉　能投蓋于稷門

（注）「蓋」は、覆〔おおう〕である。「稷門」は、魯の南城の門である。助走して飛び上がって、門の屋根の桷にとりつき、身を轉じて、門の上をおおった〔門をとびこえた〕、ということである。

（附）注の「蓋　覆也」については、成公二年の傳文「所蓋多矣」の注に、同文がみえる。なお、『孟子』萬章上「謨蓋都君咸我績」の趙注に「蓋　覆也」とあるのを參照。
注の「稷門　魯南城門」については、十年の傳文「自雩門竊出」の注に「雩門　魯南城門」とあるのを參照。
注の「走而自投云云」については、異說として、疏に「劉炫規過云　公言犖有力焉　如杜此說　勁捷耳　非有力也　當謂投車蓋過於稷門」とある。また、『水經注』巻二十五〈泗水〉に「服虔曰　能投千鈞之重　過門之上也」とある。

【傳】公疾　問後於叔牙　對曰　慶父材

（注）おそらく、自分の同母兄を進めようとしたのであろう。

（附）經の注に「牙　慶父同母弟」とあるのを參照。また、『史記』魯世家に「叔牙欲立慶父」とあるのを參照。

【傳】問於季友　對曰　臣以死奉般

（注）「季友」は、莊公の同母弟である。だから、般を立てようとしたのである。

【傳】公曰　鄉者牙曰　慶父材　成季使以君命僖叔待于鍼巫氏

（注）「成季」とは、季友のことである。「鍼巫氏」は、魯の大夫である。

【傳】使鍼季酖之

（注）「酖」は、鳥の名である。その羽には毒があり、酒にひたして飲むと、死んでしまう。

（附）『國語』魯語上「使醫鴆之　不死」の韋注に「鴆　鳥也　一名運日　其羽有毒　漬之酒而飲之　立死」とあるのを參照。なお、『史記』魯世家の〈集解〉に「服虔曰　鴆鳥　一曰運日鳥」とある。

傳曰　飮此　則有後於魯國　不然　死且無後　飮之　歸　及逵泉而卒
立叔孫氏

㊟「逵泉」は、魯地である。罪によって誅することをしなかったから、後嗣を立ててその祿を世襲することが出來たのである。

㈶公羊の何注に「時世大夫　誅不宣揚　子當繼體如故」とあるのを參照。

傳八月癸亥公薨于路寢　子般卽位　次于黨氏

㊟喪位についたのである。「次」は、舍〔やどる〕である。

㈶『史記』魯世家に「侍喪　舍于黨氏」とあるのを參照。
注の「次　舍也」については、哀公二十一年の傳文「爲僕人之未次」の注に、同文がみえる。なお、『禮記』月令「日窮于次」の注に「次　舍也」とあるのを參照。

傳冬十月己未共仲使圉人犖賊子般于黨氏

㊟「共仲」とは、慶父のことである。

傳成季奔陳

㊟出奔したことが（經に）書かれていないのは、國が亂れていたため、史官が書き落としたのである。

㈶『史記』魯世家の〈集解〉に「服虔曰　季友内知慶父之情　力不能誅　故避其難出奔」とある。

傳立閔公

㊟「閔公」は、莊公の庶子である。この時、年齢は八歳であった。

㈶注の「閔公　莊公庶子」については、閔公二年の傳文に「閔公　哀姜之娣叔姜之子也」とあるのを參照。
注の「於是年八歳」については、疏に「哀姜以二十四年八月始入　娣必與適倶行　當以二十五年生子　故云八歳」とある。なお、閔公二年の傳文「初公傅奪卜齮田　公不禁」の注に「公卽位　年八歳」とあり、疏に「莊公三十二年注云閔公於是年八歳　此云卽位年八歳者　閔公之年歳　傳文不明　服虔於莊三十二年注云閔公於是年九歳　於此注云公卽位時年九歳　僖二年注云閔公死時年九歳　杜知其不可　故於莊公之末注言年八歳　以異之　嗣子位定於初喪　言卽位者　亦謂初立之年也」とあるのを參照。

巻第十一

〔閔公元年〕

【經】元年春王正月

【經】齊人救邢

【經】夏六月辛酉葬我君莊公

【經】秋八月公及齊侯盟于落姑

【注】「落姑」は、齊地である。

【經】季子來歸

【注】「季子」は、公子友の字〔あざな〕である。季子は、社稷〔國家〕に忠誠を盡したため、國人に慕われたから、賢として字をいっているのである。（なお）齊侯が（陳から）送り込むことを許可したから、「歸」といっているのである。

【附】注の前半については、公羊傳文に「其稱季子何　賢也」とあり、穀梁傳文に「其曰季子　貴之也」とあるのを參照。

注の後半については、下の傳文に「秋八月公及齊侯盟于落姑　請復季友也　齊侯許之　使召諸陳」とあるのを參照。また、成公十八年の傳文に「凡去其國　國逆而立之曰入　復其位曰復歸　諸侯納之曰歸　以惡曰復入」とあるのを參照。

【經】冬齊仲孫來

【注】「仲孫」は、齊の大夫である。（他の）用事で國境を出たついでに、（魯に）來て、內紛の樣子を視察したのであり、（魯に來たのは）齊侯の命によるものではなかったから、「使」と稱していないのである。（仲孫は）歸國すると、齊侯に、魯の內紛をしずめる努力をさせたから、よみして〔歡迎して〕字をいっているのである。「來」とは、事實であり、「省難」とは、その意圖である。つまり、經は、ただ、仲孫が來たという事實だけを書き、傳は、（內紛を視察するという）仲孫の意圖までも探っ（て書い）たのである。

【附】下の傳文に「冬齊仲孫湫來省難　書曰仲孫　亦嘉之也　仲孫歸曰（中略）君其務寧魯難而親之」とあるのを參照。

【傳】元年春　不書卽位　亂故也

【注】國が亂れていて、禮をきちんと行なうことが出來なかったのである。

【附】隱公元年の傳文「不書卽位　攝也」の疏に引く『釋例』に「隱莊閔僖雖居君位　皆有故而不脩卽位之禮　或讓而不爲　或痛而不忍　或亂而不得　禮廢事異　國史固無所書　非行其禮而不書於文也」とあるのを參照。

【傳】狄人伐邢

【注】狄が邢を伐ったことは、前年の冬にある。

【附】莊公三十二年に「狄伐邢」とある。

〔傳〕管敬仲言於齊侯曰　戎狄豺狼　不可厭也

〔注〕「敬仲」とは、管夷吾のことである。

〔附〕「管夷吾」は、莊公八年及び九年の傳文にみえる。

〔傳〕諸夏親暱　不可弃也

〔注〕「諸夏」は、中國である。「暱」は、近である。

〔附〕注の「諸夏　中國也」については、『論語』八佾「子曰　夷狄之有君　不如諸夏之亡也」の〈集解〉に「包曰　諸夏　中國」とあるのを參照。なお、襄公四年の傳文「諸華必叛」の注に「諸華　中國」とあるのも參照。

注の「暱　近也」については、『爾雅』釋詁に「暱　近也」とあるのを參照。また、『國語』晉語六「大其私暱而益婦人田」の韋注に「暱　近也」とあるのを參照。なお、僖公二十四年の傳文「暱近尊賢」の注、成公十三年の傳文「暱就寡人」の注、及び襄公二十五年の傳文「知匿其暱」の注に、「暱　親也」とあるのも參照。

〔傳〕宴安酖毒　不可懷也

〔注〕「宴安」（安逸）を「酖毒」（毒酒）になぞらえたのである。

〔附〕『漢書』景十三王傳の贊に「是故古人以宴安爲鴆毒」とあるのを參照。
なお、「酖毒」については、莊公三十二年の傳文「使鍼季酖之」の注に「酖　鳥名　其羽有毒　以畫酒　飲之則死」とあるのを參照。

〔傳〕詩云　豈不懷歸　畏此簡書

〔注〕「詩」は、小雅（出車）である。文王が西伯となり諸侯を助けた、ことをほめた詩である。

〔附〕毛傳に「簡書　戒命也　隣國有急　以簡書相告　則奔命救之」とあるのを參照。

なお、注の「勞來」については、『詩』大雅〈旱麓〉「豈弟君子　神所勞矣」の鄭箋に「勞　勞來　猶言佑助」とあるのを參照。

〔傳〕簡書　同惡相恤之謂也

〔注〕共通してにくむものに對して互いに救い合う、ということである。

〔附〕昭公十三年の傳文に「同惡相求　如市賈焉」とあるのを參照。

〔傳〕請救邢以從簡書　齊人救邢

〔傳〕夏六月葬莊公　亂故　是以緩

〔注〕（死後）十一箇月もたってから葬ったのである。

〔附〕莊公三十二年に「八月癸亥公薨于路寢」とある。なお、隱公元年の傳文に「諸侯五月」とあるのを參照。

〔傳〕秋八月公及齊侯盟于落姑　請復季友也

〔注〕閔公は立ったばかりで、國家多難のおり、季子が忠賢であったから、霸主にたのんで、彼を歸國させようとしたのである。

〔傳〕齊侯許之　使召諸陳　公次于郎以待之

〔注〕師旅の事（軍事）ではなかったから、（經に）「次」を書いていないのである。

〔附〕莊公三年の傳文に「凡師　一宿爲舍　再宿爲信　過信爲次」とあるのを參照。

【傳】季子來歸　嘉之也

【傳】冬齊仲孫湫來省難

㊟「湫」は、仲孫の名である。

【傳】書曰仲孫　亦嘉之也　仲孫歸曰　不去慶父　魯難未已

㊟この時、慶父もまた、魯にもどっていたのである。

(附)莊公三十二年に「公子慶父如齊」とあるのを參照。

【傳】公曰　若之何而去之　對曰　難不已　將自斃

㊟「斃」は、踣〔たおれる〕である。

(附)隱公元年の傳文「多行不義　必自斃」の注などに、同文がみえる。なお、定公八年の傳文「與一人俱斃」の注に「斃　仆也」とあるのを參照。

【傳】君其待之　公曰　魯可取乎　對曰　不可　猶秉周禮　周禮　所以本也　臣聞之　國將亡　本必先顚　而後枝葉從之　魯不弃周禮　未可動也　君其務寧魯難而親之　親有禮　因重固

㊟重重しく堅固な國に對しては、ついて〔味方して〕助成すべきである。

(附)『說文』に「因　就也」とあり、〈繫傳〉に「徐鍇曰　左傳曰　植有禮　因重固　能大者　衆圍就之」とあるのを參照。また、襄公三十年の傳文に「人謂子產就直助彊」とあるのを參照。

なお、異說として、疏に「服虔云　重　不可動　因其不可動而堅固之」とある。

【傳】間攜貳

㊟ばらばらでお互いを疑っている國に對しては、それにつけこんで〔ますます〕離間させるべきである。

(附)注の「離」については、僖公七年の傳文「招攜以禮　懷遠以德」の注に「攜　離也」とあり、同二十八年の傳文「不如私許復曹衞以攜之」の注に「攜　離也」とあるのを參照。また、『國語』周語中「民乃攜貳」の韋注に「攜　離也」とあるのを參照。

注の「疑」については、『爾雅』釋詁に「貳　疑也」とあるのを參照。また、『國語』晉語四「不可以貳」の韋注に「貳　疑也」とあるのを參照。なお、襄公二十四年の傳文「諸侯貳」の注に「貳　離也」とあるのも參照。

【傳】覆昬亂

㊟「覆」は、敗〔やぶる〕である。

(附)『禮記』緇衣「毋越厥命以自覆也」の注に「覆　敗也」とあるのを參照。なお、莊公十一年の傳文に「覆而敗之　曰取某師」とあり、襄公三十一年の傳文に「敗績厭覆是懼」とあるのも參照。

【傳】霸王之器也

㊟霸王が用いるもの〔方法〕であるから、「器」で喩えたのである。

(附)成公十六年の傳文「德刑詳義禮信　戰之器也」の注に「器猶用也」とあるのを參照。

【傳】晉侯作二軍

㊟晉がもと一軍であったことは、莊公十六年にみえる。

附莊公十六年の傳文に「王使虢公命曲沃伯以一軍爲晉侯」とあり、注に「小國　故一軍」とある。

傳公將上軍　大子申生將下軍　趙夙御戎　畢萬爲右

注（二人は）公の「御」（御者）と「右」（車右）になったのである。「夙」は、趙衰の兄である。「畢萬」は、魏犫（武子）の祖父である。

附注の「夙　趙衰兄」については、『國語』晉語四に「趙衰其先君之戎御　趙夙之弟也」とあるのを參照。

注の「畢萬　魏犫祖父」については、『史記』魏世家「畢萬（中略）生武子」の〈索隱〉に「左傳武子名犫　系本云　畢萬生芒季　芒季生武仲州　州與犫聲相近　字異耳　代亦不同」とあるのを參照。

傳以滅耿滅霍滅魏

注平陽の皮氏縣の東南部に耿鄉があり、永安縣の東北部に霍大山がある。三國は、いずれもみな、姬姓である。

附『漢書』地理志上に「河東郡（中略）皮氏　耿鄉　故耿國」とあるのを參照。また、『史記』晉世家の〈集解〉に「服虔曰　三國皆姬姓」とあるのを參照。

傳還　爲大子城曲沃　賜趙夙耿　賜畢萬魏　以爲大夫　士蔿曰　大子不得立矣　分之都城而位以卿　先爲之極　又焉得立

注「卿の位を授けた」とは、「下軍の將にした」ことをいう。

附『史記』晉世家「而位以卿」の〈集解〉に「賈逵曰　謂將下軍也」とあるのを參照。

なお、『史記』晉世家「分之都城」の〈集解〉に「服虔曰　邑有先君之主曰都」とあり、「先爲之極」の〈集解〉に「服虔曰　言其祿位極盡於此也」とある。

傳不如逃之　無使罪至　爲吳大伯　不亦可乎

注「大伯」は、周の大王の適子であったが、父が季歷を立てたいと願っていることを知ったから、位を讓って、吳に行ったのである。

附『史記』吳世家に「吳大伯　大伯弟仲雍　皆周大王之子　而王季歷之兄也　季歷賢　而有聖子昌　大王欲立季歷以及昌　於是大伯仲雍二人乃犇荊蠻　文身斷髮　示不可用　以避季歷　季歷果立　是爲王季　而昌爲文王　大伯之犇荊蠻　自號句吳　荊蠻義之　從而歸之千餘家　立爲吳大伯」とあるのを參照。

傳猶有令名　與其及也

注たち去ったとしても、美名は殘るのであり、留って禍にあうよりもましである、ということである。

附『史記』晉世家「猶有令名」の〈集解〉に「王肅曰　雖去猶可有令名何與其坐而及禍也」とあるのを參照。

傳且諺曰　心苟無瑕　何恤乎無家　天若祚大子　其無晉乎

注晉が申生を殺したことのために傳したのである。

附僖公五年に「春晉侯殺其世子申生」とある。

傳卜偃曰　畢萬之後必大

注「卜偃」は、晉の、卜をつかさどる大夫である。

附『史記』晉世家「卜偃曰　畢萬之後必大」の〈集解〉に「賈逵曰　卜偃　晉掌卜大夫郭偃」とあるのを參照。

【傳】萬　盈數也　魏　大名也
(附)『史記』晉世家「萬　盈數也　魏　大名也」の〈集解〉に「服虔曰　數從一至萬爲滿　魏喩巍　巍　高大也」とある。
【傳】以是始賞　天啓之矣　天子曰兆民　諸侯曰萬民　今名之大　以從盈數　其必有衆
(注)「魏」が「萬」に從うということには、衆の象がある。
(附)『史記』晉世家「以是始賞　天開之矣」の〈集解〉に「服虔曰　以魏賞畢萬　是爲天開其福」とある。
【傳】初畢萬筮仕於晉　遇屯䷂
(注)下が震〔☳〕で上が坎〔☵〕のが、「屯」〔䷂〕である。
【傳】之比䷇
(注)下が坤〔☷〕で上が坎〔☵〕のが、「比」〔䷇〕である。「屯」の初九〔一番下の⚊〕が〔⚋に〕變じて「比」となる、ということである。
(附)『史記』晉世家「初畢萬卜仕於晉國　遇屯之比」の〈集解〉に「賈逵曰　震下坎上　屯　坤下坎上　比　屯初九變之比」とあるのを參照。
【傳】辛廖占之曰　吉
(注)「辛廖」は、晉の大夫である。
(附)『史記』晉世家「辛廖占之曰　吉」の〈集解〉に「賈逵曰　辛廖　晉大夫」とあるのを參照。

なお、異説として、疏に「劉炫用服氏之説　以爲畢萬在周筮仕於晉　又以晉國不得有姓辛　而規杜過」とある。

【傳】屯固比入　吉孰大焉　其必蕃昌
(注)「屯」は、險難であるから、堅固なのである。「比」は、親密であるから、入ることが出來るのである。
(附)注の前半については、『易』屯卦の彖傳に「屯　剛柔始交而難生　動乎險中　大亨貞」とあり、注に「始於險難　至於大亨　而後全正」とあるのを參照。また、『説文』に「屯　難也」とあるのを參照。

注の後半については、『易』比卦の象傳に「地上有水　比　先王以建萬國　親諸侯」とあり、注に「萬國以比建　諸侯以比親」とあるのを參照。また、『易』雜卦傳に「比樂師憂」とあり、注に「親比則樂」とあるのを參照。また、『説文』に「比　密也」とあるのを參照。

【傳】震爲土
(注)「震」が「坤」に變わるのである。
(附)莊公二十二年の傳文に「坤　土也」とあるのを參照。また、『易』説卦傳に「坤爲地」とあるのを參照。

【傳】車從馬
(注)「震」は車であり、「坤」は馬である。
(附)注の「震爲車」については、『國語』晉語四に「震　車也」とあるのを參照。

注の「坤爲馬」については、『易』坤卦の卦辭に「利牝馬之貞」とあるのを參照。ただし、『易』説卦傳には「乾爲馬　坤爲牛」とある。

【傳】足居之
(注)「震」は、足である。
(附)『易』説卦傳に「震爲足」とあるのを參照。

【傳】兄長之
(注)「震」は、長男である。
(附)『易』説卦傳に「震一索而得男　故謂之長男」とあるのを參照。

【傳】母覆之
(注)「坤」は、母である。
(附)『易』説卦傳に「坤　地也　故稱乎母」とあり、また「坤爲母」とあるのを參照。

【傳】衆歸之
(注)「坤」は、衆である。
(附)『易』説卦傳に「坤爲衆」とあるのを參照。

【傳】六體不易
(注)最初〔一番下〕の爻が變ずることによって、このような六つの義が生ずるのであり、かえることは出來ない。
(附)注の「不可易也」は、意味がよくわからない。

なお、異説として、『會箋』に「六體謂卦之六體也（中略）非謂上六句」とある〔ただし、竹添氏のオリジナルかどうか、未詳〕。

【傳】合而能固　安而能殺　公侯之卦也
(注)「比」は合であり、「屯」は固であり、「坤」は安であり、「震」は殺である。だから、「公侯の卦」と言っているのである。
(附)注の「比　合」については、『國語』呉語「而孩童焉比謀」の韋注に「比　合也」とあるのを參照。

注の「屯　固」については、上の傳文に「屯　固」とあるのを參照。

注の「坤　安」については、『易』坤卦の卦辭に「安貞吉」とあるのを參照。

注の「震　殺」については、昭公二十五年の傳文に「爲刑罰威獄　使民畏忌　以類其震曜殺戮」とあるのを參照。また、『國語』晉語四に「車有震　武也」とあるのを參照。なお、文公六年の傳文「其子何震之有」の注に「震　威也」とあるのも參照。

【傳】公侯之子孫　必復其始
(注)「萬」は、畢公高の後裔である。ここの傳は、（後に）魏の子孫が繁榮したことのために、本を張ったのである。
(附)『史記』魏世家に「魏之先　畢公高之後也」とあるのを參照。

なお、注のはじめの「畢萬」は、挍勘記に従って、「萬畢」に改める。

〔閔公二年〕

【經】二年春王正月齊人遷陽
(注)傳はない。「陽」は、國名である。おそらく、齊人が無理やり徙したのであろう。
(附)注の「陽　國名」については、『漢書』地理志下「城陽國（中略）陽都」の注に「應劭曰　齊人遷陽　故陽國是」とあるのを參照。

注の「蓋齊人偪徙之」については、莊公十年「三月宋人遷宿」の注に「宋強遷之而取其地」とあるのを參照。

【經】夏五月乙酉吉禘于莊公

㊟三年の喪がおわると、新たな死者の主〔位牌〕を廟におさめ、（したがって）廟にあった舊い主は祧〔大廟〕に遷ることになり、これに因んで（大廟で）大祭し、昭穆をはっきりさせる。これを「禘」という。莊公の喪の期間がまだおわっていないのに、この時、別に廟を立て、廟が完成すると（すぐに）吉祭し、しかも、（その場所が）大廟ではなかった。だから、詳しく書いて、譏っていることを示したのである。

(附)注の前半については、僖公八年「秋七月禘于大廟　用致夫人」の疏に引く『釋例』に「三年喪畢　致新死之主　以進於廟　廟之遠主　當遷入祧　於是乃大祭於大廟　以審定昭穆　謂之禘」とあるのを參照。また、『禮記』王制の疏に引く〈王肅論〉〔聖證論〕に「賈逵説　吉禘於莊公　禘者遞也　審遞昭穆　遷主遞位　孫居王父之處」とあるのを參照。なお、注の「祧」については、襄公九年の傳文「以先君之祧處之」の注に「諸侯以始祖之廟爲祧」とあるのを參照。

注の「莊公喪制未闋」については、公羊傳文に「三年之喪　實以二十五月」とあり、『禮記』三年問に「三年之喪　二十五月而畢」とあるのを參照。また、僖公三十三年に「（十有二月）乙巳公薨于小寢〔注　乙巳　十一月十二日　經書十二月　誤〕」とあり、文公二年「公子遂如齊納幣」の注に「僖公喪　終此年十一月」とあるのを參照〔つまり、杜預も、二十五箇月説をとっている、ということである。ちなみに、ここはまだ二十二箇月なのである〕。

注の「吉祭」については、襄公十六年の傳文「寡君之未禘祀」の注に「禘祀　三年喪畢之吉祭」とあるのを參照。

[經]秋八月辛丑公薨

㊟實際には弑されたのに、「薨」と書き、また、地をいっていないのは、いずれもみな、史官の策書が諱んだのである。

(附)下の傳文に「秋八月辛丑共仲使卜齮賊公于武闈」とある。なお、莊公三十二年「八月癸亥公薨于路寢」の注に「公薨　皆書其所　詳凶變」とあるのを參照。また、公羊傳文に「公薨何以不地　隱之也」とあり、穀梁傳文に「不地　故也」とあるのを參照。

[經]九月夫人姜氏孫于邾

㊟哀姜は外淫した〔外姓と淫通した〕から、「孫」に「姜氏」と稱しているのである。

(附)注の「哀姜外淫」については、下の傳文に「共仲通於哀姜」とある。なお、疏に「言外淫者　謂以外姓爲淫」とあるのを參照。

注の「孫稱姜氏」については、莊公元年に「三月夫人孫于齊」とあり、傳に「不稱姜氏　絶不爲親　禮也」とあるのを參照。

なお、異説として、疏に「賈服之説　皆以爲文姜殺夫罪重　故去姜氏　哀姜殺子罪輕　故不去姜氏」とある。

[經]公子慶父出奔莒

㊟閔公を弑したからである。

(附)下の傳文に「秋八月辛丑共仲使卜齮賊公于武闈（中略）共仲奔莒」と

ある。なお、莊公三十二年の傳文「冬十月己未共仲使圉人犖賊子般于黨氏」の注に「共仲　慶父」とあるのを參照。

經冬齊高子來盟

注傳はない。（「高子」とは）おそらく、高傒のことであろう。齊侯が魯の内亂を平定させるために（高子を魯に）來させたのだが、（ちょうど魯では）僖公が立ったばかりだったので、（高子は）ついでにそのまま（魯と）盟を結んだのである。だから、「使」と稱していないのである。魯人が彼を貴んだから、名を書いていないのである。「子」は、男子の美稱である。

附注の「蓋高傒也」については、莊公二十二年に「秋七月丙申及齊高傒盟于防」とある。なお、『國語』齊語「桓公聞之　使高子存之」の韋注に「高子　齊卿　高奚敬仲也」とあるのを參照。

注の「不稱使」について。公羊傳文には「何以不稱使　我無君也」とあり、穀梁傳文には「不言使何也　不以齊侯使高子也」とある。

注の「魯人貴之　故不書名」については、公羊傳文に「何以不名　喜之也」とあり、穀梁傳文に「其曰高子　貴之也」とあるのを參照。

注の「子　男子之美稱」については、『禮記』曲禮下「列國之大夫入天子之國　曰某士　自稱曰陪臣某　於外曰子」の注に「子　有德之稱　魯春秋曰　齊高子來盟」とあるのを參照。また、宣公十年の穀梁傳文に「其曰子　尊之也」とあり、范注に「子者　人之貴稱」とあるのを參照。

經十有二月狄入衞

注「入」と書いているのは、その土地を占有することが出來なかったからである。例は、襄公十三年にある。

附襄公十三年の傳文に「弗地曰入」とあり、注に「謂勝其國邑不有其地」とある。なお、その疏に引く『釋例』に「狄滅衞　而書入者　狄無文告衞之君臣死盡　齊桓存之　以告諸侯　言狄已去　不能有其土地也」とあるのを參照。

なお、異說として、『詩』鄘風〈定之方中〉の序疏に「傳言滅　經書入者　賈逵云　不與夷狄得志於中國」とある。

經鄭棄其師

注高克がにくまれて、長いあいだ召還されなかったため、師は潰れ、克は陳に奔った。だから、克が、その事實を、ありのままに魯に赴告してきたのである。

附注の前半については、下の傳文に「鄭人惡高克　使帥師次于河上　久而弗召　師潰而歸　高克奔陳」とあるのを參照。

注の後半については、莊公十七年「夏齊人殲于遂」の疏に引く『釋例』に「齊人殲于遂　鄭棄其師　亦時史卽事以安文　或從赴辭　故傳亦不顯明義例也」とあるのを參照。

傳二年春虢公敗犬戎于渭汭

㊟「犬戎」は、西戎で（主力とは）別に中國にいた者である。「渭」水は、隴西から出て、東へ流れ、黄河にそそいでいた。川が灣曲しているところを「汭」という。

(附)注の「犬戎　西戎別在中國者」については、『國語』周語上「穆王將征犬戎」の韋注に「犬戎　西戎之別名也」とあるのを參照。

注の「渭水　出隴西　東入河」については、疏に引く『釋例』に「渭水　出隴西狄道縣鳥鼠同穴山　東經南安天水洛陽扶風始平京兆　至弘農華陰縣入河」とあるのを參照。

注の「水之隈曲曰汭」については、昭公元年の傳文「館於雒汭」の注に「水曲流爲汭」とあり、同二十四年の傳文「越大夫胥犴勞王於豫章之汭」の注に「汭　水曲」とあるのを參照。また、『書』召誥「攻位于洛汭」の疏に「鄭云　隈曲中也」とあるのを參照。

【傳】舟之僑曰　無德而祿　殃也　殃將至矣　遂奔晉

㊟「舟之僑」は、虢の大夫である。

(附)『國語』晉語二「舟之僑告諸其族」の韋注に「舟之僑　虢大夫」とあるのを參照。

【傳】夏吉禘于莊公　速也

【傳】初公傅奪卜齮田　公不禁

㊟「卜齮」は、魯の大夫である。公は、即位した時、年齡が八歳であり、（すでに）自分の傅〔もりやく〕を愛することを知っていたから、その希望どおりに、齮の田を奪わせてやったのである。（そのため）齮はその傅をうらみ、（そのうらみは）公にまで及んだ。だから、慶父がそれにつけこんだのである。

(附)注の「卜齮　魯大夫也」については、『史記』魯世家「慶父使卜齮襲殺湣公於武闈」の〈集解〉に「賈逵曰　卜齮　魯大夫也」とあるのを參照。

注の「公即位　年八歳」については、疏に「莊公三十二年注云閔公於是年八歳　此云即位年八歳者　閔公之年歳　傳文不明　服虔於莊三十二年注云閔公於是年九歳　於此注云公即位時年九歳　僖二年注云閔公死時年九歳　杜知其不可　故於莊公之末注言年八歳　以異之　嗣子位定於初喪　言即位者　亦謂初立之年也」とある。

【傳】秋八月辛丑共仲使卜齮賊公于武闈

㊟宮中の小門を「闈」という。

(附)哀公十四年の傳文「攻闈與大門」の注に「闈　宮中小門」とあるのを參照。また、『爾雅』釋宮に「宮中之門　謂之闈」とあるのを參照。また、『史記』魯世家「慶父使卜齮襲殺湣公於武闈」の〈集解〉に「賈逵曰（中略）宮中之門　謂之闈」とあるのを參照。

【傳】成季以僖公適邾

㊟「僖公」は、閔公の庶兄で、成風の子である。

(附)下の傳文「成風聞成季之繇　乃事之」の注に「成風　莊公之妾　僖公之母也」とあるのを參照。

【傳】共仲奔莒　乃入　立之　以賂求共仲于莒　莒人歸之　及密　使公子魚

㊟「密」は、魯地である。瑯琊の費縣の北部に密如亭がある。「公子魚」とは、（下の）奚斯のことである。

㈷『詩』魯頌〈閟宮〉に「新廟奕奕　奚斯所作」とあり、毛傳に「有大夫公子奚斯者　作是廟也」とあるのを參照。

傳不許　哭而往　共仲曰　奚斯之聲也　乃縊

㊟慶父の罪は重かったけれども、季子は、親親の恩をおし及ぼして、叔牙の場合と同じように、孟氏の族を存續させようとしたから、その罪をとり除いて、「殺」を書かなかったのである。ただし、（叔牙の場合とは違って）「卒」も書かなかったのである。

㈷莊公三十二年に「秋七月癸巳公子牙卒」とあり、注に「飲酖而死　不以罪告　故得書卒」とあるのを參照。また、同年の傳文に「立叔孫氏」とあり、注に「不以罪誅　故得立後世其祿」とあるのを參照。また、『史記』魯世家に「慶父後爲孟氏也」とあるのを參照。

なお、注の「親親之恩」については、莊公三十二年の公羊傳文に「行誅乎兄　隱而逃之　使託若以疾死然　親親之道也」とあり、閔公元年の同傳文に「既而不可及　因獄有所歸　不探其情而誅焉　親親之道也」とあり、閔公二年の同傳文に「既而不可及　緩追逸賊　親親之道也」とあるのを參照。

傳閔公　哀姜之娣叔姜之子也　故齊人立之　共仲通於哀姜　哀姜欲立之

閔公之死也　哀姜與知之　故孫于邾　齊人取而殺之于夷　以其尸歸

㊟僖公元年の、齊人が哀姜を殺したこと、のために傳したのである。

「夷」は、魯地である。

㈷僖公元年に「秋七月戊辰夫人姜氏薨于夷　齊人以歸」とあり、注に「傳在閔二年　不言齊人殺　諱之」とある。

傳僖公請而葬之

㊟哀姜の罪は非常に重かったのに、僖公がその喪〔なきがら〕をもらい受けたのは、外に對しては、齊との關係を固持して誠實さを保ち、内に對しては、母と子とは（どんなことがあっても）絶縁しないという義を守り、國家の大計をなさんとした、からである。

㈷注の「居厚」については、『老子』第三十八章に「大丈夫處其厚　不居其薄　處其實　不居其華」とあるのを參照。

傳成季之將生也　桓公使卜楚丘之父卜之

㊟「卜楚丘」は、魯の卜をつかさどる大夫である。

㈷昭公五年の傳文「以示卜楚丘」の注に「楚丘　卜人姓名」とあるのを參照。

傳曰　男也　其名曰友　在公之右

㊟「右にいる」とは、政治を行なうということである。

傳間于兩社　爲公室輔

㊟「兩社」とは、周社と亳社〔殷社〕とである。兩社の間は、朝廷の執政がいる所である。

㈷『史記』魯世家「間于兩社　爲公室輔」の〈集解〉に「賈逵曰　兩社周社亳社也　兩社之間　朝廷執政之臣所在」とあるのを參照。

なお、注の「周社」及び「亳社」については、定公六年の傳文に「陽虎又盟公及三桓於周社　盟國人于亳社」とあるのを參照。また、哀公四年に「六月辛丑亳社災」とあり、注に「亳社　殷社　諸侯有之　所以戒亡國」とあるのを參照。

【傳】季氏亡　則魯不昌

(附)疏に「服虔云　謂季友出奔　魯弑二君　案傳　子般既死　乃云成季奔陳　閔公既死　乃云成季適邾　皆君死乃出奔　非由出奔乃致君死　杜雖無注　義必不然　當謂季友子孫與魯升降」とある。なお、『史記』魯世家に「季友亡　則魯不昌」とあるのを參照。

【傳】又筮之　遇大有䷍

【注】下が乾（☰）で上が離（☲）のが、「大有」（䷍）である。

【傳】之乾䷀

【注】下が乾（☰）で上が乾（☰）のが、「乾」（䷀）である。「大有」の六五（下から五番目の⚋）が（⚊に）變じて「乾」となる、ということである。

【傳】曰　同復于父　敬如君所

【注】（これは）筮者の言葉である。「乾」は、君父であり、「離」が變じて「乾」となるから、「もどって父と同じになり、君と同じように敬われる」と言っているのである。

(附)『易』說卦傳に「乾（中略）爲君　爲父」とあるのを參照。

なお、傳・注の「同復于父」の「復」は、意味がよくわからない。ここでは一應、疏に「離是乾子　還變爲乾」とあるのに從って、父にもどるの意に解しておくが、あるいは、『論語』顏淵「克己復禮」の「復」のように、「履」に通ずるとみることも可能かも知れない（?）。

【傳】及生　有文在其手曰友　遂以命之

【注】そのまま名としたのである。

【傳】冬十二月狄人伐衛　衛懿公好鶴　鶴有乘軒者

【注】「軒」は、大夫の車である。

(附)僖公二十八年の傳文「乘軒者三百人」の注、及び哀公十五年の傳文「服冕乘軒」の注に、同文がみえる。なお、定公十三年の傳文に「齊侯皆斂諸大夫之軒」とあるのを參照。

なお、疏に「服虔云　車有藩曰軒」とある。

【傳】將戰　國人受甲者皆曰　使鶴　鶴實有祿位　余焉能戰　公與石祁子玦與甯莊子矢　使守

【注】「莊子」とは、甯速のことである。「玦」は、玉玦である。

(附)僖公二十六年に「春王正月己未公會莒子衛甯速盟于向」とあり、注に「甯速　衛大夫莊子也」とあるのを參照。また、『國語』晉語四「甯莊子言於公曰」の韋注に「莊子　衛正卿　穆仲靜之子甯速」とあるのを參照。

【傳】曰　以此贊國　擇利而爲之

【注】「贊」は、助である。「玦」は、それによって決斷すべきことを示し、「矢」は、それによって難をふせぐ(べき)ことを示したのである。

(附)襄公二十七年の傳文「能贊大事」の注に「贊　佐也」とあり、昭公元年の傳文「天贊之也」の注に「贊　佐助也」とあり、同二十六年の傳文「是攝是贊」の注に「贊　佐也」とあるのを參照。また、『禮記』中庸「可以贊天地之化育」の注に「贊　助也」とあるのを參照。

傳與夫人繡衣　曰　聽於二子

注（「繡衣」は）その模様に順序がある點に取ったのである。

附『周禮』考工記〈畫績〉に「畫績之事　雜五色　東方謂之青　南方謂之赤　西方謂之白　北方謂之黑　天謂之玄　地謂之黃　青與白相次也　赤與黑相次也　玄與黃相次也　青與赤謂之文　赤與白謂之章　白與黑謂之黼　黑與青謂之黻　五采備謂之繡」とあるのを參照。また、莊公三十二年の傳文「聽於民」の注に「政順民心」とあるのを參照。なお、『禮記』祭義に「順以聽命」とあるのも參照。

傳渠孔御戎　子伯爲右　黃夷前驅　孔嬰齊殿

注傳は、衛侯は、平素から人望を失っていたため、いざという時になって命令しても、誰も從わなかった、ということを言っているのである。

附注の「戒」については、宣公十二年の傳文に「軍政不戒而備」とあり、注に「戒　勑令」とあるのを參照。

傳及狄人戰于熒澤　衛師敗績　遂滅衛

注ここの「熒澤」は、（河南ではなくて）河北にあったはずである。（衛は）君が死に國が散り散りになったのに、經が「滅」と書いていないのは、狄は（そもそも）赴告する能力がなく、衛も君臣が死にたえて、もはや赴告しようがなかったため、齊の桓公が（代わりに）諸侯に對して、「狄はすでにたち去り、衛は存續している」と赴告したから、單に「入」という表現をとったのである。

附注の「此熒澤當在河北」については、宣公十二年の傳文「楚潘黨逐之及熒澤」の注に「熒澤在熒陽縣東」とあるのを參照。また、『漢書』地理志上に「河南郡（中略）熒陽」とあるのを參照。

注の「君死」については、『史記』衛世家に「翟於是遂入　殺懿公」とあるのを參照。また、『詩』鄘風〈載馳〉の序「衛懿公爲狄人所滅」の鄭箋に「滅者　懿公死也　君死於位曰滅」とあるのを參照。

注の「國散」については、『詩』鄘風〈載馳〉の序に「國人分散」とあるのを參照。

注の「經不書滅者云云」については、經の注に「書入　不能有其地　例在襄十三年」とあるのを參照。また、襄公十三年の傳文に「弗地曰入」とあり、注に「謂勝其國邑不有其地」とあり、その疏に引く『釋例』に「狄滅衛　而書入者　狄無文告　衛之君臣死盡　齊桓存之　以告諸侯　言狄已去　不能有其土地也」とあるのを參照。

なお、注の最後の「以人爲文」の「人」は、挍勘記に從って、「入」に改める。

傳衛侯不去其旗　是以甚敗　狄人囚史華龍滑與禮孔　以逐衛人　二人曰　我　大史也　實掌其祭　不先　國不可得也

注夷狄は鬼神を畏れるから、「先に鬼神に申し上げなければならない」と言っておどしたのである。

傳乃先之　至　則告守曰　不可待也

注「守」とは、石（祁子）・甯（莊子）の二大夫のことである。

【附】上の傳文に「公與石祁子玦　與甯莊子矢　使守」とあるのを參照。

【傳】夜與國人出　狄入衛　遂從之　又敗諸河

【注】衛が東に逃げて黄河を渡ろうとするところを、狄はさらに追いかけて敗ったのである。

【附】注の「東走渡河」については、『詩』鄘風〈定之方中〉の序に「衛爲狄所滅　東徙渡河」とあるのを參照。

【傳】初惠公之卽位也少

【注】おそらく、年齢は十五・六歳だったであろう。

【附】疏に「衛宣公以隱四年立　桓十二年卒　終始二十年耳　卽位之後　乃納急子之妻　生壽及朔　朔既有兄　知其蓋年十五六耳」とある。

【傳】齊人使昭伯烝於宣姜　不可　强之

【注】「昭伯」は、惠公の庶兄で、宣公の子の頑である。昭伯がいやがったのである。

【附】『詩』鄘風〈牆有茨〉の序に「牆有茨　衛人刺其上也　公子頑通乎君母　國人疾之　而不可道也」とあり、鄭箋に「宣公卒　惠公幼　其庶兄頑烝於惠公之母」とあり、疏に「服虔云　昭伯　衛宣公之長庶　伋之兄　宣姜　宣公夫人　惠公之母」とあるのを參照。ただし、『史記』衛世家には「大子伋同母弟二人　其一曰黔牟（中略）其二曰昭伯」とある。

【傳】生齊子戴公文公宋桓夫人許穆夫人　文公爲衛之多患也　先適齊　及敗宋桓公逆諸河

【注】衛の敗殘の衆を迎えたのである。

【傳】宵濟

【注】夜に渡ったのは、狄を畏れてである。

【傳】衛之遺民男女七百有三十人　益之以共滕之民爲五千人

【注】「共」及び「滕」は、衛の別邑である。

【傳】立戴公以廬于曹

【注】「廬」は、舍である。「曹」は、衛の下邑である。「戴公」は、名が申である。立って一年(以内)で卒したので、(ついで)文公を立てた。

【附】注の「廬　舍也」については、襄公三十年の傳文「廬井有伍」の注に、同文がみえる。なお、『詩』大雅〈公劉〉「于時處處　于時廬旅」の毛傳に「廬　寄也」とあり、鄭箋に「廬　舍其賓旅」とあるのを參照。

注の「立一年卒」（挍勘記に從って、「其」を「一」に改める）については、『詩』鄘風〈定之方中〉序の鄭箋に「戴公立一年而卒」とあり、疏に「服虔云　戴公卒在於此年」とあるのを參照。また、『史記』衛世家に「戴公申元年卒」とあるのを參照。

注の「而立文公」については、下の傳文「元年革車三十乘　季年乃三百乘」の注に「衛文公以此年冬立」とあるのを參照。

【傳】許穆夫人賦載馳

【注】「載馳」は、『詩』の衛風である。許の穆公夫人は、衛の滅亡をいたみ、歸って見舞いたいと思ったけれども、(婦人の義として)許されなかったから、(せめて)詩を作ることによって心情を吐露したのである。

【附】注の「載馳　詩衛風也」について。「載馳」は、實は鄘風に屬する。

この點については、襄公二十九年の傳文に「吳公子札來聘（中略）請觀於周樂　使工爲之歌周南召南（中略）爲之歌邶鄘衞　曰　美哉淵乎　憂而不困者也　吾聞衞康叔武公之德如是　是其衞風乎」とあるのを參照。また、同三十一年の傳文に「衞詩曰　威儀棣棣　不可選也」とあり、注に「詩　邶風」とあるのを參照。なお、前者の疏に引く鄭玄〈詩譜〉に「武王伐紂　以其京師封紂子武庚爲殷後　庶殷頑民被紂化日久　未可以建諸侯　乃三分其地置三監　管叔蔡叔霍叔使尹而監敎之　自紂城而北謂之邶　南謂之鄘　東謂之衞　武王崩後五年　周公居攝　三監道武庚叛　成王既黜殷命殺武庚　復伐三監　更於此三國建諸侯　以殷餘民封康叔於衞　使爲之長　後世子孫稍彊　兼并彼二國　混其地而名之」とあり、「作者各有所傷　從其本國　分而異之　故爲邶鄘衞之詩焉」とあるのも參照。つまり、邶風・鄘風・衞風の三者を總稱して衞風とも言い得る、ということである。ちなみに、文公十三年の傳文「子家賦載馳之四章」の注には「載馳　詩鄘風」とある。

注の「許穆夫人云云」については、『詩』鄘風〈載馳〉の序に「許穆夫人閔衞之亡　傷許之小力不能救　思歸唁其兄　又義不得　故賦是詩也」とあるのを參照。また、『荀子』儒效に「詩言是其志也」とあり、『莊子』天下に「詩以道志」とあるのを參照。

【傳】齊侯使公子無虧帥車三百乘甲士三千人以戍曹

【注】「無虧」は、齊の桓公の子の武孟である。兵車や甲士を賦與することは、普通とは違うから、傳が特別に書きあらわしたのである。

【附】僖公十七年の傳文に「齊侯之夫人三　王姬徐嬴蔡姬　皆無子　齊侯好內多內寵　內嬖如夫人者六人　長衞姬生武孟」とあり、注に「武孟　公子無虧」とあるのを參照。

【傳】歸公乘馬祭服五稱牛羊豕雞狗皆三百與門材

【注】「歸」は、遺〔おくる〕である。四頭の馬を「乘」という。ひとえの衣とあわせの衣とがそなわるの〔衣一揃い〕を「稱」という。「門材」は、先に門戶を立てさせるためである。

【附】注の「歸　遺也」については、隱公元年「秋七月天王使宰咺來歸惠公仲子之賵」の注に「歸者　不反之辭」とあるのを參照。

注の「四馬曰乘」については、僖公二年の傳文「屈產之乘」の注に、同文がみえる。なお、『詩』大雅〈崧高〉「路車乘馬」の毛傳に「乘馬　四馬也」とあるのを參照。ただし、異說として、章太炎『春秋左傳讀』に「乘馬者　通指當乘之馬　非四匹曰乘之謂也」とある。ちなみに、昭公六年の傳文に「以其乘馬八匹私面」とあり、同二十年の傳文に「衞侯以爲乘馬」とあり、同二十九年の傳文に「衞侯來獻其乘馬曰啓服」とあって、これらの「乘馬」は、いずれもみな、杜預に注はないが、四馬とは解せないものである。

注の「衣單複具曰稱」については、『禮記』喪大記に「袍必有表不襌　衣必有裳　謂之一稱」とあるのを參照。

【傳】歸夫人魚軒

【注】「魚軒」は、夫人の車で、魚の皮を飾りにしたものである。

【附】上の傳文「鶴有乘軒者」の注に「軒　大夫車」とあるのを參照。また、『詩』小雅〈采薇〉「象弭魚服」の毛傳に「魚服　魚皮也」とあり、

疏に「左傳曰　歸夫人魚軒　服虔云　魚　獸名　則魚皮又可以飾車也　陸機疏曰　魚服　魚獸之皮也　魚獸似猪　東海有之　其皮　背上班文　腹下純青」とあるのを參照。

［傳］重錦三十兩

［注］「重錦」は、錦の精美なものである。長さ二丈のもの二つをむかい合わせに巻くから、「兩」というのである。「三十兩」は、三十匹である。

［附］昭公二十六年の傳文「以幣錦二兩」の注に「二丈爲一端　二端爲一兩　所謂匹也　二兩　二匹」とあるのを參照。また、『禮記』雜記下「納幣一束　束五兩　兩五尋」の注に「十个爲束　貴成數　兩兩者合其卷　是謂五兩　八尺曰尋　五兩五尋　則每卷二丈也　合之　則四十尺　今謂之匹　猶匹偶之云與」とあるのを參照。
なお、異說として、疏に「服虔云　重　牢也」とある。

［傳］鄭人惡高克　使帥師次于河上　久而弗召　師潰而歸　高克奔陳

［注］「高克」は、鄭の大夫である。利を好んで、その君を顧みなかったので、文公は彼をにくんだが、遠ざけることが出來なかった。そこで、師をひきい（て黄河のほとりに駐屯）させたまま、召還しなかったのである。

［附］『詩』鄭風〈清人〉の序に「高克好利而不顧其君　文公惡而欲遠之不能」とあるのを參照。

［傳］鄭人爲之賦清人

［注］「清人」は、『詩』の鄭風である。文公が、臣を退けるのに正道によらず、國を危くし師を失う本である、ことを譏ったのである。

［附］『詩』鄭風〈清人〉の序に「清人刺文公也（中略）公子素惡高克進之不以禮　文公退之不以道　危國亡師之本　故作是詩也」とあるのを參照。

［傳］晉侯使大子申生伐東山皐落氏

［注］（「東山」は）赤狄の別種である。「皐落」は、その氏族である。

［附］『史記』晉世家「晉侯使大子申生伐東山」の〈集解〉に「賈逵曰　東山　赤狄別種」とあるのを參照。

［傳］里克諫曰　大子奉冢祀社稷之粢盛

［注］「里克」は、晉の大夫である。「冢」は、大である。

［附］注の「里克　晉大夫」については、『史記』晉世家「里克諫獻公曰」の〈集解〉に「賈逵曰　里克　晉卿里季也」とあるのを參照。
注の「冢　大也」については、昭公十三年の傳文「初共王無冢適」の注に、同文がみえる。なお、『爾雅』釋詁に「冢　大也」とあるのを參照。

［傳］以朝夕視君膳者也

［注］「膳」は、廚膳（食事）である。

［附］『史記』晉世家「以朝夕視君膳者也」の〈集解〉に「服虔曰　廚膳飲食」とあるのを參照。

［傳］故曰冢子　君行則守　有守則從　從曰撫軍　守曰監國　古之制也　夫帥師　專行謀

㊟師をひきいる者は、必ず、獨斷で軍事を謀るのである。

(附)『史記』晉世家「有守則從」の〈集解〉に「服虔曰　有代大子守則從之」とあり、同「從曰撫軍」の〈集解〉に「服虔曰　助君撫循軍士」とある。

[傳]誓軍旅

㊟號令を宣布するのである。

[傳]君與國政之所圖也　非大子之事也

㊟「國政」とは、正卿のことである。

(附)『史記』晉世家「君與國政之所圖也」の〈集解〉に「賈逵曰　國政正卿也」とあるのを參照。

[傳]師在制命而已

㊟命令は、將軍がきめるべきものである。

[傳]稟命則不威　專命則不孝　故君之嗣適　不可以帥師　君失其官　帥師不威　將焉用之

㊟大子が師をひきいるということは、官職の任命をあやまっているということである。勝手に命令すれば不孝になるということは、將軍として必ず威嚴がないということである。

[傳]且臣聞皐落氏將戰　君其舍之　公曰　寡人有子　未知其誰立焉　不對而退　見大子　大子曰　吾其廢乎　對曰　告之以臨民

㊟曲沃にいたことをいう。

(附)元年の傳文に「還　爲大子城曲沃」とあるのを參照。

[傳]教之以軍旅

㊟下軍の將となったことをいう。

(附)元年の傳文に「晉侯作二軍　公將上軍　大子申生將下軍」とあるのを參照。また、『史記』晉世家「教以軍旅」の〈集解〉に「賈逵曰　將下軍」とあるのを參照。

[傳]不共是懼　何故廢乎　且子懼不孝　無懼弗得立　脩己而不責人　則免於難　大子帥師　公衣之偏衣

㊟「偏衣」とは、左右で色を違え、その半分は公の服に似せたものである。

(附)『史記』晉世家「公衣之偏衣」の〈集解〉に「服虔曰　偏裻之衣　偏異色　駮不純　裻在中　左右異　故曰偏衣」とあるのを參照。また、『國語』晉語一「衣躬之偏」の韋注に「偏　半也　分身之半以授大子」とあるのを參照。

なお、『史記』晉世家「毋懼不得立」の〈集解〉に「服虔曰　不得立己也」とある。

[傳]佩之金玦

㊟金屬で玦をつくったのである。

(附)『史記』晉世家「佩之金玦」の〈集解〉に「服虔曰　以金爲玦也」とあるのを參照。また、上の傳文「公與石祁子玦」の注に「玦　玉玦」とあるのを參照。

[傳]狐突御戎　先友爲右

㊟「狐突」は、伯行で、重耳の外祖父である。申生の御者となったのである。申生は、大子の身で、上軍の將となったのである。

(附)莊公二十八年の傳文に「大戎狐姫生重耳」とあるのを參照。また、『國語』晉語一「狐突御戎」の韋注に「狐突　晉同姓　唐叔之後　狐偃之父狐突伯行也」とあるのを參照。また、同晉語四に「狐氏出自唐叔　狐姫　伯行之子也　實生重耳」とあり、韋注に「狐氏　重耳外家　與晉俱唐叔之後　別在大戎者　伯行　狐氏字」とあるのを參照。

【傳】梁餘子養御罕夷　先丹木爲右

㊟「罕夷」は、晉の下軍の卿である。「梁餘子養」は、罕夷の御者となったのである。

【傳】羊舌大夫爲尉

㊟「羊舌大夫」は、叔向の祖父である。「尉」は、軍尉である。

(附)注の前半については、宣公十五年の傳文「羊舌職說是賞也」の注に「職　叔向父」とあり、襄公十六年の傳文「羊舌肸爲傅」の注に「肸　叔向也」とあるのを參照。なお、疏に引く『譜』に「羊舌氏　晉之公族　羊舌　其所食邑也　或曰　羊舌氏　姓李名果　有人盜羊而遺其頭　不敢不受　受而埋之　後盜羊事發　辭連李氏　李氏掘羊頭而示之　以明己不食　唯識其舌　舌存得免　號曰羊舌氏也」とある。

注の後半については、成公十八年の傳文に「卿無共御　立軍尉以攝之」とあるのを參照。また、『國語』晉語七に「祁奚辭於軍尉（中略）公使祁午爲軍尉」とあるのを參照。

【傳】先友曰　衣身之偏

㊟「偏」は、半である。

(附)『國語』晉語一「衣躬之偏」の韋注に「偏　半也」とあるのを參照。

【傳】握兵之要

㊟金玦をおびて上軍の將となったことをいう。

(附)『國語』晉語一「握金玦」の韋注に「金玦　兵要也」とあり、同「金玦之權」の韋注に「金玦　以兵決事也」とあり、同「握兵之要」の韋注に「握兵之要　金玦之勢也　金爲兵　玦所以圖事決計也　故爲兵要」とあるのを參照。

【傳】在此行也　子其勉之　偏躬無慝

㊟（君が）自身をわけて、その半分を着せたのは、悪意ではない。

(附)『國語』晉語一「偏躬無慝」の韋注に「慝　惡也　衣身之半　君無惡意也」とあるのを參照。

【傳】兵要遠災

㊟威權が自分にあれば、害を遠ざけることが出來る。

(附)『國語』晉語一「兵要遠災」の韋注に「握兵之勢　欲令大子遠災害也」とあるのを參照。

【傳】親以無災　又何患焉　狐突歎曰　時　事之徵也

㊟歎いたのは、先友は君の本心を察知していない、と思ったからである。

【傳】衣　身之章也

㊟貴賤をあらわすのである。

(附)莊公二十四年の傳文「以章物也」の注に「章所執之物　別貴賤」とあるのを參照。

【傳】佩　衷之旗也

㊟「旗」は、表である。その人の中心〔まごころ〕を表明するためのも

のである。
(附)昭公元年の傳文に「舉之表旗而著之制令」とあるのを參照。
【傳】故敬其事　則命以始
㊟賞賜は、春・夏に行なうのである。
(附)襄公二十六年の傳文に「賞以春夏　刑以秋冬」とあり、注に「順天時」とあるのを參照。
【傳】服其身　則衣之純
㊟必ず純色〔一色〕のものを身につけるのである。
【傳】用其衷　則佩之度
㊟「衷」は、中である。玉をおびるのが、士君子のきまりである。
(附)注の「衷　中也」については、僖公二十八年の傳文「今天誘其衷」の注に、同文がみえる。なお、『國語』晉語四「衷而思始」の韋注に「衷　中也」とあるのを參照。
【傳】今命以時卒　閟其事也
㊟冬十二月は、どん詰まりの時である。
【傳】衣之尨服　遠其躬也
㊟「尨」は、雜色である。
(附)『周禮』考工記〈玉人〉「天子用全　上公用龍」の注に「鄭司農云　全　純色也　龍當爲尨　尨謂雜色」とあるのを參照。
【傳】佩以金玦　弃其衷也　服以遠之　時以閟之　尨涼冬殺　金寒玦離　胡可恃也
㊟「寒」・「涼」・「殺」・「離」は、溫潤〔やさしさ〕がないことを言っているのである。「玦」は、環に似ているが、一部分が缺けて、つながっていない（から、「離」と言っている）のである。
(附)『荀子』大略に「絶人以玦　反絶以環」とあり、『白虎通』諫諍に「賜之環則反　賜之玦則去」とあるのを參照。
【傳】雖欲勉之　狄可盡乎　梁餘子養曰　帥師者受命於廟　受脤於社
㊟「脤」は、社を祭る肉で、脤器に盛るのである。
(附)成公十三年の傳文「成子受脤于社　不敬」の注に「脤　宜社之肉也　盛以脤器　故曰脤　宜　出兵祭社之名」とあり、定公十四年「天王使石尚來歸脤」の注に「脤　祭社之肉　盛以脤器」とあるのを參照。また、『詩』大雅〈緜〉「迺立冢土　戎醜攸行」の鄭箋に「春秋傳曰　蜃　宜社之肉」とあり、『說文』に「祳　社肉　盛以蜃　故謂之祳」とあるのを參照。また、『國語』晉語五「受命於廟　受脤於社」の韋注に「脤　宜社之肉　盛以蜃器」とあるのを參照。
なお、注の「宜社」については、『爾雅』釋天に「起大事動大衆　必先有事乎社　而後出　謂之宜」とあるのを參照。また、「脤器」については、『周禮』掌蜃に「祭祀共蜃器之蜃」とあり、注に「蜃之器　以蜃飾　因名焉」とあるのを參照。
【傳】有常服矣　不獲而尨　命可知也
㊟韋弁服が、いくさでのきまりである。「尨」は、偏衣である。
(附)『周禮』司服に「凡兵事韋弁服」とあり、注に「韋弁　以韎韋爲弁　又以爲衣裳　春秋傳曰　晉郤至衣韎韋之跗注　是也」とあるのを參照。
【傳】死而不孝　不如逃之　罕夷曰　尨奇無常

㊟雑色は、奇怪で異常な服である。

(附)『國語』晉語一に「大子殆哉　君賜之奇　奇生怪　怪生無常　無常不立」とあるのを參照。また、『周禮』閽人に「奇服怪民不入宮」とあり、注に「奇服　衣非常　春秋傳曰　尨奇無常」とあるのを參照。

傳金玦不復　雖復何爲　君有心矣

㊟大子をそこなわんとする心がある。

傳先丹木曰　是服也　狂夫阻之

㊟「阻」は、疑である。狂人でも、疑點があることがわかる、ということである。

(附)嵆康〈與呂長悌絶交書〉に「足下陰自阻疑」とあるのを參照。

なお、異説として、疏に「服虔云　阻　止也　方相之士　蒙玄衣朱裳　主索室中毆疫　號之爲狂夫　止此服　言君與大子以狂夫所止之服衣之」とあり、また、『國語』晉語一「且是衣也　狂夫阻之衣也」の韋注に「狂夫　方相氏之士也　阻　古詛字　將服是衣　必先詛之」とある。ちなみに、『周禮』夏官の序官に「方相氏　狂夫四人」とある。

傳曰　盡敵而反

㊟「曰」は、公の言葉である。

傳敵可盡乎　雖盡敵　猶有内讒　不如違之

㊟「違」は、去である。

(附)哀公二十七年の傳文「違穀七里　穀人不知」の注に、同文がみえる。

なお、『禮記』表記「事君三違而不出竟　則利祿也」の注に「違猶去也」とあるのを參照。また、『國語』晉語四「離違而得所」の韋注に「違　去也」とあるのを參照。

傳狐突欲行

㊟「行」もまた、去である。

(附)桓公十六年の傳文「壽子告之　使行」の注、僖公五年の傳文「宮之奇以其族行」の注などに、「行　去也」とあるのを參照。また、『國語』晉語二「將行　以其族適晉」の韋注に「行　去也」とあるのを參照。

傳羊舌大夫曰　不可　違命不孝　弃事不忠　雖知其寒　惡不可取　子其死之

㊟「寒」は、薄である。

傳大子將戰　狐突諫曰　不可　昔辛伯諗周桓公

㊟「諗」は、告である。事は、桓公十八年にある。

(附)注の「諗　告也」については、『國語』晉語七「使果敢者諗之」の韋注に「諗　告也」とあるのを參照。

注の「事在桓十八年」については、桓公十八年の傳文に「周公欲弑莊王而立王子克　辛伯告王　遂與王殺周公黑肩　王子克奔燕　初子儀有寵於桓王　桓王屬諸周公　辛伯諫曰　並后　匹嫡　兩政　耦國　亂之本也　周公弗從　故及」とある。

傳云　内寵並后　外寵二政　嬖子配適　大都耦國　亂之本也　周公弗從　故及於難　今亂本成矣

㊟驪姫が「内寵」にあたり、二人の五が「外寵」にあたり、奚齊が「嬖子」にあたり、曲沃が「大都」にあたる。だから、「亂の本が揃った」と言っているのである。

【附】莊公二十八年の傳文に「晉伐驪戎　驪戎男女以驪姫　歸　生奚齊　其娣生卓子　驪姫嬖　欲立其子　賂外嬖梁五與東關嬖五　使言於公曰（中略）晉侯說之　夏使大子居曲沃　重耳居蒲城　夷吾居屈　羣公子皆鄙　唯二姫之子在絳　二五卒與驪姫譖羣公子而立奚齊　晉人謂之二五耦」とあるのを參照。なお、楊伯峻『春秋左傳注』に「或以大都指曲沃　但居曲沃者爲申生本人　不爲晉國之害　古人援前聞證今事　皆取其大致　不必事事符同」とある。

【傳】立可必乎　孝而安民　子其圖之

【注】身をささげるのが「孝」であり、戰わないのが「安民」である。

【傳】與其危身以速罪也

【注】（戰って）功績をあげれば、ますます迫害されるから、「（戰で）身を危くして罪を招くのと、どちらがよいか」と言っているのである。

【傳】成風聞成季之繇　乃事之

【注】「成風」は、莊公の妾で、僖公の母である。「繇」は、卜筮による判斷の言葉である。

【附】注の前半については、上の傳文「成季以僖公適邾」の注に「僖公　閔公庶兄　成風之子」とあるのを參照。

注の後半については、僖公四年の傳文「且其繇曰」の注に「繇　卜兆辭」とあり、襄公十年の傳文「姜氏問繇」の注に「繇　兆辭」とあるのを參照。なお、『易』繫辭傳下「其稱名也　雜而不越」の注「況爻繇之辭也」の〈釋文〉に「服虔云　抽也　抽出吉凶也」とある。

【傳】而屬僖公焉　故成季立之

【傳】僖之元年齊桓公遷邢于夷儀　二年封衞于楚丘　邢遷如歸　衞國忘亡

【注】滅亡の困苦を忘れることが出來たのである。

【傳】衞文公大布之衣大帛之冠

【注】「大布」は、粗布〔あらぬの〕であり、「大帛」は、厚繒〔あらぎぬ〕である。おそらく、諸侯が諒闇する〔心喪する〕時の服を用いたのであろう。

【傳】務材訓農　通商惠工

【注】（「惠工」とは）各種の工人に恩惠を與え、彼らがたくみに器物を作るのを賞したのである。

【附】襄公二十五年の傳文に「我先王賴其利器用也　與其神明之後也」とあり、また、昭公十七年の傳文に「五雉爲五工正　利器用　正度量　夷民者也」とあるのを參照。

【傳】敬教勸學　授方任能

【注】「方」は、諸事の宜〔適切さ〕である。

【附】襄公九年の傳文「官不易方」の注に「方猶宜也」とあるのを參照。

【傳】元年革車三十乘　季年乃三百乘

【注】衞の文公がこの年の冬に立ち、齊の桓公が（この年の冬に）始めて魯の內亂を平定したから、傳は、これに因んで、齊が霸者となったわけと、衞が興起したわけとを、言ったのである。「革車」は、兵車であ

る。「季年」とは、僖公二十五年にある。おそらく、散り散りになったのをよび集めたから、十倍の人數にまですることが出來たのであろう。

（附）注の「衞文公以此年冬立」については、上の傳文「立戴公以廬于曹」の注に「戴公名申　立一年卒　而立文公」とあるのを參照。

注の「齊桓公始平魯亂」については、上の經「冬齊高子來盟」の注に「齊侯使來平魯亂」とあるのを參照。

注の「革車　兵車」については、『禮記』明堂位「革車千乘」の注に「革車　兵車也」とあるのを參照。また、『孟子』盡心下「革車三百兩」の趙注に「革車　兵車也」とあるのを參照。

注の「季年在僖二十五年」については、僖公二十五年に「夏四月癸酉衞侯燬卒」とあり、「葬衞文公」とある。

注の「招懷迸散」については、上の傳文「及狄人戰于熒澤　衞師敗績遂滅衞」の注に「君死國散」とあるのを參照。

巻第十二

〔僖公元年〕

［經］元年春王正月

［經］齊師宋師曹師次于聶北救邢

（注）齊が諸侯の師をひきいて邢を救わんとし、聶北に次したのは、兵を引き止めて（敵の）すきをうかがい、好機を待ったのである。「次」の例は、莊公三年にある。「聶北」は、邢地である。

（附）注の前半については、疏に引く『釋例』に「所記或次在事前　次以成事也　或次在事後　事成而次也　皆隨事實　無義例也」とあるのを參照。なお、異説として、疏に「公羊以爲　此言次于聶北救邢　與襄二十三年叔孫豹救晉次于雍榆　二事相反　爲之作說　言　此是君也　進止自由　彼是臣也　先通君命　賈服取以爲說」とある。なお、注の「觀釁」については、宣公十二年の傳文に「會聞　用師　觀釁而動」とあるのを參照〔ただし、その注には「釁　罪也」とある〕。

注の「次例在莊三年」については、莊公三年の傳文に「凡師　一宿爲舍　再宿爲信　過信爲次」とある。

［經］夏六月邢遷于夷儀

（注）邢が遷るとき、本國に歸るようであった〔閔公二年傳文〕から、自分で遷ったという表現をとっているのである。「夷儀」は、邢地である。

（附）莊公元年「齊師遷紀郱鄑郚」の疏に引く『釋例』に「邢遷于夷儀　則

以自遷爲文　宋人遷宿　齊人遷陽　則以宋齊爲文　各從彼此所遷之實記注之常辭　亦非例也」とあるのを參照。

【經】齊師宋師曹師城邢

【注】傳例に「患難を救い、災害を分擔するのが、禮である」とある〔下の傳文〕。一連の事件であるのに、再び三國を列擧しているのは、表現として、「諸侯師」とは言えない、からである。

【附】公羊傳文に「此一事也　曷爲復言齊師宋師曹師　不復言師　則無以知其爲一事也」とあるのを參照。また、五年の公羊傳文に「諸侯何以不序　一事而再見者　前目而後凡也」とあるのを參照。

【經】秋七月戊辰夫人姜氏薨于夷　齊人以歸

【注】傳は、閔公二年にある。「齊人が殺した」と言っていないのは、諱んだのである。地を書いているのは、外で薨じたことを明らかにしたのである。

【附】閔公二年の傳文に「閔公　哀姜之娣叔姜之子也　故齊人立之　共仲通於哀姜　哀姜欲立之　閔公之死也　哀姜與知之　故孫于邾　齊人取而殺之于夷　以其尸歸」とあり、注に「爲僖元年齊人殺哀姜傳　夷　魯地」とあるのを參照。また、穀梁傳文に「夫人薨不地　地　故也」とあるのを參照。なお、『禮記』喪大記に「君夫人卒於路寢」とあり、注に「言死者必皆於正處也」とあるのも參照。

【經】楚人伐鄭

【注】荆が（ここで）始めて、號を改めて「楚」と稱したのである。

【附】莊公十年に「秋九月荆敗蔡師于莘」とあり、注に「荆　楚本號　後改爲楚」とあるのを參照。

【經】八月公會齊侯宋公鄭伯曹伯邾人于檉

【注】「檉」は、宋地である。陳國の陳縣の西北部に檉城がある。公は、會に出席したのに、「盟」を書いていないのは、もどって、盟として報告しなかった、からである。

【附】疏に引く『釋例』に「盟于鄧　盟于犖　盟于戚　公既在會　而不書其盟　以理推之　會在盟前　知非後盟也　蓋公還　告會而不告盟也」とあるのを參照。

【經】九月公敗邾師于偃

【注】「偃」は、邾地である。

【經】冬十月壬午公子友帥師敗莒師于酈　獲莒挐

【注】「酈」は、魯地である。「挐」は、莒子の弟である。「弟」と書いていないのは、卿ではなかったからである。卿でなければ（普通、經に）書かないはずであるが、（ここでは）季友の功績をよみするから、特別に、彼が獲た者を書いたのである。大夫は、生・死いずれの場合もみな、「獲」という。「獲」の例は、昭公二十三年にある。

【附】注の前半については、下の傳文に「冬莒人來求賂　公子友敗諸酈　獲

莒子之弟挐　非卿也　嘉獲之也」とあるのを參照。また、疏に引く『釋例』に「莒挐非卿　非卿則不應書　今嘉獲　故特書之　特書猶不稱弟　明諸書弟者皆卿也」とあるのを參照。

注の後半については、昭公二十三年に「胡子髡沈子逞滅　獲陳夏齧」とあり、注に「大夫死生通曰獲」とあり、また、その傳に「君臣之辭也」とあり、注に「國君　社稷之主　與宗廟共其存亡者　故稱滅　大夫輕　故曰獲」とある。なお、昭公二十三年の公羊傳文に「君死于位曰滅　生得曰獲　大夫生死皆曰獲」とあるのを參照。

なお、經・注の「拏」は、挍勘記に従って、「挐」に改める。

(經)十有二月丁巳夫人氏之喪至自齊

(注)僖公がもらい受けて葬ったから、廟に報告して、喪〔なきがら〕の到着〔or歸還〕を書いたのである。齊侯が、哀姜を殺して、その尸〔なきがら〕を持ち歸り、彼女を魯と絶縁させたところ、僖公が、その喪をもらい受けてもどった、ということであるから、「姜」と稱していないのは、(貶したわけではなくて、單なる)闕文である。

(附)閔公二年の傳文に「閔公之死也　哀姜與知之　故孫于邾　齊人取而殺之于夷　以其尸歸　僖公請而葬之」とあり、注に「哀姜之罪已重　而僖公請其喪還者　外欲固齊以居厚　內存母子不絶之義　爲國家之大計」とあるのを參照。

なお、異説として、疏に「賈逵云　殺子輕　故但貶姜」とある。ちなみに、公羊傳文には「夫人何以不稱姜氏　貶　曷爲貶　與弑公也」とあり、穀梁傳文には「其不言姜　以其殺二子貶之也　或曰　爲齊桓諱殺同姓也」とある。

(傳)元年春不稱卽位　公出故也

(注)國が亂れ、自身も(いったん國を)出て、また入ったから、卽位の禮に闕けたところがあったのである。

(附)閔公二年の傳文に「秋八月辛丑共仲使卜齮賊公于武闈　成季以僖公適邾　共仲奔莒　乃入　立之」とあるのを參照。なお、疏に「言公出故者　公出而復歸　卽位之禮有闕　爲往年公出奔之故　非言應卽位之時　公在外也」とある。

(傳)公出復入　不書　諱之也　諱國惡　禮也

(注)惡をおおいかくし、善をほめあげる、ということは、君と親と〔最も重要なもの〕に對する義であるから、(《春秋》には)諱むという通例があるのである。(ただし)いずれもみな、當時の臣子が、自己の判斷でかくしたものであるため、(かくかくの場合には)深く〔諱み、しかじかの場合には)淺く〔諱む〕といったようなきまりがなかったのを、聖賢〔孔子〕は、それにそのまま従うことによって、人としての道理を知らしめたのである。「(常にでは、まずいが)時として許す〔諱む〕のは、かまわない」と。

(附)注の「掩惡揚善　義存君親」については、『白虎通』諡に「天子崩　大臣至南郊謚之者何　以爲人臣之義　莫不欲褒稱其君　掩惡揚善者也」とあるのを參照。また、『易』〈大有〉の象傳に「火在天上大有　君

子以遏惡揚善　順天休命」とあり、『禮記』中庸に「子曰　舜其大知也與　舜好問而好察邇言　隱惡而揚善　執其兩端　用其中於民　其斯以爲舜乎」とあるのを參照。また、『禮記』坊記に「子云　善則稱君　過則稱己　則民作忠（中略）子云　善則稱親　過則稱己　則民作孝」とあるのを參照。

注の「有時而聽之　可也」については、疏に引く『釋例』に「有時而聽之　則可也　正以爲後法　則不經　故不奪其所諱　亦不爲之定制」とあるのを參照。

【傳】諸侯救邢

【注】實は大夫であるのに、「諸侯」といっているのは、衆國をまとめた言い方である（諸國という意味であって、諸國の君という意味ではない）。

【附】上の經に「齊師宋師曹師次于聶北救邢」とある。なお、莊公十四年に「春齊人陳人曹人伐宋」とあり、傳に「春諸侯伐宋」とあり、注に「經書人　傳言諸侯者　揔衆國之辭」とあるのを參照。

【傳】邢人潰　出奔師

【注】聶北の師に逃げ込んだのである。邢が潰れたことを（經に）書いていないのは、赴告してこなかったからである。

【傳】師遂逐狄人　具邢器用而遷之　師無私焉

【注】全てをそろえて邢人にかえし、何も横取りしなかったのである。

【附】注の「撰具」については、『論語』先進「異乎三子者之撰」の〈集解〉に「撰　具也」とあるのを參照。

【傳】夏邢遷于夷儀　諸侯城之　救患也　凡侯伯救患分災討罪　禮也

【注】「侯伯」は、州長である。（「分」とは）穀・帛をわけるのである。

【附】『國語』周語下「祚四嶽國　命以侯伯」の韋注に「命爲侯伯　使長諸侯也」とあるのを參照。

【傳】秋楚人伐鄭　鄭卽齊故也　盟于犖　謀救鄭也

【注】「犖」は、檉に他ならない。（一つの）地に、二つの名があったのである。

【附】上の經に「八月公會齊侯宋公鄭伯曹伯邾人于檉」とある。

【傳】九月公敗邾師于偃　虛丘之戍將歸者也

【注】「虛丘」は、邾地である。邾人が哀姜を送りとどけてひきかえすと、齊人が彼女を殺したので、（邾人は）その機に乘じて、虛丘の守備を固め、魯を侵そうとした。（ところが）公が義によって齊に要求し、齊が姜氏の喪（なきがら）を（魯に）送りかえすことになったので、邾人は懼れて（虛丘から）ひきあげようとした。だから、公がそれを待ち伏せして敗ったのである。

【附】閔公二年の傳文に「閔公之死也　哀姜與知之　故孫于邾　齊人取而殺之于夷　以其尸歸　僖公請而葬之」とあるのを參照。なお、異說として、疏に「服虔云　虛丘　魯邑　魯有亂　邾使兵戍虛丘　魯與邾無怨　因兵將還　要而敗之　所以惡僖公也」とある。

【傳】冬莒人來求賂
【注】慶父をかえしたことに對する賂を要求したのである。
【傳】公子友敗諸酈　獲莒子之弟拏　非卿也　嘉獲之也
【注】莒は、魯のために慶父を討つことが出來なかったばかりか、（一度）魯の賂を受けとっておきながら、（今ここで）再度やって來て、その要求が、飽くことを知らなかったから、季友が獲たことをよみして（特別に）書いたのである。
【附】閔公二年の傳文に「共仲奔莒（中略）以賂求共仲于莒　莒人歸之」とあるのを參照。また、經の注に「嘉季友之功　故特書其所獲」とあるのを參照。
【傳】公賜季友汶陽之田及費
【注】「汶陽（之）田」は、汶水の北の地である。汶水は、泰山の萊蕪縣から出て、西へ流れ、濟水にそそいでいた。
【附】注の前半については、二十八年の傳文「漢陽諸姫　楚實盡之」の注に「水北曰陽」とあるのを參照。
注の後半については、疏に引く『釋例』に「汶水　出泰山萊蕪縣　西南經濟北　至東平須昌縣入濟」とあるのを參照。
なお、『史記』魯世家「以汶陽鄪封季友」の〈集解〉に「賈逵曰　汶陽　鄪　魯二邑」とある。
【傳】夫人氏之喪至自齊　君子以齊人殺哀姜也爲已甚矣　女子　從人者也
【注】女子には、三從の義があり、夫の家で罪を犯した場合は、父母の家が討つべき筋合ではない、ということである。
【附】『儀禮』喪服傳に「婦人有三從之義　無專用之道　故未嫁從父　既嫁從夫　夫死從子」とあるのを參照。

〔僖公二年〕

【經】二年春王正月城楚丘
【注】「楚丘」は、衛の邑である。「城衛」と言っていないのは、衛がまだ遷っていなかったからである。
【附】注の前半については、『史記』齊世家「齊率諸侯城楚丘」の〈集解〉に「賈逵曰　衛地也」とあるのを參照。
注の後半については、元年に「夏六月邢遷于夷儀　齊師宋師曹師城邢」とあるのを參照。
【經】夏五月辛巳葬我小君哀姜
【注】傳はない。反哭して喪禮を完備したから、「小君」と稱しているのである。例は、定公十五年にある。
【附】定公十五年の傳文に「葬定姒　不稱小君　不成喪也」とある。なお、哀公十二年の傳文に「不反哭　故不言葬小君」とあるのを參照。
【經】虞師晉師滅下陽
【注】「下陽」は、虢の邑で、河東の大陽縣にあった。「晉」が、ここで始

めて、赴告してきて、經にあらわれている。「滅」の例は、襄公十三年にある。

㊊注の「下陽　虢邑云云」については、『史記』晉世家「取其下陽以歸」の〈集解〉に「服虔曰　下陽　虢邑也　在大陽東北三十里」とあるのを參照。また、公羊傳文に「夏陽者何　郭之邑也」とあるのを參照。
注の「滅例在襄十三年」については、襄公十三年の傳文に「用大師焉曰滅」とあり、注に「敵人距戰　斬獲俘馘　用力難重　雖邑亦曰滅」とある。

經秋九月齊侯宋公江人黄人盟于貫

㊟「貫」は、宋地である。梁國の蒙縣の西北部に貰城があり、貰は、貫と字が似ている。「江」國は、汝南の安陽縣にあった。

㊊注の「梁國蒙縣西北有貫城　貫與貫字相似」は、諸本に從って、「梁國蒙縣西北有貰城　貰與貫字相似」に改める。
注の「江國在汝南安陽縣」については、『漢書』地理志上に「汝南郡（中略）縣三十七（中略）安陽」とあり、注に「應劭曰　故江國　今江亭是」とあるのを參照。
なお、疏に「賈云　江黄稱人　刺不度德善鄰　恃齊背楚　終爲楚所滅」とある。

經冬十月不雨

㊟傳は、三年にある。

㊊三年の傳文に「不曰旱　不爲災也」とある。

經楚人侵鄭

傳二年春諸侯城楚丘而封衛焉

㊟君が死に、國が（一度）滅んだから、傳で「封」と言っているのである。

㊊閔公二年の傳文に「及狄人戰于熒澤　衛師敗績　遂滅衛」とあり、注に「君死國散」とあるのを參照。

傳不書所會　後也

㊟諸侯がかえった後で、魯がやって來たのであり、期日に間に合わなかったことを諱むから、（魯が）單獨で城いたという表現をとっているのである。

傳晉荀息請以屈產之乘與垂棘之璧假道於虞以伐虢

㊟「荀息」とは、荀叔のことである。屈の地は良馬を生み、垂棘は美玉を出すから、これらを（乘と璧の）名稱にしたのである。四頭の馬を「乘」という。晉から虢に行くには、途中、虞をとおるから、（虞に）道をかりようとしたのである。

㊊注の「荀息　荀叔也」については、九年の傳文に「荀息曰　將死之　里克曰　無益也　荀叔曰　吾與先君言矣」とあり、注に「荀叔　荀息也」とあるのを參照。

注の「屈地生良馬」については、公羊の疏に「服氏謂産爲産生」とあるのを參照。なお、異説として、公羊の何注に「屈産　出名馬之地」とある。

注の「垂棘出美玉」については、公羊の何注に「垂棘　出美玉之地」とあるのを參照。

注の「四馬曰乘」については、閔公二年の傳文「歸公乘馬祭服五稱牛羊豕雞狗皆三百與門材」の注に、同文がみえる。なお、公羊の何注に「乘　備駟也」とあるのを參照。

注の「自晉適虢　途出於虞」については、『史記』晉世家「虞假道遂伐虢」の〈集解〉に「賈逵曰　虞在晉南　虢在虞南」とあるのを參照。

傳公曰　是吾寶也　對曰　若得道於虞　猶外府也　公曰　宮之奇存焉

注「宮之奇」は、虞の忠臣である。

傳對曰　宮之奇之爲人也　懦而不能强諫

注「懦」は、弱である。

附昭公元年の傳文「晉少懦矣」の注、及び昭公二十三年の傳文「不懦不耆」の注に、同文がみえる。なお、襄公三十一年の傳文に「韓子懦弱」とあり、昭公二十年の傳文に「水懦弱」とあるのを參照。また、『孟子』盡心下「懦夫有立志」の趙注に「懦　弱」とあるのを參照。

傳且少長於君　君暱之　雖諫　將不聽

注狎れ親しんでいるから、その言葉を輕んずるに違いない、ということである。

附僖公二十四年の傳文「暱就寡人」の注、成公十三年の傳文「暱近尊賢」の注、及び襄公二十五年の傳文「知匿其暱」の注に、「暱　親也」とあるのを參照。

傳乃使荀息假道於虞　曰　冀爲不道　入自顚軨　伐鄍三門

注以前、冀が虞を伐ち、鄍にまで達したことがあった。「鄍」は、虞の邑である。河東の大陽縣の東北部に顚軨坂がある。

附異説として、疏に「服虔以爲冀爲不道伐鄍三門　謂冀伐晉也」とあり、『續漢書』郡國志二「鄪有鄍聚」の注に「服虔曰　鄍　晉別都」とある。また、『説文』に「鄍　晉邑也（中略）春秋傳曰　伐鄍三門」とある。

傳冀之旣病　則亦唯君故

注虞は、冀に報復し、散散にやっつけた、ということである。道を假りようとしたから、虞の强さをのべたたえることによって、おだてたのである。「冀」は、國名である。平陽の皮氏縣の東北部に冀亭がある。

附異説として、上の疏に「服虔以爲（中略）冀之旣病亦唯君故　謂虞助晉也　將欲假道　稱前恩以誘之」とある。

傳今虢爲不道　保於逆旅

注「逆旅」は、客舍〔やどや〕である。虢は、少しづつ人をやって、客舍に分宿させ、そこを根據地に、衆を聚めて、晉の邊邑を荒している、ということである。

附注の「逆旅　客舍也」については、『國語』晉語五「陽處父如衛　反過甯　舍於逆旅甯嬴氏」の韋注に「旅　客也　逆客而舍之也」とあるのを參照。

【傳】以侵敝邑之南鄙　敢請假道以請罪于虢

【注】虢が自分達〔晉〕を伐つのは、どんな罪によるものなのか、（虢に）問い正したい、ということである。

【傳】虞公許之　且請先伐虢

【注】高價な賄賂を喜んで、（晉の）御機嫌をとろうとしたのである。

【附】注の「求媚」については、成公二年の傳文に「鄭人懼於邲之役　而欲求媚於晉　其必許之」とあるのを參照。

【傳】宮之奇諫　不聽　遂起師　夏晉里克荀息帥師會虞師伐虢　滅下陽

【注】晉が、それでもなお、兵の主となったのは、虞を信じなかったからである。

【傳】先書虞　賄故也

【注】虞は、戰の首唱者ではないのに、先に書いているのは、賄賂を貪ったことをにくんでである。

【附】經に「虞師晉師滅下陽」とある。

【傳】秋盟于貫　服江黃也

【注】「江」・「黃」は、楚の與國〔同盟國〕であったが、（今ここで）始めてやって來て、齊に服從したから、そのために諸侯を集めたのである。

【附】公羊傳文に「大國言齊宋　遠國言江黃　則以其餘爲莫敢不至也」とあるのを參照。

【傳】齊寺人貂始漏師于多魚

【注】「寺人〔貂〕」は、內奄の官〔宦官〕の豎貂である。「多魚」は、地名で、闕〔不明〕である。齊の桓公は、お氣に入りが多く、內では、夫人同樣の者が六人もおり、外では、豎貂や易牙たちを寵愛し、最後には、このことが原因で國を亂すことになる。（だから）傳は、貂が、ここで始めて、寵愛をほしいままにし、桓公の軍事〔機密〕をもらした、ことを言い、（後の）齊の內亂のために本を張ったのである。

【附】注の「寺人　內奄官豎貂也」については、『漢書』古今人表序に「齊桓公　管仲相之則霸　豎貂輔之則亂」とあり、注に「師古曰　豎貂卽寺人貂也」とあるのを參照。

注の「齊桓多嬖寵云云」については、十七年の傳文に「齊侯好內多內寵　內嬖如夫人者六人　長衞姬生武孟　少衞姬生惠公　鄭姬生孝公　葛嬴生昭公　密姬生懿公　宋華子生公子雍　公與管仲屬孝公於宋襄公以爲大子　雍巫有寵於衞共姬　因寺人貂以薦羞於公（注　雍巫　雍人名巫　卽易牙）亦有寵　公許之立武孟　管仲卒　五公子皆求立　冬十月乙亥齊桓公卒　易牙入　與寺人貂因內寵以殺羣吏　而立公子無虧　孝公奔宋」とあるのを參照。

【傳】虢公敗戎于桑田

【注】「桑田」は、虢地で、弘農の陝縣の東北部にあった。

【附】『漢書』地理志上に「弘農郡（中略）陝　故虢國」とあるのを參照。

【傳】晉卜偃曰　虢必亡矣　亡下陽不懼　而又有功　是天奪之鑒

注「鑒」は、自分を映すためのものである。

附『詩』邶風〈柏舟〉「我心匪鑒」の毛傳に「鑒　所以察形也」とあるのを參照。また、『後漢書』郅壽傳に「爭臣七人　以自鑒照」とあるのを參照。

傳而益其疾也

注驕れば、缺陷が生ずる。

附成公十七年の傳文に「君驕侈而克敵　是天益其疾也」とあるのを參照。

傳必易晉而不撫其民矣　不可以五稔

注「稔」は、熟である。下の五年の、晉が虢を滅したことのために、本を張ったのである。

附注の「稔　熟也」については、昭公十八年の傳文「是昆吾稔之日也」の注に、同文がみえる。なお、『國語』呉語「呉王夫差既殺申胥　不稔於歲　乃起師北征」の韋注に「稔　熟也」とあるのを參照。また、襄公二十七年の傳文「所謂不及五稔者」の注に「稔　年也」とあるのも參照。

注の「下五年晉滅虢」については、五年の傳文に「冬十二月丙子朔晉滅虢　虢公醜奔京師」とある。

傳冬楚人伐鄭　鬭章囚鄭聃伯

注經が「侵」と書き、傳が「伐」と言っているのは、本來、伐を目的に擧兵したが、途中で勝手に變更して、侵掠を行なった、からである。明年の、楚が鄭を伐ち、鄭伯が和平を望んだことのために、本を張ったのである。

附注の前半については、莊公二十九年の傳文に「凡師　有鍾鼓曰伐　無曰侵　輕曰襲」とあるのを參照。なお、注の「侵掠」については、襄公十一年の傳文に「禁侵掠」とある。

注の後半については、三年の傳文に「楚人伐鄭　鄭伯欲成」とある。

なお、注の「後年」については、『晉書』杜預傳に「預處分既定　乃啓請伐呉之期　帝報待明年方欲大擧　預表陳至計曰（中略）若當須後年　天時人事不得如常　臣恐其更難也」とあるのを參照。

〔僖公三年〕

經三年春王正月不雨　夏四月不雨

注一つの季節中（ずっと）雨がふらなければ、（さかのぼって、）その季節の）最初の月（のところに「不雨」）を書く。傳例に「『旱』と言っていないのは、災害をもたらさなかったからである」とある（下の傳文）。

附注の「一時不雨則書首月」については、公羊の何注に「太平　一月不雨即書　春秋亂世　一月不雨　未害物　未足爲異　當滿一時　乃書」とあるのを參照。

なお、疏に「文二年自十有二月不雨至于秋七月　十三年自正月不雨至于秋七月　二者　皆摠書不雨　又不書得雨之月　與此年書不雨文異者　穀梁傳曰　一時言不雨者　閔雨也　閔雨者　有志乎民者也　六月雨　雨云者　喜雨也　喜雨者　有志乎民者也　文二年傳曰　歷時而言不

雨　文不憂雨也　不憂雨者　無志乎民也　言僖有憂民之志　故毎時一書　文無憂民之志　是以歴時總書　賈逵取以爲説」とある。

【經】徐人取舒

(注)傳はない。「徐」國は、下邳の僮縣の東南部にあった。「舒」國は、今の廬江の舒縣である。國に勝っても、大軍を用いなかった場合は、「取」という。例は、襄公十三年にある。

(附)襄公十三年の傳文に「凡書取　言易也」とあり、注に「不用師徒　及用師徒而不勞　雖國亦曰取」とあり、つづく傳文に「用大師焉　曰滅」とあり、注に「敵人距戰　斬獲俘馘　用力難重　雖邑亦曰滅」とある。なお、疏に引く『釋例』に「用大師　起大衆　重力以陷敵　因而有之　故曰勝國　通以滅爲文也　取者　乘其衰亂　或受其潰叛　或用小師　而不頓兵勞力　則直言取　如取如攜　言其易也」とあるのを參照。

【經】六月雨

(注)旱が夏いっぱいはつづかなかったことを示したのである。

【經】秋齊侯宋公江人黃人會于陽穀

(注)「陽穀」は、齊地で、東平の須昌縣の北部にあった。

【經】冬公子友如齊涖盟

(注)「涖」は、臨である。

(附)隱公七年の傳文「十二月陳五父如鄭涖盟」の注に、同文がみえる。なお、公羊傳文に「莅盟者何　往盟乎彼也」とあり、何注に「莅　臨也」とあるのを參照。また、『詩』小雅〈采芑〉「方叔涖止」の毛傳に「涖　臨」とあるのを參照。

【經】楚人伐鄭

【傳】三年春不雨　夏六月雨　自十月不雨至于五月　不曰旱　不爲災也

(注)周正の六月は、夏正の四月にあたり、五穀の種蒔きがそこなわれることはなかった。

【傳】秋會于陽穀　謀伐楚也

(注)二年に楚が鄭を侵したからである。

(附)二年に「楚人侵鄭」とある。

【傳】齊侯爲陽穀之會來尋盟　冬公子友如齊涖盟

(注)公がこの時、陽穀に會さなかったため、齊侯は、陽穀から魯に人をやって、盟を溫め直すことを求めたのであり、魯が（それに應じて）上卿を齊にやって、盟を受けたのは、（齊に對して）へりくだったのである。

【傳】楚人伐鄭　鄭伯欲成　孔叔不可　曰　齊方勤我

注「孔叔」は、鄭の大夫である。「勤」とは、鄭の難儀を氣づかうということである。

附成公十八年の傳文「欲求得人　必先勤之」の注に「勤　恤其急」とあるのを參照。なお、哀公元年の傳文に「勤恤其民而與之勞逸」とあるのも參照。

傳弃德不祥

注「祥」は、善である〔『爾雅』釋詁〕。

傳齊侯與蔡姫乘舟于囿　蕩公

注「蔡姫」は、齊侯の夫人である。「蕩」は、搖〔ゆらす〕である。「囿」は、苑である。おそらく、魚池が苑中にあったのであろう。

附注の「蕩　搖也」については、『史記』齊世家「蔡姫習水　蕩公」の〈集解〉に「賈逵曰　蕩　搖也」とあるのを參照。なお、成公十三年の傳文に「蕩搖我邊疆」とあるのも參照。

注の「囿　苑也」については、莊公十九年の傳文「取蔿國之圃以爲囿」の注に、同文がみえる。なお、『周禮』地官の序官〈囿人〉の注に「囿　今之苑」とあるのを參照。

傳公懼變色　禁之　不可　公怒歸之　未之絶也　蔡人嫁之

注明年の、齊が蔡を侵したことのために、傳したのである。

附四年に「春王正月公會齊侯宋公陳侯衞侯鄭伯許男曹伯侵蔡」とある。なお、傳文の「未絶之也」は、諸本に従って、「未之絶也」に改める。

〔僖公四年〕

經四年春王正月公會齊侯宋公陳侯衞侯鄭伯許男曹伯侵蔡　蔡潰

注民が上の者から逃げるのを、「潰」という。例は、文公三年にある。

附『史記』齊世家「蔡潰」の〈集解〉に「服虔曰　民逃其上曰潰也」とあるのを參照。なお、文公三年の傳文に「凡民逃其上曰潰」とあり、注に「潰　衆散流移　若積水之潰　自壞之象也」とある。

經遂伐楚　次于陘

注「遂」は、（その上と下とが、別々の）二つの事件であるという（ことを示す）表現である。楚が強かったため、齊は（武力ではなく）德によってこれを安んじようとしたから、いそいで前進せず、陘に次したのである。「陘」は、楚地である。潁川の召陵縣の南部に陘亭がある。

附注の「遂　兩事之辭」については、定公八年「晉士鞅帥師侵鄭　遂侵衞」の注に「兩事　故曰遂」とあるのを參照。また、僖公二十五年「秋楚人圍陳　納頓子于頓」の注に「不言遂　明一事也」とあるのを參照（ちなみに、同年の公羊傳文には「何以不言遂　兩之也」とあって、全く逆になっている）。

注の「楚强云云」については、下の傳文に「君若以德綏諸侯　誰敢不服　君若以力　楚國方城以爲城　漢水以爲池　雖衆　無所用之」とあるのを參照。なお、公羊の何注に「時楚强大　卒暴征之　則多傷士衆（中略）不頓兵血刃　以文德優柔服之　故詳錄其止次待之　善其重愛民命」とあるのも參照。

[經]夏許男新臣卒

(注)（名を書いているのは）同盟はしていなかったけれども、名をもって赴告してきた（からである）。

(附)二十三年の傳文に「凡諸侯同盟　死則赴以名　禮也　赴以名則亦書之（注　謂未同盟）不然則否（注　謂同盟而不以名告）辟不敏也」とあるのを參照。

なお、疏に引く『釋例』に「若卒于朝會　或書師或書地者　史之成文非義所存」とある。また、これに對する異説として、疏に「賈逵云　不言於師　善會主加禮　若卒於國」とある。

[經]楚屈完來盟于師　盟于召陵

(注)「屈完」は、楚の大夫である。楚子は（本來）齊の様子をうかがわせるために完を師にやったのだが、屈完は、齊の盛大さを目の當たりにすると、（反命せずに）そのまま盟を求めた。だから、「使」と稱さず、「完來盟」という表現をとっているのである。齊の桓公が退舍して、楚に禮をつくしたから、召陵で盟ったのである。「召陵」は、穎川の縣である。

(附)注の「屈完　楚大夫也」については、公羊傳文に「屈完者何　楚大夫也」とあるのを參照。

注の「楚子遣完如師以觀齊」については、下の傳文に「夏楚子使屈完如師」とあり、注に「如陘之師觀强弱」とあるのを參照。

注の「屈完觀齊之盛」については、下の傳文に「齊侯陳諸侯之師　與屈完乘而觀之（中略）齊侯曰　以此衆戰　誰能禦之　以此攻城　何城不克」とあるのを參照。

注の「因而求盟　故不稱使　以完來盟爲文」については、穀梁傳文に「其不言使　權在屈完也」とあるのを參照。なお、異説として、疏に「公羊傳曰　屈完者何　楚大夫也　何以不稱使　尊屈完也　曷爲尊屈完　以當桓公也　其意言　屈完　楚之貴者　尊之以敵齊侯　若屈完足以自專　無假君命　不爲楚子所使　故作自來之文　服虔取以爲説」とある。

注の「齊桓退舍以禮楚　故盟召陵」については、下の傳文に「師退次于召陵」とあり、注に「完請盟故」とあるのを參照。また、二十三年の傳文に「若以君之靈　得反晉國　晉楚治兵　遇於中原　其辟君三舍」とあるのを參照。なお、『史記』晉世家「請辟王三舍」の〈集解〉に「賈逵曰　司馬法　從遯不過三舍　三舍　九十里也」とあり、『國語』晉語四「其避君三舍」の韋注に「古者師行三十里而舍　三舍爲九十里　司馬法曰　進退不過三舍　禮也」とあるのも參照。

なお、疏に「服虔云　言來者　外楚也　嫌楚無罪　言來以外之」とある〔ちなみに、穀梁傳文に「來者何　内桓師也」とある〕。

[經]齊人執陳轅濤塗

(注)「轅濤塗」は、陳の大夫である。

【經】秋及江人黃人伐陳
【注】齊の命を受けて陳の罪を討ったのに、いっしょに相談したという表現をとっているのは、この時、齊は(自分では)行かず、魯を兵主にさせた、からである。いっしょに相談した場合の例は、宣公七年にある。
【附】宣公七年の傳文に「凡師出　與謀曰及　不與謀曰會」とあり、注に「與謀者　謂同志之國相與講議利害　計成而行之　故以相連及爲文　若不獲已　應命而出　則以外合爲文　皆據魯而言　師者　國之大事存亡之所由　故詳其舉動　以例別之」とある。なお、疏に引く『釋例』に「盟主之令　則上行乎下　非匹敵和成之類　故雖或先謀　皆從不與謀之例」とあるのを參照。ただし、『史記』齊世家には「秋齊伐陳」とある。

【經】八月公至自伐楚
【注】傳はない。廟に報告した(から、書いた)のである。
【附】桓公二年の傳文に「冬公至自唐　告于廟也　凡公行　告于宗廟　反行飲至舍爵策勳焉　禮也」とあるのを參照。

【經】葬許穆公

【經】冬十有二月公孫茲帥師會齊人宋人衞人鄭人許人曹人侵陳
【注】「公孫茲」は、叔牙の子の叔孫戴伯である。
【附】下の傳文に「冬叔孫戴伯帥師會諸侯之師侵陳」とあるのを參照。また、莊公三十二年の傳文に「公疾　問後於叔牙（中略）立叔孫氏」とあるのを參照。

【傳】四年春齊侯以諸侯之師侵蔡　蔡潰　遂伐楚　楚子使與師言曰　君處北海　寡人處南海　唯是風馬牛不相及也
【注】楚の境域は(正確には)まだ南海にまで達していなかったが、齊が北海にいたから、それとの對照で、だいたいのところを言ったのである。おそらく、牛馬が(牝牡慕いあって)逸走するのは動物の世界の小事である、ことから、喩えとして取ったのであろう〔つまり、どんなささいな影響も及ぼし合うことがない、ということ〕。
【附】注の「牛馬風逸」については、疏に「服虔云　風　放也　牝牡相誘謂之風」とあるのを參照。また、『書』費誓「馬牛其風」の疏に「賈逵云　風　放也　牝牡相誘　謂之風」とあるのを參照。

【傳】不虞君之涉吾地也　何故　管仲對曰　昔召康公命我先君大公
【注】「召康公」は、周の大保の召公奭である。
【附】『史記』齊世家「乃使召康公命大公曰」の〈集解〉に「服虔曰　召公奭」とあるのを參照。また、『史記』魯世家に「使大保召公先之雒相土」とあるのを參照。

【傳】曰　五侯九伯　女實征之　以夾輔周室
【注】五等の諸侯と九州の伯に對して、いずれもみな、その罪を征討することが出來る、ということである。齊の桓公は、この命によって、楚を威嚇したのである。

附『詩』邶風〈旄丘〉の序疏に「服虔云　五侯　公侯伯子男　九伯　九州之長　大公爲王官之伯　掌司馬職　以九伐之法征討邦國　故得征之」とあり、『禮記』王制「千里之外設方伯」の疏に「服杜皆爲五等諸侯九州之伯」とあり、『周禮』大宗伯「九命作伯」の疏に「賈服云　五等諸侯九州之伯」とあるのを參照。なお、異説として、『詩』邶風〈旄丘〉の序疏に引く『鄭志』に「五侯　侯爲州牧也　九伯　伯爲州伯也　一州一牧　二伯佐之　大公爲王官之伯　二人共分陝而治　自陝以東　當四侯半　一侯不可分　故言五侯　九伯則九人　若主五等諸侯九州之伯　是天子何異乎　何夾輔之有也」とある。

なお、王引之『經義述聞』には「侯伯謂諸侯之七命者　五等之爵　公侯伯子男　曰侯伯者　擧中而言　天下之侯不止於五　伯亦不止於九　而曰五侯九伯者　謂分居五服之侯　散列九州之伯」とあり、兪樾『羣經平議』には「五侯九伯　統言天下諸侯也　周制有公侯伯子男五等　而止言侯伯者　擧中以包上下也（中略）侯言五　伯言九者（中略）五侯擧中數　九伯擧終數」とある。

傳賜我先君履　東至于海　西至于河　南至于穆陵　北至于無棣

注「穆陵」・「無棣」は、いずれもみな、齊の境域である。「履」とは、ふみあるける境域〔領土〕である。齊の桓公は、さらに、これによって、自分が盛大であることを言ったのである。

附『史記』齊世家の〈集解〉に「服虔曰　是皆大公始受封土地疆境所至也」とあるのを參照。

傳爾貢包茅不入　王祭不共　無以縮酒　寡人是徵

注「包」は、裹束〔たばねる〕である。「茅」は、菁茅〔ちがや〕である。茅をたばねて、それに酒をそそぐのが、「縮酒」である。『尙書』〔禹貢〕に「包匭菁茅〔たばねたちがや〕」とある。（ただし、楚の）茅が（よそのと比べて）どのように違うのかは、よくわからない。

附注の「束茅而灌之以酒爲縮酒」については、『周禮』甸師「祭祀共蕭茅」の注に「鄭大夫云　蕭字或爲茜　茜讀爲縮　束茅立之祭前　沃酒其上　酒滲下去　若神飮之　故謂之縮　縮　浚也　故齊桓公責楚不貢苞茅　王祭不共　無以縮酒」とあるのを參照。なお、異説として、『禮記』郊特牲「縮酌用茅明酌也」の注に「泲之以茅　縮　去滓也」とある。

注の「尙書包匭菁茅」については、『史記』齊世家「楚貢包茅不入　王祭不具」の〈集解〉に「賈逵曰　包茅　菁茅包匭之也　以供祭祀」とあるのを參照。

注の「茅之爲異　未審」については、疏に「特令荆州貢茅　必當異於餘處」とある。

傳昭王南征而不復　寡人是問

注「昭王」は、成王の孫である。南方に巡守して、漢水を渡ろうとした時に、船が壊れて、溺れ死んだのだが、周人が諱んで、赴告しなかったため、諸侯はそのわけを知らなかった。だから、それを問い質しに來たのである。

附『史記』齊世家「昭王南征不復　是以來問」の〈集解〉に「服虔曰　周昭王南巡狩　渉漢未濟　船解而溺昭王　王室諱之　不以赴　諸侯不

知其故　故桓公以爲辭責問楚也」とあるのを參照。また、『史記』周本紀に「昭王南巡狩不返　卒於江上　其卒不赴告　諱之也」とあるのを參照。なお、『呂氏春秋』季夏紀に「周昭王親將征荆　辛餘靡長且多力　爲王右　還反涉漢　梁敗　王及蔡公抎於漢中　辛餘靡振王北濟又反振蔡公」とあり、『史記』周本紀の〈正義〉に引く『帝王世紀』に「昭王德衰　南征　濟于漢　船人惡之　以膠船進王　王御船至中流　膠液船解　王及祭公倶沒于水中而崩　其右辛游靡長臂且多力　游振得王　周人諱之」とあるのも參照。

傳對曰　貢之不入　寡君之罪也　敢不共給　昭王之不復　君其問諸水濱

注昭王の時、漢水は楚の境域ではなかったから、責任はない、ということである。

傳師進　次于陘

注楚が罪に服さなかったから、さらに師を進めたのである。

傳夏楚子使屈完如師

注陘の師に行って、(敵の)兵力をうかがったのである。

傳師退　次于召陵

注完が盟を請うたからである。

傳齊侯陳諸侯之師　與屈完乘而觀之

注「乘」とは、いっしょに車にのったのである。

傳齊侯曰　豈不穀是爲　先君之好是繼　與不穀同好如何

注諸侯がつき從うのは、自分〔齊侯〕のためではなく、先君のよしみをひきつごうとしてである、ということである。（齊侯は）謙遜して寬いだ様子をみせ、それによって、楚とよしみを結ぶことを求めたのである。「孤」・「寡」・「不穀」は、諸侯の謙稱である。

附注の「孤寡不穀　諸侯謙稱」については、『老子』第三十九章に「故貴以賤爲本　高以下爲基　是以侯王自謂孤寡不穀」とあり、同第四十二章に「人之所惡　唯孤寡不穀　而王公以爲稱」とあるのを參照。また、『禮記』曲禮下に「其在東夷北狄西戎南蠻　雖大曰子　於內自稱曰不穀　於外自稱曰王老　庶方小侯　入天子之國曰某人　於外曰子自稱曰孤（中略）諸侯見天子曰臣某侯某　其與民言　自稱曰寡人（注謙也）」とあるのを參照。なお、二十四年の傳文に「冬王使來告難曰　不穀不德　得罪于母氏之寵子帶（中略）天子凶服降名　禮也」とあり、注に「降名　稱不穀」とあるのも參照。

傳對曰　君惠徼福於敝邑之社稷　辱收寡君　寡君之願也　齊侯曰　以此衆戰　誰能禦之　以此攻城　何城不克　對曰　君若以德綏諸侯　誰敢不服　君若以力　楚國方城以爲城　漢水以爲池

注「方城」山は、南陽の葉縣の南部にあった。これによって、境域が遠大であることを言ったのである。「漢水」は、武都から出て、江夏に至り、南へ流れて、江水にそそいでいた。險固なところを城墻と濠とにあてる、ということである。

附注の「方城山在南陽葉縣南」については、『漢書』地理志上に「南陽郡（中略）葉　楚葉公邑　有長城　號曰方城」とあるのを參照。なお、『史記』齊世家の〈集解〉に「服虔曰　方城山在漢南」とある。

注の「言其險固以當城池」については、『淮南子』墬形訓に「何謂九

塞 曰 大汾澠阨荊阮方城殺阪井陘令疵句注居庸」とあるのを參照。
また、『詩』商頌〈殷武〉の疏に「服虔云 方城山也 漢水名 皆楚之隘塞耳」とあるのを參照。また、『國語』齊語の韋注に「方城 楚北之阨塞也」とあるのを參照。

【傳】雖衆 無所用之 屈完及諸侯盟

【傳】陳轅濤塗謂鄭申侯曰 師出於陳鄭之間 國必甚病

【注】「申侯」は、鄭の大夫である。供應のための費用がかさむからである。

【附】注の「申侯 鄭大夫」については、七年の傳文に「初申侯 申出也 有寵於楚文王 文王將死 與之璧使行曰（中略）既葬 出奔鄭 又有寵於厲公」とあるのを參照。
注の「當有共給之費故」については、下の傳文に「共其資糧屝屨」とあるのを參照。

【傳】若出於東方 觀兵於東夷 循海而歸 其可也

【注】「東夷」は、郯・莒・徐の(三)夷である。「觀兵」とは、威力を示すということである。

【附】注の「東夷 郯莒徐夷也」については、昭公十六年の傳文に「徐子及郯人莒人會齊侯 盟于蒲隧」とあるのを參照。
注の「觀兵 示威」については、宣公十二年の傳文に「觀兵以威諸侯」とあるのを參照。また、『國語』周語上「先王耀德不觀兵」の韋注に「觀 示也（中略）不示兵者 有大罪惡然後致誅 不以小小示威武也」とあるのを參照。

【傳】申侯曰 善 濤塗以告齊侯 許之

【注】東方に道をとることに同意したのである。

【傳】申侯見曰 師老矣 若出於東方而遇敵 懼不可用也 若出於陳鄭之間 共其資糧屝屨 其可也

【注】「屝」は、草の屨〔くつ〕である。

【附】『方言』四に「屝屨 麤履也 徐兗之郊 謂之屝 自關而西 謂之屨」とあるのを參照。また、『說文』に「屝 履也」とあり、「屨 履也」とあるのを參照。

【傳】齊侯說 與之虎牢

【注】もどってから、鄭の邑を与えたのである。

【附】襄公十年に「戍鄭虎牢」とあるのを參照。

【傳】執轅濤塗

【傳】秋伐陳 討不忠也

【注】濤塗は軍の道を誤らせようとした、と考えたのである。

【傳】許穆公卒于師 葬之以侯 禮也

【注】男爵であるのに、侯爵とし(て葬っ)たのは、禮として一等級を加えたのである。

【傳】凡諸侯薨于朝會 加一等

【注】諸侯の命には三つの等級がある。(つまり)公が上等で、侯・伯が中等で、子・男が下等である。

附『周禮』典命に「上公九命爲伯（中略）侯伯七命（中略）子男五命」とあるのを參照。

傳死王事　加二等

注死を賭して(王)事につとめた場合をいう。

傳於是有以袞斂

注「袞」衣は、公の服である。二等級を加える場合をいう。

附『禮記』王制「制三公一命卷」の注に「卷俗讀也　其通則曰袞　三公八命矣　復加一命　則服龍袞　與王者之後同」とあるのを參照。また、『國語』周語中「棄袞冕而南冠以出　不亦簡彝乎」の韋注に「袞　袞龍之衣也　冕　大冠也　公之盛服也」とあるのを參照。

傳冬叔孫戴伯帥師會諸侯之師侵陳　陳成　歸轅濤塗

注陳が罪に服したから、その大夫をかえしたのである。「戴」は、諡〔おくりな〕である。

傳初晉獻公欲以驪姬爲夫人　卜之不吉　筮之吉　公曰　從筮　卜人曰筮短龜長　不如從長

注「物事は、發生した後で象〔かたち〕ができ、象ができた後でしだいにふえ、ふえた後で數ができる」〔十五年傳文〕。(そして)「龜は象で、筮は數である」〔同年傳文〕。だから、(順序からいって)象〔龜〕は長で、數〔筮〕は短なのである。

附『周禮』占人「占人掌占龜　以八筮占八頌　以八卦占筮之八故　以眂吉凶」の注に「占人亦占筮　言掌占龜者　筮短龜長　主於長者」とあるのを參照。なお、異説として、その疏に「馬融曰云　筮史短　龜史長」とある。

傳且其繇曰　專之渝　攘公之羭

注「繇」は、卜による判斷の言葉である。「渝」は、變である。「攘」は、除である。「羭」は、美である。(心が)變わって、公の美が除かれる、ということである。

附注の「繇　卜兆辭」については、閔公二年の傳文「成風聞成季之繇乃事之」の注に「繇　卦兆之占辭」とあり、襄公十年の傳文「姜氏問繇」の注に「繇　兆辭」とあるのを參照。

注の「渝　變也」については、桓公元年の傳文「盟曰　渝盟無享國」の注に、同文がみえる。なお、『爾雅』釋言に「渝　變也」とあるのを參照。

注の「攘　除也」については、『爾雅』釋言に「襄　除也」とあるのを參照。

注の「羭　美也」については、疏に「美善之字　皆從羊　故羭爲美也」とある。

傳一薰一蕕　十年尚猶有臭

注「薰」は、香草である。「蕕」は、臭草である。「十年たっても臭は殘る」とは、善は消し易く、惡は除き難い、ということである。

附注の「薰　香草」については、『說文』に「薰　香艸也」とあるのを參照。なお、『漢書』龔勝傳に「薰以香自燒　膏以明自銷」とあるのも參照。
注の「猶　臭草」については、『禮記』内則「牛夜鳴則庮」の注に「庮　悪臭也　春秋傳曰　一薫一庮」とあるのを參照。

傳必不可　弗聽　立之　生奚齊　其娣生卓子　及將立奚齊　既與中大夫成謀　姬謂大子曰　君夢齊姜　必速祭之

注「齊姜」は、大子の母である。食を求めている、ということである。

附注の「齊姜　大子母」については、莊公二十八年の傳文に「晉獻公娶于賈　無子　烝於齊姜　生秦穆夫人及大子申生」とあるのを參照。
注の「言求食」については、十年の穀梁傳文に「麗姬又曰　吾夜者夢夫人趨而來曰吾苦飢　世子之宮已成　則何爲不使祠也」とあるのを參照。

傳大子祭于曲沃　歸胙于公

注「胙」は、祭の酒肉である。

附九年の傳文「王使宰孔賜齊侯胙」の注に「胙　祭肉」とあるのを參照。
また、『國語』齊語「葵丘之會　天子使宰孔致胙於桓公」の韋注に「胙　祭肉也」とあるのを參照。
なお、『史記』晉世家「大子速祭曲沃」の〈集解〉に「服虔曰　齊姜廟所在」とある。

傳公田　姬寘諸宮六日　公至　毒而獻之

注毒酒は一日たてば効き目がなくなるのに、（ここは）六日もたっている（から、普通なら、大子が毒をもったのではないことがわかるはずである）。（つまり、ここは）公が（驪姬に）惑溺して（理解力を失って）いたことを明らかにしたのである。

傳公祭之地　地墳　與犬　犬斃　與小臣　小臣亦斃　姬泣曰　賊由大子
大子奔新城

注「新城」とは、曲沃のことである。

附『國語』晉語二「申生奔新城」の韋注に「新城　曲沃也　新爲大子城也」とあるのを參照。

傳公殺其傅杜原款　或謂大子　子辭　君必辯焉

注六日もたっていたという事情によって、辯解せよ、ということである。

附『莊子』盜跖に「鮑子立乾　申子不自理　廉之害也」とあるのを參照。

傳大子曰　君非姬氏　居不安　食不飽　我辭　姬必有罪　君老矣　吾又不樂

注私が辯解すれば、姬が死に、姬が死ねば、君がきっと樂しまず、（つまり、君が）樂しまないのは、私のせいである、ということである。

附異説として、楊伯峻『春秋左傳注』に「君不樂　吾亦不能樂也」とある。

傳曰　子其行乎　大子曰　君實不察其罪　被此名也以出　人誰納我　十二月戊申縊于新城　姬遂譖二公子曰　皆知之　重耳奔蒲　夷吾奔屈

注二子は、この時、朝にいたのである。明年の「晉（侯）殺（其世子）申生」のために傳したのである。

附莊公二十八年の傳文に「夏使大子居曲沃　重耳居蒲城　夷吾居屈」とあるのを參照。

〔僖公五年〕

經五年春晉侯殺其世子申生

注「晉侯」と稱しているのは、讒言をききいれたことをにくんだのである。（前年の冬のことなのに、この年の）「春」のところに書いているのは、赴告に從ったのである。

附注の前半については、公羊傳文に「曷爲直稱晉侯以殺　殺世子母弟直稱君者　甚之也」とあり、また、穀梁傳文に「目晉侯斥殺　惡晉侯也」とあるのを參照。

注の後半については、四年の傳文に「十二月戊申縊于新城」とあるのを參照。また、下の傳文に「晉侯使以殺大子申生之故來告」とあり、注に「釋經必須告乃書」とあるのを參照。なお、疏に引く『釋例』に「晉魯久不交使　而告殺申生　則所告不必嘗有玉帛之使　但欲廣聲其罪耳」とある。

經杞伯姬來朝其子

注傳はない。「伯姬が里歸りした」とは、成風を見舞ったのである。「その子を朝させた」とは、この時、子の年は十歳前後であり、諸侯の子でも朝することが許されるが、（幼少すぎて）結局、朝禮をきちんと行なえなかったから、母に繫げて、「その子を朝させた」と言っているのである。

附注の「伯姬來寧　寧成風也」については、莊公二十七年の傳文に「冬杞伯姬來　歸寧也（注　寧　問父母安否）凡諸侯之女　歸寧曰來」とあるのを參照。なお、「伯姬」については、二十八年「秋杞伯姬來」の注に「莊公女」とあり、また、「成風」については、閔公二年の傳文「成風聞成季之繇　乃事之」の注に「成風　莊公之妾　僖公之母也」とある。

注の「有諸侯子得行朝義」については、桓公九年に「冬曹伯使其世子射姑來朝」とあるのを參照。

經夏公孫茲如牟

注叔孫戴伯（公孫茲）は、牟から娶ろうとしたが、「卿は君命でなければ國境を越えない」（莊公二十七年傳文）から、公の命を奉じて牟に聘し、それにかこつけて、自分のために（妻を）迎えたのである。

附下の傳文に「夏公孫茲如牟　娶焉」とあり、注に「因聘而娶　故傳實其事」とあるのを參照。また、四年「冬十有二月公孫茲帥師會齊人宋人衞人鄭人許人曹人侵陳」の注に「公孫茲　叔牙子叔孫戴伯」とあるのを參照。

經公及齊侯宋公陳侯衞侯鄭伯許男曹伯會王世子于首止

注（「王世子」とは）惠王の大子の鄭である。名をいわず、しかも、別に會しているのは、尊んでである。「首止」は、衞地である。陳留の襄邑縣の東南部に首鄕がある。

附注の「惠王大子鄭也」については、下の傳文に「會于首止　會王大子鄭」とあるのを參照。

注の「不名而殊會　尊之也」については、公羊傳文に「曷爲殊會王世子　世子貴也」とあり、また、穀梁傳文に「及以會　尊之也」とあるのを參照。

經　秋八月諸侯盟于首止

㊟中間に他の事件がないのに、再び「諸侯」を稱しているのは、王の世子が盟には參加しなかったからである。王の世子は、尊さが王と同等であり、齊の桓公は、霸を行ない、天子をたすけ、王室を尊崇しようとしていたから、世子を特別扱いして貴んだのである。

(附)注の前半については、穀梁傳文に「無中事而復擧諸侯何也　尊王世子而不敢與盟也」とあるのを參照。また、公羊の何注に「間無事　不省諸侯　會盟一事　不擧盟者　時世子不與盟」とあるのを參照。なお、疏に引く『釋例』に「未有臣而盟君　臣而盟君　是子可盟父　故春秋王世子以下　會諸侯者　皆同會而不同盟」とある。

注の後半については、上の「會」の公羊傳文に「世子猶世子也」とあり、また、同穀梁傳文に「何尊焉　王世子云者　唯王之貳也　云可以重之存焉　尊之也　何重焉　天子世子世天下也」とあるのを參照。なお、昭公九年の傳文に「翼戴天子　而加之以共」とあり、注に「翼佐也」とある。

經　鄭伯逃歸不盟

㊟自分の師から逃げて〔自分の師を棄てて〕歸ったのである〔下の傳文〕。「逃」の例は、文公三年にある。

(附)文公三年の傳文に「凡民逃其上曰潰　在上曰逃」とある。なお、疏に引く『釋例』に「國君而逃師棄盟　違其典儀　棄其章服　羣臣不知其謀　社稷不保其安　此與匹夫逃竄無異　故例在上曰逃」とあるのを參照。

なお、注の「歸之」の「之」は、諸本に從って、「也」に改める。

經　楚人滅弦　弦子奔黄

㊟「弦」國は、弋陽の軑縣の東南部にあった。

(附)『漢書』地理志上に「江夏郡（中略）軑　故弦子國」とあるのを參照。

なお、注の「軑」は、挍勘記に從って、「軑」に改める。

經　九月戊申朔日有食之

㊟傳はない。

經　冬晉人執虞公

㊟虞公は、璧・馬の寶物を貪り、忠臣の諫言を拒絶したから、「人」を稱して執え、民に對して無道だった場合の例と同じにしたのである。その例は、成公十五年にある。虞を罪責し、かつ容易だったことを言う、ため（の手立て）である。（なお）晉侯は、虞の祭祀を絶やさず、王への職貢を肩代わりしたから、同姓を滅したという理由で譏る〔名をいう〕ことはしなかったのである。

(附)注の「虞公貪璧馬之寶」については、二年の傳文に「晉荀息請以屈產之乘與垂棘之璧假道於虞以伐虢（中略）虞公許之　且請先伐虢」とあるのを參照。

注の「距絶忠諫」については、二年の傳文に「宮之奇諫　不聽　遂起師」とあり、また、下の傳文に「晉侯復假道於虞以伐虢　宮之奇諫曰（中略）弗聽　許晉使」とあるのを參照。

注の「例在成十五年」については、成公十五年の傳文に「凡君不道於其民　諸侯討而執之　則曰某人執某侯」とあり、注に「稱人示衆所欲執」とある。

注の「所以罪虞且言易也」については、下の傳文に「故書曰晉人執虞公　罪虞且言易也」とあるのを參照。

なお、以上の全般については、疏に引く『釋例』に「虞公昧於貨賄貪以自亡　國非其國　臣非其臣　晉人取之　若執一夫　故稱人以執而不言滅　罪虞且言易也」とあるのを參照。

注の「晉侯脩虞之祀　而歸其職貢於王」については、下の傳文に「而脩虞祀　且歸其職貢於王」とあるのを參照。

注の「故不以滅同姓爲譏」については、二十五年の傳文に「正月丙午衞侯燬滅邢　同姓也　故名」とあるのを參照。

【傳】五年春王正月辛亥朔日南至

【注】周正の「正月」は、今〔夏正〕の十一月にあたる。冬至の日には、太陽（の位置）が南にきわまる（から、「日南至」というのである）。

【傳】公既視朔　遂登觀臺以望　而書　禮也

【注】「視朔」とは、みずから（廟に朝して）朔を告げたのである。「觀臺」は、臺の上に屋を構えて遠くが觀えるようにしたものである。朔旦冬至は、歷數が始まるところであり、歷を治める者は、これによれば、その術數を明らかにし、陰陽をはっきり區別し、事を述べ、民を教えることが出來る。魯の君は、いつもこの禮を脩めることが出來たわけではなかったから、公が（ここで）禮に適ったことを（特に）ほめたのである。

【附】注の「視朔　親告朔也」については、文公六年「閏月不告月　猶朝于廟」の注に「諸侯每月必告朔聽政　因朝宗廟」とあり、同十六年「夏五月公四不視朔」の注に「諸侯每月必告朔聽政　因朝於廟」とあるのを參照。また、隱公元年「春王正月」の注に「故亦朝廟告朔也」とあるのを參照。

注の「朔旦冬至　歷數之所始」については、『續漢書』律曆志下に「冬十有一月甲子夜半朔旦冬至　日月閏積之數皆自此始」とあるのを參照。

なお、『禮記』玉藻「天子玉藻」の疏に「服氏云　人君入大廟　視朔告朔　天子曰靈臺　諸侯曰觀臺　在明堂之中」とある。また、『詩』大雅〈靈臺〉の序疏に「（異義）左氏說　天子靈臺在太廟之中　壅之靈沼　謂之辟廱　諸侯有觀臺　亦在廟中　皆以望嘉祥也」とある。

【傳】凡分至啓閉　必書雲物

【注】「分」は、春分・秋分である。「至」は、冬至・夏至である。「啓」は、立春・立夏である。「閉」は、立秋・立冬である。「雲物」は、氣色・

災變である。傳は、かさねて周典をのべたのである。「公」と言っていないのは、日官がその職をつかさどるからである。

(附)注の「雲物　氣色災變也」については、『周禮』保章氏に「以五雲之物　辨吉凶水旱降豐荒之祲象」とあり、注に「物　色也　視日旁雲氣之色　降　下也　知水旱所下之國　鄭司農云　以二至二分觀雲色　靑爲蟲　白爲喪　赤爲兵荒　黑爲水　黃爲豐　故春秋傳曰　凡分至啓閉必書雲物　爲備故也」とあるのを參照。

注の「傳重申周典」については、疏に「左傳諸所發凡　皆是周之舊典既言禮也　更復發凡　是重申周典也」とある。なお、序に「其發凡以言例　皆經國之常制　周公之垂法　史書之舊章」とあるのを參照。

注の「日官掌其職」については、桓公十七年の傳文に「天子有日官諸侯有日御」とあり、注に「日官日御　典歷數者」とあるのを參照。

【傳】爲備故也

㊟平素から妖祥を觀察し、あらかじめ備えをなすのである。

(附)『周禮』眡祲に「以觀妖祥辨吉凶」とあり、注に「妖祥　善惡之徵」とあるのを參照。また、宣公三年の傳文に「百物而爲之備　使民知神姦」とあり、注に「圖鬼神百物之形　使民逆備之」とあるのを參照。

【傳】晉侯使以殺大子申生之故來告

㊟經は必ず赴告をまってはじめて書く、ということを釋したのである。

(附)隱公十一年の傳文に「凡諸侯有命　告則書　不然則否」とあるのを參照。

【傳】初晉侯使士蔿爲二公子築蒲與屈　不愼　寘薪焉

㊟謹愼しなかった〔手抜きした〕のである。

(附)『說文』に「愼　謹也」とあるのを參照。

【傳】夷吾訴之　公使讓之

㊟譴讓した〔責めた〕のである。

(附)桓公八年の傳文「黃隨不會　使薳章讓黃」の注に「責其不會」とあるのを參照。また、『國語』周語上「讓不貢」の韋注に「讓　譴責也」とあるのを參照。

【傳】士蔿稽首而對曰　臣聞之　無喪而慼　憂必讎焉

㊟「讎」は、對〔こたえる〕と同じである。

(附)『禮記』表記「詩曰　無言不讎　無德不報」の注に「讎猶答也」とあるのを參照。なお、『史記』封禪書「五利妄言見其師　其方盡　多不讎」の〈索隱〉に「案　鄭德云　相應爲讎　謂其言語不相應　無驗也」とあるのも參照。

【傳】無戎而城　讎必保焉

㊟保ち守るのである。

(附)哀公二十七年の傳文「乃先保南里以待之」の注に「保　守也」とある。なお、『詩』大雅〈崧高〉「南土是保」の鄭箋に「保　守也　安也」とあるのを參照。

【傳】寇讎之保　又何愼焉　守官廢命　不敬　固讎之保　不忠　失忠與敬何以事君　詩云　懷德惟寧　宗子惟城

㊟「詩」は、大雅（の板）である。德を思って（國を）安んずれば、宗

子は城のように堅固になる、ということである。

附「懐」については、毛傳に「懐　和也」とあるが、杜預がどのように讀んでいたかは、よくわからない。ここでは、一應、宣公十四年の傳文「懐於魯矣」の注に「懐　思也」とあるのに倣っておく。

傳君其脩德而固宗子　何城如之

注城（を堅固にするの）は、宗子を堅固にするのに及ばない、ということである。

傳三年將尋師焉　焉用愼

注「尋」は、用である。

附莊公二十八年の傳文「今令尹不尋諸仇讎　而於未亡人之側　不亦異乎」の注に、同文がみえる。なお、その附を參照。

傳退而賦曰　狐裘尨茸　一國三公　吾誰適從

注士蔿が自分で詩を作ったのである。「尨茸」は、亂れたさまである。公と二公子〔重耳・夷吾〕とで「三」である。城を堅固にしなければ、公子に訴えられ、公にも責められ、堅固にすれば、仇讎を堅固にしたということで不忠となって、君に事える資格がなくなるから、誰に從ってよいのかわからない、ということである。

附『史記』晉世家「退而歌曰　狐裘蒙茸　一國三公　吾誰適從」の〈集解〉に「服虔曰　蒙茸　以言亂貌　三公　言君與二公子　將敵　故不知所從」とあるのを參照。また、『詩』邶風〈旄丘〉「狐裘蒙戎」の毛傳に「大夫狐蒼裘　蒙戎　以言亂也」とあるのを參照。

傳及難　公使寺人披伐蒲　重耳曰　君父之命不校　乃徇曰　校者吾讎也　踰垣而走　披斬其袪　遂出奔翟

注「袪」は、袂〔そで〕である。

附『史記』晉世家「重耳踰垣　宦者追斬其衣袪」の〈集解〉に「服虔曰　袪　袂也」とあるのを參照。また、『詩』鄭風〈遵大路〉「摻執子之袪兮」の毛傳に「袪　袂也」とあるのを參照。なお、『説文』に「袪　衣袂也（中略）春秋傳曰　披斬其袪」とあるのも參照。

傳夏公孫茲如牟　娶焉

注聘にかこつけて（實は）娶ったから、傳はその事實どおりに書いた〔その事實を明らかにした〕のである。

附經の注に「叔孫戴伯娶於牟　卿非君命不越竟　故奉公命聘於牟　因自爲逆」とあるのを參照。なお、注の「實其事」については、似たような表現として、宣公十二年の傳文に「實其言（注　實猶充也）」とある。

傳會于首止　會王大子鄭　謀寧周也

注惠王が、惠后のために、大子鄭を廢して王子帶を立てようとしていたから、齊の桓公は、諸侯をひきいて王の大子と會し、その地位を安定させたのである。

附二十四年の傳文に「初甘昭公有寵於惠后（注　甘昭公　王子帶也）惠后將立之　未及而卒」とあるのを參照。

[傳]陳轅宣仲怨鄭申侯之反己於召陵

㊟「宣仲」とは、轅濤塗のことである。

(附)四年に「齊人執陳轅濤塗」とある。

[傳]故勸之城其賜邑

㊟齊の桓公が與えた虎牢である。

(附)四年の傳文に「齊侯說　與之虎牢」とあるのを參照。

[傳]曰　美城之　大名也　子孫不忘　吾助子請　乃爲之請於諸侯而城之美

㊟樓櫓〔ものみやぐら〕の備えを立派に設けたのである。

(附)桓公十三年の傳文に「君若不鎭撫　其不設備乎」とあり、また、下の傳文に「弦子恃之而不事楚　又不設備　故亡」とあるのを參照。

[傳]遂譖諸鄭伯曰　美城其賜邑　將以叛也　申侯由是得罪

㊟七年の「鄭殺(其大夫)申侯」のために傳したのである。

[傳]秋諸侯盟　王使周公召鄭伯曰　吾撫女以從楚　輔之以晉　可以少安

㊟「周公」とは、宰孔のことである。王は、齊の桓公が大子の地位を安定させたことを恨んだから、鄭伯を召して、齊に叛かせたのである。〔折しも〕晉・楚が齊に服從していなかったから、それによって、鄭を安心させたのである。

(附)注の「周公　宰孔也」については、九年に「夏公會宰周公齊侯宋子衞侯鄭伯許男曹伯于葵丘」とあり、注に「周公　宰孔也　宰　官　周采地」とあるのを參照。また、同年の傳文に「王使宰孔賜齊侯胙」とあるのを參照。

注の「王恨齊桓定大子之位」については、上の傳文「會于首止　會王大子鄭　謀寧周也」の注に「惠王以惠后故　將廢大子鄭而立王子帶　故齊桓帥諸侯會王大子　以定其位」とあるのを參照。

[傳]鄭伯喜於王命而懼其不朝於齊也　故逃歸不盟　孔叔止之曰　國君不可以輕　輕則失親

㊟「孔叔」は、鄭の大夫である。「親」は、黨援〔支持者〕である。

[傳]失親　患必至　病而乞盟　所喪多矣　君必悔之　弗聽　逃其師而歸

[傳]楚鬭穀於菟滅弦　弦子奔黃　於是江黃道柏方睦於齊　皆弦姻也

㊟「姻」は、外親〔姻戚〕である。「道」國は、汝南の安陽縣の南部にあった。「柏」は、國名である。汝南の西平縣に柏亭がある。

(附)注の「姻　外親也」については、隱公元年の傳文に「士踰月　外姻至」とあり、注に「姻猶親也」とあるのを參照。

注の「道國在汝南安陽縣南」については、『漢書』地理志上に「汝南郡〔中略〕陽安」とあり、注に「應劭曰　道國也　今道亭是」とあるのを參照。なお、洪亮吉『春秋左傳詁』に「杜本陽安　今作安陽　蓋傳寫誤　汝南郡別有安陽縣　應劭曰　故江國也」とある。ちなみに、敦煌本〔P.二五六二〕では、「陽安」に作っている。

注の「柏　國名　汝南西平縣有柏亭」については、『漢書』地理志上に「汝南郡〔中略〕西平」とあり、注に「應劭曰　故柏子國也　今柏亭是」とあるのを參照。

【傳】弦子恃之而不事楚　又不設備　故亡

【傳】晉侯復假道於虞以伐虢　宮之奇諫曰　虢　虞之表也　虢亡　虞必從之　晉不可啓　寇不可翫

㊟「翫」は、習〔なれる〕である。

（附）昭公二十年の傳文に「民狎而翫之」とあり、注に「狎　輕也」とあるのを參照。

【傳】一之謂甚　其可再乎

㊟二年に（すでに一度）晉に道を貸して下陽を滅しているからである。

（附）敦煌本〔P.二五六二〕では、注の「爲」を「謂」に作っている。

【傳】諺所謂輔車相依　脣亡齒寒者　其虞虢之謂也

㊟「輔」は、頰輔〔ほお〕である。「車」は、牙車〔はぐき〕である。

（附）『詩』衞風〈碩人〉「巧笑倩兮」の疏に「服虔云　輔　上頷車也　與牙相依」とあるのを參照。また、『說文』に「輔　人頰車也」とあるのを參照。なお、異說として、王引之『經義述聞』に「脣亡齒寒　取諸身以爲喩也　輔車相依　則取諸車以爲喩也　小雅正月篇　其車既載乃棄爾輔　正義曰　爲車不言作輔　此云乃棄爾輔　則輔是可解脫之物　蓋如今人縛杖於輻以防輔車也　則車之有輔甚明　呂氏春秋權勳篇宮之奇諫虞公曰　虞之與虢也　若車之有輔也　車依輔　輔亦依車　虞虢之勢是也　云若車之有輔　則爲載物之車而非牙車矣」とある。

【傳】公曰　晉　吾宗也　豈害我哉　對曰　大伯虞仲　大王之昭也　大伯不從　是以不嗣

㊟「大伯」・「虞仲」は、いずれもみな、大王の子であったが、父の命に從わず、ともに（弟の王季に位を）譲って、呉に行ったのである。（なお、後に）仲雍〔虞仲〕の支子が別に西呉に封じられ、虞公は、その後裔である。穆が昭を生み、昭が穆を生む、というように、世次によってはかるから、大伯・虞仲は、周において「昭」なのである。

（附）注の「大伯虞仲　皆大王之子云云」については、『史記』晉世家に「大伯虞仲　大王之子也　大伯亡去　是以不嗣」とあるのを參照。また、同呉世家に「呉大伯大伯弟仲雍　皆周大王之子　而王季歷之兄也　季歷賢　而有聖子昌　大王欲立季歷以及昌　於是大伯仲雍二人乃犇荊蠻　文身斷髮　示不可用　以避季歷　季歷果立　是爲王季　而昌爲文王　大伯之犇荊蠻　自號句呉　荊蠻義之　從而歸之千餘家　立爲呉大伯」とあるのを參照。注の「仲雍支子別封西呉云云」については、桓公十年の傳文「夏虢公出奔虞」の疏に引く『譜』に「虞　姬姓也　周大王之子　大伯之弟仲雍　是爲虞仲　嗣大伯之後　武王克商　封虞仲之庶孫　以爲虞仲之後　處中國爲西呉　後世謂之虞公　僖五年晉滅之」とあるのを參照。また、『史記』呉世家に「大伯卒　無子　弟仲雍立　是爲呉仲雍　仲雍卒　子季簡立　季簡卒　子叔達立　叔達卒　子周章立　是時周武王克殷　求大伯仲雍之後　得周章　周章已君呉　因而封之　乃封周章弟虞仲於周之北故夏虛　是爲虞仲　列爲諸侯」とあるのを參照。

【傳】虢仲虢叔　王季之穆也

㊟「王季」は、大伯・虞仲の同母弟である。「虢仲」・「虢叔」は、王季

の子で、文王の同母弟である。「仲」・「叔」は、いずれもみな、虢君の字〔あざな〕である。

（附）注の「王季者　大伯虞仲之母弟也」については、『史記』呉世家に「呉大伯大伯弟仲雍　皆周大王之子　而王季歴之兄也」とあるのを參照。

注の「虢仲虢叔　王季之子　文王之母弟也」については、『史記』呉世家に「季歴賢　而有聖子昌（中略）季歴果立　是爲王季　而昌爲文王」とあるのを參照。また、『國語』晉語四「孝友二虢」の韋注に「善兄弟爲友　二虢　文王弟虢仲虢叔」とあるのを參照。

なお、疏に「賈逵云　虢仲封東虢　制是也　虢叔封西虢　虢公是也」とある。ちなみに、隱公元年の傳文「制巖邑也　虢叔死焉　佗邑唯命」の注には「虢叔　東虢君也」とある。

【傳】爲文王卿士　勳在王室　藏於盟府

㊟「盟府」は、司盟の官である。

（附）『周禮』秋官の敍官に「司盟　下士二人　府一人　史二人　徒四人」とあるのを參照。

【傳】將虢是滅　何愛於虞　且虞能親於桓莊乎　其愛之也

（附）疏に「服虔其作甚　注云愛之甚」とある。

【傳】桓莊之族何罪　而以爲戮　不唯偪乎

㊟桓叔・莊伯の族は、晉の獻公の從祖昆弟であったが、獻公は、彼らから壓迫を感じ（ただけで）、皆殺しにしてしまったのである。事は、莊公二十五年にある。

（附）注の「桓叔莊伯之族　晉獻公之從祖昆弟」については、『史記』晉世家に「武公稱者　先晉穆侯曾孫也　曲沃桓叔孫也　桓叔者　始封曲沃　武公　莊伯子也　自桓叔初封曲沃以至武公滅晉也　凡六十七歲　而卒代晉爲諸侯　武公代晉二歲　卒　與曲沃通年　卽位凡三十九年而卒　子獻公詭諸立」とあるのを參照。

注の「獻公患其偪」については、莊公二十三年の傳文に「晉桓莊之族偪　獻公患之」とあるのを參照。

注の「盡殺之　事在莊二十五年」については、莊公二十五年の傳文に「晉士蔿使羣公子盡殺游氏之族　乃城聚而處之　冬晉侯圍聚　盡殺羣公子」とある。

【傳】親以寵偪　猶尚害之　況以國乎　公曰　吾享祀豐絜　神必據我

㊟「據」は、安〔おちつく〕と同じである。

（附）異說として、王引之『經義述聞』に「據　依也　邶風柏舟篇　亦有兄弟　不可以據　毛傳曰　據　依也　周語曰　民無據依　晉語曰　民各有心　無所據依　皆其證也　虞公謂神必依我　故宮之奇對曰　鬼神非人實親　惟德是依　又曰　神所馮依　將在德矣」とある。

【傳】對曰　臣聞之　鬼神非人實親　惟德是依　故周書曰　皇天無親　惟德是輔

㊟「周書」は、逸書である。

（附）莊公八年の傳文「夏書曰　皐陶邁種德」の注に「夏書　逸書也」とあるのを參照。なお、その（附）も參照。

なお、ここの傳の二句は、僞古文の〈蔡仲之命〉にとられている。

【傳】又曰　黍稷非馨　明德惟馨

【注】「馨」とは、芳香が遠くに及ぶことである。

【附】桓公六年の傳「所謂馨香無讒慝也」の注に、同文がみえる。なお、『說文』に「馨　香之遠聞者」とあるのを參照。

なお、ここの傳の二句は、僞古文の〈君陳〉にとられている。

【傳】又曰　民不易物　惟德繄物

【注】黍稷・牲玉は、德がなければ、(神に)享けられず、德があれば、享けられる。(つまり)物は同じでも、用は異なる、ということである。

【附】『詩』大雅〈泂酌〉の疏に「服虔注云　繄　發聲也　言黍稷牲玉不易　無德薦之則不見饗　有德則見饗　言物爲有德用也」とあるのを參照。

なお、ここの傳の二句は、僞古文の〈旅獒〉にとられている。ただし、〈旅獒〉では、「民」を「人」に作り、「繄」を「其」に作っている。

【傳】如是　則非德民不和　神不享矣　神所馮依　將在德矣　若晉取虞　而明德以薦馨香　神其吐之乎　弗聽　許晉使　宮之奇以其族行

【注】「行」は、去である。

【附】桓公十六年の傳文「壽子告之　使行」の注に、同文がみえる。なお、『史記』晉世家に「宮之奇以其族去虞」とあり、また、『國語』晉語二に「吾不去　懼及焉　以其孥適西山」とあるのを參照。

【傳】曰　虞不臘矣

【注】「臘」は、歳のおわりに衆神を祭る行事の名稱である。

【附】『說文』に「臘　冬至後三戌　臘祭百神」とあるのを參照。また、蔡邕『獨斷』に「臘者　歳終大祭」とあるのを參照。

【傳】在此行也　晉不更擧矣

【注】更めて兵を擧げるまでもない、ということである。

【附】下の傳文に「冬十二月丙子朔晉滅虢　虢公醜奔京師　師還館于虞　遂襲虞滅之」とあるのを參照。

【傳】八月甲午晉侯圍上陽

【注】「上陽」は、虢の國都である。弘農の陝縣の東南部にあった。

【附】『漢書』地理志上に「弘農郡（中略）陝　故虢國」とあるのを參照。

【傳】問於卜偃曰　吾其濟乎　對曰　克之　公曰　何時　對曰　童謠云　丙之晨　龍尾伏辰

【注】「龍尾」は、尾星である。日と月とが交會する所を「辰」という。日が尾にあるから、尾星がかくれて見えないのである。

【附】『國語』晉語二「丙之晨　龍尾伏辰」の韋注に「丙　丙子也　晨　早朝也　龍尾　尾星也　伏　隱也　辰　日月之交會也　謂魯僖五年冬周十二月　夏十月丙子朔之朝　日在尾　月在天策　伏辰　辰在龍尾隱而未見」とあるのを參照。また、昭公七年の傳文に「日月之會是謂辰」とあり、注に「一歳日月十二會　所會謂之辰」とあるのを參照。

【傳】均服振振　取虢之旂

【注】軍事においては、上の者も下の者も同じ服をきる(から、「均服」と言っている)のである。「振振」は、盛んなさまである。「旂」は、軍旗である。

【附】『國語』晉語二「均服振振　取虢之旂」の韋注に「均　同也　戎服君臣同也　振振　威武也　交龍曰旂」とあるのを參照。なお、異說として、『文選』巻第十六潘安仁〈閑居賦〉の注に「服虔曰　袀服　黒服也」とある〔ただし、『周禮』司几筵「凡大朝覲」の疏には「賈服杜君等皆爲均　均　同也」とある〕。

【傳】鶉之賁賁　天策焞焞　火中成軍　虢公其奔

【注】「鶉」は、鶉火星である。「賁賁」は、鳥星の形狀である。「天策」は、傳説星である。この時、日に近いため、かすかにしか見えない。「焞焞」は、ひかりがないさまである。丙子のあけ方に、鶉火が南中し、軍事が成功する、ということである。ここまでは、いずれもみな、童謠の言葉である。齒がぬけかわる年頃〔七、八歳〕の小兒は、未だ思慮分別もないのに、時に、憑かれた者のように、たわむれの言葉を口走ることがある。その言葉は、あたる場合もあり、そうでない場合もあるが、見聞のひろい士や思慮の愼重な人が、いずれの場合も、記憶しておいて、それを鑑戒とし、將來の徵驗とするから、世の教えに役立つのである。

【附】注の前半については、『國語』晉語二「鶉之賁賁　天策焞焞　火中成軍　虢公其奔」の韋注に「鶉　鶉火　鳥星也　賁賁　鶉貌也　天策　尾上一星名曰天策　一名傳説　焞焞　近日月之貌也　火　鶉火也　中　晨中也　成軍　軍有成功也」とあるのを參照。

注の後半の「能懼思之人」については、文公三年の傳文に「孟明之臣也　其不解也　能懼思也」とあるのを參照。

【傳】其九月十月之交乎

【注】星の出方から推して、九月・十月の交であることがわかる。夏正の九月・十月をいう。「交」とは、晦と朔との境目である。

【附】注の「以星驗推之　知九月十月之交」については、襄公九年の傳文「味爲鶉火」の注に「建辰之月　鶉火星　昬在南方」とあるのを參照。また、『禮記』月令に「孟冬之月　日在尾　昬危中　旦七星中」とあるのを參照。

注の「謂夏之九月十月也」については、『漢書』五行志中之上に「周十二月　夏十月也　言天者以夏正」とあるのを參照。

注の「交　晦朔交會」については、『國語』晉語二「其九月十月之交乎」の韋注に「交　晦朔之間也」とあるのを參照。また、『詩』小雅〈十月之交〉「十月之交　朔月辛卯　日有食之　亦孔之醜」の毛傳に「之交　日月之交會」とあるのを參照。

【傳】丙子旦　日在尾　月在策

【注】この夜に、日と月とが尾で合朔〔交會〕するが、月は、運行が速いから、あけ方になると、(尾を)すぎて、策にある。

【附】『續漢書』律曆志下に「日月相推　日舒月速　當其同所　謂之合朔」とあるのを參照。

【傳】鶉火中　必是時也　冬十二月丙子朔晉滅虢　虢公醜奔京師

【注】(經に)書かれていないのは、赴告して來なかったからである。周正の十二月は、夏正の十月にあたる。

【附】隱公十一年の傳文に「凡諸侯有命　告則書　不然則否」とあるのを參照。

【傳】師還館于虞　遂襲虞滅之　執虞公及其大夫井伯　以媵秦穆姬

㊟「秦穆姫」は、晉の獻公の女〔むすめ〕である。女を送る〔女につきそう〕のを「媵」という。それによって、辱しめたのである。

【傳】而脩虞祀　且歸其職貢於王

㊟（「虞祀」とは）虞が命じられていた祭祀である。

(附)『史記』晉世家「而修虞祀」の〈集解〉に「服虔曰　虞所祭祀　命祀也」とあるのを參照。なお、三十一年の傳文に「不可以間成王周公之命祀」とあり、注に「諸侯受命　各有常祀」とあり、また、哀公六年の傳文に「三代命祀　祭不越望」とあり、注に「諸侯望祀竟内山川星辰」とあるのも參照。

【傳】故書曰晉人執虞公　罪虞　且言易也

(附)傳文の「公言易也」の「公」は、挍勘記に従って、「且」に改める。

巻第十三

〔僖公六年〕

【經】六年春王正月

【經】夏公會齊侯宋公陳侯衞侯曹伯伐鄭圍新城

㊟「新城」とは、鄭の新密のことであり、今の熒陽の密縣である。

(附)注の「滎陽」の「滎」は、挍勘記に従って、「熒」に改める。ちなみに、敦煌本〔P.二五六二〕も「熒」に作っている。なお、隱公元年「夏五月鄭伯克段于鄢」の注に「鄭在熒陽宛陵縣西南」とあるのを參照。

【經】秋楚人圍許

㊟楚子は、自身では圍まず〔他の者に圍ませ〕、圍んだ者によって赴告してきた（から、「楚人」と稱している）のである。

(附)異説として、齊召南『春秋左傳注疏考證』に「傳明曰　楚子圍許以救鄭　下又明曰　蔡穆侯將許僖公以見楚子於武城　不得云楚子不親圍也」とある。

【經】諸侯遂救許

㊟いずれもみな、〔上の〕鄭を伐った諸侯であるから、あらためて列擧はしないのである。

【經】冬公至自伐鄭

㊟傳はない。

【附】疏に引く『釋例』に「諸若此類　事勢相接　或以始致　或以終致　蓋時史之異也」とある。ちなみに、穀梁傳文には「其不以救許致何也　大伐鄭也」とあり、また、公羊の何注には「事遷於救許　以伐鄭致者　舉不得意」とある。

【傳】六年春晉侯使賈華伐屈　夷吾不能守　盟而行

【注】「賈華」は、晉の大夫である。（夷吾は、はじめから）手向かうまいとしたのではなく、（手向かった結果）力で守りきれなかったのである。（つまり、ここは、夷吾が、はじめから手向かわなかった）重耳の賢明さに及ばなかったことを言っているのである。

【附】注の「賈華　晉大夫」については、『史記』晉世家「二十三年　獻公遂發賈華等伐屈」の〈集解〉に「賈逵曰　賈華　晉右行大夫」とあるのを參照。なお、十年の傳文に「右行賈華」とある。

注の「非不欲校云云」については、五年の傳文に「及難　公使寺人披伐蒲　重耳曰　君父之命不校　乃徇曰　校者吾讎也」とあるのを參照。

【傳】將奔狄　郤芮曰　後出同走　罪也

【注】重耳と示し合わせて後を追った（同じ所に逃げた）かにまぎらわしい、ということである。

【附】五年の傳文に「重耳曰（中略）踰垣而走　披斬其袪　遂出奔翟」とあるのを參照。また、『國語』晉語二「後出同走　不免於罪」の韋注に「同走　嫌同謀也」とあるのを參照。

【傳】不如之梁　梁近秦而幸焉　乃之梁

【注】梁は、秦に氣に入られており、秦は、大國であるうえに、穆姫がそこにいたから、秦にたよって（晉に）入ること（歸國すること）を要求しようとしたのである。

【附】『史記』晉世家に「秦彊　吾君百歲後可以求入焉」とあるのを參照。また、『國語』晉語二に「秦親吾君　吾君老矣（韋注　秦穆夫人　獻公之女　故親吾君也）子往　驪姬懼　必援於秦　以吾存也（韋注　以吾存者　以吾在梁依秦也）且必告悔　是吾免也」とあるのを參照。なお、九年の傳文に「齊隰朋帥師會秦師納晉惠公（注　惠公　夷吾）」とあるのも參照。

【傳】夏諸侯伐鄭　以其逃首止之盟故也

【注】「首止の盟」は、五年にある。

【附】五年に「秋八月諸侯盟于首止　鄭伯逃歸不盟」とある。

【傳】圍新密　鄭所以不時城也

【注】實は「新密」であるのに、經が「新城」と言っているのは、鄭が不適切な時期に土木工事をしたため、齊の桓公が聲を大にしてその罪を諸侯に喧傳した、からである。

【附】注の「鄭以非時興土功」については、莊公二十九年の傳文に「凡土功　龍見而畢務　戒事也　火見而致用　水昏正而栽　日至而畢」とあるのを參照。

注の「齊桓聲其罪以告諸侯」については、莊公二十九年の傳文「凡師有鐘鼓曰伐」の注に「聲其罪」とあるのを參照。なお、その【附】も參照。

傳秋楚子圍許以救鄭　諸侯救許　乃還

傳冬蔡穆侯將許僖公以見楚子於武城

注楚子は、武城に退舍したが、なお怒りがおさまらず、一方、諸侯は、各々いくさをやめた。だから、蔡が許の君をつれて楚に歸服したのである。「武城」は、楚地で、南陽の宛縣の北部にあった。

傳許男面縛銜璧　大夫衰絰　士輿櫬

注手を後で縛って、からだの前面だけをみせ〔正面を向き〕、璧を贄〔贈物〕にしたが、手が縛られているから、それを口に含んだのである。「櫬」は、棺である。死を甘受するつもりだったから、衰絰〔喪服〕を身につけたのである。

附注の「縛手於後　唯見其面」については、襄公十八年の傳文に「乃弛弓而自後縛之（注　反縛之）其右具丙亦舍兵而縛郭最　皆衿甲面縛」とあるのを參照。なお、異説として、洪亮吉『春秋左傳詁』に「廣雅　偭　偝也　漢書賈誼傳　偭蟂獺以隱處兮　王逸應劭注並云　偭　背也　項籍傳　馬童面之　張晏曰　背之也　師古亦云　面謂背之　不面向也　偭面古字同　按　杜注云但見其面　可爲臆說」とある。ちなみに、『史記』宋世家「肉袒面縛」の〈索隱〉には「面縛者　縛手于背而面向前也　劉氏云　面卽背也　義亦稍迂」とある。

注の「櫬　棺也」については、襄公二年の傳文「以自爲櫬與頌琴」の注に、同文がみえる。なお、『說文』に「櫬　棺也（中略）春秋傳曰士輿櫬」とあるのを參照。

傳楚子問諸逢伯

注「逢伯」は、楚の大夫である。

傳對曰　昔武王克殷　微子啓如是

注「微子啓」は、紂の庶兄で、宋の祖である。

附『史記』宋世家に「微子開者　殷帝乙之首子而帝紂之庶兄也（中略）周武王伐紂克殷　微子乃持其祭器造於軍門　肉袒面縛　左牽羊　右把茅　膝行而前以告　於是武王乃釋微子　復其位如故（中略）周公既承成王命誅武庚　殺管叔　放蔡叔　乃命微子開代殷後　奉其先祀　作微子之命以申之　國于宋」とあるのを參照。

傳武王親釋其縛　受其璧而祓之

注「祓」は、凶を除く禮である。

附『說文』に「祓　除惡祭也」とあるのを參照。なお、襄公二十五年の傳文「祝祓社」の注に「祓　除也」とあり、また、同二十九年の傳文「祓殯而襚　則布幣也」の注に「先使巫祓除殯之凶邪　而行襚禮　與朝而布幣無異」とあるのも參照。

傳焚其櫬　禮而命之　使復其所　楚子從之

〔僖公七年〕

經七年春齊人伐鄭

經夏小邾子來朝

（注）傳はない。郳の犂來が（ここで）始めて、王の爵命を得て〔諸侯として〕來朝したのである。邾の別封であるから、「小邾」というのである。

（附）莊公五年の傳文に「秋郳犂來來朝　名　未王命也」とあり、注に「未受爵命爲諸侯　傳發附庸稱名例也　其後數從齊桓以尊周室　王命以爲小邾子」とあるのを參照。

（經）鄭殺其大夫申侯

（注）「申侯」は、鄭の卿である。「利欲をほしいままにして飽くことがなかった」〔下の傳文〕から、名を稱して殺し、罪責したのである。例は、文公六年にある。

（附）注の「例在文六年」について。文公六年に「晉殺其大夫陽處父」とあり、傳に「書曰晉殺其大夫　侵官也」とあるが、これは、經の注に「處父侵官　宜爲國討　故不言賈季殺」とあるように、主語についてだけ言っているから、ここには適合しない。むしろ、同七年に「宋人殺其大夫」とあり、傳に「書曰宋人殺其大夫　不稱名　衆也　且言非其罪也」とあり、注に「不稱殺者及死者名　殺者衆　故名不可知　死者無罪　則例不稱名」とある方が、目的語についても言っているから、適合する。したがって、注の「六」は、あるいは、「七」の誤りかも知れない〔?〕。ちなみに、莊公二十六年「曹殺其大夫」の注には「不稱名　非其罪　例在文七年」とある。

（經）秋七月公會齊侯宋公陳世子款鄭世子華盟于甯母

（注）高平の方與縣の東部に泥母亭があり、〔「泥」は〕音が「甯」と同じである。

（經）曹伯班卒

（注）傳はない。〔名を書いているのは〕五年に首止で同盟した〔からである〕。

（附）五年に「公及齊侯宋公陳侯衞侯鄭伯許男曹伯會王世子于首止」とあり、ついで「秋八月諸侯盟于首止」とある。なお、二十三年の傳文に「凡諸侯同盟　死則赴以名　禮也」とあるのを參照。

（經）公子友如齊

（注）傳はない。盟がおわってから聘したのは、〔盟の際の〕無調法をあやまったのである。

（經）冬葬曹昭公

（注）傳はない。

（傳）七年春齊人伐鄭　孔叔言於鄭伯曰　諺有之曰　心則不競　何憚於病

（注）「競」は、強である。「憚」は、難〔かたんずる〕である。

（附）注の「競　強也」については、宣公元年の傳文「故不競於楚」等の注に、同文がみえる。なお、『爾雅』釋言に「競　彊也」とあるのを參照。また、『詩』大雅〈桑柔〉「君子實維　秉心無競」の毛傳に「競彊」とあるのを參照。

注の「憚　難也」については、哀公十四年の傳文「君憚告子」の注に「難以遊戲煩大臣」とあるのを參照。また、『詩』小雅〈緜蠻〉「豈敢憚行　畏不能趨」の鄭箋に「憚　難也」とあるのを參照。なお、『釋名』釋言語に「難　憚也　人所忌憚也」とあるのも參照。

傳既不能彊　又不能弱　所以斃也　國危矣　請下齊以救國　公曰　吾知其所由來矣　姑少待我

注申侯（を殺すこと）によって（齊に）言いわけしようとしたのである。

附すぐ下の傳文に「夏鄭殺申侯以説于齊」とある。なお、「説」については、十年の傳文「晉侯殺里克以説」の注に「自解説不篡」とあり、二十八年の傳文「公懼於晉　殺子叢以説焉」の注に「召子叢而殺之以謝晉」とあり、また、文公二年の傳文「陳侯爲衞請成于晉　執孔達以説」の注に「陳始與衞謀　謂可以强得免　今晉不聽　故更執孔達以苟免也」とあるのを參照。

傳對曰　朝不及夕　何以待君

傳夏鄭殺申侯以説于齊　且用陳轅濤塗之譖也

注「濤塗の譖」は、五年にある。

附五年の傳文に「陳轅宣仲怨鄭申侯之反己於召陵　故勸之城其賜邑　曰　美城之　大名也　子孫不忘　吾助子請　乃爲之請於諸侯而城之　美　遂譖諸鄭伯曰　美城其賜邑　將以叛也　申侯由是得罪」とあり、注に「爲七年鄭殺申侯傳」とある。

傳初申侯　申出也

注姉妹の子が「出」である。

附莊公二十二年の傳文「陳厲公　蔡出也」の注に「姉妹之子曰出」とあるのを參照。なお、その附も參照。

傳有寵於楚文王　文王將死　與之璧　使行　曰　唯我知女　女專利而不厭　予取予求　不女疵瑕也

注わしから取り、わしに求めても、わしはそなたをとがめなかった、ということである。

附桓公八年の傳文「讎有釁　不可失也」の注に「釁　瑕隙也」とあるのを參照。また、宣公十二年の傳文「觀釁而動」の注に「釁　罪也」とあるのを參照。

傳後之人將求多於女

注（「後之人」とは）嗣君〔あとつぎ〕をいう。「求多」とは、禮義によって大いにせめる、ということである。

附注の「望責」は、せめるの意の連文とみる。ちなみに、『廣韻』に「望　責也」とある。

なお、異説として、楊伯峻『春秋左傳注』に「求多於女　謂向女多求財貨　多卽指予取予求之利」とある。

傳女必不免　我死　女必速行　無適小國　將不女容焉

注（小國は）政治がせせこましく、法律がやかましい（からである）。

傳既葬　出奔鄭　又有寵於厲公　子文聞其死也　曰　古人有言曰　知臣莫若君　弗可改也已

【傳】秋盟于甯毋　謀鄭故也　管仲言於齊侯曰　臣聞之　招攜以禮　懷遠以德

㊟「攜」は、離である。

(附)二十八年の傳文「不如私許復曹衞以攜之」の注に、同文がみえる。なお、『國語』周語中「民乃攜貳」の韋注に「攜　離也」とあるのを參照。

【傳】德禮不易　無人不懷　齊侯脩禮於諸侯　諸侯官受方物

㊟諸侯の役人たちが、それぞれ、齊に行って、自分の國が天子に獻上すべき貢物（の指示）を受けたのである。

(附)昭公十三年の傳文に「昔天子班貢　輕重以列　列尊貢重　周之制也」とあるのを參照。また、嵇康〈荅難養生論〉に「九土述職　各貢方物　以効誠耳」とあるのを參照。

【傳】鄭伯使大子華聽命於會　言於齊侯曰　洩氏孔氏子人氏三族　實違君命

㊟「三族」は、鄭の大夫である。

【傳】君若去之以爲成　我以鄭爲內臣　君亦無所不利焉

㊟鄭をひきいて齊につかえ、封內の臣のようにする、ということである。

(附)傳文の「若君」は、挍勘記に從って、「君若」に改める。

【傳】齊侯將許之　管仲曰　君以禮與信屬諸侯　而以姦終之　無乃不可乎　子父不奸之謂禮　守命共時之謂信

㊟君の命を守って、折々の事をつつしんで行なう、ということである。

(附)成公十八年の傳文に「共而從君」とあり、襄公二十三年の傳文に「敬共父命」とあり、昭公三年の傳文に「卿共葬事」とあり、同十二年の傳文に「率事以信爲共（注　率猶行也）」とあり、同二十六年の傳文に「君令　臣共」とあり、同三十年の傳文に「事大在共其時命（注　隨時共所求）」とあるのを參照。また、文公六年の傳文に「時以作事（注　順時命事）」とあり、襄公二十八年の傳文に「以來會時事（注　隨時來朝會）」とあり、同三十一年の傳文に「邾悼公來朝　時事也」とあるのを參照。

【傳】違此二者　姦莫大焉　公曰　諸侯有討於鄭　未捷　今苟有釁　從之　不亦可乎

㊟子華が父の命にそむいたのは、すきに他ならない、ということである。

(附)桓公八年の傳文「讎有釁　不可失也」の注に「釁　瑕隙也」とあるのを參照。

【傳】對曰　君若綏之以德　加之以訓辭　而帥諸侯以討鄭　鄭將覆亡之不暇　豈敢不懼　若摠其罪人以臨之

㊟「摠」は、將領（ひきつれる）である。子華は、父の命にそむいたから、「罪人」なのである。

(附)武億『經讀考異』に「舊讀以辭字絕句　李生渡云　當以訓字絕　辭下屬而帥諸侯以討之爲句　愚檢昭元年傳　此行也　辭而假之寡君　同」とある。

【傳】鄭有辭矣　何懼

㊟大義を言い分にする、ということである。

【傳】且夫合諸侯　以崇德也　會而列姦　何以示後嗣

㊟「列姦」とは、子華（の策謀）を用いる、ということである。

(附)疏に「經書齊侯宋公陳世子款鄭世子華盟于甯毋　則已列於會矣　管仲

方云會而列姦何以示後嗣者　桓公列之於會　直是列其身耳　管仲言列姦者　謂將用其姦謀　故杜云列姦用子華也　不受子華之請　即是會不列姦」とある。なお、異説として、惠棟『春秋左傳補註』に「當云用子華爲内臣　昭四年傳云姫在列者　言姫姓爲君者也　子華欲以鄭屬齊爲附庸之君　齊若許之　是列姦也　故下云記姦之位　位謂君位　杜下注云會位　失之　如杜説　何以經仍書鄭世子華乎　必不然矣」とある。

【傳】夫諸侯之會　其德刑禮義　無國不記　記姦之位

【注】「位」は、會の位である。子華が姦人であるのに會の位につらなったことが、諸侯に記録される、ということである。

【傳】君盟替矣

【注】「替」は、廢である。

【附】二十四年の傳文「王替隗氏」の注に、同文がみえる。なお、『爾雅』釋言に「替　廢也」とあるのを參照。

【傳】作而不記　非盛德也

【注】君の言動は必ず書かなければならないきまりであるから、たとえ齊の史官がいみかくしたとしても、（その場合は、きまりをやぶったという點で）やはり、盛德をそこなうことになる、ということである。

【附】『漢書』藝文志に「古之王者世有史官　君擧必書　所以愼言行　昭法式也」とあるのを參照。なお、異説として、顧炎武『左傳杜解補正』に「傳云無國不記　解乃云齊史隱諱　非也　改曰不記　言不可記」とある。

【傳】君其勿許　鄭必受盟　夫子華既爲大子　而求介於大國以弱其國　亦必不免

【注】「介」は、因である。

【附】文公六年の傳文「介人之寵　非勇也」、成公十六年の傳文「敢介大國以求厚焉」等の注に、同文がみえる。なお、襄公二十四年の傳文に「陳國之介恃大國」とあり、同二十五年の傳文に「介恃楚衆」とあるのを參照。

【傳】鄭有叔詹堵叔師叔三良爲政　未可間也　齊侯辭焉　子華由是得罪於鄭

【傳】冬鄭伯使請盟于齊

【注】齊侯が子華（の策謀）にしたがわなかったからである。

【附】上の傳文に「君其勿許　鄭必受盟」とあるのを參照。

【傳】閏月惠王崩　襄王惡大叔帶之難

【注】「襄王」は、惠王の大子の鄭である。「大叔帶」は、襄王の弟で、惠后の子である。（帶は）惠后に寵愛され、惠后は、彼を立てようとしていたが、果せないうちに卒したのである。

【附】二十四年の傳文に「初甘昭公有寵於惠后（注　甘昭公　王子帶也）惠后將立之　未及而卒」とあるのを參照。

【傳】懼不立　不發喪而告難于齊

【注】八年の洮の盟のために傳したのである。

【附】八年に「春王正月公會王人齊侯宋公衞侯許男曹伯陳世子款盟于洮」とある。

〔僖公八年〕

【經】八年春王正月公會王人齊侯宋公衞侯許男曹伯陳世子款盟于洮

【注】王人（王の臣）が諸侯と盟ったのに、譏っていないのは、王室に内紛があったからである。「洮」は、曹地である。

【附】注の前半については、疏に引く『釋例』に「中士稱名　下士稱人」とあり、また、「未有臣而盟君　臣而盟君　是子可盟父　故春秋王世子以下　會諸侯者　皆同會而不同盟」とあるのを參照。

注の「洮　曹地」については、三十一年の傳文に「春取濟西田　分曹地也（中略）分曹地　自洮以南　東傅于濟　盡曹地也」とあるのを參照。なお、莊公二十七年「春公會杞伯姬于洮」の注には「洮　魯地」とある。

【經】鄭伯乞盟

【注】歸服したばかりで、まだ會に參加しなかったから、（いっしょに）ならべず、別に「乞盟」と言ったのである。

【附】下の傳文に「鄭伯乞盟　請服也」とあるのを參照。

【經】夏狄伐晉

【經】秋七月禘于大廟　用致夫人

【注】「禘」は、三年（に一度）の大祭の名である。「大廟」は、周公の廟である。「致」とは、新たな死者の主（位牌）を廟におさめて、昭穆に位置づけるのである。夫人は、（共仲と）淫通して（閔公の）殺害に關與し、寢で薨じなかったため、禮として、（廟に）おさめてはならなかったから、僖公は、その禮をはばかって、（夫人をおさめないまま）三度目の禘をむかえたが、今ここで、思いきっておさめてしまったのである。（こういうわけで）普通（の禘）とは異なっているかにまぎらわしいから、書い（て、この禘自體は、三年に一度の普通のものであることを明らかにし）たのである。

【附】注の「禘　三年大祭之名」については、文公二年の公羊傳文「五年而再殷祭」の何注に「謂三年祫五年禘」とあるのを參照。

注の「大廟　周公廟」については、桓公二年「夏四月取郜大鼎于宋　戊申納于大廟」の注に、同文がみえる。なお、文公十三年の公羊傳文に「周公稱大廟」とあるのを參照。

注の「致者云云」については、疏に引く『釋例』に「三年喪畢　致新死之主　以進於廟　廟之遠主　當遷入祧　於是乃大祭於大廟　以審定昭穆　謂之禘」とあるのを參照。

注の「夫人淫而與殺　不薨於寢」については、閔公二年の傳文に「共仲通於哀姜　哀姜欲立之　閔公之死也　哀姜與知之　故孫于邾　齊人取而殺之于夷　以其尸歸　僖公請而葬之」とあるのを參照。

注の「不薨於寢　於禮不應致」については、下の傳文に「凡夫人不薨于寢　不殯于廟　不赴于同　不祔于姑　則弗致也」とあるのを參照。

注の「歷三禘」については、疏に「二年除閔喪爲禘　至五年復禘　今八年復禘」とある。

注の「嫌異常　故書之」については、疏に「三年一禘　禘自是常」とある。

經冬十有二月丁未天王崩

注實際には、前年の閏月に崩じたのだが、この年の十二月丁未のこととして赴告して來たのである。

附七年の傳文に「閏月惠王崩」とある。

傳八年春盟于洮　謀王室也　鄭伯乞盟　請服也　襄王定位而後發喪

注王人が洮で（諸侯と）會し、もどった後に、王の地位が安定したのである。

附注の「定位」は、挍勘記に従って、「位定」に改める。

傳晉里克帥師　梁由靡御　虢射爲右　以敗狄于采桑

注傳は、前年の事を言っているのである。平陽の北屈縣の西南部に采桑津がある。

附注の「傳言前年事也」については、下の傳文に「虢射曰　期年狄必至」とあるのを參照。
なお、『史記』晉世家「亦撃晉於齧桑」の〈集解〉に「服虔曰　翟地」とある。

傳梁由靡曰　狄無恥　從之　必大克

注逃げることを恥としないから、追撃するのがよい、ということである。

傳里克曰　懼之而已　無速衆狄

注（追撃すれば）怨みを深くして諸部族の反撃を招くおそれがある、ということである。

傳虢射曰　期年狄必至　示之弱矣

傳夏狄伐晉　報采桑之役也　復期月

注「一年後」という（虢射の）豫言が實現したことを明らかにしたのである。

附『論語』子路「子曰　苟有用我者　期月而已可也　三年有成」の邢疏に「期月　周月也　謂周一年之十二月也」とあり、『後漢書』左雄傳「觀政於亭傳　責成於朞月」の注に「朞　匝也　謂一歳」とあるのを參照。また、『論語』學而に「有子曰　信近於義　言可復也」とあり、皇疏に「復猶驗也」とあるのを參照。

傳秋禘而致哀姜焉　非禮也　凡夫人不薨于寢　不殯于廟　不赴于同　不祔于姑　則弗致也

注「寢」は、小寢である。「同」は、同盟（國）である。（「不殯于廟」とは）葬らんとする時に、柩をひいて廟にたちよることをしない、ということである。哀姜の「薨」・「葬」に關する經文によれば、柩をひいて廟にたちより、同盟國に赴告し、祖姑に祔祭することは、しているから、今ここでは、「小寢で薨じなかった」という理由で（廟に）おさめることが出來ないのである。

附注の「寢　小寢」については、『禮記』檀弓下「喪之朝也」の疏に「服氏云　不薨於寢　寢謂小寢」とあるのを參照。

注の「將葬又不以殯過廟」については、『禮記』檀弓下に「喪之朝也　順死者之孝心也（注　朝謂遷柩於廟）其哀離其室也　故至於祖考之廟而后行　殷朝而殯於祖　周朝而遂葬」とあるのを參照。なお、疏に「殯過廟者　將葬之時　從殯宮出　告廟乃葬　非是殯尸於廟中也」とある。なお、異說として、『禮記』檀弓下「喪之朝也」の疏に「服氏云（中略）不殯於廟　廟謂殯宮　鬼神所在謂之廟」とある。注の「據經哀姜薨葬之文云云」については、元年に「秋七月戊辰夫人姜氏薨于夷　齊人以歸」とあり、二年に「夏五月辛巳葬我小君哀姜」とある。なお、隱公三年の傳文に「夏君氏卒　聲子也　不赴於諸侯　不反哭于寢　不祔于姑　故不曰薨　不稱夫人　故不言葬」とあり、注に「夫人喪禮有三　薨則赴於同盟之國　一也　既葬　日中自墓反　虞於正寢　所謂反哭于寢　二也　卒哭而祔於祖姑　三也　若此　則書曰夫人某氏薨　葬我小君某氏　此備禮之文也　其或不赴不祔　則爲不成喪　故死不稱夫人薨　葬不言葬我小君某氏　反哭則書葬　不反哭則不書葬　今聲子三禮皆闕」とあるのを參照。

【傳】冬王人來告喪　難故也　是以緩

㊟大叔帶による內紛があった（からである）。

（附）七年の傳文に「閏月惠王崩　襄王惡大叔帶之難　懼不立　不發喪而告難于齊」とあるのを參照。

【傳】宋公疾　大子茲父固請曰　目夷長且仁　君其立之

㊟「茲父」は、襄公である。「目夷」は、茲父の庶兄の子魚である。

（附）『史記』宋世家に「三十年　桓公病　大子茲甫讓其庶兄目夷爲嗣　桓公義大子意　竟不聽　三十一年春　桓公卒　大子茲甫立　是爲襄公」とあるのを參照。

【傳】公命子魚　子魚辭曰　能以國讓　仁孰大焉　臣不及也　且又不順

㊟庶子を立てるのは、禮に合致しない、ということである。

【傳】遂走而退

〔僖公九年〕

【經】九年春王三月丁丑宋公御說卒

㊟（名を書いているのは）四たび同盟した（からである）。

（附）二十三年の傳文に「凡諸侯同盟　死則赴以名　禮也」とあるのを參照。なお、疏に「御說以莊十三年卽位　十六年盟于幽　十九年于鄄　二十七年于幽　僖元年于檉　四年于召陵　五年于首止　七年于甯毋　八年于洮　皆魯宋俱在　是爲八同盟　不數莊公之盟　檉盟經不書　亦不數　故云四同盟」とある。

【經】夏公會宰周公齊侯宋子衞侯鄭伯許男曹伯于葵丘

㊟「周公」とは、宰孔のことである。「宰」は官で、「周」は采地である。天子の三公には字〔あざな〕をいわない。「宋子」とは、襄公のことである。傳例に「喪にあるうちは、公・侯は『子』という」とある〔下の傳文〕。陳留の外黃縣の東部に葵丘がある。

㊕注の「宰　官」については、隱公元年の公羊傳文に「宰者何　官也」とあるのを參照。

注の「天子三公不字」については、疏に引く『釋例』に「今案春秋以考之　其稱公者　皆三公　非五等之公也」とあり、また、公羊傳文に「宰周公者何　天子之爲政者也」とあり、何注に「宰猶治也　三公之職號　尊名也」とあるのを參照。また、疏に引く『釋例』に「王之公卿　皆書爵」とあり、隱公元年「秋七月天王使宰咺來歸惠公仲子之賵」の注に「天子大夫稱字」とあるのを參照。

注の「陳留外黃縣東有葵丘」については、疏に引く『釋例』に「宋地　陳留外黃縣東有葵丘　或曰　河東汾陰縣爲葵丘　非也　經書夏會葵丘　九月乃盟　晉爲地主　無緣欲會而不及盟也」とあるのを參照。なお、莊公八年の傳文に「齊侯使連稱管至父戍葵丘」とあるのは、注に「葵丘　齊地　臨淄縣西有地名葵丘」とあって、こことは別の地である。

經秋七月乙酉伯姬卒

㊟傳はない。公羊・穀梁では「まだ人に嫁いでいなかったから、國を稱していないのである。許嫁〔婚約〕していれば、成人の禮によって書き、殤〔若死〕扱いはしない。婦人が許嫁して笄〔こうがい〕をつけるのは、男子が冠をつけるのと同じである」と言っている。

㊕公羊傳文に「此未適人　何以卒　許嫁矣　婦人許嫁　字而笄之（注　笄者　簪也　所以繫持髮　象男子飾也）死則以成人之喪治之（注　不以殤禮降也）」とあり、穀梁傳文に「內女也　未適人不卒　此何以卒也　許嫁　笄而字之　死則以成人之喪治之」とある。なお、『禮記』喪服小記に「丈夫冠而不爲殤　婦人笄而不爲殤」とあるのを參照。また、『儀禮』士昏禮記「女子許嫁　笄而醴之　稱字」の注に「笄女之禮　猶冠男也」とあるのを參照。

經九月戊辰諸侯盟于葵丘

㊟夏に葵丘で會しているが、ついで伯姬が卒したため、文がつながらないから、重ねて「諸侯」と言ったのである。（なお）「宰孔は先に歸り〔下の傳文〕、盟には參加しなかった。

㊕昭公十三年には「秋公會劉子晉侯齊侯宋公衞侯鄭伯曹伯莒子邾子滕子薛伯杞伯小邾子于平丘　八月甲戌同盟于平丘」とあって、「諸侯」が省略されている。

なお、疏に「杜云宰孔先歸不與盟者　欲見縱無伯姬之卒　亦當重言諸侯」とある。これについては、五年に「公及齊侯宋公陳侯衞侯鄭伯許男曹伯會王世子于首止　秋八月諸侯盟于首止」とあり、注に「間無異事　復稱諸侯者　王世子不盟故也」とあるのを參照。

經甲子晉侯佹諸卒

㊟（名を書いているのは）同盟はしていなかったけれども、名をもって赴告してきた（からである）。（「卒」の）「甲子」は九月十一日であり、（「盟」の）「戊辰」は（九月）十五日であるのに、（「卒」を）「盟」の後に書いているのは、赴告に從ったのである。

附 注の前半については、二十三年の傳文に「凡諸侯同盟　死則赴以名禮也　赴以名則亦書之（注　謂未同盟）不然則否（注　謂同盟而不以名告）辟不敏也」とあるのを參照。

注の後半については、疏に「從赴者　赴在盟後也　春秋之世　史失其守　赴告之文多違禮制（中略）此甲子晉侯卒　蓋赴以日而不以月　魯史不復審問　書其來告之日　唯稱甲子而已　不知甲子是何月之日　故在戊辰後也」とある。

經 冬晉里克殺其君之子奚齊

注 獻公〔先君〕がまだ葬られていなかったため、奚齊は成君ではなかったから、「君之子」と稱しているのである。奚齊は、（正式に）命を受けて位を繼いだため、罪がなかったから、「里克」と（殺した者の）名を稱しているのである。

附 注の前半については、下の傳文に「書曰殺其君之子　未葬也」とあるのを參照。

注の後半については、宣公四年の傳文に「凡弑君　稱君　君無道也　稱臣　臣之罪也」とあり、注に「稱君　謂唯書君名而稱國以弑　言衆所共絶也　稱臣者　謂書弑者之名以示來世　終爲不義」とあるのを參照。

なお、經の「里奚克」の「奚」は、挍勘記に從って、衍文とみなす。

傳 九年春宋桓公卒　未葬而襄公會諸侯　故曰子　凡在喪　王曰小童　公侯曰子

注 「在喪」とは、まだ葬っていないうち、ということである。「小童」は、蒙昧で幼弱なものの稱謂である。「子」は、父を繼ぐという表現である。公・侯は、位が尊く、上は王者につながり、下は伯・子・男と斷絶している（から、公・侯についてだけ言っているのである）。（ところで、「小童」に關しては）周の康王は、喪にある〔父の成王をまだ葬っていない〕とき、「予一人釗」〔『書』康王之誥〕と稱しており、また、禮制上の稱謂でも、「小童」とは言わない。あるいは、稱謂に、それぞれ、使用すべき場面がある〔同じ「在喪」の時期でも、場面によって、使用する稱謂が異なる〕のかも知れない。（場面のことはともかく）これは（あくまで）王の自稱をいっているのであり、（したがって）下の者たちが（他稱として）書き記すことが出來るものではないから、經にその事がない〔「小童」があらわれない〕のであるが、傳は、あまねく舊典の文を采取するから、（「子」と）似たようなものということで、（ついでに）ならべたのである。

附 注の「公侯位尊云云」については、疏に引く『釋例』に「位彌高者事彌重　重慮周於經遠　故儀制異於凡人　存其實篤其志　足以敍親跡之情通萬事之理而已　故諸列國之君在喪　或不得已而脩會盟之事　唯公侯特稱子以別尊卑」とあるのを參照。また、二十九年の傳文に「在禮　卿不會公侯　會伯子男可也」とあり、昭公十三年の傳文に「鄭伯男也　而使從公侯之貢」とあるのを參照。なお、桓公十一年の公羊傳文に「春秋　伯子男一也」とある。

注の「禮稱亦不言小童」については、『禮記』曲禮下に「君天下　曰天子　朝諸侯分職授政任功　曰予一人」とあり、また、「天子未除喪　曰予小子」とあるのを參照。

注の「傳通取舊典之文」については、隱公元年の傳文「有蜚　不爲災　亦不書」の注に「傳之所據　非唯史策　兼釆簡牘之記」とあるのを參照。また、同七年の傳文「謂之禮經」の注に「丘明之傳　博采衆記」とあるのを參照。なお、序に「身爲國史　躬覽載籍　必廣記而備言之」とあるのも參照。

[傳]夏會于葵丘　尋盟　且脩好　禮也　王使宰孔賜齊侯胙

㊟「胙」は、祭の肉である。齊侯を尊んで、二王の後裔になぞらえたのである。

(附)注の「胙　祭肉」については、四年の傳文「大子祭于曲沃　歸胙于公」の注に「胙　祭之酒肉」とあるのを參照。また、『國語』齊語「葵丘之會　天子使宰孔致胙於桓公」の韋注に「胙　祭肉也」とあるのを參照。

注の「尊之比二王後」については、二十四年の傳文に「宋　先代之後也　於周爲客　天子有事　膰焉」とあり、注に「有事　祭宗廟也　膰　祭肉　尊之　故賜以祭胙」とあるのを參照。

[傳]曰　天子有事于文武

㊟祭事があった、ということである。

(附)成公十三年の傳文に「國之大事　在祀與戎　祀有執膰（注　膰　祭肉）戎有受脤　神之大節也」とあるのを參照。

[傳]使孔賜伯舅胙

㊟天子は、異姓の諸侯のことを、「伯舅」とよぶのである。

(附)『禮記』曲禮下に「天子　同姓謂之伯父　異姓謂之伯舅」とあるのを參照。

[傳]齊侯將下拜　孔曰　且有後命　天子使孔曰　以伯舅耋老　加勞　賜一級　無下拜

㊟七十を「耋」という。「級」は、等である。

(附)注の「七十曰耋」については、『詩』秦風〈車鄰〉「今者不樂　逝者其耋」の疏に「服虔云　七十曰耋」とあるのを參照。また、『易』〈離〉卦「大耋之嗟」の『釋文』に「馬云　七十曰耋」とあるのを參照。

注の「級　等也」については、『禮記』曲禮上「拾級聚足」の注に「級　等也」とあるのを參照。

[傳]對曰　天威不違顏咫尺

㊟天が照覽しているのは遠くからではなく、威嚴が常に目の前にある、ということである。八寸を「咫」という。

(附)『國語』齊語「天威不違顏咫尺」の韋注に「違　遠也　顏　眉目之間也　八寸曰咫」とあるのを參照。また、『文選』卷第九〈長楊賦〉「且盲者不見咫尺」の注に「賈逵國語注曰　八寸曰咫」とあるのを參照。なお、疏に「魯語云　肅愼氏貢楛矢　長尺有咫　賈逵亦云　八寸曰咫」とある。

[傳]小白余敢貪天子之命無下拜

㊟「小白」は、齊侯の名である。「余」は、身〔われ〕である。

(附)『爾雅』釋詁に「余　身也」とあり、また、「身　我也」とあるのを參照。なお、疏に「諸自稱余者　當稱名之處耳　齊侯既稱小白　而復言余　故解之」とある。

【傳】恐隕越于下

(注)「隕越」は、顚墜〔おちる〕である。天王が上に居ることから、「下におちるおそれがある」と言ったのである。

(附)注の前半については、文公十八年の傳文「不隕其名」の注に「隕　隊也」とあり、僖公十六年の經文「春王正月戊申朔隕石于宋五」の注に「隕　落也」とあり、成公二年の傳文「越于車下」の注に「越　隊也」とあるのを參照。また、哀公十五年の傳文に「大命隕隊」とあるのを參照。なお、『史記』呉世家「且盤庚之誥有顚越勿遺」の〈集解〉に「服虔曰　顚　隕也　越　墜也」とあるのも參照。

注の後半については、楊伯峻『春秋左傳注』に「于下者　對周王而言　諸侯固在下也」とある。

【傳】以遺天子羞　敢不下拜　下拜登受

(注)堂の下で拜禮し、堂の上で胙〔祭肉〕を受けたのである。

【傳】秋齊侯盟諸侯于葵丘曰　凡我同盟之人　既盟之後　言歸于好

(注)「よしみを脩めた〔友好をかためた〕」という點に意義を取ったから、傳は、その盟辭を明らかにしたのである。

(附)上の傳文に「夏會于葵丘　尋盟　且脩好　禮也」とあるのを參照。

【傳】宰孔先歸

(注)會がおわると、諸侯に先んじて、たち去ったのである。

【傳】遇晉侯曰　可無會也

(注)晉侯は、葵丘で會そうと、やって來る途中であった。

【傳】齊侯不務德而勤遠略　故北伐山戎

(注)莊公三十一年にある。

(附)莊公三十一年に「六月齊侯來獻戎捷」とあるが、むしろ、三十年に「齊人伐山戎」とある方が、適切である。あるいは、「三十一年」は「三十年」の誤りかも知れない〔?〕。

【傳】南伐楚

(注)四年にある。

(附)四年に「春王正月公會齊侯宋公陳侯衞侯鄭伯許男曹伯侵蔡　蔡潰　遂伐楚　次于陘」とある。

【傳】西爲此會也　東略之不知　西則否矣

(注)東へは向かうかも知れないが、西へはきっと攻め込めない、ということである。

(附)隱公五年の傳文「公曰　吾將略地焉」の注に「略　摠攝巡行之名　傳曰　東略之不知　西則否矣」とあるのを參照。なお、その(附)も參照。

【傳】其在亂乎　君務靖亂　無勤於行

(注)「在」は、存である。獻公をそれとなく戒めて、晉に亂が起ると言ったのである。

(附)『爾雅』釋詁及び『説文』に「在　存也」とあるのを參照。また、隱公三年の公羊傳文「有天子存」の注に「存　在」とあるのを參照。

【傳】晉侯乃還

【注】齊と會さなかったのである。

【傳】九月晉獻公卒　里克丕鄭欲納文公　故以三公子之徒作亂

【注】「丕鄭」は、晉の大夫である。「三公子」とは、申生・重耳・夷吾である。

【附】『史記』晉世家「秋九月獻公卒　里克邳鄭欲内重耳　以三公子之徒作亂」の〈集解〉に「賈逵曰　邳鄭　晉大夫　三公子　申生重耳夷吾也」とあるのを參照。

【傳】初獻公使荀息傅奚齊　公疾　召之曰　以是藐諸孤

【注】その幼弱さ卑賤さが諸子と縣藐している〔かけはなれている〕、ということである。

【附】『漢書』韋賢傳「既藐下臣　追欲從逸」の注に「應劭曰　藐　遠也（中略）師古曰　藐與邈同」とあるのを參照。なお、異説として、顧炎武『左傳杜解補正』に「藐　小也」とあり、また、王引之『經義述聞』に「諸卽者字也　者與諸古字通（中略）藐者孤　猶言羸者陽耳」とある。

なお、注の「幼賤」については、王引之『經義述聞』に「今本作幼賤　乃後人所改　時奚齊已立爲大子　不得言賤　正義曰　言年既幼稚　縣藐於諸子之孤　則注本作幼稚明矣　文選寡婦賦注引注亦作幼稚　今改正」とある。

【傳】辱在大夫　其若之何

【注】荀息に卑下して、奚齊を守らせようとしたのである。

【傳】稽首而對曰　臣竭其股肱之力　加之以忠貞　其濟　君之靈也　不濟　則以死繼之　公曰　何謂忠貞　對曰　公家之利　知無不爲　忠也　送往事居　耦俱無猜　貞也

【注】「往」は、死者で、「居」は、生者である。「耦」は、兩である。死者を送り、生者に事え、兩者から恨み疑われることがないのが、所謂「正〔貞〕」である。

【附】注の「往　死者　居　生者」については、『國語』晉語二に「葬死者　養生者　死人復生不悔　生人不媿　貞也」とあるのを參照。

注の「耦　兩也」については、襄公二十九年の傳文「射者三耦」の注に「二人爲耦」とあるのを參照。

注の「疑恨」については、昭公三年の傳文「寡君猜焉」の注に「猜　疑也」とあるのを參照。また、『方言』第十二に「猜　恨也」とあるのを參照。

注の「所謂正也」については、哀公十七年の傳文「衞侯貞卜」の注に「正卜夢之吉凶」とあるのを參照。また、『易』〈師〉卦の彖傳に「貞　正也」とあるのを參照。

【傳】及里克將殺奚齊　先告荀息曰　三怨將作

【注】（「三怨」とは）「三公子の仲間」〔上の傳文〕のことである。

【附】『國語』晉語二に「里克將殺奚齊　先告荀息曰　三公子之徒將殺孺子　子將如何」とあるのを參照。

【傳】秦晉輔之　子將何如　荀息曰　將死之　里克曰　無益也　荀叔曰　吾與先君言矣　不可以貳　能欲復言而愛身乎

㊟「荀叔」とは、荀息のことである。「復言」とは、"約束を履行できる"〔『論語』學而〕ということである。

(附)注の「荀叔　荀息也」については、二年の傳文「晉荀息請以屈產之乘與垂棘之璧假道於虞以伐虢」の注に「荀息　荀叔也」とあるのを參照。注の「復言　言可復也」については、哀公十六年の傳文「吾聞　勝也好復言」の注に「言之所許　必欲復行之　不顧道理」とあるのを參照。また、『國語』楚語下「復言而不謀身　展也」の韋注に「復言　言可復　不欺人也」とあるのを參照。なお、『國語』晉語二に「豈能欲行吾言而又愛吾身乎」とあるのも參照。ただし、杜預が「復」自體をどのように解していたかは、よくわからない。ちなみに、何晏〈集解〉には「復猶覆也」とあり、皇侃〈義疏〉には「復猶驗也」とある。

[傳]雖無益也　將焉辟之　且人之欲善　誰不如我　我欲無貳　而能謂人已乎

㊟里克を止めて、申生たちに對して不忠にさせる、というようなことは出來ない、ということである。

[傳]冬十月里克殺奚齊于次

㊟「次」は、喪寢〔もや〕である。

(附)『史記』晉世家に「十月里克殺奚齊于喪次　獻公未葬也」とあるのを參照。また、『儀禮』士喪禮「衆主人出門　哭止　皆西面于東方　闔門　主人揖就次」の注に「次謂斬衰倚廬　齊衰堊室也」とあるのを參照。なお、文公四年の傳文「楚人滅江　秦伯爲之降服　出次　不舉過數」の注に「出次　辟正寢」とあるのも參照。

[傳]書曰殺其君之子　未葬也　荀息將死之　人曰　不如立卓子而輔之　荀息立公子卓以葬　十一月里克殺公子卓于朝　荀息死之　君子曰　詩所謂　白圭之玷　尚可磨也　斯言之玷　不可爲也

㊟「詩」は、大雅〈抑〉である。言葉のきずは、なおすのが、白圭よりもはるかに難かしい、ということである。

(附)毛傳に「玷　缺也」とあり、鄭箋に「斯　此也」とあるのを參照。

[傳]荀息有焉

㊟（荀息には）このような、詩人の（所謂）「言葉を重んじる」という義があった、ということである。

(附)『史記』晉世家に「君子曰　詩所謂　白珪之玷　猶可磨也　斯言之玷　不可爲也　其荀息之謂乎　不負其言」とあるのを參照。また、十年の公羊傳文に「荀息可謂不食其言矣」とあり、『國語』晉語二に「君子曰　不食其言矣」とあるのを參照。なお、異説として、陸粲『左傳附注』に「李德裕窮愁志云　荀息許晉獻以言　繼之以死　君子猶歎斯言之玷不可爲也　司馬溫公亦云　獻公廢長立少　荀息不能明白理義格其非心　而遽以死許之　是其言玷於前而不可救於後　左氏之志　所以貶息而非褒也　元凱之言　失其指矣」とある。

[傳]齊侯以諸侯之師伐晉　及高梁而還　討晉亂也

㊟「高梁」は、晉地で、平陽の楊縣の西南部にあった。

(附)注の「高梁　晉地」については、『史記』齊世家「桓公於是討晉亂至高梁」の〈集解〉に「服虔曰　晉地也」とあるのを參照。
注の「在平陽縣西南」は、二十四年の注に從って、「在平陽楊縣西南」に改める。なお、李惇『羣經識小』に「高梁一地　而杜解三處互異　僖九年傳　齊伐晉　及高梁而還　注　在平陽縣西南　十五年傳　明年其死於高梁之墟　注　在平陽楊氏縣西南　二十四年傳　使殺懷公於高梁　注　在平陽楊縣西南　案平陽縣爲平陽郡治　今臨汾縣也　楊縣今洪洞縣也　在臨汾東北五十里　注皆云西南　方向已屬不合　至楊氏縣　則漢志晉志皆無之　此注氏字蓋羨文也　案昭二十八年傳　僚安爲楊氏大夫　注亦曰平陽楊氏縣　蓋因傳文有楊氏字　後人遂誤衍氏字　遂幷十五年注亦衍氏字也　若僖九年注　則陽字下脱一楊字耳　其實四處注　皆當作平陽楊縣西南也」とあるのを參照。

【傳】令不及魯　故不書

【注】以前すでに「不書」の例を發しているのに、今ここでまた重ねて發しているのは、霸者の場合は一般の諸侯と異なるかにまぎらわしいから(實は同じであることを明らかにしたの)である。

【附】隱公十一年の傳文に「宋不告命　故不書　凡諸侯有命　告則書　不然則否」とある。

【傳】晉郤芮使夷吾重賂秦以求入

【注】「郤芮」は、郤克の祖父で、夷吾に從っていた者である。

【附】『國語』晉語二「夷吾告冀芮曰」の韋注に「冀芮　晉大夫郤芮也　從夷吾者」とあるのを參照。

【傳】曰　人實有國　我何愛焉

【注】國は(いま)自分のものでないのに、どうして、惜しんで、秦に贈與しないのか、ということである。

【傳】入而能民　土於何有　從之

【注】民(の支持)を得られれば、土地が無くても心配ない、ということである。

【傳】齊隰朋帥師會秦師納晉惠公

【注】「隰朋」は、齊の大夫である。「惠公」は、夷吾である。

【附】『史記』晉世家に「秦兵與夷吾亦至晉　齊乃使隰朋會秦倶入夷吾　立爲晉君　是爲惠公」とあるのを參照。

【傳】秦伯謂郤芮曰　公子誰恃　對曰　臣聞　亡人無黨　有黨必有讎

【注】夷吾には味方がなく、味方がなければ、敵がなく、(したがって)出やすく入りやすい、ということであり、これによって、遠まわしに秦を勸誘したのである。

【附】注の「無黨則無讎」については、『國語』晉語二「有黨必有讎」の韋注に「言無黨則必無讎也」とあるのを參照。
注の「以微勸秦」については、『國語』晉語二に「君子曰　善以微勸也」とあるのを參照。

【傳】夷吾弱不好弄

【注】「弄」は、戲である。

【附】『國語』晉語二に「夷吾之少也　不好弄戲」とあるのを參照。

【傳】能鬭不過

【注】節度があった。

【傳】長亦不改　不識其他　公謂公孫枝曰　夷吾其定乎

【注】「公孫枝」は、秦の大夫の子桑である。

【附】『史記』秦本紀「繆公問公孫支」の〈集解〉に「服虔曰　秦大夫公孫子桑」とあるのを參照。

【傳】對曰　臣聞之　唯則定國　詩曰　不識不知　順帝之則　文王之謂也

【注】「詩」は、大雅（皇矣および抑）である。「帝」は、天である。「則」は、法である。文王は、むやみに行動しても、自然と天の法に合致した、ということである。

【附】鄭箋に「順天之法而行之者　此言天之道尚誠實貴性自然」とあるのを參照。

【傳】又曰　不僭不賊　鮮不爲則

【注】「僭」は、過差〔たがう〕である。「賊」は、傷害〔そこなう〕である。それぞれ、（下の）「忌〔ねたむ〕」と「克〔かちたがる〕」とに相當する。そうでないように出來れば、人の法則となり得る、ということである。

【附】毛傳に「僭　差也」とあり、鄭箋に「當善愼女之容止不可過差於威儀」とあるのを參照。なお、哀公五年の傳文「商頌曰　不僭不濫」の注に「僭　差也」とあり、昭公元年の傳文「詩曰　不僭不賊」の注に「賊　害人也」とある。

【傳】無好無惡　不忌不克之謂也　今其言多忌克

【注】「僭」であるうえに「賊」である、ということである。

【傳】難哉

【注】自分の地位を安定させるのは難かしい、ということである。

【傳】公曰　忌則多怨　又焉能克　是吾利也

【注】その言葉にねたみが多いとしても、自分〔夷吾〕を害するのが關の山で、人に勝つことは出來ない、ということである。秦伯は、夷吾がかえって自分〔秦伯〕の害になることを心配していたから、「こちらの利益になる」と言ったのである。

【附】『論語』憲問「克伐怨欲　不行焉　可以爲仁矣」の〈集解〉に「馬曰　克　好勝人」とあるのを參照。

【傳】宋襄公卽位　以公子目夷爲仁　使爲左師以聽政　於是宋治　故魚氏世爲左師

〔僖公十年〕

【經】十年春王正月公如齊

【注】傳はない。

【經】狄滅溫　溫子奔衞

【注】おそらく、中國にいた狄が滅して、その土地に居すわったのであろう。

【經】晉里克弑其君卓及其大夫荀息

【注】卓を弑したのは前の年なのに、この年の春のこととして書いているのは、赴告に從ったのである。獻公の埋葬がすみ、卓は喪がとけていた

から、「君」と稱しているのである。「荀息」と名を稱しているのは、（荀息は）約束を履行しようとしたけれども、もともと遠謀がなく、（ただ）「君のおろかさに從った」〔襄公十九年傳文〕からである。

【附】注の「弑卓在前年」については、九年の傳文に「十一月里克殺公子卓于朝　荀息死之」とある。

注の「獻公既葬云云」については、九年の傳文に「荀息立公子卓以葬」とある。なお、九年の傳文に「書曰殺其君之子　未葬也」とあり、また、「凡在喪　王曰小童　公侯曰子（注　在喪　未葬也）」とあるのを參照。

注の「荀息稱名者云云」については、莊公十二年「秋八月甲午宋萬弑其君捷及其大夫仇牧」の注に「仇牧稱名　不警而遇賊　無善事可褒」とあるのを參照。また、文公七年の傳文に「書曰宋人弑其大夫　不稱名　衆也　且言非其罪也」とあり、注に「不稱殺者及死者名　殺者衆　故名不可知　死者無罪　則例不稱名」とあるのを參照。なお、注の「欲復言」については、九年の傳文に「荀叔曰　吾與先君言矣　不可以貳　能欲復言而愛身乎」とあり、注に「復言　言可復也」とあるのを參照〔なお、その【附】も參照〕。

【經】夏齊侯許男伐北戎

【注】傳はない。「北戎」は、山戎である。

【附】莊公三十年に「齊人伐山戎」とあり、注に「山戎　北狄」とあるのを參照。

【經】晉殺其大夫里克

【注】奚齊は、先君が命じた者であり、卓子もまた、國（都）にいたために位を嗣いだだけであって、（いずれもみな）無道の罪にはあたらないのに、里克は、みずから三公子の仲間の首領となって、ひきつづいて二君を弑した。だから、名を稱して罪責したのである。

【附】注の「奚齊者云云」については、九年「冬晉里克殺其君之子奚齊」の注に「奚齊　受命繼位　無罪」とあるのを參照。また、莊公二十八年の傳文に「夏使大子居曲沃　重耳居蒲城　夷吾居屈　羣公子皆鄙　唯二姫之子在絳」とあるのを參照。

注の「而里克親爲三怨之主」については、九年の傳文に「及里克將殺奚齊　先告荀息曰　三怨將作」とあり、注に「三公子之徒」とあるのを參照。

注の「故稱名以罪之」については、文公七年の傳文に「書曰宋人殺其大夫　不稱名　衆也　且言非其罪也」とあり、注に「不稱殺者及死者名　殺者衆　故名不可知　死者無罪　則例不稱名」とあるのを參照。

【經】秋七月

【經】冬大雨雪

【注】傳はない。「平地に一尺つもるのを『大雪』という」〔隱公九年傳文〕。

［傳］十年春狄滅溫　蘇子無信也　蘇子叛王卽狄　又不能於狄　狄人伐之　王不救　故滅　蘇子奔衞

［注］「蘇子」は、周の司寇の蘇公の後裔である。溫に國(都)をおいていたから、「溫子」と言うのである。王に叛いた事は、莊公十九年にある。

［附］注の「蘇子　周司寇蘇公之後也」については、隱公十一年の傳文「而與鄭人蘇忿生之田」の注に「蘇忿生　周武王司寇　蘇公也」とあるのを參照。また、成公十一年の傳文に「蘇忿生以溫爲司寇」とあるのを參照。なお、『書』立政に「周公若曰　大史　司寇蘇公」とあるのも參照。注の「國於溫　故曰溫子」については、經に「溫子奔衞」とある。なお、莊公十九年の傳文「出奔溫」の注に「溫　蘇氏邑」とあるのを參照。注の「叛王事在莊十九年」については、莊公十九年の傳文に「故蔿國邊伯石速詹父子禽祝跪作亂　因蘇氏　秋五大夫奉子頽以伐王　不克出奔溫　蘇子奉子頽以奔衞」とある。

［傳］夏四月周公忌父王子黨會齊隰朋立晉侯

［注］「周公忌父」は、周の卿士である。「王子黨」は、周の大夫である。

［附］『史記』晉世家「四月周襄王使周公忌父會齊秦大夫共禮晉惠公」の〈集解〉に「賈逵曰　周卿士」とあるのを參照。

［傳］晉侯殺里克以說

［注］簒奪したのではないと辯解したのである。

［傳］將殺里克　公使謂之曰　微子　則不及此　雖然　子殺二君與一大夫　爲子君者　不亦難乎　對曰　不有廢也　君何以興　欲加之罪　其無辭乎

［注］自分に罪をきせたいのなら、口實にことかかない、ということである。

［附］傳文の「子弑二君與一大夫」の「弑」は、挍勘記に從って、「殺」に改める。ちなみに、『史記』晉世家に「子亦殺二君一大夫」とあり、『國語』晉語三に「子殺二君與一大夫」とある。なお、前者の〈集解〉に「服虔曰　奚齊悼子荀息也」とあり、後者の韋注に「二君　奚齊卓子　一大夫　荀息」とある。

［傳］臣聞命矣　伏劍而死　於是丕鄭聘于秦　且謝緩賂　故不及

［注］「丕鄭」は、里克の仲間であったが、秦にいたため、里克とともに死ぬことを、免れたのである。

［附］九年の傳文に「九月晉獻公卒　里克丕鄭欲納文公　故以三公子之徒作亂」とあるのを參照。

［傳］晉侯改葬共大子

［注］「共大子」とは、申生のことである。

［附］昭公二十八年の傳文「且三代之亡　共子之廢　皆是物也」の注に「共子　晉申生」とあるのを參照。また、『國語』晉語三「惠公卽位　出共世子而改葬之」の韋注に「共世子　申生也」とあるのを參照。なお、『史記』晉世家に「晉君改葬恭大子申生」とあり、『國語』晉語二に「是以諡爲共君」とある。

［傳］秋狐突適下國

［注］「下國」とは、曲沃の新城のことである。

(附)桓公二年の傳文に「惠之二十四年晉始亂　故封桓叔于曲沃」とあり、莊公十六年の傳文に「王使虢公命曲沃伯以一軍爲晉侯」とあり、僖公四年の傳文に「大子奔新城（注　新城　曲沃）」とあるのを參照。なお、『史記』晉世家「秋狐突之下國」の〈集解〉に「服虔曰　晉所滅國以爲下邑　一曰　曲沃有宗廟　故謂之國　在絳下　故曰下國也」とある。

【傳】遇大子　大子使登僕

(注)夢でのように、忽然と出會ったのである。狐突は、以前、申生の御者をつとめたことがあったから、（今ここで）また、車に登らせて、僕〔御者〕にしたのである。

(附)十五年の傳文に「秦伯使辭焉曰　二三子何其慼也　寡人之從君而西也　亦晉之妖夢是踐　豈敢以至」とあり、注に「狐突不寐而與神言　故謂之妖夢」とあるのを參照。また、閔公二年の傳文に「大子帥（中略）狐突御戎」とあり、注に「爲申生御」とあるのを參照。

【傳】而告之曰　夷吾無禮

(附)疏に「賈逵云　烝於獻公夫人賈君　故曰無禮　馬融云　申生不自明而死　夷吾改葬之　章父之過　故曰無禮」とある。

【傳】余得請於帝矣

(注)夷吾を罰することを請うた、ということである。

(附)『史記』晉世家「余得請於帝」の〈集解〉に「服虔曰　帝　天帝　請罰有罪」とあるのを參照。

【傳】將以晉畀秦　秦將祀余　對曰　臣聞之　神不歆非類　民不祀非族　君祀無乃殄乎

(注)「歆」は、饗〔うける〕である。「殄」は、絶である。

(附)注の「歆　饗也」については、三十一年の傳文「鬼神非其族類　不歆其祀」の注に「歆猶饗也」とあるのを參照。なお、『漢書』文帝紀に「朕既不德　上帝神明未歆饗也」とある。

注の「殄　絶也」については、哀公十一年の傳文「劓殄無遺育」の注に、同文がみえる。なお、『爾雅』釋詁に「殄　絶也」とあるのを參照。ちなみに、『史記』晉世家には「君其祀毋乃絶乎」とある。

【傳】且民何罪　失刑乏祀　君其圖之

(附)挍勘記に「乏祀爲無主祭也　考文引足利本有此七字在君其圖之句下　盧文弨挍本爲疑譌」とある。

【傳】君曰　諾　吾將復請　七日　新城西偏將有巫者而見我焉

(注)「新城」とは、曲沃のことである。巫〔みこ〕を通じて會うであろう、ということである。

(附)注の「新城　曲沃也」については、四年の傳文「大子奔新城」の注に、同文がみえる。なお、その(附)を參照。

【傳】許之　遂不見

(注)狐突がその言葉に同意すると、申生の姿も消えたのである。

【傳】及期而往　告之曰　帝許我罰有罪矣　敝於韓

(注)「敝」は、敗である。「韓」は、晉地である。惠公一人だけを敗るから、「有罪を罰する」と言ったのであり、（つまり）晉を秦に與える〔上の傳文〕ようなことはしない、ということを明らかにしたのである。夷吾は、人をねたみ、人にかちたがって、怨みをうけ、最後には

國を失った。（だから、今ここで、夷吾が）改葬して謚をおくっても、申生は（かえって）怒ったのである。傳は、鬼神がとりついたものは、時として眞實を告げる、ということを言っているのである。

【附】注の「敝　敗也　韓　晉地」については、『史記』晉世家「獘於韓」の〈集解〉に「賈逵曰　獘　敗也　韓　晉韓原」とあるのを參照。

注の「夷吾忌克多怨」については、九年の傳文に「今其言多忌克（中略）忌則多怨」とあるのを參照。

注の「終於失國」については、あまりはっきりしないが、おそらく、その死〔二十三年〕の明年に、文公が入り、子の懷公が殺されたことを指すのであろう。なお、十一年の傳文に「晉侯其無後乎」とあり、また、二十四年の傳文に「惠懷無親　外內弃之」とあるのを參照。

注の「雖改葬加謚　申生猶忿」については、『國語』晉語三に「君改葬共君以爲榮也　而惡滋章」とあるのを參照。

注の「傳言鬼神所馮　有時而信」については、十五年に「十有一月壬戌晉侯及秦伯戰于韓　獲晉侯」とある。

【傳】丕鄭之如秦也　言於秦伯曰　呂甥郤稱冀芮實爲不從　若重問以召之

【注】三子は、晉の大夫である。「不從」とは、秦に賄賂を與えない、ということである。「問」は、聘問の幣〔おくりもの〕である。

【附】注の「不從　不與秦賂」については、十五年の傳文に「賂秦伯以河外列城五　東盡虢略　南及華山　內及解梁城　既而不與」とあるのを參照。

注の「問　聘問之幣」については、成公十六年の傳文「楚子使工尹襄問之以弓」の注、及び哀公十一年の傳文「使問弦多以琴」の注に「問　遺也」とあるのを參照。また、『詩』鄭風〈女曰雞鳴〉「雜佩以問之」の毛傳に「問　遺也」とあり、『禮記』曲禮上「凡以弓劒苞苴簞笥問人者」の注に「問猶遺也」とあるのを參照。なお、すぐ下の傳文に「幣重而言甘」とあるのも參照。ちなみに、『史記』晉世家には「若重賂與謀」とある。

【傳】臣出晉君　君納重耳　蔑不濟矣

【注】「蔑」は、無である。

【附】成公十六年の傳文「寧事齊楚　有亡而已　蔑從晉矣」の注に、同文がみえる。なお、『詩』大雅〈板〉「喪亂蔑資」の毛傳に「蔑　無」とあるのを參照。ちなみに、『史記』晉世家には「出晉君　入重耳　事必就」とある。

【傳】冬秦伯使泠至報問　且召三子

【注】「泠至」は、秦の大夫である。

【附】『國語』晉語三「穆公使泠至報問」の韋注に「泠至　秦大夫　報問　報丕鄭之聘　且問遺呂甥之屬」とあるのを參照。

【傳】郤芮曰　幣重而言甘　誘我也　遂殺丕鄭祁舉

【注】「祁舉」は、晉の大夫である。

【傳】及七輿大夫

【注】侯・伯は七命だから、副車も七乘なのである。

【附】襄公二十三年の傳文「唯魏氏及七輿大夫與之」の注に「七輿　官名」とあるのを參照。また、『周禮』大宗伯に「七命賜國〔注　鄭司農云出就侯伯之國）」とあり、同大行人に「諸侯之禮（中略）貳車七乘」とあるのを參照。なお、異説として、疏に「服虔云　下軍之輿帥七人屬申生者」とあり、また、『國語』晉語三「是故殺丕鄭及七輿大夫」の韋注に「七輿　申生下軍七輿大夫也」とある。

㊟七子は、（上の）「七輿大夫」である。

【傳】左行共華右行賈華叔堅騅歂纍虎特宮山祁　皆里丕之黨也

【傳】丕豹奔秦

㊟「丕豹」は、丕鄭の子である。

（附）『國語』晉語三「丕豹出奔秦」の韋注に「豹　丕鄭子」とあるのを參照。なお、『史記』晉世家には「邳鄭子豹奔秦」とある。

【傳】言於秦伯曰　晉侯背大主而忌小怨　民弗與也　伐之必出

㊟「大主」とは、秦のことである。「小怨」とは、里（克）・丕（鄭）のことである。

【傳】公曰　失衆　焉能殺

㊟里（克）・丕（鄭）の一味を殺したことをいう。

（附）『國語』晉語三に「失衆　安能殺人」とあり、韋注に「人　謂里丕及七輿大夫」とあるのを參照。

【傳】違禍　誰能出君

㊟豹が禍難を避けたことをいう。明年の「晉殺（其大夫）丕鄭（父）」のために傳したのである。

（附）『國語』晉語三に「以禍爲違　孰能出君」とあり、韋注に「違　去也　謂丕豹以禍故　而去其國　誰能出君乎」とあるのを參照。なお、莊公四年の傳文「違齊難也」の注に「違　辟也」とあるのも參照。

〔僖公十一年〕

【經】十有一年春晉殺其大夫丕鄭父

㊟私怨によって國を亂そうと謀ったから、名を書いて、罪責したのである。（前年のことなのに、この年の）「春」のこととして書いているのは、赴告に從ったのである。

（附）注の「私怨」については、何を指しているのか、あまりはっきりしないが、おそらく、仲間の里克が殺されたことあたりであろう。

注の「書名　罪之」については、文公七年の傳文に「書曰宋人殺其大夫　不稱名　衆也　且言非其罪也」とあり、注に「不稱殺者及死者名　殺者衆　故名不可知　死者無罪　則例不稱名」とあるのを參照。

注の「書春　從告」については、下の傳文に「春晉侯使以丕鄭之亂來告」とある。

なお、經文について、挍勘記に「公羊疏云　左氏經無父字　然則今諸本有父者　衍文也」とある。

【經】夏公及夫人姜氏會齊侯于陽穀

㊟傳はない。「婦人は、送迎するにも門を出ず、兄弟と會うにも閾（しきみ）を踰えない」（二十二年傳文）から、（今ここで）公とともに齊侯と會したのは、非禮である。

[經]秋八月大雩

㊟傳はない。時期を過ぎていたから、書いたのである。

(附)桓公五年の傳文に「秋大雩　書　不時也　凡祀　啓蟄而郊　龍見而雩（注　龍見　建巳之月）始殺而嘗　閉蟄而烝　過則書」とあるのを參照。

[經]冬楚人伐黃

[傳]十一年春晉侯使以平鄭之亂來告

㊟（前年のことなのに）經がこの年に書いていることを釋したのである。

(附)經の注に「書春　從告」とあるのを參照。

[傳]天王使召武公內史過賜晉侯命

㊟「天王」とは、周の襄王である。「召武公」は、周の卿士である。「內史過」は、周の大夫である。諸侯が卽位すると、天子は、これに命圭を賜わって、瑞〔しるし〕とするのである。

(附)莊公三十二年の傳文「惠王問諸內史過」の注に「內史過　周大夫」とあるのを參照。また、『國語』周語上に「襄王使邵公過及內史過賜晉惠公命」とあり、韋注に「命　瑞命也　諸侯卽位　天子賜之命圭以爲瑞節也」とあるのを參照。なお、文公十二年の傳文に「不腆先君之敝器　使下臣致諸執事以爲瑞節　要結好命」とあり、哀公十四年の傳文「司馬請瑞焉」の注に「瑞　符節　以發兵」とあるのも參照。

[傳]受玉惰　過歸　告王曰　晉侯其無後乎　王賜之命而惰於受瑞　先自弃也已　其何繼之有　禮　國之幹也　敬　禮之輿也　不敬則禮不行　禮不行則上下昏　何以長世

㊟惠公が終りを完うできなかった〔後嗣が絶えた〕ことのために、本を張ったのである。

(附)注の「惠公不終」については、十年の傳文「及期而往　告之曰　帝許我罰有罪矣　敝於韓」の注に「夷吾忌克多怨　終於失國」とあるのを參照。なお、その(附)も參照。

[傳]夏揚拒泉皐伊雒之戎同伐京師　入王城焚東門

㊟「揚」・「拒」・「泉」・「皐」は、いずれもみな、戎の邑であり、それと、諸々の雜戎で「伊」水・「雒」水の流域に居た者である。今、伊闕の北に泉亭がある。

(附)疏に引く『釋例』に「諸雜戎居伊水雒水之間者　河南雒陽縣西南有戎城　伊水　出上雒盧氏縣熊耳山　東北至河南雒陽縣入雒　雒水　出上雒縣冢領山　東北經弘農　至河南鞏縣入河」とある。なお、『國語』周語上「昔伊洛竭而夏亡」の韋注に「伊出熊耳　洛出冢嶺」とあるのを參照。また、『後漢書』西羌傳に「伊洛間有楊拒泉皐之戎」とあるのを參照。

[傳]王子帶召之也

㊟「王子帶」とは、甘昭公のことである。戎を引き入れ、それに因って位を簒奪しようとしたのである。

(附)二十四年の傳文に「初甘昭公有寵於惠后」とあり、注に「甘昭公　王子帶也」とあるのを參照。また、『史記』周本紀に「叔帶與戎翟謀伐襄王」とあるのを參照。

(傳)秦晉伐戎以救周　秋晉侯平戎于王

(注)二十四年の「天王出居(于)鄭」のために傳したのである。

(附)十二年の傳文に「黃人恃諸侯之睦于齊也」とあるのを參照。

(注)黃人が齊を恃んだからである。

(傳)黃人不歸楚貢　冬楚人伐黃

〔僖公十二年〕

(經)十有二年春王三月庚午日有食之

(注)傳はない。「朔」を書いていないのは、史官が書き漏らしたのである。

(附)隱公三年「春王二月己巳日有食之」の注に、ほぼ同文がみえる。

(經)夏楚人滅黃

(經)秋七月

(經)冬十有二月丁丑陳侯杵臼卒

(注)傳はない。(名を書いているのは)世子をやって、僖公と甯毋及び洮で同盟した(からである)。

(附)七年に「秋七月公會齊侯宋公陳世子款鄭世子華盟于甯毋」とあり、八年に「春王正月公會王人齊侯宋公衛侯許男曹伯陳世子款盟于洮」とある。なお、二十三年の傳文に「凡諸侯同盟　死則赴以名　禮也」とあるのを參照。

(傳)十二年春諸侯城衛楚丘之郛　懼狄難也

(注)「楚丘」は、衛の國都である。「郛」は、郭である。明年の「春狄侵衛」のために傳したのである。

(附)注の「楚丘　衛國都」については、二年の傳文に「春諸侯城楚丘而封衛焉」とあるのを參照。

注の「郛　郭也」については、隱公五年の傳文「伐宋　入其郛　以報東門之役」等の注に、同文がみえる。なお、文公十五年の公羊傳文に「郛者何　恢郭也」とあり、何注に「恢　大也　郭　城外大郭」とあるのを參照。

(傳)黃人恃諸侯之睦于齊也　不共楚職　曰　自郢及我九百里　焉能害我

夏楚滅黃

(注)「郢」は、楚の都である。

(附)『說文』に「郢　故楚都」とあるのを參照。なお、宣公十二年の公羊傳文「南郢之與鄭　相去數千里」の何注に「南郢　楚都」とあるのも參照。

(傳)王以戎難故　討王子帶

㊟子帯は、前年に、戎を引き入れて周を伐ったのである。

(附)十一年の傳文に「夏揚拒泉皐伊雒之戎同伐京師　入王城焚東門　王子帶召之也」とある。

【傳】秋王子帶奔齊

【傳】冬齊侯使管夷吾平戎于王　使隰朋平戎于晉

㊟「平」は、和である。前年に、晉が周を救援して戎を伐ったから、戎は、周・晉と不和だったのである。

(附)注の前半については、『國語』魯語上「齊侯乃許爲平而還」の韋注に「平　和也」とあるのを參照。なお、隱公六年「春鄭人來渝平」の注に「和而不盟　曰平」とあるのも參照。

注の後半については、十一年の傳文に「秦晉伐戎以救周」とある。なお、『史記』周本紀「齊桓公使管仲平戎于周　使隰朋平戎于晉」の〈集解〉に「服虔曰　戎伐周　晉伐戎救周　故和也」とあるのを參照。

【傳】王以上卿之禮饗管仲　管仲辭曰　臣　賤有司也　有天子之二守國高在

㊟「國」子・「高」子は、天子が命じて齊の守臣としたものであり、いずれもみな、上卿である。莊公二十二年に、高傒が始めて經に現われており、僖公二十八年になると、國歸父が傳に現われる。（さかのぼって）歸父の父を懿仲といい、（くだって）高傒の子を莊子というが、この時だれの代に當たっていたかは、よくわからない。

(附)注の「國子高子云云」については、定公九年の傳文「必娶於高國」の注に「高氏國氏　齊貴族也」とあるのを參照。また、襄公二十一年の傳文「得罪於王之守臣」の注に「范宣子爲王所命　故曰守臣」とあるのを參照。また、『國語』齊語「國子帥五鄕焉　高子帥五鄕焉」の韋注に「國子高子　皆齊上卿」とあるのを參照。なお、『禮記』王制に「次國三卿　二卿命於天子　一卿命於其君」とあるのも參照。

注の「莊二十二年高傒始見經」については、莊公二十二年に「秋七月丙申及齊高傒盟于防」とあり、注に「高傒　齊之貴卿」とある。

注の「僖二十八年國歸父乃見傳」については、僖公二十八年の傳文に「夏四月戊辰晉侯宋公齊國歸父崔夭秦小子憖次于城濮」とある。

注の「歸父之父曰懿仲」については、『史記』田敬仲完世家に「齊懿仲欲妻完卜之」とあるのを參照。ただし、莊公二十二年の傳文には「初懿氏卜妻敬仲」とあり、注に「懿氏　陳大夫」とある。

注の「高傒之子曰莊子」については、襄公二十九年の傳文「齊人立敬仲之曾孫酀（注　敬仲　高傒）良敬仲也」の疏に引く『世本』に「敬仲生莊子」とあるのを參照。

【傳】若節春秋來承王命　何以禮焉

㊟「節」は、時である。

(附)『史記』周本紀「若節春秋來承王命　何以禮焉」の〈集解〉に「賈逵曰　節　時也」とあるのを參照。

【傳】陪臣敢辭

㊟諸侯の臣を「陪臣」という。

(附)襄公二十一年の傳文「天子陪臣盈」の注に「諸侯之臣　稱於天子曰陪臣」とあるのを參照。また、『史記』周本紀「陪臣敢辭」の〈集解〉

に「服虔曰　陪　重也　諸侯之臣於天子　故曰陪臣」とあるのを參照。

【傳】王曰　舅氏

【注】伯舅の使いだから、「舅氏」と言ったのである。

【附】『史記』周本紀「王曰　舅氏」の〈集解〉に「賈逵曰　舅氏　言伯舅之使也」とあるのを參照。また、九年の傳文に「使孔賜伯舅胙」とあり、注に「天子謂異姓諸侯曰伯舅」とあるのを參照。

【傳】余嘉乃勳　應乃懿德　謂督不忘　往踐乃職　無逆朕命

【注】（そなたの）功勳と美德は、正しくて忘れられないものと言える、ということである。「位」と言わずに、「職」と言っているのは、管仲は、位は卑かったけれども、齊の政治を執っていたから、職によって尊ぼうとしたのである。

【附】二十四年の傳文「不廢懿親」の注に「懿　美也」とあり、『詩』大雅〈烝民〉「好是懿德」の毛傳に「懿　美也」とあるのを參照。また、『爾雅』釋詁に「督　正也」とあるのを參照。

【傳】管仲受下卿之禮而還

【注】管仲は、職によって自分を昇格させることをせず、結局、本來の位に相當する禮を受けたのである。

【附】王引之『經義述聞』に「管仲受下卿之禮而還　家大人曰　受上當有卒字　上文管仲辭上卿之禮　是欲受下卿之禮也　王雖不許　而管仲終不敢以上卿自居　故曰　卒受下卿之禮而還　若無卒字　則與上文不相應矣　自唐石經始脫卒字　而各本皆沿其誤　杜注　卒受本位之禮　卒受二字卽本於正文　白帖五十九　太平御覽人事部六十四　引此竝作卒受下卿之禮　史記周本紀同」とある。

【傳】君子曰　管氏之世祀也宜哉　讓不忘其上　詩曰　愷悌君子　神所勞矣

【注】「詩」は、大雅〈旱麓〉である。「愷」は樂であり、「悌」は易（やすらか）である。たのしんでやすらかな君子は、神にたすけられるから、代々祭祀が續く、ということである。（しかしながら、實際には）管仲の後裔は、齊では消えて二度と現われず、傳も、效驗がなかったことを言っている。

【附】注の「愷　樂也」及び「悌　易也」は、いずれもみな、『爾雅』釋詁の文である。なお、毛傳及び鄭箋に「樂易」とあるのを參照。

注の「勞來」については、鄭箋に「勞　勞來　猶言佑助」とあるのを參照。

注の「管仲之後云云」については、疏に「世族譜管氏出自周穆王　成十一年傳有齊管于奚　譜以爲雜人　則非管仲之子孫也」とある。

注の「傳亦擧其無驗」については、哀公十六年の傳文に「聞其殺齊管脩也而後入」とあり、注に「管脩　楚賢大夫　故齊管仲之後」とあるのを參照。

〔僖公十三年〕

【經】十有三年春狄侵衞

【注】傳は前年の春にある。

【附】十二年の傳文に「春諸侯城衞楚丘之郛　懼狄難也」とあり、注に「爲明年春狄侵衞傳」とある。

【經】夏四月葬陳宣公
㊟傳はない。
【經】公會齊侯宋公陳侯衛侯鄭伯許男曹伯于鹹
㊟「鹹」は、衛地である。東郡の濮陽縣の東南部に鹹城がある。
【經】秋九月大雩
㊟傳はない。書いたのは、(時期を)過ぎていたからである。
(附)十一年「秋八月大雩」の注及び(附)を參照。
【經】冬公子友如齊
㊟傳はない。
【傳】十三年春齊侯使仲孫湫聘于周　且言王子帶
㊟前年に王子帶が齊に奔っており、これを(周に)復歸させようとした、ということである。
【傳】事畢　不與王言
㊟子帶の件を話さなかったのである。
【傳】歸　復命曰　未可　王怒未怠　其十年乎　不十年　王弗召也
【傳】夏會于鹹　淮夷病杞故　且謀王室也
【傳】秋爲戎難故　諸侯戍周　齊仲孫湫致之
㊟「戍」は、守である。諸侯の戍卒〔守備兵〕を周につれていったのである。
(附)注の「戍　守也」については、莊公八年の傳文「齊侯使連稱管至父戍葵丘」の注に、同文がみえる。なお、その(附)を參照。
【傳】冬晉荐饑
㊟麥と禾とが、いずれもみな、みのらなかったのである。
【傳】使乞糴于秦　秦伯謂子桑　與諸乎　對曰　重施而報　君將何求
㊟秦をそこなわない、ということである。
【傳】重施而不報　其民必攜　攜而討焉　無衆必敗
㊟不義だから、民が離れるのである。
(附)七年の傳文「招攜以禮　懷遠以德」の注に「攜　離也」とあるのを參照。
【傳】謂百里　與諸乎
㊟「百里」は、秦の大夫である。
(附)『史記』晉世家「繆公問百里奚」の〈集解〉に「服虔曰　秦大夫」とあるのを參照。
【傳】對曰　天災流行　國家代有　救災恤鄰　道也　行道有福　丕鄭之子豹在秦　請伐晉
㊟父のために復讎しようとしたのである。
(附)十一年に「春晉殺其大夫丕鄭父」とある。

傳 秦伯曰　其君是惡　其民何罪　秦於是乎輸粟于晉　自雍及絳相繼

注「雍」は秦の國都であり、「絳」は晉の國都である。

附『史記』秦本紀「自雍相望至絳」の〈集解〉に「賈逵曰　雍　秦國都　絳　晉國都也」とあるのを參照。

傳 命之曰汎舟之役

注 渭水から水上を運んで、黄河・汾水に入ったのである。

〔僖公十四年〕

經 十有四年春諸侯城緣陵

注「緣陵」は、杞の邑である。淮夷を避けて、都を緣陵に遷したのである。

附 十三年の傳文に「淮夷病杞」とある。

經 夏六月季姬及鄫子遇于防　使鄫子來朝

注「季姬」は、魯の女で、鄫の夫人である。鄫子は本來、朝する意志がなく、季姬によばれて(始めて)やって來たから、「使鄫子來朝」と言っているのである。鄫國は、今の琅邪の鄫縣である。

附 下の傳文に「鄫季姬來寧　公怒止之　以鄫子之不朝也　夏遇于防而使來朝」とある。

經 秋八月辛卯沙鹿崩

注「沙鹿」は、山名である。陽平の元城縣の東部に沙鹿土山がある。(沙鹿は)晉地にあったが、災・害は、災した場所・害した場所に繫げるから、國には繫げない(「晉沙鹿」とは言わない)のである。

附 注の「沙鹿　山名」については、異説として、疏に「服虔云　沙　山名　鹿　山足　林屬於山曰鹿」とある。ちなみに、穀梁傳文に「林屬於山爲鹿　沙　山名也」とある。

注の「陽平元城縣東有沙鹿土山」(挍勘記に従って、「平陽」を「陽平」にあらためる。ちなみに、敦煌本P.二五六二も「陽平」に作っている)については、『漢書』元后傳に「翁孺既免　而與東平陵終氏爲怨　乃徙魏郡元城委粟里　爲三老　魏郡人德之　元城建公曰　昔春秋沙麓崩　晉史卜之　曰　陰爲陽雄　土火相乘　故有沙麓崩　後六百四十五年　宜有聖女興　其齊田乎　今王翁孺徙　正直其地　日月當之　元城郭東有五鹿之虛　卽沙鹿地也　後八十年　當有貴女興天下云」とあるのを參照。

注の「在晉地　災害繫於所災所害　故不繫國」については、『漢書』五行志下之上に「左氏以爲沙麓晉地」とあるのを參照。また、疏に引く『釋例』に「陳既已滅　降爲楚縣　而書陳災者　猶晉之梁山沙鹿崩不書晉也　災害繫於所災所害　故以所在爲名」とあるのを參照。

經 狄侵鄭

注 傳はない。

經 冬蔡侯肸卒

注 傳はない。(名を書いていているのは)同盟はしていなかったけれども、名をもって赴告してきた（からである）。

附二十三年の傳文に「凡諸侯同盟　死則赴以名　禮也　赴以名則亦書之（注　謂未同盟）不然則否（注　謂同盟而不以名告）辟不敏也」とあるのを參照。

傳十四年春諸侯城緣陵而遷杞焉　不書其人　有闕也

注「闕」とは、財物をそろえず、城池を固めずに、たち去り、恩惠の施し方が不完全であった、ことをいう。澶淵の會では、（會が）終わっても（見舞品を）贈らなかったため、大夫（の名）を書かずに、國ごとに「人」と稱している、のに對して、今ここでは、まとめて「諸侯」といっている、のは、君・臣の辭〔君と臣とによる書きわけ〕である〔つまり、前者が臣を貶する表現であり、後者が君を貶する表現である、ということ〕。「城杞」と言っていないのは、杞がまだ遷っていなかったからである。

附注の「闕謂器用不具云云」については、元年の傳文に「師遂逐狄人　具邢器用而遷之　師無私焉」とあるのを參照。

注の「澶淵之會云云」については、襄公三十年に「晉人齊人宋人衞人鄭人曹人莒人邾人滕人薛人杞人小邾人會于澶淵　宋災故」とあり、傳に「爲宋災故　諸侯之大夫會　以謀歸宋財　冬十月叔孫豹會晉趙武齊公孫蠆宋向戌衞北宮佗鄭罕虎及小邾之大夫會于澶淵　既而無歸於宋　故不書其人」とある。なお、疏に引く『釋例』に「傳滅入例　衞侯燬滅邢　同姓　故名　又云　穀伯綏鄧侯吾離來朝　名　賤之也　又云　不書蔡許之君　乘楚車也　謂之失位　此皆諸侯貶之例　例不稱人也　諸侯在事　傳有明文　而經稱人者　凡十一條　丘明不示其義　而諸儒皆據案生意　原無所出　貶諸侯而去爵稱人　是爲君臣同文　非正等差之謂也　又澶淵大夫之會　傳曰　不書其人　案經皆去名稱人　至諸侯親城緣陵　傳亦曰　不書其人　而經揔稱諸侯　此大夫及諸侯　經傳所以爲別也　通校春秋　自宣公五年以下　百數十年　諸侯之咎甚多　而皆無貶稱人者　益明此蓋當時告命注記之異　非仲尼所以爲例故也」とあるのを參照。

注の「不言城杞　杞未遷也」については、二年「春王正月城楚丘」の注に「不言城衞　衞未遷」とあるのを參照。

傳鄫季姬來寧　公怒止之　以鄫子之不朝也

注（經が、ここで）里歸りしたことを書かず、あくる年に「歸（于）鄫」と書いているのは、あらためて嫁いだという表現であり、公が、鄫との婚姻を（一度）絶ち〔季姬をひきとめ〕、來朝がすむと（あらためて）かえした、ということを明らかにしたのである。

附十五年に「季姬歸于鄫」とあり、注に「來寧不書　此書者　以明中絕」とあるのを參照。また、莊公二十七年の傳文に「凡諸侯之女　歸寧曰來　出曰來歸」とあり、隱公二年の公羊傳文に「婦人謂嫁曰歸」とあるのを參照。

傳夏遇于防而使來朝

傳秋八月辛卯沙鹿崩　晉卜偃曰　期年將有大咎　幾亡國

注國は、山・川をぬしとするから、山がくずれ、川がつきるのは、國が亡びるきざしである。

附成公五年の傳文に「國主山川（注　主謂所主祭）故山崩川竭　君爲之不舉」とあるのを參照。また、『國語』周語上に「夫國必依山川　山崩川竭　亡之徵也」とあるのを參照。

なお、疏に引く『釋例』に「天人之際　或異而無感　或感而不可知　沙鹿崩　因謂期年將有大咎　梁山崩　則云山有朽壤而自崩　此皆聖賢之讜言　達者所宜先識」とある。

傳冬秦饑　使乞糴于晉　晉人弗與　慶鄭曰　背施　無親

注「慶鄭」は、晉の大夫である。

附『國語』晉語三「慶鄭曰　不可」の韋注に「慶鄭　晉大夫」とあるのを參照。

傳幸災　不仁　貪愛　不祥　怒鄰　不義　四德皆失　何以守國　虢射曰　皮之不存　毛將安傅

注「虢射」は、惠公の舅（おじ）である。「皮」によって、秦に約束し（ておきながら贈らなかっ）た城を喩え、「毛」によって、糴を喩えたのである。（つまり）すでに、秦の恩惠に背いて、ひどく怨まれている以上、たとえ秦に糴を與えたとしても、（それは）皮がないのに毛をつけるのと同じである、ということである。

附注の「虢射　惠公舅也」については、『史記』晉世家「虢射曰」の〈集解〉に「服虔曰　虢射　惠公舅」とあるのを參照。なお、異説として、李惇『羣經識小』に「案莊二十八年傳云　小戎子生夷吾　則虢射非惠公舅也　杜氏蓋本國語公曰舅所病也之語　然彼處韋注云　諸侯謂異姓大夫曰舅　則固不以惠公爲虢射之甥矣　韋說似勝杜解」とある。

注の「皮以喩所許秦城　毛以喩糴」については、『國語』晉語三に「弗予賂地而予之糴」とあるのを參照。また、十五年の傳文に「賂秦伯以河外列城五　東盡虢略　南及華山　内及解梁城　既而不與」とあるのを參照。

傳慶鄭曰　弃信背鄰　患孰恤之　無信　患作　失援　必斃　是則然矣　虢射曰　無損於怨而厚於寇　不如勿與

注秦に粟を與えても、怨みを解くことは出來ず、かえって秦を強くするだけである、ということである。

附注の「使秦強」については、『國語』晉語三「無損於怨而厚於寇」の韋注に「厚猶彊也」とあるのを參照。

注の「不足～適足～」という構文については、『戰國策』韓三に「雖善事之　無益也　不可以爲存　適足以自令亟亡也」とあり、『文選』卷第四十一書上〈報任少卿書〉に「雖才懷隨和　行若由夷　終不可以爲榮　適足以見笑而自點耳」とあり、『後漢書』孔融傳に「不能止人遂爲非也　適足絶人還爲善耳」とあるのを參照。

傳慶鄭曰　背施幸災　民所弃也　近猶讎之　況怨敵乎　弗聽　退曰　君其悔是哉

巻第十四

〔僖公十五年〕

經十有五年春王正月公如齊

注傳はない。諸侯は、五年に二度、朝し合うのが、禮である。例は、文公十五年にある。

附文公十五年の傳文に「夏曹伯來朝　禮也　諸侯五年再相朝　以脩王命　古之制也」とあり、注に「十一年曹伯來朝　雖至此乃來　亦五年」とあるのを參照。なお、疏に「此十年公如齊　至此則六年　非五年再朝之事　杜引之者　以去朝歳亦五年　故引證之　劉炫云　杜云禮者　謂文十五年傳爲禮　此仍非禮也」とある。

經楚人伐徐

經三月公會齊侯宋公陳侯衛侯鄭伯許男曹伯盟于牡丘

注「牡丘」は、地名で、闕〔不明〕である。

經遂次于匡

注「匡」は、衛地で、陳留の長垣縣の西南部にあった。

附『漢書』地理志上「陳留郡（中略）長垣」の注に「孟康曰　春秋會于匡　今匡城是」とあるのを參照。

經公孫敖帥師及諸侯之大夫救徐

注「公孫敖」は、慶父の子である。諸侯は、盟がおわると、匡で宿營し、いずれもみな、大夫に、兵をひきいて徐を救援させた。だから、國ごとに一々ならべることはしなかったのである。

經夏五月日有食之

經秋七月齊師曹師伐厲

注「厲」は、楚の同盟國である。義陽の隨縣の北部に厲鄕がある。

附『漢書』地理志上に「南陽郡（中略）隨　故國　厲鄕　故厲國也」とあるのを參照。なお、惠棟『春秋左傳補註』に「案桓十三年傳云　楚子使賴人追之　杜注與此畧同　昭四年經云　楚伐吳　遂滅賴　公羊傳于此年賴作厲　釋文云　厲如字　又音賴　公羊僖十五年釋文云　厲舊音賴　則知厲與賴本一國　古音通　故或作厲　或作賴也」とある。

經八月螽

注傳はない。災害をもたらした（から書いた）のである。

附莊公二十九年の傳文に「凡物　不爲災　不書」とあるのを參照。

經九月公至自會

注傳はない。

經季姫歸于鄫

注傳はない。（經が、前年に）里歸りしたことを書かず、ここで（「歸」と）書いているのは、それによって、（鄫との婚姻を）途中で（一度）絶ったことを明らかにしたのである。

(附)十四年の傳文に「鄫季姬來寧　公怒止之　以鄫子之不朝也　夏遇于防而使來朝」とあり、注に「來寧不書　而後年書歸鄫　更嫁之文也　明公絕鄫昬　既來朝而還」とあるのを參照。

【經】己卯晦震夷伯之廟

㊟「夷伯」は、魯の大夫で、展氏の祖父である。「夷」は謚で、「伯」は字である。「震」とは、かみなりが落ちたのである。大夫は、死後には、字を書く。

(附)注の「夷伯　魯大夫　展氏之祖父」については、下の傳文に「震夷伯之廟　罪之也　於是展氏有隱慝焉」とあるのを參照。また、穀梁傳文に「夷伯　魯大夫也」とあるのを參照。なお、敦煌本〔P．二五六二〕では、注の「祖父」を、「父祖」に作っている。

注の「震者　雷電擊之」については、公羊傳文に「震之者何　雷電擊夷伯之廟者也」とあるのを參照。また、隱公九年「三月癸酉大雨震電」の何注に「有聲名曰雷　無聲名曰電」とあるのを參照。

注の「大夫既卒書字」については、莊公二十七年「秋公子友如陳葬原仲」の注に「原仲　陳大夫　原　氏　仲　字也　禮臣既卒不名　故稱字」とあるのを參照。なお、その(附)も參照。

なお、疏に「公羊穀梁傳　皆以晦爲冥　謂晝日闇冥也　杜以長厤推己卯晦　九月三十日　春秋值朔書朔　值晦書晦　無義例也」とある。

ちなみに、『漢書』五行志下之上にも「劉歆以爲春秋及朔言朔　及晦言晦」とある。

【經】冬宋人伐曹　楚人敗徐于婁林

㊟「婁林」は、徐地である。下邳の僮縣の東南部に婁亭がある。

【經】十有一月壬戌晉侯及秦伯戰于韓　獲晉侯

㊟例では、大夫を得た場合に「獲」という。晉侯は、恩惠に背いて親をなくし〔十四年傳文〕、諫言に耳をかさず、卜いにさからった〔下の傳文〕から、貶絕して、格下の衆臣の例に從い〔「獲」といい〕、「以歸」とは言わなかったのである。「敗績」と書いていないのは、晉の師が總くずれしたわけではなかった、からである。

(附)注の「例得大夫曰獲」については、昭公二十三年の傳文に「書曰　胡子髡沈子逞滅　獲陳夏齧　君臣之辭也」とあり、注に「國君　社稷之主　與宗廟共其存亡者　故稱滅　大夫輕　故曰獲」とあるのを參照。また、經の注に「國雖存　君死曰滅」とあり、「大夫死生通曰獲」とあるのを參照。

注の「不言以歸」については、定公六年に「春王正月癸亥鄭游速帥師滅許　以許男斯歸」とあるのを參照。なお、疏に「國君生獲　則曰以歸」とある。

注の「不書敗績　晉師不大崩」については、莊公十一年の傳文に「大崩曰敗績」とあるのを參照。

【傳】十五年春楚人伐徐　徐卽諸夏故也　三月盟于牡丘　尋葵丘之盟　且救

徐也

㊟「葵丘の盟」は、九年にある。

(附)九年に「九月戊辰諸侯盟于葵丘」とある。

傳孟穆伯帥師及諸侯之師救徐　諸侯次于匡以待之

傳夏五月日有食之　不書朔與日　官失之也

傳秋伐厲　以救徐也

傳晉侯之入也　秦穆姫屬賈君焉

㊟「晉侯の入國」は、九年にある。「穆姫」は、申生の姊で、秦の穆公の夫人である。「賈君」は、晉の獻公の次妃で、賈の女である。

(附)注の前半については、九年の傳文に「齊隰朋帥師會秦師納晉惠公」とある。

注の後半については、莊公二十八年の傳文に「晉獻公娶于賈　無子　烝於齊姜　生秦穆夫人及大子申生」とあるのを參照。また、『國語』晉語三の韋注に「惠公烝於獻公夫人賈君」とあるのを參照。なお、疏に「言娶于賈　則是正妃　杜言次妃者　蓋杜別有所見也」とある。ちなみに、異説として、『國語』晉語三の韋注に「唐以賈君爲申生妃」とある。これについては、惠棟『春秋左傳補註』に「案獻公取于賈　則是正妃　爲惠公之適母　何須穆姫之屬　唐尚書曰　賈君　申生妃　故僖十年傳云　夷吾無禮　此爲近之」とあるのを參照。

傳且曰　盡納羣公子

㊟「羣公子」とは、晉の武公・獻公の族である。宣公二年の傳に「驪姫の事件のとき、羣公子を許容しないとちかった」とある。

(附)『國語』晉語二「盡逐羣公子」の韋注に「羣公子　獻公之庶孽及先君之支庶也」とあるのを參照。

傳晉侯烝於賈君　又不納羣公子　是以穆姫怨之　晉侯許賂中大夫

㊟「中大夫」とは、國內の執政の里(克)・丕(鄭)たちである。

(附)『國語』晉語二に「公子夷吾出見使者　再拜稽首　起而不哭　退而私於公子縶曰　中大夫里克與我矣　吾命之以汾陽之田百萬　丕鄭與我矣　吾命之以負蔡之田七十萬」とあるのを參照。

傳既而皆背之　賂秦伯以河外列城五　東盡虢略　南及華山　內及解梁城　既而不與

㊟「河外」は、河南である。「東盡虢略」とは、河南から東、虢の境界まで、ということである。「解梁城」は、今の河東の解縣である。「華山」は、弘農の華陰縣の西南部にあった。

(附)莊公二十一年の傳文「王與之武公之略自虎牢以東」の注に「略　界也」とあるのを參照。

傳晉饑　秦輸之粟

㊟十三年にある。

(附)十三年の傳文に「冬晉荐饑　使乞糴于秦（中略）秦於是乎輸粟于晉」とある。

傳秦饑　晉閉之糴

㊟十四年にある。
（附）十四年の傳文に「冬秦饑　使乞糴于晉　晉人弗與」とある。
【傳】故秦伯伐晉　卜徒父筮之　吉
㊟「徒父」は、秦の龜卜をつかさどる者である。卜人が筮を用いたため、三易の占に通じていなかったから、自分が知っている雜占によって、言ったのである。
【傳】涉河　侯車敗　詰之
㊟秦伯の軍が黃河をわたると、晉侯の車がこわれる、ということである。秦伯は、理解せず、こわれるのは自分の方であると思ったから、詰問したのである。
【傳】對曰　乃大吉也　三敗　必獲晉君　其卦遇蠱䷑
㊟下が巽〔☴〕で上が艮〔☶〕のが、「蠱」〔䷑〕である。
【傳】曰　千乘三去　三去之餘　獲其雄狐　夫狐蠱　必其君也
㊟『周易』においても、「大川をわたるのによい。往って事をおこなう」〔象傳〕とあって、やはり、秦が晉に勝つという卦である。今ここで言っているものは、おそらく、卜筮の書の雜辭であろう。（なお）狐蠱を君としていることについては、その義は、狐蠱によって晉の惠公を喩えようとしている、ということだが、その象は、不明である。
【傳】蠱之貞　風也　其悔　山也
㊟內卦〔下體〕を「貞」といい、外卦〔上體〕を「悔」という。（內卦の）巽は風で、秦の象である。（外卦の）艮は山で、晉の象である。
（附）注の前半については、『書』洪範に「曰貞曰悔」とあり、僞孔傳に「內卦曰貞　外卦曰悔」とあるのを參照。また、『說文』に「𠧪　易卦之上體也　商書曰貞曰𠧪」とあるのを參照。
注の後半については、『易』說卦傳に「巽爲風」とあり、「艮爲山」とあるのを參照。なお、疏に「凡筮者　先爲其內　後爲其外　內卦爲己身　外卦爲他人　故巽爲秦象　艮爲晉象」とある。
【傳】歲云秋矣　我落其實而取其材　所以克也
㊟周正の九月は、夏正の七月にあたり、孟秋である。艮は山で、山には木がある。今、季節はすでに秋だから、風が吹いて山の木の實を落とせば、木材を取れる、ということである。
【傳】實落材亡　不敗何待　三敗及韓
㊟晉侯の車が三度こわれたのである。
【傳】晉侯謂慶鄭曰　寇深矣　若之何　對曰　君實深之　可若何　公曰　不孫　卜右　慶鄭吉　弗使
㊟不遜なのをにくみ、車右にしなかった。これぞ、夷吾はねたみが多い、ということである。
（附）九年の傳文に「今其言多忌克」とあるのを參照。
なお、『史記』晉世家「公曰　鄭不孫」の〈集解〉に「服虔曰　孫順」とある。
【傳】步揚御戎　家僕徒爲右
㊟「步揚」は、郤犨の父である。
（附）成公十一年「晉侯使郤犨來聘　己丑及郤犨盟」の疏に引く『世本』に「（郤）豹生義　義生步揚　揚生州」とあるのを參照。

なお、『史記』晉世家「乃更令步陽御戎　家僕徒爲右」の〈集解〉に「服虔曰　二子　晉大夫也」とあり、『國語』晉語三「以家僕徒爲右　步揚御戎」の韋注に「家僕徒　晉大夫　步揚　晉大夫」とある。

［傳］乘小駟　鄭入也

㊟鄭が獻じた馬で、名を「小駟」といった。

［傳］慶鄭曰　古者大事　必乘其產　生其水土而知其人心　安其教訓而服習其道　唯所納之　無不如志　今乘異產以從戎事　及懼而變　將與人易

㊟人の意志に違反する、ということである。

（附）哀公元年の傳文「吾先大夫子常易之　所以敗我也」の注に「易猶反也」とあるのを參照。

［傳］亂氣狡憤　陰血周作　張脉僨興　外彊中乾

㊟「狡」は、戾〔くるう〕であり、「憤」は、動〔みだれる〕である。氣が外でくるいみだれると、血・脉が、必ず體内をかけめぐり、氣にしたがってふくれ上がるから、外は、強そうに見えるが、内は、實は枯渴する、ということである。

［傳］進退不可　周旋不能　君必悔之　弗聽　九月晉侯逆秦師　使韓簡視師

㊟「韓簡」は、晉の大夫で、韓萬の孫である。

（附）『史記』韓世家の〈索隱〉に引く『世本』に「萬生賕伯　賕伯生定伯簡」とあるのを參照。

［傳］復曰　師少於我　鬪士倍我　公曰　何故　對曰　出因其資

㊟梁へ奔るのに、秦の力をかりた、ことをいう。

（附）六年の傳文に「不如之梁　梁近秦而幸焉　乃之梁」とある。

［傳］入用其寵

㊟秦に送り込んでもらった(ことをいう)。

（附）九年の傳文に「齊隰朋帥師會秦師納晉惠公」とある。

［傳］饑食其粟　三施而無報　是以來也　今又擊之　我怠　秦奮　倍猶未也　公曰　一夫不可狃　況國乎

㊟「狃」は、忕〔なれる、あなどる〕である。秦を避ければ、(秦に)こちらをあなどらせることになる、ということである。

（附）『國語』晉語三に「公曰　然　今我不擊　歸必狃　一夫不可狃　而況國乎」とあり、韋注に「狃　忕也　不擊而歸　秦必狃忕而輕我」とあるのを參照。

［傳］遂使請戰　曰　寡人不佞　能合其衆而不能離也　君若不還　無所逃命　秦伯使公孫枝對曰　君之未入　寡人懼之　入而未定列　猶吾憂也

㊟「列」は、位である。

（附）『國語』晉語三「君入而列未成　寡人未敢忘」の韋注に「列　位也」とあるのを參照。

［傳］苟列定矣　敢不承命　韓簡退曰　吾幸而得囚

㊟捕虜になれれば運がよい、ということであり、必ず敗れることを言っているのである。

［傳］壬戌戰于韓原

㊟九月の十三日である。

（附）疏に「以經書十一月壬戌　恐與經壬戌相亂　故顯言之　下注云　十一月壬戌　十四日　是也」とある。

傳晉戎馬還濘而止

注「濘」は、泥〔ぬかるみ〕である。「還」は、便旋〔さまよいめぐる〕である。小駟は(外國産のため)ならされていなかったから、泥の中におちたのである。

附注の「濘　泥也」については、『國語』晉語三「晉師潰　戎馬濘而止」の韋注に「濘　深泥也」とあるのを參照。

注の「還　便旋也」については、『文選』卷第二張衡〈西京賦〉に「便旋閭閻　周觀郊遂」とあり、注に「濟曰　便旋猶迴轉也」とあるのを參照。また、『廣雅』釋訓に「徘徊　便旋也」とあるのを參照。

傳公號慶鄭　慶鄭曰　愎諫違卜

注「愎」は、戾〔もとる〕である。

附昭公四年の傳文「汏而愎諫」等の注に「愎　很也」とあるのを參照。

傳固敗是求　又何逃焉　遂去之　梁由靡御韓簡　虢射爲右　輅秦伯　將止之

注「輅」は、迎である。「止」は、獲である。

附注の「輅　迎也」については、『史記』晉世家「輅秦繆公」の〈集解〉に「服虔曰　輅　迎也」とあるのを參照。また、『國語』晉語三「輅秦公」の韋注に「輅　迎也」とあるのを參照。

注の「止　獲也」については、莊公九年の傳文「是以皆止」の注に、同文がみえる。なお、『國語』晉語三「遂止于秦」の韋注に「止　獲也」とあるのを參照。

傳鄭以救公誤之　遂失秦伯　秦獲晉侯以歸

注經が「十(有)一月壬戌」と書いているのは、(十一月の)十四日である。經は、赴告に從ったのである。

附上の傳文に「壬戌戰于韓原」とあり、注に「九月十三日」とあるのを參照。

傳晉大夫反首拔舍從之

注「反首」とは、頭髮を亂して下に垂らしたのである。「拔」は、草であり、「舍」は、止である〔つまり、「拔舍」は、野宿の意である、ということ〕。(髮)形がくずれ、服がやぶれていたのである。

附注の「拔　草　舍　止」については、襄公二十八年の傳文に「今子草舍」とあるのを參照。また、『周禮』大司馬「中夏教茇舍」の注に「茇讀如萊沛之沛　茇舍　草止之也　軍有草止之法」とあるのを參照。また、『詩』召南〈甘棠〉「召伯所茇」の鄭箋に「茇　草舍也」とあるのを參照。

傳秦伯使辭焉　曰　二三子何其慼也　寡人之從君而西也　亦晉之妖夢是踐　豈敢以至

注狐突は、ねむりもしないのに、神と口をきいたから、「妖夢」と言っているのである。申生は「天帝が有罪を罰することをお許しになった」と言ったが、今ここで、晉君をつれて西に向かうのは、この言葉をしずめるためである、ということである。「踐」は、厭〔しずめる〕である。

附十年の傳文を參照。

傳晉大夫三拜稽首曰　君履后土而戴皇天　皇天后土　實聞君之言　羣臣

敢在下風　穆姬聞晉侯將至　以大子罃弘與女簡璧登臺而履薪焉

注「罃」は、康公の名である。「弘」は、その同母弟である。「簡璧」は、罃・弘の姉妹である。昔、幽閉する場合は、いずれもみな、臺において、まわりを遮断した。穆姬は、自分を罰しようとしたから、臺に登って、薪でまわりをふさぎ、左右の者が上り下りするときには、必ず、柴〔薪〕をふみこえて始めて、通行できる、ようにしたのである。

附哀公八年の傳文に「囚諸樓臺　栫之以棘」とあり、注に「栫　雍也」とあるのを參照。

傳使以免服衰絰逆　且告

注「免」・「衰絰」は、喪に出遭った場合の服である。使者に、この服をつけて秦伯を迎えさせ、かつ、恥辱ゆえに自殺するつもりである、と告げさせたのである。

附これ以下の傳文については、疏に「傳文於此或有曰上天降災　使我兩君相見　不以玉帛而以興戎　若晉君朝以入　則婢子夕以死　夕以入　則朝以死　唯君裁之　左傳本無此言　後人妄增之耳　何以知其然　二十二年傳曰　寡君之使婢子侍執巾櫛　杜云　婢子　婦人之卑稱　若此有婢子　不當舍此而注彼也　又此注云　且告夫人將以恥辱自殺　若有此辭　不煩此注　服虔解誼　其文甚煩　傳本若有此文　服虔必應多解　何由四十餘字不解一言　亦至二十二年　始解婢子　明是本無之也　今定本亦無」とあり、また、『釋文』に「曰上天降災　此凡四十七字　檢古本皆無　尋杜注亦不得有　有是後人加也」とある。なお、黃焯『經典釋文彙校』に「七字誤　蓋後人誤計乃舍諸靈臺句也　宋本作一亦誤　盧改作二　是也」とある。

傳曰　上天降災　使我兩君匪以玉帛相見　而以興戎　若晉君朝以入　則婢子夕以死　夕以入　則朝以死　唯君裁之　乃舍諸靈臺

注（「靈臺」は）京兆の鄠縣にあった。周の古臺である。これもまた、まわりを遮断して、外と内とを通行できないようにさせるため（の手立て）である。

附上の傳文「登臺而履薪焉」の注に「古之宮閉者　皆居之臺　以抗絶之」とあるのを參照。

傳大夫請以入　公曰　獲晉侯　以厚歸也　既而喪歸　焉用之

注もし、晉侯をつれて（國都に）入れば、夫人が自殺するかも知れない、ということである。

傳大夫其何有焉

注「何有」は、何得と同じである。

傳且晉人感憂以重我

注髮を亂し、野宿した〔上の傳文〕ことをいう。

附王引之『經義述聞』に「重字　義不可通　重疑當作動　謂晉大夫反首拔舍以感動我也　杜注不釋重字　釋文重字無音　至下句重其怒也　始云　重其　直用反　則此句作動不作重可知　動字易曉　故杜不加訓釋　若是重字　則文義難解　不得無注矣　動惟徒孔切一音　人所共知　故不須作音　若是重字　則有直龍直隴直用三切之異　不得無音矣　左傳動字　釋文皆不作音　以是知其爲動也　唐石經始誤爲重」とある。

傳天地以要我　不圖晉憂　重其怒也　我食吾言　背天地也

㊟「食」は、消である。

(附)十年の公羊傳文「荀息可謂不食其言矣」の何注に「不食言者　不如食受之而消亡之」とあるのを參照。

【傳】重怒　難任　背天　不祥　必歸晉君

㊟「任」は、當である。

(附)『國語』魯語下「其誰代之任喪」及び「事其君而任其政」の韋注に「任　當也」とあるのを參照。

【傳】公子縶曰　不如殺之　無聚慝焉

㊟「公子縶」は、秦の大夫である。夷吾が歸國すると、また人數をあつめて悪をなす、ことを恐れたのである。

(附)『國語』晉語三に「公子縶曰　殺之利　逐之恐構諸侯　以歸則國家多慝（韋注　慝　惡也）復之則君臣合作　恐爲君憂　不若殺之」とあるのを參照。

【傳】子桑曰　歸之而質其大子　必得大成　晉未可滅　而殺其君　祇以成惡

㊟「祇」は、適〔まさに、ただ〕である。

(附)襄公二十七年の傳文「祇成惡名」等の注に、同文がみえる。なお、『詩』小雅〈何人斯〉「祇攪我心」の鄭箋に「祇　適也」とあるのを參照。

【傳】且史佚有言曰　無始禍

㊟「史佚」は、周の武王の時の大史で、名が「佚」である。

(附)『國語』周語下「昔史佚有言」の韋注に「史佚　周文武時大史尹佚也」とあるのを參照。

【傳】無怙亂

㊟（「怙亂」とは）人の亂につけこんで、自分の利益をはかる、ということである。

(附)宣公十二年の傳文「毋怙亂」の注に「言恃人之亂以要利」とあるのを參照。

【傳】無重怒　重怒　難任　陵人　不祥　乃許晉平　晉侯使郤乞告瑕呂飴甥且召之

㊟「郤乞」は、晉の大夫である。「瑕呂飴甥」は、（下の）呂甥に他ならない。おそらく、姓が瑕呂、名が飴甥、字が子金なのであろう。晉侯は、秦が和平を許すと聞いたから、呂甥に報告し、呼び寄せて、自分を迎えさせようとしたのである。

【傳】子金教之言曰　朝國人而以君命賞

㊟國人が從わないおそれがあるから、先に朝廷で賞を與えるのである。

【傳】且告之曰　孤雖歸　辱社稷矣　其卜貳圉也

㊟「貳」は、代〔かわり、繼承者〕である。「圉」は、惠公の大子で、（後の）懷公である。

(附)『國語』晉語三に「二三子其改置以代圉也」とあるのを參照。

【傳】衆皆哭

㊟君が國にもどらないのを哀しんだのである。

【傳】晉於是乎作爰田

㊟公に入るはずの公田の稅をわけて、その一部を、衆人への賞與にかえたのである。

(附)疏に「服虔孔晁皆云　爰　易也　賞衆以田　易其疆畔　杜言爰之於所賞之衆　則亦以爰爲易　謂舊入公者　今改易與所賞之衆」とある。なお、『國語』晉語三「焉作轅田」の韋注に「賈侍中云　轅　易也　爲易田之法　賞衆以田　易者　易疆界也」とあるのを參照。

傳呂甥曰　君亡之不恤　而羣臣是憂　惠之至也　將若君何　衆曰　何爲而可　對曰　征繕以輔孺子

㊟「征」は、賦であり、「繕」は、治である。「孺子」とは、大子圉のことである。

(附)注の「征　賦也」については、下の傳文「於是秦始征晉河東置官司焉」の注に、同文がみえる。なお、文公十一年の傳文「使食其征」の注に「征　稅也」とあり、襄公十一年の傳文「各征其軍」の注に「征　賦稅也」とあるのを參照。また、『孟子』盡心下「有布縷之征粟米之征力役之征」の趙注に「征　賦也」とあり、『國語』晉語三「若征繕以輔孺子」の韋注に「征　稅也」とあるのを參照。

注の「繕　治也」については、成公十六年の傳文「繕甲兵」等の注に、同文がみえる。なお、『戰國策』中山に「繕治兵甲以益其强」とあり、また、『漢書』高帝紀上に「繕治河上塞」とあるのを參照。

傳諸侯聞之　喪君有君　羣臣輯睦　甲兵益多　好我者勸　惡我者懼　庶有益乎　衆説　晉於是乎作州兵

㊟五黨が州であり、州は二千五百家である。これに因んで、また、州長にそれぞれ軍備をととのえさせたのである。

(附)『國語』晉語三「焉作州兵」の韋注に「二千五百家爲州　使州長各帥其屬繕甲兵」とあるのを參照。また、『周禮』大司徒に「令五家爲比　使之相保　五比爲閭　使之相受　四閭爲族　使之相葬　五族爲黨　使之相救　五黨爲州　使之相賙　五州爲鄉　使之相賓」とあり、注に「閭　二十五家　族　百家　黨　五百家　州　二千五百家　鄉　萬二千五百家」とあるのを參照。

傳初晉獻公筮嫁伯姬於秦　遇歸妹䷵

㊟下が兌〔☱〕で上が震〔☳〕のが、「歸妹」〔䷵〕である。

傳之睽䷥

㊟下が兌〔☱〕で上が離〔☲〕のが、「睽」〔䷥〕である。「歸妹」の上六〔一番上の⚋〕が（⚊に）變じて「睽」となる、ということである。

傳史蘇占之曰　不吉

㊟「史蘇」は、晉の卜筮の史である。

傳其繇曰　士刲羊　亦無衁也　女承筐　亦無貺也

㊟『周易』〈歸妹〉の上六の爻辭である。「衁」は、血であり、「貺」は、賜である。「羊をさく」のは、士のしごとであり、「筐をささげる」のは、女のつとめである。上六に應ずる相手がなく、求めるものをえられないから、下は、さいても血が出ず、上は、ささげても中身がないのであり、（つまり）不吉の象である。（なお）離は中女であり、震は長男であるから、「士」・「女」と稱しているのである。

(附)注の「衁　血也」については、『説文』に「衁　血也（中略）春秋傳曰　士刲羊　亦無衁也」とあるのを參照。

注の「貺　賜也」については、文公四年の傳文「君辱貺之」等の注に、同文がみえる。なお、『爾雅』釋詁に「貺　賜也」とあるのを參照。
注の「上六無應」については、疏に「上爻與三　其位相値　一陰一陽　乃爲相應　上三俱是陰爻　是爲無應」とある。
注の「上承無實」については、『周易』の本文では「無貺」を「无實」に作っている、のを參照。
注の「離爲中女　震爲長男」については、『易』説卦傳に「震一索而得男　故謂之長男（中略）離再索而得女　故謂之中女」とあるのを參照。
なお、疏に「服虔以離爲戈兵　兌爲羊　震變爲離　是用兵刺羊之象也　三至五有坎象　坎爲血　血在羊上　故刺無血也　震爲竹　竹爲筐　震變爲離　離爲火　火動而上　其施不下　故筐無實也」とある。

傳西鄰責言　不可償也

㊟女を西に嫁がせようとして、不吉な卦に遇ったから、せめ言葉をうけ、それをつぐなえない、ということを知ったのである。

(附)疏に「服虔以爲三至五爲坎　坎爲月　月生西方　故爲西鄰　坎爲水　兌爲澤　澤聚水　故坎責之澤　澤償水則竭　故責言不可償」とある。

傳歸妹之睽　猶無相也

㊟「歸妹」は、嫁入りの卦であり、「睽」は、乖離の象であるから、「無相〔たすけがない〕」と言っているのである。「相」は、助である。

(附)疏に「服虔云　兌爲金　離爲火　金火相遇而相害　故無助也」とある。

傳震之離　亦離之震

㊟二卦が變じて、氣が相通ずる、ということである。

(附)疏に「震既與離通　則離亦與震通」とある。

傳爲雷爲火　爲嬴敗姬

㊟「嬴」は、秦の姓であり、「姬」は、晉の姓である。震は雷であり、離は火である。火がさかんにもえて、その母〔雷?〕を害するのであり、（つまり）女が嫁いで、かえってその實家を害する、という象であるから、「嬴が姬を敗るということである」と言っているのである。

(附)注の「震爲雷」及び「離爲火」は、いずれもみな、『易』説卦傳の文である。
なお、疏に「服虔云　離爲日爲火　秦嬴姓水位　三至五有坎象　水勝火　故爲嬴敗姬」とある。

傳車説其輹　火焚其旗　不利行師　敗于宗丘

㊟「輹」は、車のとこしばりである。「丘」は、邑と同じである。震は車であり、離は火である。上六の爻は、震にあると、應ずる相手がないから、車の輹がはずれ、離にあると、位をあやまるから、火が旗をやく。（つまり）いずれもみな、車・火の用をなさない、ということである。車がこわれ、旗がやけるから、出兵に不都合なのである。（なお）火がかえって母を害するから、敗れるのも、國外ではなく、近くの宗邑に於いてである。

(附)注の「輹　車下縛也」については、『易』〈小畜〉九三の爻辭「輿説輹」の『釋文』に「輹　音福　本亦作輹　音服　馬云　車下縛也」とあるのを參照。また、『說文』に「輹　車軸縛也」とあるのを參照。
注の「丘猶邑也」については、『周禮』小司徒に「四邑爲丘」とあるのを參照。

注の「震爲車」については、『國語』晉語四に「震　車也」とあるのを參照。

注の「離爲火」は、『易』說卦傳の文である。

注の「無應」については、疏に「三亦陰爻　是無應也」とある。なお、上の疏に「上爻與三　其位相値　一陰一陽　乃爲相應　上三俱是陰爻　是爲無應」とあるのを參照。

注の「失位」については、疏に「初三五奇爲陽位　二四上耦爲陰位　在離　則變爲陽而居陰位　是失位也」とある。

注の「火還害母」については、上の注に「火動熾而害其母　女嫁反害其家之象」とあるのを參照。

注の「宗邑」については、襄公二十七年の傳文「崔　宗邑也」及び哀公十四年の傳文「薄　宗邑也」の注に「宗廟所在」とあるのを參照。

なお、疏に「服虔云　五至三有坎　爲水象　震爲車　車得水而脫其輹也　震爲龍　龍爲諸侯旗　離之震　故火焚其旗也　震　東方木　兌西方金　木遇金必敗　韓有先君之宗廟　故曰宗丘」とある。

【傳】歸妹睽孤　寇張之弧

【注】これは、〈睽〉の上九の爻辭である。睽の極〔一番上〕にいるから、「睽孤〔そむいてひとり〕」と言っているのである。位をあやまって孤立するから、敵の攻撃にあって、弓矢のそなえをするのである。いずれもみな、不吉の象である。


【附】注の「失位」については、上の【附】を參照。

なお、疏に「服虔云　坎爲寇爲弓　故曰寇張之弧」とある。

【傳】姪其從姑

【注】震は木であり、離は火である。火は木から生ずるから、離は震の妹であるが、兌〔?〕に對しては姑である。こちらを「姪〔おい〕」とよぶ者を、こちらは「姑〔おば〕」とよぶ。（つまり）子圉が秦に人質となることを言っているのである。


【附】注の「於火爲姑」は、意味がよくわからない。なお、挍勘記に「諸本作火　沈彤云　當作兌」とある。

注の「謂我姪者　我謂之姑」については、『儀禮』喪服傳に「謂吾姑者　吾謂之姪」とあるのを參照。

注の「子圉質秦」については、十七年の傳文に「夏晉大子圉爲質於秦」とある。

【傳】六年其逋　逃歸其國　而弃其家

【注】「逋」は、亡〔にげる〕である。「家」とは、子圉の妻の懷嬴をいう。


【附】注の「逋　亡也」については、文公六年の傳文に「董逋逃」とあり、昭公七年の傳文に「紂爲天下逋逃主」とあるのを參照。なお、『說文』にも「逋　亡也」とある。

注の「家謂子圉婦懷嬴」については、二十二年の傳文に「晉大子圉爲質於秦　將逃歸　謂嬴氏曰　與子歸乎（注　嬴氏　秦所妻子圉　懷嬴也）對曰　子晉大子　而辱於秦　子之欲歸　不亦宜乎　寡君之使婢子侍執巾櫛　以固子也　從子而歸　弃君命也　不敢從亦不敢言　遂逃歸（注　傳終史蘇之占）」とあるのを參照。

【傳】明年其死於高梁之虛

【注】惠公の死のあくる年に、文公が入って、懷公を高梁で殺すのである。「高梁」は、晉地で、平陽の楊縣の西南部にあった。およそ筮は、周易を用いている場合は、その象をおしはかれるが、そうでない場合は、時によって、占者が、象に取ったり、氣に取ったり、時日の王相に取ったりして、その占を決定しているから、もし、一律に爻象をこじつけ(て解釋す)ると、ありもしないものをでっち上げて、でたらめをいうことになる。だから、(今ここでは)だいたいの意味(だけ)を述べたのである。他はみな、これに倣う。

【附】注の「惠公死之明年云云」については、二十三年の傳文に「九月晉惠公卒」とあり、二十四年の傳文に「春王正月秦伯納之(中略)二月甲午晉師軍于廬柳(中略)壬寅公子入于晉師　丙午入于曲沃　丁未朝于武宮　戊申使殺懷公于高梁」とあるのを參照。なお、疏に「圉以二十二年歸　二十三年惠公死　二十四年二月殺懷公于高梁　是爲惠公死之明年也　此筮之意　言六年逋明年死　則是逃歸之明年　而云惠公死之明年者　以二月卽死　據夏正言之　猶是逃歸之明年也　但周正已改故以惠公證之耳」とある。

注の「高梁　晉地云云」については、九年の傳文「齊侯以諸侯之師伐晉　及高梁而還　討晉亂也」の注及び【附】を參照。

注の「時日王相」(挍勘記に従って、「旺」を「王」に改める)については、『周禮』占夢の疏に引く〈春秋緯〉に「王者休　王所勝者死　相所勝者囚　假令春之三月　木王　水生木　水休　木勝土　土死　木王火相　王所生者相　相所勝者囚　火勝金　春三月金囚」とあるのを參照。

【傳】及惠公在秦　曰　先君若從史蘇之占　吾不及此夫　韓簡侍　曰　龜象也　筮　數也　物生而後有象　象而後有滋　滋而後有數　先君之敗德　及可數乎　史蘇是占　勿從何益

【注】言わんとしているのは——龜は、象によって示し、筮は、數によって告げるものであり、象と數とが、互いに他に因って生じ、その後で占がでるのである。(したがって)占は、(あくまで)吉凶を知る手段であって、吉凶(自體)を變えることは出來ない。だから、先君の不德は、筮の數が生んだものではないのであり、たとえ、史蘇に從わなくても、禍をふやすことはありえない——ということである。

【附】注の「象數相因而生」については、疏に「謂象生而後有數　是數因象而生也　若易之卦　象則因數而生」とある。

注の「雖復不從史蘇　不能益禍」については、疏に「從之　不能損　不從　不能益也」とある。なお、異說として、王引之『經傳釋詞』に「勿　語助也(中略)僖十五年左傳曰　史蘇是占　勿從何益　勿從從也　言雖從史蘇之言　亦無益也」とある。

【傳】詩曰　下民之孽　匪降自天　僔沓背憎　職競由人

【注】「詩」は、小雅(十月之交)である。民に邪惡があるのは、天が降すものではなく、面とむかうと、ぺらぺら調子を合わせ、かげにまわると、悪口を言いあう、のは、いずれもみな、人が先をあらそって自分からひきおこすものである、ということであり、これによって、惠公

（自身）にこの禍を招いた責任があることを、それとなく諭したのである。

(附)毛傳に「職　主也」とあり、鄭箋に「噂噂沓沓　相對談語　背則相憎」とあるのを參照。また、『説文』に「噂　聚語也」とあり、「沓　語多沓沓也」とあるのを參照。

なお、「職競」については、襄公八年の傳文に「兆云詢多　職競作羅（注　職　主也）」とあるのを參照。

[傳]震夷伯之廟　罪之也　於是展氏有隱慝焉

㊟かくれた悪は、法がとらえられるものではなく、身分の高い人は、刑罰を加えられないものである。だから、聖人は、天地の變や自然の妖によって、心をうごかさせる〔さとらせる〕のであり、（その結果）英明な主ならば、（このような）先聖の眞意を知って、自分にきびしくするし、中・下の主でも、妖祥を信じて、妄動しなくなる。神の道は政教を助けるというが、これこそ、まさにその最たるものである。

(附)『漢書』五行志下之上に「劉歆以爲（中略）人道所不及　則天震之展氏有隱慝　故天加誅於其祖夷伯之廟　以譴告之也」とあるのを參照。また、『易』〈觀〉卦の彖傳に「聖人以神道設教　而天下服矣」とあるのを參照。

[傳]冬宋人伐曹　討舊怨也

㊟莊公十四年に曹が諸侯とともに宋を伐った（からである）。

(附)莊公十四年に「春齊人陳人曹人伐宋」とある。

[傳]楚敗徐于婁林　徐恃救也

㊟齊からの救援をあてにしていたのである。

[傳]十月晉陰飴甥會秦伯盟于王城

㊟「陰飴甥」は、呂甥に他ならない。陰に采地をもっていたから、「陰飴甥」というのである。「王城」は、秦地である。馮翊の臨晉縣の東部に王城があり、今、武鄕とよばれている。

(附)上の傳文「晉侯使郤乞告瑕呂飴甥　且召之」の注に「瑕呂飴甥　卽呂甥也　蓋姓瑕呂　名飴甥　字子金」とあるのを參照。

[傳]秦伯曰　晉國和乎　對曰　不和　小人恥失其君而悼喪其親

㊟身内が秦に殺されたことを痛んでいる、ということである。

[傳]不憚征繕以立圉也　曰　必報讎　寧事戎狄　君子愛其君而知其罪　不憚征繕以待秦命　曰　必報德　有死無二　以此不和　秦伯曰　國謂君何　對曰　小人慼　謂之不免　君子恕　以爲必歸　小人曰　我毒秦秦豈歸君

㊟「毒」とは、三度の恩惠に報いなかったことをいう。

(附)上の傳文に「出因其資　入用其寵　饑食其粟　三施而無報」とあるのを參照。

[傳]君子曰　我知罪矣　秦必歸君　貳而執之　服而舍之　德莫厚焉　刑莫威焉　服者懷德　貳者畏刑　此一役也

(注)惠公をもどせば、諸侯を威服させることが出來るから、一つの戰役分の功績に匹敵する、ということである。

(附)異説として、疏に「服虔云　一役者　謂韓戰之役」とある。

[傳]秦可以霸　納而不定　廢而不立　以德爲怨　秦不其然　秦伯曰　是吾心也　改館晉侯　饋七牢焉

(注)牛・羊・豕が一つずつのを一牢という。

(附)『史記』秦本紀「更舍上舍　而饋之七牢」の〈集解〉に「賈逵曰　諸侯雍餼七牢　牛一羊一豕一爲一牢也」とあるのを參照。

[傳]蛾析謂慶鄭曰　盍行乎

(注)「蛾析」は、晉の大夫である。

(附)『國語』晉語三「蛾析謂慶鄭」の韋注に「蛾析　晉大夫」とあるのを參照。

[傳]對曰　陷君於敗

(注)呼ばれても行かず、晉の師を誤らせて、秦伯を取り逃した、ことをいう。

(附)上の傳文に「壬戌戰于韓原　晉戎馬還濘而止　公號慶鄭　慶鄭曰　愎諫違卜　固敗是求　又何逃焉　遂去之　梁由靡御韓簡　虢射爲右　輅秦伯　將止之　鄭以救公誤之　遂失秦伯　秦獲晉侯以歸」とあるのを參照。

[傳]敗而不死　又使失刑　非人臣也　臣而不臣　行將焉入　十一月晉侯歸
丁丑殺慶鄭而後入

(注)「丁丑」は、月の二十九日である。

[傳]是歲晉又饑　秦伯又餼之粟　曰　吾怨其君而矜其民　且吾聞　唐叔之封也　箕子曰　其後必大　晉其庸可冀乎

(注)「唐叔」は、晉の始めて封ぜられた君で、武王の子である。「箕子」は、殷王の帝乙の子で、紂の庶兄である。

(附)注の前半については、『史記』晉世家に「晉唐叔虞者　周武王子而成王弟（中略）於是遂封叔虞於唐」とあるのを參照。

注の後半については、疏に「服杜以爲紂之庶兄」とあるのを參照。なお、異説として、『史記』宋世家「箕子者　紂親戚也」の〈索隱〉に「馬融王肅以箕子爲紂之諸父」とあり、また、疏に「鄭玄王肅皆以箕子爲紂之諸父」とある。

[傳]姑樹德焉　以待能者　於是秦始征晉河東　置官司焉

(注)「征」は、賦である。

(附)上の傳文「征繕以輔孺子」の注に、同文がみえる。なお、その(附)を參照。

(僖公十六年)

[經]十有六年春王正月戊申朔隕石于宋五

(注)「隕」は、落である〔『爾雅』釋詁〕。（まず）落下音を聞き、それを視ると石であり、かぞえてみると五つだった、ということであり、（つまり）それぞれ、聞いたり見たりした順番に記したのである。（なお）莊公七年の「星隕如雨」の場合は、星が落下して、はるか遠くにおちる經過を見たが、そこが山か川かであったため、地上の結果は見

なかった、のに對して、ここの場合は、（逆に）地上の結果を見たが、（音を聞いただけで）落下中の星は見なかったのであり、（つまり）史官は、各々、その事態によって（前者は「星隕」、後者は「隕石」と、「隕」の位置を違えて）書いたのである。

（附）注の前半については、公羊傳文に「曷爲先言霣而後言石　霣石記聞　聞其磌然　視之則石　察之則五」とあるのを參照。

注の後半については、疏に「傳稱隕星也　則石亦是星　而與星隕文倒　故解之」とある。

なお、穀梁疏に「賈逵云　石　山岳之物　齊　大岳之胤　而五石隕宋　象齊桓卒而五公子作亂　宋將得諸侯而治五公子之亂」とある。

〔經〕是月六鷁退飛過宋都

㊟「是月」とは、（上の）「隕石」の月（正月）である。かさねて「是月」と言っているのは、（そうしないと）同日であるかにまぎらわしいからである。「鷁」は、水鳥である。高く飛び、風に遇って後じさりしたのである。宋人が災と判斷して、諸侯に赴告したから、書いたのである。

（附）穀梁疏に「賈逵云（中略）鷁退　不成之象　後六年霸業退也　鷁　水鳥　陽中之陰　象君臣之訟鬩也」とある。

〔經〕三月壬申公子季友卒

㊟傳はない。字〔あざな〕を稱しているのは、貴んでである。公が小斂に臨席したから、日を書いているのである。

（附）注の「稱字者　貴之」については、閔公元年「季子來歸」の注に「季子　公子友之字　季子忠於社稷　爲國人所思　故賢而字之」とあるのを參照。

注の「公與小斂　故書日」については、隱公元年「公子益師卒」の注及び（附）を參照。

〔經〕夏四月丙申鄫季姬卒

㊟傳はない。

〔經〕秋七月甲子公孫茲卒

㊟傳はない。

〔經〕冬十有二月公會齊侯宋公陳侯衞侯鄭伯許男邢侯曹伯于淮

㊟臨淮郡あたりである。

〔傳〕十六年春隕石于宋五　隕星也

㊟單に「星」と言うと、星が石を落下させたかにまぎらわしいから、かさねて「隕星」と言ったのである。

（附）疏に「下云風也　是風使鷁退　此若直言星也　則嫌是星使石隕　故重言隕星　以明所隕之石卽是星也」とある。

〔傳〕六鷁退飛過宋都　風也

㊟六鷁が疾風に遇って、後じさりしながら飛んだのである。風は高くて、

害にならなかったから、風の異變としては記さなかったのである。

（附）『史記』宋世家「六鷁退蜚　風疾也」の〈集解〉に「賈逵曰　風起於遠　至宋都高而疾　故鷁逢風卻退」とあるのを參照。

【傳】周内史叔興聘于宋　宋襄公問焉　曰　是何祥也　吉凶焉在

（注）「祥」は、吉凶の先に現われるもの〔前ぶれ〕である。襄公は、石が落ち、鷁が後じさりしたのは、禍福の始まりのはずである、と考えたから、どちらであるのか、たずねたのである。

【傳】對曰　今茲魯多大喪

（注）「今茲」は、この歳である。

（附）『孟子』滕文公下「今茲未能」の趙注に「今年未能盡去」とあるのを參照。

【傳】明年齊有亂　君將得諸侯而不終

（注）魯に喪があり、齊に亂がおこり、宋の襄公が終りを完うできない、ということは、（「石」と「鷁」とは）別に、政刑や吉凶や他占によって知ったのである。

【傳】退而告人曰　君失問　是陰陽之事　非吉凶所生也

（注）石が落ち、鷁が後じさりしたのは、陰陽の錯亂のなせるわざであって、人がひきおこしたものではない、ということである。襄公は、陰陽（に關することであるの）を知らずに、人事をたずねたから、「君は質問をまちがえた」と言ったのである。叔興は、我乍ら、答えが眞實でなかったため、有識者に非難されることを恐れたから、退出した後で人に告げた〔言いわけした〕のである。

（附）異説として、疏に「服虔云　鷁退　風咎　君行所致　非吉凶所從生　襄公不問己行何失而致此變　但問吉凶焉在　以爲石隕鷁退　吉凶所從而生　故云君失問」とある。

【傳】吉凶由人　吾不敢逆君故也

（注）善を積み重ねれば、福が子孫に及び、惡を積み重ねれば、災いが子孫に及ぶから、「吉凶は人による」と言ったのである。君が吉凶をたずねたため、さからうわけにゆかないから、他占を借りて答えたまでである、ということである。

（附）『易』文言傳に「積善之家　必有餘慶　積不善之家　必有餘殃」とあるのを參照。

【傳】夏齊伐厲不克　救徐而還

（注）十五年にも、齊が厲を伐って、徐を救援した。

（附）十五年の傳文に「秋伐厲　以救徐也」とある。

【傳】秋狄侵晉　取狐廚受鐸　涉汾　及昆都　因晉敗也

（注）「狐廚」・「受鐸」・「昆都」は、晉の三邑である。平陽の臨汾縣の西北部に狐谷亭がある。「汾」水は、大原から出て、南へ流れ、黄河にそそいでいた。

【傳】王以戎難告于齊　齊徵諸侯而戍周

（注）十一年に戎が京師を伐って以來、（戎は）そのまま、王室の脅威となっ

ていたのである。

【附】十一年の傳文に「夏揚拒泉皐伊雒之戎同伐京師　入王城焚東門」とある。

【傳】冬十一月乙卯鄭殺子華

【注】管仲の言葉に結末をつけたのである。事は七年にある。

【附】七年の傳文に「夫子華既爲大子　而求介於大國以弱其國　亦必不免」とある。

【傳】十二月會于淮　謀鄫　且東略也

【注】鄫が淮夷になやまされていたからである。

【傳】城鄫　役人病　有夜登丘而呼曰　齊有亂　不果城而還

【注】人夫が、悪氣に遇い、長くとどまるのに耐えられなかったから、妖言をなしたのである。

〔僖公十七年〕

【經】十有七年春齊人徐人伐英氏

【經】夏滅項

【注】「項」國は、今の汝陰の項縣である。公は、會の場にいたまま、別に師をやって項を滅したのであり、「師」と言っていないのは、諱んでである。

【附】下の傳文に「師滅項（注　師　魯師）淮之會　公有諸侯之事　未歸而取項」とあるのを參照。

【經】秋夫人姜氏會齊侯于卞

【注】「卞」は、今の魯國の卞縣である。

【經】九月公至自會

【注】公は齊にとらえられたのに、會からもどったとしているのは、諱んでである。

【附】下の傳文に「齊人以爲討而止公」とあり、また、「九月公至　書曰至自會　猶有諸侯之事焉　且諱之也」とあるのを參照。

【經】冬十有二月乙亥齊侯小白卒

【注】（名を書いているのは）僖公と八度も同盟したため、名をもって赴告してきた（からである）。

【附】二十三年の傳文に「凡諸侯同盟　死則赴以名　禮也」とあるのを參照。

【傳】十七年春齊人爲徐伐英氏　以報婁林之役也

【注】「英氏」は、楚の同盟國である。「婁林の役」は、十五年にある。

【附】十五年に「楚人敗徐于婁林」とある。

【傳】夏晉大子圉爲質於秦　秦歸河東而妻之

㊟秦が河東から税をとり、役人をおいたことが、十五年にある。

(附)十五年の傳文に「於是秦始征晉河東　置官司焉」とある。

[傳]惠公之在梁也　梁伯妻之　梁嬴孕過期

㊟十箇月を過ぎても出産しなかったのである。子をはらむのを「孕」という。

(附)『莊子』天運に「民孕婦十月生子」とあり、『孔子家語』執轡に「人十月而生」とあるのを參照。また、『國語』魯語上「鳥獸孕　水蟲成」の韋注に「孕　懷子也」とあるのを參照。

[傳]卜招父與其子卜之

㊟「卜招父」は、梁の大卜である。

(附)『周禮』春官の序官〈大卜〉の注に「問龜曰卜　大卜　卜筮官之長」とあるのを參照。

[傳]其子曰　將生一男一女　招曰　然　男爲人臣　女爲人妾　故名男曰圉　女曰妾

㊟「圉」は、馬を養う者である。正式にめとらないのを「妾」という。

(附)『史記』晉世家「故名男爲圉　女爲妾」の〈集解〉に「服虔曰　圉人掌養馬臣之賤者　不聘曰妾」とあるのを參照。また、『說文』に「妾（中略）春秋云　女爲人妾　妾不娉也」とあるのを參照。

[傳]及子圉西質　妾爲宦女焉

㊟秦に宮仕えして、妾となったのである。

[傳]師滅項

㊟「師」とは、魯の師である。

[傳]淮之會　公有諸侯之事　未歸而取項

㊟「淮の會」は、前年の冬にある。「諸侯の事」とは、會同・講禮の事である。

(附)注の前半については、十六年に「冬十有二月公會齊侯宋公陳侯衞侯鄭伯許男邢侯曹伯于淮」とある。注の後半については、昭公十三年の傳文に「是故明王之制　使諸侯歲聘以志業　間朝以講禮　再朝而會以示威　再會而盟以顯昭明」とあるのを參照。また、『春秋繁露』竹林に「會同之事　大者主小　戰伐之事　後者主先」とあり、同王道に「諸侯會同　賢爲主」とあるのを參照。

[傳]齊人以爲討而止公

㊟内〔魯〕については、とらえられたことを諱んで、いずれもみな、「止」という。

(附)隱公十一年の傳文「公之爲公子也　與鄭人戰于狐壤　止焉」の注に「内諱獲　故言止」とあるのを參照。

[傳]秋聲姜以公故　會齊侯于卞

㊟「聲姜」は、僖公夫人で、齊の女である。

[傳]九月公至　書曰至自會　猶有諸侯之事焉　且諱之也

㊟とらえられたことを恥としたから、會にかこつけて、廟に報告したのである。

[傳]齊侯之夫人三　王姬徐嬴蔡姫　皆無子　齊侯好内多内寵　内嬖如夫人者六人　長衛姫生武孟

㊟「武孟」は、公子無虧である。

(附)閔公二年の傳文「齊侯使公子無虧帥車三百乘甲士三千人以戍曹」の注に「無虧　齊桓公子　武孟也」とあるのを參照。また、『史記』齊世家に「長衛姫生無詭」とあるのを參照。

なお、『史記』齊世家「桓公好内」の〈集解〉に「服虔曰　内　婦官也」とある。

[傳]少衛姫生惠公

㊟公子元である。

(附)『史記』齊世家に「少衛姫生惠公元」とあるのを參照。

[傳]鄭姫生孝公

㊟公子昭である。

(附)『史記』齊世家に「鄭姫生孝公昭」とあるのを參照。

[傳]葛嬴生昭公

㊟公子潘である。

(附)『史記』齊世家に「葛嬴生昭公潘」とあるのを參照。

[傳]密姫生懿公

㊟公子商人である。

(附)『史記』齊世家に「密姫生懿公商人」とあるのを參照。

[傳]宋華子生公子雍

㊟（「宋華子」は）華氏の女で、子姓である。

(附)『史記』齊世家「宋華子生公子雍」の〈集解〉に「賈逵曰　宋華氏之女　子姓」とあるのを參照。

[傳]公與管仲屬孝公於宋襄公　以爲大子　雍巫有寵於衛共姫　因寺人貂以薦羞於公

㊟「雍巫」は、雍人〔料理人〕で、名が巫であり、（下の）易牙に他ならない。

(附)『史記』齊世家「雍巫有寵於衛共姫」の〈集解〉に「賈逵曰　雍巫雍人　名巫　易牙字」とあるのを參照。

[傳]亦有寵　公許之立武孟

㊟易牙は、公に氣に入られると、長衛姫のために、武孟を立てることを請うたのである。

[傳]管仲卒　五公子皆求立　冬十月乙亥齊桓公卒

㊟「乙亥」は、月の八日である。

(附)注の「十月」の「十」は、挍勘記に從って、衍文とみなす。

[傳]易牙入　與寺人貂因内寵以殺羣吏

㊟「内寵」とは、内官で、寵をうけて權力をもっている者である。

(附)異説として、『史記』齊世家「易牙入　與豎刀因内寵殺羣吏」の〈集解〉に「服虔曰　内寵　如夫人者六人　羣吏　諸大夫也」とある。

[傳]而立公子無虧　孝公奔宋　十二月乙亥赴　辛巳夜殯

㊟（死後）六十七日で、ようやく殯したのである。

(附)『史記』齊世家に「桓公尸在牀上六十七日」とあるのを參照。

〔僖公十八年〕

【經】十有八年春王正月宋公曹伯衞人邾人伐齊

【注】孝公を送り込んだのである。

【附】『史記』齊世家に「宋襄公率諸侯兵送齊大子昭而伐齊」とあるのを參照。

【經】夏師救齊

【注】傳はない。

【經】五月戊寅宋師及齊師戰于甗　齊師敗績

【注】無虧が死んだため、曹・衞・邾は先にたち去り、魯もかえったから、宋の師だけが齊と戰ったのである。「宋公」と稱していないのは、自身では戰わなかった、からである。大敗した場合に「敗績」という〔莊公十一年傳文〕。「甗」は、齊地である。

【附】注の「無虧既死」については、下の傳文に「三月齊人殺無虧」とある。注の「不親戰」については、公羊傳文に「宋公與伐而不與戰」とあるのを參照。

【經】狄救齊

【注】傳はない。「四公子の徒」〔下の傳文〕を救援したのである。

【經】秋八月丁亥葬齊桓公

【注】（死後）十一箇月もたって葬ったのは、亂のためである。八月に「丁亥」はない。日の誤りである。

【附】隱公元年の傳文に「諸侯五月」とあるのを參照。また、『史記』齊世家に「以亂故　八月乃葬齊桓公」とあるのを參照。

【經】冬邢人狄人伐衞

【注】狄が「人」を稱しているのは、（單なる）史官の書き方の違いであって、傳に義例はない。

【附】すぐ上には「狄救齊」とあって、「人」を稱していない。

【傳】十八年春宋襄公以諸侯伐齊　三月齊人殺無虧

【注】それによって、宋に言いわけしたのである。

【附】十年の傳文に「晉侯殺里克以説」とあり、注に「自解説不簒」とあるのを參照。また、『史記』齊世家に「齊人恐　殺其君無詭」とあるのを參照。

【傳】鄭伯始朝于楚

【注】中國に霸者がいなくなったからである。

【傳】楚子賜之金　既而悔之　與之盟曰　無以鑄兵

【注】楚の銅（で作る武器）は鋭利だったからである。

【附】『玉燭寶典』季夏の項に「服虔注云　楚金利　故不欲令以鑄兵」とあ

るのを參照。

傳 故以鑄三鍾

注 昔は、銅で武器を作ったのであり、傳は、楚に覇者にふさわしい遠謀がなかったことを、言っているのである。

附 『玉燭寶典』季夏の項に「（服虔）注云　古者　以銅爲兵」とあるのを參照。

傳 齊人將立孝公　不勝四公子之徒　遂與宋人戰

注 無虧はすでに死んでいたから、「四公子」と言っているのである。

附 十七年の傳文に「五公子皆求立」とあるのを參照。

傳 夏五月宋敗齊師于甗　立孝公而還

傳 秋八月葬齊桓公

注 孝公が立った後で（ようやく）葬ることが出來たのである。

傳 冬邢人狄人伐衛圍菟圃　衛侯以國讓父兄子弟及朝衆　曰　苟能治之燬請從焉

注 「燬」は、衛の文公の名である。

附 『史記』衛世家に「立戴公弟燬爲衛君　是爲文公」とあるのを參照。

傳 衆不可

注 衛侯の讓位を認めなかったのである。

傳 而後師于訾婁

注 師を訾婁にならべたのである。「訾婁」は、衛の邑である。

附 挍勘記に從って、傳文の「而從」の「從」を「後」に改める。

傳 狄師還

注 （このように）狄がひきあげた、とだけ言うと、邢（の方）はとどまって、衛に抵抗したことになる。（つまり、ここは）邢がしまいに衛に滅されたわけを言っているのである。

附 二十五年に「春王正月丙午衛侯燬滅邢」とある。

傳 梁伯益其國而不能實也

注 城邑をたくさん築いたが、それをみたす民がいなかったのである。

附 十九年の傳文に「初梁伯好土功　亟城而弗處」とあるのを參照。

傳 命曰新里　秦取之

〔僖公十九年〕

經 十有九年春王三月宋人執滕子嬰齊

注 「人」を稱して執えているのは、宋が、罪惡が民に及んだものとして赴告してきた、からである。例は、成公十五年にある。傳例では、名を（書く書かないを）義としない。（つまり）名を書いているのも、名を書いていないのも、いずれもみな、（單に）赴告に從ったのである。

附 注の前半については、成公十五年の傳文に「書曰晉侯執曹伯　不及其民也（注　惡不及民）凡君不道於其民　諸侯討而執之　則曰某人執某侯（注　稱人示衆所欲執）不然則否（注　謂身犯不義者）」とある。
なお、疏に引く『釋例』に「凡諸侯無加民之惡　而稱人以執　皆時之赴告　欲重其罪　以加民爲辭　國史承之　書之於策　而簡牘之記具存　夫子因示虛實　故傳隨而著其本狀　以明得失也　滕子鄫子皆稱人見執　宋欲重二國之罪　故以不道赴　或名或不名　從所告之文也　傳具載子魚之辭　以虐二國之君見義　明非罪也」とあるのを參照。
注の後半については、疏に引く『釋例』に「諸見執者　已在罪賤之地　書名與否　非例所加　故但言執某侯也」とあるのを參照。

〔經〕夏六月宋公曹人邾人盟于曹南

〔注〕傳はない。曹は、盟に參加したけれども、服從はせず、餼を贈らずに、會地の主人としての禮を怠ったから、國（名）で地をいうことをせずに、「曹南」と言っているのであり、だから、秋になって圍まれたのである。

〔附〕下に「秋宋人圍曹」とあり、その傳に「討不服也」とある。なお、哀公十二年の傳文に「夫諸侯之會　事既畢矣　侯伯致禮　地主歸餼（注　地主　所會主人也　餼　生物）以相辭也」とあり、桓公十四年の傳文に「春會于曹　曹人致餼　禮也」とあるのを參照。また、隱公元年「九月及宋人盟于宿」の注に「凡盟以國地者　國主亦與盟」とあるのを參照。

〔經〕鄫子會盟于邾

〔注〕曹南の盟には間に合わず、諸侯がかえった後で、鄫は、ようやく邾で會したから、「如會」と言っていないのである。

〔附〕二十八年に「五月癸丑公會晉侯齊侯宋公蔡侯鄭伯衞子莒子盟于踐土　陳侯如會」とあり、注に「陳本與楚　楚敗　懼而屬晉　來不及盟　故曰如會」とあるのを參照。

〔經〕己酉邾人執鄫子用之

〔注〕「人」を稱して執えているのは、宋が、罪惡が民に及んだものとして赴告してきた、からである。鄫が大國の會盟の信義にはずれたとしても、宋がこれを（犧牲に）用い（させ）たのは、罰としてひどすぎる。だから、「これを用いた」と直書したのであり、（つまり）禽獸を用いたかのようであった、ということである。「社」を書いていないのは、赴告になかったからである。宋が邾に（用い）させた、と書かずに、邾が自分で用いたという表現をとっているのは、南面の君は、善惡について、自分で責任をもつため、それを他人の命令にかこつけるわけにゆかない、からである。

〔附〕注の前半については、上の「春王三月宋人執滕子嬰齊」の注及び〔附〕を參照。
注の後半については、下の傳文に「夏宋公使邾文公用鄫子于次睢之社」とあるのを參照。

〔經〕秋宋人圍曹　衞人伐邢

〔注〕邢を伐ったことは、曹を圍んだことより前なのに、經が後に書いているのは、赴告に從ったのである。

【附】下の傳文には「秋衛人伐邢」とあり、ついで「宋人圍曹」とある。

【經】冬會陳人蔡人楚人鄭人盟于齊

【注】地をいうのに、「齊で」と(國名を稱)しているのは、齊もまた盟に參加したからである。

【附】隱公元年「九月及宋人盟于宿」の注に「凡盟以國地者　國主亦與盟　例在僖十九年」とあるのを參照。

【經】梁亡

【注】自分から亡んだという表現をとっているのは、取った者の罪ではないということであり、梁をにくむため(の手立て)である。

【附】下の傳文に「梁亡　不書其主　自取之也」とあり、注に「不書取梁者主名」とあるのを參照。なお、疏に引く『釋例』に「作事不時　則怨讟動於民　彼梁伯者　虛興無虞之功　詐稱無害之寇　遂溝其宮　以盪百姓之心　開大國之志　是妖釁之先徵　自亡之實應　故不言秦滅梁而以自亡爲文」とある。

【傳】十九年春遂城而居之

【注】(秦が)新里を取ったという前年の傳を承けているから、くりかえして「秦」とは言わないのである。この冬の「梁亡」のために傳したのである。

【附】十八年の傳文に「梁伯益其國而不能實也　命曰新里　秦取之」とある。

【傳】宋人執滕宣公

【傳】夏宋公使邾文公用鄫子于次睢之社　欲以屬東夷

【注】「睢」水は、汴水から分かれて、東へ流れ、陳留・梁・譙・沛・彭城縣をへて、泗水にそそいでいた。この水のほとりには妖神がおり、東夷はみな、それを社に祀っていた。おそらく、人を殺して祭り(の犧牲)に用いたのであろう。

【附】疏に引く『釋例』に「汴水　自滎陽受河　睢水　受汴　東經陳留梁國譙郡沛國　至彭城縣入泗」とあるのを參照。

【傳】司馬子魚曰　古者六畜不相爲用

【注】「司馬子魚」は、公子目夷である。「六畜は、それ自身のためには用いない」とは、馬の先祖を祭るのに馬は用いない、といったような類いをいう。

【附】異説として、楊伯峻『春秋左傳注』に「六畜不相爲用者　用馬之祭不以牛羊豕犬代之耳」とある。

【傳】小事不用大牲　而況敢用人乎　祭祀以爲人也　民　神之主也　用人其誰饗之　齊桓公存三亡國以屬諸侯

【注】「三亡國」とは、魯・衞・邢である。

【附】『國語』晉語二「存亡國三」の韋注に「存三亡國　魯衞邢也」とあるのを參照。

【傳】義士猶曰薄德

㊟亂に乘じて魯を取ろうとし、邢・衞を救援するのがのろかった、ことをいう。

(附)注の「欲因亂取魯」については、閔公元年の傳文に「公曰　魯可取乎　對曰　不可」とあるのを參照。
注の「緩救邢衞」については、閔公元年の傳文に「狄人伐邢　管敬仲言於齊侯曰（中略）請救邢以從簡書　齊人救邢」とあるのを參照。

【傳】今一會而虐二國之君

㊟宋公は、三月に、會によって諸侯をよびよせて、滕子を執え、六月に會盟して、その月の二十二日に鄫子を執えた。だから、「一回の會で二國の君をしいたげた」と言っているのである。

(附)上の經文に「春王三月宋人執滕子嬰齊」とあり、ついで「夏六月宋公曹人邾人盟于曹南　鄫子會盟于邾　己酉邾人執鄫子用之」とある。

【傳】又用諸淫昏之鬼

㊟周の社ではなかったからである。

【傳】將以求霸　不亦難乎　得死爲幸

㊟國を亡ぼすことを恐れたのである。

【傳】秋衞人伐邢　以報菟圃之役

㊟（菟圃の役で）邢はすみやかに退却しなかった。だから、（今ここで）邢だけが伐たれたのである。

(附)十八年の傳文に「冬邢人狄人伐衞圍菟圃（中略）狄師還」とあり、注に「獨言狄還　則邢留距衞　言邢所以終爲衞所滅」とあるのを參照。

【傳】於是衞大旱　卜有事於山川　不吉

㊟「有事」とは、祭である。

(附)九年の傳文「天子有事于文武」の注に「有祭事也」とあるのを參照。

【傳】甯莊子曰　昔周饑　克殷而年豐　今邢方無道　諸侯無伯

㊟「伯」は、長である〔『爾雅』釋詁〕。

【傳】天其或者欲使衞討邢乎　從之　師興而雨

【傳】宋人圍曹　討不服也

㊟曹南の盟で、會地の主人としての禮を脩めなかったからである。

(附)上の經「夏六月宋公曹人邾人盟于曹南」の注に「曹雖與盟　而猶不服　不肯致餼　無地主之禮　故不以國地　而曰曹南　所以及秋而見圍」とあるのを參照。

【傳】子魚言於宋公曰　文王聞崇德亂而伐之　軍三旬而不降

㊟「崇」は、崇侯虎である。

(附)『說苑』指武に「文王欲伐崇　先宣言曰　予聞崇侯虎蔑侮父兄　不敬長老　聽獄不中　分財不均　百姓力盡　不得衣食　予將來征之　唯爲民」とあるのを參照。

【傳】退脩教　而復伐之　因壘而降

㊟また往って攻撃すると、軍備は前のままなのに、崇は自分から降服してきたのである。

(附)『說苑』指武に「乃伐崇　令毋殺人　毋壞室　毋塡井　毋伐樹木　毋動六畜　有不如令者　死無赦　崇人聞之　因請降」とあるのを參照。

【傳】詩曰　刑于寡妻　至于兄弟　以御于家邦
【注】「詩」は、大雅〈思齊〉である。文王の教えは、近いところから遠くにまで及んだ、ということである。「寡妻」は、嫡妻で、大姒のことをいう。「刑」は、法〔のっとらしむ〕である。
【附】毛傳に「刑　法也　寡妻　適妻也」とあるのを參照。また、『國語』晉語四に「刑于大姒　比於諸弟　詩云　刑于寡妻　至于兄弟　以御于家邦」とあるのを參照。
【傳】今君德無乃猶有所闕　而以伐人　若之何　盍姑内省德乎　無闕而後動
【傳】陳穆公請脩好於諸侯以無忘齊桓之德　冬盟于齊　脩桓公之好也
【注】宋の襄公が暴虐だったから、齊の桓公を思慕したのである。
【傳】梁亡　不書其主　自取之也
【注】梁を取った者の名を書いていない、ということである。
【傳】初梁伯好土功　亟城而弗處　民罷而弗堪　則曰　某寇將至　乃溝公宮
【注】「溝」は、壍〔ほり〕である。
【附】『史記』晉世家「梁伯好土功　治城溝」の〈集解〉に「賈逵曰　溝塹也」とあるのを參照。
【傳】曰　秦將襲我　民懼而潰　秦遂取梁

〔僖公二十年〕

【經】二十年春新作南門
【注】（「南門」は）魯城の南門であり、もと、「稷門」とよばれていた。僖公は、それを高く大きなものにつくりかえ、（その結果）今でも他の門と違っているが、よび名も「高門」に改めたのである。古いものをかえたから「新」と言い、事をおこしたから「作」と言っているのであり、いずれもみな、更めて造ったという表現である。
【附】注の前半については、莊公三十二年の傳文「能投蓋于稷門」の注に「稷門　魯南城門」とあるのを參照。また、『史記』孔子世家に「陳女樂文馬於魯城南高門外」とあるのを參照。
注の後半については、疏に引く『釋例』に「言新　意所起　言作　以興事　通謂興起功役之事　揔而言之　不復分別因舊與造新也」とあるのを參照。なお、異說として、疏に「劉賈先儒皆云　言新　有故木　言作　有新木」とある。
【經】夏郜子來朝
【注】傳はない。「郜」は、姬姓の國である。
【附】二十四年の傳文に「管蔡郕霍魯衞毛聃郜雍曹滕畢原酆郇　文之昭也」とあるのを參照。
【經】五月乙巳西宮災
【注】傳はない。「西宮」は、公の別宮である。天火〔天が降した火事、自然發生の火事〕を「災」という。例は、宣公十六年にある。
【附】宣公十六年の傳文に「凡火　人火曰火　天火曰災」とある。

【經】鄭人入滑

【注】「入」の例は、襄公十三年にある。

【附】襄公十三年の傳文に「弗地曰入」とあり、注に「謂勝其國邑　不有其地」とある。

【經】秋齊人狄人盟于邢

【經】冬楚人伐隨

【傳】二十年春新作南門　書　不時也

【注】土木工事の時期をはずしたのである。

【附】莊公二十九年の傳文に「凡土功　龍見而畢務　戒事也　火見而致用　水昏正而栽　日至而畢」とあるのを參照。

【傳】凡啓塞從時

【注】門戶・道橋を「啓」といい、城郭・牆塹を「塞」という。いずれもみな、官・民が開閉するのに、一日として闕くべからざるものであるから、特に、壞れた時に隨って脩理するのである。今ここで、僖公が城門をつくりかえたのは、開閉にかかわる緊急事ではないから、土木工事の（時期の）きまりによって譏ったのである。傳は、啓・塞の場合も土木工事の時期（のきまり）に從うかにまぎらわしいから、別に「從時〔隨時〕」の例を示したのである。

【附】疏に引く『釋例』に「門戶道橋　城郭牆塹　官民之開閉　不可一日闕者也　故特隨壞時而脩之　皆當其時而訖　不必用土功之常時也　故傳既曰書不時　又曰啓塞從時　重發以明二義　其他急事　亦包之也」とあるのを參照。なお、異說として、疏に「服虔云　闔扇所以開　鍵閉所以塞　月令仲春脩闔扇　孟冬脩鍵閉　從時　從此時也」とある。

【傳】滑人叛鄭而服於衛　夏鄭公子士洩堵寇帥師入滑

【注】「公子士」は、鄭の文公の子である。「洩堵寇」は、鄭の大夫である。

【附】『史記』周本紀「鄭伐滑」の〈集解〉に「賈逵曰　滑　姫姓之國」とある。

【傳】秋齊狄盟于邢　爲邢謀衛難也　於是衛方病邢

【傳】隨以漢東諸侯叛楚　冬楚鬭穀於菟帥師伐隨　取成而還　君子曰　隨之見伐　不量力也　量力而動　其過鮮矣　善敗由己　而由人乎哉　詩曰　豈不夙夜　謂行多露

【注】「詩」は、召南（行露）である。早朝や深夜に行くのがいやなわけではないが、たくさんの露が自分をぬらすのが心配である、ということであり、これによって、禮に違反して行動すれば、必ず恥辱をうける、ということを喩えたのである。これもまた、宜しきをはかり、時をみて動く〔隱公十一年傳文〕、という義である。

【傳】宋襄公欲合諸侯　臧文仲聞之曰　以欲從人　則可

【注】自分の欲をおさえて、衆人の善に従う、ということである。

【傳】以人從欲　鮮濟

【注】明年の鹿上の盟のために傳したのである。

【附】二十一年に「宋人齊人楚人盟于鹿上」とある。

〔僖公二十一年〕

【經】二十有一年春狄侵衞

【注】傳はない。邢のためである。

【附】二十年の傳文に「秋齊狄盟于邢　爲邢謀衞難也　於是衞方病邢」とあるのを參照。

【經】宋人齊人楚人盟于鹿上

【注】「鹿上」は、宋地である。汝陰に原鹿縣がある。宋は、盟の主であったから、「齊人」の上におかれているのである。

【經】夏大旱

【注】雩しても雨をえられなかったから、「旱」と書いているのである。（この旱は）夏から秋にまで及び、五穀が、いずれもみな、収穫できなかったのである。

【附】十一年の穀梁傳文に「雩得雨曰雩　不得雨曰旱」とあるのを參照。また、『禮記』玉藻「至于八月不雨　君不擧」の注に「春秋之義　周之春夏無雨　未能成災　至其秋秀實之時而無雨　則雩　雩而得之　則書雩　喜祀有益也　雩而不得　則書旱　明災成也」とあるのを參照。

【經】秋宋公楚子陳侯蔡侯鄭伯許男曹伯會于盂

【注】「盂」は、宋地である。楚は、（ここで）始めて中國と會禮を行なったから、爵を稱しているのである。

【經】執宋公以伐宋

【注】楚が宋公を執えた、と言っていないのは、宋は、徳もないのに盟主たらんと争ったため、諸侯ににくまれたから、まとめて、諸國が共に執えたという表現を示したのである。

【附】下の傳文に「於是楚執宋公以伐宋」とある。

【經】冬公伐邾

【注】傳はない。邾が須句を滅したからである。

【附】下の傳文に「邾人滅須句　須句子來奔」とあるのを參照。

【經】楚人使宜申來獻捷

【注】傳はない。宋の捷〔えもの〕を獻じたのである。「宋」と言っていないのは、秋に宋を伐ち、冬に來て捷を獻じ、（二つの）事件が年を異にしていないため、（言わなくても）おのずとわかる、からである。「楚子が來させた」と稱していないのは、君命を稱して禮を行なうことをしなかった、からである。

【經】十有二月癸丑公會諸侯盟于薄　釋宋公

㊟諸侯が楚と共に宋を伐つと、宋は降服したから、薄の盟をなして、宋公を釋放したのである。公は本來、會の約束をしておらず、盟を聞いて往ったから、「公會諸侯」と書いているのである。

(附)文公七年の傳文に「凡會諸侯　不書所會　後也」とあり、注に「不書所會　謂不具列公侯及卿大夫」とあるのを參照。なお、疏に「似是公之後期　故解之　魯先不屬楚　公本無會期　聞盟而往　故書公會諸侯非後期也　公非後期而摠書諸侯者　此則會盂之諸侯也　一事而再見者　前目而後凡　自謂前已歴序　故後摠言耳　非爲魯公變文也」とある。

【傳】二十一年春宋人爲鹿上之盟　以求諸侯於楚　楚人許之　公子目夷曰小國爭盟　禍也　宋其亡乎　幸而後敗

㊟軍が敗れることをいう。

【傳】夏大旱　公欲焚巫尫

㊟「巫尫」は、女巫で、祈禱して雨を請うことをつかさどる者である。一説に、「尫」は、巫ではなく、瘠病の人である。その顔は上を向いており、俗に、天は、その病を哀しみ、雨がその鼻に入るのを恐れるから、そういう人のために旱をおこすのである、と言われていた。だから、公は焚き殺そうとしたのである。

(附)注の前半については、『國語』楚語下に「在女曰巫」とあるのを參照。また、『周禮』女巫に「旱暵則舞雩」とあり、注に「鄭司農云　求雨以女巫」とあるのを參照。なお、疏に「并以巫尫爲女巫　則尫是劣弱之稱　當以女巫尫弱故稱尫也」とある。

注の後半については、『禮記』檀弓下に「歳旱　穆公召縣子而問然曰　天久不雨　吾欲暴尫　而奚若（注　尫者　面鄉天　覬天哀而雨之）曰　天久不雨　而暴人之疾子虐　毋乃不可與（注　錮疾　人之所哀暴之是虐）」とあるのを參照。

【傳】臧文仲曰　非旱備也　脩城郭　貶食省用　務穡勸分

㊟「穡」は、儉である。「勸分」とは、富者に貧者を援助させる、ということである。

(附)注の「穡　儉也」については、昭公元年の傳文「大國省穡而用之」の注に「穡　愛也」とあるのを參照。

注の「勸分　有無相濟」については、『國語』晉語四「懋穡勸分」の韋注に「勸分　勸有分無」とあるのを參照。

なお、疏に「服虔云　國家凶荒　則無道之國乘而加兵　故脩城郭爲守備也」とある。

【傳】此其務也　巫尫何爲　天欲殺之　則如勿生　若能爲旱　焚之滋甚　公從之　是歳也　饑而不害

㊟民をそこなわなかったのである。

【傳】秋諸侯會宋公于盂　子魚曰　禍其在此乎　君欲已甚　其何以堪之　於

是楚執宋公以伐宋　冬會于薄以釋之　子魚曰　禍猶未也　未足以懲君

㊟二十二年の泓での戦いのために傳したのである。

(附)二十二年に「冬十有一月己巳朔宋公及楚人戰于泓　宋師敗績」とある。

【傳】任宿須句顓臾　風姓也　實司大皞與有濟之祀

㊟「司」は、主〔つかさどる〕である。「大皞」とは、伏羲のことである。四國は、伏羲の後裔であるから、その祭祀をつかさどっていたのである。「任」は、今の任城縣である。「顓臾」は、泰山の南、武陽縣の東北部にあった。「須句」は、東平の須昌縣の西北部にあった。四國は、封地が濟水に近かったから、代々これを祀っていたのである。

(附)注の「大皞　伏羲」については、昭公十七年の傳文「大皞氏以龍紀故爲龍師而龍名」の注に「大皞　伏犧氏　風姓之祖也」とあるのを參照。また、『禮記』月令「其帝大皞」の注に「大皞　宓戯氏」とあるのを參照。

注の「四國　伏羲之後」については、『論語』季氏「季氏將伐顓臾」の〈集解〉に「孔曰　顓臾　伏羲之後　風姓之國」とあるのを參照。

【傳】以服事諸夏

㊟諸夏と同じく、王事に服したのである。

【傳】邾人滅須句　須句子來奔　因成風也

㊟須句は、成風の實家だった（からである）。

【傳】成風爲之言於公曰　崇明祀　保小寡　周禮也

㊟「明祀」とは、大皞と有濟の祀のことである。「保」は、安である。

(附)注の「保　安也」については、『詩』唐風〈山有樞〉「他人是保」の毛傳に「保　安也」とあるのを參照。

【傳】蠻夷猾夏　周禍也

㊟ここで、邾が須句を滅して、「蠻夷」と言い、昭公二十三年には、叔孫豹が「その上、邾は夷である」と言っている。とすれば、邾は、曹姓の國ではあったが、諸戎に接近して、夷禮をまぜ用いていたから、極端な言い方をしたのである。「猾夏」とは、諸夏を亂すということである。

(附)注の前半については、昭公二十三年の傳文に「叔孫婼如晉（中略）叔孫曰　列國之卿當小國之君　固周制也　邾又夷也」とあり、注に「邾雜有東夷之風」とあるのを參照。なお、『釋文』に「杜注所引是叔孫婼語　今傳本多作豹　恐是傳寫誤也　宜爲婼」とあり、また、疏に「此注引昭二十三年傳　當云叔孫婼曰　徧檢古本　皆作豹字　蓋注後卽寫誤」とある。

注の後半については、『書』舜典「蠻夷猾夏」の僞孔傳に「猾　亂也　夏　華夏」とあるのを參照。

【傳】若封須句　是崇皞濟而脩祀紓禍也

㊟「紓」は、解〔とく〕である。明年の「伐邾」のために傳したのである。

(附)二十二年に「春公伐邾取須句」とある。

巻第十五

〔僖公二十二年〕

經二十有二年春公伐邾取須句

注「須句」は、（本來）獨立國であったけれども、弱體化して、自力で（他國と）通交することが出來なくなり、顓臾と同じように、魯の屬國となっていた。（つまり）魯は、須句を自國の臣とみなしていたから、滅されたことも、奔ったことも、その君をかえしたことも、いずれもみな、省略して（經に）書かず、ただ、「邾を伐って須句を取った」ことだけを書いたのである。

附『論語』季氏に「夫顓臾　昔者　先王以爲東蒙主　且在邦域之中矣　是社稷之臣也　何以伐爲」とあり、〈集解〉に「孔曰　已屬魯爲社稷之臣　何用滅之爲」とあるのを參照。なお、二十一年の傳文に「邾人滅須句　須句子來奔」とあり、下の傳文に「反其君焉」とある。

經夏宋公衞侯許男滕子伐鄭

經秋八月丁未及邾人戰于升陘

注「升陘」は、魯地である。邾人が公の冑を（邾の）魚門にぶらさげたから、深く恥じて、「公」と言わず、また、「師敗績」と言わなかったのである。

附下の傳文に「八月丁未公及邾師戰于升陘　我師敗績　邾人獲公冑　縣諸魚門」とあるのを參照。

經冬十有一月己巳朔宋公及楚人戰于泓　宋師敗績

注「泓」は、水の名である。宋が鄭を伐ち、楚が鄭を救援したから、（兩國は）戰ったのである。楚の赴告に主帥（の名）と人數とがなかったから、略して「人」と稱しているのである。

附注の「告命」については、隱公十一年の傳文に「宋不告命　故不書　凡諸侯有命　告則書　不然則否」とあり、注に「命者　國之大事政令也　承其告辭　史乃書之於策　若所傳聞行言　非將君命　則記在簡牘而已　不得記於典策　此蓋周禮之舊制」とあるのを參照。

傳二十二年春伐邾取須句　反其君焉　禮也

注小國をあわれむという禮にかなっていたのである。

附注の「寡小」については、二十一年の傳文に「崇明祀　保小寡　周禮也」とあるのを參照。

傳三月鄭伯如楚

傳夏宋公伐鄭　子魚曰　所謂禍在此矣

注鄭が楚に行ったことを怒ったから、鄭を伐ったのである。（この傳文は）下の泓の戰いのために起こしたのである。

附下の傳文に「冬十一月己巳朔宋公及楚人戰于泓」とある。

【傳】初平王之東遷也

（注）周の幽王が犬戎に滅ぼされ、平王が位を嗣いだから、洛邑に東遷したのである。

【傳】辛有適伊川　見被髮而祭於野者

（注）「辛有」は、周の大夫である。「伊川」は、周地で、「伊」は、水（の名）である。

（附）昭公十五年の傳文「及辛有之二子董之晉　於是乎有董史」の注に「辛有　周人也」とあるのを參照。

【傳】曰　不及百年　此其戎乎　其禮先亡矣

（注）髮を振り亂して祭るということには、夷狄の象〔きざし〕がある。

（附）『禮記』王制に「東方曰夷　被髮文身　有不火食者矣（中略）西方曰戎　被髮衣皮　有不粒食者矣」とあるのを參照。

【傳】秋秦晉遷陸渾之戎于伊川

（注）（「陸渾之戎」とは）允姓の戎で、陸渾に居住していたものである。（その地は）秦・晉の西北にあったが、二國が誘って、これを伊川（の地）にうつし、（よび名は）そのまま戎號〔「陸渾」〕に從ったのであり、今でも（ここは）陸渾縣とよばれている。（なお）辛有（の時）からここまでを計算してみると、百年をこえているのに、（辛有は）「百年たたないうちに」と言っている。（とすれば）傳は、（ただ）その事の效驗〔實現〕を擧げているのであって、年數の正確さまでは期していないのである。

（附）昭公九年の傳文に「先王居檮杌于四裔　以禦螭魅　故允姓之姦居于瓜州（注　瓜州　今敦煌）伯父惠公歸自秦　而誘以來（注　僖十五年晉惠公自秦歸　二十二年秦晉遷陸渾之戎於伊川）使偪我諸姫　入我郊甸則戎焉取之」とあるのを參照。

【傳】晉大子圉爲質於秦　將逃歸　謂嬴氏曰　與子歸乎

（注）「嬴氏」は、秦が子圉にめあわせた懷嬴である。

（附）十七年の傳文に「夏晉大子圉爲質於秦　秦歸河東而妻之」とあるのを參照。

【傳】對曰　子　晉大子　而辱於秦　子之欲歸　不亦宜乎　寡君之使婢子侍執巾櫛

（注）「婢子」は、婦人の卑稱である。

（附）『史記』晉世家「秦使婢子侍」の〈集解〉に「服虔曰　曲禮曰　世婦以下自稱婢子　婢子　婦人之卑稱」とあるのを參照。

【傳】以固子也　從子而歸　弃君命也　不敢從　亦不敢言　遂逃歸

（注）傳は、史蘇の占に結末をつけたのである。

（附）十五年の傳文に「史蘇占之曰（中略）姪其從姑　六年其逋　逃歸其國而弃其家」とある。

【傳】富辰言於王曰　請召大叔

（注）「富辰」は、周の大夫である。「大叔」は、王子帶で、十二年に齊に奔っていた。

（附）『史記』周本紀「富辰諫曰」の〈集解〉に「服虔曰　富辰　周大夫」

とあるのを參照。なお、十二年の傳文に「王以戎難故　討王子帶　秋王子帶奔齊」とある。

【傳】詩曰　協比其鄰　昏姻孔云

㊟「詩」は、小雅〔正月〕である。王者が政をなすのに、〔自分から〕率先して近親となかよくすれば、昏姻〔親戚〕も大いにしたしみあうようになる、ということである。「鄰」は、近と同じである。「孔」は、甚である。「云」は、旋〔めぐる、ゆきかう〕である。

㊺毛傳に「洽　合　鄰　近　云　旋也」とあるのを參照。また、『爾雅』釋言に「孔　甚也」とあるのを參照。なお、襄公二十九年の傳文に「晉不鄰矣　其誰云之」とあり、注に「云猶旋　旋歸之」とあるのも參照。

【傳】吾兄弟之不協　焉能怨諸侯之不睦　王說　王子帶自齊復歸于京師　王召之也

㊟傳は、仲孫湫の言葉に結末をつけつつ、二十四年の「〔冬〕天王出居于鄭」のために起こしたのである。

㊺十三年の傳文に「春齊侯使仲孫湫聘于周　且言王子帶　事畢　不與王言　歸　復命曰　未可　王怒未怠　其十年乎　不十年　王弗召也」とある。

【傳】邾人以須句故出師　公卑邾　不設備而禦之

㊟「卑」は、小〔みくびる〕である。

【傳】臧文仲曰　國無小　不可易也　無備　雖衆不可恃也　詩曰　戰戰兢兢如臨深淵　如履薄冰

㊟「詩」は、小雅〔小旻〕である。いつもおそれつつしむ、ということである。

㊺毛傳に「戰戰　恐也　兢兢　戒也」とあるのを參照。

【傳】又曰　敬之敬之　天惟顯思

㊟「顯」は、明である。「思」は、辭〔虛詞〕である。

㊺注の「顯　明也」については、『詩』大雅〔抑〕「無曰不顯　莫予云覯」の鄭箋に「顯　明也」とあるのを參照。

注の「思猶辭也」については、宣公十二年の傳文「其三曰　鋪時繹思我徂維求定」の注に「思　辭也」とあるのを參照。また、『詩』周南〔漢廣〕「漢有游女　不可求思」の毛傳に「思　辭也」とあるのを參照。なお、『會箋』に「注加一猶字　意義不通　或衍文　或語字之譌」とある。

【傳】命不易哉

㊟周頌〔敬之〕である。國をたもつには、つつしまなければならず、天は下界を照覽しているから、その命を奉受するのは非常に難かしい、ということである。

【傳】先王之明德　猶無不難也　無不懼也　況我小國乎　君其無謂邾小　蠭蠆有毒　而況國乎　弗聽　八月丁未公及邾師戰于升陘　我師敗績　邾人獲公冑　縣諸魚門

㊟「冑」は、兜鍪〔かぶと〕である。「魚門」は、邾の城門である。

㊺『說文』に「冑　兜鍪也」とあり、また、「兜　兜鍪　首鎧也」とあ

るのを參照。

傳楚人伐宋以救鄭　宋公將戰　大司馬固諫曰　天之弃商久矣　君將興之
　弗可赦也已

注「大司馬固」は、莊公の孫の公孫固である。君が、天が見弃てたものを復興しようとしても、絶對にだめで、楚を赦して戰わない方がよい、ということである。

附注の前半については、『國語』晉語四「公子過宋　與司馬公孫固相善」の韋注に「固　宋莊公之孫　大司馬固也」とあるのを參照。また、『史記』宋世家「成公弟禦殺大子及大司馬公孫固而自立爲君」の〈正義〉に「世本云　宋莊公孫名固　爲大司馬」とあるのを參照。

注の後半については、異説として、兪樾『羣經平議』に「如杜解　當於弗可絶句　赦也已三字　文不成義矣　此五字宜連讀　蓋卽違天必有大咎之意　天固棄之　君必興之　是得罪於天也　故曰　弗可赦也已」とある。

傳弗聽

傳冬十一月己巳朔宋公及楚人戰于泓　宋人既成列　楚人未既濟

注まだ泓水を渡りきっていなかった。

附桓公三年「秋七月壬辰朔日有食之既」の注に「既　盡也」とあるのを參照。また、公羊傳文「楚人濟泓而來」の何注に「濟　渡」とあるのを參照。

傳司馬曰

注子魚である。

附十九年の傳文に「司馬子魚曰」とあるのを參照。

傳彼衆我寡　及其未既濟也　請擊之　公曰　不可　既濟而未成列　又以告　公曰　未可　既陳而後擊之　宋師敗績　公傷股　門官殲焉

注「門官」は、門を守る者で、師が出動するときには、君の左右につきしたがった。「殲」は、盡である。

附注の「門官　守門者云云」については、『周禮』虎賁氏に「掌先後王而趨以卒伍　軍旅會同亦如之　舍則守王閑　王在國　則守王宮　國有大故　則守王門　大喪亦如之」とあるのを參照。

注の「殲　盡也」については、莊公十七年「夏齊人殲于遂」の注に、同文がみえる。なお、『爾雅』釋詁にも「殲　盡也」とある。

傳國人皆咎公　公曰　君子不重傷　不禽二毛

注「二毛」とは、頭が（一部分）白くて（黑・白の）二色になっているものである。

傳古之爲軍也　不以阻隘也

注阻隘〔難所〕につけ込んで勝ちを求めることはしない、ということである。

附異説として、兪樾『羣經平議』に「傳文曰　古之爲軍也　不以阻隘也　寡人雖亡國之餘　不鼓不成列　下文　子魚曰　隘而不列　天贊我也　阻而鼓之　不亦可乎　是阻與鼓對　隘與不成列對　故又曰　利而用之　阻隘可也　聲盛致志　鼓儳可也　鼓儳二字不平列　則阻隘二字亦不

平列　阻者　扼也　尚書堯典篇　黎民阻飢　正義引鄭注曰　阻　扼也　方楚人之未既濟　卽扼而擊之　是謂阻其隘　杜解未得其旨」とある。

傳寡人雖亡國之餘

注宋は、商紂の後裔である。

傳不鼓不成列

注詐謀によって勝つことを恥としたのである。

傳子魚曰　君未知戰　勍敵之人　隘而不列　天贊我也

注「勍」は、强である。楚が險隘〔難所〕にあって陣列を整えていないのは、天が宋を助けるため（の手立て）である、ということである。

附『說文』に「勍　彊也　春秋傳曰　勍敵之人」とあるのを參照。

傳阻而鼓之　不亦可乎　猶有懼焉

注阻〔難所〕につけ込んで攻擊したとしても、勝てない恐れがある、ということである。

傳且今之勍者　皆吾敵也　雖及胡耇　獲則取之　何有於二毛

注「今の强者」とは、自分とあらそう者をいう。「胡耇」は、元老の稱である。

附注の前半については、七年の傳文「心則不競　何憚於病」の注に「競　强也」とあるのを參照。

注の後半については、『詩』周頌〈載芟〉「有椒其馨　胡考之寧」の毛傳に「胡　壽也」とあるのを參照。また、同小雅〈南山有臺〉「樂只君子　遐不黃耇」の毛傳に「耇　老」とあるのを參照。なお、『釋名』釋長幼に「九十曰鮐背（中略）或曰胡耇　咽皮如雞胡也」とあるのも參照。

傳明恥教戰　求殺敵也

注刑罰を嚴格に設けて、功績をあげないことを恥じるようにさせる、ということである。

傳傷未及死　如何勿重

注まだこちらを害することが出來る、ということである。

傳若愛重傷　則如勿傷　愛其二毛　則如服焉

注かりにも、敵人を殺傷したくないのなら、最初から鬪わなければよい、ということである。

附疏に「如猶不如　古人之語然　猶似敢卽不敢」とある。なお、これについては、王引之『經傳釋詞』に「僖二十二年左傳曰　若愛重傷　則如勿傷　愛其二毛　則如服焉　正義曰　如猶不如　古人之語然　猶似敢卽不敢　家大人曰　孔說非也　如猶當也　言若愛重傷　則當勿傷之　愛其二毛　則當服從之也　又二十一年傳曰　巫尫何爲　天欲殺之　則如勿生　言天欲殺之　則當勿生之也　昭十三年傳曰　二三子若能死亡　則如違之以待所濟　若求安定　則如與之以濟所欲　言若能死亡　則當違之　若求安定　則當與之也　二十一年傳曰　君若愛司馬　則如亡　言君若愛司馬而不欲亡之　則當自亡也　定五年傳曰　不能如辭　言既不能　則當辭也　八年傳曰　然則如叛之　言既不畏晉　則當叛之也　杜解君若愛司馬則如亡云　言若愛司馬　則當亡走失國　解不能如辭云　言自知不能　當辭勿行　是杜訓如爲當　非訓爲不如也　且成二年傳曰　若知不能　則如無出　今既遇矣　不如戰也　上言如　下言不

如　則如非不如明矣」とある。

傳三軍以利用也

注利のためにおこす、ということである。

傳金鼓以聲氣也

注鼓をうって士衆の聲氣〔勇氣?〕を助ける、ということである。

附異説として、兪樾『羣經平議』に「傳文止言以聲氣　不言以佐聲氣　杜解非也　顧氏炎武補正曰　聲如金聲而玉振之之聲　劉用熙曰　聲宣也　宣倡士卒之勇氣　今按　孟子言金聲而玉振之　又曰金聲也者金聲下皆無之字　與玉振之不同　金聲而玉振之　謂金聲始洪終殺　必以玉聲振起之也　説詳孟子　顧氏習于時解　遂若金聲與玉振一律　因取以解此傳聲字　失之矣　且如其解謂宣倡士卒之氣　則此句當以氣字爲主　下文曰　聲盛致志　乃言聲不言氣何也　然則顧解亦非也　今以文義求之　金鼓以聲氣也　與上句三軍以利用也一律　氣當讀爲鎎　鎎者怒也　説文金部　鎎　怒戰也　引春秋傳曰　諸侯敵王所鎎　今文四年左傳作愾　杜解曰　愾　恨怒也　蓋愾鎎義通　凡怒謂之愾　戰而怒謂之鎎　雖有從心從金之別　實一字耳　三軍之用在利　不利則不可以用　故曰　三軍以利用　金鼓之鎎在聲　非聲則不見其鎎　故曰　金鼓以聲鎎」とある。

傳利而用之　阻隘可也　聲盛致志　鼓儳可也

注「儳」は、巖〔難所?〕であり、（つまり）陣列を整えていないということである。

附注の「儳　巖」については、『會箋』に「蓋讀儳如巉」とある。なお、穀梁傳文に「鼓險而擊之」とあるのを參照。

注の「未整陳」については、『説文』に「儳　儳互　不齊也」とあるのを參照。また、『國語』周語中「夫戎狄　冒沒輕儳　貪而不讓」の韋注に「儳　進退上下無列也」とあるのを參照。

傳丙子晨鄭文夫人芈氏姜氏勞楚子於柯澤

注楚子は、かえりに鄭を通ったのである。鄭の文公の夫人「芈氏」は、楚の女であり、「姜氏」は、齊の女である。「柯澤」は、鄭地である。

傳楚子使師縉示之俘馘

注「師縉」は、楚の樂師である。「俘」は、捕虜である。「馘」は、きりとった（敵の）耳である。

附注の「師縉　楚樂師也」については、『禮記』樂記「子贛見師乙而問焉」の注に「師　樂官也」とあるのを參照。

注の「俘　所得囚」については、莊公六年「冬齊人來歸衞俘」の注に「俘　囚也」とあるのを參照。

注の「馘　所截耳」については、『詩』大雅〈皇矣〉「執訊連連　攸馘安安」の毛傳に「馘　獲也　不服者　殺而獻其左耳　曰馘」とあるのを參照。

傳君子曰　非禮也　婦人送迎不出門　見兄弟不踰閾

注「閾」は、門の限〔しきみ〕である。

附『國語』魯語下「公父文伯之母　季康子之從祖叔母也　康子往焉　䦧門與之言　皆不踰閾」の韋注に「閾　限也　皆　二人也　敬姜不踰閾

而出　康子不踰閾而入　傳曰　婦人送迎不出門　見兄弟不踰閾」とあるのを參照。また、『禮記』曲禮上「大夫士出入君門　由闑右　不踐閾」の注に「閾　門限也」とあるのを參照。

【傳】戎事不邇女器

㊟「邇」は、近である。「器」は、物である。俘・馘は婦人に近づけるべき物ではない、ということである。

(附)注の「邇　近也」については、『爾雅』釋詁及び『說文』に「邇　近也」とあるのを參照。

なお、異說として、傅遜『春秋左傳屬事』に「言戎事尚嚴　不近女子所御之物　況使婦人至軍中　又示以俘馘乎」とある。

【傳】丁丑楚子入饗于鄭

㊟鄭に饗應されたのである。

【傳】九獻

㊟上公の禮を用い、九度も酒をくみかわして、ようやく禮がおわったのである。

(附)『國語』晉語四「九獻」の韋注に「九獻　上公之享禮也」とあるのを參照。また、『周禮』大行人に「上公之禮（中略）饗禮九獻」とあるのを參照。

【傳】庭實旅百

㊟庭中にならべられた品の數が百もあったのである。

(附)莊公二十二年の傳文「庭實旅百」の注に「旅　陳也」とあるのを參照。

また、『國語』晉語四「庭實旅百」の韋注に「庭實　庭中之陳也」とあるのを參照。

【傳】加籩豆六品

㊟食物六品を籩豆に（盛って）追加したのである。「籩豆」は、禮に用いる食器である。

(附)昭公六年の傳文「晉侯享之　有加籩」の注に「籩豆之數多於常禮」とあるのを參照。また、『論語』泰伯「籩豆之事　則有司存」の〈皇疏〉に「籩豆　禮器也　竹曰籩　木曰豆　豆盛葅醢　籩盛果實」とあるのを參照。

【傳】饗畢　夜出　文羋送于軍　取鄭二姬以歸

㊟「二姬」は、文羋の女〔むすめ〕である。

【傳】叔詹曰　楚王其不沒乎

㊟壽命を完うできない、ということである。

【傳】爲禮卒於無別　無別不可謂禮　將何以沒　諸侯是以知其不遂霸也

㊟楚子が、師は城濮で敗れ、あげくのはて（自身は）商臣に弑されたわけを言っているのである。

(附)二十八年に「夏四月己巳晉侯齊師宋師秦師及楚人戰于城濮　楚師敗績」とあり、文公元年に「冬十月丁未楚世子商臣弑其君頵」とある。

〔僖公二十三年〕

【經】二十有三年春齊侯伐宋圍緡

㊟「緡」は、宋の邑である。高平の昌邑縣の東南部に東緡城がある。

【經】夏五月庚寅宋公茲父卒

【注】（名を書いているのは）三たび同盟した（からである）。

【附】下の傳文に「凡諸侯同盟　死則赴以名　禮也」とあるのを參照。なお、疏に「茲父以九年卽位　其年盟于葵丘　十五年于牡丘　唯與魯同此二盟而已　而云三者　幷數盟于薄釋宋公也」とある。

【經】秋楚人伐陳

【經】冬十有一月杞子卒

【注】傳例に「名を書いていないのは、同盟していなかったからである」とある〔下の傳文〕。杞は、《春秋》に入って「侯」と稱していたが、莊公二十七年に絀けられて「伯」と稱し、ここに至っては、夷禮を用いていたため、貶して「子」と稱している。

【附】注の「杞入春秋稱侯」については、桓公二年に「秋七月杞侯來朝」とあり、同十二年に「夏六月壬寅公會杞侯莒子盟于曲池」とある。
注の「莊二十七年絀稱伯」については、莊公二十七年に「杞伯來朝」とあり、注に「杞稱伯者　蓋爲時王所黜」とある。
注の「至此用夷禮　貶稱子」については、下の傳文に「書曰子　杞夷也」とある。

【傳】二十三年春齊侯伐宋圍緡　以討其不與盟于齊也

【注】十九年に齊で盟って、桓公の德を忘れないようにしたのに、宋だけは會せず、その上、（二十一年に）齊人を呼び出して共に鹿上で盟ったから、今ここで討ったのである。

【附】十九年に「冬會陳人蔡人楚人鄭人盟于齊」とあり、傳に「陳穆公請脩好於諸侯以無忘齊桓之德　冬盟于齊　脩桓公之好也」とある。また、二十一年に「宋人齊人楚人盟于鹿上」とあり、注に「鹿上　宋地（中略）宋爲盟主　故在齊人上」とある。なお、『史記』齊世家「六年春齊伐宋　以其不同盟于齊也」の〈集解〉に「服虔曰　魯僖公十九年諸侯盟于齊　以無忘桓公之德　宋襄公欲行霸道　不與盟　故伐之」とあるのを參照。

【傳】夏五月宋襄公卒　傷於泓故也

【注】「普通に死ねれば、幸運な方であろう」という子魚の言葉に結末をつけたのである。

【附】十九年の傳文に「司馬子魚曰（中略）將以求霸　不亦難乎　得死爲幸」とあり、注に「恐其亡國」とある。

【傳】秋楚成得臣帥師伐陳　討其貳於宋也

【注】「成得臣」とは、子玉のことである。

【傳】遂取焦夷　城頓而還

【注】「焦」は、今の譙縣である。「夷」は、城父ともよばれ、今の譙郡の城父縣である。二地は、いずれもみな、陳の邑である。「頓」國は、今の汝陰の南頓縣である。

傳子文以爲之功　使爲令尹　叔伯曰　子若國何

注「叔伯」は、楚の大夫の薳呂臣である。子玉は令尹の任に堪えられない、と考えたのである。

傳對曰　吾以靖國也　夫有大功而無貴仕

注「貴仕」は、貴位である。

傳其人能靖者與有幾

注必ず功をほこって亂をなすから、賞をあたえないわけにゆかない、ということである。

傳九月晉惠公卒

注經があくる年にあるのは、赴告に從ったのである。

附二十四年に「晉侯夷吾卒」とあり、注に「文公定位而後告」とある。

傳懷公命無從亡人

注「懷公」は、子圉である。「亡人」とは、重耳のことである。

附ここの傳文については、王引之『經義述聞』に「家大人曰　懷公下脫立字　則與上句不相承　唐石經已然　而各本皆沿其誤　凡諸侯卽位必書某公立　此不書立　亦與全書之例不符　太平御覽人事部五十九治道部二　兩引此文　皆作懷公立命無從亡人　則宋初本尙有未脫立字者　史記晉世家云　九月惠公卒　大子圉立　是爲懷公　乃令國中諸從重耳亡者與期　期盡不到者盡滅其家　其文皆出於左傳　史記之大子圉立卽左傳之懷公立也　則傳文原有立字明矣」とある。

傳期　期而不至　無赦　狐突之子毛及偃從重耳在秦　弗召

注「偃」は、(下の)子犯である。

傳冬懷公執狐突　曰　子來則免

注まだ期限になっていないのに、突を執えたのは、子を呼びもどさなかったからである。

傳對曰　子之能仕　父教之忠　古之制也　策名委質　貳乃辟也

注名を相手の策に書き、膝を屈して、君として事えれば、二心を抱くことは出來ない、ということである。「辟」は、罪である。

附注の「屈膝而君事之」については、疏に「質　形體也（中略）拜則屈膝而委身體於地　以明敬奉之也」とある。ちなみに、『後漢書』馮衍傳「委質爲臣　無有二心」の注にも「委質猶屈膝也」とある。なお、異說として、『史記』仲尼弟子列傳「子路後儒服委質」の〈索隱〉に「服虔注左氏云　古者始仕　必先書其名於策　委死之質於君　然後爲臣　示必死節於其君也」とあり、また、『國語』晉語九「臣委質於狄之鼓　未委質於晉之鼓也」の韋注に「質　贄也　士贄以雉　委贄而退」とある。

注の「辟　罪也」については、『禮記』王制「司寇正刑明辟　以聽獄訟」の注に「辟　罪也」とあるのを參照。また、『國語』晉語四「其在辟也　吾從中也」の韋注に「辟　罪也」とあるのを參照。

傳今臣之子　名在重耳　有年數矣　若又召之　教之貳也　父教子貳　何以事君　刑之不濫　君之明也　臣之願也　淫刑以逞　誰則無罪　臣聞命矣　乃殺之　卜偃稱疾不出　曰　周書有之　乃大明服

注『周書』の〈康誥〉である。君が大明であれば、民は服する、ということである。

傳己則不明　而殺人以逞　不亦難乎　民不見德　而唯戮是聞　其何後之有

注懷公はきっと子孫が晉で續かない、ということである。二十四年の懷公の殺害のために本を張ったのである。

附注の前半については、二十四年の傳文に「惠懷無親　外內弃之」とあるのを參照。

注の後半については、二十四年の傳文に「壬寅公子入于晉師　丙午入于曲沃　丁未朝于武宮　戊申使殺懷公于高梁」とある。

傳十一月杞成公卒　書曰子　杞夷也

注成公はもとから夷禮を行なっていて、（そのまま）その身をおえたから、「卒」のところで貶したのである。杞は實際には「伯」と稱していたのを、仲尼が表現の上で貶して「子」と稱したから、傳は「書曰子」と言って、そのことを明らかにしたのである。

附注の前半については、疏に「何休膏肓難左氏云　杞子卒豈當用夷禮死乎　故解之」とある。

注の後半については、序に「諸稱書不書先書故書不言不稱書曰之類　皆所以起新舊發大義　謂之變例」とあるのを參照。

傳不書名　未同盟也　凡諸侯同盟　死則赴以名　禮也

注隱公七年にすでに示しているのに、今ここで、かさねて「不書名」（の例）を發しているのは、（ここのように）爵を降した場合は（普通の場合と異なるかに）まぎらわしいからである。ここの「凡」もまた、國の史官が赴告を承けて書くための例である。

附注の前半については、隱公七年の傳文に「春滕侯卒　不書名　未同盟也」とある。なお、疏に引く『釋例』に「杞侯降爵　嫌有異同　故傳重發不書之例」とあるのを參照。

注の後半については、桓公九年の傳文「凡諸侯之女行　唯王后書」の注に「爲書婦人行例也」とあるのを參照。また、莊公三年の傳文「凡師　一宿爲舍　再宿爲信　過信爲次」の注に「爲經書次例也」とあるのを參照。

傳赴以名則亦書之

注同盟していなかった場合をいう。

傳不然則否

注同盟していながら名をもって赴告してこなかった場合をいう。

傳辟不敏也

注「敏」は、審と同じである。同盟して始めて名を告げるのが、赴者の禮であり、赴を承けて始めて策に書くのが、史官の制であって、內（史官）と外（赴者）とで、（禮制上）適當とされる事が同じでないから、傳は、さらにその義を詳述したのである。

附疏に引く『釋例』に「又更發凡者　以明雖薨赴有法　若或違之　國史亦承告而書　不必改正也」とあるのを參照。

傳晉公子重耳之及於難也　晉人伐諸蒲城

㊟事は、五年にある。
(附)五年の傳文に「及難　公使寺人披伐蒲」とある。
【傳】蒲城人欲戰　重耳不可　曰　保君父之命而享其生祿
㊟「享」は、受である。「保」は、恃と同じである。
(附)『漢書』廣陵厲王劉胥傳「揚州保彊」の注に「李奇曰　保　恃也」とあるのを參照。
【傳】於是乎得人
㊟祿によって衆人を集めることが出來た、ということである。
【傳】有人而校　罪莫大焉
㊟「校」は、報である。
(附)『論語』泰伯「犯而不校」の〈集解〉に「包曰　校　報也」とあるのを參照。
【傳】吾其奔也　遂奔狄　從者狐偃趙衰
㊟「衰」は、趙夙の弟である。
(附)『國語』晉語四に「趙衰　其先君之戎御趙夙之弟也」とあるのを參照。
【傳】顚頡魏武子
㊟「武子」は、魏犨である。
【傳】司空季子
㊟胥臣臼季である。この時、狐毛・賈佗の兩人も從ったのに、この五人だけを擧げているのは、（この五人は特に）賢で大功があったからである。
(附)『史記』晉世家「司空季子曰」の〈集解〉に「服虔曰　胥臣臼季也」とあるのを參照。
【傳】狄人伐廧咎如
㊟「廧咎如」は、赤狄の別種で、隗姓である。
(附)成公三年の傳文に「晉郤克衞孫良夫伐廧咎如　討赤狄之餘焉」とあるのを參照。また、『史記』晉世家「狄伐咎如」の〈集解〉に「賈逵曰　赤狄之別　隗姓」とあるのを參照。
【傳】獲其二女叔隗季隗　納諸公子　公子取季隗　生伯儵叔劉　以叔隗妻趙衰　生盾
㊟「盾」は、趙宣子である。
【傳】將適齊　謂季隗曰　待我二十五年　不來而後嫁　對曰　我二十五年矣　又如是而嫁　則就木焉
㊟（その時は）死んで棺に入る年齢でしょうから、再婚など出來ない、ということである。
【傳】請待子　處狄十二年而行
㊟五年に狄に奔り、十六年になって（狄を）去ったのである。
【傳】過衞　衞文公不禮焉　出於五鹿
㊟「五鹿」は、衞地である。今、衞縣の西北部に五鹿とよばれる土地がある。陽平の元城縣の東部にもまた五鹿がある。
(附)『史記』晉世家「過五鹿」の〈集解〉に「賈逵曰　衞地」とあるのを參照。
【傳】乞食於野人　野人與之塊　公子怒　欲鞭之　子犯曰　天賜也
㊟土を手に入れることは、國を所有することの瑞祥であるから、「天賜」

としたのである。

(附)『國語』晉語四に「民以土服　又何求焉　天事必象　十有二年　必獲此土」とあるのを參照。また、『史記』晉世家に「土者　有土也」とあるのを參照。

[傳]稽首受而載之　及齊　齊桓公妻之　有馬二十乘

㊟四匹の馬を「乘」という。（つまり、「二十乘」は）八十匹である。

(附)二年の傳文「屈產之乘」の注に「四馬曰乘」とあるのを參照。また、『史記』宋世家「厚禮重耳以馬二十乘」の〈集解〉に「服虔曰　八十匹」とあるのを參照。なお、『國語』晉語四「有馬二十乘」の韋注に「四匹爲乘　八十匹也」とあるのも參照。

[傳]公子安之　從者以爲不可　將行　謀於桑下

㊟齊の桓公が死んでしまい、（子の）孝公は頼りにならないことがわかった、からである。

(附)『國語』晉語四に「桓公卒　孝公卽位　諸侯叛齊　子犯知齊之不可以動　而知文公之安齊而有終焉之志也　欲行　而患之　與從者謀於桑下」とあるのを參照。

[傳]蠶妾在其上　以告姜氏　姜氏殺之

㊟「姜氏」は、重耳の妻である。重耳が立ち去ることを（知って）孝公が怒るのを恐れたから、妾を殺して口をふさいだのである。

(附)『史記』晉世家「其主乃殺侍者」の〈集解〉に「服虔曰　懼孝公怒故殺之以滅口」とあるのを參照。また、『國語』晉語四「姜氏殺之」の韋注に「殺之以滅口　時諸侯叛齊　壻又欲去　恐孝公怒」とあるのを參照。

[傳]而謂公子曰　子有四方之志　其聞之者　吾殺之矣　公子曰　無之　姜曰　行也　懷與安　實敗名　公子不可　姜與子犯謀　醉而遣之　醒以戈逐子犯

㊟立ち去る意志がなかったから、怒ったのである。

(附)『史記』晉世家に「重耳大怒　引戈欲殺咎犯」とあるのを參照。

[傳]及曹　曹共公聞其駢脅　欲觀其裸　浴　薄而觀之

㊟「薄」は、迫である。「駢脅」は、合幹〔一枚あばら〕である。

(附)注の「薄　迫也」については、『國語』晉語四「設微薄而觀之」の韋注に「薄　迫也」とあるのを參照。なお、異説として、沈欽韓『春秋左氏傳補注』に「晉語云　設微薄而觀之　傳意不作薄近之義　月令具曲植籧筐　注　曲　薄也　方言　薄　宋魏陳楚江淮之間　謂之苗　自關而西　謂之薄　漢書賈誼傳　帷薄不修　皆此薄字　淮南道應訓高誘注　曹共公聞重耳駢脅　使袒而捕魚　設薄而觀之　此則垂簾薄以微窺　與闖然迫觀者較　近人情　淮南注與晉語　足相證明　釋文亦謂國語云　薄　簾也　杜與韋昭同解爲迫近　非也」とある。

注の「駢脅　合幹」については、『國語』晉語四「聞其骿脅」の韋注に「骿　幷幹」とあるのを參照。また、『說文』に「骿　幷脅也」とあるのを參照。

[傳]僖負羈之妻曰　吾觀晉公子之從者　皆足以相國　若以相

㊟もしそのまま輔佐にすれば、ということである。

[傳]夫子必反其國　反其國　必得志於諸侯　得志於諸侯而誅無禮　曹其首

也　子盍蚤自貳焉
㊟「自貳」とは、自分（だけ）を曹とは別にする、ということである。
（附）『國語』晉語四「子盍蚤自貳焉」の韋注に「貳猶別也」とあるのを參照。
傳乃饋盤飧　寘璧焉
㊟臣は外交が出來ないから、盤を用いて璧を食物の中にかくし、人に見せないようにしたのである。
傳公子受飧反璧　及宋　宋襄公贈之以馬二十乘
㊟「贈」は、送である。
（附）『詩』鄭風〈女曰雞鳴〉「雜佩以贈之」の鄭箋に「贈　送也」とあるのを參照。
傳及鄭　鄭文公亦不禮焉　叔詹諫曰　臣聞　天之所啓　人弗及也
㊟「啓」は、開である。
（附）隱公元年の傳文「夫人將啓之」の注に、同文がみえる。なお、『國語』晉語四「天將啓之」の韋注に「啓　開也」とあるのを參照。
傳晉公子有三焉　天其或者將建諸　君其禮焉　男女同姓　其生不蕃
㊟「蕃」は、息〔ふえる〕である。
（附）『國語』魯語上「蕃庶物也」の韋注に「蕃　息也」とあるのを參照。なお、同晉語四に「同姓不婚　惡不殖也」とあり、韋注に「殖　蕃」とあるのも參照。
傳晉公子　姫出也　而至于今　一也
㊟大戎の狐姫の子であるから、「姫出」と言っているのである。
（附）莊公二十八年の傳文に「大戎狐姫生重耳」とあり、注に「大戎　唐叔子孫　別在戎狄者」とあるのを參照。また、『國語』晉語四に「狐氏出自唐叔　狐姫　伯行之子也　實生重耳」とあり、韋注に「狐氏　重耳外家　與晉俱唐叔之後　別在大戎者　伯行　狐氏字」とあるのを參照。
なお、注の「犬戎」の「犬」は、諸本に從って、「大」に改める。
傳離外之患
㊟出奔して外にいる、ということである。
傳而天不靖晉國　殆將啓之　二也　有三士　足以上人　而從之　三也
㊟『國語』によると、狐偃・趙衰・賈佗の三人に、いずれもみな、卿佐の才があった。
（附）『國語』晉語四に「晉公子生十七年而亡　卿材三人從之　可謂賢矣（韋注　三人　狐偃趙衰賈佗）」とあり、また、「晉公子亡　長幼矣　而好善不厭　父事狐偃　師事趙衰　而長事賈佗（中略）此三人者　實左右之」とあるのを參照。
なお、傳の「而天下」の「下」は、挍勘記に從って、衍文とみなす。
傳晉鄭同儕
㊟「儕」は、等である。
（附）成公二年の傳文「況吾儕乎」の注に、同文がみえる。なお、『說文』に「儕　等輩也」とあるのを參照。
傳其過子弟　固將禮焉　況天之所啓乎　弗聽　及楚　楚子饗之　曰　公子若反晉國　則何以報不穀　對曰　子女玉帛則君有之　羽毛齒革則君

地生焉　其波及晉國者君之餘也　其何以報君　曰　雖然何以報我　對曰　若以君之靈得反晉國　晉楚治兵遇於中原　其辟君三舍　若不獲命

㊟三舍しりぞいても、(戰を)やめるという楚の命をえられなければ、ということである。

(附)『國語』晉語四「若不獲命」の韋注に「不得楚還師之命」とあるのを參照。

なお、『史記』晉世家「請辟王三舍」の〈集解〉に「賈逵曰　司馬法從遯不過三舍　三舍　九十里也」とある。

【傳】其左執鞭弭　右屬櫜鞬　以與君周旋

㊟「弭」は、弓で、末端に縁〔くくり、かざり〕のないものである。「櫜」は、それで箭を受けるのである〔つまり、矢袋〕。「鞬」は、それで弓を受けるのである〔つまり、弓袋〕。「屬」は、著〔つける〕である。「周旋」は、追っかけ合うということである。

(附)注の「弭　弓末無緣者」については、『爾雅』釋器に「弓　有緣者謂之弓　無緣者謂之弭」とあるのを參照。

注の「櫜　以受箭」については、『國語』晉語四「右屬櫜鞬」の韋注に「櫜　矢房」とあるのを參照。

注の「鞬　以受弓」については、『方言』第九に「所以藏箭弩謂之箙　弓謂之鞬」とあるのを參照。また、『國語』晉語四「右屬櫜鞬」の韋注に「鞬　弓弢也」とあるのを參照。

注の「屬　著也」については、『儀禮』既夕禮「屬引」の注に「屬猶著也」とあるのを參照。

注の「周旋　相追逐也」については、『國語』晉語四「以與君周旋」の韋注に「與君周旋　相馳逐也」とあるのを參照。

【傳】子玉請殺之

㊟その志が大であるのを畏れたのである。

【傳】楚子曰　晉公子廣而儉

㊟志は廣くても、行ないはつづまやか、ということである。

【傳】文而有禮　其從者肅而寛

㊟「肅」は、敬である。

(附)『國語』楚語下「而又能齊肅衷正」の韋注に「肅　敬也」とあるのを參照。

【傳】忠而能力　晉侯無親　外内惡之

㊟「晉侯」とは、惠公のことである。

【傳】吾聞　姬姓　唐叔之後　其後衰者也　其將由晉公子乎　天將興之　誰能廢之　違天　必有大咎　乃送諸秦　秦伯納女五人　懷嬴與焉

㊟「懷嬴」は、子圉の妻である。(夫の)子圉が懷公と謚〔おくりな〕されたから、懷嬴と號しているのである。

(附)『國語』晉語四「秦伯歸女五人　懷嬴與焉」の韋注に「懷嬴　故子圉妻　子圉逃歸　立爲懷公　故曰懷嬴」とあるのを參照。なお、二十二年の傳文「晉大子圉爲質於秦　將逃歸　謂嬴氏曰　與子歸乎」の注に「嬴氏　秦所妻子圉　懷嬴也」とあるのも參照。

【傳】奉匜沃盥　既而揮之

㊟「匜」は、水をそそいで手をあらうための器である。「揮」は、湔

〔水をはねかける〕である。

(附)注の「匜　沃盥器也」については、『儀禮』既夕禮「用器　弓矢耒耜　兩敦兩杅槃匜　匜實于槃中　南流」の注に「槃匜　盥器也」とあるのを參照。

注の「揮　湔也」については、『國語』晉語四「既而揮之」の韋注に「揮　灑也」とあるのを參照。なお、異説として、安井衡『左傳輯釋』に「重耳盥畢　揮手去水　故云揮之　揮之則水湔於旁　下句云怒　則水湔於懷嬴可知矣　故傳省文不言湔　杜訓揮爲湔　未達傳意也」とある。

【傳】怒曰　秦晉匹也　何以卑我

㊟「匹」は、敵である。

(附)『國語』晉語四「嬴怒曰　秦晉匹也　何以卑我」の韋注に「匹　敵也」とあるのを參照。

【傳】公子懼　降服而囚

㊟上衣をとり、自分を拘禁して、謝罪したのである。

(附)『國語』晉語四「公子懼　降服囚命」の韋注に「降服　徹上服　囚命　自囚以聽命」とあるのを參照。

なお、疏に「服虔云　申意於楚子　伸於知己　降服於懷嬴　屈於不知己」とある。

【傳】他日公享之　子犯曰　吾不如衰之文也

㊟(「文」とは)文辭に長じている、ということである。

(附)『國語』晉語四「子犯曰　吾不如衰之文也」の韋注に「文　文辭也」とあるのを參照。

【傳】請使衰從　公子賦河水

㊟「河水」は、逸詩である。河水が海に流れ込む點に意義を取り、海で秦を喩えたのである。

(附)『國語』晉語四「公子賦河水」の韋注に「河　當作沔　字相似誤也　其詩曰　沔彼流水　朝宗于海　言己反國當朝事秦」とあるのを參照。

なお、『詩』小雅〈沔水〉の鄭箋に「水流而入海　小就大也　喩諸侯朝天子亦猶是也　諸侯春見天子曰朝　夏見曰宗」とあるのも參照。

【傳】公賦六月

㊟「六月」は、『詩』の〈小雅〉である。尹吉甫が宣王をたすけて征伐したことを言って、公子が晉にかえれば必ず王國をただすことを喩えたのである。昔、正式な會合では、古詩によって意思を示した。だから、「詩をうたう時には、その中の一つの章だけを取り出す」〔襄公二十八年傳文〕と言っているのである。（ちなみに、ここのように、こまかく何章とまでは言わず）詩の篇名を總稱している場合は、（その篇の）首章の義を取っていることが多い。他はみな、これに倣う。

(附)『國語』晉語四「秦伯賦六月」の韋注に「六月　道尹吉甫佐宣王征伐　復文武之業　其詩云　王于出征　以匡王國　二章曰　以佐天子　三章曰　共武之服　以定王國　此言重耳爲君　必霸諸侯　以匡佐天子」とあるのを參照〔ただし、「二章曰」以下は、杜注に對して、異説である〕。

【傳】趙衰曰　重耳拜賜　公子降拜稽首　公降一級而辭焉

㊟階を一段下り、公子の稽首を辭退したのである。

(附)異説として、沈欽韓『春秋左氏傳補注』に「公食大夫禮　公降一等　辭曰　寡君從子　雖將拜　興也　注　賓猶降　終其再拜稽首　聘禮　賓降辭幣　公降一等辭　栗階升聽命　降拜　公辭　升再拜稽首受幣　是禮賓主非敵　賓必降拜　公必降辭也　辭者　辭其降拜　非辭其稽首　杜云　辭公子稽首　發言無不謬也」とある。

【傳】衰曰　君稱所以佐天子者命重耳　重耳敢不拜

㊟詩の首章では「王國をただす」と言っているが、次章で「天子をたすける」と言っているから、趙衰は、そのまま次章にまでひろげて言ったのである。（ここは）あくる年の「秦伯納之」（二十四年傳文）のために本を張ったのである。

(附)上の注に「其全稱詩篇者　多取首章之義」とあるのを參照。

〔僖公二十四年〕

【經】二十有四年春王正月

【經】夏狄伐鄭

【經】秋七月

【經】冬天王出居于鄭

㊟襄王である。天子は天下を家とするから、どこにいても「居」と稱するのである。天子には外がないはずなのに、「出」と書いているのは、王が、個人的な孝行に（明を）おおわれて、天下の重たさをかえりみなかった、ことを譏ってである。（なお、他の者ではなく）同母弟が起こした內亂を避けたことについて、「出」と書いている、ということは、（單に出奔したのではなく）王が自身を周と絶縁させた、ということである。

(附)注の前半については、疏に引く『釋例』に「天子以天下爲家　故傳曰　凡自周無出　今以出居爲名　而不書奔　殊之於列國」とある。なお、穀梁傳文に「居者　居其所也　雖失天下　莫敢有也」とあるのを參照。
注の後半については、下の傳文に「天子無出　書曰天王出居于鄭　辟母弟之難也」とある。なお、注の「王蔽於匹夫之孝云云」については、下の傳文に「王曰　先后其謂我何　寧使諸侯圖之」とあるのを參照。

【經】晉侯夷吾卒

㊟文公が地位を安定させてから赴告したのである。（名を書いているのは）同盟はしていなかったけれども、名をもって赴告してきた（からである）。

(附)注の前半については、二十三年の傳文に「九月晉惠公卒」とあり、注に「經在明年　從赴」とあるのを參照。
注の後半については、二十三年の傳文に「凡諸侯同盟　死則赴以名　禮也　赴以名則亦書之（注　謂未同盟）不然則否（注　謂同盟而不以名告）辟不敏也」とあるのを參照。

【傳】二十四年春王正月秦伯納之　不書　不告入也

【注】重耳を送り込んだのである。

【傳】及河　子犯以璧授公子　曰　臣負羈紲從君巡於天下

【注】「羈」は、馬のおもがいである。「紲」は、馬のたづなである。

【附】『説文』に「繮　馬紲也」とあるのを參照。なお、異説として、疏に「服虔云　一曰　犬繮曰紲　古者　行則有犬」とあり、また、『國語』晉語四「從者爲羈紲之僕」の韋注に「馬曰羈　犬曰紲」とある。

【傳】臣之罪甚多矣　臣猶知之　而況君乎　請由此亡　公子曰　所不與舅氏同心者　有如白水

【注】子犯は、重耳の舅〔おじ〕である（から、「舅氏」と言っているのである）。舅氏と心を同じくすることは、この白水のように明らかである、ということであり、『詩』に「私の言葉は、白日のように眞實である」〔王風〈大車〉〕とあるのと同じである。

【附】注の前半については、二十三年の傳文に「狐突之子毛及偃從重耳在秦」とあり、注に「偃　子犯也」とあるのを參照。また、閔公二年の傳文「狐突御戎」の注に「狐突　伯行　重耳外祖父也」とあるのを參照。注の後半については、『詩』王風〈大車〉の鄭箋に「我言之信　如白日也」とあるのを參照。なお、異説として、陸粲『左傳附注』に「程大昌曰　詩云有如皦日　言其志之明白也　若晉文公之誓　其語亦放乎詩　而意則異焉　蓋要質河神　使司其約耳　故史記改爲之言曰　若反國　所不與子犯共者　河伯視之　斯得其指矣　邵文莊公曰　諸言有如日有如河有如上帝先君之類　皆謂其神臨之　必降之罰也」とあり、また、『會箋』に「如杜解　不字不通」とある。

【傳】投其璧于河

【注】黄河に對して誠信を保證した〔誓約した〕のである。

【附】成公十一年の傳文に「齊盟　所以質信也」とあり、注に「質　成也」とあるのを參照。また、哀公二十年の傳文に「黄池之役　先主與吳王有質」とあり、注に「質　盟信也」とあるのを參照。なお、『國語』晉語四に「沈璧以質」とあり、韋注に「質　信也（中略）因沈璧以自誓爲信」とあるのも參照。

【傳】濟河　圍令狐　入桑泉　取臼衰

【注】「桑泉」は、河東の解縣の西部にあった。解縣の東南部に臼城がある。

【傳】二月甲午晉師軍于廬柳

【注】懷公が軍を派遣して重耳をふせごうとしたのである。

【傳】秦伯使公子縶如晉師　師退軍于郇

【注】解縣の西北部に郇城がある。

【附】異説として、『水經注』涑水に「服虔曰　郇國在解縣東　郇瑕氏之墟也」とある。

【傳】辛丑狐偃及秦晉之大夫盟于郇　壬寅公子入于晉師　丙午入于曲沃　丁未朝于武宮

【注】（「武宮」は）文公の祖の武公の廟である。

【附】『史記』晉世家「丁未朝于武宮」の〈集解〉に「賈逵曰　文公之祖武公廟也」とあるのを參照。なお、莊公十六年の傳文に「王使虢公命曲沃伯以一軍爲晉侯」とあり、注に「曲沃武公遂并晉國　僖王因就命爲晉侯」とある。

【傳】戊申使殺懷公于高梁　不書　亦不告也

【注】懷公は高梁に奔っていたのである。「高梁」は、平陽の楊縣の西南部にあった。再度「不告」（の例）を發しているのは、外の諸侯については、入った場合も殺された場合も、兩方とも、やはり（他の場合と同樣に）赴告をまって始めて策に書く、ということを言わんとしてである。

【附】注の「懷公奔高梁」については、『國語』晉語四に「懷公奔高梁」とあり、また、『史記』晉世家に「懷公圉奔高梁」とあるのを參照。

注の「高梁在平陽楊縣西南」については、九年の傳文「齊侯以諸侯之師伐晉　及高梁而還　討晉亂也」の注に、同文がみえる。なお、その【附】を參照。

注の「再發不告者云云」については、上の傳文に「春王正月秦伯納之　不書　不告入也」とある。なお、隱公十一年の傳文に「凡諸侯有命　告則書　不然則否」とあるのを參照。

【傳】呂郤畏偪

【注】呂甥と郤芮は、惠公の舊臣であったから、文公に迫害されることを畏れたのである。

【附】『國語』晉語四「於是呂甥冀芮畏偪　悔納文公　謀作亂」の韋注に「此二子本惠公黨　畏見偪害　故謀作亂」とあるのを參照。

【傳】將焚公宮而弑晉侯　寺人披請見　公使讓之　且辭焉

【注】ことわって、會わなかったのである。

【傳】曰　蒲城之役

【注】五年にある。

【附】五年の傳文に「及難　公使寺人披伐蒲」とある。

【傳】君命一宿　女卽至

【注】すぐその日に攻めてきた、ということである。

【傳】其後余從狄君以田渭濱

【注】「田」は、獵（かり）である。

【附】莊公八年の傳文「遂田于貝丘」の注に、同文がみえる。なお、その【附】を參照。また、『國語』晉語四「又爲惠公從余於渭濱」の韋注に「重耳在狄　從狄君獵於渭濱」とあるのを參照。

【傳】女爲惠公來求殺余　命女三宿　女中宿至　雖有君命　何其速也　夫袪猶在

【注】披が斬り落した文公の衣のそでである。

【附】五年の傳文に「踰垣而走　披斬其袪　遂出奔翟」とあり、注に「袪袂也」とある。

【傳】女其行乎　對曰　臣謂君之入也　其知之矣

【注】人に君たるの道を知っている、ということである。

【附】『國語』晉語四「吾以君爲已知之矣　故入」の韋注に「知爲君爲臣之道也」とあるのを參照。

【傳】若猶未也　又將及難　君命無二　古之制也　除君之惡　唯力是視　蒲人狄人　余何有焉

【注】（獻・惠）二君の時代には、君は（一介の）蒲・狄の人であり、私に

とって何の義理〔關係〕もなかった、ということである。

(附)『國語』晉語四に「二君之世　蒲人狄人　余何有焉」とあり、韋注に「當獻惠之世　君爲蒲人狄人耳　二君之所惡　於我有何義而不殺君乎」とあるのを參照。

[傳]今君卽位　其無蒲狄乎　齊桓公置射鉤　而使管仲相

㊟乾時の戰役〔莊公九年〕で、管仲は桓公を射て、帶鉤〔おびがね〕にあてたのである。

(附)『史記』齊世家に「魯聞無知死　亦發兵送公子糾　而使管仲別將兵遮莒道　射中小白帶鉤　小白詳死　管仲使人馳報魯」とあるのを參照。

[傳]君若易之　何辱命焉

㊟もし齊の桓公に反すれば、自分から立ち去るつもりであり、君の命を待つまでもない、ということである。

(附)哀公元年の傳文「吾先大夫子常易之」の注に「易猶反也」とあるのを參照。

[傳]行者甚衆　豈唯刑臣

㊟披は奄人〔宦官〕であるから、「刑臣」と稱しているのである。

(附)『國語』晉語四「余　罪戾之人也　又何患焉」の韋注に「勃鞮　閹士故曰罪戾之人」とあるのを參照。なお、襄公二十七年の傳文「寺人御而出」の注に「寺人　奄士」とある。

[傳]公見之　以難告

㊟呂甥と郤芮が公の宮殿を焚こうとしていることを報告したのである。

(附)上の傳文に「呂郤畏偪　將焚公宮而弑晉侯」とある。

[傳]三月晉侯濳會秦伯于王城　己丑晦公宮火　瑕甥郤芮不獲公　乃如河上秦伯誘而殺之　晉侯逆夫人嬴氏以歸

㊟秦の穆公の女〔むすめ〕の文嬴である。

(附)『國語』晉語四「元年春公及夫人嬴氏至自王城」の韋注に「賈侍中云（中略）嬴氏　秦穆公女文嬴也」とあるのを參照。また、『史記』秦本紀「文公夫人　秦女也」の〈集解〉に「服虔曰　繆公女」とあるのを參照。

[傳]秦伯送衞於晉三千人　實紀綱之僕

㊟呂甥と郤芮による內亂があったばかりで、國がまだまとまっていなかったから、兵卒で文公をまもったのである。（つまり）門戶のあけしめ等、僕隸のなすべき仕事は全て、秦の兵卒がかかわり、その統領となった〔指揮をとった〕のである。

(附)注の前半については、『史記』晉世家に「秦送三千人爲衞　以備晉亂」とあるのを參照。なお、十五年の傳文に「羣臣輯睦」とある。注の後半については、異說として、『國語』晉語四「秦伯納衞三千人實紀綱之僕」の韋注に「所以設國紀綱　爲之備衞　僕　使也」とある。また、安井衡『左傳輯釋』に「紀綱之僕　在秦爲紀綱之僕　言其撰精」とある。

[傳]初晉侯之豎頭須　守藏者也

㊟「頭須」は、里鳧須ともいう。「豎」は、左右の小吏である。

(附)注の「頭須　一曰里鳧須」については、『韓詩外傳』卷第十に「晉文公重耳亡過曹　里鳧須從」とあり、『新序』雜事第五に「公子重耳反

國　立爲君　里鳧須造門願見」とある。なお、『國語』晉語四「文公之出也　豎頭須　守藏者也　不從」の韋注に「豎　文公内豎里鳧須」とあるのを參照。

注の「豎　左右小吏」については、昭公四年の傳文「遂使爲豎」の注に「豎　小臣也」とあるのを參照。

〔傳〕其出也　竊藏以逃

〔注〕文公が出奔した時である。

〔附〕『國語』晉語四に「文公之出也　豎頭須　守藏者也　不從」とあるのを參照。

〔傳〕盡用以求納之

〔注〕文公を納める〔歸國させる〕ことを求めたのである。

〔附〕『國語』晉語四「文公之出也　豎頭須　守藏者也　不從」の韋注に「盡用以求納公」とあるのを參照。

〔傳〕及入　求見　公辭焉以沐　謂僕人曰　沐則心覆　心覆則圖反　宜吾不得見也　居者爲社稷之守　行者爲羈紲之僕　其亦可也　何必罪居者　國君而讎匹夫　懼者甚衆矣　僕人以告　公遽見之

〔注〕小怨を弃てれば、衆人を安んずることが出來る、ということである。

〔附〕『韓詩外傳』巻第十に「然君誠赦之罪　與驂乘遊於國中　百姓見之　必知不念舊惡　人自安矣」とあるのを參照。

〔傳〕狄人歸季隗于晉　而請其二子

〔注〕「二子」とは、伯儵と叔劉である。

〔附〕二十三年の傳文に「狄人伐廧咎如　獲其二女叔隗季隗　納諸公子　公子取季隗　生伯儵叔劉」とある。

〔傳〕文公妻趙衰　生原同屛括樓嬰

〔注〕「原」・「屛」・「樓」は、（同・括・嬰）三子の邑である。

〔附〕傳・注の「摟」は、挍勘記に從って、「樓」に改める。

〔傳〕趙姫請逆盾與其母

〔注〕「趙姫」は、文公の女〔むすめ〕である。「盾」は、狄の女〔むすめ〕叔隗の子である。

〔附〕二十三年の傳文に「以叔隗妻趙衰　生盾」とある。

〔傳〕子餘辭

〔注〕「子餘」は、趙衰の字〔あざな〕である。

〔傳〕姬曰　得寵而忘舊　何以使人　必逆之　固請　許之　來　以盾爲才　固請于公　以爲嫡子　而使其三子下之　以叔隗爲内子　而己下之

〔注〕卿の嫡妻を「内子」という。（これらは）みな、この年の事ではない。おそらく、狄人が季隗をおくってきたことに因んで、ついでに、叔隗のことをしまいまで言ったのであろう。

〔附〕『禮記』雜記上「内子以鞠衣褒衣素沙」の注に「内子　卿之適妻也」とあるのを參照。また、『國語』魯語下「卿之内子爲大帶」の韋注に「卿之適妻曰内子」とあるのを參照。

〔傳〕晉侯賞從亡者　介之推不言祿　祿亦弗及

〔注〕「介推」は、文公の微臣である。「之」は、語助である。

〔附〕『禮記』射義「又使公罔之裘序點揚觶而語」の注に「之　發聲也」と

あるのを參照。

【傳】推曰　獻公之子九人　唯君在矣　惠懷無親　外內弃之　天未絕晉　必將有主　主晉祀者　非君而誰　天實置之　而二三子以爲己力　不亦誣乎　竊人之財　猶謂之盜　況貪天之功以爲己力乎　下義其罪　上賞其姦　上下相蒙

㊟「蒙」は、欺である。

（附）昭公元年の傳文「又使圍蒙其先君」等の注に、同文がみえる。なお、『史記』晉世家「上下相蒙」の〈集解〉に「服虔曰　蒙　欺也」とあるのを參照。

【傳】難與處矣　其母曰　盍亦求之　以死　誰懟　對曰　尤而效之　罪又甚焉　且出怨言　不食其食

㊟「怨言」とは、（上の）「上下が欺き合っているところには、一緒にいられない」（という發言）をいう。

【傳】其母曰　亦使知之　若何

㊟祿は求めないことにしたが、そのかわり、推に、言葉を文公に傳えさせようとしたのである。

【傳】對曰　言　身之文也　身將隱　焉用文之　是求顯也　其母曰　能如是乎　與女偕隱

㊟「偕」は、倶〔ともに〕である。

（附）莊公七年の傳文「與雨偕也」の注に、同文がみえる。なお、その（附）を參照。

【傳】遂隱而死　晉侯求之不獲　以緜上爲之田　曰　以志吾過　且旌善人

㊟「旌」は、表〔あらわす〕である。西河の界休縣の南部に「緜上」とよばれる土地がある。

（附）注の「旌　表也」については、『史記』晉世家「且旌善人」の〈集解〉に「賈逵曰　旌　表也」とあるのを參照。また、『國語』周語上「旗章以旌之」の韋注に「旌　表也」とあるのを參照。なお、莊公二十八年の傳文「且旌君伐」の注に「旌　章也」とある。なお、『史記』晉世家「遂求所在　聞其入緜上山中」の〈集解〉に「賈逵曰　緜上　晉地」とある。

【傳】鄭之入滑也　滑人聽命

㊟滑に入ったことは、二十年にある。

（附）二十年に「鄭人入滑」とある。なお、注の「二十一年」は、挍勘記に從って、「二十年」に改める。

【傳】師還　又卽衞　鄭公子士洩堵俞彌帥師伐滑

㊟「堵俞彌」は、鄭の大夫である。

（附）二十年の傳文「夏鄭公子士洩堵寇帥師入滑」の注に「公子士　鄭文公子　洩堵寇　鄭大夫」とあるのを參照。なお、この二つの注については、李惇『羣經識小』に「杜於前　則以洩字屬上　於後　則以洩字屬下　似非」とあるが、洪亮吉『春秋左傳詁』には「洩姓見前　不須更舉也」とある。

【傳】王使伯服游孫伯如鄭請滑

㊟二子は、周の大夫である。

附『史記』周本紀「王使游孫伯服請滑」の〈集解〉に「賈逵曰　二子周大夫」とあるのを參照。

傳鄭伯怨惠王之入而不與厲公爵也

注事は、莊公二十一年にある。

附莊公二十一年の傳文に「鄭伯之享王也　王以后之鞶鑑予之　虢公請器　王予之爵　鄭伯由是始惡於王」とあり、注に「爲僖二十四年鄭執王使張本」とある。

なお、『史記』周本紀「鄭文公怨惠王之入不與厲公爵」の〈集解〉に「服虔曰　惠王以后之鞶鑑與鄭厲公　而獨與虢公玉爵」とある。

傳又怨襄王之與衞滑也

注王が、衞を助け、滑のために請うた、ことを怨んだのである。

附『史記』周本紀「又怨襄王之與衞滑」の〈集解〉に「服虔曰　滑　小國　近鄭　世世服從　而更違叛　鄭師伐之　聽命　後自愬於王　王以與衞」とある。

傳故不聽王命而執二子　王怒　將以狄伐鄭　富辰諫曰　不可　臣聞之大上以德撫民

注親・疏を區別しない、ということである。

傳其次親親以相及也

注親を先にして疏に及ぼし、恩をおしひろげて義を行なう、ということである。

傳昔周公弔二叔之不咸　故封建親戚以蕃屛周

注「弔」は、傷〔いたむ〕である。「咸」は、同である。周公は、夏・殷〔二代〕が、その末世に、親戚を疏んじて、滅亡するに至った、ことをいたんだから、廣く自分の兄弟を封じた、ということである。

附注の「弔　傷也」については、『詩』檜風〈匪風〉「中心弔兮」の毛傳に「弔　傷也」とあるのを參照。

注の「咸　同也」については、『詩』魯頌〈閟宮〉「克咸厥功」の鄭箋に「咸　同也」とあるのを參照。

注の「周公傷夏殷之叔世云云」については、疏に「馬融以爲夏殷叔世」とあるのを參照。また、昭公六年の傳文に「夏有亂政而作禹刑　商有亂政而作湯刑　周有亂政而作九刑　三辟之興　皆叔世也」とあるのを參照。なお、異説として、疏に「鄭衆賈逵皆以二叔爲管叔蔡叔　傷其不和睦而流言作亂　故封建親戚」とあり、また、『詩』小雅〈常棣〉序「常棣　燕兄弟也　閔管蔡之失道　故作常棣焉」の鄭箋に「周公弔二叔之不咸而使兄弟之恩疏　召公爲作此詩而歌之以親之」とあり、その疏に引く『鄭志』に「張逸問此箋云　周仲文以左氏論之　三辟之興　皆在叔世　謂三代之末　卽二叔宜爲夏殷末也　荅曰　此注左氏者亦云管蔡耳　又此序子夏所爲　親受聖人　足自明矣」とある。

傳管蔡郕霍魯衞毛聃郜雍曹滕畢原酆郇　文之昭也

注十六國は、いずれもみな、文王の子である。「管」國は、滎陽の京縣の東北部にあり、「雍」國は、河内の山陽縣の西部にあり、「畢」國は、長安縣の西北部にあり、「酆」國は、始平の鄠縣の東部にあった。

傳邘晉應韓　武之穆也

注四國は、いずれもみな、武王の子である。「應」國は、襄陽の城父縣の西南部にあり、「韓」國は、河東の郡ざかいにあった。河内の野王縣の西北部に邘城がある。

(附)諸本に従って、注の「襄陽城父縣西」の下に、「南」の字を補う。なお、李惇『羣經識小』には「僖二十三年傳　遂取焦夷　杜解　夷一名城父　今譙郡城父縣　二十四年傳　邘晉應韓　杜解　應國在襄陽城父縣　昭十九年傳　大城城父而寘大子　杜解　城父　今襄城城父縣　今檢漢晉地志　漢沛郡有城父縣　晉分沛郡置譙國　城父遂屬譙國　杜云夷在譙郡城父縣者　是也　至彼二處城父　並當作父城　漢父城縣本屬潁川郡　晉分潁川置襄城郡　父城遂屬襄城　漢志父城縣　注云　應鄕故國　周武王弟所封　杜解蓋本於此　其當爲襄城父城縣無疑　曰襄陽者　亦傳寫之謁也　楚寘大子之處亦在此地　杜解亦當云父城　蓋此地春秋本名城父　而漢晉志並作父城者　蓋漢時因沛郡有城父縣而改作父城耳」とあり、また、挍勘記にも「段玉裁挍作襄城父城縣西南　是也」とある。

[傳]凡蔣邢茅胙祭　周公之胤也

(注)「胤」は、嗣〔あとつぎ〕である。「蔣」は、弋陽の期思縣にあった。高平の昌邑縣の西部に茅鄕があり、東郡の燕縣の西南部に胙亭がある。

(附)注の「胤　嗣也」については、隱公十一年の傳文「夫許　大岳之胤也」の注に「胤　繼也」とあるのを參照。

[傳]召穆公思周德之不類　故糾合宗族于成周而作詩

(注)「類」は、善である〔『爾雅』釋詁〕。「糾」は、收〔あつめる〕である。「召穆公」は、周の卿士で、名は虎、「召」は采地である。扶風の雍縣の東南部に召亭がある。周の厲王の時に、周の德が衰微し、兄弟の道が缺けてしまったため、召穆公は、東都〔成周〕に宗族を集め、特にこの周公の〔つくった〕樂歌をうたった、ということである。〔なお〕「常棣」の詩は、〈小雅〉に屬する。

(附)注の「召穆公　周卿士」については、『詩』小雅〈黍苗〉の序疏に「左傳服虔注云　召穆公　王卿士」とあるのを參照。

注の「名虎」については、『詩』大雅〈江漢〉序「命召公平淮夷」の鄭箋に「召公　召穆公也　名虎」とあるのを參照。

注の「特作此周公之樂歌」の「作」は、下の傳文「召穆公亦云」の注に「周公作詩　召公歌之　故言亦云」とあるから、つくるではなくて、うたうの意に解せられる。なお、この點については、安井衡『左傳輯釋』に「此節杜解極是　後儒據作詩之言　遂以常棣爲召穆公所作　至有幷疑正小雅者　不知下文引常棣之詞　而繼之曰召穆公亦云　是周公作之　召穆公奏之　故曰亦云　亦　亦周公也　蓋作　奏也　始作詩固謂之作　奏人所作詩　亦謂之作　論語曰　樂其可知也　始作翕如也召穆公歌常棣之詩以奏樂　故云作詩　不足怪也」とあるのを參照。

ちなみに、『國語』周語中「周文公之詩曰　兄弟鬩于牆　外禦其侮」の韋注にも「文公之詩者　周公旦之所作棠棣之詩是也（中略）其後周衰　厲王無道　骨肉恩闕　親親禮廢　宴兄弟之樂絕　故邵穆公思周德之不類　而合其宗族於成周　復循棠棣之歌以親之」とある。

[傳]曰　常棣之華　鄂不韡韡

(注)「常棣」は、棣〔にわうめ〕である。「鄂」は、鄂然として花が外に

ひらく様子である。「不韡韡」とは、韡韡としている、ということである〔つまり、反語〕。これによって、兄弟が仲よくすれば、強く盛んになり、韡韡然として光り輝く、ということを喩えたのである。

(附)注の「常棣　棣也」については、毛傳に「常棣　棣也」とあるのを參照。なお、『爾雅』釋木にも「常棣　棣」とある。

注の「鄂　鄂然華外發」については、毛傳に「鄂　猶鄂鄂然　言外發也」とあるのを參照。

注の「不韡韡　言韡韡云云」については、毛傳に「韡韡　光明也」とあり、その疏に「王(肅)述之曰　不韡韡　言韡韡也　以興兄弟能內睦外禦　則强盛而有光燿　若常棣之華發也」とあるのを參照。

【傳】凡今之人　莫如兄弟

㊟韡韡とした〔光り輝くような〕盛榮を招くには、兄弟を親愛するのが一番である、ということである。

【傳】其四章曰　兄弟鬩于牆　外禦其侮

㊟「鬩」は、いいあらそうさまである。〔兄弟は〕內輪では不和であっても、外に對しては〔一致して〕異族の侵陵をふせぐものである、ということである。

(附)『國語』周語中「兄弟鬩于牆　外禦其侮」の韋注に「言雖相與佷於牆室之內　猶能外禦異族侮害己者」とあるのを參照。また、『詩』小雅〈正月〉「是以有侮」の鄭箋に「故用是見侵侮也」とあるのを參照。

【傳】如是　則兄弟雖有小忿　不廢懿親

㊟「懿」は、美である〔『爾雅』釋詁〕。

(附)文公十八年の傳文「忠肅共懿宣慈惠和　天下之民謂之八元」の注に、同文がみえる。なお、『詩』大雅〈烝民〉「好是懿德」の毛傳に「懿　美也」とあるのも參照。

【傳】今天子不忍小忿以棄鄭親　其若之何　庸勳親親暱近尊賢　德之大者也

㊟「庸」は、用である。「暱」は、親である。

(附)注の「庸　用也」については、莊公十四年の傳文「而謀召君者　庸非二乎」等の注に、同文がみえる。なお、『說文』に「庸　用也」とあるのを參照。

注の「暱　親也」については、成公十三年の傳文「暱就寡人」等の注に、同文がみえる。なお、閔公元年の傳文「諸夏親暱　不可弃也」の注に「暱　近也」とあるのを參照。

【傳】卽聾從昧與頑用嚚　姦之大者也　弃德崇姦　禍之大者也

㊟「崇」は、聚〔あつめる〕である。

(附)隱公六年の傳文「芟夷蘊崇之」の注に、同文がみえる。なお、『書』酒誥「矧曰其敢崇飮」の僞孔傳に「崇　聚也」とあるのを參照。

【傳】鄭有平惠之勳

㊟平王が東遷したときには、晉と鄭にたより、惠王が出奔したときには、虢と鄭が復歸させた。これが、その勳功である。

(附)『國語』周語中に「我周之東遷　晉鄭是依　子頹之亂　又鄭之繇定」とあるのを參照。なお、莊公二十一年の傳文に「春胥命于弭　夏同伐王城（注　鄭虢相命）鄭伯將王自圉門入　虢叔自北門入　殺王子頹及五大夫」とある。

(傳)又有厲宣之親

(注)鄭の始封の祖の桓公友は、周の厲王の子で、宣王の同母弟である。

(附)『詩』鄭譜に「初宣王封母弟友於宗周畿内咸林之地　是爲鄭桓公」とあり、その疏に「漢書地理志云　本周宣王母弟友爲周司徒　食采於宗周畿内　是爲鄭桓公　鄭據此爲説也　春秋之例　母弟稱弟　繋兄爲尊以異於其餘公子　僖二十四年左傳曰　鄭有厲宣之親　以厲王之子而兼云宣王　明是其母弟也　服虔杜預皆云母弟　鄭世家云宣王庶弟　皇甫謐亦云庶弟　又史記年表云鄭桓公友宣王母弟　世家年表同出馬遷而自乖異　是無明文可據也」とあるのを參照。

(傳)弃嬖寵而用三良

(注)七年に嬖臣の申侯を殺し、十六年に寵子の子華を殺した。「三良」とは、叔詹・堵叔・師叔である。（上の）所謂「賢を尊ぶ」ということである。

(附)注の「七年殺嬖臣申侯」については、七年に「鄭殺其大夫申侯」とあり、注に「申侯　鄭卿　專利而不厭」とある。

注の「十六年殺寵子子華也」については、十六年の傳文に「冬十一月乙卯鄭殺子華」とある。なお、七年の傳文に「夫子華既爲大子　而求介於大國以弱其國　亦必不免」とあるのを參照。

注の「三良　叔詹堵叔師叔」については、七年の傳文に「鄭有叔詹堵叔師叔三良爲政　未可間也」とある。

注の「所謂尊賢」については、上の疏に「如杜此注　則謂鄭伯尊賢與上文尊賢乖者　能用三良　則是鄭伯之賢　王則當尊此鄭伯　但杜注省略耳」とある。なお、陸粲『左傳附注』には「此注實誤　孔悪斥言故云省略也」とある。

(傳)於諸姫爲近

(注)道が近いから、親しくするべきである、ということである。

(附)異説として、『會箋』に「以道路之近爲四德之一　竟覺不安　近是親近之近　言桓公爲司徒　武莊爲卿士　世親近於王　與晉衞諸國疏於周室者不同也」とある。

(傳)四德具矣　耳不聽五聲之和爲聾　目不別五色之章爲昧　心不則德義之經爲頑　口不道忠信之言爲嚚　狄皆則之　四姦具矣　周之有懿德也猶曰莫如兄弟　故封建之

(注)周公當時のことだから、「周に美德があった」と言っているのである。

(附)下の傳文に「今周德既衰」とある。

(傳)其懷柔天下也　猶懼有外侮　扞禦侮者　莫如親親　故以親屛周　召穆公亦云

(注)周公が詩を作り、召公がそれを歌ったから、「亦云」と言っているのである。

(傳)今周德既衰　於是乎又渝周召以從諸姦　無乃不可乎

(注)兄弟を親愛するという周公・召公のやり方を變える、ということである。

(附)隱公六年の傳文「春鄭人來渝平　更成也」の注に「渝　變也」とあるのを參照。

(傳)民未忘禍　王又興之

(注)前に子頽の亂があり、中頃に叔帶が狄を引き入れるという事件があったから、「民が禍を忘れていない」と言っているのである。

(附)莊公十九年の傳文に「秋五大夫奉子頽以伐王　不克　出奔溫　蘇子奉子頽以奔衞　衞師燕師伐周　冬立子頽」とあり、僖公十一年の傳文に「夏揚拒泉皐伊雒之戎同伐京師　入王城焚東門　王子帶召之也」とある。

【傳】其若文武何

(注)文王・武王の功業をだめにしようとしている、ということである。

【傳】王弗聽　使頽叔桃子出狄師

(注)二子は、周の大夫である。

【傳】夏狄伐鄭取櫟　王德狄人　將以其女爲后　富辰諫曰　不可　臣聞之曰
　報者倦矣　施者未厭

(注)「施」は、功勞である。功勞があると、度を越して報酬をほしがる、ということである。

【傳】狄固貪惏　王又啓之　女德無極　婦怨無終

(注)女心というものは、近づければ、とどまるところを知らず、遠ざければ、うらみつづけて（いつまでも）已めない、ということである。「終」は、已と同じである。

(附)『老子』第四十四章に「知足不辱　知止不殆」とあるのを參照。

【傳】狄必爲患　王又弗聽　初甘昭公有寵於惠后

(注)「甘昭公」は、王子帶であり、甘に采邑をもっていた。河南縣の西南部に甘水がある。

(附)十一年の傳文「王子帶召之也」の注に「王子帶　甘昭公也」とあるのを參照。

【傳】惠后將立之　未及而卒　昭公奔齊

(注)齊に奔ったことは、十二年にある。

(附)十二年の傳文に「王以戎難故　討王子帶　秋王子帶奔齊」とある。

【傳】王復之

(注)二十二年にある。

(附)二十二年の傳文に「王子帶自齊復歸于京師　王召之也」とある。

【傳】又通於隗氏

(注)「隗氏」は、王が立てた狄の后である。

【傳】王替隗氏

(注)「替」は、廢である。

(附)七年の傳文「君盟替矣」の注に、同文がみえる。なお、『爾雅』釋言に「替　廢也」とあるのを參照。

【傳】頽叔桃子曰　我實使狄　狄其怨我　遂奉大叔　以狄師攻王　王御士將禦之

(注)『周禮』では、王の御士は十二人である。

(附)『周禮』夏官の序官に「御僕　下士十有二人」とある。

【傳】王曰　先后其謂我何

(注)「先后」とは、惠后のことである。大叔を誅すれば、先后の遺志に反することになる、ということである。

(附)上の傳文に「初甘昭公有寵於惠后　惠后將立之　未及而卒」とある。

(傳)寧使諸侯圖之　王遂出　及坎欿　國人納之

(注)「坎欿」は、周地で、河南の鞏縣の東部にあった。

(附)『水經注』洛水に「服虔亦以爲鞏東邑名也」とあるのを參照。

(傳)秋頽叔桃子奉大叔　以狄師伐周　大敗周師　獲周公忌父原伯毛伯富辰

(注)「原」・「毛」は、いずれもみな、采邑である。

(傳)王出適鄭　處于氾

(注)(「氾」は)鄭の南氾である。襄城縣の南部にあった。

(附)成公七年の傳文「秋楚子重伐鄭　師于氾」の注に「氾　鄭地　在襄城縣南」とあるのを參照。

(傳)大叔以隗氏居于溫

(傳)鄭子華之弟子臧出奔宋

(注)十六年に(兄の)子華が殺されたからである。

(附)十六年の傳文に「冬十一月乙卯鄭殺子華」とある。

(傳)好聚鷸冠

(注)「鷸」は、鳥の名である。鷸の羽をあつめて冠をつくったのであり、違法な服裝である。

(附)『漢書』五行志中之上「左氏傳曰　鄭子臧好聚鷸冠」の注に「張晏曰　鷸鳥赤足黃文　以其毛飾冠」とあるのを參照。

(傳)鄭伯聞而惡之

(注)子臧の服裝が違法であるのをにくんだのである。

(傳)使盜誘之　八月盜殺之于陳宋之間　君子曰　服之不衷　身之災也

(注)「衷」は、適と同じである。

(附)莊公六年の傳文「必度於本末　而後立衷焉」の注に「衷　節適也」とあり、昭公十六年の傳文「發命之不衷」の注に「衷　當也」とあるのを參照。

(傳)詩曰　彼己之子　不稱其服

(注)「詩」は、曹風(候人)であり、小人が(高貴な)位にいることを譏ったのである。あの人の德は、その服裝につりあっていない、ということである。

(附)『詩』曹風〈候人〉の序に「候人刺近小人也」とあるのを參照。また、同本文「彼其之子　不稱其服」の鄭箋に「不稱者　言德薄而服尊」とあるのを參照。

(傳)子臧之服　不稱也夫　詩曰　自詒伊慼　其子臧之謂矣

(注)「詩」は、小雅(小明)である。「詒」は、遺〔おくる〕であり、「慼」は、憂である。自らに憂いをおくった〔自ら憂いをまねいた〕という點に(義を)取ったのである。

(附)毛傳に「慼　憂也」とあり、鄭箋に「詒　遺也」とあるのを參照。なお、傳文の「子臧之服」については、王引之『經義述聞』に「釋文服作及云　一本作服　家大人曰　作及者是也　及謂及於難　言子臧之所以及於難者　由服之不稱也　但言不稱而不言服者　蒙上文不稱其服而省也　子臧之及　承上身之災也而言　下文自詒伊慼　其子臧之謂矣又承子臧之及而言　若作子臧之服　則非其指矣　服字右半與及相似又渉上文兩服字而誤」とある。

傳夏書曰　地平天成　稱也

注「夏書」は、逸書である。〝地がその化育をしあげ、天がその恵施をしとげる〔?〕〟といったように、上下がつりあうのが、よろしい、ということである。

附注の「夏書　逸書」については、莊公八年の傳文「夏書曰　皐陶邁種德」の注に、同文がみえる。なお、その附を參照。ちなみに、この「地平天成」の句も、僞古文の〈大禹謨〉に拾われている。
注の「地平其化　天成其施」については、文公十八年の傳文「地平天成」の注に「成亦平也」とあるのを參照。

傳宋及楚平　宋成公如楚　還　入於鄭　鄭伯將享之　問禮於皇武子

注「皇武子」は、鄭の卿である。

傳對曰　宋　先代之後也　於周爲客　天子有事　膰焉

注「有事」とは、宗廟を祭るのである。「膰」は、祭の肉である。尊ぶから、祭の肉を分けあたえるのである。

附成公十三年の傳文に「國之大事　在祀與戎　祀有執膰」とあり、注に「膰　祭肉」とあるのを參照。

傳有喪　拜焉

注宋が周の喪を弔えば、王は特別に拜謝するのである。

傳豐厚可也　鄭伯從之　享宋公有加　禮也

注禮物を事事に追加した、ということである。鄭がよく先代（の後裔）を尊んだことをほめたのである。

傳冬王使來告難曰　不穀不德　得罪于母氏之寵子帶　鄙在鄭地氾

注「鄙」は、野である。

附挍勘記に従って、傳文の「母弟之寵子帶」の「弟」を、「氏」に改める。

傳敢告叔父

注天子は、同姓の諸侯のことを、「叔父」とよぶのである。

附『禮記』曲禮下に「天子　同姓謂之叔父」とあるのを參照。

傳臧文仲對曰　天子蒙塵于外　敢不奔問官守

注「官守」とは、王の羣臣のことである。

傳王使簡師父告于晉　使左鄢父告于秦

注二子は、周の大夫である。

傳天子無出　書曰天王出居于鄭　辟母弟之難也

注叔帶は、襄王の同母弟である。

傳天子凶服降名　禮也

注「凶服」は、素服〔白ぎぬの服〕である。「降名」とは、〝不穀〟と稱したことである。

附注の「凶服　素服」については、三十三年の傳文に「秦伯素服郊次鄕師而哭」とあるのを參照。
注の「降名　稱不穀」については、四年の傳文「齊侯曰　豈不穀是爲」の注に「孤寡不穀　諸侯謙稱」とあるのを參照。

傳鄭伯與孔將鉏石甲父侯宣多省視官具于汜

注三子は、鄭の大夫である。官司を視察し、器具をそろえ(させ)たのである。

附注の「省」は、あるいは、見舞うの意かも知れない。なお、異説として、傳遜『春秋左傳屬事』に「官　官司　具　器具」とあり、また、同『左傳註解辨誤』に「杜云　省官司具器用　是以省視對具字　以具爲活字用　非也　蓋言省視　則備辦之意在其中　以官司對器具　而以省視貫之也」とある。

傳而後聽其私政　禮也

注君を先にし、自分を後まわしにする、という禮に、適ったのである。

傳衞人將伐邢　禮至曰　不得其守　國不可得也

注「禮至」は、衞の大夫である。「守」とは、邢の正卿の國子をいう。

附二十五年の傳文に「春衞人伐邢　二禮從國子巡城　掖以赴外　殺之」とある。

傳我請昆弟仕焉　乃往　得仕

注あくる年の「滅邢」のために傳したのである。

附二十五年に「春王正月丙午衞侯燬滅邢」とある。

〔僖公二十五年〕

經二十有五年春王正月丙午衞侯燬滅邢

注衞・邢は同じ姫姓である。親戚どうしで滅しあったことをにくむから、名を稱して罪責したのである。

附下の傳文に「同姓也　故名」とある。

經夏四月癸酉衞侯燬卒

注傳はない。(名を書いているのは)五たび同盟した(からである)。

附二十三年の傳文に「凡諸侯同盟　死則赴以名　禮也」とあるのを參照。

經宋蕩伯姬來逆婦

注傳はない。「伯姬」は、魯の女で、宋の大夫の蕩氏の妻となっていた。自分で、その子のために(魯に)來て迎えたのである。「婦」と稱しているのは、姑がいるという表現である。婦人が竟を越えて婦を迎えるのは非禮であるから、書いたのである。

附公羊傳文に「宋蕩伯姬者何　蕩氏之母也(中略)其稱婦何　有姑之辭也」とあるのを參照。また、穀梁傳文に「婦人既嫁不踰竟　宋蕩伯姬來逆婦　非正也　其曰婦何也　緣姑言之之辭也」とあるのを參照。

經宋殺其大夫

注傳はない。事件の詳細は不明であるが、(書)例によれば、(殺された)

大夫に罪がなかったから、名を稱していないのである。

(附)文公七年の傳文に「書曰宋人殺其大夫　不稱名　衆也　且言非其罪也」とあり、注に「不稱殺者及死者名　殺者衆　故名不可知　死者無罪　則例不稱名」とあるのを參照。

〔經〕秋楚人圍陳　納頓子于頓
㊟頓（子）が陳におわれて楚に出奔したから、楚が陳を圍んで頓子を（頓に）送り込んだのである。「遂」と言っていないのは、一つの事件であることを明らかにしたのである。子玉が「人」と稱しているのは、赴告に從ったのである。頓子に「歸」と言っていないのは、師を興こして送り込まれたからである。

(附)注の「頓迫於陳而出奔楚」については、二十三年の傳文に「秋楚成得臣帥師伐陳　討其貳於宋也　遂取焦夷　城頓而還」とあるのを參照。

注の「不言遂　明一事也」については、四年「春王正月公會齊侯宋公陳侯衞侯鄭伯許男曹伯侵蔡　蔡潰　遂伐楚次于陘」の注に「遂　兩事之辭」とあるのを參照。なお、その(附)も參照。

注の「子玉稱人　從告」については、下の傳文に「楚令尹子玉追秦師　弗及　遂圍陳　納頓子于頓」とある。

注の「頓子不言歸　興師見納故」については、疏に引く『釋例』に「傳稱諸侯納之曰歸　今經諸稱納者　皆有興師見納之事　不待例而自明　故但言納　不復言歸」とある。なお、成公十八年の傳文に「諸侯納之曰歸」とあり、注に「謂諸侯以言語告請而納之」とあるのを參照。

〔經〕葬衞文公
㊟傳はない。

〔經〕冬十有二月癸亥公會衞子莒慶盟于洮
㊟「洮」は、魯地である。衞の文公の埋葬がすんでいるのに、成公が爵を稱していないのは、（成公は）父の遺志をひきつぎ、名稱をさげて、未成君（の稱）に從ったから、「子」と書いて、ほめたのである。莒慶が氏を稱していないのは、族を賜わっていなかったからである。
(附)注の「洮　魯地」については、莊公二十七年「春公會杞伯姫于洮」の注に、同文がみえる。なお、疏には「八年盟于洮　杜云曹地　三十一年魯始得曹田　此時不得爲魯地　注誤耳」とある。
注の「衞文公既葬云云」については、疏に引く『釋例』に「文公欲平莒於魯　未終而薨　故衞子尋父之志　魯人由此亦脩文公之好　此孝子之至感而人情之所篤　故成公雖已免喪　至於此盟會　降以在喪自名　猶武王伐紂稱大子發　故經隨而書子　傳從而釋之曰　脩文公之好也」とあるのを參照。また、『禮記』曲禮下「諸侯見天子」の疏に「服虔亦云　明不失子道」とあるのを參照。なお、九年の傳文に「凡在喪　王曰小童　公侯曰子」とあり、注に「在喪　未葬也」とある。

〔傳〕二十五年春衞人伐邢　二禮從國子巡城　掖以赴外　殺之　正月丙午衞侯燬滅邢　同姓也　故名　禮至爲銘曰　余掖殺國子　莫余敢止

㊟あざむいて同姓を滅したことを恥じるということを知らず、かえって、功績を器に銘記した、ことをにくんだのである。

【傳】秦伯師于河上　將納王　狐偃言於晉侯曰　求諸侯　莫如勤王

㊟（「勤王」とは）王を送り込むことにつとめる、ということである。

【傳】諸侯信之　且大義也　繼文之業　而信宣於諸侯　今爲可矣

㊟晉の文侯仇は、平王の侯伯となり、周室を輔助した。

（附）『國語』晉語四「繼文之業」の韋注に「文　晉文侯仇　平王東遷　文侯輔之」とあるのを參照。また、『書』文侯之命の僞孔傳に「平王命爲侯伯」とあるのを參照。

【傳】使卜偃卜之　曰　吉　遇黃帝戰于阪泉之兆

㊟黃帝が、神農の後裔の姜氏と阪泉の野で戰って、勝った。今ここで、その際の兆を得たから、吉としたのである。

（附）『史記』五帝本紀に「軒轅之時　神農氏世衰（中略）軒轅乃修德振兵（中略）以與炎帝戰於阪泉之野　三戰　然後得其志」とあるのを參照〔なお、その〈集解〉に「服虔曰　阪泉　地名」とある〕。また、『國語』晉語四に「昔少典娶于有蟜氏　生黃帝炎帝　黃帝以姬水成　炎帝以姜水成　成而異德　故黃帝爲姬　炎帝爲姜　二帝用師以相濟也　異德之故也」とあり、韋注に「賈侍中云（中略）炎帝　神農也（中略）昭謂　神農　三皇也　在黃帝前　黃帝滅炎帝　滅其子孫耳　明非神農可知也」とあるのを參照。

【傳】公曰　吾不堪也

㊟文公は、自分がこの兆にあたると思ったから、「（任に）堪えられない」と言ったのである。

【傳】對曰　周禮未改　今之王　古之帝也

㊟周の德は衰えたけれども、その命がまだ改まっていないから、今の周王自身が（いにしえの）帝の兆にあたるのであって、晉のことを言っているわけではない、ということである。

【傳】公曰　筮之　筮之　遇大有䷍

㊟下が乾（☰）で上が離（☲）のが、「大有」（䷍）である。

【傳】之睽䷥

㊟下が兌（☱）で上が離（☲）のが、「睽」（䷥）である。「大有」の九三〔下から三番目の⚊〕が（⚋に）變じて「睽」となる、ということである。

【傳】曰　吉　遇公用享于天子之卦也

㊟〈大有〉の九三の爻辭である。三は三公であって（陽爻が陽位にいるから）正位を得ており、變じて兌となると、兌は說〔よろこぶ〕である。（つまり）正位を得てよろこぶから、よく王にもてなされるのである。

（附）『易緯乾鑿度』に「六位之設　皆由上下（中略）初爲元士　二爲大夫　三爲三公　四爲諸侯　五爲天子　上爲宗廟」とあるのを參照。また、朱熹『周易本義』に「九三居下之上　公侯之象　剛而得正」とあるのを參照。また、『易』兌卦の彖傳及び說卦傳に「兌　說也」とあるのを參照。

【傳】戰克而王饗　吉孰大焉

【注】卜も筮も吉にかなっている、ということである。

【傳】且是卦也

【注】さらに、一爻には繋げず、二卦の義をまとめて言おうとしたのである。

【傳】天爲澤以當日　天子降心以逆公　不亦可乎

【注】乾は天であり、兌は澤である〔『易』說卦傳〕。乾が變じて兌となって、上の離にあたる、ということであり、離は日である〔『易』說卦傳〕。天にあるべき日が、光をたれて澤にあり、上にいるべき天子が、心をよろこばせて下にいるのは、心を降して〔へりくだって〕公を迎えることの象である。

【附】注の「說心在下」については、上の注に「兌爲說」とあるのを參照。

【傳】大有去睽而復　亦其所也

【注】〈睽〉の卦をはなれ、〈大有〉にもどって考えてみても、やはり、天子が心を降すことの象がある、ということである。（つまり）乾は尊で離は卑であるのに、（大有が）尊〔乾〕を卑〔離〕の下に降しているのも、やはり、そういう意味である、ということである。

【附】上の注に「乾下離上　大有」とあるのを參照。

【傳】晉侯辭秦師而下

【注】秦の師をことわって、かえらせたのである。（黄河の）流れに順ったから、「下」と言っているのである。

【傳】三月甲辰次于陽樊　右師圍溫

【注】大叔が溫にいたからである。

【附】二十四年の傳文に「大叔以隗氏居于溫」とある。
なお、『史記』晉世家「三月甲辰晉乃發兵至陽樊」の〈集解〉に「服虔曰　陽樊　周地　陽　邑名也　樊仲山之所居　故曰陽樊」とある。

【傳】左師逆王

【傳】夏四月丁巳王入于王城　取大叔于溫　殺之于隰城　戊午晉侯朝王　王饗醴　命之宥

【注】饗禮を行なって、醴酒を設けたうえに、さらに、おくりものをして、歡迎の氣持ちを補助したのである。「宥」は、助である。

【附】莊公十八年の傳文「春虢公晉侯朝王　王饗醴　命之宥」の注に「王之覲羣后　始則行饗醴　先置醴酒　示不忘古　飲宴則命以幣物　宥　助也　所以助歡敬之意　言備設」とあるのを參照。なお、その【附】も參照。

【傳】請隧　弗許

【注】地を掘って路を通すのを「隧」といい、王の葬禮である。諸侯の場合は、いずれもみな、柩をかけて（まっすぐに）おろすのである。

【附】『國語』周語中「請隧焉」の韋注に「賈侍中云　隧　王之葬禮　開地通路曰隧」とあるのを參照。また、隱公元年の傳文に「若闕地及泉　隧而相見　其誰曰不然」とあり、注に「隧若今延道」とあるのを參照。
なお、異說として、上にあげた韋注のつづきに「昭謂　隧　六隧也　周禮　天子遠郊之地有六鄕　則六軍之士也　外有六隧　掌供王之貢賦　唯天子有隧　諸侯則無也」とある。

【傳】曰　王章也

㊟王者が諸侯と異なることを明らかにするものである。

(附)『國語』鄭語「其子孫未嘗不章」の韋注に「章　顯也」とあるのを參照。

傳未有代德　而有二王　亦叔父之所惡也　與之陽樊溫原欑茅之田　晉於是始啓南陽

㊟晉の山の南、黄河の北にあったから、「南陽」というのである。

(附)二十八年の穀梁傳文に「水北爲陽　山南爲陽」とあるのを參照。なお、傳文の「起南陽」の「起」は、挍勘記に從って、「啓」に改める。

傳陽樊不服　圍之　蒼葛呼曰

㊟「蒼葛」は、陽樊の人である。

(附)『國語』晉語四「倉葛呼曰」の韋注に「倉葛　陽樊人」とあるのを參照。なお、注の「樊陽」は、挍勘記に從って、「陽樊」に改める。

傳德以柔中國　刑以威四夷　宜吾不敢服也　此誰非王之親姻　其俘之也乃出其民

㊟土地だけを取ったのである。

傳秋秦晉伐鄀

㊟「鄀」は、商密にあった秦・楚の國境の小國であり、後に、南郡の鄀縣に遷った。

傳楚鬭克屈禦寇以申息之師戍商密

㊟「鬭克」は、(下の)申公子儀であり、「屈禦寇」は、(下の)息公子邊である。「商密」は、鄀の別邑で、今の南鄉の丹水縣である。「戍」は、守である。二子は、兵を析に駐屯させて、商密を援助したのである。

(附)注の「戍　守也」については、莊公八年の傳文「齊侯使連稱管至父戍葵丘」等の注に、同文がみえる。なお、その(附)を參照。

傳秦人過析　隈入而係輿人　以圍商密　昏而傅焉

㊟「析」は、楚の邑で、白羽とも呼ばれていた。今の南鄉の析縣である。「隈」は、かくれたところ〔間道?〕である。〔自軍の〕兵卒をしばったのは、析に克ってその捕虜を得たように見せ掛けたのである。夕ぐれになってから城に近づいたのは、商密に捕虜が析人でないことを悟らせまいとしたのである。

(附)昭公十八年に「冬許遷于白羽」とあり、傳に「冬楚子使王子勝遷許於析　實白羽」とあるのを參照。

傳宵　坎血加書　僞與子儀子邊盟者

㊟地を掘って坎〔あな〕をつくり、そこに盟のあまり血を埋め、その上に盟書をのせたのである。

傳商密人懼曰　秦取析矣　戍人反矣　乃降秦師　囚申公子儀息公子邊以歸

㊟商密が降服したうえに、析の守備軍も敗れたから、二子をとらえることが出來たのである。

傳楚令尹子玉追秦師　弗及

㊟晉(の方)をくりかえして言わないのは、秦(の方)が兵の主だったからである。

(附)上の傳文に「秋秦晉伐鄀」とある。

傳遂圍陳　納頓子于頓

㊟頓のために陳を圍んだのである。
㊎經の注に「頓迫於陳而出奔楚　故楚圍陳以納頓子」とある。

㊋冬晉侯圍原　命三日之糧　原不降　命去之　諜出

㊟「諜」は、間〔しのび〕である。
㊎莊公二十八年の傳文「諜告曰」の注に、同文がみえる。なお、その㊎を參照。

㊋曰　原將降矣　軍吏曰　請待之　公曰　信　國之寶也　民之所庇也　得原失信　何以庇之　所亡滋多　退一舍而原降　遷原伯貫于冀

㊟「伯貫」は、原を守っていた周の大夫である。

㊋趙衰爲原大夫　狐溱爲溫大夫

㊟「狐溱」は、狐毛の子である。
㊎二十七年の傳文に「使狐偃將上軍　讓於狐毛而佐之」とある。

㊋衞人平莒于我　十二月盟于洮　脩衞文公之好　且及莒平也

㊟莒が、元年の酈の戰役ゆえに、魯を怨んでいたので、衞の文公は、二國を和平させようとしたが、果さないうちに卒した。（今ここで）成公が（このような）父の遺志をさかのぼって實現し、名稱をさげて事を行なったから、「（衞の）文公のよしみをあたためた」と言っているのである。
㊎元年に「冬十月壬午公子友帥師敗莒師于酈　獲莒挐」とある。なお、經の注に「衞文公既葬　成公不稱爵者　述父之志　降名從未成君　故書子以善之」とあるのを參照。

㊋晉侯問原守於寺人勃鞮

㊟「勃鞮」とは、披のことである。
㊎五年の傳文に「公使寺人披伐蒲」とあり、二十四年の傳文に「寺人披請見」とある。

㊋對曰　昔趙衰以壺飧從徑　餒而弗食

㊟趙衰が、つづまやかで、しかも、思いやりがあり、君を忘れなかった、ことを言ったのである。「徑」は、行と同じである。
㊎注の「徑猶行也」については、『淮南子』本經訓「接徑歷遠」の注に「徑　行也」とあるのを參照。なお、異説として、焦循『春秋左傳補疏』に「說文　徑　步道也　史記高帝紀　夜徑澤中　注云　徑　小道也　蓋衰本以壺飧從重耳　有時重耳行大道　衰由小道　亦餒而不食　謂不以相違而自私也　從字絕句　徑一字句　餒而弗食四字句　或屬上讀從徑　或屬下讀徑餒　皆不辭　徑依曲禮注　訓爲邪行」とある。ちなみに『韓非子』外儲說左下に「晉文公出亡　箕鄭挈壺餐而從　迷而失道　與公相失　飢而道泣　寢餓而不敢食」とある。

㊋故使處原

㊟披の言葉に從ったのである。衰には大功があったのに、（わざわざ）小善をえらんで進めたのは、どんな功勞でもとりのこさないということを示したのである。
㊎ここの傳文については、王引之『經義述聞』に「晉侯以下二十八字

當在衞人平莒于我之前　其曰故使處原　正義趙衰爲原大夫之由也　錯簡在下耳」とあり、これに對して、安井衡『左傳輯釋』に「趙狐爲原溫大夫　及衞人平莒于我　皆事也　故先連書之　晉侯問原守　議也　故後書之　於文宜然　非錯簡也」とある。

〔僖公二十六年〕

經二十有六年春王正月己未公會莒子衞甯速盟于向

注「向」は、莒地である。「甯速」は、衞の大夫の莊子である。

附閔公二年の傳文に「與甯莊子矢」とあり、注に「莊子　甯速也」とあるのを參照。なお、下の傳文に「春王正月公會莒茲丕公甯莊子盟于向」とある。

經齊人侵我西鄙　公追齊師　至酅　弗及

注公が、齊の師を追って、遠く齊地にまで到達したから、書いたのである。濟北の穀城縣の西部に酅下という名の土地がある。

附經文の「不及」の「不」は、挍勘記に從って、「弗」に改める。

經夏齊人伐我北鄙

注孝公は、魯の境内に入らないうちに、先に微者に伐たせたのである。

附下の傳文に「齊侯未入竟」とある。

經衞人伐齊

經公子遂如楚乞師

注「公子遂」は、魯の卿である。「乞」は、得られる保證はない、という表現である。

附疏に引く『釋例』に「凡乞者　深求過理之辭　執謙以偪成其計　故雖小國之乞大國　大國之乞小國　亦皆從不與謀之例　臧宣叔郤錡乞師是也」とある。

經秋楚人滅夔　以夔子歸

注「夔」は、楚の同姓の國で、今の建平の秭歸縣である。夔に祭祀をおこたるという罪があったから、楚が同姓を滅したことを譏っていない〔名を書いていない〕のである。

附注の前半については、『史記』楚世家「滅夔　夔不祀祝融鬻熊故也」の〈集解〉に「服虔曰（中略）夔在巫山之陽　秭歸鄉是也」とあるのを參照。また、『漢書』地理志上に「南郡（中略）秭歸　歸鄉　故歸國」とあるのを參照。また、『水經注』江水に「樂緯曰　昔歸典叶聲律　宋忠曰　歸卽夔　歸鄉蓋夔鄉矣」とあるのを參照。

注の後半については、下の傳文に「夔子不祀祝融與鬻熊」とある。なお、二十五年の傳文に「正月丙午衞侯燬滅邢　同姓也　故名」とあるのを參照。

經冬楚人伐宋圍緡　公以楚師伐齊取穀

㊟傳例に「（他國の）師を自由に動かすことを『以』という」とある〔下の傳文〕。

(附)下の傳文の注に「左右　謂進退在己」とある。

[經]公至自伐齊

㊟傳はない。

[傳]二十六年春王正月公會莒茲丕公

㊟「茲丕」は、當時の君の號である。莒は、夷狄で、謚がなかったから、號を稱謂にしたのである。

(附)成公八年の傳文に「莒子曰　辟陋在夷　其孰以我爲虞」とあるのを參照。

[傳]甯莊子盟于向　尋洮之盟也

㊟「洮の盟」は、前年にある。

(附)二十五年に「冬十有二月癸亥公會衞子莒慶盟于洮」とある。

[傳]齊師侵我西鄙　討是二盟也

[傳]夏齊孝公伐我北鄙　衞人伐齊　洮之盟故也　公使展喜犒師

㊟齊の師をねぎらったのである。

(附)昭公五年の傳文「吳子使其弟蹶由犒師」の注に「犒　勞」とあるのを參照。また、『國語』魯語上「展禽使乙喜以膏沐犒師」の韋注に「犒勞也」とあるのを參照。なお、疏に「服虔云　以師枯槁　故饋之飮食」とある。

[傳]使受命于展禽

㊟（「展禽」は）柳下惠である。

(附)『國語』魯語上「齊孝公來伐魯　臧文仲欲以辭告　病焉　問於展禽」の韋注に「展禽　魯大夫　展無駭之後柳下惠也」とあるのを參照。

[傳]齊侯未入竟　展喜從之　曰　寡君聞君親舉玉趾　將辱於敝邑　使下臣犒執事

㊟「執事」と言っているのは、尊者を指斥することを憚ったのである。

(附)蔡邕『獨斷』卷上に「陛下者　陛　階也　所由升堂也　天子必有近臣執兵陳於陛側　以戒不虞　謂之陛下者　群臣與天子言　不敢指斥天子故呼在陛下者而告之　因卑達尊之意也　上書亦如之　及群臣士庶相與言曰殿下閤下執事之屬　皆此類也」とあるのを參照。

[傳]齊侯曰　魯人恐乎　對曰　小人恐矣　君子則否　齊侯曰　室如縣罄野無青草　何恃而不恐

㊟「如」は、而である。この時は、夏四月で、今の二月にあたり、野生の植物さえ未だ成育していなかった。だから、（齊侯は）〝室内にいても、食糧がつきており、野外に出ても、食用となる草がないから、恐れているはずである〟と言ったのである。

(附)注の「如　而也」については、莊公七年「夜中星隕如雨」の注に、同文がみえる。

注の「縣盡」については、『爾雅』釋詁に「罄　盡也」とあるのを參照。また、『三國志』王肅傳に「糧縣而難繼」とあり、『晉書』張駿傳に「吾糧廩將懸　難以持久」とあるのを參照。つまり、「縣盡」は、つきるの意の連文と考えられる。

なお、異説として、疏に「服虔云　言室屋皆發撤　榱椽在　如縣罄」とあり、また、『國語』魯語上「室如懸磬」の韋注に「懸磬　言魯府藏空虚　但有榱梁　如懸磬也」とある。

【傳】對曰、恃先王之命　昔周公大公股肱周室　夾輔成王　成王勞之而賜之盟　曰　世世子孫　無相害也　載在盟府

【注】「載」は、載書である。

【附】襄公九年の傳文に「晉士莊子爲載書」とあり、注に「載書　盟書」とあるのを參照。

【傳】大師職之

【注】「職」は、主〔つかさどる〕である。大公は、大師となり、司盟の官も、かねてつかさどったのである。

【附】注の「職　主也」については、『周禮』亨人「職外內饔之爨亨煮」の注に「職　主也」とあるのを參照。なお、昭公二十一年の傳文「夫樂天子之職也」の注にも「職　所主也」とある。

注の「大公爲大師云云」については、成公二年の傳文に「夫齊　甥舅之國也　而大師之後也」とあり、襄公十四年の傳文に「昔伯舅大公右我先王　股肱周室　師保萬民　世胙大師　以表東海」とあるのを參照。また、『詩』大雅〈板〉「大師維垣」の鄭箋に「大師　三公也」とあるのを參照。また、『周禮』司盟に「司盟掌盟載之灋」とあるのを參照。

なお、異説として、顧炎武『左傳杜解補正』に「大師　周之大師　主司盟之官　解云大公爲大師　非」とある。

なお、ここの傳文については、武億『羣經義證』に「師當作史　聲之誤也　周官大史　凡邦國都鄙及萬民之有約劑者藏焉　注　約劑　要盟之載詞及劵書也　蓋周之定制　以大史主藏載書」とある。

【傳】桓公是以糾合諸侯而謀其不協　彌縫其闕而匡救其災　昭舊職也　及君卽位　諸侯之望曰　其率桓之功

【注】「率」は、循〔したがう〕である（『爾雅』釋詁）。

【附】宣公十二年の傳文「今鄭不率」の注に「率　遵也」とあるのを參照。また、哀公十六年の傳文「率義之謂勇」の注に「率　行也」とあるのを參照。

【傳】我敝邑用不敢保聚

【注】この舊盟を信用しているから、士衆を集めて（城を）保守するようなことはしない、ということである。

【傳】曰　豈其嗣世九年而弃命廢職　其若先君何　君必不然　恃此以不恐

齊侯乃還

【傳】東門襄仲臧文仲如楚乞師

【注】襄仲は、東門に居住していたから、それをそのまま氏としたのである。臧文仲は、襄仲の副使だったから（經に）書いていないのである。

【附】注の前半については、『周禮』大司馬「辨號名之用　帥以門名」の注に「軍將皆命卿　古者軍將蓋爲營治於國門　魯有東門襄仲　宋有桐門右師　皆上卿爲軍將者也」とあるのを參照。

注の後半については、經文に「公子遂如楚乞師」とある。なお、『史記』魯世家「俀私事襄仲」の〈集解〉に「服虔曰　襄仲　公子遂」とあるのを參照。

【傳】藏孫見子玉而道之伐齊宋　以其不臣也

【注】齊・宋は周室に臣事しなかったのだから、この罪によって、二國を責めて、征伐してもよい、ということを言っているのである。

【附】異說として、沈欽韓『春秋左氏傳補注』に「楚已僭號　豈復有尊周之心　此云不臣者　以齊宋不肯尊事楚耳」とある。

【傳】夔子不祀祝融與鬻熊

【注】「祝融」は、高辛氏の火正で、楚の遠祖である。「鬻熊」は、祝融の十二世の孫である。夔は、楚の別封であるから、（楚と）同じく、代々その祭祀をうけついできたのである。

【附】『史記』楚世家に「楚之先祖出自帝顓頊高陽（中略）高陽生稱　稱生卷章　卷章生重黎　重黎爲帝嚳高辛居火正　甚有功　能光融天下　帝嚳命曰祝融（中略）帝乃以庚寅日誅重黎　而以其弟吳回爲重黎後　復居火正　爲祝融　吳回生陸終　陸終生子六人（中略）六曰季連　芈姓楚其後也（中略）季連生附沮　附沮生穴熊　其後中微　或在中國或在蠻夷　弗能紀其世　周文王之時　季連之苗裔曰鬻熊　鬻熊子事文王　蚤卒　其子曰熊麗　熊麗生熊狂　熊狂生熊繹　熊繹當周成王之時擧文武勤勞之後嗣　而封熊繹於楚蠻　封以子男之田　姓芈氏　居丹陽」とあるのを參照。なお、疏に「自祝融至鬻熊　司馬遷不能紀其世杜言十二世　不知出何書」とある。

【傳】楚人讓之　對曰　我先王熊摯有疾　鬼神弗赦　而自竄于夔

【注】熊摯は、楚の嫡子であったが、病氣のため、位をつげなくなったから、別に封じて、夔子としたのである。

【附】『史記』楚世家「滅夔　夔不祀祝融鬻熊故也」の〈集解〉に「服虔曰夔　楚熊渠之孫　熊摯之後」とあり、同「熊渠卒　子熊摯紅立　摯紅卒　其弟弑而代立　曰熊延」の〈正義〉に「宋均注樂緯云　熊渠嫡嗣曰熊摯　有惡疾　不得爲後　別居於夔　爲楚附庸　後王命曰夔子也」とあるのを參照。また、『國語』鄭語「融之興者　其在芈姓乎　芈姓夔越不足命也」の韋注に「夔越　芈姓之別國　楚熊繹六世孫曰熊摯有惡疾　楚人廢之　立其弟熊延　摯自棄於夔　其子孫有功　王命爲夔子」とあるのを參照。

【傳】吾是以失楚　又何祀焉

【注】定まった祭祀をやめておきながら、言葉たくみに過ちをつくろったのである。

【附】『論語』子張に「子夏曰　小人之過也　必文」とあるのを參照。

【傳】秋楚成得臣鬬宜申帥師滅夔　以夔子歸

【注】「成得臣」は、（下の）令尹子玉である。「鬬宜申」は、（下の）司馬子西である。

【傳】宋以其善於晉侯也

【注】重耳が出奔したとき、宋の襄公は馬二十乘をおくったのである。

【附】二十三年の傳文に「及宋　宋襄公贈之以馬二十乘」とある。

【傳】叛楚卽晉　冬楚令尹子玉司馬子西帥師伐宋圍緡　公以楚師伐齊取穀
凡師能左右之曰以

【注】「左右」とは、進退が自分による〔自由に動かす〕ことをいう。

【附】成公二年の傳文に「師之耳目　在吾旗鼓　進退從之」とあるのを參照。また、襄公十九年の公羊傳文に「大夫以君命出　進退在大夫也」とあるのを參照。また、『國語』越語上「越國之寶器畢從　寡君帥越國之衆　以從君之師徒　唯君左右之」の韋注に「左右　在君所用之」とあるのを參照。なお、疏に引く『釋例』に「凡師能左右之曰以　謂求助於諸侯　而專制其用　征伐進退　帥意而行　故變會及之文而曰以　施於匹敵相用者　若伯主之命　則上行於下　非例所及也　吳雖大國　順蔡侯之請　自將其衆　唯蔡侯之命　故亦言以吳子也　傳例稱師　則諸不言師者　皆不用以爲例也　以之於言　所渉甚多　劉賈許潁　既不守例爲斷　又亦不能盡通諸以　唯雜取晉人執季孫以歸　劉子單子以王猛居于皇　尹氏毛伯以王子朝奔楚　隨示以義數事而已　又云　諸稱以皆小以大　下以上　非其宜也　尋案晉侯以季孫歸　又非下以上也　荆以蔡侯歸　亦非小以大也」とある。

【傳】寘桓公子雍於穀　易牙奉之以爲魯援

【注】雍は、以前、孝公と立つことを争ったから、穀に居住させて、齊をおどしたのである。

【附】十七年の傳文に「齊侯好内多内寵　内嬖如夫人者六人　長衞姬生武孟　少衞姬生惠公　鄭姬生孝公　葛嬴生昭公　密姬生懿公　宋華子生公子雍　公與管仲屬孝公於宋襄公　以爲大子（中略）管仲卒　五公子皆求立」とあり、十八年の傳文に「齊人將立孝公　不勝四公子之徒　遂與宋人戰　夏五月宋敗齊師于甗　立孝公而還」とある。

【傳】楚申公叔侯戍之

【注】二十八年の「楚子〔入居于申〕使申叔去穀」〔傳文〕のために、本を張ったのである。

【傳】桓公之子七人　爲七大夫於楚

【注】孝公が公族を安撫できなかったことを言ったのである。

〔僖公二十七年〕

【經】二十有七年春杞子來朝

【經】夏六月庚寅齊侯昭卒

【注】（名を書いているのは）十九年に魯の大夫と齊で盟った（からである）。

【附】十九年に「冬會陳人蔡人楚人鄭人盟于齊」とあり、注に「地於齊　齊亦與盟」とある。なお、二十三年の傳文に「凡諸侯同盟　死則赴以名　禮也」とあるのを參照。

【經】秋八月乙未葬齊孝公

【注】傳はない。（死後）三箇月で葬ったのは、速すぎる。

【附】隱公元年の傳文に「諸侯五月」とあるのを參照。

【經】乙巳公子遂帥師入杞

㊟土地を占有しなかった場合に「入」という〔襄公十三年傳文〕。八月に乙巳(の日)はない。「乙巳」は、九月六日である。

經冬楚人陳侯蔡侯鄭伯許男圍宋

㊟傳では「楚子が子玉を宋から撤退させた」〔二十八年〕と言っているのに、經が「人」と書いているのは、(楚が)思い通りにならなかったことを恥じ、(子玉ではなくて)微者として赴告してきたからである。それでもなお、諸侯の上におかれているのは、楚が兵に主となったからである。

(附)注の前半については、疏に「杜以諸侯之貶　不至稱人　今言楚人　不得爲楚子之身也　子玉　楚之正卿　宜書其名　今書曰楚人　非子玉也　故以恥不得志　以微者告也」とある。なお、莊公十四年の傳文「春諸侯伐宋　齊請師于周」の疏に引く『釋例』に「此皆貶諸侯之例　例不稱人也(中略)貶諸侯而去爵稱人　是爲君臣同文　非正等差之謂也」とあるのを參照。

注の後半については、莊公十六年「夏宋人齊人衞人伐鄭」の注に「宋主兵也　班序上下　以國大小爲次　征伐則以主兵爲先　春秋之常也　他皆放此」とあるのを參照。

經十有二月甲戌公會諸侯盟于宋

㊟傳はない。諸侯が宋を伐ち、公は、楚と友好關係があったら、往って會したまでで、(「諸侯」と摠稱しているからといって、諸侯と約束していて、その)期日におくれたというわけではない。宋は圍まれている最中で、盟に參加したかにまぎらわしくない〔盟に參加しなかったことが明らかである〕から、單に「宋」〔國名〕で地をいったのである。

(附)注の前半については、文公七年の傳文に「凡會諸侯　不書所會　後也」とあり、注に「不書所會　謂不具列公侯及卿大夫」とあるのを參照。

注の後半については、隱公元年「九月及宋人盟于宿」の注に「凡盟以國地者　國主亦與盟」とあるのを參照。また、十九年「冬會陳人蔡人楚人鄭人盟于齊」の注に「地於齊　齊亦與盟」とあるのを參照。

傳二十七年春杞桓公來朝　用夷禮　故曰子

㊟杞は、先代〔夏〕の後裔であるが、東夷に近かったため、風俗がみだれ、言語や衣服が時として夷狄〔同然〕であった。だから、「杞子卒」と書かれ、傳で、杞が夷狄であったことを言っているのである。(それなのに)今ここで「朝」と稱しているのは、(きちんとした)朝禮で始まったが、最後までは完うできなかったのであり、(始めから朝禮を行なえなかった)介葛盧とは異なるから、爵だけを貶したのである。

(附)注の前半については、二十三年に「冬十有一月杞子卒」とあり、傳に「書曰子　杞夷也」とある。

注の後半については、二十九年に「春介葛盧來」とあり、注に「介東夷國也(中略)不稱朝　不見公　且不能行朝禮」とある。

傳公卑杞　杞不共也

㊟杞が夷禮を用いたから、賤しんだのである。

傳夏齊孝公卒　有齊怨

注前の年に、齊は、二度も魯を伐ったのである。

附二十六年に「齊人侵我西鄙」とあり、また、「夏齊人伐我北鄙」とある。

傳不廢喪紀　禮也

注弔贈の品數を減らさなかったのである。

附襄公八年の傳文に「春公如晉　朝且聽朝聘之數」とあり、注に「朝而稟其多少」とあるのを參照。

傳秋入杞　責無禮也

注恭敬しなかったことを責めたのである。

附上の傳文に「公卑杞　杞不共也」とある。なお、ここの傳文について、『釋文』には「責禮也　本或作責無禮者非」とある。ちなみに、安井衡『左傳輯釋』に「上傳云用夷禮　此傳承之　故云責禮也　言責其用夷禮　唯傳無無字　故杜注云責不共　若作責無禮　何須注解　陸本作責禮　是也」とある。

傳楚子將圍宋　使子文治兵於睽

注子文はこの時（すでに）令尹ではなかったから、「使」と言っているのである。「治兵」とは、號令を演習するのである。「睽」は、楚の邑である。

附注の前半については、二十三年の傳文に「秋楚成得臣帥師伐陳　討其貳於宋也（注　成得臣　子玉也）遂取焦夷　城頓而還　子文以爲之功使爲令尹」とあるのを參照。また、下の傳文に「子之傳政於子玉」とあるのを參照。

注の後半については、莊公八年「甲午治兵」の注に「治兵於廟　習號令　將以圍郕」とあるのを參照。

傳終朝而畢　不戮一人

注「終朝」とは、夜あけから朝食の時までである。子文は、子玉に重任をまかせようとしたから、事を簡略にすませたのである。

附『詩』小雅〈采綠〉「終朝采綠」の毛傳に「自旦及食時爲終朝」とあるのを參照。

傳子玉復治兵於蔿

注（「使」と言っていないのは）子玉が令尹だったからである。「蔿」は、楚の邑である。

附上の注に「子文時不爲令尹　故云使」とあるのを參照。なお、異說として、安井衡『左傳輯釋』に「子玉不言使者　蒙上省文」とある。

傳終日而畢　鞭七人　貫三人耳　國老皆賀子文　子文飲之酒

注子玉がその任にたえたことを賀したのである。

傳蔿賈尙幼　後至　不賀

注「蔿賈」は、伯嬴で、孫叔敖の父である。「幼」は、少である。

附注の前半については、宣公四年の傳文に「子越又惡之　乃以若敖氏之族圄伯嬴於轑陽而殺之」とあり、注に「伯嬴　蔿賈也」とあるのを參照。また、同十二年の傳文に「蔿敖爲宰」とあり、注に「蔿敖　孫叔敖」とあるのを參照。なお、『淮南子』氾論訓「楚莊王專任孫叔敖而霸」の注に「孫叔敖　楚大夫　薳賈伯盈子」とあるのも參照。

注の後半については、『說文』に「幼　少也」とあるのを參照。

(傳)子文問之　對曰　不知所賀　子之傳政於子玉　曰　以靖國也　靖諸内而敗諸外　所獲幾何　子玉之敗　子之擧也　擧以敗國　將何賀焉　子玉剛而無禮　不可以治民　過三百乘　其不能以入矣　苟入而賀　何後之有

(注)「三百乘」は、二萬二千五百人である。

(附)隱公元年の傳文「命子封帥車二百乘以伐京」の注に「古者兵車一乘甲士三人　步卒七十二人」とあるのを參照。

(傳)冬楚子及諸侯圍宋　宋公孫固如晉告急

(注)「公孫固」は、宋の莊公の孫である。

(附)二十二年の傳文「宋公將戰　大司馬固諫曰」の注に「大司馬固　莊公之孫　公孫固也」とあるのを參照。なお、その(附)も參照。

(傳)先軫曰　報施救患　取威定霸　於是乎在矣

(注)「先軫」は、晉の下軍の佐の原軫である。（「報施」とは）馬をおくってくれた宋の恩惠に報いる、ということである。

(附)注の前半については、下の傳文に「使欒枝將下軍　先軫佐之」とあるのを參照。また、二十八年の傳文に「原軫將中軍　胥臣佐下軍　上德也」とあり、注に「先軫以下軍佐超將中軍　故曰上德」とあるのを參照。

注の後半については、二十三年の傳文に「及宋　宋襄公贈之以馬二十乘」とある。

(傳)狐偃曰　楚始得曹　而新昬於衛　若伐曹衛　楚必救之　則齊宋免矣

(注)前の年に、楚は、申叔侯に穀を守らせて、齊をおどしたのである。

(附)二十六年の傳文に「寘桓公子雍於穀　易牙奉之以爲魯援（注　雍本與孝公爭立　故使居穀以偪齊）楚申公叔侯戍之」とある。

(傳)於是乎蒐于被廬

(注)晉はいつも、（季節にかかわりなく）春の蒐禮によって政令を改めた。始めをつつしんでである。「被廬」は、晉地である。

(附)隱公五年の傳文に「春蒐夏苗秋獮冬狩」とあるのを參照。また、僖公三十一年の傳文に「秋晉蒐于清原　作五軍」とあり、文公六年の傳文に「春晉蒐于夷　舍二軍」とあるのを參照。なお、ここは、上に「冬」とあり、下に「作三軍」とある。

なお、注の「敬其始也」については、昭公五年の傳文に「敬始而思終」とあるのを參照。

(傳)作三軍

(注)閔公元年に、晉の獻公が二軍を作り、今ここで、（さらに、かつての）大國の禮〔三軍〕にもどしたのである。

(附)莊公十六年の傳文に「王使虢公命曲沃伯以一軍爲晉侯」とあり、閔公元年の傳文に「晉侯作二軍」とある。なお、『周禮』夏官の序官に「大國三軍」とあるのを參照。また、『史記』晉世家「於是晉作三軍」の〈集解〉に「王肅曰　始復成國之禮　半周軍也」とあるのを參照。

(傳)謀元帥

㊟（「元帥」とは）中軍の師である。

(附)宣公十二年の傳文に「夏六月晉師救鄭　荀林父將中軍」とあり、下に「韓獻子謂桓子曰（中略）子爲元帥」とあるのを參照。

[傳]趙衰曰　郤縠可　臣亟聞其言矣　說禮樂而敦詩書　詩書　義之府也　禮樂　德之則也　德義　利之本也　夏書曰　賦納以言　明試以功　車服以庸

㊟（「夏書」とは）『尚書』の虞夏書（益稷）である。「賦納以言」とは、その意志をみきわめるのである。「明試以功」とは、その實績をしらべるのである。「車服以庸」とは、その功勞にむくいるのである。「賦」は、取と同じである。「庸」は、功である。

(附)注の「虞夏書」については、『尚書』大題〈虞書〉の疏に「馬融鄭玄王肅別錄題皆曰虞夏書」とあるのを參照。

注の「庸　功也」については、昭公十三年の傳文「君庸多矣」の注に、同文がみえる。なお、『周禮』司勳に「民功曰庸」とあるのを參照。

また、『尚書』舜典「有能奮庸熙帝之載」の僞孔傳に「庸　功」とあるのを參照。

[傳]君其試之　乃使郤縠將中軍　郤溱佐之　使狐偃將上軍　讓於狐毛而佐之

㊟「狐毛」は、偃の兄である。

(附)『國語』晉語四に「使狐偃爲卿　辭曰　毛之智　賢於臣　其齒又長」とあり、韋注に「毛　偃之兄」とあるのを參照。

[傳]命趙衰爲卿　讓於欒枝先軫

㊟「欒枝」は、貞子で、欒賓の孫である。

(附)『史記』晉世家「欒枝將下軍」の〈集解〉に「賈逵曰　欒枝　欒賓之孫」とあるのを參照。また、『國語』晉語四「公使趙衰爲卿　辭曰　欒枝貞愼」の韋注に「枝　晉大夫欒共子之子貞子也」とあるのを參照。

なお、桓公二年の傳文に「惠之二十四年晉始亂　故封桓叔于曲沃　靖侯之孫欒賓傅之」とあり、同三年の傳文に「春曲沃武公伐翼次于陘庭　韓萬御戎　梁弘爲右　逐翼侯于汾隰　驂絓而止　夜獲之　及欒共叔（注　共叔　桓叔之傅欒賓之子也）」とある。

[傳]使欒枝將下軍　先軫佐之　荀林父御戎　魏犨爲右

㊟「荀林父」は、中行桓子である。

(附)文公十三年の傳文に「中行桓子曰」とあり、注に「中行桓子　荀林父也　僖二十八年始將中行　故以爲氏」とあるのを參照。

[傳]晉侯始入　而教其民　二年　欲用之

㊟二十四年に入ったのである。

(附)二十四年の傳文に「二月甲午晉師軍于廬柳（中略）壬寅公子入于晉師　丙午入于曲沃　丁未朝于武宮」とある。

[傳]子犯曰　民未知義　未安其居

㊟義がなければ、いたずらに生をむさぼる、ということである。

[傳]於是乎出定襄王

㊟二十五年に、襄王を復歸させて、君につかえる義を示したのである。

(附)二十五年の傳文に「晉侯辭秦師而下　三月甲辰次于陽樊　右師圍溫　左師逆王」とあり、ついで「夏四月丁巳王入于王城」とある。

傳入務利民　民懷生矣　將用之　子犯曰　民未知信　未宣其用

注「宣」は、明である。(現場で實際に)用いられる信(の有様)に明るくない〔通じていない〕、ということである。

附『國語』晉語七「武子宣法以定晉國」の韋注に「宣　明也」とあるのを參照。

傳於是乎伐原以示之信

注原を伐ったことは、二十五年にある。

附二十五年の傳文に「冬晉侯圍原　命三日之糧　原不降　命去之　諜出曰　原將降矣　軍吏曰　請待之　公曰　信　國之寶也　民之所庇也　得原失信　何以庇之　所亡滋多　退一舍而原降」とある。

傳民易資者　不求豐焉

注詐って暴利をむさぼることをしなかったのである。

傳明徵其辭

注言葉が信であることを重んじたのである。

附襄公二十一年の傳文に「軌度其信　可明徵也」とあり、昭公八年の傳文に「君子之言　信而有徵」とあるのを參照。また、襄公二十一年の傳文「書曰　聖有謩勳　明徵定保」の注に「言聖哲有謀功者　當明信定安之」とあるのを參照。なお、安井衡『左傳輯釋』には「重言信　諸本同　疑當作言重信」とある。

傳公曰　可矣乎　子犯曰　民未知禮　未生其共　於是乎大蒐以示之禮

注蒐は、少長の順序を正しくし、貴賤(の區別)を明らかにする(ための)ものである。

附『國語』晉語四「民未知禮　盍大蒐　備師尙禮以示之」の韋注に「蒐所以明尊卑　順少長　習威儀」とあるのを參照。なお、隱公五年の傳文に「故春蒐夏苗秋獮冬狩　皆於農隙以講事也　三年而治兵　入而振旅　歸而飮至　以數軍實　昭文章　明貴賤　辨等列　順少長　習威儀也」とある。

傳作執秩以正其官

注「執秩」は、爵秩をつかさどる官である。

附昭公二十九年の傳文に「文公是以作執秩之官　爲被廬之法　以爲盟主」とあるのを參照。

傳民聽不惑　而後用之　出穀戍　釋宋圍

注楚子は、申叔を穀から、子玉を宋から、撤退させたのである。

附二十六年の傳文に「冬楚令尹子玉司馬子西帥師伐宋圍緡　公以楚師伐齊取穀（中略）寘桓公子雍於穀　易牙奉之以爲魯援　楚申公叔侯戍之」とあり、二十八年の傳文に「楚子入居于申　使申叔去穀　使子玉去宋」とある。

傳一戰而霸　文之教也

注（「一戰」とは）明年の城濮での戰いをいう。

附二十八年に「夏四月己巳晉侯齊師宋師秦師及楚人戰于城濮　楚師敗績」とある。なお、『國語』晉語四に「出穀戍　釋宋圍　敗楚師于城濮　於是乎遂伯」とあるのを參照。

〔僖公二十八年〕

【經】二十有八年春晉侯侵曹　晉侯伐衞

【注】「晉侯」を二度あげているのは、曹と衞との兩方が赴告して來たからである。

【經】公子買戍衞　不卒戍　刺之

【注】「公子買」は、魯の大夫の子叢である。內〔魯〕が大夫を殺した場合は、いずれもみな、「刺」と書く。『周禮』の三刺の法を用いたことを言い、勝手に法をまげなかったことを示すのである。公は、實は、晉を畏れて子叢を殺し、守るのを(途中で)やめたという(無實の)罪を叢にかぶせたのであり、遠近(の諸侯)に信じてもらえない恐れがあったから、その罪をはっきり書いたのである。

【附】注の前半については、『周禮』司刺に「司刺掌三刺三宥三赦之灋　以贊司寇聽獄訟(注　刺　殺也　訊而有罪　則殺之)壹刺曰訊羣臣　再刺曰訊羣吏　三刺曰訊萬民(注　訊　言)」とあるのを參照。なお、成公十六年「乙酉刺公子偃」の注にも「魯殺大夫　皆言刺　義取於周禮三刺之法」とある。

注の後半については、下の傳文に「公懼於晉　殺子叢以説焉　謂楚人曰　不卒戍也」とある。

【經】楚人救衞

【經】三月丙午晉侯入曹　執曹伯畀宋人

【注】「畀」は、與〔あたえる〕である。諸侯をとらえた場合には、京師におくらなければならないのに、晉は、楚を怒らせて戰わせようとしたから、宋にあたえたのである。所謂「(晉の文公は)謀略を用いて、正道によらない」〔『論語』憲問〕ということである。

【附】注の「畀　與也」については、公羊傳文に「畀者何　與也」とあり、穀梁傳文に「畀　與也」とあるのを參照。

注の「執諸侯　當以歸京師」については、下に「晉人執衞侯歸之于京師」とあり、注に「諸侯不得相治　故歸之京師」とあるのを參照。

なお、ここの經文については、葉夢得『春秋傳』に「是當曰畀宋人田　不言田　經成而亡之也」とある。ちなみに、下の傳文に「執曹伯　分曹衞之田以畀宋人」とある。

【經】夏四月己巳晉侯齊師宋師秦師及楚人戰于城濮　楚師敗績

【注】(齊・宋・秦が「師」と稱しているのは)宋公と齊の國歸父と秦の小子憖は、城濮に次舍すると、師を晉にゆだね、(自身は)戰いに參加しなかった(からである)。子玉及び陳・蔡の師を(經に)書いていないのは、楚人が、敗れたことを恥じ、赴告の文辭を簡略にしてきたからである。大敗した場合に「敗績」という〔莊公十一年傳文〕。

【附】注の前半については、下の傳文に「夏四月戊辰晉侯宋公齊國歸父崔夭秦小子憖次于城濮」とあり、「己巳晉師陳于莘北」とある。

注の後半については、下の傳文に「己巳晉師陳于莘北　胥臣以下軍之佐當陳蔡　子玉以若敖之六卒將中軍」とある。

【經】楚殺其大夫得臣

注 子玉は、君命に違反して大敗を喫したから、名〔「得臣」〕を稱して殺し、罪責したのである。

附 下の傳文に「楚子入居于申　使申叔去穀　使子玉去宋　曰　無從晉師（中略）子玉使伯棼請戰（中略）王怒　少與之師」とある。なお、文公七年の傳文に「書曰宋人殺其大夫　不稱名　衆也　且言非其罪也」とあり、注に「不稱殺者及死者名　殺者衆　故名不可知　死者無罪則例不稱名」とあるのを參照。

經 衞侯出奔楚

經 五月癸丑公會晉侯齊侯宋公蔡侯鄭伯衞子莒子盟于踐土

注「踐土」は、鄭地である。王子虎は、盟に臨席はしたが、いっしょに血をすすらなかったから、（經に）書いていないのである。（この時）衞侯は出奔していて、その弟の叔武が位を代行して盟を受けたのであり、王から爵命を授けられていないため、未成君の禮に従ったから、「子《コ》」と稱して、「鄭伯」の下におかれているのである。經が「癸丑」と書いているのは、月の十八日であり、傳が「癸亥」と書いているのは、月の二十八日である。經か傳か（のどちらか）が誤っているに違いない。

附 注の「踐土　鄭地」については、『史記』周本紀「二十年晉文公召襄王　襄王會之河陽踐土」の〈集解〉に「賈逵曰（中略）踐土　鄭地名在河內」とあるのを參照。

注の「王子虎臨盟云云」については、下の傳文に「癸亥王子虎盟諸侯于王庭」とある。

注の「衞侯出奔云云」については、下の傳文に「衞侯聞楚師敗　懼出奔楚　遂適陳　使元咺奉叔武以受盟」とある。また、定公四年の傳文に「晉文公爲踐土之盟　衞成公不在　夷叔　其母弟也」とある。なお、九年の傳文に「春宋桓公卒　未葬而襄公會諸侯　故曰子　凡在喪　王曰小童　公侯曰子」とあるのを參照。

なお、疏に引く『釋例』に「周之宗盟　異姓爲後　故踐土載書　齊宋雖大　降於鄭衞　斥周而言　止謂王宮之宰臨盟者也　其餘雜盟　未必皆然　踐土召陵二會　蔡在衞上　時國次也　至盟乃正其高下者　敬恭明神　本其始也」とある。

經 陳侯如會

注 傳はない。陳は、本來、楚にくみしていたが、楚が敗れたため、懼れて晉についたのである。（會に）來たけれども、盟に間に合わなかったから、「如會」と言っているのである。

附 公羊傳文に「其言如會何　後會也」とあるのを參照。

經 公朝于王所

注 傳はない。（この時）王は踐土にいた。（つまり）京師ではないから、「王所」と言っているのである。

附 下の傳文に「晉師三日館穀　及癸酉而還　甲午至于衡雍　作王宮于踐土」とある。なお、公羊傳文に「曷爲不言公如京師　天子在是也」とあるのを參照。

【經】六月衛侯鄭自楚復歸于衛
㊟もとの位にもどった場合に「復歸」と言う〔成公十八年傳文〕。晉人は、叔武の賢に感じ入って、衛侯をもどしたのである。（つまり）衛侯の入國は、（弟の）叔武によるものであったから、國が迎えたという表現をとっているのである。例は、成公十八年にある。
(附)成公十八年の傳文に「凡去其國　國逆而立之　曰入（注　謂本無位紹繼而立）復其位　曰復歸（注　亦國逆）諸侯納之曰歸　以惡曰復入」とある。また、下の傳文に「六月晉人復衛侯」とあり、注に「以叔武受盟於踐土　故聽衛侯歸」とある。
【經】衛元咺出奔晉
㊟「元咺」は、衛の大夫である。叔武のために訴訟を起こしたけれども、（結果的に）君臣の節義を失したから、賢とする表現がない〔そのまま名を書いている〕のである。「奔」の例は、宣公十年にある。
(附)下の傳文に「衛侯與元咺訟（中略）衛侯不勝（中略）執衛侯歸之于京師（中略）元咺歸于衛　立公子瑕」とある。また、宣公十年「齊崔氏出奔衛」の傳文に「書曰崔氏　非其罪也　且告以族　不以名　凡諸侯之大夫違　告於諸侯曰　某氏之守臣某失守宗廟　敢告」とある。なお、文公八年「宋司城來奔」の傳文に「司城蕩意諸來奔　效節於府人而出　公以其官逆之　皆復之　亦書以官　皆貴之也」とあるのを參照。
【經】陳侯款卒
㊟傳はない。（名を書いているのは）しめて四たび同盟した（からである）。
(附)二十三年の傳文に「凡諸侯同盟　死則赴以名　禮也」とあるのを參照。
【經】秋杞伯姬來
㊟傳はない。莊公の女〔むすめ〕である。里歸りした場合に「來」という〔莊公二十七年傳文〕。
【經】公子遂如齊
㊟傳はない。聘したのである。
(附)莊公二十五年「冬公子友如陳」の注に「諸魯出朝聘　皆書如　不果彼國必成其禮　故不稱朝聘　春秋之常也」とあるのを參照。
【經】冬公會晉侯齊侯宋公蔡侯鄭伯陳子莒子邾子秦人于溫
㊟陳の共公が「子《コ》」と稱しているのは、先君が未だ葬られていなかったからである。例は、九年にある。（なお）宋の襄公が「子」と稱している場合には、そのまま本來の位置におかれ〔九年〕、陳の共公が「子」と稱している場合には、さげられて鄭の下におかれ〔ここ〕、陳の懷公が「子」と稱している場合には、鄭の上におかれている〔定公四年〕、ことについては、傳に義例がない。おそらくは、會を主催した者がならべたもの（のまま）であって、（書法による）褒貶ではないであろう。

(附)注の前半については、九年の傳文に「春宋桓公卒　未葬而襄公會諸侯　故曰子　凡在喪　王曰小童　公侯曰子（注　在喪　未葬也）」とある。

注の後半については、九年に「夏公會宰周公齊侯宋子衛侯鄭伯許男曹伯于葵丘」とあり、定公四年に「三月公會劉子晉侯宋公蔡侯衛侯陳子鄭伯許男曹伯莒子邾子頓子胡子滕子薛伯杞伯小邾子齊國夏于召陵侵楚」とある。なお、昭公十二年の公羊傳文に「春秋之信史也　其序則齊桓晉文　其會則主會者爲之也」とあるのを參照。

なお、經文の「邾人」の「人」は、挍勘記に従って、「子」に改める。

(經)天王狩于河陽

(注)（「河陽」は）晉地である。今、河内に河陽縣がある。晉は、實は、王をよび寄せたのであるが、言葉は逆であっても、心意は順であったから、經は、「王狩」（王が自主的に狩をした）という表現をとっているのである。

(附)注の前半については、『史記』周本紀「二十年晉文公召襄王　襄王會之河陽踐土」の〈集解〉に「賈逵曰　河陽　晉之溫也」とあるのを參照。

注の後半については、下の傳文に「是會也　晉侯召王　以諸侯見　且使王狩　仲尼曰　以臣召君　不可以訓　故書曰天王狩于河陽　言非其地也　且明德也」とある。なお、注の「辭逆」については、公羊の何注に「時晉文公年老　恐霸功不成　故上白天子曰　諸侯不可卒致　願王居踐土」とあるのを參照。

(經)壬申公朝于王所

(注)「壬申」は、十月十日である。日があって月がないのは、史官の闕文である。

(經)晉人執衛侯歸之于京師

(注)「人」を稱して執えているのは、罪惡が民にまで及んだからである。例は、成公十五年にある。諸侯が諸侯をさばくことは出來ないから、京師におくったのである。

(附)成公十五年の傳文に「書曰晉侯執曹伯　不及其民也（注　惡不及民）凡君不道於其民　諸侯討而執之　則曰某人執某侯（注　稱人示衆所欲執）不然則否（注　謂身犯不義者）」とある。

(經)衛元咺自晉復歸于衛

(注)元咺は、衛侯と訟爭し、勝訴して歸國したのである。國が迎えた場合の例に従っている（「復歸」と言っている）のは、衛侯が民に無道で、國人は元咺にくみした、ということを明らかにしたのである。

(附)注の前半については、下の傳文に「衛侯與元咺訟（中略）衛侯不勝（中略）執衛侯歸之于京師（中略）元咺歸于衛　立公子瑕」とある。

注の後半については、成公十八年の傳文に「凡去其國　國逆而立之曰入　復其位　曰復歸（注　亦國逆）諸侯納之曰歸　以惡曰復入」とあり、その疏に引く『釋例』に「凡去其國者　通謂君臣及公子母弟也」とあるのを參照。

【經】諸侯遂圍許

㊟溫に會した諸侯である。許がひきつづいて二度の會にやってこなかったから、會したついでに、いっしょに伐ったのである。

【經】曹伯襄復歸于曹

㊟晉は、(曹の)侯獳の言葉に感じ入って、曹伯をもどしたから、國が迎えた場合の例に從っている〔「復歸」と言っている〕のである。

(附)下の傳文に「晉侯有疾　曹伯之豎侯獳貨筮史　使曰以曹爲解(中略)公説　復曹伯」とある。なお、成公十八年の傳文に「凡去其國　國逆而立之　曰入　復其位　曰復歸(注　亦國逆)諸侯納之曰歸　以惡曰復入」とあるのを參照。

【經】遂會諸侯圍許

㊟「遂」と言っているのは、もどることを許されると、そのまま行き、(一旦)國に歸らなかった、からである。

(附)襄公十年の傳文に「書曰遂滅偪陽　言自會也」とあり、注に「言其因會以滅國」とあるのを參照。また、穀梁傳文に「遂　繼事也」とあるのを參照。

【傳】二十八年春晉侯將伐曹　假道于衞

㊟曹は衞の東にあったからである。

【傳】衞人弗許　還　自河南濟

㊟汲郡から南へ渡り、衞の南に出て東へ向かったのである。

(附)傳文の「河南」は、「南河」に作る本もある。ちなみに、『史記』衞世家に「晉更從南河度」とあり、〈集解〉に「服虔曰　南河　濟南之東南流河也」とある。なお、注の文から推して、杜預のよった本は、「河南」に作っていたようである〔?〕。

【傳】侵曹伐衞　正月戊申取五鹿

㊟「五鹿」は、衞地である。

(附)二十三年の傳文「過衞　衞文公不禮焉　出於五鹿」の注に「五鹿　衞地　今衞縣西北有地名五鹿　陽平元城縣東亦有五鹿」とあるのを參照。

【傳】二月晉郤縠卒　原軫將中軍　胥臣佐下軍　上德也

㊟先軫〔原軫〕が、下軍の佐から、順をとびこえて(一擧に)中軍の將になったから、「德を尙んだ」と言っているのである。「胥臣」は、司空季子である。

(附)注の前半については、『國語』晉語四「郤縠卒　使先軫代之」の韋注に「從下軍之佐　超將中軍　傳曰　尙德也」とあるのを參照。なお、二十七年の傳文に「乃使郤縠將中軍(中略)使欒枝將下軍　先軫佐之」とある。

注の後半については、二十三年の傳文に「司空季子」とあり、注に「胥臣臼季也」とあるのを參照。

【傳】晉侯齊侯盟于斂盂

㊟「斂盂」は、衞地である。

【傳】衞侯請盟　晉人弗許　衞侯欲與楚　國人不欲　故出其君以説于晉　衞侯出居于襄牛

㊟「襄牛」は、衞地である。
(附)『史記』晉世家「衞侯居襄牛」の〈集解〉に「服虔曰　衞地也」とあるのを參照。

【傳】公子買戍衞
㊟晉が衞を伐ったが、衞は楚の姻戚であり、魯は、楚に味方しようとしたから、衞をまもったのである。
【傳】楚人救衞　不克　公懼於晉　殺子叢以說焉
㊟子叢をよびもどして殺し、それによって、晉に謝罪したのである。
【傳】謂楚人曰　不卒戍也
㊟いつわって、楚人に「子叢は、守備の任務を果たさずに歸國したから、殺した」と告げたのである。（なお、傳では）子叢を殺したことが、楚が衞を救援したことの下にあるのに、經で上にあるのは、衞を救援したことの赴告がおくれて到着したからである。
(附)注の最初の「謂」は、諸本に従って、「詐」に改める。

【傳】晉侯圍曹　門焉　多死
㊟曹の城門を攻めたのである。
(附)莊公十八年の傳文「遂門于楚」の注に「攻楚城門」とあるのを參照。
なお、その(附)も參照。
【傳】曹人尸諸城上
㊟晉の死人を城の上にさらしたのである。

【傳】晉侯患之　聽輿人之謀　曰稱舍於墓
㊟「輿」は、衆である。「墓地で宿營する」とは、冢をあばこうというのである。
(附)注の「輿　衆也」については、昭公八年の傳文「輿嬖袁克殺馬毀玉以葬」等の注に、同文がみえる。なお、『國語』晉語三「輿人誦之」の韋注に「輿　衆也」とあるのを參照。
なお、ここの傳文については、王引之『經義述聞』に「正義曰　此謀字或作誦　涉下文而誤耳　謂涉下文輿人之誦曰而誤也　家大人曰　曰字亦涉下文而衍　鄭注射義曰　稱猶言也　輿人之謀　言舍於墓也　稱上不當復有曰字　唐石經已誤衍　通典兵十五　太平御覽兵部四十五引此皆無曰字」とある。
【傳】師遷焉　曹人兇懼
㊟曹人の墓地まで移動したのである。「兇兇」は、恐懼する聲である。
(附)『說文』に「兇　擾恐也（中略）春秋傳曰　曹人兇懼」とあるのを參照。なお、『會箋』に「石經宋本倶不疊兇字　注云兇兇恐懼聲　則杜本疊兇字必矣」とある。
【傳】爲其所得者　棺而出之　因其兇也而攻之　三月丙午入曹　數之以其不用僖負羈而乘軒者三百人也　且曰獻狀
㊟「軒」は、大夫の車である。德もないのに位に居る者が多かったから、勤務狀況（の報告書）を求めた、ということである。
(附)注の「軒　大夫車」については、閔公二年の傳文「鶴有乘軒者」等の注に、同文がみえる。なお、その(附)を參照。

注の後半については、異説として、惠棟『春秋左傳補註』に「獻狀謂觀狀也　先責其用人之過　然後誅觀狀之辠　以示非惡報也」とあり、また、沈欽韓『春秋左氏傳補注』に「杜預言無德居位者多　故責其功狀　非也　按晉語　文公誅觀狀以伐鄭　注唐尙書云　誅曹觀狀之罪還而伐鄭　觀狀卽觀骿脅之狀　責其罪　猶今之供罪也」とある。ちなみに、二十三年の傳文に「及曹　曹共公聞其駢脅　欲觀其裸　浴　薄而觀之」とある。

[傳]令無入僖負羈之宮而免其族　報施也

㊟食物と璧の恩惠に報いたのである。

(附)二十三年の傳文に「僖負羈之妻曰　吾觀晉公子之從者　皆足以相國若以相　夫子必反其國　反其國　必得志於諸侯　得志於諸侯而誅無禮曹其首也　子盍蚤自貳焉　乃饋盤飧　寘璧焉　公子受飧反璧」とある。

[傳]魏犫顚頡怒曰　勞之不圖　報於何有

㊟二子には、それぞれ、逃亡に隨行したという功勞があった（からである）。

(附)二十三年の傳文に「遂奔狄　從者　狐偃趙衰顚頡魏武子（注　武子魏犫）司空季子」とある。

[傳]爇僖負羈氏

㊟「爇」は、燒である。

(附)昭公二十七年の傳文「將師退　遂令攻郤氏　且爇之」の注に、同文がみえる。なお、『說文』に「爇　燒也（中略）春秋傳曰　爇僖負羈」とあるのを參照。

[傳]魏犫傷於胷　公欲殺之　而愛其材

㊟「材」は、力である。

[傳]使問且視之　病　將殺之　魏犫束胷見使者曰　以君之靈不有寧也

㊟（「不有寧」とは）病氣のために安靜〔安逸〕にしているなどということはない〔元氣で動きまわっている〕、ということである。

(附)成公十六年の傳文「敢告不寧君命之辱」の注に「以君辱賜命故不敢自安」とあるのを參照。なお、異說として、惠棟『春秋左傳補註』に「劉炫規過以傷爲寧　不有寧　謂不有損傷　半農先生曰　古人多反語如甘爲苦　治爲亂　皆是　以傷爲寧　亦有理」とあり、また、安井衡『左傳輯釋』に「不有寧也　反語　言有寧也」とある。

[傳]距躍三百　曲踊三百

㊟「距躍」は、超越であり、「曲踊」は、跳踊である。「百」は、勵〔はげむ〕と同じである。

(附)注の前半は、意味がよくわからない。なお、顧炎武『左傳杜解補正』に「邵氏曰　躍踊者　皆絕地而起　所謂跳也　距躍　直跳也　曲踊橫跳也　橫跳必先直而旋　故不曰橫而曰曲」とある。

注の後半については、様々な異說がある。今、その中の一つをあげておくと、安井衡『左傳輯釋』に「倅頤煊云（中略）百與拍同　說文拍　拊也　謂合手拍拊　如鼓噪之狀　距躍曲踊者　其足勢　三百者其手勢也」とある。

[傳]乃舍之　殺顚頡以狥于師　立舟之僑以爲戎右

㊟「舟之僑」は、もと虢の臣で、閔公二年に晉に奔っていた。これを魏犫の代わりにしたのである。（ここの傳文は、下の）「先歸」のために本を張ったのである。

(附)閔公二年の傳文に「春虢公敗犬戎于渭汭　舟之僑曰　無德而祿　殃也　殃將至矣　遂奔晉」とあり、注に「舟之僑　虢大夫」とある。また、二十七年の傳文に「魏犫爲右」とある。また、下の傳文に「舟之僑先歸」とある。

【傳】宋人使門尹般如晉師告急

㊟「門尹般」は、宋の大夫である。

(附)『國語』晉語四「宋人使門尹班告急於晉」の韋注に「門尹班　宋大夫」とあるのを參照。

【傳】公曰　宋人告急　舍之則絕

㊟晉と斷絕する、ということである。

(附)『國語』晉語四「公告大夫曰　宋人告急　舍之則宋絕」の韋注に「舍不救宋　則宋降楚　與我絕矣」とあるのを參照。

【傳】告楚不許　我欲戰矣　齊秦未可　若之何

㊟戰うことに同意しない、ということである。

(附)『國語』晉語四に「我欲擊楚　齊秦不欲　其若之何」とあるのを參照。

【傳】先軫曰　使宋舍我而賂齊秦

㊟救援を（晉にではなくて）齊・秦に求め（させ）る、ということである。

【傳】藉之告楚

㊟（宋に）齊・秦をかりて、宋のために請願してもらう（ようにさせる）、ということである。

(附)宣公十二年の傳文「敢藉君靈以濟楚師」の注に「藉猶假借也」とあるのを參照。また、『國語』晉語四「藉之告楚」の韋注に「借與齊秦之勢　使請宋於楚」とあるのを參照。

【傳】我執曹君　而分曹衞之田以賜宋人　楚愛曹衞　必不許也

㊟齊・秦の請願をききいれない、ということである。

(附)『國語』晉語四「必不許齊秦」の韋注に「楚必不許齊秦之請」とあるのを參照。

【傳】喜賂怒頑　能無戰乎

㊟齊・秦は、宋の賂を得たことを喜び、楚の頑固さを怒るから、きっと自主的に參戰する、ということである。請願が通じないから、「頑」といっているのである。

【傳】公說　執曹伯　分曹衞之田以畀宋人　楚子入居于申

㊟申は方城内にあったから、「入」と言っているのである。

(附)四年の傳文に「楚國方城以爲城　漢水以爲池」とあるのを參照。また、哀公十七年の傳文に「彭仲爽　申俘也　文王以爲令尹　實縣申息」とあり、注に「楚文王滅申息以爲縣」とあるのを參照。

【傳】使申叔去穀

㊟二十六年に申叔は穀の守備についた。

(附)二十六年の傳文に「冬楚令尹子玉司馬子西帥師伐宋圍緡　公以楚師伐齊取穀（中略）寘桓公子雍於穀　易牙奉之以爲魯援　楚申公叔侯戍之」とあり、注に「爲二十八年楚子使申叔去穀張本」とある。

傳使子玉去宋　曰　無從晉師　晉侯在外十九年矣　而果得晉國
注晉侯は、生まれて十七年で出奔し、出奔して十九年でもどった。合計して三十六年、（四年をくわえ）ここに至って四十歳であった。
附昭公十三年の傳文に「生十七年　有士五人」とあり、注に「狐偃趙衰顛頡魏武子司空季子五士從出」とあるのを參照。また、『國語』晉語四に「晉公子生十七年而亡」とあるのを參照。なお、晉侯がもどったのは、魯の僖公二十四年のことである。
傳險阻艱難　備嘗之矣　民之情僞　盡知之矣　天假之年
注獻公の遺子九人のうち、文公だけが生き殘っていたから、「天がこれに年をかした〔長生きをさせた〕」と言っているのである。
附二十四年の傳文に「獻公之子九人　唯君在矣」とあるのを參照。
傳而除其害
注惠（公）・懷（公）・呂（甥）・郤（芮）をとり除いた、ということである。
附二十三年の傳文に「九月晉惠公卒」とあり、二十四年の傳文に「戊申使殺懷公于高梁（中略）呂郤畏偪　將焚公宮而弑晉侯（中略）己丑晦公宮火　瑕甥郤芮不獲公　乃如河上　秦伯誘而殺之」とある。
傳天之所置　其可廢乎　軍志曰　允當則歸
注過分を求めてはならない〔ほどほどにせよ〕、ということである。「軍志」は、兵書である。
附襄公二十五年の傳文「仲尼曰　志有之」の注に「志　古書」とあるのを參照。
傳又曰　知難而退　又曰　有德不可敵　此三志者　晉之謂矣
注今ここで、晉とあたるには、この三條を用いなければならない、ということである。
傳子玉使伯棼請戰
注「伯棼」は、子越椒で、鬭伯比の孫である。
附文公九年の傳文に「冬楚子越椒來聘」とあり、注に「子越椒　令尹子文從子」とある。また、桓公六年の傳文に「鬭伯比言于楚子曰」とあり、注に「鬭伯比　楚大夫　令尹子文之父」とある。なお、傳・注の「棼」は、挍勘記に從って、「棼」に改める。
傳曰　非敢必有功也　願以間執讒慝之口
注「間執」は、塞〔ふさぐ〕と同じである。「讒慝」とは、〝子玉は三百乘をひきいて入ることは出來ない〟という蔿賈の發言のたぐいである。
附『史記』晉世家「子玉請曰　非敢必有功　願以間執讒慝之口也」の〈集解〉に「服虔曰　子玉非敢求有大功　但欲執蔿賈讒慝之口　謂子玉過三百乘不能入也」とあるのを參照。なお、二十七年の傳文に「蔿賈尚幼　後至　不賀　子文問之　對曰（中略）子玉剛而無禮　不可以治民　過三百乘　其不能以入矣」とある。
傳王怒　少與之師　唯西廣東宮與若敖之六卒實從之
注楚子は、申にもどり、これらの兵を派遣して、以前に宋を圍んだ士衆に附從させたのである。楚には、左・右の廣があり、また、大子に宮甲があったから、（つまり）その一部分を取って、あたえたのである。「若敖」は、楚の武王の祖父で、若敖（の地）に葬られた者である。

子玉の祖である。「六卒」とは、子玉の宗人〔同族〕の兵六百人である。師のすべてをつけたしてはやらなかった、ということである。

(附)注の「楚有左右廣」については、宣公十二年の傳文に「其君之戎　分爲二廣　廣有一卒　卒　偏之兩　右廣初駕　數及日中　左則受之　以至于昏」とあるのを參照。

注の「又大子有宮甲」については、文公元年の傳文に「冬十月以宮甲圍成王」とあり、注に「大子宮甲　僖二十八年王以東宮卒從子玉　蓋取此宮甲」とあるのを參照。

注の「若敖　楚武王之祖父」については、『史記』楚世家に「二十七年若敖卒　子熊坎立　是爲霄敖　霄敖六年卒　子熊眴立　是爲蚡冒（中略）蚡冒十七年卒　蚡冒弟熊通弑蚡冒子而代立　是爲楚武王」とあるのを參照。

注の「葬若敖者」については、昭公元年の傳文に「葬王于郟　謂之郟敖」とあるのを參照。また、同十三年の傳文に「葬子干于訾　實訾敖」とあるのを參照。なお、これらによれば、注の「敖」は、あるいは、衍文かもしれない〔?〕。

注の「子玉之祖也」については、『國語』晉語四「令尹子玉曰　請殺晉公子」の韋注に「子玉　楚若敖之曾孫　令尹成得臣也」とあるのを參照。

注の「六卒　子玉宗人之兵六百人」については、宣公十二年の傳文「廣有一卒　卒　偏之兩」の注に「司馬法　百人爲卒」とあるのを參照。また、『周禮』司馬の序官に「百人爲卒」とあるのを參照。

【傳】子玉使宛春告於晉師曰　請復衞侯而封曹　臣亦釋宋之圍

㊟衞侯は竟を出ておらず、曹伯は執えられて宋にいたが、（いずれも）すでに位を失っていたから、「衞をもどし、曹をかえす」と言っているのである。

(附)上の傳文に「衞侯欲與楚　國人不欲　故出其君以説于晉　衞侯出居于襄牛（注　襄牛　衞地）」とあり、また、「公説　執曹伯　分曹衞之田以畀宋人」とある。

なお、『史記』晉世家「於是子玉使宛春告晉」の〈集解〉に「賈逵曰　宛春　楚大夫」とある。

【傳】子犯曰　子玉無禮哉　君取一　臣取二

㊟「君が一つを取る」とは、宋の圍みをとくこと〔一事〕を晉侯に惠與する、ということであり、「臣が二つを取る」とは、曹と衞とをもどすこと〔二事〕を自分の功績にする、ということである。

【傳】不可失矣

㊟伐つべきである、ということである。

【傳】先軫曰　子與之　定人之謂禮　楚一言而定三國　我一言而亡之　我則無禮　何以戰乎　不許楚言　是棄宋也　救而棄之　謂諸侯何

㊟諸侯に怪しまれる、ということである。

(附)異説として、安井衡『左傳輯釋』に「謂　告也　言告諸侯將以何辭　杜解爲諸侯謂何　未是」とある。

【傳】楚有三施　我有三怨　怨讎已多　將何以戰　不如私許復曹衞以攜之

㊟ひそかに二國を許して、楚に絶交を通告させ、その後で二國をもどす、

ということである。「攜」は、離である。

【附】下の傳文に「曹衛告絶於楚」とある。なお、注の「攜　離也」については、七年の傳文「招攜以禮　懷遠以德」の注に、同文がみえる。

【傳】執宛春以怒楚　既戰而後圖之

【注】勝負が決するのをまって、計略を定める、ということである。

【傳】公説　乃拘宛春於衛　且私許復曹衛　曹衛告絶於楚　子玉怒　從晉師　晉師退　軍吏曰　以君辟臣　辱也　且楚師老矣　何故退　子犯曰　師直爲壯　曲爲老　豈在久乎　微楚之惠不及此

【注】重耳が楚に立ち寄ったとき、楚の成王は（無事に）おくり出してくれた。

【附】二十三年の傳文に「及楚　楚子饗之（中略）子玉請殺之（中略）乃送諸秦」とある。

なお、傳文の「豈在久矣」の「矣」は、挍勘記に従って、「乎」に改める。

【傳】退三舍辟之　所以報也

【注】一舍は、三十里である。かつて楚子が「もし國にかえれたら、どんなお禮を私に下さるか」と言ったから、（今ここで）三舍しりぞくことをお禮にしようとしたのである。

【附】二十三年の傳文に「及楚　楚子饗之　曰　公子若反晉國　則何以報不穀（中略）對曰　若以君之靈得反晉國　晉楚治兵遇於中原　其辟君三舍」とある。なお、『史記』晉世家「請辟王三舍」の〈集解〉に「賈逵曰（中略）三舍　九十里也」とあるのを參照。

【傳】背惠食言　以亢其讎

【注】「亢」は、當〔あたる〕と同じである。「讎」とは、楚のことをいう。

【附】注の「亢猶當也」については、襄公十四年の傳文「戎亢其下」の注に、同文がみえる。なお、異説として、陸粲『左傳附注』に「亢　蔽也　讎謂宋　宋者楚之讎　外傳所謂未報楚惠而亢宋者也」とあり、また、王引之『經義述聞』に「家大人曰　杜訓亢爲當　故以讎爲楚　其實非也　此言亢者　扞蔽之意　亢其讎　謂亢楚之讎也　楚之讎謂宋也　亢楚之讎者　楚攻宋而晉爲之扞蔽也　晉語曰　未報楚惠而抗宋　是其明證矣　凡扞禦人謂之亢　爲人扞禦亦謂之亢　義相因也」とある。

【傳】我曲楚直　其衆素飽　不可謂老

【注】直の氣が滿ちあふれている、ということである。

【附】『國語』晉語四に「其衆莫不生氣」とあるのを參照。

【傳】我退而楚還　我將何求　若其不還　君退臣犯　曲在彼矣　退三舍　楚衆欲止　子玉不可　夏四月戊辰晉侯宋公齊國歸父崔夭秦小子憖次于城濮

【注】「國歸父」・「崔夭」は、齊の大夫である。「小子憖」は、秦の穆公の子である。「城濮」は、衛地である。

【附】『史記』晉世家「四月戊辰宋公齊將秦將與晉侯次城濮」の〈集解〉に「賈逵曰　衛地也」とあるのを參照。

【傳】楚師背酅而舍

【注】「酅」は、丘陵が險阻な場合のよび名である。

【傳】晉侯患之　聽輿人之誦

【注】士衆が險阻を畏れることを心配したから、彼らの歌誦に耳を傾けたの

である。
(附)上の傳文「晉侯患之　聽輿人之謀」の注に「輿　衆也」とあるのを參照。
[傳]曰　原田每每　舍其舊而新是謀
㊟高くて平らなところを「原」という。晉の軍は、原田の草が每每としているように、盛んであるから、新功を立てることを謀るべきであって、舊恩にこだわる必要はない、ということを喩えたのである。
(附)注の前半については、昭公元年の公羊傳文に「上平曰原」とあるのを參照。なお、桓公元年の傳文「秋大水　凡平原出水爲大水」の注には「廣平曰原」とある。
注の後半については、『說文』に「每　艸盛上出也」とあるのを參照。
[傳]公疑焉
㊟士衆が、自分〔公〕に、舊に背き新を謀れと言っているのではないか、と疑ったのである。
[傳]子犯曰　戰也　戰而捷　必得諸侯　若其不捷　表裏山河　必無害也
㊟晉の國は、(大)河を外にし、(高)山を内にしている、ということである。
[傳]公曰　若楚惠何　欒貞子曰　漢陽諸姬　楚實盡之
㊟「貞子」は、欒枝である。川の北側を「陽」という。姬姓の國で漢水の北側にあった者は、楚がすべて滅した、ということである。
(附)注の「貞子　欒枝也」については、二十七年の傳文「命趙衰爲卿　讓於欒枝先軫」の注に「欒枝　貞子也」とあるのを參照。
注の「水北曰陽」については、「天王守于河陽」の穀梁傳文に「水北爲陽　山南爲陽」とあるのを參照。
[傳]思小惠而忘大恥　不如戰也　晉侯夢與楚子搏
㊟「搏」とは、素手で鬭ったのである。
[傳]楚子伏己而盬其腦
㊟「盬」は、唼〔すする〕である。
(附)疏に「服虔云　如俗語相罵云唼女腦矣」とあるのを參照。
[傳]是以懼　子犯曰　吉　我得天　楚伏其罪　吾且柔之矣
㊟晉侯は上を向いていたから、〝天を得る〟のであり、楚子は下の地を向いていたから、〝罪に伏する〟のである。腦は、物を〝柔らかくする〟(ための)ものである。子犯は、事情をよくのみこんでいたから、機轉をきかせて夢に荅えたのである。
(附)注の「腦　所以柔物」については、梁履繩『左通補釋』に「腦能熟物　皮氏錄曰　羊腦豬腦　男子食之　損精氣　又云　羊腦食之　令五藏消也(高似孫緯略九)考工記曰　角之本蹙於𡿺　而休於氣　是故柔　柔故欲其埶也　𡿺腦同　解云　言角之本近於𡿺　得和煦之氣　故柔　柔欲其刑之自曲　反是爲埶也(見弓人)」とあるのを參照。なお、『廣韻』に「腦　優皮也」とあるのも參照。
[傳]子玉使鬭勃請戰
㊟「鬭勃」は、楚の大夫である。
[傳]曰　請與君之士戲　君馮軾而觀之　得臣與寓目焉
㊟「寓」は、寄である。
(附)成公二年の傳文「請寓乘」の注及び襄公二十四年の傳文「子產寓書於

子西」の注に、同文がみえる。なお、『禮記』曲禮下「大夫寓祭器於大夫」の注に「寓　寄也」とあるのを參照。また、『國語』吳語「民生於地上　寓也」の韋注に「寓　寄也」とあるのを參照。

【傳】晉侯使欒枝對曰　寡君聞命矣　楚君之惠　未之敢忘　是以在此　爲大夫退　其敢當君乎　既不獲命矣

㊟停戰の命をえられない、ということである。

(附)二十三年の傳文「其辟君三舍　若不獲命」の注に「三退不得楚止命也」とあるのを參照。

【傳】敢煩大夫謂二三子

㊟鬭勃を煩わして、子玉や子西たちにつたえさせる、ということである。

【傳】戒爾車乘　敬爾君事　詰朝將見

㊟「詰朝」は、平旦である。

(附)成公二年の傳文「詰朝請見」の注に、同文がみえる。なお、成公十六年の傳文「詰朝爾射」の注に「詰朝　猶明朝」とあり、襄公十四年の傳文「詰朝之事　爾無與焉」の注に「詰朝　明旦」とあるのを參照。ちなみに『小爾雅』廣訓に「詰朝　明旦也」とある。

【傳】晉車七百乘　韅靷鞅靽

㊟(「車七百乘」とは) 五萬二千五百人である。背につけるのを「韅」といい、胸につけるのを「靷」といい、腹につけるのを「鞅」といい、足につけるのを「靽」という。(つまり、「韅靷鞅靽」とは) 兵車の裝備がととのっていた、ということを言っているのである。

(附)注の「五萬二千五百人」については、隱公元年の傳文「命子封帥車二百乘以伐京」の注に「古者　兵車一乘　甲士三人　步卒七十二人」とあるのを參照。

【傳】晉侯登有莘之虛以觀師　曰　少長有禮　其可用也

㊟「有莘」は、古國の名である。「少長」とは、大小と言うのと同じである。

(附)注の前半については、『孟子』萬章上「伊尹耕於有莘之野而樂堯舜之道焉」の趙注に「有莘　國名」とあるのを參照。

注の後半については、襄公三十一年の傳文に「言君臣上下父子兄弟內外大小皆有威儀也」とあるのを參照。

【傳】遂伐其木以益其兵

㊟木をきって、攻戰の道具をふやしたのである。(下に)「車が柴をひきずった」とあるのも、これである。

【傳】己巳晉師陳于莘北　胥臣以下軍之佐當陳蔡　子玉以若敖之六卒將中軍　曰　今日必無晉矣　子西將左　子上將右

㊟「子西」は、鬭宜申である。「子上」は、(上の) 鬭勃である。

(附)二十六年の傳文「秋楚成得臣鬭宜申帥師滅夔　以夔子歸」の注に「鬭宜申　司馬子西也」とあるのを參照。

【傳】胥臣蒙馬以虎皮　先犯陳蔡　陳蔡奔　楚右師潰

㊟陳・蔡は楚の右師に屬していた (からである)。

【傳】狐毛設二旆而退之

㊟「旆」は、大旗である。ついで、二旆をたてながら退き、大將がじょじょにひきさがっている、かのようにしたのである。

(附)注の「旆　大旗也」については、宣公十二年の傳文「又甚之拔旆投衡」の注に、同文がみえる。

なお、安井衡『左傳輯釋』に「下文云　城濮之戰　晉中軍風于澤　亡大旆之左旃　是大旆將旗　唯中軍建二旆　或命先鋒建之　故又稱先鋒爲旆　上軍不得有大旆　狐毛欲欺楚師　特置二旆　爲中軍退走之狀以誘敵　故曰設二旆」とある。

(傳)欒枝使輿曳柴而僞遁

(注)柴をひきずって土けむりを立て、大勢が逃走しているかのように見せかけたのである。

(附)『淮南子』兵略訓に「曳梢肆柴　揚塵起埃　所以營其目者　此善爲詐佯者也」とあるのを參照。

(傳)楚師馳之　原軫郤溱以中軍公族橫擊之

(注)「公族」とは、公がひきいていた軍である。

(傳)狐毛狐偃以上軍夾攻子西　楚左師潰　楚師敗績　子玉收其卒而止　故不敗

(注)三軍のうち、中軍だけが無傷でのこったのであり、これは、大くずれである。

(附)莊公十一年の傳文に「大崩曰敗績」とあるのを參照。

(傳)晉師三日館穀

(注)「館」は、舍〔やどる〕である。楚軍の糧食を三日間たべたのである。

(附)注の「館　舍也」については、隱公十一年の傳文「舘于寪氏」の注に「舘　舍也」とあるのを參照。

(傳)及癸酉而還　甲午至于衡雍　作王宮于踐土

(注)「衡雍」は、鄭地で、今の滎陽の卷縣である。襄王は、晉が戰勝したと聞くと、自ら出向いて、ねぎらった。だから、王のために宮を作ったのである。

(附)注の前半については、『國語』周語上「二十一年以諸侯朝王于衡雍　且獻楚捷　遂爲踐土之盟」の韋注に「衡雍踐土皆鄭地　在今河內溫也」とあるのを參照。

注の後半については、『史記』晉世家「作王宮于踐土」の〈集解〉に「服虔曰　既敗楚師　襄王自往臨踐土　賜命晉侯　晉侯聞而爲之作宮」とあるのを參照。

(傳)鄉役之三月

(注)「鄉」は、屬〔さき〕と同じである。城濮の戰役にさき立つ三月、ということである。

(傳)鄭伯如楚致其師　爲楚師既敗而懼　使子人九行成于晉

(注)「子人」は氏で、「九」は名である。

(附)七年の傳文に「洩氏孔氏子人氏三族　實違君命」とあり、注に「三族鄭大夫」とあるのを參照。なお、疏に「杜譜以九爲雜人　謬矣」とある。

(傳)晉欒枝入盟鄭伯　五月丙午晉侯及鄭伯盟于衡雍　丁未獻楚俘于王　駟介百乘　徒兵千

(注)「駟介」は、甲〔よろい〕をつけた四頭の馬である。「徒兵」は、步卒である。

(附)注の前半については、成公二年の傳文に「不介馬而馳之」とあり、注に「介　甲也」とあるのを參照。また、『詩』鄭風〈清人〉「清人在彭　駟介旁旁」の毛傳に「介　甲也」とあり、鄭箋に「駟　四馬也」とあるのを參照。

注の後半については、襄公元年の傳文「敗其徒兵於洧上」の注に「徒兵　歩兵」とあり、同二十五年の傳文「徒兵」の注に「歩卒」とある。なお、『國語』呉語「乃命王孫雒先與勇獲帥徒師」の韋注に「徒師　歩卒也」とあるのを參照。

なお、注の前後半を通じては、『史記』晉世家「駟介百乘　徒兵千」の〈集解〉に「服虔曰　駟介　駟馬被甲也　徒兵　歩卒也」とあるのを參照。

[傳]鄭伯傳王　用平禮也

(注)「傳」は、相〔たすける〕である。(かつて)周の平王が晉の文侯仇を享した禮によって、晉侯を享したのである。

(附)莊公二十一年の傳文「王與之武公之略自虎牢以東」の注に「鄭武公傳平王　平王賜之自虎牢以東」とあるのを參照。また、隱公六年の傳文「我周之東遷　晉鄭焉依」の注に「平王東徙　晉文侯鄭武公左右王室」とあるのを參照。また、桓公二年の傳文「初晉穆侯之夫人姜氏以條之役生大子　命之曰仇」の注に「大子　文侯也」とあるのを參照。なお、『書』文侯之命の序に「平王錫晉文侯秬鬯圭瓚　作文侯之命」とあるのも參照。

[傳]己酉王享醴　命晉侯宥

(注)饗禮を行なったうえに、さらに、その補助として、晉侯に束帛をおくって、ねんごろな氣持ちをあらわしたのである。

(附)莊公十八年の傳文「春虢公晉侯朝王　王饗醴　命之宥」の注に「王之覲羣后　始則行饗禮　先置醴酒　示不忘古　飲宴則命以幣物　宥　助也　所以助歡敬之意　言備設」とあり、僖公二十五年の傳文「戊午晉侯朝王　王饗醴　命之宥」の注に「既行饗禮而設醴酒　又加之以幣帛以助歡也　宥　助也」とあるのを參照。また、『詩』小雅〈鹿鳴〉の序に「鹿鳴　燕羣臣嘉賓也　既飲食之　又實幣帛筐篚　以將其厚意」とあるのを參照。

[傳]王命尹氏及王子虎内史叔興父　策命晉侯爲侯伯

(注)策書によって晉侯を伯に任命したのである。『周禮』に「九命して伯となす」〔大宗伯〕とある。「尹氏」・「王子虎」は、いずれもみな、王の卿士である。「叔興父」は、大夫である。三人の官が任命したのは、それによって晉を特別扱いしたのである。

(附)注の「以策書命晉侯爲伯也」については、『周禮』内史「凡命諸侯及孤卿大夫　則策命之」の注に「鄭司農說以春秋傳曰王命内史興父策命晉侯爲侯伯　策謂以簡策書王命」とあるのを參照。

注の「尹氏王子虎　皆王卿士也」については、文公十四年の傳文「而使尹氏與聃啓訟周公于晉」の注に「尹氏　周卿士」とあるのを參照。また、『國語』周語上「襄王使大宰文公及内史興賜晉文公命」の韋注に「大宰文公　王卿士王子虎也」とあるのを參照。なお、『史記』晉世家「天子使王子虎命晉侯爲伯」の〈集解〉には「賈逵曰　王子虎周大夫」とある。

注の「叔興父　大夫也」については、桓公二年の傳文「周内史聞之曰」の注に「内史　周大夫官也」とあるのを參照。なお、その（附）も參照。

【傳】賜之大輅之服戎輅之服

（注）「大輅」は、金輅〔金で飾った乘車〕である。「戎輅」は、戎車〔兵車〕である。二つの輅には、それぞれ、服（などの附屬品一式）がそえられていたのである。

（附）注の「大輅　金輅」については、定公四年の傳文「分魯公以大路大旂」の注に「此大路　金路　錫同姓諸侯車也」とあるのを參照。また、『史記』齊世家「周襄王使宰孔賜桓公文武胙彤弓矢大路」の〈集解〉に「賈逵曰　大路　諸侯朝服之車　謂之金路」とあり、同晉世家「賜大輅　彤弓矢百　玈弓矢千」の〈集解〉に「賈逵曰　大輅　金輅」とあるのを參照。

注の「戎輅　戎車」については、莊公九年の傳文「公喪戎路　傳乘而歸」の注に「戎路　兵車」とあるのを參照。また、『禮記』月令「天子居總章左个　乘戎路　駕白駱」の注に「戎路　兵車也」とあるのを參照。

【傳】彤弓一　彤矢百　玈弓矢千

（注）「彤」は、赤である。「玈」は、黒である。（彤の方が）弓一に對して矢百であるとすれば、（玈の方も）矢千に對して、（書かれてはいないが）弓十のはずである。諸侯は、弓矢を賜わって始めて、征伐を自由に出來るのである。

（附）注の「彤　赤也」〔挍勘記に從って、「弓」を「也」に改める〕については、哀公元年の傳文「器不彤鏤」注に「彤　丹也」とあるのを參照。また、『詩』小雅〈彤弓〉「彤弓弨兮　受言藏之」の毛傳に「彤弓　朱弓也」とあるのを參照。

注の「玈　黒也」〔挍勘記に從って、「弓」を「也」に改める〕については、『書』文侯之命「玈弓一　玈矢百」の僞孔傳に「玈　黒也」とあるのを參照。なお、『詩』小雅〈彤弓〉の疏に「服虔云　玈弓以射甲革椹質」とある。

注の「弓一矢百　則矢千弓十矣」については、『詩』小雅〈彤弓〉の序疏に「傳文直云玈弓矢千　定本亦然　故服虔云　矢千則弓十　是本無十玈二字矣　俗本有者　誤也」とあるのを參照。

注の「諸侯賜弓矢　然後專征伐」については、『禮記』王制に「諸侯賜弓矢　然後征」とあるのを參照。

なお、注全般については、『史記』晉世家「賜大輅　彤弓矢百　玈弓矢千」の〈集解〉に「賈逵曰（中略）彤弓　赤　玈弓　黒也　諸侯賜弓矢　然後征伐」とあるのを參照。

【傳】秬鬯一卣

（注）「秬」は、黒黍〔くろきび〕である。「鬯」は、香酒で、神を降すためのものである。「卣」は、器の名である。

（附）注の「秬　黒黍」については、昭公四年の傳文「其藏之也　黒牡秬黍以享司寒」の注及び同十五年の傳文「鏚鉞秬鬯」の注に、同文がみえる。なお、『爾雅』釋草に「秬　黒黍」とあるのを參照。また、『詩』大雅〈江漢〉「秬鬯一卣」の毛傳に「秬　黒黍也」とあるのを參照。

注の「鬯　香酒」については、昭公十五年の傳文「鏚鉞秬鬯」の注に、同文がみえる。なお、『周禮』春官の序官〈鬯人〉の注に「鬯　釀秬爲酒　芬香條暢於上下也」とあるのを參照。また、『易』震卦「不喪匕鬯」の注に「鬯　香酒」とあるのを參照。

注の「所以降神」については、『說文』に「鬯（中略）以降神也」とあるのを參照。

注の「卣　器名」については、『爾雅』釋器に「彝卣罍　器也」とあるのを參照。また、『詩』大雅〈江漢〉「秬鬯一卣」の毛傳に「卣　器也」とあるのを參照。

なお、注全般については、『史記』晉世家「秬鬯一卣」の〈集解〉に「賈逵曰　秬　黑黍　鬯　香酒也　所以降神　卣　器名」とあるのを參照。

傳虎賁三百人

附『史記』晉世家「虎賁三百人」の〈集解〉に「賈逵曰　天子卒曰虎賁」とある。

傳曰　王謂叔父　敬服王命　以綏四國　糾逖王慝

注「逖」は、遠である。王に仇をなす者がいれば、ただして遠ざけよ、ということである。

附『說文』に「逖　遠也（中略）逷　古文逖」とあるのを參照。また、『爾雅』釋詁に「逷　遠也」とあるのを參照。なお、『書』牧誓「逖矣西土之人」の僞孔傳に「逖　遠也」とあるのも參照。

なお、異說として、惠棟『春秋左傳補註』に「衞彈碑云　糾剔王慝　案魯頌　狄彼東南　鄭箋云　狄當爲剔　剔　治也　逖與狄同　古文作逷　又與剔通　故或訓爲遠　或訓爲治　此傳當从古文作逷　訓爲治」とある。

傳晉侯三辭　從命　曰　重耳敢再拜稽首　奉揚天子之丕顯休命

注「稽首」とは、額を地につけるのである。「丕」は、大である。「休」は、美である。

附注の「稽首　首至地」については、『史記』晉世家「晉侯三辭　然后稽首受之」の〈集解〉に「賈逵曰　稽首　首至地」とあるのを參照。また、『國語』周語上「晉侯執玉卑　拜不稽首」の韋注に「稽首　首至地也」とあるのを參照。なお、『周禮』大祝「辨九拜　一曰稽首」の注に「稽首　拜頭至地也」とあるのも參照。

注の「丕　大也」については、昭公三年の傳文「昧旦丕顯」の注に「丕　大也」とあるのを參照。なお、『爾雅』釋詁及び『說文』にも「丕　大也」とある。

注の「休　美也」については、『詩』大雅〈江漢〉「對揚王休」の鄭箋に「休　美」とあるのを參照。また、『國語』周語下「襄于休祥」及び齊語「有功休德」の韋注に「休　美也」とあるのを參照。なお、『爾雅』釋詁にも「休　美也」とある。

傳受策以出　出入三覲

注「出入」は、去來と同じである。來てからたち去るまでに、全部で三度、王にまみえた、ということである。

附成公十三年の傳文「余雖與晉出入」の注に「出入猶往來」とあるのを

參照。なお、安井衡『左傳輯釋』に「出入三覲　承上以出　蓋皆一時之事　獻楚俘　一覲也　王享　二覲也　受命之後　又當入謝　三覲也　故傳以出入總之　或獻俘異日　在三覲之外　則享後或亦入謝　要之出入當屬晉侯　杜訓出入爲去來　云從來至去　是以出入屬王　非也」とある。

【傳】衛侯聞楚師敗　懼出奔楚　遂適陳

㊟襄牛から出奔したのである。

(附)上の傳文に「衛侯出居于襄牛」とある。

【傳】使元咺奉叔武以受盟

㊟奉じて君事を代行させたのである。

【傳】癸亥王子虎盟諸侯于王庭

㊟（「王庭」とは）踐土の（王）宮の庭である。（經が）「踐土」と書いているのは、京師と區別したのである。

(附)上の傳文に「作王宮于踐土」とある。なお、『史記』晉世家「癸亥王子虎盟諸侯於王庭」の〈集解〉に「服虔曰　王庭　踐土也」とあるのを參照。

【傳】要言曰　皆獎王室　無相害也　有渝此盟　明神殛之　俾隊其師　無克祚國

㊟「獎」は、助である。「渝」は、變である。「殛」は、誅である。「俾」は、使である。「隊」は、隕である。「克」は、能である。

(附)注の「獎　助也」については、襄公十一年の傳文「獎王室」の注に、同文がみえる。

注の「渝　變也」については、隱公六年の傳文「春鄭人來渝平」等の注に、同文がみえる。なお、『爾雅』釋言にも「渝　變也」とある。

注の「殛　誅也」については、成公十二年の傳文「明神殛之」等の注に、同文がみえる。なお、『爾雅』釋言にも「殛　誅也」とある。

注の「俾　使也」については、文公元年の傳文「覆俾我悖」等の注に、同文がみえる。なお、『爾雅』釋詁にも「俾　使也」とある。

注の「隊　隕也」については、哀公十五年の傳文に「大命隕隊」とあるのを參照。

注の「克　能也」については、隱公元年「夏五月鄭伯克段于鄢」の穀梁傳文に「克者何　能也」とあるのを參照。なお、『爾雅』釋言にも「克　能也」とある。

【傳】及而玄孫　無有老幼　君子謂是盟也信

㊟信義に合していた、ということである。

(附)傳文の「及其玄孫」の「其」は、挍勘記に従って、「而」に改める。

【傳】謂晉於是役也　能以德攻

㊟文德によって民を教え、その後で用いた、ということである。

(附)『論語』子路に「子曰　以不教民戰　是謂棄之」とあり、『孟子』告子下に「孟子曰　不教民而用之　謂之殃民」とあるのを參照。なお、二十七年の傳文に「晉侯始入　而教其民　二年　欲用之（中略）民聽不惑　而後用之」とある。

【傳】初楚子玉自爲瓊弁玉纓　未之服也

㊟「弁」は、鹿の子の皮でつくる。「瓊」は、玉の別名である。瓊・玉をちりばめて、弁〔かんむり〕及び纓〔ひも〕を飾ったのである。『詩』に「弁の飾りは、星のようである」とある。

(附)注の「弁　以鹿子皮爲之」については、『詩』衞風〈淇奥〉「會弁如星」の毛傳に「弁　皮弁」とあるのを參照。

注の「瓊　玉之別名」については、『詩』衞風〈木瓜〉「報之以瓊琚」の毛傳に「瓊　玉之美者」とあるのを參照。

注の「次之以飾弁及纓」については、『詩』衞風〈淇奥〉「會弁如星」の鄭箋に「會　謂弁之縫中　飾之以玉」とあるのを參照。

なお、異説として、『禮記』王制「司寇正刑明辟」の疏に「僖二十八年左傳云　初楚子玉自爲瓊弁玉纓　服虔注云　謂馬飾」とある。

[傳]先戰　夢河神謂己曰　畀余　余賜女孟諸之麋

㊟「孟諸」は、宋の藪澤である。水と草とが交わるところ〔みぎわ〕を「麋」という。

(附)注の前半については、『爾雅』釋地〈十藪〉に「宋有孟諸」とあるのを參照。

注の後半については、『詩』小雅〈巧言〉「居河之麋」の毛傳に「水草交謂之麋」とあるのを參照。また、『爾雅』釋水に「水草交爲湄」とあるのを參照。

[傳]弗致也　大心與子西使榮黃諫

㊟「大心」は、子玉の子である。「子西」は、子玉の一族である。子玉は頑固で人の言うことをきかなかったから、榮黃にたのんだのである。「榮黃」は、(下の)榮季である。

(附)注の「剛愎」については、宣公十二年の傳文に「其佐先縠剛愎不仁未肯用命」とあり、注に「愎　很也」とあるのを參照。

[傳]弗聽　榮季曰　死而利國　猶或爲之　況瓊玉乎　是糞土也　而可以濟師　將何愛焉

㊟河神の欲求を、そのまま、人民の願望にかさね合わせるのが、軍を成功させる道である、ということである。

(附)注の「附」は、(そして、「因」も、)あるいは、したがうの意かも知れない〔?〕。

[傳]弗聽　出告二子曰　非神敗令尹　令尹其不勤民　實自敗也

㊟心を盡し力を盡して、惜しむところがないのが、「勤」である。

(附)『列子』黃帝に「都無所愛惜」とあるのを參照。

[傳]既敗　王使謂之曰　大夫若入　其若申息之老何

㊟申・息二邑の子弟は、いずれもみな、子玉についていって、戰死した(からである)。どうやって〔どのつら下げて〕その父老にあうつもりか、ということである。

(附)『史記』項羽本紀に「且籍與江東子弟八千人渡江而西　今無一人還　縱江東父兄憐而王我　我何面目見之」とあるのを參照。

[傳]子西孫伯曰　得臣將死　二臣止之曰　君其將以爲戮

㊟「孫伯」とは、(上の)大心に他ならず、子玉の子である。二子は、これによって王の使いに答えたのである。(つまり)子玉に、(君のもとに)出向いて、君の處罰を受けさせようとした、ということである。

【傳】及連轂而死

㊟連轂まで來たが、王から赦命がなかったので、自殺したのである。文公十年の傳文に「城濮の戰役の際、王は、子玉を止めさせて、『死ぬな』と言ったが、間に合わなかった。子西もまた、自殺しようとしたが、首を縊った繩がきれたため、死なずにすんだ」とある。（とすれば）王は、この時、別に使いをやって、前の使いを追わせたのである。「連轂」は、楚地である。得臣を殺したことが、經では踐土の盟の上にあるのに、傳で下にあるのは、（傳は）晉の事を説きおえ〔しまいまで説き〕、ついで楚に及んだ、からであり、行文上の都合である。

(附)文公十年の傳文には「城濮之役　王思之　故使止子玉曰　毋死　不及止子西　子西縊而縣絶　王使適至　遂止之」とあって、ここの注の引用は、原文どおりではない。

【傳】晉侯聞之而後喜可知也

㊟喜びが顏にあらわれたのである。

(附)顧炎武『左傳杜解補正』に「古人多以見爲知　呂氏春秋　文侯不説知於顏色　注　知猶見也」とあるのを參照。

【傳】曰　莫余毒也已　蔿呂臣實爲令尹　奉己而已　不在民矣

㊟保身に汲汲として、大志がない、ということである。

【傳】或訴元咺於衞侯曰　立叔武矣　其子角從公　公使殺之

㊟「角」は、元咺の子である。

【傳】咺不廢命　奉夷叔以入守

㊟「夷」は、謚〔おくりな〕である。

【傳】六月晉人復衞侯

㊟叔武が踐土で盟を受けたから、（晉は）衞侯の歸國をみとめたのである。

(附)上の傳文に「衞侯聞楚師敗　懼出奔楚　遂適陳　使元咺奉叔武以受盟」とある。

【傳】甯武子與衞人盟于宛濮

㊟「武子」とは、（下の）甯兪のことである。陳留の長垣縣の西南部に宛亭があり、濮水に近い。

【傳】曰　天禍衞國　君臣不協　以及此憂也

㊟衞侯は楚につこうとし、國人はそれを望まなかった〔上の傳文〕から、不和になったのである。

(附)昭公二十五年の傳文「乃能協于天地之性」の注に「協　和也」とあるのを參照。

【傳】今天誘其衷

㊟「衷」は、中である。

(附)閔公二年の傳文「用其衷　則佩之度」の注に、同文がみえる。なお、『國語』周語上「其君齊明衷正」の韋注に「衷　中也」とあるのを參照。ちなみに、『國語』吳語「天舍其衷」の韋注には「衷　善也　言天舍善於吳」とある。

【傳】使皆降心以相從也　不有居者　誰守社稷　不有行者　誰扞牧圉

㊟牛には「牧」と言い、馬には「圉」と言う。

（附）昭公七年の傳文に「馬有圉　牛有牧」とあり、注に「養馬曰圉　養牛曰牧」とあるのを參照。

【傳】不協之故　用昭乞盟于爾大神　以誘天衷　自今日以往　既盟之後　行者無保其力　居者無懼其罪　有渝此盟　以相及也

㊟（「以相及」とは）悪〔禍害〕を及ぼす、ということである。

（附）隱公元年の傳文「將自及」の注に「禍將自及」とあるのを參照。また、桓公十八年の傳文「故及」の注に「及於難也」とあるのを參照。なお、安井衡『左傳輯釋』に「凡傳言及者　皆謂死亡　其自致死亡者　單言及　此謂同盟相俱死亡之　故云相及也」とある。

【傳】明神先君　是糾是殛　國人聞此盟也　而後不貳

㊟傳は、叔武が賢であり、甯武が忠であって、衞侯は、それ故に「復歸」と書かれている、ということを言ったのである。

（附）上の經文に「六月衞侯鄭自楚復歸于衞」とあり、注に「復其位曰復歸　晉人感叔武之賢而復衞侯　衞侯之入由于叔武　故以國逆爲文　例在成十八年」とある。

【傳】衞侯先期入

㊟叔武を信じていなかった（からである）。

【傳】甯子先　長䍧守門　以爲使也　與之乘而入

㊟「長䍧」は、衞の大夫である。甯子は、公がはやくしようとしていることを心配したから、先に入って、國人をさとし落ち着かせようとしたのである。

【傳】公子歂犬華仲前驅

㊟衞侯はすぐさま馬をはしらせ、甯子の準備前をついたのである。二子は、衞の大夫である。

（附）莊公二十九年の傳文「輕曰襲」の注に「掩其不備」とあるのを參照。

【傳】叔孫將沐　聞君至　喜　捉髮走出　前驅射而殺之　公知其無罪也　枕之股而哭之

㊟公は、叔武の尸〔しかばね〕をおこし、自分の股〔ひざ〕を枕にさせたのである。

（附）異說として、楊伯峻『春秋左傳注』に「首之字作其用　以叔武尸之股爲枕也」とある。

【傳】歂犬走出

㊟自分の手で叔武を射殺したからである。

【傳】公使殺之　元咺出奔晉

㊟元咺は、衞侯が馬を走らせて侵入し、叔武を殺したから、晉に行って訴えたのである。

【傳】城濮之戰　晉中軍風于澤

㊟牛・馬が風にのって走りだし、いずれもみな、いなくなってしまったのである。

（附）四年の傳文に「唯是風馬牛不相及也」とあり、注に「牛馬風逸」とあるのを參照。なお、異說として、安井衡『左傳輯釋』に「傳言風而不言牛馬　杜何以知失牛馬　蓋因風馬牛之語　妄造此說耳　風於澤者遇大風於澤也」とある。

【傳】亡大旆之左旃

【注】「大旆」は、旗の名である。旐（のさき）につぎたすのを「旆」という。通帛〔赤の無地〕のを「旃」という。

【附】注の「大旆　旗名」については、上の傳文「狐毛設二旆而退之」の注に「旆　大旗也」とあるのを參照。

注の「繁旐曰旆」については、莊公二十八年の傳文「子元鬬御疆鬬梧耿之不比爲旆」の注に「廣充幅長尋曰旐　繼旐曰旆」とあるのを參照。なお、その【附】も參照。

注の「通帛曰旃」については、桓公五年の傳文「旝動而鼓」の注に「旝　旃也　通帛爲之」とあるのを參照。なお、その【附】も參照。

なお、兪樾『茶香室經說』に「大旆之左旃　言大旆與左旃也　猶文十一年傳言皇父之二子　言皇父與二子也　古人多以之字爲連及之詞　說見王氏引之經傳釋詞　蓋既亡大旆　幷亡左軍之旃　杜注以旆旃二字分別釋之　其義已明　猶文十一年傳注既出皇父與穀甥及牛父之名　其義亦明（中略）下文云　祁瞞奸命　杜注曰　掌此三事而不修　爲奸軍令　所謂三事者　風于澤　一也　亡大旆　二也　亡左旃　三也　下注明言三事　知杜氏固不合大旆左旃爲一矣　乃後人不達杜義　遂改三事爲二事　阮氏挍勘記曰　宋本湻熙本岳本足利本　三作二　是也　則反以誤本爲是矣」とある。

【傳】祁瞞奸命

【注】これらの三事を職務としていながら、果たさなかった、ということが、軍令を犯した、ということである。

【附】注の「三事」については、すぐ上の【附】を參照。なお、異說として、安井衡『左傳輯釋』に「祁瞞所奸　別有其事」とある。

【傳】司馬殺之　以徇于諸侯　使茅茷代之　師還　壬午濟河　舟之僑先歸　士會攝右

【注】舟之僑の代わりをしたのである。「士會」は、隨武子で、士蔿の孫である。

【附】注の前半については、上の傳文に「立舟之僑以爲戎右」とあり、注に「爲先歸張本」とあるのを參照。

注の後半については、宣公十二年の傳文「隨武子曰　善」の注に「武子　士會」とあるのを參照。また、『國語』周語中「晉侯使隨會聘于周」の韋注に「隨會　晉正卿　士蔿之孫　成伯之子　士季武子也」とあるのを參照。また、文公十三年の傳文「秦人歸其帑　其處者爲劉氏」の疏に引く『世本』に「士蔿生士伯缺　缺生士會」とあるのを參照。

【傳】秋七月丙申振旅　愷以入于晉

【注】「愷」は、樂である。

【附】十二年の傳文「愷悌君子」の注に、同文がみえる。なお、『周禮』大司馬「若師有功　則左執律　右秉鉞　以先愷樂獻于社」の注に「兵樂曰愷（中略）司馬法曰　得意　則愷樂愷歌　示喜也　鄭司農云　故城濮之戰　春秋傳曰　振旅　愷以入于晉」とあるのを參照。また、同大司樂「王師大獻　則令奏愷樂」の注に「愷樂　獻功之樂　鄭司農說以春秋晉文公敗楚於城濮　傳曰　振旅　愷以入於晉」とあるのを參照。

【傳】獻俘授馘　飲至大賞

㊟「授」は、數〔かぞえる〕である。楚の俘虜を廟に獻じたのである。

(附)注の「授　數也」については、異説として、兪樾『羣經平議』に「授不訓數　當讀爲受　周官典婦功　凡授嬪婦功　司儀　登再拜授幣　鄭注竝曰　授當爲受　是其例也　獻俘受馘　文異而實同　自下言之　謂之獻　自上言之　謂之受矣」とある。また、安井衡『左傳輯釋』に「獻授互文　蓋獻俘馘於廟　別有其人　疑祝史掌之　軍人授之其人　其人受以獻之　故云獻俘授馘」とある。

注の「獻楚俘於廟」については、昭公十七年の傳文に「獻俘于文宮」とあるのを參照。また、『周禮』大司樂「王師大獻　則令奏愷樂」の注に「大獻　獻捷於祖」とあるのを參照。

[傳]徵會討貳

㊟諸侯をよびよせ、冬に溫で會合しようとしたのである。

(附)下の傳文に「冬會于溫　討不服也」とある。

[傳]殺舟之僑以徇于國　民於是大服　君子謂　文公其能刑矣　三罪而民服

㊟「三罪」とは、顚頡・祁瞞・舟之僑のことである。

(附)上の傳文に「魏犨顚頡怒曰　勞之不圖　報於何有　爇僖負羈氏〔中略〕殺顚頡　以徇于師」とあり、また、「祁瞞奸命　司馬殺之　以徇于諸侯」とあり、また、「舟之僑先歸〔中略〕殺舟之僑　以徇于國」とある。

[傳]詩云　惠此中國　以綏四方　不失賞刑之謂也

㊟「詩」は、大雅〔民勞〕である。賞と刑が適切であれば、中國〔國內〕は惠みを受け、四方〔諸侯〕は安定する、ということである。

(附)毛傳に「中國　京師也　四方　諸夏也」とあるのを參照。また、僖公二十八年の穀梁傳文「復者　復中國也」及び昭公三十年の穀梁傳文「中國不存公」の范注に「中國猶國中也」とあるのを參照。

[傳]冬會于溫　討不服也

㊟衞と許を討つためである。

(附)下の傳文に「執衞侯歸之于京師」とあり、また、「丁丑諸侯圍許」とある。

[傳]衞侯與元咺訟

㊟叔武を殺した事について爭ったのである。

(附)上の傳文に「元咺出奔晉」とあり、注に「元咺以衞侯驅入殺叔武　故至晉愬之」とあるのを參照。

[傳]甯武子爲輔　鍼莊子爲坐　士榮爲大士

㊟「大士」は、獄訟をつかさどる官である。『周禮』に「命夫・命婦は、自身で獄訟の場に坐することはしない〔代理をだす〕」とある〔小司寇〕。元咺の場合も、その君〔衞侯〕と對坐するわけにゆかないから、鍼莊子を主〔衞侯の代理〕とし、また、衞の忠臣〔甯武子〕及び獄官〔士榮〕に、元咺を糾問させたのである。傳に「王叔の宰と伯輿の大夫とが、王庭で獄訟の場に坐した」とあって、〔王叔と伯輿とは〕それぞれ、自身ではしていない〔襄公十年〕。おそらく、今の、長吏〔上役〕に罪があれば、まず吏卒〔部下〕をとりしらべる、という〔のと同じ〕趣旨であろう。

(附)注の「大士　治獄官也」については、『周禮』秋官司寇の序官の注に

「士　察也　主察獄訟之事者」とあるのを參照。また、『孟子』告子下「管夷吾舉於士」の趙注に「士　獄官也」とあるのを參照。なお、異說として、兪樾『茶香室經說』に「爲大士與爲輔爲坐　一律皆當時所爲　非舉其平日之官也」とある。

注の「周禮云云」については、『周禮』小司寇の當該の文の注に「爲治獄吏褻尊者也　躬　身也　不身坐者　必使其屬若子弟也　喪服傳曰　命夫者　其男子之爲大夫者　命婦者　其婦人之爲大夫之妻者　春秋傳曰　衞侯與元咺訟　甯武子爲輔　鍼莊子爲坐　士榮爲大理」とあるのを參照。

注の「故使叔鍼莊子爲主」の「叔」は、挍勘記に從って、衍文とみなす。

注の「傳曰云云」については、當該の傳文の注に「周禮　命夫命婦不躬坐獄訟　故使宰與屬大夫對爭曲直」とあるのを參照。

傳 衞侯不勝

注 三子は、言葉に窮した（言いまかされた）のである。

附 隱公二年の公羊傳文に「辭窮也」とあるのを參照。

傳 殺士榮　刖鍼莊子　謂甯兪忠而免之　執衞侯歸之于京師　寘諸深室

注 「深室」とは、別に囚室をつくったのである。

傳 甯子職納橐饘焉

注 甯兪は、君が暗くてせまい所におしこめられたから、自ら（願い出て）衣食（の差入れ）をおのれの職務としたのである。「橐」は、衣服をいれる囊［ふくろ］である。「饘」は、糜［かゆ］である。甯子がはなはだ忠で思慮深かったことを言っているのである。

附 注の「橐　衣囊」については、『詩』大雅〈公劉〉「于橐于囊」の毛傳に「小曰橐　大曰囊」とあるのを參照。また、『說文』に「橐　囊也」とあるのを參照。

注の「饘　糜也」については、『說文』に「饘　糜也」とあるのを參照。なお、昭公七年の傳文に「饘於是　鬻於是　以餬余口」とあり、注に「饘鬻　餬屬」とある。

注の「言其忠至　所慮者深」については、三十年の傳文に「晉侯使醫衍酖衞侯　甯兪貨醫　使薄其酖　不死」とあり、注に「甯兪視衞侯衣食　故得知之」とあるのを參照。

なお、異說として、顧炎武『左傳杜解補正』に「蓋以饘寘橐中　正義云　橐以盛衣　亦可盛食　宣二年傳　爲簞食與肉　寘諸橐以與之　是也」とあり、また、安井衡『左傳輯釋』に「此爲三十年甯兪貨醫使薄其酖張本　當依宣二年傳爲職納食　杜分橐饘爲衣食　於文不詞　孔引二年傳　而不言杜非　疏家之常耳」とある。

傳 元咺歸于衞　立公子瑕

注 「瑕」とは、公子適をいう。

附 三十年の傳文に「周冶殺元咺及子適子儀」とある。

傳 是會也　晉侯召王　以諸侯見　且使王狩

注 晉侯は、おおいに諸侯を集め、天子に尊事して、（臣としての）名分をはたそうとしたが、強大にみえることをはばかって、周に朝することはせず、王を説得して、（周から）出て狩をしてもらい、それを利用することで、（結局は）羣臣の禮をつくすことが出來たのである。いずれもみな、「謀略を用いて、正道によらない」〔『論語』憲問〕という事（の例）である。

附注の「羣臣之禮」の「羣」は、あるいは、「君」の誤りかも知れない〔?〕。ちなみに、疏には「君臣之禮」とある。

傳仲尼曰　以臣召君　不可以訓　故書曰天王狩于河陽　言非其地也

注天王が自主的に狩をしたが、土地をまちがえたから、書いた、かのようにしたのである。（この時）河陽は、實はすでに晉に屬しており、王が狩をすべき土地ではなかった。

附疏に引く『釋例』に「天子諸侯　田獵皆於其封内　不越國而取諸人　河陽實以屬晉　非王狩所　故言非其地」とあるのを參照。なお、注の「河陽實以屬晉」については、二十五年の傳文に「戊午晉侯朝王（中略）與之陽樊溫原欑茅之田」とある。

傳且明德也

注君をよびよせた過ちをかくすことによって、晉の功德を明らかにしようとしたのである。河陽の狩〔ここ〕と趙盾の弑君〔宣公二年〕と泄冶の罪〔宣公九年〕とについては、いずれもみな、凡例を變えて〔變例をたてて〕大義を示しているが、（それが）危うく疑わしいものであるから、特に仲尼を稱して明らかにしたのである。

附上の疏に引く『釋例』に「且明德也　義在隱其召君之闕」とあるのを參照。また、宣公二年「秋九月乙丑晉趙盾弑其君夷皐」の疏に引く『釋例』に「經書趙盾弑君　而傳云靈公不君　又以明於例此弑宜稱君也　弑非趙盾　而經不變文者　以示良史之意　深責執政之臣　傳故特見仲尼　曰越竟乃免　明盾亦應受罪也　雖原其本心　而春秋不赦其罪　蓋爲教之遠防」とあるのを參照。また、宣公九年「陳殺其大夫洩冶」の疏に引く『釋例』に「陳靈公宣淫　悖德亂倫　志同禽獸　非盡言所救　洩冶進無匡濟遠策　退不危行言孫　安昏亂之朝　慕匹夫之直　忘蘧氏可卷之德　死而無益　故經同罪賤之文　傳特稱仲尼以明之　忠爲令德　非其人　猶不可　況不令乎　此其義也」とあるのを參照。なお、序に「其發凡以言例　皆經國之常制　周公之垂法　史書之舊章　仲尼從而脩之　以成一經之通體（中略）諸稱書不書先書故書不言不稱書曰之類　皆所以起新舊發大義　謂之變例」とある。

傳壬申公朝于王所

注衛侯を執えたことが、經では王に朝したことの下にあるのに、傳で上にあるのは、執えたことを赴告するのがおくれたからである。

傳丁丑諸侯圍許

注（「丁丑」は）十月十五日である。日があって月がないのである。

附上の經「壬申公朝于王所」の注に「壬申　十月十日　有日而無月　史闕文」とあるのを參照。

傳晉侯有疾　曹伯之豎侯獳貨筮史

注「豎」は、（小事を）内外に通達することをつかさどる者である。「史」は、晉の史である。

附二十四年の傳文「初晉侯之豎頭須　守藏者也」の注に「豎　左右小吏」

とあり、昭公四年の傳文「遂使爲豎」の注に「豎　小臣也」とあるのを參照。また、『周禮』内豎に「内豎掌内外之通令　凡小事」とあるのを參照。

傳使曰以曹爲解

注曹を滅したことを〔病氣の〕理由にしたのである。

附『後漢書』祭遵傳に「隗囂不欲漢兵上隴　辭説解故」とあるのを參照。また、『晉書』陳頵傳に「參佐掾屬多設解故以避事任」とあるのを參照。

傳齊桓公爲會而封異姓

注邢・衞を封じた。

附元年に「齊師宋師曹師城邢」とあり、二年に「春王正月城楚丘〔注　楚丘　衞邑〕」とある。

傳今君爲會而滅同姓　曹叔振鐸　文之昭也

注「叔振鐸」は、曹の始めて封ぜられた君で、文王の子である。

附『史記』管蔡世家に「曹叔振鐸者　周武王弟也　武王已克殷紂　封叔振鐸於曹」とあるのを參照。

傳先君唐叔　武之穆也　且合諸侯而滅兄弟　非禮也　與衞偕命

注内々に曹・衞をもとにもどすことを許した〔上の傳文〕ということである。

傳而不與偕復　非信也　同罪異罰　非刑也

注衞の方はとうにもどされた、からである。

附上の傳文に「六月晉人復衞侯」とある。

傳禮以行義　信以守禮　刑以正邪　舍此三者　君將若之何　公説　復曹伯　遂會諸侯于許　晉侯作三行以禦狄　荀林父將中行　屠擊將右行　先蔑將左行

注晉は、上・中・下の三軍を設置していたが、今ここで、さらに三行を增置して、天子の「六軍」という名稱を避けたのである。三行に佐がいないのは、多分、〔卿ではなくて〕大夫が將帥だった、からであろう。

附注の「晉置上中下三軍」については、莊公十六年の傳文に「王使虢公命曲沃伯以一軍爲晉侯」とあり、閔公元年の傳文に「晉侯作二軍」とあり、僖公二十七年の傳文に「作三軍」とある。

注の「今復增置三行」について。十年の傳文に「左行共華右行賈華」とあることからすれば、傳の「作三行」の「三」は、三つではなくて、三番目〔つまり中行〕の意に解せられるが、注の「三」は、文脈からして、三つの意のようである〔?〕。

注の「以辟天子六軍之名」については、『史記』晉世家「於是晉始作三行」の〈集解〉に「服虔曰　辟天子六軍　故謂之三行」とあるのを參照。なお、三十一年の傳文に「作五軍以禦狄」とあり、成公三年の傳文に「十二月甲戌晉作六軍〔注　爲六軍　僭王也〕」とある。また、襄公十四年の傳文に「周爲六軍」とある。

注の「三行無佐　疑大夫帥」については、異説として、『史記』晉世家「荀林父將中行　先縠將右行　先蔑將左行」の〈索隱〉に「據左傳　荀林父並是卿　而云大夫帥者　非也　不置佐者　當避天子也　或新置三行　官未備耳」とある。

〔僖公二十九年〕

【經】二十有九年春介葛盧來

【注】「介」は、東夷の國で、城陽の黔陬縣にあった。「葛盧」は、介の君の名である。「朝」と稱していないのは、公にまみえず、しかも、朝禮を（きちんと）行なうことが出來なかった、からである。公にはまみえなかったけれども、國賓として禮遇したから、書いたのである。

【附】注の前半については、公羊傳文に「介葛盧者何　夷狄之君也」とあるのを參照。また、『漢書』地理志上に「琅邪郡（中略）黔陬　故介國也」とあるのを參照。

注の後半については、公羊傳文に「何以不言朝　不能乎朝也」とあるのを參照。なお、襄公十八年「春白狄來」の注にも「不言朝　不能行朝禮」とある。

【經】公至自圍許

【注】傳はない。

【經】夏六月會王人晉人宋人齊人陳人蔡人秦人盟于翟泉

【注】「翟泉」は、今の洛陽城内の大倉の西南の池水である。魯侯は、天子の大夫と盟ったことを諱み、また、諸侯の大夫は、禮に違反して公・侯と盟い、王子虎は、禮に違反して下の者と盟ったから、（魯侯について）「公會」と言わず、また、（諸侯の大夫と王子虎について）いずれもみな「人」と稱しているのである。

【附】注の「翟泉　今洛陽城内大倉西南池水也」については、『續漢書』郡國志一に「河南尹（中略）雒陽　周時號成周　有狄泉　在城中」とあり、注に「左傳僖二十九年盟于狄泉　杜預曰　城内大倉西南池水　或曰　本在城外　定元年城成周乃繞之　案　此水晉時在東宮西北　帝王世記曰　狄泉本殷之墓地　在成周東北　今城中有殷王冢是也　又大倉中大冢　周景王也」とあるのを參照。なお、昭公二十三年「天王居于狄泉」の注に「狄泉　今洛陽城内大倉西南池水也　時在城外」とある。

注の「魯侯諱盟天子大夫」及び「王子虎違禮下盟」については、襄公三年「六月公會單子晉侯宋公衞侯鄭伯莒子邾子齊世子光　己未同盟于雞澤」の疏に引く『釋例』に「未有臣而盟君　臣而盟君　是子可盟父　故春秋王世子以下　會諸侯者　皆同會而不同盟　洮之盟　王室有子帶之難　襄王懼不得立　告難于齊　遣王人與諸侯盟　故傳釋之曰謀王室　以明王勑其來盟　非諸侯所敢與也　踐土之盟　王子虎臨諸侯　而不與同歃　故經但列諸侯　而傳具載其實　此實聖賢之垂意　以爲將來之永法也　一年之間　諸侯輯睦　翼戴天子　而翟泉之盟　子虎在列　君子以爲　非天子之命　虧上下常節　故不存魯侯　而人子虎　以示篤戒也」とあるのを參照。

注の「諸侯大夫又違禮盟公侯」については、下の傳文に「在禮　卿不會公侯」とあるのを參照。

【經】秋大雨雹

【經】冬介葛盧來

【傳】二十九年春介葛盧來朝　舍于昌衍之上

㊟魯縣の東南部に昌平城がある。

(附)挍勘記に従って、傳文の「葛盧」の上に「介」の字を補う。

【傳】公在會　饋之芻米　禮也

㊟公の外出中は、おくりものをしてはならない、かにまぎらわしいから、「禮にかなっている」と言っているのである。

【傳】夏公會王子虎晉狐偃宋公孫固齊國歸父陳轅濤塗秦小子慭盟于翟泉　尋踐土之盟　且謀伐鄭也

㊟經に「蔡人」と書かれていて、傳に名氏がない、ということは、つまり、微者ということである。秦の小子慭（「秦人」）が蔡（「蔡人」）の下におかれているのは、宋の向戌の場合（襄公二十六年）と同じように、會期におくれたからである。

(附)注の前半については、疏に「經若貶卿稱人　傳則言其名氏　若傳無名氏　則本是微人」とある。

注の後半については、襄公二十六年に「公會晉人鄭良霄宋人曹人于澶淵」とあり、傳に「六月公會晉趙武宋向戌鄭良霄曹人于澶淵（中略）趙武不書　尊公也　向戌不書　後也（注　後會期）鄭先宋　不失所也（注　如期至）」とある。

【傳】卿不書　罪之也

㊟晉侯が霸者となって、天子をたすけいただくと、諸侯はむつまじくし、王室に心配ごとがなくなった、のに、王子虎は、格下の列國と盟って、大典をけがし、諸侯の大夫は、格上の公・侯に匹敵して、禮をかき教えをそこなった。だから、諸大夫を貶し、公が盟に參加したことを諱んだのである。

(附)昭公九年の傳文に「翼戴天子　而加之以共」とあり、注に「翼　佐也」とあるのを參照。また、僖公十五年の傳文に「羣臣輯睦」とあるのを參照。また、昭公四年の傳文に「君若苟無四方之虞」とあり、注に「虞　度也」とあるのを參照。

【傳】在禮　卿不會公侯　會伯子男可也

㊟大國の卿は、小國の君に相當するから、伯・子・男とは會することが出來るのである。諸卿が貶せられているのは、（單に天子の大夫と盟ったためばかりではなく）このような過失があったため（公・侯と會したため）でもあるから、傳はさらにこれを發したのである。

(附)注の前半については、昭公二十三年の傳文に「列國之卿當小國之君　固周制也」とあるのを參照。

注の後半については、疏に「謂諸卿既上盟天子大夫　又上敵公侯　故云兼」とある。

【傳】秋大雨雹　爲災也

【傳】冬介葛盧來　以未見公　故復來朝　禮之　加燕好

（注）「燕」は、燕禮〔さかもり〕である。「好」は、好貨〔友好の引出物〕である。一年に二度やって來たから、これをおくったのである。

（附）昭公五年の傳文に「宴有好貨」とあり、注に「宴飲以貨爲好」とあるのを參照。また、『國語』周語中に「交酬好貨皆厚」とあり、韋注に「好貨　宴飲以貨爲好」とあるのを參照。

【傳】介葛盧聞牛鳴　曰　是生三犧　皆用之矣　其音云　問之而信

（注）傳は、人の聽覺は時として鳥獸の情を聞き分けることがある、ということを言っているのである。

（附）『周禮』夷隸「夷隸掌役牧人養牛馬　與鳥言」の注に「鄭司農云　夷狄之人　或曉鳥獸之言　故春秋傳曰　介葛盧聞牛鳴　曰　是生三犧　皆用矣　是以貉隸職掌與獸言」とあるのを參照。また、『周禮』秋官司寇の序官「夷隸百有二十人」の注に「征東夷所獲」とあり、同「貉隸百有二十人」の注に「征東北夷所獲」とあるのを參照。また、『列子』黃帝に「今東方介氏之國　其國人數數解六畜之語者　蓋偏知之所得」とあるのを參照。

なお、『周禮』夷隸の疏に引く賈服注に「言八律之音　聽禽獸之鳴　則知其嗜欲　死可知　伯益明是術　故堯舜使掌朕虞　至周失其道　官又在四夷」とある。

〔僖公三十年〕

【經】三十年春王正月

【經】夏狄侵齊

【經】秋衛殺其大夫元咺及公子瑕

（注）咺が殺されるのに名を稱しているのは、君を訴えてまで正直さを追求し、しかも、先に歸國して、公子瑕を立てたため、國人に支持されなかったから、罪責したのである。瑕は、立ってから年をへていたが、まだ諸侯と會していなかったから、「君」と稱していないのである。

（附）注の前半については、文公七年の傳文に「書曰宋人殺其大夫　不稱名　衆也　且言非其罪也」とあり、注に「不稱殺者及死者名　殺者衆　故名不可知　死者無罪　則例不稱名」とあるのを參照。なお、二十八年の傳文に「衛侯與元咺訟（中略）元咺歸于衛　立公子瑕」とある。注の後半については、隱公四年「九月衛人殺州吁于濮」の注に「州吁弑君而立　未列於會　故不稱君　例在成十六年」とあるのを參照。なお、その（附）も參照。

【經】衛侯鄭歸于衛

（注）魯が衛侯のために請願したから、諸侯が送り込んだ場合の例に從っている〔「歸」と言っている〕のである。例は、成公十八年にある。

（附）成公十八年の傳文に「凡去其國　國逆而立之　曰入　復其位　曰復歸　諸侯納之　曰歸（注　謂諸侯以言語告請而納之）以惡　曰復入」とあるのを參照。なお、下の傳文に「公爲之請　納玉於王與晉侯　皆十穀　王許之　秋乃釋衛侯」とある。

【經】晉人秦人圍鄭

㊟晉は函陵に陣どり、秦は氾南に陣どって〔下の傳文〕、それぞれ微者に鄭を圍ませたから、「人」と稱しているのである。

【經】介人侵蕭

㊟傳はない。

【經】冬天王使宰周公來聘

㊟「周公」は、天子の三公で、冢宰も兼ねていた。

㊕九年の穀梁傳文「天子之宰通于四海」の范注に「宰　天官冢宰　兼爲三公者」とあるのを參照。

【經】公子遂如京師　遂如晉

㊟京師に行ったのは、宰周公(の來聘)に返禮するためである。

㊕穀梁の疏に引く鄭玄『釋穀梁廢疾』に「經近上言天王使宰周公來聘　故公子遂報焉」とあるのを參照。

【傳】三十年春晉人侵鄭　以觀其可攻與否　狄間晉之有鄭虞也　夏狄侵齊

㊟齊は晉の同盟國だった(からである)。

【傳】晉侯使醫衍酖衞侯

㊟「衍」は、醫の名である。晉侯は内心、衞侯を怨んでおり、殺そうとしたが、罪が死に値するほどのものでなかったから、醫をやって、病氣をなおすという名目で、酖毒をもらせたのである。

㊕『國語』魯語上に「臧文仲言於僖公曰　夫衞君殆無罪矣」とあるのを參照。

【傳】甯俞貨醫　使薄其酖　不死

㊟甯俞は、衞侯の衣食の世話をしていたから、このことを知り得たのである。

㊕二十八年の傳文に「甯子職納橐饘焉」とあり、注に「甯俞以君在幽隘　故親以衣食爲己職（中略）言其忠至　所慮者深」とあるのを參照。

【傳】公爲之請　納玉於王與晉侯　皆十瑴　王許之

㊟一對の玉を「瑴」という。公はもともと、衞と仲がよかったから、衞のために請願したのである。

㊕莊公十八年の傳文「皆賜玉五瑴馬三匹　非禮也」の注に「雙玉爲瑴」とあるのを參照。また、『國語』魯語上「公説　行玉二十瑴　乃免衞侯」の韋注に「雙玉曰瑴」とあるのを參照。

【傳】秋乃釋衞侯

【傳】衞侯使賂周歂冶廑曰　苟能納我　吾使爾爲卿

㊟元咺が自分〔衞侯〕をこばむことを恐れたから、周(歂)と冶(廑)に賂をおくったのである。

【傳】周冶殺元咺及子適子儀

㊟「子儀」は、瑕〔子適〕の同母弟である。〔子儀を〕殺したことを〔經に〕書いていないのは、卑賤だったからである。

㊕二十八年の傳文「元咺歸于衞　立公子瑕」の注に「瑕謂公子適也」と

あるのを參照。

【傳】公入　祀先君　周冶既服　將命

㊟卿の服を身につけ、廟に入って命を受けようとしたのである。

(附)『禮記』祭統に「古者　明君爵有德而祿有功　必賜爵祿於大廟　示不敢專也」とあるのを參照。

【傳】周歂先入　及門　遇疾而死　冶廑辭卿

㊟周歂の死を目の當たりにして、懼れたのである。

【傳】九月甲午晉侯秦伯圍鄭　以其無禮於晉

㊟文公が、逃亡中、鄭に立ち寄ったとき、鄭は禮遇しなかった。

(附)二十三年の傳文に「及鄭　鄭文公亦不禮焉」とある。

【傳】且貳於楚也　晉軍函陵　秦軍氾南

㊟ここ（の「氾」）は、東氾である。滎陽の中牟縣の南部にあった。

(附)二十四年の傳文「王出適鄭　處于氾」の注に「鄭南氾也　在襄城縣南」とあるのを參照。なお、疏に引く『釋例』土地名に「此南氾也　周王出居于氾　楚伐鄭師于氾　襄城縣南氾城　是也」とあり、また、「此東氾也　秦軍氾南　晉伐鄭師于氾　滎陽中牟縣南氾澤　是也」とある。

【傳】佚之狐言於鄭伯曰　國危矣　若使燭之武見秦君　師必退

㊟「佚之狐」・「燭之武」は、いずれもみな、鄭の大夫である。

【傳】公從之　辭曰　臣之壯也　猶不如人　今老矣　無能爲也已　公曰　吾不能早用子　今急而求子　是寡人之過也　然鄭亡　子亦有不利焉　許之　夜縋而出

㊟「縋」とは、城壁に縄をかけて、おりたのである。

(附)昭公十九年の傳文「子占使師夜縋而登」の注に「縁繩登城」とあるのを參照。

【傳】見秦伯曰　秦晉圍鄭　鄭既知亡矣　若亡鄭而有益於君　敢以煩執事

㊟「執事」もまた、秦をいう。

(附)二十六年の傳文「使下臣犒執事」の注に「言執事　不敢斥尊」とあるのを參照。

【傳】越國以鄙遠　君知其難也

㊟かりに、鄭を手に入れて秦の邊邑にしたとしても、晉を飛び越えて保有しつづけるのは難かしい、ということである。

【傳】焉用亡鄭以陪鄰

㊟「陪」は、益である。

(附)昭公五年の傳文「飱有陪鼎」の注に「陪　加也」とあるのを參照。また、定公四年の傳文「分之土田陪敦」の注に「陪　增也」とあるのを參照。

なお、傳文の「倍」は、諸本に從って、「陪」に改める。

【傳】鄰之厚　君之薄也　若舍鄭以爲東道主　行李之往來　共其乏困

㊟「行李」は、使人（使者）である。

(附)襄公八年の傳文「亦不使一介行李告于寡君」の注に「行李　行人也」とあり、昭公十三年の傳文「行理之命」の注に「行理　使人通聘問者」とあるのを參照。また、『國語』周語中「行理以節逆之」の韋注に「理　吏也（中略）行理　小行人也」とあるのを參照。なお、疏に

「周語　行理以節逆之　賈逵云　理　吏也　小行人也　孔晁注國語　其本亦作李字　注云　行李　行人之官也」とある。

[傳]君亦無所害　且君嘗爲晉君賜矣　許君焦瑕　朝濟而夕設版焉　君之所知也

[注]「晉君」とは、惠公をいう。「焦」と「瑕」は、晉の河外の五城のうちの二邑である。朝に黄河をわたると、夕には(もう)城壁をきづいて秦を拒んだ、ということであり、秦にそむくのが速かったことを言っているのである。

[附]十五年の傳文に「賂秦伯以河外列城五（中略）既而不與」とあるのを參照。

[傳]夫晉何厭之有　既東封鄭　又欲肆其西封

[注]「封」は、疆である。「肆」は、申〔のばす〕である。

[附]注の「封　疆也」については、襄公三十年の傳文「田有封洫」の注に、同文がみえる。なお、成公三年の傳文に「以脩封疆」とあるのを參照。

[傳]不闕秦　焉取之

[附]挍勘記に從って、傳の「若」及び「將」は、衍文とみなす。なお、惠棟『春秋左傳補註』に「新序引云　不闕秦　將焉取之　唐石經初刻云　不闕秦　焉取之　正義案沈文何云　不闕秦家　更何處取之　案此則若字將字皆衍文　俗儒從石經續刻增入　當刪　宋本云　由不闕秦　焉取之　亦誤」とあるのを參照。

[傳]闕秦以利晉　唯君圖之　秦伯說　與鄭人盟　使杞子逢孫楊孫戍之　乃還

[注]三子は、秦の大夫である。逆に、鄭のために守ったのである。

[傳]子犯請擊之　公曰　不可　微夫人之力　不及此

[注]秦を擊つことを請うたのである。「夫人〔あのひと〕」とは、秦の穆公をいう。

[傳]因人之力而敝之　不仁　失其所與　不知　以亂易整　不武

[附]挍勘記に從って、傳の「夫人」の下に「之」の字を補う。

[注]秦と晉との仲は和諧しているのに、反對に攻擊すれば、爭亂にかわってしまう、ということである。

[傳]吾其還也　亦去之

[傳]初鄭公子蘭出奔晉

[注]「蘭」は、鄭の穆公である。

[附]宣公三年の傳文に「生穆公　名之曰蘭」とあるのを參照。

[傳]從於晉侯伐鄭　請無與圍鄭　許之　使待命于東

[注]（「東」とは）晉の東界である。

[傳]鄭石甲父侯宣多逆以爲大子　以求成于晉　晉人許之

[注]二子は、鄭の大夫である。穆公が(大子として)立ったわけを言ったのである。

[傳]冬王使周公閱來聘　饗有昌歜白黑形鹽

[注]「昌歜」は、昌蒲の葅〔つけもの〕である。「白」は、熬稻〔いりごめ〕である。「黑」は、熬黍〔いりきび〕である。「形鹽」は、鹽の形

を虎にかたどったものである。

（附）注の「昌歜　昌蒲菹」〔挍勘記に従って、「葅」を「菹」に改める〕については、『周禮』籩人「朝事之籩　其實麷蕡白黑形鹽膴鮑魚鱐」の疏に「服氏云　昌歜　昌本之菹」とあるのを參照。なお、同醢人「昌本」の注に「昌本　昌蒲根　切之四寸爲菹」とあるのも參照。

注の「白　熬稻　黑　熬黍　形鹽　鹽形象虎」については、上にあげた『周禮』籩人の文の注に「鄭司農云（中略）稻曰白　黍曰黑　築鹽以爲虎形　謂之形鹽　故春秋傳曰　鹽虎形」とあるのを參照。なお、その疏に「服云　剋形」とある。

【傳】辭曰　國君　文足昭也　武可畏也　則有備物之饗　以象其德　薦五味
　羞嘉穀　鹽虎形

（注）「嘉穀」は、いった稻と黍であり、それによって、文を象徴するのである。「鹽を虎の形にする」のは、それによって、武を象徴するのである。

【傳】以獻其功　吾何以堪之

【傳】東門襄仲將聘于周　遂初聘于晉

（注）公が襄仲に周に聘することを命じたが、（襄仲は）まだ出發していなかったから、「將」と言っているのである。さらに、周から晉に聘することを命じたから、「遂」と言っているのである。《春秋》に入って以來、魯は（ここで）はじめて晉に聘したから、「初」と言っているのである。

（附）四年「春王正月公會齊侯宋公陳侯衞侯鄭伯許男曹伯侵蔡　蔡潰　遂伐楚次于陘」の注に「遂　兩事之辭」とあるのを參照。なお、異說として、疏に「賈服不曉傳意　解爲先聘晉後聘周」とある。

〔僖公三十一年〕

【經】三十有一年春取濟西田

（注）晉が、曹の田を分けて、魯に賜わったから、「曹」に繫げていないのである。軍勢を用いなかったから、「取」と言っているのである。

（附）下の傳文に「分曹地也」とある。なお、昭公四年の傳文に「凡克邑不用師徒曰取」とあるのを參照。

【經】公子遂如晉

【經】夏四月四卜郊　不從　乃免牲

（注）龜を（用いるのを）「卜」という。「不從」は、不吉である。郊を卜って、不吉と出たから、牲を免したのである。「免」は、縱〔はなす〕と同じである。

（附）注の「龜曰卜」については、莊公二十二年の傳文「初懿氏卜妻敬仲」の注に、同文がみえる。なお、その（附）を參照。

注の「不從　不吉也」については、公羊の何注に「不吉　言不從者明己意汲汲欲郊　而卜不從爾」とあるのを參照。

注の「免猶縱也」については、成公七年「乃免牛」の注に「免　放也」

とあるのを參照。
なお、疏に引く『釋例』に「凡十二月　而節氣有二十四　共通三百六十六日　分爲四時　間之以閏月　故節不必得恆在其月初　而中氣亦不得恆在其月之半　是以傳舉天宿氣節爲文　而不以月爲正　僖公襄公夏四月卜郊　但譏其非所宜卜　而不譏其四月不可郊也　孟獻子曰　啓蟄而郊　郊而後耕　耕謂春分也　言得啓蟄當卜郊　不得過春分耳」とある。

經猶三望

注「三望」とは、分野の星と國内の山・川とを、いずれもみな、郊祀に附隨して、望して祭るのである。魯は、郊天を廢したのに、それに附屬する小祀〔三望〕は舉行したから、「猶」と言っているのである。「猶」は、〔上のことだけで〕やめておくべきであった〔餘計である〕、という表現である。

附注の前半については、疏に「賈逵服虔以爲　三望　分野之星　國中山川」とあるのを參照。また、『國語』楚語下に「諸侯祀天地三辰及其土之山川」とあり、韋注に「三辰　日月星　祀天地　謂二王之後　非二王之後　祭分野星山川而已」とあるのを參照。なお、諸本に從って、注の「皆」の下に、「因」の字を補う。
注の後半については、公羊傳文に「猶者何　通可以已也〔何注　已止〕」とあり、穀梁傳文に「猶者　可以已之辭也〔范注　已　止也〕」とあるのを參照。なお、下の傳文に「望　郊之細也」とある。

經秋七月

經冬杞伯姬來求婦

注傳はない。自分で、その子のために、婚をなしたのである。

附二十五年「宋蕩伯姬來逆婦」の注に「自爲其子來逆」とあるのを參照。

經狄圍衛　十有二月衛遷于帝丘

注狄の難を避けたのである。「帝丘」は、今の東郡の濮陽縣である。帝顓頊の故墟であるから、「帝丘」というのである。

附昭公十七年の傳文に「衛　顓頊之虛也　故爲帝丘」とあるのを參照。また、『漢書』地理志上に「東郡（中略）濮陽　衛成公自楚丘徙此　故帝丘　顓頊虛」とあるのを參照。なお、疏に引く『釋例』に「帝丘　故帝顓頊之虛　故曰帝丘　昆吾氏因之　故曰昆吾之虛　東郡濮陽縣是也」とある。

傳三十一年春取濟西田　分曹地也

注二十八年に、晉の文公は、曹を討って、その地を分けたが、境界が確定せず、ここに至って、ようやく諸侯に賜わった〔確定した〕のである。

附二十八年の傳文に「公説　執曹伯　分曹衛之田以畀宋人」とある。

傳使臧文仲往　宿於重館

注高平の方與縣の西北部に重鄉城がある。

傳重館人告曰　晉新得諸侯　必親其共　不速行　將無及也　從之　分曹地　自洮以南　東傅于濟　盡曹地也

注文仲を(經に)書いていないのは、田をもらいに行っただけで、聘享や會同ではなかった、からである。「濟」水は、滎陽から出て、東へ流れ、魯の西部をへて、樂安に至り、海にそそいでいた。

附注の前半については、昭公三十年の傳文に「唯嘉好聘享三軍之事於是乎使卿」とあるのを參照。また、定公四年の傳文に「會同難」とあるのを參照。

注の後半については、隱公三年の傳文「庚戌鄭伯之車僨于濟」の疏に引く『釋例』に「濟自滎陽卷縣　東經陳留　至濟陰　北經高平　東經濟北　東北經濟南　至樂安博昌縣入海」とあるのを參照。

傳襄仲如晉　拜曹田也

傳夏四月四卜郊　不從　乃免牲　非禮也

注諸侯は(普通)天を郊することが出來ないが、魯は、周公のおかげで、(特別に)天子の禮樂を用いることが出來るから、郊は、魯にとって常祀なのである。

附『禮記』明堂位に「武王崩　成王幼弱　周公踐天子之位　以治天下六年朝諸侯於明堂　制禮作樂　頒度量　而天下大服　七年致政於成王　成王以周公爲有勳勞於天下　是以封周公於曲阜　地方七百里　革車千乘　命魯公世世祀周公以天子之禮樂　是以魯君孟春乘大路　載弧韣旂十有二旒　日月之章　祀帝于郊　配以后稷　天子之禮也」とあるのを參照。

傳猶三望　亦非禮也　禮不卜常祀

注きまった時節に必ず行なう(からである)。

附桓公五年の傳文に「凡祀　啓蟄而郊」とあり、注に「啓蟄　夏正建寅之月　祀天南郊」とあるのを參照。

傳而卜其牲日

注牲と日とを卜って、吉凶を知る(だけな)のである。

傳牛卜日曰牲

注吉日を得てからは、牛は、名を改めて、「牲」とよぶ。

傳牲成而卜郊　上怠慢也

注(「怠慢」とは)古典をあなどり、龜策をないがしろにした、ということである。

附文公十五年の傳文「三月宋華耦來盟　其官皆從之　書曰宋司馬華孫貴之也」の注に「華孫能率其屬以從古典」とあるのを參照。また、昭公二十六年の傳文「國有外援　不可瀆也」の注に「瀆　慢也」とあるのを參照。

傳望　郊之細也　不郊　亦無望可也

傳秋晉蒐于清原　作五軍以禦狄

注二十八年に、晉は、三行を作ったが、今ここで、それをやめ、あらためて上・下の新軍をつくったのである。河東の聞喜縣の北部に清原がある。

(附)二十八年の傳文に「晉侯作三行以禦狄」とあり、注に「晉置上中下三軍　今復增置三行　以辟天子六軍之名」とある。

傳趙衰爲卿

(注)二十七年に、趙衰を卿に任命しようとしたが、欒枝に讓ってしまい、今ここで、ようやく、原の大夫から新軍の帥となったのである。

(附)二十五年の傳文に「趙衰爲原大夫」とあり、また、二十七年の傳文に「命趙衰爲卿　讓於欒枝先軫」とある。なお、『國語』晉語四に「以趙衰之故　蒐于清原　作五軍　使趙衰將新上軍」とあるのを參照。

傳冬狄圍衛　衛遷于帝丘　卜曰三百年　衛成公夢康叔曰　相奪予享

(注)「相」は、夏后啓の孫で、帝丘に居住していた。「享」は、祭である。

(附)注の「相　夏后啓之孫」については、『史記』夏本紀に「夏后帝啓崩　子帝太康立（中略）太康崩　弟中康立（中略）中康崩　子帝相立」とあるのを參照。なお、哀公元年の傳文「滅夏后相」の注にも「夏后相　啓孫也」とある。

注の「享　祭也」については、『禮記』祭義「君子生則敬養　死則敬享」の注に「享猶祭也」とあるのを參照。また、『國語』楚語下「夫人作享」の韋注に「享　祀也」とあるのを參照。

傳公命祀相　甯武子不可　曰　鬼神非其族類　不歆其祀

(注)「歆」は、饗〔うける〕と同じである。

(附)十年の傳文「神不歆非類」の注に「歆　饗也」とあるのを參照。

傳杞鄫何事

(注)杞と鄫は、夏の後裔であるから、當然、相をまつるべきである、ということである。

(附)襄公二十九年の傳文に「杞　夏餘也」とあるのを參照。また、『國語』周語中「杞繒由大姒」の韋注に「杞繒二國　姒姓　夏禹之後　大姒之家也」とあり、同周語下「有夏雖衰　杞鄫猶在」の韋注に「杞鄫二國　夏後也」とあるのを參照。

傳相之不享於此久矣　非衛之罪也

(注)帝丘がずっと以前から相をまつっていないのであって、（遷ってきたばかりの）衛が廢絶したわけではない、ということである。

傳不可以間成王周公之命祀

(注)諸侯は、爵命を受けると、それぞれ、常祀をもつ（からである）。

(附)『國語』魯語上「大懼乏周公太公之命祀」の韋注に「賈唐二君云　周公爲太宰　太公爲太師　皆掌命諸侯之國所當祀也」とあるのを參照。

傳請改祀命

(注)相をまつれとの命令を改めよ、ということである。

(附)上の傳文に「公命祀相」とある。

傳鄭洩駕惡公子瑕　鄭伯亦惡之　故公子瑕出奔楚

(注)「瑕」は、文公の子である。傳は、瑕を送り込もうとしたこと〔三十三年〕のために、本を張ったのである。（ここの）「洩駕」もまた、鄭の大夫である。（ただし）隱公五年の「洩駕」は、ここと九十年もへだたっているから、おそらく、同一人ではあるまい。

附注の前半については、三十三年の傳文に「楚令尹子上侵陳蔡　陳蔡成　遂伐鄭　將納公子瑕　門于桔柣之門　瑕覆于周氏之汪　外僕髡屯禽之以獻　文夫人斂而葬之鄶城之下」とある。
注の後半については、隱公五年の傳文に「鄭祭足原繁洩駕以三軍軍其前」とある。

〔僖公三十二年〕

經三十有二年春王正月

經夏四月己丑鄭伯捷卒

注傳はない。文公である。（名を書いているのは）三たび同盟した（からである）。

附注の「文公也」については、疏に「經無其葬　故言其謚也」とある。
注の「三同盟」については、二十三年の傳文に「凡諸侯同盟　死則赴以名　禮也」とあるのを參照。なお、疏に「捷以莊二十二年卽位　至此　與魯十餘同盟　言三同盟者　但杜數同盟不例　若同盟少者　數先君之盟　或數大夫之盟　或數經不書盟而傳載盟者　若同盟多者　唯數今君　或就今君之中數其大會盟之顯著者　此言三同盟者　皆據王臣臨盟　則八年盟于洮　九年于葵丘　二十八年于踐土　是也」とある。

經衞人侵狄

注前年に狄が衞を圍んだことに對して、報復したのである。

附三十一年に「狄圍衞」とある。

經秋衞人及狄盟

注地をいっていないのは、狄の廬帳〔テント〕で盟ったからである。

附疏に「劉炫云　春秋時　戎狄錯居中國　此狄無國都處所　直云及狄盟　盟於狄之處也　以狄俗逐水草無城郭宮室　故云就廬帳盟」とある。
なお、『後漢書』西域傳に「蒲類國（中略）廬帳而居　逐水草　頗知田作」とあるのを參照。

經冬十有二月己卯晉侯重耳卒

注（名を書いているのは）踐土と翟泉で同盟した（からである）。

附二十三年の傳文に「凡諸侯同盟　死則赴以名　禮也」とあるのを參照。
なお、二十八年に「五月癸丑公會晉侯齊侯宋公蔡侯鄭伯衞子莒子盟于踐土」とあり、二十九年に「夏六月會王人晉人宋人齊人陳人蔡人秦人盟于翟泉」とある。

傳三十二年春楚鬭章請平于晉　晉陽處父報之　晉楚始通

注「陽處父」は、晉の大夫である。晉と楚は、《春秋》に入って以來、（ここで）はじめて、使命を交換し、和睦をなしたのである。

傳夏狄有亂　衞人侵狄　狄請平焉

【傳】秋衞人及狄盟

【傳】冬晉文公卒　庚辰將殯于曲沃

【注】「殯」とは、棺を下す〔安置する〕のである。曲沃に舊廟があった（からである）。

【附】莊公十六年の傳文に「王使虢公命曲沃伯以一軍爲晉侯」とあるのを參照。

【傳】出絳　柩有聲如牛

【注】牛のなく聲のようであった。

【傳】卜偃使大夫拜　曰　君命大事　將有西師過軼我　擊之　必大捷焉

【注】聲が柩から出たので、「君命」と言ったのである。「大事」は、戎事〔軍事〕である。卜偃は、秦の密謀を聞いたから、柩の聲にかこつけて、衆心を正したのである。

【附】成公十三年の傳文に「國之大事　在祀與戎」とあるのを參照。

【傳】杞子自鄭使告于秦

【注】三十年に、秦は、大夫の杞子を鄭の守備につけた。

【附】三十年の傳文に「秦伯說　與鄭人盟　使杞子逢孫楊孫戍之　乃還」とあり、注に「三子　秦大夫　反爲鄭守」とある。

【傳】曰　鄭人使我掌其北門之管

【注】「管」は、籥〔かぎ〕である。

【附】『禮記』檀弓下「所擧於晉國管庫之士七十有餘家」の注に「管　鍵也」とあるのを參照。また、『國語』越語下「請委管籥屬國家」の韋注に「管籥　取鍵器也」とあるのを參照。なお、宣公八年「壬午猶繹　萬入去籥」の注に「籥　管也」とあるが、こちらは、ふえの意である。

【傳】若潛師以來　國可得也　穆公訪諸蹇叔　蹇叔曰　勞師以襲遠　非所聞也

【注】「蹇叔」は、秦の大夫である。

【傳】師勞力竭　遠主備之　無乃不可乎　師之所爲　鄭必知之　勤而無所必有悖心

【注】良心をそこなう、ということである。

【傳】且行千里　其誰不知　公辭焉

【注】ことわって、その言葉を受け入れなかったのである。

【傳】召孟明西乞白乙　使出師於東門之外

【注】「孟明」は、百里孟明視である。「西乞」は、西乞術である。「白乙」は、白乙丙である。

【附】三十三年の傳文に「夏四月辛巳敗秦師于殽　獲百里孟明視西乞術白乙丙以歸」とあるのを參照。なお、疏に「世族譜以百里孟明視爲百里奚之子」とあり、また、「譜云　或以爲西乞術白乙丙爲蹇叔子」とある。

【傳】蹇叔哭之曰　孟子　吾見師之出而不見其入也　公使謂之曰　爾何知中壽　爾墓之木拱矣

【注】兩腕でかかえるのを「拱」という。蹇叔が、年をとりすぎて、耄碌し、使いものにならない、ことを言ったのである。

【附】三十三年の公羊傳文「宰上之木拱矣」の何注に「拱　可以手對抱」とあるのを參照。

【傳】蹇叔之子與師　哭而送之曰　晉人禦師必於殽

㊟「殽」は、弘農の澠池縣の西部にあった。

(附)『續漢書』郡國志一に「弘農郡（中略）黽池　穀水出　有二崤」とあるのを參照。

【傳】殽有二陵焉

㊟大阜を「陵」という〔『爾雅』釋地〕。

(附)昭公十二年の傳文「有肉如陵」の注にも「陵　大阜也」とある。

【傳】其南陵　夏后皐之墓也

㊟「皐」は、夏桀の祖父である。

(附)『史記』夏本紀に「孔甲崩　子帝皐立　帝皐崩　子帝發立　帝發崩　子帝履癸立　是爲桀」とあるのを參照。

【傳】其北陵　文王之所辟風雨也

㊟この道は、二殽の間の南谷の中にあり、谷は、深くて曲がりくねり、兩山がせまっていた〔?〕から、風雨を避けることが出來たのである。古道はここをとおっていたが、魏の武帝が西の巴・漢を討ったとき、その險しさをきらって、かわりに北山の高道を開いた。

【傳】必死是間

㊟そこが、深くて險しかった、からである。

【傳】余收爾骨焉　秦師遂東

㊟明年の、晉が秦を殽で敗ったこと、のために傳したのである。

(附)三十三年に「夏四月辛巳晉人及姜戎敗秦師于殽」とある。

〔僖公三十三年〕

【經】三十有三年春王二月秦人入滑

㊟滅したのに、「入」と書いているのは、その土地を占有できなかったからである。

(附)下の傳文に「滅滑而還」とある。なお、襄公十三年の傳文に「弗地曰入」とあり、注に「謂勝其國邑不有其地」とあるのを參照。

【經】齊侯使國歸父來聘

【經】夏四月辛巳晉人及姜戎敗秦師于殽

㊟〔「人」と稱しているのは〕晉侯が、喪にそむいて〔喪中にありながら〕兵を用いたことを諱んだため、賤者として通告してきた〔からである〕。「姜戎」は、姜姓の戎で、晉の南鄙に居住しており、戎子駒支の先祖である。晉人は角をおさえ〔前方をふせぎ〕、諸戎は足を引っぱり〔後方にあたり〕、いっしょにならんでは戰わなかったから、「及」と言っているのである。

(附)襄公十四年の傳文に「將執戎子駒支　范宣子親數諸朝曰（中略）對曰　昔秦人負恃其衆　貪于土地　逐我諸戎　惠公蠲其大德　謂我諸戎是四嶽之裔冑也（注　四嶽　堯時方伯　姜姓也）毋是翦棄　賜我南鄙之田（中略）昔文公與秦伐鄭　秦人竊與鄭盟而舍戍焉　於是乎有殽之師　晉禦其上　戎亢其下　秦師不復　我諸戎實然　譬如捕鹿　晉人角之　諸戎掎之　與晉踣之」とあるのを參照。

【經】癸巳葬晉文公

【經】狄侵齊

【經】公伐邾取訾婁

【經】秋公子遂帥師伐邾

【經】晉人敗狄于箕

【注】大原の陽邑縣の南部に箕城がある。郤缺が「人」と稱しているのは、未だ卿ではなかったからである。

【附】注の前半については、『續漢書』郡國志五に「大原郡（中略）陽邑有箕城」とあるのを參照。

注の後半については、下の傳文に「八月戊子晉侯敗狄于箕　郤缺獲白狄子（中略）反自箕（中略）以一命命郤缺爲卿」とある。

【經】冬十月公如齊　十有二月公至自齊

【經】乙巳公薨于小寢

【注】「小寢」は、内寢である。「乙巳」は、十一月十二日である。經が「十(有)二月」と書いているのは、誤りである。

【附】下の傳文「薨于小寢」の注には「小寢　夫人寢也」とある。なお、『禮記』内則「子生三月之末　漱澣夙齊　見於内寢　禮之如始入室」の注に「内寢　適妻寢也」とあるのを參照。

【經】隕霜不殺草　李梅實

【注】傳はない。（この記事を）書いたのは、時節はずれだったからである。（つまり）周正の十一月は今〔夏正〕の九月にあたり、霜は少ししかおりないはずなのに、たくさんおり、たくさんおりたのに、草を殺すことが出來なかったから、災とし(て書い)たのである。

【附】隱公九年の傳文に「書　時失也」とあるのを參照。また、莊公二十九年の傳文に「凡物　不爲災　不書」とあるのを參照。

【經】晉人陳人鄭人伐許

【傳】三十三年春秦師過周北門　左右免冑而下

【注】（「周北門」とは）王城の北門である。「冑」は、兜鍪〔かぶと〕である。兵車は、大將のでなければ、御者が中央にのるから、左右の者が下り、御者は下りなかったのである。

【附】注の「王城之北門」については、『國語』周語中「秦師將襲鄭　過周北門」の韋注に「周北門　王城北門也」とあるのを參照。

注の「冑　兜鍪」以下については、『國語』周語中「左右免冑而下」の韋注に「兵車參乘　御在中央　故左右下也　冑　兜鍪也」とあるのを參照（ただし、この韋注は、公序本にあり、明道本にはない）。また、『說文』に「冑　兜鍪也」とあるのを參照。また、『詩』魯頌〈閟宮〉「二矛重弓」の鄭箋に「兵車之法　左人持弓　右人持矛　中人御」とあるのを參照。

なお、傳の「晉」は、挍勘記に從って、衍文とみなす。

【傳】超乘者三百乘　王孫滿尙幼　觀之　言於王曰　秦師輕而無禮　必敗

㊟天子の門を通過するのに、甲（よろい）をおさめ武器をたばねることをせず、(兵車に)とび乘って勇を示した、ことをいう。

(附)疏に「服虔云　無禮　謂過天子門　不櫜甲束兵　而但免冑」とある。なお、『呂氏春秋』悔過に「過天子之城　宜櫜甲束兵」とあるのを參照。ちなみに、『舊唐書』韋湊傳に「當周室之衰微也　秦師過周北門　左右免冑而下　王孫滿猶以其不卷甲束兵　譏其無禮　知其必敗」とある。

【傳】輕則寡謀　無禮則脫

㊟「脫」は、易（おろそか）である。

(附)『國語』周語中「無禮則脫」の韋注に「脫　簡脫也」とあるのを參照。

【傳】入險而脫　又不能謀　能無敗乎　及滑　鄭商人弦高將市於周　遇之　以乘韋先　牛十二犒師

㊟「商」は、行賈（行商人）である。「乘」は、四韋（四枚のなめし皮）である。韋を先におくり、それから牛をおくったのである。昔、人におくりものをしようとする時には、必ず、何か(輕いもの)をそれより先におくった。

(附)注の「商　行賈也」については、『周禮』大宰「以九職任萬民（中略）六曰商賈　阜通貨賄」の注に「行曰商　處曰賈」とあるのを參照。

注の「乘　四韋」については、『儀禮』聘禮「乘皮設」の注に「物四曰乘」とあるのを參照。また、『孟子』離婁下「發乘矢而後反」の趙注に「乘　四也」とあるのを參照。

注の「古者云云」については、襄公十九年の傳文「賄荀偃束錦加璧乘馬　先吳壽夢之鼎」の注に「古之獻物　必有以先」とあるのを參照。ちなみに、『老子』第六十二章に「雖有拱璧以先駟馬　不如坐進此道」とある。

【傳】曰　寡君聞吾子將步師出於敝邑　敢犒從者　不腆敝邑　爲從者之淹居則具一日之積

㊟「腆」は、厚である。「淹」は、久である。「積」は、芻・米・菜・薪である。

(附)注の「腆　厚也」については、文公十二年の傳文「不腆敝器」等の注に、同文がみえる。なお、『國語』魯語下「不腆先君之禮」の韋注にも「腆　厚也」とある。

注の「淹　久也」については、成公二年の傳文「無令輿師淹於君地」等の注に、同文がみえる。なお、『爾雅』釋詁にも「淹　久也」とあり、また、『國語』晉語七「振廢淹」の韋注にも「淹　久也」とある。なお、すぐ下の傳文に「吾子淹久於敝邑」とあり、宣公十二年の傳文に「二三子無淹久（注　淹　留也）」とあるのを參照。

注の「積　芻米菜薪」については、『周禮』大行人「出入五積」の注に「鄭司農云（中略）出入五積　謂饋之芻米也」とあり、また、「玄謂（中略）毎積有牢禮米禾芻薪」とあるのを參照。なお、二十九年の傳文に「公在會　饋之芻米　禮也」とある。

【傳】行則備一夕之衞　且使遽告于鄭

㊟「遽」は、傳車〔驛傳の車〕である。

(附)『國語』呉語「徒遽來告」の韋注にも「遽　傳車也」とある。なお、昭公二年の傳文「乘遽而至」の注に「遽　傳驛」とあるのを參照。また、成公五年の傳文「晉侯以傳召伯宗」の注に「傳　驛」とあるのを參照。ちなみに、哀公二十一年の傳文に「羣臣將傳遽以告寡君」とある。

【傳】鄭穆公使視客館

㊟秦の三大夫の宿舍をうかがったのである。

(附)三十年の傳文に「秦伯説　與鄭人盟　使杞子逢孫楊孫戍之　乃還」とあり、注に「三子　秦大夫　反爲鄭守」とある。

なお、ここの傳文及び注文「視秦三大夫之舍」は、挍勘記に從って、補充した。

【傳】則束載厲兵秣馬矣

㊟（秦の三大夫は）軍備をととのえて、秦の師を待っていた。

(附)『論語』述而「子溫而厲」の〈皇疏〉に「厲　嚴也」とあるのを參照。

【傳】使皇武子辭焉　曰　吾子淹久於敝邑　唯是脯資餼牽竭矣

㊟「資」は、糧〔穀物〕である。なまの〔肉〕を「餼」という。「牽」とは、（生きている）牛・羊・豕をいう。

(附)注の「資　糧也」については、四年の傳文に「共其資糧屝屨」とあるのを參照。

注の「生曰餼　牽謂牛羊豕」については、桓公十四年の傳文「曹人致餼　禮也」の注に「熟曰饔　生曰餼」とあるのを參照。また、『儀禮』聘禮「餼之以其禮」の疏に「服氏以爲腥曰餼」とあり、『禮記』聘義「卿爲上擯」の疏に「服虔云　死曰餼」とあるのを參照。また、『詩』小雅〈瓠葉〉の序「雖有牲牢饔餼　不肯用也」の鄭箋に「牛羊豕爲牲　繫養者曰牢　熟曰饔　腥曰餼　生曰牽」とあるのを參照。

【傳】爲吾子之將行也

㊟事情を察知していることをほのめかしたのである。

【傳】鄭之有原圃　猶秦之有具囿也

㊟「原圃」と「具囿」は、いずれもみな、囿の名である。

【傳】吾子取其麋鹿　以間敝邑　若何

㊟秦の守備兵に、自分達で麋鹿を取って、道中の食糧にさせ、敝邑〔わが國〕に、間暇〔ひま〕を得させる、ということである。「若何」は、如何と同じである。滎陽の中牟縣の西部に圃田澤がある。

(附)注の「間暇」については、昭公五年の傳文「間而以師討焉」の注に「間　暇也」とあるのを參照。

注の「若何猶如何」については、成公二年の傳文「苟君與吾父免矣　可若何」の注に「言餘人不可復如何」とあるのを參照。

【傳】杞子奔齊　逢孫揚孫奔宋　孟明曰　鄭有備矣　不可冀也　攻之不克　圍之不繼　吾其還也　滅滑而還

【傳】齊國莊子來聘　自郊勞至于贈賄　禮成而加之以敏
㊟やって來るのを出迎えることを「郊勞」といい、たち去るのを見送ることを「贈賄」という。「敏」とは、事に對して審當〔行き屆いて的確？〕である、ということである。
(附)注の前半については、昭公五年の傳文に「入有郊勞〔注　賓至　逆勞之於郊〕出有贈賄〔注　去則贈之以貨賄〕」とある。なお、『儀禮』聘禮に「賓至于近郊　張旜　君使下大夫請行　反　君使卿朝服　用束帛勞」とあり、また、「遂行　舍于郊　公使卿贈如覿幣」とあるのを參照。
注の後半については、二十三年の傳文「辟不敏也」の注に「敏猶審也」とあるのを參照。
【傳】臧文仲言於公曰　國子爲政　齊猶有禮　君其朝焉　臣聞之　服於有禮　社稷之衛也
㊟「公如齊」のために傳したのである。
(附)上の經文に「冬十月公如齊」とある。
【傳】晉原軫曰　秦違蹇叔　而以貪勤民　天奉我也
㊟「奉」は、與〔あたえる〕である。
【傳】奉不可失　敵不可縱　縱敵患生　違天不祥　必伐秦師　欒枝曰　未報秦施　而伐其師　其爲死君乎
㊟君〔文公〕が死んだため、秦の恩惠を忘れてしまった、ということである。
【傳】先軫曰　秦不哀吾喪　而伐吾同姓　秦則無禮　何施之爲
㊟秦は、わが國に無禮を働いているのだから、恩惠を氣にする必要はない、ということである。
【傳】吾聞之　一日縱敵　數世之患也　謀及子孫　可謂死君乎
㊟君にそむくとは言えない、ということである。
【傳】遂發命　遽興姜戎　子墨衰絰
㊟晉の文公が未だ葬られていなかったから、襄公は「子」と稱しているのである。凶服〔素服〕のまま從軍したから、墨で染めたのである。
(附)注の前半については、九年の傳文に「凡在喪　王曰小童　公侯曰子」とあり、注に「在喪　未葬也」とあるのを參照。
注の後半については、『史記』晉世家「襄公墨衰絰」の〈集解〉に「賈逵曰　墨　變凶」とあるのを參照。なお、二十四年の傳文「天子凶服降名　禮也」の注に「凶服　素服」とあるのも參照。
【傳】梁弘御戎　萊駒爲右
【傳】夏四月辛巳敗秦師于殽　獲百里孟明視西乞術白乙丙以歸　遂墨以葬文公　晉於是始墨
㊟以後、そのまま、ならわしとなった。（つまり、ここは）禮が變わった由來を記したのである。
(附)襄公二十三年の傳文に「公有姻喪　王鮒使宣子墨縗冒絰」とあり、注に「晉自殽戰還　遂常墨縗」とあるのを參照。

なお、『史記』晉世家「遂墨以葬文公」の〈集解〉に「服虔曰　非禮也」とある。

【傳】文嬴請三帥

㊟「文嬴」は、晉の文公がかつて秦に行ったとき、秦の穆公がめあわせた夫人で、襄公の嫡母である。「三帥」とは、孟明たちのことである。

(附)二十三年の傳文に「乃送諸秦　秦伯納女五人」とあり、また、二十四年の傳文に「晉侯逆夫人嬴氏以歸」とあり、注に「秦穆公女文嬴也」とある。なお、『史記』晉世家に「夏迎夫人於秦　秦所與文公妻者卒爲夫人」とあるのを參照。

【傳】曰　彼實構吾二君　寡君若得而食之　不厭　君何辱討焉　使歸就戮于秦　以逞寡君之志　若何　公許之　先軫朝　問秦囚　公曰　夫人請之吾舍之矣　先軫怒曰　武夫力而拘諸原　婦人暫而免諸國

㊟「暫」は、卒〔にわか〕と同じである。

(附)異説として、章太炎『春秋左傳讀』に「暫　借爲漸　書般庚　暫遇姦宄　王伯申曰　暫讀曰漸　漸　詐欺也　莊子胠篋篇　知詐漸毒　荀子不苟篇　小人知則攫盜而漸　議兵篇　招近募選　隆勢詐　尙功利　是漸之也　正論篇　上幽險則下漸詐矣　是詐謂之漸　呂刑曰　民興胥漸漸亦詐也（以上王說）此暫亦詐也　文嬴言　彼實構吾二君　又言使歸就戮于秦　皆詐語也　不當如杜預訓暫爲卒」とある。

【傳】墮軍實而長寇讎　亡無日矣

㊟「墮」は、毀である。

(附)定公十二年の經文「叔孫州仇帥師墮郈」の注及び哀公十二年の傳文「是墮黨而崇讎也」の注に、同文がみえる。なお、『國語』周語下「不墮山」の韋注に「墮　毀也」とあるのを參照。

【傳】不顧而唾　公使陽處父追之　及諸河　則在舟中矣　釋左驂　以公命贈孟明

㊟（岸に）もどって拜謝させ、その機に乘じて執えようとしたのである。

【傳】孟明稽首曰　君之惠　不以纍臣釁鼓

㊟「纍」は、囚繋〔とらわれ〕である。人を殺し、その血を鼓に塗るのを、「釁鼓」という。

(附)注の前半については、成公三年の傳文に「兩釋纍囚以成其好」とあり、注に「纍　繫也」とあるのを參照。また、襄公二十五年の傳文に「使其衆男女別而纍　以待於朝」とあり、注に「纍　自囚係　以待命」とあるのを參照。

注の後半については、『詩』小雅〈斯干〉の序疏に「賈逵云　殺而以血塗鼓　謂之釁鼓」とあるのを參照。

【傳】使歸就戮于秦　寡君之以爲戮　死且不朽　若從君惠而免之　三年將拜君賜

㊟晉に報復しようと思っていたのである。

(附)文公二年の傳文に「春秦孟明視帥師伐晉　以報殽之役　二月晉侯禦之（中略）甲子及秦師戰于彭衙　秦師敗績　晉人謂秦拜賜之師」とあり、注に「以孟明言三年將拜君賜　故嗤之」とある。

【傳】秦伯素服郊次

㊟郊で待ったのである。

【傳】鄉師而哭　曰　孤違蹇叔　以辱二三子　孤之罪也　不替孟明　孤之過
也　大夫何罪　且吾不以一眚掩大德
㊟「眚」は、過〔あやまち〕である。
(附)襄公九年の傳文「肆眚」の注に、同文がみえる。ちなみに、『書』舜
典「眚災肆赦」の僞孔傳にも「眚　過」とある。なお、莊公二十二年
「春王正月肆大眚」の注に「赦有罪也」とあるのを參照。
なお、ここの傳文については、王引之『經義述聞』に「家大人曰　不
替孟明下有曰字　而今本脱之　不替孟明四字及曰字　皆左氏記事之詞
自孤之過也以下　方是穆公語　上文穆公鄉師而哭　既罪己而不罪人
矣　於是不廢孟明而復用之　且謂之曰　孤之過也　大夫何罪云云　大
夫二字專指孟明而言　與上文統言二三子者不同　若如今本作不替孟明
孤之過也　則不替孟明亦是穆公語　穆公既以不替孟明爲己過　則孟明
不可復用矣　下文何以言大夫何罪　又言不以一眚掩大德乎　然則不替
孟明曰五字　乃記者之詞　而大夫何罪云云　則穆公自言其所以不替孟
明之故也　自唐石經始脱曰字　而各本遂沿其誤　秦誓正義引此無曰字
亦後人依誤本左傳刪之　文選西征賦注云　左氏傳曰　秦伯不廢孟明
曰　孤之罪也　白帖五十九　出一眚二字　而釋之云　孟明敗秦師
秦伯不替　曰　吾不以一眚掩大德　二書所引　文雖小異　而皆有曰字
足正今本之誤」とある。

【傳】狄侵齊　因晉喪也

【傳】公伐邾　取訾婁　以報升陘之役
㊟（「升陘之役」は）二十二年にある。
(附)二十二年に「秋八月丁未及邾人戰于升陘」とあり、その傳に「我師敗
績　邾人獲公冑　縣諸魚門」とある。

【傳】邾人不設備　秋襄仲復伐邾
㊟魯もまた、晉の喪につけこんで、小國を侵略したのである。
(附)すぐ上の傳文に「狄侵齊　因晉喪也」とあるのを參照。

【傳】狄伐晉　及箕　八月戊子晉侯敗狄于箕　郤缺獲白狄子
㊟「白狄」は、狄の一種である。舊西河郡に白部胡がある。
(附)『國語』齊語に「西征攘白狄之地　至於西河」とあり、韋注に「白狄
赤狄之別也　西河　白狄之西也」とあるのを參照。

【傳】先軫曰　匹夫逞志於君
【傳】而無討　敢不自討乎　免冑入狄師　死焉　狄人歸其元
㊟〝面とむかって唾をはいた〟〔上の傳文〕ことをいう。
㊟「元」は、首である〔『爾雅』釋詁〕。

【傳】面如生
㊟先軫が常人と異なっていたことを言っているのである。

【傳】初臼季使　過冀　見冀缺耨　其妻饁之
㊟「臼季」とは、胥臣のことである。「冀」は、晉の邑である。「耨」は、
鋤〔草を刈る〕である。田野に食物を運ぶことを「饁」という。
(附)注の「臼季　胥臣也」については、下の傳文に「以再命命先茅之縣賞

胥臣　曰　舉郤缺　子之功也」とある。なお、『國語』晉語五「臼季使　舍於冀野」の韋注に「臼季　胥臣也」とあるのを參照。

注の「冀　晉邑」については、『國語』晉語五「臼季使　舍於冀野」の韋注に「冀　晉邑」とあるのを參照。

注の「耨　鋤也」については、『釋名』釋用器に「耨　以鋤嫗耨禾也」とあるのを參照。

注の「野饋曰饁」については、『國語』晉語五「其妻饁之」の韋注に「野饋曰饁」とあるのを參照。

傳敬　相待如賓　與之歸　言諸文公曰　敬　德之聚也　能敬必有德　德以治民　君請用之　臣聞之　出門如賓

注貴賓にまみえるかのようにする、ということである。

附『論語』顏淵に「出門如見大賓」とあるのを參照。

傳承事如祭

注いつも謹敬する、ということである。

傳仁之則也　公曰　其父有罪　可乎

注缺の父の冀芮が文公を殺そうとしたことは、二十四年にある。

附二十四年の傳文に「呂郤畏偪　將焚公宮而弑晉侯（中略）己丑晦公宮火　瑕甥郤芮不獲公　乃如河上　秦伯誘而殺之」とある。

傳對曰　舜之罪也殛鯀　其舉也興禹

注「禹」は、「鯀」の子である。

附『史記』夏本紀に「禹之父曰鯀」とあるのを參照。また、『國語』晉語五「是故舜之刑也殛鮌　其舉也興禹」の韋注に「鮌　禹父」とあるのを參照。

傳管敬仲　桓之賊也　實相以濟　康誥曰　父不慈　子不祇　兄不友　弟不共　不相及也

注「康誥」は、周書である。「祇」は、敬である〔『爾雅』釋詁〕。

附惠棟『春秋左傳補註』に「昭廿年傳　在康誥曰　父子兄弟　罪不相及　孔氏謂非康誥之全文　引其意而言之　棟謂此康誥之闕文也　法言曰　酒誥之篇俄空焉　伏生引酒誥曰　王曰封惟曰若圭璧　今酒誥無此文　故漢蓺文云　酒誥脫簡一　梓材今王惟曰以下文義不屬　蓋康誥三篇皆有脫誤　孔以爲引其意而言之　非也」とあるのを參照。なお、『後漢書』章帝紀にも「書云　父不慈　子不祇　兄不友　弟不恭　不相及也」とある。

傳詩曰　采葑采菲　無以下體　君取節焉可也

注「詩」は、國風〔邶風〈谷風〉〕である。葑〔かぶ〕や菲〔だいこん〕のような野菜は、上〔葉〕がよくても下〔根〕がわるい時があるが、これを食べる者は、根がわるいからといって、よい葉まで棄てたりはしない。（つまり）よい部分をえらび取ればよろしい、ということである。

附鄭箋に「此二菜者　蔓菁與葍之類也　皆上下可食　然而其根有美時有惡時　采之者　不可以根惡時幷棄其葉」とあるのを參照。

傳文公以爲下軍大夫　反自箕　襄公以三命命先且居將中軍

注「且居」は、先軫の子である。その父が敵の手にかかって死んだから、（上軍の将から中軍の将に）進めたのである。

(附)注の前半については、『國語』晉語四「城濮之役　先且居之佐軍也善」の韋注に「先且居　先軫之子蒲城伯也」とあるのを參照。
注の後半については、『國語』晉語四に「乃使先且居將上軍」とあるのを參照。なお、上の傳文に「先軫曰　匹夫逞志於君　而無討　敢不自討乎　免冑入狄師　死焉」とある。

[傳]以再命命先茅之縣賞胥臣　曰　擧郤缺　子之功也

(注)先茅に後嗣が絶えたから、その縣を取りあげて、胥臣に賞與したのである。

[傳]以一命命郤缺爲卿　復與之冀

(注)その父の舊邑をかえしたのである。

[傳]亦未有軍行

(注)卿の位に登ったが、軍職はなかったのである。

[傳]冬公如齊　朝且弔有狄師也　反　薨于小寢　即安也

(注)「小寢」は、夫人の寢である。公が、安樂な場所に身を置き、路寢で死ななかった、ことを譏ったのである。

(附)經の注に「小寢　内寢也」とあるのを參照。なお、莊公三十二年「八月癸亥公薨于路寢」の穀梁傳文に「路寢　正寢也　寢疾居正寢　正也　男子不絶于婦人之手　以齊終也」とあるのも參照。

[傳]晉陳鄭伐許　討其貳於楚也　楚令尹子上侵陳蔡　陳蔡成　遂伐鄭　將納公子瑕

(注)三十一年に瑕は楚に奔っていた。

(附)三十一年の傳文に「鄭洩駕悪公子瑕　鄭伯亦悪之　故公子瑕出奔楚」とあり、注に「傳爲納瑕張本」とある。

[傳]門于桔柣之門　瑕覆于周氏之汪

(注)車が池水の中に顚覆したのである。

(附)桓公十五年の傳文「祭仲殺雍糾　尸諸周氏之汪」の注に「汪　池也」とあるのを參照。

[傳]外僕髡屯禽之以獻

(注)瑕を殺して鄭伯に獻じたのである。

[傳]文夫人斂而葬之鄶城之下

(注)鄭の文公の夫人である。「鄶城」は、舊鄶國で、滎陽の密縣の東北部にあった。傳は、穆公が國を保有することになったわけを言っているのである。

(附)注の前半については、『詩』鄭譜の疏に「服虔云　鄶城　故鄶國之墟」とあるのを參照。
注の後半については、宣公三年の傳文「初鄭文公有賤妾曰燕姞」以下を參照。

[傳]晉陽處父侵蔡　楚子上救之　與晉師夾泜而軍

(注)「泜」水は、魯陽縣から出て、東へ流れ、襄城・定陵をへて、汝水にそそいでいた。

(附)『漢書』地理志上に「南陽郡（中略）魯陽　有魯山　古魯縣　御龍氏

所遷　魯山　滍水所出　東北至定陵入汝」とあるのを參照。

傳陽子患之　使謂子上曰　吾聞之　文不犯順　武不違敵　子若欲戰　則吾退舍　子濟而陳

注楚を避け、（楚に）渡って陣を張らせ、その後で戰おうとしたのである。

傳遲速唯命　不然　紓我

注「紓」は、緩である。

附莊公三十年の傳文「自毀其家以紓楚國之難」の注に、同文が見える。なお、その附を參照。

傳老師費財　亦無益也

注出兵が長期にわたるのを「老」という。

附『國語』晉語四「且楚師老矣」の韋注に「老　罷也　圍宋久　其師罷病」とあるのを參照。

傳乃駕以待　子上欲涉　大孫伯曰　不可　晉人無信　半涉而薄我　悔敗何及　不如紓之　乃退舍

注楚は、退いて、晉に渡らせようとしたのである。

傳陽子宣言曰　楚師遁矣　遂歸　楚師亦歸　大子商臣譖子上曰　受晉賂而辟之　楚之恥也　罪莫大焉　王殺子上

注商臣は、子上が、王が自分を立てるのを、止めようとした、ことを怨んでいたから、子上を譖したのである。

附文公元年の傳文に「初楚子將以商臣爲大子　訪諸令尹子上　子上曰　君之齒未也　而又多愛　黜乃亂也　楚國之舉　恆在少者　且是人也　蠭目而豺聲　忍人也　不可立也　弗聽」とある。

傳葬僖公　緩

注文公元年の經に「四月に僖公を葬った」と書いてあるが、僖公は實はこの年の十一月に薨じたから、閏月をあわせると、七箇月たってから葬ったことになる。だから、傳で「緩〔おそすぎた〕」と言っているのである。これ以下は、そのまま、葬に因んで、作主と祭祀の事を說き、文章がつづいているが、いずれもみな、本來は「僖公を葬った」という經の下に置かれるべきものであって、今、ここにあるのは、簡編が顚倒して入りまじったのである。

附注の前半については、上の經に「冬十月公如齊　十有二月公至自齊　乙巳公薨于小寢」とあり、注に「乙巳　十一月十二日　經書十二月誤」とあるのを參照。また、文公元年の經に「夏四月丁巳葬我君僖公」とあり、注に「七月而葬　緩」とあるのを參照。また、文公元年の傳文に「於是閏三月　非禮也」とあるのを參照。また、隱公元年の傳文に「天子七月而葬（中略）諸侯五月」とあるのを參照。なお、異說として、劉敞『春秋權衡』に「杜氏讀緩字以上爲一句　作字下爲一句　非也　僖公以十二月薨　以明年四月葬　凡五月也　不得云緩　杜氏本欲遷僖公之薨在十一月　僖公之薨在十一月　則除喪在文二年十一月　因以文納幣爲十二月　文納幣爲十二月　則與傳合矣　而不顧理乖也　傳云葬僖公緩作主者　緩以下乃當爲一句　言葬僖公而作主緩　卽文二年經書作僖公主　是也　今欲屬緩於葬僖公　以明僖公爲十一月薨　獨

不顧作主非禮也之語無所繫　是傳譏葬緩　又譏不當作主乎　苟欲遂己之說　黨其所附　不求道　眞可怪也」とある。
注の後半については、文公元年の傳文「夏四月丁巳葬僖公」の注に「傳皆不虛載經文　而此經孤見　知僖公末年傳宜在此下」とあるのを參照。なお、異說として、〈古經解彙函〉所收の『春秋釋例』作主禘例〔莊述祖孫星衍校〕に「賈氏以爲僖公始不順祀　生則致哀姜　終則小寢　以慢典常　故其子文公緣事生邪志　作主陵遲　于是文公復有夫人歸　嗣子罹咎　傳故上繫此文于僖公篇」とある。

傳作主　非禮也

注文公二年になってから主を作ったのだが、（ここで）そのまま、葬の文に因んで、いっしょに譏ったのである。

附文公二年の傳文に「丁丑作僖公主　書　不時也」とあり、注に「過葬十月　故曰不時　例在僖三十三年」とあるのを參照。

傳凡君薨　卒哭而祔　祔而作主　特祀於主

注埋葬がおわり、もどって虞祭すると、喪がとける。だから、「卒哭」というのである。「卒」は、止である。新たな死者の神靈を祖に祔祭すると、尸柩は遠のき、（逆に）孝子の思慕はつのる。だから、木主を造って几筵を設け、（これだけは）特別に喪禮を用いて寢でまつり、宗廟でいっしょにはしないのである。「凡君」と言っているのは、諸侯以上をいうのであって、卿・大夫には通用しない。

附疏に引く『釋例』に「此諸侯之禮　故稱君　君既葬反虞　則免喪　故曰卒哭　卒　止也　以新死者之神祔之於祖　尸柩既已遠矣　神形又不可得而見矣　孝子之思彌篤　徬徨求索　不知所至　故造木主立几筵　特用喪禮　祭祀於寢　不同之於宗廟」とある。なお、『國語』周語上に「設桑主　布几筵」とあるのを參照。また、『儀禮』士虞記「明日以其班祔」の疏に「服注云　特祀于主　謂在寢」とあるのを參照。なお、『釋例』の文に從って、注の「止也」の上に、「卒」の字を補う。

傳烝嘗禘於廟

注冬の祭を「烝」といい、秋の祭を「嘗」という。新しい木主ができ、特別に寢でまつると、宗廟の四時の常祀〔烝・嘗など〕は、それぞれ、もとどおりに擧行する。（そして）三年の（喪）禮がおわると、さらに大禘し、その時はじめて、（羣主を）みないっしょに吉祭する。

附注の「冬祭曰烝　秋祭曰嘗」については、桓公五年の傳文に「始殺而嘗（注　建酉之月）閉蟄而烝（注　建亥之月）」とあるのを參照。また、桓公八年の公羊傳文に「秋曰嘗　冬曰烝」とあるのを參照。
注の「新主既立云云」については、疏に引く『釋例』に「舊說以爲諸侯喪　三年之後　乃烝嘗　案傳　襄公十五年冬十一月晉侯周卒　十六年春葬晉悼公　改服脩官　烝於曲沃　會于溴梁　其冬穆叔如晉　且言齊故　晉人荅以寡君之未禘祀　其後晉人徵朝于鄭　鄭公孫僑云　溴梁之明年　公孫夏從寡君以朝于君　見於嘗酎　與執膰焉　此皆春秋之明證也」とある。なお、「舊說」とは、『儀禮』士虞記「明日以其班祔」の疏に「服注云（中略）烝嘗禘於廟者　三年喪畢　遭烝嘗　則行祭皆於廟」とあり、『周禮』鬯人「廟用脩」の疏に「賈服以爲　三年終禘　遭烝嘗　則行祭禮」とあるのを指し、杜預に對して、異說である。

注の「三年禮畢云云」については、閔公二年「夏五月乙酉吉禘于莊公」の注に「三年喪畢　致新死者之主於廟　廟之遠主　當遷入祧　因是大祭　以審昭穆　謂之禘」とあるのを參照。また、襄公十六年の傳文「以寡君之未禘祀」の注に「禘祀　三年喪畢之吉祭」とあるのを參照。なお、疏に引く『釋例』に「凡三年喪畢　然後禘　於是遂以三年爲節　仍計除喪卽吉之月　卜日而後行事　無復常月也　是以經書禘及大事　傳唯見莊公之速　他無非時之譏也」とあり、また、「禘於大廟　禮之常也　各於其宮　時之爲也　雖非三年大祭　而書禘　用禘禮也　昭二十五年傳曰　將禘於襄公　亦其義也　三年之禘　自國之常　常事不書　故唯書此數事　祭雖得常　亦記仲遂叔弓之非常也」とある。

卷第十八

〔文公元年〕

經元年春王正月公卽位

注傳はない。先君が未だ葬られていないのに、公が卽位したのは、年を空けて君がいない〔一年間、空位にする〕わけにゆかない、からである。

附疏に引く『釋例』に「遭喪繼立者　每新年正月　必改元正位　百官以序　故國史書卽位於策以表之　文公成公　先君之喪未葬　而書卽位　因三正之始　明繼嗣之正　表朝儀以同百姓之心　此乃國君明分制之大禮　譬周康王麻冕黼裳以行事　事畢然後反喪服也　雖踰年行卽位之禮　名通於國內　必須旣葬卒哭　乃免喪　古之制也」とある。なお、九年の公羊傳文に「緣民臣之心　不可一日無君　緣終始之義　一年不二君　不可曠年無君　緣孝子之心　則三年不忍當也」とあるのを參照。

經二月癸亥日有食之

注傳はない。「癸亥」は、月の一日である。「朔」を書いていないのは、史官が書き漏らしたのである。

附注の「不書朔　官失之」については、僖公十二年「春王三月庚午日有食之」の注に、同文がみえる。

經天王使叔服來會葬

注「叔」は氏で、「服」は字である。諸侯が死んだとき、天子は、大夫に會葬させるのが、禮である。

(附)五年の傳文に「春王使榮叔來含且賵　召昭公來會葬　禮也」とあるのを參照。

[經]夏四月丁巳葬我君僖公

(注)（死後）七箇月たってから葬ったのは、おそすぎた。

(附)僖公三十三年の傳文に「葬僖公　緩」とあり、注に「文公元年經書四月葬僖公　僖公實以今年十一月薨　幷閏　七月乃葬　故傳云緩」とある。なお、その(附)を參照。

[經]天王使毛伯來錫公命

(注)「毛」は國で、「伯」は爵である。諸侯で王の卿士となった者である。諸侯が即位すると、天子は、命圭を賜わり（それを瑞〔しるし〕とし）、（後日、その）瑞を合わせて信を確かめる。僖公十一年に、王が晉侯に命を賜わったのも、この類である。

(附)注の前半については、隱公元年「冬十有二月祭伯來」の注に「祭伯　諸侯爲王卿士者　祭　國　伯　爵也」とあるのを參照。注の後半については、僖公十一年の傳文に「天王使召武公内史過賜晉侯命」とあり、注に「諸侯即位　天子賜之命圭爲瑞」とある。なお、『説文』に「瑞　以玉爲信也」とあり、『白虎通』瑞贄に「珪以質信」とあり、「合符信者　謂天子執瑁以朝　諸侯執圭以覲天子」とあり、同崩薨に「諸侯以瑞珪爲信」とあり、『韓非子』説疑に「信之以瑞節」とあるのを參照。また、『説文』に「瑁　諸侯執圭朝天子　天子執玉以冒之　似犂冠　周禮曰　天子執瑁四寸」とあり、『書』顧命「太保承介圭　上宗奉同瑁　由阼階隮」の僞孔傳に「瑁　所以冒諸侯圭　以齊瑞信　方四寸　邪刻之」とあり、疏に「禮天子所以執瑁者　諸侯即位　天子賜之以命圭　圭頭邪鋭　其瑁當下邪刻之　其刻闊狹長短如圭頭　諸侯來朝　執圭以授天子　天子以冒之刻處冒彼圭頭　若大小相當　則是本所賜　其或不同　則圭是僞作　知諸侯信與不信　故天子執瑁所以冒諸侯之圭　以齊瑞信　猶今之合符然」とあるのを參照。

[經]晉侯伐衛

(注)晉の襄公は、（自分が）衛を伐つことを、前もって諸侯に赴告していた。（つまり、實際には）大夫が伐ったのに、「晉侯」と稱しているのは、（その前もっての）赴告の言葉に從ったのである。

(附)下の傳文に「晉襄公既祥　使告于諸侯而伐衛　及南陽　先且居曰　效尤　禍也　請君朝王　臣從師　晉侯朝王于溫　先且居胥臣伐衛」とある。

[經]叔孫得臣如京師

(注)「得臣」は、叔牙の孫である。

(附)『禮記』檀弓上「叔孫武叔之母死」の疏に引く『世本』に「桓公生僖叔牙　牙生戴伯茲　茲生莊叔得臣」とあるのを參照。

【經】衛人伐晉
㊟衛の孔達は、政治をつかさどっていたが、盟主〔晉〕を恭敬せず、隣國〔鄭〕に對して兵を興こしたため、討伐を受けて邑を失ったから、貶して「人」と稱しているのである。
(附)下の傳文に「晉文公之季年　諸侯朝晉　衛成公不朝　使孔達侵鄭　伐緜訾及匡　晉襄公既祥　使告于諸侯而伐衛（中略）五月辛酉朔晉師圍戚　六月戊戌取之（中略）衛孔達帥師伐晉」とある。

【經】秋公孫敖會晉侯于戚
㊟「戚」は、衛の邑で、頓丘の衛縣の西部にあった。禮では、卿は公・侯と會合できない〔僖公二十九年傳文〕のに、《春秋》が、魯の大夫について、いずれもみな、貶していないのは、體例をすでに舉げているから、魯の史官の〔記錄した〕もとの文章を〔改めずに〕そのまま用いたのである。（なお）內〔魯侯〕について、「公」と稱し、その死に「薨」と稱しているのも、いずれもみな、魯の史官のものを〔そのまま〕用いたのである。
(附)注の前半については、序に「仲尼因魯史策書成文　考其眞僞而志其典禮　上以遵周公之遺制　下以明將來之法　其教之所存　文之所害　則刊而正之　以示勸戒　其餘則皆卽用舊史　史有文質　辭有詳略　不必改也」とあり、また、「故發傳之體有三　而爲例之情有五」とあるのを參照。
注の後半については、隱公三年「癸未葬宋穆公」の疏に引く『釋例』に「天子曰崩　諸侯曰薨　大夫曰卒　古之制也　春秋所稱　曲存魯史之義　內稱公而書薨　所以自尊其君　則不得不略外諸侯書卒以自異也」とあるのを參照。

【經】冬十月丁未楚世子商臣弑其君頵
㊟「商臣」は、穆王である。弑君の例は、宣公四年にある。
(附)注の前半については、『史記』楚世家に「冬十月商臣以宮衛兵圍成王（中略）丁未成王自絞殺　商臣代立　是爲穆王」とあるのを參照。
注の後半については、宣公四年の傳文に「凡弑君　稱君　君無道也　稱臣　臣之罪也」とある。

【經】公孫敖如齊
㊟傳例に「（文公の卽位後）始めて聘したのであり、禮に適っている」とある〔下の傳文〕。

【傳】元年春王使內史叔服來會葬　公孫敖聞其能相人也
㊟「公孫敖」は、魯の大夫で、慶父の子である。
(附)僖公十五年「公孫敖帥師及諸侯之大夫救徐」の注にも「公孫敖　慶父之子」とある。なお、『禮記』檀弓下「滕成公之喪　使子叔敬叔弔進書　子服惠伯爲介」の疏に引く『世本』に「慶父生穆伯敖」とあるのを參照。

【傳】見其二子焉　叔服曰　穀也食子　難也收子

㊟「穀」は文伯で、「難」は惠叔である。「食子」とは、祭祀を奉じて〔後を嗣いで〕、（あなたを）養う、ということである。「收子」とは、あなたの尸を葬る、ということである。

(附)七年の傳文に「穆伯娶于莒　曰戴己　生文伯　其娣聲己生惠叔」とあり、注に「穆伯　公孫敖也　文伯　穀也　惠叔　難也」とあるのを參照。なお、十四年の傳文に「穆伯之從己氏也　魯人立文伯　穆伯生二子於莒　而求復　文伯以爲請　襄仲使無朝聽命　復而不出　三年而盡室以復適莒　文伯疾　而請曰　穀之子弱　請立難也　許之　文伯卒立惠叔　穆伯請重賂以求復　惠叔以爲請　許之　將來　九月卒于齊告喪　請葬　弗許」とあり、十五年の傳文に「齊人或爲孟氏謀　曰魯　爾親也　飾棺寘諸堂阜　魯必取之　從之　卞人以告　惠叔猶毀以爲請　立於朝以待命　許之　取而殯之（注　終叔服之言）」とある。

[傳]穀也豐下　必有後於魯國

㊟「豐下」とは、おそらく、顏が四角い〔下ぶくれ〕、ということであろう。八年の、公孫敖が莒に奔ったこと、のために傳したのである。

(附)『南齊書』李安民傳に「卿面方如田　封侯狀也」とあるのを參照。

[傳]於是閏三月　非禮也

㊟厤法では、閏月は僖公の末年〔三十三年〕にあるはずなのに、誤って、この年の三月に閏月を置いたのである。おそらく、當時の、厤に精しい者が、非難したものであろう。

(附)異說として、『漢書』律曆志下〈世經〉に「文公元年　距辛亥朔旦冬至二十九歲　是歲閏餘十三　正小雪　閏當在十一月後　而在三月　故傳曰非禮也」とあり、また、『玉燭寶典』十二月季冬の項に「服注云　周三月　夏正月也　是歲距僖公五年辛亥歲三十年　閏餘十三　正月小雪　閏當在十一月後」とある。

[傳]先王之正時也　履端於始　舉正於中　歸餘於終

㊟（「履端於始」とは）日・月の起點にさかのぼって、それを厤術の端首とするのである。（「舉正於中」とは）一年は三百六十六日だが、日・月の運行に遲・速があるから、必ず分けて十二箇月とし、中氣を舉げて、それらの月を正す〔各月に必ず中氣があるようにする〕のである。（そして）餘日があれば、後にまわし、それらを集めて閏月とする。だから、「歸餘於終」と言っているのである。

(附)注の「步厤之始　以爲術之端首」については、『玉燭寶典』正月孟春の項に「服虔注云　履踐　端極也　謂治曆必踐紀立正於元　始謂太極上元天統之始」とあるのを參照。また、『史記』曆書「履端於始」の〈集解〉に「韋昭曰　謂正曆必先稱端始也　若十一月朔旦冬至也」とあるのを參照。なお、異說として、江永『羣經補義』に「履端於始　謂步厤以冬至爲始　故云　序則不愆　而杜云　步厤之始　以爲術之端首　似推厤元　非也　推厤元者　漢太初厤以後之法　古未有是」とある。

注の「舉中氣　以正月」については、『史記』曆書「舉正於中」の〈集解〉に「韋昭曰　氣在望中　則時日昏明皆正也」とあるのを參照。また、『漢書』律曆志上に「經於四時　雖亡事必書時月　時所以記啓

閉也　月所以紀分至也　啓閉者　節也　分至者　中也　節不必在其月　故時中必在正數之月　故傳曰　先王之正時也　履端於始　擧正於中　歸餘於終」とあるのを參照。なお、異説として、江永『羣經補義』に「擧正於中　謂正朔之月　故云　民則不惑　而杜云　擧中氣　以正月　亦非也　古厤惟有八節　後世乃有二十四氣　以冬至爲始　以閏餘爲終　故擧正朔之月爲中　雖周正建子　若在履端於始之前而言先王之正時　則通三代言之也」とある。

注の「有餘日　則歸之於終　積而爲閏　故言歸餘於終」については、『史記』曆書「歸邪於終」の〈集解〉に「韋昭曰　邪　餘分也　終　閏月也　中氣在晦則後月閏　在望是其正中也」とあるのを參照。なお、異説として、顧炎武『左傳杜解補正』に「古人以閏爲歳之餘　凡置閏　必在十二月之後　故曰　歸餘于終」とあり、また、江永『羣經補義』に「歸餘於終者　置閏　或三年或二年　常置於歳終也」とある。

なお、ここの注全般については、『續漢書』律曆志中の注に引く杜預『長曆』に「書稱　朞三百六旬有六日　以閏月定四時成歳　允釐百工　庶績咸熙　是以天子必置日官　諸侯必置日御　世修其業　以考其術　擧全數而言　故曰六日　其實五日四分之一　日日行一度　而月日行十三度十九分度之七有畸　日官當會集此之遲疾　以考成晦朔　錯綜以設閏月　閏月無中氣　而北斗邪指兩辰之間　所以異於他月也」とあるのを參照。

【傳】履端於始　序則不愆

(注)四時に狂いがない。

(附)昭公四年の傳文「則冬無愆陽」の注、及び同十五年の傳文「好惡不愆」の注に、「愆　過也」とあるのを參照。

【傳】擧正於中　民則不惑

(注)斗柄が指す方向を過たず、寒暑が時期をはずさないから、（民に）疑惑がない。

(附)『漢書』律曆志上に「斗建下爲十二辰　視其建而知其次」とあるのを參照。また、『論語』先進「赤也惑」の〈皇疏〉に「惑　疑惑也」とあるのを參照。

【傳】歸餘於終　事則不悖

(注)四時がしかるべき所に配置されれば、事に混亂がない。

(附)『説文』に「誖　亂也（中略）誖　或从心」とあるのを參照。

【傳】夏四月丁巳葬僖公

(注)傳は、いずれもみな、意味なく經文（だけ）を載せることはないはずなのに、今ここでは、經だけが示されているから、僖公の末年の傳が（本來）この下にあるべきことがわかる。

(附)僖公三十三年の傳文に「葬僖公　緩」とあり、注に「自此以下　遂因説作主祭祀之事　文相次也　皆當次在經葬僖公下　今在此　簡編倒錯」とあり、つづく傳文に「作主　非禮也　凡君薨　卒哭而祔　祔而作主　特祀於主　烝嘗禘於廟」とある。

【傳】王使毛伯衛來賜公命

㊟「衞」は、毛伯の字〔あざな〕である。

(附)傳文の「錫」は、石經等に從って、「賜」に改める。

【傳】叔孫得臣如周拜

㊟命を賜わったことに御禮を述べたのである。

【傳】晉文公之季年　諸侯朝晉　衞成公不朝　使孔達侵鄭　伐緜訾及匡

㊟「孔達」は、衞の大夫である。「匡」は、潁川の新汲縣の東北部にあった。

【傳】晉襄公既祥

㊟諸侯は、〔埋葬がおわって〕諒闇〔心喪〕していても、祥祭〔一周忌〕には、〔特別に〕壇位を設けて哭するのである。

(附)隱公元年の傳文「弔生不及哀」の注に「諸侯已上　既葬　則縗麻除　無哭位　諒闇終喪」とあるのを參照。

【傳】使告于諸侯而伐衞　及南陽

㊟今の河内の地である。

(附)僖公二十五年の傳文「晉於是始啓南陽」の注に「在晉山南河北　故曰南陽」とあるのを參照。

【傳】先且居曰　效尤　禍也

㊟衞が朝さないのをとがめるから伐つのに、今ここで王に朝さなければ、衞のまねをすることになり、禍を招く、ということである。この時、王が溫にいたから、朝することを勸めたのである。

(附)襄公二十一年の傳文に「尤而效之　其又甚焉」とあり、注に「尤晉逐盈　而自掠之　是效尤」とあるのを參照。また、僖公二十五年の傳文に「與之陽樊溫原欑茅之田　晉於是始啓南陽」とあるのを參照。

【傳】請君朝王　臣從師　晉侯朝王于溫　先且居胥臣伐衞　五月辛酉朔晉師圍戚　六月戊戌取之　獲孫昭子

㊟「昭子」は、衞の大夫で、戚邑を領有していた。

【傳】衞人使告于陳　陳共公曰　更伐之　我辭之

㊟伐たれたままで和平を求めるのは、いかにも弱腰だから、〔衞に〕伐ちかえして、自分に晉をこばむ力があることを示させようとしたのである。

(附)僖公七年の傳文に「心則不競」とあり、注に「競　强也」とあるのを參照。また、下の二年の傳文「陳侯爲衞請成于晉　執孔達以說」の注に「陳始與衞謀　謂可以强得免」とあるのを參照。

【傳】衞孔達帥師伐晉　君子以爲古　古者越國而謀

㊟古の道には合致するが、霸主につかえるという今の禮に違反したから、國はその邑を失い、自身は執えられたのである。

(附)疏に引く『釋例』に「衞孔達爲政　不共盟主　興兵於鄰國　受討喪邑　窘而告陳　雖從陳之謀僅得自定　以謀而濟　故君子但言合古　而不釋其尤也」とあるのを參照。なお、異說として、朱彬『經傳攷證』に「檀弓　杜橋之母（之喪）宮中無相　以爲沾也　鄭注　沾　略也　古與沾通　孔達恃楚而不事晉　故曰　越國而謀　是麤略之甚」とある。

【傳】秋晉侯疆戚田　故公孫敖會之

㊟晉が、衛の田を取り、その疆界を畫定したのである。

傳初楚子將以商臣爲大子　訪諸令尹子上　子上曰　君之齒未也

㊟「齒」は、年である。まだ若いということである。

(附)『禮記』文王世子に「古者謂年齡　齒亦齡也」とあるのを參照。

傳而又多愛　黜乃亂也　楚國之擧　恆在少者

㊟「擧」は、立である。

(附)『史記』楚世家「楚國之擧　常在少者」の〈集解〉に「賈逵曰　擧立也」とあるのを參照。

傳且是人也　蠭目而豺聲　忍人也

㊟平氣で不義を行なうことが出來る、ということである。

(附)『史記』楚世家「且商臣蠭目而豺聲　忍人也」の〈集解〉に「服虔曰　言忍爲不義」とあるのを參照。

傳不可立也　弗聽　既又欲立王子職而黜大子商臣

㊟「職」は、商臣の庶弟である。

(附)『史記』楚世家「後又欲立子職」の〈集解〉に「賈逵曰　職　商臣庶弟也」とあるのを參照。なお、『古列女傳』節義〈楚成鄭瞀〉にも「職　商臣庶弟也」とある。

傳商臣聞之而未察　告其師潘崇曰　若之何而察之　潘崇曰　享江芊而勿敬也

㊟「江芊」は、成王の妹で、江に嫁いでいた。

傳從之　江芊怒曰　呼　役夫

㊟「呼」は、發聲〔歎詞〕である。「役夫」は、賤者の稱謂である。

傳宜君王之欲殺女而立職也　告潘崇曰　信矣　潘崇曰　能事諸乎

㊟職につかえることが出來るかどうか、たずねたのである。

(附)『史記』楚世家「崇曰　能事之乎」の〈集解〉に「服虔曰　若立職子能事之」とあるのを參照。

なお、傳文の「殺女而立職」については、王引之『經義述聞』に「陳氏芳林攷正曰　韓非子作廢女（內儲說）上云黜商臣　似作廢字爲允　然江芊怒　故甚其辭　讀者正不必泥也　又曰　唐劉知幾史通言語篇引作廢女　引之謹案　韓子及史通並作廢　是也　上言黜商臣　下言能事諸乎　則此文本作廢女而立職　明矣　若商臣被殺　又誰事王子職乎　列女傳節義傳載此事曰　大子知王之欲廢之也　遂興師圍王宮　亦其一證也　廢字不須訓釋　故杜氏無注　若是殺字　則與上下文不合　杜必當有注矣　自唐石經始從誤本作殺　而史記楚世家亦作殺　則後人依左傳改之耳　若謂江芊怒而甚其詞　則曲爲之說也　古字多以發爲廢　傳文蓋本作發　發殺形相近　因誤而爲殺矣（說苑說叢篇　智者不妄爲　勇者不妄發　今本發誤作殺）」とある。

傳曰　不能　能行乎　曰　不能　能行大事乎　曰　能

㊟「大事」とは、君を弑することをいう。

(附)昭公元年の傳文「令尹將行大事」の注にも「謂將弑君」とある。なお、『史記』楚世家「能行大事乎」の〈集解〉に「服虔曰　謂弑君」とあるのを參照。

傳冬十月以宮甲圍成王

㊟大子の宮甲である。僖公二十八年に、王が東宮の兵卒を子玉につき従わせたのは、おそらく、この宮甲（の一部分）を取ったのであろう。

(附)僖公二十八年の傳文に「子玉使伯棼請戰（中略）王怒　少與之師　唯西廣東宮與若敖之六卒實從之」とあり、注に「楚有左右廣　又大子有宮甲　分取以給之」とある。

【傳】王請食熊蹯而死

㊟熊の掌は煮えにくいから、時間がかかっているうちに、外から救援がくる、ことを期待したのである。

(附)『史記』晉世家「宰夫胹熊蹯不熟」の〈集解〉に「服虔曰　蹯　熊掌　其肉難熟」とあるのを參照。

【傳】弗聽　丁未王縊　謚之曰靈　不瞑　曰成　乃瞑

㊟商臣が、ひどく冷酷で、棺に納めないうちに、悪謚をおくった、ことを言っているのである。

(附)定公元年の傳文「吾欲爲君謚使子孫知之」の注に「爲惡謚」とあるのを參照。また、『逸周書』謚法解に「安民立政曰成」とあり、「亂而不損曰靈」とあるのを參照。また、『莊子』則陽「其所以爲靈公者何邪　大弢曰　是因是也」の郭注に「靈卽是無道之謚也」とあるのを參照。なお、異説として、疏に「桓譚以爲　自縊而死　其目未合　尸冷乃瞑　非由謚之善惡也」とある。

【傳】穆王立　以其爲大子之室與潘崇　使爲大師　且掌環列之尹

㊟「環列之尹」は、宮中警護の官で、兵をならべて王宮をとりまくのである。

【傳】穆伯如齊　始聘焉　禮也

㊟「穆伯」とは、公孫敖のことである。

(附)上の經に「公孫敖如齊」とある。

【傳】凡君卽位　卿出並聘　踐脩舊好　要結外援

㊟「踐」は、履行と同じである。

(附)『儀禮』士相見禮「不足以踐禮」の注に「踐　行也」とあるのを參照。また、『國語』周語下「足以踐德」の韋注に「踐　履也」とあるのを參照。なお、異説として、兪樾『羣經平議』に「履行而修舊好　甚爲不辭　踐當讀爲纘　詩崧高篇　王纘之事　釋文引韓詩作王踐之事　是踐與纘古字通用　踐修舊好　卽纘修舊好　説文糸部　纘　繼也　經典通作纂　爾雅釋詁　纂　繼也　國語周語　纂修其緒　纂與踐並纘之叚字」とある。

【傳】好事鄰國　以衞社稷　忠信卑讓之道也　忠　德之正也　信　德之固也　卑讓　德之基也

㊟傳は、この事件に因んで「凡」（例）を發し、諸侯は（埋葬がおわって）諒闇〔心喪〕の時期に入れば、國事についていずれもみな吉禮を用いる、ということを明らかにしたのである。

(附)隱公元年の傳文「弔生不及哀」の注に「諸侯已上　既葬　則縗麻除　無哭位　諒闇終喪」とあるのを參照。

【傳】殽之役

（注）僖公三十三年にある。

（付）僖公三十三年に「夏四月辛巳晉人及姜戎敗秦師于殽」とある。

（傳）晉人既歸秦帥　秦大夫及左右皆言於秦伯曰　是敗也　孟明之罪也　必殺之　秦伯曰　是孤之罪也　周芮良夫之詩曰　大風有隧　貪人敗類

（注）「詩」は、大雅（桑柔）である。「隧」は、蹊徑〔こみち、つめあと〕である。周の大夫の芮伯が厲王を譏ったもので、欲の深い人が善人をそこなうのは、大風が吹き荒れて物を破壊し、いたる所に蹊徑をのこすようなものである、ということである。

（附）注の「隧　蹊徑也」については、毛傳に「隧　道也」とあるのを參照。

注の「周大夫芮伯刺厲王」については、詩序に「桑柔　芮伯刺厲王也」とあるのを參照。また、『國語』周語上「芮良夫曰」の韋注に「芮良夫　周大夫芮伯也」とあるのを參照。

注の「貪人之敗善類」については、毛傳に「類　善也」とあるのを參照。

注の「大風之行」については、鄭箋に「大風之行」とあるのを參照。

注の「成蹊徑」については、『史記』李廣傳の贊に「諺曰　桃李不言　下自成蹊」とあるのを參照。

（傳）聽言則對　誦言如醉

（注）暗愚な君は、古典を誦するような（正しい）言葉を好まず、これを聞いても、酒に酔っているように朦朧とし（て耳に入らず）、（かたや）道端の噂話のような（つまらぬ）言葉を聞けば、喜んで應答する、ということである。

（附）鄭箋に「對　荅也　貪惡之人　見道聽之言　則應荅之　見誦詩書之言　則冥卧如醉」とあるのを參照。また、『論語』陽貨に「子曰　道聽而塗説　德之棄也」とあるのを參照。

（傳）匪用其良　覆俾我悖

（注）「覆」は反であり、「俾」は使である。良臣の言葉を用いず、かえって私に悖逆を行なわせた、ということである。

（附）毛傳に「覆　反也」とあり、鄭箋に「居上位而不用善　反使我爲悖逆之行」とあるのを參照。なお、注の「俾　使也」については、僖公二十八年の傳文「俾隊其師　無克祚國」等の注に、同文がみえる。

（傳）是貪故也　孤之謂矣　孤實貪以禍夫子　夫子何罪　復使爲政

（注）明年の、秦と晉が彭衙で戰ったこと、のために傳したのである。

〔文公二年〕

（經）二年春王二月甲子晉侯及秦師戰于彭衙　秦師敗績

（注）孟明の名氏が（經に）あらわれていないのは、（執政とはいっても、正式な）命卿ではなかったからである。大敗した場合に「敗績」という（莊公十一年傳文）。馮翊の郃陽縣の西北部に彭衙城がある。

（附）下の傳文に「春秦孟明視帥師伐晉　以報殽之役」とある。なお、襄公二十一年の傳文「庶其非卿也　以地來　雖賤　必書　重地也」の疏に引く『釋例』に「蜀之盟　齊國之大夫　溴梁之盟　小邾之大夫　此不命一命之大夫　故不書也　命者　謂其君正爵命之於朝　其宮室車旗衣服禮儀　各如其命數　則皆以卿禮書之於經　衞之於晉　不得比次國

則邾莒杞鄫之屬　固以微矣　此等諸國　當時附隨大國　不得列於會者甚衆　及其得列　上不能自通於天子　下無暇於備禮成制　故與於會盟戰伐甚多　唯曹之公子首得見於經　其餘或命而禮儀不備　或未加命數　故皆不書之也　邾畀我之等　其奔亡亦多　所書唯數人而已　知其合制者少也　又邾庶其等　傳皆言　非卿　以地來　雖賤　必書　紀裂繻來逆女　傳曰　卿爲君逆　知此等微國亦應有卿　有卿則應書於經　徒以卑陋　制不合禮　失禮之例　杞降爲夷　華耦具官　君子貴之　至於此等　卿而不備禮　亦所以見其略賤也　諸儒以爲邾莒無命卿　既自違傳　劉賈又云　春秋之序　三命以上　乃書於經　潁氏以爲再命稱人　傳曰　叔孫昭子三命　踰父兄　昭公十年　昭子始加三命　而先此叔孫皆自見經　知所書皆再命也」とあり、また、昭公十二年の傳文「季悼子之卒也　叔孫昭子以再命爲卿　及平子伐莒克之　更受三命」の疏に引く『釋例』に「魯之叔孫父兄　再命而書於經　晉司空亞旅　一命而經不書　推此知諸侯之卿大夫再命以上　皆書於經　自一命以下　大夫及士　經皆稱人　名氏不得見也」とあるのを參照。

經丁丑作僖公主

注主（位牌）には、殷人は栢を用い、周人は栗を用いた。三年の喪がおわると、廟にうつし入れるのである。

附注の前半については、『論語』八佾に「哀公問社於宰我　宰我對曰　夏后氏以松　殷人以栢　周人以栗」とあり、疏に「張包周本以爲哀公問主於宰我　先儒或以爲宗廟主者　杜元凱何休用之以解春秋　以爲宗廟主」とあるのを參照。

注の後半については、閔公二年「夏五月乙酉吉禘于莊公」の注に「三年喪畢　致新死者之主於廟」とあるのを參照。

經三月乙巳及晉處父盟

注處父は、晉の正卿でありながら、禮によって君を正すことが出來ず、（君命のままに）みずから公と盟ったから、その族（「陽」）をとり去ったのである。族をとり去れば、卿ではないから、（魯の）微者についてのきまった言い方（主語を省き、單に「及」と言うこと）と組にし、直（魯）によって不直（晉）をおさえたのである。地をいっていないのは、晉の都で盟ったからである。

附注の「親與公盟」については、僖公二十九年の傳文に「在禮　卿不會公侯　會伯子男可也」とあるのを參照。

注の「微人常稱」については、莊公十六年「冬十有二月會齊侯宋公陳侯衞侯鄭伯許男滑伯滕子同盟于幽」の注に「書會　魯會之　不書其人　微者也」とあり、また、同二十二年「秋七月丙申及齊高傒盟于防」の注に「高傒　齊之貴卿　而與魯之微者盟」とあるのを參照。なお、疏に「魯之賤人　不合書名　舉其所爲之事而已　言及不言名　是微人之常稱也」とある。

注の「以直厭不直」については、下の傳文に「書曰及晉處父盟　以厭之也」とあり、注に「厭猶損也　晉以非禮盟公　故文厭之以示譏」とあるのを參照。

注の「不地者　盟晉都」については、僖公三十二年「秋衞人及狄盟」の注に「不地者　就狄廬帳盟」とあるのを參照。
なお、疏に引く『釋例』に「隨此稱人　則所罪之名不章　故特書處父也」とある。

經 夏六月公孫敖會宋公陳侯鄭伯晉士縠盟于垂隴

注 「垂隴」は、鄭地である。滎陽縣の東部に隴城がある。士縠は、出て諸侯と盟い、衞との和平を手に入れたから、貴んで名氏を書いたのである。

附 注の前半については、『續漢書』郡國志一に「滎陽（中略）有隴城」とあるのを參照。
注の後半については、下の傳文に「公未至　六月穆伯會諸侯及晉司空士縠盟于垂隴　晉討衞故也　書士縠　堪其事也（注　晉司空　非卿也　以士縠能堪卿事　故書）陳侯爲衞請成于晉　執孔達以説」とある。

經 自十有二月不雨　至于秋七月

注 傳はない。周正の七月は、今（夏正）の五月にあたり、（この月まで）雨がふらなければ、災害をもたらすのに充分なはずなのに、「旱」と書いていないのは、それでもなお、五穀に収穫があった、からである。

附 僖公三年の傳文に「春不雨　夏六月雨　自十月不雨　至于五月　不曰旱　不爲災也」とあり、注に「周六月　夏四月　於播種五稼無損」とあるのを參照。

經 八月丁卯大事于大廟　躋僖公

注 「大事」とは、禘のことである。「躋」は、升（のぼす）である。僖公は、閔公の庶兄だが、閔公を繼いで立ったから、廟での席次としては、閔公の下におかれるべきであるのに、今ここで、閔公の上に升したから、書いて譏ったのである。（實は）この時、まだ吉禘すべきではなかったのに、大廟で吉禘を舉行してしまったのだが、この（早すぎたという）點については、譏られるべきことが既に明らかだから（あらためて譏らず）、ただ、逆祀した（下の傳文）という點で、事を重大視して、表現を特別にした（「大事」と言った）のである。

附 注の「躋　升也」については、公羊傳文に「躋者何　升也」とあるのを參照。
注の「僖公　閔公庶兄云云」については、公羊傳文「先禰而後祖也」の何注に「繼閔者在下　文公緣僖公於閔公爲庶兄　置僖公於閔公上　失先後之義　故譏之」とあるのを參照。
注の「時未應吉禘云云」については、閔公二年「夏五月乙酉吉禘于莊公」の注に「三年喪畢　致新死者之主於廟　廟之遠主　當遷入祧　因是大祭　以審昭穆　謂之禘　莊公喪制未闋　時別立廟　廟成而吉祭　又不於大廟　故詳書以示譏」とあり、また、傳に「夏吉禘于莊公　速也」とあるのを參照。なお、公羊の何注にも「不言吉祫者　就不三年　不復譏　略　爲下張本」とある。
なお、注全般については、疏に引く『釋例』に「文公二年　僖公之喪

未終　未應行吉禘之禮　而於大廟行之　其譏已明　徒以躋僖而退閔　故特大其事異其文　定八年亦特書順祀　皆所以起非常也　有事于武宮及順祀　傳皆稱禘　則知大事有事于大廟　亦禘也」とあるのを參照。また、『漢書』五行志中之上に「左氏說曰　大廟　周公之廟　饗有禮義者也　祀　國之大事也　惡其亂國之大事於大廟　故言大事也　躋登也　登釐公於愍公上　逆祀也　釐雖愍之庶兄　嘗爲愍臣　臣子一例　不得在愍上　又未三年而吉禘　前後亂賢父聖祖之大禮」とあるのを參照。

經冬晉人宋人陳人鄭人伐秦

注四人は、いずれもみな、卿である。秦の穆公が過ちを悔い、最後まで孟明を用いたから、四國の大夫〔卿〕を貶する〔「人」と稱する〕ことによって、秦伯を尊んだのである。

附下の傳文に「卿不書　爲穆公故　尊秦也　謂之崇德」とある。なお、疏に引く『釋例』に「秦伯終用孟明而致敗　敗而罪己　赦其闕而養其志　孟明增修其德以霸西戎　夫子嘉之　故於伐秦之役貶四國大夫　四國大夫奉君命而行　今以一義變例　故稱尊秦　謂之崇德　明罪不在四國大夫也」とあるのを參照。ちなみに、下の傳文に「秦伯猶用孟明　孟明增脩國政　重施於民」とあり、三年の傳文に「秦伯伐晉（中略）遂霸西戎　用孟明也」とある。

經公子遂如齊納幣

注傳に「禮にかなっている」とある。僖公の喪はこの年の十一月に終わるから、（禮にかなっているとすれば）「納幣」は、（喪があけた）十二月のことである。士の婚姻には六段階の儀禮があり、その第一は納采で、（以下、問名・納吉をへて）納徵に至って始めて玄〔くろ〕と纁〔あか〕の束帛を用いるが、諸侯の場合は、これを「納幣」という。その儀禮が士の儀禮と同じでないからである。（なお、ここで納幣したということは）おそらく、公が大子の時〔喪に入る前〕に、既に婚姻の儀禮（の一部）を行なっていたのであろう。

附注の「僖公喪終此年十一月」については、僖公三十三年「十有二月公至自齊　乙巳公薨于小寢」の注に「乙巳　十一月十二日　經書十二月　誤」とあるのを參照。

注の「士昏六禮云云」については、『儀禮』士昏禮に「昏禮　下達　納采用鴈（中略）賓執鴈　請問名（中略）納吉用鴈　如納采禮　納徵玄纁束帛儷皮　如納吉禮　請期用鴈（中略）主人爵弁纁裳緇袘（注　大夫以上　親迎冕服）」とあり、最初の「納采用鴈」の賈疏に「昏禮有六　五禮用鴈　納采問名納吉請期親迎　是也　唯納徵不用鴈　以其自有幣帛可執故也」とあるのを參照。また、『禮記』昏義に「是以昏禮納采問名納吉納徵請期　皆主人筵几於廟而拜迎於門外　入揖讓而升　聽命於廟　所以敬愼重正昏禮也」とあるのを參照。

注の「蓋公爲大子時　已行昏禮也」については、疏に「案士之昏禮　納采問名　同日行事　納采者　納其采擇之禮　主人既許　賓卽問名　將歸卜其吉凶也　卜而得吉　又遣使納吉　如納采之禮　納吉之後　方

始納徵　徵　成也　使使納幣　以成昏禮也　此納幣以前　已有三禮須再度遣使　一月之内　不容三遣適齊　蓋公爲大子時　已行昏禮　疑在僖公之世　已行納采納吉　今續而成之也」とある。

なお、疏に引く『釋例』に「諸侯昏禮亡　以士昏禮準之　不得唯止於納幣逆女　逆女納幣二事　皆必使卿行　卿行則書之　他禮非卿　則不書也　宋公使華元來聘　聘不應使卿　故傳但言聘共姫也　使公孫壽來納幣　納幣應使卿　故傳明言得禮也　魯君之昏　亦唯存納幣逆女」とある。

【傳】二年春秦孟明視帥師伐晉　以報殽之役　二月晉侯禦之　先且居將中軍　趙衰佐之

㊟郤溱に代わったのである。

(附)僖公二十七年の傳文に「乃使郤縠將中軍　郤溱佐之」とある。

【傳】王官無地御戎

㊟梁弘に代わったのである。

(附)僖公三十三年の傳文に「梁弘御戎」とあり、また、下の傳文に「戰于殽也　晉梁弘御戎」とある。

【傳】狐鞫居爲右

㊟「鞫居」は、(下の)續簡伯である。

【傳】甲子及秦師戰于彭衙　秦師敗績　晉人謂秦拜賜之師

㊟孟明が（かつて）「三年後には、君の恩惠に拜謝いたしましょう」と言ったから、(その言葉を使って)嘲笑したのである。

(附)僖公三十三年の傳文に「孟明稽首曰（中略）若從君惠而免之　三年將拜君賜」とあり、注に「意欲報伐晉」とある。

【傳】戰于殽也　晉梁弘御戎　萊駒爲右　戰之明日　晉襄公縛秦囚　使萊駒以戈斬之　囚呼　萊駒失戈　狼瞫取戈以斬囚　禽之以從公乘　遂以爲右　箕之役

㊟「箕の役」は、僖公三十三年にある。

(附)僖公三十三年に「晉人敗狄于箕」とある。

【傳】先軫黜之　而立續簡伯　狼瞫怒　其友曰　盍死之　瞫曰　吾未獲死所

㊟死ぬにふさわしい場所が見つかっていない、ということである。

【傳】其友曰　吾與女爲難

㊟いっしょに先軫を殺そうとしたのである。

【傳】瞫曰　周志有之　勇則害上　不登於明堂

㊟「周志」は、周の書である。「明堂」は、祖廟であり、功を記録し、德を順序づける場所であるから、不義の士はのぼることが出來ないのである。

(附)注の「周志　周書也」については、僖公二十八年の傳文「軍志曰」の注に「軍志　兵書」とあるのを參照。また、襄公二十五年の傳文「仲尼曰　志有之」の注に「志　古書」とあるのを參照。ちなみに、『逸周書』大匡解に「勇如害上　則不登于明堂」とある。

注の「明堂　祖廟也」については、疏に「鄭玄以爲　明堂在國之陽與祖廟別處　左氏舊說　及賈逵盧植蔡邕服虔等　皆以祖廟與明堂爲一　故杜同之」とある。

注の「所以策功序德」については、桓公二年の傳文に「凡公行　告于宗廟　反行　飲至舍爵策勳焉　禮也」とあるのを參照。なお、異説として、『通典』巻第五十〈功臣配享〉に「魏高堂隆議曰（中略）周志曰　勇則害上　不登於明堂　共用謂之勇　言有勇而無義　死不登堂而配食」とある。

㊟「共用」とは、國の用〔國に役立つこと〕のために死ぬ、ということである。

【傳】吾以勇求右　無勇而黜　亦其所也

㊟今ここで、死んでも不義であれば、(以前とは)かわって、勇がないことになるから、退けられても當然である、ということである。

【傳】謂上不我知　黜而宜　乃知我矣

㊟今ここで、黜けられても當然であれば、私はもはや、「上の者が私を理解してくれない」とは言えなくなる、ということである。

【傳】子姑待之　及彭衙　既陳　以其屬馳秦師　死焉

㊟「屬」とは、自分に從屬する兵である。

【傳】晉師從之　大敗秦師　君子謂　狼瞫於是乎君子　詩曰　君子如怒　亂庶遄沮

㊟「詩」は、小雅(巧言)である。君子が怒れば、必ず亂を止める、ということである。「遄」は疾〔すみやか〕で、「沮」は止である。

(附)毛傳に「遄　疾　沮　止也」とあるのを參照。

【傳】又曰　王赫斯怒　爰整其旅

㊟「詩」は、大雅(皇矣)である。文王は、赫然として怒ると、師旅を整えて亂を討った、ということである。

(附)毛傳に「旅　師」とあり、鄭箋に「文王赫然」とあるのを參照。

【傳】怒不作亂　而以從師　可謂君子矣

【傳】秦伯猶用孟明　孟明增脩國政　重施於民　趙成子言於諸大夫曰

㊟「成子」とは、趙衰のことである。

(附)『國語』晉語四「趙衰　其先君之戎御趙夙之弟也」の韋注に「趙衰晉卿公明之少子成子衰也」とあるのを參照。

【傳】秦師又至　將必辟之　懼而增德　不可當也　詩曰　毋念爾祖　聿脩厥德

㊟「詩」は、大雅(文王)である。祖先を念えば、當然、その德をうけつぎ脩めて、顯揚するはずである、ということである。「毋念」は、念である。

(附)毛傳に「無念　念也」とあり、また、「聿　述」とあるのを參照。なお、『漢書』東平思王劉宇傳に「毋念爾祖　述修厥德」とあり、また、『後漢書』呂強傳に「不念爾祖　述脩厥德」とある。

【傳】孟明念之矣　念德不怠　其可敵乎

㊟明年の「秦人伐晉」のために、傳したのである。

【傳】丁丑作僖公主　書　不時也

㊟埋葬から十箇月もたっているから、「時節はずれ」と言っているので

ある。（作主の）例は、僖公三十三年にある。

【附】僖公三十三年の傳文に「凡君薨　卒哭而祔　祔而作主」とある。

【傳】晉人以公不朝來討　公如晉　夏四月己巳晉人使陽處父盟公以恥之

【注】大夫に公と盟わせ、魯を辱しめようとしたのである。經には「三月乙巳」と書かれている。經か傳か（のどちらか）が誤っているに違いない。

【附】異説として、安井衡『左傳輯釋』に「經書魯侯如晉之日　故曰三月乙巳　傳公如晉三字　釋經所以書三月乙巳也　然後云夏四月己巳　乃書其盟日　杜不達傳意　疑經傳有誤　粗矣」とある。

【傳】書曰及晉處父盟　以厭之也

【注】「厭」は、損（おさえる）と同じである。晉が非禮によって公と盟ったから、表現の上でおさえて、譏っていることを示したのである。

【附】經の注に「處父爲晉正卿　不能匡君以禮　而親與公盟　故貶其族　族去則非卿　故以微人常稱爲耦　以直厭不直」とあるのを參照。

【傳】適晉不書　諱之也

【注】（經に）「公如晉」を書いていない、ということである。

【傳】公未至　六月穆伯會諸侯及晉司空士穀盟于垂隴　晉討衛故也

【注】元年に衛人が晉を伐ったことをとがめたのである。「士穀」は、士蔿の子である。

【傳】書士穀　堪其事也

【注】晉の司空は卿ではないが、士穀が（司空の身で）卿のなすべき仕事をうまくこなしたから、書いたのである。

【附】莊公二十六年の傳文「春晉士蔿爲大司空」の注に「大司空　卿官」とあるのを參照。また、成公二年の傳文「司馬司空輿帥候正亞旅皆受一命之服」の注に「晉司馬司空皆大夫」とあるのを參照。

【傳】陳侯爲衛請成于晉　執孔達以説

【注】陳は始め、衛と相談して、强行策で免がれることが出來ると言ったが、今ここで、晉が（依然として）許さないので、策をかえて孔達を執え、それによってどうにか免がれたのである。

【附】元年の傳文に「衛人使告于陳　陳共公曰　更伐之　我辭之（注　見伐求和　不競大甚　故使報伐　示己力足以距晉）衛孔達帥師伐晉」とある。

【傳】秋八月丁卯大事于大廟　躋僖公　逆祀也

【注】僖公は、閔公の兄であって、（本來）父子とは言えないが、かつて臣であったから（父子も同然で）、位次としては、下にいるはずなのに、（今ここで）閔公の上にすえたから、「逆祀」と言っているのである。

【附】經の注に「僖公　閔公庶兄　繼閔而立　廟坐宜次閔下　今升在閔上　故書而譏之」とあり、下の傳文「子雖齊聖　不先父食久矣」の注に「臣繼君　猶子繼父」とある。なお、『漢書』五行志中之上に「釐雖閔之庶兄　嘗爲閔臣　臣子一例　不得在閔上」とあり、公羊の何注に「僖公以臣繼閔公　猶子繼父　故閔公於文公　亦猶祖也　自先君言之

隱桓及閔僖　各當爲兄弟　顧有貴踐耳　自繼代言之　有父子君臣之道」とあり、『國語』魯語上「宗有司曰　非昭穆也」の韋注に「僖爲閔臣　臣子一例而升閔上」とあり、『晉書』禮志中に「穆帝崩　哀帝立　帝於穆帝爲從父昆弟（中略）尙書僕射江虨等四人並云　閔僖兄弟也　而爲父子　則哀帝應爲帝嗣」とあるのを參照。ただし、ここの注の「不得爲父子」と『晉書』禮志中の「爲父子」とは、表現が正反對である。この點については、異論もあろうが、今ここでは、とりあえず、前者は事實を、後者は理念を述べたもの、と解しておく。なお、疏には「禮　父子異昭穆　兄弟昭穆同　故僖閔不得爲父子　同爲穆耳　當閔在僖上　今升僖先閔　故云逆祀　二公位次之逆　非昭穆亂也」とある。定公八年「從祀先公」の注に「從　順也　先公　閔公僖公也　將正二公之位次　所順非一　親盡　故通言先公」とあることからすれば、疏のように推論することも可能かも知れないが（ちなみに、『禮記』禮器の疏には「服氏云　自躋僖公以來　昭穆皆逆」とある）、杜預が「昭穆」について全く言及していない以上、にわかには從い難い。今かりに、疏に從うとすると、注の意味は「僖公は、閔公の兄であって、父子とは言えない（から、昭穆を逆にしたということではない）。（ただ）かつて臣であったため、位次としては、下にいるはずなのに、（今ここで）閔公の上にすえたから、（その點で）『逆祀』と言っているのである」ということになろう。

【傳】於是夏父弗忌爲宗伯

【注】「宗伯」は、宗廟の昭穆の禮をつかさどる（官である）。

【附】『周禮』小宗伯に「辨廟祧之昭穆」とあるのを參照。また、『國語』魯語上「夏父弗忌爲宗」の韋注に「宗　宗伯　掌國祭祀之禮也」とあるのを參照。

【傳】尊僖公　且明見曰　吾見新鬼大故鬼小

【注】「新鬼」とは、僖公のことで、兄である上に、死んだ時、年が長じていた。「故鬼」とは、閔公のことで、死んだ時、年少であった。弗忌は、自分が見たことをはっきり言ったのである。

【附】注の「閔公　死時年少」については、閔公二年の傳文「初公傅奪卜齮田　公不禁」の注に「公卽位　年八歲」とあるのを參照。
注の「弗忌明言其所見」については、異說として、安井衡『左傳輯釋』に「明見　明白見之也」とある。

【傳】先大後小　順也　躋聖賢　明也

【注】さらに、僖公を聖賢としたのである。

【傳】明順　禮也　君子以爲失禮　禮無不順　祀　國之大事也　而逆之　可謂禮乎　子雖齊聖　不先父食久矣

【注】「齊」は、肅である。臣（僖公）が君（閔公）を繼ぐのは、子が父を繼ぐのと同じである。

【附】『詩』大雅〈思齊〉「思齊大任　文王之母」の毛傳に「齊　莊」とあるのを參照。また、公羊の何注に「僖公以臣繼閔公　猶子繼父」とあるのを參照。

【傳】故禹不先鯀　湯不先契

【注】「鯀」は、禹の父である。「契」は、湯の十三代先の祖である。

(附)注の「鯀　禹父」については、僖公三十三年の傳文「舜之罪也殛鯀其舉也興禹」の注に「禹　鯀子」とある。なお、その(附)を參照。

注の「契　湯十三世祖」については、『史記』殷本紀に「契卒　子昭明立　昭明卒　子相土立　相土卒　子昌若立　昌若卒　子曹圉立　曹圉卒　子冥立　冥卒　子振立　振卒　子微立　微卒　子報丁立　報丁卒　子報乙立　報乙卒　子報丙立　報丙卒　子主壬立　主壬卒　子主癸立　主癸卒　子天乙立　是爲成湯」とあるのを參照。

[傳]文武不先不窋

㊟「不窋」は、后稷の子である。

(附)『史記』周本紀に「后稷卒　子不窋立」とあるのを參照。また、『國語』周語上「我先王不窋用失其官」の韋注に「不窋　棄之子也」とあるのを參照。

なお、疏に「服虔云　周家祖后稷以配天　明不可先也　故言不先不窋　禹湯　異代之王　故言不先鯀契也」とある。

[傳]宋祖帝乙　鄭祖厲王　猶上祖也

㊟「帝乙」は、微子の父であり、「厲王」は、鄭の桓公の父である。二國は、帝乙と厲王が不肖であったことをかえりみず、(不肖でも)なお尊んでいるのである。

(附)注の「帝乙　微子父」については、『史記』殷本紀に「帝乙長子曰微子啓」とあり、同宋世家に「微子開者　殷帝乙之首子而帝紂之庶兄也」とあるのを參照。

注の「厲王　鄭桓公父」については、『史記』鄭世家に「鄭桓公友者　周厲王少子而宣王庶弟也」とあるのを參照。また、『國語』鄭語「桓公爲司徒」の韋注に「桓公　鄭始封之君　周厲王之少子　宣王之弟桓公友也」とあるのを參照。

注の「二國不以帝乙厲王不肖云云」については、異説として、楊伯峻『春秋左傳注』に「宋始封於微子　鄭始封於桓公　然而合食之時　微子猶不能先於帝乙　桓公猶不能先於厲王　始封之君猶且尊尙其父祖　故云猶上祖也　上同尙　杜注解猶字云　二國不以帝乙厲王不肖而猶尊尙之　厲王可云不肖　而帝乙　據尙書多士　自成湯至於帝乙　罔不明德恤祀　則帝乙未必不肖　杜注難從」とある。

[傳]是以魯頌曰　春秋匪解　享祀不忒　皇皇后帝　皇祖后稷

㊟「忒」は、差〔たがう〕である。「皇皇」は、美である。「后帝」は、天である。詩は、僖公が、上天を郊祭し、后稷を配祀した、ことを頌したのである。

(附)注の「忒　差也」については、『易』〈觀〉卦の彖傳「觀天之神道而四時不忒」の虞注に「忒　差也」とあるのを參照。

注の「皇皇　美也」については、『詩』魯頌〈泮水〉「烝烝皇皇　不吳不揚」の毛傳に「皇皇　美也」とあるのを參照。

注の「后帝　天也」については、『詩』魯頌〈閟宮〉「皇皇后帝」の鄭箋に「皇皇后帝　謂天也」とあるのを參照。

注の「詩頌僖公郊祭上天配以后稷」については、上にあげた鄭箋のつづきに「成王以周公功大　命魯郊祭天　亦配之以君祖后稷」とあるのを參照。また、〈閟宮〉の序に「閟宮　頌僖公能復周公之宇也」とあるのを參照。なお、襄公七年の傳文に「夫郊祀后稷　以祈農事也」とあり、注に「郊祀后稷　以配天」とある。

傳君子曰禮　謂其后稷親而先帝也

注（「先帝」とは、詩が）先に「帝」を稱している、ということである。

傳詩曰　問我諸姑　遂及伯姊

注「詩」は、邶風（泉水第二章）である。衞の女が、（里に）歸りたいと思っても、歸れないので、姑〔おば〕や姊〔あね〕に相談することを願ったものである。

附『詩』邶風〈泉水〉の序に「泉水　衞女思歸也　嫁於諸侯　父母終　思歸寧而不得　故作是詩以自見也」とあるのを參照。また、〈泉水〉の第一章に「孌彼諸姬　聊與之謀」とあり、毛傳に「聊　願也」とあるのを參照。

傳君子曰禮　謂其姊親而先姑也

注僖公が（血筋としてごく）近く文公の父であるため、夏父弗忌は、時君〔文公〕の機嫌をとろうとして、時君に近い方〔僖公〕を先にしたから、傳は、この二つの詩によって、その心意を深く責めたのである。

附『史記』魯世家に「三十三年釐公卒　子興立　是爲文公」とあるのを參照。また、『國語』魯語上「文公欲弛孟文子之宅」の韋注に「文公　魯僖公之子文公興也」とあるのを參照。

傳仲尼曰　臧文仲　其不仁者三　不知者三　下展禽

注「展禽」とは、柳下惠のことである。文仲は、柳下惠が賢であることを知っていながら、下位に置いた。（仁者は）自分が立ちたいと思った時、人を立ててやるものである。

附『論語』衞靈公に「子曰　臧文仲其竊位者與　知柳下惠之賢而不與立也」とあり、〈集解〉に「孔曰　柳下惠　展禽也　知賢而不擧　是爲竊位」とあるのを參照。また、同雍也に「子曰（中略）夫仁者　己欲立而立人」とあるのを參照。

傳廢六關

注塞關・陽關などの、全部で六つである。關は、商人（がむやみに出入するの）をさしとめるための（大切な）ものなのに、それを撤廢してしまったのである。

附注の前半については、昭公五年の傳文に「孟仲之子殺諸塞關之外（注　齊魯界上關）」とあり、襄公十七年の傳文に「師自陽關逆臧孫」とある。

注の後半については、『漢書』食貨志上に引く賈誼〈論積貯疏〉に「今毆民而歸之農　皆著於本　使天下各食其力　末技游食之民轉而緣南畮　則畜積足而人樂其所矣」とあり、『新書』瑰瑋に「夫奇巧末技　商販游食之民」とあるのを參照。また、『漢書』龔遂傳に「遂見齊俗奢侈　好末技　不田作　乃躬率以儉約　勸民務農桑」とあるのを參照。また、荀悅『申鑒』時事に「去浮華　擧功實　絕末伎　同本務　則事業修矣」とあるのを參照。また、『周禮』司關に「司貨賄之出入者　掌其治禁與其征廛」とあるのを參照。なお、異說として、惠棟『春秋左傳補註』に「家語云　置六關　王肅曰　六關　關名　魯本無此關　文仲置之　以稅行者　故云不仁　棟案　廢與置古字通　公羊傳

曰　去其有聲者　廢其無聲者　鄭志答張逸曰　廢　置也（何休曰　廢置也　置者　不去也　齊人語）以廢爲置　猶以亂爲治　徂爲存　故爲今　曩爲曏　苦爲快　臭爲香　藏爲去　郭璞所謂詁訓義有反覆旁通美惡不嫌同名也　杜氏云　六關　所以禁絶末遊　而廢之　周禮建國有門關　關安可廢　況後傳塞關陽關皆有明文　豈旋廢之而旋復之與杜氏此說昧于義矣　小爾雅亦以廢爲置　杜集解頗用孔鮒之説　獨不及此　何也」とある。

【傳】妾織蒲　三不仁也

㊟家人〔召使〕に席〔むしろ〕を（織って）販賣させた。（つまり）民と利を争った、ということである。

(附)『孔子家語』顔回に「妾織席」とあり、注に「傳曰織蒲　蒲　席也　言文仲爲國爲家　在於貪利也」とあるのを參照。また、『史記』循吏傳に「使食祿者不得與下民爭利　受大者不得取小」とあるのを參照。また、『漢書』食貨志上に「毋與民爭利」とあるのを參照。また、隱公五年の公羊傳文「美大之之辭也」の何注に「公去南面之位　下與百姓爭利」とあるのを參照。

【傳】作虛器

㊟蔡〔守龜〕を所藏し、節〔柱頭のますがた〕に山の模様を刻み、梲〔梁の上の短柱〕に水草の模様を畫いた、ことをいう。器物はあっても、それにふさわしい位がないから、「虛」と言っているのである。

(附)『論語』公冶長に「子曰　臧文仲居蔡　山節藻梲　何如其知也」とあり、〈集解〉に「包曰（中略）蔡　國君之守龜　出蔡地　因以爲名焉長尺有二寸　居蔡　僭也　節者　栭也　刻鏤爲山　梲者　梁上楹畫爲藻文　言其奢侈」とあるのを參照。また、『孔子家語』顔回「設虛器」の注に「居蔡　蔡　天子之守龜　非文仲所有　故曰虛器也」とあるのを參照。なお、襄公二十三年の傳文に「且致大蔡焉（注　大蔡大龜）」とあり、また、『漢書』食貨志下に「元龜爲蔡　非四民所得居」とあり、また、『孔子家語』好生に「臧氏家有守龜焉　名曰蔡」とあるのも參照。

【傳】縱逆祀

㊟夏父が僖公をのぼすのを許した。

(附)『孔子家語』顔回「縱逆祀」の注に「夏父弗忌爲宗伯　躋僖公於閔公之上　文仲縱而不禁也」とあるのを參照。

【傳】祀爰居　三不知也

㊟「爰居」という海鳥が、魯の東門の外に止まったとき、文仲は（わけもわからずに）神とみなし、國人に命じてそれを祀らせた。

(附)『國語』魯語上に「海鳥曰爰居　止於魯東門之外三日　臧文仲使國人祭之」とあり、韋注に「文仲不知　以爲神也」とあるのを參照。また、『孔子家語』顔回に「祠海鳥」とあり、注に「海鳥止于魯東門之上　文仲不知而令國人祠之　是不智也」とあるのを參照。

【傳】冬晉先且居宋公子成陳轅選鄭公子歸生伐秦　取汪及彭衙而還　以報彭衙之役　卿不書　爲穆公故　尊秦也　謂之崇德

【傳】襄仲如齊納幣　禮也　凡君卽位　好舅甥　脩昏姻　娶元妃以奉粢盛孝也

㊟諒闇〔心喪〕が終わると、内外とよしみを通じ、内外の禮が始めてととのう、ことをいう。（つまり）ここ（の「卽位」）は、（踰年の卽位ではなく）除凶〔三年の喪が終わった後〕の卽位であり、卽位すると、卿を派遣して、舅甥の關係の國とよしみをかさね、禮を脩めて、婚姻するのである。「元妃」は、嫡夫人である。「粢盛をささげる」とは、祭祀にそなえるのである。

㊎注の「諒闇既終」については、隱公元年の傳文「弔生不及哀」の注に「諸侯已上　既葬　則縗麻除　無哭位　諒闇終喪」とあるのを參照。

注の「嘉好之事」については、昭公三十年の傳文に「唯嘉好聘享三軍之事於是乎使卿」とあり、また、定公四年の傳文に「若嘉好之事（注謂朝會）君行師從　卿行旅從」とある。

注の「此除凶之卽位也」については、元年「春王正月公卽位」の注に「先君未葬而公卽位　不可曠年無君」とあり、疏に引く『釋例』に「遭喪繼立者　毎新年正月　必改元正位　百官以序　故國史書卽位於策以表之　文公成公　先君之喪未葬　而書卽位　因三正之始　明繼嗣之正　表朝儀以同百姓之心　此乃國君明分制之大禮　譬周康王麻冕黼裳以行事　事畢然後反喪服也　雖踰年行卽位之禮　名通於國内　必須既葬卒哭　乃免喪　古之制也」とあるのを參照。なお、異説として、安井衡『左傳輯釋』に「如除凶之卽位　則杜所持謬論　今置而不辨」とある。

注の「元妃　嫡夫人」については、昭公八年の傳文「陳哀公元妃鄭姬生悼大子偃師」の注に、同文がみえる。

注の「奉粢盛　供祭祀」については、閔公二年の傳文に「大子奉冢祀社稷之粢盛」とあるのを參照。

【傳】孝　禮之始也

〔文公三年〕

【經】三年春王正月叔孫得臣會晉人宋人陳人衞人鄭人伐沈　沈潰

㊟傳例に「民が上の者から逃げるのを『潰』という」とある〔下の傳文〕。「沈」は、國名である。汝南の平輿縣の北部に沈亭がある。

㊎『續漢書』郡國志二に「汝南郡（中略）平輿有沈亭　故國　姬姓」とあるのを參照。

【經】夏五月王子虎卒

㊟爵を書いていないのは、天王が赴告してきたからである。翟泉の盟は（王子虎が）勝手に王命を假りたものであるにもかかわらず、周王は、そのまま同盟の例によって、（王子虎の）ために赴告してきた（から、名を書いている）のである。

㊎注の前半については、疏に「不書爵者　畿内之國　不得外交諸侯　其臣不敢赴魯　必天子爲之赴　赴以王子爲親　不復言其爵也」とある。

注の後半については、僖公二十九年に「夏六月會王人晉人宋人齊人陳人蔡人秦人盟于翟泉」とあり、傳に「夏公會王子虎晉狐偃宋公孫固齊國歸父陳轅濤塗秦小子慭盟于翟泉」とある。なお、襄公三年「六月公會單子晉侯宋公衞侯鄭伯莒子邾子齊世子光　己未同盟于雞澤」の疏に引く『釋例』に「翟泉之盟　子虎在列　君子以爲　非天子之命　虧上下常節　故不存魯侯　而人子虎　以示篤戒也」とあるのを參照。また、隱公七年の傳文に「凡諸侯同盟　於是稱名　故薨則赴以名」とあり、僖公二十三年の傳文に「凡諸侯同盟　死則赴以名　禮也」とあるのを參照。

經秦人伐晉

注晉人が、出擊しなかったことを恥じ、（敵を）微者として赴告してきたのである。

附下の傳文に「秦伯伐晉　濟河焚舟　取王官及郊　晉人不出」とある。

經秋楚人圍江

經雨螽于宋

注上から落ち、雨に似ていた（から、「雨」と言っている）のである。宋人が、その死を、天の助けを得たものと思い、喜んで赴告してきたから、書いたのである。

附下の傳文に「隊而死也」とある。なお、『漢書』五行志中之下に「劉歆以爲　螽爲穀災　卒遇賊陰　墜而死也」とあるのを參照。

經冬公如晉　十有二月己巳公及晉侯盟

經晉陽處父帥師伐楚以救江

傳三年春莊叔會諸侯之師伐沈　以其服於楚也　沈潰　凡民逃其上曰潰　在上曰逃

注「潰」とは、たまった水が堰を切ってあふれ出るように、衆人がちりぢりに流亡するのであり、自分からくずれる様子である。（また）國君がすばやく逃げ去り、羣臣が誰も知らされていない、というのは、匹夫が逃げかくれするのと異ならない。だから、衆人については「潰」といい、上の者については「逃」という。（つまり）それぞれ、類似のもの〔たまった水と匹夫〕によって言うのである。

附疏に引く『釋例』に「衆保於城　城保於德　言上能以德附衆　以功庇下　民信其德　恃其固　故能交相依懷　以衞社稷　苟無固志　盈城之衆　一朝而散　如積水之敗　故曰潰　潰者　衆散流遁之辭也　國君而逃師棄盟　違其典儀　棄其車服　羣臣不知其謀　社稷不保其安　此與匹夫逃竄無異　是以在衆爲潰　在君爲逃　以別上下之名　無取於別國邑也　賈穎以爲　擧國曰潰　一邑曰叛　案左氏無此義也　傳曰　陳侯如楚　慶氏以陳叛　此則擧國不必言潰也　叛者　擧城而屬他　非民潰之謂也」とあり、また、「例之潰逃　指爲一國一軍一邑　君民相須爲用　變文以別之也　鄭詹見囚於齊　自齊逃來　此爲逸囚　無不可逃　春秋指事而書　所謂民逃　非在上之逃也　而賈氏復申以入例　亦不安也」とある。

傳衞侯如陳　拜晉成也

注二年に、陳侯が衞のために晉に和平を請願してくれた（からである）。

附二年の傳文に「陳侯爲衞請成于晉　執孔達以說」とある。

傳夏四月乙亥王叔文公卒　來赴　弔如同盟　禮也

注王子虎が僖公と翟泉で同盟し、文公は同盟した相手（僖公）の子であるから、名をもって赴告してきたのである。傳は、王子虎（王叔）が、諸侯とは異なり、しかも、文公（自身）とは盟っていないから、ここで體例をはっきり示したのである。經が（傳と違って）、「五月」と書き、しかも、日を書いていないのは、赴告に從ったのである。

附隱公七年の傳文に「凡諸侯同盟　於是稱名　故薨則赴以名」とあり、僖公二十三年の傳文に「凡諸侯同盟　死則赴以名　禮也」とあるのを參照。なお、僖公三十二年「夏四月己丑鄭伯捷卒」の注に「三同盟」とあり、疏に「捷以莊二十二年卽位　至此　與魯十餘同盟　言三同盟者　但杜數同盟不例　若同盟少者　數先君之盟　或數大夫之盟　或數經不書盟而傳載盟者　若同盟多者　唯數今君　或就今君之中數其大會盟之顯著者」とあるのも參照。

傳秦伯伐晉　濟河焚舟

注必死の覺悟を示したのである。

傳取王官及郊

注「王官」・「郊」は、晉地である。

附『史記』秦本紀「取王官及鄗」の〈集解〉に「服虔曰　皆晉地　不能有」とあるのを參照。

傳晉人不出　遂自茅津濟　封殽尸而還

注「茅津」は、河東の大陽縣の西部にあった。「封」とは、埋藏したのである。

附注の前半については、『續漢書』郡國志一に「河東郡（中略）大陽（中略）有茅津」とあるのを參照。

注の後半については、『易』繫辭下傳「不封不樹」の虞注に「穿土稱封　封　古窆字也」とあるのを參照。なお、異説として、『史記』秦本紀「封殽中尸」の〈集解〉に「賈逵曰　封　識之」とある。

傳遂霸西戎　用孟明也　君子是以知秦穆之爲君也　擧人之周也

注「周」は、備である。たった一つの悪に偏執して、その他の善までも棄てる、ようなことはしなかった、ということである。

附注の「周　備也」については、『史記』秦本紀「秦繆公之與人周也」の〈集解〉に「服虔曰　周　備也」とあるのを參照。

注の「不偏以一惡棄其善」については、僖公三十三年の傳文「詩曰　采葑采菲　無以下體　君取節焉可也」の注に「葑菲之菜　上善下惡　食之者　不以其惡而棄其善　言可取其善節」とあるのを參照。

傳文の「秦穆公」の「公」は、挍勘記に從って、衍文とみなす。なお、王引之『經義述聞』に「挍勘記曰　石經無公字　足利本亦無　案下文

云　秦穆有焉　四年傳　其秦穆之謂矣　六年傳　秦穆之不爲盟主也宜哉　皆無公字　諸刻本有者　疑衍文　家大人曰　此説是也　秦穆之稱亦猶齊桓晉文　後人不知古人省文之例　故輒加公字耳　太平御覽人事部八十三　治道部十一　引此皆無公字」とある。

傳與人之壹也

㊟「壹」とは、二心が無かった、ということである。

㈲成公十三年の傳文に「君有二心於狄（中略）是用宣之　以懲不壹」とあるのを參照。

傳孟明之臣也　其不解也　能懼思也　子桑之忠也　其知人也　能擧善也

㊟「子桑」は、公孫枝で、孟明を推擧した者である。

㈲僖公九年の傳文「公謂公孫枝曰」の注に「公孫枝　秦大夫子桑也」とあるのを參照。なお、章太炎『春秋左傳讀』に「呂覽愼人云　百里奚之未遇時也　亡虢而虜晉　飯牛於秦　傳鬻以五羊之皮　公孫枝得而説之　獻諸繆公　三日請屬事焉　繆公曰　買之五羊之皮而屬事焉　無乃天下笑乎　公孫枝對曰　信賢而任之　君之明也　讓賢而下之　臣之忠也　君爲明君　臣爲忠臣　彼信賢　境内將服　敵國且畏　夫誰暇笑哉　繆公遂用之　謀無不當　擧必有功　韓非説林上亦云　公孫支自刖而尊百里　然則子桑乃擧百里奚者　孟明卽奚之子　一擧而得賢二世　故此傳亦以孟明成功歸功子桑」とある。

傳詩曰　于以采蘩　于沼于沚　于以用之　公侯之事　秦穆有焉

㊟「詩」は、國風〔召南〈采蘩〉〕である。沼や沚の蘩〔しろよもぎ〕は、きわめて粗末なものだが、それでもなお、採って公侯に供える、ということであり、これによって、秦の穆公が、どんな小さな善でもとり殘さなかった、ことを喩えたのである。

㈲毛傳に「公侯夫人　執蘩菜以助祭　神饗德與信　不求備焉　沼沚谿澗之草　猶可以薦」とあるのを參照。また、隱公三年の傳文に「苟有明信　澗谿沼沚之毛　蘋蘩薀藻之菜　筐筥錡釜之器　潢汙行潦之水　可薦於鬼神　可羞於王公（中略）風有采蘩采蘋　雅有行葦泂酌　昭忠信也」とあり、注に「明有忠信之行　雖薄物　皆可爲用」とあるのを參照。

傳夙夜匪解　以事一人　孟明有焉

㊟「詩」は、大雅〔烝民第四章〕である。仲山甫をほめたものである。「一人」とは、天子のことである。

㈲注の「美仲山甫也」については、〈烝民〉の第二章に「仲山甫之德　柔嘉維則」とあるのを參照。なお、詩序には「烝民　尹吉甫美宣王也　任賢使能　周室中興焉」とある。

注の「一人　天子也」については、鄭箋に「一人　斥天子」とあるのを參照。

傳詒厥孫謀　以燕翼子　子桑有焉

㊟「詒」は遺〔のこす〕であり、「燕」は安であり、「翼」は成である。「詩」は、大雅〔文王有聲第八章〕である。武王が、よくその子孫に善謀をのこして、子孫を安定させた、ことをほめたものである。〔つまり〕子桑には、「よい人物を推擧する」という謀があった、ということである。

㈲注の「詒　遺也」については、『詩』邶風〈雄雉〉「自詒伊阻」の毛傳に「詒　遺」とあるのを參照。なお、ここの詩の鄭箋には「詒猶傳也」とある。

注の「燕　安也」については、毛傳に「燕　安」とあるのを參照。

注の「翼　成也」については、『國語』魯語上「鳥翼鷇卵」の韋注に「翼　成也」とあるのを參照。

注の「美武王能遺云云」については、第八章の下句に「武王烝哉」とあるのを參照。なお、詩序には「文王有聲　繼伐也　武王能廣文王之聲　卒其伐功也」とある。

【傳】秋雨螽于宋　隊而死也

（注）螽が宋に飛來し、地に落ちて死んだのであり、雨のようであった。

（附）經の注に「自上而隋　有似於雨」とあるのを參照。

【傳】楚師圍江　晉先僕伐楚以救江

（注）晉の「救江」が「雨螽」の下にあるから、（本來、上にある）「圍江」の經も、それに從って、（傳では）「雨螽」の下に置い（て解説し）たのである。

（附）疏に「不進救江於前　而退圍江於下」とある。

【傳】冬晉以江故告于周

（注）天子の威を假りて楚を伐とうとしたのである。

【傳】王叔桓公晉陽處父伐楚以救江

（注）「桓公」は、周の卿士で、王叔文公〔王子虎〕の子である。桓公を（經に）書いていないのは、威光を示しただけで、自身では伐たなかった、からである。

【傳】門于方城　遇息公子朱而還

（注）「子朱」は、楚の大夫で、江討伐の將帥である。晉の師が發動したと聞き、江の圍みをといたから、晉もまた、ひきあげたのである。

【傳】晉人懼其無禮於公也　請改盟

（注）（「改盟」とは）二年の處父との盟を改める、ということである。

（附）二年に「三月乙巳及晉處父盟」とあり、傳に「晉人以公不朝來討　公如晉　夏四月己巳晉人使陽處父盟公以耻之」とあり、注に「使大夫盟公　欲以耻辱魯也」とある。

【傳】公如晉　及晉侯盟　晉侯饗公　賦菁菁者莪

（注）「菁菁者莪」は、『詩』の小雅である。その中の〝君子に會うと、（君子は）樂しみつつ、しかも、禮儀正しい〟という一節に（意を）取ったのである。

（附）すぐ下の傳文に「小國受命於大國　敢不愼儀　君貺之以大禮　何樂如之　抑小國之樂　大國之惠也」とあるのを參照。

【傳】莊叔以公降拜

（注）晉侯が公を君子になぞらえたことに拜謝したのである。

【傳】曰　小國受命於大國　敢不愼儀　君貺之以大禮　何樂如之　抑小國之樂　大國之惠也　晉侯降　辭

（注）階を降りて、公に讓った〔公の拜謝をことわった〕のである。

【傳】登　成拜

【注】つれだって、もう一度のぼり、拜禮を完成させたのである。

【附】『儀禮』燕禮に「賓降　西階下再拜稽首　公命小臣辭　賓升　成拜」とあり、注に「升成拜　復再拜稽首也　先時君辭之　於禮若未成然」とあるのを參照。

【傳】公賦嘉樂

【注】「嘉樂」は、『詩』の大雅である。その中の〝光りかがやく令德は、民〔庶民?〕にも人〔士大夫?〕にも適切で、天から福祿を受ける〟という一節に、意を取ったのである。

【附】毛傳に「宜民宜人　宜安民宜官人也」とあり、鄭箋に「安民官人　皆得其宜」とあるのを參照〔ただし、杜預がこれに從っているかどうかは、不明〕。

〔文公四年〕

【經】四年春公至自晉

【注】傳はない。

【經】夏逆婦姜于齊

【注】「婦」と稱しているのは、姑がいるという表現である。

【附】僖公二十五年「宋蕩伯姬來逆婦」の注に「稱婦　姑存之辭」とある。なお、その【附】を參照。また、襄公二年の傳文に「婦　養姑者也」とあるのを參照。

【經】狄侵齊

【注】傳はない。

【經】秋楚人滅江

【注】「滅」の例は、十五年にある。

【附】十五年の傳文に「凡勝國曰滅之」とあり、注に「勝國　絕其社稷　有其土地」とある。なお、注の「文十五年」の「文」は、挍勘記に從って、衍文とみなす。

【經】晉侯伐秦

【經】衛侯使甯兪來聘

【經】冬十有一月壬寅夫人風氏薨

【注】僖公の母で、風姓である。同盟國に赴告し、姑に祔祭したから、「夫人」と稱しているのである。

【附】隱公三年の傳文に「夏君氏卒　聲子也　不赴於諸侯　不反哭于寢　不祔于姑　故不曰薨　不稱夫人　故不言葬」とあり、注に「夫人喪禮有三　薨則赴於同盟之國　一也　既葬　日中自墓反　虞於正寢　所謂反哭于寢　二也　卒哭而祔於祖姑　三也　若此　則書曰夫人某氏薨　葬我小君某氏　此備禮之文也」とあるのを參照。

なお、疏に引く『釋例』に「凡妾子爲君　其母猶爲夫人　雖先君不命其母　母以子貴　其適夫人薨　則尊得加於臣子　内外之禮皆如夫人矣　故姒氏之喪　責以小君不成　成風之喪　王使會葬　傳曰　禮也」とある。

傳四年春晉人歸孔達于衞　以爲衞之良也　故免之

注二年に、衞は、孔達を執えて、晉に言いわけしたのである。

附二年の傳文に「陳侯爲衞請成于晉　執孔達以説」とある。

傳夏衞侯如晉拜

注孔達を歸してくれたことに拜謝したのである。

傳曹伯如晉會正

注（「會正」とは）會して貢賦の政（割當て）を受けたのである。傳は、（晉の）襄公がよく文公の霸業をうけつぎ、諸侯が服從した、ことを言っているのである。

附下の傳文「昔諸侯朝正於王」の注に「朝而受政教也」とあるのを參照。

傳逆婦姜于齊　卿不行　非禮也

注禮では、諸侯に事情があれば、卿に迎えに行かせる。

附桓公三年「公子翬如齊逆女」の注に「禮　君有故　則使卿逆」とあるのを參照。また、莊公二十四年「夏公如齊逆女」の注に「親逆　禮也」とあるのを參照。

傳君子是以知出姜之不允於魯也

注「允」は、信である。始め來たときに尊ばれなかったから、最後まで國人に敬信されなかったのである。文公が薨ずると、追い出されたから、「出姜」と言っているのである。

附注の「允　信也」については、十八年の傳文「齊聖廣淵明允篤誠　天下之民謂之八愷」等の注に、同文がみえる。なお、『爾雅』釋詁・『説文』等にも、「允　信也」とある。

注の「故終不爲國人所敬信也」については、すぐ下の傳文に「棄信而壞其主」とあり、また、「敬主之謂也」とあるのを參照。なお、異説として、章太炎『春秋左傳讀』に「下文之棄信而壞其主及敬主之謂也　皆指此逆　時言此不允於魯　則卜其後日　若以允爲敬信　則此時已不敬信矣　何待言是以知乎　允當借爲遂（中略）此謂出姜不終於魯　還復歸齊耳　允又與駿通（中略）不駿於魯　亦謂子孫不長茂於魯也　下文云　在國必亂　在家必亡　不允宜哉　是其誼也」とある。

注の「文公薨而見出」については、十八年に「夫人姜氏歸于齊」とあり、傳に「大歸也」とある。

傳曰　貴聘而賤逆之

注（二年に）公子遂が納幣したのが、「貴人が聘した」ということである。

傳君而卑之　立而廢之

注「君」とは、小君（夫人）である。（ここで）夫人の禮によって迎えなかったのが、「卑しめ」・「廢した」ということである。

〔附〕『詩』鄘風〈鶉之奔奔〉「人之無良　我以爲君」の毛傳に「君　國小君」とあるのを參照。

〔傳〕棄信而壞其主　在國必亂　在家必亡

〔附〕昭公三年の傳文に「撫有晉國　賜之內主」とある。

〔注〕「主」とは、內主〔夫人〕である。

〔傳〕不允宜哉　詩曰　畏天之威　于時保之　敬主之謂也

〔注〕「詩」は、頌〔周頌〈我將〉〕である。天の威を畏れ、かくして福祿を保つ、ということである。

〔附〕鄭箋に「于　於　時　是也」とあるのを參照。また、この詩の上句に「伊嘏文王」とあり、鄭箋に「受福曰嘏」とあるのを參照。

〔傳〕秋晉侯伐秦　圍邧新城　以報王官之役

〔注〕「邧」・「新城」は、秦の邑である。「王官の役」は、前年にある。

〔附〕三年の傳文に「秦伯伐晉　濟河焚舟　取王官及郊」とある。なお、『史記』晉世家「晉伐秦　取新城」の〈集解〉に「服虔曰　秦邑　新所作城也」とあるのを參照。

〔傳〕楚人滅江　秦伯爲之降服　出次　不擧　過數

〔注〕「降服」とは、素服〔白ぎぬの服〕を身につけたのである。「出次」とは、正寢を避けたのである。「不擧」とは、豪華な食事をやめたのである。〔「過數」とは〕鄰國がとるべき禮にはきまりがあるのに、今ここで、秦伯はそれを超過したのである。

〔附〕注の「降服　素服也」については、成公五年の傳文「君爲之不擧　降服」の注に「損盛服」とあるのを參照。なお、僖公三十三年の傳文に「秦伯素服郊次」とある。

注の「出次　辟正寢」については、成公五年の傳文「君爲之不擧〔中略〕出次」の注に「舍於郊」とあるのを參照。なお、僖公三十三年の傳文に「秦伯素服郊次」とある。

注の「不擧　去盛饌」については、莊公二十年の傳文「君爲之不擧」の注に「去盛饌」とあるのを參照。なお、その〔附〕も參照。

注の「鄰國之禮有數」については、昭公三年の傳文「今嬖寵之喪　不敢擇位　而數於守適」の注に「不敢以其位卑　而令禮數如守適夫人」とあるのを參照。なお、莊公十八年の傳文に「王命諸侯　名位不同　禮亦異數」とある。

〔傳〕大夫諫　公曰　同盟滅　雖不能救　敢不矜乎　吾自懼也

〔注〕秦と江とが同盟したことは、赴告がなかったから、〔經に〕書いていないのである。

〔傳〕君子曰　詩云　惟彼二國　其政不獲　惟此四國　爰究爰度　其秦穆之謂矣

〔注〕「詩」は、大雅〔皇矣〕である。夏・商の君は、その政事が人民の支持を得られなかった〔ため、滅亡した〕から、四方の諸侯は、いずれもみな、懼れて、自分達の政事を謀った、ということであり、〔つまり〕秦の穆公もまた、よく江の滅亡に感じ、懼れて政事を思った、ということである。「爰」は、於である〔『爾雅』釋詁〕。「究」・「度」は、

いずれもみな、謀である。

【附】毛傳に「二國　殷夏也（中略）四國　四方也　究　謀」とあり、鄭箋に「度亦謀也」とあるのを參照。

【傳】衛甯武子來聘　公與之宴　爲賦湛露及彤弓

【注】禮の常法ではなく、公が特別に樂人に命じて意を示したものであるから、「ために賦した」と言っているのである。「湛露」・「彤弓」は、『詩』の小雅である。

【傳】不辭　又不荅賦　使行人私焉

【注】私的にたずねたのである。

【傳】對曰　臣以爲肄業及之也

【注】「肄」は、習である。魯人が賦すべきものをまちがえたのに、甯武子は、知らないふりをしたのであり、これが、（所謂）〝その愚にはかなわない〟ということである。

【附】注の「肄　習也」については、『禮記』曲禮下「君命　大夫與士肄」の注に「肄　習也」とあるのを參照。なお、莊公三十二年の傳文「雩講于梁氏」の注に「講　肄也」とあり、昭公七年の傳文「乃講學之」の注に「講　習也」とある。

注の「甯武子云云」については、『論語』公冶長に「子曰　甯武子邦有道則知　邦無道則愚　其知可及也　其愚不可及也」とあり、〈集解〉に「孔曰　佯愚似實　故曰不可及也」とあるのを參照。なお、定公十二年の傳文に「子僞不知」とあり、注に「佯不知」とある。

【傳】昔諸侯朝正於王

【注】（「朝正」とは）朝して政教を受けたのである。

【附】上の傳文「曹伯如晉會正」の注に「會受貢賦之政也」とあるのを參照。

【傳】王宴樂之　於是乎賦湛露　則天子當陽　諸侯用命也

【注】〈湛露〉に「たっぷりとおりた露は、太陽でなければ、かわかない」とある。「晞」は、乾である。露が太陽に照らされてかわくのは、諸侯が天子の命をうけて行動するのと同じである、ということである。

【附】毛傳に「湛湛　露茂盛貌　陽　日也　晞　乾也　露雖湛湛然　見陽則乾」とあるのを參照。

【傳】諸侯敵王所愾　而獻其功

【注】「敵」は、當〔あたる〕と同じである。「愾」は、恨怒〔いかる〕である。

【附】注の「敵猶當也」については、哀公十五年の傳文「下石乞盂黶敵子路」の注に「敵　當也」とあるのを參照。なお、『爾雅』釋詁にも「敵　當也」とある。ちなみに、桓公八年の傳文に「不當王　非敵也」とある。

注の「愾　恨怒也」については、『說文』に「鎎　怒戰也（中略）春秋傳曰　諸侯敵王所鎎」とあるのを參照。

【傳】王於是乎賜之彤弓一彤矢百　玈弓矢千　以覺報宴

【注】「覺」は、明である。諸侯が四夷に對して戰功をあげると、王はこれに弓矢を賜わり、また、ために〈彤弓〉を歌って、戰功に報いる宴樂であることを明らかにした、ということである。

(附)莊公三十一年の傳文に「凡諸侯有四夷之功　則獻于王」とあるのを參照。また、〈彤弓〉の序に「彤弓　天子錫有功諸侯也」とあるのを參照。

【傳】今陪臣來繼舊好

㊟天子の樂について論じているところであるから、自らを「陪臣」と稱したのである。

(附)僖公十二年の傳文「陪臣敢辭」の注に「諸侯之臣曰陪臣」とあるのを參照。なお、その(附)も參照。

【傳】君辱貺之　其敢干大禮以自取戾

㊟「貺」は賜であり、「干」は犯であり、「戾」は罪である。

(附)注の「貺　賜也」については、僖公十五年の傳文「女承筐　亦無貺也」等の注に、同文が見える。なお、『爾雅』釋詁にも「貺　賜也」とある。

注の「干　犯也」については、襄公二十三年の傳文に「無或如臧孫紇干國之紀　犯門斬關」とあり、注に「干亦犯也」とあるのを參照。なお、『說文』にも「干　犯也」とある。

注の「戾　罪也」については、『詩』大雅〈抑〉「哲人之愚　亦維斯戾」の毛傳に「戾　罪也」とあるのを參照。なお、成公十八年の傳文に「宥罪戾」とあり、また、昭公十四年の傳文に「赦罪戾」とある。

【傳】冬成風薨

㊟明年の、王が含と賵を屆けに來させたこと、のために傳したのである。

巻第十九上

〔文公五年〕

【經】五年春王正月王使榮叔歸含且賵

㊟珠・玉を「含」という。「含」は、口をみたすものである。車・馬を「賵」という。

(附)ここの公羊傳文に「含者何　口實也」とあり、何注に「天子以珠　諸侯以玉」とあるのを參照。また、隱公元年の公羊傳文に「車馬曰賵」とあり、同年の穀梁傳文に「乘馬曰賵（中略）貝玉曰含」とあるのを參照。

なお、疏に「賈服云　含賵當異人　今一人兼兩使　故書且以譏之」とあり、また、「何休膏肓以爲　禮尊不含卑　又不兼二禮　左氏以爲禮於義爲短　鄭康成箴云　禮天子於二王後之喪　含爲先　襚次之　賵次之　賻次之　於諸侯　含之賵之　小君亦如之　於諸侯臣　襚之　諸侯相於　如天子於二王後　於卿大夫　如天子於諸侯　於士　如天子於諸侯臣　何休云尊不含卑　是違禮非經意　其一人兼歸二禮　亦是爲譏」とある。

【經】三月辛亥葬我小君成風

㊟傳はない。反哭し、喪禮を完備したから、「葬我小君」と言っているのである。

(附)隱公三年の傳文に「夏君氏卒　聲子也　不赴於諸侯　不反哭于寢　不祔于姑　故不曰薨　不稱夫人　故不言葬」とあり、注に「夫人喪禮有

三　薨則赴於同盟之國　一也　既葬　日中自墓反　虞於正寢　所謂反哭于寢　二也　卒哭而祔於祖姑　三也　若此　則書曰夫人某氏薨　葬我小君某氏　此備禮之文也」とあるのを參照。また、定公十五年の傳文に「葬定姒　不稱小君　不成喪也」とあるのを參照。

經王使召伯來會葬

注「召伯」は、天子の卿である。「召」は采地で、「伯」は爵である。やって來たものの、埋葬に間に合わなかったのに、譏っていないのは、（死後）五箇月という期間はこえなかった〔五箇月以内であった〕、からである。

附隱公元年の傳文に「諸侯五月」とあるのを參照。

經夏公孫敖如晉

注傳はない。

經秦人入鄀

注「入」の例は、十五年にある。

附十五年の傳文に「獲大城焉　曰入之」とあり、注に「得大都而不有」とある。

經秋楚人滅六

注「六」國は、今の廬江の六縣である。

經冬十月甲申許男業卒

注傳はない。（名を書いているのは）僖公と六度、同盟した（からである）。

附僖公二十三年の傳文に「凡諸侯同盟　死則赴以名　禮也」とあるのを參照。

傳五年春王使榮叔來含且賵　召昭公來會葬　禮也

注（死んだ）成風は莊公の妾であったが、天子が夫人の禮によって贈物をし、〝母は子によって貴い〟ということを明らかにしたから、「禮に適っている」と言っているのである。

附注の「以夫人禮賵之」の「賵」は、疏の引用に從って、「贈」に改める。なお、疏に引く『釋例』に「賵賻襚含　揔謂之贈」とあるのを參照。

注の「母以子貴」については、隱公元年の公羊傳文に「母以子貴」とあり、何注に「禮　妾子立　則母得爲夫人　夫人成風　是也」とあるのを參照。なお、四年「冬十有一月壬寅夫人風氏薨」の疏に引く『釋例』にも「凡妾子爲君　其母猶爲夫人　雖先君不命其母　母以子貴　其適夫人薨　則尊得加於臣子　內外之禮皆如夫人矣（中略）成風之喪　王使會葬　傳曰　禮也」とある。

傳初鄀叛楚卽秦　又貳於楚　夏秦人入鄀

【傳】六人叛楚卽東夷　秋楚成大心仲歸帥師滅六

㊟「仲歸」とは、子家のことである。

(附)十年の傳文に「又與子家謀弑穆王　穆王聞之　五月殺鬭宜申及仲歸」とある。

【傳】冬楚公子燮滅蓼

㊟「蓼」國は、今の安豐の蓼縣である。

(附)諸本に從って、傳文の「楚」の下に、「公」の字を補う。

【傳】臧文仲聞六與蓼滅　曰　皐陶庭堅不祀忽諸　德之不建　民之無援　哀哉

㊟蓼と六とは、いずれもみな、皐陶の後裔である。二國の君が、德をたて、大國と援助の約束を結ぶ、ことが出來ず、忽然として亡んだ、ことをいたんだのである。

(附)注の「蓼與六皆皐陶後也」については、『史記』楚世家に「四年滅六蓼　六蓼　皐陶之後」とあるのを參照。また、『漢書』地理志下に「六安國（中略）六　故國　皐繇後（中略）蓼　故國　皐繇後」とあるのを參照。なお、十八年の傳文「昔高陽氏有才子八人　蒼舒隤敳檮戭大臨尨降庭堅仲容叔達」の注に「庭堅卽皐陶字」とある。
注の「忽然而亡」については、『詩』邶風〈柏舟〉「日居月諸」の疏に「服虔云　諸　辭」とあるのを參照。

【傳】晉陽處父聘于衞　反過甯　甯嬴從之

㊟「甯」は、晉の邑で、（今の）汲郡の脩武縣である。「嬴」は、客舍をつかさどる大夫である。

(附)疏に「注國語者　賈逵孔晁皆以甯嬴爲掌逆旅之大夫　故杜亦同之」とある。なお、『國語』晉語五に「陽處父如衞　反過甯　舍於逆旅甯嬴氏」とあり、韋注に「甯　晉邑　今河內修武是也　旅　客也　逆客而舍之也」とあるのを參照。また、僖公二年の傳文に「今虢爲不道　保於逆旅」とあり、注に「逆旅　客舍也」とあるのを參照。

【傳】及溫而還　其妻問之　嬴曰　以剛　商書曰　沈漸剛克　高明柔克

㊟「沈漸」は、滯溺〔心がしずんでいて柔弱〕と同じである。「高明」は、亢爽〔心がたかぶっていて剛毅〕と同じである。それぞれ、剛・柔によって〔柔者は剛により、剛者は柔によって〕、自分の本性に勝たなければならず、そうして始めて、全き人となれる、ということである。この言葉は〈洪範〉にあるが、今はこれを（「商書」ではなくて）「周書」という。

【傳】夫子壹之　其不沒乎

㊟陽子は性格が剛毅一點張りであった。

【傳】天爲剛德　猶不干時

㊟寒・暑が順にめぐってくる。

【傳】況在人乎　且華而不實　怨之所聚也

㊟言うことが、實際にすることと、かけはなれている。

【傳】犯而聚怨　不可以定身

㊟剛毅だと、他人をおしのける。

傳余懼不獲其利而離其難　是以去之
注六年の「晉殺(其大夫陽)處父」のために傳したのである。

傳晉趙成子欒貞子霍伯臼季皆卒
注「成子」は、趙衰で、新上軍の帥であり、中軍の佐である。「貞子」は、欒枝で、下軍の帥である。「霍伯」は、先且居で、中軍の帥である。「臼季」は、胥臣で、下軍の佐である。六年の、夷で蒐したこと(下の傳文)、のために傳したのである。

附注の「成子　趙衰　新上軍帥　中軍佐也」については、僖公三十一年の傳文「趙衰爲卿」の注に「今始從原大夫爲新軍帥」とあり、文公二年の傳文「趙成子言於諸大夫曰」の注に「成子　趙衰」とある。また、文公二年の傳文に「先且居將中軍　趙衰佐之」とある。

注の「貞子　欒枝　下軍帥也」については、僖公二十七年の傳文「命趙衰爲卿　讓於欒枝先軫」の注に「欒枝　貞子也」とあり、つづく傳文に「使欒枝將下軍」とある。

注の「霍伯　先且居　中軍帥也」については、僖公三十三年の傳文に「襄公以三命命先且居將中軍」とある。

注の「臼季　胥臣　下軍佐也」については、僖公二十八年の傳文に「胥臣佐下軍」とあり、注に「胥臣　司空季子」とある。

なお、『史記』晉世家に「六年趙衰成子欒貞子咎季子犯霍伯皆卒」とあり、〈集解〉に「賈逵曰　欒貞子　欒枝也　霍伯　先且居也」とあるのを參照。

〔文公六年〕

經六年春葬許僖公
注傳はない。
經夏季孫行父如陳
注「行父」は、季友の孫である。
附『國語』周語中「季文子孟獻子皆儉」の韋注に「季文子　季友之孫　齊仲無佚之子　季孫行父」とあるのを參照。また、穀梁の疏に引く『世本』に「季友生仲無佚　佚生行父」とあるのを參照。なお、注の最後の「子」は、挍勘記に従って、衍文とみなす。
經秋季孫行父如晉
經八月乙亥晉侯驩卒
注(名を書いているのは)二度同盟した(からである)。
附僖公二十三年の傳文に「凡諸侯同盟　死則赴以名　禮也」とあるのを參照。
經冬十月公子遂如晉　葬晉襄公
注卿が埋葬に參列したのは、(晉の)文公・襄公の制度である。(死後)三箇月で葬ったのは、はやすぎる。
附注の前半については、昭公三十年の傳文に「先王之制　諸侯之喪　士弔　大夫送葬」とあるのを參照。また、同三年の傳文に「昔文襄之霸

也　其務不煩諸侯　令諸侯三歳而聘　五歳而朝　有事而會　不協而盟　君薨　大夫弔　卿共葬事　夫人　士弔　大夫送葬（注　蓋時俗過制　故文襄雖節之　猶過於古）」とあるのを參照。

注の後半については、隱公元年の傳文に「諸侯五月」とあるのを參照。

【經】晉殺其大夫陽處父

【注】處父は、任命を勝手にかえたため、國討にあたいするから、賈季が殺したとは言っていないのである。

【附】下の傳文に「書曰晉殺其大夫　侵官也」とある。なお、七年の傳文「書曰宋人殺其大夫　不稱名　衆也　且言非其罪也」の疏に引く『釋例』に「若死者有罪　則不稱殺者名氏　晉殺其大夫陽處父　是也」とあるのを參照。

【經】晉狐射姑出奔狄

【注】「射姑」は、狐偃の子の賈季である。「奔」の例は、宣公十年にある。

【附】注の前半については、『國語』晉語四「賈佗公族也　而多識以恭敬」の韋注に「賈佗　狐偃之子射姑　太師賈季也」とあるのを參照。

注の後半については、宣公十年の傳文に「凡諸侯之大夫違（注　違　奔放也）告於諸侯曰　某氏之守臣某　失守宗廟　敢告　所有玉帛之使者則告　不然則否」とある。

【經】閏月不告月　猶朝于廟

【注】諸侯は、毎月必ず、朔を告げ政を聽き、それに因んで宗廟に朝する（のがきまりである）。文公は、閏月が普通の月ではないという理由で、はぶいて朔を告げず、政事をおこたったのであり、廟に朝したとしても、朝さなかったのと同じであるから、「猶」と言っているのである。「猶」は、（上のことだけで）やめておくべきであった〔餘計である〕、という表現である。

【附】注全般については、疏に引く『釋例』に「人君者　設官分職　以爲民極　遠細事以全委任之責　縱諸下以盡知力之用　揔成敗以效能否　執八柄以明誅賞　故自非機事　皆委心焉　誠信足以相感　事實盡而不擁　故受位居職者　思効忠善　日夜自進　而無所顧忌也　天下之細事無數　一日二日萬端　人君之明　有所不照　人君之力　有所不堪　則不得不借問近習　有時而用之　如此　則六鄕六遂之長　雖躬履此事　躬造此官　當皆移聽於内官　迴心於左右　政之粃亂　恆必由此　聖人知其不可　故簡其節敬其事　因月朔朝廟　遷坐正位　會羣吏而聽大政　考其所行而決其煩疑　非徒議將然也　乃所以考已然　又惡其密聽之亂公也　故顯衆以斷之　是以上下交泰　官人以理　萬民以察　天下以治也　文公謂閏非常月　緣以闕禮　傳因所闕而明言典制　雖朝于廟　則如勿朝　故經稱猶朝于廟也　經稱告月　傳言告朔　明告月必以朔也　毎月之朔　必朝于廟　因聽政事　事敬而禮成　故告以特羊　然則朝廟朝正告朔視朔　皆同日之事　所從言之異耳」とあるのを參照。

注の「猶者　可止之辭」については、僖公三十一年「猶三望」の注に、同文がみえる。なお、その【附】を參照。

【傳】六年春晉蒐于夷　舍二軍
㊟僖公三十一年に、晉は、清原で蒐して、五軍を作ったが、今ここで、（そのうちの）二軍を廢して、三軍の制にもどしたのである。「夷」は、晉地である。前年に四卿が卒したから、蒐して、軍帥(の人選)をはかったのである。
(附)僖公二十七年の傳文に「於是乎蒐于被廬　作三軍　謀元帥」とあり、同三十一年の傳文に「秋晉蒐于清原　作五軍以禦狄」とある。また、上の五年の傳文に「晉趙成子欒貞子霍伯臼季皆卒」とある。
【傳】使狐射姑將中軍
㊟先且居に代わったのである。
(附)すぐ上の疏に「服虔云　使射姑代先且居　趙盾代趙衰也　箕鄭將上軍　林父佐也　先蔑將下軍　先都佐也」とあるのを參照。なお、二年の傳文に「先且居將中軍　趙衰佐之」とある。
【傳】趙盾佐之
㊟趙衰に代わったのである。「盾」は、趙衰の子である。
(附)すぐ上の(附)を參照。また、『國語』晉語五「趙宣子言韓獻子於靈公以爲司馬」の韋注に「宣子　晉正卿　趙衰之子宣孟盾也」とあるのを參照。
【傳】陽處父至自溫
㊟前年、衛に聘し、(歸途)溫に立ち寄り、今ここで、ようやくもどったのである。
(附)五年の傳文に「晉陽處父聘于衛　反過甯　甯嬴從之　及溫而還」とある。
【傳】改蒐于董　易中軍
㊟入れ易えて、趙盾を帥とし、射姑を佐としたのである。河東の汾陰縣に董亭がある。
(附)上の疏に「服虔云（中略）改蒐于董　趙盾將中軍　射姑奔狄　先克代佐中軍耳」とあるのを參照。また、『續漢書』郡國志一に「河東郡（中略）臨汾　有董亭」とあるのを參照。
【傳】陽子　成季之屬也
㊟處父は、かつて、趙衰の下屬の大夫であった。
(附)成公八年の傳文「成季之勳」の注に「成季　趙衰」とある。なお、『史記』趙世家に「晉襄公之六年　而趙衰卒　謚爲成季」とあるのを參照。
【傳】故黨於趙氏　且謂趙盾能　曰　使能　國之利也　是以上之　宣子於是乎始爲國政
㊟「宣」は、趙盾の謚〔おくりな〕である。
(附)成公八年の傳文「宣孟之忠」の注に「宣孟　趙盾」とある。なお、『史記』趙世家に「晉景公時而趙盾卒　謚爲宣孟」とあるのを參照。
【傳】制事典
㊟「典」は、常である。
(附)十八年の傳文「愼徽五典　五典克從」の注に、同文がみえる。なお、『爾雅』釋詁にも「典　常也」とある。
【傳】正法罪

(注)輕・重を順當にした。

[傳]辟獄刑

(注)「辟」は、理〔おさめる〕と同じである。

(附)傳文の「刑獄」は、諸本に従って、「獄刑」に改める。

[傳]董逋逃

(注)「董」は、督〔とりしまる〕である。

(附)『書』大禹謨「董之用威」の僞孔傳に「董　督也」とあるのを參照。なお、桓公六年の傳文「隨人使少師董成」の注には「董　正也」とある。

[傳]由質要

(注)「由」は、用である。「質要」は、券契〔契約書〕である。

(附)注の「由　用也」については、襄公三十年の傳文「不能由吾子」の注に、同文がみえる。なお、『詩』小雅〈小弁〉「君子無易由言」の鄭箋に「由　用也」とあるのを參照。

注の「質要　券契也」については、『周禮』小宰に「以官府之八成經邦治（中略）四曰　聽稱責以傳別（中略）六曰　聽取予以書契　七曰　聽賣買以質劑　八曰　聽出入以要會」とあり、注に「鄭司農云（中略）稱責謂貸子　傳別謂券書也　聽訟責者　以券書決之　傳　傳著約束於文書　別　別爲兩　兩家各得一也（中略）書契　符書也　質劑謂市中平賈　今時月平是也　要會謂計最之簿書　月計曰要　歲計曰會（中略）玄謂（中略）傳別　謂爲大手書於一札　中字別之　書契　謂出予受入之凡要　凡簿書之最目　獄訟之要辭　皆曰契　春秋傳曰　王叔氏不能舉其契　質劑　謂兩書一札　同而別之　長曰質　短曰劑　傳別質劑　皆今之券書也　事異異其名耳」とあるのを參照。なお、襄公十年の傳文に「使王叔氏與伯輿合要　王叔氏不能舉其契」とある。

[傳]治舊洿

(注)「治」は、理〔おさめる〕である。「洿」は、穢〔よごれ〕である。

[傳]本秩禮

(注)貴・賤がその本〔秩序〕を失わないようにした。

[傳]續常職

(注)すたれた官職を復活した。

(附)『論語』堯曰に「修廢官」とあるのを參照。

[傳]出滯淹

(注)〔かくれた〕賢能を拔擢した。

(附)昭公十四年の傳文に「舉淹滯」とあり、注に「淹滯　有才德而未敘者」とある。なお、『論語』堯曰に「舉逸民」とあるのを參照。

[傳]既成　以授大傅陽子與大師賈佗　使行諸晉國　以爲常法

(注)賈佗は、公族の身で文公に従い、〔そのため〕五人の中に數えられていない。

(附)『國語』晉語四に「晉公子亡　長幼矣　而好善不厭　父事狐偃　師事趙衰　而長事賈佗（中略）賈佗　公族也　而多識以恭敬」とあるのを參照。また、僖公二十三年の傳文に「遂奔狄　從者　狐偃趙衰顛頡魏武子司空季子」とあるのを參照。また、昭公十三年の傳文に「我先君文公（中略）生十七年　有士五人（注　狐偃趙衰顛頡魏武子司空季子

五十從出）有先大夫子餘子犯以爲腹心（注　子餘　趙衰　子犯　狐偃）有魏犨賈佗以爲股肱（注　魏犨　魏武子也　稱五人而説四士　賈佗又不在本數　蓋叔向所賢）」とあるのを參照。

【傳】臧文仲以陳衛之睦也　欲求好於陳　夏季文子聘于陳　且娶焉

【注】臣は、君命でなければ、竟を越えることが出來ないから、聘にかこつけて、自分のために娶ったのである。

【附】莊公二十七年の傳文に「卿非君命不越竟」とあるのを參照。

【傳】秦伯任好卒

【注】「任好」は、秦の穆公の名である。

【附】『史記』秦本紀に「繆公任好元年」とあるのを參照。

【傳】以子車氏之三子奄息仲行鍼虎爲殉

【注】「子車」は、秦の大夫の氏である。人に埋葬のお供をさせるのを「殉」という。

【附】『詩』秦風〈黄鳥〉の序に「以人從死」とあり、その疏に「服虔云　子車　秦大夫氏也　殺人以葬　琁環其左右　曰殉」とあるのを參照。また、『史記』秦本紀に「初以人從死」とあるのを參照。なお、昭公十三年の傳文に「夏五月癸亥王縊于芋尹申亥氏　申亥以其二女殉而葬之」とある。

【傳】皆秦之良也　國人哀之　爲之賦黄鳥

【注】「黄鳥」は、『詩』の秦風である。黄鳥が棘や桑にとまるのは、往ったり來たりして、しかるべき居場所を見つけるからである、という點に意義を取り、三人の賢良がそうではないことを傷んだのである。

【附】『詩』秦風〈黄鳥〉の第一章に「交交黄鳥　止于棘」とあり、毛傳に「興也　交交　小貌　黄鳥以時往來得其所　人以壽命終亦得其所」とあり、鄭箋に「黄鳥止于棘　以求安己也　此棘若不安則移　興者　喩臣之事君亦然　今穆公使臣從死　刺其不得黄鳥止于棘之本意」とあるのを參照。また、第二章に「交交黄鳥　止于桑」とあるのを參照。

【傳】君子曰　秦穆之不爲盟主也宜哉　死而弃民　先王違世　猶詒之法　而況奪之善人乎　詩曰　人之云亡　邦國殄瘁

【注】「詩」は、大雅〈瞻卬〉である。善人がなくなれば、國は病みつかれる、ということである。

【附】毛傳に「殄　盡　瘁　病也」とあるのを參照。なお、襄公二十六年の傳文に同じ詩句がみえ、その注には「殄　盡也　瘁　病也」とある。

【傳】無善人之謂　若之何奪之　古之王者知命之不長　是以並建聖哲

【注】すぐれた人物をたてて、民を管理させた。

【附】襄公十四年の傳文に「天生民而立之君　使司牧之　勿使失性」とある。

【傳】樹之風聲

【注】土地の風俗にしたがって、彼らのために聲教（教化）の法を立てた。

【傳】分之采物

【注】旌旗や衣服を分與するのに、それぞれ、等差があった。

【傳】著之話言

【注】「話」は、善である。彼らのために善言・遺戒を作ったのである。

【附】注の「話　善也」については、十八年の傳文「不知話言」の注に、同文がみえる。なお、『詩』大雅〈板〉「出話不然」の毛傳に「話　善言也」とあり、また、同〈抑〉「告之話言」の毛傳に「話言　古之善言也」とあるのを參照。

【傳】爲之律度

【注】鍾律・度量は、厤を治め時を明らかにするためのものである。

【附】『易』革卦の象傳に「君子以治厤明時」とあるのを參照。ちなみに、元年の疏に引く『釋例』に「書所謂　欽若昊天　厤象日月星辰　易所謂　治厤明時　言當順天以求合　非苟合以驗天者也」とある。なお、疏に「服虔云　梟氏爲鐘　各自計律　倍而半之　黃鐘之管　長九寸　則黃鐘之鐘　長二尺二寸半　餘鐘亦各自計律　倍而半之」とある。

【傳】陳之藝極

【注】「藝」は準であり、「極」は中である。（つまり、「藝極」とは）貢獻の多少に關する法である。傳に「貢に藝がない」とあり、また、「貢獻に極がない」とある〔昭公十三年〕。

【附】注の「藝　準也」については、昭公十三年の傳文「貢之無藝」の注に「藝　法制」とあり、同十六年の傳文「而共無藝」の注に「藝　法也」とあり、同二十年の傳文「布常無藝」の注に「藝　法制也」とあるのを參照。なお、『國語』魯語上「貪無藝也」及び同晉語八「貪慾無藝」の韋注には「藝　極也」とある。

注の「極　中也」については、十年の傳文「以謹罔極」等の注に、同文がみえる。なお、『詩』衞風〈氓〉「士也罔極」の毛傳に「極　中也」とあり、同大雅〈民勞〉「以謹罔極」の鄭箋に「極　中也」とあるのを參照。

【傳】引之表儀

【注】「引」は、道〔みちびく〕である。「表儀」は、威儀と同じである。

【附】下の傳文に「道之禮則」とある。

【傳】予之法制　告之訓典

【注】「訓典」は、先王の書である。

【附】『國語』楚語上「教之訓典」の韋注に「訓典　五帝之書」とあるのを參照。

【傳】教之防利

【注】（「防利」とは）惡を防ぎ、利を興こす、ということである。

【附】異說として、『會箋』に「防利猶幅利也　襄廿八年云　夫民生厚而用利　於是乎正德以幅之　使無黜慢　謂之幅利　吾不敢貪多　所謂幅也　如杜解　不爲辭矣」とある。

【傳】委之常秩

【注】「委」は、任である。「常秩」は、官司の常職〔きまった職務〕である。

【附】注の「委　任也」については、成公二年の傳文「王使委於三吏」の注に「委　屬也」とあるのを參照。

注の「常秩　官司之常職」については、上の傳文に「續常職」とある。

【傳】道之禮則　使毋失其土宜　衆隸賴之　而後即命

㊟「卽」は、就〔つく〕である。
(附)桓公元年の公羊傳文「如其意也」の何注に「卽者　就也」とあるのを參照。なお、『國語』越語下に「先人就世」とあり、韋注に「就世　終世也」とある。
なお、傳文の「道之以禮則」の「以」は、挍勘記に從って、衍文とみなす。
[傳]聖王同之　今縱無法以遺後嗣　而又收其良以死　難以在上矣　君子是以知秦之不復東征也
㊟二度と、東方の諸侯を征討して霸主となることは出來ない。
[傳]秋季文子將聘於晉　使求遭喪之禮以行
㊟「季文子」とは、季孫行父のことである。晉侯が病氣と聞いたからである。
(附)經に「秋季孫行父如晉」とあるのを參照。なお、異說として、疏に「劉炫以爲　聘使之法　自須造遭喪之禮而行　防其未然也　非是聞晉侯有疾」とある。
[傳]其人曰　將焉用之
㊟「其人」とは、從者である。
[傳]文子曰　備豫不虞　古之善敎也　求而無之　實難
㊟急にととのえるのは難かしい。
(附)異說として、『會箋』に「宋衞實難〔隱六年〕一字例也　非難卒得之謂」とある。
[傳]過求　何害
㊟所謂〝文子は三たび思った〟ということである。
(附)『論語』公冶長に「季文子三思而後行」とある。
[傳]八月乙亥晉襄公卒　靈公少　晉人以難故　欲立長君
㊟年少の君を立てると、難が生ずる恐れがあった。
(附)異說として、『史記』晉世家「晉人以難故」の〈集解〉に「服虔曰　晉國數有患難」とある。
[傳]趙孟曰　立公子雍
㊟「趙孟」は、趙盾である。「公子雍」は、文公の子で、襄公の庶弟である。杜祁の(生んだ)子である。
[傳]好善而長　先君愛之　且近於秦　秦　舊好也　置善則固　事長則順　立愛則孝　結舊則安　爲難故　故欲立長君　有此四德者　難必抒矣
㊟「抒」は、除である。
(附)異說として、疏に「服虔作紓　紓　緩也」とある。ちなみに、莊公三十年の傳文には「自毀其家以紓楚國之難」とあり、注に「紓　緩也」とある。
[傳]賈季曰　不如立公子樂
㊟「樂」は、文公の子である。
[傳]辰嬴嬖於二君
㊟「辰嬴」は、懷嬴である。「二君」とは、懷公と文公である。
(附)『史記』晉世家「辰嬴嬖於二君」の〈集解〉に「服虔曰　辰嬴　懷嬴

也　二君　懷公文公」とあるのを參照。なお、僖公二十三年の傳文に「秦伯納女五人　懷嬴與焉」とあり、注に「懷嬴　子圉妻　子圉謚懷公　故號爲懷嬴」とある。

傳立其子　民必安之　趙孟曰　辰嬴賤　班在九人

注「班」は、位である。

附『史記』晉世家「班在九人下」の〈集解〉に「服虔曰　班　次也」とあるのを參照。

傳其子何震之有

注「震」は、威である。

附『史記』晉世家「其子何震之有」の〈集解〉に「賈逵曰　震　威也」とあるのを參照。なお、下の傳文に「無威」とある。

傳且爲二嬖　淫也　爲先君子　不能求大　而出在小國　辟也　母淫子辟
無威　陳小而遠　無援　將何安焉　杜祁以君故　讓偪姞而上之

注「杜祁」は、杜伯の後裔で、祁姓である。「偪姞」は、姞姓の女である。(偪姞が)襄公を生み、(それが)世子となったから、杜祁は、(位を偪姞に)讓って、自分の上においたのである。

附襄公二十四年の傳文「在周爲唐杜氏」の注に「唐杜　二國名　殷末豕韋國於唐　周成王滅唐遷之於杜　爲杜伯」とあるのを參照。なお、疏に「譜以偪爲國名」とある。

傳以狄故　讓季隗而己次之　故班在四

注季隗は、文公が狄に身を寄せていた時の妻であるから、(季隗にも)また讓ったのである。とすれば、杜祁の本來の位次は、二番目である。

附僖公二十三年の傳文に「遂奔狄（中略）狄人伐廧咎如　獲其二女叔隗季隗　納諸公子　公子取季隗」とある。

傳先君是以愛其子　而仕諸秦　爲亞卿焉

注「亞」は、次である。賢であるから位が尊い、ということである。

附注の「亞　次也」については、襄公十九年の傳文「圭嬀之班亞宋子」の注に、同文がみえる。なお、『爾雅』釋言にも「亞　次也」とある。

傳秦大而近　足以爲援　母義子愛　足以威民　立之　不亦可乎　使先蔑
士會如秦逆公子雍

注「先蔑」は、士伯である。「士會」は、隨季である。

附七年の傳文「士會在秦三年　不見士伯」の注に「士伯　先蔑」とあるのを參照。また、僖公二十八年の傳文「士會攝右」の注に「士會　隨武子　士蔿之孫」とあるのを參照。

傳賈季亦使召公子樂于陳　趙孟使殺諸郫

注「郫」は、晉地である。

附襄公二十三年の傳文「戍郫邵」の注に「取晉邑而守之」とあるのを參照。

傳賈季怨陽子之易其班也

注本來、中軍の帥であったのを、入れ易えて、佐としたのである。

附上の傳文に「春晉蒐于夷　舍二軍　使狐射姑將中軍　趙盾佐之　陽處父至自溫　改蒐于董　易中軍」とあり、注に「易以趙盾爲帥　射姑佐之」とある。

傳而知其無援於晉也

(注)身内は少なく、怨む者は多かった。

(傳)九月賈季使續鞫居殺陽處父

(注)「鞫居」は、狐氏の一族である。

(附)二年の傳文に「狐鞫居爲右」とあり、注に「鞫居　續簡伯」とある。また、上の經「晉狐射姑出奔狄」の注に「射姑　狐偃子　賈季也」とある。

(傳)書曰晉殺其大夫　侵官也

(注)君が一度、帥に任命したものを、處父が(勝手に)入れ易えたから、「侵官」と言っているのである。

(傳)冬十月襄仲如晉葬襄公

(傳)十一月丙寅晉殺續簡伯

(注)「簡伯」は、(上の)續鞫居である。十一月ならば、丙寅(の日)はない。丙寅ならば、十二月八日である。日か月か(のどちらか)が誤っているに違いない。

(傳)賈季奔狄　宣子使臾駢送其帑

(注)「帑」は、妻子である。賈季は、中軍の佐であり、(中軍の帥である)宣子にとって、(自分と)同官だった、からである。

(附)注の前半については、『國語』晉語二「以其孥適西山」の韋注に「孥　妻子也」とあり、同鄭語「寄孥與賄焉」の韋注に「妻子曰孥」とあるのを參照。また、『詩』小雅〈常棣〉「樂爾妻帑」の毛傳に「帑　子也」とあるのを參照。なお、『玉燭寶典』正月孟春の項に「賈逵注云　子孫曰孥」とある。

注の後半については、上の傳文に「春晉蒐于夷　舍二軍　使狐射姑將中軍　趙盾佐之　陽處父至自溫　改蒐于董　易中軍」とあり、注に「易以趙盾爲帥　射姑佐之」とある。

(傳)夷之蒐　賈季戮臾駢　臾駢之人欲盡殺賈氏以報焉　臾駢曰　不可　吾聞前志有之曰　敵惠敵怨　不在後嗣　忠之道也

(注)「敵」は、對〔むくいる〕と同じである。もし(本人ではなく)子孫に及ぼせば、返報ではないということになり、返報でなければ、怒りを遷した〔やつあたりした〕ということになる。

(附)注の「遷怒」については、『論語』雍也に「有顏回者　好學　不遷怒　不貳過」とあるのを參照。なお、莊公四年の公羊傳文「此非怒與」の何注に「怒　遷怒　齊人語也　此非怒其先祖　遷之于子孫與」とあるのも參照。

(傳)夫子禮於賈季　我以其寵報私怨　無乃不可乎

(注)自分達は宣子から特別な地位を頂戴している、ということである。

(傳)介人之寵　非勇也

(注)「介」は、因である。

(附)僖公七年の傳文「而求介於大國以弱其國」等の注に、同文がみえる。なお、その(附)を參照。

(傳)損怨益仇　非知也

(注)賈季の一家を殺して、(自分達の)怨みを除こうとすれば、(今度は)宣子

の方が自分達を怨むだろうから、「仇を益す」ことになる。

【附】異説として、安井衡『左傳輯釋』に「中井積德云　仇　賈季也　言殺帑雖損我之怨　而賈季之仇我　則益深　衡案　下文云　釋此三者　何以事夫子　則仇非謂宣子怨已也　杜謂賈季之外　別益一仇　故爲宣子怨己　不知益與損對言　唯殺賈季之帑　而不能殺賈季　我怨雖損　而未全除焉　而賈季之仇我益甚　故云　損怨益仇　非謂賈季之外　別益一仇也　履軒得之」とある。

【傳】以私害公　非忠也　釋此三者　何以事夫子　盡具其帑與其器用財賄親帥扞之　送致諸竟

【注】「扞」は、衛（まもる）である。

【附】桓公十二年の傳文「請無扞采樵者以誘之」の注に、同文がみえる。

【傳】閏月不告朔　非禮也

【注】經が「告月」と稱しているのに對して、傳が「告朔」と稱しているのは、月を告げるには必ず朔日をもってする、ということを明らかにしたのである。

【附】經の疏に引く『釋例』にも「經稱告月　傳言告朔　明告月必以朔也」とある。

【傳】閏以正時

【注】四時にずれが生じてくれれば、閏月をおいて補正する。

【傳】時以作事

【注】時にしたがって（農）事を命ずる。

【傳】事以厚生

【注】（農）事が時をまちがえなければ、みのりが豊かになる。

【傳】生民之道於是乎在矣　不告閏朔　弃時政也　何以爲民

〔文公七年〕

【經】七年春公伐邾

【經】三月甲戌取須句

【注】「須句」は、魯の封内の屬國である。僖公がその君をもどした後、邾が再び滅していたのである。「取」と書いているのは、容易だったからである。例は、襄公十三年にある。

【附】注の前半については、僖公二十一年の傳文に「邾人滅須句　須句子來弃」とあり、同二十二年の傳文に「春伐邾取須句　反其君焉」とある。また、僖公二十二年「春公伐邾取須句」の注に「須句雖別國　而削弱不能自通　爲魯私屬　若顓臾之比」とある。

注の後半については、襄公十三年の傳文に「凡書取　言易也」とある。

【經】遂城郚

【注】傳はない。邾を伐った師をつかって、郚に城いたのである。「郚」は、魯の邑である。卞縣の南部に郚城がある。邾の攻撃に備えたのである。

【附】『續漢書』郡國志二に「魯國（中略）卞（中略）有郚鄉城」とあるのを參照。

【經】夏四月宋公王臣卒

【注】（名を書いているのは）二年に魯の大夫と垂隴で盟った（からである）。

【附】二年に「夏六月公孫敖會宋公陳侯鄭伯晉士穀盟于垂隴」とある。なお、僖公二十三年の傳文に「凡諸侯同盟　死則赴以名　禮也」とあるのを參照。

【經】宋人殺其大夫

【注】宋人が昭公を攻めた際、あわせて（どさくさまぎれに）二大夫を殺したから、（二大夫には）罪がないとして書いたのである。

【附】下の傳文に「穆襄之族率國人以攻公　殺公孫固公孫鄭于公宮（注　二子在公宮　故爲亂兵所殺）」とあり、また、「書曰宋人殺其大夫　不稱名　衆也　且言非其罪也」とある。

【經】戊子晉人及秦人戰于令狐

【注】趙盾は、嫡を廢して、國外に君を求めたから、貶して、「人」と稱しているのである。晉は、先蔑に背いて、夜間（ひそか）に秦の師に迫った、ことを諱み、戰として赴告してきたのである。

【附】注の前半については、下の傳文に「舍適嗣不立　而外求君」とある。なお、六年の傳文に「八月乙亥晉襄公卒　靈公少　晉人以難故　欲立長君　趙孟曰　立公子雍（中略）使先蔑士會如秦逆公子雍」とあるのを參照。

注の後半については、下の傳文に「乃背先蔑而立靈公　以禦秦師（中略）潛師夜起」とある。なお、莊公十一年の傳文「皆陳曰戰」の疏に引く『釋例』に「令狐之役　晉人潛師夜起　而書戰者　晉諱背其前意而夜薄秦師　以戰告也」とあるのを參照。

【經】晉先蔑奔秦

【注】「出」と言っていないのは、（國）外にいて（そこを起點に）奔ったからである。

【附】下の傳文に「戊子敗秦師于令狐　至于刳首　己丑先蔑奔秦　士會從之」とあり、注に「從刳首去也」とある。なお、公羊傳文に「何以不言出　遂在外也」とあり、何注に「起其生事成於竟外　從竟外去」とあるのを參照。また、穀梁傳文に「不言出　在外也」とあるのを參照。

【經】狄侵我西鄙

【經】秋八月公會諸侯晉大夫盟于扈

【注】「扈」は、鄭地である。熒陽の卷縣の西北部に扈亭がある。會した人を別々には書かず、まとめて「諸侯晉大夫盟」と言っているのは、公が會におくれて、盟にくわわった、からである。

【附】注の前半については、『續漢書』郡國志一に「河南尹（中略）卷（中略）有扈城亭」とあるのを參照。なお、莊公二十三年「十有二月甲寅公會齊侯盟于扈」の注にも「扈　鄭地　在熒陽卷縣西北」とある。

注の後半については、下の傳文に「秋八月齊侯宋公衞侯陳侯鄭伯許男曹伯會晉趙盾盟于扈　晉侯立故也　公後至　故不書所會　凡會諸侯不書所會　後也（注　不書所會　謂不具列公侯及卿大夫）後至　不書其國　辟不敏也」とある。なお、注の「分其盟」の「分」は、挍勘記に従って、「及」に改める。

【經】冬徐伐莒

【注】將帥を書いていないのは、徐は夷狄であるため、赴告の言葉が簡略だった、からである。

【經】公孫敖如莒涖盟

【傳】七年春公伐邾　間晉難也

【注】公は、霸國〔晉〕に内紛が生じたすきに乘じて、小國を侵略したのである。

【傳】三月甲戌取須句　寘文公子焉　非禮也

【注】邾の文公の子が、國に叛いて魯に亡命していたから、公は（彼を）須句を守る大夫にしたのである。（つまり）大皞の祭祀を絶って〔須句をとりつぶして〕、鄰國の叛臣に與えたから、「非禮」と言っているのである。

【附】僖公二十一年の傳文に「任宿須句顓臾　風姓也　實司大皞與有濟之祀」とあるのを參照。

【傳】夏四月宋成公卒　於是公子成爲右師

【注】莊公の子である。

【傳】公孫友爲左師

【注】目夷の子である。

【傳】樂豫爲司馬

【注】戴公の玄孫である。

【附】疏に引く『世本』に「戴公生樂甫術　術生碩甫澤　澤生季甫　甫生子僕伊與樂豫」とある。

【傳】鱗矔爲司徒

【注】桓公の孫である。

【附】疏に引く『世本』に「桓公生公鱗　鱗生東鄉矔」とある。

【傳】公子蕩爲司城

【注】桓公の子である。武公の名であったため、「司空」をやめて、「司城」としたのである。

【附】桓公六年の傳文に「宋以武公廢司空」とあり、注に「武公名司空　廢爲司城」とあるのを參照。

【傳】華御事爲司寇

【注】華元の父である。傳は、六卿がみな公族なのに、昭公は彼らを親任せず、そのため、亂を招いた、ということを言っているのである。

【附】十六年の傳文「於是華元爲右師」の疏に引く『世本』に「華督生世子家　家生華孫御事　事生華元右師」とあるのを參照。

【傳】昭公將去羣公子　樂豫曰　不可　公族　公室之枝葉也　若去之　則本

根無所庇陰矣　葛藟猶能庇其本根

㊟葛〔くず〕がよく藟蔓して〔つるをのばしてまつわり〕盛んにしげるのは、本根と枝葉とが、(互いに)おおいおおわれることが多い、からである。

(附)異説として、安井衡『左傳輯釋』に「詩樛木　葛藟纍之　王風　綿綿葛藟　鄭箋皆云　葛也藟也（中略）是葛藟分明二草之名　杜訓藟爲纍非也」とある。

[傳]故君子以爲比

㊟詩人が、これを取って、九族・兄弟を喩えている、ことをいう。

(附)『詩』王風〈葛藟〉の序に「葛藟　王族刺平王也　周室道衰　棄其九族焉」とあるのを參照。

[傳]況國君乎　此諺所謂庇焉而縱尋斧焉者也

㊟「縱」は、放〔ほしいまま〕である。

(附)『國語』楚語下「夫民氣縱則底」の韋注に「縱　放也」とあるのを參照。

[傳]必不可　君其圖之　親之以德　皆股肱也　誰敢攜貳　若之何去之　不聽　穆襄之族率國人以攻公

㊟穆公・襄公の子孫で、昭公が除こうとしていた者たちである。

(附)上の傳文に「昭公將去羣公子」とある。

[傳]殺公孫固公孫鄭于公宮

㊟二子は、(たまたま)公宮にいたため、反亂兵に殺されたのである。

[傳]六卿和公室　樂豫舍司馬以讓公子卬

㊟「卬」は、昭公の弟である。

[傳]昭公即位而葬　書曰宋人殺其大夫　不稱名　衆也　且言非其罪也

㊟殺した者及び死んだ者〔殺された者〕の名を稱していないのは、殺した者が多かったため、名がわからないからであり、(また)死んだ者に罪がなければ、例として名を稱さないからである。

(附)疏に引く『釋例』に「大臣相殺　死者無罪　則兩稱名氏　以示殺者之罪　王札子殺召伯毛伯　是也　若死者有罪　則不稱殺者名氏　晉殺其大夫陽處父　是也　若爲賊者衆　因亂而殺　則亦稱國人　殺者主名不分故也　主名不分　死者雖名氏可知　亦隨而去之　嫌於罪死者也　士殺大夫　則書曰盜　盜殺鄭公子騑公子發公孫輒　是也」とあるのを參照。

[傳]秦康公送公子雍于晉　曰　文公之入也無衞　故有呂郤之難

㊟僖公二十四年に文公が入國した際である。

(附)僖公二十四年の傳文に「呂郤畏偪　將焚公宮而弑晉侯」とある。

[傳]乃多與之徒衞　穆嬴日抱大子以啼于朝　曰　先君何罪　其嗣亦何罪　舍適嗣不立　而外求君　將焉寘此

㊟「穆嬴」は、襄公の夫人で、靈公の母である。

(附)『史記』晉世家「將安置此」の〈集解〉に「服虔曰　此　太子」とある。

[傳]出朝　則抱以適趙氏　頓首於宣子　曰　先君奉此子也而屬諸子　曰　此子也才　吾受子之賜　不才　吾唯子之怨

(注)宣子に大子を教育させようとしたのである。
(附)十八年の傳文に「顓頊氏有不才子　不可教訓」とあるのを參照。なお、『史記』晉世家「不材　吾怨子」の〈集解〉に「王肅曰　怨其教導不至也」とあるのも參照。

(傳)今君雖終　言猶在耳
(注)宣子の耳に殘っている(はず)、ということである。
(傳)而弃之　若何　宣子與諸大夫皆患穆嬴　且畏偪
(注)國人が大義によって自分達を攻撃してくるのを畏れたのである。
(傳)乃背先蔑而立靈公　以禦秦師　箕鄭居守　趙盾將中軍　先克佐之
(注)「克」は、先且居の子である。狐射姑に代わったのである。
(附)六年の傳文に「春晉蒐于夷　舍二軍　使狐射姑將中軍　趙盾佐之　陽處父至自溫　改蒐于董　易中軍」とあり、注に「易以趙盾爲帥　射姑佐之」とある。

(傳)荀林父佐上軍
(注)箕鄭が上軍の將であったが、留守をまもったから、佐だけが行ったのである。
(附)上の傳文に「箕鄭居守」とある。

(傳)先蔑將下軍　先都佐之　步招御戎　戎津爲右　及堇陰
(注)先蔑と士會は、公子雍を迎えに行ったが、ひとあし先に晉にもどっていたのである。晉人は、始め、雍を迎えるために軍を出し、(途中で)急に計畫を變更して、靈公を立てたから、(雍のための)車右と御者が、依然として職務についていた「軍に從っていた」のである。「堇陰」は、晉地である。
(附)注の前半については、六年の傳文に「使先蔑士會如秦逆公子雍」とある。

注の後半については、異説として、『會箋』に「上文云　乃背先蔑而立靈公　以禦秦師　下云　箕鄭居守　趙盾將中軍云云　分明以禦秦出軍也　杜云　晉人始以逆雍出軍　卒然變計立靈公　故車右戎御猶在職　蓋右御是君之右御　今皆從行　似擬爲雍之右御　故有此說　然傳不言出軍於立靈公之前　則未嘗出迎雍之軍也　既立靈公出軍以禦秦　則雖靈公在抱不行　靈公戎車亦行　故右御皆從行也　況有雖君不行右御猶行者　十二年河曲之戰　晉君不行　而范無恤御戎　成二年楚令尹子重爲楊橋之役　王卒盡行　彭名御戎　蓋王卒盡行　則王戎車亦行也　何以靈公不行而疑不爲靈公之右御乎」とあり、また、楊伯峻『春秋左傳注』に「此御戎與車右　蓋中軍帥之御與右　閔二年傳云　狐突御戎　先友爲右　此大子申生代公將上軍之御右　又云　梁餘子養御罕夷　先丹木爲右　則罕夷爲下軍將　梁餘子養先丹木爲其御右　僖八年傳云　晉里克帥師　梁由靡御　虢射爲右　此里克之御右　文十一年傳云　侯叔夏御莊叔　緜房甥爲右　此叔孫得臣之御右　十二年傳云　趙盾將中軍　范無恤御戎　此趙盾之御　則書御右　不必國君自將也　杜注誤以爲凡書御與右　皆國君之御右　因謂　晉人始以逆雍出軍　卒然變計立靈公　故車右戎御猶在職　不知傳明言　背先蔑而立靈公　以禦秦師　則是先立靈公後出師　而出師專爲禦秦　非卒然變計　則此御右非晉君之御右可知」とある。

【傳】宣子曰　我若受秦　秦則賓也　不受　寇也　既不受矣　而復緩師　秦將生心　先人有奪人之心

【注】敵の戰意を奪う、ということである。

【傳】軍之善謀也　逐寇如追逃　軍之善政也　訓卒利兵　秣馬蓐食　潛師夜起

【注】「蓐食」とは、早く〔夜中に〕寢蓐〔ねどこ〕で朝食をすませたのである。

【附】『史記』淮陰侯傳「乃晨炊蓐食」の〈集解〉に「張晏曰　未起而牀蓐中食」とあるのを參照。なお、異說として、王引之『經義述聞』に「訓卒利兵秣馬　非寢之時矣　亭長妻晨炊　則固已起矣　而云早食於寢蓐　云未起而牀蓐中食　義無取也　方言曰　蓐　厚也　食之豐厚於常　因謂之蓐食　訓卒利兵秣馬蓐食者　商子兵守篇曰　壯男之軍　使盛食厲兵　陳而待敵　壯女之軍　使盛食負壘　陳而待令　是其類也　兩軍相攻　或竟日未已　故必厚食　乃不飢」とある。

【傳】戊子敗秦師于令狐　至于刳首　己丑先蔑奔秦　士會從之

【注】刳首からたち去った〔刳首を起點に奔った〕のである。「令狐」は、河東にあった。刳首と近接していたはずである。

【附】經の注に「不言出　在外奔」とある。なお、『水經注』涑水に「闞駰曰　令狐即猗氏也　刳首在西三十里」とあるのを參照。

【傳】先蔑之使也　荀林父止之曰　夫人大子猶在　而外求君　此必不行　子以疾辭若何　不然將及

【注】禍害が自分に及ぶ、ということである。

【傳】攝卿以往可也　何必子　同官爲寮　吾嘗同寮　敢不盡心乎　弗聽　爲賦板之三章

【注】「板」は、『詩』の大雅である。その第三章（を賦したの）は、〝草刈りや薪取りの言葉ですら、なおゆるがせに出來ないのに、まして同寮なら、なおさらである〟という點に意義を取ったのである。（「同寮」と言っているのは）僖公二十八年に、林父が中行の將となり、先蔑が左行の將となった（からである）。

【附】『詩』大雅〈板〉の第三章に「我雖異事　及爾同寮　我即爾謀　聽我囂囂　我言維服　勿以爲笑　先民有言　詢于芻蕘」とあり、鄭箋に「有疑事　當與薪采者謀之　匹夫匹婦　或知及之　況於我乎」とある。

【傳】又弗聽　及亡　荀伯盡送其帑及其器用財賄於秦　曰　爲同寮故也

【注】「荀伯」とは、林父のことである。

【傳】士會在秦三年　不見士伯

【注】「士伯」とは、先蔑のことである。

【附】六年の傳文「使先蔑士會如秦逆公子雍」の注に「先蔑　士伯也」とあるのを參照。

【傳】其人曰　能亡人於國

【注】人と一緒に晉國から亡命できた、ということである。

【傳】不能見於此　焉用之

【注】なぜこのようにするのか。

【傳】士季曰　吾與之同罪

【注】ともに、公子雍を迎えようとした罪がある。

【傳】非義之也　將何見焉
【注】自分は、先蔑の義を慕って同行したわけではない、ということである。
【傳】及歸　遂不見
【注】先蔑が、正卿の身でありながら、諫めなかった、ことを責め、かつ、ともに出奔したため、仲間と見られるのをきらったのである。士會の歸國は、十三年にある。
【傳】狄侵我西鄙　公使告于晉　趙宣子使因賈季問酆舒　且讓之
【注】「酆舒」は、狄の相である。魯を伐ったことを責めたのである。
【附】宣公十五年の傳文に「潞子嬰兒之夫人　晉景公之姊也　酆舒爲政而殺之　又傷潞子之目」とあり、注に「酆舒　潞相」とあるのを參照。
【傳】酆舒問於賈季曰　趙衰趙盾孰賢　對曰　趙衰　冬日之日也　趙盾　夏日之日也
【注】冬の太陽はおだやかで、夏の太陽ははげしい。
【傳】秋八月齊侯宋公衞侯陳侯鄭伯許男曹伯會晉趙盾盟于扈　晉侯立故也　公後至　故不書所會　凡會諸侯　不書所會　後也
【注】「不書所會」とは、公侯及び卿大夫をいちいち列擧しないことをいう。
【附】經の注に「不分別書會人　摠言諸侯晉大夫盟者　公後會而及其盟」とある。
なお、挍勘記に從って、傳文の「衞侯」の下に、「陳侯」を補う。
【傳】後至　不書其國　辟不敏也
【注】ここの傳は、更に、凡例の意味をとりわけて釋したのである。
【傳】穆伯娶于莒　曰戴己　生文伯　其娣聲己生惠叔
【注】「穆伯」は、公孫敖である。「文伯」は、穀であり、「惠叔」は、難である。
【附】元年の傳文に「春王使內史叔服來會葬　公孫敖聞其能相人也　見其二子焉　叔服曰　穀也食子　難也收子」とあり、注に「穀　文伯　難　惠叔」とあるのを參照。なお、元年の傳文「穆伯如齊　始聘焉　禮也」の注にも「穆伯　公孫敖」とある。
【傳】戴己卒　又聘于莒　莒人以聲己辭　則爲襄仲聘焉
【注】「襄仲」は、公孫敖の從父昆弟〔いとこ〕である。
【傳】冬徐伐莒　莒人來請盟
【注】伐たれたから、援助の約束を結ぼうとしたのである。
【傳】穆伯如莒涖盟　且爲仲逆　及鄢陵　登城見之　美
【注】「鄢陵」は、莒の邑である。
【傳】自爲娶之　仲請攻之　公將許之　叔仲惠伯諫
【注】「惠伯」は、叔牙の孫である。
【附】『禮記』檀弓下「叔仲皮學子柳」の疏に引く『世本』に「桓公生僖叔牙　叔牙生武仲休　休生惠伯彭　彭生皮　爲叔仲氏」とあるのを參照。
【傳】曰　臣聞之　兵作於內爲亂　於外爲寇　寇猶及人　亂自及也　今臣作亂而君不禁　以啓寇讎　若之何　公止之　惠伯成之

㊟二子を和解させたのである。

(附)隠公六年の傳文「往歳鄭伯請成于陳」の注に「成猶平也」とあるのを參照。

【傳】使仲舍之

㊟あきらめて娶らなかったのである。

【傳】公孫敖反之

㊟莒の女をかえしたのである。

【傳】復爲兄弟如初　從之

㊟明年の、公孫敖が莒に奔ったこと、のために傳したのである。

(附)八年に「公孫敖如京師　不至而復　丙戌奔莒」とある。

【傳】晉郤缺言於趙宣子曰　日衛不睦　故取其地

㊟「日」は、往日である。衛の地を取ったことは、元年にある。

(附)『國語』晉語四「日吾來此也」の韋注に「日　往日」とあるのを參照。また、同吳語「日臣嘗卜於天」の韋注に「日　昔日」とあるのを參照。なお、元年の傳文に「晉文公之季年　諸侯朝晉　衛成公不朝（中略）先且居胥臣伐衛　五月辛酉朔晉師圍戚　六月戊戌取之」とある。

【傳】今已睦矣　可以歸之　叛而不討　何以示威　服而不柔　何以示懷

㊟「柔」は、安である〔『爾雅』釋詁〕。

【傳】非威非懷　何以示德　無德　何以主盟　子爲正卿　以主諸侯　而不務德　將若之何　夏書曰

㊟逸書である。

(附)莊公八年の傳文「夏書曰　皐陶邁種德」の注に「夏書　逸書也」とあるのを參照。なお、その(附)も參照。

【傳】戒之用休

㊟休んでいれば、休まないように戒めるのである。

(附)異説として、『會箋』に「休　慶也　人有賢行　從而襃旌之　使其滋益競勸不怠　是以休戒之也　休與威對　並在我而言　所謂威惠並行也　不當以休屬于彼　杜以休息解　誤矣」とある。

【傳】董之用威

㊟「董」は、督〔ただす〕である。罪があれば、威刑によってただすのである。

(附)注の「董　督也」については、昭公十三年の傳文「董之以武師」の注に、同文がみえる。なお、桓公六年の傳文「隨人使少師董成」の注に「董　正也」とあるのを參照。

【傳】勸之以九歌　勿使壞

(附)安井衡『左傳輯釋』に「夏書止此　下乃郤缺釋書之辭　撰僞書者　并采之　又顚倒其文　入之大禹謨中」とある。

【傳】九功之德皆可歌也　謂之九歌　六府三事　謂之九功　水火金木土穀　謂之六府　正德利用厚生　謂之三事　義而行之　謂之德禮

㊟「德」とは、（上の）「正德」である。「禮」とは、それによって、費用に無駄をなくし、また、人民の生活を豊かにするのである〔つまり、上の「利用」と「厚生」である〕。

(附)莊公二十三年の傳文に「制財用之節」とある。なお、成公十六年の傳文に「用利而事節」とあるのを參照。

【傳】無禮不樂　所由叛也　若吾子之德　莫可歌也　其誰來之

【注】「來」は、歸と同じである。

【傳】盍使睦者歌吾子乎　宣子說之

【注】明年の、晉が鄭・衞の田を（衞に）かえしたこと、のために本を張ったのである。

【附】八年の傳文に「春晉侯使解揚歸匡戚之田于衞」とあり、注に「匡　本衞邑　中屬鄭　孔達伐不能克　今晉令鄭還衞」とある。

〔文公八年〕

【經】八年春王正月

【經】夏四月

【經】秋八月戊申天王崩

【經】冬十月壬午公子遂會晉趙盾盟于衡雍

【注】「壬午」は、月の五日である。

【經】乙酉公子遂會雒戎盟于暴

【注】「乙酉」は、月の八日である。「暴」は、鄭地である。公子遂は、命を受けずに盟ったため、（本來なら）族〔氏〕をとり去るべきであるが、國の患難を除いたことをほめるから、（特別に）「公子」と稱して〔族を稱して〕、貴んでいるのである。

【附】疏に引く『釋例』に「人臣受命不受辭　出竟有可以利社稷者　專之可也　故襄仲始盟趙盾　遂盟伊洛之戎　四日之間　經再書公子　不可以遂事常辭顯之也」とあるのを參照。なお、下の傳文に「書曰公子遂　珍之也」とあり、注に「珍　貴也」とある。

【經】公孫敖如京師　不至而復　丙戌奔莒

【注】「出」と言っていないのは、（いったん）命を受けて（國外に）出、（國）外を起點に奔った、からである。

【附】公羊傳文に「何以不言出　遂在外也」とあるのを參照。

【經】螽

【注】傳はない。災害をもたらしたから、書いたのである。

【附】莊公二十九年の傳文に「凡物　不爲災　不書」とあるのを參照。

【經】宋人殺其大夫司馬　宋司城來奔

【注】司馬は、死んでも節をはなさず、司城は、身一つになって退いたから、いずれもみな、官を書いて名をいわず、貴んでいるのである。

【附】下の傳文に「司馬握節以死　故書以官　司城蕩意諸來奔　效節於府人而出（中略）亦書以官　皆貴之也」とある。なお、襄公二十六年の傳文に「臣之祿　君實有之　義則進　否則奉身而退」とあるのを參照。

【傳】八年春晉侯使解揚歸匡戚之田于衞

㊟「匡」は、本來、衞の邑であったが、途中から鄭に屬していた。孔達が伐っても、とりもどせなかったのを、今ここで、晉が鄭に命じて衞に返還させたのである。(孔達が伐ったこと)及び(晉が)戚の田を取ったことは、いずれもみな、元年にみえる。

(附)元年の傳文に「晉文公之季年　諸侯朝晉　衞成公不朝　使孔達侵鄭伐緜訾及匡」とあり、また、「先且居胥臣伐衞　五月辛酉朔晉師圍戚　六月戊戌取之」とある。

なお、『史記』晉世家「乃使解揚紿爲救宋」の〈集解〉に「服虔曰　解揚　晉大夫」とある。

【傳】且復致公壻池之封　自申至于虎牢之竟

㊟「公壻池」は、晉君の女壻である。さらに衞の地を取って、(そこに)この人を封じていたのを、今ここで、あわせて衞にかえしたのである。「申」は、鄭地である。傳は、趙盾がよく幼主を助けて諸侯と盟った事情を言っているのである。

(附)異説として、疏に「服虔以爲致之于鄭」とある。

【傳】夏秦人伐晉取武城　以報令狐之役

㊟「令狐の役」は、七年にある。

(附)七年に「戊子晉人及秦人戰于令狐」とある。

【傳】秋襄王崩

㊟公孫敖が周に弔問に行ったことのために傳したのである。

(附)下の傳文に「穆伯如周弔喪」とある。

【傳】晉人以扈之盟來討

㊟前年に扈で盟ったとき、公が遅れて到着した(からである)。

(附)七年の傳文に「秋八月齊侯宋公衞侯陳侯鄭伯許男曹伯會晉趙盾盟于扈　晉侯立故也　公後至　故不書所會」とある。

【傳】冬襄仲會晉趙孟盟于衡雍　報扈之盟也　遂會伊雒之戎

㊟伊洛の戎が(今にも)魯を伐とうとしており、公子遂は、君に伺いを立てているひまがなかったから、獨斷でこれと盟ったのである。

【傳】書曰公子遂　珍之也

㊟「珍」は、貴である。大夫は、竟を出て、社稷を安んじ國家を利することが出來る場合なら、獨斷で事をひきおこしてもかまわない(莊公十九年公羊傳文)。

(附)注の「大夫出竟云云」については、莊公十九年「秋公子結媵陳人之婦于鄄　遂及齊侯宋公盟」の注に、同文がみえる。

【傳】穆伯如周弔喪　不至　以幣奔莒　從己氏焉

㊟「己氏」は、莒の女である。

(附)七年の傳文に「穆伯娶于莒　曰戴己　生文伯　其娣聲己生惠叔　戴己

卒　又聘于莒　莒人以聲己辭　則爲襄仲聘焉」とあり、ついで、「冬徐伐莒　莒人來請盟　穆伯如莒涖盟　且爲仲逆　及鄢陵　登城見之美　自爲娶之　仲請攻之（中略）公止之　惠伯成之　使仲舍之　公孫敖反之（注　還莒女）復爲兄弟如初　從之」とある。

傳宋襄夫人　襄王之姊也　昭公不禮焉

注昭公の適祖母である。

傳夫人因戴氏之族

注華・樂・皇が、いずれもみな、戴の一族である。

傳以殺襄公之孫孔叔公孫鍾離及大司馬公子卬　皆昭公之黨也　司馬握節以死　故書以官

注「節」は、國の符信〔わりふ〕である。これを握ったまま死んだのは、（死んでも）任務をやめないことを示したのである。

傳司城蕩意諸來奔　效節於府人而出

注「效」は、致〔かえす〕と同じである。「意諸」は、公子蕩の孫である。

附七年の傳文に「公子蕩爲司城」とある。

傳公以其官逆之　皆復之　亦書以官　皆貴之也

注卿が本國を立ち去っ（て來）た場合、（普通）大夫の位につけるのだが、公は、意諸が節をかえしたことを賢としたから、（特別に）もとの官で迎え、（後に）宋に請願して、もどしてやったのである。（なお、この時）司城の官屬がことごとく來奔したから、「皆復」と言っているのである。

附注の「卿違　從大夫」については、昭公七年の傳文に「卿違　從大夫之位」とあり、注に「謂以禮去者　降位一等」とあるのを參照。注の「請宋而復之」については、十一年の傳文に「襄仲聘于宋　且言司城蕩意諸而復之」とあるのを參照。なお、異説として、楊伯峻『春秋左傳注』に「此皆復之　謂魯文于意諸隨從官屬皆以原官待之　與十一年傳　襄仲聘于宋　且言司城蕩意諸而復之　恐是兩事　而杜注混爲一事　謂此卽請宋而復之　核之文義似不確」とある。

傳夷之蒐　晉侯將登箕鄭父先都

注二人を上軍に昇進させようとしたのである。「夷の蒐」は、六年にある。

附六年の傳文に「春晉蒐于夷　舍二軍　使狐射姑將中軍　趙盾佐之」とある。なお、僖公三十一年の傳文に「秋晉蒐于清原　作五軍以禦狄　趙衰爲卿」とあり、また、『國語』晉語四に「蒐于清原　作五軍　使趙衰將新上軍　箕鄭佐之　胥嬰將新下軍　先都佐之」とあるのを參照。

傳而使士縠梁益耳將中軍

注「士縠」は、本來、司空であった。

附二年の傳文に「六月穆伯會諸侯及晉司空士縠盟于垂隴」とある。

傳先克曰　狐趙之勳　不可廢也　從之

注狐偃と趙衰には、（文公の）亡命につき從ったという勳功があった。

附僖公二十三年の傳文に「晉公子重耳之及於難也（中略）遂奔狄　從者

狐偃趙衰顚頡魏武子司空季子」とある。

【傳】先克奪蒯得田于堇陰

【注】七年に、晉が秦の師を堇陰でふせいだ時、軍事を理由に、その田を奪ったのである。「先克」は、中軍の佐であった。

【附】七年の傳文に「乃背先蔑而立靈公　以禦秦師　箕鄭居守　趙盾將中軍　先克佐之（中略）及堇陰」とある。

【傳】故箕鄭父先都士穀梁益耳蒯得作亂

【注】明年の、先克を殺したこと、のために本を張ったのである。

【附】九年の傳文に「春王正月己酉使賊殺先克」とある。

〔文公九年〕

【經】九年春毛伯來求金

【注】金を要求して、葬事（の費用）にあてたのである。年は踰えたけれども、まだ葬っていなかったから、「王使」と稱していないのである。

【附】下の傳文に「不書王命　未葬也」とある。

【經】夫人姜氏如齊

【注】傳はない。歸寧（里歸り）である。

【附】莊公二十七年の傳文に「夫人歸寧曰如某」とあるのを參照。

【經】二月叔孫得臣如京師　辛丑葬襄王

【注】卿が葬事に參列したのは、禮に適っている。

【附】疏に引く『釋例』に「萬國之數至衆　封疆之守至重　故天王之喪　諸侯不得越竟而奔　脩服於其國　卿共弔送之禮　既葬　卒哭而除凶　魯侯無故　而穆伯如周弔焉　此天子崩　諸侯遣卿弔送之經傳也」とある。なお、『禮記』王制「天子七日而殯　七月而葬」の疏に「（異義）左氏說　王喪　赴者至　諸侯既哭問故　遂服斬衰　使上卿弔　上卿會葬　經書叔孫得臣如京師葬襄王　以爲得禮」とあるのを參照。

【經】晉人殺其大夫先都

【注】（「先都」は）下軍の佐であった。亂をおこしたために討ったから（有罪だから）、名を書いているのである。

【附】注の前半については、七年の傳文に「先蔑將下軍　先都佐之」とある。注の後半については、八年の傳文に「故箕鄭父先都士穀梁益耳蒯得作亂」とある。なお、七年の傳文に「書曰宋人殺其大夫　不稱名　衆也　且言非其罪也」とあり、注に「死者無罪　則例不稱名」とあるのを參照。

【經】三月夫人姜氏至自齊

【注】傳はない。（もどったことを書いているのは）廟に報告した（からである）。

【附】桓公二年の傳文に「冬公至自唐　告于廟也」とあるのを參照。

【經】晉人殺其大夫士穀及箕鄭父

注（名を書いているのは）先都と同罪だった（からである）。

附上の「晉人殺其大夫先都」の注に「以作亂討　故書名」とあるのを參照。

なお、下の傳の疏に「賈逵云　箕鄭稱及　非首謀」とある。

經楚人伐鄭

注（「人」と稱しているのは）楚子は、狼淵に陣をはり、自分では伐たなかった（からである）。

附下の傳文に「楚子師于狼淵以伐鄭」とあり、注に「陳師狼淵　爲伐鄭援也」とある。

經公子遂會晉人宋人衞人許人救鄭

經夏狄侵齊

注傳はない。

經秋八月曹伯襄卒

注傳はない。（名を書いているのは）七年に扈で同盟した（からである）。

附七年に「秋八月公會諸侯晉大夫盟于扈」とあり、傳に「秋八月齊侯宋公衞侯陳侯鄭伯許男曹伯會晉趙盾盟于扈　晉侯立故也　公後至　故不書所會」とある。なお、僖公二十三年の傳文に「凡諸侯同盟　死則赴以名　禮也」とあるのを參照。

經九月癸酉地震

注傳はない。地の常態は靜止であるため、動けば異變とみなすから、書いたのである。

附公羊傳文に「地震者何　動地也　何以書　記異也」とあり、何注に「天動地靜者　常也」とあるのを參照。また、穀梁傳文に「震　動也　地　不震者也」とあるのを參照。

經冬楚子使椒來聘

注君を稱して大夫を使っているのは、その禮辭が中國と同じになった、からである。椒に氏を書いていないのは、（單なる）史官の省略表現である。

附注の前半については、莊公二十三年「荊人來聘」の注に「不書荊子使某來聘　君臣同辭者　蓋楚之始通　未成其禮」とあるのを參照。なお、その疏に引く『釋例』に「此乃楚之初興　未閑周之典禮告命之辭」とあるのも參照。

注の後半については、疏に引く『釋例』に「楚殺得臣與宜申　賈氏皆以爲陋　案楚殺大夫　公子側成熊之等六七人　皆稱氏族　無爲獨於此二人陋也　斯蓋非史策舊法　故無凡例　當時諸國　以意而赴　其自來聘　使者辭有詳略　仲尼脩春秋　因宋以示義　義之所起　則刊而正之　不者　即而示之　不皆刊正也　諸侯之卿　當以名氏備書於經　其加貶損　則直稱人　若有褒異　則或稱官　或但稱氏　若無褒無貶　傳所

不發者　則皆就舊文　或未賜族　或時有詳略也　推尋經文　自莊公以上　諸弑君者　皆不書氏　閔公以下　皆書氏　亦足以明時史之同異非仲尼所皆貶也」とあるのを參照。

【經】秦人來歸僖公成風之襚

㊟衣服を「襚」という。秦は邊鄙な田舍であったから、「使」と稱していないのである。「夫人」と稱していないのは、やって來た者の言い方に從ったのである。

(附)注の「衣服曰襚」については、隱公元年の公羊傳文に「衣被曰襚」とあり、穀梁傳文に「衣衾曰襚」とあるのを參照。
注の「秦辟陋」については、成公八年の傳文に「莒子曰　辟陋在夷其孰以我爲虞」とあり、また、昭公十九年の傳文に「費無極言於楚子曰　晉之伯也　邇於諸夏　而楚辟陋　故弗能與爭」とあるのを參照。
なお、傳・注の「隧」は、諸本に從って、「襚」に改める。

【經】葬曹共公

㊟傳はない。

【傳】九年春王正月己酉使賊殺先克

㊟箕鄭たちがさしむけたのである。亂をおこして先克を殺したため、赴告して來なかったから、(經に)書いていないのである。

(附)八年の傳文に「故箕鄭父先都士穀梁益耳蒯得作亂」とある。

【傳】乙丑晉人殺先都梁益耳

㊟「乙丑」は、正月の十九日である。經が「二月」のところに書いているのは、赴告に從ったのである。

【傳】毛伯衛來求金　非禮也

㊟天子は、私的に〔臨時に〕財を要求してはならないから、「非禮」と言っているのである。

(附)桓公十五年の傳文に「春天王使家父來求車　非禮也　諸侯不貢車服天子不私求財」とあり、注に「諸侯有常職貢」とあるのを參照。

【傳】不書王命　未葬也

【傳】二月莊叔如周葬襄王

【傳】三月甲戌晉人殺箕鄭父士穀蒯得

㊟「梁益耳」と「蒯得」を(經に)書いていないのは、いずれもみな、卿ではなかった、からである。

(附)上の經に「晉人殺其大夫先都」とあり、また、「晉人殺其大夫士穀及箕鄭父」とある。

【傳】范山言於楚子曰　晉君少　不在諸侯　北方可圖也

㊟「范山」は、楚の大夫である。

【傳】楚子師于狼淵以伐鄭

㊟狼淵に陣をはり、鄭を伐つ後援をしたのである。潁川の潁陰縣の西部

に狼陂がある。

(附)經の注に「楚子師於狼淵　不親伐」とあるのを參照。

傳囚公子堅公子尨及樂耳

㊟三子は、鄭の大夫である。

傳鄭及楚平

傳公子遂會晉趙盾宋華耦衞孔達許大夫救鄭　不及楚師　卿不書　緩也
以懲不恪

㊟「華耦」は、華父督の曾孫である。公子遂だけが貶せられていないのは、諸々の魯事については、特にその國〔魯〕のために褒貶するのでなければ、いずれもみな、國史（の文章）にそのまま従い、他國とは同じにしない〔他國のように文章を改めない〕、からであり、これが、《春秋》の大意である。他はみな、これに倣う。

傳夏楚侵陳克壺丘

㊟「壺丘」は、陳の邑である。

傳以其服於晉也

傳秋楚公子朱自東夷伐陳

㊟「子朱」とは、息公のことである。

(附)三年の傳文に「門于方城　遇息公子朱而還」とある。

傳陳人敗之　獲公子茷　陳懼　乃及楚平

㊟小國の身で大國に勝ったから、懼れて和平を請うたのである。傳は、晉君が年少だったため、楚が中國を侵略した、ことを言っているのであり、だから、明年には、厥貉の會があったのである。

(附)十年の傳文に「陳侯鄭伯會楚子于息　冬遂及蔡侯次于厥貉　將以伐宋」とある。

傳冬楚子越椒來聘　執幣傲

㊟「子越椒」は、令尹子文の從子〔おい〕である。「傲」は、不敬である。

(附)宣公四年の傳文に「初楚司馬子良生子越椒　子文曰　必殺之」とあり、注に「子文　子良之兄」とあるのを參照。

傳叔仲惠伯曰　是必滅若敖氏之宗　傲其先君　神弗福也

㊟十二年の傳に「先君の粗末な器を、私に命じてそちらに届けさせ」とあって、使命を奉じて行った場合は、必ず廟に報告する、ことが明らかだから、「自分の先君に對して不敬であれば」と言っているのである。宣公四年の、楚が若敖氏を滅したこと、のために本を張ったのである。

(附)宣公四年の傳文に「秋七月戊戌楚子與若敖氏戰于皐滸（中略）鼓而進之　遂滅若敖氏」とある。

傳秦人來歸僖公成風之襚　禮也

㊟秦は、（かねてより）諸夏を慕い、魯と敬禮のやりとりをしたいと思っ

ていたが、（たまたま）翟泉の盟があった〔僖公二十九年〕から、（それにちなんで）僖公に追贈し、あわせて、成風に及んだのである。（秦は）本來、魯の方嶽の同盟國〔方嶽の盟に同席した正式な同盟國〕ではなく、赴告し弔問し合う義務はないから、遲すぎたことは譏らずに、よしみを交えたことを禮にかなっているとしたのである。

(附)下の疏に引く『釋例』に「秦之與魯　本非方嶽同盟　魯薨不赴秦　秦不賵魯　自是其常也　僖穆二公　雖有同盟之義　二君已卒　則二子不得用同盟之禮也　今秦康公遠慕諸華　欲通敬於魯　無以爲辭　因翟泉有盟　追贈僖公　幷及成風　假弔禮而行　故曰禮也」とあるのを參照。また、隱公元年の傳文に「諸侯五月　同盟至」とあり、注に「同在方嶽之盟」とあるのを參照。

【傳】諸侯相弔賀也　雖不當事　苟有禮焉　書也　以無忘舊好

㊟死者におくりものをするのに、尸の期間〔葬まで〕に間に合わなかったから、「事にあたらない」と言っているのである。「書く」とは、典策に書いて、子孫に垂示し、特別にねんごろなよしみを忘れないようにさせるのである。

(附)疏に引く『釋例』に「送死不及尸　謂不當其事　書者　書之於策　垂之子孫　以示過厚之好也」とあるのを參照。また、隱公元年の傳文に「贈死不及尸」とあり、注に「尸　未葬之通稱」とあるのを參照。なお、疏に「何休膏肓云　禮主於敬　一使兼二喪　又於禮既緩　而左氏以之爲禮　非也　鄭箴云　若以爲緩　案禮衞將軍文子之喪　既除喪而越人來弔　子游何得善之」とある。

〔文公十年〕

【經】十年春王三月辛卯臧孫辰卒

㊟傳はない。公が小斂に臨席したから、日を書いているのである。

(附)隱公元年の傳文に「衆父卒　公不與小斂　故不書日」とあるのを參照。

【經】夏秦伐晉

㊟將帥を稱していないのは、赴告の言辭が簡略だったからである。

【經】楚殺其大夫宜申

㊟「宜申」とは、子西のことである。君を弑殺しようと謀ったから〔有罪だから〕、名を書いているのである。

(附)下の傳文に「又與子家謀弑穆王」とある。なお、七年の傳文に「書曰　宋人殺其大夫　不稱名　衆也　且言非其罪也」とあり、注に「死者無罪　則例不稱名」とあるのを參照。

【經】自正月不雨　至于秋七月

㊟傳はない。義は、二年と同じである。

(附)二年に「自十有二月不雨　至于秋七月」とあり、注に「周七月　今五月也　不雨足爲災　不書旱　五穀猶有收」とある。

【經】及蘇子盟于女栗

【注】「女栗」は、地名で、闕〔不明〕である。「蘇子」は、周の卿士である。頃王が新たに立ったから、魯と盟い、諸侯に親しもうとしたのである。

【附】下の傳文に「秋七月及蘇子盟于女栗　頃王立故也」とある。

【經】冬狄侵宋

【注】傳はない。

【經】楚子蔡侯次于厥貉

【注】「厥貉」は、地名で、闕〔不明〕である。宋を伐とうとしたのだが、（わざと）軍を進めなかったから、「次」と書いているのである。

【附】下の傳文に「陳侯鄭伯會楚子于息　冬遂及蔡侯次于厥貉　將以伐宋」とあり、注に「時楚欲誘呼宋共戰」とある。

【傳】十年春晉人伐秦　取少梁

【注】「少梁」は、馮翊の夏陽縣である。

【附】『漢書』地理志上に「左馮翊（中略）夏陽　故少梁」とあるのを參照。

【傳】夏秦伯伐晉　取北徵

【注】（晉が）少梁（を取ったこと）に報復したのである。

【傳】初楚范巫矞似

【注】「矞似」は、范邑の巫である。

【傳】謂成王與子玉子西曰　三君皆將强死　城濮之役　王思之　故使止子玉曰　毋死　不及　止子西　子西縊而縣絶

【注】僖公二十八年にある。

【附】僖公二十八年の傳文に「既敗　王使謂之曰　大夫若入　其若申息之老何　子西孫伯曰　得臣將死　二臣止之曰　君其將以爲戮　及連穀而死」とあり、注に「至連穀　王無赦命　故自殺也　文十年傳曰　城濮之役　王使止子玉曰　無死　不及　子西亦自殺　縊而縣絶　故得不死　王時別遣追前使」とある。

【傳】王使適至　遂止之　使爲商公

【注】「商」は、楚の邑で、今の上雒の商縣である。

【傳】沿漢泝江　將入郢

【注】「沿」とは、流れにしたがうことであり、「泝」とは、流れにさからうことである。

【附】『國語』吳語「率師沿海泝淮以絶吳路」の韋注に「沿　順也　逆流而上曰泝」とあるのを參照。

【傳】王在渚宮

【注】小洲を「渚」という。

【附】『爾雅』釋水に「小洲曰陼」とあるのを參照。

【傳】下　見之　懼而辭曰　臣免於死　又有讒言　謂臣將逃　臣歸死於司敗也

【注】陳・楚では、司寇のことを「司敗」と呼んだ。子西は、讒言を畏れ、商縣には行かなかったのである。

(附)『國語』楚語下「死在司敗矣」の韋注に「楚謂司寇爲司敗」とあるのを參照。また、『論語』述而に「陳司敗問」とあるのを參照。なお、襄公三年の傳文に「請歸死於司寇」とある。

(傳)王使爲工尹

(注)（「工尹」とは）百工をつかさどる官である。

(附)莊公二十二年の傳文「使爲工正」の注に、同文がみえる。

(傳)又與子家謀弑穆王　穆王聞之　五月殺鬬宜申及仲歸

(注)「仲歸」とは、「子家」のことである。（經に）書いていないのは、卿ではなかったからである。

(附)上の經に「楚殺其大夫宜申」とある。

(傳)秋七月及蘇子盟于女栗　頃王立故也

(注)僖公十年に、狄が溫を滅し、蘇子〔溫子〕は衞に奔った。今ここで、また現われているのは、おそらく、（その後）王が復歸させたのであろう。

(附)僖公十年に「狄滅溫　溫子奔衞」とあり、傳に「蘇子奔衞」とあり、注に「蘇子（中略）國於溫　故曰溫子」とある。

(傳)陳侯鄭伯會楚子于息　冬遂及蔡侯次于厥貉

(注)陳・鄭及び宋・麇子を（經に）書いていないのは、宋・鄭は、卑屈にへつらって一時のがれし、楚の從僕となって司馬に命令を受け、麇子は、これを恥として、そのまま逃げ歸った、からである。（つまり）三君は、爵位を失ったから、諸侯扱いしなかったのである。宋・鄭でさえそうであるとすれば、陳侯も同じ（理由から）であるに違いない。

(附)注の「宋鄭執卑苟免」については、九年の傳文に「楚子師于狼淵以伐鄭（中略）鄭及楚平」とあり、また、下の傳文に「將以伐宋　宋華御事曰　楚欲弱我也　先爲之弱乎（中略）乃逆楚子　勞且聽命」とある。

注の「爲楚僕任　受役於司馬」については、下の傳文に「遂道以田孟諸　宋公爲右盂　鄭伯爲左盂　期思公復遂爲右司馬　子朱及文之無畏爲左司馬　命夙駕載燧」とある。

注の「麇子恥之　遂逃而歸」については、下の傳文に「厥貉之會　麇子逃歸」とある。

注の「三君失位降爵　故不列於諸侯」については、成公二年の傳文に「蔡侯許男不書　乘楚車也　謂之失位　君子曰　位其不可不愼也乎　蔡許之君　一失其位　不得列於諸侯　況其下乎」とあるのを參照。

注の「宋鄭猶然　則陳侯必同也」については、九年の傳文に「陳懼乃及楚平」とあるのを參照。

(傳)將以伐宋　宋華御事曰　楚欲弱我也　先爲之弱乎　何必使誘我　我實不能　民何罪　乃逆楚子　勞且聽命

(注)この時、楚は、宋を誘い出して戰おうとしていた（から、「何必使誘我」と言っている）のである。「御事」は、華元の父である。

(附)十六年の傳文「於是華元爲右師」の疏に引く『世本』に「華督生世子家　家生華孫御事　事生華元右師」とあるのを參照。

(傳)遂道以田孟諸

(注)「孟諸」は、宋の大藪で、梁國の睢陽縣の東北部にあった。

㈹僖公二十八年の傳文「余賜女孟諸之麋」の注に「孟諸　宋藪澤」とあるのを參照。また、『漢書』地理志下に「梁國（中略）睢陽　故宋國微子所封　禹貢盟諸澤在東北」とあるのを參照。

傳宋公爲右盂　鄭伯爲左盂

㊟「盂」は、田獵の陣形の名稱である。

傳期思公復遂爲右司馬

㊟「復遂」は、楚の期思の邑公である。（「期思」は）今の弋陽の期思縣である。

傳子朱及文之無畏爲左司馬

㊟田獵するに際して、兩甄〔兩翼?〕を張ったから、二人の左司馬を置いたのである。とすれば、一人の右司馬は中央に當たったことになる。

㈹楊愼『升菴經說』に「注兩甄　猶兩翼也　世說　桓元好獵　雙甄所指　不避林壑　晉書周訪傳　杜曾攻陷楊口　元帝使訪擊之　訪令李恆督左甄　許朝督右甄　自領中軍　令其衆曰　一甄敗　鳴三鼓　兩甄敗　鳴六鼓　旣而兩甄皆敗　訪選銳卒八百人　夜追破之　梁裴邃　壽陽之戰　爲四甄以待之　挑戰僞退　四甄競發　魏師大敗　書傳中稱軍翼曰甄　僅此四見　然甄之爲字　不知於軍何當也　甄音陣　古作陳　甄自平聲轉入去聲也　楊正衡曰　甄音堅　戰陣有左拒右拒　拒　方陣也　有左甄右甄　甄　左右翼也　左右拒　見於周鄭繻葛之戰　左右甄之義　見於楚穆王孟諸之田　宋公爲右盂　鄭伯爲左盂　杜預注　將獵　張兩甄　蓋晉以左右翼爲左右甄　預取當時之言以釋左右盂也　然左傳他篇有中甄前茅　則甄之義亦古矣」とあるのを參照。また、焦循『春秋左傳補疏』に「宋書禮志云　先獵一日　遣屯布圍　領軍將軍一人督右甄　護軍一人督左甄　晉書周訪傳　使將軍李恆督左甄　許朝督右甄　訪自領中軍　高張旗幟　又陶侃傳　帝使侃擊杜弢　令周訪趙誘受侃節度　侃令二將爲前鋒　兄子輿爲左甄　又朱伺傳　陶侃時鎭江夏　以伺能水戰　曉作舟艦　乃遣作大艦　署爲左甄　兩甄乃晉軍中之稱　杜氏擧當時事以證古耳　世說新語規箴篇　桓南郡好獵　每田狩　車騎甚盛　雙甄所指　不避陵壑」とあるのを參照。

傳命夙駕載燧

㊟「燧」は、火を取るものである。

㈹『論語』陽貨「鑽燧改火」の〈集解〉に「馬曰　周書月令有更火之文　春取楡柳之火　夏取棗杏之火　季夏取桑柘之火　秋取柞楢之火　冬取槐檀之火　一年之中　鑽火各異木　故曰改火也」とあるのを參照。

傳宋公違命

㊟早朝に、馬を車につなぎ、燧をのせる、ことをしなかったのである。

傳無畏抶其僕以徇　或謂子舟曰　國君不可戮也　子舟曰　當官而行　何彊之有

㊟「子舟」は、無畏の字〔あざな〕である。

傳詩曰　剛亦不吐　柔亦不茹

㊟「詩」は、大雅（烝民第五章）である。仲山甫が彊禦を避けなかったことをほめたのである。

㈹同章の上句に「維仲山甫」とあり、下句に「不侮矜寡　不畏彊禦」とある。なお、莊公十二年の公羊傳文に「仇牧可謂不畏彊禦矣」とあり、何注に「禦　禁也　言力彊不可禁也」とあるのを參照。

【傳】毋縱詭隨　以謹罔極

㊟「詩」は、大雅（民勞第三章）である。（「詭隨」とは）人（の善）にさからい、人（の惡）にしたがって、正心のない者である。「謹」は、愼と同じである。「罔」は無であり、「極」は中である。

(附)鄭箋に「罔　無　極　中也　無中所行　不得中正」とあるのを參照。
また、第一章「無縱詭隨　以謹無良」の毛傳に「詭隨　詭人之善　隨人之惡者」とあり、鄭箋に「謹猶愼也」とあるのを參照。

【傳】是亦非辟彊也　敢愛死以亂官乎

㊟宣公十四年の、宋人が子舟を殺したこと、のために本を張ったのである。

(附)宣公十四年の傳文に「楚子使申舟聘于齊　曰　無假道于宋（中略）申舟以孟諸之役惡宋（中略）及宋　宋人止之（中略）乃殺之」とある。

【傳】厥貉之會　麇子逃歸

㊟明年の「楚子伐麇」のために傳したのである。

巻第十九下

〔文公十一年〕

【經】十有一年春楚子伐麇

㊟前年に厥貉の會から逃げたことをとがめたのである。

(附)十年の傳文に「厥貉之會　麇子逃歸」とあり、注に「爲明年楚子伐麇傳」とある。

【經】夏叔彭生會晉郤缺于承筐

㊟「承筐」は、宋地で、陳留の襄邑縣の西部にあった。「彭生」は、叔仲惠伯であり、「郤缺」は、冀缺である。

(附)注の前半については、『續漢書』郡國志三に「陳留郡（中略）襄邑（中略）有承匡城」とあるのを參照。
注の後半については、下の傳文に「夏叔仲惠伯會晉郤缺于承筐」とあり、また、僖公三十三年の傳文に「初臼季使　過冀　見冀缺耨　其妻饁之」とある。
なお、經の「叔仲彭生」の「仲」は、『釋文』等に從って、衍文とみなす。

【經】秋曹伯來朝

【經】公子遂如宋

【經】狄侵齊
【經】冬十月甲午叔孫得臣敗狄于鹹
(注)「鹹」は、魯地である。
(附)『史記』魯世家「十一年十月甲午魯敗翟于鹹」の〈集解〉に「服虔曰　魯地也」とあるのを參照。

【傳】十一年春楚子伐麇　成大心敗麇師於防渚
(注)「成大心」は、子玉の子の大孫伯である。「防渚」は、麇地である。
(附)僖公二十八年の傳文「大心與子西使榮黃諫」の注に「大心　子玉之子」とあるのを參照。なお、十二年の傳文に「楚令尹大孫伯卒」とある。

【傳】潘崇復伐麇　至于錫穴
(注)「錫穴」は、麇地である。

【傳】夏叔仲惠伯會晉郤缺于承筐　謀諸侯之從於楚者
(注)九年に陳・鄭が楚と和平し、十年に宋が楚の命に従った。
(附)九年の傳文に「鄭及楚平」とあり、「陳懼　乃及楚平」とある。また、十年の傳文に「將以伐宋（中略）乃逆楚子　勞且聽命」とある。

【傳】秋曹文公來朝　即位而來見也

【傳】襄仲聘于宋　且言司城蕩意諸而復之
(注)八年に、意諸が（魯に）來奔していた。（宋に）かえったことを（經に）書いていないのは、史官が書き漏らしたからである。
(附)桓公十七年の傳文に「冬十月朔日有食之　不書日　官失之也」とあり、また、僖公十五年の傳文に「夏五月日有食之　不書朔與日　官失之也」とあるのを參照。なお、異説として、疏に「服虔云　反不書者　施而不德」とある。ちなみに、「施而不德」は、襄公二十九年の傳文にみえる。

【傳】因賀楚師之不害也
(注)前年に、楚が厥貉に宿營し、宋を伐とうとした。
(附)十年の傳文に「陳侯鄭伯會楚子于息　冬遂及蔡侯次于厥貉　將以伐宋」とある。

【傳】鄋瞞侵齊
(注)「鄋瞞」は、狄の國名である。防風の後裔で、漆姓である。
(附)『史記』魯世家「鄋瞞伐宋」の〈集解〉に「服虔曰（中略）鄋瞞　長翟國名」とあるのを參照。また、『國語』魯語下に「吳伐越　隳會稽　獲骨焉　節專車　吳子使來好聘（中略）既徹俎而宴　客執骨而問曰　敢問骨何爲大　仲尼曰　丘聞之　昔禹致羣神於會稽之山　防風氏後至　禹殺而戮之　其骨節專車　此爲大矣（中略）客曰　防風何守也　仲尼曰　汪芒氏之君也　守封嵎之山者也　爲漆姓　在虞夏商爲汪芒氏　於周爲長狄　今爲大人」とあるのを參照。なお、王引之『經義述聞』に「防風氏爲漆姓　史記孔子世家　漆作釐　索隱曰　釐音僖　家語云

姓漆　蓋誤　世本無漆姓　引之謹案　漆當爲來古字　來與釐通　故史記作釐也　來與桼字形相似　因誤爲桼　後人又加水旁耳　文十一年左傳注　鄋瞞　防風之後　漆姓　釋文曰　漆音七　蓋此字之譌久矣」とある。

傳遂伐我　公卜使叔孫得臣追之　吉　侯叔夏御莊叔

㊟「莊叔」とは、得臣のことである。

(附)上の疏に「服云　伐我不書　諱之」とある。

傳緜房甥爲右　富父終甥駟乘

㊟「駟乘」とは、(普通は三人なのを)四人で車に乗ったのである。

(附)『史記』魯世家「富父終甥舂其喉以戈　殺之」の〈集解〉に「服虔曰　富父終甥　魯大夫也」とある。

傳冬十月甲午敗狄于鹹　獲長狄僑如

㊟「僑如」は、鄋瞞國の君である。身長が三丈もあったらしい。僑如を獲たことを(經に)書いていないのは、夷狄を賤しんでである。

(附)『國語』魯語下に「客曰　人長之極幾何　仲尼曰　僬僥氏長三尺　短之至也　長者不過十之　數之極也」とあり、韋注に「十之三丈　則防風氏也」とあるのを參照。

傳富父終甥摏其喉以戈　殺之

㊟「摏」は、衝〔つく〕と同じである。

(附)『史記』魯世家「富父終甥舂其喉以戈　殺之」の〈集解〉に「服虔曰（中略）舂猶衝」とあるのを參照。

傳埋其首於子駒之門

㊟「子駒」は、魯の城門である。骨の大きさが尋常でなかったため、後世の人が(見て)怪しむおそれがあったから、その場所を詳しく書いておいたのである。

(附)『史記』魯世家「埋其首於子駒之門」の〈集解〉に「賈逵曰　子駒魯郭門名」とあるのを參照。また、『國語』魯語下に「防風氏後至　禹殺而戮之　其骨節專車　此爲大矣」とあるのを參照。

傳以命宣伯

㊟得臣は、何か事件がおきるのをまって、自分の三人の子に名をつけた。(つまり)この事件に因んで、(子の)宣伯に僑如という名をつけ、自分の功績の記念としたのである。

(附)定公八年の傳文に「苦越生子　將待事而名之　陽州之役獲焉　名之曰陽州」とあり、注に「欲自比僑如」とあるのを參照。また、襄公三十年の傳文に「是歲也　狄伐魯　叔孫莊叔於是乎敗狄于鹹　獲長狄僑如及虺也豹也　而皆以名其子」とあるのを參照。また、『史記』魯世家「以命宣伯」の〈集解〉に「服虔曰　宣伯　叔孫得臣子喬如也　得臣獲喬如以名其子　使後世旌識其功」とあるのを參照。

傳初宋武公之世　鄋瞞伐宋

㊟《春秋》以前のことである。

(附)『史記』魯世家「初宋武公之世　鄋瞞伐宋」の〈集解〉に「服虔曰　武公　周平王時　在春秋前二十五年」とあるのを參照。

傳司徒皇父帥師禦之　耏班御皇父充石

(注)「皇父」は、戴公の子である。「充石」は、皇父の名である。
(附)疏に「皇父　戴公子　世本文」とある。
【傳】公子穀甥爲右　司寇牛父駟乘　以敗狄于長丘
(注)「長丘」は、宋地である。
【傳】獲長狄緣斯
(注)「緣斯」は、僑如の先祖である。
(附)『史記』魯世家「獲長翟緣斯」の〈集解〉に「賈逵曰　喬如之祖」とあるのを參照。

なお、疏に「服虔云　不言所埋　埋其身首　同處於戰地可知」とある。

【傳】皇父之二子死焉
(注)皇父と、穀甥及び牛父とが、いずれもみな、死んだから、耏班だけが賞を受けたのである。
(附)疏に「賈逵云　皇父與穀甥牛父　三子皆死　鄭衆以爲　穀甥牛父二人死耳　皇父不死　馬融以爲　皇父之二子　從父在軍　爲敵所殺　名不見者　方道二子死　故得勝之　如今皆死　誰殺緣斯　服虔云　殺緣斯者　未必三子之手　士卒獲之耳　下言宋公以門賞耏班　班爲皇父御而有賞　三子不見賞　疑皆死　賈君爲近之」とあるのを參照。なお、王引之『經傳釋詞』に「之猶與也（中略）文十一年左傳　皇父之二子死焉　二子者　公子穀甥司寇牛父也　言皇父與此二子皆死也」とある。
【傳】宋公於是以門賞耏班　使食其征
(注)「門」とは、關の門である。「征」は、稅である。
(附)昭公二十年の傳文に「偪介之關　暴征其私」とあるのを參照。また、『國語』齊語に「使關市幾而不征」とあり、韋注に「征　稅也」とあるのを參照。なお、異説として、王引之『經義述聞』に「城門與關皆有稅　此所食者　城門之稅　非關稅也　地官司門　幾出入不物者　正其貨賄　鄭注曰　正讀爲征　征　稅也　司關　掌國貨之節　以聯門市　掌其治禁與其征廛　是門與關異　司關又云　國凶札　則無關門之征　謂關之征門之征也　傳言以門賞耏班　而不及關　下文又言謂之耏門　則爲城門之征明甚　杜乃以門爲關門　是直不知門與關之有辨矣」とある。
【傳】謂之耏門　晉之滅潞也
(注)宣公十五年にある。
(附)宣公十五年に「六月癸卯晉師滅赤狄潞氏」とある。
【傳】獲僑如之弟焚如　齊襄公之二年
(注)魯の桓公の十六年である。
【傳】鄋瞞伐齊　齊王子成父獲其弟榮如
(注)「榮如」は、(先の)「焚如」の弟である。焚如の方が後に死んだのに、先に説いているのは、兄弟伯季を順序立てようとしたのである。榮如が魯の桓公の十六年に死んでから、宣公十五年まで、百三年も經過して、その兄(の焚如)はなお健在であった。(つまり)傳は、(長狄が)長身である上に、長壽であり、常人とは異なっていた、ことを言っているのである。「王子成父」は、齊の大夫である。
(附)『史記』齊世家「惠公二年　長翟來　王子城父攻殺之」の〈集解〉に「賈逵曰　王子城父　齊大夫」とあるのを參照。

なお、陸粲『左傳附注』に「史記魯世家　引此傳文　作齊惠公之二年　又齊世家云　惠公二年　長翟來　王子城父攻殺之　十二諸侯年表亦于齊惠公二年　書王子城父敗長翟　三文皆同　案惠之二年　即魯宣之二年也　在晉滅潞之前　僅十三年耳　此傳以惠公爲襄公　蓋傳寫之譌　杜因有是説　失之不考也」とある。

【傳】埋其首於周首之北門

（注）「周首」は、齊の邑である。濟北の穀城縣の東北部に周首亭がある。

【傳】衞人獲其季弟簡如

（注）齊を伐って敗走し、衞に至って獲られたのである。

（附）異説として、『史記』魯世家「衞人獲其季弟簡如」の〈集解〉に「服虔曰　獲與喬如同時」とある。

【傳】鄋瞞由是遂亡

（注）長狄の種族は絶滅したのである。

（附）異説として、顧炎武『左傳杜解補正』に「傳云亡者　特其國亡耳」とある。

【傳】郕大子朱儒自安於夫鍾

（注）「安」は、處である。「夫鍾」は、郕の邑である。

（附）『禮記』檀弓下「何以處我」の注に「處猶安也」とあるのを參照。

【傳】國人弗徇

（注）「徇」は、順である。明年の「郕伯來奔」のために傳したのである。

〔文公十二年〕

【經】十有二年春王正月郕伯來奔

（注）爵を稱しているのは、公が諸侯の禮によって迎えたことを示したのである。

（附）下の傳文に「公以諸侯逆之」とある。

【經】杞伯來朝

（注）また（もとのように）「伯」と稱しているのは、夷禮をすてたからである。

（附）莊公二十七年に「杞伯來朝」とあり、僖公二十七年に「春杞子來朝」とあり、後者の傳に「用夷禮　故曰子」とあるのを參照。

【經】二月庚子子叔姬卒

（注）嫁いで成人となっていれば、たとえ離縁されたとしても、恩によってその卒を記録する。

（附）疏に引く『釋例』に「出弃之女　反在父母之室　則與既笄成人者同　故亦書卒也」とあるのを參照。なお、下の傳文に「二月叔姬卒　不言杞　絶也　書叔姬　言非女也」とある。

【經】夏楚人圍巣

（注）「巣」は、吳と楚の間の小國である。盧江の六縣の東部に居巣城がある。

附『漢書』地理志上に「廬江郡（中略）居巢」とあり、注に「應劭曰　春秋　楚人圍巢　巢　國也」とあるのを參照。

經秋滕子來朝　秦伯使術來聘

注術に氏を稱していないのは、(單なる)史官の省略表現である。

附九年「冬楚子使椒來聘」の注に「椒不書氏　史略文」とあるのを參照。なお、その附も參照。

經冬十有二月戊午晉人秦人戰于河曲

注「敗績」を書いていないのは、兩軍ともに兵を引き、大敗はしなかった、からである。「人」と稱しているのは、秦も晉も、戰果がなかったため、微者として赴告して來た、からである。兩軍が陣を整えた場合に「戰」という。例は、莊公十一年にある。「河曲」は、河東の蒲坂縣の南部にあった。

附下の傳文に「乃皆出戰　交綏」とあり、注に「古名退軍爲綏」とある。なお、莊公十一年の傳文に「皆陳曰戰　大崩曰敗績」とあるのを參照。なお、『史記』秦本紀「秋繆公自將伐晉　戰於河曲」の〈集解〉に「服虔曰　河曲　晉地」とある。

經季孫行父帥師城諸及鄆

注「鄆」は、莒と魯が(その所有をめぐって)係爭していた邑である。城陽の姑幕縣の南部に員亭があり、員は鄆に他ならない。諸及び鄆が（都から）遠く離れていて、外國に近かったから、師をひきいて城いたのである。

附昭公元年の傳文に「莒魯爭鄆　爲日久矣」とあるのを參照。また、莊公二十九年「城諸及防」の注に「諸　今城陽縣」とあるのを參照。

傳十二年春郕伯卒　郕人立君

注大子が（都におらず）外の邑に居すわっていたからである。

附十一年の傳文に「郕大子朱儒自安於夫鍾　國人弗徇」とあるのを參照。

傳大子以夫鍾與郕邽來奔

注「郕邽」もまた、邑である。

附十一年の傳文「郕大子朱儒自安於夫鍾」の注に「夫鍾　郕邑」とあるのを參照。なお、異說として、王引之『經義述聞』に「杜注曰　郕邽亦邑　杜春秋地名說成地曰　文十二年成圭　或曰邑　或曰玉闕　太平御覽皇親部十二引服虔注曰　郕圭　邑名也　一曰　郕邦之寶圭　大子以其國寶與地夫鍾來奔也　引之謹案　寶圭之說是也　郕大子以郕圭來奔　猶莒大子僕以其寶玉來奔耳（見十八年）郕爲伯爵　當執躬圭　圭爲郕國之寶　故謂之曰郕圭　猶王子朝所用之圭稱成周之寶圭也（見昭二十四年）若以圭爲郕之邑名　則夫鍾亦是郕邑　何獨於圭而曰郕乎　且郕大子所挾之邑　則爲郕邑可知　又何須加郕字以明之乎　襄之二十一年　邾庶其以漆閭邱來奔　昭之五年　莒牟夷以牟婁及防茲來奔　三十一年　邾黑肱以濫來奔　不聞稱爲邾漆邾濫莒牟婁也　以是言之　郕圭必非邑名　說文　邽　隴西上邽也　而不云郕邑　是左傳古本無作郕

邽者　左傳舊解亦無訓爲邑名者　自杜氏誤從邑名之解　而後世傳寫者遂加邑作邽（釋文　邽音圭　則所見本已誤）於是郕圭之爲寶玉　莫有能知之者矣」とある〔ただし、太平御覽に引くものが服虔注であるかどうかは、實は不明である〕。

【傳】公以諸侯逆之　非禮也

㊟公が謀叛人を優遇したことを譏っているのである。

【傳】故書曰郕伯來奔　不書地　尊諸侯也

㊟諸侯として尊んでしまったから、もはや、邑をぬすんだ罪は示さないのである。

【傳】杞桓公來朝　始朝公也

㊟文公が即位して(以後)、始めて來朝したのである。

(附)僖公二十七年の傳文に「春杞桓公來朝」とあるのを參照。

【傳】且請絶叔姫而無絶昏　公許之

㊟婚姻關係(自體)は絶たず、その娣を立てて夫人としたのである。離縁されてもどったことを(經に)書いていないのは、もどらないうちに卒したからである。

(附)注の前半については、疏に引く『釋例』に「杞桓公以僖二十三年即位　襄六年卒　凡在位七十一年　文成之世　經書叔姫二人　一人卒　一人出　皆杞桓公夫人也」とあるのを參照。なお、成公五年に「春王正月杞叔姫來歸」とある。

注の後半については、莊公二十七年の傳文に「凡諸侯之女　歸寧曰來出曰來歸」とあるのを參照。また、同年の公羊傳文に「大歸曰來歸」とあるのを參照。なお、十八年の傳文に「夫人姜氏歸于齊　大歸也」とある。

なお、注の「未笄」の「笄」は、挍勘記に從って、「歸」に改める。

【傳】二月叔姫卒　不言杞　絶也

㊟離縁をみとめた後だから、(もはや)「杞」とは言わないのである。

【傳】書叔姫　言非女也

㊟女は、笄をつけない〔成人とならない〕うちに卒すれば、(その卒を經に)書かない。

【傳】楚令尹大孫伯卒　成嘉爲令尹

㊟(「成嘉」は)若敖の曾孫の子孔である。

【傳】羣舒叛楚

㊟「羣舒」とは、偃姓の舒庸・舒鳩の類である。今、廬江の南部に舒城があり、舒城の西南に龍舒がある。

(附)注の前半については、疏に「世本　偃姓　舒庸舒蓼舒鳩舒龍舒鮑舒龔」とある。

注の後半については、『續漢書』郡國志四に「廬江郡（中略）舒有桐鄉（中略）龍舒侯國」とあるのを參照。

【傳】夏子孔執舒子平及宗子　遂圍巢

㊟「平」は、舒の君の名である。「宗」・「巣」の二國は、羣舒の仲間である。

【傳】秋滕昭公來朝　亦始朝公也

【傳】秦伯使西乞術來聘　且言將伐晉　襄仲辭玉曰　君不忘先君之好　照臨魯國　鎭撫其社稷　重之以大器　寡君敢辭玉

【注】「大器」とは、圭璋である。秦とよしみを結びたくなかったから、玉を辭退したのである。

【附】『禮記』聘義に「以圭璋聘」とあるのを參照。なお、異説として、沈欽韓『春秋左氏傳補注』に「按聘禮　賓襲執圭　擯者入告　出　辭玉　注云　圭　贄之重者　辭之亦所以致尊讓也　傳言襄仲辭玉　正合禮文　杜未見禮經　故爲臆説　趙汸補注云　傳錄賓主辭令　以見秦人之進于禮」とある。

【傳】對曰　不腆敝器　不足辭也

【注】「腆」は、厚である。

【附】僖公三十三年の傳文「不腆敝邑」等の注に、同文がみえる。なお、その【附】を參照。

【傳】主人三辭　賓荅曰　寡君願徼福于周公魯公以事君

【注】「徼」は、要〔もとめる〕である。「魯公」は、伯禽である。君につかえ、それと同時に、先君の福をたまわりたい、ということである。

【附】注の「徼　要也」については、昭公三年の傳文「徼福於大公丁公」等の注に、同文がみえる。なお、『國語』晉語四「棄此四者　以徼天禍　無乃不可乎」の韋注に「徼　要也」とあるのを參照。

注の「魯公　伯禽也」については、定公四年の傳文「分魯公以大路大旂」の注に、同文がみえる。なお、『論語』微子「周公謂魯公」の〈集解〉に「孔曰　魯公　周公之子伯禽　封於魯」とあるのを參照。なお、傳文の「賓客曰」の「客」は、挍勘記に從って、「荅」に改める。

【傳】不腆先君之敝器　使下臣致諸執事　以爲瑞節

【注】「節」は、信〔しるし〕である。出て聘した場合は、必ず廟に報告するから、「先君の器」と稱しているのである。

【附】八年の傳文「司馬握節以死」の注に「節　國之符信也」とあるのを參照。また、九年の傳文「傲其先君　神弗福也」の注に「十二年傳曰　先君之敝器　使下臣致諸執事　明奉使皆告廟　故言傲其先君也」とあるのを參照。

【傳】要結好命　所以藉寡君之命結二國之好

【注】「藉」は、薦〔下に敷物をする〕である。

【附】『釋名』釋牀帳に「薦　所以自薦藉也」とあるのを參照。

【傳】是以敢致之　襄仲曰　不有君子　其能國乎　國無陋矣　厚賄之

【注】「賄」は、贈送〔物をおくる〕である。

【附】僖公三十三年の傳文に「自郊勞至于贈賄」とあり、注に「送去曰贈賄」とあるのを參照。

【傳】秦爲令狐之役故　冬秦伯伐晉取羈馬

【注】「令狐の役」は、七年にある。「羈馬」は、晉の邑である。

(附)七年に「戊子晉人及秦人戰于令狐」とある。なお、『史記』秦本紀「六年秦伐晉取羈馬」の〈集解〉に「服虔曰　晉邑也」とあるのを參照。

【傳】晉人禦之　趙盾將中軍　荀林父佐之

(注)林父が先克に代わったのである。

(附)七年の傳文に「趙盾將中軍　先克佐之」とある。

【傳】郤缺將上軍

(注)箕鄭に代わったのである。

(附)七年の傳文に「箕鄭居守（中略）荀林父佐上軍」とあり、注に「箕鄭將上軍居守　故佐獨行」とある。

【傳】臾駢佐之

(注)林父に代わったのである。

(附)七年の傳文に「荀林父佐上軍」とある。

【傳】欒盾將下軍

(注)（「欒盾」は）欒枝の子で、先蔑に代わったのである。

(附)七年の傳文に「先蔑將下軍」とある。

【傳】胥甲佐之

(注)（「胥甲」は）胥臣の子で、先都に代わったのである。

(附)七年の傳文に「先蔑將下軍　先都佐之」とある。

【傳】范無恤御戎

(注)步招に代わったのである。

(附)七年の傳文に「步招御戎」とある。なお、注の「昭」は、挍勘記に従って、「招」に改める。

【傳】以從秦師于河曲　臾駢曰　秦不能久　請深壘固軍以待之　從之　秦人欲戰　秦伯謂士會曰　若何而戰

(注)晉の士會が七年に秦に奔っていた。

(附)七年の傳文に「己丑先蔑奔秦　士會從之」とある。

【傳】對曰　趙氏新出其屬曰臾駢　必實爲此謀　將以老我師也

(注)「臾駢」は、趙盾の下屬の大夫で、新たに抜擢されて、上軍の佐となった。

(附)六年の傳文に「賈季奔狄　宣子使臾駢送其帑」とある。また、上の傳文に「郤缺將上軍　臾駢佐之」とある。

【傳】趙有側室曰穿　晉君之壻也

(注)「側室」とは、支子のことである。「穿」は、趙夙の庶孫である。

(附)桓公二年の傳文「卿置側室」の注に「側室　衆子也」とあり、疏に引く『世族譜』に「趙穿是夙之庶孫　於趙盾爲從父昆弟之子　而爲盾側室」とあるのを參照。なお、ここの疏に引く『世族譜』にも「穿　趙夙之孫」とある。

【傳】有寵而弱　不在軍事

(注)「弱」は、年少である。その上、軍事に關して無知である。

(附)焦循『春秋左傳補疏』に「在　察也　故云涉知」とあるのを參照。なお、異説として、安井衡『左傳輯釋』に「謂其意不在軍事　言不以勝敗爲意也　九年傳　晉君少　不在諸侯　北方可圖也　亦謂晉君之意不在諸侯叛服　故云北方可圖也　若解晉君未嘗涉知諸侯　恐不可通」とある。

【傳】好勇而狂　且惡臾駢之佐上軍也　若使輕者肆焉　其可

【注】「肆」とは、ちょっと進擊してみて、(すぐに)退卻する、ということである。

【附】隱公九年の傳文に「使勇而無剛者　嘗寇而速去之」とあり、注に「嘗試也　勇則能往　無剛不恥退」とあるのを參照。なお、異説として、惠棟『春秋左傳補註』に「服虔曰　肆　突　言使輕銳之兵往驅突晉軍　案詩云　是伐是肆　鄭箋曰　肆　犯突也　杜謂肆爲暫往而退　此釋輕　非釋肆也」とある（ただし、ここに「服虔曰」として引かれている文は、『周禮』環人の疏にみえるものだが、そこでは、單に「注云」とあるだけで、服虔の注であるかどうか、實は不明である）。

【傳】秦伯以璧祈戰于河

【注】勝利を祈願したのである。

【傳】十二月戊午秦軍掩晉上軍　趙穿追之　不及

【注】（晉の）上軍は出動せず、趙穿だけが追いかけたのである。

【傳】反　怒曰　裹糧坐甲　固敵是求　敵至不擊　將何俟焉　軍吏曰　將有待也

【注】擊つべき時機を待っている、ということである。

【傳】穿曰　我不知謀　將獨出　乃以其屬出　宣子曰　秦獲穿也　獲一卿矣

【注】僖公三十三年に、晉侯は、一命によって郤缺を卿に任命したが、軍帥の數〔なか〕には入れなかった。とすれば、晉には、職掌がなくて卿位についている者がいた、ことになる。

【附】僖公三十三年の傳文に「以一命命郤缺爲卿　復與之冀　亦未有軍行」とあり、注に「雖登卿位　未有軍列」とある。なお、『宋書』周朗傳に「使官稱事立　人稱官置　無空樹散位　繁進冗人」とあるのを參照。なお、注の「三十二」の「二」は、挍勘記に從って、「三」に改める。

【傳】秦以勝歸　我何以報　乃皆出戰　交綏

【注】『司馬法』に「奔を追いかける場合は、遠くまで行かず、綏を後から追う場合は、追いつくことをしない。奔を追いかけるのに、遠くまで行かなければ、（敵が）誘い込むのが難かしく、綏を後から追うのに、追いつくことをしなければ、（敵が）わなに陷れるのが難かしい」とある。とすれば、昔は、軍を退卻させることを名づけて、「綏」と言ったのである。（この時）秦と晉に、最後まで戰うという強い意志はなかったため、白兵戰にならないうちに互いに退いたから、「交綏」と言っているのである。

【附】『太平御覽』卷第二百七十に引く『古司馬兵法』に「古者　逐奔不過百步　縱綏不過三舍」とあるのを參照。また、『史記』晉世家「請辟王三舍」の〈集解〉に「賈逵曰　司馬法　從遯不過三舍」とあるのを參照。また、『三國志』魏書武帝紀「司馬法　將軍死綏」の注に「魏書曰　綏　卻也」とあるのを參照。なお、『史記』張儀傳に「其卒雖多　然而輕走易北　不能堅戰」とあり、同項羽本紀に「乃令騎皆下馬步行　持短兵接戰」とある。

【傳】秦行人夜戒晉師曰　兩君之士皆未憖也　明日請相見也

【注】「憖」は、缺〔かける〕である。

(附)『方言』一に「慭　傷也」とあるのを參照。

[傳]臾駢曰　使者目動而言肆　懼我也

(注)「目動」とは、心が落ち着いていない、ということである。「言肆」とは、聲が調子をはずしている、ということである。

[傳]將遁矣　薄諸河　必敗之

(注)「薄」は、迫である。

(附)僖公二十三年の傳文「薄而觀之」等の注に、同文がみえる。

[傳]胥甲趙穿當軍門呼曰　死傷未收而弃之　不惠也　不待期而薄人於險　無勇也　乃止

(注)晉の師が止まったのである。宣公元年の、胥甲を追放したこと、のために傳したのである。

(附)宣公元年に「晉放其大夫胥甲父于衞」とある。

[傳]秦師夜遁　復侵晉入瑕

[傳]城諸及鄆　書　時也

〔文公十三年〕

[經]十有三年春王正月

[經]夏五月壬午陳侯朔卒

(注)傳はない。（名を書いているのは）二度同盟した（からである）。

(附)僖公二十三年の傳文に「凡諸侯同盟　死則赴以名　禮也」とあるのを參照。

[經]邾子蘧蒢卒

(注)（名を書いているのは）同盟はしていなかったけれども、名をもって赴告してきた（からである）。

(附)僖公二十三年の傳文に「赴以名則亦書之」とあり、注に「謂未同盟」とあるのを參照。

[經]自正月不雨　至于秋七月

(注)傳はない。義は、二年と同じである。

(附)二年に「自十有二月不雨　至于秋七月」とあり、注に「周七月　今五月也　不雨　足爲災　不書旱　五穀猶有收」とある。

[經]大室屋壞

(注)（「大室」とは）大廟の室である。

(附)疏に「左氏先師賈服等皆以爲大廟之室也」とある。

[經]冬公如晉　衞侯會公于沓

(注)「沓」は、地（名）で、闕〔不明〕である。

[經]狄侵衞

(注)傳はない。

【經】十有二月己丑公及晉侯盟
【注】十二月ならば、己丑(の日)はない。己丑ならば、十一月十一日である〔日か月か、どちらかが誤っている〕。

【經】公還自晉　鄭伯會公于棐
【注】「棐」は、鄭地である。

【傳】十三年春晉侯使詹嘉處瑕　以守桃林之塞
【注】「詹嘉」は、晉の大夫である。彼に瑕邑を與えて、衆人をひきいて桃林を守らせ、それによって、秦に備えたのである。「桃林」は、弘農の華陰縣の東部にあった。（今の）潼關である。
【附】『通典』巻第一百七十三に「華陰（中略）有潼關　左傳所謂桃林塞也」とあるのを參照。
【傳】晉人患秦之用士會也　夏六卿相見於諸浮
【注】「諸浮」は、晉地である。
【傳】趙宣子曰　隨會在秦　賈季在狄　難日至矣　若之何
【注】六年に、賈季が狄に奔っていた。
【附】六年の傳文に「賈季奔狄」とある。
【傳】中行桓子曰　請復賈季
【注】「中行桓子」とは、荀林父のことである。僖公二十八年に、始めて中行の將となったから、それを(そのまま)氏としたのである。
【附】僖公二十七年の傳文に「荀林父御戎」とあり、注に「荀林父　中行桓子」とある。また、同二十八年の傳文に、「晉侯作三行以禦狄　荀林父將中行」とある。
【傳】能外事　且由舊勳
【注】（父の）狐偃の舊功がある。
【附】六年「晉狐射姑出奔狄」の注に「射姑　狐偃子　賈季也」とあるのを參照。また、僖公二十三年の傳文に「晉公子重耳之及於難也（中略）遂奔狄　從者　狐偃趙衰顚頡魏武子司空季子」とあるのを參照。
【傳】郤成子曰　賈季亂　且罪大
【注】陽處父を殺したからである。
【附】六年の傳文に「九月賈季使續鞫居殺陽處父」とある。
【傳】不如隨會　能賤而有恥　柔而不犯
【注】不義によって挫くことが出來ない。
【附】疏に「服虔云　謂能處賤　且又知恥　言不可汙辱」とある。
【傳】其知足使也　且無罪　乃使魏壽餘僞以魏叛者　以誘士會　執其帑於晉使夜逸
【注】「魏壽餘」は、畢萬の後裔である。「帑」とは、壽餘の子である。
【附】注の前半については、閔公元年の傳文に「晉侯作二軍（中略）畢萬爲右　以滅耿滅霍滅魏（中略）賜畢萬魏　以爲大夫」とあるのを參照。なお、『史記』秦本紀「乃使魏讎餘詳反」の〈集解〉に「服虔曰　晉之魏邑大夫」とある。
注の後半については、六年の傳文「宣子使臾駢送其帑」の注に「帑妻子也」とあるのを參照。なお、その(附)も參照。
[傳]請自歸于秦　秦伯許之
㊟その邑を受けとることを許諾したのである。
[傳]履士會之足於朝
㊟（わざと）士會の足をふみ、（暗に）行かせようとしたのである。
[傳]秦伯師于河西
㊟魏をうけ取るためである。
[傳]魏人在東
㊟今の河北縣である。秦に對して、黄河の東岸にあった。
(附)成公十一年の傳文に「秦晉爲成　將會于令狐　晉侯先至焉　秦伯不肯
涉河　次于王城　使史顆盟晉侯于河東　晉郤犨盟秦伯于河西」とある
のを參照。また、『史記』秦本紀に「昔我繆公自岐雍之間　修德行武
東平晉亂　以河爲界」とあるのを參照。
[傳]壽餘曰　請東人之能與夫二三有司言者　吾與之先
㊟秦にいる晉人の誰かといっしょに、一足先に（渡って）魏の役人と話し
合いがしたい、ということである。
[傳]使士會　士會辭曰　晉人　虎狼也　若背其言　臣死　妻子爲戮　無益
於君　不可悔也
㊟行くのをことわり、自分にたち去る氣持ちがないことを示したのであ
る。
[傳]秦伯曰　若背其言　所不歸爾帑者　有如河
㊟必ずその妻子を歸すことは、黄河のように明白である、ということで
ある。
(附)僖公二十四年の傳文「公子曰　所不與舅氏同心者　有如白水」の注に
「言與舅氏同心之明　如此白水　猶詩言謂予不信　有如皦日」とある
のを參照。なお、その(附)も參照。ちなみに、安井衡『左傳輯釋』に
「有如河者　言河神罰之　有如其所質也　凡言有如者　皆謂如所質諸
其神　既爲盟誓套語　則雖不述誓詞　其神罰之之意自在有如中矣　如
杜注　不刪不字　義不可通焉」とある。
[傳]乃行　繞朝贈之以策
㊟「策」は、馬の檛〔むち〕である。別れる際、彼に馬の檛を授け、同
時に、（その「策」によって）自分が（彼をとどめるよう）獻策し
（て用いられなかっ）たことを示すことで、實情を知らせたのである。
「繞朝」は、秦の大夫である。
(附)注の「策　馬檛」については、異説として、疏に「服虔云　繞朝以策
書贈士會」とある。
注の「示己所策」については、すぐ下の傳文に「吾謀適不用也」とあ
るのを參照。
[傳]曰　子無謂秦無人　吾謀適不用也
㊟自分が晉の計略を見破っていることを示したのである。
[傳]既濟　魏人譟而還
㊟士會をとりもどしたことを喜んだのである。
[傳]秦人歸其帑　其處者爲劉氏
㊟士會は、堯の後裔の劉累の子孫であり、（その）別族が、累の姓〔「劉」〕

にもどったのである。

附昭公二十九年の傳文に「有陶唐氏既衰　其後有劉累（中略）夏后嘉之賜氏曰御龍（中略）范氏其後也」とあり、襄公二十四年の傳文に「昔匄之祖　自虞以上爲陶唐氏　在夏爲御龍氏　在商爲豕韋氏　在周爲唐杜氏　晉主夏盟爲范氏」とあるのを參照。また、『國語』晉語八に「昔隰叔子違周難於晉國　生子輿爲理（中略）世及武子　佐文襄爲諸侯（中略）是以受隨范」とあり、同「在周爲唐杜氏　周卑　晉繼之爲范氏」の韋注に「爲范氏者　杜伯爲宣王大夫　宣王殺之　其子隰叔去周適晉　生子輿　爲晉理官　其孫士會爲晉正卿　食邑於范爲范氏」とあるのを參照。

なお、『漢書』眭弘傳に「漢家堯後」とあり、同高帝紀贊に「劉向云　戰國時劉氏自秦獲於魏　秦滅魏　遷大梁　都于豐　故周市說雍齒曰　豐　故梁徙也　是以頌高祖云　漢帝本系　出自唐帝　降及于周　在秦作劉　涉魏而東　遂爲豐公」とあり、同敍傳に引く班彪〈王命論〉に「是故劉氏承堯之祚　氏族之世　著乎春秋」とある。また、『後漢書』賈逵傳に「又五經家皆無以證圖讖明劉氏爲堯後者　而左氏獨有明文」とある。

傳邾文公卜遷于繹

注「繹」は、邾の邑である。魯國の鄒縣の北部に繹山がある。

附『漢書』地理志下に「魯國（中略）騶　故邾國（中略）嶧山在北」とあり、注に「應劭曰　邾文公卜遷于嶧者也」とあるのを參照。

傳史曰　利於民而不利於君　邾子曰　苟利於民　孤之利也　天生民而樹之君　以利之也　民既利矣　孤必與焉　左右曰　命可長也　君何弗爲　邾子曰　命在養民　死之短長　時也　民苟利矣　遷也　吉莫如之

注左右の者は、一人の命を（主として）言い、文公は、百姓の命を主とし（て言っ）たのである。（つまり）一人の命は、それぞれ長短があって、いかんともし難いが、百姓の命は、いつまでも傳えられてゆくから、都をうつすべきである、ということである。

附異説として、安井衡『左傳輯釋』に「左右以命爲性命　邾子爲天所命言天使己爲邾君　是天所命在養民也　文公中庸之君耳　而能爲此言禮教之入人深矣哉　杜解命在養民爲養民命　謬甚」とある。

傳遂遷于繹　五月邾文公卒　君子曰　知命

傳秋七月大室之屋壞　書　不共也

注宗廟をおろそかにして、こわれるまでにさせてしまったから、書いて、臣子の不恭を示したのである。

附疏に引く『釋例』に「大室之屋　國之所尊　朽而不繕　久旱遇雨　乃遂傾頽　不共之甚　故特書之」とある。なお、公羊の何注に「簡忽久不以時脩治　至令壞敗　故譏之」とあるのを參照。

傳冬公如晉　朝且尋盟　衛侯會公于沓　請平于晉　公還　鄭伯會公于棐　亦請平于晉　公皆成之

注鄭と衞は、楚についたため、晉を畏れていたから、公にたよって、和平を請うたのである。

(附)十四年の傳文に「六月同盟于新城　從於楚者服」とある。

[傳]鄭伯與公宴于棐　子家賦鴻鴈

㊟「子家」は、鄭の大夫の公子歸生である。「鴻鴈」は、『詩』の小雅である。侯伯が、鰥寡をあわれみ、巡行の勞をとる、という點に意義を取ったのであり、（つまり）鄭の國は弱小だから、魯侯に、晉へひきかえして鄭を助けてもらおうとした、ということである。

(附)『詩』小雅〈鴻鴈〉の第一章に「鴻鴈于飛　肅肅其羽　之子于征　劬勞于野　爰及矜人　哀此鰥寡」とあり、毛傳に「之子　侯伯卿士也」とある。

[傳]季文子曰　寡君未免於此

㊟魯もまた同様に、微弱の心配がある、ということである。

[傳]文子賦四月

㊟「四月」は、『詩』の小雅である。行役が三箇月をこえたから、（はやく）歸って祭祀をしたい、という點に意義を取ったのであり、（つまり）鄭のために晉へひきかえそうとはしなかった、ということである。

(附)『詩』小雅〈四月〉の第一章に「四月維夏　六月徂暑　先祖匪人　胡寧忍予」とある。なお、徐幹『中論』譴交に「古者行役　過時不反　猶作詩刺怨　故四月之篇　稱先祖匪人　胡寧忍予　又況無君命而自爲之者乎」とあるのを參照。また、〈四月〉の序疏に「此篇毛傳　其義不明　王肅之説　自云述毛　於六月徂暑之下注云　詩人以夏四月行役至六月暑往　未得反　已闕一時之祭　後當復闕二時也　先祖匪人之下又云　征役過時　曠廢其祭祀　我先祖獨非人乎　王者何爲忍不憂恤我　使我不得脩子道」とあるのを參照。

[傳]子家賦載馳之四章

㊟「載馳」は、『詩』の鄘風である。（「四章」とは）四章以下であり、小國は、急難が生ずれば、大國を味方に引きよせて、救助してもらおうとする、という點に意義を取ったのである。

(附)襄公十九年の傳文「穆叔見叔向　賦載馳之四章」の注に「四章曰　控于大邦　誰因誰極　控　引也　取其欲引大國以自救助」とあるのを參照。また、毛傳に「控　引」とあり、鄭箋に「今衛侯之欲求援引之力助於大國之諸侯」とあるのを參照。なお、陸粲『左傳附注』に「此與襄十九年穆叔見叔向賦詩　皆云四章　蓋取控于大邦　誰因誰極之義　然在今詩　實爲五章　故杜解云四章以下　蓋委曲以就傳文耳　或者古詩章次　與今不同　如宣十二年楚子引周頌之比　蘇氏幷此詩二章三章爲一　求合于傳　恐未然也」とある。

なお、〈載馳〉の序疏に「左傳服虔注　載馳五章　屬鄘風　許夫人閔衞滅　戴公失國　欲馳驅而唁之　故作以自痛　國小力不能救　在禮婦人父母既沒　不得寧兄弟　於是許人不嘉　故賦二章　以喩思不遠也　許人尤之　遂賦三章　以卒章非許人　不聽　遂賦四章　言我遂往無我有尤也」とある。

[傳]文子賦采薇之四章

㊟「采薇」は、『詩』の小雅である。その〝じっと落ち着いて居られようか。一箇月のうちに三たび勝利しなければ〟という句に(意義を)取っ

たのであり、(つまり)鄭のためにひきかえし、じっと落ち着いては居ない、ことを許諾した、ということである。

【傳】鄭伯拜

(注)公が鄭のために行ってくれることに拜謝したのである。

【傳】公荅拜

〔文公十四年〕

【經】十有四年春王正月公至自晉

(注)傳はない。廟に報告した(から書いた)のである。

(附)桓公二年の傳文に「冬公至自唐　告于廟也　凡公行　告于宗廟　反行飲至舍爵策勳焉　禮也」とあるのを參照。

【經】邾人伐我南鄙　叔彭生帥師伐邾

【經】夏五月乙亥齊侯潘卒

(注)(名を書いているのは)七年に扈で盟った(からである)。「乙亥」は、四月二十九日であり、「五月」と書いているのは、赴告に從ったのである。

(附)注の前半については、七年に「秋八月公會諸侯晉大夫盟于扈」とある。なお、僖公二十三年の傳文に「凡諸侯同盟　死則赴以名　禮也」とあるのを參照。

注の後半については、疏に「書五月從赴者　蓋赴以五月到　惟言卒日不言其月　卽書其所至之月」とある。

【經】六月公會宋公陳侯衞侯鄭伯許男曹伯晉趙盾　癸酉同盟于新城

(注)「新城」は、宋地で、梁國の穀熟縣の西部にあった。

(附)『續漢書』郡國志二に「梁國(中略)穀熟有新城」とあるのを參照。

【經】秋七月有星孛入于北斗

(注)「孛」は、彗(ほうきぼし)である。一度(他處に)現われ、移動して北斗に入ったのである。平常にあることではないから、書いたのである。

(附)公羊傳文に「孛者何　彗星也(中略)何以書　記異也」とあるのを參照。なお、昭公十七年の傳文に「彗　所以除舊布新也」とある。

【經】公至自會

(注)傳はない。

【經】晉人納捷菑于邾　弗克納

(注)邾には成君がいるのに、晉の趙盾は、義を考えずに、諸侯の師を大規模に動員して、邾の領土に侵入し、(義によって)ことわられて、退いた。(つまり)義に服從するという美點はあったものの、動員した範圍が廣く、そこなった人數が多かったから、貶して、「人」と稱しているのである。

(附)下の傳文に「邾文公元妃齊姜生定公　二妃晉姬生捷菑　文公卒　邾人立定公　捷菑奔晉」とあり、また、「晉趙盾以諸侯之師八百乘納捷菑于邾　邾人辭曰　齊出貜且長　宣子曰　辭順而弗從　不祥　乃還」とある。なお、隱公四年「戊申衞州吁弑其君完」の疏に引く『釋例』に「春秋之義　諸侯之卿　當以名氏備書於經　其加貶損　則直稱人」とあるのを參照。

(經)九月甲申公孫敖卒于齊

(注)歸國を許されていたから、大夫の例に從って卒を書いたのである。

(附)下の傳文に「文伯卒　立惠叔　穆伯請重賂以求復　惠叔以爲請　許之　將來　九月卒于齊」とある。なお、穀梁傳文に「奔大夫不言卒　而言卒何也」とあるのを參照。

(經)齊公子商人弑其君舍

(注)舍が、まだ年を踰えていないのに、「君」と稱しているのは、先君の埋葬がおわり、舍はすでに卽位していた、からである。「弑君」の例は、宣公四年にある。

(附)注の前半については、僖公九年「冬晉里克殺其君之子奚齊」の傳に「書曰殺其君之子　未葬也」とあり、同十年「晉里克弑其君卓及其大夫荀息」の注に「獻公既葬　卓以免喪　故稱君也」とあるのを參照。なお、下の傳文に「夏五月昭公卒　舍卽位」とある。

注の後半については、宣公四年の傳文に「凡弑君　稱君　君無道也　稱臣　臣之罪也」とある。

(經)宋子哀來奔

(注)大夫の奔には、例として名氏を書く。（今ここでは）貴んだから、（特に）字〔あざな〕を書いているのである。

(附)宣公十年の傳文に「凡諸侯之大夫違　告於諸侯曰　某氏之守臣某　失守宗廟　敢告」とあるのを參照。なお、下の傳文に「書曰宋子哀來奔　貴之也」とある。

(經)冬單伯如齊

(注)「單伯」は、周の卿士である。魯のために齊へ行ったから、書いたのである。

(附)下の傳文に「襄仲使告于王　請以王寵求昭姬于齊」とある。

(經)齊人執單伯

(注)諸侯は、（罪の有無にかかわらず）王の使者を執えることが出來ないから、（單伯は無罪だが）「行人」の例によらなかったのである。

(附)襄公十一年「楚人執鄭行人良霄」の傳に「書曰行人　言使人也」とあり、注に「書行人　言非使人之罪」とあるのを參照。

(經)齊人執子叔姬

(注)「叔姬」は、魯の女で、齊侯舍の母である。「夫人」と稱していないのは、魯の立場で記録したからであり、（つまり）父母のよび方である。

(附)注の前半については、下の傳文に「子叔姫妃齊昭公生舍」とある。
注の後半については、桓公三年「九月齊侯送姜氏于讙」の公羊傳文に「此入國矣　何以不稱夫人　自我言齊　父母之於子　雖爲鄰國夫人猶曰吾姜氏」とあり、何注に「所以崇父子之親　從父母辭」とあるのを參照。なお、疏に「稱子叔姫者　服云　子殺身執　閔之　故言子爲在室辭」とある。

[傳]十四年春頃王崩　周公閱與王孫蘇爭政　故不赴　凡崩薨　不赴則不書
　禍福　不告亦不書

㊟逃亡が「禍」であり、復歸が「福」である。

[傳]懲不敬也

㊟（赴告を）おこたった者に自戒させんがためである。

(附)挍勘記に従って、注の「者」の下に、「自」の字を補う。

[傳]邾文公之卒也

㊟前年にある。

(附)十三年の傳文に「五月邾文公卒」とある。

[傳]公使弔焉　不敬　邾人來討　伐我南鄙　故惠伯伐邾

[傳]子叔姫妃齊昭公生舍　叔姫無寵　舍無威　公子商人驟施於國

㊟「驟」は、數（しばしば）である。「商人」は、桓公の子である。

(附)注の「驟　數也」については、『詩』鄭風〈將仲子〉「將仲子兮　無踰我里　無折我樹杞」の鄭箋「祭仲驟諫　莊公不能用其言」の『釋文』に「驟諫　仕救反　服虔曰　數也」とあるのを參照。また、『國語』晉語一「多而驟立」の韋注に「驟　數也」とあるのを參照。
注の「商人　桓公子」については、僖公十七年の傳文に「齊侯好内多内寵（中略）密姫生懿公」とあり、注に「公子商人」とあるのを參照。
なお、挍勘記に従って、傳文の「姫」の下に、「妃」の字を補う。

[傳]而多聚士　盡其家　貸於公有司以繼之

㊟家財がなくなると、公や國の裕福な役人から借りたのである。

[傳]夏五月昭公卒　舍卽位

[傳]邾文公元妃齊姜生定公　二妃晉姫生捷菑　文公卒　邾人立定公　捷菑
　奔晉

[傳]六月同盟于新城　從於楚者服

㊟「楚に従っていた者」とは、陳・鄭・宋である。

(附)十一年の傳文「謀諸侯之從於楚者」の注に「九年陳鄭及楚平　十年宋聽楚命」とあるのを參照。

[傳]且謀邾也

㊟捷菑を送り込むことを相談したのである。

(附)下の傳文に「晉趙盾以諸侯之師八百乘納捷菑于邾」とある。

[傳]秋七月乙卯夜齊商人殺舍而讓元

㊟「元」は、商人の兄で、齊の惠公である。（經が）九月のところに書いているのは、赴告に從ったのである。「七月」に「乙卯」はない。日（の方）の誤りである。

(附)注の「元　商人兄　齊惠公也」については、僖公十七年の傳文に「齊侯好内多内寵（中略）少衞姫生惠公」とあり、注に「公子元」とあるのを參照。

注の「日誤」について。上に「六月」とあり、下に「八月」とあるから、月の誤りではあり得ない、ということ。

なお、傳文の「弑舍」の「弑」は、挍勘記に從って、「殺」に改める。

傳元曰　爾求之久矣　我能事爾　爾不可使多蓄憾

㊟君とならなければ、不滿がたまる、ということである。

傳將免我乎　爾爲之

㊟私まで殺そうとする、ということである。

傳有星孛入于北斗　周内史叔服曰　不出七年　宋齊晉之君皆將死亂

㊟三年後には、宋が昭公を弑し、五年後には、齊が懿公を弑し、七年後には、晉が靈公を弑した。史服は、事の徴を言っているだけで、その占（占決の根據）を論じていないが、（それは）もちろん、（私のような）淺學が詳説できる類のものではない。

(附)十六年に「冬十有一月宋人弑其君杵臼」とあり、十八年に「夏五月戊戌齊人弑其君商人」とあり、宣公二年に「秋九月乙丑晉趙盾弑其君夷皐」とある。なお、『漢書』五行志下之下に「劉歆以爲（中略）至十六年　宋人弑昭公　十八年　齊人弑懿公　宣公二年　晉趙穿弑靈公」とあるのを參照。ちなみに、上の（中略）の部分には「斗　天之三辰綱紀星也　宋齊晉　天子方伯　中國綱紀　彗所以除舊布新也　斗七星　故曰不出七年」とあるから、注の「固非末學所得詳言」は、あるいは、劉歆に對する批判なのかも知れない〔？〕。

傳晉趙盾以諸侯之師八百乘納捷菑于邾

㊟「八百乘」は、六萬人である。（つまり）ありあまる兵力だった、ということである。

(附)隱公元年の傳文「命子封帥車二百乘以伐京」の注に「古者　兵車一乘甲士三人　歩卒七十二人」とあるのを參照。また、公羊傳文に「力沛若有餘」とあるのを參照。

傳邾人辭曰　齊出貜且長

㊟「貜且」とは、定公のことである。

(附)上の傳文に「文公卒　邾人立定公」とある。

傳宣子曰　辭順而弗從　不祥　乃還

㊟適子を（君として）立てる場合は、長（幼）による（のがきまりである）から、「言い分が順當である」と言ったのである。

(附)隱公元年の公羊傳文に「立適以長不以賢」とあるのを參照。

傳周公將與王孫蘇訟于晉　王叛王孫蘇

㊟「王」は、匡王である。「叛」とは、味方しなかったということであ

る。

(附)『史記』周本紀に「頃王六年　崩　子匡王班立」とあるのを參照。

(傳)而使尹氏與聃啓訟周公于晉
(注)「訟」とは、辯護したということである。「尹氏」は周の卿士であり、「聃啓」は周の大夫である。
(傳)趙宣子平王室而復之
(注)仲直りさせたのである。
(傳)楚莊王立
(注)穆王の子である。
(附)『史記』楚世家に「穆王立（中略）十二年　卒　子莊王侶立」とあるのを參照。

(傳)子孔潘崇將襲羣舒　使公子燮與子儀守　而伐舒蓼
(注)（「舒蓼」は）羣舒に他ならない。
(傳)二子作亂　城郢　而使賊殺子孔　不克而還　八月二子以楚子出　將如商密
(注)『國語』に「楚の莊王は年少で、子儀が師となり、王子燮が傅となった」とある。
(附)『國語』楚語上に「昔莊王方弱　申公子儀父爲師　王子燮爲傅」とある。

(傳)廬戢棃及叔麇誘之　遂殺鬭克及公子燮
(注)「廬」は、今の襄陽の中廬縣である。「戢棃」は廬の大夫で、「叔麇」はその佐である。「鬭克」とは、子儀のことである。
(附)『國語』楚語上「申公子儀父爲師」の韋注に「儀父　申公鬭班之子大司馬鬭克也」とあるのを參照。また、同「廬戢黎殺二子而復王」の韋注に「戢黎　廬大夫也」とあるのを參照。

なお、傳・注の「黎」は、挍勘記に從って、「棃」に改める。

(傳)初鬭克囚于秦
(注)僖公二十五年にある。
(附)僖公二十五年の傳文に「乃降秦師　囚申公子儀息公子邊以歸」とある。

(傳)秦有殽之敗
(注)僖公三十三年にある。
(附)僖公三十三年に「夏四月辛巳晉人及姜戎敗秦師于殽」とある。

(傳)而使歸求成　成而不得志
(注)報賞がなかった。
(傳)公子燮求令尹而不得　故二子作亂
(注)傳は、楚の莊王が年少で、國内が亂れ、そのため、晉と張り合うことが出來なかった、ことを言っているのである。
(傳)穆伯之從己氏也
(注)八年にある。
(附)八年の傳文に「穆伯如周弔喪　不至　以幣奔莒　從己氏焉」とある。

(傳)魯人立文伯
(注)穆伯の子の穀である。

(附)七年の傳文に「穆伯娶于莒　曰戴己　生文伯」とあり、注に「文伯　穀也」とあるのを參照。

【傳】穆伯生二子於莒　而求復　文伯以爲請　襄仲使無朝聽命　復而不出

㊟政事に參加させてもらえず、ずっと家に引きこもっていたから、（いったん魯に）もどったことも、（また魯を）出たことも、（經に）書いていないのである。

【傳】三年而盡室以復適莒　文伯疾　而請曰　穀之子弱

㊟「子」とは、孟獻子で、まだ年少だった。

(附)十五年の傳文「孟獻子愛之　聞於國」の注に「獻子　穀之子　仲孫蔑」とあるのを參照。また、十二年の傳文「有寵而弱　不在軍事」の注に「弱　年少也」とあるのを參照。

なお、傳文の「二」は、挍勘記に従って、「三」に改める。

【傳】請立難也

㊟「難」は、穀の弟である。

(附)七年の傳文に「穆伯娶于莒　曰戴己　生文伯　其娣聲己生惠叔」とあり、注に「文伯　穀也　惠叔　難也」とあるのを參照。

【傳】許之　文伯卒　立惠叔　穆伯請重賂以求復　惠叔以爲請　許之　將來
九月卒于齊　告喪　請葬　弗許

㊟卿の禮によって葬ることを請うたのである。

(附)異説として、沈欽韓『春秋左氏傳補注』に「此請歸葬于魯　下傳飾棺至堂阜　知惟請歸葬　尚不及望卿禮也」とある。

【傳】宋高哀爲蕭封人　以爲卿

㊟「蕭」は、宋の附庸である。附庸に仕えていたのを召還され、卿に昇格したのである。

(附)莊公二十三年「蕭叔朝公」の注に「蕭　附庸國」とあるのを參照。なお、その(附)も參照。

【傳】不義宋公而出　遂來奔

㊟（いったん）出て追放を待ち、追放された場所からやって來たから、「遂〔ついで〕」と言っているのである。

(附)宣公元年「晉放其大夫胥甲父于衞」の注に「放者　受罪黜免　宥之以遠」とあり、その疏に引く『釋例』に「奔者　迫窘而去　逃死四鄰　不以禮出也　放者　受罪黜免　宥之以遠也　臣之事君　三諫不從　有待放之禮　故傳曰　義則進　否則奉身而退　迫窘而出奔　及以禮見放　俱去其國　故傳通以違爲文　仲尼脩春秋　又以所稱爲優劣也」とあるのを參照。また、同年の公羊傳文に「古者　大夫已去　三年待放　君放之　非也　大夫待放　正也」とあるのを參照。

【傳】書曰宋子哀來奔　貴之也

㊟けがれた君の祿を食まず、禍害を避けるのが速やかだった、ことを貴んだのである。

【傳】齊人定懿公　使來告難　故書以九月

㊟齊人が（すぐには）服從しなかったから、三箇月後にようやく（位が）定まったのである。「九月のこととして書いた」とは、經の日・月は

いずれもみな赴告に從っている、ということを明らかにしたのである。

㈹上の傳文に「秋七月乙卯夜齊商人殺舍而讓元」とあり、注に「書九月從告」とあるのを參照。

傳齊公子元不順懿公之爲政也　終不曰公　曰夫己氏

㊟「某甲〔なにがし〕」と言うのと同じである。

㈹焦循『春秋左傳補疏』に「漢書石奮傳云　奮長子建　次甲　次乙　次慶　師古曰　史失其名　故云甲乙耳　非其名　三國志注引魏畧　許攸與太祖戲　至呼小字　曰某甲　是則作史者　諱言不便述攸所呼　而諱言爲某甲　商人既立　公子元不能直斥其名　又不肯稱之爲公　故以夫己氏稱之耳」とある。

傳襄仲使告于王　請以王寵求昭姬于齊

㊟「昭姬」とは、子叔姬のことである。

傳曰　殺其子　焉用其母　請受而罪之　冬單伯如齊　請子叔姬　齊人執之

㊟魯が王の威勢を恃んで女を求めたことを恨んだからである。

傳又執子叔姬

㊟それによって魯を辱しめようとしたのである。

〔文公十五年〕

經十有五年春季孫行父如晉

經三月宋司馬華孫來盟

㊟華孫は、命を奉じて鄭國に使いに出たが、よく事に臨んで適宜な處置をし、（つまり）魯についた後で盟を決めたから、「使」と稱していないのである。その官屬が全員ついてきた〔下の傳文〕から、「司馬」と書いているのである。

經夏曹伯來朝

經齊人歸公孫敖之喪

㊟大夫の喪〔なきがら〕がもどったことは（普通）書かない。（ここでは）魯が、子に感じて父を赦し、公族の恩を厚くし、仁孝の教を高めた、ことをほめるから、特に、敖の喪がもどったことを記録して、義を示したのである。

㈹疏に引く『釋例』に「公孫敖縱情棄命　既已絕位　非大夫也　而備書於經者　惠叔毀請於朝　感子以赦父　敦公族之恩　崇仁孝之教　故曰爲孟氏且國故」とあるのを參照。

經六月辛丑朔日有食之　鼓用牲于社

㊟傳例に「非禮である」とある〔下の傳文〕。

經單伯至自齊

【經】晉郤缺帥師伐蔡　戊申入蔡

㊟傳例に「大城を獲得した場合は『入』と言う」とある（下の傳文）。

【經】秋齊人侵我西鄙

(附)諸本に従って、經文の先頭に「秋」を補う。

【經】季孫行父如晉

【經】冬十有一月諸侯盟于扈

㊟齊を伐とうとしたのに、晉侯が賄賂を受けて、やめてしまったから、まとめて「諸侯」と言っているのである。列擧するに値しない、ということである。

(附)下の傳文に「冬十一月晉侯宋公衞侯蔡侯陳侯鄭伯許男曹伯盟于扈　尋新城之盟　且謀伐齊也　齊人賂晉侯　故不克而還（中略）書曰諸侯盟于扈　無能爲故也」とあり、注に「惡其受賂不能討齊」とある。

【經】十有二月齊人來歸子叔姬

㊟齊人は、王(命)ゆえに、子叔姬を送ってきたのであり、だから、單に離緣されてもどってきた場合と、表現が異なっているのである。

(附)下の傳文に「齊人來歸子叔姬　王故也」とある。なお、莊公二十七年の傳文に「凡諸侯之女　歸寧曰來　出曰來歸」とあるのを參照。また、宣公十六年の傳文に「秋郯伯姬來歸　出也」とあるのを參照。

【經】齊侯侵我西鄙　遂伐曹入其郛

㊟「郛」は、郭である。

(附)僖公十二年の傳文「春諸侯城衞楚丘之郛　懼狄難也」等の注に、同文がみえる。なお、その(附)を參照。

【傳】十五年春季文子如晉　爲單伯與子叔姬故也

㊟晉の口添えで、齊に請おうとしたのである。

【傳】三月宋華耦來盟　其官皆從之　書曰宋司馬華孫　貴之也

㊟昔の盟會では、必ず、威儀を備え、贈物を揃え、賓も主も、禮を（立派に）しとげることに、恭敬をつくした。だから、傳に「卿が行くときは、旅（五百人）が從う」とある（定公四年）。《春秋》の時代になると、威儀を備えられないことが多かったが、華孫は、よくその官屬をひきいて、古典に從った。（つまり）恭敬して事を行ない、自らを重重しくした、ということである。使者が重重しく、事（の行なわれ方）が恭敬であれば、魯は尊ばれ、禮は厚くなる。だから、貴んで、名をいわなかったのである。

(附)疏に引く『釋例』に「古之盟會　必備禮儀　示等威　盟貴賤　各以成禮爲節　節制兼備　則名位不愆　華孫居擾攘之世　而能率由古典　所以敬事而自重　使重而事敬　則魯尊而禮篤　故貴之也」とあるのを參照。なお、異說として、疏に「服虔云　華耦爲卿　侈而不度　以君命脩好結盟　擧其官屬從之　空官廢職　魯人不知其非　反尊貴之」とある。

傳公與之宴　辭曰　君之先臣督得罪於宋殤公　名在諸侯之策　臣承其祀　其敢辱君

注耦は、華督の曾孫である。督が殤公を弑したことは、桓公二年にある。耦は、自分が罪人の子孫であるという理由で、魯君を辱しめて宴會に同席しようとはしなかったのである。

附桓公二年に「春王正月戊申宋督弑其君與夷及其大夫孔父」とある。

傳請承命於亞旅

注「亞旅」とは、上大夫のことである。

附成公二年の傳文「司馬司空輿帥候正亞旅皆受一命之服」の注に「亞旅亦大夫也」とある。なお、『書』牧誓「亞旅師氏」の僞孔傳に「亞　次　旅　衆也　衆大夫　其位次卿」とあるのを參照。

傳魯人以爲敏

注理由もなく自分の先祖の罪をあらわにするのは、(實は)不賢である。「魯鈍な人々は、賢であると感心した」とは、君子が贊同しないものであることを明らかにしたのである。

附上の疏に引く『釋例』に「至於宴會　追稱先人之罪　爲己謙辭　謙以失辭　故傳云魯人以爲敏　明君子所不與也」とあるのを參照。なお、異説として、焦循『春秋左傳補疏』に「檀弓云　容居　魯人也　不敢忘其祖　容居爲徐國大夫　而自稱魯人　故注云　魯　魯鈍也　又叔仲皮死　其妻魯人也　注亦云　言雖魯鈍　其於禮勝學　此正義以魯人爲魯鈍之人　本檀弓注也　乃檀弓言魯人不止此　如云魯人欲勿殤童汪錡　魯人曰非禮也　魯人有朝祥而莫歌者　皆指魯國之人　此傳在魯言魯　故曰　魯國之人以爲敏　華耦之來　魯人固以其爲罪人子孫　若自侈大　將有以譏之　耦先自言華督得罪於殤公　請承命於亞旅　此口給　故魯國之人以爲敏也」とある。

傳夏曹伯來朝　禮也　諸侯五年再相朝　以脩王命　古之制也

注曹伯は、十一年に(一度)來朝したきりで、ここに至ってようやく(また)やって來たが、それでも五年(以內)である。傳は、冬に齊侯が曹を伐ったこと、のために本を張ったのである。

附注の前半については、十一年に「秋曹伯來朝」とある。注の後半については、下の傳文に「齊侯侵我西鄙　謂諸侯不能也　遂伐曹入其郛　討其來朝也」とあり、注に「此年夏朝」とある。

傳齊人或爲孟氏謀

注「孟氏」は、公孫敖の家である。(父の)慶父が長庶であったから、「孟氏」とも稱されるのである。

附莊公二年「夏公子慶父帥師伐於餘丘」の注に「莊公時年十五　則慶父莊公庶兄」とあり、その疏に引く『釋例』に「桓以成人　而弑隱卿位　乃娶於齊　自應有長庶　故氏曰孟」とある。なお、『論語』季氏「故夫三桓之子孫微矣」の〈集解〉に「孔曰　三桓　謂仲孫叔孫季孫　三卿皆出桓公　故曰三桓也　仲孫氏改其氏稱孟氏」とあるのを參照。

傳曰　魯　爾親也　飾棺寘諸堂阜

注「堂阜」は、齊と魯との國境の土地である。棺を飾り殯（かりもがり）しないのは、落ちつく所がないことを示すためである。

傳魯必取之　從之　卞人以告

注「卞人」とは、魯の卞邑の大夫である。

傳惠叔猶毀以爲請

注敖が卒すると、惠叔は（すぐにも）請願し（始め）、今ここに至って一年もたつのに、まだやめず、（喪に服して）やせほそっている期間が、喪の規定を超過したのである。

附十四年の傳文に「文伯卒　立惠叔　穆伯請重賂以求復　惠叔以爲請　許之　將來　九月卒于齊　告喪　請葬　弗許」とある。なお、『禮記』檀弓下「毀不危身」の注に「謂憔悴將滅性」とあるのを參照。

傳立於朝以待命　許之　取而殯之

注孟氏の寢で殯（かりもがり）した、ということであり、叔服の言葉に結末をつけたのである。

附元年の傳文に「春王使内史叔服來會葬　公孫敖聞其能相人也　見其二子焉　叔服曰　穀也食子　難也收子」とあり、注に「收子　葬子身也」とある。

傳齊人送之　書曰齊人歸公孫敖之喪　爲孟氏且國故也

注惠叔が（喪に服して）やせほそりながら請願し、かつ、國の公族であったから、もどして殯することを許して、書いたのである。

傳葬視共仲

注葬禮は、慶父の場合と同じにした。（つまり）いずれもみな、罪によって格を降ろしたのである。

附閔公二年の傳文に「秋八月辛丑共仲使卜齮賊公于武闈　成季以僖公適邾　共仲奔莒　乃入　立之　以賂求共仲于莒　莒人歸之　及密　使公子魚請　不許　哭而往　共仲曰　奚斯之聲也　乃縊」とある。なお、成公二年の傳文に「降於卿禮一等」とあるのを參照。

傳聲己不視　帷堂而哭

注「聲己」は、惠叔の母である。敖が莒の女の後を追ったことを怨んでいたから、堂に帷（とばり）をめぐらしたのである。

附七年の傳文に「穆伯娶于莒　曰戴己　生文伯　其娣聲己生惠叔」とある。また、八年の傳文に「穆伯如周弔喪　不至　以幣奔莒　從己氏焉」とあり、注に「己氏　莒女」とある。

傳襄仲欲勿哭

注敖が自分の妻を取ったことを怨んでいた（からである）。

附七年の傳文に「穆伯如莒涖盟　且爲仲逆　及鄢陵　登城見之　美　自爲娶之」とある。

傳惠伯曰　喪　親之終也

注「惠伯」とは、叔彭生のことである。

附十一年「夏叔彭生會晉郤缺于承筐」の注に「彭生　叔仲惠伯」とあるのを參照。

傳雖不能始　善終可也　史佚有言曰　兄弟致美

注それぞれが自分の美を盡して始めて、義が終結する、ということである。

(附)『禮記』玉藻「皮弁以日視朝」の疏に「服虔注文十五年傳云　史佚周成王大史」とある。

【傳】救乏賀善弔災祭敬喪哀　情雖不同　毋絶其愛　親之道也　子無失道何怨於人　襄仲説　帥兄弟以哭之　他年其二子來

㊟敖が莒で儲けた子である。

(附)十四年の傳文に「穆伯之従己氏也　魯人立文伯　穆伯生二子於莒」とある。

【傳】孟獻子愛之　聞於國

㊟「獻子」は、穀の子の仲孫蔑である。

(附)宣公九年に「夏仲孫蔑如京師」とあり、傳に「夏孟獻子聘於周」とあるのを參照。また、『國語』周語中「季文子孟獻子皆儉」の韋注に「孟獻子　仲慶父之曾孫　公孫敖之孫　孟文伯穀之子　仲孫蔑」とあるのを參照。

【傳】或譖之曰　將殺子　獻子以告季文子　二子曰　夫子以愛我聞　我以將殺子聞　不亦遠於禮乎　遠禮不如死　一人門于句鼆　一人門于戻丘皆死

㊟「句鼆」・「戻丘」は、魯の邑である。敵が門を攻め、二子は、それをふせごうとして、討ち死にしたのである。

(附)疏に「服虔云　魯國中小寇　非異國侵伐　故不書也」とある。

【傳】六月辛丑朔日有食之　鼓用牲于社　非禮也

㊟鼓をうつきまりの月〔六月〕に適合しているが、社で牲を用いたのは、非禮である。

(附)疏に引く『釋例』に「文十五年與莊二十五年　經文皆同　而更復發傳曰非禮者　明前傳欲以審正陽之月　後傳發例　欲以明諸侯之禮而用牲爲非禮也　此乃聖賢之微旨　而先儒所未喩也」とあるのを參照。

【傳】日有食之　天子不擧

㊟豪華な食事はやめるのである。

(附)莊公二十年の傳文「君爲之不擧」の注に、同文がみえる。なお、その(附)を參照。

【傳】伐鼓于社

㊟羣陰を責めるのである。「伐」は、擊と同じである。

(附)注の前半については、莊公二十五年の公羊傳文に「日食　則曷爲鼓用牲于社　求乎陰之道也」とあり、何注に「求　責求也」とあるのを參照。

注の後半については、『禮記』郊特牲「二日伐鼓　何居」の注に、同文がみえる。なお、『說文』にも「伐　擊也」とある。

【傳】諸侯用幣于社

㊟社は諸侯よりも尊いから、救いを求めるだけで、責めることはしないのである。

(附)莊公二十五年の傳文「日有食之　於是乎用幣于社　伐鼓于朝」の注に「諸侯用幣于社　請救於上公」とあるのを參照。

【傳】伐鼓于朝

㊟退いて自分を責めるのである。

(附)莊公二十五年の傳文「日有食之　於是乎用幣于社　伐鼓于朝」の注に「伐鼓于朝　退而自責」とあるのを參照。

【傳】以昭事神訓民事君

㊟天子が豪華な食事をやめ、諸侯が幣を用いるのは、神につかえるため（の手立て）であり、尊と卑とで禮制を異にするのは、民をおしえるため（の手立て）である。

【傳】示有等威　古之道也

㊟「等威」とは、威儀〔格式〕の等差〔ちがい〕である。

(附)宣公十二年の傳文「貴有常尊　賤有等威」の注に「威儀有等差」とあるのを參照

【傳】齊人許單伯請而赦之　使來致命

㊟單伯が節を守って變わらず、かつ、（齊は）晉を畏れたから、許したのである。

(附)下の傳文「齊人來歸子叔姬　王故也」の注に「單伯雖見執　能守節不移」とあるのを參照。

【傳】書曰單伯至自齊　貴之也

㊟單伯は、魯のために執えられたが、放免されると、禮を廢せず、結局、（魯にもどって）來て命を傳えたから、貴んで廟に報告した〔書いた〕のである。

(附)桓公二年の傳文に「冬公至自唐　告于廟也」とあるのを參照。

【傳】新城之盟

㊟前年にある。

(附)十四年に「六月公會宋公陳侯衞侯鄭伯許男曹伯晉趙盾　癸酉同盟于新城」とある。

【傳】蔡人不與

㊟會盟しなかったのである。

【傳】晉郤缺以上軍下軍伐蔡

㊟二つの軍をあわせてひきいたのである。

【傳】曰　君弱　不可以怠

㊟「怠」は、解〔おこたる〕である。

(附)襄公二十八年の傳文「無怠於德」の注に、同文がみえる。なお、『國語』晉語二「喜亂必怠德」の韋注に「怠　解也」とあるのを參照。なお、諸本に從って、傳文の「弱」の上に、「君」の字を補う。

【傳】戊申入蔡　以城下之盟而還　凡勝國　曰滅之

㊟「國に勝った」とは、その社稷を絶ち、その土地を占有した場合である。

【傳】獲大城焉　曰入之

㊟大都を獲得して占有しなかった場合である。

(附)襄公十三年の傳文に「弗地　曰入」とあり、注に「謂勝其國邑　不有其地」とあるのを參照。

【傳】秋齊人侵我西鄙　故季文子告于晉

【傳】冬十一月晉侯宋公衞侯蔡侯陳侯鄭伯許男曹伯盟于扈　尋新城之盟　且謀伐齊也
【注】齊が、王の使いを執え、かつ、しばしば魯を伐った（からである）。
【附】諸本に從って、傳文の「蔡侯」の下に、「陳侯」の二字を補う。
【傳】齊人賂晉侯　故不克而還　於是有齊難　是以公不會
【注】今ここで諸侯を列擧していないのは、公が會に參加しなかったからではない、ということを明らかにしたのである。
【附】すぐ下の傳文に「凡諸侯會　公不與　不書　諱君惡也」とあり、注に「謂國無難不會義事　故爲惡　不書　謂不國別序諸侯」とあるのを參照。
【傳】書曰諸侯盟于扈　無能爲故也
【注】賄賂を受けて齊を討てなかったことをにくんだのである。
【傳】凡諸侯會　公不與　不書　諱君惡也
【注】國に兵難もないのに義事に會さなかった場合をいうのであり、だから、「惡」としているのである。「書かない」とは、國ごとに諸侯を列擧しないことをいう。
【傳】與而不書　後也
【注】期日におくれた場合をいう。今ここで諸侯を貶している（列擧していない）のは、（書法として）公のために諱んだ場合と似ている（公が會に參加しなかったからである、かのように見える）から、傳は、例を發して、（實は）そうでないことを明らかにしたのである。
【附】上の注に「明今不序諸侯　不以公不會故」とあるのを參照。
【傳】齊人來歸子叔姬　王故也
【注】單伯は、執えられても、よく節を守って變わらず、ついに王命をとおして、叔姬がもどれるようにしたのである。
【附】上の傳文「齊人許單伯請而赦之　使來致命」の注に「單伯執節不移」とあるのを參照。
【傳】齊侯侵我西鄙　謂諸侯不能也
【注】（「不能」とは）自分を討つことが出來ない、ということである。
【傳】遂伐曹入其郛　討其來朝也
【注】この年の夏に朝した。
【附】上の經に「夏曹伯來朝」とある。
【傳】季文子曰　齊侯其不免乎　己則無禮
【注】王の使いを執え、無罪を伐った。
【傳】而討於有禮者　曰　女何故行禮　禮以順天　天之道也　己則反天　而又以討人　難以免矣　詩曰　胡不相畏　不畏于天
【注】「詩」は、小雅（雨無正）である。
【傳】君子之不虐幼賤　畏于天也　在周頌曰　畏天之威　于時保之
【注】『詩』の「周頌」（我將）である。天の威を畏れ、かくして福祿を保つ、ということである。
【附】四年の傳文「詩曰　畏天之威　于時保之」の注に、ほぼ同文がみえる。

なお、その(附)を參照。

[傳]不畏于天　將何能保　以亂取國　奉禮以守　猶懼不終　多行無禮　弗能在矣

㊟十八年の、齊が商人を弑したこと、のために傳したのである。

(附)十八年に「夏五月戊戌齊人弑其君商人」とある。

巻第二十

〔文公十六年〕

[經]十有六年春季孫行父會齊侯于陽穀　齊侯弗及盟

㊟「及」は、與〔ともに〕である。

(附)ここの公羊傳文に「其言弗及盟何　不見與盟也」とあるのを參照。また、隱公元年の公羊傳文に「及者何　與也」とあるのを參照。なお、宣公七年の傳文に「凡師出　與謀曰及」とある。

[經]夏五月公四不視朔

㊟諸侯は、毎月必ず、朔を告げ政を聽き、それに因んで廟に朝する（のがきまりである）。今ここで、公は、病氣のためにそれを闕き、二月・三月・四月・五月の朔を視ることが出來なかったのである。《春秋》の十二公のうちで、病氣のために朔を視なかった場合は、一つではないが、（いずれもみな）義として取るべき點がないから、ここ（の一つ）だけを擧げて、（單に）行事〔かつて行なわれた事實〕を（そのまま）あらわしたのであり、同時に、公は本當に病氣になったのであって、齊をあざむいたわけではない、ということを明らかにしたのである。

(附)注の「諸侯毎月云云」については、六年「閏月不告月　猶朝于廟」の注に、ほぼ同文がみえる。

注の「今公以疾闕云云」については、疏に「傳稱　正月及齊平　公有疾　使季文子會齊侯　則正月公初疾　不得視二月朔　至五月而四故知不得視二月三月四月五月朔也」とある。
注の「春秋十二公云云」については、疏に引く『釋例』に「魯之羣公　以疾不視朔多矣　因有事而見一　此猶釋不朝正之義」とあるのを參照。ちなみに、襄公二十九年の傳文に「春王正月公在楚　釋不朝正于廟也」とあり、經の注に「公在外闕朝正之禮甚多　而唯書此一年者　魯公如楚既非常　此公又踰年　故發此一事以明常」とあり、その疏に引く『釋例』に「襄二十九年春正月公在楚　凡公之行　始則書所如　還則書公至　今中復書公在楚者　明國之守臣　毎月亦以公不朝之故　告於廟也　毎月必告　而特於正月釋之者　蓋歲之正也　月之正也　日之正也　三始之正　嘉禮所重　人理所以自新　故特顯以通他月也　公之在外所以闕朝正之禮甚多　唯書此一年　釋此一事者　斯禮有常　非義例所急　故因公遠出踰年　存此一事以示法也」とある。なお、注の「行事」については、序に「其經無義例　因行事而言」とあるのを參照。

〔經〕六月戊辰公子遂及齊侯盟于郪丘
〔注〕公の病氣を信じ、かつ、賄賂をもらった、からである。「郪丘」は、齊地である。
〔附〕下の傳文に「公使襄仲納賂于齊侯　故盟于郪丘」とある。

〔經〕秋八月辛未夫人姜氏薨
〔注〕僖公の夫人で、文公の母である。

〔經〕毀泉臺
〔注〕「泉臺」は、臺の名である。「毀」とは、こわしたのである。
〔附〕十八年の傳文「毀則爲賊」の注に「毀則　壞法也」とあるのを參照。

〔經〕楚人秦人巴人滅庸

〔經〕冬十有一月宋人弑其君杵臼
〔注〕君を稱しているのは、君が無道だったからである。例は、宣公四年にある。
〔附〕宣公四年の傳文に「凡弑君　稱君　君無道也」とあり、注に「稱君謂唯書君名而稱國以弑　言衆所共絶也」とある。

〔傳〕十六年春王正月及齊平
〔注〕齊が前年に二度魯を伐ち、魯は（勢力を）弱められたから、和平しようとしたのである。
〔附〕十五年に「秋齊人侵我西鄙」とあり、また、「十有二月（中略）齊侯侵我西鄙」とある。

〔傳〕公有疾　使季文子會齊侯于陽穀　請盟　齊侯不肯　曰　請俟君間
〔注〕「間」は、病氣がなおるということである。
〔附〕『禮記』文王世子「旬有二日乃間」の注に「間猶瘳也」とあるのを參照。

傳夏五月公四不視朔　疾也　公使襄仲納賂于齊侯　故盟于郪丘

傳有蛇自泉宮出　入于國　如先君之數

注伯禽から僖公まで、十七君である。

附『史記』魯世家に「魯公伯禽卒　子考公酋立　考公四年卒　立弟熙是謂煬公　煬公築茅闕門　六年卒　子幽公宰立　幽公十四年　幽公弟濆殺幽公而自立　是爲魏公　魏公五十年卒　子厲公擢立　厲公三十七年卒　魯人立其弟具　是爲獻公　獻公三十二年卒　子眞公濞立（中略）三十年　眞公卒　弟敖立　是爲武公（中略）夏武公歸而卒　戯立　是爲懿公（中略）乃立稱於夷宮　是爲孝公（中略）二十七年　孝公卒　子弗湟立　是爲惠公（中略）四十六年　惠公卒　長庶子息攝當國　行君事　是爲隱公」とあるのを參照。

傳秋八月辛未聲姜薨　毀泉臺

注魯人は、(泉臺は)蛇の妖が出現した所であり、そのために聲姜が薨じた、と考えたから、これをこわしたのである。

附疏に引く『釋例』に「衆蛇自泉臺出　如先君之數　入於國　聲姜之薨　適與妖會　而國以爲災　遂毀泉臺　書毀而不變文以示義者　君人之心　一國之俗　須此爲安　故不譏也」とある。なお、『漢書』五行志下之上に「劉向以爲近蛇孽也（中略）如先君之數者　公母將薨象也　秋公母薨　公惡之　乃毀泉臺」とあるのを參照。

傳楚大饑　戎伐其西南　至于阜山　師于大林　又伐其東南　至于陽丘　以侵訾枝

注「戎」は、山夷である。「大林」・「陽丘」・「訾枝」は、いずれもみな、楚の邑である。

附『晉書』杜預傳に「攻破山夷　錯置屯營　分據要害之地　以固維持之勢」とあるのを參照。

傳庸人帥羣蠻以叛楚

注「庸」は、今の上庸縣で、楚に附屬していた小國である。

附『續漢書』郡國志五に「漢中郡（中略）上庸　本庸國」とあるのを參照。

傳麇人率百濮聚於選　將伐楚

注「選」は、楚地である。「百濮」は、夷である。

附疏に引く『釋例』に「建寧郡南有濮夷　濮夷無君長揔統　各以邑落自聚　故稱百濮也」とあるのを參照。

傳於是申息之北門不啓

注中國に備えたのである。

附成公六年の傳文に「晉師遂侵蔡　楚公子申公子成以申息之師救蔡」とあり、注に「申息　楚二縣」とあるのを參照。

傳楚人謀徙於阪高

注（「阪高」は）楚の險地である。

傳蔿賈曰　不可　我能往　寇亦能往　不如伐庸　夫麇與百濮　謂我饑不能師　故伐我也　若我出師　必懼而歸　百濮離居　將各走其邑　誰暇

謀人　乃出師　旬有五日　百濮乃罷
㊟濮夷は、集まって居住していないから、危難に遇えば、ちりぢりに歸る、ということである。
[傳]自廬以往　振廩同食
㊟「往」とは、庸を伐ちに往った、ということである。「振」は、發〔ひらく〕であり、「廩」は、倉である。「同食」とは、上下に食事の違いがなかった、ということである。
(附)注の「往　往伐庸也」については、異説として、安井衡『左傳輯釋』に「以往猶以後也」とある。
注の「振　發也　廩　倉也」については、『禮記』月令に「命有司發倉廩」とあるのを參照。
[傳]次于句澨
㊟楚の西の境界である。
[傳]使廬戢棃侵庸
㊟「戢棃」は、廬の大夫である。
(附)十四年の傳文「廬戢棃及叔麇誘之」の注に、同文がみえる。
なお、傳・注の「黎」は、諸本に從って、「棃」に攻める。
[傳]及庸方城
㊟「方城」は、庸地である。上庸縣の東部に方城亭がある。
[傳]庸人逐之　囚子揚窻
㊟「窻」は、戢棃の官屬〔部下〕である。
[傳]三宿而逸　曰　庸師衆　羣蠻聚焉　不如復大師
㊟（「復大師」とは）句筮の師にもどる、ということである。
[傳]且起王卒　合而後進　師叔曰　不可
㊟「師叔」は、楚の大夫の潘尫である。
(附)宣公十二年の傳文に「潘尫入盟　子良出質」とあり、また、「子良鄭之良也　師叔　楚之崇也　師叔入盟　子良在楚」とあるのを參照。
[傳]姑又與之遇以驕之　彼驕我怒　而後可克　先君蚡冒所以服陘隰也
㊟「蚡冒」は、楚の武王の父である。「陘隰」は、地名である。
(附)疏に「釋例陘隰與僖四年次于陘爲一地　穎川召陵縣南有陘亭」とある。
[傳]又與之遇　七遇皆北
㊟軍がにげるのを「北」という。
(附)『國語』呉語「呉師大北」の韋注に「軍敗奔走曰北　北　古之背字」とあるのを參照。なお、桓公九年の傳文「鬪廉衡陳其師於巴師之中以戰　而北」の注に「北　走也」とある。
[傳]唯裨鯈魚人實逐之
㊟「裨」・「鯈」・「魚」は、庸の三邑である。「魚」は、魚復縣で、今の巴東の永安縣である。楚をあなどったから、三邑の人にだけ追わせたのである。
(附)『續漢書』郡國志五に「巴郡（中略）魚復」とあり、注に「古庸國左傳文十六年魚人逐楚師是也」とあるのを參照。なお、異説として、馬宗璉『春秋左傳補注』に「水經江水　又東逕魚復縣故城南　酈元曰故魚國也　是魚乃羣蠻之一　非庸地　劉昭注巴郡魚復云　古庸國是猶沿元凱之誤」とある。

【傳】庸人曰　楚不足與戰矣　遂不設備　楚子乘馹　會師于臨品

㊟「馹」は、傳車〔驛傳の車〕である。「臨品」は、地名である。

(附)『爾雅』釋言に「馹　傳也」とあり、また、『說文』に「馹　驛傳也」とあるのを參照。なお、昭公五年の傳文「楚子以馹至於羅汭」の注に「馹　傳也」とあり、また、僖公三十三年の傳文「且使遽告于鄭」の注に「遽　傳車」とある。

【傳】分爲二隊

㊟「隊」は、部である。二つの道から攻めようとしたのである。

(附)『文選』巻第七司馬長卿〈子虛賦〉の注に「左氏傳注曰　隊　部也」とあるのを參照〔これは服虔注と考えられる〕。なお、襄公二十三年の傳文「爲二隊」の注に「二隊　分兵爲二部」とある。

【傳】子越自石溪　子貝自仞　伐庸

㊟「子越」とは、鬭椒のことである。「石溪」・「仞」は、庸に入る道である。

(附)宣公二年の傳文に「楚鬭椒救鄭」とある。

【傳】秦人巴人從楚師　羣蠻從楚子盟

㊟蠻は、楚の强さを目の當たりにした、からである。

【傳】遂滅庸

㊟傳は、楚には知謀の臣がおり、それ故に（國が）興起した、ということを言っているのである。

【傳】宋公子鮑禮於國人

㊟「鮑」は、昭公の庶弟で、（後の）文公である。

(附)『史記』宋世家に「昭公出獵　夫人王姫使衛伯攻殺昭公杵臼　弟鮑革立　是爲文公」とあるのを參照。なお、下の傳文に「文公卽位」とある。

【傳】宋饑　竭其粟而貸之　年自七十以上　無不饋詒也　時加羞珍異

㊟「羞」は、進〔すすめる〕である。

(附)隱公三年の傳文「可羞於王公」の注に、同文がみえる。なお、『國語』楚語上「不羞珍異」の韋注に「羞　進也」とあるのを參照。

【傳】無日不數於六卿之門

㊟「數」とは、おろそかにしない〔親密にする〕、ということである。

(附)『孔子家語』賢君に「故夫不比於數　而比於疏　不亦遠乎」とあるのを參照。なお、『釋文』に「不數　音朔」とある。

【傳】國之材人　無不事也

㊟（「材人」とは）才能のある者である。

【傳】親自桓以下　無不恤也

㊟「桓」は、鮑の曾祖である。

(附)『史記』宋世家に「三十一年春桓公卒　大子茲甫立　是爲襄公（中略）十四年夏襄公病傷於泓而竟卒　子成公王臣立（中略）十七年成公卒　成公弟禦殺大子及大司馬公孫固而自立爲君　宋人共殺君禦而立成公少子杵臼　是爲昭公」とあるのを參照。また、上の注に「鮑　昭公庶弟」とあるのを參照。

【傳】公子鮑美而豔　襄夫人欲通之

(注)（「襄夫人」は）鮑の適祖母である。
(附)すぐ上の(附)を參照。
[傳]而不可
(注)禮によって自分をまもったのである。
(附)『史記』宋世家「先　襄公夫人欲通於公子鮑　不可」の〈集解〉に
「服虔曰　襄公夫人　周襄王之姉王姫也　不可　鮑不肯也」とある。
なお、挍勘記に従って、注の「禮」の下に、「自」の字を補う。
[傳]乃助之施　昭公無道　國人奉公子鮑以因夫人　於是華元爲右師
(注)「元」は、華督の曾孫で、公子成に代わったのである。
(附)注の「元　華督曾孫」〔「華元　督曾孫」を、諸本に従って改める〕に
ついては、疏に引く『世本』に「華督生世子家　家生華孫御事　事生
華元右師」とあるのを參照。
注の「代公子成」については、七年の傳文に「夏四月宋成公卒　於是
公子成爲右師」とある。
なお、傳文の「夫人助之施」は、挍勘記に従って、「乃助之施」に改
める。
[傳]公孫友爲左師　華耦爲司馬
(注)公子卬に代わったのである。
(附)七年の傳文に「樂豫爲司馬（中略）樂豫舍司馬以讓公子卬」とある。
[傳]鱗矔爲司徒　蕩意諸爲司城　公子朝爲司寇
(注)華御事に代わったのである。
(附)七年の傳文に「華御事爲司寇」とある。

なお、傳文の「鱹」は、挍勘記に従って、「矔」に改める。
[傳]初司城蕩卒　公孫壽辭司城
(注)「壽」は、蕩の子である。
[傳]請使意諸爲之
(注)「意諸」は、壽の子である。
(附)八年の傳文「司城蕩意諸來奔　效節於府人而出」の注に「意諸　公子
蕩之孫」とあるのを參照。
[傳]既而告人曰　君無道　吾官近　懼及焉
(注)（「及」とは）禍害が自分に及ぶ、ということである。
(附)七年の傳文「不然將及」の注に「禍將及己」とあるのを參照。
[傳]弃官　則族無所庇　子　身之貳也　姑紓死焉
(注)「姑」は、且〔しばらく〕である。「紓」は、緩〔おくらせる〕であ
る。
(附)注の「姑　且也」については、隱公元年の傳文「子姑待之」の注に、
同文がみえる。なお、『詩』周南〈卷耳〉「我姑酌彼金罍」の毛傳に
「姑　且也」とあるのを參照。また、『國語』晉語六「盍姑謀睦乎」の
韋注に「姑　且也」とあるのを參照。
注の「紓　緩也」については、莊公三十年の傳文「自毀其家以紓楚國
之難」等の注に、同文がみえる。なお、その(附)を參照。
[傳]雖亡子　猶不亡族
(注)自分がいるからである。
[傳]既　夫人將使公田孟諸而殺之　公知之　盡以寶行　蕩意諸曰　盍適諸

侯　公曰　不能其大夫至于君祖母以及國人

㊟「君祖母」とは、諸侯の祖母の稱であり、襄夫人のことをいう。

(附)異説として、沈欽韓『春秋左氏傳補注』に「喪服　適母爲君母　則君祖母是適祖母之稱　杜預謂諸侯祖母之稱　非也」とある。

【傳】諸侯誰納我　且既爲人君　而又爲人臣　不如死　盡以其寶賜左右而使行

㊟「行」は、去である。

(附)僖公五年の傳文「宮之奇以其族行」等の注に、同文がみえる。なお、すぐ下の傳文に「夫人使謂司城去公」とあるのを參照。

なお、傳文の「以使行」の「以」は、挍勘記に從って、「而」に改める。

【傳】夫人使謂司城去公　對曰　臣之而逃其難　若後君何

㊟後の君につかえようがない、ということである。

【傳】冬十一月甲寅宋昭公將田孟諸　未至　夫人王姫使帥甸攻而殺之

㊟襄夫人は、周の襄王の姊であるから、「王姫」と稱しているのである。

「帥甸」とは、郊甸の師である。

(附)注の前半については、八年の傳文に「宋襄夫人　襄王之姊也」とある。

注の後半については、異説として、沈欽韓『春秋左氏傳補注』に「周禮甸師之官　其徒三百人　文王世子　公族有罪　磬于甸人　帥甸卽此官也」とあり、また、兪樾『茶香室經説』に「禮記祭義篇　五十不爲甸徒　鄭注曰　四丘爲甸　甸六十四井也　以爲軍田出役之法　正義曰　五十不爲甸徒者　謂方八里之甸　徒爲歩卒　軍法　八里出長轂一乘　歩卒七十二人　謂之甸者　以供軍賦及田役之事　五十氣力始衰　不爲此甸役徒卒　是甸役徒卒謂之甸徒　卽帥此甸役徒卒者　宜謂之帥甸　上文夫人將使公田孟諸而殺之　蓋已先有成謀　田必用甸徒　用甸徒則必有帥甸　而此帥甸乃夫人之黨　故爲此謀　不然　何處不可行事　必使田孟諸　何爲乎　杜不引司馬法　而用載師爲説　未得其旨」とある。

【傳】蕩意諸死之

㊟(經に)書いていないのは、赴告してこなかったからである。

【傳】書曰宋人弑其君杵臼　君無道也

㊟おおもとの例〔orはじめにあげた例〕は、(主として)臣に罪がある場合〔臣の名を稱していること〕について發している、のに對して、今ここでは、國人を稱しているから、かさねて、(それは)君に罪がある場合であることを明らかにしたのである。

(附)疏に引く『釋例』に「鄭靈宋昭　文異而例同　重發以同之」とあるのを參照。なお、注の「始例」については、疏に「宣四年傳例曰　凡弑君　稱君　君無道也　稱臣　臣之罪也　彼是弑君大例　經下注云　例在宣四年　指彼例也　彼雖在此之後　乃是例之初始　故謂彼爲始例」とあるが、安井衡『左傳輯釋』には「經下注擧宣四年例　故稱爲始例　非謂彼爲例之初始也」とある。

【傳】文公卽位　使母弟須爲司城

㊟意諸に代わったのである。

【傳】華耦卒　而使蕩虺爲司馬

(注)「虺」は、意諸の弟である。

〔文公十七年〕

【經】十有七年春晉人衞人陳人鄭人伐宋

(注)閔公・僖公以後、《春秋》を終えるまで、陳侯は常に衞侯の上におかれている。（それなのに）今ここの大夫の會で、衞の下におかれているのは、傳が、陳の公孫寧がおくれて到着したことを言っていない、とすれば、寧の位が上卿ではなかったからである。

(附)注の前半については、莊公十六年「冬十有二月會齊侯宋公陳侯衞侯鄭伯許男滑伯滕子同盟于幽」の注に「陳國小　每盟會　皆在衞下　齊桓始霸　楚亦始彊　陳侯介於二大國之間　而爲三恪之客　故齊桓因而進之　遂班在衞上　終於春秋」とあるのを參照。なお、疏に引く『釋例』班序譜に「自隱至莊十四年　四十三歲　衞與陳凡四會　衞在陳上　莊十五年盡僖十七年　三十五歲　凡八會　陳在衞上」とある。

注の後半については、襄公二十六年「公會晉人鄭良霄宋人曹人于澶淵」の傳に「六月公會晉趙武宋向戌鄭良霄曹人于澶淵（中略）趙武不書　尊公也　向戌不書　後也　鄭先宋　不失所也」とあるのを參照。

【經】夏四月癸亥葬我小君聲姜

【經】齊侯伐我西鄙

(注)「西」は、北とすべきである。おそらく、經の誤りであろう。

(附)下の傳文に「齊侯伐我北鄙」とあるのを參照。なお、異説として、疏に「服虔以爲　再來伐魯　西鄙書　北鄙不書　諱仍見伐」とある。

【經】六月癸未公及齊侯盟于穀

【經】諸侯會于扈

(注)昭公は、無道だったために弑されたが、それでもなお、文公は、君を弑したために責めを受けなければならない。だから、林父が宋を伐とうとしたことについては、處置を誤ったという理由で、（諸卿を貶して）「人」と稱し、（また）晉侯が宋を平定しようとしたことについては、成果がなかったという理由で、（諸侯を貶して）列擧せず、〝君が君としての道を盡さなくても、臣は臣としての道を盡さなければいけない〟ということを明らかにしたのである。大教をただすため（の手立て）である。

(附)下の傳文に「春晉荀林父衞孔達陳公孫寧鄭石楚伐宋　討曰　何故弑君猶立文公而還　卿不書　失其所也（注　卿不書　謂稱人）」とあり、また、「晉侯蒐于黃父　遂復合諸侯于扈　平宋也（中略）書曰諸侯無功也」とある。なお、『古文孝經』序に「君雖不君　臣不可以不臣　父雖不父　子不可以不子」とあるのを參照。

【經】秋公至自穀

(注)傳はない。

【經】冬公子遂如齊

【傳】十七年春晉荀林父衞孔達陳公孫寧鄭石楚伐宋　討曰　何故弑君　猶立文公而還　卿不書　失其所也

㊟「卿を書かない」とは、「人」と稱することをいう。

【傳】夏四月癸亥葬聲姜　有齊難　是以緩

㊟（死後）五箇月という例をこえたのである。

(附)十六年に「秋八月辛未夫人姜氏薨」とある。なお、五年「三月辛亥葬我小君成風　王使召伯來會葬」の注に「來不及葬　不譏者　不失五月之內」とあるのを參照。

【傳】齊侯伐我北鄙　襄仲請盟　六月盟于穀

㊟晉が魯を救援できなかったから、（魯は）服從を請うたのである。

(附)僖公八年の傳文に「鄭伯乞盟　請服也」とあり、また、襄公三年の傳文に「秋叔孫豹及諸侯之大夫及陳袁僑盟　陳請服也」とあるのを參照。

【傳】晉侯蒐于黃父

㊟（「黃父」は）黑壤ともよばれ、晉地である。

(附)宣公七年に「冬公會晉侯宋公衞侯鄭伯曹伯于黑壤」とあり、傳に「盟于黃父」とあり、注に「黃父卽黑壤」とある。

【傳】遂復合諸侯于扈　平宋也

㊟傳が、諸國を列擧せずに、「再び召集した」と言っている、とすれば、上の十五年に扈で會した諸侯と同じであることがわかる。

(附)十五年の傳文に「冬十一月晉侯宋公衞侯蔡侯陳侯鄭伯許男曹伯盟于扈」とある。

【傳】公不與會　齊難故也　書曰諸侯　無功也

㊟宋を平定しようとして、また〔十五年と同様に〕できなかった、ことを譏ったのである。

(附)すぐ上の(附)に引いた傳文のつづきに「尋新城之盟　且謀伐齊也　齊人賂晉侯　故不克而還（中略）書曰諸侯盟于扈　無能爲故也」とあり、注に「惡其受賂不能討齊」とあるのを參照。

【傳】於是晉侯不見鄭伯　以爲貳於楚也　鄭子家使執訊而與之書　以告趙宣子

㊟「執訊」とは、訊問を通達する官である。書簡をつくり、宣子に與えたのである。

【傳】曰　寡君卽位三年

㊟魯の文公二年である。

【傳】召蔡侯而與之事君　九月蔡侯入于敝邑以行

㊟「行」とは、晉に朝したということである。

【傳】敝邑以侯宣多之難　寡君是以不得與蔡侯偕

㊟宣多は、穆公を立てると、その寵愛をよいことに、權力をほしいままにした。

(附)僖公三十年の傳文に「初鄭公子蘭出奔晉　從於晉侯伐鄭　請無與圍鄭

許之　使待命于東　鄭石甲父侯宣多逆以爲大子　以求成于晉　晉人許之」とあり、注に「言穆公所以立」とある。

【傳】十一月克減侯宣多　而隨蔡侯以朝于執事

㊟「減」は、損〔よわめる、おさえる〕である。(つまり)内亂が終結しないうちに行った、ということであり、(要するに)晉に朝するのに汲汲とした、ということを言っているのである。

(附)異説として、王引之『經義述聞』に「上文云　敝邑以侯宣多之難　寡君是以不得與蔡侯偕　若難猶未盡　亦不能朝于晉矣　減謂滅絶也　管子宙合篇曰　滅　盡也　說文曰　⿰尊刂　滅也　從刀尊聲　史記趙世家曰　當道者謂簡子曰　帝令主君射熊與羆　皆死　簡子曰　是　且何也　當道者曰　晉國且有大難　帝令主君滅二卿　是滅爲滅絶也　甫滅侯宣多而卽朝于晉　言不敢緩也　減與咸　古字通　周書君奭篇　咸劉厥敵　與此同義　傳訓咸爲皆　非是　昭二十六年傳　則有晉鄭咸黜不端　咸黜亦滅絶之意　謂晉文殺叔帶　鄭厲殺子穨也　正義曰　咸　諸本或作減　王肅注訓咸爲皆　亦非是」とある。

【傳】十二年六月歸生佐寡君之嫡夷

㊟「歸生」は、子家の名である。「夷」は、大子の名である。

【傳】以請陳侯于楚　而朝諸君

㊟陳を楚に請い求め、いっしょに晉に朝した、ということである。

(附)十一年の傳文に「夏叔仲惠伯會晉郤缺于承筐　謀諸侯之從於楚者」とあり、注に「九年陳鄭及楚平　十年宋聽楚命」とあるのを參照。

【傳】十四年七月寡君又朝　以蕆陳事

㊟「蕆」は、勅〔ととのえる〕である。以前の友好關係をきちんと整えた、ということである。

(附)疏に「賈服皆云　蕆　勅也」とあるのを參照。なお、成公十一年の傳文に「秋宣伯聘于齊　以脩前好」とある。

【傳】十五年五月陳侯自敝邑往朝于君　往年正月燭之武往　朝夷也

㊟夷をつれて往き、晉に朝した、ということである。

【傳】八月寡君又往朝　以陳蔡之密邇於楚　而不敢貳焉　則敝邑之故也

㊟「密邇」は、比近〔ちかい〕である。

(附)『國語』魯語下「以魯之密邇於齊　而又小國也」及び吳語「孤以下密邇於天子　無所逃罪」の韋注に「密　比也　邇　近也」とあるのを參照。

【傳】雖敝邑之事君　何以不免

㊟「免」とは、罪を免れるということである。

【傳】在位之中　一朝于襄

㊟(「襄」とは)襄公のことである。

【傳】而再見于君

㊟「君」とは、靈公のことである。

【傳】夷與孤之二三臣相及於絳

㊟「孤之二三臣」とは、燭之武・歸生をいう。(つまり)自分達のことを言ったのである。「絳」は、晉の國都である。

(附)莊公二十六年の傳文「夏士蔿城絳　以深其宮」の注に「絳　晉所都也」とあるのを參照。

［傳］雖我小國　則蔑以過之矣　今大國曰　爾未逞吾志　敝邑有亡　無以加焉　古人有言曰　畏首畏尾　身其餘幾

㊟首と尾を畏れれば、身中で畏れないところは少ない、ということである。

（附）『淮南子』説林訓「畏首畏尾　身凡有幾」の注に「畏始畏終　中身不畏　凡有幾何　言常畏也」とあるのを參照。

［傳］又曰　鹿死不擇音

㊟「音《イン》」とは、茠蔭《イン》〔庇護〕される場所である。古字は、聲が同じであれば、いずれもみな、假借し合う。

（附）異説として、疏に「服虔云　鹿得美草　呦呦相呼　至於困迫將死　不暇復擇善音　急之至也」とある。なお、章太炎『春秋左傳讀』に「正義曰　傳云　鋌而走險　急何能擇　言走險　論其依止之處　以其怖急得險　則停不能選擇寬靜茠蔭之所　傳文所論　止言其出處所在　不論音聲好惡　麟案　鋌而走險　則喘息不能自止　急何能擇　謂不能擇善音也　然則音爲聲音　無所疑也　後漢書皇甫規傳　規懼不免　上疏自訟曰　今見覆沒　恥痛實深　傳稱鹿死不擇音　謹冒昧略上　此以鹿死不擇聲音　喩己將死而愬于君　其言亦狂妄無狀　不暇復擇婉文曲辭也　可見漢人説傳皆然　且莊子人間世云　獸死不擇音　氣息茀然　亦以爲聲音　服説合古義」とあるのを參照。

［傳］小國之事大國也　德則其人也

㊟德を自分にほどこしてくれれば、人の道によってつかえる、ということである。

［傳］不德則其鹿也　鋌而走險　急何能擇

㊟「鋌」は、疾走する様子である。せっぱつまれば、鹿が（あえて）險阻に赴くように、楚に庇護をもとめようとする、ということである。

［傳］命之罔極　亦知亡矣

㊟晉の命にきりがない、ということである。

［傳］將悉敝賦以待於鯈　唯執事命之

㊟「鯈」は、晉と鄭の境界である。武力で晉を距むつもりである、ということである。

［傳］文公二年六月壬申朝于齊

㊟鄭の文公二年六月壬申は、魯の莊公二十三年六月二十日である。

（附）注の「二十四日」の「四」は、越刊八行本〔『續修四庫全書』所收〕等に従って、衍文とみなす。ちなみに、輯本『春秋釋例』〈經傳長歷〉に「莊公二十三年庚戌（中略）六月癸丑大」とある。

［傳］四年二月壬戌爲齊侵蔡

㊟魯の莊公二十五年二月ならば、壬戌（の日）はない。壬戌ならば、三月二十日である〔日か月か、どちらかが誤っている〕。

（附）輯本『春秋釋例』〈經傳長歷〉に「莊公二十五年壬子（中略）三月癸卯小」とある。

［傳］亦獲成於楚

㊟鄭は楚と和平した。

［傳］居大國之間　而從於强令　豈其罪也

㊟「令」は、號令である。

【附】『説文』に「令　發號也」とあるのを參照。

【傳】大國若弗圖　無所逃命　晉鞏朔行成於鄭　趙穿公壻池爲質焉

【注】「趙穿」は、卿である。「公壻池」は、晉侯の女壻である。

【附】十二年の傳文に「秦獲穿也　獲一卿矣」とあるのを參照。また、八年の傳文「且復致公壻池之封　自申至于虎牢之竟」の注に「公壻池　晉君女壻」とあるのを參照。

【傳】秋周甘歜敗戎于邥垂　乘其飲酒也

【注】「歜」は、周の大夫である。「邥垂」は、周地である。河南の新城縣の北部に垂亭がある。成公元年の、晉侯が戎を王と和平させたこと、のために本を張ったのである。

【附】注の前半については『水經注』伊水に「服虔曰　邥垂在高都南」とあるのを參照。また、『續漢書』郡國志一に「河南尹（中略）新城有高都城」とあるのを參照。

注の後半については、成公元年の傳文に「春晉侯使瑕嘉平戎于王」とある。

【傳】冬十月鄭大子夷石楚爲質于晉

【注】「夷」は、靈公である。「石楚」は、鄭の大夫である。

【附】宣公四年の傳文「楚人獻黿於鄭靈公」の注に「穆公大子夷也」とあるのを參照。

【傳】襄仲如齊　拜穀之盟　復曰　臣聞齊人將食魯之麥　以臣觀之　將不能　齊君之語偸　臧文仲有言曰　民主偸　必死

【注】「偸」は、苟且〔なおざり〕と同じである。

【附】襄公三十一年の傳文「趙孟將死矣　其語偸　不似民主」及び昭公十三年の傳文「貳偸之不暇　何暇討」の注に「偸　苟且」とある。なお、『禮記』表記「君子莊敬日強　安肆日偸」の注に「偸　苟且也」とあるのを參照。また、『國語』周語上「守固不偸」の韋注に「偸　苟且也」とあるのを參照。

〔文公十八年〕

【經】十有八年春王二月丁丑公薨于臺下

【經】秦伯罃卒

【注】傳はない。（名を書いているのは）同盟はしていなかったけれども、名をもって赴告してきた（からである）。

【附】僖公二十三年の傳文に「凡諸侯同盟　死則赴以名　禮也　赴以名則亦書之」とあり、注に「謂未同盟」とあるのを參照。

【經】夏五月戊戌齊人弑其君商人

【注】「盜」と稱していないのは、商人を罪責してである。

【附】疏に「弑君　稱臣　臣之罪　賤臣弑君　則稱盜　哀四年盜殺蔡侯申是也　盜字當臣名之處　以賤不得書名　變文謂之盜耳　此弑商人者

邴歜閻職　亦應書盜　不稱盜弒者　罪商人　令從弒君稱君之例也」とある。なお、宣公四年の傳文に「凡弒君　稱君　君無道也　稱臣　臣之罪也」とあり、注に「稱君　謂唯書君名而稱國以弒　言衆所共絶也　稱臣者　謂書弒者之名　以示來世　終爲不義」とあるのを參照。

經六月癸酉葬我君文公

經秋公子遂叔孫得臣如齊

注二人の卿を書いているのは、二つの（別々の）用事で行ったのであり、（一つの用事について）一方がもう一方の副使となったわけではない、からである。

附下の傳文に「秋襄仲莊叔如齊　惠公立故　且拜葬也」とあり、注に「襄仲賀惠公立　莊叔謝齊來會葬」とある。なお、僖公二十六年に「公子遂如楚乞師」とあり、傳に「東門襄仲臧文仲如楚乞師」とあり、注に「臧文仲爲襄仲副使　故不書」とあるのを參照。ちなみに、穀梁傳文に「使擧上客而不稱介」とある。

經冬十月子卒

注先君の埋葬がすんでいたのに、君（として爵）を稱していないのは、魯人が、弒されたことを諱み、未成君として書いた、からである。「子」とは、喪中〔先君を葬る前〕の稱謂である。

附下の傳文に「書曰子卒　諱之也」とある。なお、疏に引く『釋例』に「公子惡　魯之正適　嗣位免喪　則魯君也　襄仲倚齊而弒之　國以爲諱　故不稱君　若言君之子也」とあるのを參照。また、僖公九年の傳文に「春宋桓公卒　未葬而襄公會諸侯　故曰子　凡在喪　王曰小童　公侯曰子」とあり、注に「在喪　未葬也」とあるのを參照。また、莊公三十二年「冬十月己未子般卒」の注に「子般　莊公大子　先君未葬　故不稱爵　不書殺　諱之也」とあるのを參照。

經夫人姜氏歸于齊

經季孫行父如齊

注傳はない。

經莒弒其君庶其

注君を稱しているのは、君が無道だったからである。

附宣公四年の傳文に「凡弒君　稱君　君無道也」とあり、注に「稱君　謂唯書君名而稱國以弒　言衆所共絶也」とあるのを參照。なお、疏に引く『釋例』に「劉賈許穎以爲　君惡及國朝　則稱國以弒　君惡及國人　則稱人以弒　案傳　鄭靈宋昭經　文異而例同　故重發以同之　子弒其父　又嫌異於他臣　亦重明其不異　既不碎辯國之與人　而傳云莒紀公多行無禮於國　大子僕因國人以弒之　經但稱國　不稱人　知國之與人　雖言別而事同也」とある。

傳十八年春齊侯戒師期

注魯を伐とうとしたのである。

傳而有疾　醫曰　不及秋　將死　公聞之　卜曰　尙無及期

注「尙」は、庶幾〔ねがわくは〕である。出兵の期日より先に死なせたかったのである。

附注の「尙　庶幾也」については、昭公十三年の傳文「初靈王卜曰　余尙得天下」の注に、同文がみえる。なお、『説文』にも「尙　曾也　庶幾也」とある。

傳惠伯令龜

注何をトうかを龜に告げたのである。

附『周禮』大卜「大祭祀　則眡高命龜」の注に「命龜　告龜以所卜之事」とあるのを參照。

傳卜楚丘占之曰　齊侯不及期　非疾也　君亦不聞

注君が齊侯より先に死ぬ、ということである。

傳令龜有咎

注龜に告げた者にも災禍がおきることが、卜兆に現れている、ということである。惠伯の死のために本を張ったのである。

附下の傳文に「仲以君命召惠伯　其宰公冉務人止之（中略）弗聽　乃入殺而埋之馬矢之中」とある。

傳二月丁丑公薨

傳齊懿公之爲公子也　與邴歜之父爭田　弗勝　及卽位　乃掘而刖之

注その尸〔しかばね〕の足をきったのである。

附莊公十六年の傳文「九月殺公子閼　刖强鉏」の注に「斷足曰刖」とあるのを參照。

傳而使歜僕

注「僕」は、御者である。

附哀公二年の傳文「初衞侯遊于郊　子南僕」の注に、同文がみえる。なお、『史記』齊世家「而使丙戎僕」の〈集解〉に「賈逵曰　僕　御也」とあるのを參照。また、『國語』晉語七「魏絳斬其僕」の韋注に「僕　御也」とあるのを參照。

傳納閻職之妻　而使職驂乘

注「驂乘」は、陪乘〔そえのり〕である。

附『周禮』齊右に「王乘則持馬　行則陪乘」とあり、注に「陪乘　參乘　謂車右也」とあるのを參照。

傳夏五月公游于申池

注齊の南城の西門を「申門」といった。齊の城には池がなく、この門の左右にだけ池があったから、たぶん、ここがそれであろう。

傳二人浴于池　歜以扑挟職

注「扑」は、箠〔むち〕である。「挟」は、撃〔うつ〕である。挑發しようとしたのである。

附注の「扑　箠也」については、襄公十七年の傳文「子罕聞之　親執扑」の注に「扑　杖」とあるのを參照。

注の「扶　擊也」については、『說文』に「扶　笞擊也」とあるのを參照。

傳 職怒　歜曰　人奪女妻而不怒　一扶女　庸何傷　職曰　與刖其父而弗能病者何如

㊟ 父が足きりにされたのを恨みに思っていない、ということである。

傳 乃謀弑懿公　納諸竹中　歸　舍爵而行

㊟ 酒を飲み、それがおわってから（おもむろに）立ち去った、ということであり、齊人が懿公をにくんでいたため、二人は畏れる必要がなかった、ことを言っているのである。

(附) 定公八年の傳文「子言辨舍爵於季氏之廟而出」の注に「徧告廟飲酒示無懼」とあるのを參照。

傳 齊人立公子元

㊟ 桓公の子の惠公である。

(附) 『史記』齊世家に「懿公之立　驕　民不附　齊人廢其子　而迎公子元於衞　立之　是爲惠公　惠公　桓公子也」とあるのを參照。

傳 六月葬文公

傳 秋襄仲莊叔如齊　惠公立故　且拜葬也

㊟ 襄仲が、惠公が立ったことを慶賀し、莊叔が、齊が來て會葬してくれたことを拜謝したのである。

傳 文公二妃敬嬴生宣公　敬嬴嬖　而私事襄仲　宣公長而屬諸襄仲　襄仲欲立之　叔仲不可

㊟ 「叔仲」とは、惠伯のことである。

(附) 七年の傳文に「叔仲惠伯諫」とある。なお、『史記』魯世家「叔仲曰不可」の〈集解〉に「服虔曰　叔仲　惠伯」とあるのを參照。

傳 仲見于齊侯而請之　齊侯新立　而欲親魯　許之

傳 冬十月仲殺惡及視而立宣公

㊟ 「惡」は大子で、「視」はその同母弟である。視を殺したことを（經に）書いていないのは、賤しんでである。

傳 書曰子卒　諱之也　仲以君命召惠伯

㊟ 子惡の命であると詐ったのである。

傳 其宰公冉務人止之曰　入必死　叔仲曰　死君命　可也　公冉務人曰　若君命　可死　非君命　何聽　弗聽　乃入　殺而埋之馬矢之中

㊟ 惠伯の死を（經に）書いていないのは、史官が、襄仲を畏れ、惠伯を殺したことを書こうとしなかった、からである。

傳 公冉務人奉其帑以奔蔡　既而復叔仲氏

㊟ その後嗣は絶たなかったのである。

(附) 『禮記』檀弓下「叔仲皮學子柳」の疏に引く『世本』に「桓公生僖叔牙　叔牙生武仲休　休生惠伯彭　彭生皮　爲叔仲氏」とあるのを參照。

傳 夫人姜氏歸于齊　大歸也

㊟悪・視の母の出姜である。罪があって離縁された場合と異なる、かにまぎらわしいから、また傳を發し（て、同じであることを明らかにし）たのである。

(附)莊公二十七年の傳文に「夫人歸寧曰如某　出曰歸于某」とあるのを參照。なお、その疏に「文十八年夫人姜氏歸于齊　雖子死自去　歸而不反　亦出之類　故與出同文」とある。

〔傳〕將行　哭而過市　曰　天乎　仲爲不道　殺適立庶　市人皆哭　魯人謂之哀姜

㊟所謂「出姜は魯で敬信されない」（四年傳文）ということである。

(附)四年の注に「允　信也　始來不見尊貴　故終不爲國人所敬信也」とある。

〔傳〕莒紀公生大子僕　又生季佗　愛季佗而黜僕　且多行無禮於國

㊟「紀」は、號である。莒は、夷狄で、謚がなかったから、（そのかわりに）別號があったのである。

(附)僖公二十六年の傳文「春王正月公會莒茲丕公」の注に「茲丕　時君之號　莒　夷　無謚　以號爲稱」とある。なお、成公八年の傳文に「莒子曰　辟陋在夷　其孰以我爲虞」とあるのを參照。

なお、傳の「莒紀公子」の「子」は、挍勘記に従って、衍文とみなす。

〔傳〕僕因國人以弑紀公　以其寶玉來奔　納諸宣公　公命與之邑　曰　今日必授　季文子使司寇出諸竟　曰　今日必達

㊟公にまみえないうちに、文子が追い出したから、來たことを（經に）書いていないのである。

〔傳〕公問其故　季文子使大史克對曰　先大夫臧文仲教行父事君之禮　行父奉以周旋　弗敢失隊　曰　見有禮於其君者　事之　如孝子之養父母也　見無禮於其君者　誅之　如鷹鸇之逐鳥雀也　先君周公制周禮曰　則以觀德

㊟「則」は、法である。法則に合致すれば、吉德である。

(附)『國語』魯語上「毀則者爲賊」の韋注に「則　法也」とあるのを參照。また、下の傳文に「孝敬忠信爲吉德」とあるのを參照。

〔傳〕德以處事

㊟「處」は、制（とりさばく）と同じである。

〔傳〕事以度功

㊟「度」は、量（はかる）である。

(附)襄公二十五年の傳文「度山林」の注に「度量山林之材以共國用」とあるのを參照。

〔傳〕功以食民

㊟「食」は、養である。

(附)元年の傳文「穀也食子」の注に「食子　奉祭祀供養者也」とあるのを參照。

〔傳〕作誓命曰　毀則爲賊

㊟「誓」は、要信（約束）である。「毀則」とは、法をこわすということである。

(附)注の前半については、『禮記』曲禮下に「約信曰誓」とあるのを參照。

なお、僖公二十八年の傳文に「要言曰」とあり、また、襄公九年の傳文に「昭大神要言焉」とある。

注の後半については、十六年「毀泉臺」の注に「毀　壞之也」とあるのを參照。また、上の傳文「則以觀德」の注に「則　法也」とあるのを參照。

【傳】掩賊爲藏

【注】「掩」は、匿〔かくす〕である。

【附】『國語』魯語上「掩賊者爲藏」の韋注に「掩　匿也」とあるのを參照。

【傳】竊賄爲盜

【注】「賄」は、財である。

【附】『爾雅』釋言及び『說文』に「賄　財也」とあるのを參照。なお、六年の傳文に「盡具其帑與其器用財賄」とあり、また、七年の傳文に「荀伯盡送其帑及其器用財賄於秦」とある。

【傳】盜器爲姦

【注】「器」は、國用〔國の祭祀に用いるもの〕である。

【附】隱公五年の傳文「其材不足以備器用　則君不擧焉」の注に「器用　軍國之器」とあるのを參照。

【傳】主藏之名

【注】賊をかくまった〔「藏」〕という(惡)名でよばれる、ということである。

【傳】賴姦之用

【注】姦の(ぬすんだ)器を用いる、ということである。

【傳】爲大凶德　有常無赦

【注】刑にきまりがある、ということである。

【附】昭公二十五年の傳文に「常刑不赦」とあり、哀公三年の傳文に「則有常刑無赦」とあるのを參照。なお、莊公十四年及び昭公三十一年の傳文に「周有常刑」とある。

【傳】在九刑不忘

【注】「誓命」以下は、いずれもみな、〈九刑〉という書(の文)である。〈九刑〉という書は、今は亡失している。

【附】昭公六年の傳文「周有亂政　而作九刑」の注に「周之衰　亦爲刑書謂之九刑」とあるのを參照。なお、『周禮』司刑の疏に「言九刑者　鄭注堯典云　正刑五　加之流宥鞭扑贖刑　此之謂九刑者　賈服以正刑一　加之以八議」とある。ちなみに、ここの疏に「服虔云　正刑一　議刑八」とあり、また、『漢書』刑法志「周有亂政　而作九刑」の注に「韋昭曰　謂正刑五　及流贖鞭扑也」とある。

なお、異說として、楊伯峻『春秋左傳注』に「依傳上下文義　誓命之言宜至此止」とある。

【傳】行父還觀莒僕　莫可則也

【注】「還」は、周旋〔ぐるりと、あまねく〕と同じである。

【附】僖公十五年の傳文「晉戎馬還濘而止」の注に「還　便旋也」とあるのを參照。

【傳】孝敬忠信爲吉德　盜賊藏姦爲凶德　夫莒僕　則其孝敬　則弑君父矣　則其忠信　則竊寶玉矣　其人　則盜賊也　其器　則姦兆也

【注】「兆」は、域である〔『爾雅』釋言〕。

(附)哀公二年の傳文「無入于兆」の注に「兆　葬域」とあるのを參照。なお、異説として、章太炎『春秋左傳讀』に「上句　其人　則盜賊也　盜賊平列　則姦兆亦平列　姦卽上文盜器爲姦之姦　兆讀周語郤至佻天之功以爲己力之佻　佻　偸也　見爾雅釋言　杜預訓兆爲賊姦域　非但不辭　亦且無解」とある。

【傳】保而利之　則主藏也　以訓則昬　民無則焉　不度於善

(注)「度」は、居である。

(附)『詩』大雅〈皇矣〉「爰究爰度」の毛傳に「度　居也」とあるのを參照。ただし、四年の傳文「詩云(中略)爰究爰度」の注には「究度皆謀也」とある。

【傳】而皆在於凶德　是以去之　昔高陽氏有才子八人

(注)「高陽」は、帝顓頊の號であり、「八人」は、その苗裔〔子孫〕である。

(附)『史記』五帝本紀「帝顓頊高陽者」の〈索隱〉に「宋衷云　顓頊　名高陽　有天下號也」とあるのを參照。また、同「黃帝者　少典之子」の〈索隱〉に「黃帝卽少典氏後代之子孫　賈逵亦謂然　故左傳高陽氏有才子八人　亦謂其後代子孫而稱爲子是也」とあるのを參照。

【傳】蒼舒隤敱檮戭大臨尨降庭堅仲容叔達

(注)これは、つまり、垂・益・禹・皐陶の類である。「庭堅」は、皐陶の字に他ならない。

(附)疏に「夏本紀稱　禹是顓頊之後　秦本紀稱　皐陶是顓頊之後　伯益則皐陶之子　垂之所出　史無其文　舊說相傳　亦出顓頊　故云　此卽垂益禹皐陶之倫也　服虔云　八人　禹垂之屬也　五年傳　臧文仲聞六與蓼滅云　皐陶庭堅不祀忽諸　知庭堅皐陶爲一人　其餘則不知誰爲禹誰爲益　故云之倫之屬　不敢斥言也」とある。

【傳】齊聖廣淵明允篤誠　天下之民謂之八愷

(注)「齊」は中であり、「淵」は深であり、「允」は信であり、「篤」は厚であり、「愷」は和である。

(附)注の「齊　中也」については、『爾雅』釋言に「齊　中也」とあるのを參照。

注の「淵　深也」については、『詩』邶風〈燕燕〉「其心塞淵」の毛傳に「淵　深也」とあるのを參照。なお、僖公二十二年の傳文に「詩曰(中略)如臨深淵」とある。

注の「允　信也」については、四年の傳文「君子是以知出姜之不允於魯也」等の注に、同文がみえる。なお、その(附)を參照。

注の「篤　厚也」については、『爾雅』釋詁に「篤　厚也」とあるのを參照。

注の「愷　和也」については、『史記』五帝本紀「謂之八愷」の〈集解〉に「賈逵曰　愷　和也」とあるのを參照。なお、僖公十二年の傳文「詩曰　愷悌君子　神所勞矣」の注に「愷　樂也」とある。

【傳】高辛氏有才子八人

(注)「高辛」は、帝嚳の號であり、「八人」は、また〔上と同様に〕その苗裔である。

(附)『史記』五帝本紀「帝嚳高辛者」の〈索隱〉に「宋衷曰　高辛地名因以爲號　嚳　名也」とあるのを參照。

【傳】伯奮仲堪叔獻季仲伯虎仲熊叔豹季貍

㊟これは、つまり、稷・契・朱虎・熊羆の類である。

(附)疏に「契後爲殷　稷後爲周　史記　殷周皆爲帝嚳之後也　此言伯虎仲熊　尚書有朱虎熊羆　二者其字相類　知此卽稷契朱虎熊羆之倫也　尚書更有夔龍之徒　亦應有在元愷之內者　但更無明證　名字又殊　不知與誰爲一　故不復言之」とある。

【傳】忠肅共懿宣慈惠和　天下之民謂之八元

㊟「肅」は敬であり、「懿」は美であり、「宣」は偏であり、「元」は善である。

(附)注の「肅　敬也」については、僖公二十三年の傳文「其從者肅而寛」の注に、同文がみえる。なお、『爾雅』釋訓に「肅肅　敬也」とあるのを參照。

注の「懿　美也」については、僖公二十四年の傳文「不廢懿親」の注に、同文がみえる。なお、その(附)を參照。

注の「宣　偏也」については、『爾雅』釋言に「宣　偏也」とあるのを參照。なお、『國語』周語下「所以宣養六氣九德也」等の韋注にも「宣　偏也」とある。

注の「元　善也」については、『史記』五帝本紀「世謂之八元」の〈集解〉に「賈逵曰　元　善也」とあるのを參照。なお、『國語』晉語七「抑人之有元君　將稟命焉」等の韋注にも「元　善也」とある。

【傳】此十六族也　世濟其美　不隕其名

㊟「濟」は成であり、「隕」は隊〔おとす〕である。

(附)注の「濟　成也」については、『禮記』樂記「分夾而進　事蚤濟也」の注に「濟　成也」とあるのを參照。なお、『國語』周語中「若能有濟也」等の韋注にも「濟　成也」とある。

注の「隕　隊也」については、僖公九年の傳文「恐隕越于下」の(附)を參照。なお、僖公二十八年の傳文「俾隊其師」の注に「隊　隕也」とある。

【傳】以至於堯　堯不能擧　舜臣堯　擧八愷　使主后土

㊟「后土」は、地の官である。禹は、司空となって、水土を平定した。つまり(禹は)地をつかさどる官であった。

(附)『書』舜典に「僉曰　伯禹作司空　帝曰　兪　咨禹　汝平水土　惟時懋哉」とあり、同呂刑に「禹平水土　主名山川」とあるのを參照。また、昭公二十九年の傳文に「土正曰后土」とあり、注に「土爲羣物主　故稱后也」とあるのを參照。なお、下の疏に「尚書　禹作司空　此云擧八愷使主后土　以此亦知禹在八愷中也」とある。

【傳】以揆百事　莫不時序　地平天成

㊟「揆」は、度〔はかる〕である。「成」もまた「平」である。

(附)注の「揆　度也」については、『爾雅』釋言に「揆　度也」とあるのを參照。なお、『國語』周語下「南北之揆七同也」の韋注にも「揆　度也」とある。

注の「成亦平也」については、隱公六年の傳文「往歲鄭伯請成于陳」の注に「成猶平也」とあるのを參照。なお、宣公四年の穀梁傳文に「平者　成也」とある。

【傳】舉八元　使布五教于四方

㊟契は、司徒となって、五教を寛容のうちに廣めた。だから、契が八元の中の一人であることがわかる。

(附)『書』の舜典に「帝曰　契　百姓不親　五品不遜　汝作司徒　敬敷五教　在寛」とあるのを參照。

【傳】父義母慈兄友弟共子孝　內平外成

㊟「內」とは、諸夏のことであり、「外」とは、夷狄のことである。

【傳】昔帝鴻氏有不才子

㊟「帝鴻」とは、黃帝のことである。

(附)『史記』五帝本紀「昔帝鴻氏有不才子」の〈集解〉に「賈逵曰　帝鴻　黃帝也」とあるのを參照。

【傳】掩義隱賊　好行凶德　醜類惡物　頑嚚不友　是與比周

㊟「醜」もまた「惡」である。「比」は近であり、「周」は密である。

(附)注の「醜亦惡也」については、『詩』小雅〈十月之交〉「日有食之　亦孔之醜」の毛傳に「醜　惡也」とあるのを參照。また、『說文』に「醜　可惡也」とあるのを參照。なお、異說として、沈欽韓『春秋左氏傳補注』に「釋草注　醜　類也　言比類惡事　杜預以醜爲惡　則此語不屬」とある。

注の「周　密也」については、昭公四年の傳文「其藏之也周」等の注に、同文がみえる。なお、『說文』に「周　密也」とあるのを參照。

【傳】天下之民謂之渾敦

㊟驩兜のことをいう。「渾敦」とは、開通していない〔ふさがっている〕樣子である。

(附)注の前半については、『史記』五帝本紀「昔帝鴻氏有不才子」の〈集解〉に「賈逵曰（中略）不才子　其苗裔讙兜也」とあるのを參照。また、『書』舜典に「流共工于幽洲　放驩兜于崇山　竄三苗于三危　殛鯀于羽山　四罪而天下咸服」とあるのを參照。また、疏に「堯典　帝求賢人　驩兜舉共工應帝　是與共工相比　傳說渾敦之惡云　醜類惡物　是與比周　知渾敦是驩兜也」とあるのを參照。なお、異說として、疏に「服虔用山海經　以爲驩兜人面馬喙　渾敦亦爲獸名」とある。

注の後半については、『莊子』應帝王に「南海之帝爲儵　北海之帝爲忽　中央之帝爲渾沌　儵與忽時相與遇於渾沌之地　渾沌待之甚善　儵與忽謀報渾沌之德曰　人皆有七竅　以視聽食息　此獨無有　嘗試鑿之　日鑿一竅　七日而渾沌死」とあるのを參照。

【傳】少皞氏有不才子

㊟「少皞」は、金天氏の號であり、黃帝をついだ。

(附)『史記』五帝本紀「少皞氏有不才子」の〈集解〉に「服虔曰　金天氏　帝號」とあるのを參照。また、『漢書』律曆志下に引く〈世經〉に「少昊帝　考德曰少昊曰清　清者　黃帝之子清陽也　是其子孫名摯立　土生金　故爲金德　天下號曰金天氏」とあるのを參照。なお、昭公十七年の傳文「少皞氏鳥名官　何故也」の注に「少皞　金天氏　黃帝之子　己姓之祖也」とある。

【傳】毀信廢忠　崇飾惡言　靖譖庸回　服讒蒐慝　以誣盛德

㊟「崇」は聚であり、「靖」は安であり、「庸」は用であり、「回」は邪

であり、「服」は行であり、「蒐」は隱であり、「慝」は惡である。「盛德」とは、賢人のことである。

㈫注の「崇　聚也」については、僖公二十四年の傳文「弃德崇姦」等の注に、同文がみえる。なお、その㈫を參照。

注の「靖　安也」については、襄公七年の傳文「靖共爾位」の注に、同文がみえる。なお、『國語』周語下「自后稷之始基靖民」等の韋注に「靖　安也」とあるのを參照。

注の「庸　用也」については、僖公二十四年の傳文「庸勳親親暱近尊賢　德之大者也」等の注に、同文がみえる。なお、その㈫を參照。

注の「回　邪也」については、昭公二十年の傳文「不爲利疚於回」の注に、同文がみえる。なお、『詩』小雅〈小旻〉「謀猶回遹」の毛傳に「回　邪」とあるのを參照。また、『國語』周語中「求福不回」等の韋注に「回　邪也」とあるのを參照。

注の「服　行也」については、『孔子家語』入官「察里言而服之」の注に「服　行」とあるのを參照。

注の「蒐　隱也」については、疏に「服虔亦以蒐爲隱」とあるのを參照。

注の「慝　惡也」については、『詩』大雅〈民勞〉「無俾作慝」の毛傳に「慝　惡也」とあるのを參照。また、『國語』周語上「觀其苛慝而降之禍」等の韋注に「慝　惡也」とあるのを參照。

傳天下之民謂之窮奇

注共工のことをいう。（「窮奇」とは）その行ないが窮（極端）であり、その好みが奇（奇異）である（という意味である）。

㈫『史記』五帝本紀「天下謂之窮奇」の〈集解〉に「服虔曰　謂共工氏也　其行窮而好奇」とあるのを參照。また、『書』舜典に「流共工于幽洲　放驩兜于崇山　竄三苗于三危　殛鯀于羽山　四罪而天下咸服」とあるのを參照。また、上の疏に「堯典　帝言共工之行云　靖言庸違　傳說窮奇之惡云　靖譖庸回　二文正同　知窮奇是共工也」とあるのを參照。なお、最初に擧げた服虔注については、李貽德『春秋左傳賈服注輯述』に「服釋渾敦檮杌饕餮　皆援獸名　此注疑已佚也　西山經　邽山有獸焉　其狀如牛　蝟毛　名曰窮奇　音如獋狗　是食人　海內北經云　窮奇狀如虎　有翼　食人從首始　所食被髮　一曰從足」とある。あるいは、これは、加賀榮治『中國古典解釋史―魏晉篇―』にも言うように、賈逵注なのかもしれない（？）。

傳顓頊氏有不才子　不可教訓　不知話言

注「話」は、善である。

㈫六年の傳文「著之話言」の注に、同文がみえる。なお、その㈫を參照。

なお、諸本に從って、傳文の「顓頊」の下に、「氏」の字を補う。

傳告之則頑

注德義が心に入らない、ということである。

㈫僖公二十四年の傳文に「心不則德義之經爲頑」とあるのを參照。

傳舍之則嚚

注忠信を言わない、ということである。

㈫僖公二十四年の傳文に「口不道忠信之言爲嚚」とあるのを參照。

傳傲佷明德　以亂天常　天下之民謂之檮杌

注鯀のことをいう。「檮杌」とは、頑凶で儔匹〔なかま〕がいない様子である。

附『史記』五帝本紀「天下謂之檮杌」の〈集解〉に「賈逵曰　檮杌　頑凶無疇匹之貌　謂鯀也」とあるのを參照。また、『書』舜典に「流共工于幽洲　放驩兜于崇山　竄三苗于三危　殛鯀于羽山　四罪而天下咸服」とあるのを參照。また、上の疏に「堯典　帝言鯀行云　咈哉　方命圮族　傳說檮杌之罪云　告頑　舍嚚　傲佷明德　卽是咈戾圮族之狀　且鯀是顓頊之後　知檮杌是鯀也」とあるのを參照。なお、異說として、上の疏に「服虔案神異經云　檮杌　狀似虎　毫長二尺　人面虎足豬牙　尾長丈八尺　能鬭不退」とある。

なお、傳文の「傚」は、諸本に從って、「傲」に改める。

傳此三族也　世濟其凶　增其惡名　以至于堯　堯不能去

注宣公を堯になぞらえ、行父を舜になぞらえようとしているところであるから、堯もまた、（自身では）除くことが出來ず、賢臣を待って始めて除いた、ことを言ったのである。

附下の傳文に「今行父雖未獲一吉人　去一凶矣　於舜之功　二十之一也　庶幾免於戾乎」とある。

傳縉雲氏有不才子

注「縉雲」は、黄帝の時の官名である。

附『史記』五帝本紀「縉雲氏有不才子」の〈集解〉に「賈逵曰　縉雲氏姜姓也　炎帝之苗裔　當黄帝時　任縉雲之官也」とあるのを參照。また、疏に「服虔云　夏官爲縉雲氏」とあるのを參照。また、『漢書』百官公卿表上「黄帝雲師雲名」の注に「應劭曰　黄帝受命有雲瑞　故以雲紀事也　由是而言　故春官爲青雲　夏官爲縉雲　秋官爲白雲　冬官爲黑雲　中官爲黄雲」とあるのを參照。なお、昭公十七年の傳文に「昔者　黄帝氏以雲紀　故爲雲師而雲名」とあり、注に「黄帝受命有雲瑞　故以雲紀事　百官師長　皆以雲爲名號　縉雲氏　蓋其一官也」とある。

傳貪于飲食　冒于貨賄　侵欲崇侈　不可盈厭　聚斂積實　不知紀極　不分孤寡　不恤窮匱

注「冒」もまた「貪」である。「盈」は、滿である。「實」は、財である。

附注の「冒亦貪也」については、『國語』晉語一「有冒上而無忠下」の韋注に「冒　抵冒　言貪也」とあるのを參照。なお、成公十二年の傳文に「諸侯貪冒」とある。

注の「盈　滿也」については、『國語』周語上「陽癉憤盈」等の韋注に「盈　滿也」とあるのを參照。

注の「實　財也」については、『國語』楚語下「令尹問蓄聚積實」の韋注に「實　財也」とあるのを參照。また、『禮記』表記「恥費輕實」の注に「實謂財貨也」とあるのを參照。

傳天下之民以比三凶

注帝王の子孫ではないから、別にして、三凶とならべたのである。

傳謂之饕餮

注財をむさぼるのを「饕」といい、食をむさぼるのを「餮」という。

(附)疏に「此無正文　先儒賈服等相傳爲然」とあるのを參照。なお、異説として、上の疏に「服虔案神異經云（中略）饕餮　獸名　身如羊　人面　目在腋下　食人」とある。とすれば、疏の「賈服」の「服」の方は、あるいは、誤りかも知れない〔?〕。

【傳】舜臣堯

(注)堯の臣となった。

【傳】賓于四門

(注)四方の門をひらき、廣く四方から聞きとって、多くの賢人を賓客として禮遇した。

(附)『書』舜典に「闢四門」とあり、その僞孔傳に「開闢四方之門未開者　廣致衆賢」とあり、ついで、「明四目　達四聰」とあり、その僞孔傳に「廣視聽於四方　使天下無壅塞」とあるのを參照。

【傳】流四凶族

(注)四凶の罪狀をしらべて、流罪に處した。

(附)『書』舜典「流共工于幽洲」の僞孔傳に「象恭滔天　足以惑世　故流放之幽洲」とあるのを參照。

【傳】渾敦窮奇檮杌饕餮　投諸四裔　以禦螭魅

(注)「投」は弃であり、「裔」は遠である。彼らを四方の遠地に追放し、螭魅の害にあたらせた、ということである。「螭魅」は、山林の異氣から生まれ、人に害をなすものである。

(附)注の「裔　遠也」については、襄公十四年の傳文「謂我諸戎是四嶽之裔冑也」等の注に、同文がみえる。なお、『史記』五帝本紀「遷于四裔」の〈集解〉に「賈逵曰　四裔之地　去王城四千里」とある。注の「螭魅　山林異氣所生　爲人害者」については、『史記』五帝本紀「以御螭魅」の〈集解〉に「服虔曰　螭魅　人面獸身　四足　好惑人　山林異氣所生　以爲人害」とあるのを參照。

【傳】是以堯崩而天下如一　同心戴舜　以爲天子　以其舉十六相去四凶也　故虞書數舜之功曰　愼徽五典　五典克從　無違教也

(注)「徽」は美であり、「典」は常である。これは、八元（登用）の功績である。

(附)『書』舜典「愼徽五典　五典克從」の僞孔傳に「徽　美也　五典　五常之教　父義母慈兄友弟恭子孝　舜愼美篤行斯道　舉八元　使布之於四方　五教能從　無違命」とあるのを參照。なお、上の傳文に「舉八元　使布五教于四方　父義母慈兄友弟共子孝　内平外成」とある。

【傳】曰　納于百揆　百揆時序　無廢事也

(注)これは、八愷（登用）の功績である。

(附)『書』舜典「納于百揆　百揆時敍」の僞孔傳に「舜舉八凱　使揆度百事　百事時敍　無廢事業」とあるのを參照。なお、上の傳文に「舉八愷　使主后土　以揆百事　莫不時序　地平天成」とある。

【傳】曰　賓于四門　四門穆穆　無凶人也

(注)四凶を流罪に處したことである。

(附)『書』舜典「賓于四門　四門穆穆」の僞孔傳に「舜流四凶族」とあるのを參照。なお、上の傳文に「賓于四門　流四凶族」とある。

【傳】舜有大功二十而爲天子

注（「大功二十」とは）〝十六相を登用し、四凶を除いた〟（上の傳文）ことである。

傳今行父雖未獲一吉人　去一凶矣　於舜之功　二十之一也　庶幾免於戾乎

注史克は、強く言って、宣公の惑いをとき、行父の心意を釋明しようとしたから、美惡を言うのに、大げさな表現が見られるのであり、事のなりゆき上、いたし方あるまい。

附疏に引く何休『左氏膏肓』に「孔子云　蕩蕩乎　堯之爲君　唯天爲大　唯堯則之　今如左氏　堯在位數十年　久抑元愷而不能舉　養育凶人　以爲民害　而不能去　則孔子稱堯　虛言也　桀紂爲惡　一世則誅　四凶歷數十歲而無誅放　易云　積不善之家　必有餘殃　虛言也　左氏爲短」とある。

傳宋武氏之族道昭公子　將奉司城須以作亂

注文公が昭公を弑したから、武の族は、その子によって亂をおこそうとしたのである。「司城須」は、文公の弟である。

附十六年の傳文に「文公即位　使母弟須爲司城」とある。

傳十二月宋公殺母弟須及昭公子　使戴莊桓之族攻武氏於司馬子伯之館

注「戴族」は、華・樂であり、「莊族」は、公孫師であり、「桓族」は、向・魚・鱗・蕩である。「司馬子伯」は、華耦である。

附下の注に「公孫師　莊公之孫」とある。

傳遂出武穆之族

注穆族が武氏に味方したからである。

附『史記』宋世家「出武繆之族」の〈集解〉に「賈逵曰　出　逐也」とある。

傳使公孫師爲司城

注「公孫師」は、莊公の孫である。

附上の注に「莊族　公孫師也」とある。

傳公子朝卒　使樂呂爲司寇　以靖國人

注「樂呂」は、戴公の曾孫である。宣公三年の「宋師圍曹」のために傳したのである。

附上の注に「戴族　華樂也」とある。なお、異説として、疏に「世本云　戴公生樂甫術　術生碩甫澤　澤生夷父須　須生大司寇呂　今云曾孫誤也」とある。

卷第二十一

〔宣公元年〕

經元年春王正月公卽位

注傳はない。

經公子遂如齊逆女

注喪中に娶ったことを譏っていないのは、貶責を待つまでもなく、（罪惡が）おのずと明らかだからである。卿が君のために迎えに行ったのであり、例は、文公四年にある。

附注の前半については、昭公元年の公羊傳文に「春秋不待貶絶而罪惡見者　不貶絶以見罪惡也」とあるのを參照。また、文公十八年の穀梁傳文に「有不待貶絶而罪惡見者」とあるのを參照。

注の後半については、文公四年の傳文に「逆婦姜于齊　卿不行　非禮也」とあり、注に「禮　諸侯有故　則使卿逆」とある。なお、隱公二年の傳文に「九月紀裂繻來逆女　卿爲君逆也」とあるのを參照。

經三月遂以夫人婦姜至自齊

注「婦」と稱しているのは、姑がいるという表現である。「氏」を書いていないのは、（單なる）史官の闕文である。

附注の前半については、文公四年「夏逆婦姜于齊」の注に、同文がみえる。なお、その附を參照。ちなみに、公羊傳文に「其稱婦何　有姑之辭也」とあり、穀梁傳文に「其曰婦　緣姑言之之辭也」とある。

注の後半については、成公十四年に「九月僑如以夫人婦姜氏至自齊」とあるのを參照。なお、異説として、疏に「服虔云　古者　一禮不備　貞女不從　故詩云　雖速我訟　亦不女從　宣公既以喪娶　夫人從亦非禮　故不稱氏　見略賤之也」とある。ちなみに、公羊傳文に「夫人何以不稱姜氏　貶　曷爲貶　譏喪娶也」とあり、穀梁傳文に「其不言氏　喪未畢　故略之也」とある。

經夏季孫行父如齊

經晉放其大夫胥甲父于衞

注「放」とは、罪を受けて罷免された者を、遠くにときはなすのである。

附莊公六年の傳文「放公子黔牟于周　放甯跪于秦」の注に「宥之以遠曰放」とあるのを參照。なお、疏に引く『釋例』に「奔者　迫窘而去　逃死四鄰　不以禮出也　放者　受罪黜免　宥之以遠也　臣之事君　三諫不從　有待放之禮　故傳曰　義則進　否則奉身而退　迫窘而出奔　及以禮見放　倶去其國　故傳通以違爲文　仲尼脩春秋　又以所稱爲優劣也」とある。

經公會齊侯于平州

注「平州」は、齊地で、泰山の牟縣の西部にあった。

經公子遂如齊

【經】六月齊人取濟西田

【注】魯が齊におくったのであり、(つまり)齊人は兵力を用いなかったから、「取」と言っているのである。

【附】下の傳文に「爲立公故　以賂齊也」とある。なお、昭公四年の傳文に「凡克邑　不用師徒曰取」とあるのを參照。

【經】秋邾子來朝

【注】傳はない。

【經】楚子鄭人侵陳　遂侵宋　晉趙盾帥師救陳

【注】傳では「陳・宋を救援した」と言っている。經に「宋」の字がないのは、おそらく、缺落したのであろう。

【附】莊公二十九年「春新延廏」の疏に引く『釋例』に「經書延廏　稱新而不言作　傳言　新作延廏　書　不時也　此稱經文　而以不時爲譏　義不在作也　然尋傳　足以知經闕作字也」とあるのを參照。また、上の「三月遂以夫人婦姜至自齊（注　不書氏　史闕文）」の疏に「傳言新作延廏　而經無作字　是作傳之時　經猶未闕　於後經始闕耳　此文　傳亦無氏　知是本史先闕　故云史闕文　而不云經闕文也」とあるのを參照。なお、異説として、疏に「服虔云　趙盾既救陳　而楚師侵宋　趙盾欲救宋　而楚師解去」とある。

【經】宋公陳侯衞侯曹伯會晉師于棐林伐鄭

【注】晉の師が陳・宋を救援し、四國の君が往ってこれと會し、ともに鄭を伐ったのである。「趙盾と會した」と言っていないのは、兵會〔戰時の會合〕であって、好會〔平和時の會合〕ではない、という點に〔意義を〕取った、からである。「棐林」は、鄭地である。滎陽の宛陵縣の東南部に林鄉がある。

【附】下の傳文に「晉趙盾帥師救陳宋　會于棐林　以伐鄭也」とある。なお、公羊傳文に「此晉趙盾之師也　曷爲不言趙盾之師」とあるのを參照。

【經】冬晉趙穿帥師侵崇

【經】晉人宋人伐鄭

【傳】元年春王正月公子遂如齊逆女　尊君命也

【注】諸侯の卿について、出る時も、入る〔もどる〕時も、名・氏を稱するのは、君命を尊ぶため(の手立て)である。傳を(特に)ここで發しているのは、(ここは)もどる時と表現が同じでないから、(特にここで)釋したのである。

【附】注の「諸侯之卿　出入稱名氏」については、成公十五年に「宋華元出奔晉　宋華元自晉歸于宋」とある。また、僖公二十八年に「衞元咺出奔晉」とあり、「衞元咺自晉復歸于衞」とある。

注の「與還文不同」については、上の經に「公子遂如齊逆女」とあり、ついで、「三月遂以夫人婦姜至自齊」とある〔つまり、もどる時には、氏を稱していない、ということ〕。

なお、疏に引く『釋例』に「昏禮雖奉時君之命　其言必稱先君以爲禮辭　故公子翬逆女　傳曰　脩先君之好　公子遂逆女　傳稱曰　尊君命互發其義也」とある〔ちなみに、これは、桓公三年の傳文「秋公子翬如齊逆女　修先君之好　故曰公子」の注と、ほぼ同文である〕。

傳 三月遂以夫人婦姜至自齊　尊夫人也

注 「遂」に「公子」を言わず、その尊稱をやめているのは、小君〔夫人〕の(方の)尊をなり立たせるため(の手立て)である。「公子」は、當時の寵號であって、族ではないから、(ここの)傳は、「族をとり去る」と言わないのである。(なお、これらのことは)『釋例』で詳しく論じている。

附 疏に引く『釋例』に「往必稱族以示其重　還雖在塗必舍族以替之　所以成小君之尊」とあり、また、「傳云　公子遂如齊逆女　尊君命也　遂以夫人婦姜至自齊　尊夫人也　叔孫僑如逆女　則往曰稱族　還曰舍族　然則公子公孫　繫公之常言　非族也」とある。ちなみに、成公十四年の傳文に「秋宣伯如齊逆女　稱族　尊君命也」とあり、また、「九月僑如以夫人婦姜氏至自齊　舍族　尊夫人也」とある。

傳 夏季文子如齊　納賂以請會

注 宣公は、簒立したが、未だ(諸侯の)會に列席していなかったから、おくりものによって、それを請うたのである。

傳 晉人討不用命者　放胥甲父于衞

注 「胥甲」は、下軍の佐であり、文公十二年に、河曲で戰った時、秦を險地に追いつめることに、同意しなかった。

附 文公十二年の傳文に「欒盾將下軍　胥甲佐之　范無恤御戎　以從秦師于河曲（中略）臾駢曰　使者目動而言肆　懼我也　將遁矣　薄諸河必敗之　胥甲趙穿當軍門呼曰　死傷未收而弃之　不惠也　不待期而薄人於險　無勇也　乃止」とあり、注に「爲宣元年放胥甲傳」とある。

傳 而立胥克

注 「克」は、甲の子である。

傳 先辛奔齊

注 「辛」は、甲の下屬の大夫である。

傳 會于平州　以定公位

注 簒立した者は、諸侯がこれと會してしまえば、もはや討つことが出來ず、(もし)臣子がこれを殺せば、君を弒したのと同じであるから、公は、齊と會したことで、その位が安定したのである。

附 成公十六年の傳文に「曹人請于晉曰（中略）若有罪　則君列諸會矣」とあり、注に「諸侯雖有簒弒之罪　侯伯已與之會　則不復討　前年會于戚　曹伯在列　盟畢乃執之　故曹人以爲無罪」とあるのを參照。

傳 東門襄仲如齊　拜成

注 會してもらえたことを拜謝したのである。

【傳】六月齊人取濟西之田　爲立公故　以賂齊也
【注】「濟西」は、もと曹地で、僖公三十一年に、晉の文公が魯に分與したのである。
【附】僖公三十一年の傳文に「春取濟西田　分曹地也」とあり、注に「二十八年晉文討曹　分其地　竟界未定　至是乃以賜諸侯」とある。
【傳】宋人之弑昭公也
【注】文公十六年にある。
【附】文公十六年に「冬十有一月宋人弑其君杵臼」とある。
【傳】晉荀林父以諸侯之師伐宋　宋及晉平　宋文公受盟于晉　又會諸侯于扈　將爲魯討齊　皆取賂而還
【注】文公十五年と十七年との、二度の扈の盟で、いずれもみな、賄賂を受け取った。
【附】文公十五年の傳文に「冬十一月晉侯宋公衞侯蔡侯陳侯鄭伯許男曹伯盟于扈　尋新城之盟　且謀伐齊也　齊人賂晉侯　故不克而還（中略）書曰諸侯盟于扈　無能爲故也」とあり、同十七年の傳文に「晉侯蒐于黄父　遂復合諸侯于扈　平宋也（中略）書曰諸侯　無功也」とある。なお、疏に「文十七年宋及晉平　唯受宋賂　十五年會扈　受齊賂耳　傳言皆者　皆齊宋也」とあるのを參照。
【傳】鄭穆公曰　晉不足與也　遂受盟于楚　陳共公之卒　楚人不禮焉
【注】（陳の共公の）卒は、文公十三年にある。
【附】文公十三年に「夏五月壬午陳侯朔卒」とある。

【傳】陳靈公受盟于晉　秋楚子侵陳　遂侵宋　晉趙盾帥師救陳宋　會于棐林　以伐鄭也　楚蔿賈救鄭　遇于北林
【注】晉の師と遭遇したのである。熒陽の中牟縣の西南部に林亭がある。鄭の北にあった。
【附】異説として、『水經注』渠に「服虔曰　北林　鄭南地也」とある。
【傳】囚晉解揚　晉人乃還
【注】「解揚」は、晉の大夫である。
【傳】晉欲求成於秦　趙穿曰　我侵崇　秦急崇　必救之
【注】「崇」は、秦の同盟國である。
【傳】吾以求成焉　冬趙穿侵崇　秦弗與成
【傳】晉人伐鄭　以報北林之役
【注】解揚を捕虜にしたことに報復したのである。
【附】上の傳文に「楚蔿賈救鄭　遇于北林　囚晉解揚　晉人乃還」とある。
【傳】於是晉侯侈　趙宣子爲政　驟諫而不入　故不競於楚
【注】「競」は、強である。明年の、鄭が宋を伐ったこと、のために本を張ったのである。
【附】注の「競　強也」については、僖公七年の傳文「諺有之曰　心則不競　何憚於病」等の注に、同文がみえる。なお、その【附】を參照。
注の「明年鄭伐宋」については、二年の傳文に「春鄭公子歸生命于楚伐宋」とある。

〔宣公二年〕

經二年春王二月壬子宋華元帥師及鄭公子歸生帥師戰于大棘　宋師敗績

獲宋華元

注大夫を得たときは、生・死いずれの場合もみな、「獲」という。例は、昭公二十三年にある。「大棘」は、陳留の襄邑縣の南部にあった。

附注の前半については、僖公元年「冬十月壬午公子友帥師敗莒師于酈獲莒挐」の注に、ほぼ同文がみえる。なお、その附を參照。

注の後半については、『續漢書』郡國志三に「陳留郡（中略）己吾有大棘鄉」とあるのを參照。

經秦師伐晉

經夏晉人宋人衞人陳人侵鄭

注鄭が、楚のために宋を伐ち、その大夫を獲たから、晉の趙盾は、諸侯の師を興こし、宋のために恥をすすごうとしたのだが、（結局は）楚を畏れてひきかえし、霸者としての義を失なってしまった。だから、貶して「人」と稱しているのである。

附下の傳文に「春鄭公子歸生命于楚伐宋」とあり、また、「夏晉趙盾救焦　遂自陰地　及諸侯之師侵鄭　以報大棘之役（中略）趙盾曰　彼宗競于楚　殆將斃矣　姑益其疾　乃去之」とある。なお、疏に引く『釋例』に「鄭受楚命伐宋　大敗宋師　獲其二卿　此晉之不競也　晉於是中命衆國　大起其衆　將以雪宋之恥　取威定霸　趙盾爲政　而畏越椒之盛　不敢遂其所志　託辭班師　失宋之心　孤諸侯之望　所以致貶也」とあるのを參照。

經秋九月乙丑晉趙盾弑其君夷皐

注靈公は君として失格であったのに、臣を稱して弑しているのは、それによって、良史の法を示し、深く執政の臣を責めたのである。例は、四年にある。

附四年の傳文に「凡弑君　稱君　君無道也　稱臣　臣之罪也」とある。なお、疏に引く『釋例』に「經書趙盾弑君　而傳云靈公不君　又以明於例此弑宜稱君也　弑非趙盾　而經不變文者　以示良史之意　深責執政之臣　傳故特見仲尼曰　越竟乃免　明盾亦應受罪也　雖原其本心而春秋不赦其罪　蓋爲敎之遠防」とあるのを參照。ちなみに、下の傳文に「孔子曰　董狐　古之良史也　書法不隱　趙宣子　古之良大夫也　爲法受惡　惜也　越竟乃免」とある。

經冬十月乙亥天王崩

注傳はない。

傳二年春鄭公子歸生受命于楚伐宋

注楚の命を受けたのである。

附傳の「受命于楚」の「受」は、『釋文』に「命於楚　本或作受命于楚非也」とあるのに從って、衍文とみなす。なお、臧琳『經義雜記』に「據此知傳本無受字　故注云　受楚命　若傳本作受命于楚　則文義已明　杜可無庸注矣　陸氏非之　是也」とあるのを參照。

傳宋華元樂呂御之　二月壬子戰于大棘　宋師敗績　囚華元　獲樂呂

注「樂呂」は、司寇である。（樂呂を）獲たことを（經に）書いていないのは、元帥ではなかったからである。「獲」は、生・死いずれの場合にも通用する名稱であり、經が「獲（宋）華元」と言っているから、傳は、特に華元を獲たことについて、「囚」と言って、生け捕り（の方）であることを明らかにしたのであり、だから、（華元は）財物と交換に、もどることが出來たのである。

附注の「樂呂　司寇」については、文公十八年の傳文に「使樂呂爲司寇」とある。

注の「獲　生死通名」については、經の注に「得大夫　生死皆曰獲　例在昭二十三年」とあるのを參照。

注の「護之曰囚」の「護」は、『會箋』本〔金澤文庫本〕に從って、「獲」に改める。

注の「得見贖而還」については、下の傳文に「宋人以兵車百乘文馬百駟　以贖華元于鄭　半入　華元逃歸」とある。

傳及甲車四百六十乘　俘二百五十人　馘百　狂狡輅鄭人　鄭人入于井

注「狂狡」は、宋の大夫である。「輅」は、迎である。

附注の「輅　迎也」については、僖公十五年の傳文「輅秦伯　將止之」の注に、同文がみえる。なお、その附を參照。

なお、傳の「馘百人」の「人」は、『釋文』に「馘百　古獲反　本或作馘百人者　人衍字」とあるのに從って、衍文とみなす。

傳倒戟而出之　獲狂狡　君子曰　失禮違命　宜其爲禽也　戎昭果毅以聽之之謂禮

注「聽」とは、常に、耳にとどめ、心におき、その政令を思い聞いている、ことをいう。

附惠棟『春秋左傳補註』に「大戴禮論四代之政刑云　祭祀昭有神明　燕食昭有慈愛　宗廟之事昭有義　率禮朝廷昭有五官　無廢甲冑之戒（當作戎）昭果毅以聽　然則戎爲句　昭果毅以聽　古語也　下四句乃左氏益之耳　杜注殊不的」とある。

傳殺敵爲果　致果爲毅　易之　戮也

注「易」は、反易〔たがう〕である。

附哀公元年の傳文「吾先大夫子常易之　所以敗我也」の注に「易猶反也」とあるのを參照。なお、哀公二年の傳文に「范氏中行氏反易天明」とある。

なお、『詩』大雅〈大明〉の疏に引く何休『左氏膏肓』に「狂狡近於古道」とあり、鄭玄『箴左氏膏肓』に「狂狡臨敵　拘於小仁　忘在軍之禮　譏之　義合於譏」とある。

傳將戰　華元殺羊食士　其御羊斟不與　及戰　曰　疇昔之羊　子爲政

注「疇昔」は、前日と同じである。

附『禮記』檀弓上「予疇昔之夜　夢坐奠於兩楹之間」の注に「疇　發聲也　昔猶前也」とあるのを參照。ちなみに、『呂氏春秋』察微に「昨

日之事　子爲制」とある。

傳今日之事　我爲政　與入鄭師　故敗　君子謂　羊斟非人也　以其私憾敗國殄民

注「憾」は、恨である。「殄」は、盡である。

附注の「憾　恨也」については、『國語』魯語下「夜而計過無憾」の韋注に「憾　恨也」とあるのを參照。

注の「殄　盡也」については、『爾雅』釋詁及び『說文』に「殄　盡也」とあるのを參照。

傳於是刑孰大焉　詩所謂人之無良者

注「詩」は、小雅〈角弓〉である。不善な人は、相手を怨んで、（結局は、自分が）亡びる、という點に、意義を取ったのである。

附『詩』小雅〈角弓〉の第四章に「民之無良　相怨一方　受爵不讓　至于己斯亡」とある。

傳其羊斟之謂乎　殘民以逞

傳宋人以兵車百乘文馬百駟

注（「文馬」とは）馬に飾りをつけたのである。（「百駟」とは）四百匹である。

附『史記』宋世家に「宋以兵車百乘文馬四百匹」とあり、〈集解〉に「王肅曰　文馬　畫馬也」とあるのを參照。なお、異說として、上にあげた〈集解〉の前文に「賈逵曰　文　貍文也」とある。

傳以贖華元于鄭　半入　華元逃歸　立于門外　告而入

注宋の城門に告げてから入った、ということであり、いい加減にしなかったことを言っているのである。

傳見叔牂曰　子之馬然也

注「叔牂」とは、羊斟のことである。（叔牂は）卑賤なため、先に歸されていたから、華元は、彼にあって（「あなたの責任ではない」と）慰めたのである。

傳對曰　非馬也　其人也

注叔牂は、（責任の所在が）以前の言葉で既に明らかであることを知っていたから、罪を避けようとしなかったのである。

附注の「前言」については、上の傳文に「今日之事　我爲政」とある。

傳既合而來奔

注叔牂は、言い終わると、そのまま魯に奔ったのである。「合」は、荅と同じである。

附異說として、疏に「服虔載三說　皆以子之馬然爲叔牂之語　對曰以下爲華元之辭　賈逵云　叔牂　宋守門大夫　華元既見叔牂　牂謂華元曰　子見獲於鄭者　是由子之馬使然也　華元對曰　非馬自奔也　其人爲之也　謂羊斟驅入鄭也　奔　走也　言宋人贖我之事既和合　而我卽來奔耳　鄭衆云　叔牂卽羊斟也　在先得歸　華元見叔牂　牂卽誣之曰　奔入鄭軍者　子之馬然也　非我也　華元對曰　非馬也　其人也　言是女驅之耳　叔牂既與華元合語　而卽來奔魯　又一說　叔牂　宋人　見宋以馬贖華元　謂元以贖得歸　謂元曰　子之得來　當以馬贖故然　華元曰　非馬也　其人也　言己不由馬贖　自以人事來耳　贖事既合　而我卽來奔」とある。

傳宋城　華元爲植　巡功

注「植」は、將主〔監督〕である。

附『周禮』大司馬「大役　與慮事　屬其植」の注に「鄭司農云　國有大役　大司馬與謀慮其事也　植　謂部曲將吏　故宋城　春秋傳曰　華元爲植　巡功　屬　謂聚會之也」とあるのを參照。

傳城者謳曰　睅其目　皤其腹　弃甲而復

注「睅」は、出目〔でめ〕であり、「皤」は、大腹〔たいこばら〕である。「甲〔よろい〕を弃てた」とは、師をうしなったことをいう。

傳于思于思　棄甲復來

注「于思」は、鬚〔ひげ〕の多いさまである。

附異說として、疏に「賈逵以爲白頭貌」とあり、また、『詩』小雅〈瓠葉〉の疏に「服虔云　白頭貌」とある。

傳使其驂乘謂之曰　牛則有皮　犀兕尚多　弃甲則那

注「那」は、何と同じである。

傳役人曰　從其有皮　丹漆若何　華元曰　去之　夫其口衆我寡

注傳は、華元が、些細なとがに目くじらを立てず、衆人に對して寛容だった、ことを言っているのである。

傳秦師伐晉　以報崇也

注崇を伐ったことは、元年にある。

附元年に「冬晉趙穿帥師侵崇」とある。

傳遂圍焦

注「焦」は、晉の河外の邑である。

附僖公三十年の傳文「許君焦瑕」の注に「焦瑕　晉河外五城之二邑」とあるのを參照。

傳夏晉趙盾救焦　遂自陰地　及諸侯之師侵鄭

注「陰地」は、晉の黃河の南、山の北で、上洛から東、陸渾までである。

附哀公四年の傳文「蠻子赤奔晉陰地」の注に、ほぼ同文がみえる。なお、僖公二十五年の傳文「晉於是始啓南陽」の注に「在晉山南河北　故曰南陽」とあるのを參照。

傳以報大棘之役　楚鬬椒救鄭　曰　能欲諸侯　而惡其難乎　遂次于鄭以待晉師　趙盾曰　彼宗競于楚　殆將斃矣

注「競」は、强である。「鬬椒」は、若敖の族で、子文以來、代々、令尹となっていた。

附注の「競　强也」については、元年の傳文「故不競於楚」等の注に、同文がみえる。なお、その附を參照。

注の「鬬椒云云」については、四年の傳文に「初若敖娶於䢵　生鬬伯比　若敖卒　從其母畜於䢵　淫於䢵子之女　生子文焉（中略）實爲令尹子文」とあり、注に「鬬氏始自子文爲令尹」とある。また、同年の傳文に「及令尹子文卒　鬬般爲令尹　子越爲司馬　蔿賈爲工正　譖子揚而殺之　子越爲令尹　己爲司馬」とある。

なお、注の「號」は、挍勘記に從って、衍文とみなす。

傳姑益其疾　乃去之

㊟弱く見せかけて、増長させようとしたのである。傳は、趙盾が「人」と稱しているわけを言い、かつ、四年の、楚が若敖氏を滅したこと、のために本を張ったのである。

(附)經の注に「鄭爲楚伐宋獲其大夫　晉趙盾興諸侯之師　將爲宋報恥　畏楚而還　失霸者之義　故貶稱人」とあるのを參照。

[傳]晉靈公不君

㊟君としての道をふみはずした、ということであり、これによって、例では〔本來なら〕國を稱して弑するはずであることを明らかにしたのである。

(附)上の經「秋九月乙丑晉趙盾弑其君夷皐」の注に「靈公不君　而稱臣以弑者　以示良史之法　深責執政之臣　例在四年」とある。なお、その(附)を參照。また、四年の傳文「凡弑君　稱君　君無道也」の注に「稱君　謂唯書君名而稱國以弑」とあるのを參照。
なお、『太平御覽』卷第五百三十八に「賈逵曰　不君　無君道也」とある。

[傳]厚斂以彫牆

㊟「彫」は、畫〔ほりつける〕である。

(附)『史記』晉世家「厚斂以彫牆」の〈集解〉に「賈逵曰　彫　畫也」とあるのを參照。また、『論語』公冶長「朽木不可彫也」の〈集解〉に「彫　彫琢刻畫」とあるのを參照。

[傳]從臺上彈人　而觀其辟丸也　宰夫胹熊蹯不熟　殺之　寘諸畚　使婦人載以過朝

㊟「畚」は、草索〔草で編んだ縄〕でつくる。筥〔かご〕の一種である。

(附)六年の公羊傳文「有人荷畚」の何注に「畚　草器」とあるのを參照。また、『漢書』五行志上「陳畚葢」の注に「應劭曰　畚　草籠也」とあるのを參照。
なお、『史記』晉世家「宰夫胹熊蹯不熟」の〈集解〉に「服虔曰　蹯　熊掌　其肉難熟」とある。

[傳]趙盾士季見其手　問其故　而患之　將諫　士季曰　諫而不入　則莫之繼也　會請先　不入　則子繼之　三進　及溜　而後視之

㊟「士季」とは、隨會のことである。三たび進み、三たび平伏したけれども、公がふりむかないので、さらに進んだのである。公は、諫めようとしているのを知っていたから、〔氣づかないふりをして〕わざと見なかったのである。

(附)注の「士季　隨會也」については、『國語』周語中「晉侯使隨會聘于周」の韋注に「隨會　晉正卿　士蔿之孫　成伯之子　士季武子也」とあるのを參照。なお、文公十三年の傳文に「隨會在秦」とある。注の「佯不視」については、定公十二年の傳文に「子僞不知」とあり、注に「佯不知」とあるのを參照。

[傳]曰　吾知所過矣　將改之　稽首而對曰　人誰無過　過而能改　善莫大焉　詩曰　靡不有初　鮮克有終

㊟「詩」は、大雅（蕩）である。

[傳]夫如是　則能補過者鮮矣　君能有終　則社稷之固也　豈惟羣臣賴之

又曰　袞職有闕　惟仲山甫補之　能補過也
【注】「詩」は、大雅〈烝民〉である。「袞」は、君の上服〔うわぎ〕である。「闕」は、過〔あやまち〕である。袞をきる者に過ちがあれば、仲山甫がよくそれを補った、ということである。
【附】毛傳に「有袞冕者　君之上服也　仲山甫補之　善補過也」とあるのを參照。
【傳】君能補過　袞不廢矣
【注】いつまでも袞をきていられる、ということである。
【傳】猶不改　宣子驟諫　公患之　使鉏麑賊之
【注】「鉏麑」は、晉の力士である。
【附】『史記』晉世家「使鉏麑刺趙盾」の〈集解〉に「賈逵曰　鉏麑　晉力士」とあるのを參照。ちなみに、六年の公羊傳文に「於是使勇士某者往殺之」とある。
【傳】晨往　寢門闢矣　盛服將朝　尙早　坐而假寐
【注】衣冠をとかずに居眠りしていたのである。
【附】『詩』小雅〈小弁〉「假寐永歎」の鄭箋に「不脱冠衣而寐曰假寐」とあるのを參照。
【傳】麑退　歎而言曰　不忘恭敬　民之主也　賊民之主　不忠　弃君之命　不信　有一於此　不如死也　觸槐而死
【注】「槐」は、趙盾の庭の樹である。
【附】異説として、惠棟『春秋左傳補註』に「顧君以爲　麑退而觸槐　則非趙盾庭樹　棟案　呂覽曰　觸庭槐而死　外傳云　觸廷之槐而死　韋昭曰　廷　外朝之廷也　周禮　王之外朝三槐　三公位焉　則諸侯之朝三槐　三卿位焉　此説得之　蓋當時麑退而觸靈公之廷槐者　歸死于君也」とある。
【傳】秋九月晉侯飮趙盾酒　伏甲　將攻之　其右提彌明知之
【注】「右」は、車右である。
【附】桓公三年の傳文「韓萬御戎　梁弘爲右」の注に「右　戎車之右」とあるのを參照。ちなみに、六年の公羊傳文に「趙盾之車右祁彌明者　國之力士也」とある。
【傳】趨登　曰　臣侍君宴　過三爵　非禮也　遂扶以下　公嗾夫獒焉　明搏而殺之
【注】「獒」は、猛犬である。
【附】すぐ下の傳文に「弃人用犬　雖猛何爲」とあるのを參照。
なお、『釋文』に「遂扶以下　舊本皆作扶　房孚反　服虔注作跣　先典反　云徒跣也　今杜注本往往有跣者」とあり、疏に「服虔本扶作跣　注云　趙盾徒跣而下走」とある。また、『釋文』に「公嗾　素口反　説文云使犬也　服本作㖩」とあり、疏に「服虔云　㖩　嗾也　夫語辭　獒　犬名　公乃嗾夫獒　使之噬盾也」とある。
【傳】盾曰　弃人用犬　雖猛何爲
【注】公が、士を養っておらず、代わりに犬を自分の用に使った、ことを責めたのである。
【傳】鬭且出　提彌明死之　初宣子田於首山　舍于翳桑

㊟「田」は、獵である。「翳桑」とは、桑で、（枝・葉が繁茂して）かげを多くつくるものである。「首山」は、河東の蒲坂縣の東南部にあった。

㊕注の「田　獵也」については、莊公八年の傳文「遂田于貝丘」の注に、同文がみえる。なお、その㊕を參照。

注の「翳桑云云」については、六年の公羊傳文に「子某時所食活我于暴桑下者也」とあり、何注に「暴桑　蒲蘇桑」とあるのを參照。なお、異說として、王引之『經義述聞』に「下文曰　翳桑之餓人也　則翳桑當是地名　僖二十三年傳曰　謀於桑下　以此例之　若是翳桑樹下　則當曰舍于翳桑下　翳桑下之餓人　今是地名　故不言下也　春秋地名或取諸草木　若公會齊侯鄭伯于老桃（隱十年傳）齊侯宋人陳人蔡人邾人會于北杏（莊十三年）晉師軍于廬柳（僖二十四年）戰于大棘（宣二年）諸侯之師至于棫林（襄十四年）師逆臧孫至于旅松（十七年）游吉奔晉及酸棗（三十一年）此類不可枚擧　其以桑名者　虢公敗戎于桑田（僖二年）入桑泉（二十四年）禦諸桑隧（成六年）晉敗狄于釆桑（僖八年）及晉語敗狄于稷桑　是也　且傳凡言舍于者　若出舍于睢上（成十五年）甯子出舍于郊（襄二十六年）成子出舍于庫（哀十四年）舍于昌衍之上（僖二十九年）退舍于夫渠（成十六年）舍于五父之衢（定八年）舍于蠶室　舍于庚宗（哀八年）句末皆地名　其曰吳師克東陽而進舍于五梧（哀八年）五梧地名　亦取諸草木矣　使謂舍于五梧爲在梧樹之下　其可乎　自公羊氏傳聞失實　始云活我於暴桑下　而呂氏春秋報更篇（曰　趙宣孟將上之絳　見骫桑之下　有餓人）淮南人間篇（曰　趙宣孟活飢人於委桑之下）史記晉世家（曰　初盾常田首山　見桑下有餓人　又盾問其故　曰　我桑下餓人）竝承其誤　杜不能釐正　而又臆爲之說　非也　余友馬進士器之亦云　翳桑蓋地名」とある。

注の「首山云云」については、『漢書』地理志上に「河東郡（中略）蒲反　有堯山首山祠　雷首山在南」とあるのを參照。

傳見靈輒餓　問其病

㊟「靈輒」は、晉人である。

傳曰　不食三日矣　食之　舍其半　問之　曰　宦三年矣

㊟「宦」は、學である。

㊕『禮記』曲禮上に「宦學事師」とあり、疏に「服虔云　宦　學也」とあるのを參照。なお、異說として、兪樾『茶香室經說』に「正義曰　曲禮　宦學事師　則二者俱是學也　但宦者學仕宦　學者尋經藝　愚謂古者學而後入官　未聞別有仕宦之學　疏說殊謬　杜訓宦爲學亦非　國語越語云　與范蠡入宦於吳　注曰　宦　爲臣隸也　靈輒所謂宦者殆亦爲人臣隸　故失所而至窮餓如此　僖十七年傳曰　妾爲宦女焉　杜注曰　宦事秦爲妾　此傳宦字　義與彼同」とある。

傳未知母之存否　今近焉

㊟家から近い、ということである。

傳請以遺之　使盡之　而爲之簞食與肉

㊟「簞」は、笥（はこ）である。

㊕『說文』に「簞　笥也」とあるのを參照。なお、『禮記』曲禮上「凡以弓劒苞苴簞笥問人者」の注に「簞笥　盛飯食者　圜曰簞　方曰笥」

とある。

[傳]寘諸橐以與之　既而與爲公介

㊟靈輒は公の甲士となったのである。

[傳]倒戟以禦公徒而免之　問何故　對曰　翳桑之餓人也　問其名居

㊟居處をたずねたのである。

[傳]不告而退

㊟報酬を望まなかったのである。

(附)『史記』晉世家「問其名　弗告」の〈集解〉に「服虔曰　不望報」とあるのを參照。

[傳]遂自亡也

㊟輒もまたにげ去ったのである。

(附)『史記』晉世家に「明亦因亡去」とあるのを參照。なお、異説として、王引之『經義述聞』に「此謂盾亡　非輒亡也　自宣子田于首山　至不告而退　明盾得免之由　盾既免　遂出奔　出奔出於己意　不待君之放逐　故曰自亡　有亡乃有復　故下文言宣子未出山而復　而大史謂之亡不越竟也　若以此爲輒亡　則傳尚未言盾亡　下文何以遽云未出山而復乎　史記晉世家　誤以靈輒爲示眯明　云明亦因亡去　又云盾遂奔　不知遂自亡也　卽謂盾奔　非謂輒亡去也　杜氏蓋因史記而誤　穀梁傳敍此事　亦云趙盾出亡至於郊」とある（ただし、この說については、楊伯峻『春秋左傳注』に「王說雖不爲無理　然案之遂字之文義　杜說較勝」とある）。

[傳]乙丑趙穿殺靈公於桃園

㊟「穿」は、趙盾の從父昆弟（いとこ）の子である。「乙丑」は、九月二十七日である。

(附)『國語』晉語四に「趙衰　其先君之戎御趙夙之弟也」とあるのを參照。また、疏に引く『世族譜』に「盾是衰子　穿是夙孫」とあるのを參照。なお、傳文の「攻」は、王引之『經義述聞』に「攻本作殺　殺字隸或作煞　上半與攻相侶　又因上文伏甲將攻之而誤爲攻耳　趙穿殺靈公故大史書曰　趙盾弑其君　若但攻之而已　則殺與否尚未可知　大史何由而書弑乎」とあるのに從って、「殺」に改める。

[傳]宣子未出山而復

㊟（「山」とは）晉の國境の山である。盾は、出奔の途中で、公が弑されたと聞いて、ひきかえしたのである。

(附)『史記』晉世家に「盾遂奔　未出晉境」とあるのを參照。

[傳]大史書曰　趙盾弑其君　以示於朝　宣子曰　不然　對曰　子爲正卿亡不越竟　反不討賊　非子而誰　宣子曰　烏呼　詩曰　我之懷矣　自詒伊慼　其我之謂矣

㊟逸詩である。人は、思うところが多ければ、自らに憂いをおくる（自ら憂いをまねく）、ということである。

(附)惠棟『春秋左傳補註』に「王肅曰　此邶風雄雉之詩　案今詩慼作阻惟小明詩作慼　而上句又異　王子雍或見三家之詩　據以爲衞詩」とあるのを參照（ただし、王肅の說は、出所不明）。なお、僖公二十四年の傳文に「詩曰　自詒伊慼　其子臧之謂矣」とあり、注に「詩　小雅詒　遺也　慼　憂也　取其自遺憂」とある。

なお、『會箋』本〔金澤文庫本〕に從って、傳文の「我之懷矣」の上に「詩曰」の二字を補う。

(傳)孔子曰　董狐　古之良史也　書法不隱

(注)盾の罪を隱さなかった。

(傳)趙宣子　古之良大夫也　爲法受惡

(注)宣子が法のために屈辱を受け入れたことをほめたのである。

(附)『史記』晉世家「爲法受惡」の〈集解〉に「服虔曰　聞義則服」とあるのを參照〔ちなみに、「聞義則服」は、『管子』弟子職の文である〕。なお、惠棟『春秋左傳補註』に「王肅曰　爲書法受弑君之名」とあるが、出所不明。

(傳)惜也　越竟乃免

(注)國境を越えれば、君臣の義が絶えるから、賊を討たなくてもよい、ということである。

(傳)宣子使趙穿逆公子黑臀于周而立之

(注)「黑臀」は、晉の文公の子である。

(附)『史記』晉世家に「趙盾使趙穿迎襄公弟黑臀于周而立之　是爲成公　成公者　文公少子　其母周女也」とあるのを參照。

(傳)壬申朝于武宮

(注)「壬申」は、十月五日である。日があって月がないうえに、「冬」が「壬申」〔十月〕の下にあることから、傳文には一定の書例がないことが明らかである。

(附)下の傳文に「冬趙盾爲旄車之族」とある。

(傳)初麗姬之亂　詛無畜羣公子

(注)「詛」は、盟誓〔ちかう〕である。

(附)襄公十一年の傳文に「乃盟諸僖閎　詛諸五父之衢」とあり、注に「詛以禍福之言相要」とあるのを參照。

なお、疏に「服虔云　麗姬與獻公及諸大夫詛無畜羣公子　欲令其二子專國」とある。

(傳)自是晉無公族

(注)公子がいなかったから、〔彼らを教育する〕公族の官を廢したのである。

(附)『國語』晉語七「欒伯請公族大夫」の韋注に「公族大夫　掌公族與卿之子弟」とあるのを參照。なお、成公十八年の傳文に「荀家荀會欒黶韓無忌爲公族大夫　使訓卿之子弟共儉孝弟」とある。

(傳)及成公卽位　乃宦卿之適而爲之田　以爲公族

(注)「宦」は、仕〔つかえる〕である。ために田邑を置いて、公族大夫にしたのである。

(附)注の「宦　仕也」については、『說文』に「宦　仕也」とあるのを參照。

注の「爲置田邑」については、異說として、兪樾『羣經平議』に「杜不解爲字之義　因加置字以足成之　非也　爲猶與也　爲之田　言與之田也　管子戒篇曰　自妾之身之不爲人持接也　尹知章注曰　爲猶與也　是其證也　襄二十三年傳　齊侯將爲臧紇田　義與此同」とある。

注の「以爲公族大夫」については、『史記』晉世家「賜趙氏爲公族」の〈集解〉に「服虔曰　公族大夫也」とあるのを參照。

なお、傳の「適子」の「子」は、『釋文』及び諸本に從って、衍文とみなす。

傳　又宦其餘子　亦爲餘子

注　「餘子」は、嫡子の同母弟である。同じ餘子の政〔教育〕をつかさどらせたのである。

傳　其庶子爲公行

注　「庶子」は、妾の子である。公の兵車の行列をひきいることをつかさどらせたのである。

附　『詩』魏風〈汾沮洳〉「殊異乎公行」の毛傳に「公行　從公之行也」とあり、鄭箋に「從公之行者　主君兵車之行列」とあるのを參照。

傳　晉於是有公族餘子公行

注　いずれもみな、官名である。

傳　趙盾請以括爲公族

注　「括」は、趙盾の異母弟で、趙姬のまん中の子の屏季である。

附　僖公二十三年の傳文に「以叔隗妻趙衰　生盾」とあり、同二十四年の傳文に「文公妻趙衰　生原同屏括樓嬰　趙姬請逆盾與其母」とある。

傳　曰　君姬氏之愛子也

注　趙姬は、文公の女〔むすめ〕で、成公の姊である。

附　すぐ上の附に引いた僖公二十四年の傳文の注に「趙姬　文公女也」とある。なお、『史記』晉世家に「成公者　文公少子」とあるのを參照。

傳　微君姬氏　則臣狄人也　公許之

注　盾は、狄の外孫であり、姬氏がこれを迎えて嫡子としたのである。事は、僖公二十四年にみえる。

附　僖公二十四年の傳文に「趙姬請逆盾與其母（注　盾　狄女叔隗之子）子餘辭（中略）固請　許之　來　以盾爲才　固請于公　以爲嫡子」とある。

傳　冬趙盾爲旄車之族

注　「旄車」は、公行の官である。盾は本來、卿の嫡子であるため、その子は公族となるはずであるが、（盾は）屏季をはばかったから、（その子に）かわりに旄車をつかさどらせたのである。

附　注の前半については、『詩』魏風〈汾沮洳〉「殊異乎公路」の鄭箋に「公路　主君之軞車　庶子爲之　晉趙盾爲軞車之族　是也」とあるのを參照。なお、その疏に「服虔云　軞車　戎車之倅」とある〔ちなみに、『周禮』車僕に「車僕掌戎路之萃」とあり、注に「萃猶副也」とある〕。

注の後半については、疏に「自以身爲妾子　故使其子爲妾子之官　知非盾身自爲旄車之族　而云使其子者　旄車之族　賤官耳　盾身既爲正卿　無容退掌賤職」とある。今ここでは、一應、これに從って讀んでおくが、注自體の異讀として、劉文淇『春秋左氏傳舊注疏證』に「杜意謂盾自掌旄車（中略）按盾蓋以正卿兼軞車　傳未言使其子也　疏說非」とあり、また、『會箋』に「是失杜意　正卿　君之命職也　旄車之族　其家嫡庶之分也　復何妨　杜注所謂其子　蓋猶曰其子孫世世耳」

とある。

經 使屛季以其故族爲公族大夫

注 盾は、自分のもとの官屬〔部下〕を屛季にあたえ、(屛季を)衰の嫡子にさせたのである。

附 異説として、陸粲『左傳附注』に「以其故族者　謂將領其族人　非官屬也」とある。

〔宣公三年〕

經 三年春王正月郊牛之口傷　改卜牛　牛死　乃不郊

注 牛を「牲」と稱していないのは、まだ日を卜っていなかったからである。

附 僖公三十一年の傳文に「牛卜日曰牲」とあり、注に「既得吉日　則牛改名曰牲」とある。

經 猶三望

經 葬匡王

注 傳はない。(死後)四箇月で葬ったのは、速すぎる。

附 二年に「冬十月乙亥天王崩」とある。なお、隱公元年の傳文に「天子七月而葬」とあるのを參照。

經 楚子伐陸渾之戎

經 夏楚人侵鄭

經 秋赤狄侵齊

注 傳はない。

經 宋師圍曹

經 冬十月丙戌鄭伯蘭卒

注 (名を書いているのは)二度、文公と同盟した(からである)。

附 文公二年に「夏六月公孫敖會宋公陳侯鄭伯晉士縠盟于垂隴」とあり、同十四年に「六月公會宋公陳侯衞侯鄭伯許男曹伯晉趙盾　癸酉同盟于新城」とある。なお、僖公二十三年の傳文に「凡諸侯同盟　死則赴以名　禮也」とあるのを參照。

經 葬鄭穆公

注 傳はない。

傳 三年春不郊　而望　皆非禮也

注 牛が傷ついたり死んだりしたとしても、あらためて(別の牛を)卜って、吉と出たものをえらび取らなければならず、郊祭は廢してはいけない、ということである。前年の冬に天王が崩じ、まだ葬っていないのに、郊祭するのは、王事によって天事を廢することはしない、からである。『禮記』曾子問に「天子が崩じ、殯〔かりもがり〕しないうちは、五祀を行なわず、殯がおわってから祭る。（その後）啓〔出棺〕から反哭までは、五祀の祭を行なわず、埋葬がおわってから祭る」とある。

(附)疏に「引曾子問者　擧輕以明重也　初死以至於殯　啓殯以至反哭　於此之間　五祀之祭不行耳　既殯之後　啓殯以前　五祀之祭猶尚不廢　郊天必不廢矣　故鄭注云　郊社亦然」とある。なお、『禮記』王制「喪三年不祭　唯祭天地社稷　爲越紼而行事」の注に「不敢以卑廢尊」とあるのを參照。

[傳]望　郊之屬也　不郊　亦無望可也

㊟僖公三十一年に既に例があるのに、（ここで）また傳を發しているのは、牛が死んだ場合〔ここ〕とトって不吉と出た場合〔僖公三十一年〕とで（例が）異なる、かにまぎらわしいからである。

(附)僖公三十一年に「夏四月四卜郊　不從　乃免牲　猶三望」とあり、傳に「望　郊之細也　不郊　亦無望可也」とある。

[傳]晉侯伐鄭　及郔　鄭及晉平　士會入盟

㊟「郔」は、鄭地である。「夏楚（人）侵鄭」のために傳したのである。

(附)下の傳文に「夏楚人侵鄭　鄭卽晉故也」とあるのを參照。

[傳]楚子伐陸渾之戎　遂至於雒　觀兵于周疆

㊟「雒」水は、上雒の冢領山から發し、河南の鞏縣に至って、黄河にそそいでいた。

(附)『漢書』地理志上に「弘農郡（中略）上雒　禹貢雒水出冢領山　東北至鞏入河」とあるのを參照。

なお、『史記』楚世家「八年伐陸渾戎　遂至洛　觀兵於周郊」の〈集解〉に「服虔曰　陸渾戎在洛西南　觀兵　陳兵示周也」とある。

[傳]定王使王孫滿勞楚子

㊟「王孫滿」は、周の大夫である。

(附)『史記』周本紀「王使王孫滿應設以辭」の〈集解〉に「賈逵曰　王孫滿　周大夫也」とあるのを參照。

なお、『史記』楚世家「周定王使王孫滿勞楚王」の〈集解〉に「服虔曰　以郊勞禮迎之也」とある。

[傳]楚子問鼎之大小輕重焉

㊟周にせまって天下を取ろうとしていることを示したのである。

[傳]對曰　在德不在鼎　昔夏之方有德也

㊟禹の世である。

(附)『史記』封禪書及び『漢書』郊祀志に「禹收九牧之金　鑄九鼎」とあり、『論衡』儒增に「禹得鑄以爲鼎也」とあり、『後漢書』明帝紀に「（永平六年）夏四月甲子　詔曰　昔禹收九牧之金　鑄鼎以象物　使人知神姦　不逢惡氣」とあるのを參照。なお、異説として、陸粲『左傳附注』に「傳言夏之方有德　不必是禹　禹之鑄鼎　事不經見　墨子云　夏后開命大廉鑄鼎於昆吾　灼龜得逢逢白雲之兆　此説亦未知其審」とあり、安井衡『左傳輯釋』に「杜云禹之世　以傳言夏之方有德耳

未必有所據　墨子見尙書全經　其書殘闕　所引雖有與今書不同者　要皆非臆造　當以其言爲正　開卽啓　禹子也」とある。ちなみに、金履祥『資治通鑑前編』にも「諸家多謂禹鑄九鼎　然於經無所考　史亦不言九鼎之始　觀方有德之辭　似非指禹　當從墨子之說」とある。

傳遠方圖物
注山川の奇異な物をえがいて、獻上したのである。
傳貢金九牧
注九州の牧〔長官〕に金屬〔銅〕を進貢させたのである。
附『史記』楚世家「貢金九牧」の〈集解〉に「服虔曰　使九州之牧貢金」とあるのを參照。

傳鑄鼎象物
注えがかれた物にかたどって、それを鼎にあらわしたのである。
附『史記』楚世家「鑄鼎象物」の〈集解〉に「賈逵曰　象所圖物著之於鼎」とあるのを參照。
傳百物而爲之備　使民知神姦
注鬼神・百物の形をえがき、民に、あらかじめ、それに對して備えさせたのである。
傳故民入川澤山林　不逢不若
注「若」は、順である。
附『詩』大雅〈烝民〉「天子是若」の毛傳に「若　順」とあるのを參照。
なお、ここの傳文については、惠棟『春秋左傳補註』に「張平子東京賦云　禁禦不若　以知神姦　螭魅魍魎　莫能逢旃　爾雅釋詁云　若善也　郭景純注　左傳曰　禁禦不若　今左傳作不逢不若　案下傳云莫能逢之　杜氏云　逢　遇也　旣云不逢　又云莫逢　文旣重出　且杜氏不應舍上句注下句　此晉以後傳寫之譌　當從張衡郭璞本作禁禦不若」とある。

傳螭魅罔兩
注「螭」は、山の神で、獸の形をしている。「魅」は、怪物である。「罔兩」は、水の神である。
附文公十八年の傳文「以禦螭魅」の注に「螭魅　山林異氣所生　爲人害者」とある。なお、『周禮』神仕の疏に「服氏注云　螭　山神　獸彨　魅　怪物　魍魎　木石之怪」とあるのを參照。

傳莫能逢之
注「逢」は、遇〔であう〕である。
附『說文』に「逢　遇也」とあるのを參照。
傳用能協于上下　以承天休
注民に災害がなければ、上下は和合して、天祐を受ける。
附昭公二十五年の傳文「乃能協于天地之性」の注に「協　和也」とあるのを參照。また、襄公二十八年の傳文「以禮承天之休」の注に「休　福祿也」とあるのを參照。
傳桀有昏德　鼎遷于商　載祀六百
注「載」・「祀」は、いずれもみな、年である。
附『爾雅』釋天に「夏曰歲　商曰祀　周曰年　唐虞曰載」とあるのを參照。また、『史記』楚世家「載祀六百」の〈集解〉に「王肅曰　載祀

者　猶言年也」とあるのを參照。なお、異説として、同〈集解〉に「賈逵曰　載　辭也　祀　年也　商曰祀」とある。

【傳】商紂暴虐　鼎遷于周　德之休明　雖小　重也

【注】遷すことが出來ない、ということである。

【傳】其姦回昏亂　雖大　輕也

【注】移すことが出來る、ということである。

【傳】天祚明德　有所底止

【注】「底」は、致である。

【附】昭公元年の傳文「底祿以德」の注に、同文がみえる。なお、襄公九年の傳文「無所底告」の注に「底　至也」とあるのを參照。

【傳】成王定鼎于郟鄏

【注】「郟鄏」は、今の河南である。武王が鼎を遷し、成王がそれを安置したのである。

【附】『漢書』地理志上に「河南郡（中略）河南　故郟鄏地　周武王遷九鼎　周公致太平　營以爲都　是爲王城　至平王居之」とあるのを參照。なお、桓公二年の傳文に「武王克商　遷九鼎于雒邑」とあり、注に「九鼎　殷所受夏九鼎也　武王克商　乃營雒邑而後去之　又遷九鼎焉　時但營洛邑　未有都城　至周公乃卒營雒邑　謂之王城　卽今河南城也　故傳曰　成王定鼎于郟鄏」とある。

【傳】卜世三十　卜年七百　天所命也　周德雖衰　天命未改　鼎之輕重　未可問也

【傳】夏楚人侵鄭　鄭卽晉故也

【傳】宋文公卽位三年　殺母弟須及昭公子　武氏之謀也

【注】武氏が、（文公の）同母弟の須と昭公の子を奉じて亂をおこそうと謀った（からである）。事は、文公十八年にある。

【附】文公十八年の傳文に「宋武氏之族道昭公子　將奉司城須以作亂」とあり、注に「文公弑昭公　故武族欲因其子以作亂　司城須　文公弟」とある。

【傳】使戴桓之族攻武氏於司馬子伯之館　盡逐武穆之族　武穆之族以曹師伐宋　秋宋師圍曹　報武氏之亂也

【傳】冬鄭穆公卒　初鄭文公有賤妾曰燕姞

【注】「姞」は、南燕の姓である。

【附】『史記』鄭世家「二十四年　文公之賤妾曰燕姞」の〈集解〉に「賈逵曰　姞　南燕姓」とあるのを參照。また、『漢書』地理志上に「東郡（中略）南燕　南燕國　姞姓　黃帝後」とあるのを參照。

【傳】夢天使與己蘭

【注】「蘭」は、香草である。

【附】『史記』鄭世家「夢天與之蘭」の〈集解〉に「賈逵曰　香草也」とあるのを參照。

【傳】曰　余爲伯儵　余　而祖也

【注】「伯儵」は、南燕の祖である。

(附)『史記』鄭世家「曰　余爲伯鯈　余　爾祖也」の〈集解〉に「賈逵曰　伯鯈　南燕祖」とあるのを參照。

傳以是爲而子

㊟蘭を汝の子の名とする、ということである。

(附)『史記』鄭世家「以是爲而子」の〈集解〉に「王肅曰　以是蘭也爲汝子之名」とあるのを參照。なお、異説として、安井衡『左傳輯釋』に「伯鯈云　以蘭爲燕姞之子　非爲子名也　及文公御之　與之蘭　而燕姞請徵蘭　故及穆公生　名之曰蘭　傳言之者　天與人合　穆氏所以蕃於鄭也　若爲天名其子曰蘭　則與之蘭而御之　殆爲蛇足　注非」とある。

傳以蘭有國香　人服媚之如是

㊟「媚」は、愛である。人にその子を蘭のように愛させようとしたのである。

(附)『詩』大雅〈下武〉「媚茲一人」の鄭箋に「媚　愛」とあるのを參照。

傳既而文公見之　與之蘭而御之　辭曰　妾不才　幸而有子　將不信　敢徵蘭乎

㊟後で信じてもらえないことを懼れたから、賜わった蘭で妊娠の月數を計ろうとしたのである。

傳公曰　諾　生穆公　名之曰蘭　文公報鄭子之妃曰陳嬀

㊟「鄭子」は、文公の叔父の子儀である。〈漢律〉では、季父の妻と淫通するのを「報」という。

(附)『詩』邶風〈雄雉〉の序疏に「服虔曰　鄭子　文公叔父子儀也　報復也　淫親屬之妻曰報　漢律　淫季父之妻曰報」とあるのを參照。

傳生子華子臧　子臧得罪而出

㊟宋に出奔したのである。

(附)僖公二十四年の傳文に「鄭子華之弟子臧出奔宋」とある。

傳誘子華而殺之南里

㊟僖公十六年にある。「南里」は、鄭地である。

(附)僖公十六年の傳文に「冬十一月乙卯鄭殺子華」とある。

傳使盜殺子臧於陳宋之間

㊟僖公二十四年にある。

(附)僖公二十四年の傳文に「鄭子華之弟子臧出奔宋　好聚鷸冠　鄭伯聞而惡之　使盜誘之　八月盜殺之于陳宋之間」とある。

傳又娶于江　生公子士　朝于楚　楚人酖之　及葉而死

㊟「葉」は、楚地で、今の南陽の葉縣である。

(附)『漢書』地理志上に「南陽郡（中略）葉　楚葉公邑」とあるのを參照。

傳又娶于蘇　生子瑕子俞彌　俞彌早卒　洩駕惡瑕　文公亦惡之　故不立也

㊟「洩駕」は、鄭の大夫である。

(附)僖公三十一年の傳文に「鄭洩駕惡公子瑕　鄭伯亦惡之　故公子瑕出奔楚」とあり、注に「洩駕亦鄭大夫　隱五年洩駕　距此九十年　疑非一人」とある。

傳公逐羣公子　公子蘭奔晉　從晉文公伐鄭

㊟僖公三十年にある。

(附)僖公三十年の傳文に「初鄭公子蘭出奔晉　從於晉侯伐鄭　請無與圍鄭許之　使待命于東」とある。

【傳】石癸曰　吾聞姬姞耦　其子孫必蕃

(注)姞姓は姫(姓)の配耦となるのがよい、ということである。

【傳】姞　吉人也　后稷之元妃也

(注)姞姓の女が后稷の妃となり、周はそのために興起したから、「吉人」と言っているのである。

(附)安井衡『左傳輯釋』に「傳以析字解姞　其義已明　故杜特釋所以稱吉人」とある。

【傳】今公子蘭　姞甥也　天或啓之　必將爲君　其後必蕃　先納之　可以亢寵

(注)「亢」は、極である。

(附)『易』乾卦「上九　亢龍　有悔」の李鼎祚〈集解〉に「王肅曰　窮高曰亢」とあるのを參照。

【傳】與孔將鉏侯宣多納之　盟于大宮而立之

(注)「大宮」は、鄭の祖廟である。

(附)隱公十一年の傳文「五月甲辰授兵於大宮」等の注に、同文がみえる。

【傳】以與晉平　穆公有疾　曰　蘭死　吾其死乎　吾所以生也　刈蘭而卒

(注)傳は、穆氏が鄭で大いに興起したのは、天のみちびき〔たすけ〕によるものである、ということを言っているのである。

〔宣公四年〕

【經】四年春王正月公及齊侯平莒及郯　莒人不肯　公伐莒取向

(注)莒・郯の二國がにくみ合っていたから、公は、齊侯と共に、二國を和平させようとしたのである。「向」は、莒の邑である。東海の承縣の東南部に向城があるが、(莒から)遠すぎて、(ここの「向」にあたるかどうか)疑わしい。

(附)隱公二年に「夏五月莒人入向」とあり、注に「莒國　今城陽莒縣也」とあるのを參照。

【經】秦伯稻卒

(注)傳はない。同盟はしていなかった(けれども、名をもって赴告してきたから、名を書いているのである)。

(附)僖公二十三年の傳文に「凡諸侯同盟　死則赴以名　禮也　赴以名則亦書之」とあり、注に「謂未同盟」とあるのを參照。

【經】夏六月乙酉鄭公子歸生弑其君夷

(注)傳例に「臣を稱するのは、臣に罪があった場合である」とある〔下の傳文〕。本當は子公が弑したのに、子家〔公子歸生〕を書いているのは、子家に權〔ちから〕が足りなかったことを罪責してである。

(附)下の傳文に「書曰鄭公子歸生弑其君夷　權不足也」とあり、注に「子家權不足以禦亂　懼譖而從弑君　故書以首惡」とある。

【經】赤狄侵齊

㊟傳はない。

【經】秋公如齊

㊟傳はない。

㈷校勘記に従って、ここに注文「無傳」を補う。

【經】公至自齊

㊟傳はない。(もどったことを書いているのは)廟に報告した(からである)。例は、桓公二年にある。

㈷桓公二年の傳文に「冬公至自唐　告于廟也　凡公行　告于宗廟　反行飲至舍爵策勳焉　禮也」とある。

【經】冬楚子伐鄭

【傳】四年春公及齊侯平莒及郯　莒人不肯　公伐莒取向　非禮也　平國以禮不以亂　伐而不治　亂也

㊟公が、まず禮によって治めることをせずに、(いきなり)武力を用いた、ことを責めたのである。

【傳】以亂平亂　何治之有　無治　何以行禮

【傳】楚人獻黿於鄭靈公

㊟(「靈公」は) 穆公の大子の夷である。

㈷文公十七年の傳文「冬十月鄭大子夷石楚爲質于晉」の注に「夷　靈公也」とあるのを參照。

【傳】公子宋與子家將見

㊟「(公子)宋」は、子公である。「子家」は、歸生である。

㈷『史記』鄭世家「子家子公將朝靈公」の〈集解〉に「賈逵曰　二子鄭卿也」とある。

【傳】子公之食指動

㊟(「食指」とは) 第二指〔ひとさしゆび〕のことである。

㈷『史記』鄭世家「子公之食指動」の〈集解〉に「服虔曰　第二指」とあるのを參照。なお、疏には「服虔云　俗所謂啑鹽指也」とある。

【傳】以示子家曰　他日我如此　必嘗異味　及入　宰夫將解黿　相視而笑　公問之

㊟笑ったわけをたずねたのである。

【傳】子家以告　及食大夫黿　召子公而弗與也

㊟指が動いたことを無効にさせようとしたのである。

【傳】子公怒　染指於鼎　嘗之而出　公怒　欲殺子公　子公與子家謀先

㊟(「先」とは) 公より先に (こちらから) しかける、ということである。

【傳】子家曰　畜老　猶憚殺之

㊟(「畜」とは) 六畜である。

㈷僖公十九年の傳文に「古者六畜不相爲用」とある。

【傳】而況君乎　反譖子家　子家懼而從之

(注)子家を公に中傷しようとした（からである）。

[傳]夏弑靈公　書曰鄭公子歸生弑其君夷　權不足也

(注)子家は、權〔ちから〕が亂をふせぐのに足りず、中傷されるのを懼れて、君を弑することに同調したから、首惡〔惡の首領〕として書いたのである。

(附)襄公二十三年の傳文に「夫克亂在權」とあるのを參照。なお、『史記』太史公自序に「爲人臣者　不可以不知春秋　守經事而不知其宜　遭變事而不知其權　爲人君父而不通於春秋之義者　必蒙首惡之名」とあるが、ここの傳・注の「權」は、おそらく、權宜の意ではあるまい。

[傳]君子曰　仁而不武　無能達也

(注)はじめに〝畜も老いれば（云云）〟と言ったのが、「仁」であり、（結局）子公を討たなかったのが、「不武」である。だから、そのまま仁の道をつらぬき通すことが出來ずに、弑君の罪に陷ったのである。

(附)『史記』太史公自序に「爲人臣子而不通於春秋之義者　必陷簒弑之誅死罪之名」とあるのを參照。

[傳]凡弑君　稱君　君無道也　稱臣　臣之罪也

(注)「君を稱する」とは、ただ君の名を書き、國を稱して弑する、ことをいう。衆人が共に見棄てたものという意味である。「臣を稱する」とは、弑した者の名を書いて、來世に示し、いつまでも不義とする、ことをいう。殺を改めて「弑」と稱しているのは、惡名を避け、（「弑」が）少しずつ進行する（ことを意味する）點に取ったのである。（なお）「弑」を書く場合の義（例）については、『釋例』で詳しく論じている。

(附)疏に引く『釋例』に「天生民　而樹之君　使司牧之　羣物所以繫命　故戴之如天　親之如父母　仰之如日月　事之如神明　其或受雪霜之嚴　雷電之威　則奉身歸命　有死無貳　故傳曰　君　天也　天可逃乎　此人臣所執之常也　然本無父子自然之恩　末無家人習翫之愛　高下之隔縣殊　壅塞之否萬端　是以居上者　降心以察下　表誠以感之　然後能相親也　若亢高自肆　羣下絶望　情義圮隔　是謂路人　非君臣也　人心苟離　則位號雖有　無以自固　故傳例曰　凡弑君　稱君　君無道　稱臣　臣之罪　稱君者　唯書君名　而稱國稱人以弑　言衆之所共絶也　稱臣者　謂書弑者主名　以垂來世　終爲不義　而不可赦也　然君雖不君　臣不可以不臣　故宋昭之惡　罪及國人　晉荀林父討宋曰　何故弑君　猶立文公而還　深見貶削　諸懷賊亂以爲心者　固不容於誅也　若鄭之歸生　齊之陳乞　楚之公子比　雖本無其心　春秋之義　亦同大罪　是以君子愼所以立也　諸侯不受先君之命而簒立　得與諸侯會者　則以成君書之　齊商人蔡侯班之屬　是也　若未得接於諸侯　則不稱爵　楚公子棄疾殺公子比　蔡人殺陳佗　齊人殺無知　衞人殺州吁公子瑕之屬　是也　諸侯簒立　雖以會諸侯爲正　此列國之制也　至於國内策名委質　卽君臣之分已定　故殺不成君者　亦與成君同義　傳曰　會于平州　以定公位　又云　若有罪　則君列諸會矣　此以會爲斷也　經書趙盾弑君　而傳云靈公不君　又以明於例此弑宜稱君也　弑非趙盾而經不變文者　以示良史之意　深責執政之臣　傳特見仲尼曰　越竟乃免　明盾亦應受罪也　醫不三世　不服其藥　古之愼戒也　人子之孝

當盡心嘗禱而已　藥物之劑　非所習也　許止身爲國嗣　國非無醫而輕果進藥　故罪同於弑　二者雖原其本心　而春秋不赦　蓋爲教之遠防也　楚靈無道於民　於例當稱國以弑　公子比首兵自立　楚衆散歸而靈王縊死　故以比爲弑王也　比既得國　國人驚亂　棄疾從而扇之比懼自殺　皆棄疾之由　故書公子棄疾殺公子比也　左氏義例　止此而已　其餘小異　皆從赴也　劉賈許潁以爲　君惡及國朝　則稱國以弑君惡及國人　則稱人以弑　案傳　鄭靈宋昭經　文異而例同　故重發以同之　子弑其父　又嫌於他臣　亦重明其不異　既不碎別國之與人　而傳云　莒紀公多行無禮於國　大子僕因國人以弑之　經但稱國　不稱人　知國之與人　雖言別而事一也」とあり、莊公十二年の傳文「秋宋萬弑閔公于蒙澤」の疏に引く『釋例』に「先儒旁采二傳　横生異例　宋之蒙澤　楚之乾谿　倶在國内　閔公之弑　則以不書蒙澤國内爲義　楚弑靈王　復以地乾谿爲失所　明仲尼本不以爲義例　則丘明亦無異文也」とあり、桓公二年「春王正月戊申宋督弑其君與夷及其大夫孔父」の疏に引く『釋例』に「經書宋督弑其君與夷及其大夫孔父　仲尼丘明唯以先後見義　無善孔父之文　孔父爲國政　則取怨於民　治其家　則無閫閫之教　身先見殺　禍遂及君　既無所善　仇牧不警而遇賊　又死無忠事　晉之荀息期欲復言　本無大節　先儒皆隨加善例　又爲不安　經書臣蒙君弑者有三　直是弑死相及　即實爲文　仲尼以督爲有無君之心改書一事而已　無他例也」とある。

なお、注の「有漸」については、十八年の傳文「凡自内虐其君曰弑自外曰戕」の注に「弑戕皆殺也　所以別内外之名　弑者　積微而起所以相測量　非一朝一夕之漸　戕者　卒暴之名」とあるのを參照。ちなみに、『易』文言傳に「臣弑其君　子弑其父　非一朝一夕之故　其所由來者漸矣」とあり、『史記』太史公自序に「臣弑君　子弑父　非一旦一夕之故也　其漸久矣」とある。また、『釋名』釋喪制に「下殺上曰弑　弑　伺也　伺間而後得施也」とある。

〔傳〕鄭人立子良

〔注〕穆公の庶子である。

〔傳〕辭曰　以賢　則去疾不足

〔注〕「去疾」は、子良の名である。

〔傳〕以順　則公子堅長　乃立襄公

〔注〕「襄公」は、堅である。

〔傳〕襄公將去穆氏

〔注〕兄弟たちを放逐しようとしたのである。

〔傳〕而舍子良

〔注〕自分に(位を)讓ってくれたからである。

〔傳〕子良不可　曰　穆氏宜存　則固願也　若將亡之　則亦皆亡　去疾何爲

〔注〕どうして私だけが留まれよう、ということである。

〔傳〕乃舍之　皆爲大夫

〔傳〕初楚司馬子良生子越椒　子文曰　必殺之

〔注〕「子文」は、子良の兄である。

(附)文公九年の傳文「冬楚子越椒來聘　執幣傲」の注に「子越椒　令尹子

文從子」とあるのを參照。

【傳】是子也　熊虎之狀而豺狼之聲　弗殺　必滅若敖氏矣　諺曰　狼子野心是乃狼也　其可畜乎　子良不可　子文以爲大慼　及將死　聚其族曰椒也知政　乃速行矣　無及於難　且泣曰　鬼猶求食　若敖氏之鬼不其餒而

(注)「而」は、語助〔助辭〕である。必ず餓える、ということである。

(附)『逸周書』芮良夫解に「下民胥怨　財力單竭　手足靡措　弗堪戴上不其亂而」とあり、孔注に「言民相與怨上　上加之罪　民不堪命而作亂」とあるのを參照。

【傳】及令尹子文卒　鬬般爲令尹

(注)「般」は、子文の子の子揚である。

【傳】子越爲司馬　蔿賈爲工正　譖子揚而殺之　子越爲令尹　己爲司馬

(注)賈は、椒のために子揚を讒言し、自分は、椒がいた地位を得たのである。

【傳】子越又惡之

(注)賈をきらったのである。

【傳】乃以若敖氏之族　圄伯嬴於轑陽而殺之

(注)「圄」は、囚である。「伯嬴」とは、蔿賈のことである。「轑陽」は、楚の邑である。

【傳】遂處烝野　將攻王　王以三王之子爲質焉　弗受

(注)「烝野」は、楚の邑である。「三王」とは、文・成・穆のことである。

【傳】師于漳澨

(注)「漳澨」は、漳水のほとりである。

(附)成公十五年の傳文「則決睢澨」の注に「澨　水涯」とあるのを參照。なお、疏に引く『釋例』に「漳水出新城沶鄉縣　南至荊山　東南經襄陽南郡當陽縣　入沮」とある。

【傳】秋七月戊戌楚子與若敖氏戰于皐滸

(注)「皐滸」は、楚地である。

【傳】伯棼射王　汰輈　及鼓跗　著於丁寧

(注)「伯棼」とは、越椒のことである。「輈」は、車の轅〔ながえ〕である。「汰」は、過〔こえる〕である。箭〔矢〕が車の轅の上をとびこえたのである。「丁寧」は、鉦〔どら〕である。

(附)注の「伯棼　越椒也」については、僖公二十八年の傳文「子玉使伯棼請戰」の注に「伯棼　子越椒也」とあるのを參照。

注の「輈　車轅」については、隱公十一年の傳文「潁考叔挾輈以走」等の注に、同文がみえる。なお、『說文』に「輈　轅也」とあるのを參照。

注の「汰　過也」については、昭公二十六年の傳文に「繇朐汰輈」とあり、注に「繇　過也　汰　矢激」とあるのを參照。

注の「丁寧　鉦也」については、『國語』晉語五「戰以錞于丁寧　儆其民也」の韋注に「丁寧者　謂鉦也」とあり、同吳語「親就鳴鐘鼓丁寧錞于振鐸」の韋注に「丁寧　謂鉦也」とあるのを參照。

【傳】又射　汰輈　以貫笠轂

(注)兵車には蓋〔おおい〕がないから、尊者の場合は、側近が笠をもって、

轂〔こしき〕の上に立ち、寒暑をふせぐのであり、これを「笠轂」とよぶ。ここは、箭〔矢〕が車の輈をとびこえて、王の蓋にまで達した、ことを言っているのである。

(附)異説として、疏に「服虔云　笠轂　轂之蓋如笠　所以蔽轂上以禦矢也　一曰　車轂上鐵也　或曰　兵車旁幔輪　謂之笠轂」とある。

[傳]師懼退　王使巡師曰　吾先君文王克息　獲三矢焉　伯棼竊其二　盡於是矣　鼓而進之　遂滅若敖氏　初若敖娶於䢵

㊟「䢵」は、國名である。

[傳]生鬭伯比　若敖卒　從其母畜於䢵

㊟「畜」は、養である。

(附)『禮記』曲禮上「畜鳥者則勿佛也」の注に「畜　養也」とあるのを參照。また、『國語』晉語六「昔者吾畜於趙氏」の韋注に「畜　養也」とあるのを參照。

[傳]淫於䢵子之女　生子文焉　䢵夫人使弃諸夢中

㊟「夢」は、澤の名である。江夏の安陸縣の東南部に雲夢城がある。

(附)定公四年の傳文「楚子涉睢　濟江　入于雲中」の注に「入雲夢澤中　所謂江南之夢」とあり、疏に引く『土地名』に「南郡枝江縣西有雲夢城　江夏安陸縣東南亦有夢城」とあるのを參照。なお、これに從って、この注の「江夏安陸縣城東南」の「城」は、衍文とみなす。

[傳]虎乳之　䢵子田　見之　懼而歸　夫人以告

㊟女〔むすめ〕が私通して生んだものであることを告げたのである。

(附)諸本に從って、傳文の「以告」の上に、「夫人」の二字を補う。

[傳]遂使收之　楚人謂乳穀　謂虎於菟　故命之曰鬭穀於菟　以其女妻伯比

㊟(「其女」とは)伯比が淫通した相手である。

(附)ここの傳文については、王引之『經義述聞』に「傳凡言命之曰某者　皆名也　未有連姓言之者　鬭字蓋涉他篇鬭穀於菟而衍　自朱梁補石經已然　而各本皆沿其誤　漢書敘傳　楚人謂乳爲穀　謂虎爲於檡　故名穀於檡　論語公冶長篇皇疏　此兒爲虎所乳　故名之曰穀於菟也　皆無鬭字」とある。

[傳]實爲令尹子文

㊟鬭氏が令尹となったのは、子文から始まる。

[傳]其孫箴尹克黃

㊟「箴尹」は、官名である。「克黃」は、子揚の子である。

(附)襄公十五年の傳文に「公子追舒爲箴尹」とある。なお、『呂氏春秋』勿躬「請置以爲大諫臣」の高注に「楚有箴尹之官　亦諫臣」とあるのを參照。

[傳]使於齊　還及宋　聞亂　其人曰　不可以入矣　箴尹曰　弃君之命　獨誰受之　君　天也　天可逃乎　遂歸　復命　而自拘於司敗　王思子文之治楚國也　曰　子文無後　何以勸善　使復其所　改命曰生

㊟その名をかえたのである。

[傳]冬楚子伐鄭　鄭未服也

㊟前年に楚は鄭を侵したが、和平をえられなかったから、「未服」と言っているのである。

附 三年に「夏楚人侵鄭」とある。

巻第二十二

〔宣公五年〕

經 五年春公如齊

經 夏公至自齊

經 秋九月齊高固來逆叔姫

注 「高固」は、齊の大夫である。女がとついだこと（「歸」）を書いていないのは、（相手が大夫であって）諸侯より格下だからである。

附 下の傳文に「秋九月齊高固來逆女　自爲也」とある。なお、隱公二年に「九月紀裂繻來逆女」とあり、ついで、「冬十月伯姫歸于紀」とあり、傳文に「九月紀裂繻來逆女　卿爲君逆也」とあるのを參照。

經 叔孫得臣卒

注 傳はない。日を書いていないのは、公が小斂に臨席しなかったからである。

附 隱公元年に「公子益師卒」とあり、傳に「公不與小斂　故不書日」とある。

經 冬齊高固及子叔姫來

注 叔姫は歸省のためであり、固は馬をかえすためである。

附 下の傳文に「冬來　反馬也」とある。なお、莊公二十七年の傳文に

「凡諸侯之女　歸寧曰來」とあるのを參照。

經楚人伐鄭

傳五年春公如齊　高固使齊侯止公　請叔姫焉

注公を留めて、強引に結婚をとりきめたのである。

傳夏公至自齊　書　過也

注公は、止められて、鄰國の臣と緣組し、(自らの)尊位をそこなった上に、(さらに)その先君にまで累を及ぼして、廟で飮至の禮を行なったから、書いて過ち(であること)を示したのである。

附疏に引く『釋例』に「凡反行飮至　必以嘉會昭告祖禰　有功則舍爵策勳　無勳無勞　告事而已　若夫執止之辱　厭尊毀列　所以累其先君忝其社稷　故當克躬罪己　不以嘉禮自矜　宣公如齊　既已見止　連昏於鄰國之臣　而行飮至之禮　故傳曰　書　過也」とある。なお、桓公二年の傳文に「冬公至自唐　告于廟也　凡公行　告于宗廟　反行　飮至舍爵策勳焉　禮也」とあるのを參照。

傳秋九月齊高固來逆女　自爲也　故書曰逆叔姫　卿自逆也

注諸侯にとつぐ場合は、「女」と稱し、大夫にとつぐ場合は、字〔あざな〕を稱する。尊卑を區別するため(の手立て)である。これは《春秋》の新例であるから、「書曰」と稱して、「凡」とは言わないのである。莊公二十七年のところで例を發していないのは、(ここは、字を稱しているのが、)強迫されて結婚をとりきめたためである、かにまぎらわしいから、(特に)ここで例を明らかにしたのである。

附注の「適諸侯稱女云云」については、隱公二年「九月紀裂繻來逆女」の疏に引く『釋例』に「天子娶　則稱逆王后　卿爲君逆　則稱逆女　其自爲逆　則稱所逆之字　尊卑之別也」とあるのを參照。

注の「此春秋新例云云」については、序に「其發凡以言例　皆經國之常制　周公之垂法　史書之舊章　仲尼從而脩之　以成一經之通體（中略）諸稱書不書先書故書不言不稱書曰之類　皆所以起新舊發大義謂之變例」とあるのを參照。

注の「不於莊二十七年發例者云云」については、莊公二十七年に「莒慶來逆叔姫」とあり、注に「無傳　慶　莒大夫　叔姫　莊公女　卿自爲逆　則稱字　例在宣五年」とある。

なお、傳文の「卽自逆也」の「卽」は、挍勘記に從って、「卿」に改める。

傳冬來　反馬也

注禮では、女を送った場合、送るのに使った馬を(しばらく先方に)留めておく。ひかえめにし、こちらから居着くことはしない〔いつ離緣されても歸れるようにしておく〕のである。(そして)三箇月たって廟見がすむと、(先方が)使者を派遣して、その馬をかえす。(ところが)高固は、叔姫が歸省するついでに、いっしょにやって來(て、自分で馬をかえし）たから、經・傳は、その事をつまびらかにして、譏りを示したのである。

【附】疏に引く何休『左氏膏肓』に「禮無反馬之法」とあり、鄭玄『箴左氏膏肓』に「冠義云　無大夫冠禮　而有其昏禮　則昏禮者　天子諸侯大夫　皆異也　士昏禮云　主人爵弁纁裳緇衣　乘墨車　從車二乘　婦車亦如之　此婦車出於夫家　則士妻始嫁　乘夫家之車也　詩鵲巣云　之子于歸　百兩御之　又曰　之子于歸　百兩將之　將　送也　國君之禮夫人始嫁　自乘其家之車也　則天子諸侯嫁女　留其乘車可知也　高固　大夫也　來反馬　則大夫亦留其車也　禮雖散亡　以詩之義論之大夫以上　其嫁皆有留車反馬之禮　留車　妻之道也　反馬　壻之義也高固以秋九月來逆叔姬　冬來反馬　則婦入三月　祭行乃反馬　禮也」とあるのを參照。

【傳】楚子伐鄭　陳及楚平　晉荀林父救鄭伐陳

【注】明年の、晉と衞が陳を侵したこと、のために傳したのである。

【附】六年に「春晉趙盾衞孫免侵陳」とある。

〔宣公六年〕

【經】六年春晉趙盾衞孫免侵陳

【經】夏四月

【經】秋八月螽

【注】傳はない。

【經】冬十月

【傳】六年春晉衞侵陳　陳卽楚故也

【傳】夏定王使子服求后于齊

【注】「子服」は、周の大夫である。

【傳】秋赤狄伐晉　圍懷及邢丘

【注】「邢丘」は、今の河内の平皐縣である。

【附】『漢書』地理志上に「河内郡（中略）平皐」とあり、注に「應劭曰　邢侯自襄國徙此　當齊桓公時　衞人伐邢　邢還于夷儀　其地屬晉　號曰邢丘　以其在河之皐　處勢平夷　故曰平皐」とあるのを參照。

【傳】晉侯欲伐之　中行桓子曰　使疾其民

【注】驕れば、しばしば戰うから、民ににくまれる、ということである。

【附】異説として、兪樾『羣經平議』に「爲民所疾　不得言疾其民　疾猶病也　疾其民猶言病其民也　疾病　連文則義有別　論語　子疾病　是也　散文則亦可通　國語晉語　吾不幸有疾　韋昭注曰　疾　病也　易象上傳　出入无疾　王弼注曰　疾猶病也」とある。

【傳】以盈其貫　將可殪也

㊟「殪」は、盡である。「貫」は、習と同じである。

(附)注の「殪　盡也」については、隱公九年の傳文に「衷戎師　前後擊之　盡殪」とあり、注に「殪　死也」とあるのを參照。

注の「貫猶習也」については、昭公二十六年の傳文「貫瀆鬼神」の注に「貫　習也」とあるのを參照。また、『爾雅』釋詁に「貫　習也」とあり、『詩』齊風〈猗嗟〉「射則貫兮」の鄭箋に「貫　習也」とあり、『國語』魯語下「晝而講貫」の韋注に「貫　習也」とあるのを參照。なお、異説として、疏に「劉炫云　案尙書泰誓　武王數紂之惡云　商罪貫盈　言紂之爲惡　如物在繩索之貫　不得爲習也」とあり、惠棟『春秋左傳補註』に「劉光伯據梅賾泰誓商罪貫盈　以爲紂之爲惡　如物在繩索之貫　不得爲習　其説是也　而所據之書非也　案韓非子曰　有與悍者鄰　欲賣宅而避之　人曰　是其貫將滿也　或曰　子姑待之　答曰　吾恐其以我滿貫也　遂去之　此説與劉合　可以規杜過矣」とある。

【傳】周書曰　殪戎殷

㊟「周書」は、康誥である。周の武王が、武力で殷を伐ち、全滅させた、という點に意義を取ったのである。

(附)『書』康誥「天乃大命文王　殪戎殷　誕受厥命」の僞孔傳に「天美文王　乃大命之　殺兵殷　大受其王命」とあり、疏に「殪　殺也　戎　兵也　用誅殺之道　以兵患殷」とあるのを參照。なお、異説として、陸粲『左傳附注』に「如注意　以戎爲兵　則殪字宜倒向戎字下　于文不順　書蔡傳以爲殪滅大殷者　是也　爾雅訓戎爲大　揚雄方言　齊魯陳衞之間　謂大曰戎　書稱戎殷　猶詩言大商耳」とある。

【傳】此類之謂也

㊟十五年の、晉が狄を滅したこと、のために傳したのである。

(附)十五年に「六月癸卯晉師滅赤狄潞氏　以潞子嬰兒歸」とある。

【傳】冬召桓公逆王后于齊

㊟「召桓公」は、王の卿士である。事が魯にかかわらないから、(經に)書いていないのである。成公二年の王の(所謂)「甥舅」のために本を張ったのである。

(附)成公二年の傳文に「夫齊　甥舅之國也」とある。

【傳】楚人伐鄭　取成而還

㊟九年と十一年の傳で言っている「厲の役」とは、おそらく、ここのことであろう。

(附)九年の傳文に「楚子爲厲之役　故伐鄭」とあり、注に「六年楚伐鄭　取成於厲　既成　鄭伯逃歸　事見十一年」とある。また、十一年の傳文に「厲之役　鄭伯逃歸」とあり、注に「蓋在六年」とある。

なお、注の「屬」は、挍勘記に從って、「厲」に改める。

【傳】鄭公子曼滿與王子伯廖語　欲爲卿

㊟二子は、鄭の大夫である。

【傳】伯廖告人曰　無德而貪　其在周易豐䷶

㊟下が離〔☲〕で上が震〔☳〕のが、「豐」〔䷶〕である。

【傳】之離䷝

㊟「豐」の上六〔一番上の⚋〕が〔⚊に〕變じて純「離」となる、ということである。『周易』は變を論ずるから、たとい占筮しなくとも、必ず變によってその義を言うのである。「豐」の上六（の爻辭）に「屋根を大きくし、家に蔀をめぐらしている。戶口からうかがうと、しんとして人氣がない。三年も人にあわない。凶である」とある。（つまり）德もないのに、その屋根を大きくすれば、三年たたないうちに、必ず滅亡する、という點に意義を取ったのである。

(附)『漢書』五行志中之上「其在周易豐之離」の注に「張晏曰　離下震上豐　上六變而之離　曰　豐其屋　蔀其家也」とあるのを參照。

【傳】弗過之矣

㊟三年をこえない、ということである。

【傳】間一歲　鄭人殺之

〔宣公七年〕

【經】七年春衞侯使孫良夫來盟

【經】夏公會齊侯伐萊

㊟傳例に「ともに謀らなかったからである」とある〔下の傳文〕。「萊」國は、今の東萊の黃縣である。

【經】秋公至自伐萊

㊟傳はない。

【經】大旱

㊟傳はない。「旱」と書いて、「雩」と書いていないのは、雩しても効果がなかったからか、あるいは、（そもそも）雩しなかったからか、である。

(附)僖公二十一年「夏大旱」の注に「雩不獲雨　故書旱」とある。なお、その(附)を參照。

【經】冬公會晉侯宋公衞侯鄭伯曹伯于黑壤

【傳】七年春衞孫桓子來盟　始通　且謀會晉也

㊟宣公が卽位して以來、衞は（ここで）始めてよしみを脩めたのである。

【傳】夏公會齊侯伐萊　不與謀也　凡師出　與謀曰及　不與謀曰會

㊟「與謀〔ともにはかった〕」とは、同志の國が互いに利害を調整し、折り合いがついたところで出動した場合をいう。だから、つれだってという表現をとる〔「及」と言う〕のである。もし、やむをえず、命令に從って出動した場合は、外に合わせてという表現をとる〔「會」と言う〕。いずれもみな、魯の立場から言うのである。（そもそも）師は、國の大事であり、存亡がかかっているものであるから、その擧動

をつまびらかにし、(書)例によって、區別するのである。

附疏に引く『釋例』に「與謀者　同志之國　彼我之計未定　相與共謀　講議利害　計成而後行之　故以相連及爲文　不與謀而出師者　謂不得已而應命　故以外合爲文　皆據魯而言之也　公親會齊侯伐萊　而傳以師出示例　所以通卿大夫帥師者也　魯旣春會于曹　以謀伐鄭　夏遂起師　而更從不與謀之文者　厲公簒大子忽之位　謀而納之　非正　故諱從不與謀之例　若夫盟主之令　則上行乎下　非匹敵和成之類　故雖或先謀　皆從不與謀之例　成八年晉士燮來聘　且言將伐郯　下云會伐郯是也　凡乞師者　深求過理之辭　執謙以偪成其計　故雖小國乞之於大國　大國乞之於小國　亦皆從不與謀之例　臧宣叔郤錡　是也　傳以師出爲例　是唯繫於戰伐　而劉賈許潁濫以經諸及字爲義　本不在例今欲强合之　所以多相錯亂也」とある。

傳赤狄侵晉　取向陰之禾

注ここに「秋」の字がないのは、おそらく、闕文であろう。晉は、桓子の策謀を採用したから、狄をほしいままにさせたのである。

附注の前半については、疏に「苗秀乃名爲禾　夏則無禾可取　知此取必在秋」とある。

附注の後半については、六年の傳文に「秋赤狄伐晉　圍懷及邢丘　晉侯欲伐之　中行桓子曰　使疾其民　以盈其貫　將可殪也　周書曰　殪戎殷　此類之謂也」とある。

傳鄭及晉平　公子宋之謀也　故相鄭伯以會　冬盟于黑壤　王叔桓公臨之以謀不睦

注「王叔桓公」は、周の卿士で、天子の命を奉じて諸侯に臨んだのである。いっしょに血をすすらなかった〔盟わなかった〕のは、尊卑の別（によるもの）である。

附襄公三年「六月公會單子晉侯宋公衞侯鄭伯莒子邾子齊世子光　己未同盟于雞澤」の疏に引く『釋例』に「未有臣而盟君　臣而盟君　是子可盟父　故春秋王世子以下　會諸侯者　皆同會而不同盟（中略）踐土之盟　王子虎臨諸侯　而不與同歃　故經但列諸侯　而傳具載其實」とあるのを參照。なお、『説文』に「監　臨下也」とある。

傳晉侯之立也

注二年にある。

附二年の傳文に「宣子使趙穿逆公子黑臀于周而立之」とある。

傳公不朝焉　又不使大夫聘　晉人止公于會　盟于黄父　公不與盟　以賂免

注「黄父」は、黑壤に他ならない。

附文公十七年の傳文「晉侯蒐于黄父」の注に「一名黑壤　晉地」とあるのを參照。

傳故黑壤之盟不書　諱之也

注盟主をあなどって、拘留の恥辱をこうむったから、諱んだのである。

〔宣公八年〕

經八年春公至自會

注傳はない。義は、五年に〝(もどったことを)書いているのは、(公に)過ちがあったからである〟とあるのと同じである。

附五年の傳文に「春公如齊　高固使齊侯止公　請叔姫焉」とあり、ついで、「夏公至自齊　書　過也」とあり、注に「公既見止　連昏於鄰國之臣　厭尊毀列　累其先君而於廟行飮至之禮　故書以示過」とある。

經夏六月公子遂如齊　至黃乃復

注傳はない。おそらく、病氣になってひきかえしたのであろう。大夫は、命を受けて外出した場合、たとえ死んだとしても、尸〔しかばね〕の身で事を行なうのであり、遂が病氣のためにひきかえしたのは、非禮である。

附哀公十五年の傳文に「有朝聘而終　以尸將事之禮」とある。なお、『儀禮』聘禮に「賓入竟而死　遂也（中略）若賓死　未將命　則既斂于棺　造于朝　介將命」とあるのを參照。また、公羊傳文に「其言至黃乃復何　有疾也　何言乎有疾乃復　譏　何譏爾　大夫以君命出　聞喪　徐行而不反」とあり、何注に「以喪喩疾者　喪尙不當反　況於疾乎」とあるのを參照。

經辛巳有事于大廟　仲遂卒于垂

注「有事」とは、(禘)祭である。仲遂が卒したのは、祭と同日であった。(「禘」と書かずに)略して「有事」と書いているのは、(單に下の)「繹」のために本を張った(だけだ)からである。「公子」と言っていないのは、上の行ってひきかえしたことと(こことの)間に他の事件がないため、文を省いてもおのずとわかる、からである。字〔あざな〕を稱しているのは、(單に)當時の君が優遇したものであって、(この點について)義例はない。「垂」は、齊地である。魯の境内ではないから、地を書いているのである。

附注の「有事　祭也」については、疏に「釋例以昭十五年有事于武宮傳稱禘于武公　則知此言有事亦是禘也」とある。なお、文公二年「八月丁卯大事于大廟　躋僖公」の注に「大事　禘也」とあるのを參照。注の「非魯竟　故書地」については、隱公元年「公子益師卒」の疏に引く『釋例』に「魯大夫卒其竟内　則不書地」とあるのを參照。

經壬午猶繹　萬入去籥

注「繹」とは、またの祭である。昨日の禮をひきつぐのであり、尸〔かたしろ〕をもてなすためのものである。「萬」は、舞の名である。「籥」は、管〔ふえ〕である。「猶」は、(上のことだけで)やめておくべきであった〔餘計である〕、という表現である。魯人は、卿佐の喪中に音樂をならしてはいけないことを知っていたが、繹(自體)をやめるべきことは知らなかったから、舞は(そのまま)奉納して、籥をとり去り、音が出ること(だけ)を避けたのである。

附注の「繹　又祭云云」については、公羊傳文に「繹者何　祭之明日也」とあり、穀梁傳文に「繹者　祭之旦日之享賓也」とあるのを參照。

また、『爾雅』釋天に「繹　又祭也」とあり、同釋詁に「繹　陳也」とあるのを參照。また、『詩』周頌〈絲衣〉の序に「絲衣　繹賓尸也」とあり、鄭箋に「繹　又祭也　天子諸侯曰繹　以祭之明日　卿大夫曰賓尸　與祭同日」とあるのを參照。

注の「萬　舞名」については、莊公二十八年の傳文「爲館於其宮側而振萬焉」の注に「萬　舞也」とある。なお、その(附)を參照。

注の「籥　管也」については、『說文』に「龠　樂之竹管　三孔　以和衆聲也」とあるのを參照。

注の「猶者　可止之辭」については、公羊傳文に「猶者何　通可以已也」とあり、穀梁傳文に「猶者　可以已之辭也」とあるのを參照。

注の「廢繹」については、『禮記』檀弓下に「仲遂卒于垂　壬午猶繹　萬入去籥　仲尼曰　非禮也　卿卒不繹」とあるのを參照。

注の「惡其聲聞」については、公羊傳文に「去其有聲者」とあるのを參照。

經戊子夫人嬴氏薨

㊟傳はない。宣公の母である。

(附)文公十八年の傳文に「文公二妃敬嬴生宣公」とある。

經晉師白狄伐秦

經楚人滅舒蓼

經秋七月甲子日有食之既

㊟傳はない。月の三十日の食である。

經冬十月己丑葬我小君敬嬴

㊟「敬」は謚で、「嬴」は姓である。反哭して喪禮を完備したから、「葬小君」と稱しているのである。

(附)隱公三年の傳文「不赴於諸侯　不反哭于寢　不祔于姑　故不曰薨　不稱夫人　故不言葬」の注に「夫人喪禮有三　薨則赴於同盟之國　一也　既葬　日中自墓反　虞於正寢　所謂反哭于寢　二也　卒哭而祔於祖姑　三也　若此　則書曰夫人某氏薨　葬我小君某氏　此備禮之文也　其或不赴不祔　則爲不成喪　故死不稱夫人薨　葬不言葬我小君某氏　反哭則書葬　不反哭則不書葬」とある。なお、その(附)を參照。

經雨　不克葬　庚寅日中而克葬

㊟「克」は、成である。

(附)定公十五年の傳文に「葬定公　雨　不克襄事　禮也」とあり、注に「襄　成也」とあるのを參照。

經城平陽

㊟今、泰山に平陽縣がある。

(附)哀公二十七年の傳文「二月盟于平陽」の疏に引く『土地名』に「宣八年平陽　東平陽也　泰山有平陽縣　此年平陽　西平陽也　高平南有平

陽縣」とある。なお、『漢書』地理志上に「泰山郡（中略）東平陽」とあるのを參照。

經楚師伐陳

傳八年春白狄及晉平　夏會晉伐秦

注經が「仲遂卒」の下にあるのは、赴告に從ったのである。

傳晉人獲秦諜　殺諸絳市　六日而蘇

注おそらく、異變を記録したのであろう。

傳有事于大廟　襄仲卒而繹　非禮也

傳楚爲衆舒叛　故伐舒蓼滅之

注「舒」・「蓼」は、二國の名である。

附異説として、陸粲『左傳附注』に「羅泌曰　蓼與舒蓼別　蓼　皐陶之後　偃姓　若舒又自一國　僖之三年滅矣　預既妄分舒蓼爲二國名　孔氏遂以爲即文五年楚所滅之蓼　皆臆説也」とある。

傳楚子疆之

注その疆界を畫定したのである。

附文公元年の傳文「秋晉侯疆戚田　故公孫敖會之」の注に「晉取衞田正其疆界」とあるのを參照。

傳及滑汭

注「滑」は、川の名である。

傳盟吳越而還

注「吳」國は、今の吳郡であり、「越」國は、今の會稽の山陰縣である。傳は、楚が强盛で、吳・越が服從した、ことを言っているのである。

附『漢書』地理志上に「會稽郡（中略）吳　故國　周太伯所邑（中略）山陰（中略）越王句踐本國」とあるのを參照。なお、疏に引く『譜』に「吳　姬姓　周大王之子大伯仲雍之後　大伯仲雍讓其弟季歷而去之荊蠻　自號句吳　句或爲工　夷言發聲也　大伯無子而卒　仲雍嗣之　當武王克殷　而因封其曾孫周章於吳　爲吳子　又別封章弟虞仲於虞　自大伯五世而得封　十二世而晉滅虞　虞滅而吳始大　至壽夢而稱王　壽夢以上　世數可知　而不紀其年　壽夢元年　魯成公之六年也　夫差十五年　獲麟之歲也　二十三年　魯哀公之二十二年而越滅吳／越　姒姓　其先夏后少康之庶子也　封於會稽　自號於越　於者夷言發聲也　濱在南海　不與中國通　後二十餘世　至於允常　魯定公五年　始伐吳　允常卒　子句踐立　是爲越王　越王元年　魯定公之十四年也　魯哀公二十二年　句踐滅吳　霸中國　卒　春秋後七世　大爲楚所破　遂微弱矣　外傳曰　芈姓歸越　是越本楚之別封也　或非夏后之後也」とある。

傳晉胥克有蠱疾

注〝惑亂して心神を喪失した〟〔昭公元年傳文〕のである。

傳郤缺爲政

㊟趙盾に代わったのである。

傳秋廢胥克　使趙朔佐下軍

㊟「朔」は、盾の子で、胥克に代わったのである。成公十七年の、胥童が郤氏に怨みを抱いていたこと、のために本を張ったのである。

(附)成公十七年の傳文に「胥童以胥克之廢也　怨郤氏」とあり、注に「童　胥克之子　宣八年郤缺廢胥克」とある。

傳冬葬敬嬴　旱無麻　始用葛茀

㊟禮が變わった由來を記したのである。「茀」は、柩を引くためのもの〔ひきなわ〕である。（すでに）殯の時には、これをつけておいて、火災に備え、埋葬の時には、これで柩を下ろす。

(附)僖公三十三年の傳文「遂墨以葬文公　晉於是始墨」の注に「後遂常以爲俗　記禮所由變」とあるのを參照。また、昭公三十年の傳文「晉之喪事　敝邑之間　先君有所助執紼矣」の注に「紼　輓索也」とあるのを參照。

傳雨　不克葬　禮也　禮　卜葬先遠日　辟不懷也

㊟「懷」は、思である。

(附)十四年の傳文「懷於魯矣」の注に、同文がみえる。なお、『爾雅』釋詁に「懷　思也」とあるのを參照。

なお、『禮記』王制「庶人縣封　葬不爲雨止」の疏に「異義公羊說　雨　不克葬　謂天子諸侯也　卿大夫臣賤　不能以雨止　穀梁說　葬既有日　不爲雨止　左氏說　卜葬先遠日　辟不懷　言不汲汲葬其親（雨）不可行事　廢禮不行　庶人不爲雨止」とある。

傳城平陽　書　時也

傳陳及晉平　楚師伐陳　取成而還

㊟晉と楚が霸權を爭ったことを言っているのである。

〔宣公九年〕

經九年春王正月公如齊

㊟傳はない。

經公至自齊

㊟傳はない。

經夏仲孫蔑如京師

經齊侯伐萊

㊟傳はない。

經秋取根牟

㊟「根牟」は、東夷の國である。今、琅邪の陽都縣の東部に牟鄉がある。

(附)『續漢書』郡國志三に「琅邪國（中略）陽都　故屬城陽　有牟臺」とあるのを參照。

【經】八月滕子卒
㊟（名を書いていないのは）同盟していなかった（からである）。
㊎僖公二十三年の傳文に「不書名　未同盟也　凡諸侯同盟　死則赴以名　禮也」とあるのを參照。

【經】九月晉侯宋公衞侯鄭伯曹伯會于扈

【經】晉荀林父帥師伐陳

【經】辛酉晉侯黑臀卒于扈
㊟國外で卒したから、地を書いているのである。（名を書いているのは）四たび文公と同盟した（からである）。九月に「辛酉」はない。日の誤りである。
㊎注の「卒於竟外　故書地」については、文公七年「秋八月公會諸侯晉大夫盟于扈」の注に「扈　鄭地」とあるのを參照。
注の「四與文同盟」については、僖公二十三年の傳文に「凡諸侯同盟　死則赴以名　禮也」とあるのを參照。なお、疏に「杜注春秋　又爲釋例　前後經傳　勘當備盡　豈晉侯二年始立　不于文公之世　而云四與文同盟　必是後寫之誤」とある。
注の「九月無辛酉　日誤」については、疏に「下有十月癸酉　杜以長厤推之　癸酉是十月十六日　辛酉在前十二日耳　故云　九月無辛酉　上有八月　下有十月　非月誤也」とある。

【經】冬十月癸酉衞侯鄭卒
㊟傳はない。（名を書いているのは）三たび文公と同盟した（からである）。
㊎僖公二十三年の傳文に「凡諸侯同盟　死則赴以名　禮也」とあるのを參照。なお、疏に「鄭父燬以僖二十五年卒　鄭代立　其年盟于洮　二十六年于向　二十八年于踐土　文七年于扈　十四年於新城　唯二與文同盟　云三者　以二三字體相近　轉寫之誤耳」とある。

【經】宋人圍滕

【經】楚子伐鄭

【經】晉郤缺帥師救鄭

【經】陳殺其大夫洩冶
㊟洩冶は、淫亂した朝廷で忌憚なく諫めたために、死をまねいたから、《春秋》に貴ばれず、名を書かれているのである。
㊎文公八年に「宋人殺其大夫司馬　宋司城來奔」とあり、傳に「司馬握節以死　故書以官　司城蕩意諸來奔　效節於府人而出（中略）亦書以官　皆貴之也」とあるのを參照。なお、疏に引く『釋例』に「魯哀之

可諫者甚衆　未聞仲尼之苦言　至於陳恒弑其君　孔子沐浴而朝　告於哀公　求討不義　顯事施舍　足以致益者　固人臣之所當造膝也　若乃情色之惑　君不能得之於臣　父不能得之於子　臣子而欲顯直於其君父　適所以益謗而致罪也　陳靈公宣淫　悖徳亂倫　志同禽獸　非盡言所救　洩冶進無匡濟遠策　退不危行言孫　安昏亂之朝　慕匹夫之直　忘蘧氏可卷之徳　死而無益　故經同罪賤之文　傳特稱仲尼以明之　忠爲令徳　非其人猶不可　況不令乎　此其義也」とある。ちなみに、『孔子家語』子路初見に「子貢曰　陳靈公宣婬於朝　泄冶正諫而殺之　是與比干諫而死同　可謂仁乎　子曰　比干於紂　親則諸父　官則少師　忠款之心　在於宗廟而已　固必以死爭之　冀身死之後　紂將悔寤　其本志情在於仁者也　泄冶之於靈公　位在大夫　無骨肉之親　懷寵不去　仕於亂朝　以區區之一身　欲正一國之婬昏　死而無益　可謂狷矣　詩曰　民之多僻　無自立辟　其泄冶之謂乎」とある。

【傳】九年春王使來徵聘

【注】「徵」は、召〔もとめる〕である。周が微力だったことを言っているのである。聘をもとめたことを(經に)書いていないのは、ほのめかすだけで、はっきりとはさし示さなかったのである。

【附】『説文』に「徵　召也」とある。なお、安井衡『左傳輯釋』に「經書春王正月公如齊　夏仲孫蔑如京師　兩事並書　魯親與國而輕王室之意自見　所謂屬辭比事　春秋之教也　傳擧事實而釋之曰　王使來徵聘　夫公數朝于齊　而周則徵而後聘之　其爲非禮大矣」とあるのを參照。

なお、注の四つの「徵」のうち、二番目と四番目の「徵」は、四部叢刊本に従って、「微」に改める。

【傳】夏孟獻子聘於周　王以爲有禮　厚賄之

【傳】秋取根牟　言易也

【傳】滕昭公卒

【注】「宋(人)圍滕」のために傳したのである。

【附】下の傳文に「冬宋人圍滕　因其喪也」とある。

【傳】會于扈　討不睦也

【注】齊と陳について相談したのである。

【傳】陳侯不會

【注】前年に楚と和平したからである。

【附】八年の傳文に「陳及晉平　楚師伐陳　取成而還」とある。

【傳】晉荀林父以諸侯之師伐陳

【注】諸侯の師を書いていないのは、林父がこれらを(まとめて一人で)ひきい、(他に、諸侯の師ごとには)将師がいなかった、からである。

【附】上の經に「晉荀林父帥師伐陳」とある。ちなみに、僖公二十八年には「夏四月己巳晉侯齊師宋師秦師及楚人戰于城濮」とある。

【傳】晉侯卒于扈　乃還

[傳]冬宋人圍滕　因其喪也

[傳]陳靈公與孔寧儀行父通於夏姬　皆衷其衵服　以戲于朝

㊟二子は、陳の卿である。「夏姬」は、鄭の穆公の女で、陳の大夫の御叔の妻である。「衷」は、懷〔中に着込む〕である。「衵服」は、からだに近接する衣〔肌着〕である。

(附)注の「衷　懷也」については、襄公二十七年の傳文「楚人衷甲」の注に「甲在衣中」とあるのを參照。注の「衵服　近身衣」については、穀梁傳文に「或衷其襦」とあるのを參照。

[傳]洩冶諫曰　公卿宣淫　民無效焉

㊟「宣」は、示である。

(附)昭公九年の傳文に「以宣示其侈」とあるのを參照。なお、傳文の「効」は、挍勘記に従って、「效」に改める。

[傳]且聞不令　君其納之

㊟衵服をしまえ、ということである。

[傳]公曰　吾能改矣　公告二子　二子請殺之　公弗禁　遂殺洩冶　孔子曰

詩云　民之多辟　無自立辟　其洩冶之謂乎

㊟（上の）「辟」は、邪であり、（下の）「辟」は、法である。「詩」は、大雅（板）である。まちがっている世の中では、（自分から）法を立ててはならず、國がみだれているときには、行ないは高潔に保つが、言葉はひかえめにする、ということである。

(附)毛傳に「辟　法也」とあり、鄭箋に「民之行多爲邪辟者　乃女君臣之過」とあるのを參照。また、『論語』憲問に「邦無道　危行言孫」とあり、〈集解〉に「孫　順也　厲行不隨俗　順言以遠害」とあるのを參照。

[傳]楚子爲厲之役　故伐鄭

㊟六年に、楚が鄭を伐ち、厲で和平を取りつけたが、和平すると、鄭伯は逃げ歸った。事は、十一年にみえる。

(附)六年の傳文に「楚人伐鄭　取成而還」とあり、注に「九年十一年傳所稱厲之役　蓋在此」とある。また、十一年の傳文に「厲之役　鄭伯逃歸」とあり、注に「蓋在六年」とある。

[傳]晉郤缺救鄭　鄭伯敗楚師于柳棼

㊟「柳棼」は、鄭地である。

[傳]國人皆喜　唯子良憂曰　是國之災也　吾死無日矣

㊟これ以後、晉と楚とが交代で鄭を伐ち、十二年には、とうとう、楚子が鄭に入城するという禍がおこった。

(附)十年に「晉人宋人衞人曹人伐鄭」とあり、「楚子伐鄭」とある。また、十二年に「楚子圍鄭」とあり、傳に「三月克之　入自皇門　至于逵路」とある。

〔宣公十年〕

[經]十年春公如齊　公至自齊

㊟傳はない。

【經】齊人歸我濟西田

㊟元年に、齊におくったのである。「來」と言っていないのは、公が齊に行ったついでに受けとった、からである。

㈶元年の傳文に「六月齊人取濟西之田　爲立公故　以賂齊也」とある。なお、穀梁傳文に「不言來　公如齊受之也」とあるのを參照。

【經】夏四月丙辰日有食之

㊟傳はない。「朔」を書いていないのは、史官が書き漏らしたのである。

【經】己巳齊侯元卒

㊟（名を書いているのは）同盟はしていなかったけれども、名をもって赴告してきた（からである）。

㈶僖公二十三年の傳文に「凡諸侯同盟　死則赴以名　禮也　赴以名則亦書之」とあり、注に「謂未同盟」とあるのを參照。

【經】齊崔氏出奔衞

㊟齊が（名を言わず）略して（「崔氏」と言い）、一族がこぞって出奔したことを示してきたので、その赴告の表現を（改めずに）そのまま使って、罪がないことをあらわしたのである。

㈶下の傳文に「書曰崔氏　非其罪也　且告以族　不以名」とある。なお、穀梁傳文に「氏者　擧族而出之辭也」とあるのを參照。

【經】公如齊　五月公至自齊

㊟傳はない。

【經】癸巳陳夏徵舒弑其君平國

㊟「徵舒」は、陳の大夫である。靈公の惡行が民にまでは及ばなかったから、臣を稱して弑しているのである。

㈶四年の傳文に「凡弑君　稱君　君無道也　稱臣　臣之罪也」とあるのを參照。

【經】六月宋師伐滕

【經】公孫歸父如齊　葬齊惠公

㊟傳はない。「歸父」は、襄仲の子である。

㈶十八年の傳文「公孫歸父以襄仲之立公也　有寵」の注に、ほぼ同文がみえる。なお、『史記』魯世家「襄仲立宣公　公孫歸父有寵」の〈集解〉に「服虔曰　歸父　襄仲之子」とあるのを參照。

【經】晉人宋人衞人曹人伐鄭

㊟鄭が楚と和平したからである。

㈶下の傳文に「鄭及楚平　諸侯之師伐鄭　取成而還」とある。

【經】秋天王使王季子來聘

【注】「王季子」は、〈公羊〉では、天王の同母弟としている。とすれば、字〔あざな〕が季子である。天子の大夫は字を稱する。

【附】公羊傳文に「王季子者何　天子之大夫也　其稱王季子何　貴也　其貴奈何　母弟也」とある。なお、隱公元年「冬十有二月祭伯來」の疏に引く『釋例』に「王之公卿皆書爵　祭伯凡伯　是也　大夫稱字　南季榮叔　是也　元士中士稱名　劉夏石尚　是也　下士稱人　公會王人于洮　是也」とあるのを參照。なお、疏に引く『釋例』に「朝聘盟會　嘉好之事　此兄弟之篤睦　非義例之所興　故仍舊史之策　或稱弟　或稱公子」とある。

【經】公孫歸父帥師伐邾　取繹

【注】「繹」は、邾の邑である。魯國の鄒縣の北部に繹山がある。

【附】文公十三年の傳文「邾文公卜還于繹」の注に、同文がみえる。なお、その【附】を參照。

【經】大水

【注】傳はない。

【經】季孫行父如齊

【經】冬公孫歸父如齊　齊侯使國佐來聘

【注】埋葬がすんで成君となっていたから、君を稱して使者に命じているのである。

【附】上に「葬齊惠公」とある。なお、僖公九年の傳文に「春宋桓公卒　未葬而襄公會諸侯　故曰子　凡在喪　王曰小童　公侯曰子」とあり、注に「在喪　未葬也」とあるのを參照。

【經】饑

【注】傳はない。（「饑」と書いているのは）水害があり、嘉穀〔黍稷〕がみのらなかった（からである）。

【附】上に「大水」とある。なお、莊公七年に「秋大水」とあり、ついで「無麥苗」とあり、傳に「秋無麥苗　不害嘉穀也」とあり、注に「黍稷尚可更種　故曰不害嘉穀」とあるのを參照。

【經】楚子伐鄭

【傳】十年春公如齊　齊侯以我服故　歸濟西之田

【注】公が毎年のように齊に朝したからである。

【傳】夏齊惠公卒　崔杼有寵於惠公　高國畏其偪也

【注】「高」・「國」の二家は、齊の正卿である。

【附】僖公十二年の傳文に「有天子之二守國高在」とあり、注に「國子高子

天子所命爲齊守臣　皆上卿也」とあるのを參照。

【傳】公卒而逐之　奔衞　書曰崔氏　非其罪也　且告以族　不以名

㊟典策の法では、赴告（に登場）する人物は、誰でもみな、名をもって書かなければならない。（ところが）今ここでは、齊が特別に族をもって赴告してきたので、夫子は、その表現を（改めずに）そのまま殘し、それによって、罪がないことを示したのである。さらに「かつ、赴告するのに、族をもってし、名をもってしなかった、からである」と言っているのは、《春秋》は、赴告の表現をそのまま使っている場合があり、必ずしも、もとのものを改めているとは限らない、ということを明らかにしたのである。

(附)疏に引く『釋例』に「若乃稱司城　以貴效節於府人　書歸父之還　以善復命於介　因齊人告辭　以著其無罪　蓋隨事以示褒貶也　傳既云書曰崔氏　以明非罪　復云　且告以族　不以名　知典策之書　舊當以名通也　齊國雖繆以族告　適合仲尼所褒之實　因而不革　以示無罪且明春秋之作　或因仍舊史成文　不必皆有改也」とある。また、序「然亦有史所不書　卽以爲義者　此蓋春秋新意　故傳不言凡　曲而暢之也」の疏に引く『釋例』終篇に「若宣十年崔氏出奔衞　傳稱　書曰崔氏　非其罪也　且告以族　不以名　是告不以名　故知舊史無名　及仲尼脩經　無罪見逐　例不書名　此舊史之文　適當孔子之意　不得不因而用之」とある。なお、序に「其餘則皆卽用舊史　史有文質　辭有詳略　不必改也」とあるのを參照。

なお、注の最後の「史」は、挍勘記に從って、衍文とみなす。

【傳】凡諸侯之大夫違

㊟「違」とは、出奔した場合と放逐された場合とである。

(附)疏に引く『釋例』に「迫窘而奔　及以禮見放　倶去其國　故傳通以違爲文」とある。

【傳】告於諸侯曰　某氏之守臣某

㊟上の「某氏」は、姓であり、下の「某」は、名である。

【傳】失守宗廟　敢告　所有玉帛之使者則告

㊟「玉帛之使」とは、聘をいう。

【傳】不然則否

㊟よしみを交えていないから、赴告もしないのである。

【傳】公如齊　奔喪

㊟公が自身で奔喪したのは、非禮である。公が（國を）出て、朝會し、奔喪し、會葬した場合は、いずれもみな、（單に）「如」と書いて、その用事を（詳しく）言わないのが、史官の常法である。

(附)昭公三十年の傳文に「先王之制　諸侯之喪　士弔　大夫送葬」とあるのを參照。また、同三年の傳文に「昔文襄之霸也　其務不煩諸侯（中略）君薨　大夫弔　卿共葬事」とあり、注に「蓋時俗過制　故文襄雖節之　猶過於古」とあるのを參照。

【傳】陳靈公與孔寧儀行父飲酒於夏氏　公謂行父曰　徵舒似女　對曰　亦似君　徵舒病之

〔注〕靈公が卽位して以來、ここで十五年であり、徵舒はすでに卿となり、年も長じていて、公の子であるかにまぎらわしい點はない。おそらく、夏姬が淫亂だったため、その子がよく似ていると言って、ふざけあったのであろう。

〔附〕九年の傳文に「陳靈公與孔寧儀行父通於夏姬　皆衷其衵服　以戲于朝」とある。なお、『史記』陳世家に「十五年　靈公與二子飲於夏氏　公戲二子曰　徵舒似汝　二子曰　亦似公　徵舒怒」とあるのを參照。なお、注の「謂其子爲似」の「爲」は、諸本に從って、「多」に改める。

〔傳〕公出　自其廏射而殺之　二子奔楚

〔傳〕滕人恃晉而不事宋　六月宋師伐滕

〔傳〕鄭及楚平

〔注〕前年に楚の師を敗ったため、楚が深く怨んでいることを恐れたから、楚と和平したのである。

〔附〕九年の傳文に「鄭伯敗楚師于柳棼」とある。

〔傳〕諸侯之師伐鄭　取成而還

〔傳〕秋劉康公來報聘

〔注〕孟獻子の聘に返報したのである。（「劉康公」は）王季子に他ならない。後に、劉に采地を食んだのである。

〔附〕上の經に「秋天王使王季子來聘」とある。また、九年の經に「夏仲孫蔑如京師」とあり、傳に「夏孟獻子聘於周」とある。なお、『國語』周語中「定王八年　使劉康公聘於魯」の韋注に「劉　畿內之國　康公王卿士王季子也」とあるのを參照。

〔傳〕師伐邾　取繹

〔注〕（下の）「子家如齊」のために傳したのである。

〔傳〕季文子初聘于齊

〔注〕齊侯があらたに卽位した（からである）。

〔傳〕冬子家如齊　伐邾故也

〔注〕魯は、小國を侵略したため、齊にとがめられることを恐れたから、（齊に）往って陳謝したのである。

〔傳〕國武士來報聘

〔注〕文子（の聘）に返報したのである。

〔附〕すぐ上の傳文に「季文子初聘于齊」とある。

〔傳〕楚子伐鄭　晉士會救鄭　逐楚師于潁北

〔注〕「潁」水は、河南の陽城に發し、下蔡に至って、淮水にそそいでいた。

〔附〕疏に引く『釋例』に「潁水　出河南陽城縣陽乾山　東南經潁川汝陰至淮南下蔡縣入淮也」とある。なお、『漢書』地理志上に「潁川郡

（中略）陽城（中略）陽乾山　潁水所出　東至下蔡入淮」とあるのを參照。

【傳】諸侯之師戍鄭

【傳】鄭子家卒　鄭人討幽公之亂　斲子家之棺　而逐其族

㊟四年に君を弑したからである。その棺（のあつみ）をうすくし、卿としての禮をとらせなかったのである。

㈲『史記』鄭世家に「六年　子家卒　國人復逐其族　以其弑靈公也」とあるのを參照。また、『禮記』喪大記に「君　大棺八寸　屬六寸　椑四寸　上大夫　大棺八寸　屬六寸　下大夫　大棺六寸　屬四寸　士棺六寸」とあるのを參照。なお、異説として、劉文淇『春秋左氏傳舊注疏證』に「三國魏志王淩傳　朝議咸以爲春秋之義　齊崔杼鄭歸生〔子家〕皆加追戮　陳屍斲棺　載在方策　淩愚罪宜如舊典　晉書劉牢之傳　牢之喪歸丹徒　桓玄令斲棺斬首　暴尸於市　魏書韓子熙傳　元義害清河王懌　子熙等上書　謂成禍之末　良由劉騰　騰合斲棺斬骸　沈其五族　遂剖騰棺　詳王淩傳稱春秋之義　則此傳舊説　謂陳子家之尸　追戮之也　以陳尸而斲棺　斲謂剖也　晉魏書説斲棺皆同」とある。

【傳】改葬幽公　謚之曰靈

〔宣公十一年〕

【經】十有一年春王正月

【經】夏楚子陳侯鄭伯盟于辰陵

㊟楚がまた鄭を伐ったから、（鄭は）盟を受け入れたのである。「辰陵」は、陳地である。潁川の長平縣の東南部に辰亭がある。

㈲十年に「楚子伐鄭」とある。また、下の傳文に「春楚子伐鄭及櫟（中略）乃從楚　夏楚盟于辰陵　陳鄭服也」とある。なお、『水經注』洧水に「經書魯宣公十一年楚子陳侯鄭伯盟于辰陵也　京相璠曰　潁川長平有故辰亭　杜預曰　長平縣東南有辰亭　今此城在長平城西北　長平城在東南　或杜氏之謬　傳書之誤耳」とあるのを參照。

【經】公孫歸父會齊人伐莒

㊟傳はない。

【經】秋晉侯會狄于欑函

㊟晉侯が（先方に）往って會したから、狄を會主としているのである。「欑函」は、狄地である。

㈲疏に「凡諸侯聚會　魯不與者　皆歷序諸國云會于某地　上盟于辰陵卽其事也　狄從諸夏　序列亦然　僖三十年齊人狄人盟于邢是也　此異於彼而云晉侯會狄　是狄在彼地　晉往會之　故傳説晉大夫欲召狄　郤成子勸其勤　是晉侯自往　故以狄爲會主　成十五年會吳于鍾離　襄十年會吳于柤　其意與此同」とある。ちなみに、襄公十年「會吳于柤」の注に「吳子在柤　晉以諸侯往會之　故曰會吳」とある。

【經】冬十月楚人殺陳夏徵舒

【注】「楚子」と言わずに、「人」と稱しているのは、賊を討ったという表現である。

【附】疏に「討賊辭者　言弑君之賊　人人皆欲殺之　作舉國共殺之文　故不言楚子也」とある。なお、文公七年の傳文「書曰宋人殺其大夫　不稱名　衆也　且言非其罪也」の疏に引く『釋例』に「若死者有罪　則不稱殺者名氏　晉殺其大夫陽處父　是也」とあるのを參照。

【經】丁亥楚子入陳

【注】楚子は、はじめ、徵舒を殺して、陳を（楚の）縣にしようとし、その後、申叔時の諫言を聞いて、もとどおり陳を封じ、（結局）その土地を占有しなかった。だから、「入」を、徵舒を殺したことの後に書いているのである。

【附】下の傳文に「遂入陳　殺夏徵舒」とあって、實は、「入」の方が、「殺」より先である。なお、襄公十三年の傳文に「弗地　曰入」とあり、注に「謂勝其國邑　不有其地」とあるのを參照。

【經】納公孫寧儀行父于陳

【注】二子は、淫亂な人物であったが、君が弑された後、國外では、よく楚にたよって、君の讎に報いることを求め、國内では、よく強力な味方をあつめたから、楚の莊王が、やすやすと陳を討ち、君を弑した賊を除くことができ、この時、陳の成公は、晉に流寓していたが、（その結果）亡君の後嗣として（本國に）おちつき、靈公の喪がきちんと行なわれた。（つまり、二子のおかげで）賊が討たれ、國がもとにもどったのであり、（二子は）功績が過失を補うのに充分であるから、君子は、楚が彼らをもどしたことをほめたのである。

【附】疏に引く『釋例』に「陳縣而見復　上下交驩　二人雖有淫縱之闕　今道楚匡陳　賊討君葬」とあるのを參照。なお、異説として、同『釋例』に「賈氏依放穀梁云　稱納者　内難之辭」とあり、また、疏に「賈逵云　二子不繫之陳　絶於陳也　惡其與君淫　故絶之　善楚有禮也」とある。

なお、注の「於時陳成公播蕩於晉」については、襄公二十五年の傳文に「夏氏之亂　成公播蕩」とあり、注に「播蕩　流移失所　宣十年陳夏徵舒弑靈公　靈公之子成公奔晉」とあるのを參照。

【傳】十一年春楚子伐鄭　及櫟　子良曰　晉楚不務德而兵爭　與其來者可也　晉楚無信　我焉得有信　乃從楚　夏楚盟于辰陵　陳鄭服也

【注】傳は、楚と晉とがかわるがわる盟を主宰したことを言っているのである。

【附】襄公二十七年の傳文に「且晉楚狎主諸侯之盟也久矣」とあり、注に「狎　更也」とあるのを參照。

【傳】楚左尹子重侵宋

【注】「子重」は、公子嬰齊で、莊王の弟である。

【傳】王待諸郔

㊟「郔」は、楚地である。
【傳】令尹蔿艾獵城沂
㊟「艾獵」は、孫叔敖である。「沂」は、楚の邑である。
(附)十二年の傳文に「令尹孫叔敖弗欲」とある。なお、疏に「服虔亦云
艾獵　蔿賈之子　孫叔敖也」とあるのを參照。
【傳】使封人慮事
㊟「封人」とは、當時の築城をつかさどる者である。「慮事」とは、おおよその見積りをすることである。
(附)注の「謀慮計功」の「謀」は、挍勘記に從って、「無」に改める。なお、安井衡『左傳輯釋』に「正義　慮事者　謀慮城築之事　無則慮之　詑則計功　史書多有無慮之語　皆謂揆度前事也　顧炎武云　慮　籌度也　惠棟云　大司馬職云　大役　與慮事屬其植　先鄭亦謂謀慮其事　服虔曰　封人　司徒之屬官　阮元云　宋本岳本足利本　注謀作無　按正義　當作無　衡案　周禮封人　掌設王之社壝　爲畿封而樹之　凡封國　設其社稷之壝　封其四疆　造都邑之封域者　亦如之　是封人掌土功之事　故使之慮事也　據正義　注謀作無是也　其云無則慮之　詑則計功　則非也　無慮指都數　謂總計築城之功役　然解慮爲無慮　竟屬强說　顧說可從」とあるのを參照。
【傳】以授司徒
㊟司徒が役丁をつかさどる(からである)。
【傳】量功命日
㊟工期をきめたのである。
【傳】分財用
㊟「財用」は、工具である。
【傳】平板幹
㊟「幹」は、楨〔はしら〕である。
(附)『爾雅』釋詁に「楨　幹也」とあるのを參照。
【傳】稱畚築
㊟(作業の)輕重をはかったのである。「畚」は、土を盛る器である。
(附)疏に「築者　築土之杵（中略）稱畚築者　量其輕重　均負土與築者之力也」とある。
【傳】程土物
㊟(ために、資材の)必要量をきめたのである。
(附)楊伯峻『春秋左傳注』に「程土物者　土方與材木皆先計算之　作爲程限　使之預備不致停工待料」とあるのを參照。
【傳】議遠邇
㊟(遠くと近くとで)勞力を均等にしたのである。
【傳】略基趾
㊟「趾」は、城足〔城壁のねもと〕である。「略」は、行である。
(附)注の「趾　城足」については、桓公十三年の傳文「擧趾高」の注に「趾　足也」とあるのを參照。
注の「略　行也」については、隱公五年の傳文「吾將略地焉」の注に「略　摠攝巡行之名」とあるのを參照。

【傳】具餱糧

㊟「餱」は、乾食（ほしいい）である。

(附)襄公九年の傳文「盛餱糧」の注に、同文がみえる。なお、『說文』に「餱　乾食也」とあるのを參照。

㊟現場監督を審査したのである。

【傳】度有司

【傳】事三旬而成

㊟十日を「旬」という。

(附)『說文』に「十日爲旬」とあるのを參照。

【傳】不愆于素

㊟最初にきめた工期をたがえなかった。傳は、叔敖がうまく民を使ったことを言っているのである。

(附)昭公四年の傳文「則冬無愆陽」等の注に「愆　過也」とある。なお、哀公元年の傳文「夫屯晝夜九日　如子西之素」の注に「子西本計爲壘當用九日而成」とあるのを參照。

【傳】晉郤成子求成于衆狄　衆狄疾赤狄之役　遂服于晉

㊟赤狄の潞氏は、（狄の中で）最も強かったから、衆狄を使役していたのである。

(附)十五年に「六月癸卯晉師滅赤狄潞氏」とある。

【傳】秋會于欑函　衆狄服也　是行也　諸大夫欲召狄　郤成子曰　吾聞之　非德　莫如勤　非勤　何以求人　能勤　有繼　其從之也

㊟勤勞すれば、成果があとからついてくる、ということである。

【傳】詩曰　文王旣勤止

㊟「詩」は、（周）頌（賚）である。文王は、勤勞して功業をはじめた、ということである。

【傳】文王猶勤　況寡德乎

【傳】冬楚子爲陳夏氏亂故　伐陳

㊟十年に、夏徵舒が君を弒した（からである）。

(附)十年に「（五月）癸巳陳夏徵舒弒其君平國」とある。

【傳】謂陳人　無動　將討於少西氏

㊟「少西」は、徵舒の祖父の子夏の名である。

(附)『國語』楚語上に「昔陳公子夏爲御叔娶於鄭穆公（韋注　公子夏　陳宣公之子　御叔之父也）生子南　子南之母亂陳而亡之（韋注　子南夏徵舒之字）使子南戮於諸侯」とあるのを參照。

【傳】遂入陳　殺夏徵舒　轘諸栗門

㊟「轘」は、車裂きである。「栗門」は、陳の城門である。

(附)桓公十八年の傳文「七月戊戌齊人殺子亹而轘高渠彌」の注に「車裂曰轘」とある。なお、『說文』に「轘　車裂人也（中略）春秋傳曰　轘諸栗門」とあるのを參照。

【傳】因縣陳

㊟陳を滅して、楚の縣に（しようと）したのである。

【傳】陳侯在晉

㊟霊公の子の成公午である。

【傳】申叔時使於齊　反　復命而退　王使讓之　曰　夏徵舒爲不道　弑其君　寡人以諸侯討而戮之　諸侯縣公皆慶寡人

㊟楚の縣大夫は、いずれもみな、「公」を僭稱していたのである。

（附）異説として、王引之『經義述聞』に「縣公猶言縣尹也　與公侯之公不同　如謂楚僭稱王　其臣僭稱公　則楚官之貴者無如令尹司馬　何以令尹司馬不稱公　而稱公者反在縣大夫乎　襄二十五年傳　齊棠公之妻東郭偃之姊也　杜注曰　棠公　齊棠邑大夫　齊之縣大夫亦稱公　則公爲縣大夫之通稱　非僭擬於公侯也　若以爲僭　則公尊於侯　齊君但稱侯　豈有其臣反稱公者乎　鄉飲酒禮　諸公大夫　鄭注曰　大國有孤四命　謂之公　則孤卿得稱公　亦非公侯之公也」とある。

なお、『史記』陳世家「申叔時使於齊來還　獨不賀」の〈集解〉に「賈逵曰　叔時　楚大夫」とある。

【傳】女獨不慶寡人　何故　對曰　猶可辭乎　王曰　可哉　曰　夏徵舒弑其君　其罪大矣　討而戮之　君之義也　抑人亦有言曰　牽牛以蹊人之田

㊟「抑」は、辭〔助辭〕である。「蹊」は、徑〔よこぎる〕である。

（附）『史記』陳世家及び楚世家に、「牽牛徑人田」とあるのを參照。なお、僖公二十五年の傳文に「昔趙衰以壺飧從徑　餒而弗食」とあり、注に「徑猶行也」とある。

【傳】而奪之牛　牽牛以蹊者　信有罪矣　而奪之牛　罰已重矣　諸侯之從也　曰討有罪也　今縣陳　貪其富也　以討召諸侯　而以貪歸之　無乃不可乎　王曰　善哉　吾未之聞也　反之　可乎　對曰　吾儕小人所謂取諸其懷而與之也

㊟叔時は、謙遜して、〝小人の淺知恵ながら〟と言ったのである。たとえば、〝人の物をそのふところから取って（それを）かえす〟ようなもので、かえさないよりはましである、ということである。

【傳】乃復封陳　鄉取一人焉以歸　謂之夏州

㊟「州」は、鄉の類である。夏氏を討って獲たものであることを示したのである。

【傳】故書曰　楚子入陳　納公孫寧儀行父于陳　書有禮也

㊟陳を縣にしようとした楚のはじめの意圖をかくし、全面的に、亂を討って國を存續させたという表現にして、楚が禮にかなっていたことをほめたのである。

（附）襄公十三年の傳文に「弗地　曰入」とあり、注に「謂勝其國邑　不有其地」とあるのを參照。

なお、注の「復禮」の「復」は、疏の文に從って、「得」に改める。

【傳】厲之役　鄭伯逃歸

㊟おそらく、六年のことであろう。

（附）六年の傳文に「楚人伐鄭　取成而還」とあり、注に「九年十一年傳所稱厲之役　蓋在此」とある。また、九年の傳文に「楚子爲厲之役　故伐鄭」とあり、注に「六年楚伐鄭　取成於厲　既成　鄭伯逃歸　事見十一年」とある。

【傳】自是楚未得志焉　鄭既受盟于辰陵　又徼事于晉

㊟明年の「楚(子)圍鄭」のために傳したのである。(つまり)十年に鄭が楚と和平したことについて、(經に)その記載がないうえに、さらに、辰陵の盟の後、鄭が晉に仕えることを求めたことについても、(經に)その痕跡がみえないから、傳は、いずれもみな、特に發して、經を明らかにしたのである。厲の役以來、鄭は南・北〔楚・晉〕の兩方に從屬したから、(楚の)思いどおりにはならなかった(と言っている)のである。(なお)九年の「楚子伐鄭」について、(傳が)黑壤(の會)ゆえに討伐をおこしたとせずに、遠く厲の役を稱している〔それより前の厲の役を理由としてもち出している〕のは、(楚子の)氣持ちとしては、厲の役(の方)に腹を立てていた、からであり、このようなものは、いずれもみな、傳の、上下で呼應させるという趣意〔やり方〕である。

(附)注の前半については、疏に「傳若不發此語　不知楚以何故明年忽然圍鄭　爲此特發此傳　以明後年圍鄭之經也」とある。なお、序に「故傳或先經以始事」とあるのを參照。

注の後半については、疏に「七年晉爲黑壤之會　鄭伯在焉　厲役在黑壤之前　九年傳言楚子爲厲之役故伐鄭　事在黑壤之後　而彼傳不以黑壤興伐而遠稱厲之役者　楚子之志　所恨在於厲役逃歸　不爲黑壤會晉故也」とある。

なお、注の最後の「此皆傳上下相包通之義也」については、疏に「上指厲役　下指辰陵　中包黑壤」とあるが、意味がいま一つはっきりしない。

卷第二十三

〔宣公十二年〕

[經]十有二年春葬陳靈公

㊟傳はない。賊が討たれ、國がもとにもどって、(弑されてから)二十一箇月後に(ようやく)葬ることが出來たのである。

(附)十年に「(五月)癸巳陳夏徵舒弑其君平國」とある。また、十一年の傳文に「冬楚子爲陳夏氏亂故伐陳(中略)遂入陳　殺夏徵舒轘諸栗門因縣陳(中略)乃復封陳」とある。なお、「二十一月」とあるから、杜預は、この埋葬を正月のこととして解している。

[經]楚子圍鄭

㊟前年に、辰陵で(楚と)盟っておきながら、さらに、晉に仕えることを求めた、からである。

(附)十一年の傳文に「鄭既受盟于辰陵　又徼事于晉」とある。

[經]夏六月乙卯晉荀林父帥師及楚子戰于邲　晉師敗績

㊟晉の上軍が陣を整えていたから、「戰」と書いているのである。「邲」は、鄭地である。

(附)注の前半については、下の傳文に「中軍下軍爭舟　舟中之指可掬也　晉師右移　上軍未動」とあり、注に「言餘軍皆移去　唯上軍在　經所以書戰　言猶有陳」とある。なお、莊公十一年の傳文に「凡師　敵未陳曰敗某師　皆陳曰戰」とあり、その疏に引く『釋例』に「邲之戰

上軍先陳　林父乃敗　故書戰　又書敗也」とあるのを參照。
注の後半については、異説として、『說文』に「邲　晉邑也（中略）
春秋傳曰　晉楚戰于邲」とある。

經秋七月

經冬十有二月戊寅楚子滅蕭

注「蕭」は、宋の附庸の國である。十二月ならば、戊寅(の日)はない。戊寅ならば、十一月九日である。

附注の前半については、莊公二十三年「蕭叔朝公」の注に「蕭　附庸國」とある。なお、その附を參照。
注の後半については、疏に引く『長麻』に「日月必有誤」とある。

經晉人宋人衛人曹人同盟于清丘

注晉と衛は、盟に背いたから、大夫を（貶して）「人」と稱しているのである。宋の華椒は、羣僞〔晉・衛等の不實な諸國〕の誘いを承けて、その國を誤まらせたから、宋に信を守るという善があったとしても、椒(自身)は譏りを免れない〔やはり「人」と稱している〕のである。「清丘」は、衛地である。今、濮陽縣の東南部にある。

附注の「晉衛背盟　故大夫稱人」については、下の傳文に「晉原縠宋華椒衛孔達曹人同盟于清丘　曰　恤病討貳　於是卿不書　不實其言也」とあり、注に「宋伐陳　衛救之　不討貳也　楚伐宋　晉不救　不恤病也」とある。
注の「宋華椒云云」については、下の傳文に「宋爲盟故　伐陳」とある。なお、十三年の傳文に「夏楚子伐宋　以其救蕭也　君子曰　清丘之盟　唯宋可以免焉」とあり、注に「宋討陳之貳　今宋見伐　晉衛不顧盟以恤宋　而經同貶宋大夫　傳嫌華椒之罪累及其國　故曰　唯宋可以免」とあるのを參照。
注の「清丘　衛地云云」については、『續漢書』郡國志三に「東郡（中略）濮陽（中略）有清丘」とあるのを參照。

經宋師伐陳　衛人救陳

注（衛が、離叛した者は討つという）清丘の盟に背いたのである。

傳十二年春楚子圍鄭　旬有七日　鄭人卜行成　不吉　卜臨于大宮

注「臨」は、哭である。「大宮」は、鄭の祖廟である。

附注の「臨　哭也」については、『太平御覽』巻第四百八十に「賈逵曰　臨　哭也」とあるのを參照。
注の「大宮　鄭祖廟」については、隱公十一年の傳文「五月甲辰授兵於大宮」の注、及び桓公十四年の傳文「以大宮之椽歸」の注に、同文がみえる。

傳且巷出車　吉

注車を巷街に出すのは、いずれ（よそに）遷され、（そこに）安住できないことを示すためである。

附異説として、『太平御覽』巻第四百八十に「賈逵曰（中略）巷出車

陳於巷街　示雖困不降　必欲戰也」とある。

【傳】國人大臨　守陴者皆哭

【注】「陴」は、城壁の上の俾倪〔ひめがき〕である。そろって哭したのは、楚に(自分達が)困窮していることを知らせるためである。

【附】『説文』に「陴　城上女牆　俾倪也」とあるのを參照。また、『釋名』釋宮室に「城上垣曰睥睨　言於其孔中睥睨非常也　亦曰陴　陴　裨也　言裨助城之高也　亦曰女墻　言其卑小比之於城　若女子之於丈夫也」とあるのを參照。

【傳】楚子退師　鄭人脩城　進復圍之　三月克之

【注】(楚は)鄭が困窮して哭するのをあわれんだから、ために師を退かせたのだが、それでもなお、服従しなかったから、さらにまた九十日間〔三箇月間〕圍んだのである。

【附】疏に「杜以三月克之　謂圍經三月　方始克之　故云九十日也」とある。

【傳】入自皇門　至于逵路

【注】みちに九車がならべられるもの〔大通り〕を「逵」という。

【附】隱公十一年の傳文「及大逵」の注に「逵　道方九軌也」とある。なお、その【附】を參照。

なお、『史記』楚世家「入自皇門」の〈集解〉に「賈逵曰　鄭城門」とある。

【傳】鄭伯肉袒牽羊以逆

【注】「肌脱ぎして羊をひいた」とは、服従して臣僕となることを示したのである。

【附】『史記』楚世家「鄭伯肉袒牽羊以逆」の〈集解〉に「賈逵曰　肉袒牽羊　示服爲臣隸也」とあるのを參照。

【傳】曰　孤不天

【注】天に助けてもらえなかった、ということである。

【附】襄公二十三年の傳文に「欒盈夜見胥午而告之　對曰　不可　天之所廢　誰能興之　子必不免　吾非愛死也　知不集也　盈曰　雖然　因子而死　吾無悔矣　我實不天　子無咎焉」とあり、注に「言我雖不爲天所祐　子無大咎　故可因」とあるのを參照。なお、異説として、楊伯峻『春秋左傳注』に「不爲天佑與下句不能事君難聯接　不天者　不承奉天之旨意也　杜注不確」とある。

【傳】不能事君　使君懷怒以及敝邑　孤之罪也　敢不唯命是聽　其俘諸江南以實海濱　亦唯命　其翦以賜諸侯　使臣妾之　亦唯命

【注】「翦」は、削〔けづりとる〕である。

【附】襄公十四年の傳文「毋是翦棄」等の注に、同文がみえる。

【傳】若惠顧前好

【注】楚と鄭との間には、代々、盟誓のよしみがあった。

【傳】徼福於厲宣桓武　不泯其社稷

【注】周の厲王・宣王は、鄭が出たところであり、鄭の桓公・武公は、始めて封ぜられた賢君である。楚が、この四君に福をもとめ、社稷を滅びないようにしてくれる、ことを願ったのである。「泯」は、滅と同じである。

【附】注の「周厲王宣王云云」については、僖公二十四年の傳文に「又有厲宣之親」とあり、注に「鄭始封之祖　桓公友　周厲王之子　宣王之母弟」とあるのを參照。また、『史記』鄭世家に「宣王立二十二年　友初封于鄭（中略）犬戎殺幽王於驪山下　并殺桓公　鄭人共立其子掘突　是爲武公」とあるのを參照。

注の「願楚要福于此四君云云」については、文公十二年の傳文「寡君願徼福于周公魯公以事君」の注に「徼　要也（中略）言願事君以并蒙先君之福」とあるのを參照。なお、疏に「若其存鄭　則四君祐楚」とある。

注の「泯猶滅也」については、成公十六年の傳文「是大泯曹也」の注、及び昭公二十九年の傳文「若泯弃之　物及坻伏」の注に「泯　滅也」とある。なお、『詩』大雅〈桑柔〉「靡國不泯」の毛傳に「泯　滅也」とあるのを參照。ちなみに、『史記』楚世家には「不絶其社稷」とある。

傳使改事君　夷於九縣

注楚は九國を滅して縣としていたから、それらと等し並みにしてもらえることを願ったのである。

附疏に「楚滅諸國　見於傳者　哀十七年稱文王縣申息　莊六年稱楚滅鄧　十八年稱武王克權　僖五年滅弦　十二年滅黃　二十六年滅夔　文四年滅江　五年滅六　又滅蓼　十六年滅庸　凡十一國見於傳　僖二十八年傳曰　漢陽諸姫　楚實盡之　則楚之滅國多矣　言九縣者　申息定是其二　餘不知所謂　蘇氏沈氏以權是小國　庸先屬楚　自外爲九也」とある。なお、異說として、『會箋』に「夷於九縣　言服事恭謹　如其縣邑耳　不必以楚滅國計數　且鄭方望其存而不滅之　而以滅國爲比與上文又不合矣　書傳凡稱九者　皆極言之也」とある。

傳君之惠也　孤之願也　非所敢望也　敢布腹心　君實圖之　左右曰　不可許也　得國無赦　王曰　其君能下人　必能信用其民矣　庸可幾乎　退三十里而許之平

注一舍しりぞいて、鄭に禮をつくしたのである。

附僖公二十八年の傳文「退三舍辟之」の注に「一舍　三十里」とある。なお、その附を參照。

傳潘尫入盟　子良出質

注「潘尫」は、楚の大夫である。「子良」は、鄭伯の弟である。

附文公十六年の傳文「師叔曰　不可」の注に「師叔　楚大夫潘尫也」とあるのを參照。また、四年の傳文「鄭人立子良」の注に「穆公庶子」とあるのを參照。

傳夏六月晉師救鄭　荀林父將中軍

注郤缺に代わったのである。

附八年の傳文に「郤缺爲政」とあるのを參照。

傳先縠佐之

注（「先縠」は）彘季で、林父に代わったのである。

附注の「彘季」については、下の傳文「彘子曰　不可」の注に「彘子先縠」とあるのを參照。なお、疏に「服虔云　食采於彘」とあり、また、「勘譜亦以彘子彘季爲一人」とある。

注の「代林父」については、文公十二年の傳文に「趙盾將中軍　荀林父佐之」とある。

傳士會將上軍

注河曲の役〔文公十二年〕において、郤缺は、上軍の將であったが、宣公八年に、趙盾に代わって政事をとりしきり、中軍の將となったから、士會が代わりに上軍の將となったのである。

附文公十二年の傳文に「郤缺將上軍」とあり、宣公八年の傳文に「郤缺爲政〔注　代趙盾〕」とある。

傳郤克佐之

注〔「郤克」は〕郤缺の子で、臾駢に代わったのである。

附文公十二年の傳文に「郤缺將上軍　臾駢佐之」とある。

傳趙朔將下軍

注欒盾に代わったのである。

附文公十二年の傳文に「欒盾將下軍」とある。

傳欒書佐之

注〔「欒書」は〕欒盾の子で、趙朔に代わったのである。

附八年の傳文に「秋廢胥克　使趙朔佐下軍」とある。

傳趙括趙嬰齊爲中軍大夫

注「括」・「嬰齊」は、いずれもみな、趙盾の異母弟である。

附僖公二十四年の傳文に「文公妻趙衰　生原同屏括樓嬰　趙姬請逆盾與其母〔中略〕來　以盾爲才　固請于公　以爲嫡子　而使其三子下之」とあるのを參照。

傳鞏朔韓穿爲上軍大夫　荀首趙同爲下軍大夫

注「荀首」は、林父の弟である。「趙同」は、趙嬰の兄である。

附注の「荀首　林父弟」については、『史記』趙世家「十月范中行氏伐趙鞅」の〈索隱〉に引く『世本』に「晉大夫逝遨生桓伯林父」とあり、同「荀櫟言於晉侯曰」の〈索隱〉に引く『世本』に「逝遨生莊子首」とあるのを參照。

注の「趙同　趙嬰兄」については、すぐ上の附を參照。

傳韓厥爲司馬

注韓萬の玄孫である。

附『史記』韓世家「武子後三世有韓厥」の〈索隱〉に引く『世本』に「萬生賕伯　賕伯生定伯簡　簡生輿　輿生獻子厥」とあるのを參照。なお、疏に「服虔杜預皆言厥韓萬玄孫」とある。

傳及河　聞鄭既及楚平　桓子欲還　曰　無及於鄭而勦民　焉用之

注「桓子」は、林父である。「勦」は、勞である。

附注の「勦　勞也」については、昭公九年の傳文「焉用速成　其以勦民也」の注に、同文がみえる。なお、『說文』に「勦　勞也　春秋傳曰　安用勦民」とあるのを參照。

傳楚歸而動　不後

注〔「動」とは〕兵を動かして鄭を伐つ、ということである。

傳隋武子曰　善

注「武子」は、士會である。

附僖公二十八年の傳文「士會攝右」の注に「士會　隨武子」とあるのを

參照。

【傳】會聞　用師　觀釁而動

【注】「釁」は、罪である。

【附】異説として、『釋文』に「服云　間也」とある。

【傳】德刑政事典禮不易　不可敵也　不爲是征

【注】征伐というものは、有罪者のためにあるのであって、有禮者のためにあるのではない、ということである。

【附】莊公二十三年の傳文に「征伐以討其不然」とあるのを參照。

【傳】楚君討鄭　怒其貳而哀其卑　叛而伐之　服而舍之　德刑成矣　伐叛刑也　柔服　德也　二者立矣　昔歲入陳

【注】徵舒を討った。

【附】十一年に「冬十月楚人殺陳夏徵舒　丁亥楚子入陳」とある。なお、傳文の「楚軍」の「軍」は、挍勘記に從って、「君」に改める。

【傳】今茲入鄭　民不罷勞　君無怨讟

【注】「讟」は、謗〔そしり〕である。

【附】昭公元年の傳文に「民無謗讟」とあり、注に「讟　誹也」とあるのを參照。

【傳】政有經矣

【注】「經」は、常である。

【附】『國語』鄭語「收經入」の韋注に「經　常也」とあるのを參照。

【傳】荊尸而舉

【注】「荊」は、楚であり、「尸」は、陳〔陣立て〕である。楚の武王があらたにこの陣立ての法をつくり、（以後）「荊尸」をそのまま（陣立ての）名稱としたのである。

【附】莊公四年の傳文に「春王三月楚武王荊尸　授師孑焉　以伐隨」とあり、注に「尸　陳也　荊亦楚也　更爲楚陳兵之法　揚雄方言　孑者戟也　然則楚始於此參用戟爲陳」とあるのを參照。

【傳】商農工賈不敗其業　而卒乘輯睦

【注】步兵を「卒」といい、車兵を「乘」という。

【附】隱公元年の傳文「具卒乘」の注に、同文がみえる。なお、襄公二十五年の傳文に「賦車兵徒兵甲楯之數」とあるのを參照。

【傳】事不奸矣

【注】「奸」は、犯である。

【附】襄公十四年の傳文「臣敢奸之」の注に「奸猶犯也」とある。なお、文公四年の傳文「其敢干大禮以自取戾」の注に「干　犯也」とあるのを參照。

【傳】蔿敖爲宰　擇楚國之令典

【注】「宰」は、令尹である。「蔿敖」は、孫叔敖である。

【附】下の傳文に「令尹孫叔敖弗欲」とある。

【傳】軍行　右轅　左追蓐

【注】（對陣の際に）車の右側にならぶ者が、（進軍中は）轅を（兩側から）はさんで、（不意の）戰さに備え、（對陣の際に）左側にならぶ者が、（進軍中は）草蓐〔しき草〕をさがし求めて、宿營に備える、ということである。（下の）傳に「令尹は轅を南向きにした」とあり、また、

「車の轅を改め（て北向きにし）た」とあって、（つまり）楚の陣立ては、轅を基本としていたのである。

【附】疏に「楚陳以轅爲主　故以轅表車」とある。なお、異説として、安井衡『左傳輯釋』に「右左與下前茅中權後勁對言　則亦謂左右軍　非車左右　傅遜〔『春秋左傳屬事』〕云　楚分其三軍爲五部　是也　轅謂將車之轅　凡士卒進退　從將車轅所向　故右轅言從將車進退　下文云　令尹南轅反旆　又云　改乘轅而北之　是也」とある。

【傳】前茅慮無

【注】「慮無」とは、現在、進軍の際、敵の伏兵をさぐる斥候が前にいて、いずれもみな、赤と白の布を旗じるしとして持ち、騎賊〔馬にのった伏兵〕を見つければ、赤い旗をあげ、歩賊を見つければ、白い旗をあげる、ことにして、不測の事態に備える、ようなものである。「茅」は、明である。一説に、當時、楚は茅〔ちがや〕を旗じるしにしていた。

【附】『禮記』曲禮上に「前有水　則載青旌　前有塵埃　則載鳴鳶　前有車騎　則載飛鴻　前有士師　則載虎皮　前有摯獸　則載貔貅」とあり、注に「載謂擧於旌首以警衆也　禮　君行師從　卿行旅從　前驅擧此則士衆知所有」とあるのを參照。

なお、注の「茅　明也」は、『爾雅』釋言の文である。また、注の「或曰　時楚以茅爲旌識」については、公羊傳文に「鄭伯肉袒　左執茅旌」とあり、何注に「用茅者　取其心理順一　自本而暢乎末」とあるのを參照。ちなみに、僖公四年の傳文に「爾貢包茅不入」とあり、注に「茅之爲異　未審」とあり、疏に「特令荊州貢茅　必當異於餘處」とある。

【傳】中權　後勁

【注】中軍が作戰を立て、後は精鋭を殿〔しんがり〕にしている、ということである。

【傳】百官象物而動　軍政不戒而備

【注】「物」は、類と同じである。「戒」は、勅令である。

【附】注の「物猶類也」については、桓公六年の傳文「與吾同物」の注に「物　類也」とあるのを參照。なお、楊伯峻『春秋左傳注』に「物讀爲周禮大司馬　羣吏以旗物　春官司常　大夫士建物　師都建旗之物本是旌旗之一種　此則借爲旌旗之通稱　杜注　物猶類也　孔疏云　類謂旌旗畫物類也　百官尊卑不同　所建各有其物　象其所建之物而行動可謂得其意而失其訓」とある。

【傳】能用典矣　其君之擧也　内姓選於親　外姓選於舊

【注】親も疎も兩方とも用いている、ということである。

【傳】擧不失德　賞不失勞　老有加惠

【注】老人に賞賜する場合は、功勞をかぞえない〔功勞の多寡によらない〕、ということである。

【附】異説として、疏に「劉炫云　老者當有恩惠之賜　非勞役之限」とある。

【傳】旅有施舍

【注】外からやって來た旅客には、（特別に）恩惠を施し、勞役を免除している、ということである。

(附)成公十八年の傳文「施舍已責」の注に「施恩惠舍勞役　止逋責」とあり、襄公九年の傳文「魏絳請施舍」の注に「施恩惠舍勞役」とあるのを參照。なお、異説として、王引之『經義述聞』に「古人言施舍者有二義　一爲免繇役　地官小司徒　凡征役之施舍　鄭注曰　施讀爲弛　鄕師　辨其可任者與其施舍者　注曰　施舍謂應復免不給繇役　是也　一爲布德惠　蓋古聲舍予相近　施舍之言賜予也　宣十二年左傳　旅有施舍　謂有所賜予使不乏困也　成十八年傳　施舍已責　襄九年傳　魏絳請施舍輸積聚以貸　三十一年傳　施舍可愛　昭十三年傳　施舍寬民　又施舍不倦　二十五年傳　喜有施舍　周語　縣無施舍　又聖人之施舍也議之　又布憲施舍於百姓　晉語　施舍分寡　楚語　明施舍以道之忠　皆謂賜予之也　杜注施舍不倦曰　施舍猶云布恩德　得傳意矣　而其他則以施爲施惠　舍爲不勞役　强分施舍爲二　非也」とある。

【傳】君子小人　物有服章

㊟尊と卑とが(きちんと)區別されている、ということである。

【傳】貴有常尊　賤有等威

㊟威儀〔格式〕に等差〔ちがい〕がある、ということである。

(附)文公十五年の傳文「示有等威　古之道也」の注に「等威　威儀之等差」とあるのを參照。なお、疏に「言貴有常尊　則當云賤有常卑　而云賤有等威者　威儀等差　文兼貴賤　既屬常尊於貴　遂屬等威於賤　使互相發明耳」とある。

【傳】禮不逆矣　德立　刑行　政成　事時　典從　禮順　若之何敵之　見可而進　知難而退　軍之善政也　兼弱攻昧　武之善經也

㊟「昧」は、昏亂である。「經」は、法である。

(附)閔公元年の傳文に「間攜貳　覆昏亂　霸王之器也」とある。

【傳】子姑整軍而經武乎

㊟「姑」は、且〔しばらく〕である。

(附)莊公八年の傳文「姑務脩德　以待時乎」等の注に、同文がみえる。なお、その(附)を參照。

【傳】猶有弱而昧者　何必楚　仲虺有言曰　取亂侮亡　兼弱也

㊟「仲虺」は、湯王の左相で、薛の祖の奚仲の後裔である。

(附)定公元年の傳文に「薛之皇祖奚仲居薛　以爲夏車正　奚仲遷于邳　仲虺居薛　以爲湯左相」とあり、注に「仲虺　奚仲之後」とあるのを參照。

【傳】汋曰　於鑠王師　遵養時晦

㊟「汋」は、『詩』(周)頌の篇名である。「鑠」は、美である。うるわしき武王は、よく天の道にしたがって、暗昧なる者の悪行が累積するのを待ち、その後でこれを(うち)取った、ということである。

(附)毛傳に「鑠　美(中略)養　取　晦　昧也」とあり、鄭箋に「養是闇昧之君　以老其惡」とあるのを參照。なお、その疏に「武王於紂　養而取之　故以養爲取」とある。

【傳】耆昧也

㊟「耆」は、致である。昧き者に討伐をいたす〔昧き者を討伐する〕、ということである。

(附)注の「耆　致也」については、下の傳文「又作武　其卒章曰　耆定爾功」の注に、同文がみえる。なお、毛傳にも「耆　致也」とある。
注の「致討於昧」については、襄公十一年の傳文に「小國有罪　大國致討」とある。

傳武曰　無競惟烈

㊟「武」は、『詩』(周)頌の篇名である。「烈」は、業である。武王は、“弱き者を兼併し、昧き者を攻撃した”〔上の傳文〕から、かぎりない功業を達成できた、ということである。

(附)注の「烈　業也」については、毛傳に「烈　業也」とあるのを參照。
注の「故成無疆之業」については、成公二年の傳文に「今吾子求合諸侯　以逞無疆之欲」とあり、注に「疆　竟也」とあるのを參照。なお、『詩』大雅〈抑〉「無競維人」及び周頌〈執競〉「無競維烈」の毛傳に「無競　競也」とあり、鄭箋に「競　彊也」とあり、また、周頌〈烈文〉「無競維人」の毛傳に「競　彊」とあり、鄭箋に「無彊乎維得賢人也　得賢人則國家彊矣」とあり、また、同〈武〉「無競維烈」の鄭箋に「無彊乎其克商之功業　言其彊也」とあって、『詩』の傳・箋では、いずれもみな、「競」を、彊つまり強の意に解し、「無競」を、反語として讀んでおり、ここの杜預の解釋は特異である〔ただし、疏は、無理に同一視している〕。ちなみに、昭公元年の傳文「詩曰　無競維人　善矣」の注には「言惟得人則國家彊」とあって、こちらは、『詩』の傳・箋と同じである。

傳撫弱耆昧　以務烈所　可也

㊟武王の功業に従い、(弱き者を)安撫して(昧き者をうち)取る、ことに務めるべきである、ということである。

傳彘子曰　不可

㊟「彘子」は、先縠である。

(附)上の傳文「先縠佐之」の注に「彘季」とある。なお、その(附)を參照。

傳晉所以霸　師武臣力也　今失諸侯　不可謂力　有敵而不從　不可謂武　由我失霸　不如死　且成師以出　聞敵彊而退　非夫也

㊟(「非夫」とは)丈夫とは言えない、ということである。

(附)『說文』に「夫　丈夫也」とあるのを參照。

傳命爲軍帥　而卒以非夫　唯羣子能　我弗爲也　以中軍佐濟

㊟「(中軍)佐」とは、彘子がひきいる部隊である。「濟」とは、黃河をわたったのである。

(附)上の傳文に「荀林父將中軍　先縠佐之」とある。なお、僖公二十八年の傳文に「胥臣佐下軍」とあり、下に「胥臣以下軍之佐當陳蔡」とあるのを參照。
なお、傳文の「命有軍師」は、挍勘記に従って、「命爲軍帥」に改める。

傳知莊子曰　此師殆哉

㊟「莊子」は、荀首である。

(附)上の傳文に「荀首趙同爲下軍大夫」とあり、注に「荀首　林父弟」とある。なお、その(附)を參照。

傳周易有之　在師䷆

㊟下が坎〔☵〕で上が坤〔☷〕のが、「師」〔䷆〕である。

[傳]之臨䷒

㊟下が兌〔☱〕で上が坤〔☷〕のが、「臨」〔䷒〕である。「師」の初六〔一番下の⚋〕が〔⚊に〕變じて「臨」にゆく、ということである。

(附)上の疏に「服虔云　坎爲水　坤爲衆　又互體震　震爲雷　雷鼓類　又爲長子　長子帥衆鳴鼓　巡水而行　行師之象也　臨　兌爲澤　坤爲地　居地而俯視於澤　臨下之義　故名爲臨」とある。

[傳]曰　師出以律　否臧　凶

㊟これは、〈師〉卦の初六の爻辭である。「律」は、法であり、「否」は、不である。

(附)『爾雅』釋詁に「律　法也」とあるのを參照。また、『說文』に「否　不也」とあるのを參照。

[傳]執事順成爲臧　逆爲否

㊟今ここで、彘子は、命にさからい、道理に順って事を成そうとしていないから、「否臧」の「凶」〔否臧ならば凶ということ〕にあてはまるのである。

[傳]衆散爲弱

㊟坎は衆であり、今ここで〔それが〕變じて兌となると、兌は柔弱である。

(附)『國語』晉語四に「坎　勞也　水也　衆也」とあるのを參照。また、『易』說卦傳に「兌爲少女」とあるのを參照。

[傳]川壅爲澤

㊟坎は川であり、今ここで〔それが〕變じて兌となると、兌は澤である。つまり、川がふさがれるのである。

(附)『易』說卦傳に「坎爲溝瀆」とあり、また、「兌爲澤」とあるのを參照。

[傳]有律以如己也

㊟「如」は、從である。法が行われていれば、人が法に從い、法がこわれれば、法が人に從う。坎は、法の象であり、今ここで〔それが〕衆でありながら離散し、川でありながらふさがれるのは、つまり、法の用をなくして人に從うことの象である。

(附)注の「如　從也」については、『說文』に「如　從隨也」とあるのを參照。

注の「坎爲法象」については、『爾雅』釋言に「坎律　銓也」とあり、郭注に「易坎卦主法　法律皆所以銓量輕重」とあるのを參照。

[傳]故曰　律否臧　且律竭也

㊟「竭」は、敗である。坎が變じて兌となるということは、つまり、法がこわれるということである。

(附)安井衡『左傳輯釋』に「言有律當從律　而今以從己也　是律不爲用　故曰律否臧　上文師出以律句　否臧凶句　此以律否臧爲句者　上文否臧卽律否臧　承上省文　此無上句　故補律字以明文意」とあるのを參照。なお、異說として、陸粲『左傳附注』に「此傳義頗難曉　尋其語脉　當讀有律爲句　以如己也　故曰律　又自爲句　蓋言師行有律　以爲師者能使其下如己也　故謂之律　如己猶言從己　謂從帥令而不逆　卽上文執事順成之意也　從帥爲臧　否臧猶不臧也　不臧則律且竭而敗

矣　杜斷故曰律三字向下　既非　又專論卦象　而不言事理　此其蔽耳」
とある。
【傳】盈而以竭　夭且不整　所以凶也
㊟水は、ふさぎとめられて、うまく流れることが出來ないと、涸竭してしまう。
【傳】不行之謂臨
㊟水〔坎〕が變じて澤〔兌〕となると、〈臨〉卦ができ上がる。澤は、行かない〔流動しない〕物である。
【傳】有帥而不從　臨孰甚焉　此之謂矣
㊟彘子が命に違反した場合もまた、行くこと〔流動すること〕が出來ない、ということに譬えたのである。
【傳】果遇　必敗
㊟敵に遭遇すれば、ということである。
【傳】彘子尸之
㊟この禍の責任者ということである。
(附)襄公二十七年の傳文「非歸其尸盟也」の注に「尸　主也」とあるのを參照。なお、『爾雅』釋詁にも「尸　主也」とある。
なお、疏に「服虔亦云　主此禍也　又引易師卦六五　長子帥師　弟子輿尸　凶　長子帥師　以中行也　弟子輿尸　使不當也」とあって、後者は、異說である。
【傳】雖免而歸　必有大咎
㊟明年の、晉が先穀を殺したこと、のために傳したのである。
(附)十三年に「冬晉殺其大夫先穀」とある。
【傳】韓獻子謂桓子
㊟「獻子」は、韓厥である。
(附)上の傳文に「韓厥爲司馬」とある。
【傳】曰　彘子以偏師陷　子罪大矣　子爲元帥　師不用命　誰之罪也　失屬亡師　爲罪已重　不如進也
㊟鄭を楚に服屬させてしまう(かもしれない)から、「屬を失う」と言っているのである。彘子が一部隊をひきいて敵の手におちる(かもしれない)から、「師をなくす」と言っているのである。
(附)下の傳文「克敵得屬」の注に「得屬　服鄭」とあるのを參照。
【傳】事之不捷　惡有所分
㊟「捷」は、成である。
(附)莊公八年の傳文「曰　捷　吾以女爲夫人」の注に「捷　克也」とあるのを參照。
【傳】與其專罪　六人同之　不猶愈乎
㊟三軍がみな敗れれば、六卿は同罪であって、元帥だけを責めるわけにはゆかない、ということである。
【傳】師遂濟　楚子北師次於郔
㊟「郔」は、鄭の北部の地である。
(附)三年の傳文「晉侯伐鄭　及郔」の注に「郔　鄭地」とあるのを參照。
【傳】沈尹將中軍
㊟「沈」は、「寢」とも書かれる。「寢」は、縣(名)であり、今の汝陰の

固始縣である。

【附】注の前半については、哀公十八年の傳文に「寢尹工尹勤先君者也」とある。なお、沈欽韓『春秋左氏傳補注』に「惠云　杜意以孫叔敖封于寢丘　故謂之寢尹（中略）欽韓按　叔敖爲令尹　似沈尹卽孫叔也」とあるのを參照。

注の後半については、『續漢書』郡國志二に「汝南郡（中略）固始侯國　故寢也」とあるのを參照。

【傳】子重將左　子反將右　將飮馬於河而歸

【注】「子反」は、公子側である。

【附】成公十六年に「楚殺其大夫公子側」とあり、注に「側　子反」とあるのを參照。

【傳】聞晉師既濟　王欲還　嬖人伍參欲戰

【注】「參」は、伍奢の祖父である。

【附】襄公二十六年の傳文に「初楚伍參與蔡大師子朝友　其子伍舉與聲子相善也」とあるのを參照。また、昭公十九年の傳文に「使伍奢爲之師」とあり、注に「伍奢　伍舉之子」とあるのを參照。

【傳】令尹孫叔敖弗欲　曰　昔歲入陳　今茲入鄭　不無事矣　戰而不捷　參之肉其足食乎　參曰　若事之捷　孫叔爲無謀矣　不捷　參之肉將在晉軍　可得食乎　令尹南轅反旆

【注】車をまわして南向きにしたのである。「旆」は、軍の先頭の大旗である。

【附】注の前半については、上の傳文「軍行　右轅　左追蓐」の注に「傳曰　令尹南轅　又曰　改乘轅　楚陳以轅爲主」とあり、疏に「以轅表車」とあるのを參照。

注の後半については、僖公二十八年の傳文「狐毛設二旆而退之」の注に「旆　大旗也」とある。なお、その【附】を參照。

【傳】伍參言於王曰　晉之從政者新　未能行令　其佐先縠剛愎不仁　未肯用命

【注】「愎」は、很（さからう）である。

【附】襄公三十年の傳文「伯有侈而愎」等の注に、同文がみえる。なお、僖公十五年の傳文「愎諫違卜」の注に「愎　戾也」とあるのを參照。

【傳】其三師者　專行不獲

【注】獨自に行動しようとしても、出來ない、ということである。

【傳】聽而無上　衆誰適從

【注】（三師より下位の）彘子・趙同・趙括に從えば、軍でありながら上位の命令を無視することになるから、(そうもゆかず、結局)衆人は誰に從ってよいかわからない、ということである。

【附】上の傳文に「趙括趙嬰齊爲中軍大夫（中略）荀首趙同爲下軍大夫」とあり、下の傳文に「趙括趙同曰　率師以來　唯敵是求　克敵得屬　又何俟　必從彘子」とあるのを參照。また、昭公二十九年の傳文に「中行寅爲下卿　而干上令　擅作刑器　以爲國法　是法姦也」とあるのを參照。なお、異説として、陸粲『左傳附注』に「同括有言在楚師北轅之後　此時未也　且伍參獨言先縠不仁　何嘗及二子乎　蓋謂林父之將令不行　軍衆欲稟聽進止　而無上令　不知所從也」とある。

【傳】此行也　晉師必敗　且君而逃臣　若社稷何　王病之　告令尹改乘轅而

北之　次于管以待之　晉師在敖鄗之間

【注】滎陽の京縣の東北部に管城がある。「敖」・「鄗」の二山は、滎陽縣の西北部にあった。

【附】注の前半については、疏に引く『土地名』に「滎陽京縣東北有管城古管國也」とある。なお、僖公二十四年の傳文「管蔡郕霍魯衞毛聃郜雍曹滕畢原酆郇　文之昭也」の注に「管國在滎陽京縣東北」とあるのを參照。

注の後半については、『續漢書』郡國志一に「河南尹（中略）滎陽（中略）有敖亭」とあるのを參照。

【傳】鄭皇戌使如晉師　曰　鄭之從楚　社稷之故也　未有貳心　楚師驟勝而驕　其師老矣　而不設備　子擊之　鄭師爲承

【注】「承」は、繼である。

【附】『詩』秦風〈權輿〉「于嗟乎　不承權輿」の毛傳に「承　繼也」とあるのを參照。ちなみに、昭公二十年の傳文に「承嗣大夫　強易其賄」とある。

【傳】楚師必敗　彘子曰　敗楚服鄭　於此在矣　必許之　欒武子曰

【注】「武子」は、欒書である。

【附】成公六年の傳文「武子將許之」の注に、同文がみえる。なお、上の傳文に「趙朔將下軍　欒書佐之」とある。

【傳】楚自克庸以來

【注】文公十六年にある。

【附】文公十六年に「楚人秦人巴人滅庸」とある。

【傳】其君無日不討國人而訓之

【注】「討」は、治である。

【附】『説文』に「討　治也」とあるのを參照。

【傳】于民生之不易　禍至之無日　戒懼之不可以怠

【注】「于」は、曰〔言う〕である。

【附】『爾雅』釋詁に「于　曰也」とあるのを參照。なお、異説として、楊樹達『讀左傳』に「杜于訓之絶句　訓于爲曰　似以與下文箴之曰民生在勤爲類　然曰字表直述語氣　故民生在勤　文義完具　此文民生之不易　禍至之無日　戒懼之不可以怠　文義不完　乃轉述語氣　一無之字一有之字　語氣迥不相同　非其類也　劉淇助字辨略卷一云　訓之于民生之不易　猶云訓之以民生之不易　此説是也　下文云　在軍　無日不訓之以若敖蚡冒篳路藍縷以啓山林　于亦以也　互文耳」とある。

【傳】在軍　無日不討軍實而申儆之

【注】「軍實」は、軍用器具である。

【附】隱公五年の傳文「歸而飲至　以數軍實」の注に「飲於廟　以數車徒器械及所獲也」とあるのを參照。また、襄公二十四年の傳文「齊社　蒐軍實　使客觀之」の注に「祭社　因閲數軍器　以示遠啓疆」とあるのを參照。なお、異説として、楊樹達『讀左傳』に「軍實　爲楚莊王申儆訓箴之所加　杜釋爲軍器　非其義也　今謂　軍實　指人言　謂軍中之士卒也」とある。

【傳】于勝之不可保　紂之百克而卒無後　訓之以若敖蚡冒篳路藍縷以啓山林

【注】「若敖」・「蚡冒」は、いずれもみな、楚の先君である。「篳路」は、

柴の車であり、「藍縷」は、敝衣〔ぼろ〕である。〔つまり〕この二君は、勤倹して土地をきりひらいた、ということである。

（附）注の「若敖蚡冒　皆楚之先君」については、文公十六年の傳文に「先君蚡冒所以服陘隰也」とあり、注に「蚡冒　楚武王父」とあるのを參照。また、『史記』楚世家に「熊咢九年卒　子熊儀立　是爲若敖」とあるのを參照。なお、昭公二十三年の傳文「若敖蚡冒至于武文」の注に「四君　皆楚先君之賢者」とある。

注の「篳路　柴車」については、襄公十年の傳文「篳門閨竇之人而皆陵其上」の注に「篳門　柴門」とある。なお、『禮記』儒行「篳門圭窬」の注に「篳門　荆竹織門也」とあるのを參照。

注の「藍縷　敝衣」については、『方言』第三に「南楚凡人貧　衣被醜弊　謂之須捷　或謂之褸裂　或謂之襤褸　故左傳曰　華路襤褸以启山林　殆謂此也」とあるのを參照。なお、疏に「服虔云　言其縷破藍藍然」とある。

【傳】箴之曰　民生在勤　勤則不匱　不可謂驕

（注）「箴」は、誡〔いましめる〕である。

（附）襄公四年の傳文「昔周辛甲之爲大史也　命百官　官箴王闕」の注に「使百官各爲箴辭戒王過」とあるのを參照。

【傳】先大夫子犯有言曰　師直爲壯　曲爲老　我則不德　而徼怨于楚　我曲楚直　不可謂老

（注）「不德」とは、武力で諸侯と争うことをいう。「徼」は、要〔もとめる〕である。

（附）注の「徼　要也」については、文公十二年の傳文「寡君願徼福于周公魯公以事君」等の注に、同文がみえる。なお、その（附）を參照。

【傳】其君之戎　分爲二廣

（注）君の親衛隊である。

【傳】廣有一卒　卒偏之兩

（注）十五乘を一廣としている、ということである。『司馬法』に〝百人を「卒」といい、二十五人を「兩」といい、車十五乘を「大偏」という〟とある。今ここで、〔楚軍の〕一廣が十五乘というのも、また〔この『司馬法』と同様に〕、古い「偏」の法を用い、さらに、二十五人〔兩〕を補助としたものである。

（附）注の「十五乘爲一廣」については、『周禮』夏官司馬序官の疏に「服氏云　左右廣各十五乘」とあるのを參照。なお、下の傳文に「楚子爲乘廣三十乘　分爲左右」とある。

注の「司馬法云云」については、『周禮』夏官司馬序官に「百人爲卒〔中略〕二十五人爲兩」とあるのを參照。なお、異説として、『周禮』夏官司馬序官の疏に「服氏云　百人爲卒　言廣有卒爲承也」とあり、また、「服氏云　五十人曰偏　二十五人曰兩　廣既有一卒爲承　承有偏　偏有兩　故曰卒偏之兩」とある。

【傳】右廣初駕　數及日中　左則受之　以至于昏　内官序當其夜

（注）「内官」は、側近の官である。「序」は、次〔順番に〕である。

【傳】以待不虞　不可謂無備　子良　鄭之良也　師叔　楚之崇也

（注）「師叔」は、潘尫である。楚人にたっとばれている、ということであ

る。

(附)文公十六年の傳文「師叔曰　不可」の注に「師叔　楚大夫潘尪也」とあるのを參照。

[傳]師叔入盟　子良在楚　楚鄭親矣　來勸我戰　我克則來　不克遂往　以我卜也　鄭不可從　趙括趙同曰　率師以來　唯敵是求　克敵得屬　又何俟　必從彘子

(注)「得屬」とは、鄭を(晉に)服屬させる、ということである。

(附)上の傳文「失屬亡師」の注に「令鄭屬楚　故曰失屬」とあるのを參照。

[傳]知季曰　原屏　咎之徒也

(注)「知季」は、莊子である。「原」は、趙同であり、「屏」は、趙括である。「徒」は、黨である。

(附)注の「知季　莊子也」については、上の傳文に「知莊子曰　此死殆哉」とあり、注に「莊子　荀首」とあるのを參照。

注の「原　趙同　屏　趙括」については、僖公二十四年の傳文に「文公妻趙衰　生原同屏括樓嬰」とあり、注に「原屏樓　三子之邑」とあるのを參照。

注の「徒　黨也」については、『國語』晉語二「三公子之徒將殺孺子　子將如何」の韋注に「徒　黨也」とあるのを參照。

[傳]趙莊子曰　欒伯善哉

(注)「莊子」は、趙朔である。「欒伯」は、武子である。

(附)注の前半については、上の傳文に「趙朔將下軍」とある。

注の後半については、上の傳文に「欒武子曰」とあり、注に「武子　欒書」とある。

[傳]實其言　必長晉國

(注)「實」は、充〔みたす〕と同じである。欒書の行ないがよくこの言葉をみたせば〔欒書がよくこの言葉を實行すれば〕、晉國の政治をつかさどるようになるにちがいない、ということである。

(附)注の「實猶充也」については、昭公九年の傳文「氣以實志」の注に「氣和則志充」とあるのを參照。

注の「當執晉國之政也」については、異說として、朱駿聲『春秋左傳識小錄』に「杜讀長少之長　謂執國政　按云晉國長安也」とある。

[傳]楚少宰如晉師

(注)「少宰」は、官名である。

[傳]曰　寡君少遭閔凶　不能文

(注)「閔」は、憂である。

(附)昭公三十二年の傳文「閔閔焉如農夫之望歲　懼以待時」の注に「閔閔　憂貌」とあるのを參照。

[傳]聞二先君之出入此行也

(注)「二先君」とは、楚の成王・穆王である。

(附)疏に「莊十六年楚始伐鄭　文王之世也　二十八年子元伐鄭　成王之初也　僖五年首止之會　鄭伯逃歸　自是以後　鄭始時復從楚　成王以前　鄭未屬楚　故出入此行　唯成穆耳　今之莊王　成王孫　穆王子　出入此行　猶往來於鄭」とある。

[傳]將鄭是訓定　豈敢求罪于晉　二三子無淹久

㊟「淹」は、留である。

(附)僖公三十三年の傳文「爲從者之淹、居則具一日之積」の注に「淹　久也」とあるのを參照。なお、その(附)も參照。

[傳]隨季對曰　昔平王命我先君文侯曰　與鄭夾輔周室　毋廢王命　今鄭不率

㊟「率」は、遵〔したがう〕である。

(附)僖公二十六年の傳文「其率桓之功」の注に「率　循也」とあるのを參照。なお、その(附)も參照。

[傳]寡君使羣臣問諸鄭　豈敢辱候人

㊟「候人」とは、敵を偵察する者〔つまり斥候〕をいう。

(附)成公二年の傳文「司馬司空輿帥候正亞旅皆受一命之服」の注に「候正主斥候」とあるのを參照。ちなみに、襄公十一年の傳文に「納斥候」とある。

[傳]敢拜君命之辱　彘子以爲諂　使趙括從而更之　曰　行人失辭

㊟まちがって答えた、ということである。

[傳]寡君使羣臣遷大國之迹於鄭

㊟「遷」は、徙〔うつす〕である。

(附)『爾雅』釋詁に「遷　徙也」とあるのを參照。

[傳]曰　無辟敵　羣臣無所逃命　楚子又使求成于晉　晉人許之　盟有日矣

㊟期日を決めたのである。

[傳]楚許伯御樂伯　攝叔爲右　以致晉師

㊟單一の兵車で挑戰したのは、一方で、和平をたっとぶ氣がないことを示して、晉の羣帥を惑わす、ためである。

[傳]許伯曰　吾聞致師者　御靡旌摩壘而還

㊟「靡旌」とは、〔旗をなびかせて〕疾驅することである。「摩」は、近である。

(附)注の「靡旌　驅疾也」については、焦循『春秋左傳補疏』に「莊十年傳　望其旗靡　靡者衺倚也　與此靡同　彼奔疾而旗自靡　此驅疾　自以旌靡之」とあるのを參照。

注の「摩　近也」については、『禮記』樂記「陰陽相摩」の注に「摩　猶迫也」とあるのを參照。

[傳]樂伯曰　吾聞致師者　左射以菆

㊟「左」とは、車左〔左側に乘る者〕である。「菆」は、よい矢である。

(附)注の「左　車左也」については、疏に「兵車　自非元帥　皆射者在左　御在中央　故云　左　車左　樂伯居左　故稱左也」とある。

注の「菆　矢之善者」については、下の傳文「每射　抽矢　菆　納諸厨子之房」の注に「菆　好箭」とあるのを參照。

[傳]代御執轡　御下　兩馬掉鞅而還

㊟「兩」は、飾であり、「掉」は、正である。餘裕を示すのである。

(附)疏に「兩　飾　掉　正　皆無明訓　服虔亦云　是相傳爲然也」とある。

[傳]攝叔曰　吾聞致師者　右入壘　折馘

㊟「折馘」とは、耳を切り取ることである。

(附)僖公二十二年の傳文「楚子使師縉示之俘馘」の注に「馘　所截耳」とあるのを參照。

傳執俘而還　皆行其所聞而復　晉人逐之　左右角之

注兩翼をのばし、横〔左右〕からはさみうちにしたのである。

附昭公元年の傳文に「專爲右角　參爲左角」とあるのを參照。

傳欒伯左射馬　而右射人　角不能進　矢一而已　麋興於前　射麋麗龜

注「麗」は、著〔つく〕である。「龜」は、背の中心の盛り上がった所である。

附注の「麗　著也」については、『易』離卦の彖傳「離　麗也」の注に「麗猶著也」とあるのを參照。

注の「龜　背之隆高當心者」〔諸本に從って、「者」の字を補う〕については、疏に「服虔亦然　是相傳爲此說也」とある。

傳晉鮑癸當其後　使攝叔奉麋獻焉　曰　以歲之非時　獻禽之未至　敢膳諸從者　鮑癸止之　曰　其左善射　其右有辭　君子也　既免

注止まって、それ以上追わなかったのである。

傳晉魏錡求公族未得

注「錡」は、魏犨の子である。公族大夫になりたかったのである。

附注の前半については、疏に「服虔亦以爲犨子」とある。

注の後半については、二年の傳文に「及成公卽位　乃宦卿之適而爲之田　以爲公族」とあり、注に「爲置田邑以爲公族大夫」とあるのを參照。

傳而怒　欲敗晉師　請致師　弗許　請使　許之　遂往　請戰而還　楚潘黨逐之　及熒澤　見六麋　射一麋以顧獻　曰　子有軍事　獸人無乃不給於鮮　敢獻於從者

注「熒澤」は、熒陽縣の東部にあった。殺したばかりのを「鮮」という。六頭を見て一頭を得たとは、楚に及ばなかったことを言っているのである。

附『書』益稷「曁益奏庶鮮食」の僞孔傳に「鳥獸新殺曰鮮」とあるのを參照。

傳叔黨命去之

注「叔黨」は、潘黨で、潘尫の子である。

附成公十六年の傳文に「癸巳潘尫之黨與養由基蹲甲而射之　徹七札焉」とあるのを參照。

傳趙旃求卿未得

注「旃」は、趙穿の子である。

傳且怒於失楚之致師者　請挑戰　弗許　請召盟　許之　與魏錡皆命而往　郤獻子曰　二憾往矣

注「獻子」は、郤克である。

傳弗備　必敗　彘子曰　鄭人勸戰　弗敢從也　楚人求成　弗能好也　師無成命　多備何爲　士季曰　備之善　若二子怒楚　楚人乘我　喪師無日矣

注「乘」は、登と同じである。

附『釋名』釋姿容に「乘　陞也　登亦如之也」とあるのを參照。

傳不如備之　楚之無惡　除備而盟　何損於好　若以惡來　有備　不敗　且雖諸侯相見　軍衞不徹　警也

注「徹」は、去である。

附襄公二十三年の傳文「平公不徹樂　非禮也」の注に、同文がみえる。

なお、『禮記』曲禮上「客徹重席」の注に「徹　去也」とあるのを參照。

【傳】堯子不可

㊟備えを設けることに同意しなかった。

【傳】士季使鞏朔韓穿帥七覆于敖前

㊟「帥」は、將〔ひきいる〕である。「覆」とは、伏兵を七箇所においたのである。

(附)隱公九年の傳文「君爲三覆以待之」の注に「覆　伏兵也」とあるのを參照。

【傳】故上軍不敗　趙嬰齊使其徒先具舟于河　故敗而先濟　潘黨既逐魏錡

㊟魏錡は追われて退いた、ということである。

【傳】趙旃夜至於楚軍

㊟二人は、ともに命を受けたけれども、同道したわけではなく、趙旃は後で到着したのである。

(附)上の傳文に「與魏錡皆命而往」とある。

【傳】席於軍門之外　使其徒入之

㊟席〔むしろ〕を敷いて坐ったのは、何も畏れていないことを示すためである。

【傳】楚子爲乘廣三十乘　分爲左右　右廣雞鳴而駕　日中而説

㊟「説」は、舍〔はずす〕である。

(附)『易』大畜「九二　輿説輹」の〈釋文〉に「説　吐恬反（中略）馬云　解也」とあるのを參照。

【傳】左則受之　日入而説　許偃御右廣　養由基爲右　彭名御左廣　屈蕩爲右

㊟楚王は交互にのせたから、それぞれに御者と車右がいるのである。

【傳】乙卯王乘左廣以逐趙旃　趙旃弃車而走林　屈蕩搏之　得其甲裳

㊟（腰から）下を「裳」という。

(附)桓公二年の傳文「帶裳幅舃」の注に「衣下曰裳」とある。なお、その(附)を參照。

【傳】晉人懼二子之怒楚師也　使軘車逆之

㊟「軘車」は、兵車の名である。

(附)『説文』に「軘　兵車也」とあるのを參照。なお、疏に「服虔云　軘車　屯守之車」とある。

【傳】潘黨望其塵　使騁而告曰　晉師至矣　楚人亦懼王之入晉軍也　遂出陳　孫叔曰　進之　寧我薄人　無人薄我　詩云　元戎十乘　以先啓行　先人也

㊟「元戎」は、先頭にたつ兵車である。「詩」は、小雅〈六月〉である。王者が進軍する時には、必ず、兵車十乘が先頭にたって道を開き、敵に先んじて備えをなす、ということである。

(附)毛傳に「元　大也　夏后氏曰鉤車　先正也　殷曰寅車　先疾也　周曰元戎　先良也」とあり、鄭箋に「二者及元戎　皆可以先前啓突敵陳之前行」とあるのを參照。

【傳】軍志曰　先人有奪人之心　薄之也

㊟敵の戰意を奪う、ということである。

【傳】遂疾進師　車馳卒奔　乘晉軍　桓子不知所爲　鼓於軍中曰　先濟者有

賞　中軍下軍争舟　舟中之指可掬也

注兩手（ですくうの）を「掬」という。

附『詩』唐風〈椒聊〉「椒聊之實　蕃衍盈匊」の毛傳に「兩手曰匊」とあるのを參照。また、公羊傳文「晉衆之走者　舟中之指可掬矣」の何注に「欲急去　先入舟者　斬後板舟者指　指隋舟中　身隋邲水中而死

可掬者　言其多也　以兩手曰掬」とあるのを參照。

傳晉師右移　上軍未動

注他の軍（中軍と下軍）は、いずれもみな、逃げ去って、上軍だけが殘っていた、ということであり、だから、經が「戰」と書いているのである。（つまり）陣がまだあった、ということである。

附經の注に「晉上軍成陳　故書戰」とある。なお、その附を參照。

傳工尹齊將右拒卒以逐下軍

注「工尹齊」は、楚の大夫である。「右拒」は、陣の名である。

附桓公五年の傳文「鄭子元請爲左拒以當蔡人衞人」の注に「拒　方陳」とあるのを參照。

傳楚子使唐狡與蔡鳩居告唐惠侯

注二子は、楚の大夫である。「唐」は、楚に附屬していた小國である。義陽の安昌縣の東南部に上唐鄉がある。

附『漢書』地理志上に「南陽郡（中略）春陵（中略）上唐鄉　故唐國」とあるのを參照。

傳曰　不穀不德而貪　以遇大敵　不穀之罪也　然楚不克　君之羞也　敢藉君靈　以濟楚師

注「藉」は、假借（かりる）と同じである。

附僖公二十八年の傳文「藉之告楚」の注に「假借齊秦使爲宋請」とあるのを參照。

傳使潘黨率游闕四十乘

注（「游闕」とは）闕を補う豫備の車である。

附『周禮』車僕に「車僕掌戎路之萃　廣車之萃　闕車之萃　苹車之萃　輕車之萃」とあり、注に「闕車　所用補闕之車也（中略）春秋傳曰（中略）又曰　帥斿闕四十乘」とあるのを參照。

傳從唐侯以爲左拒　以從上軍　駒伯曰　待諸乎

注「駒伯」は、郤克で、上軍の佐である。

附上の傳文に「士會將上軍　郤克佐之」とあるのを參照。なお、異説として、洪亮吉『春秋左傳詁』に「惠棟曰　郤錡字駒伯　克之子也　大夫門子　得從父于軍　鄢陵之戰　范匄從文子于軍　此其證　今按　此亦不必遠引　卽此傳　知罃　知莊子之子　從其父在軍　爲楚所獲　又逢大夫與其二子乘　皆是顯證　杜氏以爲郤克　疏矣」とある。ちなみに、成公十七年の傳文「矯以戈殺駒伯苦成叔於其位」の注には「駒伯　郤錡」とある。

傳隨季曰　楚師方壯　若萃於我　吾師必盡

注「萃」は、集である。

附成公十六年の傳文「而三軍萃於王卒」の注、及び昭公七年の傳文「紂爲天下逋逃主　萃淵藪」の注に、同文がみえる。なお、『詩』陳風〈墓門〉「墓門有梅　有鴞萃止」の毛傳に「萃　集也」とあるのを參照。

【傳】不如收而去之　分謗生民　不亦可乎
【注】（中軍・下軍と）同様に逃げるのが、「非難を分散する」ということであり、戰わないのが、「民を生かす」ということである。
【傳】殿其卒而退　不敗
【注】自分がひきいる兵卒を軍のしんがりにしたのである。
【傳】王見右廣　將從之乘　屈蕩戶之　曰　君以此始　亦必以終
【注】「戶」は、止である。いくさの最中に車を乗りかえれば、兵士たちがとまどう恐れがある、ということである。
【附】傳・注の「尸」は、挍勘記に從って、「戶」に改める。なお、安井衡『左傳輯釋』に「顧炎武云　古人以守戶之人謂之戶者　取其能止人也　漢書樊噲傳　詔戶者　無得入羣臣　王嘉傳　坐戶殿門失闌免　唐書李紳傳　擊大毬　戶官道　車馬不敢進　倅頤煊云　小爾雅廣詁　戶止也　戶通作扈　昭十七年傳　九扈爲九農正　扈民無淫者也　杜注扈止也」とあるのを參照。
なお、注の最後の「識」は、諸本に從って、「惑」に改める。
【傳】自是楚之乘廣先左
【注】左（廣の車）に乗って勝利を得たからである。
【傳】晉人或以廣隊不能進
【注】「廣」は、兵車である。
【附】襄公十一年の傳文に「廣車軘車淳十五乘」とあり、注に「廣車軘車皆兵車名」とある。また、同二十四年の傳文に「使御廣車而行」とあり、注に「廣車　兵車」とある。なお、『周禮』車僕に「車僕掌戎路之萃　廣車之萃　闕車之萃　苹車之萃　輕車之萃」とあり、注に「廣車　橫陳之車也」とあるのを參照。
【傳】楚人惎之脫扃
【注】「惎」は、教である。「扃」は、車上の兵闌〔武器たて〕である。
【附】注の「惎　教也」については、『文選』卷第二張衡〈西京賦〉「天啓其心　人惎之謀」の注に「綜曰（中略）惎　教也」とあるのを參照。
注の「扃　車上兵闌」については、異説として、疏に「服虔云　扃　橫木　有橫木投於輪間　一曰　扃　車前橫木」とある。また、『文選』卷第二張衡〈西京賦〉「旗不脫扃」の注に「綜曰（中略）扃　關也　謂建旗車上　有關制之　令不動搖曰扃」とある。
【傳】少進　馬還　又惎之拔旆投衡　乃出
【注】「還」とは、旋回するだけで、進まなかったのである。「旆」は、大旗である。旆を拔いて衡の上に投げ、風にあおられずに樂に進めるようにしたのである。
【附】注の「還　便旋不進」については、僖公十五年の傳文「晉戎馬還濘而止」の注に「還　便旋也」とある。なお、その【附】を參照。
注の「旆　大旗也」については、僖公二十八年の傳文「狐毛設二旆而退之」の注に、同文がみえる。
注の「拔旆投衡上云云」については、異説として、劉文淇『春秋左氏傳舊注疏證』に「黃承吉云（中略）旆乃大旗　若使置臥衡上　則旆愈橫長　拖逼馬首　勢更阻於帆風　豈能反便登陁　蓋拔旆投衡　自是兩事　謂拔去旆　又拔去衡　投者　投之車外　與拔旆互文　拔者亦投

投者亦拔　去此兩物於車外　則車輕馬便　乃可得出」とある。

【傳】顧曰　吾不如大國之數奔也　趙旃以其良馬二濟其兄與叔父　以他馬反遇敵不能去　弃車而走林　逢大夫與其二子乘

【注】「逢」は、氏である。

【傳】謂其二子無顧

【注】趙旃を見せたくなかったのである。

【傳】顧曰　趙傁在後

【注】「傁」は、老人の稱である。

【附】『釋名』釋親屬に「叟　老者稱也」とあるのを參照。

【傳】怒之　使下　指木曰　尸女於是　授趙旃綏　以免　明日以表尸之

【注】指定した木を目印にして、その尸〔しかばね〕をひろったのである。

【傳】皆重獲在木下

【注】兄弟は折重なって死んでいた。

【附】疏に「獲者　被殺之名　並皆被殺　唯當言皆獲耳　欲見尸相重累之皆獲　故杜辨之云　兄弟累尸而死　累即傳之重也」とある。ただし、これについては、焦循『春秋左傳補疏』に「獲之言　得也　謂二子皆尋得在所表木下　加一重字　明其尸相累　若曰皆得之而重在木下　云皆重獲在木下　古人屬文之奥也　正義以獲爲被殺之名　未是」とある。

【傳】楚熊負羈囚知罃　知莊子以其族反之

【注】「負羈」は、楚の大夫である。「知罃」は、知莊子の子である。「族」は、家兵である。「反」とは、ひきかえして戰ったのである。

【附】注の「知罃　知莊子之子」については、『國語』晉語七「邲之役　呂錡佐智莊子於上軍　獲楚公子穀臣與連尹襄老　以免子羽」の韋注に「子羽　智莊子之子智罃之字」とあるのを參照。

注の「族　家兵」については、『日知錄』〈家兵〉に「古之爲將者必有素豫之卒　春秋傳　冉求以武城人三百爲己徒卒　後漢書朱儁傳　交阯賊反　拜儁刺史　令過本郡　簡募家兵　張燕寇河内　逼近京師　出儁爲河内太守　將家兵擊却之　三國志呂虔傳　領泰山太守　將家兵到郡郭祖公孫犢等皆降　晉書王渾傳　爲司徒　楚王瑋將害汝南王亮　渾辭疾歸第　以家兵千餘人閉門距瑋　瑋不敢逼」とあるのを參照。

【傳】廚武子御

【注】「武子」は、魏錡である。

【附】『國語』晉語七「邲之役　呂錡佐智莊子於上軍」の韋注に「呂錡　廚武子也」とあるのを參照。なお、成公十六年の傳文「呂錡夢射月　中之　退入於泥」の注に「呂錡　魏錡」とある。

【傳】下軍之士多從之

【注】知莊子が下軍大夫だったからである。

【附】上の傳文に「荀首趙同爲下軍大夫」とある。また、上の傳文「知莊子曰　此師殆哉」の注に「莊子　荀言」とある。

【傳】每射　抽矢　菆　納諸廚子之房

【注】「抽」は、擢〔ひきぬく〕である。「菆」は、よい矢である。「房」は、矢づつである。

【附】注の「菆　好箭」については、『儀禮』既夕禮記「御以蒲菆」の疏に「服注云　菆　好箭」とあるのを參照。なお、上の傳文「吾聞致師者左射以菆」の注に「菆　矢之善者」とある。

傳厨子怒曰　非子之求　而蒲之愛

㊟「蒲」は、楊柳で、矢をつくることが出來る。

㈸『儀禮』既夕禮記「御以蒲菆」の疏に「(服)注云　蒲　楊柳　可以爲箭」とあるのを參照。また、『詩』王風〈揚之水〉「揚之水　不流束蒲」の鄭箋に「蒲　蒲柳」とあり、疏に「陸璣疏云　蒲柳有兩種（中略）皆可以爲箭幹」とあるのを參照。

傳董澤之蒲　可勝既乎

㊟「董澤」は、澤の名である。河東の聞喜縣の東北部に董池陂がある。「既」は、盡である。

㈸注の前半については、『續漢書』郡國志一に「河東郡（中略）聞喜邑　本曲沃　有董池陂　古董澤」とあるのを參照。

注の「既　盡也」については、桓公三年「秋七月壬辰朔日有食之既」の注に、同文がみえる。なお、異説として、『廣雅』釋詁「摡　取也」の王念孫〈疏證〉に「摡者　玉篇　摡　許氣切　引召南摽有梅篇　頃筐摡之　今本作塈　毛傳云　塈　取也　宣十二年左傳　董澤之蒲　可勝既乎　杜預注云　既　盡也　案既亦與摡通　言董澤之蒲　不可勝取也」とある。

傳知季曰　不以人子　吾子其可得乎　吾不可以苟射故也　射連尹襄老獲之　遂載其尸　射公子穀臣　囚之　以二者還

㊟「穀臣」は、楚王の子である。

㈸成公二年の傳文に「其必因鄭而歸王子與襄老之尸以求之」とあり、注に「王子　楚公子穀臣也」とあるのを參照。

傳及昏　楚師軍於邲　晉之餘師不能軍

㊟陣をととのえることが出來なかった。

傳宵濟　亦終夜有聲

㊟兵卒は多かったが、將帥が彼らを使えなかった、ということである。

㈸異説として、顧炎武『左傳杜解補正』に「言其軍囂　無復部伍　解非」とあり、安井衡『左傳輯釋』に「上文云晉之餘師　是其兵不衆　又云不能軍　是無復部伍　顧説是也」とある。

傳丙辰楚重至於邲

㊟「重」は、輜重〔軍用品を運ぶ車〕である。

傳遂次于衡雍　潘黨曰　君盍築武軍

㊟軍營を築いて、武功を顯彰する、ということである。

㈸成公六年「二月辛巳立武宮」の注に「魯人自鞌之功　至今無患　故築武軍　又作先君武公宮　以告成事　欲以示後世」とあるのを參照。

傳而收晉尸以爲京觀

㊟尸を積み、その上に土を盛る、ということであり、これを「京觀」という。

㈸異説として、楊伯峻『春秋左傳注』に「漢書翟方進傳敍王莽攻破翟義後　夷族其三族　誅其種嗣　至皆同坑　築爲武軍封　方六丈　高六尺　建表木高丈六尺　書曰　反虜逆賊鱷鯢在所　此王莽劉歆之武軍京觀　或與春秋時制相近　以此觀之　武軍京觀蓋是一事　收晉尸而封土　卽謂之武軍　建表木而書之　卽謂京觀　杜注武軍云　築軍營以章武功

注京観云　積尸封土其上　分之爲兩事　恐誤」とある。

【傳】臣聞　克敵必示子孫　以無忘武功　楚子曰　非爾所知也　夫文　止戈爲武

㊟「文」は、字である。

(附)十五年の傳文「故文　反正爲乏」の注、及び昭公元年の傳文「於文皿蟲爲蠱」の注に、同文がみえる。なお、『說文』序に「倉頡之初作書　蓋依類象形　故謂之文　其後形聲相益　卽謂之字　字者　言孳乳而浸多也」とあるのを參照。

【傳】武王克商　作頌曰　載戢干戈　載櫜弓矢

㊟「戢」は、臧〔しまう〕であり、「櫜」は、韜〔ふくろにおさめる〕である。詩は、武王がよく暴亂を誅滅して戰いをやめたことをほめたのである。

(附)注の「戢　藏也」については、襄公二十四年の傳文「兵不戢　必取其族」の注に、同文がみえる。なお、『說文』に「戢　臧兵也（中略）詩曰　載戢干戈」とあるのを參照。

注の「櫜　韜也」については、『詩』周頌〈時邁〉「載戢干戈　載櫜弓矢」の毛傳に「櫜　韜也」とあるのを參照。

【傳】我求懿德　肆于時夏　允王保之

㊟「肆」は、遂〔ついで、そのまま〕である。「夏」は、大である。武王は、戰いをやめた上に、よく美德を求めたから、そのまま盛大になって、まことに王として天下を保った、ということである。

(附)注の「肆　遂也」については、『書』舜典「肆類于上帝」の僞孔傳に「肆　遂也」とあるのを參照。

注の「夏　大也」については、『詩』周頌〈時邁〉「我求懿德　肆于時夏」の毛傳に「夏　大也」とあるのを參照。

注の「能求美德」については、上の〈時邁〉の鄭箋に「懿　美」とあるのを參照。

注の「信王保天下」については、〈時邁〉「允王保之」の鄭箋に「允　信也」とあるのを參照。

【傳】又作武　其卒章曰　耆定爾功

㊟「武」は、（周）頌の篇名である。「耆」は、致である。武王は、紂を誅し、その功業を確固たるものにした、ということである。

(附)注の「耆　致也」については、上の傳文「耆昧也」の注に、同文がみえる。なお、毛傳に「耆　致也」とあるのを參照。

【傳】其三曰　鋪時繹思　我徂維求定

㊟「其三」とは、（頌の）第三篇〔「賚」〕である。「鋪」は布であり、「繹」は陳であり、「時」は是であり、「思」は辭〔虛詞〕である。頌は、武王が、よく政をしき、教えをほどこし、天下が安定を求めて（自分に）歸往するようにさせた、ことをほめたのである。

(附)注の「繹　陳也」については、毛傳に「繹　陳也」とあるのを參照。

注の「時　是也」については、『爾雅』釋詁に「時　是也」とあるのを參照。

注の「思　辭也」については、僖公二十二年の傳文「天惟顯思」の注に「思猶辭也」とある。なお、その(附)を參照。

なお、注の「頌美云云」については、上の注に「詩美云云」とあるのを參照〔つまり、「頌美」と熟しては讀まない〕。また、注の「天下歸往」については、『說文』に「王　天下所歸往也」とあるのを參照。

【傳】其六曰　綏萬邦　屢豐年

【注】「其六」とは、（頌の）第六篇〔「桓」〕である。「綏」は安であり、「屢」は數〔しばしば〕である。武王は、天下を安んじると、しばしば豐作を來たした、ということである。ここの「三」・「六」という數字は、今の『詩』頌の順番と同じでない。おそらく、楚での樂歌の順序だったのであろう。

【附】『詩』周頌〈桓〉「綏萬邦　婁豐年」の鄭箋に「綏　安也　婁　亟也　誅無道安天下　則亟有豐熟之年　陰陽和也」とあるのを參照。また、『詩』小雅〈巧言〉「君子屢盟」の鄭箋に「屢　數也」とあるのを參照。なお、僖公十九年の傳文に「昔周饑　克殷而年豐」とある。なお、今の周頌の篇次は、「閔予小子之什」に限ってみれば、閔予小子・訪落・敬之・小毖・載芟・良耜・絲衣・酌・桓・賚・般で、全十一篇、「桓」は九番目、「賚」は十番目である〔通しでは、二十九番目と三十番目〕。疏に「沈氏難云（中略）今周頌篇次　桓第八　賚第九也」とあるのは、よくわからないが、あるいは、「什」ということから、安直に全十篇とみて、うしろからかぞえたものか〔？〕。

【傳】夫武　禁暴　戢兵　保大　定功　安民　和衆　豐財者也

【注】これが武の七德である。

【附】下の傳文に「武有七德」とある。

【傳】故使子孫無忘其章

【注】これを篇章に著わし、子孫に忘れないようにさせた、ということである。

【附】異說として、王引之『經義述聞』に「正義曰　杜以文承武王克商作頌之後　又連四篇詩義　故以爲著之篇章　劉炫云　能有七德　故子孫不忘章明功業　橫取下文京觀爲無忘其章明武功　以規杜失　非也　家大人曰　劉以章爲章明功業　是也　凡功之顯著者　謂之章　魯語曰　今一言而辟境　其章大矣　晉語曰　以德紀民　其章大矣　韋注竝云　章著也　義與此章字同　使子孫無忘其章　卽上文所云示子孫以無忘武功　則章者正章明功業之謂　非謂篇章也　功業卽指禁暴以下七德而言　故下文曰　武有七德　我無一焉　何以示子孫　若云使子孫無忘其篇章　則未矣」とある。

【傳】今我使二國暴骨　暴矣　觀兵以威諸侯　兵不戢矣　暴而不戢　安能保大　猶有晉在　焉得定功　所違民欲猶多　民何安焉　無德而强爭諸侯　何以和衆　利人之幾

【注】「幾」は、危である〔『爾雅』釋詁〕。

【傳】而安人之亂　以爲己榮　何以豐財

【注】兵が動けば、穀物がみのらない、ということである。

【傳】武有七德　我無一焉　何以示子孫　其爲先君宮　告成事而已

【注】先君を祭祀し、戰勝を報告する、ということである。

【傳】武非吾功也　古者明王伐不敬　取其鯨鯢而封之　以爲大戮　於是乎有京觀以懲淫慝

㊟「鯨鯢」は、大魚の名であり、それによって、小國を併呑する不義の人を喩えたのである。

(附)『説文』に「鱷　海大魚也　从魚畺聲　春秋傳曰　取其鱷鯢　鯨　鱷或从京」とあるのを參照。

[傳]今罪無所

㊟晉は、どこにも罪を犯していない、ということである。

(附)陸粲『左傳附注』に「所者　罪之所在也」とあり、安井衡『左傳輯釋』に「所者　處所也　今問晉罪　則無可指處所也」とあるのを參照。

[傳]而民皆盡忠以死君命　又何以爲京觀乎　祀于河　作先君宮　告成事而還

㊟傳は、楚の莊王に禮があったからこそ、(楚は)そのまま興起したのである、ということを言っているのである。

(附)傳文の「又何以爲京觀乎」の「何」については、王引之『經義述聞』に「家大人曰　古何字通作可　襄十年傳　下而無直　則何謂正矣　釋文　何或作可　誤也　陳氏芳林考正曰　古文可爲何字之省　未應遽斥爲誤（中略）宣十二年傳　今罪無所　而民皆盡忠以死君命　又可以爲京觀乎　宋十行本明閩本監本毛本可皆作何　唐石經宋淳熙本岳本皆作可　或曰　作何者誤　余謂可卽何字也　此言古之爲京觀　所以懲有罪也　今晉寔無罪　則將何以爲京觀乎　既曰　何以和衆　何以豐財　何以示子孫　又曰　何以爲京觀　四何以文同一例　唐石經作可者　何之借字耳　非有兩義也」とある。

[傳]是役也　鄭石制實入楚師　將以分鄭而立公子魚臣　辛未鄭殺僕叔及子服

㊟「僕叔」は魚臣であり、「子服」は石制である。

(附)疏に「服虔云　入楚師　使楚師來入鄭」とある。

[傳]君子曰　史佚所謂毋怙亂者　謂是類也

㊟(「怙亂」とは)人の亂につけこんで、利を求める、ということである。

(附)僖公十五年の傳文「無怙亂」の注に「恃人亂爲己利」とあるのを參照。

[傳]詩曰　亂離瘼矣　爰其適歸

㊟「詩」は、小雅(四月)である。「離」は憂であり、「瘼」は病であり、「爰」は於である。禍亂や憂病(の責任)をいったいどこに歸すればよいのだろうか、ということであり、歎いたのである。

(附)注の「離　憂也　瘼　病也」については、毛傳に「離　憂　瘼　病」とあるのを參照。

注の「爰　於也」については、文公四年の傳文「爰究爰度」の注に、同文がみえる。なお、『爾雅』釋詁に「爰　於也」とあるのを參照。

[傳]歸於怙亂者也夫

㊟禍につけこめば、禍はその人自身に歸する、ということである。

[傳]鄭伯許男如楚

㊟十四年の「晉(侯)伐鄭」のために傳したのである。

[傳]秋晉師歸　桓子請死　晉侯欲許之　士貞子諫曰　不可

㊟「貞子」は、士渥濁である。

(附)成公十八年の傳文「使士渥濁爲大傅」の注に「渥濁　士貞子」とある

のを參照。

【傳】城濮之役　晉師三日穀

【注】僖公二十八年にある。

【傳】文公猶有憂色　左右曰　有喜而憂　如有憂而喜乎

【注】心配すべき時と喜ぶべき時とを取り違えている、ということである。

【傳】公曰　得臣猶在　憂未歇也

【注】「歇」は、盡である。

【附】襄公二十九年の傳文「難未歇也」の注に、同文がみえる。

【傳】困獸猶鬬　況國相乎　及楚殺子玉

【注】「子玉」は、得臣である。

【傳】公喜而後可知也

【注】喜びが顔にあらわれたのである。

【附】僖公二十八年の傳文に「晉侯聞之而後喜可知也」とあり、注に「喜見於顔色」とある。なお、その【附】を參照。

【傳】曰　莫余毒也已　是晉再克而楚再敗也　楚是以再世不競

【注】（「再世」とは）成王から穆王までである。

【傳】今天或者大警晉也

【注】「警」は、戒である。

【附】『説文』に「警　戒也」とあるのを參照。なお、昭公十七年の傳文「乃警戎備」の注に「警戒以備戎也」とある。

【傳】而又殺林父以重楚勝　其無乃久不競乎　林父之事君也　進思盡忠　退思補過　社稷之衞也　若之何殺之　夫其敗也　如日月之食焉　何損於明　晉侯使復其位

【注】晉の景公が霸權を失わなかった理由を言っているのである。

【傳】冬楚子伐蕭　宋華椒以蔡人救蕭　蕭人囚熊相宜僚及公子丙　王曰　勿殺　吾退　蕭人殺之　王怒　遂圍蕭　蕭潰　申公巫臣曰　師人多寒　王巡三軍　拊而勉之

【注】「拊」は、撫である。（撫でて）なぐさめはげましたのである。

【附】『孔子家語』曲禮子夏問「無拊膺」の注に「拊猶撫也」とあるのを參照。

【傳】三軍之士皆如挾纊

【注】「纊」は、綿（わた）である。悦んで、寒さを忘れた、ということである。

【附】『禮記』玉藻「纊爲繭　緼爲袍」の注に「纊　謂今之新綿也」とあるのを參照。

【傳】遂傅於蕭　還無社與司馬卯言　號申叔展

【注】「還無社」は、蕭の大夫である。「司馬卯」・「申叔展」は、いずれもみな、楚の大夫である。無社は、以前から叔展を見知っていたので、卯にたのんで叔展を呼び出してもらったのである。

【傳】叔展曰　有麥麴乎　曰　無　有山鞠窮乎　曰　無

【注】「麥麴」・「鞠窮」は、濕氣をふせぐためのものである。（つまり、叔展は）無社を泥水の中に逃げ込ませようとしたのである。（しかし）無社は、（その意味をとっさには）解せなかったから、「ない」と言っ

たのである。（要するに）軍中のこととて、はっきりものが言えないから、謎をかけたのである。

(附)注の「麥麴鞠窮　所以禦濕」については、疏に「賈逵有此言　則相傳爲此說也」とある。

【傳】河魚腹疾奈何

(注)叔展は、〝濕氣をふせぐ藥がなければ、病氣になってしまう〟と言ったのである。

【傳】曰　目於眢井而拯之

(注)無社は、（ようやく）理解し、井戸に入ろうとしたから、叔展に、（後で）空井戸を探して、自分を救出してくれるよう、たのんだのである。水に溺れた者をすくいあげるのを「拯」という。

(附)注の「出溺爲拯」については、『方言』第十三に「出休爲拼」とあるのを參照。

【傳】若爲茅絰　哭井則己

(注)叔展はさらに、〝茅を結んで井戸の目印にし、哭聲を聞いてから、應答して知らせよ〟と指示したのである。

【傳】明日蕭潰　申叔視其井　則茅絰存焉　號而出之

(注)「號」は、哭である。傳は、蕭人に（國を）守る意志がなかったことを言っているのである。

(附)注の「號　哭也」については、すぐ上の傳文に「哭井則己」とあるのを參照。

【傳】晉原穀宋華椒衞孔達曹人同盟于淸丘

(注)「原穀」は、先穀である。

(附)僖公二十七年の傳文「先軫曰」の注に「先軫　晉下軍之佐　原軫也」とあるのを參照。

【傳】曰　恤病討貳　於是卿不書　不實其言也

(注)宋が陳を伐ったのに、衞が陳を救援した、ということは、離叛した者〔陳〕を討たなかった、ということであり、楚が宋を伐ったのに、晉が（宋を）救援しなかった、ということは、苦しんでいる者〔宋〕をあわれまなかった、ということである。

(附)すぐ下の傳文に「宋爲盟故　伐陳　衞人救之」とある。また、十三年に「夏楚子伐宋」とある。

【傳】宋爲盟故　伐陳

(注)陳が楚についたからである。

(附)十一年の傳文に「夏楚盟于辰陵　陳鄭服也」とある。

【傳】衞人救之　孔達曰　先君有約言焉　若大國討　我則死之

(注)衞の成公は陳の共公と古くからつきあいがあったから、（衞の）孔達は、盟に背いて陳を救援し、死をもって晉に謝罪しようとしたのである。十四年の「衞殺（其大夫）孔達」のために傳したのである。

(附)文公元年の傳文に「晉文公之季年　諸侯朝晉　衞成公不朝　使孔達侵鄭　伐緜訾及匡　晉襄公既祥　使告于諸侯而伐衞（中略）衞人使告于陳　陳共公曰　更伐之　我辭之　衞孔達帥師伐晉」とあるのを參照。

卷第二十四
〔宣公十三年〕

【經】十有三年春齊師伐莒

【經】夏楚子伐宋

【經】秋螽

(注)傳はない。災害をもたらしたから、書いたのである。

(附)莊公二十九年の傳文に「凡物　不爲災　不書」とあるのを參照。

【經】冬晉殺其大夫先穀

(注)名を書いているのは、罪によって討ったからである。

(附)下の傳文に「冬晉人討邲之敗與清之師　歸罪於先穀而殺之」とある。
なお、文公七年の傳文に「書曰宋人殺其大夫　不稱名　衆也　且言非其罪也」とあり、注に「不稱殺者及死者名　殺者衆　故名不可知　死者無罪　則例不稱名」とあるのを參照。

【傳】十三年春齊師伐莒　莒恃晉而不事齊故也

【傳】夏楚子伐宋　以其救蕭也

(注)蕭を救援したことは、前年にある。

(附)十二年の傳文に「冬楚子伐蕭　宋華椒以蔡人救蕭」とある。

【傳】君子曰　清丘之盟　唯宋可以免焉

(注)宋は(盟を守って)陳の離叛を討ったのに對して、今ここで宋が伐たれても、晉・衞は、盟を顧慮して宋をあわれむ、ということをしなかった。ところが、經が(晉・衞と)同樣に宋の大夫を貶しているため、傳は、華椒の罪がその國〔宋〕にまで累及する(と解される)ことを懸念したから、「宋だけは(譏りを)免れる」と言っているのである。

(附)十二年「晉人宋人衞人曹人同盟于清丘」の注に「晉衞背盟　故大夫稱人　宋華椒承羣僞之言以誤其國　宋雖有守信之善　而椒猶不免譏」とある。なお、その(附)を參照。

【傳】秋赤狄伐晉　及清　先穀召之也

(注)邲の戰いで、思いどおりにならなかったから、狄をひき入れて、事變をおこそうとしたのである。「清」は、清原ともよばれる。

(附)僖公三十一年の傳文に「秋晉蒐于清原」とある。

【傳】冬晉人討邲之敗與清之師　歸罪於先穀而殺之　盡滅其族　君子曰　惡之來也　己則取之　其先穀之謂乎

(注)一族を皆殺しにしたのは、誅罰としてひどすぎるから、「惡之來也」と言っているのである。

(附)疏に「先穀之罪　不合滅族　盡滅其族　爲誅已甚　亦是晉刑大過　是爲大惡（中略）惡之來也　言大惡之事來先穀之家」とある。

【傳】清丘之盟　晉以衞之救陳也　討焉
(注)清丘の盟によって衞を責めたのである。
【傳】使人弗去　曰　罪無所歸　將加而師　孔達曰　苟利社稷　請以我說
(注)自殺して晉に申し開きしようとしたのである。
【傳】罪我之由　我則爲政　而亢大國之討　將以誰任
(注)「亢」は、禦〔ふせぐ〕である。宋が陳を討つのをふせいだことをいう。
(附)異說として、王引之『經義述聞』に「家大人曰　亢、當也　大國之討謂晉討衞之救陳也　言我寔掌衞國之政　而當晉之討　不得委罪於他人也　十二年宋伐陳　衞孔達救陳　曰　若大國討　我則死之　是其證也　杜訓亢爲禦　以亢大國之討爲禦宋討陳　皆失之」とある。

【傳】我則死之
(注)明年の、孔達を殺したこと、のために傳したのである。
(附)十四年に「春衞殺其大夫孔達」とある。

〔宣公十四年〕

【經】十有四年春衞殺其大夫孔達
(注)名を書いているのは、大國との盟に背いたから、罪責したのである。
(附)文公七年の傳文に「書曰宋人殺其大夫　不稱名　衆也　且言非其罪也」とあり、注に「不稱殺者及死者名　殺者衆　故名不可知　死者無罪則例不稱名」とあるのを參照。

【經】夏五月壬申曹伯壽卒
(注)傳はない。（名を書いているのは）文公十四年に新城で盟った（からである）。
(附)文公十四年に「六月公會宋公陳侯衞侯鄭伯許男曹伯晉趙盾　癸酉同盟于新城」とある。なお、僖公二十三年の傳文に「凡諸侯同盟　死則赴以名　禮也」とあるのを參照。
【經】晉侯伐鄭
【經】秋九月楚子圍宋
【經】葬曹文公
(注)傳はない。
【經】冬公孫歸父會齊侯于穀
【傳】十四年春孔達縊而死　衞人以說于晉而免
(注)殺したものとして赴告したから、討伐を免れたのである。
【傳】遂告于諸侯曰　寡君有不令之臣達　構我敝邑于大國　既伏其罪矣　敢告
(注)諸々の、大夫を殺した場合も、みな赴告する。
(附)莊公二十二年「陳人殺其公子御寇」の疏に引く『釋例』に「古者　討

殺其大夫　各以罪狀宣告諸侯　所以懲不義重刑戮也　晉侯使以殺大子申生之故來告　衞殺孔達　傳載其辭　辭雖有臨時之狀　其告則常也」とあるのを參照。また、僖公五年「春晉侯殺其世子申生」の疏に引く『釋例』に「晉魯久不交使　而告殺申生　則所告不必嘗有玉帛之使　但欲廣聲其罪耳」とあるのを參照。

【傳】衞人以爲成勞　復室其子

㊟國を無事に保つという功勞があったから、(公)女をその子にめあわせたのである。

(附)注の「平國之功」については、隱公六年の傳文「往歲鄭伯請成于陳」の注に「成猶平也」とあるのを參照。

注の「以女妻之」については、昭公十九年の傳文「建可室矣」の注に「室　妻也」とあるのを參照。なお、異說として、疏に「劉炫以爲（中略）復室其子　謂復以室家還其子」とある。

なお、注の「復」は、諸本に從って、「故」に改める。

【傳】使復其位

㊟父の祿位をつがせたのである。

【傳】夏晉侯伐鄭　爲邲故也

㊟晉が邲で敗れると、鄭はそのまま楚についた(からである)。

(附)『史記』鄭世家に「十年晉來伐鄭　以其反晉而親楚也」とあるのを參照。

【傳】告於諸侯　蒐焉而還

㊟「蒐」とは、車馬を簡閱（點檢）したのである。

(附)桓公六年の傳文に「秋大閱　簡車馬也」とあるのを參照。また、襄公二十六年の傳文に「簡兵蒐乘」とあり、注に「簡　擇　蒐　閱」とあるのを參照。

【傳】中行桓子之謀也　曰　示之以整　使謀而來　鄭人懼　使子張代子良于楚

㊟十二年に、子良が楚に人質として出ていた。「子張」は、穆公の孫である。

(附)注の前半については、十二年の傳文に「潘尫入盟　子良出質」とある。

注の後半については、襄公二十二年の傳文に「九月鄭公孫黑肱有疾　歸邑于公」とあり、注に「黑肱　子張」とあるのを參照。

【傳】鄭伯如楚　謀晉故也　鄭以子良爲有禮　故召之

㊟國を讓るという禮にかなった行ないがあった(からである)。

(附)四年の傳文に「鄭人立子良　辭曰　以賢　則去疾不足　以順　則公子堅長　乃立襄公」とある。

【傳】楚子使申舟聘于齊　曰　無假道于宋

㊟「申舟」は、無畏である。

【傳】亦使公子馮聘于晉　不假道于鄭　申舟以孟諸之役惡宋

㊟文公十年に、楚子が孟諸で狩をしたとき、無畏は、宋公の僕を鞭打ったのである。

(附)文公十年の傳文に「遂道以田孟諸（中略）子朱及文之無畏爲左司馬

（中略）宋公違命　無畏扶其僕以徇」とある。

傳曰　鄭昭宋聾

㊟「昭」は、明である。「聾」は、闇である。

(附)注の「昭　明也」については、昭公十二年の傳文「式昭德音」の注に、同文がみえる。なお、『禮記』中庸「亦孔之昭」の注に「昭　明也」とあるのを參照。

注の「聾　闇也」については、『淮南子』説林訓「雖聾蟲而不自陷又況人乎」の注に「聾　無知也」とあるのを參照。なお、僖公二十四年の傳文に「卽聾從昧與頑用嚚　姦之大者也」とある。

傳晉使不害　我則必死　王曰　殺女　我伐之　見犀而行

㊟「犀」は、申舟の子である。子を王に託したのは、必死の覺悟を示すためである。

傳及宋　宋人止之　華元曰　過我而不假道　鄙我也　鄙我　亡也

㊟わが國を楚の邊鄙扱いするということは、（わが國は）亡國も同然ということである。

傳殺其使者　必伐我　伐我亦亡也　亡一也　乃殺之　楚子聞之　投袂而起

㊟「投」は、振〔ふるう〕である。「袂」は、袖〔たもと〕である。

(附)注の「投　振也」については、『淮南子』主術訓に「楚莊王傷文無畏之死於宋也　奮袂而起」とあるのを參照。なお、『後漢書』皇甫嵩朱儁列傳〈論〉「斯誠葉公投袂之幾」の注に「投袂　奮袂也　言其怒也」とある。

注の「袂　袖也」については、『説文』に「袂　袖也」とあるのを參照。

傳屨及於窒皇

㊟「窒皇」は、寢門の闕である。

(附)莊公十九年の傳文「亦自殺也　而葬於絰皇」の注に「絰皇　冢前闕」とある。なお、その(附)を參照。

傳劒及於寢門之外　車及於蒲胥之市　秋九月楚子圍宋

傳冬公孫歸父會齊侯于穀　見晏桓子　與之言魯樂　桓子告高宣子

㊟「桓子」は、晏嬰の父である。「宣子」は、高固である。

(附)注の「桓子　晏嬰父」については、襄公十七年の傳文に「齊晏桓子卒　晏嬰麤縗斬」とあるのを參照。

傳曰　子家其亡乎　懷於魯矣

㊟「子家」は、歸父の字〔あざな〕である。「懷」は、思である。

(附)注の「懷　思也」については、八年の傳文「辟不懷也」の注に、同文がみえる。なお、その(附)を參照。

傳懷必貪　貪必謀人　謀人　人亦謀己　一國謀之　何以不亡

㊟十八年の、歸父が齊に奔ったこと、のために傳したのである。

(附)十八年に「歸父還自晉　至笙　遂奔齊」とある。

傳孟獻子言於公曰　臣聞小國之免於大國也　聘而獻物

㊟「物」とは、玉帛・皮幣である。

(附)哀公十三年の傳文に「自王以下　朝聘玉帛不同」とあるのを參照。また、襄公二十八年の傳文に「寡君是故使吉奉其皮幣　以歲之不易　聘於下執事」とあるのを參照。

【傳】於是有庭實旅百

㊟主人の方も、籩豆に盛った百品をならべて、庭をみたし、賓客に返禮するのである。

(附)僖公二十二年の傳文に「庭實旅百」とあり、注に「庭中所陳品數百也」とあり、ついで「加籩豆六品」とあり、注に「食物六品　加於籩豆　籩豆　禮食器」とあるのを參照。なお、異說として、上の疏に「劉炫以爲皆是賓事　聘而獻物　謂獻其國內之物　於是所獻之物　庭中實之有百品　謂聘享之禮　龜金竹箭之屬有百品也」とあり、また、ここの疏に「炫以杜注莊二十二年庭實旅百　奉之以玉帛　諸侯朝王陳贄幣之象　則朝聘陳幣　亦實百品於庭　非獨主人也」〔挍勘記「浦鏜正誤　朝作此　獨作謂」〕とある。

【傳】朝而獻功

㊟治國あるいは征伐の成果を牧伯に獻上するのである。

(附)異說として、下の疏に「劉炫云　傳稱　朝以正班爵之儀　率長幼之序　則不名獻功　成二年　王禮鞏伯　如侯伯克敵　使大夫告慶之禮　則侯伯克敵　祇合使大夫告王征伐之功　何故親朝獻牧伯　禮　小朝大　小國不合專征　復有何功可獻」とある。

【傳】於是有容貌采章嘉淑　而有加貨

㊟「容貌」とは、威儀・容顏である。「采章」とは、車服・文章である。「嘉淑」とは、令辭・稱讚である。「加貨」とは、（歡迎の）補助としておくる幣帛である。行く側〔賓客〕が恭敬であれば、迎える側〔主人〕の返禮も手厚くなる、ということである。

(附)注の「加貨　命宥幣帛也」については、僖公二十五年の傳文に「戊午　晉侯朝王　王饗醴　命之宥」とあり、注に「既行饗禮而設醴酒　又加之以幣帛　以助歡也　宥　助也」とあるのを參照。

なお、異說として、疏に「劉炫云　案此勸君行聘　唯當論聘之義深　不宜言主之禮備　豈慮楚不禮而言此也　君之威儀　無時可舍　豈待朝聘賓至　乃始審威儀正顏色　無賓客則驕容儀　容儀非報賓之物　何言報禮備」とあり、また、「炫謂采章加貨　則聘享獻國所有　玄纁璣組　羽毛齒革　皆充衣服旌旗之飾　可以爲容貌采文章　嘉淑謂美善之物　加貨言賄賂之多　皆賓所獻　亦庭實也　於聘揔言庭實　於朝指其所有　詳於君　畧於臣也　案莊二十二年傳　庭實旅百　則朝者庭實（中略）據此文　則聘賓有庭實　又庭實旅百　與容貌采章相對　杜何知庭實容貌之等　非是賓之所有　必爲主人之物」とある。

【傳】謀其不免也　誅而薦賄　則無及也

㊟「薦」は、進である〔『爾雅』釋詁〕。責められてから往ったのでは、罪を免れることが出來ない、ということである。

【傳】今楚在宋　君其圖之　公說

㊟明年の、歸父が楚子と會したこと、のために傳したのである。

(附)十五年の傳文に「春公孫歸父會楚子于宋」とあり、注に「終前年傳」とある。

〔宣公十五年〕

經十有五年春公孫歸父會楚子于宋

經夏五月宋人及楚人平

注「平」は、二國が和したことを(國)全體のこととして言うものであるから、その人〔箇人名〕を書かないのである。

附異説として、疏に「賈逵云　稱人　衆辭　善其與衆同欲」とある。ちなみに、穀梁傳文に「人者　衆辭也　平稱衆　上下欲之也」とある。なお、疏に引く『釋例』に「宋人及楚人平　實盟　書平　從赴辭也」とある。

經六月癸卯晉師滅赤狄潞氏　以潞子嬰兒歸

注「潞」は、赤狄の別種である。國(名)を氏としていたから、「氏」と稱しているのである。「子」は、爵である。林父を「師」と稱しているのは、赴告に從ったのである。

附下の傳文に「六月癸卯晉荀林父敗赤狄于曲梁　辛亥滅潞」とある。なお、注の「潞氏國故稱氏」の「潞」は、挍勘記に從って、衍文とみなす。

經秦人伐晉

注傳はない。

經王札子殺召伯毛伯

注殺した者の名を稱しているのは、臣下が臣下を殺したという表現である。臣下が臣下を殺した(という表現の)場合は、殺した者に罪がある。「王札子」は、王子札である。おそらく、經文は、「札」の字(の位置)をさかさまにしたのであろう。

附注の前半については、疏に引く『釋例』に「大臣相殺　死者無罪　則兩稱名氏　以示殺者之罪　王札子殺召伯毛伯　是也　若死者有罪　不稱殺者名氏　晉殺其大夫陽處父　是也」とあるのを參照。注の後半については、下の傳文に「王孫蘇與召氏毛氏爭政　使王子捷殺召戴公及毛伯衞」とあり、注に、「王子捷卽王札子」とあるのを參照。なお、疏に「譜以爲雜人」とある。

經秋螽

注傳はない。

經仲孫蔑會齊高固于無婁

注傳はない。「無婁」は、杞の邑である。

經初稅畝

注公田の法では、十のうちの一を取る。(ところが)今ここでは、さらに、その他の畝を實地に調査して、そこからも、十のうちの一を取ったのである。だから、（後に）哀公が「（十のうちの）二でも私にはなお足りない」と言ったのである。（つまり、以後）そのまま常法としたから、（ここで）「初」と言っているのである。

㈪公羊傳文に「初者何　始也　稅畝者何　履畝而稅也（中略）古者什一而藉」とあり、何注に「以什與民　自取其一爲公田」とあるのを參照。また、穀梁傳文に「初者　始也　古者什一　藉而不稅（中略）初稅畝者　非公之去公田而履畝十取一也」とあるのを參照。また、『論語』顏淵に「哀公問於有若曰　年饑　用不足　如之何　有若對曰　盍徹乎　曰　二　吾猶不足　如之何其徹也」とあり、〈集解〉に「孔曰　二謂什二而稅」とあるのを參照。

經冬蝝生

㊟螽の子が冬に生まれ、寒さに遇って死んだから、螽に成長しなかったのである。

㈪『漢書』五行志中之下に「董仲舒劉向以爲蝝　螟始生也　一曰蝗始生」とあるのを參照。また、公羊の何注に「蝝卽蝀也　始生曰蝝　大曰蝀」とあるのを參照。なお、異說として、『漢書』五行志中之下に「劉歆以爲蝝　蚍蠹之有翼者　食穀爲災　黑眚也」とある。

經饑

㊟（「饑」と書いているのは）風雨が不順で、五稼がよくみのらなかった（からである）。

㈪疏に「此年秋螽　知不爲螽而饑者　春秋書螽多矣　有螽之年皆不書饑　而此獨書饑　知年饑不專爲螽　故云　風雨不和　五稼不豐也」とある。

傳十五年春公孫歸父會楚子于宋

㊟前年の傳に結末をつけたのである。

㈪十四年の傳文に「孟獻子言於公曰　臣聞小國之免於大國也　聘而獻物　於是有庭實旅百　朝而獻功　於是有容貌采章嘉淑　而有加貨　謀其不免也　誅而薦賄　則無及也　今楚在宋　君其圖之　公說」とあり、注に「爲明年歸父會楚子傳」とある。

傳宋人使樂嬰齊告急于晉　晉侯欲救之　伯宗曰　不可

㊟「伯宗」は、晉の大夫である。

㈪『史記』晉世家「六年楚伐宋　宋來告急晉　晉欲救之　伯宗謀曰」の〈集解〉に「賈逵曰　伯宗　晉大夫」とあるのを參照。

傳古人有言曰　雖鞭之長　不及馬腹

㊟撃つべき所ではない、ということである。

傳天方授楚　未可與爭　雖晉之彊　能違天乎　諺曰　高下在心

㊟時をはかって宜しきをさだめる、ということである。

傳川澤納汙

㊟汙濁を受け入れる、ということである。

傳山藪藏疾

㊟山には林藪があって、悪獣・毒蛇の類が住んでいる、ということである。

（附）異説として、疏に「劉炫以爲澤旁之藪」とあり、また、陸粲『左傳附注』に「藪　大澤也　一曰　澤之水希者也　杜云山之有林藪　蓋誤　孔云近山近澤皆得稱藪　妄也」とある。

[傳]瑾瑜匿瑕

㊟「匿」もまた、「藏」である。どんなに肌理の美しい玉でも、瑕穢〔きず〕をかくしもっている場合がある、ということである。

（附）『説文』に「瑾　瑾瑜　美玉也」とあり、「瑜　瑾瑜　美玉也」とあるのを參照。

[傳]國君含垢

㊟垢恥〔はじ〕を忍ぶ、ということである。

（附）哀公二年の傳文に「二三子順天明　從君命　經德義　除詬恥　在此行也」とある。また、定公八年の傳文「公以晉詬語之」の注に「詬　恥也」とある。なお、『後漢書』班昭傳に「謙讓恭敬　先人後己　有善莫名　有惡莫辭　忍辱含垢　常若畏懼　是謂卑弱下人也」とあるのを參照。

[傳]天之道也

㊟晉侯が、宋を救援しないことを恥と思っていたから、伯宗は、（晉侯の）ために、〝小悪は大德をそこなわない〟ということの喩えを説いたのである。

[傳]君其待之

㊟楚が衰えるのを待て、ということである。

[傳]乃止　使解揚如宋　使無降楚　曰　晉師悉起　將至矣　鄭人囚而獻諸楚　楚子厚賂之　使反其言

㊟逆に、〝晉は救援にこない〟と言わせようとしたのである。

[傳]不許　三而許之　登諸樓車　使呼宋人而告之

㊟「樓車」は、車上の望櫓〔ものみやぐら〕である。

（附）『史記』鄭世家「於是楚登解揚樓車」の〈集解〉に「服虔曰　樓車所以窺望敵車　兵法所謂雲梯也」とあるのを參照。なお、成公十六年の傳文に「楚子登巢車　以望晉軍」とあり、注に「巢車　車上爲櫓」とある。

なお、諸本に從って、傳文の「宋」の下に、「人」の字を補う。

[傳]遂致其君命　楚子將殺之　使與之言曰　爾旣許不穀　而反之　何故　非我無信　女則弃之　速卽爾刑　對曰　臣聞之　君能制命爲義　臣能承命爲信　信載義而行之爲利　謀不失利　以衛社稷　民之主也　義無二信

㊟義をなそうとする者〔君〕は、（臣に）二つの信は行なわせない、ということである。

[傳]信無二命

㊟信を行なおうとする者〔臣〕は、（君から）二つの命は受けない、ということである。

[傳]君之賂臣　不知命也　受命以出　有死無霣

㊟「霣」は、廢隊〔すてる〕である。

(附)『史記』鄭世家「受吾君命以出　有死無隕」の〈集解〉に「服虔曰　隕　墜也」とあるのを參照。

[傳]又可賂乎　臣之許君　以成命也

(注)本來の君命を成就するため、ということである。

[傳]死而成命　臣之祿也　寡君有信臣

(注)自分が命(令)をすてなかった、ということである。

[傳]下臣獲考

(注)「考」は、成である〔『爾雅』釋詁〕。

(附)異説として、沈欽韓『春秋左氏傳補注』に「當與下死字爲句　考死猶考終命也」とある。ちなみに、『書』洪範に「五曰考終命」とあり、僞孔傳に「各成其短長之命　以自終　不横夭」とある。

[傳]死　又何求　楚子舍之以歸

[傳]夏五月楚師將去宋

(注)宋に九箇月もいて、宋を服從させることが出來なかったからである。

(附)十四年に「秋九月楚子圍宋」とある。

[傳]申犀稽首於王之馬前曰　毋畏知死而不敢廢王命　王弃言焉　王不能荅

(注)まだ宋を服從させていないのに、立ち去ろうとしたから、「約束をすてる」と言ったのである。

(附)十四年の傳文に「王曰　殺女　我伐之」とある。

[傳]申叔時僕

(注)「僕」は、御者である。

(附)文公十八年の傳文「而使歎僕」等の注に、同文が見える。なお、その(附)を參照。

[傳]曰　築室　反耕者　宋必聽命　從之

(注)宋に室を築き、兵を分けて田に歸らせ、立ち去る意志がないことを示す、ということである。王はその言葉に從った。

[傳]宋人懼　使華元夜入楚師　登子反之牀　起之　曰　寡君使元以病告

(注)兵法では、敵の鄉人をこちらの間者として使って、必ず、前もって敵の守將・左右・謁者・門者・舍人の姓名をつかんでおき、彼らを利益で誘導する。華元は、おそらく、この術を用いて、潛入できたのであろう。

(附)『孫子』用間に「故用間有五　有鄉間　有內間　有反間　有死間　有生間（中略）鄉間者　因其鄉人而用之（中略）凡軍之所欲擊　城之所欲攻　人之所欲殺　必先知其守將左右謁者門者舍人之姓名　令吾間必索知之　必索敵人之間來間我者　因而利之　導而舍之　故反間可得而用也」とあるのを參照。

[傳]曰　敝邑易子而食　析骸以爨

(注)「爨」は、炊〔たく〕である。

(附)『孟子』滕文公上「許子以釜甑爨」の趙注に「爨　炊也」とあるのを參照。ちなみに、公羊傳文に「析骸而炊之」とあり、また、『史記』宋世家及び楚世家に「析骨而炊」とある。

[傳]雖然　城下之盟　有以國斃　不能從也

(注)いっそ國がたおれようとも、城下の盟には從えない、ということであ

る。

【傳】去我三十里　唯命是聽　子反懼　與之盟　而告王　退三十里　宋及楚平　華元爲質　盟曰　我無爾詐　爾無我虞

【注】楚は宋を詐らず、宋は楚に備えない、ということである。「盟」を（經に）書いていないのは、（盟については）赴告してこなかったからである。

【附】注の前半については、『國語』晉語四「過衞　衞文公有邢狄之虞　不能禮焉」の韋注に「虞　備也」とあるのを參照。なお、異説として、『廣雅』釋詁「虞　欺也」の王念孫〈疏證〉に「虞者　淮南子繆稱訓引屯六三即鹿無虞　高誘注云　虞　欺也　魏志王粲傳　陳琳諫何進曰　易稱即鹿無虞　諺有掩目捕雀　夫微物尚不可欺以得志　況國之大事　其可以詐立乎　高誘陳琳皆以無虞爲無欺　蓋漢時師説如此　宣十五年左傳　我無爾詐　爾無我虞　謂兩不相欺也」とある。

注の後半については、經の疏に引く『釋例』に「宋人及楚人平　實盟書平　從赴辭也」とあるのを參照。

なお、疏に「服虔云　與華元私盟　許爲退師　若孟任割臂與魯莊公盟」とある。

【傳】潞子嬰兒之夫人　晉景公之姊也　酆舒爲政而殺之　又傷潞子之目

【注】「酆舒」は、潞の相である。

【附】文公七年の傳文「趙宣子使因賈季問酆舒　且讓之」の注に「酆舒　狄相」とあるのを參照。

【傳】晉侯將伐之　諸大夫皆曰　不可　酆舒有三儁才

【注】「儁」は、絶異〔なみはずれた〕である。人にまさる才藝が三つある、ということである。

【附】『淮南子』泰族訓に「故智過萬人者　謂之英　千人者　謂之俊　百人者　謂之豪　十人者　謂之傑」とあるのを參照。

【傳】不如待後之人　伯宗曰　必伐之　狄有五罪　儁才雖多　何補焉　不祀一也　耆酒　二也　弃仲章而奪黎氏地　三也

【注】「仲章」は、潞の賢人である。「黎氏」は、黎侯の國である。上黨の壺關縣に黎亭がある。

【附】『詩』邶風〈旄丘〉の序疏に「服虔曰　黎侯之國」とあるのを參照。また、『漢書』地理志上「上黨郡（中略）壺關」の注に「應劭曰　黎侯國也　今黎亭是」とあるのを參照。

【傳】虐我伯姬　四也　傷其君目　五也　怙其儁才　而不以茂德　茲益罪也　後之人或者將敬奉德義以事神人　而申固其命

【注】（「申固其命」とは）國の政令をととのえる、ということである。

【附】異説として、陸粲『左傳附注』に「謂重固其天命耳　豈謂政令乎」とある。

【傳】若之何待之　不討有罪　曰　將待後　後有辭而討焉　毋乃不可乎　夫恃才與衆　亡之道也　商紂由之　故滅

【注】「由」は、用である。

【附】文公六年の傳文「由質要」等の注に、同文がみえる。なお、その【附】を參照。

〔傳〕天反時爲災
㊟寒・暑が時節をとりかえる、ということである。
〔傳〕地反物爲妖
㊟羣物が本性を失う、ということである。
〔傳〕民反德爲亂　亂則妖災生　故文　反生爲乏
㊟「文」は、字である。
(附)十二年の傳文「夫文　止戈爲武」等の注に、同文がみえる。なお、その(附)を參照。
なお、疏に「服虔云　言人反正者　皆乏絶之道也」とある。
〔傳〕盡在狄矣　晉侯從之　六月癸卯晉荀林父敗赤狄于曲梁　辛亥滅潞
㊟「曲梁」は、今の廣平の曲梁縣である。（經が「滅」の日を、「辛亥」ではなく）「癸卯」と書いているのは、赴告に從ったのである。
(附)注の前半については、『續漢書』郡國志二に「魏郡（中略）曲梁　侯國　故屬廣平」とあるのを參照。なお、異説として、同郡國志五「上黨郡（中略）潞　本國」の注に「上黨記曰　潞　濁漳也　縣城臨潞　晉荀林父伐曲梁　在城西十里　今名石梁」とある。
注の後半については、上の經に「六月癸卯晉師滅赤狄潞氏」とある。
〔傳〕酆舒奔衞　衞人歸諸晉　晉人殺之
〔傳〕王孫蘇與召氏毛氏爭政
㊟三人は、いずれもみな、王の卿士である。
〔傳〕使王子捷殺召戴公及毛伯衞
㊟「王子捷」は、王札子に他ならない。
(附)上の經に「王札子殺召伯毛伯」とある。
〔傳〕卒立召襄
㊟「襄」は、召戴公の子である。
〔傳〕秋七月秦桓公伐晉　次于輔氏
㊟（「輔氏」は）晉地である。
〔傳〕壬午晉侯治兵于稷　以畧狄土
㊟「畧」は、取である。「稷」は、晉地である。河東の聞喜縣の西部に稷山がある。「壬午」は、七月二十九日である。晉は、この時、狄を破ったばかりで、土地がまだ安定しておらず、（一方）秦の師は弱いとみたから、別に魏顆をやって秦をふせがせ、（晉侯自身は）東へ行って、狄の地を平定したのである。
(附)注の「畧　取也」については、『廣雅』釋詁「略　取也」の王念孫〈疏證〉に「略者　方言　略　强取也　宣十五年左傳　晉侯治兵于稷以略狄土　杜預注云　略　取也　襄四年傳　季孫曰　略　注云　不以道取曰略　齊語　犧牲不略　韋昭注云　略　奪也」とあるのを參照。
注の「稷　晉地云云」については、『續漢書』郡國志一に「河東郡（中略）聞喜邑（中略）有稷山亭」とあるのを參照。
なお、注の「十月」の「十」は、挍勘記に從って、「七」に改める。
また、注の「定狄也」の「也」は、諸本に從って、「地」に改める。
〔傳〕立黎侯而還

㊟狄がその土地を奪ったから、晉がもとにもどしたのである。

(附)上の傳文に「奪黎氏地」とあり、注に「黎氏　黎侯國」とある。

【傳】及雒　魏顆敗秦師于輔氏

㊟（「及雒」とは）晉侯が、ひきかえして、雒に達したのである。「雒」は、晉地である。

【傳】獲杜回　秦之力人也　初魏武子有嬖妾　無子　武子疾　命顆曰　必嫁是

㊟「武子」は、魏犨で、顆の父である。

(附)僖公二十三年の傳文「顚頡魏武子」の注に「武子　魏犨」とある。

【傳】疾病　則曰　必以爲殉　及卒　顆嫁之　曰　疾病則亂　吾從其治也　及輔氏之役　顆見老人結草以亢杜回

㊟「亢」は、禦（ふせぐ）である。

(附)十三年の傳文「而亢大國之討」の注に、同文がみえる。

【傳】杜回躓而顚　故獲之　夜夢之　曰　余　而所嫁婦人之父也

㊟「而」は、女（なんじ）である。

(附)襄公十四年の傳文「是而子殺余之弟也」等の注に、同文がみえる。なお、『詩』大雅〈桑柔〉「嗟爾朋友　予豈不知而作」の鄭箋に「而猶女也」とあるのを參照。

【傳】爾用先人之治命　余是以報

㊟傳は、この話をあげることで、教えを示したのである。

(附)『論衡』死僞に「夫嬖妾之父知魏顆之德　故見體爲鬼　結草助戰　神曉有知之效驗也」とあるのを參照。

【傳】晉侯賞桓子狄臣千室

㊟（「千室」とは）千家である。

【傳】亦賞士伯以瓜衍之縣

㊟「士伯」は、士貞子である。

【傳】曰　吾獲狄土　子之功也　微子　吾喪伯氏矣

㊟「伯」は、桓子の字（あざな）である。邲で敗れたとき、晉侯は林父を殺そうとしたが、士伯が諫めて止めたのである。

(附)十二年の傳文に「秋晉師歸　桓子請死　晉侯欲許之　士貞子諫曰　不可」とある。

【傳】羊舌職說是賞也

㊟「職」は、叔向の父である。

(附)襄公十六年の傳文に「羊舌肸爲傳」とあり、注に「肸　叔向也」とある。なお、『國語』周語下「晉羊舌肸聘于周」の韋注に「肸　晉大夫羊舌職之子　叔向之名也」とあるのを參照。

【傳】曰　周書所謂庸庸祇祇者　謂此物也夫

㊟「周書」は、康誥である。「庸」は、用である。「祇」は、敬である。「物」は、事である。文王は、よく、用うべきを用い、敬すべきを敬した、ということである。

(附)注の「庸　用也」については、僖公二十四年の傳文「庸勳親親暱近尊賢　德之大者也」等の注に、同文がみえる。なお、その(附)を參照。

注の「祇　敬也」については、僖公三十三年の傳文「康誥曰　父不慈

子不祇　兄不友　弟不共　不相及也」の注に、同文がみえる。なお、『爾雅』釋詁及び『說文』に「祇　敬也」とあるのを參照。

注の「物　事也」については、『周禮』大司徒「以鄕三物教萬民而賓興之」の注に「物猶事也」とあるのを參照。なお、異説として、王引之『經義述聞』に「物　類也（桓六年傳　是其生也　與吾同物　宣十二年傳　百官象物而動　昭元年傳　言以知物　九年傳　事有其物　晉語　如草木之產也　各以其物　韋杜注竝曰　物　類也）言周書所謂庸庸祇祇者　其謂此類也夫　前六年傳　周書曰　殪戎殷　此類之謂也　十二年傳　史佚所謂毋怙亂者　謂是類也　皆其證」とある。

注の「言文王能用可用敬可敬」については、僞孔傳に「用可用　敬可敬」とあるのを參照。

[傳]士伯庸中行伯

㊟中行伯は用うべき者であった、ということである。

[傳]君信之　亦庸士伯　此之謂明德矣　文王所以造周　不是過也　故詩曰　陳錫哉周　能施也

㊟「錫」は、賜である。「詩」は、大雅（文王）である。文王は、大利をしきのべて、天下にたまわったから、よく周道をなしとげ、福祿が子孫に及んだ、ということである。

(附)毛傳に「哉　載」とあり、その疏に「王肅云　文王能布陳大利　以錫予人　故能載行周道　致有天下」とあるのを參照。また、『國語』周語上「大雅曰　陳錫載周」の韋注に「陳　布也　錫　賜也　言文王布賜施利　以載成周道也」とあるのを參照。なお、『詩』では、この句につづいて、「侯文王孫子　文王孫子　本支百世」とある。

[傳]率是道也　其何不濟

[傳]晉侯使趙同獻狄俘于周　不敬　劉康公曰　不及十年　原叔必有大咎

㊟「劉康公」は、王季子である。「原叔」は、趙同である。

(附)十年に「秋天王使王季子來聘」とあり、傳に「秋劉康公來報聘」とある。

[傳]天奪之魄矣

㊟心が精爽なのを「魂魄」という（昭公二十五年傳文）。成公八年の、晉が趙同を殺したこと、のために傳したのである。

(附)成公八年に「晉殺其大夫趙同趙括」とある。

[傳]初稅畝　非禮也　穀出不過藉

㊟周の法では、民は（私田）百畝を耕し、（一方）公田十畝を、民の力を借りて治め、稅はこれをこえない。

(附)公羊傳文「什一者　天下之中正也　什一行而頌聲作矣」の何注に「是故聖人制井田之法　而口分之　一夫一婦　受田百畝　以養父母妻子　五口為一家　公田十畝　即所謂十一而稅也」とあるのを參照。また、『禮記』王制「古者公田　藉而不稅」の鄭注に「藉之言借也　借民力治公田」とあるのを參照。

[傳]以豐財也

【傳】冬蝝生　饑　幸之也

(注)災害をもたらさなかったのに、「蝝」を(經に)書いているのは、それが冬に生まれ、物の害とならなかった、ことを幸いとしたから、この時(天候不順で)穀物がよくみのらなかったにもかかわらず、喜んで書いたのである。

(附)上の經に「冬蝝生」とあり、注に「螽子以冬生　遇寒而死　故不成螽」とある。なお、莊公二十九年の傳文に「凡物　不爲災　不書」とあるのを參照。

〔宣公十六年〕

【經】十有六年春王正月晉人滅赤狄甲氏及留吁

(注)「甲氏」・「留吁」は、赤狄の別種である。晉は、潞氏を滅したうえに、今ここで、さらに、その餘黨をも殘らず滅したのである。士會を「人」と稱しているのは、赴告に從ったのである。

(附)注の前半については、十五年に「六月癸卯晉師滅赤狄潞氏　以潞子嬰兒歸」とあり、注に「潞　赤狄之別種」とある。なお、「別種」は、下位區分、つまり一種の意と思われる。

注の後半については、下の傳文に「春晉士會帥師滅赤狄甲氏及留吁鐸辰」とある。

【經】夏成周宣榭火

(注)傳例に「人が火事をおこした」とある〔下の傳文〕。「成周」は、洛陽である。「宣榭」は、武事を講習する堂で、別に洛陽にあったものである。『爾雅』に「室がないのを『榭』という」とある〔釋宮〕。堂で前が缺けているものをいう。

(附)注の「成周　洛陽」については、隱公三年の傳文「秋又取成周之禾」の注に「成周　洛陽縣也」とある。なお、昭公三十二年の傳文に「昔成王合諸侯城成周　以爲東都」とあるのを參照。ちなみに、公羊傳文に「成周者何　東周也」とある。

注の「宣榭　講武屋」については、成公十七年の傳文「三郤將謀於榭」の注に「榭　講武堂」とある。なお、『漢書』五行志上に「左氏經曰　成周宣榭火　人火也　人火曰火　天火曰災　榭者　講武之坐屋」とあるのを參照。また、『國語』楚語上に「故先王之爲臺榭也　榭不過講軍實　臺不過望氛祥」とあるのを參照。ちなみに、疏に「服虔云　宣揚威武之處」とある。

注の「謂屋歇前」については、疏に「歇前者　無壁也」とある。

【經】秋郯伯姬來歸

【經】冬大有年

(注)傳はない。

【傳】十六年春晉士會帥師滅赤狄甲氏及留吁鐸辰

(注)「鐸辰」を(經に)書いていないのは、留吁の屬國だったからである。

【傳】三月獻狄俘

【注】王に獻上したのである。

【傳】晉侯請于王　戊申以黻冕命士會將中軍　且爲大傅

【注】林父に代えて中軍の將とし、その上、大傅の官を授けたのである。「黻冕」は、命卿の服である。「大傅」は、孤卿である。

【附】注の「代林父將中軍」については、十二年の傳文に「荀林父將中軍」とある。

注の「命卿」については、成公二年の傳文に「而不使命卿鎭撫王室　所使來撫余一人　而鞏伯實來　未有職司於王室」とあり、注に「鞏朔上軍大夫　非命卿　名位不達於王室」とあるのを參照。

注の「大傅　孤卿」については、『漢書』百官公卿表上に「大師大傅大保　是爲三公　蓋參天子　坐而議政　無不總統　故不以一職爲官名　又立三少爲之副　少師少傅少保　是爲孤卿　與六卿爲九焉」とあるのを參照。なお、疏に「天子大傅　三公之官也　諸侯大傅　孤卿之官也」とある。

【傳】於是晉國之盜逃奔于秦　羊舌職曰　吾聞之　禹稱善人

【注】「稱」は、擧である。

【附】襄公八年の傳文「女何故稱兵于蔡」等の注に、同文がみえる。なお、『國語』周語中「君子不自稱也」の韋注に「稱　擧也」とあるのを參照。

【傳】不善人遠　此之謂也夫　詩曰　戰戰兢兢　如臨深淵　如履薄冰　善人在上也

【注】善人が位にいれば、誰もがおそれつつしむ、ということである。

【附】僖公二十二年の傳文「詩曰　戰戰兢兢　如臨深淵　如履薄冰」の注に「詩　小雅　言常戒懼」とある。なお、その【附】を參照。

【傳】善人在上　則國無幸民　諺曰　民之多幸　國之不幸也　是無善人之謂也

【傳】夏成周宣榭火　人火之也　凡火　人火曰火　天火曰災

【傳】秋郯伯姬來歸　出也

【傳】爲毛召之難故　王室復亂

【注】「毛・召の難」は、前年にある。

【附】十五年の傳文に「王孫蘇與召氏毛氏爭政　使王子捷殺召戴公及毛伯衛」とある。

【傳】王孫蘇奔晉　晉人復之

【注】毛・召の仲間が蘇氏を討とうとしたから、出奔したのである。

【傳】冬晉侯使士會平王室　定王享之　原襄公相禮

【注】「原襄公」は、周の大夫である。「相」は、佐〔たすける〕である。

【附】『國語』周語中「晉侯使隨會聘于周　定王享之餚烝　原公相禮」の韋注に「相　佐也」とあるのを參照。

【傳】殽烝

㊟「烝」は、升〔のせる〕である。殽〔骨つきの切肉〕を俎にのせたのである。

(附)すぐ上の(附)に引いた『國語』の文の同注に「烝　升也　升折俎之餚也」とあるのを參照。

【傳】武季私問其故

㊟享禮では、半身を(まるごと)すすめるはずなのに、殽〔骨つきの切肉〕をのせたから、怪しんでたずねたのである。「武」は、士會の謚で、「季」は、その字である。

(附)下の傳文に「王享有體薦」とあり、注に「享則半解其體而薦之」とある。なお、『國語』周語中に「范子私於原公　曰　吾聞王室之禮無毀折　今此何禮也」とあるのを參照。

なお、傳文の「武子」の「子」は、『會箋』に「武子　足利本作武季　士會或稱隨武子　或稱士季　已見前傳　此處何須更注　杜氏正以武季二字連稱　特異他處　故有此注　且傳作武子　杜當云武子士會謚　必不舍子字而預注下文　足利本是也」とあるのに從って、「季」に改める。

【傳】王聞之　召武子曰　季氏　而弗聞乎　王享有體薦

㊟享する時には、身體を二つにさいて(そのまま)すすめる。恭儉を示すため(の手立て)である。

(附)注の前半については、『國語』周語中に「王公立飫　則有房烝」とあり、韋注に「房　大俎也〔中略〕謂半解其體　升之房也」とあるのを參照。

注の後半については、成公十二年の傳文に「享以訓共儉」とあり、注に「享有體薦　設几而不倚　爵盈而不飲　肴乾而不食　所以訓共儉」とあるのを參照。

【傳】宴有折俎

㊟肢體をばらばらにして、俎にのせるのであり、物はみな食べられる。慈惠を示すため(の手立て)である。

(附)注の前半については、『國語』周語中に「親戚宴饗　則有餚烝」とあり、韋注に「餚烝　升體解節折之俎也　謂之折俎」とあるのを參照。なお、周語中の下文に「體解節折而共飲食之　於是乎有折俎加豆」とある。

注の後半については、成公十二年の傳文に「宴以示慈惠」とあり、注に「宴則折俎　相與共食」とあるのを參照。

【傳】公當享　卿當宴　王室之禮也

㊟「公」とは、諸侯をいう。

(附)『國語』周語中「王公立飫　則有房烝」の韋注に「公　諸侯」とあるのを參照。

【傳】武子歸而講求典禮　以脩晉國之法

㊟傳は、典禮がながらく廢れていたことを言っているのである。

(附)『國語』周語中に「歸乃講聚三代之典禮　於是乎修執秩以爲晉法」とあり、韋注に「晉文公蒐於被廬　作執秩之法　自靈公以來　闕而不用　故武子修之　以爲晉國之法也」とあるのを參照。

〔宣公十七年〕

【經】十有七年春王正月庚子許男錫我卒

㊟傳はない。（名を書いているのは）二度、文公と同盟した（からである）。

(附)文公七年の傳文に「秋八月齊侯宋公衞侯陳侯鄭伯許男曹伯會晉趙盾盟于扈　晉侯立故也　公後至　故不書所會」とあり、また、同十四年に「六月公會宋公陳侯衞侯鄭伯許男曹伯晉趙盾　癸酉同盟于新城」とある。なお、僖公二十三年の傳文に「凡諸侯同盟　死則赴以名　禮也」とあるのを參照。

【經】丁未蔡侯申卒

㊟傳はない。（名を書いているのは）同盟はしていなかったけれども、名をもって赴告してきた（からである）。「丁未」は、二月四日である。

(附)すぐ上の(附)に引いた僖公二十三年の傳文のつづきに「赴以名則亦書之」とあり、注に「謂未同盟」とあるのを參照。

【經】夏葬許昭公

㊟傳はない。

【經】葬蔡文公

㊟傳はない。

【經】六月癸卯日有食之

㊟傳はない。「朔」を書いていないのは、史官が書き漏らしたのである。

(附)注の「不書朔　官失之」については、僖公十二年「春王三月庚午日有食之」等の注に、同文がみえる。

【經】己未公會晉侯衞侯曹伯邾子同盟于斷道

㊟「斷道」は、晉地である。

【經】秋公至自會

㊟傳はない。

【經】冬十有一月壬午公弟叔肸卒

㊟傳例に「公の同母弟である」とある〔下の傳文〕。

【傳】十七年春晉侯使郤克徵會于齊

㊟「徵」は、召〔もとめる〕である。斷道の會をなそうとしたのである。

(附)注の「徵　召也」については、九年の傳文「春王使來徵聘」等の注に、同文がみえる。なお、『說文』に「徵　召也」とあるのを參照。

【傳】齊頃公帷婦人使觀之　郤子登　婦人笑於房

㊟びっこをひいて階段を登ったから、笑ったのである。

(附)成公元年の穀梁傳文に「季孫行父禿　晉郤克眇　衞孫良夫跛　曹公子手僂　同時而聘於齊　齊使禿者御禿者　使眇者御眇者　使跛者御跛者　使僂者御僂者　蕭同姪子處臺上而笑之」とあるのを參照〔なお、疏に「沈氏引穀梁傳云　魯行父禿　晉郤克跛　衞孫良夫眇　曹公子首傴

故婦人笑之　是以知郤克跛也　穀梁傳定本作郤克眇衞孫良夫跛」とある)。また、成公二年の公羊傳文に「晉郤克與臧孫許同時而聘于齊　蕭同姪子者齊君之母也　踊于棓而窺客　則客或跛或眇　於是使跛者迓跛者　使眇者迓眇者」とあるのを參照。

傳　獻子怒　出而誓曰　所不此報　無能涉河

注　二度と黄河を渡って東には來ない、ということである。

傳　獻子先歸　使欒京廬待命于齊　曰　不得齊事　無復命矣

注　「欒京廬」は、郤克の介〔副使〕である。齊の落度をつかんでから復命させようとしたのである。

附　異說として、『會箋』に「齊事　徵會之事也」とあり、また、楊伯峻『春秋左傳注』に「不得齊事者　不能完成來齊之使命也　杜注謂使得齊之罪　誤」とある。

傳　郤子至　請伐齊　晉侯弗許　請以其私屬　又弗許

注　「私屬」とは、家衆〔一族郎黨〕である。成公二年の鞌での戰いのために傳したのである。

附　襄公四年の傳文に「羿猶不悛　將歸自田　家衆殺而亨之」とあり、また、昭公五年の傳文に「昭子卽位　朝其家衆曰」とあるのを參照。

傳　齊侯使高固晏弱蔡朝南郭偃會

注　「晏弱」は、桓子である。

附　十四年の傳文に「冬公孫歸父會齊侯于穀　見晏桓子　與之言魯樂」とあり、注に「桓子　晏嬰父」とある。また、下の傳文に「苗賁皇使見晏桓子」とある。

傳　及斂盂　高固逃歸

注　郤克が怒っていると聞いたからである。

附　上の傳文に「獻子怒」とある。

傳　夏會于斷道　討貳也　盟于卷楚

注　「卷楚」は、斷道に他ならない。

傳　辭齊人　晉人執晏弱于野王　執蔡朝于原　執南郭偃于溫

注　三子を執えたことを〔經に〕書いていないのは、卿ではなかったからである。「野王」縣は、現在、河内に屬している。

附　『續漢書』郡國志一に「河内郡（中略）野王」とあるのを參照。

傳　苗賁皇使　見晏桓子

注　「賁皇」は、楚の鬭椒〔伯賁〕の子で、楚が鬭氏を滅ぼすと〔四年〕、晉に奔り、苗の地に邑を食んでいた。晏弱が、この時、野王にいたから、〔賁皇は〕使いに行く途中で、彼に會ったのである。

附　襄公二十六年の傳文に「若敖之亂　伯賁之子賁皇奔晉　晉人與之苗以爲謀主」とある。なお、『國語』晉語五「苗棼皇曰　郤子勇而不知禮」の韋注に「棼皇　晉大夫　楚鬭椒之子」とあるのを參照。

傳　歸　言於晉侯曰　夫晏子何罪　昔者諸侯事吾先君　皆如不逮

注　汲汲とした、ということである。

附　『禮記』問喪に「其往送也　望望然　汲汲然　如有追而弗及也」とあるのを參照。

傳　舉言羣臣不信　諸侯皆有貳志

注　「舉」もまた、「皆」である。

附哀公六年の傳文「君擧不信羣臣乎」の注に「擧　皆也」とあるのを參照。

傳齊君恐不得禮

注（「不得禮」とは）禮遇されない、ということである。

傳故不出而使四子來　左右或沮之

注「沮」は、止である。

附下の傳文「詩曰　君子如怒　亂庶遄沮」の注に、同文がみえる。

傳曰　君不出　必執吾使　故高子及斂盂而逃　夫三子者曰　若絶君好　寧歸死焉　爲是犯難而來　吾若善逆彼

注「彼」とは、齊の三人である。

傳以懷來者　吾又執之　以信齊沮　吾不既過矣乎　過而不改　而又久之　以成其悔　何利之有焉　使反者得辭

注「反者」とは、高固のことである。（「得辭」とは）やはり來なくてよかったという言い分が立つことをいう。

附上の傳文に「及斂盂　高固逃歸」とある。

傳而害來者　以懼諸侯　將焉用之　晉人緩之　逸

注「緩」とは、拘禁せず、（いつでも）逃げられるようにしたのである。傳は、晉が禮を修めることが出來ず、そのため、諸侯が離反した、ということを言っているのである。

傳秋八月晉師還

傳范武子將老

注「老」は、致仕〔引退する〕である。はじめ隨を受けたから、「隨武子」といい、後にあらためて范を受けたから、「范武子」ともいう。

附注の「老　致仕」については、隱公三年の傳文「桓公立　乃老」等の注に、同文がみえる。

注の「初受隨云云」については、『國語』周語中「范子私於原公」の韋注に「范子　隨會也　食采於隨范　故或曰　隨會　范會也」とあるのを參照。

傳召文子曰　燮乎　吾聞之　喜怒以類者鮮

注「文子」は、士會〔范武子〕の子で、「燮」は、その名である。

附『國語』晉語五「燮乎　吾聞之」の韋注に「燮　武子之子文子也」とあるのを參照。

傳易者實多

注「易」は、怒りを遷す〔やつあたりする〕、ということである。

附莊公四年の公羊傳文「此非怒與」の何注に「怒　遷怒　齊人語也」とあるのを參照。また、『論語』雍也に「有顏回者　好學　不遷怒　不貳過」とあり、〈集解〉に「遷者移也　怒當其理　不移易也」とあるのを參照。ちなみに、昭公五年の傳文「吾子爲國政　未改禮而又遷之」の注に「遷　易也」とある。なお、異説として、劉文淇『春秋左氏傳舊注疏證』に「易者兼喜怒言　謂輕於喜怒也」とある。

傳詩曰　君子如怒　亂庶遄沮　君子如祉　亂庶遄已

注「詩」は、小雅（巧言）である。「遄」は速であり、「沮」は止であり、

「祉」は福である。

【附】毛傳に「遄　疾　沮　止也」とあり、また、「祉　福也」とあるのを參照。なお、文公二年の傳文「詩曰　君子如怒　亂庶遄沮」の注に「言君子之怒　必以止亂」とある。

【傳】君子之喜怒　以已亂也　弗已者　必益之　郤子其或者欲已亂於齊乎　不然　余懼其益之也　余將老　使郤子逞其志　庶有豸乎

【注】「豸」は、解（とける、やむ）である。郤子に、執政として思いどおりにすることで、亂を止める、ようにさせようとしたのである。

【附】注の「豸　解也」及び「以止亂」については、顧炎武『日知錄』〈豸〉に「莊子在宥篇　災及草木　禍及止蟲　止當作豸　古止豸通用　左傳宣十七年　庶有豸乎　豸止也」とあるのを參照。

注の「從政」については、下の傳文に「郤獻子爲政」とある。なお、『國語』晉語五に「不得政　何以逞怒」とあり、韋注に「得政　爲政也」とあるのを參照。

注の「快志」については、桓公六年の傳文「今民餒而君逞欲」等の注に「逞　快也」とある。なお、『國語』晉語五「不逞於齊　必發諸晉國」の韋注に「逞　快也」とあるのを參照。

【傳】爾從二三子唯敬

【注】「二三子」とは、晉の諸大夫である。

【附】『國語』晉語五「爾勉從二三子　以承君命　唯敬」の韋注に「二三子　晉諸卿」とあるのを參照。

【傳】乃請老　郤獻子爲政

【傳】冬公弟叔肹卒　公母弟也　凡大子之母弟　公在曰公子　不在曰弟

【注】兄（が即位したこと）によって、尊貴となる。

【附】下の疏に引く『釋例』に「公在雖倶稱公子　其兄爲君　則特稱弟　殊而異之　親而睦之」とあるのを參照。

【傳】凡稱弟　皆母弟也

【注】これは、策書の通例である。庶弟は、（「公子」と稱するだけで）「公弟」と稱することは出來ないが、同母弟は、（「公弟」と稱するだけでなく）「公子」と稱することもある。（つまり、同母弟については）朝聘などの場合は、（「弟」と稱したり、「公子」と稱したり）舊史（史策）の文のままにし、殺害した場合にかぎって、例によって（「弟」と稱して）義を示す。肉親の恩愛をあつくし、兄弟の友好をたかめる、ため（の手立て）である。（なお）これらのことは、『釋例』で詳しく論じている。

【附】莊公二十五年「冬公子友如陳」の注に「公子友　莊公之母弟　稱公子者　史策之通言　母弟至親　異於他臣　其相殺害　則稱弟以示義　至於嘉好之事　兄弟篤睦　非例所興　或稱弟　或稱公子　仍舊史之文也」とあるのを參照。なお、疏に引く『釋例』に「母弟之寵　異於衆弟　蓋緣自然之情　以養母氏之志　公在雖倶稱公子　其兄爲君　則特稱弟　殊而異之　親而睦之　既以隆友于之恩　亦以獎爲人弟之敬　成相親之益也　通庶子爲君　故不言夫人之子　而曰母弟　母弟之見於經者二十　而傳之所發六條而已　凡稱弟　皆母弟　此策書之通例也　庶弟不

得稱弟　而母弟得稱公子　故傳之所發　隨而釋之　諸稱弟者　不言皆必稱弟也　秦伯之弟鍼適晉　女叔齊曰　秦公子必歸　此公子亦國之常言　得兩通之證也　仲尼因母弟之例　據例以興義　鄭伯懷害弟之心天王縱羣臣以殺其弟　夫子探書其志　故顯稱二兄以首惡　佞夫稱弟不聞反謀也　鄭段去弟　身爲謀首也　然則兄而害弟　稱弟以章兄罪弟又害兄　則去弟以罪弟身也　推此以觀其餘　秦伯之弟鍼　陳侯之弟黄　衞侯之弟鱄出奔　皆是兄害其弟者也　秦伯有千乘之國　而不能容其母弟　傳曰　罪秦伯　歸罪秦伯　則鍼罪輕也　陳侯不能制禦臣下使逐其弟　傳曰　非罪　非黄之罪　則罪在陳侯　此互擧之文也　至於陳招殺兄之子　宋辰率羣卿以背宗國　披大邑以成叛逆　然不推刃於其兄　故以首惡　稱弟稱名　從兩下相殺也　統論其義　兄弟二人　交相殺害　各有曲直　存弟則示兄曲也　鄭伯既云失教　若依例存弟　則嫌善段　故特去弟　兩見其義也　若夫朝聘盟會　嘉好之事　此乃兄弟之篤睦　非義例之所興　故仍舊史之策　或稱弟　或稱公子　踐土之盟叔武不稱弟　此其義也　莒挐非卿　非卿則不應書　今嘉獲　故特書特書猶不稱弟　明諸書弟者皆卿也　先儒説母弟　善惡襃貶　既多相錯涉　又云　稱弟皆謂公子不爲大夫者　得以君爲尊　案傳　莒挐非卿乃法所不書　書而不言弟　非得以君爲尊也　凡聘享嘉好之事　於是使卿　故夷仲年之聘　皆以卿稱弟而行　此例所謂凡稱弟皆母弟　左傳明文　而自違之　潁氏又曰　臣無竟外之交　故去弟以貶季友　子招樂憂故去弟以懲過　鄭段去弟　唯以名通　故謂之貶　今此二人皆稱公子公子者名號之美稱　又非所貶也」とある。

なお、注の「崇友于之好」については、『後漢書』史弼傳に「陛下隆於友于　不忍遏絶」とあるのを參照。また、『晉書』孝友傳の序に「庾袞顔含篤友于而宣範」とあるのを參照。

〔宣公十八年〕

經十有八年春晉侯衞世子臧伐齊

經公伐杞

注傳はない。

經夏四月

經秋七月邾人戕鄫子于鄫

注傳例に「國外から殺した場合に『戕』という」とある〔下の傳文〕。邾の大夫が鄫に行って鄫子を殺したのである。

附疏に「賈逵亦云　邾使大夫往殘賊之」とあるのを參照。

經甲戌楚子旅卒

注（名を書いているのは）同盟はしていなかったけれども、名をもって赴告してきた（からである）。吳・楚（の君）の「葬」は、（二國が）王を僭稱して不法であるから、貶絶して書かず、蠻夷と同じ扱いにして、（分不相應な）名號をむさぼるという僭僞をこらしめるのである。

【附】注の前半については、僖公二十三年の傳文に「凡諸侯同盟　死則赴以名　禮也　赴以名則亦書之」とあり、注に「謂未同盟」とあるのを參照。

注の後半については、公羊傳文に「何以不書葬　吳楚之君不書葬　辟其號也」とあり、何注に「旅卽莊王也　葬從臣子辭當稱王　故絕其葬明當誅之」とあるのを參照。また、『禮記』坊記に「子云　天無二日　土無二王　家無二主　尊無二上　示民有君臣之別也　春秋不稱楚越之王喪　禮君不稱天　大夫不稱君　恐民之惑也」とあり、鄭注に「楚越之君　僭號稱王　不稱其喪　謂不書葬也　春秋傳曰　吳楚之君不書葬　辟其僭號也　臣者天君　稱天子爲天王　稱諸侯不言天公　辟王也　大夫有臣者　稱之曰主　不言君　辟諸侯也　此者皆爲使民疑惑不知孰者尊也」とあるのを參照。

【經】公孫歸父如晉

【經】冬十月壬戌公薨于路寢

【經】歸父還自晉　至笙　遂奔齊

【注】大夫がもどったことは書かないのが、《春秋》の常法である。今ここで、歸父がもどって奔ったことを書いているのは、歸父がよく禮をもって退いたことをほめてである。族〔氏〕を書いていないのは、（もどったことを書くのは）常法の範圍ではなく、今ここで特別に書いたから、略したのである。「笙」は、魯の境域外であるから、「出」と言っていないのである。

【附】注の「今書歸父還奔　善其能以禮退」については、下の傳文に「子家還　及笙　壇帷　復命於介　既復命　袒括髮　卽位哭　三踊而出　遂奔齊　書曰歸父還自晉　善之也」とある。

注の「不書族者　非常所及　今特書　略之」については、異説として、安井衡『左傳輯釋』に「不書族者　蒙上省文」とある。

注の「笙　魯竟外　故不言出」〔諸本及び穀梁の范注に從って、「也」を「外」に改める〕については、文公七年「晉先蔑奔秦」の注に「不言出　在外奔」とあるのを參照。

【傳】十八年春晉侯衞大子臧伐齊　至于陽穀　齊侯會晉侯盟于繒　以公子彊爲質于晉　晉師還　蔡朝南郭偃逃歸

【注】晉は、齊と盟うと、見張りをゆるめたから、逃げることが出來たのである。

【附】十七年の傳文に「晉人緩之　逸」とあり、注に、「緩　不拘執　使得逃去」とあるのを參照。

【傳】夏公使如楚乞師　欲以伐齊

【注】公は、齊に仕えていなかったところに、齊が晉と盟ったから、懼れて、楚に師を乞うたのである。（經に）書いていないのは、微者が行ったからである。

傳秋郳人戕鄫子于鄫　凡自内虐其君曰弑　自外曰戕

注「弑」・「戕」は、いずれもみな、殺であり、内と外とを區別するための名稱である。「弑」は、少しずつ積み重なって起きる。（つまり）入念におしはかった結果であって、その場の思いつきによるものではない。「戕」は、卒暴（にわかなこと）の名稱である。

附疏に引く『釋例』に「列國之君而受害於臣子　其所由者　積微而起　所以相測量　非一朝一夕之漸　故改殺爲弑　戕者卒暴之名　有國之君　當重門設險　而輕近暴客　變起倉卒　亦因事而見戒也　臣弑其君　子弑其父　世之惡逆　君子難言　故春秋諸自内虐其君者　通以弑爲文也　春秋弑君多矣　其戕唯此一事　自弑其君　足明無道臣罪之例　戕者外人所殺　爲無防被害　皆是君自招之　縱使君或無道　其惡不加外國　不得從弑君之例也　若戰死則書滅　此謂在國見殺耳」とある。なお、四年の傳文「凡弑君　稱君　君無道也　稱臣　臣之罪也」の注に「改殺稱弑　辟其惡名　取有漸也」とあるのを參照。また、その附を參照。

なお、石經等に從って、傳文の「虐其君」の上に「内」の字を補う。

傳楚莊王卒　楚師不出　既而用晉師

注成公二年に鞌で戰ったのがそうである。

附成公二年に「六月癸酉季孫行父臧孫許叔孫僑如公孫嬰齊帥師會晉郤克衞孫良夫曹公子首　及齊侯戰于鞌　齊師敗績」とある。

傳楚於是乎有蜀之役

注成公二年の冬にある。「蜀」は、魯地である。泰山の博縣の西北部に蜀亭がある。

附成公二年の傳文に「宣公使求好于楚　莊王卒　宣公薨　不克作好　公卽位　受盟于晉　會晉伐齊　衞人不行使于楚　而亦受盟于晉　從於伐齊　故楚令尹子重爲陽橋之役以救齊（中略）冬楚師侵衞　遂侵我師于蜀」とある。

傳公孫歸父以襄仲之立公也　有寵

注「歸父」は、襄仲の子である。

附十年「公孫歸父如齊　葬齊惠公」の注に、ほぼ同文がみえる。なお、その附を參照。

傳欲去三桓以張公室

注この時、三桓が強く、公室は弱かったから、三桓をとりのぞいて、公室の力をのばそうとしたのである。

附『史記』魯世家に「魯由此公室卑　三桓彊」とあるのを參照。なお、その〈集解〉に「服虔曰　三桓　魯桓公之族　仲孫叔孫季孫」とある。

傳與公謀　而聘于晉　欲以晉人去之　冬公薨　季文子言於朝曰　使我殺適立庶以失大援者　仲也夫

注「適」とは、子惡をいう。齊の外甥であり、襄仲がこれを殺して、宣公を立てたのである。南に向かって楚との通交を安定させることが出來なかったうえに、齊・晉にもきちんと仕えることが出來なかったから、「强力な援助を失った」と言っているのである。

(附)注の前半については、文公十八年の傳文に「冬十月仲殺惡及視而立宣公」とあり、注に「惡　大子」とある。また、同年の傳文に「夫人姜氏歸于齊　大歸也」とあり、注に「惡視之母出姜也」とある。注の後半については、異說として、『史記』魯世家「使我殺適立庶失大援者　襄仲」の〈集解〉に「服虔曰　援　助也　仲殺適立庶　國政無常　鄰國非之　是失大援助也」とある。また、安井衡『左傳輯釋』に「子惡齊甥　襄仲殺之　以立宣公　其南通於楚　不能堅事齊晉　非襄仲所爲　則失大援者　專指齊言之　不幷指晉楚　故季孫云　使我殺適立庶以失大援　未嘗一言及晉楚之事也　蓋季孫知歸父與公謀　欲以晉人去三桓　而憚公然言之　公欲乞楚師以伐齊　則當時齊病魯可知矣　故欲以失齊援爲名　以逐歸父也　杜意謂季文子以歸父如楚如晉　幷歸罪於其父　故以大援爲齊晉楚耳　然觀臧宣叔言當其時不能治　後之人何罪　則季文子專言失齊援明矣」とある。

[傳]臧宣叔怒曰　當其時不能治也　後之人何罪　子欲去之　許請去之

㊟「宣叔」は、文仲の子で、武仲の父である。「許」は、その名である。當時、司寇として刑罰の執行をつかさどっていた。〝歸父が自分をそこなわんとしている、という理由で、あなたが自身で彼をのぞこうというのなら、どうか、あなたに代わって、許〔わたし〕にのぞかせてほしい〟ということである。

(附)成公十八年の傳文「季文子問師數於臧武仲」の注に「武仲　宣叔之子」とあるのを參照。なお、襄公二十一年の傳文に「季孫謂臧武仲曰　子盍詰盜　武仲曰　不可詰也　紇又不能　季孫曰　我有四封而詰其盜　何故不可　子爲司寇　將盜是務去　若之何不能」とある。

[傳]遂逐東門氏

㊟襄仲は東門に居住していたから、「東門氏」と言っているのである。

(附)僖公二十六年の傳文に「東門襄仲臧文仲如楚乞師」とあり、注に「襄仲居東門　故以爲氏」とある。なお、その(附)を參照。

[傳]子家還　及笙

㊟「子家」は、歸父の字〔あざな〕である。

[傳]壇帷　復命於介

㊟地を掃い清めて壇をつくり、帷を張りめぐらしたのである。「介」は、副である。去るにあたり、介〔副使〕に君への反命を託したのである。

(附)注の「除地爲壇」については、襄公二十八年の傳文「舍不爲壇」の注に「除地封土爲壇」とある。なお、『禮記』曲禮下「大夫士去國　踰竟　爲壇位」の注に「壇位　除地爲位也」とあるのを參照。注の「介　副也」については、成公二年の傳文「使介反幣」等の注に、同文がみえる。なお、『禮記』檀弓下「子服惠伯爲介」の注に「介　副也」とあるのを參照。注の「使介反命於君」については、公羊傳文に「反命乎介」とあり、何注に「因介反命」とあるのを參照。

[傳]既復命　袒括髮

㊟麻で髮を束ねたのである。

(附)『禮記』喪服小記及び喪大記に「括髮以麻」とあるのを參照。

なお、注の「爲」は、諸本に従って、「約」に改める。

【傳】卽位哭　三踊而出

㊟（普通に、もどって）國にいる（とした）場合の喪禮によって哭位を設けたのは、公が薨じたからである。

㊎『儀禮』聘禮に「聘君若薨于後　入竟則遂　赴者未至　則哭于巷　衰于館　受禮　不受饗食　赴者至　則衰而出　唯稍受之　歸　執圭復命于殯　升自西階　不升堂　子卽位不哭　辯復命如聘　子臣皆哭　與介入　北鄉哭　出　袒括髮　入門右　卽位　踊」とあるのを參照。

【傳】遂奔齊　書曰歸父還自晉　善之也

巻第二十五

〔成公元年〕

【經】元年春王正月公卽位

㊟傳はない。

【經】二月辛酉葬我君宣公

㊟傳はない。

【經】無冰

㊟傳はない。周正の二月は、今〔夏正〕の十二月にあたる。それなのに冰がなかった。（つまり、この記事を）書いたのは、冬なのに溫暖だったからである。

㊎桓公十四年「無冰」の注に「書　時失」とある。なお、昭公四年の傳文に「古者日在北陸而藏冰」とあり、注に「謂夏十二月　日在虛危冰堅而藏之」とあるのを參照。

【經】三月作丘甲

㊟周の禮では、九夫を井とし、四井を邑とし、四邑を丘として、丘つまり十六井から、戎馬一匹・牛三頭を出し、四丘を甸として、甸つまり六十四井から、長轂一乘・戎馬四匹・牛十二頭・甲士三人・歩卒七十二人を出す。（つまり）これら〔甲士など〕は、甸がおさめるべきものであるのに、今ここで、魯は、丘からこれらを出させたのであり、

重いとりたてを譏るから、書いたのである。

[附]注の前半については、『周禮』小司徒に「九夫爲井　四井爲邑　四邑爲丘　四丘爲甸」とあるのを參照。また、『詩』小雅〈信南山〉「信彼南山　維禹甸之　畇畇原隰　曾孫田之」の疏に「成元年左傳服注引司馬法云　四邑爲丘　有戎馬一匹牛三頭　是曰匹馬丘牛　四丘爲甸　甸六十四井　出長轂一乘馬四匹牛十二頭甲士三人步卒七十二人　戈楯具備　謂之乘馬」とあるのを參照。

注の後半については、疏に「今魯使丘出甸賦　乃四倍於常」とある。

[經]夏臧孫許及晉侯盟于赤棘

[注]晉地である。

[經]秋王師敗績于茅戎

[注]「茅戎」は、戎の一種である。「戰」と言っていないのは、王者は至尊で、天下に對抗できる者がいないから、自ら敗れたという表現をとったのである。敗れた土地を書かずに、「茅戎」と書いているのは、茅戎に敗られたことを明らかにしたのである。「秋」のところに書いているのは、赴告に從ったのである。

[附]注の「不言戰云云」については、莊公十一年の傳文に「京師敗曰王師敗績于某」とあり、注に「王者無敵於天下　天下非所得與戰者　然春秋之世　據有其事　事列於經　則不得不因申其義　有時而敗　則以自敗爲文　明天下莫之得校」とある。なお、公羊傳文に「王者無敵莫敢當也」とあり、穀梁傳文に「不言戰　莫之敢敵也」とあるのを參照。

注の「爲茅戎所敗」については、公羊傳文に「或曰　貿戎敗之」とあるのを參照。

注の「書秋　從告」については、下の傳文に「三月癸未敗績于徐吾氏」とあり、また、「秋王人來告敗」とある。

なお、諸本に從って、注の「別種也」の上に、「戎」の字を補う。

[經]冬十月

[傳]元年春晉侯使瑕嘉平戎于王

[注]文公十七年の邥垂の役(の舊怨)を和平させたのである。詹嘉は、瑕にいたから、「瑕嘉」というのである。

[附]文公十七年の傳文に「秋周甘歜敗戎于邥垂　乘其飲酒也」とあり、注に「爲成元年晉侯平戎于王張本」とある。また、同十三年の傳文に「春晉侯使詹嘉處瑕　以守桃林之塞」とある。

[傳]單襄公如晉拜成

[注]「單襄公」は、王の卿士である。晉が(周の)ために戎と和平させてくれたことを拜謝したのである。

[附]『國語』周語中「定王使單襄公聘於宋」の韋注に「單襄公　王卿士單朝也」とあるのを參照。

[傳]劉康公徼戎　將遂伐之

㊟「康公」は、王季子である。戎が和平してかえって(て安心し)たところを、その無防備に乗じて襲擊しようとしたのである。

(附)注の「康公　王季子也」については、宣公十五年の傳文「劉康公曰　不及十年　原叔必有大咎」の注に「劉康公　王季子也」とある。なお、その(附)を參照。

注の「欲要其無備」については、襄公十六年の傳文「孟孺子速徼之」等の注に「徼　要也」とあるのを參照。なお、同十四年の傳文に「吳人自皐舟之隘要而擊之」とある。

傳叔服曰　背盟而欺大國　此必敗

㊟「叔服」は、周の內史である。

傳背盟　不祥　欺大國　不義　神人弗助　將何以勝　不聽　遂伐茅戎　三月癸未敗績于徐吾氏

㊟「徐吾氏」は、茅戎の別〔一部族〕である。

傳爲齊難故　作丘甲

㊟前年に、魯は、楚に師を乞い、齊を伐とうとしたが、(楚の莊王が卒したため)楚の師が出動しなかったから、懼れて、丘甲を作ったのである。

(附)宣公十八年の傳文に「夏公使如楚乞師　欲以伐齊」とあり、また、「楚莊王卒　楚師不出」とある。

傳聞齊將出楚師　夏盟于赤棘

㊟晉と盟ったのであり、齊・楚を懼れてである。

(附)經に「夏臧孫許及晉侯盟于赤棘」とある。

傳秋王人來告敗

㊟經が(「敗績」を)「秋」のところに書いているわけを解說したのである。

(附)經に「秋王師敗績于茅戎」とある。また、上の傳文に「三月癸未敗績于徐吾氏」とある。

傳冬臧宣叔令脩賦繕完

㊟(「繕完」とは)城郭を修繕させたのである。

(附)十六年の傳文「繕甲兵」の注に「繕　治也」とある。なお、襄公三十年の傳文に「繕城郭」とあるのを參照。また、隱公元年の傳文「大叔完聚」の注に「完城郭　聚人民」とあるのを參照。ちなみに、『孟子』萬章上「父母使舜完廩」の趙注に「完　治」とある。

傳具守備　曰　齊楚結好　我新與晉盟　晉楚爭盟　齊師必至　雖晉人伐齊　楚必救之　是齊楚同我也

㊟「同」は、共である。

(附)『周禮』司市「以泉府同貨而斂賖」の注に「同　共也」とあるのを參照。

傳知難而有備　乃可以逞

㊟「逞」は、解〔とく〕である。二年の「齊侯伐我(北鄙)」のために傳したのである。

（附）注の「逞　解也」については、隱公九年の傳文「乃可以逞」の注に、同文がみえる。なお、その（附）を參照。

〔成公二年〕

【經】二年春齊侯伐我北鄙

【經】夏四月丙戌衞孫良夫帥師及齊師戰于新築　衞師敗績

㊟「新築」は、衞地である。雙方が陣を整えた場合に「戰」といい、大くずれした場合に「敗績」という〔莊公十一年傳文〕。四月ならば、丙戌（の日）はない。丙戌ならば、五月一日である〔日か月か、どちらかが誤っている〕。

【經】六月癸酉季孫行父臧孫許叔孫僑如公孫嬰齊帥師會晉郤克衞孫良夫曹公子首及齊侯戰于鞌　齊師敗績

㊟魯は晉に師を乞うたのに、與謀〔ともにはかった場合〕の例によっていない〔「及」と言っていない〕のは、（ここは）盟主の命令に従った、（つまり）上（の命令）が下に行なわれた、のであり、對等な立場で相談した結果ではない、からである。例は、宣公七年にある。曹の大夫は普通（經に）書かないのに、（今ここで）「公子首」と書いているのは、首は、きちんと禮儀を備えて國から任命され、正式に卿となっていた、からである。「鞌」は、齊地である。

（附）注の前半については、宣公七年の傳文に「凡師出　與謀曰及　不與謀曰會」とあり、その疏に引く『釋例』に「若夫盟主之令　則上行乎下　非匹敵和成之類　故雖或先謀　皆從不與謀之例」とあるのを參照。なお、同『釋例』のつづきに「凡乞師者　深求過理之辭　執謙以偪成其計　故雖小國乞之於大國　大國乞之於小國　亦皆從不與謀之例　臧宣叔郤錡　是也」とあって、ここの注と、解釋が異なる。この點については、ここの疏に「所以不同者　以事得兩通　故互言之」とある。注の後半については、疏に引く『釋例』に「公侯伯子男及卿大夫士命數　周官具有等差　當春秋時　漸以變改　是故仲尼丘明據時之宜　從而然之　不復與周官同也　命者　其君正爵命之於朝　其宮室車旗衣服禮義　各如其命數　皆以卿禮書於經　衞之於晉　不得比次國　則邾莒杞鄫之屬　固以微矣　此等諸國　當時附隨大國　不得列於會者甚衆　及其得列　上不能自通於天子　下無暇於備禮成制　故與於盟會戰伐甚多　唯曹公子首得見經　其餘或命而禮儀不備　或未加命數　故皆不書之」とある。
なお、注の最後の「鞌　齊地」については、『史記』齊世家「癸酉陳于鞌」の〈集解〉に「服虔曰　鞌　齊地名也」とあるのを參照。

【經】秋七月齊侯使國佐如師　己酉及國佐盟于袁婁

㊟〈穀梁〉に「鞌は、齊（都）を去ること五百里、袁婁は、齊（都）を去ること五十里」とある。

（附）穀梁傳文に「鞌　去國五百里　爰婁　去國五十里」とある。なお、疏に「釋例土地名　鞌與袁婁　並闕」とある。

經八月壬午宋公鮑卒

注（名を書いているのは）同盟はしていなかったけれども、名をもって赴告してきた（からである）。

附僖公二十三年の傳文に「凡諸侯同盟　死則赴以名　禮也　赴以名則亦書之」とあり、注に「謂未同盟」とあるのを參照。

經庚寅衞侯速卒

注（名を書いているのは）宣公十七年に斷道で盟った（からである）。傳によると、「庚寅」は、九月七日である。

附注の前半については、宣公十七年に「己未公會晉侯衞侯曹伯邾子同盟于斷道」とある。なお、すぐ上の附を參照。

注の後半については、下の傳文に「九月衞穆公卒」とある。

經取汶陽田

注晉が齊に（命じて）魯へ返還させたから、「取」と書いているのである。（相手との）よしみによって得たわけではないから、「歸」（かえす）と言っていないのである。

附注の前半については、下の傳文に「秋七月晉師及齊國佐盟于爰婁　使齊人歸我汶陽之田」とある。なお、襄公十三年の傳文に「凡書取　言易也」とあるのを參照。

注の後半については、哀公八年に「齊人歸讙及闡」とあり、傳に「季姬嬖故也」とあるのを參照。

經冬楚師鄭師侵衞

注「子重」を書いていないのは、自身では伐たなかった、からである。

附下の傳文に「故楚令尹子重爲陽橋之役以救齊　將起師　子重曰（中略）悉師　王卒盡行（中略）冬楚師侵衞　遂侵我師于蜀（中略）楚侵及陽橋」とある。

經十有一月公會楚公子嬰齊于蜀

注公が大夫と會したのに、嬰齊（大夫）を貶していない（「人」と稱していない）のは、この時、許・蔡の君（公と同等の者）が（その場に）いたからである。

附下の傳文に「十一月公及楚公子嬰齊蔡侯許男秦右大夫說宋華元陳公孫寧衞孫良夫鄭公子去疾及齊國之大夫盟于蜀」とある。なお、僖公二十九年の傳文に「在禮　卿不會公侯」とあるのを參照。

經丙申公及楚人秦人宋人陳人衞人鄭人齊人曹人邾人薛人鄫人盟于蜀

注齊が鄭の下におかれているのは、卿ではなかったからである。傳に「卿を書いていない（「人」と稱している）のは、匱盟（正道に反し、匱乏を招く盟）だったからである」とある。とすれば、楚の卿は、ここで始めて、中國と同等になったのであり、ここより下で、楚の卿を書いていない（「人」と稱している）場合は、いずれもみな、（中國と同様に）悪を貶してのことである。
［附］注の前半については、下の傳文に「十一月公及楚公子嬰齊蔡侯許男秦右大夫説宋華元陳公孫寧衞孫良夫鄭公子去疾及齊國之大夫盟于蜀」とあり、注に「齊大夫不書其名　非卿也」とある。
注の後半については、疏に引く『釋例』に「楚之君臣　最多混錯　舊説亦隨文强生善惡之狀　混瀆無已　其不能得辭　則皆言惡蠻夷得志　然當齊桓之盛　而經以屈完敵之　若必有褒貶　非抑楚也　此乃楚之初興　未閑周之典禮　告命之書　自生同異　猶秦之辟陋　不與中國準　故春秋亦未以存例也　楚之熊繹　始封於楚　辟在荊山　蓽路藍縷　以居草莽　及武王熊達　始居江漢之間　然未能自同於列國　故經稱荊敗蔡師　荊人來聘　從其所居之稱　而揔其君臣　至於魯僖　始稱楚人　而班次在於蔡下　僖二十一年　當楚成王之世　能遂其業　内列於公侯　會於盂　楚之君爵　始與中國列　然其臣名氏　猶多參錯　至魯成二年　楚公子嬰齊　始乃具列　傳曰　卿不書　匱盟也　兼爲楚臣示例也　自此以上　春秋未以入例　自此以下　褒貶之義　可得而論之也」とある。

［傳］二年春齊侯伐我北鄙　圍龍
［注］「龍」は、魯の邑で、泰山の博縣の西南部にあった。
［附］『續漢書』郡國志三に「泰山郡（中略）博（中略）有龍鄉城」とあるのを參照。

［傳］頃公之嬖人盧蒲就魁門焉
［注］龍の城門を攻めたのである。
［附］莊公十八年の傳文「遂門于楚」の注に「攻楚城門」とある。なお、その［附］を參照。

［傳］龍人囚之　齊侯曰　勿殺　吾與而盟　無入而封
［注］「封」は、竟である。
［附］僖公三十年の傳文「旣東封鄭　又欲肆其西封」の注に「封　疆也」とあるのを參照。なお、その［附］も參照。

［傳］弗聽　殺而膊諸城上
［注］「膊」は、磔〔さらす〕である。
［附］『周禮』掌戮「掌戮掌斬殺賊諜而搏之」の注に「搏當爲膊諸城上之膊　字之誤也　膊謂去衣磔之」とあるのを參照。なお、僖公二十八年の傳文「曹人尸諸城上」の注に「磔晉死人於城上」とある。

［傳］齊侯親鼓　士陵城　三日取龍　遂南侵　及巣丘
［注］龍を取り、巣丘を侵した、ことを（經に）書いていないのは、その理由がわからない。
［附］異説として、疏に「賈逵云　殺盧蒲就魁　不與齊盟　以亡其邑　故諱不書耳」とある。

［傳］衞侯使孫良夫石稷甯相向禽將侵齊　與齊師遇
［注］齊が魯を伐ってもどるのと、衞地で遭遇したのである。「良夫」は、孫林父の父である。「石稷」は、石碏の四世の孫である。「甯相」は、甯兪の子である。

（附）注の「良夫　孫林父之父」については、七年の傳文「衛定公惡孫林父冬孫林父出奔晉」の注に「林父　孫良夫之子」とあるのを參照。

なお、注の「衛也」の「也」は、挍勘記に從って、「地」に改める。

【傳】石子欲還　孫子曰　不可　以師伐人　遇其師而還　將謂君何

（注）君に答えようがない、ということである。

【傳】若知不能　則如無出　今既遇矣　不如戰也　夏有

（注）闕文である。新築での戰いの記事が脫落したのである。

（附）上の經に「夏四月丙戌衛孫良夫帥師及齊師戰于新築　衛師敗績」とある。

【傳】石成子曰　師敗矣　子不少須　衆懼盡

（注）「成子」は、石稷である。衛の師は一度敗れたのに、孫良夫が（すぐに）また戰おうとしたから、成子は、（孫良夫に）救援を待たせようとしたのである。

（附）異說として、兪樾『羣經平議』に「詳其文義　蓋未戰之前　孫良夫欲戰　既敗之後　又懼而欲先歸　故石成子以此言止之　邲之戰　隨武子殿其卒而退　故不敗　杜解曰　以其所將卒爲軍後殿　石子初意　亦欲孫子以所將之卒爲殿　故曰　子不少須　衆懼盡　子喪師徒　何以覆命及三子皆不對　則知其莫肯爲殿矣　故又曰　子以衆退也　讀前後文文義自明　杜解失之」とある。

【傳】子喪師徒　何以復命　皆不對　又曰　子　國卿也　隕子　辱矣

（注）「隕」は、とりこにされるということである。

（附）『國語』晉語五「靡笄之役也　郤獻子伐齊　齊侯來　獻之以得殞命之禮」の韋注に「伐國獲君　若秦獲晉惠　是爲殞命　今齊雖敗　頃公不見得　非殞命也」とあるのを參照。

【傳】子以衆退　我此乃止

（注）自分がここに止まって齊の師をふせぐ、ということである。

【傳】且告車來甚衆

（注）新築の人が孫桓子〔孫良夫〕を救援し（に來）たから、（成子は）同時に、（そのことを）軍中に通告したのである。

（附）異說として、安井衡『左傳輯釋』に「云齊師乃止　則告車來甚衆者齊人告之齊侯也　上文云　我此乃止　而此句繼之云　且告車來甚衆文不相聯屬　竊疑我此乃止下亦有闕文　蓋齊人見石稷決死殿軍　恐其破齊師　諫齊侯逐衛師　且告車來甚衆　故齊師乃止也　若石稷以車來甚衆　告令其軍中　不得言齊師乃止　注未免爲強解」とある。

なお、注の「教」は、諸本に從って、「救」に改める。

【傳】齊師乃止　次于鞫居

（注）「鞫居」は、衛地である。

【傳】新築人仲叔于奚救孫桓子　桓子是以免

（注）「于奚」は、新築を守っていた大夫である。

（附）襄公十年の傳文「縣門發　郰人紇抉之　以出門者」の注に「紇　郰邑大夫　仲尼父叔梁紇也」とある。なお、『論語』八佾「孰謂郰人之子知禮乎」の〈集解〉に「孔曰　郰　孔子父叔梁紇所治邑」とあるのを參照。また、『新書』審微に「叔于奚者　衛之大夫也」とあるのを參照。

傳既　衛人賞之以邑

注于奚に賞與し(ようとし)たのである。

附『孔子家語』正論解に「衛人以邑賞仲叔于奚」とあるのを參照。

傳辭　請曲縣

注(「曲縣」は)軒縣である。周の禮では、天子の樂は、宮縣で、四方に面し(て縣け)、諸侯のは、軒縣で、南方を闕く〔三方に面して縣ける〕。

附『周禮』小胥に「正樂縣之位　王宮縣　諸侯軒縣　卿大夫判縣　士特縣　辨其聲」とあり、注に「樂縣　謂鍾磬之屬縣於筍簴者　鄭司農云　宮縣四面縣　軒縣去其一面　判縣又去其一面　特縣又去其一面　四面象宮室四面有牆　故謂之宮縣　軒縣三面　其形曲　故春秋傳曰　請曲縣繁纓以朝　諸侯禮也　故曰　惟器與名不可以假人　玄謂軒縣去南面　辟王也　判縣左右之合　又空北面　特縣縣於東方　或於階間而已」とあるのを參照。また、『新書』審微に「禮　天子之樂宮縣　諸侯之樂軒縣　大夫直縣(中略)曲縣者　衛君之樂禮也」とあるのを參照。また、『孔子家語』正論解に「請曲懸之樂」とあり、注に「諸侯軒懸　軒懸闕一面也　故謂之曲懸之樂」とあるのを參照。

傳繁纓以朝　許之

注「繁」・「纓」は、馬の飾りで、いずれもみな、諸侯の服(用品)である。

附『周禮』巾車「王之五路　一曰玉路　鍚　樊纓　十有再就　建大常　十有二斿　以祀」の注に「樊讀如鞶帶之鞶　謂今馬大帶也　鄭司農云　纓謂當胷(中略)玄謂　纓　今馬鞅　玉路之樊及纓　皆以五采罽飾之十二就」とあるのを參照。また、『新書』審微に「繁纓者　君之駕飾也」とあるのを參照。

傳仲尼聞之曰　惜也　不如多與之邑　唯器與名　不可以假人

注「器」は、車服であり、「名」は、爵號である。

附『孔子家語』正論解「唯器與名　不可以假人」の注に「器　禮樂之器　名　尊卑之名」とあるのを參照。

傳君之所司也　名以出信

注名位をまちがえなければ、民に信頼される。

傳信以守器

注動いて信頼を失わなければ、車服〔器〕を保持できる。

傳器以藏禮

注車服〔器〕は、尊・卑をあらわすためのものである。

傳禮以行義

注尊・卑に禮があれば、各々事宜に合致する。

附『法言』重黎に「事得其宜之謂義」とあるのを參照。

傳義以生利

注事宜に合致すれば、利が生ずる。

傳利以平民　政之大節也　若以假人　與人政也　政亡　則國家從之　弗可止也已　孫桓子還於新築　不入

注國(都)に入らなかった。

傳遂如晉乞師

【傳】臧宣叔亦如晉乞師　皆主郤獻子

【注】宣公十七年に、郤克が齊に行き、婦人に笑われて、恨みをもったから、魯・衞は、それにつけこんだのである。孫桓子・臧宣叔は、いずれもみな、國命によらず、各々、私的に郤克にたよったから、（經に）書いていないのである。

【附】宣公十七年の傳文に「春晉侯使郤克徵會于齊　齊頃公帷婦人使觀之　郤子登　婦人笑於房　獻子怒」とある。

【傳】晉侯許之七百乘

【注】五萬二千五百人である。

【附】僖公二十八年の傳文「晉車七百乘」の注に、同文がみえる。なお、その【附】を參照。

【傳】郤子曰　此城濮之賦也

【注】「城濮」は、僖公二十八年にある。

【附】僖公二十八年に「夏四月己巳晉侯齊師宋師秦師及楚人戰于城濮　楚師敗績」とある。

【傳】有先君之明與先大夫之肅　故捷　克於先大夫　無能爲役

【注】彼らの召使いになる能力さえない、ということである。

【傳】請八百乘　許之

【注】六萬人である。

【附】『史記』齊世家「晉使郤克以車八百乘」の〈集解〉に「賈逵曰　八百乘　六萬人」とあるのを參照。なお、隱公元年の傳文「命子封帥車二百乘以伐京」の注に「古者　兵車一乘　甲士三人　步卒七十二人」とある。

【傳】郤克將中軍　士燮佐上軍

【注】范文子〔士燮〕が荀庚に代わったのである。

【附】傳文の「士燮將上軍」の「將」は、挍勘記に「石經宋本淳熙本岳本足利本將作佐　是也　案四年傳　尚云士燮佐上軍　至十三年傳　始云士燮將上軍　此時不得爲將明矣」とあるのに從って、「佐」に改める。なお、下の傳文「對曰　庚所命也　克之制也　燮何力之有焉」の注に「荀庚將上軍　時不出　范文子上軍佐　代行　故稱帥以讓」とあるのを參照。ちなみに、ここの注「代荀庚」の「代」は、代がわりの意、下の注「代行」の「代」は、代理の意で、兩者は異なる〔安井衡『左傳輯釋』は、兩者を混同したため、杜預の據った本は「將」に作っていた、と曲解している〕。

【傳】欒書將下軍

【注】趙朔に代わったのである。

【附】宣公十二年の傳文に「趙朔將下軍　欒書佐之」とある。

【傳】韓厥爲司馬　以救魯衞　臧宣叔逆晉師　且道之　季文子帥師會之　及衞地　韓獻子將斬人　郤獻子馳　將救之　至　則既斬之矣　郤子使速以徇　告其僕曰　吾以分謗也

【注】韓氏一人に非難を受けさせまいとしたのである。

【附】『國語』晉語五「獻子曰　敢不分謗乎」の韋注に「言欲與韓子分謗共非也」とあるのを參照。

【傳】師從齊師于莘

(注)「莘」は、齊地である。

【傳】六月壬申師至于靡笄之下

(注)「靡笄」は、山の名である。

(附)『史記』齊世家「六月壬申與齊侯兵合靡笄下」の〈集解〉に「賈逵曰　靡笄　山名也」とあるのを參照。また、『國語』晉語五「靡笄之役　韓獻子將斬人」の韋注に「靡笄　齊山名」とあるのを參照。

【傳】齊侯使請戰　曰　子以君師辱於敝邑　不腆敝賦　詰朝請見

(注)「詰朝」は、平旦である。

(附)僖公二十八年の傳文「詰朝將見」の注に、同文がみえる。なお、その(附)を參照。

【傳】對曰　晉與魯衞　兄弟也　來告曰　大國朝夕釋憾於敝邑之地

(注)「大國」とは、齊をいう。「敝邑」とは、魯・衞の自稱である。

【傳】寡君不忍　使羣臣請於大國　無令輿師淹於君地

(注)「輿」は、衆である。「淹」は、久である。

(附)注の「輿　衆也」については、僖公二十八年の傳文「聽輿人之謀」等の注に、同文がみえる。なお、その(附)を參照。
注の「淹　久也」については、僖公三十三年の傳文「爲從者之淹」等の注に、同文がみえる。なお、その(附)を參照。

【傳】能進不能退　君無所辱命

(注)こちらから望むところで、君〔そちら〕の仰せを待つまでもない、ということである。

(附)異說として、楊伯峻『春秋左傳注』に「謂（中略）我等當不使齊君落空　君無所辱命　猶言不致辱君命　乃許戰之言　杜注謂不復須君命誤」とある。

【傳】齊侯曰　大夫之許　寡人之願也　若其不許　亦將見也　齊高固入晉師　桀石以投人

(注)「桀」は、擔〔かつぎあげる〕である。

(附)焦循『春秋左傳補疏』に「文選謝靈運雜擬詩　暮坐括揭鳴　注　毛詩曰　雞棲于桀　日之夕矣　牛羊下括　毛萇曰　雞棲于杙爲桀　括至也　桀與揭音義同　廣雅　檐揭皆訓擧　檐卽擔字　楚辭　哀時命　負檐荷以丈尺兮　王逸注云　背曰負　荷曰檐　檐揭皆擧義　故杜讀桀爲揭而以擔訓　桀石以投人　卽擧石以投人也　雞棲于杙爲桀者　杙橛也　棲於橛之上　亦高擧之義　才過萬人曰桀　亦取其桀然而高擧矣」とあるのを參照。

【傳】禽之而乘其車

(注)相手を捕虜にしてしまうと、自分の車をすてて、捕虜にした相手の車にのりうつったのである。

(附)異說として、『會箋』に「獲其人而載之己車也」とある。

【傳】繫桑本焉　以徇齊壘

(注)齊の壘に近づくと、桑樹を車につないで走り、自分を目立たせようとしたのである。

【傳】曰　欲勇者賈余餘勇

(注)「賈」は、賣〔うる〕である。自分の勇氣には餘分があるから、それを賣ってやる、ということである。

(附)異説として、楊伯峻『春秋左傳注』に「賈　買也　與桓十年傳其以賈害也賈字同義　杜注謂賣也　非」とある。ちなみに、昭公二十九年の傳文「平子毎歳賈馬」の注にも「賈　買也」とある。なお、ここの注を「賈　買也」に作る本もあるが、下に「欲賣之」とあるから、ここの注としては、やはり、「賈　賣也」でないと、おかしい。

[傳]癸酉師陳于鞌　郉夏御齊侯　逢丑父爲右　晉解張御郤克　鄭丘緩爲右　齊侯曰　余姑翦滅此而朝食

㊟「姑」は、且〔しばらく〕である。「翦」は、盡である。

(附)注の「姑　且也」については、莊公八年の傳文「姑務脩德　以待時乎」等の注に、同文がみえる。なお、その(附)を參照。注の「翦　盡也」については、襄公八年の傳文「翦焉傾覆　無所控告」の注に、同文がみえる。なお、『文選』張衡〈西京賦〉「鍚用此土　而翦諸鶉首」の薛綜注に「翦　盡也」とあるのを參照。なお、『史記』齊世家「逢丑父爲齊頃公右」の〈集解〉に「賈逵曰　齊大夫」とある。

[傳]不介馬而馳之

㊟「介」は、甲〔よろいをつける〕である。

(附)僖公二十八年の傳文「駟介百乘」の注に「駟介　四馬被甲」とある。なお、その(附)を參照。

[傳]郤克傷於矢　流血及屨　未絶鼓音

㊟中軍の將は、自分で旗・鼓をもつ（のがきまりである）から、（郤克は）傷ついても、鼓をうつのをやめなかったのである。

(附)上の傳文に「郤克將中軍」とある。

[傳]曰　余病矣　張侯曰　自始合　而矢貫余手及肘　余折以御　左輪朱殷　豈敢言病　吾子忍之

㊟「張侯」は、解張である。「朱」は、血の色である。血の色は、時間がたつと、「殷」になる〔黑ずんでくる〕。「殷」は、發音が烟に近く、今の人は、赤黑のことを「殷色」という。血がたくさん流れて車輪をよごしたが、それでもなお、御することをやめなかった、ということである。

(附)『國語』晉語五「張侯御」の韋注に「張侯　晉大夫解張也」とあるのを參照。

[傳]緩曰　自始合　苟有險　余必下推車　子豈識之　然子病矣

㊟自分〔緩〕が車をおしたことに、郤克が氣づかなかった、からである。

[傳]張侯曰　師之耳目　在吾旗鼓　進退從之　此車一人殿之　可以集事

㊟「殿」は、鎭〔ふみとどまる〕である。「集」は、成である。

(附)注の「殿　鎭也」については、『詩』小雅〈采菽〉「樂只君子　殿天子之邦」の毛傳に「殿　鎭也」とあるのを參照。なお、襄公十一年の傳文「詩曰　樂只君子　殿天子之邦」の注にも、同文がみえる。注の「集　成也」については、桓公五年の傳文「可以集事」の注に、同文がみえる。なお、『國語』晉語五「軍事集焉」の韋注に「集　成也」とあるのを參照。

[傳]若之何其以病敗君之大事也　擐甲執兵　固即死也

(注)「擐」は、貫〔きる〕である。「卽」は、就〔つく〕である。
(附)注の「擐 貫也」については、『説文』に「擐 貫也（中略）春秋傳曰 擐甲執兵」とあるのを參照。また、『國語』呉語「夜中乃令服兵擐甲」の韋注に「擐 貫也」とあるのを參照。

注の「卽 就也」については、文公六年の傳文「而後卽命」の注に、同文がみえる。なお、その(附)を參照。

【傳】病未及死 吾子勉之 左并轡 右援枹而鼓 馬逸不能止 師從之
(注)晉の師が郤克の車の後を追ったのである。
【傳】齊師敗績 逐之 三周華不注
(注)「華不注」は、山の名である。
(附)『國語』晉語五に「三周華不注之山」とあるのを參照。なお、異説として、その韋注に「華 齊地 不注 山名」とある。
【傳】韓厥夢子輿謂己曰 旦辟左右
(注)「子輿」は、韓厥の父である。
(附)宣公十二年の傳文「韓厥爲司馬」の疏に引く『世本』に「子輿生獻子厥」とあるのを參照。

なお、傳文の「且」は、錢大昕『十駕齋養新錄』巻二〈旦〉に「唐石經且作旦 凡夢必在夜 故左氏紀夢毎言旦 庚宗之夢則云旦召其徒 社宮之夢則云旦而求之曹 是也」とあるのに從って、「旦」に改める。

【傳】故中御而從齊侯
(注)（「中御」とは）御者に代わって、中央にのったのである。元帥の場合以外は、すべて、御者が中央にのり、將は左側にのる（のが本來のきまりである）。
【傳】邴夏曰 射其御者 君子也 公曰 謂之君子而射之 非禮也
(注)齊侯は軍禮を知らなかったのである。
【傳】射其左 越于車下
(注)「越」は、隊〔おちる〕である。
(附)僖公九年の傳文「恐隕越于下」の注に「隕越 顚墜也」とある。なお、その(附)を參照。ちなみに、『書』盤庚中「顚越不恭」の僞孔傳にも「顚 隕 越 墜也」とある。
【傳】射其右 斃于車中 綦毋張喪車 從韓厥曰 請寓乘
(注)「綦毋張」は、晉の大夫である。「寓」は、寄である。
(附)注の「寓 寄也」については、僖公二十八年の傳文「得臣與寓目焉」等の注に、同文がみえる。なお、その(附)を參照。
【傳】從左右 皆肘之 使立於後
(注)左右兩側にいた者がいずれも死んだから、そこに立たせまいとしたのである。
【傳】韓厥俛 定其右
(注)「俛」は、俯〔かがむ〕である。右側の者が射撃されて、車の内にたおれていたから、かがんで、その位置を安定させたのである。
(附)上の傳文に「射其右 斃于車中」とある。

【傳】逢丑父與公易位
(注)公がいるべき場所〔中央〕に身をおいたのである。
【傳】將及華泉 驂絓於木而止

【注】驂馬（外側のそえ馬）が(木に)ひっかかったのである。

【附】桓公三年の傳文「驂絓而止」の注に「驂　騑馬」とあるのを參照。なお、ここの傳文については、『會箋』に「石經宋本絓上有驂字　非也　若有驂字　本文明白　杜不必注矣」とあり、また、楊伯峻『春秋左傳注』に「金澤文庫本無驂字　據杜注　似杜預本亦無驂字」とある。

【傳】丑父寢於轏中

【注】「轏」は、士の車である。

【附】『周禮』巾車に「士乘棧車」とあるのを參照。なお、異説として、安井衡『左傳輯釋』に「轏輚同　西都賦　乘輚輅　注　輚輅　臥車　又與棧通　周禮巾車　士乘棧車　杜讀爲棧　故云士車　此訓臥車爲長」とある。

【傳】蛇出於其下　以肱擊之　傷而匿之　故不能推車而及

【注】韓厥に追いつかれてしまった。丑父は、車右になりたかったから、その傷をかくしていたのである。

【附】上の傳文に「逢丑父爲右」とあるのを參照。なお、異説として、顧炎武『左傳杜解補正』に「在軍中　不敢言病　故匿其傷」とある。

【傳】韓厥執縶馬前

【注】「縶」は、馬絆（ほだし）である。これをもったのは、（それによって）臣僕としての職務をつとめることを示したのである。

【附】注の「縶　馬絆也」については、『説文』に「馵　絆馬足也（中略）春秋傳曰　韓厥執馵前」とあるのを參照。なお、その段注に「語見成公二年左傳　今左作執縶馬前　蓋古本正作執馵前　改易誤衍耳」とある。

注の「執之　示脩臣僕之職」については、異説として、臧琳『經義雜記』に「上言驂絓於木而止　丑父爲蛇傷　不能推車　爲韓厥所及　故厥執齊絆馬而前也」とある。

【傳】再拜稽首　奉觴加璧以進

【注】觴（さかづき）・璧をすすめたのもまた、それによって、敬を示したのである。

【附】襄公二十五年の傳文「再拜稽首　承飲而進獻」の注に「承飲　奉觴示不失臣敬」とあるのを參照。

なお、疏に「服虔引司馬法　其有殞命　以行禮如會所用儀也　若殞命則左結旗　司馬授飲　右持苞壺　左承飲以進」とある。

【傳】曰　寡君使羣臣爲魯衞請　曰　無令輿師陷入君地

【注】本來、ただ、二國のために、救ってくれるようお願いに來たまでで、君の土地に深入りするつもりはない、ということであり、謙辭である。

【傳】下臣不幸　屬當戎行　無所逃隱

【注】「屬」は、適（たまたま）である。

【附】『國語』魯語上「吾屬欲美之」の韋注に「屬　適也」とあるのを參照。

【傳】且懼奔辟而忝兩君　臣辱戎士

【注】もし避けて逃れば、晉の君を辱しめることになり、同時に、齊侯の恥ともなるから、「二君（兩君）」と言っているのである。これは、おそらく、韓厥が(あえて)自分を臣僕の地位に置いて謙敬しての、かざり言葉であろう。

附注の前半については、『爾雅』釋言に「忝　辱也」とあるのを參照。

注の後半については、上の注に「示脩臣僕之職」とあり、また、「以示敬」とあり、また、「謙辭」とある。

なお、『釋文』に「奔辟　音避　注同　徐扶臂反　服氏扶亦反」とある。これについては、劉文淇『春秋左氏傳舊注疏證』に「此服虔音之文　然漢人無翻切　當是讀如例　陸氏改之　李貽德云　此辟讀闢　周禮閽人　則爲之闢　釋文　闢　本又作辟　避也」とあるのを參照。

傳敢告不敏　攝官承乏

注自分は不調法ながら、人手不足を代理として補い、君のお供をしてかえりたい、ということである。

傳丑父使公下如華泉取飲　鄭周父御佐車　宛茷爲右　載齊侯以免

注「佐車」は、副車である。

附『禮記』少儀「乘貳車則式　佐車則否」の注に「貳車佐車　皆副車也」とあるのを參照。

傳韓厥獻丑父　郤獻子將戮之　呼曰　自今無有代其君任患者　有一於此　將爲戮乎　郤子曰　人不難以死免其君　我戮之　不祥　赦之　以勸事君者　乃免之　齊侯免　求丑父　三入三出

注丑父が自分に代わってくれたことを尊重したから、三たび晉の軍に入って、丑父をさがし求めたのである。

附異説として、疏に「劉炫以齊侯三入齊軍　又三出齊軍　以求丑父」とある。

なお、注の「待」は、諸本に従って、「代」に改める。

傳毎出齊師　以師退　入于狄卒

注齊の師は、大敗したため、みな浮き足だっていたから、齊侯は、すばやく士衆の先頭に立って、逃げ腰の者をひきいはげまし、(晉軍に)ついで、狄卒に突入したのである。「狄卒」とは、狄人で、晉に従って齊を討った者である。

附焦循『春秋左傳補疏』に「毎出齊師　絶句　以師退　絶句　前云三入　入晉師也　三出　出晉師也　此云出齊師　所以明上之出爲出晉師　傳文本自明白　杜云　齊侯輕出其衆　其衆二字解齊師二字　於出字上加一輕字　釋文　輕　遣政反　周禮春官車僕　輕車之萃　注云　輕車　所用馳敵致師之車也　釋文亦云　輕　遣政反　然則此輕出之輕　即用輕車之輕　鄭氏引馳車千乘明輕車　文選西京賦　轢輻輕鶩　薛綜注云　馭車欲馬疾　以箠櫟於輻　使有聲　馬疾解輕鶩　是輕者輕鋭疾馳之意　後漢書竇憲傳　燕然山銘　元戎輕武　章懷注云　輕武　言疾也　蓋是時齊師有退心　故齊侯疾馳出於衆之先　以率引鼓厲衆之欲退者　既三出晉師　仍不肯退　而迸入狄卒　又入衛師　傳以師退二字明齊侯之鋭　而注以輕字厲字明之　可謂精矣」とあるのを參照。なお、異説として、上の疏に「劉炫以（中略）毎出之時　齊之將帥　敗而怖懼　以師而退　不待齊侯　致使齊侯入于狄卒」とある。また、楊伯峻『春秋左傳注』に「意謂齊侯毎自敵軍出　齊軍均擁護之後退　免其傷亡」とある。

傳狄卒皆抽戈楯冒之　以入于衛師　衛師免之

注狄と衛は、齊の強さを畏れたから、齊侯に危害を加えようとせず、いずれも、共同でのがしまもったのである。

傳逐自徐關入　齊侯見保者　曰　勉之　齊師敗矣

注城邑を通過するごとに、そこを守る者を激勵したのである。

傳辟女子

注君を避けさせたのである。齊侯は單身でもど(る途中だ)ったから、婦人は(君とは思わず)避けなかったのである。

附『孟子』離婁下「君子平其政　行辟人可也」の趙注に「辟除人　使卑辟尊　可爲也」とあるのを參照。

傳女子曰　君免乎　曰　免矣　曰　鋭司徒免乎　曰　免矣

注「鋭司徒」は、鋭兵〔刃物〕をつかさどる者である。

傳曰　苟君與吾父免矣　可若何

注餘人はどうしようもない〔どうなってもよい〕、ということである。

附僖公三十三年の傳文「吾子取其麋鹿　以間敝邑　若何」の注に「若何猶如何」とあるのを參照。

傳乃奔

注走って君を避けたのである。

傳齊侯以爲有禮

注先に君のことをたずね、その後で父のことをたずねた、からである。

傳既而問之　辟司徒之妻也

注「辟司徒」は、壘壁をつかさどる者である。

附楊伯峻『春秋左傳注』に「杜注以爲辟乃壁之借字　因謂其爲主壘壁者」とあるのを參照。

傳予之石窌

注「石窌」は、邑の名である。濟北の盧縣の東部に石窌とよばれる土地がある。

傳晉師從齊師　入自丘輿　擊馬陘

注「丘輿」・「馬陘」は、いずれもみな、齊の邑である。

附『史記』齊世家「於是晉軍追齊至馬陵」の〈集解〉に「賈逵曰　馬陘齊地也」とあるのを參照。

傳齊侯使賓媚人賂以紀甗玉磬與地

注「媚人」は、國佐である。「甗」は、玉製の甑〔こしき〕である。いずれもみな、紀を滅して手に入れたものである。

附注の「媚人　國佐也」については、疏に引く〈杜譜〉に「國佐賓媚人武子　三事互見於經傳　不知賓媚人是何等名號也」とある。なお、後序に「齊國佐來獻玉磬紀公之甗　卽左傳所謂賓媚人也」とあるのを參照。

注の「甗　玉甑」については、『説文』に「甗　甑也」とあるのを參照。なお、疏に「下云子得其國寶　知甗亦以玉爲之　傳文玉在甗磬之間　明二者皆是玉也」とある。

注の「皆滅紀所得」については、疏に「莊四年紀侯大去其國　不言齊滅　而云滅紀所得者　紀侯被偪而去　後齊侯收其民人　又取其國寶　此則與滅無異　故爲此解」とある。なお、莊公四年の公羊傳文に「大去者何　滅也　孰滅之　齊滅之」とあるのを參照。

傳不可　則聽客之所爲　賓媚人致賂　晉人不可　曰　必以蕭同叔子爲質

(注)「同叔」は、蕭の君の字〔あざな〕で、齊侯の外祖父である。「子」は、女〔むすめ〕である。齊侯の母を名指しで言うのをはばかったから、遠回しに言ったのである。

(附)注の「子　女也」については、莊公二十八年の傳文「小戎子生夷吾」の注に、同文がみえる。なお、その(附)を參照。なお、異説として、『史記』齊世家「必得笑克者蕭桐叔子」の〈集解〉に「賈逵曰　蕭附庸　子姓」とある。

[傳]而使齊之封内盡東其畝

(注)壟畝〔うね〕を東西の方向にせよ、ということである。

(附)『史記』齊世家「令齊東畝」の〈集解〉に「服虔曰　欲令齊隴畝東行」とあるのを參照。

[傳]對曰　蕭同叔子非他　寡君之母也　若以匹敵　則亦晉君之母也　吾子布大命於諸侯　而曰必質其母以爲信　其若王命何

(注)王命に違反する、ということである。

[傳]且是以不孝令也　詩曰　孝子不匱　永錫爾類

(注)「詩」は、大雅（既醉）である。孝心が豊富な者は、よく、孝道を、とこしえに、その同志にも賜わる、ということである。

(附)隱公元年の傳文に「君子曰　潁考叔　純孝也　愛其母　施及莊公　詩曰　孝子不匱　永錫爾類　其是之謂乎」とあり、注に「不匱　純孝也　莊公雖失之於初　孝心不忘　考叔感而通之　所謂永錫爾類　詩人之作　各以情言　君子論之　不以文害意　故春秋傳引詩　不皆與今説詩者同　後皆放此」とある。なお、その(附)を參照。

[傳]若以不孝令於諸侯　其無乃非德類也乎

(注)孝德を同類に賜わらない、ということである。

[傳]先王疆理天下　物土之宜而布其利

(注)「疆」は、界であり、「理」は、正である。「物土之宜」とは、作づけする物が、各々、その土地に適合している、ということである。

(附)注の「疆　界也」については、宣公八年の傳文「楚子疆之」の注に「正其界也」とある。なお、『詩』小雅〈信南山〉「我疆我理」の毛傳に「疆　畫經界也」とあるのを參照。また、『説文』に「畺　界也（中略）疆　畺或从彊土」とあるのを參照。

[傳]故詩曰　我疆我理　南東其畝

(注)「詩」は、小雅（信南山）である。（うねを）南北の方向にしたり、東西の方向にしたり、（それぞれ）その土地に適合するようにした、ということである。

(附)毛傳に「或南或東」とあるのを參照。

[傳]今吾子疆理諸侯　而曰盡東其畝而已　唯吾子戎車是利

(注)晉が齊を伐つのに、壟〔うね〕にそって東へ進めるから、容易である、ということである。

[傳]無顧土宜　其無乃非先王之命也乎　反先王則不義　何以爲盟主　其晉實有闕

(注)「闕」は、失である。

(附)襄公元年の傳文「謀事補闕」の注に「闕猶過也」とあるのを參照。

[傳]四王之王也

㊟（「四王」とは）禹・湯・文・武である。

【傳】樹徳而濟同欲焉

㊟「樹」は、立である。「濟」は、成である。

（附）注の「樹　立也」については、昭公元年の傳文「而樹之官」の注に、同文がみえる。なお、『國語』周語上「吾聞夫犬戎樹惇」の韋注に「樹　立也」とあるのを參照。

注の「濟　成也」については、文公十八年の傳文「世濟其美」の注に、同文がみえる。なお、その（附）を參照。

【傳】五伯之霸也

㊟（「五伯」とは）夏の伯の昆吾・商の伯の大彭と豕韋・周の伯の齊桓と晉文である。

（附）『詩譜』序「五霸之末」の疏に「服虔云　五伯謂夏伯昆吾商伯大彭豕韋周伯齊桓晉文也」とあるのを參照。なお、『白虎通義』號に「五霸者何謂也　昆吾氏大彭氏豕韋氏齊桓公晉文公也（中略）昔昆吾氏　霸於夏者也　大彭豕韋　霸於殷者也　齊桓晉文　霸於周者也」とあり、『風俗通義』五伯に「謹按春秋左氏傳　夏后太康　娯於耽樂　不脩民事　諸侯僭差　於是昆吾氏乃爲盟主　誅不從命　以尊王室　及殷之衰也　大彭氏豕韋氏復續其緒　所謂王道廢而霸業興者也　齊桓九合一匡　率成王室　責彊楚之罪　復靑茅之貢　晉文爲踐土之會　修朝聘之禮　納襄剋帶　翼戴天子」とあり、『呂氏春秋』先己「五伯先事而後兵」の高注に「五伯　昆吾大彭豕韋齊桓晉文」とあるのも參照。ちなみに、『國語』鄭語に「昆吾爲夏伯矣　大彭豕韋爲商伯矣」とある。

【傳】勤而撫之　以役王命

㊟「役」は、事〔つかえる〕である。

（附）『國語』晉語五「國有大役」の韋注に「役　事也」とあるのを參照。

【傳】今吾子求合諸侯　以逞無疆之欲

㊟「疆」は、竟〔かぎり〕である。

（附）昭公元年の穀梁傳文に「疆之爲言　猶竟也」とあるのを參照。

【傳】詩曰　布政優優　百祿是遒

㊟「詩」は、（商）頌（長發）である。殷の湯王は、施政が優和〔ゆるやか〕だったから、たくさんの福祿が集まってきた、ということである。「遒」は、聚〔あつまる〕である。

（附）毛傳に「優優　和也　遒　聚也」とあるのを參照。

【傳】子實不優　而弃百祿　諸侯何害焉

㊟諸侯の害となりえない〔諸侯に相手にされない〕、ということである。

【傳】不然

㊟許されなければ、ということである。

（附）異説として、陸粲『左傳附注』に「不然　言不如此也」とある。

【傳】寡君之命使臣　則有辭矣　曰　子以君師辱於敝邑　不腆敝賦　以犒從者

㊟戰ったのに、「犒〔ねぎらった〕」と言っているのは、謙遜した言い方をしたのである。

【傳】畏君之震　師徒橈敗

㊟「震」は、動である。「橈」は、曲〔たわむ〕である。

(附)注の「震　動」については、『爾雅』釋詁に「震　動也」とあるのを參照。なお、異説として、陸粲『左傳附注』に「文六年傳　何震之有　注　震　威也」とある。

注の「橈　曲也」については、『説文』に「橈　曲木」とあるのを參照。

【傳】吾子惠徼齊國之福　不泯其社稷　使繼舊好　唯是先君之敝器土地不敢愛　子又不許　請收合餘燼

(注)「燼」は、もえのこりの木である。

(附)『説文』に「㶳　火餘也」とあるのを參照。

【傳】背城借一

(注)城下でもう一戰いたしたい、ということである。

【傳】敝邑之幸　亦云從也　況其不幸　敢不唯命是聽

(注)(かつて)無傷の時でさえ、晉にそむくことはしなかったのであるから、今ここで、もし不幸に(して敗れることに)なれば、(當然)命に從う、ということである。

(附)異説として、疏に「劉炫以爲齊人請戰　言敝邑脫或有幸戰勝　亦云從也」とある。

【傳】魯衞諫曰　齊疾我矣

(注)郤克を諫めたのである。

【傳】其死亡者　皆親暱也　子若不許　讎我必甚　唯子則又何求　子得其國寶

(注)(「國寶」とは)甗・磬をいう。

(附)上の傳文に「齊侯使賓媚人賂以紀甗玉磬與地」とある。

【傳】我亦得地

(注)齊が侵略した土地をかえす、ということである。

【傳】而紓於難

(注)齊が(晉に)服從すれば、(魯・衞に對する齊の)脅威が緩和される、ということである。

(附)莊公三十年の傳文「鬭穀於菟爲令尹　自毀其家以紓楚國之難」の注に「紓　緩也」とある。なお、その(附)を參照。

【傳】其榮多矣　齊晉亦唯天所授　豈必晉　晉人許之　對曰　羣臣帥賦輿

(注)「賦輿」は、兵車と同じである。

(附)『國語』魯語下「我先君襄公不敢寧處　使叔孫豹悉帥敝賦」の韋注に「賦　兵也」とあるのを參照。

【傳】以爲魯衞請　若苟有以藉口而復於寡君

(注)「藉」は、薦〔下にしく、つまり、その上にものをのせる〕である。「復」は、白〔もうす〕である。

(附)注の「藉　薦」については、文公十二年の傳文「所以藉寡君之命結二國之好」の注に、同文がみえる。なお、疏に「服虔云　今河南俗語治生求利　少有所得　皆言可用藉手矣」とあるのを參照。ちなみに、襄公十一年の傳文に「苟有以藉手」とあり、また、昭公十六年の傳文に「敢不藉手以拜」とある。

注の「復　白也」については、『禮記』曲禮上「願有復也」の注に「復　白也」とあるのを參照。また、『國語』齊語「鄉長復事」の韋注に「復　白也」とあるのを參照。
【傳】君之惠也　敢不唯命是聽　禽鄭自師逆公
【注】「禽鄭」は、魯の大夫である。もどって公を迎え、晉の師と會したのである。
【附】下の傳文に「公會晉師于上鄍」とある。
【傳】秋七月晉師及齊國佐盟于爰婁　使齊人歸我汶陽之田　公會晉師于上鄍
【注】「上鄍」は、地が闕（不明）である。公が晉の師と會したことを（經に）書いていないのは、史官の闕文である。
【傳】賜三帥先路三命之服
【注】「三帥」とは、郤克・士燮・欒書である。（彼らは）すでに王から先路の下賜を受けていたが、今ここで、（成公は、それを）新しいものにかえ、あわせて、この車（先路）に建てる旌旗や身につける衣服も（新しいものを）賜わったのである。
【附】疏に引く『釋例』に「先路者　革路若木路　或云先　或云次　蓋以就數爲差　其受之於王　則稱大」とあるのを參照。また、襄公二十六年の傳文「三月甲寅朔享子展　賜之先路三命之服」の注に「先路次路皆王所賜車之摠名　蓋請之於王」とあるのを參照。なお、異説として、疏に「劉炫以爲既言先路　則是晉君之賜　杜云受王先路之賜　非其義也」とある。
【傳】司馬司空輿帥候正亞旅皆受一命之服
【注】晉の「司馬」と「司空」は、いずれもみな、大夫である。「輿帥」は、兵車をつかさどる（大夫である）。「候正」は、斥候をつかさどる（大夫である）。「亞旅」もまた、大夫である。いずれもみな、魯侯が賜わったのである。
【附】文公十五年の傳文「請承命於亞旅」の注に「亞旅　上大夫也」とある。なお、その【附】を參照。
【傳】八月宋文公卒　始厚葬　用蜃炭　益車馬　始用殉
【注】蛤を燒いて炭にして、つか穴（の底面）をふさぎ、車馬を（以前より）多く埋め、人に埋葬のお供をさせたのである。
【附】『周禮』赤犮氏「赤犮氏掌除牆屋　以蜃炭攻之　以灰酒毒之」の注に「蜃　大蛤也　擣其炭以坋之則走」とあるのを參照。また、同掌蜃に「掌蜃掌斂互物蜃物　以共闉壙之蜃」とあり、注に「互物　蚌蛤之屬　闉猶塞也　將井椁　先塞下以蜃禦濕也　鄭司農說以春秋傳曰始用蜃炭　言僭天子也」とあるのを參照。また、文公六年の傳文「秦伯任好卒　以子車氏之三子奄息仲行鍼虎爲殉」の注に「以人從葬爲殉」とあるのを參照。なお、異説として、疏に「劉炫以爲用蜃炭者　用蜃　復用炭」とある。
【傳】重器備
【注】「重」は、多と同じである。
【附】『文選』張衡〈東京賦〉「于時蒸民　罔敢或貳　其取威也重矣」の薛綜注に「重猶多也」とあるのを參照。
【傳】椁有四阿　棺有翰檜
【注】「四阿」は、四注の椁（上蓋が平らでなく、四方に傾斜している外椁）

である。「翰」は、側面の飾りであり、「檜」は、上面の飾りである。いずれもみな、王の禮である。

(附)注の「四阿　四注椁也」については、『周禮』匠人「殷人重屋　堂脩七尋　堂崇三尺　四阿　重屋」の注に「四阿若今四注屋」とあるのを參照。

注の「翰　旁飾」については、『史記』魯世家「魯人三郊三隧　峙爾芻茭糗糧楨榦」の〈集解〉に「馬融曰　楨榦皆築具　楨在前　榦在兩旁」とあるのを參照。また、『書』費誓「魯人三郊三遂　峙乃楨榦」の僞孔傳に「旁曰榦」とあるのを參照。なお、『爾雅』釋詁に「翰榦也」とある。

[傳]君子謂　華元樂擧於是乎不臣　臣　治煩去惑者也　是以伏死而爭　今二子者　君生則縱其惑

(注)文公十八年に同母弟の須を殺したことをいう。

(附)文公十八年の傳文に「十二月宋公殺母弟須及昭公子」とある。

[傳]死又益其侈　是弃君於惡也　何臣之爲

(注)「どうして臣といえようか」と言うのと同じである。

[傳]九月衞穆公卒　晉三子自役弔焉　哭於大門之外

(注)師がもどる途中、衞を通過したから、ついでに弔問したのであり、まだ復命していなかったから、禮を正式に行うことはしなかったのである。

(附)『禮記』雜記上に「弔者卽位于門西東面　其介在其東南　北面西上西於門　主孤西面　相者受命曰　孤某使某請事　客曰　寡君使某　如何不淑　相者入告　出曰　孤某須矣　弔者入　主人升堂西面　弔者升自西階東面　致命曰　寡君聞君之喪　寡君使某　如何不淑　子拜稽顙　弔者降反位」とあるのを參照。

なお、傳文の「二子」の「二」は、諸本に從って、「三」に改める。

[傳]衞人逆之

(注)門の外で迎え、(そこに)喪位を設けたのである。

[傳]婦人哭於門内

(注)喪位として、婦人は(普通)堂で哭するが、(今ここでは)賓客が門の外にいたから、移って、門の内側に位置したのである。

(附)『禮記』喪大記に「既正尸　子坐于東方　卿大夫父兄子姓立于東方　有司庶士哭于堂下北面　夫人坐于西方　内命婦姑姊妹子姓立于西方　外命婦率外宗哭于堂上北面」とあり、また、「婦人迎客送客　不下堂　下堂不哭」とあるのを參照。

[傳]送亦如之　遂常以葬

(注)(以後)埋葬に至るまで、(他國の來弔者にも)この禮を行なったのである。

(附)三年に「(正月)辛亥葬衞穆公」とある。

[傳]楚之討陳夏氏也

(注)宣公十一年にある。

(附)宣公十一年に「冬十月楚人殺陳夏徵舒」とある。

なお、注の「十二」の「二」は、挍勘記に従って、「一」に改める。

【傳】荘王欲納夏姫　申公巫臣曰　不可　君召諸侯　以討罪也　今納夏姫貪其色也　貪色爲淫　淫爲大罰　周書曰　明德愼罰

【注】「周書」は、康誥である。

【傳】文王所以造周也　明德　務崇之之謂也　愼罰　務去之之謂也　若興諸侯　以取大罰　非愼之也　君其圖之　王乃止　子反欲取之　巫臣曰是不祥人也　是夭子蠻

【注】「子蠻」は、鄭の靈公で、夏姫の兄である。（若くして）殺され、後嗣がなかった。

【附】昭公二十八年の傳文に「是鄭穆少妃姚子之子　子貉之妹也」とあり、注に「子貉　鄭靈公夷」とあり、ついで、「子貉早死　無後　而天鍾美於是」とあり、注に「是　夏姫也　鍾　聚也　子貉死在宣四年」とあるのを參照。なお、これらによると、杜預は、子蠻と子貉を同一人としているようである。

【傳】殺御叔

【注】「御叔」は、夏姫の夫で、やはり若死した。

【附】『國語』楚語上に「昔陳公子夏爲御叔娶於鄭穆公」とあり、韋注に「公子夏　陳宣公之子　御叔之父也　爲御叔娶鄭穆公少妃姚子之女夏姫也」とあり、ついで、「生子南　子南之母亂陳而亡之」とあり、韋注に「御叔早死」とあるのを參照。

【傳】弑靈侯

【注】陳の靈公である。

【附】宣公十年の傳文に「陳靈公與孔寧儀行父飲酒於夏氏　公謂行父曰　徵舒似女　對曰　亦似君　徵舒病之　公出　自其廏射而殺之」とある。

【傳】戮夏南

【注】夏姫の子の徵舒である。

【附】宣公十一年に「冬十月楚人殺陳夏徵舒」とある。なお、『國語』楚語上「子南之母亂陳而亡之」の韋注に「子南　夏徵舒之字」とあるのを參照。

【傳】出孔儀

【注】孔寧と儀行父である。

【附】宣公十年の傳文に「陳靈公與孔寧儀行父飲酒於夏氏　公謂行父曰　徵舒似女　對曰　亦似君　徵舒病之　公出　自其廏射而殺之　二子奔楚」とある。

【傳】喪陳國

【注】楚が陳を滅した。

【附】宣公十一年の傳文に「冬楚子爲陳夏氏亂故　伐陳（中略）遂入陳　殺夏徵舒　轘諸栗門　因縣陳」とあり、注に「滅陳以爲楚縣」とある。

【傳】何不詳如是　人生實難　其有不獲死乎

【注】死は（ただでさえ）やって來やすいものなのに、夏姫を娶って（わざわざ）それをはやめることはない、ということである。

【附】襄公二十九年の傳文「子其不得死乎」の注に「不得以壽終」とあるのを參照。

【傳】天下多美婦人　何必是　子反乃止　王以予連尹襄老　襄老死於邲　不

獲其尸
【注】「邲」の戰いは、宣公十二年にある。
【附】宣公十二年の傳文に「射連尹襄老　獲之　遂載其尸　射公子穀臣　囚之　以二者還」とある。
【傳】其子黑要烝焉
【注】「黑要」は、襄老の子である。
【附】桓公十六年の傳文「初衞宣公烝於夷姜　生急子」の注に「上淫曰烝」とあるのを參照。
【傳】巫臣使道焉　曰　歸　吾聘女
【注】夏姬に勸めて、鄭に歸らせ（ようとし）たのである。
【傳】又使自鄭召之　曰　尸可得也
【注】襄老の尸である。
【傳】必來逆之　姬以告王　王問諸屈巫
【注】「屈巫」は、巫臣である。
【附】『國語』楚語上「莊王既以夏氏之室賜申公巫臣」の韋注に「巫臣　楚申公屈巫子靈也」とあるのを參照。
【傳】對曰　其信　知罃之父　成公之嬖也　而中行伯之季弟也
【注】「知罃（之）父」は、荀首である。「中行伯」は、荀林父である。邲の戰いで、楚人は知罃を捕虜にしていた。
【附】宣公十二年の傳文に「楚熊負羈囚知罃　知莊子以其族反之」とあり、注に「知罃　知莊子之子」とある。なお、同年の傳文「知莊子曰　此師殆哉」の注に「莊子　荀首」とあるのを參照。また、僖公二十七年の傳文「荀林父御戎」の注に「荀林父　中行桓子」とあるのを參照。
【傳】新佐中軍　而善鄭皇戌　甚愛此子
【注】知罃を愛している、ということである。
【附】宣公十二年の傳文に「知季曰　不以人子　吾子其可得乎　吾不可以苟射故也」とあるのを參照。
【傳】其必因鄭而歸王子與襄老之尸以求之
【注】「王子」は、楚の公子穀臣である。邲の戰いで、荀首はこれを捕虜にしていた。
【附】宣公十二年の傳文に「射公子穀臣　囚之」とあり、注に「穀臣　楚王子」とある。
なお、注の「以荀首囚也」は、挍勘記に従って、「荀首囚之」に改める。
【傳】鄭人懼於邲之役　而欲求媚於晉　其必許之　王遣夏姬歸　將行　謂送者曰　不得尸　吾不反矣　巫臣聘諸鄭　鄭伯許之
【注】夏姬を娶ること（を許したの）である。
【傳】及共王即位　將爲陽橋之役
【注】楚が魯を伐って陽橋に達したことは、この年の冬にある。
【附】下の傳文に「冬楚師侵衞　遂侵我師于蜀（中略）楚侵及陽橋」とある。
【傳】使屈巫聘于齊　且告師期　巫臣盡室以行
【注】家ごと立ち退いたのである。
【傳】申叔跪從其父　將適郢　遇之
【注】「叔跪」は、申叔時の子である。

【傳】曰　異哉　夫子有三軍之懼　而又有桑中之喜　宜將竊妻以逃者也

(注)「桑中」は、衞風で、淫奔の詩である。

(附)『詩』鄘風〈桑中〉の序に「桑中刺奔也　衞之公室淫亂　男女相奔至于世族在位　相竊妻妾　期於幽遠　政散民流　而不可止」とあるのを參照。なお、杜預が〈桑中〉を衞風としている點については、閔公二年の傳文「許穆夫人賦載馳」の注「載馳　詩衞風也」の(附)を參照。

【傳】及鄭　使介反幣　而以夏姬行

(注)「介」は、副〔副使〕である。「幣」は、聘物〔齊へのおくりもの〕である。

(附)注の「介　副也」については、宣公十八年の傳文「復命於介」等の注に、同文がみえる。なお、その(附)を參照。

注の「幣　聘物」については、『新序』雜事一に「申公巫臣將使齊　私說夏姬　與謀　及夏姬行　而申公巫臣廢使命　道亡　隨夏姬之晉」とあり、また、『古列女傳』孽嬖〈陳女夏姬〉に「巫臣使介歸幣於楚　而與夏姬奔晉」とあるのを參照。なお、異說として、劉文淇『春秋左氏傳舊注疏證』に「巫臣既聘齊　及鄭而留　使介歸楚　攝反幣之禮」とあり、また、楊伯峻『春秋左傳注』に「使命畢　齊國所贈楚之禮品由副使帶回　已則不返國復命」とある。

【傳】將奔齊　齊師新敗　曰　吾不處不勝之國　遂奔晉　而因郤至

(注)「至」は、郤克の族子〔またいとこの子〕である。

(附)疏に引く『世本』に「郤豹生冀芮　芮生缺　缺生克」とあり、また、「豹生義　義生步楊　楊生蒲城鵲居　居生至」とあるのを參照。

【傳】以臣於晉　晉人使爲邢大夫

(注)「邢」は、晉の邑である。

(附)『史記』晉世家「晉以巫臣爲邢大夫」の〈集解〉に「賈逵曰　邢　晉邑」とあるのを參照。

【傳】子反請以重幣錮之

(注)（「錮」とは）途をふさいで、仕官させない、ということである。

(附)襄公二十一年の傳文「會於商任　錮欒氏也」の注に「禁錮欒盈　使諸侯不得受」とある。なお、『漢書』貢禹傳に「賈人贅壻及吏坐贓者皆禁錮不得爲吏」とあるのを參照。

【傳】王曰　止　其自爲謀也　則過矣　其爲吾先君謀也　則忠　忠　社稷之固也　所蓋多矣

(注)「蓋」は、覆〔おおう〕である。

(附)莊公三十二年の傳文「能投蓋于稷門」の注に、同文がみえる。なお、その(附)を參照。

【傳】且彼若能利國家　雖重幣　晉將可乎

(注)承諾しない、ということである。

【傳】若無益於晉　晉將弃之　何勞錮焉

(注)七年の、楚が巫臣の一族を滅し、（そのため）晉が南方の吳と通交するようになった、ことのために、本を張ったのである。

(附)七年の傳文に「子重子反殺巫臣之族子閻子蕩及淸尹弗忌及襄老之子黑要　而分其室（中略）巫臣請使於吳　晉侯許之　吳子壽夢說之　乃通吳于晉」とある。

【傳】晉師歸　范文子後入　武子曰　無爲吾望爾也乎
(注)「武子」は、士會で、文子の父である。
(附)宣公十七年の傳文に「范武子將老　召文子曰　燮乎　吾聞之　喜怒以類者鮮」とあり、注に「文子　士會之子　燮其名」とあるのを參照。
【傳】對曰　師有功　國人喜以逆之　先入　必屬耳目焉　是代帥受名也　故不敢　武子曰　吾知免矣
(注)文子が自分の禍害をふやす心配はない、ということである。
(附)『國語』晉語五「武子曰　吾知免矣」の韋注に「知免於咎」とあるのを參照。なお、宣公十七年の傳文に「范武子將老　召文子曰（中略）余將老　使郤子逞其志　庶有豸乎　爾從二三子唯敬」とある。
【傳】郤伯見　公曰　子之力也夫　對曰　君之訓也　二三子之力也　臣何力之有焉
(注)「郤伯」は、郤克である。
【傳】范叔見　勞之如郤伯　對曰　庚所命也　克之制也　燮何力之有焉
(注)荀庚が上軍の將であったが、この時、出動せず、范文子は、上軍の佐の身で、代行したから、（本來の）將帥（の名）を稱して、謙讓したのである。
(附)上の傳文に「士燮佐上軍」とある。
【傳】欒伯見　公亦如之　對曰　燮之詔也　士用命也　書何力之有焉
(注)「詔」は、告〔指示〕である。欒書は、下軍の帥であったから、功を上軍にゆずったのである。傳は、晉は將帥がよく謙讓したから、齊に勝つことが出來た、ということを言っているのである。
(附)注の「詔　告也」については、『禮記』曲禮下「出入有詔於國」の注に「詔　告也」とあるのを參照。

注の「欒書下軍帥」については、上の傳文に「欒書將下軍」とある。

注の「推功上軍」については、『國語』晉語五に「書也受命於上軍」とあるのを參照。

【傳】宣公使求好于楚　莊王卒　宣公薨　不克作好
(注)宣十八年にある。
(附)宣公十八年の傳文に「夏公使如楚乞師　欲以伐齊」とあり、また、「楚莊王卒　楚師不出」とある。

なお、注の「位」は、挍勘記に従って、「宣」に改める。

【傳】公卽位　受盟于晉
(注)元年に赤棘で盟った。
(附)元年に「夏臧孫許及晉侯盟于赤棘」とある。
【傳】會晉伐齊　衞人不行使于楚
(注)楚を聘問しなかった。
【傳】而亦受盟于晉　從於伐齊　故楚令尹子重爲陽橋之役以救齊　將起師子重曰　君弱
(注)傳に「私は、生まれて十年で、先君をうしなった」とある〔襄公十三年〕。共王が卽位して、ここまで、二年であるから、おそらく、年齢は、十二・三だったであろう。

（附）宣公十八年に「甲戌楚子旅卒」とある。なお、文公十二年の傳文「有寵而弱」の注に「弱　年少也」とあるのを參照。

【傳】羣臣不如先大夫　師衆而後可　詩曰　濟濟多士　文王以寧

㊟「詩」は、大雅（文王）である。文王は、衆士によって安寧であった、ということである。

【傳】夫文王猶用衆　況吾儕乎

㊟「儕」は、等である。

（附）僖公二十三年の傳文「晉鄭同儕」の注に、同文がみえる。なお、その（附）を參照。

【傳】且先君莊王屬之曰　無德以及遠方　莫如惠恤其民而善用之　乃大戶

㊟民の戶口を調査した。

【傳】已責

㊟逋責〔租稅の滯納分〕を免除した。

（附）『晉書』武帝紀に「復天下租賦及關市之稅一年　逋債宿負皆勿收」とあるのを參照。

【傳】逮鰥

㊟老鰥〔身寄りのない老人〕に施しをした。

【傳】救乏　赦罪　悉師　王卒盡行　彭名御戎　蔡景公爲左　許靈公爲右

㊟王の卒〔近衛兵〕がすべて出動したから、王の戎車も出動したのであり、楚王はいなかったけれども、二君を（車上の）左右の位置に當たらせたのである。

【傳】二君弱　皆強冠之　冬楚師侵衛　遂侵我師于蜀

㊟公が楚に贈物をして、（楚は）退いたから、（魯を）侵したことを（經に）書いていないのである。

（附）下の傳文に「孟孫請往賂之以執斲執鍼織紝皆百人　公衡爲質　以請盟　楚人許平」とある。

なお、注の「略」は、挍勘記に従って、「賂」に改める。

【傳】使臧孫往

㊟「臧孫」は、宣叔である。

（附）下の傳文に「楚師及宋　公衡逃歸　臧宣叔曰」とある。

【傳】辭曰　楚遠而久　固將退矣　無功而受名　臣不敢

㊟楚を退けたという虛名を受けることは出來ない、ということである。

【傳】楚侵及陽橋

㊟「陽橋」は、魯地である。

【傳】孟孫請往賂之

㊟楚がますます深く侵攻してきたから、孟孫は、贈物をもって（楚軍に）往くことを申し出たのである。「孟孫」は、獻子である。

【傳】以執斲執鍼織紝

㊟「執斲」は、匠人〔だいく〕である。「執鍼」は、女工〔おはりこ〕である。「織紝」は、繒布〔きぬ〕をおる者である。

（附）『詩』召南〈采蘋〉の序疏に「服虔注左傳曰　織紝　治繒帛者」とあるのを參照。

【傳】皆百人　公衡爲質

㊟「公衡」は、成公の子である。

（附）異説として、沈欽韓『春秋左氏傳補注』に「成公雖有子　尚幼　不任爲質　蓋宣公子也」とある。

【傳】以請盟　楚人許平　十一月公及楚公子嬰齊蔡侯許男秦右大夫説宋華元陳公孫寧衞孫良夫鄭公子去疾及齊國之大夫盟于蜀

㊟齊の大夫について、（傳に）その名を書いていないのは、卿ではなかったからである。

（附）經の注に「齊在鄭下　非卿」とあるのを參照。なお、疏に「諸大夫盟會　經貶之　稱人　或揔言大夫　若實是國卿　本合書名者　傳卽顯其名氏　若本是大夫　不合書名者　傳直言其大夫　見其貶與不貶　俱當稱人　故不復言其名氏　此傳言齊國之大夫　傳不顯其名　爲非卿故也」とある。

【傳】卿不書　匱盟也　於是乎畏晉而竊與楚盟　故曰匱盟

㊟「匱」は、乏である。

（附）『國語』晉語五「今陽子之貌濟　其言匱　非其實也」の韋注に「匱乏也」とあるのを參照。なお、疏に「私竊爲盟　盟終不固　此盟是匱乏之道也」とあり、また、宣公十五年の傳文に「故文　反正爲乏」とあるのによれば、「匱盟」とは、〝正道に反し匱乏を招く盟〟の意のようである。

なお、疏に引く『釋例』に「諸侯畏晉而竊與楚盟　書盟而貶其卿　此所以成晉爲盟主也」とある。

【傳】蔡侯許男不書　乘楚車也　謂之失位

㊟楚王の車に乘って左右をつとめたということは、（國君としての）地位を失ったということである。卿を書かない〔貶する〕場合は、「人」と稱し、諸侯を書かない〔貶する〕場合は、まったく經にあらわれない、のは、君・臣による區別である。

（附）注の前半については、上の傳文に「悉師　王卒盡行　彭名御戎　蔡景公爲左　許靈公爲右」とある。

注の後半については、莊公十四年の傳文「春諸侯伐宋　齊請師于周」の疏に引く『釋例』に「傳滅入例　衞侯燬滅邢　同姓　故名　又云　穀伯綏鄧侯吾離來朝　名　賤之也　又云　不書蔡許之君　乘楚車也　謂之失位　此皆貶諸侯之例　例不稱人也　諸侯在事　傳有明文　而經稱人者　凡十一條　丘明不示其義　而諸儒皆據案生意　原無所出　貶諸侯而去爵稱人　是爲君臣同文　非正等差之謂也　又澶淵大夫之會　傳曰　不書其人　案經皆去名稱人　至諸侯親城緣陵　傳亦曰　不書其人　而經總稱諸侯　此大夫及諸侯　經傳所以爲別也　通校春秋　自宣公五年以下　百數十年　諸侯之咎甚多　而皆無貶稱人者　益明此蓋當時告命記注之異　非仲尼所以爲例故也」とあるのを參照。

【傳】君子曰　位其不可不愼也乎　蔡許之君　一失其位　不得列於諸侯　況其下乎　詩曰　不解于位　民之攸塈

㊟「詩」は、大雅（假樂）である。上にいる者が、自分の位をきちんと正せば、國はおちつき、民はやすらぐ、ということである。「攸」は、所である。「塈」は、息である。

（附）注の「攸　所也」については、『詩』大雅〈旱麓〉「豈弟君子　福祿攸降」の鄭箋に「攸　所」とあるのを參照。

注の「塈　息也」については、『詩』大雅〈假樂〉「不解于位　民之攸塈」の毛傳に「塈　息也」とあるのを參照。

傳其是之謂矣

傳楚師及宋　公衡逃歸　臧宣叔曰　衡父不忍數年之不宴

注「宴」は、樂である。

附『説文』に「宴　安也」とあるのを參照。ちなみに、閔公元年の傳文に「宴安酖毒　不可懷也」とある。

傳以棄魯國　國將若之何　誰居　後之人必有任是夫　國棄矣

注「居」は、辭（虚詞）である。（誰か）後の人の中に、必ず、この患禍を引き受け(させられ)る者が出る、ということである。

附『禮記』檀弓上「何居　我未之前聞也」の注に「居讀爲姫姓之姫　齊魯之間語助也」とあり、また、同郊特牲「二日伐鼓　何居」の注に「居讀爲姫　語之助也」とあるのを參照。なお、襄公二十三年の傳文「誰居　其孟椒乎」の注に「居猶與也」とある。

傳是行也　晉辟楚　畏其衆也　君子曰　衆之不可以已也　大夫爲政　猶以衆克　況明君而善用其衆乎　大誓所謂商兆民離　周十人同者　衆也

注「大誓」は、周書である。萬億を「兆」という。民は、（いくら多くても）ばらばらでは、弱く、（いくら少くても）一致すれば、衆と（して強固に）なる。殷は離散によって滅亡し、周は衆合によって興起した、ということである。

附昭公二十四年の傳文に「大誓曰　紂有億兆夷人　亦有離德」とあり、注に「言紂衆億兆　兼有四夷　不能同德　終敗亡」とあり、ついで、「余有亂臣十人　同心同德」とあり、注に「武王言我有治臣十人　雖少　同心也　今大誓無此語」とあるのを參照。ちなみに、現行本の『書』では、泰誓中に「受有億兆夷人　離心離德　予有亂臣十人　同心同德」とある。

なお、諸本に從って、傳文の「衆之不可已也」の「可」の下に、「以」の字を補う。

傳晉侯使鞏朔獻齊捷于周　王弗見　使單襄公辭焉　曰　蠻夷戎狄　不式王命

注「式」は、用である。

附襄公二十九年の傳文「榮成伯賦式微」等の注に、同文がみえる。なお、『詩』邶風〈式微〉「式微式微　胡不歸」の毛傳に「式　用也」とあるのを參照。

傳淫湎毀常　王命伐之　則有獻捷　王親受而勞之　所以懲不敬勸有功也　兄弟甥舅　侵敗王略

注「兄弟」は、同姓の國であり、「甥舅」は、異姓の國である。「略」とは、法度を經略する（おさめる）ことである。

附注の「兄弟　同姓國」については、『書』蔡仲之命「以和兄弟」の僞孔傳に「以和協同姓之邦」とあるのを參照。

注の「甥舅　異姓國」については、『國語』鄭語「是非王之支子母弟甥舅也　則皆蠻荆戎狄之人也」の韋注に「甥舅　異姓是也」とあるのを參照。なお、哀公九年の傳文「宋鄭　甥舅也」の注に「宋鄭爲昬姻甥舅之國」とある。

注の「略　經略法度」については、昭公七年の傳文に「天子經略」とあり、注に「經營天下　畧有四海　故曰經畧」とあるのを參照。また、定公四年の傳文「吾子欲復文武之略」の注に「略　道也」とあるのを參照。なお、異説として、惠棟『春秋左傳補註』に「略　封也　昭七年傳曰　天子經略　天子謂之略　諸侯謂之封」とあり、また、安井衡『左傳輯釋』に「略　界也　莊二十一年傳　王與之武公之略　自虎牢以東　若是經略法度　恐不可言侵　傳云武公之略　則不唯天子謂之略　杜惠倶失」とある。ちなみに、『説文』には「略　經略土地也」とある。

傳王命伐之　告事而已　不獻其功　所以敬親暱

注伐った事を報告するだけで、俘虜は獻上しない。

附莊公三十一年「六月齊侯來獻戎捷」の注に「捷　獲也」とあるのを參照。

傳禁淫慝也

注「淫慝」とは、人民から（金品を）掠奪し、俘虜としてとらえること〔つまり、度を越した暴力〕をいう。

附『釋文』に「謂暴　本又作虣　薄報反」とある。なお、挍勘記を參照。

傳今叔父克遂　有功于齊

注「克」は、能である〔『爾雅』釋言〕。

附ここの傳文の句讀については、楊伯峻『春秋左傳注』に「遂讀爲淮南子精神訓何往而不遂之遂　順遂成功也　不能以今叔父克遂有功于齊作一句讀　因遂作副詞　克是助動詞　助動詞在副詞上　古今無此句法」とあるのを參照。

傳而不使命卿鎭撫王室　所使來撫余一人　而鞏伯實來　未有職司於王室

注鞏朔は、上軍大夫で、命卿ではなかったから、名位が王室に通達されていなかった。

附宣公十二年の傳文に「鞏朔韓穿爲上軍大夫」とある。なお、『禮記』王制に「大國三卿　皆命於天子（中略）次國三卿　二卿命於天子」とあるのを參照。

傳又好先王之禮

注齊の捷〔俘虜〕を獻上したことをいう。

傳余雖欲於鞏伯

注鞏伯からの獻捷を受け入れたくても、ということである。

附異説として、王引之『經義述聞』に「欲猶好也　言余雖愛好鞏伯　不敢廢舊典而以獻捷之禮相待也　古者欲與好同義　凡經言者欲　皆謂者好也　言欲惡　皆謂好惡也　秦誓　我尚不欲　越語　吾不欲匹夫之勇皆謂不好也　論語言欲仁欲善　孟子言可欲之謂善　亦皆與好同義故孟子　所欲有甚於生者　中論夭壽篇　作所好　荀子不苟篇　欲利而不爲所非　韓詩外傳　作好利矣　又昭十五年傳　蔡人逐朝呉　朝呉出奔鄭　王怒　謂費無極曰　余唯信呉　故寘諸蔡　女何故去之　對曰臣豈不欲呉　亦謂豈不好呉也　杜解欲於鞏伯云　欲受其獻　解豈不欲呉云　非不欲善呉　皆失之」とある。

【傳】其敢廢舊典以忝叔父　夫齊　甥舅之國也　而大師之後也
㊟齊は代々周と婚姻を結んでいたから、「甥舅」と言っているのである。
(附)宣公六年の傳文に「冬召桓公逆王后于齊」とあり、注に「爲成二年王甥舅張本」とあるのを參照。
【傳】寧不亦淫從其欲以怒叔父　抑豈不可諫誨　士莊伯不能對
㊟「莊伯」は、鞏朔である。
【傳】王使委於三吏
㊟「委」は、屬である。「三吏」は、三公である。
(附)注の「委　屬也」については、文公六年の傳文「委之常秩」の注に「委　任也」とある。なお、『國語』越語下に「請委管籥屬國家　以身隨之　君王制之」とあるのを參照。
注の「三吏　三公也」については、『禮記』曲禮下「五官之長曰伯　是職方　其擯於天子也　曰天子之吏」の注に「擯者辭也　春秋傳曰　王命委之三吏　謂三公也」とあるのを參照。また、『逸周書』大匡解「王乃召冢卿三老三吏大夫百執事之人　朝于大庭」の孔晁注に「三吏　三卿也」とあるのを參照。
【傳】禮之如侯伯克敵使大夫告慶之禮　降於卿禮一等　王以鞏伯宴　而私賄之　使相告之曰　非禮也　勿籍
㊟「相」は、禮をたすける者である。「籍」は、書（かきしるす）である。王は、晉を畏れたから、内々に、宴席を設け、贈物をして、鞏朔を慰勞したのである。
(附)注の「相　相禮者」については、『周禮』司儀「司儀掌九儀之賓客擯相之禮　以詔儀容辭令揖讓之節」の注に「出接賓曰擯　入贊禮曰相」とあるのを參照。また、『論語』先進「宗廟之事　如會同　端章甫　願爲小相焉」の〈集解〉に「鄭曰（中略）小相　謂相君之禮」とあるのを參照。

巻第二十六

〔成公三年〕

〖經〗三年春王正月公會晉侯宋公衛侯曹伯伐鄭

㊟宋・衛が、（先君を）まだ葬っていないのに、爵を稱して隣國と接したのは、非禮である。

(附)桓公十三年「春二月公會紀侯鄭伯　己巳及齊侯宋公衛侯燕人戰　齊師宋師衛師燕師敗績」の注に「衛宣公未葬　惠公稱侯以接隣國　非禮也」とある。なお、その(附)を參照。ちなみに、僖公九年の傳文に「春宋桓公卒　未葬而襄公會諸侯　故曰子　凡在喪　王曰小童　公侯曰子」とあり、注に「在喪　未葬也」とある。

〖經〗辛亥葬衛穆公

㊟傳はない。

〖經〗二月公至自伐鄭

㊟傳はない。

〖經〗甲子新宮災　三日哭

㊟傳はない。三年の喪がおわり、宣公の神主〔位牌〕が新たに廟に入ったから、これを「新宮」と言うのである。「三日哭」と書いているのは、禮にかなっていたことをほめたのである。宗廟は、肉親の神靈がやどる所であるのに、災に遇ったから、哀しんで哭したのである。

(附)注の「三年喪畢　宣公神主新入廟　故謂之新宮」については、公羊傳文に「新宮者何　宣公之宮也　宣宮則曷爲謂之新宮　不忍言也」とあり、何注に「謂之新宮者　因新入宮」とあるのを參照。

注の「書三日哭　善得禮」については、公羊傳文に「其言三日哭何　廟災三日哭　禮也」とあり、何注に「善得禮」とあるのを參照。

注の「宗廟　親之神靈所馮居云云」については、疏に引く『釋例』に「新宮者　宣公之廟　父廟也　諒闇始闋　而遇天災　故感而哭之　以致哀　異於餘廟也」とある。なお、公羊傳文「宣宮則曷爲謂之新宮　不忍言也」の何注に「親之精神所依而災　孝子隱痛　不忍正言也」とあるのを參照。

〖經〗乙亥葬宋文公

㊟傳はない。（死後）七箇月で葬ったのは、おそすぎる。

(附)二年に「八月壬午宋公鮑卒」とある。なお、隱公元年の傳文に「天子七月而葬　同軌畢至　諸侯五月　同盟至」とあるのを參照。

〖經〗夏公如晉

〖經〗鄭公子去疾帥師伐許

〖經〗公至自晉

㊟傳はない。

【經】秋叔孫僑如帥師圍棘

㊟「棘」は、汶陽の田の邑で、濟北の蛇丘縣にあった。

㈶下の傳文に「取汶陽之田　棘不服　故圍之」とある。なお、公羊傳文に「棘者何　汶陽之不服邑也」とあるのを參照。

【經】大雩

㊟傳はない。時期を過ぎていたから、書いたのである。

㈶僖公十一年「秋八月大雩」の注に「過時　故書」とある。なお、その㈶を參照。

【經】晉郤克衞孫良夫伐廧咎如

㊟赤狄の別種〔一種〕である。

㈶僖公二十三年の傳文「狄人伐廧咎如」の注に「廧咎如　赤狄之別種也　隗姓」とある。なお、その㈶を參照。

【經】冬十有一月晉侯使荀庚來聘

【經】衞侯使孫良夫來聘

【經】丙午及荀庚盟

【經】丁未及孫良夫盟

㊟晉〔荀庚〕を先にし、衞〔孫良夫〕を後にしたのは、霸主を尊んでである。

㈶下の傳文に「晉爲盟主　其將先之」とある。

【經】鄭伐許

㊟傳はない。將帥を書いていないのは、赴告の言辭が簡略だったからである。

㈶異説として、疏に「賈逵云　鄭　小國　與大國爭諸侯　仍伐許　不稱將帥　夷狄之　刺無知也」とある。ちなみに、公羊の何注に「謂之鄭者　惡鄭襄公與楚同心　數侵伐諸夏　自此之後　中國盟會無已　兵革數起　夷狄比周爲黨　故夷狄之」とある。

【傳】三年春諸侯伐鄭　次于伯牛　討邲之役也

㊟「伯牛」は、鄭地である。「邲(之)役」は、宣公十二年にある。

㈶宣公十二年に「夏六月乙卯晉荀林父帥師及楚子戰于邲　晉師敗績」とある。

【傳】遂東侵鄭

㊟晉が、ひそかに軍を送って、深く侵入したのである。

㈶哀公六年の傳文に「潛師閉塗」とあり、注に「潛師　密發也」とあるのを參照。

【傳】鄭公子偃帥師禦之

㊟「偃」は、穆公の子である。

[傳]使東鄙覆諸鄤

㊟「覆」は、伏兵〔まちぶせ〕である。

(附)隱公九年の傳文「君爲三覆以待之」の注に、同文がみえる。なお、桓公十二年の傳文「楚人坐其北門而覆諸山下」の注に「覆　設伏兵而待之」とあるのを參照。

[傳]敗諸丘輿

㊟「鄤」・「兵輿」は、いずれもみな、鄭地である。(全軍ではなく)晉の一部隊が鄭に敗れた(だけである)から、(經に)書いていないのである。

[傳]皇戌如楚獻捷

[傳]夏公如晉　拜汶陽之田

㊟前年に、晉が齊に(命じて)魯へ汶陽の田を返還させた、からである。

(附)二年の傳文に「秋七月晉師及齊國佐盟于爰婁　使齊人歸我汶陽之田」とある。

[傳]許恃楚而不事鄭　鄭子良伐許

[傳]晉人歸楚公子穀臣與連尹襄老之尸于楚　以求知罃

㊟邲の戦いで、楚は知罃を捕虜にしていた。

(附)宣公十二年の傳文に「楚熊負羈囚知罃」とある。

[傳]於是荀首佐中軍矣

㊟「荀首」は、知罃の父である。

(附)二年の傳文「知罃之父　成公之嬖也」の注に「知罃父　荀首也」とある。

[傳]故楚人許之　王送知罃　曰　子其怨我乎　對曰　二國治戎　臣不才　不勝其任　以爲俘馘　執事不以釁鼓

㊟血を鼓に塗るのを、「釁鼓」という。

(附)僖公三十三年の傳文「不以纍臣釁鼓」の注に「殺人　以血塗鼓　謂之釁鼓」とある。なお、その(附)を參照。

[傳]使歸卽戮　君之惠也　臣實不才　又誰敢怨　王曰　然則德我乎　對曰　二國圖其社稷　而求紓其民

㊟「紓」は、緩である。

(附)莊公三十年の傳文「自毀其家以紓楚國之難」等の注に、同文がみえる。なお、その(附)を參照。

[傳]各懲其忿　以相宥也

㊟「宥」は、赦である。

(附)莊公二十二年の傳文「幸若獲宥　及於寛政」の注に、同文がみえる。なお、『國語』齊語「君若宥而反之　夫猶是也」の韋注に「宥　赦也」とあるのを參照。

[傳]兩釋纍囚　以成其好

㊟「纍」は、繫〔とらわれ〕である。

(附)僖公三十三年の傳文「不以纍臣釁鼓」の注に「纍　囚繫也」とある。なお、その(附)を參照。

傳二國有好　臣不與及　其誰敢德
㊟二國は、本來、自分〔知罃〕のためにしたわけではない、ということである。
傳王曰　子歸　何以報我　對曰　臣不任受怨　君亦不任受德　無怨無德不知所報　王曰　雖然　必告不穀　對曰　以君之靈　纍臣得歸骨於晉　寡君之以爲戮　死且不朽
㊟任に堪えられなかったことを罰する、ということである。
(附)上の傳文に「二國治戎　臣不才　不勝其任　以爲俘馘」とある。
傳若從君之惠而免之　以賜君之外臣首
㊟異國の君に對してだから、「外臣」と言っているのである。
(附)『儀禮』士相見禮に「凡自稱於君（中略）他國之人　則曰外臣」とあるのを參照。また、『禮記』雜記上に「訃於他國之君　曰　君之外臣寡大夫某死」とあるのを參照。
傳首其請於寡君　而以戮於宗　亦死且不朽　若不獲命
㊟君が處罰を許可しなければ、ということである。
傳而使嗣宗職
㊟祖宗〔先祖代々〕の位職をつぐ、ということである。
(附)異說として、洪亮吉『春秋左傳詁』に「宗職　父職也　荀首之父未嘗爲卿　故罃止言嗣宗職　杜注言嗣祖宗之位職　疑誤」とあり、また、沈欽韓『春秋左氏傳補注』に「宗職猶言宗子之事　下次及于事　乃是以次序而當晉之事　杜預言嗣祖宗之位職　非也」とある。
傳次及於事　而帥偏師　以脩封疆　雖遇執事
㊟楚の將帥と遭遇しても、ということである。
(附)異說として、安井衡『左傳輯釋』に「執事謂王　謙不敢斥　故言執事耳」とある。
傳其弗敢違
㊟「違」は、辟〔さける〕である。
(附)莊公四年の傳文「夏紀侯大去其國　違齊難也」等の注に、同文がみえる。なお、その(附)を參照。
傳其竭力致死　無有二心　以盡臣禮　所以報也　王曰　晉未可與爭　重爲之禮而歸之
傳秋叔孫僑如圍棘　取汶陽之田　棘不服　故圍之
㊟「僑如」は、叔孫得臣の子である。
(附)文公十一年に「冬十月甲午叔孫得臣敗狄于鹹」とあり、傳に「冬十月甲午敗狄于鹹　獲長狄僑如　富父終甥摏其喉以戈　殺之　埋其首於子駒之門　以命宣伯」とあり、注に「得臣待事而名其三子　因名宣伯曰僑如　以旌其功」とあるのを參照。なお、その(附)も參照。
傳晉郤克衞孫良夫伐廧咎如　討赤狄之餘焉
㊟宣公十五年に、晉は赤狄の潞氏を滅したが、その殘黨が廧咎如に散入して〔逃げ込んで〕いたから、これを討ったのである。
(附)宣公十五年に「六月癸卯晉師滅赤狄潞氏　以潞子嬰兒歸」とある。なお、異說として、疏に「劉炫以爲廧咎如之國　卽是赤狄之餘」とある。

【傳】廧咎如潰　上失民也
【注】ここの傳は、經の文を解釋しているのに、經に「廧咎如潰」がない。おそらく、經からこの四字が闕落したのであろう。
【附】疏に引く『釋例』に「傳云　廧咎如潰　上失民也　今經但言伐廧咎如　無廧咎如潰之文　若經本無此文　則丘明爲横益經文而加失民之傳也」とある。なお、文公三年の傳文に「凡民逃其上曰潰」とあるのを參照。

【傳】冬十一月晉侯使荀庚來聘　且尋盟
【注】元年の赤棘での盟を溫めなおしたのである。「荀庚」は、林父の子である。
【附】元年に「夏臧孫許及晉侯盟于赤棘」とある。
【傳】衞侯使孫良夫來聘　且尋盟
【注】宣公七年の盟を溫めなおしたのである。
【附】宣公七年に「春衞侯使孫良夫來盟」とある。
【傳】公問諸臧宣叔曰　仲行伯之於晉也　其位在三
【注】下卿である。
【傳】孫子之於衞也　位爲上卿　將誰先　對曰　次國之上卿　當大國之中　中當其下　下當其上大夫
【注】一等級降格する。
【傳】小國之上卿　當大國之下卿　中當其上大夫　下當其下大夫
【注】大國より二等級降格する。
【傳】上下如是　古之制也
【注】古制では、公が大國であり、侯・伯が次國であり、子・男が小國である。
【傳】衞在晉　不得爲次國
【注】《春秋》當時は、强・弱によって大・小をきめたから、衞は、侯爵であっても、小國なのである。
【傳】晉爲盟主　其將先之
【注】等級をはかれば、二人は位が匹敵するが、(晉は)盟主だから、晉を先にするべきである、ということである。
【傳】丙午盟晉　丁未盟衞　禮也

【傳】十二月甲戌晉作六軍
【注】六軍をつくったのは、(分をこえて)王をまねたのである。一萬二千五百人を「軍」という。
【附】注の前半については、『史記』晉世家「晉始作六軍」の〈集解〉に「賈逵曰　初作六軍　僭王也」とあるのを參照。なお、襄公十四年の傳文に「成國不過半天子之軍　周爲六軍　諸侯之大者　三軍可也」とある。
注の後半については、襄公十一年「春王正月作三軍」の注に、同文がみえる。なお、『周禮』夏官司馬の序官に「凡制軍　萬有二千五百人爲軍」とあるのを參照。
【傳】韓厥趙括鞏朔韓穿荀騅趙旃皆爲卿　賞鞌之功也
【注】「韓厥」が新中軍(の將)となり、「趙括」がその佐となり、「鞏朔」が

新上軍（の將）となり、「韓穿」がその佐となり、「荀騅」が新下軍（の將）となり、「趙旃」がその佐となった。晉にはもともと三軍があったところに、今ここで、これらを増置したから、六軍となったのである。

(附)六年の傳文に「韓獻子將新中軍」とある。

【傳】齊侯朝于晉　將授玉

(注)朝禮を行なおうとしたのである。

(附)楊伯峻『春秋左傳注』に「古代諸侯相朝見　有授玉受玉之禮　六年傳云　鄭伯如晉拜成　授玉于東楹之東　定十五年傳云　邾隱公來朝　邾子執玉高　公受玉卑　均可以爲證　晉世家云　齊頃公如晉　欲上尊晉景公爲王　景公讓不敢　年表與齊世家記載相同　司馬遷解授玉爲尊爲王　或是認玉字爲王字之故　說詳孔疏惠棟補注齊召南考證沈欽韓補注」とある。

【傳】郤克趨進　曰　此行也　君爲婦人之笑辱也　寡君未之敢任

(注)齊侯がやって來たのは、婦人が笑ったことをあやまるためであって、よしみを脩めるためではない、ということである。だから、「晉君はこの恵を受け取れない」と言っているのである。

(附)宣公十七年の傳文に「春晉侯使郤克徵會于齊　齊頃公帷婦人使觀之　郤子登　婦人笑於房　獻子怒」とある。

【傳】晉侯享齊侯　齊侯視韓厥　韓厥曰　君知厥也乎　齊侯曰　服改矣

(注)戰場と朝見の場とでは、服裝が異なる。「服裝がかわった」と言ったのは、その人を見知っていることを明らかにしたのである。

(附)二年の傳文に「韓厥執縶馬前　再拜稽首　奉觴加璧以進」とある。

【傳】韓厥登　舉爵曰　臣之不敢愛死　爲兩君之在此堂也

【傳】荀罃之在楚也　鄭賈人有將寘諸褚中以出　既謀之　未行　而楚人歸之　賈人如晉　荀罃善視之　如實出己　賈人曰　吾無其功　敢有其實乎　吾小人　不可以厚誣君子　遂適齊

(注)傳は、知罃（荀罃）が賢であったことを言っているのである。

(附)宣公十二年の傳文に「楚熊負羈囚知罃」とある。また、上の傳文に「晉人歸楚公子穀臣與連尹襄老之尸于楚　以求知罃（中略）故楚人許之」とある。

〔成公四年〕

【經】四年春宋公使華元來聘

【經】三月壬申鄭伯堅卒

(注)傳はない。（名を書いているのは）二年に大夫が蜀で盟った（からである）。「壬申」は、二月二十八日である。

(附)二年に「丙申公及楚人秦人宋人陳人衛人鄭人齊人曹人邾人薛人鄫人盟于蜀」とある。なお、僖公二十三年の傳文に「凡諸侯同盟　死則赴以名　禮也」とあるのを參照。

【經】杞伯來朝

【經】夏四月甲寅臧孫許卒
㊟傳はない。

【經】公如晉

【經】葬鄭襄公
㊟傳はない。

【經】秋公至自晉

【經】冬城鄆
㊟傳はない。公は、晉にそむこうとしていたから、城いて、備えをなしたのである。
㊏疏に引く『釋例』土地名に「魯有二鄆」とある。

【經】鄭伯伐許

【傳】四年春宋華元來聘　通嗣君也
㊟宋の共公が卽位した(からである)。
㊏文公元年の傳文に「凡君卽位　卿出並聘」とあるのを參照。

【傳】杞伯來朝　歸叔姬故也
㊟叔姬を離縁しようとしていたから、先に禮を脩めて魯に朝し、そのわけを説明したのである。
㊏五年に「春王正月杞叔姬來歸」とあり、注に「出也　傳在前年」とある。

【傳】夏公如晉　晉侯見公不敬　季文子曰　晉侯必不免
㊟壽命をまっとう出來ない、ということである。(果して)後の十年に、厠へ落ちて死んだ。
㊏十年に「丙午晉侯獳卒」とあり、傳に「將食　張　如厠　陷而卒」とある。

【傳】詩曰　敬之敬之　天惟顯思　命不易哉
㊟「詩」は、(周)頌(敬之)である。天道は顯明であるため、その命を受けるのが非常に難かしいから、つつしんでこれを奉じなければならない、ということである。
㊏僖公二十二年の傳文「又曰　敬之敬之　天惟顯思」の注に「顯　明也　思猶辭也」とあり、つづく傳文「命不易哉」の注に「周頌　言有國宜敬戒　天明臨下　奉承其命甚難」とある。

【傳】夫晉侯之命在諸侯矣　可不敬乎
㊟諸侯につつしみ深くすれば、天命を得られる、ということである。

【傳】秋公至自晉　欲求成于楚而叛晉　季文子曰　不可　晉雖無道　未可叛也　國大臣睦　而邇於我

㊟「邇」は、近である。
(附)僖公二十二年の傳文「戎事不邇女器」の注に、同文がみえる。なお、その(附)を參照。
[傳]諸侯聽焉　未可以貳
㊟「聽」は、服である。
(附)『國語』周語上に「是以近無不聽　遠無不服」とあるのを參照。
[傳]史佚之志有之
㊟（「史佚」は）周の文王の大史である。
(附)僖公十五年の傳文「且史佚有言曰　無始禍」の注に「史佚　周武王時大史　名佚」とある。なお、その(附)を參照。
[傳]曰　非我族類　其心必異　楚雖大　非吾族也
㊟魯と姓を異にする、ということである。
[傳]其肯字我乎　公乃止
㊟「字」は、愛である。
(附)十一年の傳文「又不能字人之孤而殺之」等の注に、同文がみえる。なお、『詩』大雅〈生民〉「牛羊腓字之」の毛傳に「字　愛也」とあるのを參照。
[傳]冬十一月鄭公孫申帥師疆許田
㊟前年に、鄭は、許を伐って、その田を侵略したから、今ここで、その境界を畫定しに行ったのである。
(附)三年に「鄭公子去疾帥師伐許」とあり、また、「鄭伐許」とある。
[傳]許人敗諸展陂　鄭伯伐許　取鉏任泠敦之田
㊟「展陂」もまた、許地である。
[傳]晉欒書將中軍
㊟郤克に代わったのである。
(附)二年の傳文に「郤克將中軍」とある。
[傳]荀首佐之　士燮佐上軍　以救許伐鄭　取汜祭
㊟「汜祭」は、鄭地である。成皐縣の東部に汜水がある。
[傳]楚子反救鄭　鄭伯與許男訟焉
㊟子反の前で曲直を争ったのである。
[傳]皇戌攝鄭伯之辭
㊟鄭伯に代わって答えたのである。
[傳]子反不能決也　曰　君若辱在寡君　寡君與其二三臣共聽兩君之所欲成其可知也
㊟（兩君が）おのれを枉げて〔へりくだって、わざわざ足をはこび〕楚子の前で決着をつける、ようにさせようとしたのである。
[傳]不然　側不足以知二國之成
㊟「側」は、子反の名である。明年の、許が鄭を楚に訴えたこと、のために本を張ったのである。
(附)五年の傳文に「許靈公愬鄭伯于楚」とある。
[傳]晉趙嬰通于趙莊姬

㊟「趙嬰」は、趙盾の弟である。「莊姬」は、趙朔の妻で、朔は、盾の子である。
(附)宣公十二年の傳文「趙括趙嬰齊爲中軍大夫」の注に「括嬰齊　皆趙盾異母弟」とあり、同八年の傳文「秋廢胥克　使趙朔佐下軍」の注に「朔　盾之子」とある。なお、『國語』晉語六「趙孟姬之讒　吾能違兵」の韋注に「孟姬　趙盾之子趙朔之妻　晉景公之姊　與盾之弟樓嬰通」とあるのを參照。

〔成公五年〕

【經】五年春王正月杞叔姬來歸
㊟出された〔離縁された〕のである。傳は、前年にある。
(附)四年の傳文に「杞伯來朝　歸叔姬故也」とある。なお、莊公二十七年の傳文に「凡諸侯之女　歸寧曰來　出曰來歸」とあるのを參照。

【經】仲孫蔑如宋

【經】夏叔孫僑如會晉荀首于穀
㊟「穀」は、齊地である。
(附)莊公七年「冬夫人姜氏會齊侯于穀」の注に、同文がみえる。なお、下の傳文に「夏晉荀首如齊逆女　故宣伯餫諸穀」とあるのを參照。

【經】梁山崩
㊟異變を記錄したのである。「梁山」は、馮翊の夏陽縣の北部にあった。
(附)公羊傳文に「梁山崩何以書　記異也」とあるのを參照。

【經】秋大水
㊟傳はない。

【經】冬十有一月己酉天王崩

【經】十有二月己丑公會晉侯齊侯宋公衞侯鄭伯曹伯邾子杞伯同盟于蟲牢
㊟「蟲牢」は、鄭地である。陳留の封丘縣の北部に桐牢がある。
(附)『續漢書』郡國志三に「陳留郡（中略）封丘有桐牢亭　或曰古蟲牢」とあるのを參照。

【傳】五年春原屛放諸齊
㊟趙嬰を追放したのである。「原」同・「屛」季は、嬰の兄である。
(附)僖公二十四年の傳文に「文公妻趙衰　生原同屛括樓嬰」とある。

【傳】嬰曰　我在　故欒氏不作　我亡　吾二昆其憂哉　且人各有能有不能
㊟自分は、淫通した〔禮法にしたがうことは出來なかった〕けれども、莊姬に趙氏をまもらせることが出來る、ということである。
(附)四年の傳文に「晉趙嬰通于趙莊姬」とある。

【傳】舍我何害　弗聽　嬰夢天使謂己　祭余　余福女　使問諸士貞伯　貞伯曰　不識也　既而告其人

㊟貞伯自身の從者に告げたのである。

(附)異説として、沈欽韓『春秋左氏傳補注』に「按　其人　嬰齊所使之人也　自以私意告之　亦如衞出公問于子貢　而子貢乃私于使者　古人使問之禮節如此　杜預謂自告貞伯從人　謬」とある。

【傳】曰　神福仁而禍淫　淫而無罰　福也　祭　其得亡乎

㊟追放してもらえることを福と考えたのである。

(附)異説として、楊伯峻『春秋左傳注』に「杜注誤　其得亡乎　猶言豈得無禍乎　亡通無」とある。

【傳】祭之　之明日而亡

㊟八年の「晉殺(其大夫)趙同趙括」のために傳したのである。

【傳】孟獻子如宋　報華元也

㊟前年に宋の華元が來聘した(からである)。

(附)四年の傳文に「春宋華元來聘」とある。

【傳】夏晉荀首如齊逆女　故宣伯餫諸穀

㊟野におくるのを「餫」という〔『説文』〕。(わざわざ)食糧を運んで荀首におくったのは、大國に敬意を表するためである。

(附)『史記』魯世家「十六年宣伯告晉　欲誅季文子」の〈集解〉に「服虔曰　宣伯　叔孫喬如」とある。

【傳】梁山崩　晉侯以傳召伯宗

㊟「傳」は、驛〔驛傳の車〕である。

(附)『國語』晉語五「梁山崩　以傳召伯宗」の韋注に「傳　驛也」とあるのを參照。

【傳】伯宗辟重　曰　辟傳

㊟(「重」とは)重い荷物をつんだ車である。

【傳】重人曰　待我　不如捷之速也

㊟「捷」とは、間道へそれることである。

(附)『國語』晉語五「不如捷而行」の韋注に「旁出爲捷」とあるのを參照。なお、『後漢書』張衡傳に「捷徑邪至　我不忍以投步」とある。

【傳】問其所　曰　絳人也　問絳事焉　曰　梁山崩　將召伯宗謀之　問將若之何　曰　山有朽壤而崩　可若何　國主山川

㊟「主」とは、主祭する〔主人役となって祭る〕對象をいう。

(附)『國語』晉語五「夫國主山川」の韋注に「爲山川主　孔子曰　夫顓臾爲東蒙主」とあるのを參照。なお、安井衡『左傳輯釋』に「論語　夫顓臾　昔者先王以爲東蒙主　孔安國云　使主祭東蒙　杜蓋本焉　國所主祭　而崩竭　是其神不享其祭　故減膳降服　以謝其過　禮固當然也　或謂國以山川爲主　以駁杜注　是東蒙爲顓臾主　非顓臾爲東蒙主也　謬妄可笑」とある。

【傳】故山崩川竭　君爲之不擧

㊟豪華な食事はやめる。

(附)莊公二十年の傳文「君爲之不擧」等の注に、同文がみえる。なお、その(附)を參照。

【傳】降服

㊟はでな服装はさける。

(附)文公四年の傳文「秦伯爲之降服」の注に「降服　素服也」とあるのを參照。ちなみに、穀梁傳文に「君親素縞」とある。

【傳】乘縵

㊟(「縵」は)飾りのない車である。

(附)『國語』晉語五「乘縵」の韋注に「縵　車無文」とあるのを參照。なお、異説として、沈欽韓『春秋左氏傳補注』に「杜預謂車無文　按巾車注　夏縵　亦五采畫　無瑑耳　縵非無文之謂　以君而降　從卿之乘車　自貶之義」とある。

【傳】徹樂

㊟八音をとめる。

(附)隱公五年の傳文に「夫舞所以節八音而行八風」とあり、注に「八音金石絲竹匏土革木也」とある。

【傳】出次

㊟郊にやどる。

(附)『國語』晉語五「出次」の韋注に「出次於郊」とあるのを參照。なお、僖公三十三年の傳文に「秦伯素服郊次」とある。

【傳】祝幣

㊟玉帛をならべる。

【傳】史辭

㊟自らをせめる。

【傳】以禮焉

㊟山川に禮をつくす。

(附)『國語』晉語五「以禮焉」の韋注に「以禮於神也」とあるのを參照。

【傳】其如此而已　雖伯宗　若之何　伯宗請見之

㊟彼を晉君にひきあわせようとしたのである。

(附)『國語』晉語五「請以見」の韋注に「以見於君」とあるのを參照。

【傳】不可

㊟あうことに同意しなかった。

【傳】遂以告　而從之

㊟重人〔運搬人〕の言葉どおりにしたのである。

(附)『國語』晉語五「伯宗及絳　以告　而從之」の韋注に「以車者之言告君　君從之」とあるのを參照。

【傳】許靈公愬鄭伯于楚

㊟以前、毎年のように、鄭が許を伐った、からである。

(附)三年に「鄭公子去疾師伐許」とあり、また、「鄭伐許」とあり、四年に「鄭伯伐許」とある。なお、注の「此」及び「楚」は、諸本に従って、それぞれ、「比」及び「許」に改める。

【傳】六月鄭悼公如楚訟　不勝　楚人執皇戌及子國

㊟鄭伯(の方)が正しくなかったからである。「子國」は、鄭の穆公の子である。

【傳】故鄭伯歸　使公子偃請成于晉　秋八月鄭伯及晉趙同盟于垂棘

注「垂棘」は、晉地である。

傳宋公子圍龜爲質于楚而歸

注「圍龜」は、文公の子である。

傳華元享之　請鼓譟以出　鼓譟以復入

注出入するたびに鼓をうつ、ということである。

傳曰　習攻華氏　宋公殺之

注おそらく、宣公十五年に宋と楚が和平した後、華元が圍龜を自分に代わって人質にさせたから、怨んで華氏を攻めようとした、のであろう。

附宣公十五年の傳文に「宋及楚平　華元爲質」とある。

傳冬同盟于蟲牢　鄭服也　諸侯謀復會　宋公使向爲人辭以子靈之難

注「子靈」は、圍龜である。宋公は、會したくなかったから、子靈を誅殺したばかりであることを口實に、ことわったのである。明年の「侵宋」のために傳したのである。

附六年に「衞孫良夫帥師侵宋」とあり、傳に「三月晉伯宗夏陽説衞孫良夫甯相鄭人伊雒之戎陸渾蠻氏侵宋　以其辭會也」とあり、注に「辭會在前年」とある。

傳十一月己酉定王崩

注經では蟲牢の盟の上にあるのに、傳では下にあって、月〔十一月と十二月〕がさかさまになっており、（しかも）諸家の傳（のテキスト）には、ことごとく、この八字がない、から、もしかすると、衍文かもしれない。

附上の經に「冬十有一月己酉天王崩」とあり、ついで「十有二月己丑公會晉侯齊侯宋公衞侯鄭伯曹伯邾子杞伯同盟于蟲牢」とある。なお、異説として、安井衡『左傳輯釋』に「傳先言蟲牢盟及諸侯謀復會者　因上文記子靈之事而終言之　非隨經次而正釋之　故直言冬　以明宋公殺子靈在秋　而不言十二月　傳文本自明白　杜自稱有左傳癖　而不曉傳終言之例　何也」とあり、また、『會箋』に「定王不書葬　故傳欲見王謚記之也　決非衍文」とある。

〔成公六年〕

經六年春王正月公至自會

注傳はない。

經二月辛巳立武宮

注魯人は、鞌の戰功〔二年〕以來、今ここに至るまで、患禍がなかったから、武軍を築き、また、先君武公の宮を作って、戰勝を報告し、後世に示そうとしたのである。

附宣公十二年の傳文に「潘黨曰　君盍築武軍（注　築軍營以章武功）而收晉尸以爲京觀　臣聞　克敵必示子孫　以無忘武功　楚子曰（中略）武有七德　我無一焉　何以示子孫　其爲先君宮　告成事而已（注　祀先君告戰勝）」とあるのを參照。また、昭公十五年「二月癸酉有事于

武宮」の注に「武宮　魯武公廟　成六年復立之」とあるのを參照。また、公羊傳文に「武宮者何　武公之宮也」とあるのを參照。なお、異說として、疏に「劉炫以爲　直立武公之宮　不築武軍」とある。

【經】取鄟

【注】（「鄟」は）附庸の國である。

【附】穀梁傳文に「鄟　國也」とあるのを參照。

【經】衞孫良夫帥師侵宋

【經】夏六月邾子來朝

【注】傳はない。

【經】公孫嬰齊如晉

【注】「嬰齊」は、叔肹の子である。

【附】『國語』魯語上「子叔聲伯如晉謝季文子」の韋注に「子叔聲伯　魯大夫　宣公弟叔肹之子公孫嬰齊也」とあるのを參照。

【經】壬申鄭伯費卒

【注】（名を書いているのは）前年に蟲牢で同盟した（からである）。

【附】五年に「十有二月己丑公會晉侯齊侯宋公衞侯鄭伯曹伯邾子杞伯同盟于蟲牢」とある。なお、僖公二十三年の傳文に「凡諸侯同盟　死則赴以名　禮也」とあるのを參照。

【經】秋仲孫蔑叔孫僑如帥師侵宋

【經】楚公子嬰齊帥師伐鄭

【經】冬季孫行父如晉

【經】晉欒書帥師救鄭

【傳】六年春鄭伯如晉拜成

【注】前年の二度の盟を拜謝したのである。

【附】五年の傳文に「秋八月鄭伯及晉趙同盟于垂棘」とあり、また、「冬同盟于蟲牢　鄭服也」とある。

【傳】子游相

【注】「子游」は、公子偃である。

【附】五年の傳文に「故鄭伯歸　使公子偃請成于晉」とある。

【傳】授玉于東楹之東

【注】禮では、玉を兩楹の間でわたす。鄭伯は、歩き方が速かったため、東へ行き過ぎたのである。

【傳】士貞伯曰　鄭伯其死乎　自弃也已　視流而行速　不安其位　宜不能久

【注】「視流」とは、正視しない〔キョロキョロよそみして、視線が一定し

ない」ということである。
(附)章太炎『春秋左傳讀』に「賈子容經曰　朝廷之視　端沵平衡　此鄭伯如晉拜成　則當從朝廷之視　固宜端沵　而以流爲譏者　但流而不端則非視經矣　杜預注　視流　不端諦　得之」とあるのを參照。

[傳]二月季文子以鞌之功立武宮　非禮也
㊟宣公十二年に、潘黨が楚子に武軍を立てることを勸めた際、楚子は〝武には七つの德があるが、(いずれもみな)自分がになえるものではないから、(武軍は立てず)先君の宮をつくって戰勝を報告するだけにしよう〟と答えた。今ここで、魯は、晉の戰功にたより、しかも、霸主ではないのに、武宮を立てたから、譏ったのである。
(附)宣公十二年の傳文に「潘黨曰　君盍築武軍而收晉尸以爲京觀　臣聞克敵必示子孫　以無忘武功　楚子曰（中略）武有七德　我無一焉　何以示子孫　其爲先君宮　告成事而已」とある。
なお、疏に「服虔云　鞍之戰　禱武公以求勝　故立其宮」とある。

[傳]聽於人以救其難　不可以立武　立武由己　非由人也
㊟人にたのんで難を救ってもらったのだから、戰勝はおのれの功績ではない、ということである。
(附)二年の傳文に「春齊侯伐我北鄙　圍龍（中略）三日取龍　遂南侵　及巢丘」とあり、また、「孫桓子還於新築　不入　遂如晉乞師　臧宣叔亦如晉乞師　皆主郤獻子　晉侯許之七百乘　郤子曰（中略）請八百乘許之　郤克將中軍（中略）以救魯衞」とある。なお、宣公十二年の傳文に「武非吾功也」とあるのを參照。

[傳]取鄟　言易也

[傳]三月晉伯宗夏陽說衞孫良夫甯相鄭人伊雒之戎陸渾蠻氏侵宋
㊟「夏陽說」は、晉の大夫である。「蠻氏」は、戎の一種である。河南の新城縣の東南部に蠻城がある。經に衞の孫良夫のみを書いているのは、衞だけが赴告してきたからである。
(附)注の「河南新城縣東南有蠻城」については、昭公十六年の傳文「楚子聞蠻氏之亂也與蠻子之無質也　使然丹誘戎蠻子嘉殺之　遂取蠻氏」の注に、同文がみえる。なお、『續漢書』郡國志一に「河南尹（中略）新城（中略）有鄤聚　古鄤氏　今名蠻中」とあるのを參照。

[傳]以其辭會也
㊟會をことわったことは、前年にある。
(附)五年の傳文に「諸侯謀復會　宋公使向爲人辭以子靈之難」とあり、注に「宋公不欲會　以新誅子靈爲辭　爲明年侵宋傳」とある。

[傳]師于鍼　衞人不保
㊟守備していなかった。
(附)下の傳文に「不設備」とある。なお、哀公二十七年の傳文「乃先保南里以待之」の注に「保　守也」とあるのを參照。

[傳]說欲襲衞　曰　雖不可入　多俘而歸　有罪不及死　伯宗曰　不可　衞唯信晉　故師在其郊而不設備　若襲之　是弃信也　雖多衞俘　而晉無

信　何以求諸侯　乃止　師還　衛人登陴

㊟説の策謀を耳にしたからである。

(附)昭公十八年の傳文「城下之人伍列登城」の注に「爲部伍登城　備姦也」とあるのを參照。

【傳】晉人謀去故絳

㊟晉は、新田の方をまた絳と命名したから、これを「故絳」(今までの絳)と言っているのである。

(附)下の傳文に「夏四月丁丑晉遷于新田」とある。なお、莊公二十六年の傳文「夏士蔿城絳　以深其宮」の注に「絳　晉所都也」とあるのを參照。

【傳】諸大夫皆曰　必居郇瑕氏之地

㊟「郇瑕」は、古國の名である。河東の解縣の西北部に郇城がある。

(附)僖公二十四年の傳文「秦伯使公子縶如晉師　師退軍于郇」の注に「解縣西北有郇城」とある。なお、その(附)を參照。

【傳】沃饒而近盬

㊟「盬」は、鹽である。(今の)猗氏縣の鹽池がここである。

(附)『水經注』涑水に「服虔曰　土平有溉曰沃　盬　鹽池也」とあるのを參照。また、『説文』に「盬　河東鹽池　袤五十一里　廣七里　周百十六里　从鹽省　古聲」とあるのを參照。

【傳】國利君樂　不可失也　韓獻子將新中軍　且爲僕大夫

㊟大僕を兼ねたのである。

【傳】公揖而入　獻子從　公立於寢庭

㊟(「寢庭」は)路寢の庭である。

(附)『周禮』大僕「王眡燕朝　則正位　掌擯相」の注に「燕朝　朝於路寢之庭」とあるのを參照。

【傳】謂獻子曰　何如

㊟諸大夫の言葉の是非をたずねたのである。

【傳】對曰　不可　郇瑕氏土薄水淺

㊟「土薄」とは、土地が低いということである。

【傳】其惡易覯

㊟「惡」は、疾疢(病氣)である。「覯」は、成である。

(附)注の「惡　疾疢」については、下の傳文に「土厚水深　居之不疾」とあるのを參照。ちなみに、襄公二十三年の傳文に「季孫之愛我　疾疢也」とあり、また、哀公五年の傳文に「二三子間於憂虞　則有疾疢」とある。なお、異説として、陸粲『左傳附注』に「下文有汾澮以流其惡　注以惡爲垢穢　與此字同訓異　良所未曉　據獻子説沈溺重膇之疾猶在墊隘之後　不應于此遽云其病易成也　宜從後注」とある。

注の「覯　成也」については、『詩』小雅〈四月〉「我日構禍」の毛傳に「構　成」とあるのを參照。なお、異説として、陸粲『左傳附注』に「爾雅訓覯爲見　其惡易覯　言水淺故垢穢易見耳」とある。

【傳】易覯則民愁　民愁則墊隘

㊟「墊隘」は、羸困(弱る)である。

(附)陸粲『左傳附注』に「傳中屢言墊隘　杜之注釋各殊　此年云羸困　襄九年云猶委頓　二十五年云慮水雨　三者皆非正訓」とあるのを參照。

【傳】於是乎有沈溺重膇之疾
【注】「沈溺」は、濕疾〔リュウマチ〕である。「重膇」は、足腫〔かっけ〕である。
【傳】不如新田
【注】今の平陽の絳邑縣がここである。
【傳】土厚水深　居之不疾
【注】高くて乾燥しているからである。
【傳】有汾澮以流其惡
【注】「汾」水は、大原から出て、絳の北を經、西南へ流れて、黄河にそそいでいた。「澮」水は、平陽の絳縣の南から出て、西へ流れ、汾水にそそいでいた。「惡」は、垢穢〔汚物〕である。
【傳】且民從教
【注】災患がない（からである）。
【附】疏に「民有災患　則不暇從上　无災患　則從教化」とある。
【傳】十世之利也　夫山澤林鹽　國之寶也　國饒　則民驕佚
【注】財物が得やすければ、民はおごってぜいたくするようになる、ということである。
【附】隱公三年の傳文に「驕奢淫泆　所自邪也　四者之來　寵祿過也」とあるのを參照。
【傳】近寶　公室乃貧　不可謂樂
【注】寶に近ければ、民は本〔農業〕につとめなくなる、ということである。
【附】『漢書』文帝紀に「農　天下之大本也　民所恃以生也　而民或不務本而事末　故生不遂」とあるのを參照。
【傳】公說　從之　夏四月丁丑晉遷于新田
【注】「（冬）季孫（行父）如晉」のために傳したのである。
【附】下の傳文に「冬季文子如晉　賀遷也」とあるのを參照。
【傳】六月鄭悼公卒
【注】士貞伯の言葉に結末をつけたのである。
【附】上の傳文に「春鄭伯如晉拜成　子游相　授玉于東楹之東　士貞伯曰　鄭伯其死乎　自弃也已　視流而行速　不安其位　宜不能久」とある。
【傳】子叔聲伯如晉　命伐宋
【注】晉人が聲伯に命じたのである。
【傳】秋孟獻子叔孫宣伯侵宋　晉命也
【傳】楚子重伐鄭　鄭從晉故也
【注】前年に、晉に從って盟った（からである）。
【附】五年の傳文に「許靈公愬鄭伯于楚　六月鄭悼公如楚訟　不勝　楚人執皇戌及子國　故鄭伯歸　使公子偃請成于晉　秋八月鄭伯及晉趙同盟于垂棘」とあり、また、「冬同盟于蟲牢　鄭服也」とある。なお、注の「楚」は、挍勘記に從って、「從」に改める。
【傳】冬季文子如晉　賀遷也

【傳】晉欒書救鄭　與楚師遇於繞角

㊟「繞角」は、鄭地である。

【傳】楚師還　晉師遂侵蔡　楚公子申公子成以申息之師救蔡

㊟「申」・「息」は、楚の二縣である。

(附)下の傳文に「成師以出　而敗楚之二縣　何榮之有焉」とある。

【傳】禦諸桑隧

㊟汝南の朗陵縣の東部に桑里がある。上蔡の西南にあたる。

(附)『續漢書』郡國志二に「汝南郡（中略）上蔡　本蔡國（中略）朗陵侯國」とあるのを參照。

【傳】趙同趙括欲戰　請於武子　武子將許之

㊟「武子」は、欒書である。

(附)宣公十二年の傳文「欒武子曰」の注に、同文がみえる。

【傳】知莊子

㊟荀首で、中軍の佐である。

(附)宣公十二年の傳文「知莊子曰　此師殆哉」の注に「莊子　荀首」とあるのを參照。なお、三年の傳文に「於是荀首佐中軍矣」とあり、また、四年の傳文に「晉欒書將中軍　荀首佐之」とある。

【傳】范文子

㊟士燮で、上軍の佐である。

(附)二年の傳文に「士燮佐上軍」とあり、注に「范文子代荀庚」とある。また、四年の傳文に「士燮佐上軍」とある。

【傳】韓獻子

㊟韓厥で、新中軍の將である。

(附)宣公十二年の傳文「韓獻子謂桓子」の注に「獻子　韓厥」とあるのを參照。なお、三年の傳文に「十二月甲戌晉作六軍　韓厥趙括鞏朔韓穿荀騅趙旃皆爲卿　賞鞌之功也」とあり、注に「韓厥爲新中軍」とある。

【傳】諫曰　不可　吾來救鄭　楚師去我　吾遂至於此

㊟「此」とは、蔡地である。

【傳】是遷戮也　戮而不已　又怒楚師　戰必不克

㊟やつあたりするのは、不義であり、敵を怒らせれば、手に負えなくなるから、勝てない、ということである。

【傳】雖克不令　成師以出　而敗楚之二縣　何榮之有焉

㊟六軍がことごとく出動したから、「成師」と言っているのである。大をもって小に勝っても、何の榮譽にもならない、ということである。

(附)三年の傳文に「十二月甲戌晉作六軍」とある。

【傳】若不能敗　爲辱已甚　不如還也　乃遂還　於是軍帥之欲戰者衆　或謂欒武子曰　聖人與衆同欲　是以濟事　子盍從衆

㊟「盍《カフ》」は、何不《カフ》〔なんぞ〜ざる〕である。

(附)桓公十一年の傳文「盍請濟師於王」の注に、同文がみえる。

【傳】子爲大政

㊟中軍の元帥である。

(附)四年の傳文に「晉欒書將中軍」とある。なお、襄公二十九年の傳文に「吾子爲魯宗卿而任其大政」とあるのを參照。

【傳】將酌於民者也

【注】民の心を酌み取って政治をおこなう、ということである。

【附】『禮記』坊記「上酌民言　則下天上施」の注に「酌猶取也　取衆民之言　以爲政教　則得民心」とあるのを參照。

【傳】子之佐十一人

【注】六軍の卿佐である。

【附】疏に「服虔云　是時欒書將中軍　荀首佐之　荀庚將上軍　士燮佐之　郤錡將下軍　趙同佐之　韓厥將新中軍　趙括佐之　鞏朔將新上軍　韓穿佐之　荀騅將新下軍　趙旃佐之」とあるのを參照。なお、四年の傳文に「晉欒書將中軍　荀首佐之　士燮佐上軍」とあり、また、二年の傳文「庚所命也」の注に「荀庚將上軍」とあり、また、三年の傳文「韓厥趙括鞏朔韓穿荀騅趙旃皆爲卿　賞鞌之功也」の注に「韓厥爲新中軍　趙括佐之　鞏朔爲新上軍　韓穿佐之　荀騅爲新下軍　趙旃佐之」とある。

【傳】其不欲戰者　三人而已

【注】知・范・韓である。

【附】上の傳文に「知莊子范文子韓獻子諫曰　不可」とある。

【傳】欲戰者可謂衆矣　商書曰　三人占　從二人　衆故也

【注】「商書」は、洪範である。

【附】疏に「武王克殷　始作洪範　今見在周書　傳謂之商書者　以箕子商人所陳故也」とある。ちなみに、『書』洪範の疏にも「此篇箕子所作　箕子商人　故記傳引此篇者　皆云商書曰」とある。なお、皮錫瑞『今文尚書考證』に「左氏傳許氏說文皆引此經爲商書　儒林傳云　遷書載堯典禹貢洪範微子金縢諸篇　多古文說　班氏以洪範列微子上　則今文尚書次序或以此篇列微子之前　則此爲商書」とあるのを參照。

【傳】武子曰　善鈞從衆

【注】「鈞」は、等〔ひとしい〕である。

【附】『禮記』投壺「均則曰左右鈞」の注に「鈞猶等也」とあるのを參照。また、『國語』晉語六「且衆何罪　鈞之死也　不若聽君之命」の韋注に「鈞　等也」とあるのを參照。なお、昭公二十八年の傳文「鈞將皆死」の注に「鈞　同也」とある。

【傳】夫善　衆之主也　三卿爲主　可謂衆矣

【注】三卿は、いずれもみな、晉の賢人である。

【傳】從之　不亦可乎

【注】傳は、欒書が衆に從うという義にかなっていたことをほめたのであり、かつ、八年の、晉が蔡を侵したこと、のために傳したのである。

【附】八年に「晉欒書帥師侵蔡」とある。

〔成公七年〕

【經】七年春王正月鼷鼠食郊牛角　改卜牛　鼷鼠又食其角　乃免牛

【注】傳はない。「牛」と稱しているのは、まだ日を卜っていなかったからである。「免」は、放〔はなす〕である。牛をはなしたのはよいが、郊祭しなかったのは非禮である。

【附】注の「稱牛　未卜日」については、僖公三十一年の傳文に「牛卜日曰牲」とあり、注に「既得吉日　則牛改名曰牲」とあるのを參照。
注の「免　放也」については、僖公三十一年「夏四月四卜郊　不從乃免牲」の注に「免猶縱也」とあるのを參照。
注の「不郊　非禮也」については、下に「不郊　猶三望」とある。なお、宣公三年の傳文に「春不郊　而望　皆非禮也」とあり、注に「言牛雖傷死　當更改卜取其吉者　郊不可廢也」とあるのを參照。

【經】吳伐郯

【經】夏五月曹伯來朝

【經】不郊　猶三望
【注】傳はない。「不郊」と書いているのは、（上の「乃免牛」との）間に他の事件がはさまっているからである。三望したのは、非禮である。
【附】注の「書不郊　間有事」については、穀梁傳文に「免牲不曰不郊　免牛亦然」とあり、范注に「郊者用牲　今言免牲　則不郊顯矣　若言免牛　亦不郊　而經復書不郊者　蓋爲三望起爾」とあるのを參照。
注の「三望　非禮」については、宣公三年の傳文に「春不郊　而望　皆非禮也」とあるのを參照。なお、僖公三十一年「猶三望」の注に「猶者　可止之辭」とある。

【經】秋楚公子嬰齊帥師伐鄭

【經】公會晉侯齊侯宋公衛侯曹伯莒子邾子杞伯救鄭　八月戊辰同盟于馬陵
【注】「馬陵」は、衛地である。陽平の元城縣の東南部に馬陵とよばれる土地がある。
【附】『史記』魏世家「太子果與齊人戰　敗於馬陵」の〈集解〉に「徐廣曰　在元城」とあるのを參照。

【經】公至自會
【注】傳はない。

【經】吳入州來
【注】「州來」は、楚の邑である。（今の）淮南の下蔡縣がここである。
【附】『漢書』地理志上に「沛郡（中略）下蔡　故州來國　爲楚所滅　後吳取之」とあるのを參照。

【經】冬大雩
【注】傳はない。書いたのは、（時期を）過ぎていたからである。
【附】僖公十三年「秋九月大雩」の注に、同文がみえる。なお、桓公五年の傳文に「秋大雩　書　不時也　凡祀　啓蟄而郊　龍見而雩（注　龍見建巳之月）始殺而嘗　閉蟄而烝　過則書」とあるのを參照。

【經】衛孫林父出奔晉

傳七年春吳伐郯　郯成　季文子曰　中國不振旅　蠻夷入伐　而莫之或恤

注「振」は整であり、「旅」は衆である。

附隱公五年の傳文「三年而治兵　入而振旅」の注に、同文がみえる。なお、『國語』齊語「春以蒐振旅」の韋注に「振　整也　旅　衆也」とあるのを參照。

傳無弔者也夫

注中國があわれみあえないから、夷狄が侵入してくる、ということである。

傳詩曰　不弔昊天　亂靡有定　其此之謂乎

注「詩」は、小雅(節南山)である。上にいる者が下の民をあわれむことが出來ない、ことを譏るから、天によびかけて亂を告げたのである。

附襄公十四年の傳文「有君不弔」の注に「弔　恤也」とあるのを參照。ちなみに、鄭箋には「弔　至也　至猶善也」とあって、杜預と異なる〔なお、この點については、王引之『經義述聞』通說上〈弔〉の項を參照〕。

傳有上不弔　其誰不受亂

注「上」とは、霸主をいう。

傳吾亡無日矣　君子曰　知懼如是　斯不亡矣

傳鄭子良相成公以如晉　見　且拜師

注前年に晉が鄭を救援するために出兵してくれたことを拜謝したのである。(下の)楚が鄭を伐ったことのために本を張ったのである。

附注の前半については、六年に「晉欒書帥師救鄭」とある。注の後半については、下の傳文に「秋楚子重伐鄭」とある。

傳夏曹宣公來朝

附疏に引く『釋例』に「其經傳事同而文異者　或告命之辭有差異　或氏族名號當須互見」とある。

傳秋楚子重伐鄭　師于氾

注「氾」は、鄭地で、襄城縣の南部にあった。

附僖公二十四年の傳文「王出適鄭　處于氾」の注に「鄭南氾也　在襄城縣南」とある。なお、『續漢書』郡國志二に「潁川郡（中略）襄城（中略）有氾城」とあるのを參照。

傳諸侯救鄭　鄭共仲侯羽軍楚師

注二子は、鄭の大夫である。

傳囚鄖公鍾儀　獻諸晉　八月同盟于馬陵　尋蟲牢之盟　且莒服故也

注「蟲牢の盟」は、五年にある。莒は本來、齊についていたが、齊が(晉に)服したから、莒もこれに從ったのである。

附五年に「十有二月己丑公會晉侯齊侯宋公衞侯鄭伯曹伯邾子杞伯同盟于蟲牢」とある。

傳晉人以鍾儀歸　囚諸軍府

注(「軍府」とは)軍用の倉庫である。九年の、晉侯が鍾儀を見かけたこと、のために本を張ったのである。

(附)九年の傳文に「晉侯觀于軍府　見鍾儀」とある。

【傳】楚圍宋之役

㊟宣公十四年にある。

(附)宣公十四年に「秋九月楚子圍宋」とある。

【傳】師還　子重請取於申呂以爲賞田　王許之

㊟申・呂の田を分けて、(その一部を)自分への恩賞にしようとしたのである。

【傳】申公巫臣曰　不可　此申呂所以邑也　是以爲賦　以御北方　若取之是無申呂也

㊟申・呂は、この田のおかげで、邑として成り立っているのであって、(もし)この田を取られれば、兵賦の出しようがなくなって、二邑は(事實上)崩壊する、ということである。

【傳】晉鄭必至于漢　王乃止　子重是以怨巫臣　子反欲取夏姫　巫臣止之遂取以行　子反亦怨之　及共王卽位

㊟楚の共王は、魯の成公元年に卽位した。

(附)宣公十八年に「甲戌楚子旅卒」とある。

【傳】子重子反殺巫臣之族子閻子蕩及清尹弗忌

㊟いずれもみな、巫臣の一族である。

【傳】及襄老之子黑要

㊟夏姫のことで、あわせて黑要をも怨んでいたのである。

(附)二年の傳文に「莊王欲納夏姫　申公巫臣曰　不可（中略）王乃止　子反欲取之　巫臣曰（中略）子反乃止　王以予連尹襄老　襄老死於邲不獲其尸　其子黑要烝焉」とある。

【傳】而分其室　子重取子閻之室　使沈尹與王子罷分子蕩之室　子反取黑要與清尹之室　巫臣自晉遺二子書

㊟（「二子」とは）子重と子反である。

【傳】曰　爾以讒慝貪惏事君　而多殺不辜　余必使爾罷於奔命以死　巫臣請使於吳　晉侯許之　吳子壽夢說之　乃通吳于晉

㊟「壽夢」は、季札の父である。

(附)襄公十四年の傳文「吳子諸樊既除喪」の注に「諸樊　吳子乘之長子」とあり、つづく傳文「將立季札」の注に「札　諸樊少弟」とあるのを參照。なお、襄公十二年に「秋九月吳子乘卒」とあり、傳に「秋吳子壽夢卒」とある。

【傳】以兩之一卒適吳　舍偏兩之一焉

㊟『司馬法』に〝百人を「卒」といい、二十五人を「兩」といい、車九乘を「小偏」といい、十五乘を「大偏」という〟とある。おそらく、九乘の車〔「偏」〕及び一兩(つまり)二十五人〔「兩之一」〕を留めて、吳に習わせたのであろう。

(附)注の「司馬法云云」については、宣公十二年の傳文「廣有一卒　卒偏之兩」の注に、ほぼ同文がみえる。なお、注の「軍九乘」の「軍」は、挍勘記に從って、「車」に改める。

なお、疏に「以兩之一　謂將二十五人也　又言卒　謂吏將百人也　言之者　婉句耳　凡將一百二十五人適吳也」とある。

【傳】與其射御　教吳乘車　教之戰陳　教之叛楚
㊟これ以前、吳は常に楚についていた。
【傳】寘其子狐庸焉　使爲行人於吳　吳始伐楚伐巢伐徐
㊟「巢」・「徐」は、楚の屬國である。
(附)『史記』吳世家「令其子爲吳行人」の〈集解〉に「服虔曰　行人　掌國賓客之禮籍　以待四方之使　賓大客　受小客之幣辭」とある。
【傳】子重奔命
㊟徐・巢を救援したのである。
【傳】馬陵之會　吳入州來　子重自鄭奔命
㊟鄭の討伐からそのままかけつけたのである。
【傳】子重子反於是乎一歲七奔命　蠻夷屬於楚者　吳盡取之　是以始大　通吳於上國
㊟「上國」は、諸夏である。
(附)昭公二十七年の傳文「使延州來季子聘于上國」の疏に「服虔云　上國　中國也」とあり、また、同年の傳文「上國有言曰」の疏に「賈逵云　上國　中國也」とあるのを參照。ちなみに、『史記』吳世家には「吳於是始通於中國」とある。
【傳】衞定公惡孫林父　冬孫林父出奔晉
㊟「林父」は、孫良夫の子である。
(附)二年の傳文「衞侯使孫良夫石稷甯相向禽將侵齊　與齊師遇」の注に「良夫　孫林父之父」とあるのを參照。
【傳】衞侯如晉　晉反戚焉
㊟「戚」は、林父の邑である。林父が(晉に)出奔したから、戚もこれに隨從して晉に歸屬していたのである。

〔成公八年〕

【經】八年春晉侯使韓穿來言汶陽之田　歸之于齊
㊟齊が晉に服事したから、晉は、やって來て魯に命じ、(魯が)二年に取った田を(齊に)返還させたのである。
(附)二年に「取汶陽田」とあり、傳に「使齊人歸我汶陽之田」とある。なお、下の傳文に「今有二命　曰　歸諸齊」とあるのを參照。
【經】晉欒書帥師侵蔡
【經】公孫嬰齊如莒
【經】宋公使華元來聘
【經】夏宋公使公孫壽來納幣
㊟婚姻のための聘問は、卿を使わない(から、經に書かない)。今ここでは、華元(卿)が命を奉じたから、特別に書いたのである。宋公は、婚姻をつかさどってくれる者(母)がいなかったため、自分で命じたから、「使」と稱しているのである。「公孫壽」は、蕩意諸の父である。

(附)注の「昏聘不使卿云云」については、疏に引く『釋例』に「諸侯昏禮亡　以士昏禮準之　不得唯止於納幣逆女　納幣逆女二事　皆必使卿行　卿行則書之　他禮非卿　則不書也　宋公使華元來聘　聘不應使卿　故傳但言聘共姬也　使公孫壽來納幣　納幣應使卿　故傳明言得禮也　魯君之昏　唯存納幣逆女　此其義也」とあるのを參照。なお、下の傳文に「宋華元來聘　聘共姬也」とあり、注に「聘不應使卿　故傳發其事而已」とあり、つづく傳文に「夏宋公使公孫壽來納幣　禮也」とあり、注に「納幣應使卿」とある。

注の「宋公無主昏者云云」については、隱公二年「九月紀履緰來逆女」の公羊傳文に「紀履緰者何　紀大夫也　何以不稱使　婚禮不稱主人　然則曷稱　稱諸父兄師友　宋公使公孫壽來納幣　則其稱主人何　辭窮也　辭窮者何　無母也」とあり、何注に「禮有母　母當命諸父兄師友　稱諸父兄師友以行　宋公無母　莫使命之　辭窮　故自命之　自命之　則不得不稱使」とあり、つづく傳文に「然則紀有母乎　曰有　有則何以不稱母　母不通也」とあり、何注に「禮婦人無外事　但得命諸父兄師友　稱諸父兄師友以行耳」とあるのを參照。なお、『儀禮』士昏禮記「宗子無父」の疏に「服注亦云　不稱主人　母命不通　故不稱使　婦人無外事」とある〔曹元弼『禮經校釋』に「稱上脱不字」とあるのに從って、「不」を補う〕。

注の「公孫壽　蕩意諸之父」については、文公十六年の傳文「公孫壽辭司城　請使意諸爲之」の注に「意諸　壽之子」とあるのを參照。

【經】晉殺其大夫趙同趙括

㊟傳に「原・屛はとが人の仲間である」〔宣公十二年〕とあって、（二人は）もともと德義によって身を處さず、討たれても當然である、ことが明らかだから、赴告の言い方に從って、名を稱しているのである。

(附)宣公十二年の傳文に「趙括趙同曰　率師以來　唯敵是求　克敵得屬又何俟　必從彘子　知季曰　原屛　咎之徒也」とあり、注に「原　趙同　屛　趙括　徒　黨也」とある。なお、文公七年の傳文に「書曰宋人殺其大夫　不稱名　衆也　且言非其罪也」とあり、注に「不稱殺者及死者名　殺者衆　故名不可知　死者無罪　則例不稱名」とあるのを參照。

【經】秋七月天子使召伯來賜公命

㊟諸侯が卽位すると、天子は、（諸侯に）命圭を賜わり（それを瑞〔しるし〕とし）、（後日）諸侯と（その）瑞を合わせ（て信を確かめ）る。八年もたってからやって來たのは、おそすぎる。「天子」・「天王」は、王者の通稱〔相通する稱謂〕である。

(附)注の前半については、文公元年「天王使毛伯來錫公命」の注に「諸侯卽位　天子賜以命圭　合瑞爲信」とある。なお、その(附)を參照。

注の後半については、公羊傳文に「其稱天子何　元年春王正月　正也　其餘皆通矣」とあるのを參照。また、穀梁傳文に「曰天子何也　曰見一稱也」とあるのを參照。なお、異説として、疏に「賈逵云　諸夏稱天王　畿内曰王　夷狄曰天子　王使榮叔歸含且賵　以恩深加禮妾

母　恩同畿内　故稱王　成公八年乃得賜命　與夷狄同　故稱天子」とあり、また、『禮記』曲禮下「君天下　曰天子」の疏に「許慎服虔等
　依京師曰王　夷狄曰天子」とある。

【經】冬十月癸卯杞叔姬卒

㊟以前の五年に來歸した〔離縁されてもどった〕者である。女は、いったん人に嫁げば、たとえ離縁されたとしても、成人の禮によって「卒」を書く。結局、杞伯に葬られたから、「杞叔姬」と稱しているのである。

(附)注の前半については、五年に「春王正月杞叔姬來歸」とあり、注に「出也」とある。また、下の傳文に「冬杞叔姬卒　來歸自杞　故書」とある。なお、文公十二年「二月庚子子叔姬卒」の注に「既嫁成人　雖見出弃　猶以恩錄其卒」とあるのを參照。

注の後半については、九年の傳文に「春杞桓公來逆叔姬之喪　請之也」とあり、注に「叔姬已絶於杞　魯復強請杞　使還取葬」とあり、つづく傳文に「杞叔姬卒　爲杞故也」とあり、注に「還爲杞婦　故卒稱杞」とある。なお、文公十二年の傳文に「二月叔姬卒　不言杞　絶也」とあり、注に「既許其絶　故不言杞」とあるのを參照。

なお、注の「女歸適人」の「歸」は、挍勘記に從って、「既」に改める。

【經】晉侯使士燮來聘

【經】叔孫僑如會晉士燮齊人邾人伐郯

㊟前もって相談したのに、(「及」ではなく)「會」と稱しているのは、盟主の命は列國なみに扱うわけにゆかない、からである。

(附)宣公七年の傳文に「凡師出　與謀曰及　不與謀曰會」とあり、注に「與謀者　謂同志之國　相與講議利害　計成而行之　故以相連及爲文　若不獲已　應命而出　則以外合爲文　皆據魯而言　師者　國之大事　存亡之所由　故詳其舉動　以例別之」とあり、疏に引く『釋例』に「若夫盟主之令　則上行乎下　非匹敵和成之類　故雖或先謀　皆從不與謀之例　成八年晉士燮來聘　且言將伐郯　下云會伐郯　是也」とある。

【經】衞人來媵

㊟昔、諸侯が娶る場合、適夫人及び左右の媵に、それぞれ姪娣がついた。いずれもみな、同姓の國で、國ごとに三人、全部で九女であった。繼嗣を多くするため(の手立て)である。(この時)魯が伯姬を宋に嫁がせようとしていたから、衞がやって來て、その媵となったのである。

(附)莊公十九年の公羊傳文に「媵者何　諸侯娶一國　則二國往媵之　以姪娣從　姪者何　兄之子也　娣者何　弟也　諸侯壹聘九女　諸侯不再娶」とあるのを參照。また、下の傳文に「凡諸侯嫁女　同姓媵之　異姓則否」とあるのを參照。また、『漢書』杜欽傳に「禮壹娶九女　所以極陽數　廣嗣重祖也」とあるのを參照。なお、疏に引く『釋例』に「古者　諸侯之娶　適夫人及左右媵　各有姪娣　皆同姓之國　國三人　凡九女　參骨肉至親　所以息陰訟　陰訟息　所以廣繼嗣也　當時雖無其

人　必待年而送之　所以絶望求塞非常也　辭稱惷愚不敎　故遣大夫隨之　亦謂之媵臣　所以將謙敬之實也　夫人甍　不更聘　必以姪娣媵繼室　一與之醮　則終身不二　所以重婚姻固人倫　人倫之義既固　上足以奉宗廟　下足以繼後世　此夫婦之義也」とある。

【傳】八年春晉侯使韓穿來言汶陽之田　歸之于齊　季文子餞之

【注】「餞」とは、行く人を送って酒を飲むことである。

【附】昭公十六年の傳文「夏四月鄭六卿餞宣子於郊」の注に、同文がみえる。なお、『文選』謝靈運〈九日從宋公戲馬臺集送孔令詩〉「餞宴光有孚和樂隆所缺」の注に「薛君韓詩章句曰　送行飲酒曰餞」とあり、同顏延年〈三月三日曲水詩序〉「加以二王于邁　出餞戒告」の注に「韓詩章句曰　送行飲酒曰餞」とあるのを參照。

【傳】私焉

【注】内々に彼と話をしたのである。

【傳】曰　大國制義　以爲盟主　是以諸侯懷德畏討　無有貳心　謂汶陽之田　敝邑之舊也　而用師於齊　使歸諸敝邑

【注】「用師」とは、鞌の戰い〔二年〕のことである。

【傳】今有二命　曰　歸諸齊　信以行義　義以成命　小國所望而懷也　信不可知　義無所立　四方諸侯　其誰不解體

【注】二度と晉をうやまわなくなる、ということである。

【傳】詩曰　女也不爽　士貳其行　士也罔極　二三其德

【注】「爽」は、差〔たがう〕であり、「極」は、中である。「詩」は、衛風〔氓〕である。婦人が、丈夫がその行ないを専一にしないことを怨んだものであり、〝魯は、女が夫に仕えるように、晉に仕え、道をたがえていないのに、晉は、定まった心がなく、逆にその德〔行ない〕をあれやこれや變えている〟ことを喩えたのである。

【附】毛傳に「爽　差也」とあり、また、「極　中也」とあるのを參照。

【傳】七年之中　一與一奪　二三孰甚焉　士之二三　猶喪妃耦　而況霸主　霸主將德是以

【注】「以」は、用である。

【附】昭公四年の傳文「死生以之」の注に、同文がみえる。なお、『詩』周頌〈載芟〉「侯彊侯以」の毛傳に「以　用也」とあるのを參照。

【傳】而二三之　其何以長有諸侯乎　詩曰　猶之未遠　是用大簡

【注】「猶」は、圖〔はかる〕であり、「簡」は、諫である。「詩」は、大雅〔板〕である。王者が、事をはかるのに、遠くにまで及ばないから、大道を用いていさめる、ということである。

【附】毛傳に「猶　圖也」とあり、鄭箋に「王之謀不能圖遠　用是故我大諫王也」とあるのを參照。なお、『詩』では、「簡」を、はじめから「諫」に作っている。

【傳】行父懼晉之不遠猶而失諸侯也　是以敢私言之

【傳】晉欒書侵蔡

【注】六年に目的を果せなかったからである。

【附】六年の傳文に「晉師遂侵蔡（中略）乃遂還」とある。

傳遂侵楚　獲申驪

注「申驪」は、楚の大夫である。

傳楚師之還也

注六年に繞角で遭遇した時のことをいう。

附六年の傳文に「晉欒書救鄭　與楚師遇於繞角　楚師還」とある。

傳晉侵沈　獲沈子揖　初從知范韓也

注繞角の役で、欒書は、知莊子・范文子・韓獻子の諫言に從って、楚と戰わなかったが、それ以來、つねに彼らの謀計に從い、出陣するごとに功績をあげたから、傳は欒書をほめたのである。「沈」國は、今の汝南の平輿縣である。

附注の前半については、すぐ上の附に引いた六年の傳文のつづきに「晉師遂侵蔡　楚公子申公子成以申息之師救蔡　禦諸桑隧　趙同趙括欲戰請於武子　武子將許之　知莊子范文子韓獻子諫曰　不可（中略）不如還也　乃遂還」とある。なお、異説として、『會箋』に「揖初　沈子名　杜將初字連下句讀　文與理俱失之」とある〔ちなみに、楊伯峻『春秋左傳注』に「杜注以自是解初字」とある。なお、宣公十五年「初稅畝」の注に「遂以爲常　故曰初」とあるのを參照〕。

注の後半については、文公三年「春王正月叔孫得臣會晉人宋人陳人衞人鄭人伐沈　沈潰」の注に「沈　國名也　汝南平輿縣北有沈亭」とある。なお、その附を參照。また、『漢書』地理志上「汝南郡（中略）平輿」の注に「應劭曰　故沈子國　今沈亭是也」とあるのを參照〔なお、注の「與」は、これらに從って、「輿」に改める〕。

傳君子曰　從善如流　宜哉

注功績をあげたのも、もっともである、ということである。「如流」とは、速いことを喩えたのである。

附昭公十三年の傳文「從善如流」の注に「言其疾也」とあるのを參照。なお、異説として、安井衡『左傳輯釋』に「言從善　則其功不勞而成如水流於卑也　此句蓋古語　故下承之云　宜哉　或解如流　爲喩從善之速　則宜哉二字不可通」とある。

傳詩曰　愷悌君子　遐不作人

注「遐」は、遠であり、「作」は、用である。「詩」は、大雅〈旱麓〉である。文王は、遠くの善人までよく用いた、ということである。「不」は、語助〔助辭〕である。

附注の「遐　遠也」については、鄭箋に「遐　遠也」とあるのを參照。なお、異説として、王引之『經傳釋詞』に「遐　何也　詩南山有臺曰　樂只君子　遐不眉壽　隰桑曰　心乎愛矣　遐不謂矣　棫樸曰　周王壽考　遐不作人　遐不　皆謂何不也　禮記表記引詩作瑕不謂矣　鄭注曰　瑕之言胡也　傳箋皆訓遐爲遠　失之」とある。

注の「作　用也」については、『周禮』羅氏「蜡則作羅襦」の注に「作猶用也」とあるのを參照。

注の「不　語助」については、王引之『經傳釋詞』〈不　丕　否〉の項を參照。

傳求善也夫　作人　斯有功績矣　是行也　鄭伯將會晉師

注蔡を討伐する軍に合流しようとしたのである。

〔附〕上の傳文に「晉欒書侵蔡」とある。

〔傳〕門于許東門　大獲焉

〔注〕（途中）許を通過し、（その際）許が無防備なのを目にしたから、それにつけこんで、攻めたのである。

〔附〕莊公十八年の傳文「遂門于楚」の注に「攻楚城門」とある。なお、その〔附〕を參照。

〔傳〕聲伯如莒　逆也

〔注〕自分のために妻を迎えに行ったのに、（經に）書いているのは、聘問にかこつけて迎えたからである。

〔附〕上の經に「公孫嬰齊如莒」とある。なお、僖公五年「夏公孫茲如牟」の注に「叔孫戴伯娶於牟　卿非君命不越竟　故奉公命聘於牟　因自爲逆」とあり、その傳文「夏公孫茲如牟　娶焉」の注に「因聘而娶　故傳實其事」とあるのを參照。

〔傳〕宋華元來聘　聘共姬也

〔注〕（「共姬」は）穆姜の女で、成公の姊妹であり、宋の共公の夫人となったのである。（婚姻のための）聘問には卿を使ってはならないから、傳は、（下のように「禮也」とは言わず）事實だけを發したのである。

〔附〕九年の傳文に「夏季文子如宋致女　復命　公享之　賦韓奕之五章　穆姜出于房　再拜曰　大夫勤辱　不忘先君　以及嗣君　施及未亡人」とあり、注に「穆姜　伯姬母」とある。また、上の經の注に「昏聘不使卿　今華元將命　故特書之」とある。

〔傳〕夏宋公使公孫壽來納幣　禮也

〔注〕納幣には（上とは逆に）卿を使わなければいけない。

〔附〕經の疏に引く『釋例』に「納幣逆女二事　皆必使卿行」とある。

〔傳〕晉趙莊姬爲趙嬰之亡故　譖之于晉侯

〔注〕趙嬰が逃亡したことは、五年にある。

〔附〕四年の傳文に「晉趙嬰通于趙莊姬」とあり、五年の傳文に「春原屛放諸齊（中略）嬰夢天使謂己　祭余　余福女（中略）祭之　之明日而亡」とあり、注に「爲八年晉殺趙同趙括傳」とある。

〔傳〕曰　原屛將爲亂　欒郤爲徵

〔注〕欒氏・郤氏も、二人が亂をおこそうとしていることを證言した。

〔附〕五年の傳文に「嬰曰　我在　故欒氏不作　我亡　吾二昆其憂哉」とある。

〔傳〕六月晉討趙同趙括　武從姬氏畜于公宮

〔注〕趙「武」は、莊姬の子である。「莊姬」は、晉の成公の女である。「畜」は、養である。

〔附〕注の「趙武　莊姬之子」については、四年の傳文「晉趙嬰通于趙莊姬」の注に「莊姬　趙朔妻」とあるのを參照。注の「莊姬　晉成公女」については、疏に「賈服先儒皆以爲成公之女」とある。

注の「畜　養也」については、宣公四年の傳文「從其母畜於䢵」の注に、同文がみえる。なお、その(附)を參照。

【傳】以其田與祁奚　韓厥言於晉侯曰　成季之勳　宣孟之忠

㊟「成季」は、趙衰であり、「宣孟」は、趙盾である。

(附)『國語』晉語六「吾子勉之　成宣之後而老爲大夫　非恥乎　成子之文宣子之忠　其可忘乎」の韋注に「成　成子　文子曾祖趙衰也　宣子　文子祖父趙盾也」とあるのを參照〔なお、同上文「趙文子冠」の韋注に「文子　趙盾之孫　趙朔之子　趙武也」とある〕。

【傳】而無後　爲善者其懼矣　三代之令王皆數百年保天之祿　夫豈無辟王賴前哲以免也

㊟三代にも邪僻の君がいたが、先人のおかげで禍を免れた、ということである。

【傳】周書曰　不敢侮鰥寡　所以明德也

㊟「周書」は、康誥である。文王は、身寄りのない者をないがしろにしなかったから、徳がますます明らかになった、ということである。晉侯が文王にのっとることをのぞんだのである。

(附)注の「使」は、諸本に從って、衍文とみなす。

【傳】乃立武　而反其田焉

【傳】秋召桓公來賜公命

㊟「召桓公」は、周の卿士である。

(附)宣公六年の傳文「冬召桓公逆王后于齊」の注に「召桓公　王卿士」とあるのを參照。

【傳】晉侯使申公巫臣如吳　假道于莒　與渠丘公立於池上

㊟「渠丘公」は、莒子朱である。「池」は、城池〔ほり〕である。「渠丘」は、邑の名である。莒縣に蘧里がある。

(附)注の「渠丘公　莒子朱也」については、十四年に「春王正月莒子朱卒」とある。なお、僖公二十六年の傳文「春王正月公會莒茲丕公」の注に「茲丕　時君之號　莒　夷　無謚　以號爲稱」とあるのを參照。

注の「池　城池也」については、『詩』陳風〈東門之池〉「東門之池　可以漚麻」の毛傳に「池　城池也」とあるのを參照。

【傳】曰　城已悪　莒子曰　辟陋在夷　其孰以我爲虞

㊟「虞」は、度〔はかる〕である。

(附)桓公十一年の傳文「且日虞四邑之至也」等の注に、同文がみえる。なお、『爾雅』釋言に「虞　度也」とあるのを參照。

【傳】對曰　夫狡焉

㊟〔「狡焉」とは〕狡猾の人である。

(附)異説として、陸粲『左傳附注』に「狡焉當屬下爲句」とある。

【傳】思啓封疆以利社稷者　何國蔑有　唯然　故多大國矣　唯或思或縱也

㊟いつの世にも、領土を擴大しようと思う者がおり、強奪をほしいままにする者がいるから、莒人はこの點を教訓としなければいけない、ということである。

(附)異説として、陸粲『左傳附注』に「言有思啓封疆者　有縱弛而不設備者　故得兼幷以成大國」とあり、また、楊伯峻『春秋左傳注』に「小

國或思慮而爲備　以是得存　或放縱而不爲備　以是而亡」とある。つまり、杜預の說では、「思」・「縱」はともに大國を指し、陸粲の說では、「思」は大國を、「縱」は小國を指し、楊伯峻の說では、「思」・「縱」はともに小國を指す。

【傳】勇夫重閉　況國乎

㊟明年の「莒潰」のために傳したのである。

【傳】冬杞叔姫卒　來歸自杞　故書

㊟離緣されてもどったことをあわれむから、(經に)「卒」を書いているのである。あらためて大夫に嫁いだ場合は、もはや「卒」を書かない。

(附)經の注に「前五年來歸者　女旣適人　雖見出弃　猶以成人禮書之」とある。なお、莊公四年「三月紀伯姫卒」の疏に引く『釋例』に「內女唯諸侯夫人　卒乃書　恩成於敵體　其非適諸侯　則略之　以服制相準也　生書其來　而死不錄其卒　從外大夫之比也」とあるのを參照。

【傳】晉士燮來聘　言伐郯也　以其事吳故

㊟七年に郯が吳と和平した(からである)。

(附)七年の傳文に「春吳伐郯　郯成」とある。

【傳】公賂之　請緩師　文子不可

㊟「文子」は、士燮である。

【傳】曰　君命無貳　失信不立　禮無加貨　事無二成

㊟公と私とは兩立しない、ということである。

【傳】君後諸侯　是寡君不得事君也

㊟魯と緣が切れるだろう、ということである。

【傳】燮將復之　季孫懼　使宣伯帥師會伐郯

【傳】衛人來媵共姫　禮也　凡諸侯嫁女　同姓媵之　異姓則否

㊟必ず同姓を媵とするのは、(氣の合う)肉親(だけ)を交わらせることで、色戀のいざこざをなくする、ためである。

(附)經の疏に引く『釋例』に「古者　諸侯之娶　適夫人及左右媵　各有姪娣　皆同姓之國　國三人　凡九女　參骨肉至親　所以息陰訟　陰訟息所以廣繼嗣也」とある。なお、『周禮』媒氏に「凡男女之陰訟　聽之于勝國之社」とあり、注に「陰訟　爭中冓之事以觸法者」とあるのを參照。

なお、疏に引く何休『左氏膏肓』に「媵不必同姓　所以博異氣　今左傳異姓則否　十年齊人來媵　何以無貶刺之文　左氏爲短」とあり、鄭玄『箴左氏膏肓』に「禮稱　納女於天子　云備百姓　於國君　云備酒漿　不得云百姓　是不博異氣也　齊是大國　今來媵我　得之爲榮　不得貶也」とある。

〔成公九年〕

【經】九年春王正月杞伯來逆叔姫之喪以歸

【經】公會晉侯齊侯宋公衛侯鄭伯曹伯莒子杞伯同盟于蒲

〔注〕「蒲」は、衞地で、長垣縣の西南部にあった。

〔附〕桓公三年「夏齊侯衞侯胥命于蒲」の注に「蒲　衞地　在陳留長垣縣西南」とある。なお、『續漢書』郡國志三に「陳留郡（中略）長垣（中略）有蒲城」とあるのを參照。

〔經〕公至自會

〔注〕傳はない。

〔經〕二月伯姬歸于宋

〔注〕宋が卿を迎えによこさなかったのは、非禮である。

〔附〕文公四年の傳文に「逆婦姜于齊　卿不行　非禮也」とあり、注に「禮諸侯有故　則使卿逆」とあるのを參照。なお、卿を迎えによこした例としては、隱公二年に「九月紀裂繻來逆女」とある。

〔經〕夏季孫行父如宋致女

〔注〕女が嫁いで三箇月たつと、さらに、大夫に、後をおって聘問を加えさせる。これを「致女」という。婦としての禮を致成し〔完成させ〕、婚姻のよしみを厚くする、ため（の手立て）である。

〔附〕桓公三年の傳文「冬齊仲年來聘　致夫人也」の注に「古者　女出嫁又使大夫隨加聘問　存謙敬序殷勤也」とある。なお、その〔附〕を參照。

〔經〕晉人來媵

〔注〕伯姬の媵となったのである。

〔經〕秋七月丙子齊侯無野卒

〔注〕傳はない。（名を書いているのは）五たび同盟した（からである）。「丙子」は、六月一日である。「七月」と書いているのは、赴告に從ったのである。

〔附〕僖公二十三年の傳文に「凡諸侯同盟　死則赴以名　禮也」とあるのを參照。

〔經〕晉人執鄭伯

〔注〕鄭伯は、蒲で盟を受けていながら、楚から贈物をもらって鄧で會したから、晉がこれを執えたのである。「人」と稱しているのは、晉が、（鄭伯は）民に對して無道であるとして諸侯に赴告した、からである。例は、十五年にある。

〔附〕注の前半については、上の經に「公會晉侯齊侯宋公衞侯鄭伯曹伯莒子杞伯同盟于蒲」とあり、また、下の傳文に「楚人以重賂求鄭　鄭伯會楚公子成于鄧」とある。なお、下の傳文に「晉人討其貳於楚也」とあるのを參照。

注の後半については、十五年の傳文に「凡君不道於其民　諸侯討而執之　則曰某人執某侯　不然則否」とある。

〔經〕晉欒書帥師伐鄭

〔經〕冬十有一月葬齊頃公

〔注〕傳はない。

經楚公子嬰齊帥師伐莒　庚申莒潰
注民が上の者から逃げるのを「潰」という〔文公三年傳文〕。
經楚人入鄆
注「鄆」は、莒の別邑である。楚の一部隊（だけ）が鄆に入ったから、「人」と稱しているのである。
附注の前半については、文公十二年「季孫行父帥師城諸及鄆」の注に「鄆　莒魯所爭者　城陽姑幕縣南有員亭　員卽鄆也」とあるのを參照。注の後半については、隱公二年「夏五月莒人入向」の注に「將卑師少稱人」とある。なお、その附を參照。

經秦人白狄伐晉

經鄭人圍許　城中城
注（「中城」は）魯の邑である。東海の厚丘縣の西南部にあった。ここは、閏月に城いたのであり、（時期として）十一月の後で、十二月の前であった〔すでに營室がゆうがたに南中する時期になっていた〕から、傳で「（この記事を）書いたのは、時節にかなっていたからである」と言っているのである。
附疏に「長歷推此年閏十一月」とある。なお、莊公二十九年の傳文に「冬十二月城諸及防　書　時也　凡土功　龍見而畢務　戒事也（注　謂今九月周十一月）火見而致用　水昏正而栽（注　謂今十月　定星昏而中　於是樹板幹而興作）日至而畢」とあるのを參照。なお、異說として、安井衡『左傳輯釋』に「古歷置閏於歲終　故傳云歸餘於終　秦以十月爲正　漢初未改歷　尙循其法　故史記書閏　皆曰後九月　杜謂此年閏十一月　乃其長歷之謬耳　但周十一月　今之九月　非土功之時而傳云書時　殆不可解　竊疑此年十二月節前在十一月　魯人以十一月末始事　至十二月終功　故經書冬不書月　而傳釋之曰書時邪　其載之十二月上者　記始事也　或傳文舊作書不時　而今本脫不字邪　是二者疑不能決　姑待後人是正之」とある。
なお、注の「廩丘縣」の「廩」は、挍勘記に從って、「厚」に改める。

傳九年春杞桓公來逆叔姬之喪　請之也
注叔姬は一度、杞と緣がきれたのに、魯がまた、杞に無理强いして、ひきとり葬らせたのである。
附八年の傳文に「冬杞叔姬卒　來歸自杞　故書」とある。なお、公羊傳文に「杞伯曷爲來逆叔姬之喪以歸　内辭也　脅而歸之也」とあるのを參照。
傳杞叔姬卒　爲杞故也
注杞の婦人にもどったから、「卒」に「杞」と稱しているのである。
附八年に「冬十月癸卯杞叔姬卒」とあり、注に「終爲杞伯所葬　故稱杞叔姬」とある。なお、その附を參照。
傳逆叔姬　爲我也
注一度離緣しておきながら、また、その喪〔なきがら〕をひきとったのは、明らかに魯（の强請）のためである。
(附)異説として、安井衡『左傳輯釋』に「請之也　杞伯請之　杞叔姫卒八年經文也　逆叔姫　此年經文也　二經書法　皆因杞伯請之而生　故傳並擧而釋之　言杞伯雖絶叔姫之昏　然卒則請而葬之　是其意在欲全鄰好以安其民　安民禮也　故經嘉之　爲杞故　書杞叔姫卒也　魯侯若怒杞伯離昏　不許其請　杞伯雖欲逆叔姫之喪　而不可得焉　今魯侯寛以待之　卽許其請　使杞伯得逆叔姫而葬之　終能全鄰好　其志亦在安民　故經嘉之　爲魯故　書逆叔姫也　杜不知傳擧經文而釋之　解爲我也　爲杞伯爲魯逆叔姫　遂解上文請之也　爲魯强請杞　夫姊妹死　已不能葬　乃强請於離昏之人　逆其喪以葬之　雖厮養走卒　而不肯爲之　假令魯君臣至愚極陋　亦必不爲之　何其不思之甚也」とあり、また、『會箋』に「稱逆而不言杞者　爲我之辭也　既已來歸而爲我女　故書法如此」とある。

傳爲歸汶陽之田故　諸侯貳於晉
㊟田を返還させたことは、前年にある。
(附)八年に「春晉侯使韓穿來言汶陽之田　歸之于齊」とある。

傳晉人懼　會於蒲　以尋馬陵之盟
㊟「馬陵の盟」は、七年にある。
(附)七年に「八月戊辰同盟于馬陵」とある。なお、諸本に従って、注の「馬陵」の下に「盟」の字を補う。

傳季文子謂范文子曰　德則不競　尋盟何爲
㊟「競」は、强である。
(附)僖公七年の傳文「心則不競　何憚於病」等の注に、同文がみえる。なお、その(附)を參照。

傳范文子曰　勤以撫之　寛以待之　堅彊以御之　明神以要之　柔服而伐貳　德之次也　是行也　將始會吳　吳人不至
㊟十五年の、（吳と）鍾離で會したこと、のために傳したのである。
(附)十五年に「冬十有一月叔孫僑如會晉士燮齊高無咎宋華元衛孫林父鄭公子鰌邾人會吳于鍾離」とある。
なお、傳文の「疆」は、挍勘記に従って、「彊」に改める。

傳二月伯姫歸于宋
㊟「致女　復命」〔下の傳文〕のために起こしたのである。

傳楚人以重賂求鄭　鄭伯會楚公子成于鄧
㊟「晉人執鄭伯」のために傳したのである。
(附)上の經に「晉人執鄭伯」とあり、注に「鄭伯既受盟于蒲　又受楚賂會於鄧　故晉執之」とある。

傳夏季文子如宋致女　復命　公享之　賦韓奕之五章
㊟「韓奕」は、『詩』の大雅の篇名である。その第五章で言っているのは、「蹶父が女〔むすめ〕を韓侯に嫁がせたのは、女のために住むのによい所を探したところ、韓ほど樂しそうな所はなかった、からであ

る」ということである。（つまり）文子は〝魯侯には蹶父のような徳があり、宋公は韓侯のようであり、宋土は韓のように樂しい〟と（詩によって）喩えたのである。

附『詩』大雅〈韓奕〉の第五章に「蹶父孔武　靡國不到　爲韓姞相攸　莫如韓樂　孔樂韓土　川澤訏訏　魴鱮甫甫　麀鹿噳噳　有熊有羆　有貓有虎　慶既令居　韓姞燕譽」とある。

傳穆姜出于房　再拜曰　大夫勤辱　不忘先君　以及嗣君　施及未亡人

注「穆姜」は、伯姫の母である。文子が宋は樂しいと言うのを聞き、喜んで（部屋から）出、文子の使者としての骨折りに拜謝したのである。婦人は、夫が死ぬと、自分を「未亡人」と稱する。

附注の「穆姜　伯姫母」については、八年の傳文「宋華元來聘　聘共姫也」の注に「穆姜之女　成公姊妹　爲宋共公夫人」とあるのを參照。注の「婦人　夫死　自稱未亡人」については、莊公二十八年の傳文「今令尹不尋諸仇讎　而於未亡人之側　不亦異乎」の注に「婦人　既寡　自稱未亡人」とあるのを參照。

傳先君猶有望也

注先君もまた、文子がこのようにすることを望んでいた、ということである。

傳敢拜大夫之重勤　又賦綠衣之卒章而入

注「綠衣」は、『詩』の邶風である。その中の「いにしえの人を思うに、わが心にぴったりしている」というところに（意味を）取ったのである。（つまり）文子の言葉が自分の意に適っていることを喩えたのである。

傳晉人來媵　禮也

注同姓だからである。

附八年の傳文に「凡諸侯嫁女　同姓媵之　異姓則否」とある。

傳秋鄭伯如晉　晉人討其貳於楚也　執諸銅鞮

注「銅鞮」は、晉の別縣（分かれて出來た縣）で、上黨にあった。

附襄公三十一年の傳文に「今銅鞮之宮數里」とあり、注に「銅鞮　晉離宮」とある。また、昭公二十八年の傳文に「分羊舌氏之田以爲三縣」とあり、注に「銅鞮　平陽　楊氏」とあり、その下の傳文に「樂霄爲銅鞮大夫」とあり、注に「上黨銅鞮縣」とある。なお、『續漢書』郡國志五に「上黨郡（中略）銅鞮」とあり、注に「上黨記曰　晉別宮墟關猶存　有北城　去晉宮二十里　羊舌所邑」とあるのを參照。なお、注の「別縣」については、昭公三年の傳文に「自郤稱以別　三傳矣　晉之別縣不唯州」とある。

傳欒書伐鄭　鄭人使伯蠲行成　晉人殺之　非禮也　兵交　使在其間可也

注行人（使者）を殺した場合の例を明らかにしたのである。

附襄公十一年の傳文「書曰行人　言使人也」の注に「古者兵交　使在其間　所以通命示整　或執殺之　皆以爲譏也」とあり、その疏に引く『釋例』に「使以行言　言以接事　信令之要　於是乎在　舉不以怒　則刑不濫　刑不濫　則兩國之情得通　兵有不交而解者　皆行人之勤也　是以雖飛矢在上　走驛在下　及其末節　不統大理　遷怒肆忿　快意

於行人　譬諸豺狼求食而已　傳曰　鄭人使伯蠲行成　晉人殺之　非禮也　兵交　使在其間可也」とあるのを參照。

【傳】楚子重侵陳以救鄭

㊟陳が晉に味方したからである。

【傳】晉侯觀于軍府　見鍾儀　問之曰　南冠而縶者　誰也

㊟「南冠」は、楚の冠である。「縶」は、拘執〔とらえる〕である。

(附)疏に引く應劭『漢官儀』に「法冠一曰柱後冠　左傳南冠而縶　則楚冠也」とあるのを參照。また、蔡邕『獨斷』に「太傅胡公說曰　左氏傳有南冠而縶者　國語曰　南冠以如夏姫　是知南冠蓋楚之冠」とあるのを參照。

【傳】有司對曰　鄭人所獻楚囚也　使稅之

㊟鄭が鍾儀を獻じたことは、七年にある。「稅」は、解〔とく〕である。

(附)注の前半については、七年の傳文に「鄭共仲侯羽軍楚師　囚鄖公鍾儀獻諸晉」とある。

注の後半については、『呂氏春秋』愼大「乃稅馬於華山　稅牛於桃林」の高注に「稅　釋也」とあるのを參照。

【傳】召而弔之　再拜稽首　問其族　對曰　泠人也

㊟「泠人」は、樂官である。

(附)昭公二十一年の傳文「泠州鳩曰　王其以心疾死乎」の注に「泠　樂官　州鳩　其名也」とある。なお、『詩』邶風〈簡兮〉序「衞之賢者仕於伶官　皆可以承事王者也」の鄭箋に「伶官　樂官也　伶氏世掌樂官而善焉　故後世多號樂官爲伶官」とあるのを參照。また、『國語』周語下「王弗聽　問之伶州鳩」の韋注に「伶　司樂官　州鳩　名也」とあり、同魯語下「今伶簫詠歌及鹿鳴之三」の韋注に「伶　伶人　樂官也」とあるのを參照。ちなみに、『呂氏春秋』古樂に「昔黃帝令伶倫作爲律」とあり、高注に「伶倫　黃帝臣」とある。

【傳】公曰　能樂乎　對曰　先父之職官也　敢有二事

㊟他の事を學んだりはしない、ということである。

【傳】使與之琴　操南音

㊟「南音」は、楚の音樂である。

(附)『呂氏春秋』音初「實始作爲南音」の高注に「南方國風之音」とあるのを參照。

【傳】公曰　君王何如　對曰　非小人之所得知也　固問之　對曰　其爲大子也　師保奉之　以朝于嬰齊而夕于側也

㊟「嬰齊」は、令尹子重であり、「側」は、司馬子反である。卿を尊び、老を敬った、ということである。

(附)宣公十二年の傳文「子反將右」の注に「子反　公子側」とあるのを參照。

【傳】不知其他　公語范文子　文子曰　楚囚　君子也　言稱先職　不背本也　樂操土風　不忘舊也　稱大子　抑無私也

㊟君について、最近の事を言わずに、遠く年少の時の事を稱して、生まれながらの性格を示したのは、至誠である證據である。

(附)疏に「若言爲君時事　嫌爲君隱惡　或疑已在君位　矯情爲善」とある。

【傳】名其二卿　尊君也

㊟晉の君を尊んだものである。

【傳】不背本　仁也　不忘舊　信也　無私　忠也　尊君　敏也

㊟「敏」は、達〔さとい〕である。

(附)襄公十四年の傳文「有臣不敏」の注に、同文がみえる。なお、『國語』晉語二「款也不才　寡智不敏」の韋注に「敏　達也」とあるのを參照。

【傳】仁以接事　信以守之　忠以成之　敏以行之　事雖大　必濟

㊟これらの四つの德があれば、必ず大事を成就できる、ということである。

【傳】君盍歸之　使合晉楚之成　公從之　重爲之禮　使歸求成

㊟下の十二月の、晉と楚とが和平を結ばんとしたこと、のために本を張ったのである。

(附)下の傳文に「十二月楚子使公子辰如晉　報鍾儀之使　請脩好結成」とある。

【傳】冬十一月楚子重自陳伐莒　圍渠丘　渠丘城惡　衆潰　奔莒　戊申楚入渠丘

㊟（「戊申」は）月の六日である。

【傳】莒人囚楚公子平　楚人曰　勿殺　吾歸而俘　莒人殺之　楚師圍莒　莒城亦惡　庚申莒潰

㊟（「庚申」は）月の十八日である。

【傳】楚遂入鄆　莒無備故也

㊟巫臣の言葉に結末をつけたのである。

(附)八年の傳文に「晉侯使申公巫臣如吳　假道于莒　與渠丘公立於池上　曰　城已惡　莒子曰　辟陋在夷　其孰以我爲虞　對曰　夫狡焉　思啓封疆以利社稷者　何國蔑有　唯然　故多大國矣　唯或思或縱也　勇夫重閉　況國乎」とあり、注に「爲明年莒潰傳」とある。

【傳】君子曰　恃陋而不備　罪之大者也　備豫不虞　善之大者也　莒恃其陋而不脩城郭　浹辰之間　而楚克其三都　無備也夫

㊟「浹辰」は、十二日である。

(附)『周禮』大宰「挾日而斂之」の注に「從甲至甲　謂之挾日　凡十日」とあるのを參照。

【傳】詩曰　雖有絲麻　無棄菅蒯　雖有姬姜　無棄蕉萃　凡百君子　莫不代匱　言備之不可以已也

㊟逸詩である。「姬・姜」は、大國の女であり、「蕉萃」は、陋賤の人である。

【傳】秦人白狄伐晉　諸侯貳故也

【傳】鄭人圍許　示晉不急君也

㊟この秋に晉が鄭伯を執えていた。

(附)上の傳文に「秋鄭伯如晉　晉人討其貳於楚也　執諸銅鞮」とある。

【傳】是則公孫申謀之　曰　我出師以圍許

㊟晉を畏れていないことを示す、ということである。

【傳】爲將改立君者　而紓晉使

㊟「紓」は、緩である。いそいで晉に使いをやることはせず、別の君を立てようとしていることを示す、ということである。

(附)注の「紓　緩也」については、莊公三十年の傳文「自毀其家以紓楚國之難」等の注に、同文がみえる。なお、その(附)を參照。

なお、注の「請晉」の「請」は、挍勘記に從って、「詣」に改める。

【傳】晉必歸君

㊟明年の、晉侯が鄭伯を歸したこと、のために本を張ったのである。

(附)十年の傳文に「辛巳鄭伯歸」とある。

【傳】城中城　書　時也

【傳】十二月楚子使公子辰如晉　報鍾儀之使　請脩好結成

㊟鍾儀が晉の命を奉じて(楚に)歸ったから、楚はこれにこたえたのである。

(附)上の傳文に「君盍歸之　使合晉楚之成　公從之　重爲之禮　使歸求成」とあり、注に「爲下十二月晉楚結成張本」とある。

〔成公十年〕

【經】十年春衞侯之弟黑背帥師侵鄭

【經】夏四月五卜郊　不從　乃不郊

㊟傳はない。常祀を卜ったこと〔「卜郊」〕と、郊祭しなかったこと〔「不郊」〕とは、いずれもみな非禮であるから、書いたのである。

(附)僖公三十一年の傳文に「夏四月四卜郊　不從　乃免牲　非禮也」とあり、注に「諸侯不得郊天　魯以周公故　得用天子禮樂　故郊爲魯常祀」とあり、つづく傳文に「猶三望　亦非禮也　禮不卜常祀」とあり、注に「必其時」とある。また、宣公三年の傳文に「春不郊　而望　皆非禮也」とあり、注に「郊不可廢也」とある。

【經】五月公會晉侯齊侯宋公衞侯曹伯伐鄭

㊟「晉侯」は、大子州蒲である。爵を稱しているのは、大子が、父がまだ生きているのに、代わって位にすわり、人の子としての禮を失した、ことをあらわしたのである。

(附)下の傳文に「晉侯有疾　五月晉立大子州蒲以爲君　而會諸侯伐鄭」とあり、注に「生立子爲君　此父不父　子不子　經因書晉侯　其惡明」とある。

なお、注の「大子州蒲」の「蒲」については、挍勘記に「宋本淳熙本岳本纂圖本閩本監本毛本亦作蒲　正義引應劭諱議云　周穆王名滿　晉厲公名州滿　亦有王孫滿　則此爲州滿　定本亦作滿　釋文云　州蒲本或作州滿　劉氏史通雜駁篇　以蒲爲誤　案史記又作壽曼　梁玉繩云曼滿音相近　壽州字相通」とある。

【經】齊人來媵

㊟傳はない。伯姬の媵となったのである。異姓が來て媵となるのは、非

禮である。

(附)八年の傳文に「凡諸侯嫁女　同姓媵之　異姓則否」とある。

[經]丙午晉侯獳卒

㊟（名を書いているのは）六度同盟した（からである）。傳によれば、「丙午」は、六月七日である。（つまり、ここは）日（だけ）があって、月がないのである。

(附)注の前半については、僖公二十三年の傳文に「凡諸侯同盟　死則赴以名　禮也」とあるのを參照。
注の後半については、下の傳文に「六月丙午晉侯欲麥（中略）將食張　如厠　陷而卒」とある。

[經]秋七月公如晉

[經]冬十月

(附)挍勘記に「浦鏜云　案禮記中庸正義　成十年不書冬十月　此有者　當是後人妄增耳」とある。

[傳]十年春晉侯使羅茷如楚

㊟「羅茷」は、晉の大夫である。

[傳]報大宰子商之使也

㊟「子商」は、楚の公子辰で、（晉に）使いしたことは、前年にある。

(附)九年の傳文に「十二月楚子使公子辰如晉」とある。

[傳]衞子叔黑背侵鄭　晉命也

㊟晉が衞に命じて鄭を侵させたのである。

[傳]鄭公子班聞叔申之謀

㊟別の君を立てるという謀計である。

(附)九年の傳文に「是則公孫申謀之　曰　我出師以圍許　爲將改立君者而紓晉使　晉必歸君」とある。

[傳]三月子如立公子繻

㊟「子如」は、公子班である。

[傳]夏四月鄭人殺繻　立髡頑　子如奔許

㊟「髡頑」は、鄭の成公の大子である。

(附)襄公七年に「鄭伯髡頑如會」とあり、傳に「鄭僖公之爲大子也」とある。

[傳]欒武子曰　鄭人立君　我執一人焉　何益　不如伐鄭而歸其君　以求成焉　晉侯有疾　五月晉立大子州蒲以爲君　而會諸侯伐鄭

㊟父がまだ生きているのに、子を立てて君とする、ということは、父が父でなく、子が子でない、ということであるから、經は、そのまま「晉侯」と書いて、その惡を明らかにしたのである。

(附)『論語』顔淵に「齊景公問政於孔子　孔子對曰　君君　臣臣　父父子子　公曰　善哉　信如君不君　臣不臣　父不父　子不子　雖有粟吾得而食諸」とあるのを參照。なお、經の注に「晉侯　大子州蒲也

稱爵　見其生代父居位　失人子之禮」とある。

【傳】鄭子罕賂以襄鍾

㊟「子罕」は、穆公の子である。「襄鍾」は、鄭の襄公の廟の鍾である。

(附)十四年に「鄭公子喜帥師伐許」とあり、傳に「八月鄭子罕伐許」とある。

【傳】子然盟于脩澤　子駟爲質

㊟「子然」・「子駟」は、いずれもみな、穆公の子である。滎陽の卷縣の東部に脩武亭がある。

(附)襄公十九年の傳文に「子然子孔　宋子之子也　士子孔　圭嬀之子也」とあり、注に「宋子圭嬀　皆鄭穆公妾」とある。また、同九年の傳文に「鄭六卿公子騑」とあり、注に「子駟」とある。

なお、注の「子垂」の「垂」は、諸本に従って、「駟」に改める。

【傳】辛巳鄭伯歸

㊟鄭伯が歸ったことを(經に)書いていないのは、鄭がその入國を赴告して來なかったからである。

【傳】晉侯夢大厲　被髮及地　搏膺而踊　曰　殺余孫　不義

㊟「厲」は、鬼で、趙氏の先祖である。八年に晉侯が趙同・趙括を殺したから、怒ったのである。

(附)注の「厲　鬼也」については、襄公十七年の傳文「爾父爲厲」の注に「厲　惡鬼」とあるのを參照。ちなみに、昭公七年の傳文に「其何厲鬼也」とあり、また、「鬼有所歸　乃不爲厲」とある。

注の「趙氏之先祖也」については、疏に「世本云　公明生趙夙（中略）服虔又以爲公明之鬼」とある。なお、『國語』晉語四「趙衰　其先君之戎御趙夙之弟也」の韋注に「趙衰　晉卿公明之少子成子衰也」とあるのを參照。

【傳】余得請於帝矣　壞大門及寢門而入　公懼　入于室　又壞戶　公覺　召桑田巫

㊟「桑田」は、晉の邑である。

(附)注の「巫」は、挍勘記に従って、「晉」に改める。

【傳】巫言如夢

㊟巫は、公が夢みたとおり、〝鬼が怒っている〟と言った。

【傳】公曰　何如　曰　不食新矣

㊟公は新麥を食べ(るまで生きのび)られない、ということである。

(附)下の傳文に「六月丙午晉侯欲麥（中略）將食　張　如廁　陷而卒」とある。

【傳】公疾病　求醫于秦　秦伯使醫緩爲之

㊟「緩」は、醫者の名である。「爲」は、治〔なおす〕と同じである。

(附)『國語』晉語八「平公有疾　秦景公使醫和視之　出曰　不可爲也」の韋注に「和　名也　爲　治也」とあるのを參照。

【傳】未至　公夢疾爲二豎子　曰　彼　良醫也　懼傷我　焉逃之　其一曰居肓之上膏之下　若我何

㊟「肓」は、鬲である。心の下を「膏」という。

(附)疏に「此賈逵之言　杜依用之　古今傳文　皆以爲膏之下　賈服何休諸儒等　亦皆以爲膏　雖凝者爲脂　釋者爲膏　其實凝者亦曰膏　故內則

云　小切狼腸膏」とある。

傳醫至　曰　疾不可爲也　在肓之上膏之下　攻之不可　達之不及　藥不至焉　不可爲也

㊟「達」は、針〔針をさす〕である。

傳公曰　良醫也　厚爲之禮而歸之　六月丙午晉侯欲麥

㊟周正の六月は、今〔夏正〕の四月であり、麥が始めてみのる。

傳使甸人獻麥

㊟「甸人」は、公田を治めることをつかさどる者である。

(附)『儀禮』士喪禮「甸人掘坎于階閒」の注に「甸人　有司主田野者」とあるのを參照。

傳饋人爲之　召桑田巫　示而殺之　將食　張　如厠　陷而卒

㊟「張」は、腹がふくれることである。

傳小臣有晨夢負公以登天　及日中　負晉侯出諸厠　遂以爲殉

㊟傳は、巫は技術を發揮してしまったために殺され、小臣は夢をしゃべってしまったために禍を招いた、ということを言っているのである。

傳鄭伯討立君者　戊申殺叔申叔禽

㊟「叔禽」は、叔申の弟である。

傳君子曰　忠爲令德　非其人　猶不可　況不令乎

㊟申叔は、忠誠をつくしたが、相手がしかるべき人物ではなかったため、かえって身をそこなった、ということである。

(附)『隋書』張衡傳贊に「夫忠爲令德　施非其人　尚或不可　況託足邪徑而又不得其人者歟」とあるのを參照。なお、異説として、陸粲『左傳附注』に「非其人　蓋謂叔申本非賢者　雖欲效忠　而不見信于君　適以自害耳」とある。

傳秋公如晉

㊟自身で弔問したのは、非禮である。

(附)昭公三十年の傳文に「先王之制　諸侯之喪　士弔　大夫送葬」とあるのを參照。

傳晉人止公　使送葬　於是糴茷未反

㊟この春に、晉は、和平を結ぶために糴茷を楚につかわしていた。（今ここで）晉は、魯が楚についているのではないかと疑ったから、公を留め、糴茷がもどるのを待って、その眞僞を確かめようとしたのである。

(附)上の傳文に「春晉侯使糴茷如楚」とある。また、十一年の傳文に「晉人以公爲貳於楚　故止公」とある。

なお、傳の「逆」は、諸本に従って、「送」に改める。

傳冬葬晉景公　公送葬　諸侯莫在　魯人辱之　故不書　諱之也

㊟諱んで、晉の葬を（經に）書かなかったのである。

巻第二十七

〔成公十一年〕

【經】十有一年春王三月公至自晉

(注)正月に公が晉にいたのに、(そのことを)書いていないのは、引き止められたことを諱んでである。

(附)襄公二十九年に「春王正月公在楚」とあるのを參照。なお、疏に「案春秋上下　公之在晉　諱與不諱　悉皆不書　此言諱見止者　以此兼有諱義　故詳之也」とある。

【經】晉侯使郤犨來聘　己丑及郤犨盟

(注)「郤犨」は、郤克の從父兄弟〔いとこ〕である。

(附)疏に「案世本　郤豹生冀芮　芮生缺　缺生克也　又云　豹生義　義生步揚　揚生州　州卽犨也　如彼文　則犨與克俱是豹之曾孫　當爲從祖昆弟　服虔以爲從祖昆弟　杜云從父昆弟　或父當是祖字誤耳」とある。

【經】夏季孫行父如晉

【經】秋叔孫僑如如齊

【經】冬十月

【傳】十一年春王三月公至自晉　晉人以公爲貳於楚　故止公　公請受盟　而後使歸

(注)前年の七月に、公は晉へ弔問に行き、ここに至ってようやく、歸ることが出來たのである。

(附)十年に「秋七月公如晉」とある。

【傳】郤犨來聘　且涖盟

(注)公が盟を受けることを請うたから、(晉侯は)大夫に、(魯に)來て盟に臨ませたのである。

(附)僖公三年「冬公子友如齊涖盟」の注に「涖　臨也」とある。なお、その(附)を參照。

【傳】聲伯之母不聘

(注)「聲伯之母」は、叔肸の妻である。「不聘」とは、媒妁の禮がなかった〔正式な結婚ではなかった〕、ということである。

(附)注の前半については、六年「公孫嬰齊如晉」の注に「嬰齊　叔肸子」とある。なお、その(附)を參照。
注の後半については、『禮記』內則に「聘則爲妻」とあるのを參照。また、『白虎通』嫁娶に「男不自專娶　女不自專嫁　必由父母　須媒妁何　遠恥防淫泆也　詩云　娶妻如之何　必告父母　又曰　娶妻如之何　匪媒不得」とあるのを參照。

【傳】穆姜曰　吾不以妾爲姒

(注)昆弟の妻どうしは、互いに「姒」と呼び合う。「穆姜」は、宣公の夫

人で、宣公と叔肸とは、同母の昆弟である。

（附）注の前半については、昭公二十八年の傳文「曰　長叔姒生男」の注に「兄弟之妻相謂姒」とあるのを參照。なお、疏に「賈逵鄭玄及此注皆云　兄弟之妻　相謂爲姒」とある。

注の後半については、宣公十七年の傳文に「冬公弟叔肸卒　公母弟也」とある。

【傳】生聲伯而出之　嫁於齊管于奚　生二子而寡　以歸聲伯　聲伯以其外弟爲大夫

（注）「外弟」とは、管于奚の子で、魯の大夫にしたのである。

【傳】而嫁其外妹於施孝叔

（注）「孝叔」は、魯の惠公の五世の孫である。

【傳】郤犨來聘　求婦於聲伯　聲伯奪施氏婦以與之　婦人曰　鳥獸猶不失儷

（注）「儷」は、耦（つれあい）である。

（附）『國語』周語中「棄其伉儷妃嬪」の韋注に「儷　偶也」とあるのを參照。

【傳】子將若何　曰　吾不能死亡

（注）郤犨に妻を與えなければ、怒って禍をもたらすおそれがある、ということである。

【傳】婦人遂行　生二子於郤氏　郤氏亡　晉人歸之施氏　施氏逆諸河　沈其二子

（注）黄河に沈めたのである。

【傳】婦人怒曰　己不能庇其伉儷而亡之

（注）「伉」は、敵（つれあい）である。

（附）『國語』周語中「棄其伉儷妃嬪」の韋注に「伉　對也」とあるのを參照。

【傳】又不能字人之孤而殺之

（注）「字」は、愛である。

（附）四年の傳文「其肯字我乎」等の注に、同文がみえる。なお、その（附）を參照。

【傳】將何以終　遂誓施氏

（注）二度と施氏の妻にはならないことを誓約したのである。傳は、郤犨は淫縦だったために亡んだ、ということを言っているのである。

（附）十七年に「晉殺其大夫郤錡郤犨郤至」とある。

【傳】夏季文子如晉　報聘　且涖盟也

（注）郤犨と文子とが、交互に、魯・晉の君と盟ったが、その趣意は同一であるから、（經は、晉に往って盟ったことは書かず）ただ（魯に）來て盟ったことだけを書いた、（つまり）重いもの（だけ）を擧げて、輕いものは略した、のである。

（附）上の經に「晉侯使郤犨來聘　己丑及郤犨盟」とあり、ついで、「夏季孫行父如晉」とある。なお、疏に「遣使爲輕　君親爲重　故郤犨書聘又書盟　文子直書如晉　略言其聘而已」とあり、また、「蘇氏釋云　所言輕重者　自謂魯之君臣　臣盟爲輕　君盟爲重」とある。

〔傳〕周公楚惡惠襄之偪也
㊟（「惠襄」とは）惠王・襄王の一族である。
〔傳〕且與伯與爭政
㊟「伯與」は、周の卿士である。
〔傳〕不勝　怒而出　及陽樊
㊟「陽樊」は、晉地である。
〔傳〕王使劉子復之　盟于鄄而入　三日復出奔晉
㊟王がいったんもどらせたのに、また出た、ということは、自分から周と絶縁した、ということである。明年の「周公出奔（晉）」のために傳したのである。「鄄」は、周の邑である。
(附)十二年の傳文に「書曰周公出奔晉　凡自周無出　周公自出故也」とあり、注に「天子無外　故奔者不言出　周公爲王所復　而自絕於周　故書出以非之」とあるのを參照。
〔傳〕秋宣伯聘于齊　以脩前好
㊟（「前好」とは、二年の）鞌（の戰い）以前のよしみである。
〔傳〕晉郤至與周爭鄇田
㊟「鄇」は、溫の別邑である。今、河内の懷縣の西南部に鄇人亭がある。
(附)『說文』に「鄇　晉之溫地（中略）春秋傳曰　爭鄇田」とあるのを參照。
〔傳〕王命劉康公單襄公訟諸晉　郤至曰　溫　吾故也　故不敢失
㊟溫は郤氏の舊邑である、ということである。
(附)疏に「鄇是溫之別邑　本從溫内分出　溫屬晉　鄇屬周　溫是郤氏舊邑　郤氏既已得溫　則謂從溫而分出者　亦宣從溫而屬郤氏　故郤至爭之」とある。
〔傳〕劉子單子曰　昔周克商　使諸侯撫封
㊟それぞれ、その封内の土地を撫有した。
〔傳〕蘇忿生以溫爲司寇　與檀伯達封于河
㊟「蘇忿生」は、周の武王の司寇、蘇公である。檀伯達とともに河内に封ぜられた。
(附)注の「蘇忿生　周武王司寇蘇公也」については、隱公十一年の傳文「而與鄭人蘇忿生之田」の注に、同文がみえる。なお、その(附)を參照。
〔傳〕蘇氏卽狄　又不能於狄而奔衛
㊟事は、僖公十年にある。
(附)僖公十年の傳文に「春狄滅溫　蘇子無信也　蘇子叛王卽狄　又不能於狄　狄人伐之　王不救　故滅　蘇子奔衛」とある。
〔傳〕襄王勞文公而賜之溫
㊟僖公二十五年にある。
(附)僖公二十五年の傳文に「夏四月丁巳王入于王城（中略）戊午晉侯朝王　王饗醴　命之宥（中略）與之陽樊溫原欑茅之田」とある。
〔傳〕狐氏陽氏先處之
㊟狐溱と陽處父とが先に溫の地を食んでいた。
(附)僖公二十五年の傳文に「狐溱爲溫大夫」とある。また、文公六年の傳

文に「陽處父至自溫」とある。
傳而後及子　若治其故　則王官之邑也　子安得之　晉侯使郤至勿敢爭
㊟傳は、郤至は貪欲だったために亡んだ、ということを言っているのである。
(附)十七年に「晉殺其大夫郤錡郤犨郤至」とある。

傳宋華元善於令尹子重　又善於欒武子　聞楚人既許晉羅茷成　而使歸復命矣
㊟前年にある。
(附)十年の傳文に「春晉侯使羅茷如楚　報大宰子商之使也」とある。
傳冬華元如楚　遂如晉　合晉楚之成
㊟明年の、宋の西門の外で盟ったこと、のために本を張ったのである。
(附)十二年の傳文に「宋華元克合晉楚之成　夏五月晉士燮會楚公子罷許偃癸亥盟于宋西門之外」とある。

傳秦晉爲成　將會于令狐　晉侯先至焉　秦伯不肯涉河　次于王城　使史顆盟晉侯于河東
㊟「史顆」は、秦の大夫である。
傳晉郤犨盟秦伯于河西
㊟王城に行って盟ったのである。
傳范文子曰　是盟也何益　齊盟　所以質信也
㊟「齊」とは、心を一つにすることである。「質」は、成である。
(附)注の「齊　一心」については、襄公二十二年の傳文「楚亦不競　寡君盡其土實　重之以宗器　以受齊盟」の注に「齊　同也」とある。なお、『國語』晉語八「諸侯有盟未退　而魯背之　安用齊盟」の韋注に「齊　一也」とあり、また、同呉語「越爲不道　背其齊盟」の韋注に「齊　同也」とあるのを參照。ちなみに、莊公十六年の公羊傳文に「同盟者何　同欲也」とあり、何注に「同心欲盟也」とある。
注の「質　成也」については、『爾雅』釋詁に「質　成也」とあるのを參照。
なお、異説として、安井衡『左傳輯釋』に「齊　肅也　凡盟必肅敬　故謂之齊盟　質　正也　正諸鬼神也」とある。
傳會所　信之始也　始之不從　其可質乎　秦伯歸而背晉成
㊟十三年の「伐秦」のために傳したのである。
(附)十三年に「夏五月公自京師遂會晉侯齊侯宋公衞侯鄭伯曹伯邾人滕人伐秦」とある。
なお、傳文の「其何質乎」の「何」は、諸本に従って、「可」に改める。

〔成公十二年〕

經十有二年春周公出奔晉

經夏公會晉侯衞侯于瑣澤
㊟「瑣澤」は、地(名)で、闕〔不明〕である。

【經】秋晉人敗狄于交剛
【注】「交剛」は、地(名)で、闕〔不明〕である。
【經】冬十月

【傳】十二年春王使以周公之難來告
【注】周公が奔ったことは、前年にある。
【附】十一年の傳文に「周公楚惡惠襄之偪也　且與伯與爭政　不勝　怒而出及陽樊　王使劉子復之　盟于鄄而入　三日復出奔晉」とある。
【傳】書曰周公出奔晉　凡自周無出　周公自出故也
【注】天子には外がないから、奔った場合、（普通は）「出」とは言わない〔單に「奔」と言う〕。（今ここで）周公は、王にもどしてもらったのに、自分から周と絶縁したから、（特別に）「出」と書いて非難したのである。
【附】すぐ上の【附】に引いた十一年の傳文の注に「王既復之　而復出　所以自絶於周」とある。なお、僖公二十四年「冬天王出居于鄭」の注に「天子以天下爲家　故所在稱居　天子無外　而書出者　譏王蔽於匹夫之孝　不顧天下之重」とあり、その疏に引く『釋例』に「天子以天下爲家　故傳曰　凡自周無出」とあるのを參照。
なお、疏に引く鄭玄『鄭志』に「凡自周無出者　周無放臣之法　罪大者刑之　小則宥之」とある。

【傳】宋華元克合晉楚之成
【注】前年の事に結末をつけたのである。
【附】十一年の傳文に「宋華元善於令尹子重　又善於欒武子　聞楚人既許晉羅茷成　而使歸復命矣　冬華元如楚　遂如晉　合晉楚之成」とあり、注に「爲明年盟宋西門外張本」とある。
【傳】夏五月晉士燮會楚公子罷許偃
【注】二子は、楚の大夫である。
【傳】癸亥盟于宋西門之外　曰　凡晉楚無相加戎　好惡同之　同恤菑危　備救凶患　若有害楚　則晉伐之　在晉　楚亦如之　交贄往來　道路無壅
【注】「贄」は、幣〔禮物〕である。
【附】襄公十四年の傳文に「贄幣不通　言語不達」とある。
【傳】謀其不協　而討不庭
【注】背叛して王庭にやって來ない者を討つ、ということである。
【附】隱公十年の傳文「以王命討不庭」の注に「下之事上　皆成禮於庭中」とある。
【傳】有渝此盟　明神殛之
【注】「殛」は、誅である。
【附】僖公二十八年の傳文「有渝此盟　明神殛之」等の注に、同文がみえる。
なお、その【附】を參照。
【傳】俾隊其師　無克胙國
【注】「俾」は、使である。「隊」は、失である。

(附)注の「俾　使也」については、僖公二十八年の傳文「俾隊其師　無克祚國」等の注に、同文がみえる。なお、その(附)を參照。
注の「隊　失也」については、『國語』楚語下「自先王莫墜其國」の韋注に「墜　失也」とあるのを參照。なお、文公十八年及び昭公二十五年の傳文に「弗敢失隊」とある。

(傳)鄭伯如晉聽成

(注)「聽」は、受と同じである。晉と楚が和平したから、鄭は(晉に)往って命を受けたのである。

(附)襄公四年の傳文「冬公如晉聽政」の注に「受貢賦多少之政」とある。なお、『戰國策』齊一「靖郭君不聽」の高注に「聽　受」とあるのを參照。

(傳)會于瑣澤　成故也

(注)晉は、楚と和平すると、諸侯を集めて、そのことを申し渡したのである。

(傳)狄人間宋之盟以侵晉　而不設備　秋晉人敗狄于交剛

(傳)晉郤至如楚聘　且涖盟　楚子享之　子反相　爲地室而縣焉

(注)「縣」は、鍾鼓である。

(附)『禮記』曲禮下「祭事不縣」の注に「縣　樂器　鍾磬之屬也」とあるのを參照。

(傳)郤至將登

(注)堂に登ろうとしたのである。

(傳)金奏作於下

(注)鍾をうって音樂を演奏し(はじめ)たのである。

(附)襄公四年の傳文「金奏肆夏之三」の注に「蓋擊鍾而奏此三夏曲」とある。なお、『周禮』鍾師「鍾師掌金奏」の注に「金奏　擊金以爲奏樂之節　金謂鍾及鎛」とあるのを參照。また、『國語』魯語下「夫先樂金奏肆夏樊遏渠　天子所以饗元侯也」の韋注に「金奏　以鍾奏樂也」とあるのを參照。

(傳)驚而走出　子反曰　日云莫矣　寡君須矣　吾子其入也　賓曰　君不忘先君之好　施及下臣　貺之以大禮　重之以備樂

(注)「貺」は、賜である。

(附)僖公十五年の傳文「女承筐　亦無貺也」等の注に、同文がみえる。なお、その(附)を參照。

(傳)如天之福　兩君相見　何以代此　下臣不敢

(注)これは、兩君が相まみえる際の禮である、ということである。

(傳)子反曰　如天之福　兩君相見　無亦唯是一矢以相加遺　焉用樂

(注)兩君は、戰ってはじめて相まみえる〔戰時以外に相まみえることはない〕から、この樂を用いることはあり得ない、ということである。

(傳)寡君須矣　吾子其入也　賓曰

(注)傳は、諸諸の、相互に謙讓して、賓・主としての辭令にかなっているものについては、「賓」・「主」と言って、そのことを明らかにする場合が多い。

傳若讓之以一矢　禍之大者　其何福之爲　世之治也　諸侯間於天子之事　則相朝也

㊟王へのつとめにひまができれば、私的な〔諸侯どうしの〕よしみを通ずる。

傳於是乎有享宴之禮　享以訓共儉

㊟享するときは、身體を二つにさいてすすめる。几〔ひじかけ〕を設けてもよりかからず、爵〔さかずき〕がみちても飲まず、肴〔さかな〕がかわいても食べない。共儉をおしえるため(の手立て)である。

(附)宣公十六年の傳文に「王享有體薦」とあり、注に「享則半解其體而薦之所以示共儉」とある。また、昭公五年の傳文に「設机而不倚　爵盈而不飲」とあり、注に「言務行禮」とある。なお、『禮記』聘義に「肉乾　人飢而不敢食也」とあるのを參照。

傳宴以示慈惠

㊟宴するときは、肢體をばらばらにして俎にのせ、いっしょに食べる。

(附)宣公十六年の傳文に「宴有折俎」とあり、注に「體解節折　升之於俎　物皆可食　所以示慈惠也」とある。

傳共儉以行禮　而慈惠以布政　政以禮成　民是以息　百官承事　朝而不夕

㊟「不夕」とは、(夕方には)なにもしないということである。

(附)哀公十四年の傳文「子我夕」の注に「夕視事」とある。なお、『國語』晉語八「叔向聞之　夕」の韋注に「夕至於朝」とあるのを參照。

傳此公侯之所以扞城其民也

㊟「扞」は、蔽〔おおいまもる〕である。(公侯が)享宴して鄰國とよしみを結ぶのは、その民をおおいまもるため(の手立て)である、ということである。

(附)桓公十二年の傳文「請無扞采樵者以誘之」及び文公六年の傳文「親帥扞之」の注に「扞　衞也」とあるのを參照。なお、僖公二十四年の傳文に「扞禦侮者　莫如親親　故以親屏周」とある。

傳故詩曰　赳赳武夫　公侯干城

㊟「詩」は、〈周南〉の風〈兎罝〉である。「赳赳」は、たけだけしい様子である。「干」は、扞である。公侯が武夫といっしょにするのは、(その民を)難からまもることだけである〔他國を侵伐したりはしない〕、ということである。

(附)毛傳に「赳赳　武貌　干　扞也」とあり、鄭箋に「諸侯可任以國守　扞城其民　折衝禦難於未然」とあるのを參照。

傳及其亂也　諸侯貪冒　侵欲不忌　爭尋常以盡其民

㊟八尺を「尋」といい、尋の二倍を「常」という。尺丈の地〔ほんのわずかな土地〕を争って、攻伐し合う、ということである。

(附)『周禮』廬人「殳長尋有四尺　車戟常」の注に「八尺曰尋　倍尋曰常」とあるのを參照。また、『國語』周語下「不過墨丈尋常之間」の韋注に「八尺爲尋　倍尋爲常」とあるのを參照。

傳略其武夫　以爲己腹心股肱爪牙

㊟「略」は、取である。世が乱れると、公侯は、武夫を自分の思いどおりに制禦して、止めどなく、鄰國を侵害させ、ひっかいたりかんだり

する役目を行なわせる、ということである。

(附)注の「略　取也」については、宣公十五年の傳文「壬午晉侯治兵于稷以畧狄土」の注に、同文がみえる。

注の「搏噬之用」については、『文選』巻第三十七曹子建〈求自試表〉に「試之狡兔之捷　以驗搏噬之用」とあるのを參照。

【傳】故詩曰　赳赳武夫　公侯腹心

㊟(ここは)正しい場合を言っている詩を擧げて、亂れた場合のことをなじったのである。(つまり)詩が言っているのは、治まった世では、武夫がよく公侯と德を合致させ、(それによって、公侯は)外に向かっては、(民の)まもり手となり、内に向かっては、自分の腹心をおさえることが出來る、ということである。

(附)異説として、陸粲『左傳附注』に「所引二詩　分屬治亂　此上文曰　及其亂也　略其武夫　以爲己腹心股肱爪牙　即繼之以此詩　則所謂公侯腹心者　非治世之美辭矣　古人説經　大抵斷章取義　杜亦嘗云　春秋傳引詩　不與今説詩者同　于此乃獨謂擧詩之正以駮亂義　得無與前指謬乎」とある。

【傳】天下有道　則公侯能爲民干城　而制其腹心　亂則反之

㊟(「反之」とは)「武夫を取りこんで、自分の腹心や(股肱や)爪牙にする」〔上の傳文〕ということである。

【傳】今吾子之言　亂之道也　不可以爲法　然吾子主也　至敢不從　遂入卒事　歸以語范文子　文子曰　無禮　必食言　吾死無日矣夫

㊟晉と楚とは、ながく平和をたもつことが出來ず、必ずまた攻伐し合う、ということである。十六年の鄢陵での戰いのために本を張ったのである。

(附)十六年に「甲午晦晉侯及楚子鄭伯戰于鄢陵」とある。

【傳】冬楚公子罷如晉聘　且涖盟

㊟郤至に返報したのである。

(附)上の傳文に「晉郤至如楚聘　且涖盟」とある。

【傳】十二月晉侯及楚公子罷盟于赤棘

㊟(「赤棘」は)晉地である。

(附)元年「夏臧孫許及晉侯盟于赤棘」の注に、同文がみえる。

〔成公十三年〕

【經】十有三年春晉侯使郤錡來乞師

㊟秦を伐とうとしたのである。侯伯は兵を召すはずなのに、「乞師」と言っているのは、謙辭である。

(附)疏に引く『釋例』に「乞師者　深求過理之辭　執謙以逼成其計」とある。

【經】三月公如京師

㊟秦を伐ちに行く途中、京師を通過したから、そのまま〔ついでに〕王に朝したのである。

(附)公羊傳文「不敢過天子也」の何注に「時本欲直伐秦　塗過京師　不敢過天子而不朝　生事　脩朝禮而後行」とあるのを參照。

【經】夏五月公自京師遂會晉侯齊侯宋公衞侯鄭伯曹伯邾人滕人伐秦

【經】曹伯盧卒于師

【注】(名を書いているのは)五たび同盟した(からである)。

【附】僖公二十三年の傳文に「凡諸侯同盟　死則赴以名　禮也」とあるのを參照。

【經】秋七月公至自伐秦

【注】傳はない。

【經】冬葬曹宣公

【傳】十三年春晉侯使郤錡來乞師　將事不敬

【注】「將事」とは、君命を實行するということである。

【附】『儀禮』聘禮「束帛加書將命」の注に「將猶致也」とあるのを參照。

【傳】孟獻子曰　郤氏其亡乎　禮　身之幹也　敬　身之基也　郤子無基　且先君之嗣卿也　受命以求師　將社稷是衞　而惰　弃君命也　不亡何爲

【注】郤錡は郤克の子であるから、「嗣卿」と言っているのである。十七年の、晉が郤錡を殺したこと、のために傳したのである。

【附】『國語』周語下「晉郤錡見其語犯」の韋注に「郤錡　晉卿　郤克之子駒伯也」とあるのを參照。なお、十七年に「晉殺其大夫郤錡郤犫郤至」とある。

【傳】三月公如京師　宣伯欲賜

【注】王が自分に(賞與を)賜わることを期待した。

【傳】請先使　王以行人之禮禮焉

【注】(特に)厚遇しなかった。

【附】『國語』周語中に「王遂不賜　禮如行人」とあり、韋注に「如使人之禮　無加賜也」とあるのを參照。

【傳】孟獻子從　王以爲介而重賄之

【注】「介」は、威儀を輔佐する者である。獻子が公をたすけるのに禮によったから、王は彼に手厚く贈物をしたのである。

【附】『國語』周語中「及魯侯至　仲孫蔑爲介」の韋注に「左賓爲介　介上介　所以佐儀也」とあるのを參照。

【傳】公及諸侯朝王　遂從劉康公成肅公會晉侯伐秦

【注】「劉康公」は、王季子である。劉・成の二公を(經に)書いていないのは、(周は)武力を秦に加えなかったからである。

【附】宣公十年に「秋天王使王季子來聘」とあり、傳に「秋劉康公來報聘」とある。

【傳】成子受脤于社　不敬

【注】「脤」は、宜社の肉である。脤器に盛るから、「脤」という。宜は、出兵の際に社を祭ることの名稱である。

【附】閔公二年の傳文「受脤於社」の注に「脤　宜社之肉　盛以脤器」とあ

る。なお、その(附)を參照。
【傳】劉子曰　吾聞之　民受天地之中以生　所謂命也　是以有動作禮義威儀之則　以定命也　能者養以之福
㊟威儀を養って福をまねきよせる。
(附)傳文の「能者養之以福」は、姚寛『西溪叢語』卷上に「班固五行志云　能者養以之福　顏師古云（之　往也）能養生者　則定禮義威儀　自致於福　此注與杜同　左氏本誤」とあるのに從って、「能者養以之福」に改める。ちなみに、下の疏に「故人有能者　養其威儀禮法　以往適於福」とあり、また、「之　往也（中略）謂將身向福也（中略）福則人之所欲　作往就之辭也」とある。なお、挍勘記を參照。
【傳】不能者敗以取禍　是故君子勤禮　小人盡力　勤禮莫如致敬　盡力莫如敦篤　敬在養神　篤在守業　國之大事　在祀與戎　祀有執膰
㊟「膰」は、祭の肉である。
(附)僖公二十四年の傳文「天子有事　膰焉」の注に、同文がみえる。
【傳】戎有受脤　神之大節也
㊟神と交わるための大節である。
【傳】今成子惰　弃其命矣
㊟おこたれば、中和の氣を失う。
(附)上の傳文に「民受天地之中以生　所謂命也」とある。
【傳】其不反乎
㊟「成肅公卒于瑕」（下の傳文）のために本を張ったのである。

【傳】夏四月戊午晉侯使呂相絶秦
㊟「呂相」は、魏錡の子である。おそらく、自分がいつかった辭命を口頭で述べたのであろう。
(附)『國語』晉語七「使呂宣子將下軍」の韋注に「宣子　呂錡之子呂相」とあるのを參照。なお、『史記』晉世家「使呂相讓秦」の〈集解〉に「賈逵曰　呂相　晉大夫」とある。
【傳】曰　昔逮我獻公及穆公
㊟晉の獻公と秦の穆公とである。
【傳】相好　戮力同心　申之以盟誓　重之以昏姻
㊟穆公の夫人は、獻公の女〔むすめ〕である。
(附)莊公二十八年の傳文に「晉獻公娶于賈　無子　烝於齊姜　生秦穆夫人及大子申生」とある。
【傳】天禍晉國　文公如齊　惠公如秦
㊟驪姬を避けたのである。狄や梁のことを言っていないのは、たよりにした大國(だけ)を擧げたのである。
(附)すぐ上の(附)に引いた莊公二十八年の傳文のつづきに「又娶二女於戎　大戎狐姬生重耳　小戎子生夷吾　晉伐驪戎　驪戎男女以驪姬　歸　生奚齊　其娣生卓子　驪姬嬖　欲立其子　賂外嬖梁五與東關嬖五　使言於公曰（中略）晉侯説之　夏使大子居曲沃　重耳居蒲城　夷吾居屈　羣公子皆鄙　唯二姬之子在絳　二五卒與驪姬譖羣公子而立奚齊」とあり、僖公五年の傳文に「及難　公使寺人披伐蒲　重耳曰（中略）遂出奔翟」とあり、同六年の傳文に「春晉侯使賈華伐屈　夷吾不能守　盟

而行　將奔狄　郤芮曰　後出同走　罪也　不如之梁　梁近秦而幸焉　乃之梁」とあり、同二十三年の傳文に「晉公子重耳之及於難也（中略）遂奔狄（中略）及齊　齊桓公妻之　有馬二十乘　公子安之」とある。

【傳】無祿　獻公即世　穆公不忘舊德　俾我惠公用能奉祀于晉

㊟僖公十年に、秦が惠公を送り込んだ。

（附）僖公十年の傳文に「夏四月周公忌父王子黨會齊隰朋立晉侯」とある。なお、同九年の傳文に「晉郤芮使夷吾重賂秦以求入（中略）齊隰朋帥師會秦師納晉惠公」とある。

【傳】又不能成大勳　而爲韓之師

㊟僖公十五年に、秦が晉を伐って、惠公をとらえた。

（附）僖公十五年に「十有一月壬戌晉侯及秦伯戰于韓　獲晉侯」とある。

【傳】亦悔于厥心　用集我文公

㊟「集」は、成である。

（附）二年の傳文「可以集事」等の注に、同文がみえる。なお、その（附）を參照。

【傳】是穆之成也

㊟晉に對して功業を成就した。

【傳】文公躬擐甲冑　跋履山川

㊟草野を行くことを「跋」という。

（附）『詩』鄘風〈載馳〉「大夫跋渉」の毛傳に「草行曰跋」とあるのを參照。

【傳】踰越險阻　征東之諸侯　虞夏商周之胤而朝諸秦　則亦既報舊德矣　鄭人怒君之疆埸　我文公帥諸侯及秦圍鄭

㊟（實は）鄭が楚についたという理由で、晉の方から圍んだのであって、鄭は秦を侵したわけではない。（つまり）晉はこれによって〔このように言うことで〕、秦に責任をなすりつけたのである。事は、僖公三十年にある。

（附）僖公三十年の傳文に「九月甲午晉侯秦伯圍鄭　以其無禮於晉　且貳於楚也」とある。

【傳】秦大夫不詢于我寡君　擅及鄭盟

㊟「詢」は、謀である。盟ったのは秦伯だが、へりくだって「大夫」と言ったのである。

（附）注の「詢　謀也」については、襄公八年の傳文「兆云詢多」の注に、同文がみえる。なお、『爾雅』釋詁に「詢　謀也」とあるのを參照。注の「盟者秦伯」については、僖公三十年の傳文に「秦伯説　與鄭人盟」とある。

【傳】諸侯疾之　將致命于秦

㊟一命をなげうって秦を討とうとした、ということである。この時、諸侯は（その場に）いなかった。おそらく、諸侯は、遠くからこのような意志を傳えてきたのであろう。

【傳】文公恐懼　綏靜諸侯　秦師克還無害　則是我有大造于西也

㊟「造」は、成である。晉は秦に對して功業を成就した、ということである。

（附）『詩』周頌〈閔予小子〉「遭家不造」の鄭箋に「造猶成也」とあるの

を參照。なお、上の傳文「是穆之成也」の注に「成功於晉」とある。

【傳】無祿　文公卽世　穆爲不弔

㊟（穆公に）いたんでもらえなかった。

【傳】蔑死我君　寡我襄公

㊟「寡」は、弱である。

(附)昭公二十七年の傳文に「鄢氏費氏自以爲王　專禍楚國　弱寡王室」とあるのを參照。

なお、傳文の「蔑死我君」については、章太炎『春秋左傳讀』に「釋文　死我君　本或以我字在死上　洪稚存本從之　詁曰　惠棟曰　案僖三十三年傳　其爲死君乎　可謂死君乎　尋文義　當云蔑我死君　鄭康成易注云　蔑　輕慢也　今據釋文改正　麟案　惠洪皆非也　魏志文帝紀終制曰　若違今詔云云　臣子爲蔑死君父　不忠不孝　此語本左傳是魏初本作蔑死我君也　尋論語亡之命矣夫　宣五王傳作蔑之　亡猶死也　蔑亦死也　已死而遺亡之曰死　已蔑而遺亡之曰蔑　故曰蔑死」とある。ちなみに、疏には「輕蔑文公以爲死無知矣」とある。

【傳】迭我殽地　奸絶我好　伐我保城　殄滅我費滑

㊟「保城を伐った」というのは、（事實ではなく）言い掛かりをつけたのである。「費滑」とは、費に都していた滑國で、今の緱氏縣である。

(附)莊公十六年「冬十有二月會齊侯宋公陳侯衛侯鄭伯許男滑伯滕子同盟于幽」の注に「滑國都費　河南緱氏縣」とある。

【傳】散離我兄弟　撓亂我同盟

㊟滑は、晉の同姓である。

(附)襄公二十九年の傳文に「虞虢焦滑霍揚韓魏皆姬姓也」とあるのを參照。

【傳】傾覆我國家　我襄公未忘君之舊勳

㊟文公を送り込んだという勳功である。

(附)僖公二十四年の傳文に「春王正月秦伯納之」とある。

【傳】而懼社稷之隕　是以有殽之師

㊟僖公三十三年にある。

(附)僖公三十三年に「夏四月辛巳晉人及姜戎敗秦師于殽」とある。

【傳】猶願赦罪于穆公

㊟晉は秦にゆるしをこい求めた。

(附)王引之『經義述聞』に「赦與釋同　釋　解也　故杜注曰　晉欲求解於秦　釋赦古同聲　故說文赦從赤聲　赤釋聲相近也」とあるのを參照。

【傳】穆公弗聽　而卽楚謀我　天誘其衷　成王隕命

㊟秦は、鬬克を楚に歸し、和平を求めさせた。事は、文公十四年にみえる。文公元年に、楚は成王を弑した。

(附)文公十四年の傳文に「初鬬克囚于秦　秦有殽之敗　而使歸求成」とある。また、同元年に「冬十月丁未楚世子商臣弑其君頵」とある。

【傳】穆公是以不克逞志于我

㊟「逞」は、快（ほしいままにする）である。

(附)桓公六年の傳文「今民餒而君逞欲」等の注に、同文がみえる。なお、その(附)を參照。

【傳】穆襄卽世　康靈卽位

㊟文公六年に、晉の襄公と秦の穆公とが、二人とも卒した。

(附)文公六年の傳文に「秦伯任好卒」とあり、注に「任好　秦穆公名」とある。また、「八月乙亥晉襄公卒」とある。

【傳】康公　我之自出

㊟晉の外甥である。

(附)莊公二十二年の傳文「陳厲公　蔡出也」の注に「姊妹之子曰出」とあるのを參照。

【傳】又欲闕翦我公室　傾覆我社稷　帥我蝥賊　以來蕩搖我邊疆

㊟「蝥賊」は、穀物を食う(害)蟲の名である。秦が公子雍を送り込んだことをいう。

(附)注の前半については、『爾雅』釋蟲に「食節　賊　食根　蟊」とあるのを參照。

注の後半については、文公六年の傳文に「八月乙亥晉襄公卒　靈公少　晉人以難故　欲立長君　趙孟曰　立公子雍　好善而長　先君愛之　且近於秦　秦　舊好也（中略）先君是以愛其子　而仕諸秦　爲亞卿焉　秦大而近　足以爲援（中略）使先蔑士會如秦逆公子雍」とあり、また、同七年の傳文に「秦康公送公子雍于晉」とある。

【傳】我是以有令狐之役

㊟文公七年にある。

(附)文公七年の傳文に「宣子與諸大夫皆患穆嬴　且畏偪　乃背先蔑而立靈公　以禦秦師（中略）戊子敗秦師于令狐」とある。

なお、注の「十」は、諸本に従って、「七」に改める。

【傳】康猶不悛　入我河曲

㊟「悛」は、改である。

(附)襄公四年の傳文「羿猶不悛」等の注に、同文がみえる。なお、『方言』第六に「悛　懌　改也　自山而東　或曰悛　或曰懌」とあるのを參照。

また、『國語』魯語下「夙之事君也　不敢不悛」の韋注に「悛　改也」とあるのを參照。

【傳】伐我涑川　俘我王官

㊟涑水は、河東の聞喜縣から出て、西南に流れ、蒲坂縣に至って、黃河に注いでいた。

(附)『續漢書』郡國志一に「河東郡（中略）聞喜邑（中略）有涑水」とあるのを參照。

【傳】翦我羈馬　我是以有河曲之戰

㊟文公十二年にある。

(附)文公十二年に「冬十有二月戊午晉人秦人戰于河曲」とあり、傳に「秦爲令狐之役故　冬秦伯伐晉取羈馬　晉人禦之」とある。

【傳】東道之不通　則是康公絕我好也

㊟康公が自分から斷絕したため、東方の晉と(往來が)通じなくなった、ということである。

(附)異説として、安井衡『左傳輯釋』に「東道之不通　與上文征東之諸侯虞夏商周之胤而朝諸秦相應　言康公絕我好　故東之諸侯不復朝於秦　秦亦不能東通於諸侯也　是斷辭　若康公自絕不通　何言是」とある。

【傳】及君之嗣也

㊟「君」とは、秦の桓公である。

〔傳〕我君景公引領西望曰　庶撫我乎

〔注〕秦が晉を安撫することを望んだ。

〔傳〕君亦不惠稱盟

〔注〕晉の望みに合わせて共に盟おうとはしなかった。

〔附〕異説として、陸粲『左傳附注』に「稱　舉也　言不肯加惠於晉而舉盟」とあり、また、安井衡『左傳輯釋』に「陸説可通　然恐不若訓道　言秦不欲與晉和　不肯稱道盟事焉」とある。

〔傳〕利吾有狄難

〔注〕晉が潞氏を滅した時のことをいう。

〔附〕宣公十五年に「六月癸卯晉師滅赤狄潞氏」とある。

〔傳〕入我河縣　焚我箕郜　芟夷我農功

〔注〕「夷」は、傷である。

〔附〕十六年の傳文に「子反命軍吏察夷傷」とあり、注に「夷亦傷也」とある。なお、『國語』晉語三「將止不面夷　死」の韋注に「夷　傷也」とあるのを參照。

〔傳〕虔劉我邊垂

〔注〕「虔」・「劉」は、いずれもみな、殺である。

〔附〕『方言』第一に「虔劉慘惏　殺也　秦晉宋衞之間　謂殺曰劉　晉之北鄙　亦曰劉　秦晉之北鄙　燕之北郊　翟縣之郊　謂賊爲虔」とあり、同第三に「虔散　殺也（中略）青徐淮楚之間曰虔」とあるのを參照。また、『爾雅』釋詁に「劉　殺也」とあるのを參照。なお、異説として、『周禮』司刑の疏に引く『書』呂刑「奪攘撟虔」の鄭注に「有因而盜曰攘　撟虔謂撓擾　春秋傳　虔劉我邊垂　謂刼奪人物以相撓擾也」とある。

なお、傳文の「陲」は、挍勘記に從って、「垂」に改める。

〔傳〕我是以有輔氏之聚

〔注〕「聚」は、衆である。宣公十五年にある。

〔附〕宣公十五年の傳文に「秋七月秦桓公伐晉　次于輔氏　壬午晉侯治兵于稷　以畧狄土　立黎侯而還　及雒　魏顆敗秦師于輔氏」とある。

〔傳〕君亦悔禍之延

〔注〕「延」は、長である。

〔附〕『爾雅』釋詁及び『方言』第一に「延　長也」とあるのを參照。

〔傳〕而欲徼福于先君獻穆

〔注〕晉の獻公と秦の穆公とである。

〔傳〕使伯車來命我景公

〔注〕「伯車」は、秦の桓公の子である。

〔附〕襄公二十五年の傳文「秦伯車如晉涖盟」の注に「伯車　秦伯之弟鍼也」とある。

〔傳〕曰　吾與女同好弃惡　復脩舊德　以追念前勳　言誓未就　景公卽世　我寡君是以有令狐之會

〔注〕「令狐の會」は、十一年にある。（ここは）厲公（自身）の辭命を（そのまま）述べたものであるから、「寡人」と言うはずであって、「君」と稱しているのは、誤りである。

〔附〕注の前半については、十一年の傳文に「秦晉爲成　將會于令狐」とある。

注の後半については、上の傳文「夏四月戊午晉侯使呂相絶秦」の注に「蓋口宣己命」とあるのを參照。なお、異說として、顧炎武『左傳杜解補正』に「一篇之中　稱寡君者三　我君者一　寡人者五　當是屬文之時　未曾參訂　然古人之文　亦往往不拘　如文十七年傳　鄭子家與趙宣子書　前稱寡君　後云夷與孤之二三臣　亦其類也」とある。

傳君又不祥

注「祥」は、善である。

附僖公三年の傳文「弃德不祥」の注に、同文がみえる。なお、『爾雅』釋詁に「祥　善也」とあるのを參照。

傳背弃盟誓　白狄及君同州

注「及」は、與（～と）である。

附隱公元年の公羊傳文に「及者何　與也」とあるのを參照。

傳君之仇讎　而我昏姻也

注季隗は、廧咎如（つまり）赤狄の女（むすめ）であったが、白狄が（赤狄を）伐って彼女を獲得し、これを文公に獻上したのである。

附僖公二十三年の傳文に「晉公子重耳之及於難也　晉人伐諸蒲城（中略）遂奔狄（中略）狄人伐廧咎如（注　廧咎如　赤狄之別種也　隗姓）獲其二女叔隗季隗　納諸公子　公子取季隗」とあるのを參照。なお、異說として、陸粲『左傳附注』に「春秋經傳中　書赤狄白狄　皆標其號　文公所奔之狄　傳不言赤白　此杜臆說耳　孔疏曰　未必晉于白狄別無昏姻　斯言是也」とある。

なお、傳の「而我之昏姻也」の「之」は、挍勘記に從って、衍文とみなす。

傳君來賜命曰　吾與女伐狄　寡君不敢顧昏姻　畏君之威　而受命于吏君有二心於狄　曰　晉將伐女　狄應且憎　是用告我

注狄は、秦に應荅したけれども、內心、秦に信義がないことを憎んだいた、ということである。

附異說として、王引之『經義述聞』に「家大人曰　廣雅　應　受也　言狄人受君之言　且憎君之無信　是以來告我也　周語　班先王之大物以賞私德　其叔父實應且憎　以非余一人　韋注曰　應猶受　言晉文雖當私賞　猶非我一人也　晉語　若以君官從子之私　懼子之應且憎也　注曰　外應受我　內憎其非　是凡言應且憎者　皆謂受且憎　非謂應荅也」とある。

傳楚人惡君之二三其德也　亦來告我　曰　秦背令狐之盟　而來求盟于我　昭告昊天上帝秦三公楚三王

注「三公」とは、穆・康・共である。「三王」とは、成・穆・莊である。

傳曰　余雖與晉出入

注「出入」は、往來と同じである。

附僖公二十八年の傳文「出入三覲」の注に「出入猶去來也」とあるのを參照。

傳余唯利是視　不穀惡其無成德　是用宣之　以懲不壹　諸侯備聞此言　斯是用痛心疾首　暱就寡人

注「疾」もまた「痛」である。「暱」は、親である。

(附)注の「暱　親也」については、閔公元年の傳文に「諸夏親暱」とあり、
注に「暱　近也」とある。なお、その(附)を參照。

【傳】寡人帥以聽命　唯好是求　君若惠顧諸侯　矜哀寡人　而賜之盟　則寡人之願也　其承寧諸侯以退

㊟君の意を承けて諸侯を寧静する〔しずめる〕、ということである。

(附)異説として、章太炎『春秋左傳讀』に「此本上文綏靜諸侯之意　然承君之意　以寧靜諸侯　謂之承寧諸侯　于詞未達　按　詩魯頌閟宮　則莫我敢承　傳　承　止也　亦作懲　小雅沔水　寧莫之懲　傳　懲　止也　亦作徵　白虎通禮樂　徵者　止也　陽氣止　亦作澄　淮南說山人莫鑑于沫雨　而鑑于澄水　注　澄水　止水也　是皆與承聲義相同矣　晉語　聞子與龢未寧　韋解　寧　息也　然則承寧諸侯以退　言止息諸侯以退也　上文之綏靜諸侯　綏卽妥　釋詁云　妥　止也　又云　寧　靜也　然則靜亦寧也　則亦息也　是綏靜卽承寧矣」とある。

【傳】豈敢徼亂

㊟「徼」は、要〔もとめる〕である。

(附)文公十二年の傳文「寡君願徼福于周公魯公以事君」等の注に、同文がみえる。なお、その(附)を參照。

【傳】君若不施大惠　寡人不佞　其不能以諸侯退矣　敢盡布之執事　俾執事實圖利之

㊟「俾」は、使である。

(附)僖公二十八年の傳文「俾隊其師　無克祚國」等の注に、同文がみえる。
なお、その(附)を參照。
なお、疏に「服虔云　佞　才也　不才者　自謙之辭也」とある。
なお、諸本に従って、傳文「其不能諸侯退矣」の「能」の下に、「以」の字を補う。

【傳】秦桓公既與晉厲公爲令狐之盟　而又召狄與楚　欲道以伐晉　諸侯是以睦於晉

㊟晉の辭命には、(事實ではなく)秦に言い掛かりをつけたものが多いから、傳は、これらの三つの事實によって、(あらためて)秦の罪を正したのである。

【傳】晉欒書將中軍　荀庚佐之

㊟庚が荀首に代わったのである。

(附)三年の傳文に「於是荀首佐中軍矣」とある。

【傳】士燮將上軍

㊟荀庚に代わったのである。

(附)二年の傳文「庚所命也　克之制也　燮何力之有焉」の注に「荀庚將上軍」とある。

【傳】郤錡佐之

㊟士燮に代わったのである。

(附)二年の傳文に「士燮佐上軍」とある。

【傳】韓厥將下軍

㊟郤錡に代わったのである。

【傳】荀罃佐之

㊟趙同に代わったのである。

傳趙旃將新軍

注韓厥に代わったのである。

附三年の傳文「韓厥趙括鞏朔韓穿荀騅趙旃皆爲卿　賞鞌之功也」の注に「韓厥爲新中軍　趙括佐之」とある。

傳郤至佐之

注趙括に代わったのである。

附すぐ上の附を參照。

傳郤毅御戎　欒鍼爲右

注「郤毅」は、郤至の弟である。「欒鍼」は、欒書の子である。

傳孟獻子曰　晉師乘和　師必有大功

注「帥」は、軍帥であり、「乘」は、車士である。

傳五月丁亥晉師以諸侯之師及秦師戰于麻隧　秦師敗績　獲秦成差及不更女父

注「不更」は、秦の爵（名）である。「戰」・「敗績」を（經に）書いていない理由については、晉が直で秦が曲であった〔對等ではなかった〕からである、と考えようとしても、韓の役では、（秦が直で晉が曲であった、つまり、對等ではなかった、にもかかわらず）「戰」を書いている（から、だめである）。（また、赴告がなかったからである、と考えようとしても）この時、公は師〔現場〕にいたため、赴告をまつまでもなかった（から、だめである）。（また、戰果をあげられなかったことを諱んだからである、と考えようとしても）勝って捕虜を獲得し、（十二分に）戰果をあげたため、諱む必要はどこにもない（から、だめである）。おそらくは、（特に理由があるわけではなく、單に）經文からは缺落し、傳文にだけ殘ったものであろう。

附注の「不更　秦爵」については、楊伯峻『春秋左傳注』に「據漢書百官公卿表及續漢書百官志五劉昭注引劉劭爵制　不更僅是秦商鞅所定四級爵　士之最高級　不足爲大夫　爵位甚低　而左傳不但記其被獲　且書其名女父　或此春秋時之不更　與商鞅以後之不更名同實異　職位較高　劉劭爵制又云　不更者爲車右　此不更或即車右」とあるのを參照。

注の「韓役書戰」については、僖公十五年に「十有一月壬戌晉侯及秦伯戰于韓　獲晉侯」とある。なお、その傳文に「賂秦伯以河外列城五　東盡虢略　南及華山　内及解梁城　既而不與　晉饑　秦輸之粟　秦饑　晉閉之糴　故秦伯伐晉」とあるのを參照。

傳曹宣公卒于師　師遂濟涇　及侯麗而還

注「涇」水は、安定から出て、東南に流れ、扶風をへて、京兆の高陸縣で渭水に注いでいた。

附疏に引く『釋例』に「涇水出安定朝那縣西　東南經新平扶風　至京兆高陸縣入渭」とある。なお、『漢書』地理志下に「安定郡（中略）涇陽　幵頭山在西　禹貢涇水所出　東南至陽陵入渭」とあるのを參照。

傳迓晉侯于新楚

注「迓」は、迎である〔『爾雅』釋詁〕。戰いがおわった後、晉侯は新楚に止まっていたから、師が、ひきあげる途中、そこに立ち寄って、晉侯を迎えたのである。「麻隧」・「侯麗」・「新楚」は、いずれもみな、秦地である。

傳成肅公卒于瑕
注劉子の言葉に結末をつけたのである。「瑕」は、晉地である。
附上の傳文に「公及諸侯朝王　遂從劉康公成肅公會晉侯伐秦　成子受脤于社　不敬　劉子曰（中略）國之大事　在祀與戎　祀有執膰　戎有受脤　神之大節也　今成子惰　弃其命矣　其不反乎」とあり、注に「爲成肅公卒于瑕張本」とある。

傳六月丁卯夜鄭公子班自訾求入于大宮　不能　殺子印子羽
注「訾」は、鄭地である。「大宮」は、鄭の祖廟である。十年に班は許に出奔していたが、今ここで、もどって亂をおこそうとしたのである。「子印」・「子羽」は、いずれもみな、穆公の子である。
附注の「大宮　鄭祖廟」については、隱公十一年の傳文「五月甲辰授兵於大宮」等の注に、同文がみえる。
注の「十年班出奔許」については、十年の傳文に「鄭公子班聞叔申之謀　三月子如立公子繻（注　子如　公子班）夏四月鄭人殺繻　立髡頑　子如奔許」とある。
傳反軍于市　己巳子駟帥國人盟于大宮
注「子駟」は、穆公の子である。
附十年の傳文「子然盟于脩澤　子駟爲質」の注に「子然子駟　皆穆公子」とある。
傳遂從而盡焚之
注「焚」は、燒である。
附『周禮』掌戮「凡殺其親者焚之」の注に「焚　燒也」とあるのを參照。
傳殺子如子駹孫叔孫知
注「子如」は、公子班である。「子駹」は、班の弟である。「孫叔」は、子如の子である。「孫知」は、子駹の子である。
附十年の傳文「三月子如立公子繻」の注に「子如　公子班」とある。

傳曹人使公子負芻守　使公子欣時逆曹伯之喪
注二子は、いずれもみな、曹の宣公の庶子である。
附昭公二十年の公羊傳文「則未知　公子喜時從與」の疏に「賈服以爲盧之庶子」とあるのを參照。
傳秋負芻殺其大子而自立也
注（「其大子」とは）宣公の大子である。
傳諸侯乃請討之　晉人以其役之勞　請俟他年　冬葬曹宣公　既葬　子臧將亡
注「子臧」は、公子欣時である。
傳國人皆將從之
注負芻をよしとしなかったからである。
傳成公乃懼
注「成公」は、負芻である。
傳告罪　且請焉
注留まるよう子臧に請うたのである。
傳乃反　而致其邑

【注】邑を成公に返上したのである。十五年の「執曹伯」のために傳したのである。

〔成公十四年〕

【經】十有四年春王正月莒子朱卒

【注】傳はない。（名を書いているのは）九年に蒲で盟った（からである）。

【附】九年に「公會晉侯齊侯宋公衛侯鄭伯曹伯莒子杞伯同盟于蒲」とある。なお、僖公二十三年の傳文に「凡諸侯同盟　死則赴以名　禮也」とあるのを參照。

【經】夏衛孫林父自晉歸于衛

【注】晉が送り込んだから、「歸」と言っているのである。

【附】下の傳文に「晉侯使郤犨送孫林父而見之」とある。なお、十八年の傳文に「諸侯納之　曰歸」とあり、注に「有位無位皆曰歸」とあり、その疏に引く『釋例』に「衛孫林父蔡季是也」とあるのを參照。

【經】秋叔孫僑如如齊逆女

【注】成公が夫人を迎えた場合は、もっとも禮にかなっていたのに、經に「納幣」がないのは、文が缺けてなくなったのである。

【附】疏に引く『釋例』に「成公逆女　及夫人至　最爲得禮　故詳其文　丘明謂之微而顯　婉而成章也」とあり、また、「成公娶夫人而不納幣　此經文闕也　貴聘而賤逆　失禮之微者　傳猶詳之　言其不終　若實不納幣　非所略也」とある。

【經】鄭公子喜帥師伐許

【經】九月僑如以夫人婦姜氏至自齊

【經】冬十月庚寅衛侯臧卒

【注】（名を書いているのは）五たび同盟した（からである）。

【附】僖公二十三年の傳文に「凡諸侯同盟　死則赴以名　禮也」とあるのを參照。

【經】秦伯卒

【注】傳はない。二年に大夫が蜀で盟ったにもかかわらず、名をもって赴告してこなかった（から、名を書いていないのである）。例は、隱公七年にある。

【附】隱公七年の傳文に「凡諸侯同盟　於是稱名　故薨則赴以名」とある。なお、すぐ上の【附】に引いた僖公二十三年の傳文のつづきに「赴以名則亦書之（注　謂未同盟）不然則否（注　謂同盟而不以名告）」とあるのを參照。

【傳】十四年春衛侯如晉　晉侯強見孫林父焉

【注】林父は、七年に晉に奔っていた。無理に會わせようとしたのは、林父

を歸國させたかったからである。

(附)七年に「衞孫林父出奔晉」とある。

[傳]定公不可　夏衞侯既歸　晉侯使郤犨送孫林父而見之　衞侯欲辭　定姜曰　不可

㊟「定姜」は、定公の夫人である。

[傳]是先君宗卿之嗣也

㊟（「宗卿」とは）同姓の卿である。

(附)疏に引く『世本』に「孫氏出於衞武公　至林父八世」とある。

[傳]大國又以爲請　不許　將亡　雖惡之　不猶愈於亡乎　君其忍之

㊟大國にそむけば、必ず伐たれるから、亡びる、ということである。

[傳]安民而宥宗卿　不亦可乎　衞侯見而復之

㊟林父の位をもとにもどしたのである。

[傳]衞侯饗苦成叔

㊟「成叔」は、郤犨である。

(附)『國語』晉語六「且使苦成叔及欒黶興齊魯之師」の韋注に「苦成叔　郤犨」とあるのを參照。

[傳]甯惠子相

㊟「相」とは、禮を輔佐したのである。「惠子」は、甯殖である。

(附)二年の傳文「使相告之」の注に「相　相禮者」とある。なお、その(附)を參照。

[傳]苦成叔傲　甯子曰　苦成叔家其亡乎　古之爲享食也　以觀威儀省禍福也　故詩曰　兕觵其觩　旨酒思柔

㊟「詩」は、小雅（桑扈）である。君子は、禮を好み、酒を飲むときも、そろって柔和の德を思い、兕觵を準備はするけれども、觩然として使用しない、ということである。（「兕觵」は）兕の角で觵をつくるのであり、不敬を罰するためのものである。「觩」は、（使用せずに、ただ）ならべておく様子である。

(附)鄭箋に「兕觵　罰爵也　古之王者與羣臣燕飲　上下無失禮者　其罰爵徒觩然陳設而已　其飲美酒　思得柔順中和　與共其樂　言不憮敖自淫恣也」とあるのを參照。

なお、楊伯峻『春秋左傳注』に「各本均作苦成家　無叔字　唐石經旁注叔字　藝文類聚三十六　初學記十四引均有叔字　魯語上　苦成叔家欲任兩國　可見苦成叔家爲當時習慣稱謂　今依金澤文庫本增叔字」とあるのに從って、傳文「苦成家其亡乎」の「成」の下に「叔」の字を補う。また、傳文の「兕觥」の「觥」は、諸本に從って、「觵」に改める。

[傳]彼交匪傲　萬福來求

㊟彼らの交わりは、どんな時でも、おごりたかぶることがないので、逆に萬福の方から(彼らを)求めてくる、ということである。

(附)鄭箋に「彼　彼賢者也　賢者居處恭　執事敬　與人交必以禮　則萬福之祿　就而求之」とあるのを參照。なお、襄公二十七年の傳文に「公孫段賦桑扈　趙孟曰　匪交匪敖　福將焉往　若保是言也　欲辭福祿得乎」とある。

[傳]今夫子傲　取禍之道也

（注）十七年の、郤氏が亡んだこと、のため（に傳したの）である。

（附）十七年に「晉殺其大夫郤錡郤犨郤至」とある。

【傳】秋宣伯如齊逆女　稱族　尊君命也

（附）疏に引く何休『左氏膏肓』に「叔孫僑如舍族爲尊夫人　案襄二十七年豹及諸侯之大夫盟　復何所尊而亦舍族　春秋之例　一事再見者　亦以省文耳　左氏爲短」とあり、鄭玄『箴左氏膏肓』に「左氏以豹違命故貶之而去族　今僑如無罪而亦去族　故以爲尊夫人也　春秋有事異文同　則此類也」とある。なお、下の傳文に「舍族　尊夫人也」とある。

【傳】八月鄭子罕伐許　敗焉

（注）許に敗れたのである。

【傳】戊戌鄭伯復伐許　庚子入其郛

（注）「郛」は、郭である。

（附）僖公十二年の傳文「春諸侯城衛楚丘之郛　懼狄難也」等の注に、同文がみえる。なお、その（附）を參照。

【傳】許人平以叔申之封

（注）四年に、鄭の公孫申（叔申）が許の田を畫定しに行ったが、許人がこれを敗ったため、その境界をきめられなかった。今ここで、許は、その時の田をもって、鄭に和平を求めたのである。

（附）四年の傳文に「冬十一月鄭公孫申帥師疆許田　許人敗諸展陂」とある。

【傳】九月僑如以夫人婦姜氏至自齊　舍族　尊夫人也

（注）「舍族」とは、「叔孫」と稱していないことをいう。

【傳】故君子曰　春秋之稱　微而顯

（注）言辭は隱微だが、意義は顯著である。

（附）序に「一曰　微而顯　文見於此　而起義在彼　稱族　尊君命　舍族　尊夫人　梁亡　城緣陵之類　是也」とある。

【傳】志而晦

（注）「志」は、記である。「晦」もまた「微」である。言辭を簡約にして事柄を記し、事柄は順序だっているが、文辭は隱微である、ことをいう。

（附）序に「二曰　志而晦　約言示制　推以知例　參會不地　與謀曰及之類　是也」とある。

【傳】婉而成章

（注）「婉」は、曲である。その言辭を曲げ、諱み避けることによって大順を示して、篇章を構成している、ことをいう。

（附）序に「三曰　婉而成章　曲從義訓　以示大順　諸所諱辟　璧假許田之類　是也」とある。

【傳】盡而不汙

（注）その事を直言して、その事實を盡くし（あますところなく明らかにし）、汙曲したり（まげたり）しない、ことをいう。

（附）序に「四曰　盡而不汙　直書其事　具文見意　丹楹　刻桷　天王求車　齊侯獻捷之類　是也」とある。

【傳】懲惡而勸善

【注】善の名は必ず書き、惡の名は消さない。だから、（惡を）懲らし（善を）勸めることになるのである。

【傳】非聖人　誰能脩之

【注】（「脩之」とは）史策をおさめて、これらの五者をととのえる、ということである。

【傳】衛侯有疾　使孔成子甯惠子立敬姒之子衎以爲大子

【注】「成子」は、孔達の孫である。「敬姒」は、定公の妾である。「衎」は、獻公である。

【傳】冬十月衛定公卒　夫人姜氏既哭而息　見大子之不哀也　不內酌飲　歎曰　是夫也　將不唯衛國之敗　其必始於未亡人

【注】定姜は、獻公は無禮をはたらくのに、必ず自分〔定姜〕から始める、と言ったのである。下で「私を手荒く婢妾のようにあつかった」と言っている〔襄公十四年傳文〕のが、それである。

【傳】烏呼　天禍衛國也夫　吾不獲鱄也使主社稷

【注】「鱄」は、衎の同母弟である。

【附】襄公十四年の傳文に「有母弟鱄以出」とある。

【傳】大夫聞之　無不聳懼　孫文子自是不敢舍其重器於衛

【注】（「重器」は）寶器である。

【附】『國語』越語下「隨之以國家之重器」の韋注に「重器　寶器也」とあるのを參照。

【傳】盡寘諸戚

【注】「寘」は、置である。「戚」は、孫氏の邑である。

【附】『詩』周南〈卷耳〉「嗟我懷人　寘彼周行」の毛傳に「寘　置」とあるのを參照。

【傳】而甚善晉大夫

【注】亂がおこるのに備えて、（晉を）うしろだてにしようとしたのである。襄公十四年の「衛侯出奔（齊）」のために傳したのである。

【附】襄公二十六年の傳文に「衛人侵戚東鄙　孫氏愬于晉　晉戍茅氏」とあり、また、「晉人爲孫氏故　召諸侯　將以討衛也」とあるのを參照。

〔成公十五年〕

【經】十有五年春王二月葬衛定公

【注】傳はない。

【經】三月乙巳仲嬰齊卒

【注】傳はない。襄仲の子で、公孫歸父の弟である。宣公十八年に東門氏〔歸父〕を放逐したが、その後また、嬰齊にそのあとをつがせ、「仲氏」と言ったのである。

【附】宣公十八年の傳文に「公孫歸父以襄仲之立公也　有寵」とあり、注に「歸父　襄仲子」とある。また、同年の傳文に「遂逐東門氏」とあり、注に「襄仲居東門　故曰東門氏」とある。なお、公羊傳文に「仲嬰齊者何　公孫嬰齊也　公孫嬰齊　則曷爲謂之仲嬰齊　爲兄後也　爲兄後

則曷爲謂之仲嬰齊　爲人後者　爲之子也　爲人後者爲其子　則其稱仲何　孫以王父字爲氏也　然則嬰齊孰後　後歸父也（中略）魯人徐傷歸父之無後也　於是使嬰齊後之也」とあるのを參照。

經 癸丑公會晉侯衞侯鄭伯曹伯宋世子成齊國佐邾人同盟于戚　晉侯執曹伯歸于京師

注 「人」を稱して執えることをしていないのは、曹伯の罪が民には及ばなかった、からである。京師におくったのは、禮にかなっている。

附 注の前半については、下の傳文に「書曰晉侯執曹伯　不及其民也（注 惡不及民）凡君不道於其民　諸侯討而執之　則曰某人執某侯　不然則否」とある。

注の後半については、疏に引く『釋例』に「執諸侯　當歸于京師　而或以歸　或歸于諸侯　皆失其所　從實而顯之義可知也」とある。

經 公至自會

注 傳はない。

經 夏六月宋公固卒

注 （名を書いているのは）四たび同盟した（からである）。

附 僖公二十三年の傳文に「凡諸侯同盟　死則赴以名　禮也」とあるのを參照。

經 楚子伐鄭

經 秋八月庚辰葬宋共公

注 （死後）三箇月で葬ったのは、はやすぎる。

附 隱公元年の傳文に「天子七月而葬　同軌畢至　諸侯五月　同盟至」とあるのを參照。

經 宋華元出奔晉　宋華元自晉歸于宋

注 華元は、晉を味方にすることで、自分に箔をつけようとしたから、外國〔晉〕が送り込んだものとして赴告してきたのである。

附 十一年の傳文に「宋華元善於令尹子重　又善於欒武子」とある。また、十八年の傳文に「凡去其國　國逆而立之　曰入（中略）諸侯納之　曰歸」とある。なお、莊公六年「夏六月衞侯朔入于衞」の疏に引く『釋例』に「華元實國逆　欲挾晉以自助　故以外納赴」とあるのを參照。

經 宋殺其大夫山

注 氏を書いていないのは、自分の宗族〔公室〕に背いたことを明らかにしたのである。

附 下の傳文に「書曰宋殺其大夫山　言背其族也」とあり、注に「蕩氏宋公族　還害公室　故去族以示其罪」とある。

經 宋魚石出奔楚

注 （「魚石」は）公子目夷の曾孫である。

附 僖公九年の傳文に「宋襄公卽位　以公子目夷爲仁　使爲左師以聽政於是宋治　故魚氏世爲左師」とあるのを參照。なお、下の傳文に「魚石爲左師」とある。

[經]冬十有一月叔孫僑如會晉士燮齊高無咎宋華元衞孫林父鄭公子鰌邾人會呉于鍾離

(注)呉は、夷狄で、かつて一度も中國と會したことがなく、今ここで、始めてやって來たのであり、晉が、諸侯の大夫をひきいて、これと會した。だから、「會」を別にして、本來は同好（の國）でないことを明らかにしたのである。「鍾離」は、楚の邑で、（今の）淮南縣である。

(附)下の傳文に「十一月會呉于鍾離　始通呉也」とあり、注に「始與中國接」とある。なお、昭公四年の傳文に「冬呉伐楚（中略）咸尹宜咎城鍾離」とあるのを參照。

[經]許遷于葉

(注)許は、鄭を畏れ、南方の楚にたよったから、自分で遷ったという表現をとっているのである。「葉」は、今の南陽の葉縣である。

(附)注の前半については、下の傳文に「許靈公畏偪于鄭　請遷于楚　辛丑楚公子申遷許于葉」とある。なお、僖公元年「夏六月邢遷于夷儀」の注に「邢遷如歸　故以自遷爲辭」とあるのを參照。ちなみに、閔公二年の傳文に「僖之元年　齊桓公遷邢于夷儀（中略）邢遷如歸」とある。注の後半については、宣公三年の傳文「朝于楚　楚人酖之　及葉而死」の注に「葉　楚地　今南陽葉縣」とある。なお、その(附)を參照。

[傳]十五年春會于戚　討曹成公也

(注)大子を殺して自ら君となったことをとがめるためである。事は、十三年にある。

(附)十三年の傳文に「秋負芻殺其大子而自立也」とある。

[傳]執而歸諸京師　書曰晉侯執曹伯　不及其民也

(注)罪悪が民には及ばなかった。

[傳]凡君不道於其民　諸侯討而執之　則曰某人執某侯

(注)「人」を稱するのは、衆人が執えたいと望むものであることを示すためである。

[傳]不然則否

(注)（民には害を及ぼさず）一身で〔箇人的に〕不義を犯した者をいう。

(附)疏に引く『釋例』に「諸侯見執者　已在罪賤之地　名與否　非例所加　故但書執某侯也　天生民　而樹之君　使司牧之　勿使失性　若乃肆於民上　人懷怨讎　諸侯致討　則稱某人執某侯　衆討之文也　諸侯雖身犯不義　而悪不及民　則不稱人以執之　晉侯執曹伯　是也　諸無加民之悪　而稱人以執　皆時之赴告　欲重其罪　以加民爲辭　國史承以書策　而簡牘之記具存　夫子因示虚實　傳隨而著其本狀　以明得失也」とある。

[傳]諸侯將見子臧於王而立之　子臧辭曰　前志有之　曰　聖達節

(注)聖人は、天命に應じ、常禮にはこだわらない。

[傳]次守節

(注)賢者をいう。

傳下失節

注愚者は妄動する。

傳爲君非吾節也　雖不能聖　敢失守乎　遂逃奔宋

傳夏六月宋共公卒

注下の宋の亂のために起こしたのである。

傳楚將北師

注鄭・衛を侵そうとしたのである。

附下の傳文に「楚子侵鄭　及暴隧　遂侵衛　及首止」とある。

傳子囊曰　新與晉盟而背之　無乃不可乎　子反曰　敵利則進　何盟之有

注晉・楚の盟は、十二年にある。「子囊」は、莊王の子の公子貞である。

附注の前半については、十二年の傳文に「十二月晉侯及楚公子罷盟于赤棘」とある。
注の後半については、『國語』楚語上「王卒　及葬　子囊議謚」の韋注に「子囊　恭王弟令尹公子貞也」とあるのを參照。

傳申叔時老矣　在申

注引退して、本邑に歸っていた。

傳聞之曰　子反必不免　信以守禮　禮以庇身　信禮之亡　欲免　得乎

注免れることが出來ない、ということである。

傳楚子侵鄭　及暴隧　遂侵衛　及首止　鄭子罕侵楚　取新石

注「新石」は、楚の邑である。

傳欒武子欲報楚　韓獻子曰　無庸

注「庸」は、用である。

附莊公十四年の傳文「而謀召君者　庸非二乎」等の注に、同文がみえる。
なお、その附を參照。

傳使重其罪　民將叛之

注盟に背いてしばしば戰うのは、罪である。

傳無民　孰戰

注明年の、晉が鄢陵で楚を敗ったこと、のために傳したのである。

附十六年に「甲午晦晉侯及楚子鄭伯戰于鄢陵　楚子鄭師敗績」とある。

傳秋八月葬宋共公　於是華元爲右師　魚石爲左師　蕩澤爲司馬

注「蕩澤」は、公孫壽の孫である。

附疏に引く『世本』に「公孫壽生大司馬虺　虺生司馬澤」とあるのを參照。

傳華喜爲司徒

注（「華喜」は）華父督の玄孫である。

附上の疏に引く『世本』に「督生世子家　家生季老　老生司徒鄭　鄭生司徒喜」とあるのを參照。

傳公孫師爲司城

注（「公孫師」は）莊公の孫である。

附上の疏に引く『世本』に「莊公生右師戊　戊生司城師」とあるのを參照。

【傳】向爲人爲大司寇　鱗朱爲少司寇
㊟（「鱗朱」は）鱗矔の孫である。
(附)異説として、上の疏に引く『世本』に「桓公生公子鱗　鱗生東郷矔
矔生司徒文　文生大司寇子奏　奏生小司寇朱」とある。
【傳】向帶爲大宰　魚府爲少宰　蕩澤弱公室　殺公子肥
㊟公室を弱いと見くびったから、その枝黨を殺したのである。「肥」は、
文公の子である。
(附)異説として、楊伯峻『春秋左傳注』に「蕩澤欲削弱公室　殺公子肥」
とある。
【傳】華元曰　我爲右師　君臣之訓　師所司也　今公室卑　而不能正
㊟（「不能正」とは）蕩澤を討つことが出來ない、ということである。
【傳】吾罪大矣　不能治官　敢賴寵乎　乃出奔晉　二華　戴族也
㊟（「二華」とは）華元と華喜である。
【傳】司城　莊族也　六官者皆桓族也
㊟魚石・蕩澤・向爲人・鱗朱・向帶・魚府は、いずれもみな、桓公から
出た。
【傳】魚石將止華元　魚府曰　右師反　必討　是無桓氏也
㊟華元が、もどって蕩澤を討ち、同時に、(その手を)六族にまで及ぼす、
ことを恐れたのである。
【傳】魚石曰　右師苟獲反　雖許之討　必不敢
㊟桓族の强さを畏れる、ということである。
【傳】且多大功　國人與之　不反　懼桓氏之無祀於宋也
㊟華元の「大功」とは、よく晉・楚の和平をとりまとめたことと、子反
をおどして宋の圍みをとかせたことである。
(附)十二年の傳文に「宋華元克合晉楚之成　夏五月晉士燮會楚公子罷許偃
癸亥盟于宋西門之外」とある。また、宣公十四年に「秋九月楚子圍
宋」とあり、同十五年の傳文に「宋人懼　使華元夜入楚師　登子反之
牀　起之　曰　寡君使元以病告　曰　敝邑易子而食　析骸以爨　雖然
城下之盟　有以國斃　不能從也　去我三十里　唯命是聽　子反懼
與之盟　而告王　退三十里　宋及楚平　華元爲質」とある。
【傳】右師討　猶有戌在
㊟向「戌」は、桓公の曾孫である。賢であるから、華元はきっと討たな
い、ということである。
(附)上の疏に引く『世本』に「桓公生向父肹　肹生司城訾守　守生小司寇
鱣及合左師」とあるのを參照。なお、下の傳文に「華元使向戌爲左師」
とある。
【傳】桓氏雖亡　必偏
㊟「偏」は、盡きない、ということである。
【傳】魚石自止華元于河上　請討　許之　乃反　使華喜公孫師帥國人攻蕩氏
殺子山
㊟(華)喜と(公孫)師は桓族ではなかったから、(彼らに)蕩氏を攻撃させ
たのである。
(附)上の傳文に「二華　戴族也　司城　莊族也」とある。
【傳】書曰宋殺其大夫山　言背其族也

㊟蕩氏は、宋の公族であるのに、かえって公室を害したから、族〔氏〕をとり去って、その罪を示したのである。

㈶經の注に「不書氏　明背其族」とある。

なお、諸本に從って、傳文「書曰宋殺大夫山」の「殺」の下に、「其」の字を補う。

傳魚石向爲人鱗朱向帶魚府出舍於睢上

㊟「睢」は、川の名である。五大夫は、同族〔蕩氏〕の罪が（自分達に）累及することを畏れ、出奔しようとしたのである。

㈶上の傳文に「六官者皆桓族也」とある。

傳華元使止之　不可　冬十月華元自止之　不可　乃反

㊟五子が止まろうとしないので、華元はひきかえした。

傳魚府曰　今不從　不得入矣

㊟二度と宋に入ることは出來ない、ということである。

傳右師視速而言疾　有異志焉　若不我納　今將馳矣　登丘而望之　則馳騁而從之

㊟五子もまた車を馳せ、華元の後を追ったのである。

㈶定公八年の傳文「林楚怒馬　及衢而騁」の注に「騁　馳也」とあるのを參照。

傳則決睢澨

㊟「澨」は、水涯〔みぎわ〕である。「決」は、壞である。

㈶宣公四年の傳文「師于漳澨」の注に「漳澨　漳水邊」とある。なお、『楚辭』九歌〈湘夫人〉「夕濟兮西澨」の王逸注に「澨　水涯也」とあるのを參照。なお、異説として、陸粲『左傳附注』に「説文曰　澨　埤增水邊土　人所止者　又曰　決　行流也　言去土而行水也」とある。

傳閉門登陴矣　左師二司寇二宰遂出奔楚

㊟四大夫を（經に）書いていないのは、魚石のことだけを赴告してきたからである。

㈶上の經に「宋魚石出奔楚」とある。なお、異説として、疏に「服虔云　魚石卿　故書」とある。

傳華元使向戌爲左師　老佐爲司馬　樂裔爲司寇　以靖國人

㊟「老佐」は、戴公の五世の孫である。

傳晉三郤害伯宗　譖而殺之　及欒弗忌

㊟「欒弗忌」は、晉の賢大夫である。

㈶『國語』晉語五「及欒弗忌之難　諸大夫害伯宗　將謀而殺之」の韋注に「欒弗忌　晉大夫　伯宗之黨」とあるのを參照。

なお、『史記』晉世家「五年　三郤讒伯宗　殺之」の〈集解〉に「賈逵曰　三郤　郤錡郤犨郤至也」とある。

傳伯州犂奔楚

㊟（「伯州犂」は）伯宗の子である。

㈶『國語』晉語五「盍亟索士整庇州犂焉」の韋注に「州犂　伯宗子伯州犂」とあるのを參照。

傳韓獻子曰　郤氏其不免乎　善人　天地之紀也　而驟絶之　不亡何待

㊟伯宗を殺したうえに、弗忌にまで及んだから、「驟〔しばしば〕」と言っ

ているのである。十七年の、晉が三郤を殺したこと、のために傳したのである。

(附)文公十四年の傳文「公子商人驟施於國」の注に「驟　數也」とあるのを參照。なお、十七年に「晉殺其大夫郤錡郤犨郤至」とある。

【傳】初伯宗每朝　其妻必戒之曰　盜憎主人　民惡其上　子好直言　必及於難

(注)傳は、婦人の言葉でも無視してはならないことを示したのである。

【傳】十一月會吳于鍾離　始通吳也

(注)(吳が)始めて中國と接したのである。

【傳】許靈公畏偪于鄭　請遷于楚　辛丑楚公子申遷許于葉

卷第二十八

〔成公十六年〕

【經】十有六年春王正月雨木冰

(注)傳はない。寒さが度をこし、冰が樹木に附着した、ことを記したのである。

(附)『文選』卷第三十五張景陽〈七命〉「零雪寫其根　霏霜封其條」の注に「向曰（中略）封　著也」とあるのを參照。

【經】夏四月辛未滕子卒

(注)名を書いていないのは、同盟していなかったからである〔僖公二十三年傳文〕。

【經】鄭公子喜帥師侵宋

(注)「喜」は、穆公の子の子罕である。

(附)下の傳文に「鄭子罕伐宋」とある。なお、十年の傳文「鄭子罕賂以襄鍾」の注に「子罕　穆公子」とあるのを參照。

【經】六月丙寅朔日有食之

(注)傳はない。

【經】晉侯使欒黶來乞師

(注)鄭を伐とうとしたのである。「黶」は、欒書の子である。

(附)下の傳文に「晉侯將伐鄭」とある。

(經)甲午晦晉侯及楚子鄭伯戰于鄢陵　楚子鄭師敗績

㊟楚の師は大くずれしなかったが、楚子が目を傷つけられて退却したから、「楚子敗績」と言っているのである。「鄢陵」は、鄭地で、今、潁川郡に屬している。

(附)注の前半については、下の傳文に「及戰　射共王中目」とあり、また、「旦而戰　見星未已　子反命軍吏察夷傷補卒乘繕甲兵展車馬　雞鳴而食　唯命是聽　晉人患之　苗賁皇徇曰　蒐乘補卒　秣馬利兵　脩陳固列　蓐食申禱　明日復戰　乃逸楚囚　王聞之　召子反謀　穀陽豎獻飲於子反　子反醉而不能見　王曰　天敗楚也夫　余不可以待　乃宵遁」とある。なお、莊公十一年の傳文に「大崩曰敗績」とあり、その疏に引く『釋例』に「鄢陵之戰　楚師徒未大崩　楚子傷目而退　故指事而言也　言楚子身敗　非師敗也　故言楚子敗績」とあるのを參照。ちなみに、公羊傳文に「敗者稱師　楚何以不稱師　王痍也」とある。

注の後半については、隱公元年「夏五月鄭伯克段于鄢」の注に「鄢今潁川鄢陵縣」とある。なお、『史記』晉世家「楚兵敗於鄢陵」の〈集解〉に「服虔曰　鄢陵　鄭之東南地也」とあるのを參照。また、『續漢書』郡國志二に「潁川郡（中略）鄢陵　春秋時曰鄢」とあるのを參照。

なお、昭公二十三年の傳文「戊辰晦戰于雞父」の疏に引く『釋例』に「經傳之見晦朔　此時史隨其日而存之　無義例也　賈氏云（中略）鄢陵之戰　譏楚子　故書晦」とある。

(經)楚殺其大夫公子側

㊟「側」は、子反である。盟に背いて禮を失い、結局、師を敗戰に導いたから、名を書いているのである。

(附)注の「側　子反」については、宣公十二年の傳文「子反將右」の注に「子反　公子側」とある。

注の「背盟無禮」については、十五年の傳文に「楚將北師　子囊曰　新與晉盟而背之　無乃不可乎　子反曰　敵利則進　何盟之有　申叔時老矣　在申　聞之曰　子反必不免　信以守禮　禮以庇身　信禮之亡　欲免　得乎」とある。

注の「書名」については、僖公二十八年「楚殺其大夫得臣」の注に「子玉違其君命以取敗　稱名以殺　罪之」とある。なお、その(附)を參照。

(經)秋公會晉侯齊侯衛侯宋華元邾人于沙隨

㊟「沙隨」は、宋地である。梁國の寧陵縣の北部に沙隨亭がある。

(經)不見公

㊟鄢陵の戰いに間に合わなかったからである。諱んでいないのは、恥が、留め置かれた場合より輕い、からである。

(附)注の前半については、下の傳文に「公待於壞隤　申宮儆備　設守而後行　是以後」とあり、注に「後晉楚戰期」とある。

注の後半については、十一年「春王三月公至自晉」の注に「正月公在

晉　不書　諱見止」とあるのを參照。

經公至自會

注傳はない。

經公會尹子晉侯齊國佐邾人伐鄭

注「尹子」は、王の卿士で、「子」は、爵である。

經曹伯歸自京師

注晉侯に赦されたから、「歸」と書いているのである。諸侯が國に歸る場合に、名を書いたり名を書かなかったり、「歸自某」といったり「自某歸」といったりしているのは、傳に義例がなく、(つまり、單に)赴告の表現に從ったのである。

附下の傳文に「曹人復請于晉　晉侯謂子臧　反　吾歸而君　子臧反　曹伯歸」とある。なお、十八年の傳文に「諸侯納之　曰歸」とあるのを參照。

なお、注の「無傳義例」は、挍勘記に從って、「傳無義例」に改める。

經九月晉人執季孫行父　舍之于苕丘

注「苕丘」は、晉地である。「これを苕丘においた」とは、つれかえらなかったことを明らかにしたのである。「行人」と稱していないのは、使者ではなかったからである。

附注の前半については、昭公十三年に「晉人執季孫意如以歸」とある。注の後半については、襄公十一年の傳文に「書曰行人　言使人也」とあるのを參照。なお、疏に「於時行父從公伐鄭　在軍見執」とある。なお、疏に引く『釋例』に「賈氏以爲書執行父舍于苕丘　言失其所　不書至者　刺晉聽讒執之　示己無罪也　案傳　囚之苕丘　以別晉都　無義例也　公待于鄆　與行父倶歸　厭於公尊　故不書行父至耳　若欲示無罪　則宜於執見義　今既直書其執處　絕不書至　乃所以示終於見執　非示無罪也」とある。

經冬十月乙亥叔孫僑如出奔齊

注公は、歸國しないうちに、國人に命じて叔孫僑如を追放させたのである。

附下に「公至自會」とある。

經十有二月乙丑季孫行父及晉郤犨盟于扈

注晉が魯に和平を許したから、盟ったのである。

附下の傳文に「乃許魯平　赦季孫」とある。

經公至自會

注傳はない。伐ったのに、會からもどったとしているのは、(單なる)史官の表現の違いである。

附上に「公會尹子晉侯齊國佐邾人伐鄭」とある。なお、桓公二年の傳文「凡公行　告于宗廟　反行　飲至舍爵策勳焉　禮也」の疏に引く『釋例』に「諸若此類　事勢相接　或以始致　或以終致　蓋時史之異耳無他義也」とあるのを參照。なお、異説として、穀梁の范注に「鄭君曰　伐而致會　於伐事不成」とある。

經乙酉刺公子偃

注魯が大夫を殺した場合は、いずれもみな、「刺」という。『周禮』の三刺の法に意義を取ったのである。

附僖公二十八年「公子買戍衞　不卒戍　刺之」の注に「内殺大夫　皆書刺　言用周禮三刺之法　示不枉濫也」とある。なお、その附を參照。

傳十六年春楚子自武城使公子成以汝陰之田求成于鄭

注（「汝陰」は）汝水の南で、鄭に近い土地である。

附『説文』に「陰　闇也　水之南　山之北也」とあるのを參照。

傳鄭叛晉　子駟從楚子盟于武城

注晉が鄭を伐とうとしたこと、のために起こしたのである。

附下の傳文に「晉侯將伐鄭」とある。

傳夏四月滕文公卒

傳鄭子罕伐宋

注滕は、宋の與國（同盟國）である。鄭は、滕に喪があったことにつけこんで、宋を伐ったのであり、だから、傳で滕侯の卒を擧げているのである。「侵」と「伐」というふうに、經と傳とで表現が異なっているのは、經は赴告に従い、傳は事實を言ったのである。他はみな、これに倣う。

附上の經に「鄭公子喜帥師侵宋」とある。なお、七年の傳文「夏曹宣公來朝」の疏に引く『釋例』に「其經傳事同而文異者　或告命之辭有差異　或氏族名號　當須互見」とあるのを參照。

傳宋將鉏樂懼敗諸汋陂

注鄭の師を敗ったのである。「樂懼」は、戴公の六世の孫である。「將鉏」は、樂氏の一族である。

附注の「樂懼　戴公六世孫」については、疏に「世本有文也」とある。注の「將鉏　樂氏族」については、疏に「杜譜　於樂氏之下　樂鉏將鉏爲一人」とある。

傳退舍於夫渠　不儆

注宋の師が警戒しなかったのである。

附下の傳文に「公待於壞隤　申宮儆備」とある。

傳鄭人覆之　敗諸汋陵　獲將鉏樂懼　宋恃勝也

注「汋陂」・「夫渠」・「汋陵」は、いずれもみな、宋地である。

傳衞侯伐鄭　至于鳴鴈　爲晉故也

注「鳴鴈」は、陳留の雍丘縣の西北部にあった。

附『續漢書』郡國志三に「陳留郡（中略）陳留　有鳴鴈亭」とあるのを參照。

【傳】晉侯將伐鄭　范文子曰　若逞吾願　諸侯皆叛　晉可以逞

㊟「逞」は、快〔ほしいままにする〕である。晉の厲公は無道で、三郤は驕慢であったから、諸侯を（晉に）叛かせたいとのぞみ、（その結果）彼ら〔厲公や三郤〕が懼れて德を思うことをねがったのである。

(附)注の「逞　快也」については、桓公六年の傳文「今民餒而君逞欲」等の注に、同文がみえる。なお、その(附)を參照。

【傳】若唯鄭叛　晉國之憂　可立俟也　欒武子曰　不可以當吾世而失諸侯　必伐鄭　乃興師　欒書將中軍　士燮佐之

㊟荀庚に代わったのである。

(附)十三年の傳文に「晉欒書將中軍　荀庚佐之」とある。

【傳】郤錡將上軍

㊟士燮に代わったのである。

(附)十三年の傳文に「士燮將上軍」とある。

【傳】荀偃佐之

㊟郤錡に代わったのである。「偃」は、荀庚の子である。

(附)十三年の傳文に「士燮將上軍　郤錡佐之」とある。

【傳】韓厥將下軍　郤至佐新軍　荀罃居守

㊟荀罃は、下軍の佐である。この時、郤犨が趙旃に代わって新軍の將となり、新上軍と新下軍は廢止された。

(附)注の「荀罃　下軍佐」については、十三年の傳文に「韓厥將下軍　荀罃佐之」とある。

注の「郤犨代趙旃將新軍」については、下の傳文に「郤犨將新軍」とある。また、十三年の傳文に「趙旃將新軍」とある。

注の「新上下軍罷矣」については、三年の傳文に「十二月甲戌晉作六軍　韓厥趙括鞏朔韓穿荀騅趙旃皆爲卿　賞鞌之功也」とあり、注に「韓厥爲新中軍　趙括佐之　鞏朔爲新上軍　韓穿佐之　荀騅爲新下軍　趙旃佐之　晉舊自有三軍　今增此　故爲六軍」とあるのを參照。なお、疏に「其新三軍　將佐六人　皆賞鞌之功　死亡不復補　至此唯有韓厥在耳　郤至佐新軍　不言中下　是新軍唯一　知新上下軍於是罷矣」とある。

【傳】郤犨如衞　遂如齊　皆乞師焉　欒黶來乞師　孟獻子曰　有勝矣

㊟腰が低く、禮儀正しかったから、楚に勝つことを豫見したのである。

【傳】戊寅晉師起　鄭人聞有晉師　使告于楚　姚句耳與往

㊟「句耳」は、鄭の大夫である。「いっしょに行った」というのは、使者ではなかったということであり、（下の）先に歸國したこと、のために本を張ったのである。

(附)下の傳文に「姚句耳先歸」とある。

【傳】楚子救鄭　司馬將中軍

㊟子反である。

(附)『國語』楚語上「則又畀之子反」の韋注に「子反　司馬公子側也」とあるのを參照。

【傳】令尹將左

㊟子重である。

附十一年の傳文に「宋華元善於令尹子重」とある。

傳右尹子辛將右

注公子壬夫である。

附襄公元年に「秋楚公子壬夫帥師侵宋」とあり、傳に「秋楚子辛救鄭侵宋呂留」とある。

傳過申　子反入見申叔時

注叔時は、引退して、申にいた。

附十五年の傳文に「申叔時老矣　在申」とあり、注に「老歸本邑」とある。

傳曰　師其何如　對曰　德刑詳義禮信　戰之器也

注「器」は、用と同じである。

附閔公元年の傳文「霸王之器也」の注に「霸王所用　故以器爲喩」とあるのを參照。

傳德以施惠　刑以正邪　詳以事神　義以建利　禮以順時　信以守物　民生厚而德正

注財物が充分であれば、邪念をおこさない。

附『詩』魯頌〈駉〉及び『論語』爲政に「思無邪」とあるのを參照。

傳用利而事節

注擧動が利を失わなければ、事が節度にかなう。

傳時順而物成

注羣生がふさわしい場所におさまる。

傳上下和睦　周旋不逆

注擧動が理にしたがう。

傳求無不具

注下が上に應ずる。

傳各知其極

注二心をいだかない。

傳故詩曰　立我烝民　莫匪爾極

注「烝」は、衆である。「極」は、中である。「詩」は、(周)頌(思文)である。先王は、その衆民を立て(安定させ)、中正(の道)に合致しない者がいないようにした、ということである。

附毛傳に「極　中也」とあり、鄭箋に「烝　衆也（中略）天下之人無不於女時得其中者　言反其性」とあるのを參照。また、『國語』周語上に「夫王人者　將導利而布之上下者也　使神人百物無不得其極（中略）故頌曰　思文后稷　克配彼天　立我蒸民　莫匪爾極」とあり、韋注に「謂堯時洪水　稷播百穀　立我衆民之道　無不於女時得其中者　功至大也」とあるのを參照。

傳是以神降之福　時無災害　民生敦厖　和同以聽

注「敦」は、厚であり、「厖」は、大である。

附『國語』周語上「敦厖純固於是乎成」の韋注に「敦　厚也　厖　大也」とあるのを參照。

傳莫不盡力以從上命　致死以補其闕

注「闕」は、戰死者である。

附異說として、陸粲『左傳附注』に「闕謂軍國之事有所闕乏　不專謂戰死者」とある。

【傳】此戰之所由克也　今楚内棄其民

㊟（徳によって）恩恵を施さない。

(附)上の傳文に「徳以施惠」とある。

【傳】而外絶其好

㊟義によって利をおこさない。

(附)上の傳文に「義以建利」とある。なお、異説として、下の疏に「服虔以外絶其好爲刑不正邪也」とある。

【傳】瀆齊盟

㊟詳〔謹愼〕によって神につかえない。

(附)上の傳文に「詳以事神」とある。

【傳】而食話言

㊟信によって物を守らない。

(附)上の傳文に「信以守物」とある。なお、異説として、下の疏に「服虔（中略）食話言爲義不建利也」とある。

【傳】奸時以動

㊟禮によって時に順わない。周正の四月は、今〔夏正〕の二月であるから、(出動すれば)農業を妨げる。

(附)上の傳文に「禮以順時」とある。

【傳】而疲民以逞

㊟刑によって邪を正さず、ただ〔その場かぎりで〕おのれの欲望を満足させる。

(附)上の傳文に「刑以正邪」とある。なお、異説として、疏に「服虔（中略）疲民以逞爲信不守物也」とある。

【傳】民不知信　進退罪也　人恤所厎　其誰致死

㊟「厎《シ》」は、至である。

(附)傳・注の「底《テイ》」は、諸本に従って、「厎《シ》」に改める。なお、桓公十七年の傳文「日官居卿以厎日　禮也」の(附)を參照。

【傳】子其勉之　吾不復見子矣

㊟子反が必ず敗れてもどれないことを言ったのである。

【傳】姚句耳先歸　子駟問焉　對曰　其行速　過險而不整　速則失志

㊟（「失志」とは）思慮を缺く、ということである。

【傳】不整　喪列　志失列喪　將何以戰　楚懼不可用也　五月晉師濟河　聞楚師將至　范文子欲反　曰　我僞逃楚　可以紓憂

㊟「紓」は、緩である。

(附)莊公三十年の傳文「自毀其家以紓楚國之難」等の注に、同文がみえる。なお、その(附)を參照。

【傳】夫合諸侯　非吾所能也　以遺能者　我若羣臣輯睦以事君　多矣　武子曰　不可　六月晉楚遇於鄢陵　范文子不欲戰　郤至曰　韓之戰　惠公不振旅

㊟士衆がばらばらになって敗れた、ということである。僖公十五年にある。

(附)僖公十五年に「十有一月壬戌晉侯及秦伯戰于韓　獲晉侯」とある。なお、七年の傳文「中國不振旅」の注に「振　整也　旅　衆也」とあるのを參照。また、『國語』晉語六「邲之役　三軍不振旅」の韋注に「師敗軍散　故不能振旅而入」とあるのを參照。

【傳】箕之役　先軫不反命

【注】狄に殺された、ということである。僖公三十三年にある。

【附】僖公三十三年の傳文に「狄伐晉　及箕　八月戊子晉侯敗狄于箕　郤缺獲白狄子　先軫曰　匹夫逞志於君　而無討　敢不自討乎　免冑入狄師　死焉　狄人歸其元　面如生」とある。なお、『國語』晉語六「箕之役　先軫不復命」の韋注に「晉人敗狄于箕　先軫死之　故不反命於君」とあるのを參照。

【傳】邲之師　荀伯不復從

【注】荀林父は、逃走し、もと來た道をもどれなかった、ということである。宣公十二年にある。

【附】宣公十二年に「夏六月乙卯晉荀林父帥師及楚子戰于邲　晉師敗績」とあり、傳に「桓子不知所爲　鼓於軍中曰　先濟者有賞　中軍下軍爭舟　舟中之指可掬也」とある。なお、異説として、安井衡『左傳輯釋』に「不振旅　不反命　皆役中之事　則不復從　亦役中之事　竊謂從猶就也　謂就敵軍　邲之役　晉上軍不敗　整頓其師　猶可以一戰矣　而荀林父一敗輒走　不能復從楚師而軍　故云不復從」とある。

【傳】皆晉之恥也　子亦見先君之事矣

【注】先君のかちまけの事を知っている、ということである。

【傳】今我辟楚　又益恥也　文子曰　吾先君之亟戰也　有故

【注】「亟」は、數〔しばしば〕である。

【附】『禮記』少儀「亟見曰朝夕」の注に「亟　數也」とあるのを參照。また、『國語』吳語「而天祿亟至」の韋注に「亟　數也」とあるのを參照。

【傳】秦狄齊楚皆彊　不盡力　子孫將弱　今三彊服矣

【注】（「三彊」とは）齊・秦・狄である。

【傳】敵楚而已　唯聖人能外內無患　自非聖人　外寧必有內憂

【注】おごりたかぶれば、憂患が生ずる、ということである。

【傳】盍釋楚以爲外懼乎　甲午晦楚晨壓晉軍而陳

【注】「壓」とは、相手がまだ戰備をととのえていないところに迫ることである。

【附】『説文』に「厭　笮也」とあり、「笮　迫也」とあるのを參照。また、『國語』晉語六「鄢之役　荆壓晉軍」の韋注に「壓　謂掩其不備」とあるのを參照。なお、莊公二十九年の傳文「輕曰襲」の注に「掩其不備」とある。

【傳】軍吏患之　范匄趨進

【注】「匄」は、士燮の子である。

【附】『國語』晉語六「范匄自公族趨過之」の韋注に「匄　范文子之子宣子也」とあるのを參照。なお、六年の傳文「范文子」の注に「士燮」とある。

【傳】曰　塞井夷竈　陳於軍中　而疏行首

【注】「疏行首」とは、陣の前面で、營壘を（一部分）きりひらいて、戰道をつくる、ということである。

（附）杜預は、傳の「疏」を「決開」と解し、「行」を「道」と解し、「首」を「前」と解している〔つまり、「道を前にひらく」と讀んでいる〕と考えられる。なお、異説として、王引之『經義述聞』に「案下文曰　將塞井夷竈而爲行也　則塞井夷竈　正所以疏行首　非決開營壘之謂也　首當讀爲道　疏　通也　謂通陳列隊伍之道也　井竈已除　則隊伍之道疏通　無所窒礙矣」とある。

【傳】晉楚唯天所授　何患焉　文子執戈逐之　曰　國之存亡　天也　童子何知焉　欒書曰　楚師輕窕　固壘而待之　三日必退　退而擊之　必獲勝焉　郤至曰　楚有六間　不可失也　其二卿相惡

（注）（「二卿」とは）子重と子反である。

（附）下の傳文に「子重使謂子反曰　初隕師徒者　而亦聞之矣　盍圖之」とあり、注に「終二卿相惡」とある。

【傳】王卒以舊

（注）疲勞しても代えない。

（附）異説として、『會箋』に「舊　舊家也　故曰舊不必良　宣十二年傳云　外姓選於舊」とある。

【傳】鄭陳而不整

（注）隊列を整えていない。

【傳】蠻軍而不陳

（注）蠻夷で楚につき從った者は、まともに陣立てしていない。

【傳】陳不違晦

（注）晦は、月の終わりで、陰が盡きるときであるから、兵家は、忌むべき〔不吉な〕ものと考える。

（附）昭公二十三年の傳文「吳子從之　戊辰晦戰于雞父」の注に「違兵忌晦戰　擊楚所不意」とある。なお、『國語』晉語六に「夫陣不違忌　一間也」とあり、韋注に「晦　陰氣盡　兵亦陰　故忌之」とあるのを參照。

【傳】在陳而囂

（注）「囂」は、喧嘩〔さわがしい〕である。

（附）『國語』晉語六に「且其士卒在陣而譁　四間也」とあり、韋注に「譁　囂也」とあるのを參照。

【傳】合而加囂

（注）陣が合すれば〔敵と對峙すれば〕、靜かにするはずなのに、ますますやかましい。

（附）昭公三年の傳文「湫隘囂塵」の注に「囂　聲」とある。なお、『說文』に「囂　聲也」とあるのを參照。

【傳】各顧其後　莫有鬬心

（注）人々は、自分の行く末〔ばかり〕を心配している。

（附）上の傳文に「人恤所厎」とあり、注に「厎　至也」とある。なお、異說として、『會箋』に「晉語曰　鄭將顧楚　楚將顧夷　莫有鬬心　蓋鄭在前　楚在中　蠻在後　各者楚鄭蠻也」とある。

【傳】舊不必良　以犯天忌　我必克之　楚子登巢車　以望晉軍

（注）「巢車」は、車上に櫓〔やぐら〕を設けたものである。

（附）宣公十五年の傳文に「登諸樓車」とあり、注に「樓車　車上望櫓」とある。なお、『說文』に「轈　兵車　高如巢　以望敵也（中略）春秋傳曰　楚子登轈車」とあるのを參照。

(傳)子重使大宰伯州犂侍于王後

(注)「州犂」は、晉の伯宗の子で、前年に楚に奔っていた。

(附)十五年の傳文に「晉三郤害伯宗　譖而殺之　及欒弗忌　伯州犂奔楚」とあり、注に「伯宗子」とある。

(傳)王曰　騁而左右　何也

(注)「騁」は、走である。

(附)襄公二十六年の傳文「而騁告公」及び定公八年の傳文「及衢而騁」の注に「騁　馳也」とある。

(傳)曰　召軍吏也　皆聚於中軍矣　曰　合謀也　張幕矣　曰　虔卜於先君也

(注)「虔」は、敬である。

(附)莊公二十四年の傳文「女贄　不過榛栗棗脩　以告虔也」の注に、同文がみえる。なお、その(附)を參照。

(傳)徹幕矣　曰　將發命也　甚囂　且塵上矣　曰　將塞井夷竈而爲行也

(注)「夷」は、平（たいらにする）である。

(附)『國語』晉語六「夷竈堙井」の韋注に「夷　平也」とあるのを參照。

(傳)皆乘矣　左右執兵而下矣　曰　聽誓也

(注)「左」は、將帥であり、「右」は、車右である。

(傳)戰乎　曰　未可知也　乘而左右皆下矣　曰　戰禱也

(注)鬼神にいのるためである。

(傳)伯州犂以公卒告王

(注)「公」とは、晉侯のことである。

(傳)苗賁皇在晉侯之側　亦以王卒告

(注)「賁皇」は、楚の鬭椒（伯賁）の子で、宣公四年に晉に奔っていた。

(附)襄公二十六年の傳文に「若敖之亂　伯賁之子賁皇奔晉　晉人與之苗」とあり、注に「若敖亂在宣四年」とある。また、宣公四年の傳文に「秋七月戊戌楚子與若敖氏戰于皐滸　伯棼射王」とあり、注に「伯棼越椒也」とある。

(傳)皆曰　國士在　且厚　不可當也

(注)晉侯の左右の者は、いずれもみな、伯州犂が楚にいるため、晉の情況が(楚に)知られており、しかも、楚の軍勢は多い、と思ったから、合戰をおそれ、苗賁皇と意見がちがったのである。

(附)異說として、疏に「服虔以此皆曰之文在州犂賁皇之下　解云　賁皇州犂皆言曰　晉楚之士皆在君側　且陳厚　不可當　以爲州犂言晉彊　賁皇言楚彊　故云皆曰也」とある。

(傳)苗賁皇言於晉侯曰　楚之良　在其中軍王族而已　請分良以擊其左右而三軍萃於王卒

(注)「萃」は、集である。

(附)宣公十二年の傳文「楚師方壯　若萃於我　吾師必盡」等の注に、同文がみえる。なお、その(附)を參照。

(傳)必大敗之　公筮之　史曰　吉　其卦遇復䷗

(注)下が震（☳）で上が坤（☷）のが、「復」（䷗）である。變(爻)はない

〔之卦がない〕。

(附)莊公二十二年の傳文に「遇觀䷓之否䷋」とあり、注に「觀六四爻變而爲否」とある。

なお、疏に「服虔云　復　反也　陰盛於上　陽動於下　以喩小人作亂於上　聖人興道於下　萬物復萌　制度復理」とある。

(傳)曰　南國蹙　射其元王　中厥目

(注)これは、卜者の言葉である。〈復〉は、陽が生長するという卦であり、陽氣が子〔北の方位〕に起こり、南に進んで陰をおすから、「南國がちぢまる」と言っているのである。南國の勢いがちぢまれば、〈離〉〔南方の卦〕がその咎を受け、〈離〉は、諸侯であり、また、目であり、陽氣が南をうつのは、飛矢の象であるから、「その元王を射、その目にあたる」と言っているのである。

(附)注の前半は、所謂十二消息卦の説によっていると思われる。

注の後半については、『易』説卦に「離也者　明也　萬物皆相見　南方之卦也」とあり、また、「離爲目」とあるのを參照。なお、注の「陽氣激南　飛矢之衆」については、異説として、疏に「服虔以爲陽氣觸地射出爲射之象」とある。

(傳)國蹙王傷　不敗何待　公從之

(注)その言葉に從って戰うことにした。

(傳)有淖於前

(注)「淖」は、泥〔ぬかるみ〕である。

(附)『説文』に「淖　泥也」とあるのを參照。なお、『玉燭寶典』仲夏の項に「服虔注云　淖　下澤洿泥也」とある。

(傳)乃皆左右相違於淖

(注)「違」は、辟〔さける〕である。

(附)莊公四年の傳文「夏紀侯大去其國　違齊難也」等の注に、同文がみえる。なお、その(附)を參照。

(傳)步毅御晉厲公　欒鍼爲右

(注)「步毅」は、郤毅に他ならない。

(附)十三年の傳文に「郤毅御戎」とある。

(傳)彭名御楚共王　潘黨爲右　石首御鄭成公　唐苟爲右　欒范以其族夾公行

(注)二族は强かったから、公の左右についたのである。

(附)異説として、疏に「劉炫云　族者屬也　屬謂中軍　以中軍夾公耳　非謂宗族之兵」とある。

(傳)陷於淖　欒書將載晉侯　鍼曰　書退　國有大任　焉得專之

(注)君の前だったので、子はその父の名をいった〔「書」とよんだ〕のである。「大任」とは、元帥の職をいう。

(附)注の前半については、『禮記』曲禮上に「君前　臣名」とあり、注に「對至尊　無大小皆相名」とあるのを參照。なお、十三年の傳文「欒鍼爲右」の注に「欒鍼　欒書子」とある。

注の後半については、異説として、劉文淇『春秋左氏傳舊注疏證』に「大任猶言大事　欒書將中軍　已是元帥　杜説非」とある。

(傳)且侵官　冒也

㊟公を載せることが、「侵官」である。
〔傳〕失官　慢也
㊟將帥（の職）をすてて御することが、「失官」である。
〔傳〕離局　姦也
㊟自分の部隊から遠ざかることが、「離局」である。
(附)『禮記』曲禮上「左右有局　各司其局」の注に「局　部分也」とあるのを參照。
〔傳〕有三罪焉　不可犯也　乃掀公以出於淖
㊟「掀」は、舉である。
(附)『説文』に「掀　舉出也（中略）春秋傳曰　掀公以出於淖」とあるのを參照。
〔傳〕癸巳潘尫之黨與養由基蹲甲而射之　徹七札焉
㊟「黨」は、「潘尫」の子である。「蹲」は、聚〔あつめる〕である。一發で七札をつらぬいたのであり、よく堅いものをやぶったことを言っているのである。
(附)注の「黨　潘尫之子」については、宣公十二年の傳文「叔黨命去之」の注に「叔黨　潘黨　潘尫之子」とある。なお、襄公二十三年の傳文に「申鮮虞之傅摯爲右」とあり、注に「傅摯　申鮮虞之子」とあるのを參照。
注の「蹲　聚也」については、異説として、安井衡『左傳輯釋』に「蹲　踞也　置甲於地　如人蹲踞狀然　故言蹲耳」とある。
注の「一發達七札」については、「七札」の解説がないが、上に「蹲聚也」とあるから、杜預は「七札」を七領の甲と解している、と考えられる。なお、異説として、惠棟『春秋左傳補註』に「七札　一甲之度也　揚雄太玄曰　此札爲甲　賈公彦周禮疏云　一葉爲一札　呂覽愛士篇云　韓原之戰　晉惠公之右路石奮投而擊繆公之甲　中之者已六札矣　言六札者　惟一札未陷耳　知甲以七札爲數也　徹七札者　猶貫甲也」とある。
〔傳〕以示王　曰　君有二臣如此　何憂於戰
㊟二子は、射（の腕前）を王に誇ったのである。
〔傳〕王怒曰　大辱國
㊟彼らが知謀を尊ばないことを賤しんだのである。
〔傳〕詰朝爾射　死藝
㊟おまえたちは、射（の腕前）を自慢しているが、必ずやその腕前のために（かえって）死ぬことになる、ということである。「詰朝」は、明朝と同じである。つまり、戰いの日である。
(附)注の「詰朝猶明朝」については、僖公二十八年の傳文「詰朝將見」の注に「詰朝　平旦」とある。なお、その(附)を參照。
〔傳〕呂錡夢射月　中之　退入於泥
㊟「呂錡」は、魏錡である。
〔傳〕占之　曰　姬姓　日也
㊟周の世では、姬姓は尊である。
〔傳〕異姓　月也
㊟異姓は卑である。

【傳】必楚王也　射而中之　退入於泥　亦必死矣

㊟錡自身が泥にはまったのもまた、死の象である。

【傳】及戰　射共王中目　王召養由基　與之兩矢　使射呂錡　中項　伏弢

㊟「弢」は、弓衣〔ゆみぶくろ〕である。

(附)『說文』に「弢　弓衣也」とあるのを參照。また、『國語』晉語九「吾伏弢衉血」の韋注に「弢　弓衣也」とあるのを參照。

【傳】以一矢復命

㊟一發であたった、ということである。

【傳】郤至三遇楚子之卒　見楚子　必下　免冑而趨風

㊟風のように疾走した。

(附)『國語』晉語六「見王　必下奔」の韋注に「下車奔走」とあるのを參照。

【傳】楚子使工尹襄問之以弓

㊟「問」は、遺〔おくる〕である。

(附)僖公十年の傳文「若重問以召之」の注に「問　聘問之幣」とある。なお、その(附)を參照。また、『國語』晉語六「王使工尹襄問之以弓」の韋注に「問　遺也」とあるのを參照。

【傳】曰　方事之殷也

㊟「殷」は、盛である。

(附)襄公二十二年の傳文「殷以少牢」の注に、同文がみえる。なお、『國語』晉語六「曰　方事之殷也」の韋注に「殷　盛也」とあるのを參照。

【傳】有韎韋之跗注　君子也

㊟「韎」は、赤色である。「跗注」は、軍服で、袴〔はかま〕に似ていて、跗〔足の甲〕につけ、袴とつなぐものである。

(附)注の「韎　赤色」については、『國語』晉語六「郤至以韎韋之跗注」の韋注に「三君云　一染曰韎　鄭後司農說以爲　韎　茅蒐染也　茅蒐韎聲也　昭謂　茅蒐　今絳草也　急疾呼茅蒐成韎也　凡染一入爲縓」とあるのを參照。また、『說文』に「縓　帛赤黃色　一染謂之縓」とあるのを參照。なお、疏に「賈逵云　一染曰韎」とある。

注の「跗注　戎服云云」については、すぐ上に引いた韋注のつづきに「跗注　兵服　自要以下注於跗」とあるのを參照。なお、『周禮』司服「凡兵事韋弁服」の疏に「若賈服等說　跗謂足跗　注　屬也　袴而屬於跗」とある。

【傳】識見不穀而趨　無乃傷乎

㊟傷を負うことを心配したのである。

(附)『國語』晉語六「無乃傷乎」の韋注に「傷　恐其傷」とあるのを參照。

【傳】郤至見客　免冑承命　曰　君之外臣至從寡君之戎事　以君之靈　間蒙甲冑

㊟「間」は、近〔ちかごろ〕と同じである。

(附)注の「近」については、王引之『經義述聞』に「釋文　近　一本作與　音預　家大人曰　訓間爲近　於義無取　一本作與　是也　言以君之靈　得與蒙甲冑也　莊十年傳　肉食者謀之　又何間焉　昭二十六年傳　諸侯釋位　以間王政　杜注竝曰　間猶與也　是其證」とある。なお、『國語』晉語六「間蒙甲冑」の韋注には「蒙　被也　被介在甲冑之間」

とある。

【傳】不敢拜命

【注】甲冑をつけた者は拜禮しない（からである）。

【附】『禮記』曲禮上に「介者不拜　爲其拜而蓌拜」とあり、注に「蓌則失容節　蓌猶詐也」とある。

【傳】敢告不寧君命之辱

【注】君がかたじけなくも（辭）命を賜わったのだから、安逸にしてはいられない、ということである。

【附】僖公二十八年の傳文「以君之靈不有寧也」の注に「言不以病故自安寧」とあるのを參照。なお、異說として、疏に「劉炫以爲　楚王云無乃傷乎　恐其傷也　答云敢告不寧　告其身不傷耳　魏犨云不有寧也　以傷爲寧　此與魏犨相似」とある。

【傳】爲事之故　敢肅使者

【注】君がかたじけなくも（辭）命を賜わり、來ておくりものを下さったのに、軍事があるため、答えることが出來ないから、使者に肅拜する、ということである。「肅」は、手を地面につけるのであり、今の揖のようなものである。

【附】『周禮』大祝「辨九拜（中略）九曰肅拜」の注に「鄭司農云（中略）肅拜　但俯下手　今時揖是也　介者不拜　故曰　爲事故　敢肅使者」とあるのを參照。また、『國語』晉語六「敢三肅之」の韋注に「禮軍事肅拜　肅拜　下手至地」とあるのを參照。また、『說文』に「揖拜擧首下手也」とあるのを參照。なお、異說として、王引之『經義述聞』に「家大人曰　杜以事爲軍事　非也　事謂楚子使人來問之事　晉語曰　爲使者故　敢三肅之　是其明證矣」とある。

【傳】三肅使者而退　晉韓厥從鄭伯

【注】「從」は、逐（おう）である。

【附】『詩』齊風〈還〉「並驅從兩肩兮」の毛傳に「從　逐也」とあるのを參照。

【傳】其御杜溷羅曰　速從之　其御屢顧　不在馬　可及也　韓厥曰　不可以再辱國君　乃止

【注】二年の鞌の戰いで、韓厥は、すでに（一度）齊侯を辱しめていた。

【附】二年の傳文に「韓厥夢子輿謂己曰　旦辟左右　故中御而從齊侯（中略）逢丑父與公易位　將及華泉　驂絓於木而止　丑父寢於轏中　蛇出於其下　以肱擊之　傷而匿之　故不能推車而及（注　爲韓厥所及）韓厥執縶馬前　再拜稽首　奉觴加璧以進曰（中略）敢告不敏攝官承乏」とある。

【傳】郤至從鄭伯　其右茀翰胡曰　諜輅之　余從之乘　而俘以下

【注】輕兵を一人やって、鄭伯の車の前を阻ませ、（自分は）背後からその車に登って、鄭伯を執えようとしたのである。

【附】僖公十五年の傳文「輅秦伯」及び宣公二年の傳文「狂狡輅鄭人」の注に「輅　迎也」とあるのを參照。

なお、注の先頭の「從」は、諸本及び疏の〈標起止〉にしたがって、「欲」に改める。

【傳】郤至曰　傷國君有刑　亦止　石首曰　衛懿公唯不去其旗　是以敗於熒

乃内旌於弢中

【注】熒の戰いは、閔公二年にある。

【附】閔公二年の傳文に「及狄人戰于熒澤　衞師敗績　遂滅衞　衞侯不去其旗　是以甚敗」とある。

【傳】唐苟謂石首曰　子在君側　敗者壹大　我不如子　子以君免　我請止　乃死

【注】「敗者壹大」とは、軍が大くずれしたことをいう。石首もまた（自分と同じく）君の身近の臣であるが、御を擔當していて、車右（である自分）とは（身近の度合が）同じでないから、首が君を御して退き、自分は（のこって）必死に戰う、のが當然である、ということである。

【附】異說として、顧炎武『左傳杜解補正』に「敗者壹大　恐君之不免也　我不如子　子之才能以君免也　解謂軍大崩爲壹大　及御與車右不同者非」とある。

なお、注の「就御」の「就」は、諸本に從って、「執」に改める。

【傳】楚師薄於險

【注】「薄」は、迫である。

【附】僖公二十三年の傳文「薄而觀之」の注に、同文がみえる。なお、その【附】を參照。

【傳】叔山冉謂養由基曰　雖君有命　爲國故　子必射

【注】王から、その腕前のために死ぬことになる（から、射るな）、という命があった。

【附】上の傳文に「王怒曰　大辱國　詰朝爾射　死藝」とある。

【傳】乃射　再發　盡殪　叔山冉搏人以投　中車　折軾　晉師乃止

【注】二子には、いずれもみな、人よりすぐれた能力があった、ことを言っているのである。

【傳】囚楚公子茷

【注】郤至が讒言されたこと、のために本を張ったのである。

【附】十七年の傳文に「欒書怨郤至　以其不從己而敗楚師也　欲廢之　使楚公子茷告公　曰　此戰也　郤至實召寡君（注　鄢陵戰　晉囚公子茷以歸）以東師之未至也　與軍帥之不具也　曰　此必敗　吾因奉孫周以事君」とある。

【傳】欒鍼見子重之旌　請曰　楚人謂夫旌子重之麾也　彼其子重也　日臣之使於楚也　子重問晉國之勇　臣對曰　好以衆整　曰　又何如

【注】さらにその他の點をたずねたのである。

【傳】臣對曰　好以暇

【注】「暇」は、間暇（餘裕）である。

【附】昭公五年の傳文「間而以師討焉」の注に「間　暇也」とあるのを參照。

【傳】今兩國治戎　行人不使　不可謂整　臨事而食言　不可謂暇

【注】（「食言」とは）「いつも整然としている」といった（前）言にそむく、ということである。

【附】上の傳文に「臣對曰　好以衆整」とある。

【傳】請攝飲焉

【注】「攝」は、持である。酒を持って往き、子重に飲ませる、ということである。

(附)注の「攝　持也」については、昭公二十六年の傳文「是攝是贊」の注に、同文がみえる。なお、『儀禮』士喪禮「横攝之」の注に「攝　持也」とあるのを參照。また、『國語』晉語一「若下攝上　與上攝下」の韋注に「攝　持也」とあるのを參照。なお、異説として、兪樾『羣經平議』に「攝之言　代也　周官大宗伯職　若王不與祭祀　則攝位　鄭注曰　代行其祭事　又禮記明堂位注　周公攝王位　正義曰　攝　代也　請攝飲者　請使人代己往飲子重也　下文曰　寡君乏使　使鍼御持矛　是以不得犒從者　使某攝飲　則因不得親往而使人代往　其義甚明　杜訓攝爲持　未得其義」とある。

【傳】公許之　使行人執榼承飲　造于子重

(注)「承」は、奉である。

(附)下の傳文「承寡君之命以請」の注に、同文がみえる。なお、『説文』に「承　奉也」とあるのを參照。また、『國語』晉語七「敢不承業」の韋注に「承　奉也」とあるのを參照。ちなみに、襄公二十五年の傳文「承飲而進獻」の注に「承飲　奉觴」とある。

【傳】曰　寡君乏使　使鍼御持矛

(注)「御」は、侍である。

(附)『禮記』月令「三公九卿諸侯大夫皆御」の注に「御　侍也」とあるのを參照。また、『國語』鄭語「實御在側」の韋注に「御　侍也」とあるのを參照。

【傳】是以不得犒從者　使某攝飲　子重曰　夫子嘗與吾言於楚　必是故也　不亦識乎

(注)欒鍼は、以前、「いつも餘裕がある」と言ったために、(今ここで)酒をとどけてきたのだ、ということを、(自分は)心得ている、ということである。

(附)上の傳文に「臣對曰　好以暇」とある。なお、異説として、陸粲『左傳附注』に「識　記也　謂其能記往言也」とあり、また、楊伯峻『春秋左傳注』に「識　記也　不亦識乎　言其記憶力强」とある。なお、傳文の「于重曰」の「于」は、諸本に從って、「子」に改める。

【傳】受而飲之　免使者而復鼓

(注)「免」は、脱である。

(附)『國語』周語中「左右免冑而下」の韋注〔公序本〕に「免　脱也」とあるのを參照。

【傳】旦而戰　見星未已　子反命軍吏察夷傷

(注)「夷」もまた「傷」である。

(附)十三年の傳文「芟夷我農功」の注に「夷　傷也」とある。なお、その(附)を參照。なお、異説として、疏に「服虔云　金創爲夷」とある。

【傳】補卒乘

(注)死んだり逃げたりした者の補充をした。

(附)上の傳文に「致死以補其闕」とあり、注に「闕　戰死者」とあるのを參照。

【傳】繕甲兵

(注)「繕」は、治である。

(附)僖公十五年の傳文「征繕以輔孺子」等の注に、同文がみえる。なお、その(附)を參照。

[傳]展車馬
(注)「展」は、陳〔ならべる〕である。
(附)襄公三十一年の傳文「百官之屬各展其物」等の注に、同文がみえる。

[傳]雞鳴而食　唯命是聽
(注)また戰おうとしたのである。
(附)下の傳文に「明日復戰」とある。

[傳]晉人患之　苗賁皇徇曰　蒐乘補卒
(注)「蒐」は、閱〔點檢する〕である。
(附)襄公二十六年の傳文「簡兵蒐乘」等の注に、同文がみえる。なお、宣公十四年の傳文「蒐焉而還」の注に「蒐　簡閱車馬」とある。

[傳]秣馬利兵
(注)「秣」は、馬にかいばをやることである。
(附)『說文』に「秣　食馬穀也」とあるのを參照。

[傳]脩陳固列
(注)「固」は、堅である。
(附)『詩』小雅〈天保〉「天保定爾　亦孔之固」の毛傳に「固　堅也」とあるのを參照。

[傳]蓐食申禱
(注)「申」は、重〔かさねて〕である。
(附)『爾雅』釋詁に「申　重也」とあるのを參照。また、『國語』魯語上「申之以盟誓」の韋注に「申　重也」とあるのを參照。なお、十三年の傳文に「申之以盟誓　重之以昏姻」とある。

[傳]明日復戰　乃逸楚囚
(注)「逸」は、縱〔ときはなす〕である。
(附)襄公十五年の傳文「良司臣而逸之」の注に「賢而放之」とあるのを參照。

[傳]王聞之　召子反謀　穀陽豎獻飲於子反　子反醉而不能見
(注)「穀陽」は、子反の內豎〔こもの〕である。
(附)僖公二十四年の傳文「初晉侯之豎頭須　守藏者也」の注に「豎　左右小吏」とある。なお、『國語』楚語上「穀陽豎愛子反之勞也　而獻飲焉」の韋注に「穀陽豎　子反之內豎也」とあるのを參照。また、『淮南子』人間訓「豎陽穀奉酒而進之」の注に「豎　小使也　陽穀　其名」とあるのを參照。ちなみに、『史記』晉世家に「其侍者豎陽穀進酒　子反醉」とあり、同楚世家に「從者豎陽穀進酒醉」とある。

[傳]王曰　天敗楚也夫　余不可以待　乃宵遁　晉入楚軍　三日穀
(注)楚の糧食を三日間たべたのである。
(附)僖公二十八年の傳文「晉師三日館穀」の注に「館　舍也　食楚軍穀三日」とある。なお、『國語』晉語六「既退荊師於鄢　將穀」の韋注に「穀　處其館食其穀也」とあるのを參照。

[傳]范文子立於戎馬之前　曰　君幼　諸臣不佞
(注)「佞」は、才である。
(附)昭公二十年の傳文「臣不佞」の注に、同文がみえる。なお、十三年の傳文「寡人不佞」の疏に「服虔云　佞　才也」とあるのを參照。また、

『國語』晉語六「諸臣不佞」の韋注に「佞　才也」とあるのを參照。

【傳】何以及此　君其戒之

【注】(心を)戒めて、驕ることがないように、ということである。

【傳】周書曰　惟命不于常　有德之謂

【注】「周書」は、康誥である。天は、いつも同じ者を勝たせるわけではなく、(そのつど)德のある方に味方する、ということである。

【傳】楚師還　及瑕

【注】「瑕」は、楚地である。

【傳】王使謂子反曰　先大夫之覆師徒者　君不在

【注】子玉が城濮で敗れた時には、王が軍中にいなかった、ことをいう。

【附】僖公二十八年に「夏四月己巳晉侯齊師宋師秦師及楚人戰于城濮　楚師敗績」とあり、傳に「楚子入居于申　使申叔去穀　使子玉去宋　曰無從晉師（中略）子玉使伯棼請戰（中略）王怒　少與之師　唯西廣東宮與若敖之六卒實從之」とある。

【傳】子無以爲過　不穀之罪也　子反再拜稽首曰　君賜臣死　死且不朽

【注】王が責任を身に引き受け(てみせ)たのも、(實は)子反を責めるため(の手立て)であった。

【附】異説として、『會箋』に「子反之對　猶曰君雖宥之　敢忘其死　故王使止之也　子反之荅子重　王應不聞耳　楚共寛厚之君　其言實由衷發　蓋慮子反過於憂懼　或至自裁　故其言如此　觀下文王使止之可見　杜解失於大深」とある。

【傳】臣之卒實奔　臣之罪也　子重使謂子反曰　初隕師徒者　而亦聞之矣　盍圖之

【注】子玉が自殺したことを知っている(はず)、ということである。二卿の不和に結末をつけたのである。

【附】注の前半については、文公十年の傳文に「城濮之役　王思之　故使止子玉曰　毋死　不及」とある。

注の後半については、上の傳文に「其二卿相惡」とあり、注に「子重子反」とある。

なお、傳文の「復謂」の「復」は、諸本に從って、「使」に改める。

【傳】對曰　雖微先大夫有之　大夫命側　側敢不義

【注】義によって自分に命じているのだから、受けないわけにゆかない、ということである。

【傳】側亡君師　敢忘其死　王使止之　弗及而卒　戰之日　齊國佐高無咎至于師

【注】「無咎」は、高固の子である。

【傳】衞侯出于衞　公出于壞隤

【注】「壞隤」は、魯の邑である。齊・衞もみなおくれたのであって、魯だけではない、ということであり、(つまり)晉は、(單に、おくれたという理由からではなく)僑如(の讒言)のために公に會わなかった、ということを明らかにしたのである。

【附】上の經に「秋公會晉侯齊侯衞侯宋華元邾人于沙隨　不見公」とあり、注に「不及鄢陵戰故」とある。なお、僑如〔宣伯〕のことについては、ここの下につづく傳文を參照。

[傳]宣伯通於穆姜

㊟「穆姜」は、成公の母である。

(附)十一年の傳文「穆姜曰　吾不以妾爲姒」の注に「穆姜　宣公夫人」とある。

[傳]欲去季孟而取其室

㊟(「季孟」とは)季文子と孟獻子である。

[傳]將行　穆姜送公　而使逐二子　公以晉難告

㊟(「晉難」とは)晉と會して鄭を伐つことである。

[傳]曰　請反而聽命　姜怒　公子偃公子鉏趨過

㊟二子は、公の庶弟である。

[傳]指之曰　女不可　是皆君也

㊟公を廢してかわりの君を立てるつもり、ということである。

[傳]公待於壞隤　申宮儆備

㊟公宮の警備をいましめたのである。

[傳]設守而後行　是以後

㊟晉・楚の戰いの期日におくれたのである。

[傳]使孟獻子守于公宮　秋會于沙隨　謀伐鄭也

㊟鄭伯が未だ服從していなかった(からである)。

[傳]宣伯使告郤犨曰　魯侯待于壞隤　以待勝者

㊟晉・楚の勝敗のなりゆきをうかがっていた、ということである。

[傳]郤犨將新軍　且爲公族大夫　以主東諸侯

㊟齊・魯などを擔當していた。

[傳]取貨于宣伯　而訴公于晉侯

㊟「訴」は、譖〔讒言する〕である。

[傳]晉侯不見公

[傳]曹人請于晉曰　自我先君宣公卽世

㊟十三年にある。

(附)十三年に「曹伯盧卒于師」とあり、「冬葬曹宣公」とある。なお、傳文の「卽位」の「位」は、諸本に從って、「世」に改める。

[傳]國人曰　若之何　憂猶未弭

㊟「弭」は、息〔やむ〕である。埋葬がおわると、國人がみな子臧の後に從おうとしたのが、所謂「憂患がやまない」ということである。

(附)十三年の傳文に「曹人使公子負芻守　使公子欣時逆曹伯之喪　秋負芻殺其大子而自立也（中略）冬葬曹宣公　既葬　子臧將亡（注　子臧公子欣時）國人皆將從之（注　不義負芻故）」とある。

[傳]而又討我寡君

㊟前年に晉侯が曹伯を執えた。

(附)十五年に「晉侯執曹伯歸于京師」とある。

[傳]以亡曹國社稷之鎭公子

㊟子臧が宋に亡命したことをいう。

(附)十五年の傳文に「諸侯將見子臧於王而立之　子臧辭曰（中略）遂逃奔宋」とある。

[傳]是大泯曹也

㊟「泯」は、滅である。
(附)宣公十二年の傳文「不泯其社稷」の注に「泯猶滅也」とある。なお、その(附)を參照。
傳先君無乃有罪乎
㊟今、君が罪もないのにとがめられたのは、先君(の罪)のためではないでしょうか、ということである。
(附)宣公十二年の公羊傳文「無乃失民臣之力乎」の何注に「無乃猶得無」とあるのを參照。
傳若有罪　則君列諸會矣
㊟諸侯に簒弑の罪があっても、侯伯がこれと會してしまえば、もはやとがめることは出來ない。前年に戚で會したとき、曹伯は列席し、盟がおわった後で執えたから、曹人は、(もはや君には)罪がない(はず)と考えたのである。
(附)十五年に「癸丑公會晉侯衛侯鄭伯曹伯宋世子成齊國佐邾人同盟于戚　晉侯執曹伯歸于京師」とある。なお、宣公元年の傳文に「會于平州　以定公位」とあり、注に「簒立者　諸侯既與之會　則不得復討　臣子殺之　與弑君同　故公與齊會而位定」とあるのを參照。
傳君唯不遺德刑
㊟「遺」は、失である。
(附)『呂氏春秋』重言「故言無遺者」の高注に「遺　失也」とあるのを參照。なお、注の「多」は、諸本に從って、衍文とみなす。
傳以伯諸侯　豈獨遺諸敝邑　敢私布之
㊟(ここは)曹伯の歸國について名をもって赴告してこなかったこと、のために傳した〔のわけを言った〕のである。
(附)上の經に「曹伯歸自京師」とあり、注に「諸侯歸國　或書名　或不書名(中略)傳無義例　從告辭」とあるのを參照。なお、疏に「告者謂其有罪　則稱名以告　謂其無罪　則告不以名　此曹人訴君無罪　晉侯從而釋之　言其無罪而歸」とある。
傳七月公會尹武公及諸侯伐鄭　將行　姜又命公如初
㊟また、公に季・孟を追放させようとしたのである。
(附)上の傳文に「宣伯通於穆姜　欲去季孟而取其室　將行　穆姜送公　而使逐二子」とある。
傳公又申守而行　諸侯之師次于鄭西　我師次于督揚　不敢過鄭
㊟「督揚」は、鄭の東部の地である。
傳子叔聲伯使叔孫豹請逆于晉師
㊟「豹」は、叔孫僑如の弟である。僑如がこの時ついで亂をおこしたので、豹は使いに出たまま(もどらずに)齊に奔った。
(附)下の傳文に「冬十月出叔孫僑如而盟之　僑如奔齊(中略)召叔孫豹于齊而立之」とあり、注に「近此七月　聲伯使豹請逆於晉　聞魯人將討僑如　豹乃辟其難先奔齊　生二子而魯乃召之　故襄二年豹始見經　傳於此因言其終」とあるのを參照。なお、異説として、疏に「服虔以爲叔孫豹先在齊矣　此時從國佐在師　聲伯令人就齊師使豹　豹不忘宗國　聞白國佐　爲魯請逆」とある。

【傳】爲食於鄭郊　師逆以至

【注】聲伯は、叔孫に、必ず迎えの晉の師が到着してから食事するよう、言いつけたのである。

【附】異説として、安井衡『左傳輯釋』に「此二句　記事之文　非聲伯戒叔孫之辭　如杜注　以至下不增乃食二字　不通」とある。ちなみに、陸粲『左傳附注』には「此注當在四日不食以待之之下　誤跳向此」とある。

【傳】聲伯四日不食以待之　食使者

【注】「使者」とは、豹の介〔副使〕である。

【附】上の注に「豹因奔齊」とあるのを參照。なお、異説として、安井衡『左傳輯釋』に「使者卽豹」とあり、また、楊伯峻『春秋左傳注』に「使者當是晉軍使者」とある。

【傳】而後食

【注】聲伯が忠であったことを言っているのである。

【傳】諸侯遷于制田

【注】熒陽の宛陵縣の東部に制澤がある。

【傳】知武子佐下軍

【注】「武子」は、荀罃である。

【附】十三年の傳文に「韓厥將下軍　荀罃佐之」とある。

【傳】以諸侯之師侵陳　至于鳴鹿

【注】陳國の武平縣の西南部に鹿邑がある。

【傳】遂侵蔡　未反

【注】陳・蔡を侵したことを（經に）書いていないのは、公が關與しなかったからである。

【傳】諸侯遷于潁上　戊午鄭子罕宵軍之　宋齊衞皆失軍

【注】（「失軍」とは）將帥と兵士とが互いに相手を見失った〔散り散りになった〕、ということである。宋・衞を（經に）書いていないのは、おくれたからである。

【附】異説として、疏に「服虔以失軍爲失其軍糧」とあり、また、兪樾『羣經平議』に「如杜解　則直曰師潰可矣　何以謂之失軍乎　如服解　則又增出糧字　疑皆非傳義也　軍者謂營壘也　說文車部　軍　圜圍也　從車從包省　一切經音義卷十八引字林曰　軍　圜也　包車爲軍　是軍字本義　車在其中而包裹其外　正爲營壘之象　傳文軍字　如晉軍函陵　秦軍氾南之類　其本義也　如郤縠將中軍　狐偃將上軍之類　其引申義也　桓六年傳　王毀軍而納少師　毀軍者　毀其營壘也　若是三軍之人　豈可言毀乎　此傳言失軍者　亦謂失其營壘也　服杜二解皆失之　宣十二年傳曰　君盍築武軍　杜解曰　築軍營以章武功　襄二十三年傳　張武軍於熒庭　解曰　張武軍謂築壘壁　斯得之矣　襄二十七年傳　以藩爲軍　昭十三年傳　乃藩爲軍　可見軍字之義」とある。

【傳】曹人復請于晉　晉侯謂子臧　反　吾歸而君

【注】曹人が子臧を重んじていたからである。

【附】十三年の傳文に「冬葬曹宣公　既葬　子臧將亡　國人皆將從之」とある。

[傳]子臧反　曹伯歸

㊟子臧は、宋からもどったのである。

(附)十五年の傳文に「諸侯將見子臧於王而立之　子臧辭曰（中略）遂逃奔宋」とある。

[傳]子臧盡致其邑與卿而不出

㊟出仕しなかった。

[傳]宣伯使告郤犨曰　魯之有季孟　猶晉之有欒范也　政令於是乎成　今其謀曰　晉政多門　不可從也

㊟（「政多門」とは）政令が君から出ない、ということである。

(附)襄公三十年の傳文「其君弱植　公子侈　大子卑　大夫敖　政多門」の注に「政不由一人」とある。

[傳]寧事齊楚　有亡而已　蔑從晉矣

㊟「蔑」は、無である。

(附)僖公十年の傳文「臣出晉君　君納重耳　蔑不濟矣」の注に、同文がみえる。なお、『國語』晉語二に「吾有死而已　吾蔑從之矣」とあり、韋注に「蔑　無也」とあるのを參照。

[傳]若欲得志於魯　請止行父而殺之

㊟「行父」は、季文子である。

(附)文公六年の傳文「秋季文子將聘於晉」の注に「季文子　季孫行父也」とある。

[傳]我斃蔑也

㊟「蔑」は、孟獻子である。この時、公宮の留守居をしていた。

(附)文公十五年の傳文「孟獻子愛之」の注に「獻子　穀之子　仲孫蔑」とある。また、上の傳文に「使孟獻子守于公宮」とある。

[傳]而事晉　蔑有貳矣　魯不貳　小國必睦　不然　歸必叛矣　九月晉人執季文子于苕丘　公還　待于鄆

㊟「鄆」は、魯の西部の邑である。東郡の廩丘縣の東部に鄆城がある。

[傳]使子叔聲伯請季孫于晉　郤犨曰　苟去仲孫蔑　而止季孫行父　吾與子國親於公室

㊟魯と、晉の公室以上に親しくする、ということである。

(附)異說として、沈欽韓『春秋左氏傳補注』に「言親聲伯甚于魯也　若如杜言　郤犨顯露其背慢之迹于敵國之使　不辭甚矣」とある。

[傳]對曰　僑如之情　子必聞之矣

㊟彼のよからぬ行狀を知っている(はず)、ということである。

[傳]若去蔑與行父　是大棄魯國　而罪寡君也　若猶不棄　而惠徼周公之福　使寡君得事晉君　則夫二人者　魯國社稷之臣也　若朝亡之　魯必夕亡　以魯之密邇仇讎

㊟「仇讎」とは、齊・楚をいう。

[傳]亡而爲讎　治之何及

㊟魯が(亡んで)齊・楚に屬すれば、逆に晉の讎となる、ということである。

[傳]郤犨曰　吾爲子請邑　對曰　嬰齊　魯之常隸也

㊟「隸」は、賤官である。

（附）定公四年の傳文「且夫祝　社稷之常隷也」の注に「隷　賤臣也」とある。

【傳】敢介大國以求厚焉

（注）「介」は、因である。

（附）僖公七年の傳文「夫子華既爲大子　而求介於大國以弱其國　亦必不免」等の注に、同文がみえる。なお、その（附）を參照。

【傳】承寡君之命以請

（注）「承」は、奉である。

（附）上の傳文「使行人執榼承飲　造于子重」の注に、同文がみえる。なお、その（附）を參照。

【傳】若得所請　吾子之賜多矣　又何求　范文子謂欒武子曰　季孫於魯　相二君矣

（注）「二君」とは、宣公と成公である。

【傳】妾不衣帛　馬不食粟　可不謂忠乎　信讒慝而棄忠良　若諸侯何　子叔嬰齊奉君命無私

（注）郤犨が（自分のために）邑を請うてくれるというのを受けつけなかった。

（附）上の傳文に「郤犨曰　吾爲子請邑」とある。なお、『國語』魯語上に「郤犨欲予之邑　弗受也」とあるのを參照。

【傳】謀國家不貳

（注）四日間も食事をせずにかたく晉に仕えたことをいう。

（附）上の傳文に「聲伯四日不食以待之」とある。なお、異説として、陸粲『左傳附注』に「此槩言之　何必指不食之一節」とある。

【傳】圖其身不忘其君

（注）邑をことわったということと、食事をしなかったということは、いずれもみな、君を先にして自身を後にしたということである。

【傳】若虛其請　是棄善人也　子其圖之　乃許魯平　赦季孫　冬十月出叔孫僑如而盟之　僑如奔齊

（注）諸大夫がともに盟い、僑如を戒めとしたのである。

（附）襄公二十三年の傳文に「臧紇致防而奔齊　其人曰　其盟我乎（注　謂陳其罪惡盟諸大夫以爲戒）臧孫曰　無辭　將盟臧氏　季孫召外史掌惡臣而問盟首焉　對曰（中略）盟叔孫氏也　曰　毋或如叔孫僑如欲廢國常蕩覆公室」とあるのを參照。

【傳】十二月季孫及郤犨盟于扈　歸　刺公子偃

（注）偃と鉏とは、ともに、姜に（かわりの君として）指さされたのに、偃だけを殺したのは、偃は（實際に）はかりごとに關與したからである。

（附）上の傳文に「姜怒　公子偃公子鉏趨過　指之曰　女不可　是皆君也」とあり、注に「言欲廢公更立君」とある。

【傳】召叔孫豹于齊而立之

（注）少し前の七月に、聲伯が豹に、晉に迎えを請いに行かせたが、豹は、魯人が僑如をとがめようとしていることを耳にしたため、その難を避けて（僑如より）一足先に齊へ奔り、（齊で）二子をもうけた後に、魯が彼をよびもどしたのであり、だから、襄公二年に始めて豹が（魯の卿として）經にあらわれるのである。（つまり）傳は、ここで、つい

でにしまいまで言ったのである。

(附)上の傳文に「子叔聲伯使叔孫豹請逆于晉師」とあり、注に「豹　叔孫僑如弟也　僑如於是遂作亂　豹因奔齊」とある。また、昭公四年の傳文に「適齊　娶於國氏　生孟丙仲壬」とある。また、襄公二年に「叔孫豹如宋」とあり、注に「豹於此始自齊還爲卿」とある。

[傳]齊聲孟子通僑如
(注)「聲孟子」は、齊の靈公の母で、宋女である。
[傳]使立於高國之間
(注)位を二卿と同等にしようとしたのである。
[傳]僑如曰　不可以再罪　奔衞　亦間於卿
(注)傳は（ここでも）また、僑如の佞人ぶりを、しまいまで言ったのである。
(附)上の傳文「召叔孫豹于齊而立之」の注に「傳於此因言其終」とある。

[傳]晉侯使郤至獻楚捷于周　與單襄公語　驟稱其伐
(注)「伐」は、功である。
(附)莊公二十八年の傳文「且旌君伐」の注に、同文がみえる。なお、その(附)を參照。ちなみに、『國語』周語中に、この時の郤至の言葉として、「吾有三伐」とあり、その韋注に「伐　功也」とある。
[傳]單子語諸大夫曰　溫季其亡乎
(注)「溫季」は、郤至である。
(附)『國語』周語中「使郤至告慶于周」の韋注に「郤至　晉卿步揚之孫蒲城鵲居之子溫季也」とあるのを參照。なお、十一年の傳文に「郤至曰　溫　吾故也　故不敢失」とある。

[傳]位於七人之下
(注)新軍の佐であるから、位は八番目である。
(附)上の傳文に「郤至佐新軍」とある。なお、『國語』周語中に「若佐新軍而升爲政　不亦可乎」とあるのを參照。

なお、注の「八人」は、諸本に從って、「在八」に改める。

[傳]而求掩其上
(注)自分の功を自慢するということは、上の者の功をおおうということである。
(附)上の傳文に「驟稱其伐」とあり、注に「伐　功也」とある。なお、『國語』周語中に「是求蓋七人也」とあるのを參照。ちなみに、同「惡其蓋人也」の韋注に「蓋　掩也」とある。
[傳]怨之所聚　亂之本也　多怨而階亂　何以在位
(注)怨みが亂への階梯となる。
(附)昭公二十四年の傳文「詩曰　誰生厲階」の注に「階　道」とあるのを參照。
[傳]夏書曰　怨豈在明　不見是圖
(注)（「夏書」は）逸書である。「不見」とは、細微である。
(附)莊公八年の傳文「夏書曰　皐陶邁種德」の注に「夏書　逸書也」とある。なお、その(附)を參照。ちなみに、この二句は、僞古文の〈五子之

歌〉に拾われており、その僞孔傳に「不見是謀　備其微」とある。

傳將愼其細也　今而明之　其可乎

注郤至は、あけすけに自分の功を自慢することで、（人の）怨恨を明るみに出してしまった、ということである。

〔成公十七年〕

經十有七年春衞北宮括帥師侵鄭

注「括」は、成公の曾孫である。

經夏公會尹子單子晉侯齊侯宋公衞侯曹伯邾人伐鄭

注晉は、鄭を服從させることが出來なかったから、天子の權威を借りることにし、（そのため）周は、二卿を會に參加させたのである。晉が兵主であるのに、尹・單を先にしているのは、王命を尊んでである。單伯が「子」と稱しているのは、おそらく、爵をさげられたのであろう。

附莊公元年に「夏單伯送王姫」とあり、注に「單伯　天子卿也　單　采地　伯　爵也」とあるのを參照〔ただし、もちろん、同一人物のことではない〕。

經六月乙酉同盟于柯陵

注「柯陵」は、鄭の西部の地である。

經秋公至自會

注傳はない。

經齊高無咎出奔莒

經九月辛丑用郊

注傳はない。九月に郊祭したとなれば、（それだけで）非禮であることが明らかである。（つまり）「用郊」と書いているのは、（單に）史官の表現に從ったのである。

附桓公五年の傳文に「凡祀　啓蟄而郊」とあり、注に「啓蟄　夏正建寅之月」とあるのを參照。なお、疏に引く『釋例』に「辛丑用郊　文異而丘明不發傳　因時史之辭　非聖賢意也　劉賈以爲諸言用　皆不宜用反於禮者也　施之用郊　似若有義　至於用幣用鄫子　諸若此比　皆當須書用以別所用者也　若不言用　則事敘不明　所謂辭窮　非聖人故造此用以示義也　且諸過祀三望之類　奚獨皆不書用邪　案左氏傳　用幣于社　傳曰得禮　冉有用矛於齊師　孔子以爲義　無不宜用之例也兵明云　我師豈欺我哉」とある。ちなみに、公羊傳文及び穀梁傳文に「用者　不宜用也」とある。

經晉侯使荀罃來乞師

注傳はない。鄭を伐とうとしたのである。

【經】冬公會單子晉侯宋公衞侯曹伯齊人邾人伐鄭
【注】鄭がなお服従しなかったからである。
【經】十有一月公至自伐鄭
【注】傳はない。
【經】壬申公孫嬰齊卒于貍脤
【注】十一月に「壬申」はない。日の誤りである。「貍脤」は、闕（不明）である。
【附】注の前半については、疏に「杜長厤推十一月　丁亥朔」とある。また、疏に引く『長厤』に「公羊穀梁傳及諸儒　皆以爲十月十五日也　十月庚午圍鄭　十三日也　推至壬申　誠在十五日　然據傳曰十一月諸侯還自鄭　壬申至于貍脤而卒　此非十月分明　誤在日也」とある。
注の後半については、疏に「杜於土地之篇　凡有地名二十六所　不知所在之國　貍脤卽是其一（中略）杜又稱　舊説曰　壬申　十月十五日　貍脤　魯地也　傳曰　十月庚午圍鄭　則二日未得及魯竟也」とある。
また、疏に引く『釋例』に「魯大夫卒其竟内　則不書地　傳稱季平子行東野卒于房　是也」とある。
なお、諸本に從って、經文の「公孫嬰」の下に「齊」の字を補う。
【經】十有二月丁巳朔日有食之
【注】傳はない。

【經】邾子貜且卒
【注】傳はない。（名を書いているのは）五たび同盟した（からである）。
【附】僖公二十三年の傳文に「凡諸侯同盟　死則赴以名　禮也」とあるのを參照。
【經】晉殺其大夫郤錡郤犨郤至
【經】楚人滅舒庸
【傳】十七年春王正月鄭子駟侵晉虛滑
【注】「虛」・「滑」は、晉の二邑である。「滑」は、かつての滑國で、秦に滅され、この時は晉に屬しており、後に周に屬した。
【附】僖公三十三年に「春王二月秦人入滑」とあり、注に「滅而書入　不能有其地」とある。また、定公六年の傳文に「鄭於是乎伐馮滑胥靡負黍狐人闕外」とあり、注に「鄭伐周六邑」とある。
【傳】衞北宮括救晉　侵鄭　至于高氏
【注】（經に）「救」を書いていないのは、「侵」をもって赴告してきたからである。「高氏」は、陽翟縣の西南部にあった。
【附】『續漢書』郡國志二に「潁川郡（中略）陽翟（中略）有高氏亭」とあるのを參照。
【傳】夏五月鄭大子髡頑侯獳爲質於楚

㊟「侯獳」は、鄭の大夫である。

[傳]楚公子成公子寅戍鄭

[傳]公會尹武公單襄公及諸侯伐鄭　自戲童至于曲洧

㊟（「曲洧」は）今の新汲縣の縣廳の曲洧城で、洧水に臨んでいた。

(附)疏に引く『釋例』に「洧水出熒陽密縣西北陽城山　東南至潁川長平縣入潁」とある。

[傳]晉范文子反自鄢陵

㊟前年に鄢陵の戰いからもどった。

[傳]使其祝宗祈死

㊟「祝宗」は、祭祀の祈禱をつかさどる者である。

[傳]曰　君驕侈而克敵　是天益其疾也　難將作矣　愛我者惟祝我　使我速死　無及於難　范氏之福也　六月戊辰士燮卒

㊟傳は、厲公が無道だったため、賢臣が憂懼し、（先に死を）祈禱しておいて、（後に）自殺した、ということを言っているのである。

(附)昭公二十五年の傳文「冬十月辛酉昭子齊於其寢　使祝宗祈死　戊辰卒」の注に「因祈而自殺」とあるのを參照。なお、異説として、疏に「劉炫以爲士燮及昭子之卒　適與死會　非自殺」とある。ちなみに、疏に引く何休『左氏膏肓』に「人生有三命　有壽命以保度　有隨命以督行　有遭命以摘暴　未聞死可祈也」とあり、疏が示唆しているように、杜預の「自殺」説は、あるいは、このような非難をさけるために案出されたものかも知れない〔?〕。

[傳]乙酉同盟于柯陵　尋戚之盟也

㊟「戚の盟」は、十五年にある。

(附)十五年に「癸丑公會晉侯衞侯鄭伯曹伯宋世子成齊國佐邾人同盟于戚」とある。

[傳]楚子重救鄭　師于首止　諸侯還

㊟楚の强さを畏れたのである。

[傳]齊慶克通于聲孟子　與婦人蒙衣乘輦而入于閎

㊟「慶克」は、慶封の父である。「蒙衣」とは、自分もまた女裝し（た、つまり）相手の女性と同樣に衣を頭にかぶった、ということである。「閎」は、巷門である。

(附)注の「慶克　慶封父」については、十八年の傳文「慶封爲大夫　慶佐爲司寇」の注に「封佐皆慶克子」とある。注の「蒙衣　亦爲婦人服　與婦人相冒」については、哀公十五年の傳文「昏　二人蒙衣而乘」の注に「蒙衣　爲婦人服也」とある。なお、『史記』衞世家「昏　二人蒙衣而乘」の〈集解〉に「服虔曰（中略）蒙衣　爲婦人之服　以巾蒙其頭而共乘也」とあるのを參照。なお、陸粲『左傳附注』に「蒙衣者　爲婦人衣　以自蒙冒也　此云相冒　文亦小誤」とあり、また、『會箋』に「蒙衣是婦人服　以自蒙冒也　非與

婦人同被一衣　哀十五年二人蒙衣而乘亦同　慶克與婦人並載　各自蒙衣　使人認爲二婦人並乘輦　杜注雖簡　意必然　亦字方見克與婦人各蒙衣」とある。

注の「閎　巷門」については、襄公三十一年の傳文「高其閈閎」の注に「閎　門也」とある。なお、『說文』に「閎　巷門也」とあるのを參照。また、『爾雅』釋宮に「衖門謂之閎」とあるのを參照。

【傳】鮑牽見之　以告國武子

㊟「鮑牽」は、鮑叔牙の曾孫である。

【傳】武子召慶克而謂之　慶克久不出

㊟はじて家にひきこもっていたのであり、そのため夫人が怪しんだ。

【傳】而告夫人曰　國子讁我

㊟「讁」は、譴責〔しかる〕である。

(附)桓公十八年の傳文「公讁之」の注に「讁　譴也」とある。なお、その(附)を參照。

【傳】夫人怒　國子相靈公以會

㊟鄭の討伐に參加した。

【傳】高鮑處守

㊟高無咎と鮑牽である。

【傳】及還　將至　閉門而索客

㊟きびしくとりしらべて、姦人(の入國)をふせいだのである。

【傳】孟子訴之曰　高鮑將不納君　而立公子角　國子知之

㊟「角」は、頃公の子である。

【傳】秋七月壬寅刖鮑牽而逐高無咎　無咎奔莒　高弱以盧叛

㊟「弱」は、無咎の子である。「盧」は、高氏の邑である。

【傳】齊人來召鮑國而立之

㊟「國」は、牽の弟の文子である。

(附)定公九年の傳文「鮑文子諫曰」の注に「文子　鮑國也」とある。

【傳】初鮑國去鮑氏而來爲施孝叔臣　施氏卜宰　匡句須吉

㊟家宰を立てることを卜ったのである。

【傳】施氏之宰有百室之邑　與匡句須邑　使爲宰　以讓鮑國而致邑焉　施孝叔曰　子實吉　對曰　能與忠良　吉孰大焉　鮑國相施氏忠　故齊人取以爲鮑氏後　仲尼曰　鮑莊子之知不如葵　葵猶能衞其足

㊟葵〔ひまわり〕は、日に向かって葉を傾けることで、その根をおおいかくす。鮑牽は、亂れた國にいながら、〝行ないを高潔にするが、言葉はひかえめにする〟ということが出來なかった、ということである。

(附)『孔子家語』正論解に「孔子曰　古之士者　國有道　則盡忠以輔之　國無道　則退身以避之　今鮑莊子食於淫亂之朝　不量主之明暗　以受大刑　是智之不如葵　葵猶能衞其足」とあり、王注に「葵傾葉隨日轉　故曰衞其足也」とあるのを參照。また、『論語』泰伯に「危邦不入　亂邦不居　天下有道則見　無道則隱」とあり、同憲問に「子曰　邦有道　危言危行　邦無道　危行言孫」とあるのを參照。なお、異說として、焦循『春秋左傳補疏』に「淮南子說林訓云　聖人之於道　猶葵之與日也　雖不能終始哉　其鄉之誠也　高誘注云　鄉　仰也　葵之向日　始見於此　曹植求通親親表增其說云　若葵藿之傾葉太陽　雖不爲

囘光　終向之者誠也　陸機作園葵詩　乃云　朝榮西北傾　夕潁西南晞　竟似隨日而指者　然與衞足之説不相渉（中略）古時以此爲蔬　不令其老　故掐之　令生嫩栟　其根存　則明年仍生　故古詩云　採葵不傷根　傷根葵不生　觀要術稱三掐　又云　令根上栟生　然則種葵者必護其根　不肯使傷　不似他蔬連根並劚　所以然者　以其根能生栟　肥嫩供食尤美　是葵能自衞其根　孔子謂葵猶能衞其足　此也（中略）向日與衞足　自是兩事　杜合爲一　失之」とある。

傳冬諸侯伐鄭

注せんだっての夏に、思いどおりにゆかなかった、からである。

附經の注に「鄭猶未服故也」とある。

傳十月庚午圍鄭　楚公子申救鄭　師于汝上　十一月諸侯還

注（經に）「圍」を書いていないのは、楚の救援を畏れ、圍みおわらないうちにひきあげた、からである。

附疏に引く『釋例』に「汝水出南陽魯縣大蓋山　東北至河南梁縣　東南經襄城潁川汝南　至汝陰褒信縣入淮」とある。

傳初聲伯夢渉洹

注「洹」水は、汲郡の林慮縣から出て、東北へ流れ、魏郡の長樂縣に至って、清水にそそいでいた。

傳或與己瓊瑰食之

注「瓊」は、玉であり、「瑰」は、珠である。珠・玉を食べるのは、含〔死者のふくみだま〕の象である。

附注の前半については、僖公二十八年の傳文「初楚子玉自爲瓊弁玉纓未之服也」の注に「瓊　玉之別名」とある。なお、その附を參照。注の後半については、疏に引く『釋例』に「珠玉曰含」とある。なお、文公五年「春王正月王使榮叔歸含且賵」の注に「珠玉曰含　含　口實」とあるのを參照。

傳泣而爲瓊瑰盈其懷

注涙がおちて、珠・玉に變化し、自分のふところに一杯になったのである。

傳從而歌之曰　濟洹之水　贈我以瓊瑰　歸乎歸乎　瓊瑰盈吾懷乎

注「從」は、就〔そこで、それから〕である。夢の中でこの歌をうたったのである。

附注の「從　就也」については、『禮記』檀弓下「從而謝焉　終不食而死」の注に「從猶就也」とあるのを參照。

傳懼不敢占也　還自鄭　壬申至于貍脤而占之　曰　余恐死　故不敢占也　今衆繁而從余三年矣　無傷也　言之　之莫而卒

注「繁」は、多と同じである。傳は、むやみに夢を占うことを戒めたのである。

附注の「繁猶多也」については、昭公三年の傳文「於是景公繁於刑」の注に「繁　多也」とある。なお、『詩』小雅〈正月〉「正月繁霜」の毛傳に「繁　多也」とあるのを參照。

なお、『詩』秦風〈渭陽〉「何以贈之　瓊瑰玉佩」の疏に「服虔云　瓊

伯惡瓊瑰贈死之物　故畏而不言」とある。

【傳】齊侯使崔杼爲大夫　使慶克佐之　帥師圍盧

【注】高弱を討つためである。

【附】上の傳文に「高弱以盧叛」とある。

【傳】國佐從諸侯圍鄭　以難請而歸

【注】諸侯に請うたのである。

【傳】遂如盧師　殺慶克　以穀叛

【注】慶克が淫亂なのをにくんでいたから、殺したのである。

【附】上の傳文に「齊慶克通于聲孟子　與婦人蒙衣乘輦而入于閎」とある。

【傳】齊侯與之盟于徐關而復之　十二月盧降　使國勝告難于晉　待命于淸

【注】「勝」は、國佐の子である。高氏の内亂を晉に報告させたのである。
齊は國佐を討とうとしていたから、その子を外に留めたのである。
「淸」は、(今の)陽平の樂縣である。明年の、國佐を殺したこと、のために傳したのである。

【附】十八年に「齊殺其大夫國佐」とあり、傳に「齊爲慶氏之難　故甲申晦齊侯使士華免以戈殺國佐于内宮之朝（中略）使淸人殺國勝」とあり、注に「勝　國佐子　前年待命于淸者」とある。

【傳】晉厲公侈　多外嬖

【注】「外嬖」は、お氣に入りの大夫である。

【附】隱公三年の傳文「公子州吁　嬖人之子也」の注に「嬖　親幸也」とある。

【傳】反自鄢陵　欲盡去羣大夫　而立其左右

【注】結局、士燮〔范文子〕の言葉どおりになったのである。

【附】上の傳文に「晉范文子反自鄢陵　使其祝宗祈死　曰　君驕侈而克敵是天益其疾也　難將作矣」とある。

【傳】胥童以胥克之廢也　怨郤氏

【注】「童」は、胥克の子である。宣公八年に、郤缺が胥克を廢した。

【附】宣公八年の傳文に「晉胥克有蠱疾　郤缺爲政　秋廢胥克　使趙朔佐下軍」とあり、注に「爲成十七年胥童怨郤氏張本」とある。

【傳】而嬖於厲公　郤錡奪夷陽五田　五亦嬖於厲公　郤犨與長魚矯爭田　執而梏之

【注】「梏」は、械〔手かせ〕である。

【附】莊公三十年の傳文「則執而梏之」の注に「足曰桎　手曰梏」とある。また、襄公六年の傳文「子蕩怒　以弓梏華弱于朝」の注に「張弓以貫其頸　若械之在手　故曰梏」とある。なお、『説文』に「梏　手械也」とあるのを參照。

【傳】與其父母妻子同一轅

【注】車の轅〔ながえ〕につないだのである。

【傳】既矯亦嬖於厲公　欒書怨郤至　以其不從己而敗楚師也　欲廢之

【注】鄢陵の戰いで、欒書が營壘を固め(て、しばらく待機し)ようとしたのに、郤至は「楚には六つのすきがある」と言って(すぐに戰い)、勝利を得た。

【附】十六年の傳文に「欒書曰　楚師輕窕　固壘而待之　三日必退　退而擊之　必獲勝焉　郤至曰　楚有六間　不可失也（中略）我必克之」とある。

【注】鄢陵の戰いで、晉は公子茷を捕虜にし、つれ歸っていた。

【傳】使楚公子茷告公　曰　此戰也　郤至實召寡君

【附】十六年の傳文に「囚楚公子茷」とあり、注に「爲郤至見譖張本」とある。

【傳】以東師之未至也

【注】（「東師」とは）齊・魯・衞の師である。

【附】十六年の傳文に「戰之日　齊國佐高無咎至于師　衞侯出于衞　公出于壞隤」とある。

【傳】與軍帥之不具也　曰　此必敗

【注】荀罃は、下軍の佐であったが、留守居をし、郤犫は、新軍の將であったが、師を乞いに行っていた。だから、「そろっていない」と言っているのである。

【附】十六年の傳文に「乃興師　欒書將中軍　士燮佐之　郤錡將上軍　荀偃佐之　韓厥將下軍　郤至佐新軍　荀罃居守（注　荀罃　下軍佐）郤犫如衞　遂如齊　皆乞師焉」とある。

【傳】吾因奉孫周以事君

【注】「孫周」は、晉の襄公の曾孫の悼公である。「君」とは、楚王のことである。

【附】『史記』晉世家に「悼公周者　其大父捷　晉襄公少子也　不得立　號爲桓叔　桓叔最愛　桓叔生惠伯談　談生悼公周」とあるのを參照。また、『國語』晉語六「將納孫周」の韋注に「孫周　悼公周也」とあるのを參照。

【傳】公告欒書　書曰　其有焉　不然　豈其死之不恤　而受敵使乎

【注】鄢陵の戰いの最中に、楚子が郤至に弓をおくった、ことをいう。

【附】十六年の傳文に「郤至三遇楚子之卒　見楚子　必下　免胄而趨風　楚子使工尹襄問之以弓」とあり、注に「問　遺也」とある。

【傳】君盍嘗使諸周而察之

【注】「嘗」は、試〔ためす〕である。

【附】哀公二十年の傳文「請嘗之」等の注に、同文がみえる。なお、『禮記』檀弓下「盍嘗問焉」の注に「嘗猶試也」とあるのを參照。

【傳】郤至聘于周　欒書使孫周見之　公使覘之　信

【注】「覘」は、伺〔うかがう〕である。

【附】『說文』に「覘　窺也（中略）春秋傳曰　公使覘之　信」とあるのを參照。また、『國語』晉語六「公使覘之」の韋注に「覘　微視也」とあるのを參照。

【傳】遂怨郤至　厲公田　與婦人先殺而飲酒　後使大夫殺

【注】傳は、厲公が無道で、婦人を先にして卿佐を後にした、ことを言ったのである。

【傳】郤至奉豕

【注】公に進めようとしたのである。

【傳】寺人孟張奪之

㊟「寺人」は、奄士〔宦官〕である。
㈹襄公二十七年の傳文「寺人御而出」の注に、同文がみえる。なお、僖公二年の傳文「齊寺人貂始漏師于多魚」の注に「寺人　内奄官豎貂也」とあるのを參照。
【傳】郤至射而殺之　公曰　季子欺余
㊟「季子〔すえっこ〕」とは、郤至のことである。公は、逆に、郤至が孟張の豕を奪った、と思ったのである。
㈹異説として、安井衡『左傳輯釋』に「欺　謾也　謂輕侮之　郤至射殺寺人於公側　故怒爲輕侮己也」とある。
【傳】厲公將作難　胥童曰　必先三郤　族大　多怨　去大族　不偪
㊟公室を壓迫しない。
【傳】敵多怨　有庸
㊟怨みを多くかっている者を討てば、成功しやすい。
㈹僖公二十七年の傳文「車服以庸」の注に「庸　功也」とあるのを參照。
【傳】公曰　然　郤氏聞之　郤錡欲攻公　曰　雖死　君必危　郤至曰　人所以立　信知勇也　信不叛君　知不害民　勇不作亂　失茲三者　其誰與我　死而多怨　將安用之
㊟ともに死んで怨みを多くしてはならない、ということである。
【傳】君實有臣而殺之　其謂君何　我之有罪　吾死後矣　若殺不辜　將失其民　欲安　得乎
㊟君位に安んじていられない、ということである。
【傳】待命而已　受君之祿　是以聚黨　有黨而爭命
㊟生死を爭う。
㈹異説として、陸粲『左傳附注』に「爭命　言不受君欲殺之命而與之爭也　傳稱晉公子重耳之言曰　保君父之命而享其生祿　於是乎得人　有人而校　罪莫大焉　與此郤至辭指正同」とある。
【傳】罪孰大焉
㊟傳は、郤至に叛心がなかったことを言っているのである。
【傳】壬午胥童夷羊五帥甲八百將攻郤氏
㊟八百人である。
㈹『史記』晉世家に「十二月壬午公令胥童以兵八百人襲攻殺三郤」とあるのを參照。
【傳】長魚矯請無用衆　公使淸沸魋助之
㊟「沸魋」もまた、嬖人〔公のお氣に入り〕である。
㈹上の傳文に「晉厲公侈　多外嬖」とある。
【傳】抽戈結衽
㊟「衽」は、裳際〔はかまのすそ〕である。
㈹『儀禮』喪服「衽　二尺有五寸」の注に「衽　所以掩裳際也」とあるのを參照。
【傳】而僞訟者
㊟淸沸魋と訟諍しに來たふりをしたのである。
【傳】三郤將謀於榭
㊟「榭」は、武事を講習する堂である。
㈹宣公十六年「夏成周宣榭火」の注に「宣榭　講武屋」とあるのを參照。

なお、異説として、楊伯峻『春秋左傳注』に「榭　建于臺上之房屋
杜注云講武堂　非」とある。

【傳】矯以戈殺駒伯苦成叔於其位

【注】「位」とは、すわっていた場所である。「駒伯」は、郤錡であり、「苦成叔」は、郤犨である。

【附】十四年の傳文「衞侯饗苦成叔」の注に「成叔　郤犨」とある。

【傳】溫季曰　逃威也　遂趨

【注】郤至は本來、君命を受けて死ぬつもりだったのに、今ここで、矯たちが君命によらずにやって來たから、逃げようとしたのである。（つまり）凶賊が害をなそうとしたから、「威」と言ったのであり、畏れて〔逃げて〕當然、ということである。一説に、「威」は「藏〔かくれる〕」につくるべきである。

【附】注の前半については、十六年の傳文「溫季其亡乎」の注に「溫季　郤至」とある。また、上の傳文に「郤至曰（中略）待命而已」とある。
注の後半については、『釋名』釋言語に「威　畏也　可畏懼也」とあるのを參照。また、『老子』第七十二「民不畏威」の河上公注に「威　害也」とあるのを參照。
なお、注の「畏當爲藏」の「畏」は、挍勘記に従って、「威」に改める。

【傳】矯及諸其車　以戈殺之　皆尸諸朝

【注】その尸〔しかばね〕を朝廷にさらしたのである。

【附】『國語』晉語六「殺三郤而尸諸朝」の韋注に「尸　陳也」とあるのを參照。

【傳】胥童以甲劫欒書中行偃於朝　矯曰　不殺二子　憂必及君　公曰　一朝而尸三卿　余不忍益也　對曰　人將忍君

【注】「人」とは、書と偃とをいう。

【傳】臣聞　亂在外爲姦　在內爲軌　御姦以德

【注】德は、遠くをやすんずる。

【附】『國語』晉語六「御宄以德」の韋注に「以德　以德綏之」とあるのを參照。

【傳】御軌以刑

【注】刑は、近くをおさめる。

【附】『國語』周語上「百官御事」の韋注に「御　治也」とあるのを參照。

【傳】不施而殺　不可謂德　臣偪而不討　不可謂刑　德刑不立　姦軌並至　臣請行　遂出奔狄

【注】「行」は、去である。

【附】桓公十六年の傳文「壽子告之　使行」等の注に、同文がみえる。なお、その【附】を參照。

【傳】公使辭於二子

【注】書と偃とに辭謝した〔あやまった〕のである。

【傳】曰　寡人有討於郤氏　郤氏既伏其辜矣　大夫無辱　其復職位

【注】胥童が彼らをおどして拘禁したから、「辱」と言っているのである。

【附】上の傳文に「胥童以甲劫欒書中行偃於朝」とある。

【傳】皆再拜稽首曰　君討有罪　而免臣於死　君之惠也　二臣雖死　敢忘君

傳德　乃皆歸　公使胥童爲卿　公遊于匠麗氏

注「匠麗」は、お氣に入りの大夫の家である。

附『國語』晉語六「欒武子中行獻子圍公於匠麗氏」の韋注に「匠麗氏嬖大夫家」とあるのを參照。なお、『史記』晉世家「厲公游匠驪氏」の〈集解〉に「賈逵曰　匠驪氏　晉外嬖大夫在翼者」とある。

傳欒書中行偃遂執公焉　召士匄　士匄辭

注ことわって、往かなかった。

傳召韓厥　韓厥辭　曰　昔吾畜於趙氏　孟姬之讒　吾能違兵

注「畜」は、養である。「違」は、去である。韓厥は、幼いころ趙盾にやしなわれたが、孟姬の内亂がおこって、晉が趙氏を討とうとすると、厥は、武器をすて、(どちらにも)味方しないことを示した。これを言ったのは、自分には(どちらか)一方にだけ加勢するつもりはない、ことを明らかにしたのである。孟姬の内亂は、八年にある。

附注の「畜　養也」については、宣公四年の傳文「從其母畜於邳」等の注に、同文がみえる。なお、その附を參照。

注の「違　去也」については、閔公二年の傳文「不如違之」等の注に、同文がみえる。なお、その附を參照。

注の「孟姬亂在八年」については、八年の傳文に「晉趙莊姬爲趙嬰之亡故　譖之于晉侯　曰　原屏將爲亂　欒郤爲徵　六月晉討趙同趙括　武從姬氏畜于公宮　以其田與祁奚　韓厥言於晉侯曰　成季之勳　宣孟之忠　而無後　爲善者其懼矣（中略）乃立武　而反其田焉」とある。

傳古人有言曰　殺老牛莫之敢尸　而況君乎　二三子不能事君　焉用厥也

注「尸」は、主〔つかさどる〕である。

附襄公二十七年の傳文「非歸其尸盟也」の注に、同文がみえる。なお、『國語』晉語六「殺老牛莫之敢尸」の韋注に「尸　主也」とあるのを參照。

傳舒庸人以楚師之敗也

注鄢陵で敗れた。「舒庸」は、東夷の國である。

附十六年に「甲午晦晉侯及楚子鄭伯戰于鄢陵　楚子鄭師敗績」とある。なお、注の最後の「人」は、挍勘記に從って、衍文とみなす。

傳道吳人圍巢　伐駕　圍釐虺

注「巢」・「駕」・「釐」・「虺」は、楚の四邑である。

傳遂恃吳而不設備　楚公子橐師襲舒庸　滅之

傳閏月乙卯晦欒書中行偃殺胥童

注自分達をおどしたからである。

附上の傳文に「胥童以甲劫欒書中行偃於朝」とある。

傳民不與郤氏　胥童道君爲亂　故皆書曰晉殺其大夫

注厲公は私欲によって三郤を殺したのに、三郤の死を無罪として書かず、書・偃は家怨によって胥童を害したのに、胥童が國討という表現を蒙っているのは、郤氏は民の支持を失い、胥童は亂を導いたため、いずれも國戮〔國討〕にあたいする、ということを明らかにしたのである。

附上の經に「晉殺其大夫郤錡郤犨郤至」とあり、十八年の經に「春王正月晉殺其大夫胥童」とある。なお、文公七年の傳文「書曰宋人殺其大夫　不稱名　衆也　且言非其罪也」の疏に引く『釋例』に「大臣相殺　死者無罪　則兩稱名氏　以示殺者之罪　王札子殺召伯毛伯　是也　若死者有罪　則不稱殺者名氏　晉殺其大夫陽處父　是也」とあるのを參照。ちなみに、同六年「晉殺其大夫陽處父」の注に「處父侵官　宜爲國討　故不言賈季殺」とある。

なお、諸本に従って、注の「不以無罪」の下に、「書」の字を補う。

〔成公十八年〕

【經】十有八年春王正月晉殺其大夫胥童

【注】傳は前年にあるのに、經がこの年の春にあるのは、赴告に従ったのである。

【附】十七年の傳文に「閏月乙卯晦欒書中行偃殺胥童」とある。

【經】庚申晉弑其君州蒲

【注】臣を稱していない〔弑した者の名を書いていない〕のは、君が無道だったからである。

【附】宣公四年の傳文に「凡弑君　稱君　君無道也　稱臣　臣之罪也」とあり、注に「稱君　謂唯書君名　而稱國以弑　言衆所共絶也　稱臣者　謂書弑者之名　以示來世　終爲不義」とある。

【經】齊殺其大夫國佐

【注】（「國佐」は）國武子である。

【附】宣公十年に「齊侯使國佐來聘」とあり、傳に「國武子來報聘」とある。

【經】公如晉

【經】夏楚子鄭伯伐宋　宋魚石復入于彭城

【注】傳例に「惡をもって入った」とある。「彭城」は、宋の邑で、今の彭城縣である。

【附】下の傳文に「以惡　曰復入」とある。

【經】公至自晉

【經】晉侯使士匄來聘

【經】秋杞伯來朝

【經】八月邾子來朝

【經】築鹿囿

【注】墻を築いて、鹿苑としたのである。

【附】莊公十九年の傳文「取蔿國之圃以爲囿」の注に「囿　苑也」とある。

なお、その【附】を參照。

[經]己丑公薨于路寢

[經]冬楚人鄭人侵宋

[注]子重は、先に輕軍をやって宋を侵させたから、「人」と稱し、しかも、「伐」と言っていないのである。

[附]下の傳文に「冬十一月楚子重救彭城　伐宋」とあり、注に「使偏師與鄭人侵宋　子重爲後鎭」とある。なお、隱公二年「夏五月莒人入向」の注に「將卑師少　稱人」とあるのを參照。また、莊公二十九年の傳文に「凡師　有鍾鼓曰伐　無曰侵」とあるのを參照。

[經]晉侯使士魴來乞師

[經]十有二月仲孫蔑會晉侯宋公衞侯邾子齊崔杼同盟于虛朾

[注]「虛朾」は、地(名)で、闕〔不明〕である。

[經]丁未葬我君成公

[傳]十八年春王正月庚申晉欒書中行偃使程滑弑厲公

[注]「程滑」は、晉の大夫である。

[傳]葬之于翼東門之外　以車一乘

[注]君としての禮によって葬ることをしなかった、ということである。諸侯の送葬の車は(本來)七乘である。

[附]襄公二十五年の傳文に「丁亥葬諸士孫之里　四翣　不蹕　下車七乘　不以兵甲」とあり、注に「下車　送葬之車　齊舊依上公禮九乘　又有甲兵　今皆降損」とあるのを參照。なお、疏に「周禮大行人　上公貳車九乘　侯伯七乘　子男五乘　謂生時副貳之車也　其送葬亦當如之」とある。

[傳]使荀罃士魴逆周子于京師而立之

[注](「周子」は)悼公周である。

[附]十七年の傳文「吾因奉孫周以事君」の注に「孫周　晉襄公曾孫悼公」とある。なお、『國語』晉語七に「欒武子使智武子彘恭子如周迎悼公」とあり、韋注に「悼公　周子也」とあるのを參照。

[傳]生十四年矣　大夫逆于清原　周子曰　孤始願不及此　雖及此　豈非天乎

[注]天命である、ということである。

[傳]抑人之求君　使出命也　立而不從　將安用君　二三子用我今日　否亦今日　共而從君　神之所福也

[注]傳は、周子が、年少なのに才があり、そのため、自分の地位を固められた、ことを言っているのである。

[傳]對曰　羣臣之願也　敢不唯命是聽　庚午盟而入

[注]諸大夫と盟ったのである。

[附]『史記』晉世家に「刑雞與大夫盟而立之」とあるのを參照。

[傳]館于伯子同氏

㊟晉の大夫の家である。「館」は、舍〔やどる〕である。

(附)注の「館　舍也」については、隱公十一年の傳文「館于寪氏」の注に、同文がみえる。なお、その(附)を參照。また、『國語』周語上「館諸宗廟」の韋注に「館　舍也」とあるのを參照。

【傳】辛巳朝于武宮

㊟武公は、曲沃の始めて(晉侯として)命じられた君である。

(附)僖公二十四年の傳文「丁未朝于武宮」の注に「文公之祖武公廟」とある。なお、その(附)を參照。なお、注の「武宮」の「宮」は、諸本に從って、「公」に改める。

なお、疏に「服虔本作辛未」とある。ちなみに、『國語』晉語七及び『史記』晉世家は、いずれもみな、「辛巳」に作っている。

【傳】逐不臣者七人

㊟夷羊五たちである。

(附)十七年の傳文に「郤錡奪夷陽五田　五亦嬖於厲公」とあり、また、「壬午胥童夷羊五帥甲八百將攻郤氏」とある。

【傳】周子有兄而無慧　不能辨菽麥　故不可立

㊟「菽」は、大豆である。豆と麥とは、形がちがっていて、判別しやすいから、(それが判別できないことを)癡者のしるしにしたのである。「不慧〔無慧〕」とは、おそらく、世間でいう〝白癡〟のことであろう。

(附)注の「菽　大豆也」については、『詩』小雅〈采菽〉「采菽采菽」の鄭箋に「菽　大豆也」とあるのを參照。

注の「不慧　蓋世所謂白癡」については、楊伯峻『春秋左傳注』に「似杜所據本無作不」とある。

【傳】齊爲慶氏之難

㊟前年に、國佐が慶克を殺した。

(附)十七年の傳文に「齊侯使崔杼爲大夫　使慶克佐之　帥師圍盧　國佐從諸侯圍鄭　以難請而歸　遂如盧師　殺慶克　以穀叛」とある。

【傳】故甲申晦齊侯使士華免以戈殺國佐于內宮之朝

㊟「華免」は、齊の大夫である。「內宮」は、夫人の宮である。

(附)疏に「杜世族譜　於齊國雜人之中有華免　而無士字　此注以華免爲大夫　則士者爲士官也　士官掌刑　故使殺國佐也」とある。

【傳】師逃于夫人之宮

㊟兵を內宮に伏せておいた、ということであり、(それは)失敗を恐れてのことである。

(附)章太炎『春秋左傳讀』に「說文云　逃　亡也　又云　匿　亡也　是逃與匿同誼　故昭二十五年傳　逃於季氏　魯世家作匿季氏　是其證　此言師匿于夫人之宮也　呂覽論人　不可匿也　注　匿猶伏也　後漢書李固傳　鼎角匿犀　注　匿犀　伏犀也　故預以伏兵說之」とあるのを參照。なお、異說として、安井衡『左傳輯釋』に「師　衆也　士華免殺國佐于內宮之朝　內宮之朝　夫人朝羣妾之處　故衆人處此者　逃入于夫人之宮　傳載之者　見事出於不意也」とある。

【傳】書曰齊殺其大夫國佐　棄命專殺以穀叛故也

㊟國佐は本來、淫亂なのをにくんで慶克を殺したのであり、齊がそのた

め彼を討ったが、彼の罪は死にあたいするほどではないかにまぎらわしいから、傳は、彼の三つの罪をはっきり言ったのである。

【附】十七年の傳文に「齊侯使崔杼爲大夫　使慶克佐之　帥師圍盧　國佐從諸侯圍鄭　以難請而歸　遂如盧師　殺慶克　以穀叛」とあり、注に「疾克淫亂故殺之」とある。なお、文公七年の傳文「書曰宋人殺其大夫　不稱名　衆也　且言非其罪也」の疏に引く『釋例』に「大臣相殺　死者無罪　則兩稱名氏　以示殺者之罪　王札子殺召伯毛伯　是也　若死者有罪　則不稱殺者名氏　晉殺其大夫陽處父　是也」とあるのを參照。

なお、注の最後の「之」は、諸本に從って、衍文とみなす。

【傳】使淸人殺國勝

【注】「勝」は、國佐の子で、前年に淸で待機させられた者である。

【附】十七年の傳文に「十二月盧降　使國勝告難于晉　待命于淸」とあり、注に「勝　國佐子（中略）齊欲討國佐　故留其子於外」とある。

【傳】國弱來奔

【注】「弱」は、勝の弟である。

【傳】王湫奔萊

【注】「湫」は、國佐のなかまである。

【傳】慶封爲大夫　慶佐爲司寇

【注】「封」・「佐」は、いずれもみな、慶克の子である。

【附】十七年の傳文「齊慶克通于聲孟子」の注に「慶克　慶封父」とある。

【傳】既　齊侯反國弱　使嗣國氏　禮也

【注】佐の罪は、家の斷絶にあたいするほどのものではない（からである）。

【傳】二月乙酉朔晉悼公即位于朝

【注】廟に朝して五日後に即位したのである。厲公は殺されて（血筋が）絶えたから、悼公は、嗣子として喪に服することをしなかったのである。

【附】注の前半については、上の傳文に「辛巳朝于武宮」とある。

注の後半については、疏に引く『釋例』に「厲公見殺　悼公自外紹立　本非君臣　無喪制也」とある。

なお、傳文の「晉侯悼公」の「侯」は、諸本に從って、衍文とみなす。

【傳】始命百官

【注】始めて政治を行なったのである。

【傳】施舍已責

【注】恩惠を施し、勞役を免除し、逋責〔租稅の滯納分〕を棒引きにしたのである。

【附】宣公十二年の傳文「旅有施舍」の注に「旅客來者　施之以惠　舍不勞役」とあり、襄公九年の傳文「魏絳請施舍」の注に「施恩惠　舍勞役」とある。また、二年の傳文「已責」の注に「弃逋責」とある。

【傳】逮鰥寡

【注】弱者に恩惠を及ぼしたのである。

【附】二年の傳文「逮鰥」の注に「施及老鰥」とある。なお、『國語』晉語七「逮鰥寡」の韋注に「逮　及也　謂惠及也」とあるのを參照。

【傳】振廢滯

㊟（すてられていた）かつての賢者を（再び）起用したのである。

(附)『國語』晉語七「振廢淹」の韋注に「振　起也　淹　久也　謂本賢人以小罪久見廢　起用之也」とあるのを參照。

【傳】匡乏困　救災患

㊟「匡」もまた、「救」である。

(附)僖公二十六年の傳文に「彌縫其闕而匡救其災」とある。

【傳】禁淫慝　薄賦斂　宥罪戾

㊟「宥」は、寛である。

(附)昭公十四年の傳文「宥孤寡」の注に「寛其賦稅」とある。なお、『說文』に「宥　寛也」とあるのを參照。

【傳】節器用

㊟「節」は、省〔はぶく〕である。

【傳】時用民

㊟民を使うのに、適切な時期を選んだのである。

(附)『論語』學而に「節用而愛人　使民以時」とあるのを參照。

【傳】欲無犯時

㊟私欲をほしいままにしなかったのである。

【傳】使魏相士魴魏頡趙武爲卿

㊟「相」は、魏錡の子であり、「魴」は、士會の子であり、「頡」は、魏顆の子であり、「武」は、趙朔の子である。この四人は、その父祖が、いずれもみな、晉國に功勞があった（からである）。

(附)『國語』晉語七に「使呂宣子佐下軍（韋注　宣子　呂錡之子呂相）曰　邲之役　呂錡佐智莊子於下軍　獲楚公子穀臣與連尹襄老　以免子羽　鄢之役　親射楚王而敗楚師　以定晉國而無後　其子孫不可不崇也　使彘恭子將新軍　曰　武子之季文子之母弟也（韋注　季　少子　武子　士會也　文子　士燮也　母弟　同母弟）武子宣法以定晉國　至於今是用　文子勤身以定諸侯　至於今是賴　夫二子之德　其可忘乎　故以彘季屏其宗　使令狐文子佐之（韋注　文子　魏犨之孫　顆之子魏頡也　令狐　邑名）曰　昔克潞之役　秦來圖敗晉功　魏顆以其身卻退秦師于輔氏　親止杜回　其勳銘於景鍾　至于今不育　其子不可不興也」とあるのを參照〔ちなみに、疏に「趙武父祖功名顯著　故不復序之」とある〕。なお、十三年の傳文「夏四月戊午晉侯使呂相絕秦」の注に「呂相　魏錡子」とあり、下の傳文「今彘季亦佐下軍」の注に「彘季　士魴」とある。また、『國語』晉語六「趙文子冠」の韋注に「文子　趙盾之孫　趙朔之子趙武也」とある。

【傳】荀家荀會欒黶韓無忌爲公族大夫　使訓卿之子弟共儉孝弟

㊟「無忌」は、韓厥の子である。

(附)『國語』晉語七に「欒伯請公族大夫　公曰　荀家惇惠　荀會文敏　黶也果敢　無忌鎭靜（韋注　無忌　韓厥之子公族穆子）使茲四人者爲之」とあるのを參照。なお、襄公七年の傳文「冬十月晉韓獻子告老　公族穆子有廢疾」の注に「穆子　韓厥長子　成十八年爲公族大夫」とある。

【傳】使士渥濁爲大傅　使脩范武子之法

㊟「渥濁」は、士貞子である。「武子」は、景公の大傅であった。

(附)宣公十二年の傳文「士貞子諫曰　不可」の注に「貞子　士渥濁」とあ

る。また、同十六年の傳文に「晉侯請于王　戊申以黻冕命士會將中軍　且爲大傅」とあり、「冬晉侯使士會平王室（中略）武子歸而講求典禮　以脩晉國之法」とある。なお、『國語』晉語七に「君知士貞子之帥志博聞而宣惠於教也　使爲大傅」とあり、韋注に「貞子　晉卿士穆子之子士渥濁也」とあるのを參照。

【傳】右行辛爲司空　使脩士蔿之法

【注】「辛」は、右行の將であったから、そのまま「右行」を氏としたのである。「士蔿」は、獻公の司空である。

【附】注の前半については、文公十三年の傳文「中行桓子曰　請復賈季」の注に「中行桓子　荀林父也　僖二十八年始將中行　故以爲氏」とあるのを參照。なお、安井衡『左傳輯釋』に「疏云　故謂此人之先將右行　據此　注辛下當脫先字」とある。

注の後半については、莊公二十六年の傳文に「春晉士蔿爲大司空」とある。

【傳】弁糾御戎　校正屬焉

【注】「弁糾」は、欒糾である。「校正」は、馬をつかさどる官である。

【附】『國語』晉語七に「知欒糾之能御以和于政也　使爲戎御」とあり、韋注に「欒糾　晉大夫弁糾」とあるのを參照。なお、襄公九年の傳文「使皇鄖命校正出馬　工正出車　備甲兵庀武守」の注に「校正　主馬」とある。

【傳】使訓諸御知義

【注】戰士は節義を尚ぶ（からである）。

【傳】荀賓爲右　司士屬焉

【注】「司士」は、車右の官である。

【附】疏に「服虔以爲司士主右之官」とある。なお、『周禮』司右に「司右掌羣右之政令」とあるのを參照。

【傳】使訓勇力之士時使

【注】「勇力（の士）」は、すべて車右である。勇力（の士）は命令に順わない場合が多いから、彼らを教育して、その時時の用をつとめる〔命令に順う〕ようにさせたのである。

【附】『會箋』に「時使言以時爲上所使也　預教之以供時之使用」とある。

【傳】卿無共御　立軍尉以攝之

【注】卿の兵車の御者をはぶき、軍尉に御者を兼ねさせたのである。

【附】閔公二年の傳文に「梁餘子養御罕夷　先丹木爲右（注　罕夷　晉下軍卿也　梁餘子養爲罕夷御）羊舌大夫爲尉（注　尉　軍尉）」とあるのを參照。なお、昭公十三年の傳文「羊舌鮒攝司馬」の注に「攝　兼官」とある。

【傳】祁奚爲中軍尉　羊舌職佐之　魏絳爲司馬

【注】（「魏絳」は）魏犨の子である。

【附】『國語』晉語七「知魏絳之勇而不亂也　使爲元司馬」の韋注に「魏絳　犨之子莊子也」とあるのを參照。

【傳】張老爲候奄　鐸遏寇爲上軍尉　籍偃爲之司馬

【注】「偃」は、籍談の父で、上軍の司馬となったのである。

【附】昭公十五年の傳文「且昔而高祖孫伯黶司晉之典籍　以爲大政　故曰籍

氏」の注「孫伯黶　晉正卿　籍談九世祖」の疏に引く『世本』に「黶生司空頡　頡生南里叔子　子生叔正官伯　伯生司徒公　公生曲沃正少襄　襄生司功大伯　伯生候季子　子生籍游　游生談　談生秦」とある。なお、『國語』晉語七「知籍偃之惇帥舊職而恭給也　使爲輿司馬」の韋注に「籍偃　晉大夫　籍季之子籍遊也」とあるのを參照。

[傳]使訓卒乘　親以聽命

㊟相親しんで上の命令をきくようにさせたのである。

(附)宣公十二年の傳文に「卒乘輯睦」とあり、注に「步曰卒　車曰乘」とある。

[傳]程鄭爲乘馬御　六騶屬焉　使訓羣騶知禮

㊟「程鄭」は、荀氏の別族〔一族〕である。「乘馬御」は、乘用の車の僕である。「六騶」は、六閑の騶〔六つの廐舍の管理官たち〕である。『周禮』では、諸侯には六閑の馬がいる。乘用の車は、禮容を尙ぶから、羣騶〔係員〕を教育して、禮をわきまえるようにさせたのである。

(附)注の「程鄭　荀氏別族」については、疏に「世本有文」とある。なお、『國語』晉語七「知程鄭端而不淫　且好諫而不隱也　使爲贊僕」の韋注に「程鄭　晉大夫　荀騅之曾孫　程季之子」とあるのを參照。

注の「乘馬御　乘車之僕也」については、莊公十二年の傳文「以乘車輦其母」の注に「乘車　非兵車」とあるのを參照。

注の「六騶　六閑之騶云云」については『禮記』月令「命僕及七騶咸駕載旌旐」の注に「七騶　謂趣馬　主爲諸官駕說者也」とあるのを參照。また、『周禮』校人に「天子十有二閑　馬六種　邦國六閑　馬四種　家四閑　馬二種」とあり、注に「每廐爲一閑」とあるのを參照。

[傳]凡六官之長　皆民譽也

㊟大國は(普通)三卿だが、晉は、この時、六卿を置いて軍帥としていた。だから、まとめて「六官」を擧げれば、羣官に不適切な人物が(一人も)いなかったことがわかる。

(附)異説として、錢綺『左傳札記』に「悼公初年　晉仍有四軍　故襄八年傳云　四軍無闕　八卿和睦　至十三年　新軍無帥　以卒乘從於下軍　雖不置帥　新軍猶未去也　明年方云　師歸自伐秦　晉侯舍新軍　禮也　自後晉止六卿　今云六官之長　不必專指軍帥　六官分職　本是周制　侯國當亦如是耳」とある。

[傳]擧不失職　官不易方

㊟(それぞれの)官が自分の役目を(きちんと)守り、互いにそれをこえたりかえたりすることがなかった、ということである。

(附)異説として、王引之『經義述聞』に「十八年及襄九年傳竝曰　官不易方　杜前注曰　官守其業　無相踰易　後注曰　方猶宜也　引之謹案　方　常也　恆象傳曰　雷風恆　君子以立不易方　謂不易常也　周語　官不易方　韋注曰　方　道也　道與常義相近　晉語　官方定物　注曰　方　常也　物　事也　立其常官　以定百事」とある。

[傳]爵不踰德

㊟德を(よく)はかって爵を授けた、ということである。

[傳]師不陵正　旅不偪師

【注】「正」は、軍〔一萬二千五百人〕の將で、命卿である。「師」は、二千五百人の帥である。「旅」は、五百人の帥である。上・下に禮があり、互いに相手をしのいだりおさえつけたりしなかった、ということである。

【附】定公四年の傳文「君行師從」の注に「二千五百人」とあり、つづく傳文「卿行旅從」の注に「五百人」とある。なお、『周禮』小司徒に「五人爲伍　五伍爲兩　四兩爲卒　五卒爲旅　五旅爲師　五師爲軍」とあり、注に「兩二十五人　卒百人　旅五百人　師二千五百人　軍萬二千五百人」とあるのを參照。なお、異説として、王引之『經義述聞』に「經傳言師旅者　有二義　一爲士卒之名　小司徒　五卒爲旅　五旅爲師　是也　一爲羣有司之名　宰夫　掌百官府之徵令　辨其八職　一曰正　掌官灋以治要　二曰師　掌官成以治凡　三曰司　掌官灋以治目　四曰旅　掌官常以治數　是也　襄十年左傳　官之師旅　不勝其富　十四年傳　今官之師旅　無乃實有所闕　以攜諸侯　晉語　陽人有夏商之嗣典　有周室之師旅　樊仲之官守焉　皆謂掌官成官常者　官之師旅　猶言羣有司也　周室之師旅　卽官守也　蓋樊仲之官守　所守者嗣典也　其官則師旅也　三句一貫　故下文但曰　其非官守也　其大小之差　則旅卑於師　師又卑於正　故八職師旅在正之下　成十八年傳　師不陵正　旅不偪師　言小不加大也　襄二十五年傳　百官之正長師旅　先正長而後師旅也　楚語　天子之貴也　唯其以公侯爲官正　而以伯子男爲師旅　言公侯之統伯子男　猶官正之統師旅也　乃杜注師不陵正旅不偪師曰　師　二千五百人之帥也　旅　五百人之帥也　注官之師旅曰師旅之長　注百官之正長師旅曰　師旅　小將帥也　韋注伯子男爲師旅曰　帥師旅也　皆不知師旅爲羣有司之名　而誤以爲帥師旅者　夫帥師旅者　豈得遂謂之師旅乎　至韋注周室之師旅曰周室之師衆　則又誤以爲人衆之名矣　又案　宰夫之一曰正　左傳之師不陵正　百官之正長　楚語之官正　亦謂羣有司也」とある。

【傳】民無謗言　所以復霸也

【注】ここより上は、悼公が行なったことを（前後を通じて）あまねく言ったのであって、その全てが卽位の年に（一擧に）行なわれたというわけではない。

【附】疏に引く何休『左氏膏肓』に「霸不過五　不許悼公爲霸」とある。

【傳】公如晉　朝嗣君也

【傳】夏六月鄭伯侵宋　及曹門外

【注】「曹門」は、宋の城門である。

【傳】遂會楚子伐宋　取朝郟　楚子辛鄭皇辰侵城郜　取幽丘　同伐彭城

【注】「朝郟」・「城郜」・「幽丘」は、いずれもみな、宋の邑である。

【傳】納宋魚石向爲人鱗朱向帶魚府焉

【注】五子は、十五年に、楚に出奔していた。（經に）魚石だけを書いているのは、（彼を）首領として（彼だけを）赴告してきた〔?〕、からである。

【附】注の前半については、十五年の傳文に「秋八月葬宋共公　於是華元爲

右師　魚石爲左師　蕩澤爲司馬　華喜爲司徒　公孫師爲司城　向爲人爲大司寇　鱗朱爲少司寇　向帶爲大宰　魚府爲少宰（中略）左師二司寇二宰遂出奔楚」とある。

注の後半については、上の經に「宋魚石復入于彭城」とある。なお、すぐ上にあげた十五年の傳文の注に「四大夫不書　獨魚石告」とあるのを參照。なお、注の「師」は、諸本に從って、「帥」に改める。

傳以三百乘戍之而還　書曰復入

注大國にたより、兵威によってもどった、ことをにくむから、「復入」と書いているのである。

傳凡去其國　國逆而立之　曰入

注もとは位がなく、あとをついで立った場合をいう。

傳復其位　曰復歸

注これもまた、國が迎えた場合である。

傳諸侯納之　曰歸

注諸侯が（武力によらず）言葉で申し入れて送り込んだ場合をいう。位があってもなくても〔君でも臣でも〕、いずれもみな、「歸」という。

附僖公二十五年「秋楚人圍陳　納頓子于頓」の注に「頓子不言歸　興師見納故」とある。なお、その附を參照。

傳以惡　曰復入

注みずから戰の主謀者となって、兵をあげて攻め入り、國を害し民を殺した場合をいう。この四條は、内外の援助（の有無）を明らかにし、順〔よい場合〕と逆〔わるい場合〕との表現を區別するためのものであり、國をうけたり家をたもったりすることについての、君と臣とに共通する大例である。

附『禮記』檀弓下に「毋爲戎首　不亦善乎」とあり、注に「爲兵主來攻伐曰戎首」とあるのを參照。また、襄公八年の傳文に「女何故稱兵于蔡」とあり、注に「稱　擧也」とあるのを參照。また、宣公二年の傳文に「敗國殄民」とあり、注に「殄　盡也」とあるのを參照。なお、疏に引く『釋例』に「凡去其國者　通謂君臣及公子母弟也　國逆而立之　本無位　則稱入　本有位　則稱復歸　齊小白入于齊　無位也　衛侯鄭復歸于衛　復其位也　諸侯納之　有位無位　皆曰歸　衛孫林父蔡季　是也　身爲戎首　則曰復入　晉欒盈　是也　此所以明外内之援辨逆順之辭　故經正魚石衞衎　以表舊制　傳稱凡例　揔而明之也　衛人逆公子晉于邢　宜稱入　善其得衆　公子友忠於社稷　國人所思焉　故閔公爲落姑之盟以復之　夫衛公子晉　絶位而在邢　魯之季子　勢弱而出奔　咸得民望　享國有家　是以聖人貴之　殊其文也　莊六年五國諸侯犯逆王命以納衛朔　大其事　故字王人謂之子突　朔懼有違衆之犯而以國逆告　華元實國逆　欲挾晉以自助　故以外納赴　春秋從而書之以示二子之情也　韓魏有耦國之彊　陳蔡有復國之端　故晉趙鞅楚公子比皆稱歸　從諸侯納之例　言非晉楚之所能制也　侯獳愛君以請　故曹伯有國逆之辭　許始復國　故許叔有國逆之文　此皆時史因周典以起時事之情也　傳例稱諸侯納之曰歸　今檢經諸稱納者　皆有興師見納之事　不須例而自明　故但言納　而不復言歸也　衛侯鄭曹伯負芻　皆見執在周　晉魯請而復之　鄭書歸于衛　負芻稱歸自京師　所發事同而文

異者　例意本在於歸　不以他文爲義也　賈氏又以爲諸歸國稱所自之國所自之國有力也　案楚公子比去晉而不送　是無援於外　而經書自晉陳侯吳蔡侯廬　皆平王所封　可謂有力　而不言自楚　此既明證　又春秋稱入　其例有二　施於師旅　則曰不地　在於歸復　則曰國逆　國逆又以立爲例　逆而不立　則皆非例所及　鄭之良霄以寇而入　入卽見殺　而復例之　例稱凡去其國　明非天子之制也　周敬王王子猛不書出而書入　襄王書出而不書入　凡自周無出　故非春秋舊例也　諸在例外稱入　直是自外入内　記事者常辭　義無所取　而賈氏雖夫人姜氏之入皆以爲例　如此甚多　又依放穀梁云稱納者内難之辭　因附會諸納爲義　至于納北燕伯于陽　傳稱因其衆　窮不能通　乃云　時陽守距難故稱納　此又無證　經書楚人圍陳納頓子于頓　則頓國之所欲也　北燕伯傳有因衆之文　不可言内難也　又書納公孫寧儀行父于陳　陳縣而見復　上下交讙　二人雖有淫縱之闕　今道楚匡陳　賊討君葬　威權方盛　傳稱有禮　理無有難　此皆先説之不安也」とある。

【傳】宋人患之　西鉏吾曰　何也

【注】「西鉏吾」は、宋の大夫である。

【傳】若楚人與吾同惡　以德於我　吾固事之也　不敢貳矣

【注】「惡」とは、魚石をいう。

【傳】大國無厭　鄙我猶憾

【注】楚に仕えれば、(楚は)わが國を鄙邑にし、それでもなお滿足しないだろう、このことが心配だ、ということである。

【附】下の傳文に「亦吾患也」とある。

【傳】不然　而收吾憎　使贊其政

【注】同じく魚石をにくむことをせず、(逆に)彼をとりたてて(楚國の)政治に參與させることをいう。

【附】上の傳文に「若楚人與吾同惡」とあり、注に「惡謂魚石」とある。

【傳】以間吾釁　亦吾患也　今將崇諸侯之姦而披其地

【注】「崇」は、長である。楚が、今ここで、彭城を取って魚石を封じたことをいう。「披」は、分と同じである。

【附】昭公五年の傳文「又披其邑」に「披　析也」とある。なお、『史記』宋世家に「平公三年　楚共王拔宋之彭城　以封宋左師魚石」とあるのを參照。

【傳】以塞夷庚

【注】「夷庚」は、吳と晉とが往來するための要道である。楚は、魚石を彭城に封ずることによって、吳と晉との道を絶とうとしている、ということである。

【附】異説として、洪亮吉『春秋左傳詁』に「繁欽辨惑云　吳人以江海爲夷庚　陸機辨亡論云　旋皇輿于夷庚　惠棟曰　夷庚　蓋通謂車馬往來之大道　今按　夷　平也　庚　道也　古字庚與迒通　薛綜西京賦注　迒　道也　廣雅亦同　詩序　由庚　萬物得由其道也　是皆訓庚爲道矣　此傳云以塞夷庚　通謂車馬往來之平道　杜注乃云吳晉往來之要道　則似實有其地　似非也」とある。

【傳】逞姦而攜服　毒諸侯而懼吳晉

【注】吳と晉との道を隔絶するから、(吳と晉とが)警戒するのである。「攜」

は、離である。

〔附〕注の「攜　離也」については、僖公七年の傳文「招攜以禮」等の注に、同文がみえる。なお、その〔附〕を參照。

〔傳〕吾庸多矣　非吾憂也　且事晉何爲　晉必恤之

〔注〕宋がふだんから晉に仕えているのは何のためか、このような患難がおこった時の用心のためであろう、ということである。

〔傳〕公至自晉　晉范宣子來聘　且拜朝也

〔注〕公が(晉に)朝したことを拜謝したのである。

〔附〕上の傳文に「公如晉　朝嗣君也」とある。

〔傳〕君子謂晉於是乎有禮

〔注〕謙讓の禮にかなっていた。

〔傳〕秋杞桓公來朝　勞公　且問晉故　公以晉君語之

〔注〕晉君の德政について話したのである。

〔傳〕杞伯於是驟朝于晉而請爲昬

〔注〕平公が音樂をやめなかったこと、のために本を張ったのである。

〔附〕襄公二十三年の傳文に「春杞孝公卒　晉悼夫人喪之（注　悼夫人　晉平公母　杞孝公姊妹）平公不徹樂　非禮也　禮　爲鄰國闕」とある。

〔傳〕七月宋老佐華喜圍彭城　老佐卒焉

〔注〕彭城に克てなかったわけを言ったのである。

〔傳〕八月邾宣公來朝　卽位而來見也

〔傳〕築鹿囿　書　不時也

〔注〕土木工事の時期ではなかった。

〔附〕莊公二十九年の傳文に「凡土功　龍見而畢務　戒事也　火見而致用　水昏正而栽　日至而畢」とあるのを參照。

〔傳〕己丑公薨于路寢　言道也

〔注〕路寢で死んだのは、君が薨ずる道にかなっている。

〔附〕莊公三十二年の穀梁傳文に「路寢　正寢也　寢疾居正寢　正也」とあるのを參照。また、『禮記』喪大記に「君夫人卒於路寢」とあるのを參照。

〔傳〕冬十一月楚子重救彭城　伐宋

〔注〕一部隊と鄭人とに宋を侵させ、子重(自身)は後方にひかえたのである。

〔附〕上の經「冬楚人鄭人侵宋」の注に「子重先遣輕軍侵宋　故稱人而不言伐」とある。

〔傳〕宋華元如晉告急　韓獻子爲政

〔注〕この時、欒書は(すでに)死んでいて、韓厥が代わって中軍の將となっていた。

〔附〕十六年の傳文に「乃興師　欒書將中軍」とある。なお、宣公十二年の傳文「韓獻子謂桓子」の注に「獻子　韓厥」とあるのを參照。

【傳】曰　欲求得人　必先勤之

【注】「勤」とは、相手の危急を氣づかう、ということである。

【附】僖公三年の傳文「齊方勤我」の注に「勤　恤鄭難」とある。なお、その【附】を參照。また、『國語』晉語二「秦人勤我矣」の韋注に「勤我　助我也」とあるのを參照。

【傳】成霸安彊　自宋始矣　晉侯師于台谷以救宋

【注】「台谷」は、地(名)で、闕(不明)である。

【附】傳文の「安彊」の「彊」は、諸本に從って、「疆」に改める。ただし、章太炎『春秋左傳讀』には「文公救宋以成霸　而非安晉之封疆也(時楚不伐晉)不如作彊爲安　按　安讀當爲按　釋詁云　按　止也　謂抑止之也　管子霸言也　按强助弱　是其誼　詩大雅皇矣　以按徂旅　亦同　彊謂楚也　晉勝楚　自城濮始」とある。

【傳】遇楚師于靡角之谷　楚師還

【注】晉の强さを畏れたのである。「靡角」は、宋地である。

【傳】晉士魴來乞師

【注】宋を救援しようとした(からである)。

【傳】季文子問師數於臧武仲

【注】「武仲」は、宣叔の子である。

【附】宣公十八年の傳文「臧宣叔怒曰」の注に「宣叔　文仲子　武仲父」とあるのを參照。

【傳】對曰　伐鄭之役　知伯實來　下軍之佐也

【注】「知伯」は、荀罃である。

【附】十七年に「晉侯使荀罃來乞師」とあり、注に「將伐鄭」とある。なお、十六年の傳文に「知武子佐下軍」とあり、注に「武子　荀罃」とあるのを參照。

【傳】今彘季亦佐下軍

【注】「彘季」は、士魴である。

【附】上の傳文に「晉士魴來乞師」とある。なお、『國語』晉語七「欒武子使智武子彘恭子如周迎悼公」の韋注に「彘恭子　士魴也」とあるのを參照。

【傳】如伐鄭可也

【注】鄭を伐ったことは、十七年にある。

【附】十七年に「冬公會單子晉侯宋公衞侯曹伯齊人邾人伐鄭」とある。

【傳】事大國　無失班爵而加敬焉　禮也　從之

【注】武仲の言葉に從ったのである。

【傳】十二月孟獻子會于虛朾　謀救宋也　宋人辭諸侯而請師以圍彭城

【注】諸侯(自身)を煩わすことを憚ったから、その師だけを請うたのである。襄公元年の、彭城を圍んだこと、のために傳したのである。

【附】襄公元年に「仲孫蔑會晉欒黶宋華元衞甯殖曹人莒人邾人滕人薛人圍宋彭城」とある。

【傳】孟獻子請于諸侯而先歸會葬

傳丁未葬我君成公　書　順也

注路寝で薨じ、(死後)五箇月で葬り、國家がおだやかで、嫡子があとをついだから、「(この記事を)書いたのは、(すべてが)順當だったからである」と言っているのである。

附疏に引く『釋例』に「魯君薨葬　多不順制　唯成公薨于路寢　五月而葬　國家安靜　世適承嗣　故傳見莊之緩　擧成書順　以包之」とある。なお、上の傳文に「己丑公薨于路寢　言道也」とあり、注に「在路寢得君薨之道」とあるのを參照。また、隱公元年の傳文に「天子七月而葬　同軌畢至　諸侯五月　同盟至」とあるのを參照。

おわりに

本書は、杜預『春秋經傳集解』の日本語譯であり、「春秋左氏傳杜預集解」というのは、前書「春秋公羊傳何休解詁」及び前々書「春秋穀梁傳范甯集解」にあわせた、譯者の命名である。前書の「あとがき」で、惰性を自戒したつもりだったが、あれから八年、氣がつくと、惰性どころか、慣性になってしまったようだ。慣性ならば、逆に、餘分な力を加えなければ、止まらない。先はまだ長いから、これは好都合である。今回は、自戒せず、力を加えず、慣性にまかせて、このまま先に進むことにしよう。

なお、本書の一部は、「春秋經傳集解譯稿（一）～（十）」（『中國研究集刊』第十八號～第二十七號　大阪大學中國哲學研究室編輯）にもとづく。轉載を快諾され、御協力頂いた、甲子園短期大學の加地伸行學長、大阪大學の湯淺邦弘教授、そして、同中國哲學研究室の關係諸氏に、この場をかりて、心から感謝の意を表したい。

最後になってしまったが、前二書にひきつづいて、終始お世話を頂いた、汲古書院の坂本健彦・石坂叡志兩氏にも、心から感謝の意を表したい。この上は、近い〔?〕將來の下册に向けて、兩氏にも、慣性の法則に從って頂きたいものである。

灤西の閑居にて　岩本憲司

著者略歴
1947年　東京生れ
1972年　東京大學工學部建築學科卒業
1977年　早稲田大學第一文學部東洋哲學科卒業
1982年　東京大學大學院人文科學研究科中國哲學專攻博士課程修了
現　在　跡見學園女子大學文學部教授

主要著書・論文
『春秋穀梁傳范甯集解』（1988年、汲古書院）
『春秋公羊傳何休解詁』（1993年、汲古書院）
『漢語文典叢書　索引』（共編、1981年、汲古書院）
『公羊注疏譯注稿(一)～(七)』（共譯、1983～1998年、公羊注疏研究會）
「公羊三世說の成立過程」（『日本中國學會報』第32集）
「何休三世異辭說試論」（『東方學』第61輯）
「春秋學に於ける〈孔子說經〉說話について」（『東方學』第65輯）
「漢代春秋學に關する二、三の問題」（『跡見學園女子大學紀要』第16號）
「〈屬辭比事〉とその背景」（『日本中國學會報』第48集）

春秋左氏傳杜預集解　上
二〇〇一年八月　發行
著者　岩本憲司
發行者　石坂叡志
印刷　富士リプロ
發行所　汲古書院
102-0072　東京都千代田區飯田橋二－五－四
電話（三二六五）九七六四　FAX（三二二二）一八四五

ISBN 4-7629-2662-0 C3010